谨以此书献给

为河北高速公路发展事业作出贡献的决策者、建设者、管理者

Record of Expressway Construction in
Hebei

图1 1997年12月，石安（现新元）高速公路石家庄北枢纽互通建成通车

图2　1998年12月，黄石高速公路石家庄东主线站建成通车

图3　1999年7月，京秦高速公路陡河大桥建成通车

Record of Expressway Construction in
Hebei

图4　1999年7月，京秦高速公路北戴河互通建成通车

图5　1999年12月，保津高速公路保定段建成通车

图6 2000年12月，宣大高速公路党家沟大桥建成通车

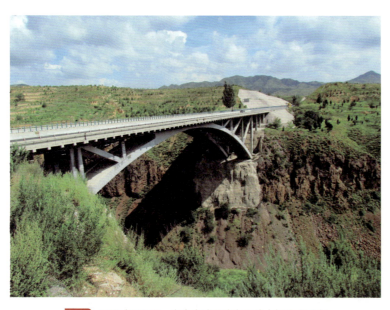

图7 2000年12月，宣大高速公路海儿洼大桥建成通车

Record of Expressway Construction in
Hebei

图8　2000年12月，京沪高速公路子牙河特大桥建成通车

图9 2002年11月,京张高速公路官厅水库特大桥建成通车

河北
高速公路建设实录

图10 2002年11月,京张高速公路鸡鸣驿互通式立交建成通车

图11　2002年11月，京张高速公路周家沟大桥建成通车

图12　2002年11月，唐山—京唐港高速公路建成通车

图13 2005年12月，青银高速公路永安枢纽互通建成通车

图14 2005年12月，京承高速公路新道沟隧道建成通车

图15 2005年12月，青银高速公路滏阳新河特大桥建成通车

图16 2010年9月，青兰高速公路史村收费站建成通车

图17 2010年9月，青兰高速公路跨南水北调桥建成通车

图18 2010年9月，张承高速公路张家口段建成通车

图19 2010年9月，张承高速公路张家口段老虎沟大桥建成通车

图20　2010年11月，承唐高速公路偏道沟2号桥建成通车

图21　2013年10月，承赤高速公路茅荆坝隧道建成通车

图22　2013年12月，承赤高速公路承德段建成通车

Record of Expressway Construction in
Hebei

图23 2014年3月,张涿高速公路胡家沟二号桥建成通车

图24 2014年10月,邢衡高速公路南水北调大桥建成通车

图25 2014年12月,京港澳高速公路河北段建成通车

图26 2014年12月，京港澳高速公路河北段建成通车

图27 2014年12月，京港澳高速公路邯郸收费站建成通车

图28 2015年12月，张承高速公路千松坝隧道建成通车

图29 2015年12月，张承高速公路隆化服务区建成通车

图30 2015年12月，张承高速公路前燕窝大桥建成通车

图31 2016年6月，荣乌高速公路口头漕河大桥建成通车

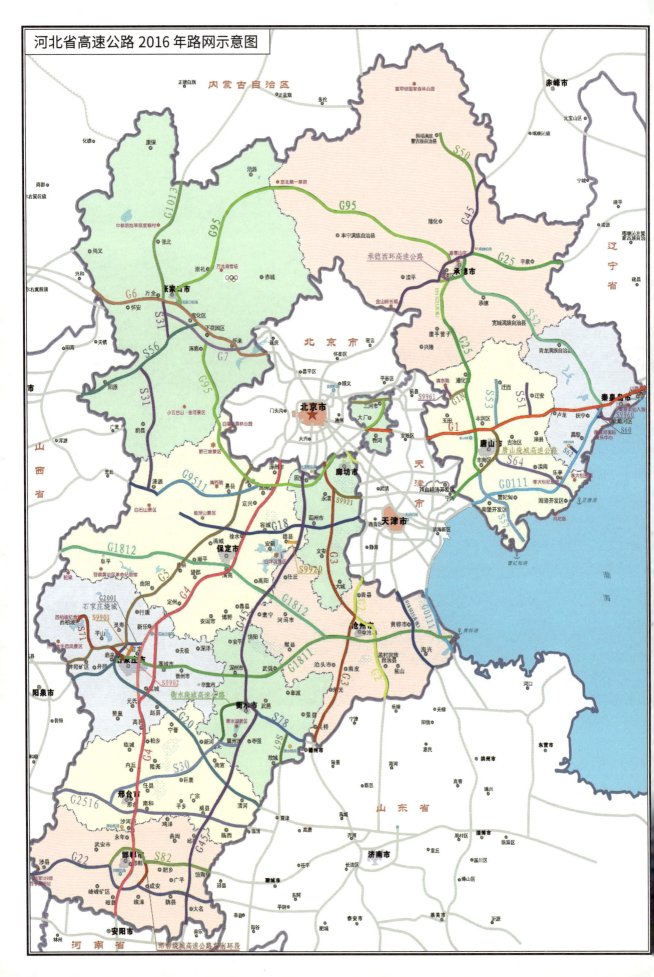

"十三五"国家重点图书出版规划项目
中国高速公路建设实录

Record of Expressway Construction in
Hebei

河北高速公路建设实录

河北省交通运输厅

内 容 提 要

本书是《中国高速公路建设实录》系列丛书之河北卷，内容包括河北经济社会与综合运输发展概况、公路建设及运输发展、高速公路发展成就、高速公路建设管理地方法规、高速公路建设科技成果、高速公路运营管理、高速公路文化建设、高速公路建设项目、河北省高速公路建设大事记等。

本书全面系统总结了河北高速公路建设发展成就，详细记述了高速公路建设过程中的管理经验、科技创新、文化传承以及项目建设实情，具有很强的史料价值。本书可供交通运输建设行业相关人员阅读、学习与查询参考。

图书在版编目(CIP)数据

河北高速公路建设实录 / 河北省交通运输厅组织编写. — 北京：人民交通出版社股份有限公司，2018.10
ISBN 978-7-114-14169-0

Ⅰ. ①河… Ⅱ. ①河… Ⅲ. ①高速公路—道路建设—河北 Ⅳ. ①U412.36

中国版本图书馆CIP数据核字(2017)第224699号

"十三五"国家重点图书出版规划项目
中国高速公路建设实录

书　　名：	河北高速公路建设实录
著 作 者：	河北省交通运输厅
责任编辑：	刘永超　周　宇　李　农　石　遥
责任校对：	刘　芹
责任印制：	张　凯
出版发行：	人民交通出版社股份有限公司
地　　址：	(100011)北京市朝阳区安定门外外馆斜街3号
网　　址：	http://www.ccpress.com.cn
销售电话：	(010)59757973
总 经 销：	人民交通出版社股份有限公司发行部
经　　销：	各地新华书店
印　　刷：	北京雅昌艺术印刷有限公司
开　　本：	787×1092　1/16
印　　张：	74
字　　数：	1451千
版　　次：	2018年10月　第1版
印　　次：	2018年10月　第1次印刷
书　　号：	ISBN 978-7-114-14169-0
定　　价：	480.00元

(有印刷、装订质量问题的图书，由本公司负责调换)

《河北高速公路建设实录》
编审委员会

顾　问：何少存

主　任：单宝风

副主任：王普清　宋书强　白　刚　刘中林
　　　　宋兴林　侯智敏　杨国华　杨荣博
　　　　唐建新　王志强　赵同安　王国清
　　　　齐彦锁

委　员：党永强　高正阳　汪天涌　戴为民
　　　　秘慧琴　郑占生　赵　朋　菅新录
　　　　白军华　许　喆　何勇海　孙庆林
　　　　范志水　暴连胜

《河北高速公路建设实录》
编纂工作委员会

主　任：刘中林

副主任：党永强　何勇海　赵彦东

委　员：赵静波　王　静　朱冀军　张忠民

　　　　吴瑞祥　雷　伟　金凤温　康　健

　　　　田丰盛　冯志刚

主　编：党永强　何勇海

副主编：赵彦东　赵静波

参加本书编写人员

编审人员： 何勇海　赵彦东　朱冀军　吴瑞祥
　　　　　　张忠民　雷　伟　金凤温　张国栓
　　　　　　王一臣　朱建民　刘桂君　梁素引
　　　　　　华鹏年　张梅钗　杜军辉　王子鹏
　　　　　　李　磊　王喜刚　王　兵　王万福
　　　　　　王运芳　赵邦海

编写人员： 赵彦东　雷　伟　张国栓　王一臣
　　　　　　刘桂君　梁素引　金凤温　王子鹏
　　　　　　王喜刚　张炳哲　王占城　焦　杨
　　　　　　纪　强　聂春景　赵红月　刘雪飞
　　　　　　杜　杰　郭建新　赵　伟　赵雪涛
　　　　　　高海涛　李琪琛　李长丽　王　欣
　　　　　　马慧涛　陈　杰　温立影　李　昆
　　　　　　任海洋　佟　灿　王晓硕　李永涛
　　　　　　闫　涛　张艳梅　李卫青　赵香雪
　　　　　　杜凯旋　周红日　胡晨霞　韩瑞东
　　　　　　李作胤　陈　云　刘同涛

参编人员及资料提供：

韩玉祥	王续山	徐新蔚	吕慧哲	刘广军
张　梅	杜　平	康雄伟	高民欢	孙　勇
陈大豹	张景堂	师　慧	赵　芳	高玉恒
董喜武	蔡永利	李占锋	陈复胜	王静轩
侯岩峰	彭彦忠	曾庆伟	许致平	陈　将
赵素锋	宋　西	张梦菲	李　博	高志良
苏赛男	岳建东	张熙鹏	马进会	方永刚
刘建奇	胡　东	杨立伟	李建军	安东朝
郭玉伟	刘立权	李志国	李恒坤	李　兆
杜亚军	冯　升	裴　卿	梁建国	秦瑛琪
高海波	陈彦猛	范喜安	孙文进	李迎华
梁　栋	关士锋	王立东	柳松杨	孙明山
丛　源	种庚子	张运会	张建军	王秉泽
赵国祥	朱子靳	丰海龄	尹建勋	任清耀
周红格	石淑珍	鲁建领	陈君朝	唐兰军
邢分麦	梁蕴飞	崔桂旺	赵治国	王启成
李　敏	金　岗	申大为	王领战	郝志祥
杨秀美	樊　娟	贾献卓	贺　钊	于连春
史新杰	曹学英	杨亚霄	李永贤	李莹波

许　坤	孙秀红	马　悦	牛建军	杨国力
孟会标	刘军锋	何义军	刘　阳	陈成博
朱增奇	李建中	马运锁	籍建云	郭彦勇
李泽涛	李　伟	李跃辉	张茜倩	姚剑光
李　冰	张小波	韩志宏	唐　港	赵云刚
霍　涛	谭文涛	王明新	李小刚	宋田兴
李玉振	张树林	吴亚辉	胡沛勇	王高勇
乔卫民	张凯亮	王成仲	高义众	王会峰
裴丽萍	梁志顺	安　智	田利彬	赵幼林
赵永成	于海洋	赵红军	张　宏	王宝才
李双密	黄启军	王海静	张跃峰	叶祖香
彭顺兴	刘春华	吕文栋	王辉云	王政权
樊　华	宫　磊	宋宝花	张孟东	李　辉
贺书云	王俊杰	高玉昌		

参加本书编写单位

编写单位： 河北省交通规划设计院

　　　　　　河北省交通运输厅基建处

参编单位： 河北省高速公路管理局

　　　　　　河北省交通投资集团公司

　　　　　　各条(段)高速公路管理处(公司)

资料提供： 河北省交通运输厅各处室

　　　　　　河北省交通运输厅公路管理局

　　　　　　河北省道路运输管理局

　　　　　　河北省交通通信管理局

　　　　　　河北省交通宣传中心

　　　　　　河北省公路工程质量安全监督站

　　　　　　河北省交通运输厅招投标中心

　　　　　　各市交通运输局

京畿坦途，上善大道。

20世纪80年代，随着改革开放不断深入，社会经济快速发展，京津冀地区公路交通量激增。为解决混合交通问题，1985年，河北交通人解放思想，大胆创新，率先探索实践了独具特色的"汽车专用公路"，提高了公路通行能力，改善了汽车的行驶环境，排除了纵向干扰，提高了行驶速度，降低了交通事故率，对河北及周边地区的经济社会发展起到了重要的促进作用，得到了社会的广泛认可和交通部的充分肯定。这也成为河北乃至全国高速公路发展的前奏。

1987年3月，经过多次研究讨论，河北省第一条自筹资金、自主设计、自行施工的高速公路——京石高速公路西半幅破土动工，河北省公路结构悄然变化，开启了高速公路建设新时代。"统一规划，横向分期，半幅先修"，筚路蓝缕的交通人在没有相关技术标准和规范的情况下，边设计边施工边摸索，以极大的勇气和智慧克服了资金短缺、技术指标不明等多重困难，经过5年的艰苦努力成功地将长龙架起在燕赵大地上。平稳、舒适、快速的京石高速公路使石家庄到北京，由过去的8h路程，缩短到3h。绝对距离不变，相对距离减少。京石高速公路以其巨大的社会效益和经济效益，结束了我国关于要不要修建高速公路的争论。这是河北交通史上的一座丰碑，至此社会各界的关注重点转移到了怎样发展和如何快速发展高速公路上来。

90年代初期，河北交通建设步伐进一步加快。石黄高速公路采用旧路利用方案，为我省乃至全国旧路利用进行了探索。京津塘高速公路、石家庄至安阳高速公路利用世界银行贷款修建，为我省引进了先进的施工和管理经验，同时培养了一批适应国际竞争性建设项目的技术管理和施工人员。紧接着京秦、京沪等高速公路的相继建设，进一步锻炼了人才队伍，同时完善了高速公路建设管理理念，大大提升了我省高速公路的建管水平。乘国家政策之东风，九五期间，全省建成高速公路14条(段)、1000km,总里程达到1389km,形成"两纵两横""开"字形布局的高速公路网络,造就了河北"三纵三横三条线"的高速公路骨架雏形。

2003年,在省委、省政府的正确领导下,河北省交通厅提出了《河北省2003至2007年高速公路建设计划》,确定了"五纵六横七条线"的高速公路网新布局。同时,通过积极实行项目业主、投资主体和筹资方式三个"多元化",先后启动了青银、邢临、京承、京张、保沧等高速公路项目,全省高速公路建设呈现百花齐放的良好局面。2008年底,河北已经建成通车石太、石黄、青银等29条(段)高速公路,国家规划的"7918"高速公路网河北省境内路段全部建成,6年间建成高速公路里程达到1651km,超过2003年前15年总和。2009年底,全省公路通车总里程达到15万km,等级以上公路14.3万km,高速公路通车里程3304km,实现了市市通高速公路、所有县通二级以上高等级公路。基本形成了以高速公路为主骨架、以干线公路为重要连接通道、以农村公路为毛细血管的较为完善的公路网络和运输体系。从辅助成为主导,由简单连接成为交通大动脉和网络主骨架,悄然间,高速公路完成了在整个交通网络中的角色转换。

自此,我省高速公路发展开始进入整合提升,全面提高经营管理水平,提高经营效益与服务水平的新阶段。党的十八大以来,在省委、省政府的坚强领导下,河北交通人积极探索、研究、实践各类融资模式,全省高速公路建设平台融资能力持续增强。先后采用PPP模式开工建设了太行山、津石、曲港等高速公路。为创新施工管理模式,成立了由出资人组成的项目管理公司,实行BOT+EPC模式,高速公路建设在探索中前进,在改进中完善,初步取得了较为理想的效果。

2016年底,河北省高速公路通车总里程达到6502km,路网密度达到3.52km/100km^2。高速公路通车总里程居全国第3位。一个东出西联、南通北达的高速公路骨架网已经基本建成,为带动沿线区域产业经济发展、加快京津冀区域一体化注入了强大的活力,为全省经济社会又好又快发展、"科学发展、富民强省"战略实施和全面建设小康社会提供了重要支撑。

日月经天,江河行地。在时间长河里,三十年不过匆匆一瞬,但对河北交通人来说,却是青丝白发的坚守,是走出半生的执着,是用生命守卫的骄傲,是从天堑到坦途的历史变迁。这三十年,因责任和担当而极不平凡,因艰辛和勇毅而如此厚重,因思想和笃行而成为永恒。

风雨兼程、砥砺奋进。河北高速公路从无到有、从分布稀疏到密织成网,愚公子孙一路百折不挠,从胜利走向胜利。京津冀交通一体化的实施和雄安新区国家战略的提出,再次为我省交通事业带来了绝佳的历史机遇。2020年,我省公路总里程将达到25万km,公路密度将达到133km/100km^2。其中:高速公路里程将突破9000km;普通干线达到2.1万km,二级及以上比例达到92%以上,实现干线公路"镇镇通";农村公路达到22万km。我省与京津之间的"断头路"和"瓶颈路"将全部打通。作为京津冀协同发展的骨骼系统和先行领域,交通一体化将按照网络化布局、智能化管理和一体化服务的要求,率先实现突破。

潮起海天阔,扬帆正当时。燕赵大地千里沃野,劳动歌声嘹亮,奋进鼓点激昂,我们勠力同心,步履铿锵,激情飞扬,正大步行走在推进河北交通运输事业又好又快发展的伟大征程上!

河北省交通运输厅党组书记、厅长

2018 年 8 月

日月经天,江河行地。每一段壮美的航程都会在历史长河里留下深深的印记。自1987年至2016年,河北交通人勇于探索,敢于创新。高速公路建设从无到有、从条段到网络,走过了三十年的光辉发展历程。谱写了高速公路建设气势如虹、壮美而绚烂的雄伟诗篇。

为全面深入总结高速公路发展历程,在交通运输部统一部署下,我们编写了《中国高速公路建设实录》系列丛书地方卷——《河北高速公路建设实录》。本书客观真实地记录了河北省建设高速公路的全过程,展现了河北省高速公路建设的巨大成就,彰显了河北省高速公路发展的轨迹,记载了河北交通人砥砺奋进、勇敢前行取得的辉煌业绩。这是一部专业性、史料性、实用性很强的好书。

全书共分八章64节,编纂内容截至2016年底,共收录94个高速公路建设项目,6502km。自2015年初开始编纂,历时近三年完成。总字数145万字左右。

第一章介绍了河北省基本情况和三十年来的经济社会发展历程、取得的成就。第二章介绍了河北省公路建设和公路运输发展情况。第三章介绍了河北省高速公路发展历程、高速公路发展规划、高速公路建设、高速公路特色工程和工程管理经验,以及高速公路建设对经济社会发展的影响。第四章介绍了高速公路建设、建设市场管理和项目管理方面的法律、法规制度。第五章介绍了高速公路建设过程中的科技创新,包括新技术、新材料、新工艺、新设备的应用,工程建设上的革新、技术上的发明创造和管理、制度上的改进,以及重大科研课题开展情况和取得的主要科技成果。第六章介绍了高速公路运营养护管理总体情况和取得的成绩。第七章介绍了高速公路建设的公路文化、倡导的精神、先进的集体和人物以及体现特色的路域文化。第八章对河北省境内截至2016年底建设的所有高速公路项目逐一从项目概况、建设情况、复杂技术工程、科技创新、运营养护管理等方面进行了介绍。

第一章由王一臣、赵红月、刘雪飞编写,王一臣审查;第二章由王一臣、刘雪飞、赵彦东编写,王一臣审查;第三章由雷伟、赵彦东、杜军辉、张炳哲、高海涛、李琪琛、李昆、陈杰、金凤温、佟灿、王晓硕编写,雷伟审查;第四章由张国栓、聂春景、温立影、任海洋编写,张国栓审查;第五章由刘桂君、赵伟、赵雪涛、吕军军编写,刘桂君审查;第六章由华鹏年、王子鹏、李长丽、赵彦东、王欣编写,华鹏年、王子鹏审查;第七章由朱建民、杜杰编写,朱建民审查;第八章由赵彦东、王占城编写范本,指导各建管处编写,并由王万福、王运芳、赵邦海、梁素引等整理编写完成,李磊、张梅钗、张艳梅、闫涛、郭建新、焦杨、纪强、金凤温、王兵、王喜刚、李卫青、马慧涛、韩瑞东、陈云、刘同涛、杨森参与了第八章的部分编写工作。赵香雪、杜凯旋、李作胤负责资料和文稿整理并参与了部分编写。何勇海、朱冀军、赵彦东、张忠民、吴瑞祥、雷伟、金凤温、张国栓、王一臣、杜军辉、朱建民、刘桂君、华鹏年、梁素引、王子鹏、王万福、王运芳、赵邦海分章节对文稿进行了审查。全书由党永强、何勇海、赵彦东、赵静波、金凤温统稿审定。

叶圣华、王联芳、邢现军、王庆凯、张国清、刘新生、王朝杰、李志聪、赵杏梅、郭晓华、刘志强、吕栋、王静、刘坡、张嫣红、赵伟亦参加了部分编审工作。

编纂过程中,省交通运输厅各处室、省高速公路管理局及其所属管理处、省交通投资集团及其旗下项目管理公司、省交通运输厅公路管理局、省运输管理局、省交通通信管理局、省交通宣传中心、省公路工程质量安全监督站、省交通运输厅招投标中心、各市交通运输局及其所属管理处,提供了大量的资料。何少存、段铁树、杨国华、刘中林、齐彦锁、陈君朝、张秀山、王续山、张月中、何培檀、张全、陈致平、张祖龙、周立强、陈果林参加审查会提出了审查意见。王向会、戴忠华、杜群乐、郑瑞君、王京芳、丁培健、杜增树、王克中参加座谈会提出了意见。在此一并致谢!

本书可作为高速公路专家学者的阅读研究史料,高速公路建设管理者的学习查询资料,亦可作为高速公路使用者的索引导航、普及高速公路知识、了解高速公路历史的工具。

由于编纂时间有限、涉及面广、收录项目时间跨度较大,遗漏和不当之处难免,敬请读者见谅指正。

编 者

2017 年 10 月

目录 Contents

第一章　经济社会与综合运输发展概况	1
第一节　经济社会发展	1
第二节　综合运输与物流发展	15
第二章　公路建设及运输发展	29
第一节　公路建设	29
第二节　公路运输	37
第三章　高速公路发展成就	46
第一节　高速公路规划及发展历程	46
第二节　高速公路建设	59
第三节　高速公路特色工程建设	80
第四节　高速公路建设经验	96
第五节　高速公路与经济社会发展	116
第四章　高速公路建设管理地方法规	128
第一节　高速公路建设相关法规制度	128
第二节　建设市场管理相关法规制度	137
第三节　项目管理相关法规制度	145
第五章　高速公路建设科技成果	160
第一节　高速公路建设科技创新	162
第二节　重大科研项目	172
第三节　主要科技成果	201
第六章　高速公路运营管理	233
第一节　总体情况	236
第二节　运营管理成绩	252

第七章　高速公路文化建设···262
第一节　公路建设与精神文明···262
第二节　河北高速公路文化特色···273

第八章　高速公路建设项目···281
第一节　G1（北京—哈尔滨）河北段（香河—山海关）·······················281
第二节　G1N（北京—秦皇岛）河北段（三河市燕郊镇—秦皇岛九门口）·······299
第三节　G0111（秦皇岛—滨州）河北段（秦皇岛—沧州）···················316
第四节　G2（北京—上海）河北段·······································335
第五节　G3（北京—台北）河北段（廊坊广阳—沧州吴桥）···················368
第六节　G4（北京—港澳）河北段（涿州市—磁县）·······················400
第七节　G5（北京—昆明）河北段（涞水县—井陉县）·······················439
第八节　G6（北京—拉萨）河北段（怀来县—尚义县）·······················466
第九节　G7（北京—乌鲁木齐）河北段（怀来县—宣化县）···················488
第十节　G1013（海拉尔—张家口）河北段（沽源县—万全县）···············500
第十一节　G18（荣成—乌海）河北段（海兴县—涞源县）···················511
第十二节　G1811（黄骅—石家庄）河北段·································542
第十三节　G1812（沧州—榆林）河北段（沧县—阜平县）···················571
第十四节　G20（青岛—银川）河北段（清河县—井陉县）···················594
第十五节　G2001石家庄绕城高速公路·····································613
第十六节　G22（青岛—兰州）河北段（大名县—涉县）·····················621
第十七节　G25（长春—深圳）河北段（平泉县—海兴县）···················651
第十八节　G2516（东营—吕梁）河北段（临西县—邢台县）·················692
第十九节　G45（大庆—广州）河北段（隆化县—大名县）···················716
第二十节　G95（首都地区环线）···763
第二十一节　G9511涞水—涞源高速公路···································848
第二十二节　S30黄骅港—邢台高速公路（衡水—邢台段）···················858
第二十三节　S31张家口—石家庄高速公路（胶泥湾—涞源西段）·············874
第二十四节　S50承德—多伦高速公路河北段·······························892
第二十五节　S51迁安—曹妃甸高速公路迁安支线（沙河驿镇—小崔庄）·······901
第二十六节　S52承德—秦皇岛高速公路···································909
第二十七节　S53唐山—迁西高速公路·····································927
第二十八节　S56宣化—大同高速公路河北段（宣化—冀晋界）···············935
第二十九节　S57唐山—曹妃甸高速公路···································948

第三十节　S62北戴河机场高速公路、S60北戴河联络线 …………………… 958
　　第三十一节　S64唐山—京唐港高速公路 ………………………………………… 966
　　第三十二节　S67故城联络线（衡德高速公路—冀鲁界） ……………………… 976
　　第三十三节　S71石家庄—西柏坡高速公路 ……………………………………… 984
　　第三十四节　S78石家庄—德州高速公路河北段（衡水—冀鲁界） …………… 997
　　第三十五节　S82邯郸—馆陶高速公路 …………………………………………… 1006
　　第三十六节　S9901津石高速公路中华大街支线 ………………………………… 1016
　　第三十七节　S9902新元高速公路 ………………………………………………… 1024
　　第三十八节　S9920大广高速公路白洋淀支线 …………………………………… 1038
　　第三十九节　S9921京台高速公路津冀界—别古庄互通段 ……………………… 1045
　　第四十节　S9960京哈高速公路北戴河连接线 …………………………………… 1054
　　第四十一节　S9961京秦高速公路清东陵支线 …………………………………… 1063
　　第四十二节　承德西环高速公路（滦河电厂—陈栅子） ………………………… 1071
　　第四十三节　唐山绕城高速公路 …………………………………………………… 1077
　　第四十四节　邯郸绕城高速公路东南环段 ………………………………………… 1087
　　第四十五节　衡水绕城高速公路 …………………………………………………… 1096
附录　河北省高速公路建设大事记 …………………………………………………… 1106
附表 ……………………………………………………………………………………… 1120
　　附表1　河北省高速公路通车项目一览表 ………………………………………… 1120
　　附表2　河北省高速公路新旧名称对照表 ………………………………………… 1126
　　附表3　河北省高速公路获奖信息表 ……………………………………………… 1132
　　附表4　河北省交通运输主管部门历届负责人信息采集表 ……………………… 1135
　　附表5　河北省设区市交通运输主管部门历届负责人信息采集表 ……………… 1142
附图 ……………………………………………………………………………………… 1144
　　附图1　河北省普通干线公路网布局方案图 ……………………………………… 1144
　　附图2　河北省"十三五"高速公路规划示意图 …………………………………… 1145

第一章
经济社会与综合运输发展概况

在渤海之滨,有一方慷慨悲歌的燕赵热土,它就是古老的冀州大地——河北省。河北省现辖11个设区市及2个省直管市,面积18.88万km^2,省会为石家庄市。改革开放以来,河北省社会经济取得了巨大的发展,已基本形成以煤炭、纺织、冶金、建材、化工、机械、电子、石油、轻工、医药等十大产业为主体,布局基本合理的资源与加工结合型工业经济结构。

河北省公路、铁路、民航、水运、管道等运输方式实现了跨越式发展,不论是设施总量、规模,还是运输能力、质量等方面均取得了巨大成就。各种运输方式相互促进、相互补充、协调发展,能力扩张与质量发展并重,交通运输业已经进入全面建设现代综合交通体系的新的发展阶段。

高速公路在全面建设小康社会和全省经济发展中有着重要的战略作用。"要致富、先修路""致大富、修高速",已经成为社会各界的共识。在市场经济条件下,一个地方的经济发展与公路特别是高速公路有着直接的关系。高速公路能够加快各种生产要素的合理流动,促进生产要素最快捷、最优化配置,增强一个地区和地方对生产要素的吸纳能力。同时,高速公路建设对实施投资拉动、城镇化战略和扩大对外开放有着直接而重大的影响。

第一节 经济社会发展

一、河北省地域特征

(一)地理位置

河北省,简称冀。河北在战国时期大部分属于赵国和燕国,所以又被称为燕赵之地。河北省环抱首都北京,地处东经113°27′~119°50′、北纬36°05′~42°40′之间。地处华北,漳河以北,东临渤海、内环京津,西为太行山地,北为燕山山地。燕山以北为张北高原,其余为河北平原。东与天津市毗连并紧傍渤海。河北省东南部、南部衔山东、河南两省,西倚太行山与山西省为邻,西北部、北部与内蒙古自治区交界,东北部与辽宁省接壤。隶属廊坊的"北三县"三河、大厂、香河,被京津两市包围,成为河北省的一块"飞地",为首都的"后花园"。

河北省是京津两城的门户,是首都北京联系全国各地的必经之地,是东北地区联系各省市的便捷要道,也是山西、内蒙古及西北诸省区北方出海的通道。明显的区位优势为河北省的改革开放与经济发展提供了得天独厚的有利条件。

(二)建制沿革

河北省古称冀州;唐代时属河北道、河东道小部分;明属北直隶、山西小部分、鞑靼小部分;清代属直隶省,省会在保定市。

1928年改名河北省。中华民国成立后,当时国民政府建都南京,今河北境域主要属直隶省,后因直隶省名不符实,于1928年改为河北省。

1949年,中华人民共和国成立后,仍为河北省。

1952年,撤销察哈尔省,将其原察南、察北两个专区划归河北省;1956年撤销热河省,将其原大部分辖区划归河北省。

1958年,将河北省的顺义、延庆、平谷、通县、房山、密云、怀柔、大兴等县划归北京市。

1968年,河北省的省会从保定市迁往石家庄市。

1973年,河北省的蓟县、宝坻、武清、静海、宁河等五县划入天津市,形成当前辖区规模。

(三)行政区域与人口

1. 行政区域

河北省总面积18.88万 km²,现辖石家庄市、承德市、张家口市、秦皇岛市、唐山市、廊坊市、保定市、沧州市、衡水市、邢台市、邯郸市11个设区市(图1-1-1)及辛集市、定州市2个省直管市。截至2015年,河北省设有170个县级行政区划单位(其中:42个市辖区、20个县级市、102个县、6个自治县),共有2251个乡镇。

2. 人口

2015年末,河北省常住人口7424.92万人。2015年全省出生人口84.04万人,出生率为11.35‰;全省死亡人口42.87万人,死亡率为5.79‰。

(四)自然条件

1. 地形地貌

河北省地势西北高、东南低,由西北向东南倾斜。西北

图1-1-1 河北省行政区划

部为山区、丘陵和高原,其间分布有盆地和谷地,中部和东南部为广阔的平原。海岸线长487km。

地貌复杂多样,高原、山地、丘陵、盆地、平原类型齐全。有坝上高原、燕山和太行山山地、河北平原三大地貌单元。

2. 气候特征

河北省地处中纬度欧亚大陆东岸,位于我国东部沿海,属于温带湿润半干旱大陆性季风气候。本省大部分地区四季分明,寒暑悬殊,雨量集中,干湿期明显,具有冬季寒冷干旱、雨雪稀少,春季冷暖多变、干旱多风,夏季炎热潮湿、雨量集中,秋季风和日丽、凉爽少雨的特点。年日照时数2303.1h,年无霜期81~204天;年均降水量484.5mm,降水量分布特点为东南多、西北少;1月平均气温在3℃以下,7月平均气温18~27℃。

3. 河流水系

河北省河流众多,长度在18km以上1000km以下者就达300多条;多发源于山西高原和太行山、燕山山脉,流经河北平原,均注入渤海;分属海河、滦河、内陆河、辽河4个水系,其中海河水系最大,滦河水系次之。河北省面积较大的湖泊有白洋淀、衡水湖、燕塞湖、蟠龙湖、秦王湖等。

二、河北省经济社会发展

改革开放以来,河北省经济社会发展实现大跨越,城乡面貌发生巨大变化,民生保障实现巨幅提升。

(一)经济社会发展情况

1. 经济发展情况

2015年,河北省生产总值实现29806.1亿元。其中第一产业增加值占生产总值的比重为11.5%,第二产业增加值比重为48.3%,第三产业增加值比重为40.2%。全部财政收入4065.11亿元,其中一般公共预算收入2648.5亿元,税收收入1934亿元。城镇居民人均可支配收入达到26152.16元,农民人均纯收入达到11050.51元。全社会固定资产投资完成28905.7亿元;社会消费品零售总额实现12990.7亿元;进出口总值完成514.8亿美元;实际利用外资73.7亿美元。

(1)第一产业

河北省是中国重要粮棉产区,截至2015年,现有耕地6525.47千公顷,大部分的地区农作物可一年两熟,但各地耕作制差异很大。河北省的粮食播种面积占耕地总面积的80%以上,主要粮食作物有小麦、玉米、高粱、谷子、薯类等。经济作物以棉花为主,河北省是中国重要产棉基地。油料、麻类、甜菜、烟叶、棉花合为本省五大经济作物。畜牧业是本省仅次于耕作业的重要农业部门。

河北省还是中国重要渔区之一，以沿海渔业为主，秦皇岛是主要中心。河北省盛产栗、杏、柿、梨等果品。

2015年，河北省粮食播种面积6392.48千公顷，粮食总产量3363.81万t。棉花播种面积359.27千公顷，总产量37.34万t；油料播种面积461.59千公顷，总产量151.54万t；蔬菜播种面积1242.06千公顷，总产量8243.69万t。

2015年，河北省肉、蛋、奶和饲料总产量分别达到462、373.6、481和1330万t，畜牧业产值达到1904.1亿元。猪、牛、羊、活家禽存栏分别达到1865.7万头、412.5万头、1450万只、3.78亿只。

2015年，河北省水产品产量129.3万t。其中，养殖水产品产量94.0万t，捕捞水产品产量35.3万t。

2015年，河北省农业机械总动力1.11亿kW。实际机耕面积547.5万公顷，机械播种面积6624.64万公顷，机械收获面积519.2万公顷。农村用电量611.82亿kW·h。

（2）第二产业

河北省主要煤矿有开滦、井陉、峰峰等多处，产品部分输出国外。电力工业以火电为主，石家庄、保定、邯郸、邢台、衡水、沧州组成了河北南网，还参加组成京津唐电力网（即河北北网，含省内的张家口、承德、唐山、廊坊、秦皇岛及京津）。

河北省是钢铁大省，钢铁工业是河北省最重要的主导产业，在经济和社会发展中占有举足轻重的地位。连续多年保持全省第一大支柱产业地位，为河北省经济平稳较快发展做出了积极的贡献。2015年，河北省钢材产量25245.31万t。

河北省已基本形成新能源、汽车、电气、煤炭、纺织、冶金、建材、化工、机械、电子、石油、轻工、医药等优势产业。工业生产中的一些行业和产品在全国居重要地位。其中，保定的新能源产业积聚区——中国电谷在世界上都处于领先地位。以长城汽车为代表的高速发展的保定汽车工业占河北省90%以上。2015年，长城汽车累计实现汽车销量85.27万辆。

2015年，河北省规模以上工业完成增加值11244.7亿元，工业经济在下行压力加大、形式复杂多变的情况下，工业生产保持了平稳增长，规模以上工业企业实现利润2360.99亿元。

2015年，河北省全社会建筑业总产值5252.57亿元。房屋建筑竣工面积11612.95万m^2，利润总额155.67亿元。

（3）第三产业

2015年，河北省实际利用外资73.7亿美元，外商直接投资额61.8亿美元。截至

2015年底,河北省共有三资企业3227个。外商投资的项目涉及能源、交通、通信、原材料、轻纺、机械、电子、服装、公用事业、房地产等领域。河北省已在中国轻工业生产中占有很重要的地位,很多原料都可在河北省加工。

2015年,河北省进出口总值完成514.8亿美元。其中,出口总值329.4亿美元,进口总值185.4亿美元。汽车零配件、家具及其零件等出口保持增长,机电产品、高新技术产品等出口下降。

截至2015年底,河北省共有星级饭店464家,其中五星级23家,四星级139家,三星级224家,二星级76家,一星级2家。旅行社1450家,其中出境旅游组团社99家。A级景区327处,其中5A级景区6处,4A级景区121处,3A级景区76处,2A级景区123处,1A级景区1处。旅游直接和间接带动全省近400万人就业。2015年河北省共接待海内外游客3.82亿人次,旅游总收入3433.97亿元。2015年河北省共接待入境游客138.18万人次,创汇6.21亿美元;接待国内游客3.71亿人次,创收3395.60亿元。

2015年末,银行业累计实现净利润670亿元,全省银行金融机构资产总额58715亿元。全省金融机构本外币各项存款余额48928亿元。河北保险市场快速增长,实现又好又快发展。2015年,河北保险行业总收入(保费和非保险合同收入合计)1783.4亿元,其中,保费收入1163.1亿元,居全国第8位。

河北省历年经济社会发展情况见表1-1-1。河北省历年生产总值及其增长速度见表1-1-1、图1-1-2。

河北省历年经济社会发展情况　　　　　　　　表1-1-1

年份	人口(万人)	生产总值(亿元)	生产总值指数	三次产业比重(%)			人均生产总值(元)
				一产	二产	三产	
1987	5710.00	521.92	208.3	26.38	49.04	24.58	921
1988	5795.00	701.33	236.4	23.14	46.11	30.74	1219
1989	5881.00	822.83	250.8	23.86	45.56	30.57	1409
1990	6159.00	896.33	265.4	25.42	43.23	31.34	1465
1991	6220.00	1072.07	294.6	22.10	42.90	35.00	1727
1992	6275.00	1278.50	340.5	20.11	44.83	35.06	2040
1993	6334.00	1690.84	400.8	17.84	50.15	32.01	2682
1994	6388.00	2187.49	460.5	20.66	48.14	31.20	3439
1987—1994年生产总值平均增长速度				12.0%			
1995	6437.00	2849.52	524.6	22.16	46.42	31.42	4444
1996	6484.00	3452.97	595.4	20.30	48.21	31.49	5369
1997	6525.00	3953.78	669.8	19.27	48.92	31.81	6079

续上表

年份	人口（万人）	生产总值（亿元）	生产总值指数	三次产业比重(%)			人均生产总值（元）
				一产	二产	三产	
1998	6569.00	4256.01	741.5	18.58	48.97	32.45	6501
1999	6614.00	4569.19	808.9	17.64	49.10	33.26	6932
2000	6674.27	5088.96	885.8	16.20	50.30	33.49	7663
2001	6699.13	5577.78	962.8	16.38	49.61	34.00	8362
2002	6735.00	6122.53	1055.3	15.63	49.75	34.62	9115
1995—2002年生产总值平均增长速度				10.9%			
2003	6769.00	7098.56	1177.7	14.99	51.52	33.49	10487
2004	6808.75	8836.92	1329.6	15.51	53.22	31.27	12979
2005	6851.00	10096.11	1507.8	14.89	51.83	33.29	14737
2006	6898.00	11660.43	1709.8	13.78	52.44	33.78	16904
2007	6943.00	13709.50	1928.7	13.16	52.82	34.01	19746
2008	6988.82	16188.61	2123.5	12.57	54.22	33.21	23164
2003—2008年生产总值平均增长速度				12.4%			
2009	7034.40	17235.48	2335.8	12.81	51.98	35.21	24502
2010	7193.60	20394.26	2620.8	12.57	52.50	34.93	28351
2011	7240.51	24515.76	2916.9	11.85	53.54	34.60	33859
2012	7287.51	26575.01	3196.9	11.99	52.69	35.31	36467
2013	7332.61	28301.41	3459.1	12.37	52.16	35.47	38597
2009—2013年生产总值平均增长速度				10.3%			
2014	7383.75	29421.2	3683.9	11.7	51	37.3	39984
2015	7424.92	29806.11	3930.7	11.54	48.27	40.19	40143
2014—2015年生产总值平均增长速度				6.6%			

注：1. 表中数据均为当年价格。
2. 表中数据来源于1988—2016年河北经济年鉴。
3. 表中生产总值指数1978年=100,生产总值平均增长率按"水平法"计算。

2. 社会发展情况

（1）教育

2015年，河北省研究生教育招生1.4万人，在学研究生4万人，毕（结）业生1.23万人。普通高等学校118所，招生35.08万人，在校生117.9万人，毕（结）业生32.80万人。普通中学在校生351.92万人，小学在校生596.24万人。

（2）科技

2015年，面向产业升级，加强重大项目设施，444个项目获重大科技专项、863、科技支

图 1-1-2 河北省历年生产总值及其增长速度示意图

撑、自然基金等国家科技计划支持,争取专项资金 2.8 亿元。研发应用 10 多项重大产品和重大装备,56 个重大技术成果进入产业化,推动高新技术产业加快发展。

全省高新技术企业新增 350 家,为历年之最,总数达到 1629 家;科技型中小企业新增 3501.15 万家,呈"井喷式"增长,总数达 2.5 万家。科技园区基地规模扩大,新增省级高新区 4 个,全省省级以上高新区达到 29 个,其中国家级 5 个、省级 24 个,在 10 个设区市和 4 个新区实现了高新区平台支撑。石家庄、保定、燕郊 3 个国家级高新区进入千亿级园区行列。中国电科集团 54 所卫星导航系统与装备、石家庄以岭药业公司络病研究与创新中药、邢台轧辊公司轧辊复合材料等获批为国家重点实验室。全省省级以上重点实验室达 105 家,其中国家级 9 家;省级以上工程技术研究中心 231 家,其中国家级 5 家。新建产业技术研究院 10 个,总数达到 28 个;新建院士工作站 35 个,总数达到 173 个;新建科技企业孵化器 8 个,总数达到 61 个,其中国家级 18 个。

(3) 文化

2015 年,河北省共有艺术表演团体 482 个,文化馆 180 个,公共图书馆 172 个。有线广播电视用户 922.47 万户,年末广播节目综合人口覆盖率 99.35%,电视节目综合人口覆盖率 99.27%。全年出版各类报纸 14.59 亿份,各类期刊 4714.95 万册,图书 21617.47 万册。

(4) 卫生

2015 年,河北省共有医疗卫生机构 78600 个,其中医院 1547 个,乡镇卫生院 1960 个,社区卫生服务中心(站)1187个,妇幼保健院(所、站)199个,卫生防疫、防治机构193个。卫生技术人员37.3万人,其中,执业医师及执业助理医师16.7万人,注册护士13.3万人。医疗卫生机构床位34.2万张。

(5)交通

河北省是首都北京连接全国各地的必经之地。经过多年的建设与发展,河北省已形成了陆、海、空综合交通运输网。

铁路:京广铁路、京九铁路、京沪铁路、京包铁路、京通铁路、京哈铁路、石太铁路、石德铁路、朔黄铁路、大秦铁路等共25条主要干线铁路通过河北省。2016年,河北省铁路货物发送量为1.8亿t,货物周转量3633.0亿吨公里。

公路:2016年公路通车里程达18.8万km,其中,高速公路打通、拓宽京港澳、张承、京昆、京台等连接京津的断头路、瓶颈路,高速公路通车总里程达6502km。新增通高速公路县(市、区)9个,基本实现县县通高速公路,高速公路通车总里程居全国第3位。全省普通干线公路里程达到1.86万km,全省农村公路里程为16.2万km,全省公路密度达99.6km/100km^2。

水运:河北海运条件十分便利,有黄骅港、秦皇岛港、唐山港京唐港区以及唐山港曹妃甸港区等较大出海口岸。2016年,河北省码头长度达5.1万m,泊位199个,其中万吨级泊位175个。设计吞吐能力10.4亿t,港口通过能力突破10亿t,居全国第2位。集装箱通过能力达350万TEU,创历史最好水平。

航空:2016年,全省拥有民用机场5个,分别是石家庄正定国际机场、秦皇岛北戴河机场、唐山三女河军民合用机场、邯郸机场和张家口宁远军民合用机场。全省民航机场货物发运量4.6万t,民航机场旅客吞吐量850.1万人。首都机场集团正式托管石家庄机场,石家庄机场迈入国内大型运输机场行列。

(二)河北省经济发展对高速公路需求

1.初期起步阶段(1987—1994年)

河北省正处于计划经济向市场经济过渡阶段,以扩大企业经营自主权为主要内容的企业改革不断深化,普遍推行了厂长(经理)负责制,工作重点进一步转移到以经济建设为中心的轨道上来,改革以建立社会主义市场经济体制为目标。国民经济和社会发展各方面都取得了显著成就。1987年,河北省生产总值为521.92亿元。至1994年,河北省生产总值达到2187.49亿元,年平均增长率12.0%。

1987年至1994年是河北省经济社会迅速发展的八年,为今后的发展提供了坚实的基础,但是在前进中还存在着经济结构性矛盾突出,经济效益差,财力物力不足、使用分散,经济体制和效益格局不尽合理等问题。这些问题的存在,一定程度上是受高速公路等交通基础设施发展不足的制约。河北省国民经济发展仍然要把能源、交通、通信作为重点,在配合国家建设新的西北、东西铁路大通道和通信干线的同时,加强公路主干线、晋煤外运公路的改造和建设,通过加强基础设施建设,增强经济发展后劲。

1987年河北省第一条自主投资、自主设计、自主建设的高速公路——京石高速公路开始建设,1993年半幅分段建成通车,1994年全幅全线建成通车。至1994年底,河北省共建设高速公路229km,高速公路里程增长率117.33%,远超同期全省生产总值的增长率。此阶段中,全国高速公路建设都在刚刚起步,没有经验可借鉴,每个省都在摸索前进。河北省也不例外,摸索高速公路建设经验,着手研究探索设计、施工、监理、招投标等工程技术和管理模式,其代表项目是京石、石太等高速公路建设项目。

2. 引进提高阶段(1995—2002年)

河北省商品短缺状况基本结束,国民经济保持快速增长,结构调整取得成效,社会主义市场经济体制初步建立,对外对内开放不断扩大,全方位开放格局初步形成。1995年,河北省生产总值为2849.52亿元。至2002年,河北省生产总值达到6122.53亿元,年平均增长率10.9%。

此期间的经济社会发展不仅为河北省今后的发展奠定了基础,重要的是在面对挑战和克服困难中积累了经验。在前进的道路上,还面临不少问题,主要是:经济结构不合理,经济增长质量和效益不高,投资增势减缓,城镇化进程不快,城乡居民收入增长缓慢,市场经济体制和运行机制不完善,经济外向度较低等问题。以上问题的解决,都离不开交通基础设施,尤其是高速公路的建设。1995年至2002年期间,河北省重点建设石安、京秦、京沪(河北段)、唐津、保津、石黄等高速公路,构建环京津、环渤海、环省会高速公路系统。河北省通过大力加强基础设施建设,进一步改善经济环境,为国民经济和社会的发展提供强大支撑。

1995年至2002年期间,高速公路新增里程1362km。1999年实现了高速公路突破1000km的目标,同期全省生产总值达到了4500亿元。至2002年,河北省高速公路里程达1591km,年平均增长率27.42%,仍然高于同期全省生产总值的增长率很多。这段时期河北省借助利用国际金融组织贷款的机遇,直接引入了国际管理模式(FIDIC)。通过边干、边学、边消化,并结合我国国情,逐步摸索出一套适合河北省特色的高速公路建设管理新路子,并融入自己抓项目管理的一些特点,工程管理、质量水平有了明显提高。经过多年来的努力,河北省交通基础设施对国民经济的瓶颈制约实现了全面缓解。交通运输在确保客、货"走得了"的基础上,开始转向"走得快、走得好"。其代表项目是石安、京秦、京沪、保津、石黄、京张等一批高速公路建设项目。

3. 多元快速发展阶段(2003—2008年)

河北省第七次党代会提出了建设沿海经济社会发展强省的宏伟目标,"东出西联"是建设沿海经济社会发展强省的重要战略性举措。2008年及此后一个时期，是河北省大力实施"科学发展、富民强省"战略目标、实现经济社会又好又快发展的关键时期。2003年，河北省生产总值为7098.56亿元。至2008年，河北省生产总值达到16188.61亿元，年平均增长率12.5%。

2003年至2008年，经济社会发展对高速公路的需求主要表现在以下几方面：

第一，全面建设小康社会，增加了对交通的需求。按照经济发展规律，人均生产总值达到1000美元之后，一个国家、一个区域的经济会出现较高速度的增长。经济的快速增长，首先是对交通运输提出更多的需求。人民生活水平的提高，汽车拥有量的增加，出行增多，也对交通提出了更多、更高水平的需求。经济发展要遵循经济规律，在经济学中最重要的规律就是需求和供给的平衡关系，当前在诸多产业中，交通是为数不多的需求持续稳定增长的行业。所以，加快交通业发展既是满足社会经济发展的需要，也是满足市场需求的需要。

第二，国际金融危机爆发，党中央和河北省委、省政府做出"保增长、扩内需"的决策部署，对交通运输提出了更高要求。为有效应对国际国内复杂的经济形势和金融危机，党中央、国务院作出了扩大内需促进经济增长的重大决策部署。党中央出台的扩大内需促进经济增长的"十条措施"，把加快交通基础设施建设和民生工程建设作为重要举措。国家在土地指标、项目审批等方面的促进政策，对交通部门来讲机遇难得。因此，河北省充分利用好这一机遇，加快高速公路等项目建设，在谋求交通快速发展的同时，有效拉动全省经济增长。

第三，全国、全省经济快速增长，对交通运输提出了更高、更多的需求。在经过多年加快发展，交通运输紧张状况基本得到缓解的情况下，进入"十五"后期，重新又出现了紧张局面，社会运力的增长速度远远大于交通能力的增长速度，煤电油运供求紧张的状况再次成为突出问题。京张、石太、青红、保阜等多条运煤干线和秦皇岛、黄骅、京唐等重要输煤港口都出现了超负荷运转，塞车压港现象较为普遍。这些情况说明，随着新一轮经济发展周期的来临，加快交通运输能力建设仍是摆在交通部门面前的首要问题。如果不加快发展，交通运输就有可能再次成为经济社会发展的"瓶颈"。这就要求进一步增强加快发展的责任感和紧迫感。

第四，进一步扩大对外开放的需要。河北省委、省政府提出进一步加大河北省对外开放的力度，对外开放范围将更大更广，对外贸易的货运量将有更大幅度增加。河北省作为沿海省份和晋煤东运的主要通道，对交通会有更大的需求。

第五，加快城镇化建设的需要。河北省委六届三次全会已把城镇化战略列入发展四大战略中，城镇化进程的加快对公路交通运输体系建设提出了新的要求。

第六，河北省地处环京津、环渤海地带，过境车量多，特别是北京举办2008年奥运会对河北省交通提出更多需求。

河北省交通基础设施与河北省快速发展的经济社会要求还有相当差距,特别是与建设沿海经济社会发展强省的要求还有很大距离。交通是"东出西联"的基础设施,必须先行,交通决不能成为建设沿海经济社会发展强省的"瓶颈"。为适应河北省经济的快速发展,同时抓住中央扩内需、保增长的机遇,河北省继续加快高速公路等交通基础设施建设,着力提高交通运输水平。2003年至2008年期间,河北省继续实施"五纵六横七条线"高速公路网规划,高速公路新增里程1642km。2005年高速公路通车里程突破2000km,全省生产总值达到10000亿元;2008年一举突破3000km,全省生产总值达到16000亿元。2003年至2008年期间,高速公路里程年平均增长率12.54%,与同期全省生产总值的增长速度吻合,基本适应了社会经济发展的需要。通过多年的不懈努力,河北省不仅在交通建设和运输发展中奠定了坚实的基础,而且积累了很多在市场经济条件下加快发展交通的成功经验,为加快发展提供了可能。积极推进高速公路投资体制改革,实行了"三个多元化",即项目业主多元化、投资主体多元化和筹资方式多元化,转变高速公路加油站经营方式,为高速公路建设筹集资本金。这一时期,高速公路建设的特点是发展快、规模大,项目建设出现百花齐放、百家争鸣的现象。其代表项目是京承、丹拉、张石、津汕、青兰、沿海、廊涿等一批高速公路建设项目。

4. 整合提升阶段(2009—2013年)

河北省经济社会发展的显著特点是工业化、城镇化深入发展,人均国民收入稳步增加,市场需求潜力巨大,资金供给充裕。2009年,河北省生产总值为17235.48亿元。至2013年,河北省生产总值达到28301.41亿元,年平均增长率10.3%。在此期间,河北省继续落实"扩内需、保增长"的战略措施。河北省第八次党代会提出了建设"经济强省、和谐河北"的奋斗目标。2013年,习近平总书记针对河北发展作出重要批示,要求把河北的未来发展与环渤海地区崛起、京津冀协同发展有机结合起来,转型升级,加快发展,形成新的经济增长级。

2009年至2013年,经济社会发展对高速公路的需求主要表现在以下几方面:

第一,交通运输业是国民经济基础性和先导性产业,对经济快速增长具有支撑作用,中央仍将坚持优先发展交通运输的方针政策,各级政府仍将给予重视和支持。交通运输业也是服务性行业,发展水平越高,广大消费者从中享受到的便利越多,必将对交通发展给予更多的理解和支持。这为交通运输业大发展提供了空间和条件。

第二,建设"经济强省、和谐河北",交通运输必须先行,必须走在前列,必须做到"两个率先、一个搞好",即率先建设交通强省、率先建设交通现代化,搞好和谐交通建设。特别是要紧紧围绕首都经济圈、京津冀一体化、沿海地区、冀中南、新农村建设、环首都扶贫开发等重点领域扎实做好交通运输工作。

第三,从牢牢把握扩大内需这一战略基点上,看到了交通运输作为基础产业在投资领域是扩大内需的重要方面,作为服务业属于优先发展的领域,在拉动消费需求的方面作用更加凸显。

第四,从牢牢把握发展实体经济这一坚实基础上,看到了国家继续支持具有公共服务功能的重大基础设施在建和续建项目,这为完善交通运输基础设施网络建设提供了机遇。

第五,从牢牢把握保障和改善民生这一根本目的,看到了交通运输作为保障和改善民生的重点领域,有了更大的发展空间。

第六,与京津冀协同发展相比,与贯彻战略要求相比,与打好"四大攻坚战"要求相比,与北京、天津市的交通发展水平相比,河北省交通发展相对滞后,仍要加快发展、超前发展。要充分认识推进京津冀交通一体化的重大意义、重大任务、重大责任,增强加快京津冀综合交通运输体系建设的紧迫感、责任感和使命感。

习近平总书记批示,要发挥环京津优势,发挥自己的潜力,形成新的增长极。要求加快京津冀交通一体化进程,作为先行领域,加快建设现代化、智能化综合交通运输体系。2009年至2013年期间,河北省积极落实"扩内需、保增长"的战略措施,高速公路建设再掀新高潮。2009—2013年期间,河北省高速公路新增里程2386km。2010年高速公路通车里程突破4000km,全省生产总值达到20000亿元;2012年高速公路通车里程突破5000km,全省生产总值达到27000亿元。高速公路里程由3000km增长到4000km、4000km增长到5000km均仅用了两年时间。截至2013年底,高速公路里程达到5619km,2009年至2013年期间年平均增长率11.69%,仍然高于同期全省生产总值的增长率,为河北省经济的持续发展留足了后劲。这一阶段,河北省高速公路工程建设理念、管理水平也明显得到了提高,开始全面推行现代工程管理,重点是推行了施工标准化等一系列手段,全面提升了管理水平,其代表项目是大广、承唐、承赤、邢汾、承秦等一大批高速公路建设项目。可以说,高速公路建设正在逐步全面深入地落实科学发展观,也正在向更好、更快、更优、更节能环保方向发展。

5. 转型创新阶段(2014年至今)

河北省经济社会发展进入新常态,经济增速放缓、下行压力增大、转型升级任务重。新常态下,经济发展由高速增长变为中高速增长。

转型创新阶段,河北省经济社会发展对高速公路的需求主要表现在以下几方面:

第一,服务区域协同发展,交通肩负着基础设施建设率先突破的重任。京津冀协同、环渤海崛起、"一带一路"的拓展,都要求交通基础设施互联互通、率先突破。当前,加快交通基础设施建设有五方面的迫切需求:

一是补齐短板的需求。河北与京津交通发展水平差距大。公路标准京津多为六(八)车道,河北省多为四(六)车道。河北省高速公路密度仅为北京市的1/2、天津市的1/3。山区、贫困地区交通发展更为落后,需要加快建设,补齐短板。

二是区域协同的需求。京津冀区域断头路、瓶颈路问题突出,北京大外环尚未建成,京秦等3条国高网通道还未完全打通,与京津对接的普通国省干线还存在10条断头路和19条瓶颈路。必须加快打通断头路、瓶颈路,加快互联互通。

三是率先突破的需求。中央领导要求,京津冀要在交通、生态、产业三个重点领域率先突破,交通是首位。要加快推进路网互联发展、港口互补发展、民航错位发展、公交一体发展,对看准的、现实急需的、具备条件的、老百姓能看见成效的事情集中力量加快推进,实现"突破中突破"。

四是发展"三区"的需求。时任交通运输部部长杨传堂提出,京津冀交通运输要成为全面深化交通运输改革的实验区、区域交通一体化的示范区、交通运输现代化的先行区。要推进基础设施一体化,实现"规划同图、建设同步、运输一体、管理协同",服务京津冀地区人员和物资自由、无障碍、高效率地流动。

五是打造亚欧大陆桥重要出海口的需求。河北省地处新丝绸之路经济带和21世纪海上丝绸之路的交汇处和东部北方起点。要着力完善面向泛渤海地区东西贯通、"东出西联"的综合交通运输大通道,加快港口建设和功能调整,联合京津共同构建衔接中蒙俄、新亚欧大陆桥等经济走廊和海上丝绸之路的枢纽港群体系。

第二,服务全省经济稳增长,交通仍面临着加快发展的战略机遇期和有利条件。从宏观形势看,进入新常态后,国家更加重视基础设施对经济增长的促进作用。河北省经济增速放缓、下行压力增大、转型升级任务加重,要想保持一定的增长速度,就必须加大基础设施投入,需要交通继续发挥增投资、稳增长的作用。新常态下,经济发展由高速增长变为中高速增长,但交通运输具备先导、引擎等基础功能,有其自身规律和特点,必须保持持续的高速增长。从行业自身看,经过多年发展,虽然河北省高速公路里程、港口通过能力等指标位居全国前列,但国省干线、农村公路仍排在全国第十几位,与经济社会发展的需求相比仍有一定差距,与加快发展的要求相比差距更大,交通基础设施不是差不多了,而是远远不够。总体看,今后一个较长时期,河北省交通运输仍将面临着战略机遇期,仍需保持一定规模的投资速度。

第三,服务日益增长的社会生产和群众出行需求,迫切要求加快运输服务业发展。在京津冀协同发展中,国家给河北省的一个重要定位就是"全国商贸物流基地"。时任河北省省长张庆伟高度重视运输服务业发展,要求由注重建设向建设、服务并重转变,把提高运输服务水平摆在交通运输发展的重要位置。加快运输服务业发展,成为今后交通工作又一战略重点:

首先,这是经济社会发展的客观需求。经济规模持续增长,经济结构加速调整,消费结构不断升级,必然带来运输需求的持续增长。

其次,这是保障和改善民生的需要。当前,人民群众对出行服务的要求是安全、舒适、便捷,对货运服务的要求是服务优质、安全高效,这就要求交通运输必须上档升级,提高服务水平和物流效率。

再次,这是行业发展的必然选择。国内外发展经验表明,交通运输发展要经历一个由总量规模扩张到服务质量提升的阶段。河北省交通运输基础设施建设的跨越式发展,为发展运输业奠定了坚实基础。比如,高速公路总规模是8000～9000km,现在已建成6000多公里,后续要重点发挥已建基础设施功能,搞好运输,提高运输效率。必须高举运输服务业大旗,把加快运输业发展摆在与加快建设同等重要的位置来抓,抓好公路、机场等综合运输枢纽、物流信息平台和物流园区建设,优化运输组织结构,促进各种运输方式深度融合,满足社会生产和群众出行需求。

2014年至2015年期间,"京津冀协同发展"战略的提出、"一带一路"的拓展、2022年冬奥会的申办成功等,都为河北省高速公路建设的发展提供了难得的机遇和有利条件。河北省高速公路新增里程714km。2015年,高速公路通车里程达6333km,一举突破6000km,同期全省生产总值达到29806.11亿元。2014年至2015年期间高速公路里程年平均增长率6.16%,与同期全省生产总值增速基本持平,高速公路建设的持续发展有力地保障了社会经济的平稳发展。

高速公路建设各阶段与全省生产总值增长率的关系见表1-1-2。

高速公路建设各阶段与全省生产总值增长率的关系 表1-1-2

建设阶段	年　份	高速公路新增里程(km)	累计高速公路里程(km)	高速公路里程年平均增长率(%)	全省生产总值年平均增长率(%)
初期起步阶段	1987—1994	231.515	231.515	117.33	12.00
引进提高阶段	1995—2002	1362	1591	27.42	10.90
多元快速发展阶段	2003—2008	1642	3233	12.54	12.40
整合提升阶段	2009—2013	2386	5619	11.69	10.30
转型创新阶段	2014—2015	714	6333	6.16	6.60

河北省每增加1000km高速公路与全省生产总值总量及增长率的关系汇总见表1-1-3。

每增加1000km高速公路与全省生产总值总量及增长率的关系 表1-1-3

年　份	高速公路里程(km)	全省生产总值(亿元)	全省生产总值数量级(亿元)	各阶段全省生产总值年增长率(%)	高速公路里程年增长率(%)
1994	200	2187.49	2000	12.0	113.17
1999	1000	4569.19	4500	11.9	37.97
2005	2000	10096.11	10000	10.9	12.25
2008	3000	16188.61	16000	12.1	14.47
2010	4000	20394.26	20000	11.1	15.47
2012	5000	26575.01	27000	10.4	11.80
2015	6000	29806.11	30000	7.1	6.27

第二节 综合运输与物流发展

一、京津冀区域综合运输发展

(一)京津冀区域合作历程

1986年到2008年,京津冀三地进行了多次区域合作探讨,先后出台《环渤海区域合作框架协议》《北京市、天津市、河北省发改委建立"促进京津冀都市圈发展协调沟通机制"的意见》等合作文件。

2010年8月5日,《京津冀都市圈区域规划》上报国务院,区域发展规划按照"8+2"的模式制订,包括北京、天津两个直辖市和河北省的石家庄、秦皇岛、唐山、廊坊、保定、沧州、张家口、承德八个地市。

2010年10月,河北省政府《关于加快河北省环首都经济圈产业发展的实施意见》正式出台,提出了在规划体系等6个方面启动与北京的"对接工程"。

2011年3月,国家"十二五"规划纲要提出"打造首都经济圈"。

2014年1月,北京市政府工作报告提出,落实国家区域发展战略,积极配合编制首都经济圈发展规划,主动融入京津冀城市群发展。

(二)京津冀协同发展战略

2014年2月26日,习近平总书记主持召开京津冀协同发展座谈会,强调实现京津冀协同发展是一个重大国家战略,要坚持优势互补、互利共赢、扎实推进,努力实现京津冀一体化发展,并就推动京津冀协同发展明确提出"七个着力"战略任务,即着力加强顶层设计、着力加大对协同发展的推动、着力加快推进产业对接协作、着力调整优化城市布局和空间结构、着力扩大环境容量生态空间、着力构建现代化交通网络系统及着力加快推进市场一体化进程。

习近平总书记指出,交通一体化是京津冀协同发展的骨骼系统,这个系统立起来了,协同发展的基础和条件就立起来了,人流、物流、信息流一体化就很容易实现了。要求以区域基础设施一体化为优先领域,把交通一体化作为推进京津冀协同发展的先行领域,通盘考虑、统筹规划,加快构建快速、便捷、高效、安全、大容量、低成本的互联互通综合交通网络。

(三)京津冀区域综合运输现状

目前,京津冀区域是我国交通网络密度较高的地区之一,已具备铁路、公路、水运、民航等多种运输方式,为构建一体化交通运输网络奠定了基础。

1. 基础设施

(1)铁路。截至2016年底,京津冀区域铁路总里程9527km、密度4.4km/100km²,其中快速铁路1219km、密度0.6km/100km²。

(2)公路。截至2016年底,京津冀区域公路网公路总里程22.67万km、密度104.9km/100km²,其中高速公路8715km。

(3)港口。截至2016年底,京津冀区域沿海港口生产性泊位359个,其中万吨级泊位292个,形成了"四港一群"港口布局。2016年完成货物吞吐量15.01亿t,占全国沿海港口吞吐量的18.57%,集装箱吞吐量达到1755万TEU。

(4)民航。截至2016年底,京津冀区域通航运输机场共有8个,已经形成了"2(北京首都机场、南苑机场)1(天津机场)5(石家庄、邯郸、唐山、秦皇岛、张家口机场)"航空布局。2016年完成旅客吞吐量1.16亿人次,货邮吞吐量220万t。

2. 运输服务

2016年,京津冀区域公路客运量10.23亿人,公路旅客周转量4439500万人公里,货运量24.8亿吨,公路货物周转量78285800万吨公里(表1-2-1),公路营业性客运车辆达到10.39万辆、营业性货运车辆达179.17万辆,平均每日开行动车组200余对,城市公交线路达到3951条,公交车辆6.1万辆、北京公交已经覆盖河北省15个县(市、区)、运营线路26条,民航开通定期航线1510条、通达国内外393个城市。

京津冀公路客货运量表　　　　　表1-2-1

年　份	客运量 (万人)	旅客周转量 (万人公里)	货运量 (万t)	货物周转量 (万吨公里)
2010	231302	8647006	176977	43440778
2011	243829	9596600	213461	56183132
2012	254034	10333779	248190	65914248
2013	119993	5211762	225349	70477759
2014	118627	5155343	241812	75339658
2015	111200	4773700	266000	82763400
2016	102300	4439500	248000	78285800

3. 信息化

京津冀区域实现了铁路、公路、港口、民航信息化管理,建成了区域高速公路联网不停车收费(ETC)系统。

河北省地方铁路已实现机车电子添乘和主要货运站场电子监控;完成高速公路指挥调度中心建设,建成ETC车道317条,覆盖166个收费站,覆盖率48%,ETC用户达到27

万户;11个设区市均已实现公交智能调度;完成了港口视频监控系统建设;建成了民航航班信息管理、行李分拣跟踪等信息化管理系统。

(四)综合运输体系在京津冀协同发展中的作用

综合运输体系的完善,一体化交通的构建,对于京津冀协同发展有着重要的支撑作用。

1. 疏解首都交通压力

在首都环线高速公路的基础上构建由高速公路与铁路形成的复合型首都环线综合运输通道,重点疏解首都西北方向至沿海港口、西南方向,东北方向至西南方向的过境运输。

同时,随着京津冀协同发展和新型城镇化进程的不断推进,以及北京产业转移、功能疏解的加快实施,以京津为核心、北京新机场临空经济区为重要组成部分的区域核心经济区(京津廊保核心区)将逐步形成。核心经济区新兴城市的崛起和经济的快速发展,势必导致其内部城市间交通运输更加繁忙。为避免因过境交通干扰,形成新的交通拥堵,需在更大范围谋划构建京津冀区域环线综合运输通道,有效解决京津廊保核心区的过境交通问题,更好地服务核心区、城市群功能的整体提升。

2. 畅通对外运输大通道

《综合交通网中长期发展规划》确定了国家"五纵五横"综合运输大通道,其中涉及京津冀区域的主要有南北沿海运输大通道、京沪运输大通道、满洲里至港澳台运输大通道三条纵向运输通道,以及西北北部出海运输大通道、青岛至拉萨运输大通道两条横向运输通道。

强化国家运输大通道在京津冀区域的布局。按照新建与改扩建相结合的原则,加快完善国家快速铁路网和国家高速公路网,对国家运输大通道进行必要的加密或扩容改造,同时有条件地开展客货分离、快慢分开、长短途分线,更好地发挥交通基础设施的效率,促进区域通道与国家通道的协调发展,进一步提升通道内部组织效率,畅通京津冀城市群与周边城市群间的综合运输通道,实现京津冀区域与长三角、珠三角、东北、西北、西南、华东、华中、华南及周边省区的快速通达。

3. 强化区域内部联系

按照"客运快速、货运便捷"的原则,加强区域内各城市之间联系,有效缩短地区间的时空距离,提高人员、物资流动效率。统筹考虑城际、城市、城乡三个层次的交通需求特征,按照各种运输方式的技术经济特点进行建设:建设以快速铁路和高速公路为主的城际交通捷运系统,满足快速、大容量的城际交通需求;建设轨道交通和道路公共交通共同发展的城市交通捷运系统,满足短距离、高密度的城市交通需求;建设发达的公路客运和适度的私人交通共同发展的城乡交通捷运系统,满足便捷通达的城乡交通需求。

4. 发挥海空资源优势

整合港口资源,深化港口合作,加快形成分工明确、功能完备的区域港口群体系,发挥港口群对区域发展的辐射带动作用;统筹民航发展,优化配置航空资源,加快形成布局合理、干支结合的区域机场群体系,充分利用首都机场和北京新机场的辐射作用,发挥机场群整体效益和比较优势,提供多元化航空运输服务。

5. 优化区域枢纽功能

优化区域枢纽布局,提升枢纽服务水平,重点解决京津枢纽过于集中的突出问题,强化区域枢纽的疏解作用,构建全国性、区域性、地方性三个层次的综合枢纽体系,形成区域多中心枢纽布局,实现区域综合交通运输协调、健康发展。

二、河北省综合运输发展现状

(一)河北省交通运输各方式发展现状

1. 公路

2016年,河北省公路总里程达到18.8万km。高速公路达到6502km,居全国第3位,实现城区常住人口20万以上城市全覆盖,通达全省98%的县(市、区);普通干线公路总里程达到1.85万km,其中二级及二级以上比例达到86%;农村公路总里程达到16.33万km,实现所有建制村通油(水泥)路;燕山—太行山集中连片特困地区公路里程达到3.9万km。公路建管养并重的发展模式基本形成,普通干线公路和县乡公路中型以上桥梁实现无危桥运行。1987—2016年公路运输量统计见表1-2-2。

1987—2016年公路运输客货运量、客货运周转量　　　　　表1-2-2

年　　份	客运量 (万人)	旅客周转量 (万人公里)	货运量 (万t)	货物周转量 (万吨公里)
1987	12509	618822	4406	281327
1988	13152	704743	4630	326718
1989	22599	1107566	48404	2523357
1990	20525	1084443	44397	2354514
1991	21721	1176798	44900	2487139
1992	30315	1737865	49169	2838448
1993	30567	1846292	53500	2854120
1994	30010	1926062	59097	3725555
1995	32038	2062037	59860	3973613

续上表

年 份	客运量 （万人）	旅客周转量 （万人公里）	货运量 （万t）	货物周转量 （万吨公里）
1996	32303	2151662	62235	4736247
1997	33755	2264595	61568	4550073
1998	53761	3632913	61564	5017787
1999	56862	3917109	62340	5375242
2000	60341	4056308	62321	5554201
2001	67377	4453472	63696	6080128
2002	71081	4825752	66655	6323998
2003	60767	3966924	61570	5915983
2004	72500	4663309	66227	6585863
2005	75402	4853313	68652	6914545
2006	77931	5161179	73263	7488635
2007	82648	5698036	79822	8432275
2008	66242	3525793	91342	25480052
2009	70579	3708983	106530	29984943
2010	83289	4422457	135938	40112351
2011	91857	5220760	166680	52192833
2012	97218	5781684	195530	61334734
2013	52956	2965348	172492	65778873
2014	51151	2904802	185287	70195596
2015	46985	2616593	207495	77335630
2016	39925	2445649	189822	72945913

2. 铁路

2015年，全省铁路总里程达到7166km，居全国第2位。其中，快速铁路突破1000km（达到1039km），通达省内8个设区市。1987—2015年的铁路客货运量见表1-2-3。

1987—2015年的铁路客货运量　　　　　表1-2-3

年 份	客运量 （万人）	旅客周转量 （万人公里）	货运量 （万t）	货物周转量 （万吨公里）
1987	114	2553	629	18388
1988	110	2434	691	20752
1989	5936	2836419	12088	12257551
1990	5034	2494428	11501	12568018
1991	4849	2684076	11460	12914253
1992	4832	2900928	11734	13752648

续上表

年　份	客运量 (万人)	旅客周转量 (万人公里)	货运量 (万 t)	货物周转量 (万吨公里)
1993	5118	3053156	11936	14286915
1994	5093	3070267	12056	14786749
1995	4655	2877204	12986	15347356
1996	4272	2649719	12158	15143076
1997	4254	2877525	12452	15040922
1998	4633	3130866	11720	13451145
1999	4704	3382323	11723	13712251
2000	4902	3772383	12546	14747748
2001	4841	4025600	14954	16130400
2002	5004	4152630	15368	16582370
2003	4441	3787643	16646	17811287
2004	5270	4790705	18216	19555359
2005	5492	5044000	19051	21209800
2006	6024	5524537	19646	23311139
2007	6238	5954783	20920	25818638
2008	6816	6391700	23808	27380500
2009	7194	6724000	28308	27431000
2010	7558	7306100	37964	32080700
2011	7601	7845008	26182	39268104
2012	7846	7910300	43429	41808773
2013	8762	8671823	49688	44897301
2014	9570	9859079	20626	41859541
2015	9706	9444300	17843	36330100

3. 港口

2016年全省港口通过能力达到10.4亿t,跃居全国第2位,新增通过能力居全国第1位;集装箱通过能力达到350万TEU;港口生产性泊位达到199个,其中万吨级以上泊位比例达到88%,20万吨级航道达到3条。1991—2016年的港口吞吐量见表1-2-4。

1991—2016年的港口吞吐量　　　表1-2-4

年　份	港口吞吐量(万t)	年　份	港口吞吐量(万t)
1991	28	1995	433
1992	35	1996	8943
1993	74	1997	8425
1994	196	1998	8420

第一章 经济社会与综合运输发展概况

续上表

年 份	港口吞吐量（万t）	年 份	港口吞吐量（万t）
1999	9012	2009	50874
2000	10774	2008	44065
2001	12558	2010	60344
2002	14432	2011	71300
2003	18002	2012	76234
2004	22515	2013	88984
2005	27341	2014	95030
2006	33805	2015	91251
2007	399840	2016	95208

4. 民航

2016年全省运输机场总数达到5个，客、货吞吐能力分别达到2200万人次、25万t；年累计开通定期航线112条，通航城市达到73个，其中石家庄机场开通航线92条，通航城市70个。已建成的通用机场数量达到5个。2011—2016年的民航吞吐量见表1-2-5。

2011—2016年的民航吞吐量 表1-2-5

年 份	旅客吞吐量（万人）	货邮吞吐量（万t）
2011	229.6	2.1
2012	271.9	2.4
2013	300.8	2.6
2014	338.0	2.5
2015	699.5	5.3
2016	850.1	4.6

（二）河北省综合运输体系在京津冀运输体系中的作用

河北省地处环京津、环渤海的特殊区位，具有自己独特的发展优势。国家规划的"五纵五横"综合运输大通道有三纵两横经过境内，是全国通往京津，西北北部出海，东北连接华北、华中、华东的必经之地。河北省正依托自身优势，积极构建"东出西联、南北通衢"的综合运输体系。

（1）河北省综合运输体系承担着京津地区经济发展所需能源物资的运输功能。

京津两市经济总量大且发展速度快，能源物资消耗量很大，如2005年支撑经济发展的能源消耗就达1.02亿t标准煤。而两市能源物资绝大部分需要从外地输入，河北省综合运输系统对保障京津地区的能源物资运输功能发挥了巨大作用。如

2004年由河北省综合运输系统承担的"三西"地区外运煤炭中,有4974万t在京津两地销售。

(2)河北省综合运输体系承担着京津冀地区特别是北京、天津两个大都市工业产品的全部陆路对外运输及部分出海运输功能。

京津冀地区作为我国发达的制造业基地之一,产品辐射全国甚至海外。产品的陆路运输主要通过若干运输通道经河北省向全国输送,出海运输则主要通过天津港、秦皇岛港、唐山港发出。

(3)河北省综合运输体系对保证首都的政令畅达,维护国家政治稳定,保障国防安全具有重大意义。

国家高速公路网中规划的7条首都放射线,国家中长期铁路网规划中京哈、京广、京沪3条首都放射状铁路客运专线均经过河北省,是河北省综合运输系统的重要组成部分。保障重要通道的交通畅达对发挥首都政治功能起着重要作用。

(4)河北省综合运输体系的完善有利于减少京、津的过境交通,缓解京、津两大都市的交通压力。

京津冀地区由于特殊的交通区位,承担了大量过境交通,而地处京津冀地区核心的京津两市,过境交通干扰更是首当其冲。完善河北省综合运输系统有利于分流京、津的过境交通,保障京、津两个大都市的交通畅通。

(三)综合运输通道总体格局及综合运输枢纽建设

1. 综合运输通道总体格局

根据城镇体系布局以及运输量空间分布情况,河北省内运输通道总体格局可以归纳为"三纵三横"运输大通道(图1-2-1)。这些运输通道位于河北省的重要交通区位线上,对支撑并带动沿线城镇经济发展发挥着重要作用。

三纵:

——纵一:京哈—京广运输通道;

——纵二:京承—京九运输通道;

——纵三:京张—京沪运输通道。

三横:

——横一:保港运输通道;

——横二:石黄运输通道;

——横三:冀南运输通道。

纵一:京哈—京广运输通道

第一章
经济社会与综合运输发展概况

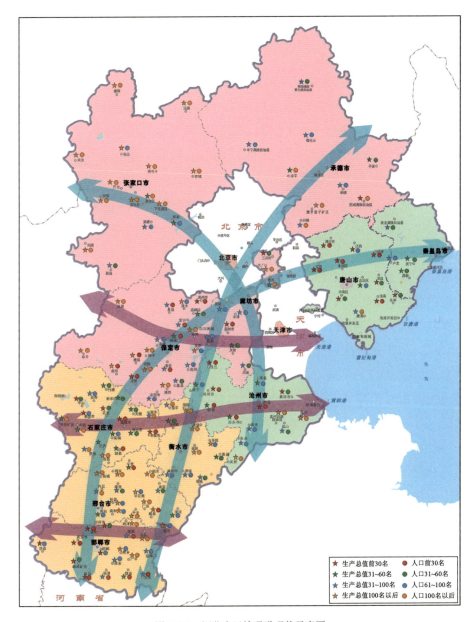

图 1-2-1 河北省运输通道现状示意图

  该通道由东北进入秦皇岛,途经唐山、廊坊、北京、保定、石家庄、邢台至邯郸,向南进入河南省,并向华中、华南延伸。该通道处于全国城市化格局"两横三纵"——京哈京广轴上,是连接河北省省会石家庄以及秦皇岛、唐山、廊坊、保定、邢台、邯郸等城市与首都北京的重要通道,将滦南、迁西、迁安、三河、定州、藁城、武安等城镇分布带联系起来。同时该通道也承担着京津冀城市群以及东北地区与华中、华南地区的交通联系,在我国综合运输网中具有重要地位。

该通道主要由京秦铁路、京广铁路,京哈高速公路(G1)、京港澳高速公路(G4)、京昆高速公路(G5),国道G102、G107组成。

纵二:京承—京九运输通道

该通道由东北进入承德,途经北京、北京新机场(规划)、廊坊至衡水,向南进入河南省,并继续延伸至华中、华南地区。该通道联系承德、北京、北京新机场与固安、霸州和雄县城镇带,既是满足京津旅游出行,构建大北京旅游产业的主要支撑,又是冀中南粮食产区供给北京,满足北京与冀中南地区联系的主要通道,同时也是北京与东北、华中、华南联系的过境通道。

该通道主要由京九铁路、京承铁路,大广高速公路(G45),国道G101、G106、G111,省道京承公路(S354)组成。

纵三:京张—京沪运输通道

该通道主要联系张家口、北京、廊坊、天津、沧州等市,向西可进入山西和内蒙古,并继续向西北地区延伸,向南进入山东省,并继续延伸至华东地区。该通道将宣化区、下花园区、怀来、青县、沧县等城镇分布带联系起来,是廊坊、沧州等城市与京、津联系的重要通道,并可满足北京、张家口旅游休闲、蔬菜供应等需求。同时该通道也是京津冀城市群与西北及华东地区联系的主要通道。

该通道主要由京沪高速铁路、京沪铁路、京包铁路、丰沙铁路,京沪高速公路(G2)、京台高速公路(G3)、京藏高速公路(G6)、京新高速公路(G7),国道G104、G110组成。

横一:保港运输通道

该通道东起天津,经廊坊至保定,向西可延伸至山西及内蒙古等地区,同时,该通道与京哈—京广运输通道结合,可形成石家庄至天津的通道。该通道主要满足沿线保定、廊坊等城市产业发展需要,也是京津冀地区与西北地区联系的主要通道,同时又是北方经济中心、国际航运中心——天津市同石家庄、太原以及西部地区联系的重要通道。

该通道主要由津霸铁路、保津铁路(在建),荣乌高速公路(G18),省道津保北线(S333)、津保南线(S381)组成。

横二:石黄运输通道

该通道东起沧州黄骅港,途经沧州、衡水至省会石家庄市,向西进入山西省,并继续延伸至西部地区。该通道将渤海新区、黄骅、沧县、献县、深州、辛集、晋州、藁城与省会石家庄组成的城镇分布带联系起来,是石家庄市连通沧州、衡水等城市的主要通道,也是京津冀地区同山西省及西北地区联系的重要通道,还承担着山西省及西北地区重要的出海通道功能。

该通道主要由石太客运专线、石太铁路、石德铁路,黄石高速公路(G1811)、石太高速公路,国道G307、省道正港公路(S302)组成。

横三:冀南运输通道

该通道为冀南地区东西部联系的重要通道,向东可与山东省省会济南联系,向西进入山西省,并可继续延伸至西部地区。该通道将涉县、武安、永年、肥乡、馆陶、沙河、威县、清河等形成的城镇带联系起来,是加强冀南地区各县市与地级市联系的重要纽带,同时也是冀南地区同山东、山西及西部地区联系的重要通道。

该通道主要由青兰高速公路(G22)、邢临高速公路、国道 G309 组成。

2. 综合运输枢纽

根据国家《综合交通网中长期发展规划》《河北省综合交通体系建设"十二五"规划》,河北省共有石家庄、秦皇岛、唐山、保定 4 个全国性综合交通枢纽,邯郸、沧州、廊坊、张家口、承德、衡水、邢台等 7 个区域性综合交通枢纽,以及一些地方枢纽(图 1-2-2)。

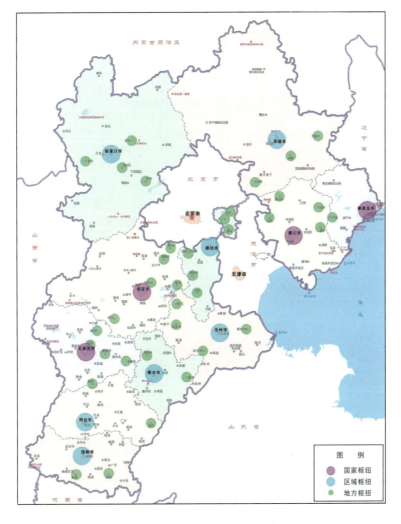

图 1-2-2　河北省综合运输枢纽示意图

三、河北省物流发展

河北省区位优势明显,在国家规划的"六纵六横"物流大通道中,"六纵"中有"东北、南北沿海、京沪、京港澳(台)"等4条通道,"六横"中有"西北能源外运及出海、青银"等2条通道经过河北。石家庄、唐山、秦皇岛三市被列为"骨干联运枢纽节点"。

(一)物流发展现状

2015年全省社会物流总额达到8.4万亿元,同比增长6.7%;物流业实现增加值2613亿元,同比增长6.9%,成为继钢铁业、装备制造业后的第三大支柱产业。行业物流快速发展,快递物流和电商物流同比增长17.8%和42.2%,跨境电子商务等新兴业态不断涌现;商贸流通设施日趋完善,年交易额超百亿元批发市场8个,超10亿元商品市场77个;省级物流产业聚集区建设加快推进,迁安北方、安平等7个物流产业聚集区入选全国优秀物流园区;领军企业迅速成长,全省规模以上物流企业达到417家,冀中能源国际物流、开滦国际物流等8家企业步入全国物流百强。实力雄厚的产业基础为河北省建设全国现代商贸物流重要基地提供了强有力的保障。河北省2015年社会物流表见表1-2-6。

河北省2015年社会物流表　　　　表1-2-6

指　　标	单　　位	数　　据
1. 物流业增加值	亿元	2613
2. 社会货物物流总额	亿元	83695
3. 社会物流总费用	亿元	5635
4. 全社会货运量	亿t	23
5. 全社会货物周转量	亿吨公里	12937
6. 港口货物吞吐量	亿t	9
7. 快递业务量	亿件	6
8. 快递业务收入	亿元	56
9. 社会消费品零售总额	亿元	12935
10. 电子商务交易总额	亿元	10800
11. 亿元农产品批发市场个数	个	253
12. 社会物流总费用与生产总值比率	%	19
13. 物流业增加值占服务业增加值的比重	%	22
14. 物流业增加值占生产总值比重	%	9

(二)物流发展政策

河北省物流发展相关政策见表1-2-7。

第一章
经济社会与综合运输发展概况

河北省物流发展相关政策　　　　　　　　　　表1-2-7

时　　间	政　策　名　称
2009.08	国务院物流业调整和振兴规划
2012.11	河北省人民政府关于促进服务业发展的若干意见
2013.01	商务部关于加快国际货运代理物流业健康发展的指导意见
2013.01	工业和信息化部关于推进物流信息化工作的指导意见
2014.09	物流业发展中长期规划(2014—2020年)
2015.01	河北省人民政府关于促进物流业加快发展的若干意见
2015.03	河北省人民政府关于促进内贸流通健康发展的实施意见
2015.05	商务部等10部门全国流通节点城市布局规划(2015—2020年)
2016.01	河北省人民政府关于推进"互联网+"行动的实施意见
2016.04	国家发改委关于加强物流短板建设促进有效投资和居民消费的若干意见

1. 2014年国务院印发《物流业发展中长期规划(2014—2020年)》

明确要求按照加快转变发展方式、建设生态文明的要求,适应信息技术发展的新趋势,以提高物流效率、降低物流成本、减轻资源和环境压力为重点,以市场为导向,以改革开放为动力,以先进技术为支撑,积极营造有利于现代物流业发展的政策环境,着力建立和完善现代物流服务体系,加快提升物流业发展水平,促进产业结构调整和经济提质增效升级,增强国民经济竞争力,为全面建成小康社会提供物流服务保障。

2. 2015年河北省政府办公厅印发《关于促进内贸流通健康发展的实施意见》

明确要完善现代物流配送体系,抓好石家庄、唐山等国家级城市共同配送试点,推广统一配送、共同配送等模式;发挥邮政网络和服务优势,加强投递终端设施建设,因地制宜发挥农村邮政物流服务;开展电子商务与物流快递协同发展试点,加快智能快件箱和快递新能源车辆的推广应用,在大专院校建立公共性快递末端投递平台;畅通物流绿色信道,推动城市配送车辆统一标识管理,保障车辆通行便利。

3. 2016年河北省人民政府印发《关于推进"互联网+"行动的实施意见》

要求推进城市物流(快递)配送车辆标准化、专业化发展,鼓励采用清洁能源车辆开展物流(快递)配送业务。大力发展智能快件箱、冷链储藏柜、代收代投服务点、共同配送站(点)等新型配送模式,解决物流(快递)配送"最后一公里"问题。

(三)基础设施

2016年,河北省交通运输、仓储和邮政业实现增加值2403.0亿元。全年货物运输总量21.1亿t;货物周转量12339.2亿吨公里。旅客运输总量5.1亿人;旅客周转量1238.1亿人公里。全省年末民用汽车保有量1291.7万辆(包括三轮汽车和低速货车),其中私人汽车保有量1186.6万辆。民用轿车保有量758.4万辆,其中私人轿车731.4万辆。此外,铁路数量已经初具规模,具有较强的辐射能力。河北省铁路里程达到7166km,津保铁路、张唐铁路都在2015年底正式通车。全省共建成1个综合客运枢纽及4个物流园区(中心);建成高铁客运站17个、城际铁路客运站7个、普速铁路客货运站50个。

河北省的港口建设发展较好,其拥有487km海岸线,拥有3个大型港口,即唐山港、秦皇岛港及黄骅港,为河北省发展港口物流奠定了良好的基础。同时,近些年河北省大力推动机场建设,地区内的航空物流同样获得了飞速的发展。

(四)运输装备

高速铁路成套设备达到国际领先水平,实现规模化运营,大功率机车、新型货车等先进装备得到进一步应用。公路营业性车辆达到142.5万辆。其中客运车辆达到2.5万辆,减少0.5万辆,班线客车中高级比例达到51.7%;货运车辆达到140万辆。全省公交车辆达到2.3万标台。

(五)信息化

河北省建设了河北交通应急指挥中心、全省高速公路通信系统骨干传输平台及多个公路、运管、港航等综合管理业务子系统;铁路建立了客运12306、货运95306服务网站,开通了互联网售票和货运网上受理;高速公路实现了ETC车道全覆盖,ETC系统与全国联网,用户达到200万户以上,开通了高速公路公众出行网等信息服务系统。

第二章
公路建设及运输发展

第一节 公路建设

新中国成立之初,河北省境内的主要公路有65条、总里程7984km,约占当时全国公路总里程的6.7%。其中通车里程为5310km,约占全国公路通车里程的6.2%。总体看,当时我省公路多为土路,标准低、质量差、晴通雨阻,迫切需要整修。1949年至1952年期间,河北省对11条重点干线公路进行整修,公路通车质量有所提高。从1953年起,公路部门开始依靠地方、依靠民工建勤,就地取材,用简易方法修建中、低级路面,1958年全省实现了县县通公路。1963年末全省公路通车里程达到25531km,是1949年的4.8倍,其中晴雨通车里程占总里程的16.4%。1964年到1978年,是河北公路在曲折发展中不断改善与提高的时期。"文革"期间,公路部门排除干扰,反复研究试验并推广了具有河北特色的石灰稳定土基层、渣油表面处治路面。1978年底,全省拥有沥青(渣油)路面里程已居全国前列,全省公路通车里程达到40260km,是新中国成立之初的7.6倍,其中晴雨通车里程达到44%,拥有沥青(渣油)路面里程已占公路通车总里程的34%,县、市之间基本都铺筑了沥青(渣油)路面,全省90%以上桥涵实现了永久化。但全省公路通车里程少、技术标准低、车辆通行能力差,严重制约着经济发展,迫切需要加快改造既有公路,新建等级公路尤其是修建等级比较高的公路。

从改革开放之初的1979年开始,全省集中财力物力分期分段对主要国省干线按一、二级公路进行技术改造,交通条件得以初步改善。随着改革开放步伐的加快,人们的思想进一步解放,生活生产的交流空间逐步扩大,出行方式的选择进一步增多。汽车、拖拉机、畜力车、人力车、自行车等大为增加,二、三级公路上混合交通突出,横向干扰严重,汽车车速不快,事故发生率高。因此在提高公路等级的同时,如何解决混合交通,排除横向干扰,增加通行能力,成为摆在河北交通人面前的难题。为解决这一问题,时任河北省交通厅副厅长何少存和公路管理及工程技术人员,专程到日本考察学习,并结合我国的交通状况、经济发展及建设资金情况,提出了公路升级改造时"原有公路(二级、三级)不动,在旁边增修一条公路(原来是二级路的增修一条三级路,原来是三级路的增修一条二级路),形成双幅",二级路专门行驶汽车,三级路行驶除汽车之外的所有车辆,由此形成了汽车专用路。1985年在国道G107公路邯郸至马头段修建了15km的试点工程,建成了河北第一条二级汽车专用公路,效果良好。此后,在全省推广铺开,从1985年到1999年,全省共新建、改建汽车专用路29条段,共计653km,得到了交通部的认可。此后,汽车专用公路作为公路标准系列,纳入了1988年颁布的《公路工程技术标准》(JTJ 01—88)中,在全国陆续推广。汽车专用公路是河北交通人的一个创举,是历史阶段的产物。

汽车专用二级公路虽然排除了纵向干扰,将汽车与其他慢行车辆人为地分开分路行驶,但它不能解决横向干扰(每隔500~1000m设有一个平交道口)的问题。汽车的行驶速度还是不高,事故依然多发,没有从根本上解决混合交通和横向干扰问题。而且"汽车专用"是通过强化管理手段实现的,无疑增加管理工作量很大。只是汽车专用二级路造价较低,适合当时经济落后、缺少建设资金的国情。当时的指导思想是随着改革开放的深入和国民经济发展、交通量的增加和社会对交通需求的进一步提高,将双幅汽车专用路进行封闭改造,增加互通,增修横向通道和天桥,加铺路面,就形成了全幅高速公路。但后来的研究论证认为,用这样的汽车专用二级公路改造为高速公路太浪费,如同新建,还占用了汽车专用路(使通道内少了一条路)。因此,这种设想没有实现。

北京到石家庄公路是国家南北大通道,具有重要的政治经济意义,交通量大且增长很快,适合修建通行能力很大、排除纵横向干扰、彻底解决混合交通、全封闭全立交的汽车专用公路。但由于建设资金不足,所以设想先修半幅,修的里程长一些,先解决"通"的问题;待解决了建设资金时再修另外半幅,一条完整的高速公路就形成了。这就是"半幅高速公路"构思的由来。1987年3月,京石高速公路半幅开工建设。至1991年3月,石家庄至定州段68km建成通车,河北省有了第一段半幅高速公路。至1993年10月半幅全线贯通。至1994年12月,北京—石家庄高速公路全幅全线建成通车。河北省有了第一条自己管理、自行设计、自主施工的高速公路。它的修建模式开创了我国高速公路修建模式之先河,为我国高速公路的发展积累了管理、设计和施工的宝贵经验。它的修建为我省培养了大批的设计、管理人才,摸索出了多方面的施工经验,为全省大规模修建高速公路奠定了坚实的基础。

京石高速公路的建设,使人们彻底解放了思想、统一了认识。至此,在河北省要不要修高速公路的争论停止了,人们关注的焦点变成了如何修建高速公路,如何大规模修建高速公路。

(一)高速公路各个发展阶段中公路路网的发展情况

1. 初期起步阶段(1987—1994年)

1987年,全省建成汽车专用路3条段,总长80.23km。全省油路、混凝土路等高级、次高级路面21373km,居全国首位。货运量4792.5万t,货物周转量672547万吨公里;客运量12622万人次,旅客周转量621375万人公里。

第二章
公路建设及运输发展

到1994年,全省公路通车里程达到50496km,高级、次高级路面达到33455km。这一时期:京石汽车专用公路于1987年3月开工,1994年12月建成通车,全长224.6km;京津塘高速公路于1987年12月开工,1990年12月河北廊坊段6.8km建成通车;石太汽车专用一级公路于1992年6月开工建设,全长68km。

1987—1994年河北省公路及公路桥梁、隧道里程分别见表2-1-1～表2-1-3。

1987—1994年河北省公路通车里程按技术等级划分(单位:km)　　表2-1-1

年 份	通车里程	高速公路	一级公路	二级公路	三级公路	四级公路	等外公路
1987	41577	—	72	2584	12486	16833	9602
1988	42299	—	72	2886	13318	16871	9152
1989	42992	—	75	3068	13463	17574	8764
1990	43640	7	78	3503	13508	18386	8158
1991	47464	75	78	3760	14558	24340	4558
1992	48334	200	78	3996	14847	25074	4139
1993	49195	232	99	4427	14695	25781	3964
1994	50496	232	99	4717	15106	26566	3779

1987—1994年河北省公路通车里程(按行政等级划分)(单位:km)　　表2-1-2

年 份	国道	省道	县道	乡道	专用公路	村道
1987	10849		8261	20990	1477	
1988	11058		8270	21489	1482	
1989	11124		8302	22075	1491	
1990	11959		8287	21889	1505	—
1991	12110		8322	25557	1475	
1992	4472	8355	8355	26615	1524	
1993	4456	8419	8419	26942	1556	
1994	4462	8623	8623	28038	1532	

注:村道无统计数据。

1987—1994年河北省公路桥梁、隧道里程　　表2-1-3

年 份	桥梁数量(座)	桥梁里程(延米)	隧道数量(座)	隧道里程(延米)
1987	6997	242424	—	—
1988	7241	251962	—	—
1989	7450	258520	—	—
1990	7669	267064	—	—
1991	8316	279656	—	—
1992	8548	287471	33	8601
1993	8672	293165	34	8934
1994	8796	298803	36	10659

注:1987—1991年,隧道无统计数据。

2. 引进提高阶段(1995—2002年)

抓住利用国际金融组织贷款的机遇,直接引入了国际管理模式(FIDIC)。结合我国国情,逐步摸索出一条具有河北省特色的高速公路建设管理新路子,并融入自身抓项目管理的一些特点,工程管理、质量水平有了明显提高,其代表项目是石安、京秦、京沪、保津、石黄、京张等高速公路建设项目。

1995—2002年河北省公路及公路桥梁、隧道里程分别见表2-1-4～表2-1-6。

1995—2002年河北省公路通车里程(按技术等级划分)(单位:km) 表2-1-4

年 份	通车里程	高速公路	一级公路	二级公路	三级公路	四级公路	等外公路
1995	51630	229	180	5267	15629	26899	3424
1996	54146	278	342	5811	15487	29163	3065
1997	56009	494	607	6764	14868	30378	2898
1998	57263	607	1048	7242	14995	30709	2662
1999	58162	1009	1307	7547	14932	30853	2514
2000	59152	1480	1458	8028	14647	31163	2376
2001	62615	1563	1936	9259	14652	25847	9358
2002	63079	1591	2050	9835	14533	25986	90

1995—2002年河北省公路通车里程(按行政等级划分)(单位:km) 表2-1-5

年 份	国道	省道	县道	乡道	专用公路
1995	4493	8568	8142	28838	1589
1996	4522	8720	8246	31058	1600
1997	4504	9137	8318	32405	1645
1998	5079	8777	8360	33305	1742
1999	5324	8916	8476	33672	1774
2000	5523	9219	8562	34064	1784
2001	5707	11565	12312	31327	1704
2002	5730	11603	12460	31551	1735

1995—2002年河北省公路桥梁隧道里程 表2-1-6

年 份	桥梁数量(座)	桥梁里程(延米)	隧道数量(座)	隧道里程(延米)
1995	8983	310439	40	12172
1996	9334	331870	40	12172
1997	10218	368906	40	13439
1998	10394	384252	43	14383
1999	11160	434554	56	19014
2000	11751	476832	59	20127
2001	13961	601667	84	26171
2002	15258	639079	89	28186

3. 多元快速发展阶段(2003—2008年)

及时抓住国家宽松的投资政策,调动全社会力量全面加速高速公路建设。大多数市都主动做业主,建设本区域内的高速公路,突出特点是发展快、规模大,但管理水平不够均衡,项目建设出现百花齐放、百家争鸣的现象。其代表项目是京承、丹拉、张石、津汕、青兰、沿海、廊涿等高速公路建设项目。

2003—2008年河北省公路及公路桥梁、隧道里程分别见表2-1-7~表2-1-9。

2003—2008年河北省公路通车里程(按技术等级划分)(单位:km)　　表2-1-7

年份	通车里程	高速公路	一级公路	二级公路	三级公路	四级公路	等外公路
2003	65391	1681	2169	10582	14749	26501	9709
2004	70198	1705	2499	11470	15397	30663	8465
2005	75894	2135	2645	12547	15493	34410	8665
2006	143778	2329	2751	13799	16013	92462	16424
2007	147265	2853	2940	14867	15964	96499	14142
2008	149503	3233	3288	15241	16227	99470	12044

2003—2008年河北省公路通车里程(按行政等级划分)(单位:km)　　表2-1-8

年份	国道	省道	县道	乡道	专用公路	村道
2003	5745	11712	12523	33674	1737	—
2004	5763	11806	12739	38146	1743	—
2005	6021	11915	13328	42930	1701	—
2006	6004	12184	13220	43746	1349	67275
2007	6008	13027	13201	43897	1345	69787
2008	6968	12860	13073	43979	1261	71363

2003—2008年河北省公路桥梁、隧道里程　　表2-1-9

年份	桥梁数量(座)	桥梁里程(延米)	隧道数量(座)	隧道里程(延米)
2003	15639	662515	93	32032
2004	16154	679338	106	36237
2005	17107	740924	124	48782
2006	25648	1024243	190	65914
2007	26990	1126643	199	75705
2008	29025	1278035	207	79472

4. 整合提升阶段(2009—2013年)

对高速公路建设资源进行整合,对原省交通厅三家法人单位进行整合成立省高速公路管理局,提高其竞争力和抗风险能力,并对市做业主出现困难的项目进行并购合作,逐渐向整合集中方向发展。这一阶段,工程建设理念、管理水平明显得到了提高,开始全面推行现代化工程管理办法。重点是推行了设计、施工标准化等一系列手段,全面提升了管理水平。其代表项目是大广、承唐、承赤、邢汾、承秦等高速公路建设项目。

2009—2013年河北省公路及公路桥梁、隧道里程分别见表2-1-10~表2-1-12。

2009—2013年河北省公路通车里程(按技术等级划分)(单位:km)　　表2-1-10

年 份	通车里程	高速公路	一级公路	二级公路	三级公路	四级公路	等外公路
2009	152135	3303	3632	15596	16322	103924	9359
2010	154344	4307	4037	15872	16318	105520	8291
2011	156965	4756	4302	16728	16482	106789	7908
2012	163045	5069	4679	17562	17224	110905	7606
2013	174492	5619	4816	18455	17820	121001	6781

2009—2013年河北省公路通车里程(按行政等级划分)(单位:km)　　表2-1-11

年 份	国道	省道	县道	乡道	专用公路	村道
2009	6956	13037	13005	43895	1382	73860
2010	7684	13347	13133	44068	1432	74682
2011	7700	13968	13199	44322	1392	76384
2012	7703	14467	13326	44852	1370	81327
2013	7810	14920	13489	45195	1842	91235

2009—2013年河北省公路桥梁隧道里程　　表2-1-12

年 份	桥梁数量(座)	桥梁里程(延米)	隧道数量(座)	隧道里程(延米)
2003	30484	1376878	218	93873
2004	33959	1837125	319	204391
2005	35573	2087192	353	231476
2006	36588	2284670	444	342140
2007	38915	2580517	553	480980
2008	30484	1376878	218	93873

5. 转型创新阶段(2014年至今)

党的十八大以后,特别是2014年以来,中央和河北省实施了"调结构、稳增长"战略,提出了经济发展新常态。这个阶段的特点是减少政府债务,控制政府收费还贷新建项目规模,大力推进PPP模式,以引进社会资本建设为主。在项目管理方面,大力推进建设管理体制改革,推行适合社会资本投资和我国国情管理的管理模式,如"小业主、大监理"等。其代表项目是衡德故城支线、沿海曹妃甸支线等。

2014—2016年河北省公路及公路桥梁、隧道里程分别见表2-1-13～表2-1-15。

2014—2016年河北省公路通车里程（按技术等级划分）（单位：km） 表2-1-13

年 份	通车里程	高速公路	一级公路	二级公路	三级公路	四级公路	等外公路
2014	179200	5888	5092	19274	18868	123768	6309
2015	184553	6333	5408	19656	19429	127770	5957
2016	188431	6502	5560	19901	19593	131068	5805

2014—2016年河北省公路通车里程（按行政等级划分）（单位：km） 表2-1-14

年 份	国道	省道	县道	乡道	专用公路	村道
2014	7904	15223	13677	45482	1813	95101
2015	8427	15662	13175	45425	1801	100063
2016	15305	9779	12449	45716	1785	103397

2014—2016年河北省公路桥梁、隧道里程 表2-1-15

年 份	桥梁数量（座）	桥梁里程（延米）	隧道数量（座）	隧道里程（延米）
2014	39603	2688247	582	516434
2015	40951	2861112	643	597994
2016	41143	2940748	648	604165

（二）河北省公路网的发展现状

截至2016年底，河北省公路网总规模18.8万km，密度达到99.6km/100km²，是全国平均水平的2.1倍。水泥、沥青路面里程15.4万km，路面铺装率83.2%。其中国省干线路面铺装率达到99.3%；桥梁41143座，总计294.1万延米，其中四、五类桥梁数量占比6.5%；隧道648座，总计60.4万延米。乡镇通达率和建制村通达率均达到100%。

其中，按照行政等级划分：国道15305km，占8%；省道9779km，占5%；县道12449km，占7%；乡道45716km，占24%；村道103397km，占55%；专用道路1785km，占1%。

其中，按照技术等级划分：高速公路6502km，占3%；一级公路5560km，占3%；二级公路19901km，占11%；三级公路19593km，占10%；四级公路131068km，占70%；等外公路5805km，占3%。

（三）河北省公路通道

综合考虑河北省公路网现状、交通流量和流向，以及城镇节点分布、产业分布情况，确定了13条主要公路运输通道，见表2-1-16。

河北省公路通道

表 2-1-16

序号	通道名称	通道组成	功　能
1	京九公路通道	G030 G107 S232 G4	通道连接北京、保定、石家庄、邢台及邯郸,是连接北京及华南地区的主要通道,也是贯穿冀中南地区的主要通道
2	京沪公路通道	G020、G103 G104(G105) S272 G2	通道北起北京,途经廊坊、天津、沧州,连接山东德州,是沧州联系京津及华东地区的主要通道
3	满洲里至京港澳公路通道	G101 G106 G45	通道由东北地区进入河北承德,途经北京、霸州、任丘、衡水,向南进入河南,是连接东北、华北及华东的省际通道
4	张石公路通道	G207	通道由内蒙古进入河北,途经张家口、涞源、阜平,向南进入山西,是连接山西及内蒙古的省际通道
5	环渤海公路通道	G205 S004 S364 G0111	通道是京津冀地区四大主要港口的联系通道,是河北省的沿海大通道
6	冀蒙出海公路通道	G112 G25	通道北起承德,途经兴隆、遵化至唐山,是冀东地区主要的纵向通道
7	西北北部出海公路通道	G112、S251 G95	通道西起张家口,途经赤城、丰宁至承德,再到秦皇岛
8	石津公路通道	G307、G107、G112、G0211	通道东起天津,途经保定、石家庄向西延伸至山西及内蒙古等地区
9	晋冀津出海公路通道	G112、G108、S002、G18	通道东起天津,途经保定、向西延伸至山西及内蒙古等地区
10	神黄公路通道	G035、G307、S001、S302 G1811	通道东起黄骅港,途经沧州、衡水至石家庄,向西进入山西
11	青岛至拉萨公路通道	G035、G308 G20	通道经石家庄,向东南方向途经南宫、清河,进入山东
12	邯邢黄公路通道	G107、S324、S30	是连接冀中南地区和东部沿海的重要横向通道
13	长邯济公路通道	G309、G22、G2516	通道由山西长治进入河北,经过邯郸,向西延伸至济南

第二节 公路运输

随着运输管理体制改革的进行和运输市场管制的逐步放松,运输市场的开放度不断提高,交通运营管理、服务和维修均不同程度地对外资和民营资本开放。通过一系列的治理整顿,水路运输和公路运输的市场行为和市场秩序得到进一步规范。

在市场竞争机制的作用下,我国运输基础设施状况逐步得到改善,运输技术装备水平和管理水平不断提高,运输服务质量也有明显改善。以铁路提速和公路便捷为目标的货运服务体系初步形成,货运代理、物流服务、多式联运、快递业务和信息服务等运输服务方式发展迅速,货物运输的及时性和延展性有所提高。

一、运输政策

河北省运输相关政策统计见表2-2-1。

河北省运输相关政策统计表　　　　表2-2-1

时　间	政　策　名　称
2003.02	河北省道路运输管理条例
2005.06	交通运输部关于国际道路运输管理规定
2009.01	交通运输部关于旅客运输班线经营权招标投标办法
2010.08	河北省治理货运车辆超限超载规定
2011.05	中华人民共和国道路交通安全法
2012.03	交通运输部关于道路货物运输及站场管理规定(第三次修正)
2012.11	中华人民共和国道路运输条例(2012年修正本)
2013.07	交通运输部关于道路危险货物运输管理规定
2014.01	交通运输部关于道路运输从业人员管理规定
2014.05	河北省人民政府办公厅关于加快推进全省城乡道路客运一体化发展的指导意见
2017.03	交通运输部关于道路旅客运输及客运站管理规定(修正)

(一)政策引导力度不断加强

(1)启动了《河北省道路运输管理条例》修订工作。以省厅名义印发《关于全面提升农村客运"村村通"水平工作的意见》,省运管局也相继出台了《关于进一步加强道路运输行业安全管理的指导意见》等文件。这些法规和文件的颁布实施,对于促进道路运输的健康发展发挥了积极作用。

(2)市场规范化管理成效显著。通过开展道路运输行业质量信誉考核,市场诚信体系不断建立和完善,道路运输服务质量和水平进一步提高。市场秩序专项整治进展顺利。

各级运管机构根据市场情况组织开展了客运市场、货运市场专项整治活动,在春运黄金周等重要时期集中开展市场整顿,规范了市场秩序。

(3)安全稳定形势持续好转。积极推进企业标准化达标创建工作。汽车客运站专项整治等六个专项行动、重点时段安全监管、百日安全生产大检查等一系列行动声势大、影响广、效果显著。各级运管机构加大矛盾纠纷排查调处力度,认真处理来信来访,做到事事有反馈、件件有回音,维护了行业的稳定。

(二)河北省道路运输管理局印发《关于进一步加强道路运输行业安全管理的指导意见》

意见进一步明确全省道路运输行业安全监管和企业安全生产责任,全面加强和改进行业安全管理,强化道路运输市场准入管理,保障行业安全生产形势持续稳定好转。意见要求,各级运管机构要依法依规加强对道路运输企业安全生产资质的审查,达不到要求的一律不准进入运输市场;对已不具备开业要求安全生产条件、存在重大安全隐患的道路运输企业,由县级以上道路运输管理机构责令限期改正。在规定时间内不能按要求改正且情节严重的,由原许可机关吊销《道路运输经营许可证》或相应的经营范围;从严控制1000km(含)以上的跨省长途客运班线和夜间运行时间,开展班线途经道路的安全适应性评估,合理确定运营线路、车型和时段,对未落实客运班线安全管理要求的企业,暂停其参与班线招投标和新增运力审批;对确属挂靠经营的客运车辆及危险品运输车辆,严禁进入运输市场运营;加强客货运驾驶人管理。各级运管机构要建立健全客货运驾驶人退出机制,对大中型运营客货车驾驶人发生重大以上交通事故且负主要责任的,吊销其从业资格证件,3年内不得重新申请参加从业资格考试,并建立被吊销从业资格证件的运营驾驶人"黑名单"库,定期向社会公布;强化客货运驾驶人违法行为处理力度,对公安部门抄告的发生道路交通事故致人死亡且负同等以上责任的,交通违法记满12分的,以及有酒后驾驶、超员20%以上、超速50%(高速公路超速20%)以上,或者12个月内有3次以上超速违法记录的客运驾驶人,要督促道路运输企业对其解除聘用;道路运输企业对途经高速公路的运营客车,必须按要求安装符合标准的座椅安全带;积极推行长途客运车辆凌晨2时至5时停止运行或实行接驳运输,落实长途客运驾驶人停车换人、停车休息制度。客运车辆夜间行驶速度不得超过日间限速的80%,并严禁夜间通行达不到安全通行条件的三级以下山区公路;规范机动车驾驶人培训机构管理。各级道路运输管理机构要进一步加强驾驶人培训市场宏观调控,严把驾驶人培训机构准入关,严格审查培训机构的办学条件,不符合办学条件的严禁进入驾培市场;强化对驾驶培训教练员的资格管理,建立健全教练员档案,对资格条件达不到要求、档案材料不齐全的申请人不予受理考试,对考试不合格的人员,不予核发教练员证,并督促驾驶员培训机构确保教练员、教练车数量与教学规模相适应,严格按照培训能力核定其招生数量;进一步改进和完善对驾驶员培训机构的质量信誉考核,对考核不合格的予以限期整改、停业整顿或取消其经营资格。加强货运源头治超工作。对1年内违法超限运输超过3次的货运车辆,由道路运输管理机构吊销其车辆道路运输证;对1年内违法超限运输超过3次的货运车辆驾驶人,由发证机关依法撤销其从业资格证;道路运输企业1年内违法超限运输的货运车辆超过本单位货运车辆总数10%的,由道路运输管理机构责令道路运输企业停业整顿;情节严重的,吊销其道路运输经营许可证。

(三)河北省人民政府办公厅印发《关于加快推进全省城乡道路客运一体化发展的指导意见》

1. 加快完善城乡客运保障网络

(1)优化城际客运网络。整合和调整城际道路客运资源,依托高速公路网,构建城际客运快捷服务网络,探索形成新型城际客运组织模式,促进与其他客运方式合理分工、优势互补和协同发展。

(2)完善城乡客运网络。积极推进中心城市至县城及重点乡(镇)的城乡客运线路的公交化改造,加快优化城乡结合部线路设置,增加班次密度、推行标准化服务,全面提升城乡道路客运服务品质。

(3)扩大城市公交网络。稳步拓展和延伸城市公交网络,鼓励城市公共交通线网向城市周边的县城、乡(镇)以及客流集散点延伸,提高城市公交线网覆盖面,为城乡居民提供均等化的公共交通服务。

(4)大力发展镇村公交网络。加快农村客运班线改造步伐,建立以乡(镇)为中心的镇村公交网络,实现农村客运与城市公交、干线客运的有效衔接。

2. 加大对城乡道路客运一体化发展的扶持力度

(1)加大城乡客运基础设施建设扶持力度。国土资源、发展改革、住房城乡建设等部门要对纳入城乡规划的客运枢纽、乡镇客运站、停车场、首末站等基础设施,优先保障用地。地税部门要对城乡客运企业的营业税、土地使用税、房产税按税法规定落实减免政策。省级交通运输主管部门每年从成品油消费税中安排3亿~5亿元作为城乡客运基础设施建设补助资金,并重点向农村客运基础设施建设倾斜。对城乡道路客运一体化发展好、公交化率高的设区市、县(市、区)通过以奖代补等方式,优先安排补助资金。

(2)加大对镇村公交发展的推进力度。各设区市、县(市、区)政府要建立农村客运公共财政保障制度,明确县级财政全额承担或县、乡政府分担新增(更新)车辆补贴、经营性亏损补贴、政策性亏损补偿等,确保每年资金投入情况良好,促进镇村公交持续发展。省级交通运输主管部门以县(市)为单位、乡(镇)为单元,对开通镇村公交的乡(镇)给予一次性补助,对所有乡(镇)开通镇村公交、实现城乡客运一体化的县(市)给予一次性奖励,重点用于新增、更新节能环保车型等,具体补助和奖励资金可在燃油税转移支付资金中列支。贯彻落实财政部、国家发展改革委、监察部、交通运输部等7部委《关于成品油价格和税费改革后进一步完善种粮农民部分困难群体和公益性行业补贴机制的通知》(财建〔2009〕1号)要求,镇村公交运营车辆可参照城市公交标准申请燃油补贴。加强对补助资金使用情况的考核,重点考核地方政府财政配套资金支持情况、企业经营机制、服务质量及群众满意度等,具体实施办法由省级交通运输主管部门另行制定。

(3)建立规范的城乡客运成本费用评价制度和政策性亏损评估制度。各级价格主管部门要会同交通运输部门进一步完善城乡客运价格形成机制,对公交化运行的城乡客运实施特定的票价优惠政策。对城乡客运企业的成本和费用进行评估,核定企业合理运营成本。对不能完全通过价格补偿的政策性亏损,由政府给予合理补贴。对城乡客运企业承担的社会福利(包括老年人、残疾人、伤残军人、伤残警察、学生等实行免费或优惠乘车)和完成政府指令性任务增加的支出,由政府进行专项补偿。

3. 推动城乡道路客运转型升级

(1)加快城乡道路客运结构调整。大力倡导公司化经营、公交化运营、员工化管理,推进经营主体整合,通过收购、兼并或入股等多种形式,实施规范的公司化改造。公司化改造过程中,要充分尊重历史,兼顾各方利益,积极稳妥推进。

(2)创新城乡客运组织模式。对线路长度不超过50km的县(市)城区至乡(镇)的线路,有条件的可选用公交车型,实行公交化的运营模式。对乡(镇)到乡(镇)、乡(镇)到行政村的线路,通过新辟、改线、延伸等手段,因地制宜实行多样化的运营模式,不断扩大农村客运的覆盖和服务范围。对路况条件、客源等不适宜公交车型的,按照《乡村公路营运客车结构和性能通用要求》选用适用车辆。

(3)推进技术创新和应用。推广运用智能化调度系统、IC卡系统和卫星定位装置等信息技术,发挥科技手段在安全监管、运营管理等方面的作用。积极推进新能源、新技术车型在城乡客运的应用,实现绿色低碳发展。

4. 切实加强城乡客运服务与安全管理

(1)加强城乡客运规范化管理。制定和完善城乡客运服务规范和标准,积极推进服务标准化、规范化。建立健全城乡客运服务质量信誉考评体系。定期组织服务质量和群众满意度测评,加强城乡客运服务质量信誉考核,将考核结果向社会公布,并作为各项资金补贴的依据,还可与客运线路招投标等挂钩,督促企业规范管理。

(2)严格落实城乡道路客运安全责任。城乡客运企业要认真履行安全生产主体责任,认真贯彻落实安全生产的有关法律法规,加强从业人员的培训教育,推进城乡客运企业安全生产标准化、信息化和长效机制建设。

（3）严格落实相关部门的监管责任。各级交通运输、公安、安全监管等部门要按照各自的安全监管职责，不断强化城乡客运市场安全监管。要明确农村客运安全监管"县管、乡包、村落实"政策。各级公安部门要严格车辆登记和路查路检工作，严查超员、超速等交通违法行为。各级交通运输部门要围绕落实"三关一监督"职责，切实加强城乡客运安全监管。

二、公路运输站场建设

（一）客运枢纽

1. 客运站的现状

截至2016年底，全省公路等级客运站达到539个，其中一级客运站27个，二级客运站112个，实现设区市一级客运站和县城二级及以上客运站全覆盖（表2-2-2）。

河北省客运站统计表　　　表2-2-2

属地	运营班线（条）	客运等级站（个）					
		合计	一级	二级	三级	四级	五级
全省	8340	539	27	112	24	126	250
石家庄市	732	42	5	11	6	10	10
承德市	948	95	4	5	4	1	81
张家口市	968	131	1	12	3	47	68
秦皇岛市	329	15	1	6	1	1	6
唐山市	793	33	5	8	2	17	1
廊坊市	579	9	1	7	0	1	0
保定市	1015	35	3	17	3	1	11
沧州市	908	17	2	13	0	2	0
衡水市	435	35	1	9	2	4	19
邢台市	774	90	1	11	3	36	39
邯郸市	710	32	2	12	0	6	12
辛集市	35	1	0	1	0	0	0
定州市	142	4	1	0	0	0	3

注：各市运营班线有重复，全省运营班线总数小于各市运营班线汇总数。

2. 典型客运站介绍

（1）石家庄白佛客运站

白佛客运站是石家庄公路主枢纽客运系统七个场站之一，位于中山东路二环外500m处南侧。按国家一级站规划建设，占地83亩，建筑面积11000m²，停车场面积2万m²，发车位39个，设计年旅客发送能力900万人次。建筑分为办公楼与候车服务楼及停车场三部分。配有一流的硬件环境及设施,整体设计思想先进,外部装饰明快大方,内部设施功能齐全。主要承担石家庄以东的藁城、晋州、辛集、深泽和衡水地区、沧州地区的27条主要线路的旅客集散任务。

(2)保定客运中心站

保定客运中心站位于保定裕华东路与东二环路交叉处东北角。该项目于2000年9月开工,2005年10月竣工,占地264亩,投资1.5亿元,集旅客运输、客运快递、加油、检测、食宿等为一体。该站内设有18个售票窗口、69个发车位,260条运营线路辐射京、津、沪、鲁等13个省、自治区、直辖市,日发班次2800个。

(3)邯郸客运枢纽

该项目依托石武高铁客运专线,项目建成后将成为集高铁、长途、公交、出租、轨道等多种交通方式为一体的综合客运枢纽,可实现各种交通工具间的快速换乘和整个城市交通流的快速聚集、疏散,最大程度地为百姓出行提供便利。邯郸客运枢纽中心位于高铁邯郸东站站前广场对面,联纺路南、丛台路北、和谐大街西。规划占地500亩,总建筑面积60万m^2,总投资约37.5亿元。

(二)货运枢纽

河北省公路货运站统计见表2-2-3。

河北省公路货运站统计表　　　　表2-2-3

属　地	货运站(个)				
	合计	一级站	二级站	三级站	四级站
全省	65	3	5	7	50
石家庄市	32	2	3	7	20
承德市	0	0	0	0	0
张家口市	1	0	1	0	0
秦皇岛市	0	0	0	0	0
唐山市	0	0	0	0	0
廊坊市	10	0	0	0	10
保定市	0	0	0	0	0
沧州市	1	0	1	0	0
衡水市	1	1	0	0	0
邢台市	13	0	0	0	13
邯郸市	0	0	0	0	0
辛集市	7	0	0	0	7
定州市	0	0	0	0	0

三、公路运输服务水平

1. 客运服务水平不断提升

道路客运网络结构的不断优化,为提供完善的道路客运服务创造了条件。客运组织方式不断创新,班线公交化、长途客运接驳等运输组织方式快速发展。

通过不断加大对农村客运场站建设和线路运营的政策支持,农村客运村村通"清零行动"成效显著。全省符合通车条件的行政村实现100%通客车,农民群众候车难、乘车难的问题基本解决。探索实施农村客运"公交化"改造,推动城乡客运的一体化发展和均等化服务。2016年,全省累计完成营业性道路客运量3.99亿人,旅客周转量244.56亿人公里。

2. 货运供给能力显著增强

2016年营业性货运车辆达到142.65万辆,载货吨位达到1356.04万t,完成营业性道路货物运输量、货物周转量分别为18.98亿t、7294.59亿吨公里。营业性道路货运量在综合运输体系中的基础性作用进一步巩固,有力提升了全社会的机动化水平,为经济社会发展提供了有力支撑。

3. 在特殊时刻应急保障能力大幅提升

为北京奥运会、抗击汶川地震等严重自然灾害和灾后恢复重建,提供了道路运输保障。加强运输组织,顺利完成春运、黄金周等重大节假日和重要时期客运组织工作,"兜底"作用充分发挥。

4. 推进传统货运业向现代物流业转型

抓住中央建立专项补助资金制度机遇,积极组织实施甩挂运输试点。支持公路货运枢纽和重点物流园区建设。加快发展多种形式的农村物流;强化源头治超力度,超载现象得到有效遏制,为行业转型升级创造了良好的环境条件。传统货运业向现代物流业转型升级呈现良好态势,区域性物流产业集群效应逐渐显现。

5. 推进组织和装备结构优化

全面推行客运线路服务质量招投标。加强区域性合作经营,企业兼并、重组步伐加快,市场资源加快向优质企业集中,一些有较强市场竞争力、代表行业先进生产力的骨干企业开始形成。运营客车大型化、高级化,货运车辆重型化、厢式化、专业化发展步伐进一步加快。2016年,货运车辆142.65万辆,载货吨位达到1356.04万t。全省载客汽车2.53万辆,客位个数702280。

6. 推进行业信息化智能化建设

重点车辆安装北斗车载兼容终端工作进展迅速。包车客运管理信息系统顺利启用,经营者办理手续更加方便快捷,行业管理更加科学智能;开发完成了"全省超载企业、车辆和驾驶员违规处罚信息联网系统";驾驶员培训计算机计时管理系统得到全面推广;区域运政信息系统、联网售票系统、物流服务系统、视频监控系统等得到推广。信息化在提升服务、保障安全、改进管理等方面发挥了突出作用,促进了道路运输向现代服务业转型。

7. 推进"两型"行业建设

实施车辆燃料消耗量限制管理制度,禁止不达标车辆进入运输市场。发展新能源车辆,大力推广应用节能装备和新技术、新工艺。

四、公路运输市场管理

(一)管理现状

深入贯彻落实《中共中央关于全面推进依法治国若干重大问题的决定》,修订《河北省道路运输条例》;按照有关要求,对所有行业管理制度进行依法修改,依法整合,依法放权;加强运政执法规范化建设,开展执法规范提升年活动,2015年3月制定印发《全省道路运输行政执法规范提升年活动实施方案》,明确工作内容和重点,用三年时间实现执法行为、执法流程、执法文书、执法标志"四统一";开展执法人员培训。按照分级施训的原则,对全省运政执法人员进行执法培训。加强运政执法信息化建设,不断提高执法现代化水平;做好全省运管系统政风行风建设。制订全省运管系统政风行风建设工作方案,做好阳光理政网络投诉咨询处理办理工作和治理公路"三乱"工作;扎实推进行业管理基础资料标准化、规范化建设。制定全省行业管理的标准、制度,行业资料全省统一、全省规范。

(1)大力推广应用"河北省道路运政管理信息系统",2015年实现省、市、县三级联网。

(2)加快推进全省运管系统办公自动化。初步实现与各设区市、省直运管机构联网试运行,真正实现联网运行。

(3)推进全省客运联网售票系统建设。抓紧争取省发改委批复建设项目并上报。同时,主动融入京津冀区域联网售票一体化,力争同步建设、同步落地、同步实施。按照行业引导、市场运作的原则,确定联网中心运营组织模式,实现网上售票、网点售票、自动售票以及客运油价运价联动电子报备等服务功能。

(4)加快河北省交通物流公共信息分平台建设。继续完善全省道路运输应急分中心建设。按交通运输部要求启动道路运输证件电子化联网工作。

(二)市场监管

1. 积极开展执法规范工作

组织开展全省运管系统治理公路"三乱"专项行动、道路运输执法专项整治活动,有效巩固全省运管系统无"三乱"工作成果。

2 认真推进行风建设

加强职业道德、行风建设和行业文化建设。省、市、县协调联动,落实"阳光理政",为发展现代道路运输业提供精神动力。

3. 不断加大治超力度

(1)强化主体责任,确保各项措施落实到位。一是强化了市、县政府治超工作的主导作用,省、市、县三级签订了治超工作责任状,落实政府主体责任。二是各市、县政府加强了对各部门的组织、协调,经常性召开治超工作联席会议,逐步将联合工作推向常态化、制度化、规范化。三是各市、县政府加强对货运源头单位的调查公示工作,目前全省共公示货源单位总数为2068家。四是落实公路超限检测站治超专项业务经费,保障治超站的有效运行。

(2)实施严管严控,保持路面治超高压态势。一是开展集中整治。针对一些超限超载的重点区域多次开展集中整治行动,尤其是对严重超限超载车辆进行重点打击,有效遏制违法超限运输的反弹势头。二是推进联合执法机制。各级公安交警和交通路政、运政等多部门积极开展路面治超联合执法,开展了对严重超载车辆的集中清剿行动,对查扣的超限超载车辆,严格进行卸载、罚款并对驾驶员进行记分处罚。三是打击违法犯罪行为。针对个别地区出现的"车托"带车,冲关闯卡等违法犯罪行为,在全省开展严厉打击公路超限超载违法犯罪行为集中整治行动,全面规范治超执法行为,净化治超环境,巩固治超成果。

(3)严格执法检测,狠抓货运源头监管。一是积极配合国家和河北省对大气污染治理工作,进一步加大对货运源头企业的监管。各级公安、交通、工商、国土、水利等部门协调联动,深入排查源头企业、增加巡查频率、严查私自改装行为。二是认真落实"黑名单"制度。省道路运输管理部门出台了《河北省违法超限运输处罚信息管理办法》,加强对违法超限运输车辆、驾驶人"黑名单"的处罚。从源头上遏制超限超载行为。

(4)提升科技水平,建立和完善长效机制。一是加强公路超限检测站的标准化建设和规范化管理,全省公路超限检测站已经全部实现部、省、市、站四级联网。省、市级路政管理机构建立视频监控抽查和定期通报制度,进一步规范治超执法行为。二是加强治超执法信息的互通共享。2015年,公路管理部门的"路政治超执法系统"与道路运输管理部门的"超载企业、货运车辆和驾驶员违规处罚信息系统"实现了对接,提高了治超执法效率。三是积极探索和创新治超模式。在全面推进公路超限检测站不停车检测系统改造的同时,积极探索和试行治超非现场执法工作模式。目前,选定的两个试点单位已经完成相关动态检测设备的安装,并通过了技术监督部门的认证,两县(区)的路政部门与运政、公安交警部门已经初步建立了联合处理机制。

第三章
高速公路发展成就

第一节　高速公路规划及发展历程

现代社会,交通运输已成为支撑社会经济发展的重要基础,其中高速公路建设在促进各地区间人口流动、加速生产物资流通、促进与其他运输方式联运、节省运输费用、缓解道路交通拥堵、改善出行条件、减少交通事故、加快沿线地区经济发展等方面,发挥着重要作用。

河北省环绕首都北京市和北方重要港口城市天津市,是京津两市的门户,是北京市通往全国各地的必经之路。河北省位于环渤海地区的中心地带,是华东、华南和西南地区连接东北、西北、华北地区的枢纽地带和商品流通的中转站,也是华北、西北地区的重要出海通道。因此,河北省交通运输网在全国占有重要地位。

河北省极为重视高速公路规划和建设,是全国较早建设高速公路的省份之一。从1987年河北省第一条自主设计、施工、监理的京石高速公路破土动工开始,河北省高速公路走过了30年的发展历程。30年来,河北高速从无到有、从分布稀疏到密织成网,1987年起至"九五"期末形成了"两纵两横"的"开"字形布局,到2001年形成"三纵三横三条线"的布局,再到2003年确定了"五纵六横七条线"的网络形态,河北省高速公路的路网规划日趋完善,建设水平突飞猛进。截至2016年底,全省高速公路通车里程达6502km,居全国第3位。高速公路的快速发展,对河北省经济社会和交通运输起到了巨大的促进和推动作用。

一、汽车专用公路发展

河北省公路结构的变化,是从修建汽车专用公路开始的。

20世纪80年代初期,随着改革开放的不断深入,社会经济快速发展。人们的生产生活方式发生了很大变化。单一的农业生产发展为多种经营,传统的生活方式开始被打破。人们的思维活跃,思想开放。出行交流(交通量)激增,出行方式更加多样化(汽车、拖拉机、人力车、自行车等)。交通构成和交通量的增加给公路造成了很大的压力,公路上汽车、拖拉机、畜力车、人力车、自行车混合行驶,纵横向干扰极为严重,汽车行驶速度低,且交通事故频发，迫切需要增修和改善公路设施，提高通行能力，保障行车安全。公路建设中解决混合交通，排除纵横向干扰的难题摆在了河北交通人的面前。为解决这一难题，河北省的交通决策者和工程技术人员解放思想，大胆创新，结合当时资金短缺的客观实际，参照国外经验，探索了双幅公路模式——在原有的二级或三级公路旁边，修建一条新的三级或二级公路。一幅二级公路专供汽车行驶，另一幅三级公路行驶汽车之外的一切车辆。这就形成了河北省独创的"汽车专用公路"。从1985年修建邯郸马头第一条汽车专用公路开始，到1999年修建省道S382公路止，共修建了汽车专用公路29条（段）653km。

汽车专用公路的发展，增加了公路通行能力，改善了汽车的行驶环境，排除了纵向干扰，提高了行驶速度，降低了交通事故率，对河北的经济社会发展起到了重要的促进作用，得到了社会的广泛认可和交通部的肯定。交通部将汽车专用公路作为公路标准系列，纳入了1988年《公路工程技术标准》（JTJ 01—88），在全国推广。

投资一条二、三级公路，改造成为汽车专用公路，缓解了公路上日益严重的混合交通问题，提高了汽车运输效率，减少了交通事故（经测算汽车行驶速度可从37km/h提高到57km/h，通行能力可提高2.5倍，交通事故率降低64%）。这是我国在当时国力和经济条件下解决混合交通问题的一种有效方法。但汽车专用公路不能彻底解决混合交通和横向干扰问题，它的汽车"专用性能"是通过强化管理手段将汽车与其他机动车和人畜车分路行驶而实现的（对于那些不受管制的车辆也无能为力），并且还存在很多的平交道口（与其他道路交叉），横向干扰未能排除。当时的设想是随着国民经济进一步发展，汽车交通量增加到一定程度时，将双幅汽车专用公路封闭加立交就改造成为高速公路了。

虽然这一设想没有实现，汽车专用公路被后来势不可挡的高速公路所代替，也因此在1997年《公路工程技术标准》（JTJ 001—97）中被取消，但这种公路投资省、见效快，是在公路建设资金紧缺的情况下解决混合交通问题的一种有效途径。它是特定历史阶段的产物，是高速公路发展的前奏，是河北省交通人的创举，为全国高等级公路的发展积累了宝贵经验。

高速公路也是汽车专用公路，而且是真正意义上的"汽车专用"公路。1986年，京石公路的修建提上了建设日程，当时的调查研究结论为修建汽车专用公路，但建设标准如何确定这一难题又摆在了河北交通人面前。此时的国民经济状况进一步好转，人们思想更加开放活跃，与国外公路建设经验交流也开始频繁。考虑本路段属国家南北大动脉，政治经济意义非凡，交通量很大，选用通行能力有限且允许平交的汽车专用二级公路显然就不适了。借鉴国外经验，应规划考虑建设全封闭、全立交、整幅（或分幅）双向行驶的高速公路。但当时经济能力仍然有限，建设资金不足，一次建成有困难。只能一部分一部分地去分期修建。怎样分期？是纵向分段？还是横向分幅？经过长期的酝酿与讨论，最终构思了"一次规划，横向分期，先修半幅"高速公路的建设方案。先修的半幅高速公路，除路基按双车道路幅要求外,其余各项技术指标均与高速公路相同,全部控制出入。这与将汽车与其他车辆分路行驶且允许平交的"汽车专用公路"是有本质区别的。我国人口众多,居住稠密集中、道路纵横交叉、混合交通量大,要使构想的高速公路建设方案成为现实,必须将路基抬高以便于纵横交错的农村道路、机耕道等自路面下穿行。要修建这样的高速公路,用先修汽车专用二级公路后改建的方案太浪费,用先修一级公路后改建的方案也不合适,因此,离开107国道另辟新线,先分段分幅建半幅公路,半幅通车后双向行驶,待建设资金宽裕,交通量达到一定程度后再修另半幅,最终建成一条完整的高速公路。实践证明,修建半幅高速公路是在当时历史条件下,符合国情、省情,缓解资金压力的合适方法,是河北省交通人在高速公路发展初期的一种探索。它的不足之处是双车道的半幅公路双向行驶交通事故多,且偶有恶性或较大的交通事故。即便如此,半幅高速公路的建成和使用让人们认识了高速公路,也认可了高速公路。至此,要不要修建高速公路的争论停止了,人们将关注的重点转移到了怎样发展和如何快速发展高速公路上来。

京石半幅高速公路开始称汽车专用公路,1987年3月开工,先分段修西半幅,陆续至1993年10月半幅全线建成通车,历时7年。工程技术人员在当时国家还没有相关技术标准和规范的情况下,基本上是边设计、边施工、边摸索的状态。通过研究与实践,并参考国外经验,结合我国的国情,摸索出了我们自己的管理、设计和施工方法。这为我国的高速公路发展、技术标准的制定,提供了可靠数据和宝贵经验,为高速公路建设模式的确定做出了重要贡献。

半幅高速公路设计速度120km/h。通车后,人们第一次行驶在自己国家的没有横向干扰、专供汽车行驶的汽车专用公路上,平稳、舒适、快速,普遍感觉把石家庄和北京的距离拉近了。过去行驶在107国道(一级公路和二级公路)上,石家庄到北京耗时约8h,而现在仅用3h,时间缩短和经济社会效益显著。高速公路一经问世就显示出其无比的优越性。因此,随着经济的好转,省政府加大了对交通建设资金的投入,加快了交通建设的步伐。1994年12月18日全线修通东半幅,仅用一年半时间,河北省就建成了第一条自筹资金、自行设计、自主施工、自己管理的高速公路。全幅建成通车后,汽车专用公路成为名副其实的高速公路。

石家庄至太原(晋冀省界)高速公路是河北省第一条自主设计、施工的山区且有重载交通的高速公路。按"汽车专用一级公路"设计,山区设计速度60km/h、路基宽度21.5m,平原区设计速度100km/h、路基宽度24.5m,建设里程68.12km。石太汽车专用一级公路1992年6月开工建设,1995年10月建成通车,通车后不久改称高速公路。

二、初期起步阶段(1987—1994年)

从"七五"时期开始,河北省高速公路从无到有,从半幅到全幅,开启了河北省高速公路建设时代。1987年3月，河北省第一条自筹资金、自行设计、自主施工的高速公路——京石高速公路(当时称为汽车专用公路)西半幅破土动工，经过四年奋战，1991年3月，石家庄至定州段68km交工通车运行。从此，开创了河北高速公路新时代。1991年8月，通车延伸至望都，通车里程92km；1991年12月又延伸至清苑，通车里程117km；1992年7月，通车路段由清苑延伸至徐水，通车里程达157km；1992年11月，又延伸至高碑店，通车里程达190km；1993年10月，延伸至涿州(冀京界)，通车里程达224.6km。至此，北京至石家庄半幅高速公路全线贯通。

通车后的半幅高速公路(当时称汽车专用公路)完全封闭，完全立交，全部控制出入，解决了混合交通，排除了纵横向干扰，大大提高了行车速度，改善了行车环境。但由于半幅高速公路上两个车道对向行驶，速度很快，致使交通事故较多且偶有恶性或较大的事故发生，因此引起了省政府、交通厅及社会的高度重视。鉴于当时社会经济状况的好转、建设资金的缓解、本路段重要的政治经济意义和半幅高速公路上交通量激增的情况，河北省政府决定立即拓宽修建东半幅，尽快形成整幅完整的高速公路。工程于1993年3月开工，经过一年半的全力会战，于1994年12月交工通车，建设速度很快。通车剪彩之际，时任国务院副总理邹家华亲临现场并欣然题词："河北交通，日新月异"。

京石高速公路建设，从半幅开工到全幅建成通车，历时8年，是我国高速公路发展初期探索前进的缩影。它的建设与通车运营，更新了人们的发展观念，提供了新的公路建设模式，为我省培养了大批高速公路建设、管理、设计和施工技术人才，为我国高速公路发展提供了宝贵经验。

京津塘高速公路是我国"七五"期间的重点建设项目之一，是我国利用世界银行贷款并通过国际竞争性招标的第一条高速公路，全长142.69km，起自北京，途经廊坊、天津，终于塘沽(天津新港)。途经河北段(廊坊)里程仅有6.84km，是河北省交通部门参与建设的第一条高速公路。

京津塘高速公路于1987年12月开工建设，1990年12月北京—廊坊—天津段建成通车，1993年9月全线贯通。本项目使用世界银行贷款修建，为我国高速公路建设和争取外资贷款起到了示范和推动作用。它完全按照国际水准，使用国际通用的"菲迪克"条款进行施工管理，建设质量一流，为我国修建高速公路引进了先进的施工和管理经验，为我省培养了一批适应国际竞争性建设项目的技术管理人员和施工队伍，引进了一批国外先进的大型筑路机械设备，为我省高速公路建设奠定了基础。

石家庄至太原公路是晋煤外运的主要通道，是国家规划的"八五"期间国道主干线重点建设项目，是我省第一条山区且有重载交通的高速公路(按汽车专用一级公路设计)。标准为：设计速度，山区60km/h，平原区100km/h；路基宽度，山区21.5m，平原区24.5m；双向四车道，全封闭全立交。河北段(石家庄南高营至冀晋界)里程68.121km。项目前期工作自1988年9月开始,1989年6月进行勘察设计,申后至冀晋界段(山区)1992年6月开工建设,南高营至申后段(平原区)1994年6月开工建设,全线1995年10月建成通车。建设期成立了河北省石太公路建设指挥部统一协调管理,通车后由河北省道路开发中心管理。建设期和通车运营初期称为汽车专用一级公路,不久改称高速公路。此时人们思想观念更加开放,国家优惠政策频频出台,允许引入外来资金,加快高速公路建设步伐。在河北省政府大力支持,省交通厅努力下,通过艰苦谈判,引入香港一家公司资金,成立合资公司——石青高速公路有限公司,合作经营石太高速公路的运营养护和管理。合资公司的管理运营及外资的引进,不仅为进一步建设高速公路筹集了资金,而且还带来了先进的现代化运营管理理念,为我省高速公路发展建设和运营管理起到了积极作用,也为我国高速公路快速发展提供了经验。

与此同时,为了加快高速公路建设,这一时期国家陆续出台了多项政策:①国家开征车辆购置税,主要用于公路建设。②对国高网高速公路建设,交通部每公里补助资本金25万~50万元。③可引进外资(国际金融组织或外方企业财团的资金)修建高速公路。④可利用国内银行贷款修建高速公路,执行"贷款修路、收费还贷、统贷统还"的政策。⑤可与外商或国内企业合资合作、转让经营权等合伙修建、经营高速公路。另外,还颁布了《河北省公路建设征地拆迁补偿安置费的暂行规定》(117号文),解决了公路建设用地问题。至此,加快修建高速公路的条件具备。在此期间,我省已经谋划或开始谋划石安、唐津、保津、京沈、京沪、石黄、宣大等一大批高速公路建设项目。

1990年11月13日,河北省编制委员会冀编〔1990〕130号和159号文批准,成立河北省高速公路管理局,负责京石高速公路的运营管理及政府投资兴建高速公路的谋划、筹资、建设和管理。1991年,河北省编制委员会冀编〔1991〕169号文批准,成立河北省道路开发中心,负责石太高速公路的建设运营管理及国内金融机构贷款修建高速公路的谋划、筹资、建设与管理。随着改革开放的深入,省交通厅开始探索利用外资(国际金融组织等的资金)建设高速公路,于1992年成立了河北省交通厅国际金融组织贷款项目办公室(1994年经冀机编办〔1994〕31号文批准),负责石安高速公路的筹建和利用国际金融组织贷款及外资修建高速公路的谋划、筹资、建设与管理。河北省高速公路管理局、河北省道路开发中心、河北省交通厅国际金融组织贷款项目办公室三家高速公路项目法人单位的成立,分工明确,责任清晰,为我省高速公路的谋划、筹资、建设与管理确立了组织框架,做好了大规模发展的准备。

三、引进提高阶段(1995—2002年)

为完善路网布局,河北省按照"先骨干、后一般"的总体思路,以主干线为骨架,将基本公路网作为未来的建设重点,优先发展建设人口、产业密集区,太行山、燕山山前区,重要城市通往煤炭基地及港口通往内陆腹地的高速公路,河北省高速公路建设得到迅猛发展。此外,通过引进国际金融组织先进的建设、管理经验,更加促进了我省高速公路的建设速度。

截至"九五"期末,全省建成石安、京秦、京沪等高速公路14条(段),使干线路网布局得到明显完善,公路总体通行能力和服务水平显著提高,初步形成了以北京为中心,以天津、石家庄为枢纽,辐射10个中心城市、4个港口、两个煤炭基地,呈"两纵两横"、"开"字形布局的高速公路网络,造就了河北"三纵三横三条线"的高速公路布局。1999年12月18日,保津高速公路全线建成通车,标志着河北省高速公路突破1000km大关,成为当时全国第二个高速公路通车里程突破1000km的省份。"九五"时期,河北省高速公路通车里程达1168km,平均每年通车里程达233.6km。

石安高速公路是国家着力建设的"两纵两横"高速公路主骨架的重要路段,是河北省"四纵四横十条线"公路网中的重要组成部分,是首都连接南部省市的大动脉,也是河北省中南部的黄金通道,对发展河北经济、改善华北与中南地区的交通条件发挥了重要作用。石安高速公路的建成,将307国道、308国道、309国道等一批国省干线连成一体,其主线全长216km,1994年8月22日开工,1997年12月30日全线建成,是国家和河北省重点建设项目,是河北省首次利用世界银行贷款的高速公路项目,它的建设开辟了河北省利用国际金融组织贷款建设高速公路的新路子。石安高速公路建设全过程采用FIDIC条款,推动了河北省高速公路建设、管理水平与国际惯例全面接轨,为全省高速公路的建设、管理培养了大批人才,标志着河北省高速公路建设进入了以现代化管理为导向的新阶段。

京秦高速公路是出入首都北京的8条干线公路之一,横贯河北省东北部,途经唐山、秦皇岛两市、六县,是国家"五纵七横"国道主干线的重要组成部分,是东北地区通向京津与华北、华东地区的重要交通通道,也是河北省"四纵四横十条线"公路主骨架路线之一,1996年9月开工建设,1999年7月建成通车。该项目建设利用亚洲开发银行贷款2.2亿美元,是河北省高速公路建设第一个利用亚行贷款的项目,是河北省第一条六车道高速公路项目,是国家"九五"计划重点建设项目之一,也是党和国家领导人、国际友人和国内各方游客到北戴河办公、避暑和旅游的重要通道,因此它不仅是一条经济路,更是一条形象路、政治路。京秦高速公路设计获得国家第十届优秀工程设计金奖,施工实行国际通用的FIDIC条款制度,根据亚行对中国公路项目贷款的要求和惯例,结合中国国情,实行中外双方联合监理,实施"FIDIC条款+行政干预+思想政治动员+激励机制+协调服务"的管理模式,围绕工程质量、工程进度、工程投资三大目标,采取了一系列管理措施,为全省高速公路建设管理积累了宝贵经验。

京沪高速公路是国家高速公路网"7918"中的"纵二",是交通部规划的"五纵七横"国道主干线之一,也是河北省"十五"公路网建设发展规划确定的"四纵四横十条线"主骨架中的一部分,河北境内起自青县(冀津界),终于吴桥县(冀鲁界)。它纵贯河北省东部地区,与205国道、104国道、106国道、307国道等一批国道构成该区域的公路骨架网络,连接华北地区北京、天津、沧州、德州等大中城市。项目的实施对加速北京至上海国道主干线建设进程,完善环渤海地区运输网络,加强华北与华东地区之间的经济联系,促进河北省东部地区社会经济发展,具有十分重要的作用。

这一时期,通过引进国际金融组织先进的建设、管理经验,不但为我省高速公路的建设引进了资金、技术和先进的管理方法,同时也为我省自主设计、施工、建设、管理高速公路提供了宝贵经验,大大提高了我省高速公路的建设管理水平。

四、多元快速发展阶段(2003—2008年)

这个时期,河北省建设高速公路的步伐越来越快,经过"十五""十一五"时期的快速发展,全省高速公路网络化格局日益完善,通车里程不断增加,在河北省路网中的骨架作用越加明显。自"河北第一路"——京石高速公路建成通车,截至2008年底,河北省已经建成通车京石、石安、京秦、京沪、石太、石黄、青银等29条(段)高速公路,国家规划的国道主干线河北省境内高速公路全部建成,2003—2008年的6年间建成和在建高速公路里程超过2003年前15年总和。2003年,河北省在全国率先提出高速公路"路网"概念,提出"五纵六横七条线"的高速公路网新布局,高速公路已成为河北公路网的主骨架,建成了省会与省辖市之间、省会与京津及周边省会城市之间高速公路相连接的网络系统,极大地缩短了省内中心城市间以及与外省的行驶时间。

"十五"时期,河北高速公路开始形成"路网"雏形,以京石、石太、石安、唐津、唐港等为主的14条(段)高速公路,呈"三纵三横三条线"布局排开,为北京市、天津市和河北省经济建设的发展提供了良好的公路交通条件。2003年,在省委、省政府的正确领导下,河北省交通厅制定了《河北省2003至2007年高速公路建设计划》,并报经省政府批准实施。这一年,河北省确定了"五纵六横七条线"的高速公路网新布局(表3-1-1),高速公路建设进入一个新的快速发展时期。到2005年底,青银高速公路河北段贯通,河北省高速公路通车总里程迈上2000km的台阶,达到2135km,是当时全国第5个突破2000km的省份。

河北省高速公路"五纵六横七条线"网络布局　　　　　　表3-1-1

项 目		内　　容	现有高速公路
五纵	纵1	冀蒙界(赤峰)—承德—遵化—唐山—天津—黄骅—冀鲁界(滨州)	沿海高速公路; 承唐高速公路(唐山段); 唐津高速公路; 长深高速公路沧州段
	纵2	北京—廊坊—天津—沧州—德州	京沪高速公路(冀)
	纵3	北京—霸州—任丘—衡水—威县—冀豫界(开封)	大广高速公路

第三章
高速公路发展成就

续上表

项	目	内　　容	现有高速公路
五纵	纵4	北京—保定—石家庄—邢台—邯郸—冀豫界(安阳)	京石高速公路(冀); 石安高速公路
	纵5	冀蒙界(宝昌)—张北—万全—涞源—石家庄	张石高速公路
六横	横1	冀辽界(朝阳)—平泉—承德—北京—怀来—张家口—冀蒙界(集宁)	京张高速公路(冀); 丹拉高速公路(冀); 京化高速公路; 京承高速公路(冀)
	横2	冀辽界(山海关)—秦皇岛—唐山—宝坻—香河—北京	京秦高速公路
	横3	北戴河—京唐港—天津—霸州—徐水—阜平—冀晋界(五台)	京津塘高速公路(廊坊段); 保津高速公路; 保阜高速公路
	横4	黄骅港—黄骅—沧州—石家庄—冀晋界(阳泉)	石黄高速公路
	横5	冀鲁界(临清)—威县—邢台—冀晋界(和顺)	邢临高速公路
	横6	冀鲁界(聊城)—邯郸—涉县—冀晋界(长治)	青兰高速公路(冀); 邯长高速公路
七条线	线1	承德—秦皇岛	承秦高速公路(规划在建)
	线2	宣化—阳泉—冀晋界(大同)	宣大高速公路
	线3	密云—平谷—三河—香河—廊坊—霸州	密涿高速公路
	线4	唐山—乐亭—京唐港(支线、青坨营—唐海)	唐港高速公路
	线5	沧州—河间—高阳—保定	保沧高速公路
	线6	冀鲁界(夏津)—清河—南宫—宁晋—赵县—石家庄	青银高速公路(冀); 石太高速公路
	线7	衡水—德州	衡德高速公路

"十一五"时期,河北步入构建"五纵六横七条线"高速公路网的关键时期。2003年至2008年的6年间,成为河北高速公路发展的最好最快时期,建成了京藏、张石、青兰等一大批高速公路项目,建成和在建高速公路里程达到2630km,建成通车1642km,累计通车里程达到3233km,创造了河北省高速公路建设新速度。全省11个设区市实现了市市通高速,国道主干线河北省境内高速公路全部建成通车。由此,河北高速公路建设发生了

三大转变,即由以京津为主转变为以河北为主,由骨架建设转变为网络化建设,由平原高速建设转变为山区高速建设。2008年11月,张石(保定段)和唐曹两条(段)高速公路建成通车。河北省高速公路通车里程达到3233km,成为全国第5个突破3000km的省份。这是河北省交通发展的一个新的里程碑,标志着河北省高速公路建设迈上了一个新台阶。高速公路密度由2002年底的0.85km/100km^{2}增加到2008年的2km/100km^2,超过了日本、法国等发达国家的路网密度。

京藏高速公路是交通部规划的"五纵七横"国道主干线之一,是河北省公路网主骨架的重要组成路段,属我省"十五"公路建设规划路线,起自小慢岭,终于尚义县(冀蒙界),全长182km,2003年7月开工建设,2005年8月建成通车。它的建成打通了北京及我省与西部地区的联系通道。

张石高速公路是河北省高速公路布局规划"五纵六横七条线"公路网主骨架中"纵五"的重要组成部分,其中张家口段2004年开工建设,2007年10月建成通车,保定段2007年开工建设,2010年建成通车。它的建成完善了河北省高速公路网布局,构筑了北京高速公路大环线,形成了张家口公路主骨架,是张家口融入环京津经济圈、促进河北省经济均衡发展,缩小地区间经济差距,贫困地区脱贫致富的需要。

青兰高速公路是国家高速公路网"7918"中的"横6"(青兰高速公路邯缁段现路网规划调整为S82),河北境内起于鲁冀界卫运河特大桥,终于长治段高速公路,全长192.99km,2004年8月开工建设,2007年8月建成通车。沿线途经馆陶、广平、曲周、肥乡、永年、邯郸县、峰峰、磁县、武安市、涉县。青兰高速公路的建设,进一步完善了河北省高速公路网络,改善了邯郸路网布局,促进了沿线地区的工农业生产,对全省尤其是邯郸市的经济发展起到了至关重要的作用。

高速公路的飞速建设,离不开大量资金的支撑。面对巨大的资金需求,省交通厅通过解放思想,坚持发展创新,及时抓住国家宽松的投资政策,破除了高速公路建设一定要交通部门当业主的思维定式,改变了省交通厅一家唱主角的局面,树立让有能力的投资者当主角的观念,充分调动了地方政府的积极性,鼓励和支持有条件的设区市做项目法人,并调动全社会力量全面加速高速公路建设,积极实行项目业主、投资主体和筹资方式三个"多元化",呈现百花齐放、百家争鸣的良好局面。通过实行筹资方式多元化,积极利用银行贷款、出让已建高速公路收费权、出售高速公路股权、出让或预租加油站经营权等多种筹资方式,基本解决了高速公路项目的资金筹措难题,进一步增强了投资能力。2009年,河北省全年完成高速公路建设投资360亿元,在新开工高速公路数量、高速公路建设完成投资金额、高速公路施工规模等方面都是河北省历史上最多、最大的一年,创下了许多新纪录。

河北省已建成通车高速公路33条(段)中,分别由省高速公路管理局、省厅项目办、省道路开发中心3家项目法人和各设区市交通运输局管理。其中,市管高速公路有16条,分别是:石家庄市1条,张石高速公路石家庄段(含石家庄北出口支线);承德市1条,京承高速公路;张家口市4条,张承高速公路张家口至崇礼段、张石高速公路张家口段一期二期、京化高速公路、丹拉高速公路;唐山市3条,唐港高速公路、唐曹高速公路、承唐高速公路(含唐山西外环高速公路);保定市2条,张石高速公路保定段(含密涿支线)、保阜高速公路;沧州市1条,津汕高速公路;衡水市1条,衡德高速公路;邢台市1条,邢临高速公路;邯郸市2条,青兰高速公路冀鲁界至邯郸段、青兰高速公路邯郸至涉县段。这一思想观念的转变,极大地促进了河北高速公路的发展。

通过实行投资主体多元化,尝试通过吸引外资和民间资本创立新的投资主体,先后启动了石安、京秦、京沪、京张、保沧等高速公路的建设。在吸引外资方面,河北省一直把利用外资作为高速公路建设的"重头戏"。截至2010年底,省交通部门共争取各类国际金融组织贷款6.4亿美元,先后建设了省境内石安、京秦、京沪3条高速公路,在全国公路项目利用外资中名列前茅,其中从亚洲开发银行分别为京秦、京沪高速公路争取到2.2亿美元和1.8亿美元的国际贷款。从此,河北省交通部门把利用外资作为高速公路建设的一条重要筹资途径,6.4亿美元为河北省高速公路建设解决了资金问题,更带来了先进的技术和管理方法,推动河北省高速公路建设、管理水平与国际惯例全面接轨。

此外,河北省高速公路管理部门破除交通基础设施建设单纯依靠国家投资的思维定式,树立了市场筹融资观念,在吸引民间资本方面进行了大胆尝试。保沧高速公路是河北省第一条民营资本参与投资建设和运营管理的高速公路、该项目总投资48.4亿元,民营企业保定长城汽车股份有限公司以34%的投资比例成为股东之一。这意味着河北省高速公路建设进入投资主体多元化时代。

这一时期,通过实施项目业主、投资主体和筹资方式等多元化,全省高速公路建设进一步提速,其结果是各地市一大批建设项目上马开工建设。据统计,2003—2008年的6年间,全省共开工青银、京承、京藏、张石、沿海等高速公路项目32条段,里程总计2450km,累计投资1349亿元,由省高速公路管理局、省厅项目办、省道路开发中心、石家庄市、张家口市、承德市、唐山市、保定市、沧州市、衡水市、邢台市、邯郸市分别担任业主,极大地提高了我省高速公路的建设发展速度。

五、整合提升阶段(2009—2013年)

纵观河北高速公路发展历程,河北省高速公路的建设一直处于加速推进状态。昔日,京石高速公路从开工到全线全幅开通历时8年;今时,建设同等规模的高速公路用时一般为3~5年。高速公路通车里程突破1000km,用时12年;突破2000km,用时6年;突破

3000km，用了3年时间；突破4000km，仅用了2年时间。以大广、承唐、承赤、邢汾、承秦等为代表的一批高速公路项目建设，谱写着河北省高速公路发展的新篇章。截至2013年底，河北省高速公路通车里程达到5619km，处于全国第3位；到"十一五"末，河北省已经形成了围绕京津、环绕渤海、贯通相邻五省的高速公路网络体系，实现了95%的县城30分钟上高速公路。在这一阶段，工程建设理念、管理水平也明显得到了提高，开始全面推行现代工程管理，重点是推行了设计、施工标准化等一系列手段，全面提升管理水平。此外，高速公路规模的不断增加，在承担公路网主骨架职能的同时，也显现了良好的社会效益。

承赤高速公路位于河北省承德市北部，北起蒙冀交界，接大广高速公路内蒙古赤峰段，南至承德市，与已建京承高速公路相连接，全长106.2km，2011年3月开工建设，2013年12月建成通车。该项目是《国家高速公路网规划》中大广高速公路G45的重要组成部分，也是河北省高速公路"五纵六横七条线"规划中的"第一纵"。该项目完善了承德地方路网，形成华北与东北及内蒙古东部地区经济联系的重要交通干线。

邢汾高速公路邢台至冀晋界段是河北省高速公路规划"五纵六横七条线"中"横五"的一段，是国家高速公路网G2516东吕高速公路的重要组成部分，全长84.326km，2010年9月开工建设，2013年12月起点至路罗段交工通车，2014年11月路罗至终点段交工，2015年12月全线通车。该项目起自京港澳高速公路邢台南互通南侧，与邢临高速公路及京港澳高速公路连接，终于冀晋省界，与山西段汾邢高速公路相接，途经邢台市高开区、桥西区和邢台县，是晋煤外运和邢台市东出西联的晋中南主要大通道。

河北省高速公路的发展，不仅仅是高速公路通车里程激增的过程，更是高速公路在整个交通网络中角色转换的过程，由原来的辅助变为主导，由原来的简单连接变为交通大动脉和网络主骨架。随着河北省高速公路的发展，截至2009年底，全省公路通车总里程达到15万km，等级以上公路14.3万km，实现了设区市互通高速公路、所有县通二级以上高等级公路、所有乡镇通油(水泥)路、所有建制村通公路，其中98%的建制村通油(水泥)路，公路密度达到79.65km/100km^2，基本形成了以高速公路为主骨架、干线公路为重要连接通道、农村公路为毛细血管的较为完善的公路网络和运输体系。

高速公路建设的社会效益主要体现在促进社会和谐进步上，表现为促进地区协调发展、统筹城乡发展、加快经济欠发达地区人口脱贫致富等诸多方面。随着河北省高速公路事业的迅猛发展，高速公路对辐射区域产业结构调整、生产力布局、缩小城乡发展差异、加快落后地区的发展步伐具有重要作用。特别是张承地区和冀中南地区，为我省燕山—太行山、黑龙港贫困地区的主要区域，高速公路的建设步伐加快，为全省贫困地区资金引进、项目建设和企业入驻提供了良好条件，同时不仅使沿线居民的思想观念发生巨大变化，而且带来了大量的就业机会。根据河北省提出的《关于加快高速公路建设的安排意见》，

2009年、2010年，全省共续建、新建高速公路33条(段)，总投资约2000亿元。据测算，这些项目的建成直接拉动全省生产总值增长约6000亿元，提供直接、间接就业机会400余万个。高速公路的建设与发展对沿线区域经济的发展发挥了重要作用，为经济社会科学发展、和谐发展奠定了坚实的物质基础。

与此同时，河北省高速公路运营的经济效益逐年增长，已建成高速公路运营状况良好，在为顾客提供优质服务的同时，投资成本也在迅速回收。在国家和河北省实行大部门制的大环境下，为了整合行政资源，有效协调管理，适应高速公路快速发展和网络化需要，提高竞争力和抗风险能力，2008年10月28日，经河北省政府批准，省机构编制委员会下发了《关于印发〈河北省高速公路管理局(河北省高速公路集团)机构编制方案〉的通知》(冀机编〔2008〕92号)，撤销省交通运输厅国际金融组织贷款项目办公室、省高速公路管理局、省道路开发中心和省交通运输厅引资办公室，组建河北省高速公路管理局(河北省高速公路集团)。河北省高速公路管理局将高速公路建设资源进行整合，将各市做业主出现困难的项目进行并购合作，逐渐向整合集中方向发展。

仅2009年全年完成高速公路建设投资360亿元，在新开工高速公路数量、高速公路建设完成投资金额、高速公路施工规模等方面创下了许多新纪录。这与河北省高速公路新管理模式的推行密切相关，通过成立省高速公路管理局，对所有高速公路建设项目实行统贷统还，从而大大增强了河北省高速公路的建设贷款能力。

为进一步加快全省交通运输发展，持续推进高速公路建设，2013年10月18日，河北交通投资集团公司在石家庄挂牌成立。河北交通投资集团公司注册资金300亿元，资产总量440亿元以上，由河北省高速公路开发有限公司、河北省公路开发有限公司、河北省高速公路禄发实业总公司、河北省交通规划设计院、河北省交通建设监理公司、河北路桥集团组成。河北交通投资集团公司的成立是省委、省政府的重大决策，对推动我省高速公路建设、加强高速公路管理有非常重要的意义，是我省交通运输创新驱动、深化改革的有效措施。随着我省高速公路的快速发展，加强统一管理、提高通行效率的任务越来越重。河北交通投资集团公司的成立，推进了我省高速公路建设的多渠道投资、精细化管理，推进统一经营、统一管理，提高通行效率、经营效益、服务水平，加快智能化、现代化建设，为建设交通强省、经济强省和形成新的经济增长极发挥了重要作用。

六、转型创新阶段(2014年至今)

2014年12月，中央经济工作会议作出了我国经济发展进入新常态的重大判断。河北省经济工作会议提出，要主动适应经济发展新常态，在创新发展中实现河北绿色崛起。全国交通运输工作会议要求，在新常态下推进交通运输科学发展。河北交通人立足新常态，服务京津冀协同发展，推进河北交通实现率先突破。

新常态既有新机遇,又有新挑战。新常态下,各种风险逐步显现,资金、土地、环境等刚性约束进一步增强。认识新常态,必须正视交通运输发展面临的问题和矛盾。国务院下发《关于加强地方政府性债务管理意见》(国办发〔2014〕43号)后,政府还贷高速公路新开工项目将不能通过银行贷款落实资金,省高速公路管理局和各设区市政府融资平台均受到限制。政府以往靠卖地搞建设、靠贷款建高速公路的路子已被堵死。承接保定、承德等市做业主的项目后,省级政府债务达2003亿元,省高速公路管理局资产负债率达到76.8%,交投集团达到77.3%。补充耕地指标落实困难,占优补优难度加大,2014年有3.7万亩补充耕地尚未解决,2016年新开工项目约需7.3万亩,补充耕地指标累计缺口达11万亩。

这一阶段,全省高速公路建设平台融资能力增强,完成了河北路桥集团与中建交的合作重组,与中建集团等4家企业签署了战略合作框架意向协议。推进政府还贷公路经营权转让,张石高速公路保定段、保阜高速公路、衡德高速公路及故城支线等6个项目完成转让。沿海高速公路、廊沧高速公路廊坊段等11个项目完成政府审批。迁曹高速公路、曲港高速公路曲阳至肃宁段完成投资人招标。积极招商引资,制定了鼓励和引导民间资本进入高速公路建设领域的指导意见,将25个公路项目向社会公开发布。公路领域实现协议利用社会资本166.8亿元。千方百计解决资金土地难题,争取交通运输部下达我省中央车购税与港建费资金85.2亿元,争取到国家战备土地指标3万亩。

S67衡德高速公路故城支线,是河北省高速公路网"五纵六横七条线"中的"线七"衡水至德州高速公路的支线,是河北省高速公路网的补充和完善路段,是大广、京台两条国家高速公路在河北境内段的分流路段,还是冀、鲁两省高速公路网的结合部分,是实现德商高速公路使用功能的必要且重要的组成路段。该项目起自故城县青罕镇刁南庄与吴夏庄之间卫运河(冀鲁界)与山东省在建的德商高速公路相接,途经衡水市的故城县、景县,全长27.25km。项目由河北交通投资集团公司做业主,采用BOT+EPC及"小业主""大监理""征地拆迁地方政府包干制"等新型管理模式,这在省内高速公路建设中是一项创新尝试,取得了良好效果。

党的十八大以来,在省委、省政府的坚强领导下,河北交通人积极探索、研究、实践各类融资模式,促进高速公路建设持续推进,大胆创新工程管理模式,保证建设项目顺利、快速实施,先后开工建设了太行山、津石、曲港等高速公路。太行山高速公路、津石高速公路、曲港高速公路等项目采用PPP模式建设,进展顺利,成功转型。大胆创新了新型的施工管理模式,成立了由出资人组成的项目管理公司,实行BOT+EPC模式,在探索中前进,在改进中完善,初步取得了较好的效果。

第二节 高速公路建设

一、建设总体情况

从1987年到2016年,河北省高速公路从无到有,从分布稀疏到密织成网,经过30年的建设,实现了突飞猛进的发展,写下了一幅幅壮美的诗篇。如今,精品化建设筑起一座座人民满意工程,标准化养护确保路况经常处于良好状态,规范化执法使道路安全明显加强,人性化服务让驾乘人员满意,特色化经营为驾乘人员提供"家"一般的服务。截至2016年底,国高网高速公路总里程5090.189km,总计65个项目,投资总额3360.0375亿元;省高网高速公路总里程1411.561,总计29个项目,投资总额936.94亿元;总通车里程6501.75km,路网密度3.517km/100km^2。总体情况见表3-2-1。一个东出西联、南通北达的高速公路骨架网已经基本建成,为带动沿线区域产业经济发展、加快京津冀区域一体化、促进环渤海经济圈发展注入强大的活力,为全省经济社会又好又快发展、"科学发展、富民强省"战略实施和全面建设小康社会提供了重要的基础支撑。

河北省高速公路总体情况表　　　　表3-2-1

序号	类型	编号	总里程(km)	总投资(亿元)	备注
1	国高	G1	220.613	64.862	
2		G1N	46.416	39.6966	
3		G0111	212.082	127.06	
4		G2	117.271	83.566	世界银行贷款
5		G3	248.024	148.587	
6		G4	434.557	341.439	改扩建数据
7		G5	267.156	220.8512	
8		G6	178.611	41.1068	
9		G7	92.994	64.199	
10		G1013	114.7	51.089	
11		G18	269.84	163.915	
12		G1811	314.167	82.865	
13		G1812	267.532	160.299	
14		G20	224.095	52.948	
15		G2001	40.726	21.986	另有2段与G4、G5共线
16		G22	188.176	164.777	
17		G25	323.855	233.7316	另有1段与G18共线69.068km

续上表

序号	类 型	编 号	总里程(km)	总投资(亿元)	备 注
18	国高	G2516	191.951	120.1211	
19		G45	565.712	437.135	
20		G95	661.009	672.714	另有4段与G45、G25、G7、G6共线113.53km
21		G9511	110.702	67.0892	
	国高合计		5090.189	3360.0375	
22	省高	S30	138.958	127.032	
23		S31	131.684	96.13	
24		S50	70.457	46.729	
25		S51	35.588	28.3	
26		S52	191.236	196.438	
27		S53	38.456	24.24	
28		S56	127.023	36.751	
29		S57	63.673	52.306	
30		S62	14.257	10.5711	
31		S64	80.215	15.398	
32		S67	27.25	24.46	
33		S71	51.657	86.291	另有1段与G5共线13.5km
34		S78	49.189	10.92	
35		S82	104.5	32.16	
36		S9901	12.195	16.415	
37		S9902	85.554	13.284	
38		S9920	8.9	8.28	
39		S9921	24.83	18	
40		S9960	17.63	2.468	
41		S9961	13.45	12.457	
42		承德西环高速公路(滦河电厂—陈栅子)	7.03	0.45	
43		唐山绕城高速公路	41.801	9.90276	
44		邯郸绕城高速公路东南环段	22.496	15.28	
45		衡水绕城高速公路	53.532	52.6841	
	省高合计		1411.561	936.94	
	总合计		6501.75	4299.2275	

第三章
高速公路发展成就

1987年3月,河北省第一条自主修建的高速公路项目——京石高速公路开工建设,河北省成为全国少数几个开始修建高速公路的省份,为日后大规模推进高速公路建设奠定了人才和技术基础。

1990年12月,京津塘高速公路河北段建成通车,河北省拥有了首条(段)双向四车道高速公路。

1994年12月18日,京石高速公路全线全幅贯通。至此,河北省自主修建的首条高速公路胜利建成通车。

1995年10月18日,石太高速公路建成通车。石太高速公路是河北省第一条山区高速公路,也是第一条承载重载交通的高速公路。

1997年12月30日,石安高速公路建成通车,开辟了河北省利用国际金融组织世界银行贷款建设高速公路的新路子。

1999年12月18日,保津高速公路全线建成通车,河北省高速公路通车里程胜利突破1000km,达到1009km。

2003年,河北省政府确定了"五纵六横七条线"的高速公路网新布局,高速公路建设进入一个新的快速发展期。

2005年8月,河北省交通厅党组在全国高速公路建设领域率先尝试高速公路建设"十公开"制度,并在全省高速公路建设领域推广。

2005年底,河北省高速公路通车里程突破2000km,达到2135km。

2008年7月,河北省高速公路通车里程突破3000km,达到3010km。

2010年12月24日,大广高速公路固安至大名段建成通车,标志着又一条贯穿河北省的南北大通道开通,大大缓解了京港澳高速公路的交通压力。河北省高速公路建设再次跃上新台阶,通车里程突破4000km,达到4307km。

2011年12月8日,沿海高速公路沧州段建成通车,黄骅港与环渤海各港口从此实现优势互补,沿海地区开发开放、环首都经济圈和京津冀一体化建设进程加快。

2012年6月29日,西柏坡高速公路建成通车。它是通往革命圣地的红色旅游路、方便群众和游客出行的民心路、促进老区经济发展的致富路、提升西柏坡品牌的样板路。省会石家庄到西柏坡的时间缩短至40分钟。

2012年12月28日,承秦高速公路、张涿高速公路张家口段、大广高速公路白洋淀支线同日建成通车,从而宣告河北省高速公路通车里程突破5000km大关。

2015年12月30日,随着张承高速公路和荣乌高速公路大王店互通至狼牙山互通段的建成通车,河北省高速公路通车总里程突破6000km,达到6333km,居全国第2位。

2016年6月,京沪高速公路黄石南枢纽互通至千童(冀鲁界)段建成通车。2016年6月,荣乌高速公路狼牙山互通至坡仓互通段建成通车。2016年7月,密涿高速公路廊坊至北三县段建成通车。2016年12月邢衡高速公路衡水段二期工程建成通车。河北省高速公路通车里程达到6502km,居全国第3位。

河北省高速公路建设基本以加速度的形式向前推进(见表3-2-2)。突破1000km,用时13年;突破2000km,用时6年;突破3000km,用时3年;突破4000km,用时2年;用30年的时间完成了从起步到网络化的发展历程,建设规模随着经济的发展逐步扩大,建设地域从沿海、平原等经济发达地区向内陆腹地、山区发展。高速公路的发展,大大提高了河北省主要运输通道的通行能力和服务水平,有力推动了河北省经济社会的发展。

二、高速公路路面建设

河北省高速公路路面以沥青路面为主(占通车总里程的98%以上),且一直以半刚性基层上的沥青路面为主,同时结合交通特性,也修建了柔性基层、复合路面等路面结构类型的高速公路。经过长期的建设养护实践,河北省高速公路沥青路面技术逐步完善,获得了长足进步。

第一阶段为起步阶段(1989—1995年)。修建了京石高速公路和石太高速公路(当时为汽车专用一级公路)。从1989年开始,一直持续到1993年,京石高速公路西半幅全部建成通车,1994年东半幅建成,通车总里程224.6km。1995年建成的石太高速公路是河北省第一条山区高速公路。京石、石太高速公路选用的沥青路面结构体现了"强基薄面"的思想。作为沥青路面主要承重层的基层按单层设置、厚度较薄,而底基层厚度较大(表3-2-3)。京石高速公路路面施工中发现二灰稳定碎石早期强度较低,容易出现表面松散、浮浆等,影响基层与面层的黏结,因此石太高速公路将基层改为初期强度较高的水泥稳定碎石。在沥青面层的选择上,基本上遵循了表层密实防渗水、下层抗变形的结构层功能划分原则,上层为密实级配Ⅰ型,下层为密实骨架级配Ⅱ型。

第二阶段为探索阶段(1996—1998年)。这一阶段建成通车的有保津高速公路一期、唐津高速公路一期和石安高速公路,其中石安高速公路里程最长(216km),于1997年底建成通车。石安高速公路路面沥青面层厚度15cm,分上、中、下三层设置(表3-2-4)。基层由水泥稳定碎石上基层和二灰稳定碎石下基层组成,底基层则减薄为一层。在沥青面层的选择上,以平整度和抗滑性能作为两项重要的性能指标。为满足较高的路表构造深度和更好的抗车辙能力,上面层采用多碎石结构,采用重交AH-90号沥青,表面层石料采用抗滑石料安山岩、玄武岩等,中、下面层为石灰岩。石安高速公路通车后,局部出现行车道泛油、车辙,桥面铺装推移、拥包,路面局部松散、剥落等病害,因此沥青面层混合料的抗车辙性能和水稳定性,桥面沥青混凝土铺装的早期破坏开始引起技术人员的重视,普遍意识到沥青面层的密实不透水和高温稳定性对于减少高速公路沥青路面破损意义重大,沥青混合料性能对整个沥青路面的使用性能非常关键。

第三章 高速公路发展成就

河北省高速公路建设情况表

表 3-2-2

序号	开工年份	建设时间	项目名称	里程（km）	车道数	设计速度（km/h）	投资（亿元）	建设期管理单位
1	1987	1987.3~1994.12	京石高速公路	224.678	双向四车道	120	18	河北省重点工程领导小组办公室
2		1987.12~1990.12	京津塘高速公路河北省廊坊段	6.837	双向四车道	120	0.916	京津塘高速公路河北省公司
3	1992	1992.6~1995.10	京太高速公路申后至旧关段	48.266	双向四车道	60/100	6.992	河北省道路开发中心
4	1994	1994.6~1995.10	石太高速公路申后至南营段	19.774	双向四车道	100	3.202	
5		1994.8~1997.12	石安高速公路	216.05	双向四车道	120	45.48	河北省石安高速公路管处
6	1995	1995.8~1997.11	唐津高速公路丰南枢纽至冀津界段	16.408	双向四/六车道	120	16.5046	河北省唐津高速公路建设指挥部
7		1995.8~1999.10	唐津高速公路唐东枢纽至丰南枢纽段	41.801	双向四车道	120		
8	1996	1996.5~2002.11	唐港高速公路	80.215	双向四车道	120	15.398	唐港高速公路建设指挥部
9		1996.8~1999.12	保津高速公路冀津界至徐水段	104.95	双向六车道	120	23.151	河北省保津高速公路管理处
10		1996.9~1999.7	京沈公路玉田至山海关段	199.31	双向四车道	120	58	
11	1997	1997.5~2000.12	宣大高速公路	127.023	双向四车道	80/100	36.751	河北省京秦高速公路建设管理处
12		1997.5~1998.12	石黄高速公路藁城西至辛集段	40.3	双向四/六车道	120	8.98	河北省京秦高速公路建设管理处
13		1997.7~2000.6	京哈高速公路北戴河连接线	17.63	双向四车道	120	2.468	河北省京秦高速公路建设管理处
14		1997.9~1998.12	石安高速公路互通式立交连接线	18.135	双向四车道	120	7.5243	河北省石安高速公路管理处
15	1998	1998.3~1999.11	京沈公路北京廊坊界至通天津界段	21.303	双向六车道	120	6.862	京秦高速公路廊坊管理处
16		1998.8~2000.12	石黄高速公路辛集至沧州段	147.658	双向四车道	120	30.583	河北省石黄高速公路筹建处
17		1998.10~2000.12	京沪高速公路青县至吴桥段	140.917	双向四车道	120	16.4	河北省京沪高速公路筹建处
18		1998.11~2002.11	丹拉国道主干线河北省宣化（冀京界）至宣化高速公路	79.198	双向四车道	80/100	21.231	河北华能京张高速公路有限责任公司

续上表

序号	开工年份	建设时间	项目名称	里程（km）	车道数	设计速度（km/h）	投资（亿元）	建设期管理单位
19	1999	1999.10~2001.11	唐山西环段	33.893	双向四车道	120	8.4951	唐山市承唐高速公路管理处
20	2001	2001.12~2003.12	衡德高速公路	61.139	双向四车道	120	10.92	衡水市交通局公路管理处
21	2002	2002.1~2005.9	丹拉国道主干线宣化至老爷庙（冀蒙界）公路	99.422	双向四车道	100	19.8758	丹拉公路张家口高速公路管理处
22		2002.4~2003.12	石黄高速公路衡水支线（衡小高速公路）	23.339	双向四车道	120	4.48	河北省石黄高速公路衡水支线建设处
23		2003.4~2004.12	邯长公路更乐至晋冀鲁界段	13.091	双向四车道	120	4.08	河北省邯长高速公路筹建管理处
24	2003	2003.5~2005.12	青银高速公路冀鲁界至石家庄段	180.912	双向四车道	120	45.956	河北省青银高速公路筹建管理处
25		2003.7~2005.12	邢临高速公路邢台至冀鲁界段	104.758	双向四车道	100	27.675	邢台市高速公路管理处
26		2004.4~2005.12	京承高速公路承德至冀京界段	76.709	双向四车道	80	27.204	河北承德京承高速公路建设管理处
27		2004.8~2007.8	青红公路鲁冀界至邯郸段高速公路	93.79	双向四车道	120	29.93	河北省邯郸市交通局青红高速公路建设局
28		2004.9~2007.12	津汕高速公路冀津界至黄骅段	69.068	双向四车道	120	31.025	沧州市高速公路建设管理局
29	2004	2004.11~2007.11	石黄高速公路（黄石崔尔庄至冀保定段）	93.585	双向四车道	120	31.73	河北省石黄高速公路沧黄建处
30		2004.11~2007.12	保沧高速公路（黄石崔尔庄至保定段）	120.248	双向四车道	120	45.629	河北省保沧高速公路筹建管理处
31		2004~2009.9	张石高速公路太师庄至罗家注、三马坊至保保界段	116.204	双向四车道	80/100	74.87	张石高速公路张家口管理处
32		2004~2011.10	张石高速公路冀蒙界至京藏高速公路太师庄段	114.7	双向四车道	80/100	40.4386	张石高速公路张家口管理处
33	2005	2005.4~2005.11	京承高速公路双滦区连接线扩建工程	7.03	双向四车道	80	0.45	承德市公路工程管理处
34		2005.4~2007.1	承唐高速公路唐山段（唐山至南小营段）	18.46	双向四车道	100	5.8	承唐高速公路建设指挥部
35		2005.5~2007.12	沿海高速公路秦皇岛至冀津界段	160.582	双向四车道	120	74.36	河北省沿海高速公路筹建处

续上表

序号	开工年份	建设时间	项目名称	里程(km)	车道数	设计速度(km/h)	投资(亿元)	建设期间管理单位
36	2005	2005.11~2008.7	张石高速公路曲阳至石家庄段	41.32	双向六车道	120		石家庄市张石高速公路筹建处
37		2005.11~2008.7	石家庄绕城高速高庄互通至拐角铺段	35.643	双向六车道	120	47.9665	
38	2006	2006.2~2008.7	廊涿高速公路	58.4	双向四车道	120	32.958	河北省廊涿高速公路建设处
39		2006.7~2008.10	张石高速公路涞水至曲阳(保石界)段	135.59	双向六车道	120	81.7847	保定市张石高速公路筹建处
40		2006.11~2008.10	张石高速公路密涿支线	6.64	双向四车道	120	3.032	保定市张石高速公路筹建处
41		2006.11~2012.12	张石高速公路涞源东至榆林段	110.72	双向四车道	100/120	67.0892	保定市张石高速公路筹建处
42		2007.3~2008.11	唐曹高速公路	63.673	双向六车道	120	52.306	唐山唐曹高速公路有限公司
43		2007.3~2011.12	保定高速保阜平至冀晋界)段高速公路	147.284	双向四车道	80/100/120	114.67	保定市保阜高速公路筹建处
44		2007.5~2010.9	张承高速公路张家口至崇礼段	62.0178	双向四车道	80	47.996	张承高速公路张家口管理处
45		2007.7~2010.12	京化公路京冀界至胶泥湾段	92.994	双向四六车道	100	64.199	京新高速公路张家口管理处/京新高速公路张家口管理处
46	2007	2007.8~2010.10	张石高速公路张保界至涞源段	27.68	双向四车道	80	21.26(含唐涞高速公路5.9km)	保定市张石高速公路筹建处
47		2007.8~2012.12	张石高速公路涞源(张保界)(保石界)段(涞源东互通至涞源西互通段)	9	双向六车道	100	6.879	保定市张石高速公路筹建处
48		2007.10~2010.11	承唐高速公路承德至唐山界段	82.279	双向六车道	100	65.54	河北承德承唐高速公路管理处
49		2007.12~2010.9	青兰高速公路阜红高速公路史村互通至涉县东段	90.833	双向四六车道	80/100/120	70.76	邯郸市青红高速公路管理处
50		2007.12~2011.11	廊沧高速公路沧州段(陶官营枢纽互通—南顾屯枢纽互通)	29.92	双向六车道	120	25.13	沧廊高速公路建设管理处
51		2007.12~2011.11	廊沧高速廊沧州段(廊沧界—沧州陶营互通段)	17.625	双向六车道	120	14.804	沧廊高速公路建设管理处

河 北
高速公路建设实录

续上表

序号	开工年份	建设时间	项目名称	里程(km)	车道数	设计速度(km/h)	投资(亿元)	建设期管理单位
52	2008	2008.5~2010.11	长深高速公路平泉（冀辽界）至承德段	118.4	双向四/六车道	100	66.56	河北承德承朝高速公路管理处
53		2008.10~2011.12	沿海高速公路沧州岐口至海丰段	51.5	双向四车道	120	52.7	沧州市沿海高速公路筹建管理处
54		2008.12~2010.12	大广高速公路京衡段	187.087	双向六车道	120	102.2361	河北省大广高速公路京衡段筹建处
55		2009.2~2011.11	廊沧高速公路廊坊段	93.248	双向六车道	120	71.74	廊沧高速公路廊坊建设管理处
56		2009.3~2010.12	大广高速公路衡大段	221.47	双向六/八车道	120	113.87	河北省高速公路衡大筹建处
57		2009.4~2010.11	长深高速公路唐界至登化南小营段	42.788	双向四车道	80/100	35.44	承唐高速公路建设指挥部
58	2009	2009.6~2010.9	张石支线高速公路石家庄北出口支线	12.195	双向六车道	100	16.415	石家庄市高速公路廊坊三县管理处
59		2009.6~2012.12	密涿高速公路清葛店至段甲岭段	32.826	双向四车道	120	22.4926	河北省高速公路廊坊三县筹建处
60		2009.9~2013.12	张涿高速公路张涿保定段	72.66	双向六车道	100	87.07	河北省高速公路张涿保定段筹建处
61		2009.10~2012.12	承秦高速公路承德段	91.972	双向四/六车道	80/100	93.538	河北省高速公路承秦高速管理处
62		2009.11~2011.12	京秦高速公路正西支线	38.456	双向四车道	100	24.24	京秦高速公路正西支线建设管理处
63		2010.3~2014.3	张涿高速公路张家口段	82.643	双向四车道	80/100	96.7	河北省高速公路张家口管理处
64	2010	2010.4~2012.6	荣乌高速公路徐水至易县（坡仓）段、涞源支线高速公路玉通至冀晋界段	86.86	双向四车道	100/120	102.86	荣乌高速公路保定筹建处/河北省高速公路荣乌管理处
65		2010.6~2012.12	西柏坡高速公路	65.157	双向四/六车道	80/100/120	86.291	石家庄市京昆高速石太北线筹建处
66		2010.6~2012.12	承秦高速公路秦皇岛段	99.264	双向四车道	80/100	102.9	河北省高速公路承秦筹建处
67		2010.9~2015.12	邢汾高速公路邢台至冀晋界段	87.193	双向四车道	80/100	92.4461	河北省高速公路邢汾筹建处
68		2010.12~2013.12	清东陵高速公路	27.04	双向四车道	80	12.457	河北省高速公路清东陵筹建处
69	2011	2011.3~2013.10	承赤高速公路河北省茅荆坝（冀蒙界）至红石砬段	106.237	双向四/六车道	80/100	158.1659	河北省高速公路承赤筹建处
70		2011.3~2013.10	大广高速公路围场支线	70.457	双向四车道	80	46.729	河北省高速公路承赤筹建处

第三章 高速公路发展成就

续上表

序号	开工年份	建设时间	项目名称	里程（km）	车道数	设计速度（km/h）	投资（亿元）	建设期管单位
71		2011.6~2014.6	邯大高速公路	72.551	双向六车道	120	80.231	邯郸市交通局公路项目办公室
72	2011	2011.7~2014.7	京秦高速公路正安支线	35.588	双向四车道	100	28.3	唐山市京秦高速公路正安支线投资管理有限责任公司
73		2011.7~2014.10	邢台至衡水高速公路邢台段	120.278	双向四车道	120	112.308	邢台市邢衡高速公路管理处
74		2011.10~2012.12	大广高速公路白洋淀支线	8.9	双向四车道	80/100	8.28	河北省邢衡高速京衡管理处
75		2012.2~2014.12	京台高速公路津冀界至别古庄互通段	24.83	双向六车道	120	18	京台高速公路廊坊建设管理处
76		2012.2~2014.12	京台高速公路廊坊段	28.424	双向八车道	120	35.59	京台高速公路廊坊建设管理处
77	2012	2012.3~2014.12	京港澳高速公路石家庄至磁县（冀豫界）段	209.879	双向八车道	120	152.639	河北省高速公路石安改扩建设管理处
78		2012.9~2014.12	京港澳高速公路涿州（冀京界）至石家庄段	224.678	双向八车道	120	188.8	河北省高速公路石安改扩建设管理处
79		2012.11~2014.12	京昆高速公路冀京界至涞水段	24.194	双向六车道	120	20.86	河北省高速公路京涞保定管理处
80		2012.12~2014.12	邢衡高速公路衡水南绕城	18.68	双向四车道	120	14.7241	河北省高速公路邢衡保建设管理处
81		2013.3~2014.11	沿海高速公路北戴河机场支线、北戴河联络线	14.257	双向四车道	100/120	10.5711	河北省高速公路沿海管理处
82		2013.3~2015.12	邯郸绕城高速公路东南环段	22.496	双向四车道	120	15.28	河北省高速公路石安改扩建筹建处
83		2012.3~2015.12	京港澳高速公路邯郸绕德段	14.286	双向四车道	120	9.706	河北省高速公路石安改扩建筹建处
84	2013	2013.4~2015.12	承张高速公路承德段	203.483	双向四车道	100	258.2004	河北省高速公路张承德筹建处
85		2013.5~2015.10	张承高速公路崇礼至张承界段	102.014	双向四车道	100	78.16	河北省高速公路张家口管理处
86		2013.5~2016.12	廊坊至北三县段	44.351	双向四车道	120	59.2258	河北省高速公路廊坊北三县管理处
87	2013	2013.11~2015.12	京昆高速公路石家庄至冀晋界段	52.552	双向六车道	120	70.24	石家庄市京昆高速大管理处
88		2013.12~2016.6	京沪高速公路黄石南顺屯枢纽互通至千童（冀鲁界）段	48.232	双向六车道	120	50.07	沧州市高速公路建设管理局京沪高速公司
88	2014	2014.2~2015.12	衡德高速公路通至故城支线	27.25	双向四车道	120	24.46	河北省交通投资集团衡德高速公路分公司
89		2014.4~2016.12	衡水绕城高速公路（邢衡高速公路衡水段二期）	53.532	双向四车道	120	52.6841	河北省高速公路邢衡筹建处

京石、石太高速公路沥青路面结构组成　　　　　　　　　表3-2-3

项　目	总厚度(cm)	沥青面层(cm)			基层(cm)		底基层(cm)
		上面层	中面层	下面层	水泥碎石	二灰碎石	灰土、二灰土
京石高速公路西半幅	65	3cmLH-20I	—	5cmLH-35II	—	15	40
京石高速公路东半幅	67	3cmLH-15I	4cmLH-25II	5cmLH-35II	—	15	40
石太高速公路	59~68	5cmLH-20I	—	7cmLS-30	18	—	29~38

石安高速公路沥青路面结构组成　　　　　　　　　表3-2-4

项　目	总厚度(cm)	沥青面层(cm)			基层(cm)		底基层(cm)
		上面层	中面层	下面层	水泥碎石	二灰碎石	灰土、二灰土(砂)
石安高速公路	75	4cmSAC-16	5cmLH-30I	6cmLH-35I	20	20	20

这一阶段,河北省高速公路沥青路面的结构组合基本成型,以后修建的高速公路沥青路面面层都采用三层结构(一般为"4+5+6"),基层按两层设置,上层一般为水泥稳定碎石材料,下层为二灰稳定粒料,底基层为无机稳定细粒土(或砂砾)。需要特别指出的是,这一阶段通车的高速公路对竣工路面平整度指标都提出了很高的要求。

第三阶段为稳定发展阶段(1999—2003年)。这期间河北省竣工高速公路接近1000km。该阶段河北省高速公路路面技术的重点是提高沥青面层的密实性以减少路面的水损害,提高沥青面层混合料的高温稳定性以减少路面车辙。沥青路面技术概括起来有以下特点:①对表面层沥青改性,中下面层采用AH-70号重交沥青,以提高抗车辙能力。②沥青面层沥青混合料采用密实型矿料级配,减少路面水损害。③加强了路面防水层设计,基层顶面专门设置防水层以提高防渗水性能和基层与面层的黏结。④加强了桥面铺装设计和施工工艺研究,努力减少桥面早期破损。⑤对重载交通高速公路路面进行专门设计。宣大(宣化—大同)高速公路是运煤路线,重车比例较大,设计中区分轻重车方向进行路面设计,并且较规范大幅提高了沥青混凝土动稳定度和水稳基层、底基层的强度标准。⑥沥青面层新技术、新材料和新设备的研究应用,比较有代表性的有纤维混凝土(如SMA)技术、GTM沥青混合料旋转压实试验机技术、超薄面层技术、低噪声沥青面层技术等。

第四阶段为快速发展与路面技术迅速提高阶段(2002—2006年)。修建并通车的高速公路为衡德、石黄衡水支线、丹拉、青银、邢临高速公路。采用各种新型路面结构进行了铺筑,从短期检验效果看,路用状况良好。这一阶段路面结构特点:①沥青面层适当加厚,分别采用"4+5+9""4+6+6""4+6+8"以及"3+6+9"等结构,厚度达到16~18cm。

②重视各种早期病害,完善半刚性基层沥青路面设计,加强基层顶面以及沥青上、中面层防水层设计。③进行大量的柔性基层及混合型基层设计。④全部沥青路面采用GTM沥青混合料设计方法,彻底解决沥青路面车辙问题,并沿用至今。

第五阶段为以柔性、半刚性混合基层沥青路面为主导阶段(2006年至今)。以大广、邢衡高速公路为代表的混合基层沥青路面结构:沥青面层采用改性沥青(4+6)cm,柔性基层采用10~12cmATB沥青稳定碎石,半刚性基层采用双层18cm水泥稳定级配碎石,底基层采用18cm水泥稳定级配碎石。同时大胆尝试应用了双柔性基层沥青路面,以张承高速公路为代表的双柔性基层沥青路面结构:沥青面层采用改性沥青(4+6)cm,柔性基层采用10~12cmATB沥青稳定碎石+18cm级配碎石,半刚性基层采用18cm水泥稳定级配碎石,底基层采用18cm水泥稳定级配碎石。

为适应重载交通,张石高速公路石家庄段采用了连续配筋水泥混凝土复合路面,表面沥青层采用6cm细粒式沥青混凝土AC-13C,下设28cm连续配筋水泥混凝土面板,然后设置4cm细粒式沥青混凝土AC-13C,基层采用18cm水泥稳定级配碎石,底基层采用16cm级配碎石。该结构虽造价较高(初期费用增加12%),但使用性能较好,修建路段自2008年建成通车,未出现路面早期破坏现象,经受住了重载交通的考验。

三、高速公路桥梁建设

截至2016年底,河北省共有94条(段)高速公路通车运营,通车里程共计6502km,共有桥梁19255座,其中特大桥246座(表3-2-5)。

河北省高速公路特大桥一览表　　表3-2-5

序号	路线名称	桥梁名称	桥幅	桥长(m)	跨径组合(m)	上部结构类型
1	京沈公路宝坻至山海关段	蓟运河特大桥	双幅	2102.45	105×20	空心板
2		滦河特大桥	双幅	1385.08	46×30	T梁
3	沿海高速公路秦皇岛至冀津界段	滦河特大桥	双幅	5110	146×35	小箱梁
4	沿海高速公路沧州岐口至海丰段	捷地减河特大桥	双幅	1198	5×30+4×40+8×30+4×40+16×30	小箱梁
5		黄浪渠特大桥	双幅	1117	37×30	小箱梁
6	京沪高速公路青县至吴桥段(青县至沧州陶官营互通段)	子牙新河特大桥	双幅	2868.98	7×30+31+38+31+85×30	箱梁
7	京台高速公路廊坊段	永定河特大桥	双幅	7108	5×30+4×40+172×30+4×40+45×30+3×40	T梁

续上表

序号	路线名称	桥梁名称	桥幅	桥长(m)	跨径组合(m)	上部结构类型
8	廊沧高速公路廊坊段	津霸铁路分离式立交	双幅	1290	6×35+12×30+3×10+20×30	箱梁
9		东淀特大桥	双幅	8321.96	272×30	T梁
10		小白河特大桥	双幅	2156.96	63×30+3×40+4×35	箱梁
11		文安洼分洪特大桥	双幅	1327	44×30	T梁
12		子牙河特大桥	双幅	1539	5×40+40×30+3×40	箱梁
13		黑龙港西支特大桥	双幅	1267	42×30	T梁
14	廊沧高速公路沧州段	子牙新河特大桥	双幅	3237	11×30+4×40+73×30+4×40+13×30	小箱梁
15		沧黄铁路特大桥	双幅	3237	19×30+15×29+5×30+4×40+18×30	箱梁
16	京港澳高速公路涿州(冀京界)至石家庄段	南拒马河特大桥	双幅	1431	57×25	T梁
17		沙河特大桥	双幅	1081	43×25	T梁
18		木刀沟特大桥	双幅	1327	44×30	T梁
19		滹沱河特大桥	双幅	3727	124×30	T梁
20		新乐高架桥	双幅	1947	53×30+25+2×30+25+8×30	小箱梁
21	京港澳高速公路石家庄至磁县(冀豫界)段	支漳河特大桥	双幅	1027.31	34×30	小箱梁
22		漳河特大桥	双幅	1117.62	37×30	箱梁
23		沙河特大桥	双幅	1005.6	40×25	T梁
24	京昆高速公路冀京界至涞水段	唐河特大桥	双幅	1357	45×30	T梁
25		大沙河特大桥	双幅	1413	47×30	T梁
26		中易水河特大桥	双幅	1087	36×30	T梁
27	张石高速公路曲阳至石家庄段	沙河特大桥	双幅	1413.48	47×30	T梁
28		滹沱河特大桥	双幅	2507	67×30+30+2×35+30+12×30	T梁
29	京昆高速公路石家庄至冀晋界段	滹沱河特大桥	左幅	3187	106×30	T梁
			右幅	3187	106×30	T梁
30		冶河特大桥	左幅	1207	42×30	T梁
			右幅	1267	40×30	T梁
31		南要子特大桥	左幅	1209	29×40	T梁
			右幅	1169	30×40	T梁
32	丹拉国道主干线河北省怀来(冀京界)至宣化高速公路	官厅湖特大桥	双幅	1846	10×30+65+10×110+65+10×30	箱梁
33	京化公路京冀界至胶泥湾段	洋河3号特大桥	双幅	1267	42×30	箱梁

续上表

序号	路线名称	桥梁名称	桥幅	桥长(m)	跨径组合(m)	上部结构类型
34	津汕高速公路冀津界至冀鲁界段	子牙新河特大桥	双幅	3192	91×35	小箱梁
35	保津高速公路冀津界至徐水段	跨京九特大桥	双幅	1805.55	52×25	空心板
36		大清河特大桥	双幅	1365.23	72×25	空心板
37	荣乌高速公路徐水至易县(坡仓)段、涞源东互通至冀晋界段	商庄互通主线桥（互通桥）	双幅	1332.86	3×(4×20)+5×30+2×34+4×30+3×30+5×20+5×20+2×(3×20)+3×20.67+4×20+2×(5×20)	T梁、钢箱梁、箱梁
38		徐水高架桥特大桥	双幅	3660	122×30	T梁
39		孤庄营跨线桥特大桥	双幅	1390.23	30+(37.866+50+37.866)+4×25+4×30+2×65+3×25+(33+50+33)+23×30	T梁、箱梁、现浇转体T构
40	石黄高速公路黄骅港至藁城西段	滏阳新河特大桥	双幅	2220	74×30	T梁
41	保沧高速公路黄石崔尔庄至保定段	清水河—唐河特大桥	双幅	1890	63×30	T梁
42		潴龙河分洪道特大桥	双幅	1710	57×30	T梁
43		子牙新河特大桥	双幅	2671	73×30+25+15×30	T梁
44	保阜高速保定至阜平(冀晋界)段高速公路	跨京广铁路分离立交	双幅	1240	18×30+2×80+35+2×40+35+13×30	小箱梁、箱梁
45		唐河特大桥	双幅	1240	31×40	T梁
46		通天河特大桥	双幅	1560	36×40+3×40	T梁
47		黑崖沟2号特大桥	双幅	1121	5×40+(70+3×127+70)+(5×40)×2	T梁、刚构
48	青银高速公路冀鲁界至石家庄段	卫运河特大桥	双幅	1371	28×35+40+60+40+7×35	刚构、小箱梁
49		滏阳新河特大桥	双幅	2096	23×30+40+35	小箱梁
50	邯大高速公路大名县至成安县段	漳河特大桥	双幅	5415	6×30+3×40+49×30+11×29+40+65+40+20×30+3×40+63×30+40+65+40+14×30	组合梁
51		小引河特大桥	双幅	3106	124×25	箱梁
52		卫河特大桥	双幅	3235	56×30+50+65+36+19×30+7×29+3×40+2×30+40+65+40+10×30	组合梁
53	青兰高速公路史村互通至涉县东段(含高奥枢纽互通至史村互通)	龙虎河1号特大桥	双幅	1207.04	40×30	箱形梁
54		龙虎河2号特大桥	双幅	1957.04	65×30	箱形梁

续上表

序号	路线名称	桥梁名称	桥幅	桥长(m)	跨径组合(m)	上部结构类型
55	邯长公路更乐至冀晋界段高速公路（青兰高速公路涉县至冀晋界段）	清漳河特大桥	双幅	1564	52×30	T梁
56	长深高速公路平泉（冀辽界）至承德段（冀辽界至承德南互通）	双峰寺特大桥	双幅	1953	61×30+2×23+2×35	T梁、箱梁
57	京承高速公路承德南出口至大栅子互通	滦河特大桥	双幅	1248	31×40	箱梁
58	承唐高速公路承德至承唐界段	偏道沟2号桥	双幅	1520	38×40	T梁
59	邢临高速公路邢台至冀鲁界段	卫运河特大桥	双幅	1052	29孔	小箱梁、刚构
60	邢汾高速公路邢台至冀晋界段	上跨京广邯黄铁路立交桥	双幅	1042.6	1×33+1×40+1×37+2×39.75+13×40+2×51.5+5×40+1×30	组合式梁
61		沙河特大桥	双幅	7092.77	16×30+1×22+1×26.5+1×22+120×30+60×30+10×27.474+1×146+24×3	组合式梁
62	大广高速公路河北省茅荆坝（蒙冀界）至红石砬段	天义沟特大桥	双幅	1040	27×40	T梁
63		坝底特大桥	双幅	1605	25×30+(40+55+40)+24×30	组合式梁
64		小草沟特大桥	双幅	1485	38×30+(40+55+40)+6×30	组合式梁
65		七家特大桥	双幅	1500	50×30	T梁
66		头沟特大桥	双幅	1440	36×40	T梁
67		东营子互通D匝道特大桥	双幅	1145	29×25+14×30	箱梁
68		双峰寺互通BK0+732.5匝道桥	单幅	1009	2×(5×30.4)+(45+75+45)+4×30+2×(5×30)+4×30	T梁、箱梁
69		武烈河特大桥	双幅	940	4×30+5×(5×30)+2×35	组合式梁
70	大广高速公路河北省茅荆坝（蒙冀界）至红石砬段	松树沟特大桥	右幅	1020	34×30	T梁
			左幅	1110	30×37	T梁
71		滦河特大桥	左幅	1930	3×30+17×40+3×30+8×29.7+11×29.4+8×29.7+2×39+(30+40+30)	T梁
			右幅	1836.6	9×30+14×40+30×30+2×(30+40+30)	T梁

续上表

序号	路线名称	桥梁名称	桥幅	桥长(m)	跨径组合(m)	上部结构类型
72	大广高速公路京衡段	大魏庄互通主线特大桥	双幅	1257.9	24＋2×25＋24＋8×25＋25＋28.863＋25＋619＋6×25＋30＋31＋31＋16＋16.5＋16＋3×30＋29.462＋30.538＋30＋23＋16＋28＋24＋3×17＋31＋2×30＋3×20	箱梁
73		新盖房特大桥	双幅	2722	22×30＋26.5＋40＋70＋40＋26.5＋53×30＋26.5＋40＋71＋40＋26.5＋2×30	箱梁、T梁
74		赵王新河特大桥	双幅	2406	72×30＋40＋70＋40	T梁、箱梁
75		小白河分洪特大桥	双幅	1027	34×30	T梁
76		滹沱河特大桥	双幅	4627.5	35＋45＋2×35＋144×30＋45＋60＋45	T梁
77		滹沱河分洪道特大桥	双幅	2647	88×30	T梁
78		京九铁路分离立交	双幅	1197	15×30＋5×32＋2×50＋16×30	T梁、T构
79	大广高速公路衡大段	滏阳新河特大桥（衡德旧桥）	单幅	2380	3×30＋4×42＋2×65＋47×30＋12×30＋5×31.5＋3×20	箱梁、T梁
80		石德铁路跨线路桥	双幅	1078	15×30＋2×40＋2×60＋14×30	预制箱梁、现浇箱梁
81		滏阳新河特大桥	单幅	2380	3×30＋4×42＋2×65＋47×30＋12×30＋5×31.5＋3×20	箱梁、T梁
82		京九铁路桥	双幅	1088	6×(3×30)＋2×60＋2×(3×30)＋2×(4×30)	预制箱梁、现浇箱梁
83		漳河特大桥	双幅	4774	144×30＋4×20＋4×35＋2×55＋2×23＋1×27＋2×22	T梁、箱梁
84	张涿高速公路保定段	南水北调干渠特大桥	双幅	1167.1	(23×30)＋(30＋2×35＋30)＋(65＋120＋65)＋(3×30)	T梁、箱梁
85	张涿高速公路张家口段	G109互通式立体交叉吕家湾特大桥(A匝道)	单幅	1548	4×40＋(65＋120＋65)＋4×40＋(84＋152＋84)＋(65＋120＋65)＋7×40	刚构、T梁
86		岔河特大桥	右幅	1289.5	32×30＋8×40	T梁
			左幅	1309.5	38×30＋4×40	T梁
87	承张高速公路承德段（承张界至单塔子）	潮河特大桥	双幅	1387	40×30＋6×30	T梁、箱梁

续上表

序号	路线名称	桥梁名称	桥幅	桥长(m)	跨径组合(m)	上部结构类型
88	密涿高速公路廊坊至北三县段	跨京哈铁路、沟河分离立交	双幅	1643	4×40+2×60+8×40+60+50+6×40+2×68+12×40	小箱梁、钢混叠合梁、T形刚构
89		广阳高架桥	双幅	3127	104×30	箱梁
90		白马河特大桥	双幅	2117.5	4×40+65×30	箱梁
91		京广铁路分离式立交	双幅	1043	14×30+2×68+16×30	转体刚构、组合箱梁
92	邢台至衡水高速公路邢台段	邢家湾特大桥	双幅	10890	66×30+6×40+7×30+3×25+148×30+3×40+111×30+(40+70+40)+12×30	小箱梁、刚构
93		屯里特大桥	双幅	1611.7	25×30+3×25+26×30	小箱梁
94		洪溢河特大桥	双幅	1417	47×30	小箱梁
95		小官庄特大桥	双幅	1057	35×30	小箱梁
96		老漳河特大桥	双幅	1497	45×30+(40+70+40)	小箱梁、刚构
97	张石高速公路张家口段（胶泥湾至张保界）	桑干河大桥	双幅	1600	40×40	T梁
98		壶流河特大桥	双幅	1470	49×30	T梁
99	张石高速公路保定段（张保界至涞源西互通）	伊家铺特大桥	双幅	1169	29×40	T梁
100		团圆特大桥	双幅	1049	26×40	T梁
101	大广高速公路围场支线	四合永特大桥	右幅	1027	3×30+7×4×30+3×30	箱梁
			左幅	1028	3×30+7×4×30+3×31	箱梁
102	S52承秦高速公路承德段	承德滦河特大桥	右幅	1233.5	36×30+3×40+1×30	T梁
103			左幅	1251.5	36×30+1×38+2×40+1×20+1×30	T梁
		西营子滦河特大桥	双幅	1297	43×30	T梁
104		上板城滦河特大桥	右幅	1253.5	1×30+1×35+1×30+21×30+1×30+1×35+1×30+9×40+1×35+1×40	小箱梁
105	S52承秦高速公路承德段	上板城滦河特大桥	左幅	1233.5	3×25+18×30+1×25+1×30+1×25+1×30+1×35+1×30+9×40+1×30+1×40	小箱梁
		下板城滦河特大桥	右幅	1287.74	18×35+19×30+1×40	小箱梁
			左幅	1297.96	16×35+17×30+2×25+1×29	小箱梁
106	宣大高速公路	洋河特大桥	双幅	1805	60×30	T梁
107	唐曹高速公路	南堡盐场特大桥	双幅	3547	118×30	T梁

续上表

序号	路线名称	桥梁名称	桥幅	桥长(m)	跨径组合(m)	上部结构类型
108	衡德高速公路故城支线（衡德高速公路至冀鲁界）	卫运河特大桥	双幅	1371	(3×30)+(1×28)+(30+50+30)+(1×28)+(3×30)+(4×30)+(3×30)+(4×30)+(3×30)+(50+85×50)+(3×30)+(4×30)+(20.5+20.5)+(30+50+30)+(1×28)+(3×30)	箱梁
109		景源街高架桥	双幅	1600.28	(35.5+52+35.3)+(4×28)+(5×28)+(36.108+52+36.108)+(3×30)+(4×30)+(36.03+52+36.03)+2×(4×28)+(35.5+52+35.5)+(5×30)+(4×30)+(5×30)	小箱梁、箱梁
110		田庄互通主线桥	双幅	1149.37	37.667+36+2×43+3×40+30+2×32.5+27+40+27+25+28.5+33+26.8+3×40+2×28.6+2×67+36+3×30+4×32.551	小箱梁、转体T构
111	西柏坡高速公路（二环路至西柏坡）	植物园1号高架桥	双幅	2164.43	3×30+3×20+3×4×30+2×5×30+4×30+2×5×30+36.216+52+36.216+4×30+5×30+4×30+5×30+4×30+5×30	小箱梁
112		植物园2号高架桥	双幅	1369	4×30+5×30+2×4×30+5×30+4×30+5×30+4×30+4×28+2×23.5+2×30+25+3×25	箱梁
113		曲寨分离式立交	双幅	1213	8×30+15×35+3×30+10×35	小箱梁、箱梁
114		大宋铁路特大桥	双幅	1418	15×35+2×80+2×45.5+7×40+10×35	小箱梁
115		大宋铁路支线桥	双幅	1008	20×30+10×40	小箱梁
116		冶河特大桥	双幅	1600	40×40	T梁
117	张石高速公路石家庄北出口支线	滹沱河特大桥	双幅	2578	20×40+30+16×40+30+40+200+40+30+19×40	提篮拱、T梁
118	京石高速公路新乐至南高营段	木刀沟特大桥	双幅	1327	2×25+30+10×25+30+2×25	T梁、小箱梁
119		滹沱河特大桥	双幅	3727	40×30	T梁
120	京秦高速公路清东陵支线	沙河特大桥	双幅	1050	35×30	小箱梁

续上表

序号	路线名称	桥梁名称	桥幅	桥长(m)	跨径组合(m)	上部结构类型
121	衡水绕城高速公路[邢衡高速公路衡水段二期(枣园至衡水北互通段)]	滏阳新河特大桥	双幅	2707	5×30+5×30+5×30+4×30+4×30+40+55+40+4×30+4×30+4×30+4×30+5×30+5×30+5×30+5×30+5×30+5×30+5×30+40+55+40+4×30+3×30	小箱梁
122		滏阳河特大桥	双幅	2227	74×30	小箱梁
123		东桃园村特大桥	双幅	2096	36×30	小箱梁
124	邯郸绕城高速公路	京广铁路分离式立交	双幅	1145	19×25+6×40+17×25	箱梁

河北省中、东、南部区域地处华北平原，东临渤海，内环京津，西为太行山地，南与河南以漳河为界，北为燕山山地，燕山以北为张北高原。

河北省境内自然河流众多，自南向北依次形成汇入海河的漳卫南运河及黑龙港水系、子牙河水系、大清河水系、永定河与北三河水系，还有自成一体的滦河水系，多为宽浅的季节性河流，没有大江大河。水利工程有南水北调东线工程（卫运河）、中线工程。

高速公路桥梁大体分为三类。第一类中小跨径，标准化，便于工厂化生产、安装，用于多跨长桥的结构有空心板、T梁、小箱梁、I形梁、密排T梁；第二类较大跨径，施工对被跨越建筑物影响较小，弯坡斜的跨线桥有现浇连续箱梁、钢-混组合梁，转体施工的有T构、斜拉等结构；第三类大跨径，跨越较深沟谷，悬臂施工的有变截面混凝土连续箱梁、钢-混组合连续箱梁和变截面连续刚构，拼装施工的有斜拉桥、钢管拱桥。

河北省高速公路桥梁结构的发展经历了四个阶段：

第一阶段（1980—1990年）是河北省高速公路的起步阶段。在原有交通部部颁标准图的基础上，本着经济、适用、安全、美观的原则，引进、消化、吸收了先简支后连续结构和多孔桥的桥墩水平力计算方法——联合刚度分配法等新技术，预应力高强钢丝、橡胶支座、橡胶伸缩缝、预应力群锚等新材料、新产品及施工工艺。实现了空心板、T梁多孔桥梁的桥面连续或结构连续，有效减少了桥面伸缩缝，大幅度提高了行车的舒适度及服务水平。典型工程有京石高速公路龙泉河桥和新九龙河桥——20m跨径多孔多联先简支后连续部分预应力空心板，唐河大桥、南拒马河特大桥、北拒马河特大桥——25m跨径多孔多联先简支后连续部分预应力T梁。

第二阶段（1990—2000年）是河北省高速公路的建设初期。本着经济、适用、安全、美观的原则，引进、消化、吸收了计算机辅助设计及桥梁综合计算程序等新技术，预应力钢绞线、盆式橡胶支座、毛勒异型钢伸缩缝、预应力群锚、高强度等级混凝土等新材料、新产品及施工工艺。1995年在国内实现了空心板、T梁、桥梁墩台及其附属设施等通用图图纸的电子化,并在京沈高速公路河北段应用,获得国家优秀工程设计金奖。为解决山区高速公路跨越深沟、水库引进了悬臂浇筑、预制拼装等无支架施工技术,典型工程有宣大高速公路海儿洼大桥(主跨结构为预应力混凝土组合桁架拱桥,跨径136m)、党家沟大桥(连续刚构桥)、京张高速公路周家沟Ⅱ号大桥(主桥为2×108m上承式钢管混凝土拱桥)、官厅水库特大桥(跨径布置为65m+10×110m+65m预应力混凝土连续箱形梁),以及单跨50m以上钢混组合跨线桥。

第三阶段(2000—2015年)是河北省高速公路建设的快速发展期。本着技术先进、安全可靠、适用耐久、经济合理的原则,计算机辅助设计在桥梁上的应用更加成熟,高强度等级高性能混凝土、高强预应力钢绞线、耐候钢等新材料,大型吊装、运输等设备采用,施工工艺日趋成熟。编制了适合工厂化生产的密排T梁(13m、16m、20m)通用图,代替了相应跨径空心板、T梁和小箱梁。桥梁墩台及其附属设施等全部采用计算机辅助设计,通用图不断完善,标准化程度更高,向工厂化生产发展。大吨位转体施工工艺出现,解决了跨线桥对被交道路交通的影响,相继出现了转体T构、转体斜拉桥,以及山区高速公路跨越深谷的超高度大跨连续刚构桥[如张石高速公路东裕特大桥(88m+160m+88m连续刚构,主墩高90m)、保阜高速公路黑崖沟大桥(主桥跨127m,主桥高120m)、邢汾高速公路贺坪峡大桥(单跨150m,桥高165m)],平原区跨南水北调主跨200m下承式钢管拱桥、变截面连续梁桥、波形钢腹板变截面连续梁桥。

第四阶段(2015至今)是河北省高速公路建设的转型创新阶段。本着安全、耐久、适用、环保、经济和美观的原则,随着钢结构新技术、钢板、耐候钢等新材料及加工工艺、安装工艺的引进,BIM推广,桥梁结构向工厂化生产预制、现场拼装发展。为了促进河北钢铁行业结构调整及产业升级,公路桥梁节能减排,省交通运输厅决定积极推广钢结构桥梁。河北省交通规划设计院完成了常规跨径钢结构研究、通用图编制及地方标准的编制,为钢桥推广与产业化生产提供了基础条件。

河北省高速公路的特殊结构桥梁经历了从无到有、逐步壮大的阶段:预应力混凝土连续刚构最大跨径为152m,墩高达100m;钢-混组合箱梁桥经过不断发展突破,目前简支结构最大跨径达70m,连续结构最大跨径达90m;波形钢腹板PC连续箱梁桥(包括连续刚构)上部结构目前已涵盖80m、120m、151m三种跨径,并且相关课题多项科研成果为国内同类结构发展提供了可靠的理论基础及工程实例;拱桥结构单索面钢管混凝土拱桥最大跨径为103.2m,双索面钢管混凝土刚架拱桥最大跨径达146m。

四、高速公路隧道建设

截至2016年12月31日,河北省共有94条(段)高速公路通车运营,通车里程共计6502km,其中有25条(段)高速公路存在隧道构造物共416座(按单幅作为一座隧道进行统计）共 506.75km（表 3-2-6）。其中，特长隧道 40 座共 172.04km，长隧道 134 座共 229.38km，中隧道 98 座共 63.76km，短隧道 147 座共 41.57km，分布在张家口市、秦皇岛市、承德市、保定市、邢台市、唐山市、石家庄市、邯郸市 8 个地市内。

河北省高速公路特长隧道一览表　　　　　表 3-2-6

序号	路段名称	隧道名称	上/下行	长度（m）
1	荣乌高速公路涞源东互通至冀晋界段	驿马岭隧道	上行	3735
			下行	3704.01
2	青兰高速公路史村互通至涉县东（含高奥枢纽互通至史村互通）	鼓山隧道	上行	3905
			下行	3890.96
3	青兰高速公路史村互通至涉县东（含高奥枢纽互通至史村互通）	马鞍山隧道	上行	4370
			下行	4320
4		井沟岭隧道	上行	3065
			下行	3150
5	承唐高速公路承德至承唐界段	五道岭隧道	下行	3160
			上行	3085
6	大广高速公路河北省茅荆坝（蒙冀界）至红石砬段	茅荆坝特长隧道	上行	2915（6752）
			下行	2944（6778）
7		北龙门隧道	上行	4668.3
			下行	4711.3
8	张涿高速公路保定段	都衙隧道	上行	3272
			下行	3275
9		南峪隧道	上行	3507
			下行	3535
10		李家铺隧道	上行	3147
			下行	3175
11	张涿高速公路张家口段	分水岭隧道	下行	6890.71
			上行	6798
12	张承高速公路张家口至崇礼（一期）	大华岭隧道	下行	5284
			上行	5175
13		千松坝隧道	上行	4446
			下行	4410
14	承张高速公路承德段（承张界至单塔子）	平顶山隧道	上行	5000
			下行	5024
15		套鹿沟 2 号隧道	上行	3462
			下行	3456
16		小三岔口隧道	上行	4469
			下行	4498

续上表

序号	路段名称	隧道名称	上/下行	长度(m)
17	张石高速公路张家口段（胶泥湾至张保界）	黑石岭隧道左线	上行	3720
			下行	3720
18	张石高速公路保定段（张保界至涞源西互通）	紫荆关Ⅳ号隧道	下行	4137
			上行	4125
19		紫荆关Ⅲ号隧道	下行	3852
			上行	4120
20	大广高速公路围场支线	大庙隧道	下行	5635
			上行	5645

注：括号内数字为隧道总长度，括号外数字为省内长度。

1. 隧道形式

河北省高速公路中分离式、小净距、连拱隧道都有建设。建设之初，连拱隧道采用整体式中隔墙，由于构造缺陷，难以解决中墙顶部防排水问题，随着隧道建设技术的日臻完善，连拱隧道明确采用复合式中隔墙，解决了防排水问题。由于连拱隧道施工工艺复杂，工序转换次数多，特别是存在偏压的情况下，经常出现中隔墙开裂乃至失稳的状态。因此，近年来高速公路建设中，坚持"宜分不宜连"，尽量避免设置连拱隧道，多采用分离式或小净距隧道。

2. 隧道断面

建设初期，以京承、张石高速公路为代表的省网双向四车道高速公路隧道建筑限界横断面按照与路基同宽设置，隧道内不单独设置紧急停车带，以承赤、承秦高速公路等为代表的国网双向四车道高速公路隧道建筑限界横断面按照规范规定的最小宽度选取。后来，山区项目因桥隧比高、造价高，隧道断面多采用规范宽度取值，如承张高速公路承德段。2015年至今，在太行山、延崇高速公路等项目建设中，双向四车道高速公路隧道特长、长隧道采用规范规定宽度，中、短隧道采用与路基同宽的断面形式。双向六车道高速公路隧道断面按照规范规定宽度选取。

3. 隧道照明与通风

河北省高速公路隧道照明大多采用两侧对称布置的照明方式。隧道照明灯具的选择经历了高压钠灯照明、高压钠灯与LED灯混合照明、无极灯照明、全LED照明等阶段。隧道照明控制经历了时序控制、六种模式控制、无极调光、综合节能等发展阶段。目前，隧道照明向照明系统节能、供配电系统节能、风机节能、监控系统节能等全方面的隧道机电设施综合节能转变，并逐步实现一体化信息管理和全路段、全区域、全省的高速隧道能耗评价系统。

截至2016年底全省高速公路隧道采用高压钠灯为主进行照明的隧道长度约24.3万m(主要为2012年底前建成通车),装机容量约47.7W/m;采用LED灯为主进行照明的隧道长度约23.5万m(主要为2013—2016年通车的),装机容量约31W/m;无极灯照明隧道长度很少。可以说从2012年下半年开始河北省高速公路隧道照明全面采用LED灯后,隧道照明系统装机容量节约35%左右,为能耗水平逐步下降奠定了基础。

河北省高速公路隧道通风系统一般根据交通量、隧道长度等因素综合选定,在已建成通车的高速公路隧道中,一般长度大于1km、小于5km的采用射流通风方式,长度大于5km的设置轴流通风+射流通风的方式。

河北省高速公路隧道起步较晚,经过近20年发展,隧道技术取得了较大突破。延崇高速公路中我省第一座螺旋隧道——金家庄特长隧道、河北省与北京市两省市交界的松山特长隧道(9179m)、全部位于河北省内最长的东梁底特长隧道(8420m)正在建设。省内已通车的最长公路隧道为张涿高速公路分水岭隧道(6844m);首座长距离穿越风积沙地质的隧道为千松坝特长隧道;首座下穿机场跑道的隧道为白家梁隧道;承赤高速公路茅荆坝特长隧道全长6776m,被誉为"关外第一隧"。

第三节　高速公路特色工程建设

河北地处华北,东临渤海、内环京津,与辽宁、内蒙古、山西、河南、山东接壤,是全国通往京津、西北北部出海,东北连接华北、华中的必经之地,在"东出西联、南北通衢"的综合运输体系中占有重要地位。

河北省西部为太行山地,北部为燕山山地,燕山以北为张北高原,其余为河北平原。地形由西北向东南逐级下降,高原海拔1000~1500km,平原不足50m。河北境内既有高山、丘陵、山间盆地、平原,又有洼地、湿地、滩涂等特殊的地形地质条件,同时河北省拥有480km的海岸线。多样的地形、地貌再加上特殊的地理位置,成就了一批具有河北特色的高速公路工程。

一、特色项目

(一)京津塘高速公路

京津塘高速公路是连接北京、天津和塘沽的高速公路,全长142.69km,其中河北段6.84km。

京津塘高速公路是国内第一条利用世界银行贷款,按照国际标准兴建的现代化交通设施。1972年至1977年,建设项目由交通部调研规划,1982年提出可行性研究报告,

1983年上报国家计委立项,1984年1月7日经国务院批准实施,1985年完成施工图设计,1987年12月开工建设,1990年9月北京至天津杨村段建成通车,1991年12月杨村至宜兴埠段建成通车,1993年9月25日全线贯通。

京津塘高速公路历经科研、勘测、设计10余年的技术准备和精心设计,先后6次进行大规模现场勘察,完成大量科学试验和专题研究工作。在项目实施过程中,研究完成高速公路项目管理、勘察设计、工程实施和工程监理等12项关键技术和理论成果。项目建设按国际竞争招标,实行施工监理制度,严格遵守国际咨询工程师联合会(FIDIC)制定的合同条款进行组织、施工和管理。全部工程于1995年8月4日通过国家验收,国家验收委员会认定工程总体水平达到国内领先和国际先进水平。京津塘高速公路1993年被交通部授予改革开放以来中国十大公路工程;1994年被建设部评为改革开放以来对国内外有重大影响的中国最佳工程特别奖;1995年被交通部评为公路优质工程一等奖;1996年获中国建筑工程鲁班奖和交通部科学技术进步特等奖;1997年获国家科学技术进步一等奖。

京津塘高速公路的探索和实践,为我国高速公路勘察设计理念和方法以及标准规范体系的建立奠定了基础,是中国高速公路建设的起点,标志着中国公路建设进入现代化新时期。建设过程中研究制定的标准和总结积累的经验,对国内其他高速公路建设产生了深远的影响,具有创新示范和技术指导作用。

(二)京石高速公路

京石高速公路是河北省自主修建的第一条高速公路,全长224.6km。1985年开始前期工作,1987年开工建设,1994年12月竣工通车,历经汽车专用公路、半幅高速公路、全幅四车道高速公路,历时8年建设而成。京石高速公路的建设凝聚了河北交通人的孜孜追求和探索,积累了宝贵的高速公路建设经验,为我国交通事业作出了巨大的贡献。

从1985年起,涿州(京冀界)至石家庄段(京石高速公路)项目完成立项、决策及勘察设计等工作,经历了长时间的反复调查与审慎论证。最初论证的方案在原107国道东侧5~7km处修建二级汽车专用公路,后根据国家干线公路网规划,以及我国经济发展的未来趋势对公路建设等级与规模的要求,并结合当时河北省的财力以及交通量增长状况,河北省交通厅最终决定并报交通部批准,按双向四车道高速公路标准横向分期修建。

一期工程(西半幅)于1987年3月开工,1991年3月石家庄至定州68km通车投入运营,1992年11月通车至新城,1993年4月28日通车至涿州,1993年10月全线建成投入使用。

京石高速公路一期工程为半幅高速公路,双向通行。共划分为3条车道,中间车道交互作为上、下行超车道使用。京石高速公路一期工程开通运营后,交通量增长迅速,交通事故频发。河北省政府决定加快东半幅高速公路建设,加宽工程于1993年4月开工建设,1994年12月18日全线四车道高速公路建成通车。

京石高速公路建设之初，国内尚没有成熟的高速公路建设经验可借鉴。结合地方工程建设经验，参考国外高速公路建设相关信息，京石高速公路在工程建设和质量管理上进行了大胆探索。

(1) 采用沥青砂拦水带集中排水，解决平原区路基边坡冲蚀问题。拦水带具有较高的强度和整体性，不易损坏，表面光滑，外形美观。

(2) 路面基层由灰土发展为级配碎石结构，施工由"路拌"发展为"集中厂拌"。探索了高等级沥青路面结构，开辟了以"强基薄面"为代表的高等级路面结构设计理念。

(3) 大规模利用粉煤灰。二灰碎石路面基层与粉煤灰路基的推广，减轻环境污染、减少取土占地及粉煤灰存放占地。

(4) 在全国首次大规模推广采用"先简支后连续"桥梁结构体系，提高了行车舒适性。

京石高速公路积极探索了高速公路横向分期修建模式，开创了在经济较落后、建设资金不足的条件下，分阶段修建高速公路的新方法与新实践，实现了河北省较早拥有高速公路的目标，统一了对修建高速公路的认识，奠定了大规模修建高速公路的基础，有力地促进了沿线地区的经济发展。

（三）石安高速公路

石安高速公路，全长216.05km，为全封闭、全立交、双向四车道高速公路。主体工程于1994年8月开工建设，1997年12月底全线竣工通车。

(1) 石安高速公路是当时国内利用世界银行贷款额度较大(2.4亿美元)的公路建设项目之一，也是河北省以业主身份实施的第一条利用外资修建的高速公路。各项工程的采购招投标严格按照"世行采购指南"进行。资审、招标、评标、定标均严格执行了世行和国内有关规定，在公开、公正、公平的原则下进行。

(2) 石安高速公路执行国际通用的FIDIC条款监理模式，采用固定单价合同。

(3) 石安高速公路充分利用沿线热电厂生产的粉煤灰，填筑路基72km，用灰总量1180万t，节约取土占地11600亩，减少粉煤灰储灰场占地4000亩，节约土地15600亩，创造社会经济效益近10亿元。河北省人民政府授予其大宗利用粉煤灰先进单位，国家经贸委授予"国家资源综合利用奖"。

（四）京秦高速公路

京秦高速公路是国家"九五"期间的重点工程，是华北连接东北三省公路网的主骨架，也是中外游客云集避暑胜地北戴河的主要通道。京秦高速公路按照双向六车道标准建设(图3-3-1)，路基宽度33.5m，其中宝坻至山海关段全长199.3km，1996年9月开工兴建，1999年11月10日正式通车。

图 3-3-1　京秦高速公路修建

2002 年京秦高速公路获得国家第十届优秀工程设计金奖。

（1）京秦高速公路是河北省内第一条提出旅游概念的高速公路，路线选线时充分考虑与自然风光相结合，路线两侧景色优美。

（2）京秦高速公路在山海关与明长城交叉，勘察设计过程中考虑长城保护进行了专项研究，结合保护与修复并重的原则采取下穿修复方案。

（3）京秦高速公路 2003 年实行京冀联网收费，成为了我国第一条实现跨省联网收费的高速公路。

交通部及省领导对京秦高速公路的建设和管理给予了高度重视，在建设期间多次强调"要把京秦路建成九十年代的样板路"。该项目是当时国内高速公路建设标准较高、规模较大的项目之一。

（五）石黄高速公路

石黄高速公路是交通部规划的"五纵七横"国道主干线之一，也是河北省"十五"公路网建设发展规划确定的"四纵四横十条线"主骨架中的一部分（图 3-3-2）。

a)

b)

图 3-3-2　石黄高速公路

石黄高速公路,藁城西至辛集段路基宽度 33.5m,辛集至沧州段路基宽度 27m,沧州至黄骅港段路基宽度 27.5m,建设里程 281.543km。1997 年 5 月开工建设,2007 年 11 月全线建成通车。

(1)藁城西至辛集段全长 42.295km,按双向六车道高速公路标准设计,分期实施,中央分隔带预留六车道建设条件。按双向六车道标准完成路基、桥涵、互通立交工程,路面按四车道标准施工建设。

(2)辛集至沧州段,全长 147.293km,路基宽 27m,双向四车道。该路段的建设方案对当时既有的 307 国道进行了旧路利用,主要采取单侧拼宽方案,旧路线形指标不能满足要求的路段采取新建方案。利用旧路里程 96.561km。

(3)高速公路建设与城市防洪相结合。石黄高速公路藁城、晋州城区路段南线方案建设条件好,拆迁少,路基平均高度低,土方小,工程简单,造价低。北线方案由于自滹沱河行洪滩地通过,工程条件复杂,防护工程多,路基平均高度高,土方量大,工程造价高,北线方案占用了大部分滹沱河行洪滩地(次地),少占了良田。北线方案能够同治理滹沱河泛洪结合在一起,客观上起到了汛期保护藁城、晋州的作用。北线方案建成后作为滹沱河防洪大堤,保证了藁城市、晋州市在滹沱河洪水泛滥时也安然无恙。虽然北线方案工程难度大,造价高,省交通厅从群众利益考虑,选择北线方案作为建设方案。

(4)石黄高速公路滹沱河段占用了滹沱河行洪滩地,局部冲刷深度达 8m 以上,为保证高速公路安全,采用两级防护的方式,边坡采用混凝土预制块护坡,护坡基础为现浇钢筋混凝土顺路向长条基础,每 3m 设一根边长 40cm、深 18m 的钢筋混凝土预制打入桩。基础外设混凝土现浇沉排,沉排块件与护坡基础及其相互间用钢筋环扣联结,可随滩地冲刷沉降。为在路基左侧 100m 范围内控制造床流量,疏顺河道,导流减速,横路方向设置了钢筋混凝土导流排,导流排间距 200m 左右,每排设 27 根直径 1m 灌注桩,中距 4m,桩长 15~25m,上部 8m 设横系梁,系梁内设竖向钢筋混凝土隔板,形成透水导流排,以阻隔减弱水势,形成第一级防护,护坡则为第二级防护。护坡基础打入桩采用三角形加强桩布局,消除了掏底冲垮的危险,安全度较高;轻巧的钢筋混凝土结构一改传统的土石丁坝防护笨重的形象,避免了大量的水下挖方和砌石施工,使施工更为方便快捷,相比较隐蔽的结构能更好地与周围环境融为一体。该防护形式在国内高速公路建设中属首次采用。河北省水利厅在滹沱河饶阳县姚庄进行过小范围试验,取得明显固砂护岸效果。

石黄高速公路把防洪与建设完美结合了起来,带动地方经济发展同时起到保障灾害条件下城市安全的作用,为高速建设提供了宝贵经验。

(六)京藏高速公路

京藏高速公路河北境内由怀来至宣化段(原京张高速公路)、小慢岭至冀蒙界段组成。怀来至宣化段全长 79.189km，双向四车道，路基宽度 27.0m，1998 年 11 月 8 日开工建设，2002 年 11 月 18 日竣工通车。小慢岭至冀蒙界段全长 99.422km，设计速度 100km/h，双向四车道，2002 年 10 月 24 日开工建设，2005 年 9 月 3 日建成通车。

（1）京张高速公路是全国第一个荣获"开发建设项目水土保持示范工程"称号的高速公路建设项目。

（2）京张高速公路是河北省第一条以 BOT 模式建设的高速公路项目。

（3）跨越官厅水库的官厅水库特大桥（图 3-3-3）主桥为 10×110m 预应力连续箱梁，是当时华北地区最大的在冰冻地区建设的深水基础大跨径连续梁桥。

图 3-3-3　官厅水库特大桥

（4）周家沟Ⅱ号桥（图 3-3-4）主桥 2×108m 上承钢管拱桥，是当时河北省最大的钢管拱桥。

图 3-3-4　周家沟Ⅱ号桥

（5）小慢岭至下八里段 10.484km 为改善工程，是河北省首次在原有一级公路基础上改建的高速公路。

(6)下八里至冀蒙界段利用旧路段改建半幅52.614km,是河北省第一次旧路基改建为半幅高速公路的成功典范。

京藏高速公路的建设为旧路改建提供了实例,为投资模式提供了新的途径,是河北省高速建设探索历程的重要组成部分。

(七)青银高速公路

青岛至银川高速公路(图3-3-5)冀鲁界至石家庄段是交通部规划的"五纵七横"国道主干线之一,采用双向四车道,设计速度120km/h,路基宽度28.0m。建设里程长182.004km(含山东境内1.092km)。

a) b)

图3-3-5 青银高速公路

(1)青银高速公路是河北省平原区低路基高速公路典范工程,实现了当年取土,当年复耕,当年耕种。少占用耕地336亩,减少临时取土占地2798亩。

(2)青银高速公路是河北省第一条全面推广振动击实成型法进行基层材料组成设计和施工控制的高速公路,提高了路面基层压实度,大大降低了路面开裂隐患。

(3)青银高速公路率先在河北省推广大粒径LSAM沥青混凝土新型路面结构和长路段柔性基层,同时也是大规模在全线沥青面层施工中推行GTM设计方法的高速公路。

(4)青银高速公路首次采用平原区耐久型高速公路路基路面修筑关键技术。该项技术突破软土地基处理优化、路基变形控制和耐久型路面三大技术难题,成功进行了复杂地质软土地基的优化处理技术,成功实施了耐久型路基稳定与沉降的控制技术,成功解决了耐久型高速公路路面应用技术等。该项综合技术创新荣获河北省科技进步一等奖。

(5)青银高速公路是河北省第一条全面实行精细化管理和路面施工动态技术质量管理的高速公路。

(6)青银高速公路是河北省第一条建设单位工程建设质量管理体系通过ISO 9000认证的高速公路。

(7)青银高速公路是国内第一条实行纪检、监察、审计联席制度建设的高速公路,为在公路建设领域推行"十大公开"、打造阳光工程积累了经验,奠定了基础。

(八)大广高速公路衡大段

大广高速公路衡大段(图3-3-6)是国家高速公路网"7918"中的重要部分,是河北省"五纵六横七条线"高速公路网络中"纵三"的一部分,全长220.985km,设计速度120km/h。2008年12月11日开工建设,2010年12月24日建成通车。大广高速公路衡大段的全线通车,标志着河北省高速公路通车里程突破4000km。大广高速公路被交通运输部确定为第三批勘察设计典型示范工程。

图3-3-6 大广高速公路

(1)大广高速公路利用衡小高速公路和衡德高速公路33.4km,由四车道改建为八车道,路基宽度42m,是河北省第一条八车道高速公路。

(2)大广高速公路运用渗井技术解决平原区下挖通道排水的问题,创造性解决了困扰低路基建设的难题。

(3)大广高速公路将以往主要用于场地绿化、土地荒漠化治理等方面的植物纤维毯用于粉砂性土路段的边坡生态防护,为高速公路建设提供了一种新型的边坡防护形式。

(4)大广高速公路创新采用新材料GRC装配式急流槽。该急流槽具有一次成型、坚固耐用、防腐性高等优点,不但安装方便、快捷,而且节省了20%的造价。

(九)邢汾高速公路

邢汾高速公路(图3-3-7)是河北省高速公路布局规划"五纵六横七条线"中的"横五",全长84.33km,双向四车道,主线桥梁总长26.232km,隧道总长11.338km,桥隧比高达45%。2010年9月开工建设,2015年12月正式通车。该项目自东向西分别为平原、丘陵、山地,横穿太行山主峰,东西部高差1100km。

图 3-3-7　邢汾高速公路

（1）邢汾高速公路是交通运输部确定的全国 5 个设计施工总承包试点项目之一，也是河北的第一个设计施工总承包工程。

（2）该项目被交通运输部列为首批"平安工地"建设示范项目，实现了建设期"零伤亡"的示范工程目标。

（3）该项目是河北省内首条大规模采用煤矸石作为路基填料的项目，使工业废料得到了有效利用。

（4）该项目是河北省内第一条大规模探索应用高性能混凝土的高速公路，应用高性能混凝土 70 余万立方米，节约投资 2000 多万元。

（十）京港澳高速公路（改扩建）

随着社会经济的发展，汽车的保有量也逐年上升，京港澳高速公路的车流量也在逐年增长，高峰时段道路服务水平已明显下降。随着京港澳高速公路北京段改造为双向六车道，河南段亦扩建为双向八车道，京石高速公路通车 18 年之后京港澳高速公路河北段改扩建工作被提上了日程。京石段、石安段全线由四车道改扩建成八车道，京石段工程于 2012 年 9 月开工建设，石安段改扩建工程于 2012 年 4 月开工建设，京港澳全线于 2015 年 12 月 24 日全线贯通。改扩建后的京港澳高速公路如图 3-3-8 所示。

（1）采用车载三维激光扫描测量技术，对已通车的高速公路进行实地测量，保证了测量人员的人身安全、降低野外工作量。

（2）为解决特大桥长联收缩徐变问题，采取分阶段延时拼接长联结构，保证工期同时确保桥梁的耐久性。

（3）全线大部分结构物以及小构件均采用高性能混凝土以保证耐久性，引入智能张拉压浆、智能钢筋加工技术，结合梁板集中预制、标准化预制场的管理，使预应力混凝土的质量水平再上一个新台阶。

（4）充分利用原有道路路面铣刨料,避免环境污染同时降低成本。

（5）沥青拌和站推广应用"油改气"。

（6）2011年,河北省交通运输厅制定了《河北省高速公路施工标准化活动方案》。京港澳高速公路建设过程中,通过推行施工标准化,改变传统、陈旧、落后的施工技术及工艺,克服质量通病和管理通病,使高速公路建设管理产生了质的飞跃。

图3-3-8　京港澳高速公路(改扩建)

大道如砥,壮歌飞扬。京港澳高速公路是河北交通人写在燕赵大地上煜煜生辉的丰碑,承载着历史,服务着今天,昭示着未来。"京畿坦途,上善大道",站在历史的新起点,亮点频闪的京港澳高速公路,必将成为河北交通运输事业大发展、大繁荣的一块基石。

二、典型工程

（一）保阜高速公路跨京广铁路桥

2006年底开工建设、2011年建成通车的保阜高速公路,全长147.2km,途经满城、顺平、唐县、曲阳、阜平五县区,东与保沧、西与山西省忻阜高速公路相接。

被视为全线"咽喉工程"的"跨京广铁路桥",需要同时跨越并行的107国道和京广铁路,全长1247m。转体部分为128m,整幅转体桥面宽28m,转体施工如图3-3-9所示。

（1）该转体结构为当时在建工程转体重量最大的,当时国内已建成的转体桥一般重几千吨,而这次成功转体的桥重达上万吨。

（2）施工精度要求高,该桥左侧紧邻107国道,右侧是电气化铁路。电气化的京广铁路行车密度大,转体需在40分钟内完成。箱梁位置处有2.75万V接触网,桥梁底面距电气化立柱顶仅有1.206m,且铁路高压不断电作业,施工精度要求高,难度大。

经过各方努力,2009年1月9日两点四十分,在铁路部门限定的时间内,相当于200

多列车皮载重量的桥身,悄然与设计线位吻合。几分钟后,两列长龙交错而过。

图 3-3-9　保阜高速公路跨京广铁路桥转体施工

(二)保阜高速公路黑崖沟 2 号特大桥

保阜高速公路全长 147.2km,所穿越的太行中麓和河北平原,西高东低,起伏较大,海拔 37~1300m,以中低山、丘陵和沟谷地貌为主,山势险峻、沟壑纵横。黑崖沟 2 号特大桥位于阜平与山西交界处,平均海拔 1300 余米,如图 3-3-10 所示。主桥采用(70 + 3 × 127 + 70)m 预应力混凝土连续刚构,引桥为预应力混凝土 T 梁,桥梁全长 1121m。下部结构桥墩平均高度 84m,7 号主桥墩高 120.5m,为当时华北最高墩。桥梁位于半径为 800m 平曲线上,主桥采用悬臂浇筑施工。施工复杂程度及施工难度均为当时华北之最。

图 3-3-10　黑崖沟 2 号特大桥

2010 年 10 月 1 日上午 7 时许,华北第一高桥——保阜高速公路黑崖沟 2 号特大桥完成最终合龙,标志着这座投资 2.4 亿元,由 12 万 m^3 混凝土、1.8 万 t 钢筋构筑的特大桥,经过 37 个月的建设,主体竣工。

(三)邢汾高速公路贺坪峡大桥

贺坪峡大桥位于太行山邢台大峡谷风景区内,是我省单孔最大跨径的连续刚构桥梁,也是邢汾高速公路全线控制性工程之一。

贺坪峡大桥横跨大峡谷,在几近90°的红崖绝壁间,大桥像巨龙般横卧其间,构成一幅天堑变通途的宏伟画面(图3-3-11)。该桥为预应力混凝土连续刚构,桥面距地面高166m,单孔最大跨径150m,桥梁分左右幅设置,左线桥全长315.9m,右线桥全长300.9m。在"世界高桥网"提供的全世界当时建成和在建的242座高于150m的高桥排行榜中,该桥列第169位,充分展示了我省高速公路桥梁建设的成就。

图3-3-11 贺坪峡大桥

(四)张涿高速公路分离式路基

张家口至涿州高速公路的分水岭至谢家堡段路线全长37.177km,最高海拔2882m,地形复杂,山势险峻,是整个张涿高速公路设计施工最困难的一段。

孔涧至谢家堡段(上坡方向)路线长度9.364km,地面高差328m,路线平均纵坡3.23%。为解决该段长大下坡问题,下坡方向采取了分离路基设计方案(图3-3-12)。下

a)

b)

图3-3-12 张涿高速公路

坡半幅路基在朱家峪和胡家沟设两处回头曲线进行展线,调整后较上行方向增长约 6.6km,平均纵坡 1.65%。该方案既解决了重车下坡方向行车的安全性问题,又最大限度节约了空车坡方向的运营成本。

张家口至涿州高速公路的分水岭至谢家堡段 2010 年 2 月开工建设,至 2014 年 3 月中旬全线通车,运营情况良好,有效地解决了总体走向为高差较大的单坡地形给设计施工带来的困难,是我省高落差高速公路建设的典范。

(五)邢衡高速公路邢家湾特大桥

邢家湾特大桥位于任县和巨鹿县交界,是我省最长的单座桥梁(图 3-3-13)。

图 3-3-13　邢家湾特大桥

邢家湾特大桥桥长 10.912km,整个穿越中国第三、华北地区第一大滞洪区——大陆泽宁晋泊滞洪区,依次跨越马河、北澧河以及滏阳河,桥梁采用 30m、40m 预应力小箱梁。概算投资 10.87 亿元,建设工期为 16 个月,桥面净宽 26.26m,采用双向四车道高速公路建设标准,是我省最长的公路桥,也是邢衡高速公路的控制性和标志性工程。

邢家湾特大桥 2010 年 8 月 8 日开工建设,2013 年 5 月 30 日邢家湾特大桥最后一片箱梁顺利吊装就位,标志着我省最长的公路桥全线合龙。

(六)邢衡高速公路南水北调大桥

南水北调大桥位于邢台至衡水高速公路邢台段上,全长 268.5m,跨径组合为(70 + 120 + 70)m,桥梁跨越南水北调渠,桥轴线与南水北调渠呈 90°,如图 3-3-14 所示。上部结构采用(70 + 120 + 70)m 的波形钢腹板预应力混凝土变截面连续箱梁,下部结构桥墩采用矩形实体墩,桥台采用肋板式桥台,墩台基础均采用桩基础。利用波形钢腹板代替常规混凝土箱梁的腹板有效减少混凝土箱梁腹板开裂,提高了结构耐久性。该座桥是河北省首次应用该结构形式的高速公路桥梁,其建成为以后同类桥梁提供了工程实例,为我省推广此类桥梁建设奠定了坚实基础。

(七)邢汾高速公路沙河特大桥

沙河特大桥位于邢台至汾阳高速公路邢台至冀晋界段上,全长 7098.24m,如图 3-3-15 所示。主桥跨越南水北调暗渠,交叉角度 34.6°。主桥采用 1×146m 钢管混凝土刚架拱,计算跨径 140m。下部结构采用空心墩,桩基础。主桥设计中采用刚架系杆拱体系,拱肋与桥墩结构固结,采用预应力钢绞线作为拉杆来平衡拱的推力,有效避免采用大吨位支座,抗震性能好,同时刚架系杆拱桥施工采用"先拱后梁",对南水北调中线工程倒虹吸影响小。采用双吊杆形式,增强桥梁结构的鲁棒性;采用相应措施加强桥面系整体性;系杆全部采用了可整体换索的系杆,在构造上常规做法是系杆穿过拱肋锚固在帽梁上,这种做法施工较为复杂,且预留孔削弱拱肋,设计将系杆布置在拱肋两侧,绕过拱肋锚固在帽梁上。该桥选型合理、结构安全、经济适用,与环境相融合,景观效果良好。

图 3-3-14 邢衡高速公路南水北调大桥

图 3-3-15 邢汾高速公路沙河特大桥

(八)张涿高速公路分水岭隧道

张涿高速公路分水岭隧道位于张家口涿鹿县,为上下行独立双洞六车道分离式特长隧道,其中左幅长 6890.71m、右幅长 6798m,是张涿高速公路的控制性工程,以地质条件复杂、施工难度大而著称,是河北省目前建成通车的最长的公路隧道,被誉为"华北第一隧",如图 3-3-16 所示。隧道最大埋深约 306m。隧道左线进口洞门采用削竹式,其余洞门采用端墙式。分水岭隧道施工区域位于高山重岭,围岩变化频繁、石质软弱、裂隙水发育渗水严重,易塌方,工程难度大,在张涿高速公路中工艺最为复杂。分水岭隧道于 2010 年 9 月开工建设,2013 年 12 月 12 日隧道全线贯通。

图 3-3-16　张涿高速公路分水岭隧道

（1）隧道设计以"早进洞，晚出洞"为原则，在地形条件容许时优先选择了削竹式洞门，该种洞门具有环保、美观、行车条件好的突出优点；在地势陡峭及偏压地段选择了端墙式洞门。

（2）充分考虑隧道区地形、地质、水文、气象条件，结合隧道规模、隧道自身的结构特征以及施工方案，将隧道轴线尽可能布置在地质条件较好的地层中，且洞口段无不良地质现象，并有利于两端接线及洞外工程布置。

（3）根据隧道所处的工程地质条件，按新奥法原理设计洞身结构。隧道支护采用复合式衬砌结构；初期支护以锚杆、喷射混凝土、钢拱架及钢筋网组成综合防护体系；二次衬砌采用模注防水混凝土（防水钢筋混凝土）结构；初期支护与二次衬砌组成隧道承载结构。

分水岭隧道是工程规模大、技术难度高、施工工期长的特长隧道，在设计中遵循"全寿命周期成本"理念，注重环境保护与洞口景观设计，坚持环境优先，尽量减少对原始自然环境的破坏，充分体现了可持续发展的理念。

（九）承张高速公路千松坝隧道

承张高速公路千松坝隧道（图 3-3-17）为双向四车道分离式特长隧道，其中左幅长4472m、右幅长4424m，是河北省首个长距离穿越风积沙地质的隧道。2013年3月25日开工建设，2015年6月6日全线贯通。

（1）采用新技术、新工艺保障隧道施工、运营安全。设计中采用水平旋喷桩超前加固，结合三台阶七步开挖工法，且严格控制初期支护拱顶沉降和密切监视地表沉降，有效保障隧道安全地穿越风积沙地层。

（2）设置遮雪棚洞保障运营安全。项目选用由钢筋混凝土与钢结构相结合的遮雪棚方案，该结构不仅具有高强的防撞能力，而且轻便、施工便捷。

（3）采用新材料、新技术预防冻害。采用中心排水管深埋、洞口一定范围内设置二次

图 3-3-17　千松坝隧道

衬砌防冻保温层,中心排水管和纵向排水管处设置电伴热系统等措施预防冻害。

(4)以千松坝国家森林公园生态环境和景观保护为核心,着力将项目打造成"生态路、景观路"。隧道设计充分贯彻"零开挖"进洞理念,注重自然景观与人文景观相协调;为降低隧道开挖对千松坝国家森林保护区地下水的影响,采用合理的堵排方案;在洞口设置沉淀池,对施工期间的污水采取沉淀、过滤和消毒措施。

千松坝隧道为河北省首座长距离穿越风积沙地质的隧道,设计过程、运营维护中切实体现了"绿色交通、人文交通"的设计理念。设计中采用的水平旋喷桩及三台阶七步开挖法顺利穿越风积沙地层,填补了河北省风积沙隧道建设的空白。同时,水平旋喷桩、遮雪棚洞、二次衬砌保温层三项施工工艺均为河北省首创。

(十)承赤高速公路茅荆坝隧道

承赤高速公路茅荆坝特长隧道(图 3-3-18),位于内蒙古自治区喀喇沁旗与河北省隆化县交界茅荆坝森林保护区。作为连接坝上、坝下地区的重要通道,茅荆坝特长隧道的贯通为实现河北、内蒙古两地便捷交通提供保障。隧道地形、地质条件复杂,穿越石墨化地层,紧邻茅荆坝森林保护区,侧穿美林镇选矿厂采空区。隧道全长 6776m,被誉为"关外第一隧"。

图 3-3-18　茅荆坝隧道

第四节 高速公路建设经验

河北高速公路建设经过近三十年发展,经历了风风雨雨,在投融资模式、工程管理、绿色交通、科技与信息化、廉政建设和地方工作等方面,形成了具有河北特色的建设经验。

一、建设资金及管理模式

河北省环绕京津,从地缘上属于东部沿海地区,但河北省经济水平相对落后,有"东部的区位,西部的财力"的说法,高速公路建设的巨额资金给河北省财政带来了很大的压力。破解资金难题,采用多种方式筹措建设资金贯穿着河北高速公路建设的整个过程。

多年来,河北省高速公路项目筹融资体制不断改革和深化,筹融资模式不断创新和完善。在"贷款修路、收费还贷"政策的支持下,经过三十多年的探索和实践,形成了以财政资金为引导、贷款资金为支撑、民间资金和外资为补充的筹融资格局,基本形成了"国家投资、地方筹资、社会融资、利用外资"的筹融资体制,逐步呈现出了"项目业主多元化、投资主体多元化和融资渠道多元化"的特点。各级交通运输主管部门通过争取中央车购税补助、国际金融组织贷款、国内银行贷款、与外商或国内企业合资合作、转让经营权、发行中票和债券等多种筹融资方式,为高速公路的飞速发展提供了强有力的支撑。

(1)建设之初,我省高速公路建设面临的最大问题就是建设资金问题,在这个阶段建设资金来源主要为交通部车购税补助、政府养路费资金投入、国内银行贷款和利用外资等方式,实行多渠道筹资。融资工作由省交通厅计划处、公路局负责,为破解资金难题,省交通厅于1992年设立省交通厅国际金融组织贷款项目办公室,负责国际金融组织贷款融资工作,于1996年设立了省交通厅引资办公室,负责全省交通项目包括高速公路项目的招商引资工作,主要为与外商合资合作、转让经营权等直接利用外资的融资工作。省交通厅引资办公室除推动全省11个地市和厅直有关单位引资工作外,还直接谈成了京石、石太、保津和唐津4条高速公路,利用外资40.9亿元。

1984年,国务院第54次常委会决议,施行"贷款修路,收费还贷"政策,为我省初期高速公路建设快速发展提供了政策保证。1986年,国家征收车辆购置附加费,2001年调整为车辆购置税,中央车购税补助资金是我省高速公路建设资本金的重要来源。2005年,国家开发银行作为政策性银行,其软贷款允许用于建设项目的资本金,有效帮助我省高速公路建设缓解了筹措资本金的压力。利用外资也是我省破解高速公路建设资金紧张的有效途径之一,分直接利用外资和间接利用外资两种。直接利用外资就是中外合资,转让部分经营权给外资企业,筹措建设资金。间接利用外资就是引进世行、亚行等国际金融组织贷款。通过利用外资,大大缓解了我省高速公路建设资金压力。

在高速公路建设中,省交通厅先后成立了河北省高速公路管理局、省道路开发中心、省交通厅国际金融组织贷款项目办公室三家法人单位组织,负责所属高速公路前期工作、建设管理及收费、还贷等。

河北省高速公路管理局于1990年成立,主要负责河北省政府投资高速公路项目的建设和运营管理,下辖河北冀星高速公路有限公司、河北省保津高速公路有限公司、宣大高速公路管理处、京秦高速公路廊坊管理处、京张公司等5个运营管理单位。负责管理京津塘高速公路河北段、京石高速公路、京沈高速公路廊坊段、保津高速公路河北段、宣大高速公路等500km高速公路。与厅引资办合作,出让京石高速公路经营权,以中外合作方式引进资金16.5亿元,为我省高速公路建设筹措资金。2009年1月整合为新的河北省高速公路管理局(集团)。

河北省道路开发中心成立于1991年11月,职责是企业投资和商业银行贷款高速公路项目的建设,共建设完成了石太高速公路河北段、石黄高速公路、石黄高速公路衡水支线、唐津高速公路河北段等约350km高速公路。与厅引资办合作,转让石太高速公路部分经营权,合资经营石太高速公路,合作经营保津、唐津高速公路,引进资金24.4亿元。

河北省交通厅国际金融组织贷款项目办公室是河北省交通厅按照交通部和国际金融组织的要求,为保证利用外资贷款项目的顺利实施,于1992年2月设立(河北省编制委员会1994年批准)的专门机构,其职责是向世界银行、亚洲开发银行和国外政府贷款修建高速公路。河北省交通厅国际金融组织贷款项目办公室自成立以来,建设完成了石安高速公路、京沈高速公路宝坻至山海关段、京沪高速公路河北段、邯长高速公路更乐至冀晋界段、京沈高速公路北戴河连接线、青银高速公路河北段等约900km高速公路。间接利用外资6.25亿美元。

(2)2003年后,随着社会经济的增长以及我国投资拉动经济发展的需要,高速公路建设迎来了新的高速发展时机,高速公路建设市场放开,建设单位不再仅仅局限于省级部门,各设区市也纷纷筹建本区域的高速公路建设,项目业主多元化,充分调动了各方的积极性和建设资源。

京藏高速公路(丹拉高速公路)下八里至冀蒙界段由张家口市筹措资金建设,后续张家口市还建设了张石高速公路张家口段,张涿高速公路张家口段等多条(段)高速公路。2007年4月经市政府批准,由张家口市交通运输局高等级公路资产管理中心出资组建了张家口通泰控股集团有限公司企业平台,对张家口市管高速公路进行融资建设和运营管理,并开展房地产开发、物流园区开发、农林基础设施建设及项目建设的监理、咨询等相关业务,科技、新能源的开发等多种经营项目。

承德市于2003年建设了京承高速公路,为政府收费还贷模式。保定市长城创业投资有限公司、河北建设集团有限公司、河北省高速公路开发有限公司、沧州市交通实业总公司、保定市道路开发中心5家公司共同出资成立了河北保沧高速公路有限公司,建设完成了保沧高速公路。沧州市和邯郸市还成立了市级高速公路管理局对市属高速公路统一进行筹建、运营和管理。

(3)随着河北省高速公路建设的发展,项目建设融资难度不断增加,多元化的建设单位为全省高速公路的管理带来了更多不便,同时设区市为建设主体的高速公路项目造成财政压力加大,融资更加困难。

为适应新形势下融资和管理需求,2008年10月28日,经省政府批准,在原省高速公路管理局、省交通厅国际金融组织贷款项目办公室、省道路开发中心和省交通厅引资办公室4家单位基础上,整合成立了省高速公路管理局(集团),适应了高速公路快速化、网络化发展的新要求,搭建起了更大的融资平台,极大提高了管理效率,提升了建设、管理和高速公路的服务水平,河北高速公路发展掀开了新的篇章。

新成立的省高速公路管理局(集团)通过与设区市采取合资合作、股权收购等方式将部分高速公路项目收归旗下进行统一管理,有力地推进了高速公路项目建设。2011年,国家实施宏观调控,清理地方政府融资平台,全省高速公路建设遇到了前所未有的资金困难,特别是部分设区市作业主的高速公路项目面临着资金链断裂的风险。为帮助部分设区市高速公路缓解资金紧缺的压力,积极开展省市合作,推动河北省高速公路管理局与部分设区市合作,有效缓解了相关设区市高速公路建设资金压力。

省市合作主要采取了两种方式:一是合作建设。河北省高速公路管理局与石家庄、廊坊合作建设西柏坡高速公路、京台高速公路廊坊段、廊沧高速公路廊坊段等3条段高速公路。二是变更业主。将密涿高速公路廊坊北三县段、密涿支线、张涿高速公路张家口段、张涿高速公路保定段、张承高速公路张家口段、张承高速公路承德段和京昆高速公路京冀界至涞水段等7个项目的业主由设区市变更为河北省高速公路管理局。

为盘活存量资产,变间接融资为直接融资,实现投资主体多元化、筹资渠道多元化、融资成本合理化,通过搭建企业融资平台,有效破解全省高速公路建设筹资难题,推动河北省高速公路持续健康良性发展,经省政府批准,依据《中华人民共和国全民所有制工业企业法》,2013年10月18日正式挂牌成立了河北交通投资集团公司。河北交通投资集团公司为省政府授权投资机构,是省政府管理的国有独资企业(全民所有制),由省交通运输厅代表省政府履行出资人职责,并依法履行行业监管。

2014年9月,国务院印发了《国务院关于加强地方政府性债务管理的意见》(国发〔2014〕43号),全面规范地方政府性债务管理。河北省高速公路管理局作为事业单位,其融资渠道进一步收窄。河北交投集团便肩负起"破解交通发展融资难题,增强交通发展能力"的重要使命,通过政府与社会资本合作(PPP)模式、股权收购、基础设施特许经营+

总承包(BOT+EPC)模式等搭建起了更大的融资平台。

河北交投集团注册资金达到300亿元,资产总量达到710亿元以上。目前管理的全资子公司包括河北省交通规划设计院、河北省交通建设监理咨询有限公司、河北省高速公路开发有限公司、河北省公路开发有限公司、河北省高速公路禄发实业总公司、河北交投智能交通技术有限责任公司、河北交投土地开发整理有限公司、河北衡德高速公路有限公司、河北交通投资集团保阜高速公路有限公司、河北交通投资集团张石高速公路保定段有限公司。与中建集团合作控股河北路桥集团。同时,还经营着京津塘、京石、石太、保津、唐津、保沧、京张等多条(段)高速公路。按照省政府的部署,还将依法受让承秦高速公路秦皇岛段、承秦高速公路承德段、沿海高速公路秦皇岛至冀津界段、廊涿高速公路、西柏坡高速公路、廊沧高速公路廊坊段6条(段)高速公路,还将收购部分市管高速公路,全部到位后集团管理和建设的经营性高速公路项目将达到20余条(段)。根据协议,中国银行河北省分行将向交投集团提供980亿元的融资授信,支持河北省高速公路建设事业。

BOT+EPC模式,即政府向某一企业(机构)颁布特许,允许其在一定时间内进行公共基础设施建设和运营,而企业(或机构)在公共基础设施建设过程中采用总承包施工模式施工,当特许期限结束后,企业(或机构)将该设施向政府移交。该模式的优点在于政府能通过该融资方法,借助于一些资金雄厚、技术先进的企业(或机构)来完成基础设施的建设。衡德高速公路故城支线为河北省内首次采用BOT+EPC建设新模式的高速公路项目,由河北交通投资集团和中建路桥两大企业共同出资,实现了全省投资最省、质量最好的预定目标,在河北省高速公路建设史上具有里程碑式的意义。

PPP模式,即政府采取竞争性方式选择具有投资、运营管理能力的社会资本,双方按照平等协商原则订立合同,由社会资本提供公共服务,政府依据公共服务绩效评价结果向社会资本支付对价。双方基于提供产品和服务出发点,达成特许权协议,形成"利益共享、风险共担、全程合作"伙伴合作关系,优势在于使合作各方达到比单独行动预期更为有利的结果:政府的财政支出更少,企业的投资风险更轻。河北省正在建设的太行山高速公路即采用了PPP模式。

太行山高速公路项目按传统模式在特许经营期内收益无法覆盖成本及社会投资人的合理回报。通过PPP模式运作可以引入社会资金,并充分利用社会资本先进技术和经验提高建设运营水平,降低建设成本,提高项目收益;有利于引入市场竞争机制,吸收社会资本先进的管理经验,有效提高经营水平,降低建设及运营成本,提高服务水平和质量;有利于减轻当前河北省高速公路建设资金压力,创新河北省高速公路的投融资机制;有利于加强河北省高速公路建设、促进政府职能转变、完善财政投入及管理方式、充分发挥市场配置资源的作用。

太行山高速公路PPP融资运作模式为省政府授权省交通运输厅公路管理局作为项

目实施机构,实施机构授权特许经营者投资、建设、运营及管理太行山高速公路,收费期为25年,特许经营期届满项目移交政府。该项目特许经营期内的特许经营权包括高速公路收费权、沿线广告牌以及服务区经营权。

项目通过公开招标确定社会投资人。由河北交通投资集团作为政府出资人代表与社会投资人共同组成项目公司,由社会投资人控股,其余资金由项目公司融资解决。为最大限度减轻省政府运营补贴负担,政府与社会投资人组成项目公司的股权结构为49∶51。

太行山高速公路PPP融资运行模式,如图3-4-1所示。

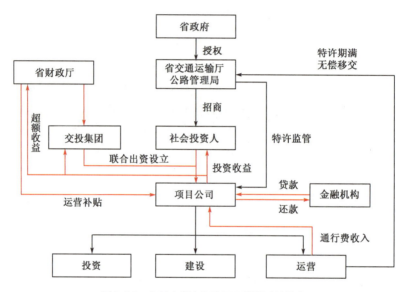

图3-4-1　太行山高速公路PPP融资运行模式

太行山高速公路项目资本金比例为30%,由省交通运输厅委托河北交通投资集团申请国家专项建设基金作为政府资本金,利息由省财政逐年列支,本金由交投集团从非太行山高速公路收益分成中扣除自身投资还本付息后剩余部分偿还,不足部分安排省财政资金偿还。社会投资人与交投集团共同组成项目公司。资本金以外建设资金由项目公司通过融资解决。交投集团不参与利润分配。

三十多年以来,河北省坚持创新驱动,不断改革拓展融资渠道和方式,在"贷款修路、收费还贷"基本政策支持下,总结出"争取中央车购税补助、国际金融组织贷款、国内银行贷款、与外商或国内企业合资合作、转让经营权、发行中票和债券"等多种具有河北特色的筹融资方式,在为河北高速公路建设提供强有力支撑的同时,也为全国的高速公路建设融资提供了借鉴经验。

二、工程建设管理

1987年河北省高速公路建设之初,国家还没有技术标准和规范,处于技术缺乏、经验没有、制度空白的状态。基本上是边设计、边施工、边摸索,采取自行设计、自主施工、自己管理模式。省委、省政府高度重视高速公路建设,成立了以主管副省长为组长,省交通厅、省计委、省建委领导为副组长,土地、公安、电力、邮电、水利等相关部门为成员单位,统筹建设大事,这样高速公路实施就有了可靠保障。各地(市、县)成立高速公路建设指挥部,这些组织措施为解决征地、拆迁占地及地方问题创造了有利条件。

省交通厅成立重点工程办公室,抽调技术精、管理能力强的工程技术人员,组成工程现场管理机构,负责工程建设管理。在没有技术规范,没有工程先例,没有管理经验,技术落后,设备落后的情况下,河北交通人满怀信心,迎难而上,砥砺前行,组成精干设计团队、管理团队、工程质量监理团队,调配全省最好的施工队伍,参考国外高速公路设计管理施工经验,制定符合我省省情的设计标准、施工技术规范、质量检查验收标准、工程管理程序等一系列高速公路建设管理相关文件,而且在工程实践中不断提高完善,初步形成了高速公路建设之初具有河北特点的工程管理模式,使自行设计、自主施工、自己管理的第一条高速公路——京石高速公路顺利建成通车,为河北修建高速公路锻炼了队伍,积累了经验,树立了信心,为高速公路发展奠定了坚实的基础。

石安高速公路建设利用世界银行贷款,开启了河北省高速公路建设与国际接轨的新篇章。依照世行项目管理方法,首次采用招标采购的方式选择设计、施工、监理队伍,面向世界范围招标采购。在建设管理中,积极引进现代管理理念和监督机制,从系统控制出发,进行全方位动态管理,注意搜集国内外先进信息,注重对从业者的技术培训,大力组织科技攻关,大力进行新技术、新材料、新工艺推广,大力推行FIDIC条款,大力采用ISO(国际标准化组织)标准。在工程建设管理中,不断探索FIDIC条款与中国国情相结合的管理方法。

高速公路建设点多线长,涉及面广,如果离开政府、相关部门及地方支持与配合,工程无法开展。在省政府重点工程领导小组的领导下,统筹各相关单位,解决建设中的大事、难事,这样高速公路实施就有了可靠保障,这是与中国实际情况相结合的重要体现。省交通厅作为工程建设主管部门,对项目全面负责,为抓好落实成立项目管理执行机构对高速公路建设实行全方位管理,包括项目立项、设计、施工、管理、招标、投资、进度、质量控制及地方问题。沿线各市、县成立专门机构、专人负责及时解决工程建设中的地方问题。省交通厅为加强管理协调力度,明确一名副厅长主管建设中的地方问题,并负责各方面关系的协调,这些组织和措施为解决征地拆迁及地方问题创造了有利条件,使各方面工作能够稳定有序进行。

石安高速公路的管理机构主要分为两大部分,业主机构与监理机构。受业主委托的中外联合监理工程师办公室(总监办)对工程质量、进度、投资三大目标进行控制。业主的各种意图主要通过监理人员体现,基本形成了中国特色与FIDIC条款相结合的管理模式。河北省高速公路建设进入了以现代管理为主的新阶段。

京秦高速公路的管理实行建设单位主管,采用国际通用的FIDIC条款制度。根据亚行对中国公路项目贷款的要求和惯例,结合中国国情,中外双方联合监理,实施"FIDIC条款+行政干预+思想政治动员+激励机制+协调服务"的管理模式。成立京秦高速公路质量督察组,对工程项目进行模式化监督。建设监理单位紧紧围绕工程质量、工程进度、工程投资三大目标,采取了一系列措施,对工程建设实行了强有力的管理。

与此同时,国家陆续出台制定完善了各种技术标准、规范、程序。唐津高速公路、保津高速公路、石黄高速公路、宣大高速公路等后来的多条高速公路,建设管理程序日趋完善,建设管理经验日趋成熟,建设管理模式逐步形成了由省政府领导下的省交通厅、项目法人单位、项目管理机构(筹建处)的管理体系。项目法人对项目进行立项,对设计、施工、监理进行公开招投标,确定中标单位,由项目执行机构(筹建处)进行建设管理的模式。经过6000多公里高速公路建设经验积累,高速公路建设管理趋于标准化、制度化、规范化、精细化,逐步形成了"理念领先、制度完善、管理专业、技术先进、规范高效"的现代化高速公路工程管理格局。

(一)贯彻落实科学发展观,加强理念创新

"十一五"以来,我省高速公路建设积极贯彻落实"坚持以人为本,树立安全至上的理念;坚持人与自然相和谐,树立尊重自然、保护环境的理念;坚持可持续发展,树立节约资源的理念;坚持质量第一,树立让公众满意的理念;坚持合理选用技术指标,树立设计创作的理念;坚持系统论的思想,树立全寿命周期成本的理念"为核心内容的公路建设新理念,工程建设目标由原来单一的"质量、造价控制"转变为"安全、耐久、节约、环保、和谐"的科学体系。一是更注意公路建成后的使用安全。加强主动防护与被动防护,为行车提供更安全、更舒适、更放心的运行条件。二是全面贯彻节约的思想,走资源节约型之路。在设计和施工中注意节约土地资源,及时对取土占地恢复耕种,降低工程造价,节约工程成本。三是体现环保理念,走环境友好型之路。注重优化生态环境。四是创造和谐的施工环境。提供人文关怀,不侵民、不扰民,尽最大努力减少对周围群众的影响。

(二)加强制度体系建设,促进项目建设管理的规范性

坚持一贯加强制度建设,通过依法依规,促进项目管理的专业化、标准化、规范化水平。河北省交通厅先后制定了《公路工程设计变更管理实施细则》《高速公路建设项目"阳光工程"实施方案》《"十二五"高速公路建设管理纲要》《公路项目建设精细化管理指导意见》《关于加强高速公路项目建设的若干意见》《关于进一步加强公路勘察设计工作的若干意见》《施工标准化管理指南》等规范性文件,对高速公路建设管理、招标、工程质

量、计划进度、投资控制、安全生产、廉政建设等方面提出明确要求,使项目建设管理水平稳步提升,基本步入了规范化、制度化轨道。

(三)加强设计管理,体现创造理念

勘察设计作为工程建设的灵魂,在项目管理过程中始终坚持动态设计理念,提高设计质量,避免出现后期运营缺陷;加强地质勘察和外业调查,认真组织外业勘察验收,保证基础资料全面、准确、实用;落实优化设计、专项设计与动态设计工作,保证设计成果的完整性、合理性和统一性;加强双院制审查、设计监理制度的落实,提高设计文件的科学性和造价控制;加强安全性评价制度的落实,确保设计路线运营阶段的安全性;严格施工安全风险性评估制度的落实,确保施工阶段的安全性;严格设计文件的审查把关,推进技术标准的落实和设计质量提高。

(四)加强原材料管控,大力进行科技创新

原材料质量是工程质量的基础,管理单位一直把原材料管控作为重要工作内容来抓,对原材料出厂、进厂严格检验,加大抽检力度,杜绝不合格材料进入工地现场。

高速公路建设管理中,注重科技创新,注重新材料、新技术、新工艺推广应用,推动高速公路建设质量水平不断提高是交通管理者的一贯追求。三十年来,一批又一批交通科技工作者严谨求实,埋头苦干,在重大科技研发、自主创新能力、科技发展效能等方面不断取得长足进步,在关键技术研发、共性瓶颈方面取得重大突破,大大提高了高速公路的科技含量和建设质量。

(五)加强施工标准化、制度化、规范化建设,提高现代化工程管理水平

标准是规范建设行为和管理行为的规矩和尺度。只有通过统一的技术标准、管理标准和检验标准,才能打造统一、规范、有序的施工标准体系。2009年初,河北省交通运输厅率先在承赤高速开展试点工作;2011年以来,先后完成《河北省高速公路施工标准化管理指南》,包括管理标准化、工地建设标准化和施工标准化三大部分九个分册,共约56万字。其中管理标准化对建设、施工、监理等单位的机构人员设置、规章制度、项目建设管理具体要求等多个方面作出了详细要求;工地标准化对项目部等施工驻地设置提出了明确要求,特别是要求全部做到"三集中",即:钢筋集中制作、混凝土集中拌和、梁板集中预制;施工标准化涵盖路基、路面、桥涵、隧道、房建、机电、交通安全设施等项目施工的全过程,对一些施工工艺和工序进行了硬性要求。要求建设单位把指南作为合同文件的要件,严格执行。此外还制定了考核办法,要求各项目按照省厅要求全面开展标准化工作,取得了显著效果。

1. 现场施工精细化、规范化程度进一步提升

统一、规范的标准贯彻到了工程施工的每个阶段、各道工序中,施工组织更加科学均衡,资源配置更加高效合理;形成了"实施有程序、操作有标准、过程有控制、结果有考核"的管理体系。现场施工实现了"粗活细做、细活精做",施工内业实现了"标准统一、精益求精"。

2. 工程建设以人为本的理念得到有效落实

通过狠抓项目驻地及拌和站、预制场、试验室等施工现场标准化建设,充分引入机械化、自动化,建设人员的作业环境明显改观,"工地"变成了"工厂",住所由原来的脏乱差变成了整洁干净,作业环境大为改善,劳动强度大大降低,极大地愉悦了工人的心情。

3. 员工素质逐步向产业工人转变

在项目现场开展"夜校",加强对一线工人的培训,尤其是部分放下锄头上桥头的农民工,转变成具有专业技能的产业工人,技术熟练程度明显提高,安全生产意识明显增强。

4. 施工质量、工程耐久性明显提升

在施工标准化工作开展中,在常规精细要求基础上,取得了几项重要成果:应用高性能混凝土将桥梁的使用寿命由实际不到50年提升至100年;中小桥全部取消空心板,使用密排T梁结构,桥面铺装使用精密铣刨,中小构件集中预制等,使质量通病得到有效控制,工程质量稳步提升,其耐久性大大增强,实体工程内实外美。

(六)加强施工过程控制,加强质量安全监管,把好质量关口

(1)认真落实"政府监督、法人管理、社会监理、企业自检"四级质量保障体系,特别是质量监督机构严格履行质量监督职责,根据项目特点制订详细工作计划,明确各阶段监督工作的重点、监督工作程序。监督检查人员严格按照工作准则开展质量监督工作,并建立完善监督检查活动档案,确保了各项工作的规范有序和有章可循。同时转变监管观念,在工作中更加注重变事后处理为事前预防,注重指导现场一线技术标准、技术要求和施工操作,减少质量缺陷,避免返工。

(2)严把开工和竣工关。明确要求未办理质量监督手续的项目,坚决不予开工。未进行质量鉴定或经鉴定不合格的项目,坚决不予竣工验收。要求所有建设项目在开工之前必须办理质量监督手续,质量监督部门根据项目法人申报的工程质量监督申请,对建设、设计、施工、监理各方逐一进行资格审查,对工地试验室仪器设备和试验人员资质进行审核,满足条件后方可办理质量监督手续。在交工验收和竣工验收时,应首先完成交工质量检测和竣工质量鉴定工作。

(3)推行"首件工程认可"制。对于较大部件或较主要的工序,首次完成需业主、监理验收认可后再进行后续的循环作业,大大保证了工程质量的基础可靠性。

(4)加强施工过程管理,过程控制。施工单位严格按规范按设计作业并且自检,监理单位严查严要求盯紧施工过程,业主随检随查,把控住每一个施工环节,把质量问题消除在萌芽状态。经常开展质量评比、质量观摩和革新推广活动。

(5)狠抓对监理工作的监管。监理工作质量的好坏直接影响着工程质量的优劣,为此始终把监督监理工作作为监督工作的重点,除了对其资质、持证上岗情况进行检查外,还要对其出勤情况、日志记录情况、旁站情况和签证等情况进行检查,对违背监理原则、玩忽职守、弄虚作假的监理单位和人员坚决予以处理。

(6)加大质量监督检查力度。加强对公路建设项目的全面督查工作。对高速公路的基本建设程序、招投标情况、工程质量、安全生产以及廉政建设等公路建设市场情况进行全面督查,并将其计入信用档案;同时,对所有公路建设项目组织一次施工管理专项检查,并组织召开现场会;另外,河北省公路工程质量监督站对高速公路项目进行综合检查不少于两次、专项检查不少于三次、巡视检查不少于三次。

(七)深入开展质量年等活动,保障工程质量稳中有升

高速公路建设规模大、任务重,河北省交通厅通过开展质量年活动、设计施工通病治理活动等各项活动,规范从业单位行为和施工工艺,提升工程质量。

质量年活动重点开展了六项活动:一是群众献计献策活动;二是加强招投标监督管理活动;三是提高设计质量活动;四是提高施工质量活动;五是开展"监理企业树品牌,监理人员讲责任"行业新风建设活动;六是征集评选优秀论文活动。

力推七项制度:一是实行项目技术质量责任制;二是实行等级信用评定制度;三是实行建筑材料业主管控制度;四是实行"第三方"专业检测和咨询顾问制度;五是实行一线骨干人员登记制度;六是实行精细化管理制度;七是实行项目质量全面督查制度。

混凝土质量通病治理活动重点加强了原材料监控,规范了施工工艺。监理人员讲责任、监理企业树品牌活动重点通过提高监理人员的责任心和业务能力来发挥监理企业的作用,通过这些活动和制度的开展实行,有力推进了建设质量意识的提高和管理的规范化,提升了工程质量。

(八)深入开展"平安工地"建设,确保安全生产态势平稳

高度重视高速公路建设领域的安全生产工作,始终把保障工程建设安全作为安全生产监督管理工作的重中之重,坚持以科学发展观为指导,牢固树立科学发展、安全发展理

念,遵循"安全第一、预防为主、综合治理"的方针,以开展交通工程"平安工地"建设活动为载体,以抓基础、抓关键、抓示范为原则,实施源头管理,加强过程控制,做好现场防护,严格监督执法,努力确保安全生产法律法规、技术标准落实到施工一线,不断提高施工现场安全防护标准化、场容场貌规范化、安全管理程序化水平,防范和遏制了各类生产安全事故的发生。开展专项整治,针对高速公路桥梁和隧道工程坍塌事故、施工起重机械和支架脚手架坍塌事故等,制订整治方案,集中解决高速公路建设领域中影响施工安全的突出问题和薄弱环节。进一步落实建设各方安全生产责任,规范施工、监理等从业单位经营行为,努力构建安全生产长效机制,实现了全省高速公路建设领域安全生产形势的持续稳定和不断好转。

三、绿色交通

(一)绿色廊道

随着高速公路的飞快发展,高速公路界内绿化建设越来越被社会各界所重视。为落实"着力改善发展环境,着力改善生态环境"的精神,河北省运营高速公路"绿色廊道"建设以公路用地界内绿化完善提高为主,贯彻"因地制宜、因路制宜、适地适树"的方针,坚持"宜乔则乔、宜灌则灌、建养并重"原则,科学规划设计,构筑丰富多彩的绿化模式,在公路地界范围内拓展绿化空间,最终形成乔、灌、草相结合,落叶树种和常绿树种相搭配的多层次立体化布局和结构。最终达到"人在车中坐,车在画中行""四季常青,三季有花,二季有果"的要求。

高速公路绿化改善提高了通行条件和环境,除能给高速公路带来有利于交通安全、保护道路、降低养护成本、吸引更多车辆通行、增加运营收入的自身效益外,更大的好处是改善了国土生态环境、促进了经济和谐发展。

河北省公路"绿美廊道"建设通过创新绿化模式,进一步美化公路交通环境,全面提升公路绿化生态效益、社会效益。

1. 实现绿色全覆盖

充分利用公路用地范围内可绿化用地,因地制宜,因路制宜,在适宜的区域,种植适宜的植物,将裸露的地表进行绿化覆盖,同时增加景观色彩,丰富种植层次。

2. 体现视觉多色彩

采用观花、彩叶等多种植物,利用地形地势,打造色彩丰富的景观效果。注重行车动态视觉效果,以点、线、面结合的方式,采用金叶榆、花叶卫矛、红叶李、高杆金叶榆、剑柏、金叶国槐、火炬树等多种色彩乔灌木组合种植,形成多色彩变化、多层次递进,四季有景、三季有花的景观效果。

3. 层次有起伏

利用好公路自身起伏的特点,采用不同植物创造连绵起伏的林冠线,借助外部自然景观,形成起伏变化的行车动态景观。

4. 景观有跳跃

主要体现在视线上的跳跃及色彩上的跳跃。视线上的跳跃主要结合起伏的地形地貌及外部景观,在行车视线突出的迎坡面等位置,增加微景观、亮点等特殊路段,使人有眼前一亮的景观感受。色彩上的跳跃主要体现在不同植物的色彩,如分段种植黄色的金叶榆,红色的紫叶李,使种植色彩有一定的跳跃感。

截至2016年底,河北省公路绿化总里程达到7.8万km,高速公路、普通干线公路、农村公路可绿化里程绿化率分别达到100%、98%和72%。新增路界内绿化面积85.7万亩,与路界外相加,公路廊道绿化面积占全省新增绿化面积的27%。100%的县道、72%的乡道已完成"田路分家"。

(二)煤矸石路基

新中国成立以来,我国煤炭开采量逐年增加,2000年我国煤炭的开采量为7.12亿t,2010年我国煤炭的开采量达到35.2亿t,煤炭开采过程中产生的最大副产品煤矸石的综合利用率不高,平均只能达到40%的水平。露天堆放着的煤矸石,会发生自燃、风化等复杂的物化作用,煤矸石山的自燃会产生大量的二氧化硫、一氧化碳以及烟尘等污染物,污染大气环境,煤矸石山受到自然降雨的淋浴,渗出液中包含许多重金属污染物,对地下水资源造成污染。随着我国煤矸石堆积量的不断增加,以及国家节能环保理念的深入普及,如何有效利用煤矸石资源,变废为宝,解决环境问题,成为一个亟待解决的问题。

将煤矸石作为路基填料,不仅可以减少修筑道路过程中的征地费用,缓解我国严峻的耕地矛盾,同时将煤矸石填筑到路基中,可以减少煤矸石山对周围大气、水、土壤环境的污染,可以有效改善煤矸石山周围的环境,具有良好的经济和社会效益。

邢台煤矿矿井产出的多年积累的废弃煤矸石堆积成山,煤矸石山位于邢台市钢铁路西、七里河南,内部已部分自燃,储量约200万m^3。邢汾高速公路建设管理单位和科研院所对煤矸石利用的原则和工法,进行了详细的研究论证,最终确定煤矸石填筑路基的设计方案,全线设计共利用煤矸石约170万m^3,有效降低取土及用地规模,项目通车后效果良好。

(三)粉煤灰路基

粉煤灰是火力发电厂排放的废弃物,其排放量相当于发电燃煤量的30%~40%。河北省是火力发电大省,每年排放粉煤灰约800万t,粉煤灰堆积存放在灰场,既占压大量土地,又污染环境。随着电力的发展,粉煤灰堆积量迅速增加,成为一大社会公害。

河北省结合大规模交通基础设施建设的需求,利用粉煤灰修筑高速公路路基,用灰累计已达1800万t。特别是利用粉煤灰修筑石安、石太高速公路,把石家庄、邯郸电厂的4个储灰场全部腾空,马头、邢台电厂的储灰场部分腾空,减少电厂储灰场占地4000亩,减少取土占地1.16万亩,节约新建灰场投资和筑路取土费近10亿元,取得了巨大的经济效益和社会效益,在全国率先实现了大规模利用粉煤灰的重大突破,为大规模利用粉煤灰取得了成功的经验。

石安、石太高速公路利用粉煤灰,具备非常好的外部条件。石安、石太高速公路河北段穿越石家庄、邢台、邯郸三市。这3个城市内共有4个较大规模的火力发电厂,即石家庄热电厂、邢台发电厂、邯郸热电厂和马头发电厂。当时,4个电厂的6个灰场储灰量已达2300万t,占地9600亩,并且灰场的使用期只有1~3年,邯郸电厂的两个灰场都已灰满为患,影响到电厂的正常生产。陆续开工建设的石安高速公路和石太高速公路在平均运距15km内可用灰量达1300万t。在这种情况下,如果用粉煤灰代替黏土筑路,既节省交通部门修路取土用地,又节省电力部门建灰场占地,还利用了粉煤灰,改善了环境,可谓"一举三得"。

筑路用灰工程中用灰污染是最为突出的问题。粉煤灰在灰场中一般都堆积数年或更长时间,含水率较低,破坝后灰场表面干灰在风力作用下大量冲出坝口,污染灰场周围的农作物及村庄;由于粉煤灰颗粒极小,北方气候干燥多风,运输过程中水分损失较大,运输沿途也会受到污染;到施工现场后,如果不能及时使用,干灰扬尘随时可能发生,周边群众强烈不满,干扰施工现象时有发生。为了解决这一问题,电力、交通部门除了采取增设加密喷洒水设施、制订科学的洒水方案、采用机械化装车和大吨位的自卸汽车运输、为运输车辆配备彩条布或苫布覆盖、变运灰车通道与车流大的道路平交为立交等多种措施外,当地政府还做了大量的协调、宣传工作,对农民的一些要求进行了妥善处理。由于各级地方政府做了认真细致的思想工作,使电厂、施工队伍与周边农村的关系得到了改善,增加了理解、化解了矛盾,为用灰工程创造了良好的施工环境。经过三年多的紧张施工,石太、石安高速公路分别于1995年10月和1997年12月建成通车,通车后运行良好。

四、科技与信息化

(一)科技创新

河北高速公路以"两个率先,一个搞好"为目标,节能减排、创新驱动、努力改善高速公路环境,从凭借人力"强干"到远程指挥"巧干",从关注建设里程到注重高速公路建设与自然、社会和谐发展,科技创新发挥了不可替代的作用。据相关数据,仅2012年全省确保通车的767km高速公路,就通过新技术、新工艺的应用节地1000多亩。

1. 大批科研成果得到有效应用

2003年以来,全省关键技术创新性研究成果成效显著,先后涌现出了5项国际领先科研技术,特别是在隧道、桥梁、路面施工中,267项国内领先和103项国际先进的科研技术,在全国高速公路建设中一马当先。通过科技成果的转化应用,为工程质量加了一把"保险锁"。

推广新技术,提高废旧沥青路面再生水平。京秦高速公路、石安高速公路相继采用就地热再生技术,有效节约成本,大大缩短工期,修补后的路面可用年限为8~9年。京沪高速公路、102国道滦县段先后采用冷再生技术,最大限度利用旧路路面结构材料,有效降低施工难度。

张承高速公路张家口至崇礼段地处崇山峻岭,山区气温低,混凝土凝固速度慢,为解决这一问题,该路16标段施工单位在预制T形梁时优先采用"蒸汽养生"法,将浇筑好的预制梁放于帆布帐篷内,"享受"近20℃的"蒸汽桑拿"。因为采用"蒸汽养生"制梁比一般制梁时间缩短,大大提高了施工效率。

2. 不断研发与应用新科技打造低碳交通

我省交通运输系统始终坚持既要发展,又要生态环保的理念,以新科技的研发与应用推动低碳交通运输体系的不断完善。

在全国低碳交通试点城市之一的保定市,张石高速公路、保阜高速公路、荣乌高速公路的建设中,2.5万t废旧轮胎改性沥青的推广减排二氧化碳8925t,节约标煤3580t,成为河北交通系统以科技创新突破资源制约、实现转型发展的一次成功典范。

西柏坡高速公路两旁山体由于多年来的开山采矿,植被已遭破坏,岩石裸露在外,严重影响了公路美观。针对这种状况,筹建处引进"客土喷播"技术,为植被能在陡峭的坡面固定生长提供了肥沃的土壤,创造了生机盎然的景象。

邯郸邢台和石家庄周围有大量的煤矸石和粉煤灰。石安高速公路用粉煤灰填筑路基共72km,用灰量1180万t,邢汾高速公路使用粉煤灰100万m^3,使用煤矸石170万m^3,利用南水北调弃土84万m^3,节约取土及减少废弃物占地约19810亩,对环境的保护作出了巨大贡献。被河北省政府授予大宗利用粉煤灰先进单位,国家经贸委授予"国家资源综合利用奖"。

大广高速公路衡大段为高速公路建设提供了一种新型的边坡防护形式,创造性地将以往主要用于场地绿化、土地荒漠化治理等方面的植物纤维毯用于粉砂性土路段的边坡生态防护,节约了成本,提高了边坡抗风蚀、抗冲刷能力,节能环保,施工方便,绿化效果非常明显。

京秦二通道是全省较为典型的旅游高速公路,贯彻生态环保节约理念成为重中之重。筹建处鼓励施工单位对废弃地、垃圾场等进行平整利用,减少了耕地占用,美化了当地环境,并且全线充分结合山区地貌,对防护、绿化实施动态设计,形成公路与自然的和谐统一。同时,科学安排防护、绿化设施施工计划,在沥青路面开工前完成挖方段和填方段主要防护、排水设施施工,避免了交叉施工带来的污染。

3. 节约用地,少占良田

大广高速公路衡大段采用了全国首创的低路基渗井技术,提高了工程质量,大大降低了建设成本,减少工程造价2.58亿元,成为全国高速公路建设节约用地典范。

张石高速公路石家庄北出口支线6.5km路段,采用"加筋土挡墙"技术,节约土地近100亩。边坡完全与地面垂直,加筋土挡墙"紧贴"边坡,原本可能被边坡占用的土地得以重新利用。

推广成熟节地技术,缓解土地难题。青银高速公路河北段成功探索实施了低路基减少占地,利用粉煤灰、河道砂砾、废弃土代替良田取土。在182km的路基上,实现了71.2km路基高度达到3m以下,节约土方279万m^3,减少临时取土占地2798亩,减少永久性占地336亩。

承秦高速公路秦皇岛段秉承"尽量就地取材,尽可能保护耕地,利用已有资源"的理念,将料场等施工临时设施建在路基上、互通区、服务区内,不多占用一亩耕地,不多浪费一分资金,不多丢弃一平方米可以利用的土石方资源,最大限度地减少了对环境影响。

(二)信息化建设

河北省高速公路的不断发展,带动了交通信息化建设相关行业和技术的飞速发展。高速公路机电工程也在近二十多年的发展过程中,收费系统从单一区段的独立收费,发展到区域ETC联网收费。通信系统无论从通信距离、通信容量、通信媒介、通信网络、通信体制等都发生了质的变化;从模拟到数字、从异步到同步、从电缆到光缆,通信传输向着网络化、数字化和智能化的方向发展。从2008年起至今,ASON智能光网络、全程监控、计重收费、ETC不停车电子收费系统、交通事件自动检测、高清摄像机、红外夜视摄像机、激光夜视仪等一些先进的技术、设备、产品已经用于河北省高速公路机电工程建设。

1. 高速公路全程监控

2008年张石高速公路石家庄段、张石高速公路保定段、廊涿高速公路、唐曹高速公路等通车,标志着河北省高速公路全程监控实施序幕的拉开。新建成通车路段按照全程监控实施,旧有路段开始按照全程监控进行设备以及传输方案的改造。早期全程监控实施方案主要是:2km 设置 1 对摄像机(1 台固定,1 台遥控),在互通出口上游设置可变信息标志,在收费站广场入口前设置可变信息标志,每个互通前后设置车辆检测器,同时配备交通事件自动检测设备,图像传输开始采用 H.264 编码方式等。2013 年开始实施的京沈高速公路、大广高速公路京衡段、大广高速公路衡大段、黄石高速公路等示范项目,开始采取每公里设置 1 对摄像机,摄像机选用激光夜视仪或高清摄像机,每公里设置 1 处微波车辆检测器等方案。全程监控达到新的高度。目前河北省高速公路网已全部实现全程监控。

2. ETC 收费

2008 年 5 月河北省高速公路实现计重联网收费。2010 年 8 月京津冀联网 ETC 开通。2013 年 12 月京津冀鲁晋五省市联网 ETC 开通。2013 年底,全省高速公路 343 处收费站,共有 161 处收费站设置 ETC 收费车道,占比 47%。2015 年河北省完成与京津等 13 个省市 ETC 联网,实现高速公路收费站 ETC 车道全覆盖,推出融合 ETC、金融、旅游三大功能的京津冀旅游畅行卡,ETC 用户达到 51 万户。

3. 其他

2009 年河北省高速公路管理局指挥调度中心 96122 服务热线开通,该平台是集高速公路出行信息服务、紧急救助及投诉申告的综合性交通话务平台,24 小时不间断服务,以"服务公众出行、服务决策管理、服务交通建设、服务社会发展"为宗旨,为出行公众提供及时、高效、准确、全面的高速公路通行信息,是公众出行、畅行京畿的重要信息来源。

2009 年开始河北省高速公路管理局与省气象局合作,实现高速公路气象现场采集,气象局专业分析、发布高速公路气象服务信息,并在部分路段,开展雾区检测和诱导系统的设置,为驾乘人员更好地服务、保障安全。

2010 年河北省高速公路管理局在黄石高速公路完成三维 TGIS 系统试点工作的基础上,陆续开展局属路段 18 条高速公路全长 2523km 内三维数据地理信息的数据采集和平台开发工作,完成河北省高速公路三维 TGIS 综合管理平台的建设,为后续的河北省高速公路综合信息管理平台提供技术数据和底层平台。

2013 年,随着张石高速公路、张涿高速公路的全线贯通,河北省境内主要干线节点开通 ASON 智能功能,同时,网络规划与优化不断进行,河北省高速公路干线通信网络逐步形成一个主干达到 10G 的成熟、稳定、可靠 ASON 网络。

五、廉政建设

高速公路建设在大力推动国民经济发展的同时,作为一个由其公共属性而决定政府配置主要资源的行业,已经成为容易滋生腐败的"高危"领域。

2005年,根据河北省委、省政府关于打造阳光政府、实行政务公开的要求,河北省交通厅从交通部门反腐倡廉的实际出发,决定将高速公路建设10个关键环节的管理情况向社会公开,出台了《河北省交通厅高速公路建设项目"阳光工程"实施方案》(冀交体法字〔2005〕323号),开始全面推行高速公路建设"十公开"制度。

"十公开"的内容,是按照公路基本建设程序的要求,针对高速公路建设的各个关键环节而提出的,涉及高速公路建设的全过程。每一项"公开"都落实六大内容——主体、内容、方式、范围、时间、监督检查部门。同时河北省交通厅通过强化内外监督机制、制度约束机制、集体决策机制、督办落实机制等"五大机制",监督保障"十公开"贯彻实施。

(1)高速公路发展规划、建设计划公开:高速公路发展规划、建设计划的编制,要坚持公开论证和科学评估制度,规划编制中,要广泛征求社会各界和有关专家的意见,保障广大人民群众对重大决策事项的参与权、知情权和建议权。

(2)项目审查、审批管理公开:咨询、勘察、设计单位在编制项目前期报告、勘察、设计过程中应严格按照相应阶段的技术规范要求,广泛征求群众意见、切实维护群众权益;项目建议书、可行性研究报告及设计文件完成后,应首先经项目法人初审后上报交通主管部门,经交通主管部门组织有关部门和专家进行行业审查后,由项目法人安排修订,再按管理权限由交通主管部门批复或上报其他有关部门。

(3)招标过程公开:各高速公路建设项目在各个阶段必须严格遵守《中华人民共和国招标投标法》和有关管理办法,在招投标活动中,严格落实"招标人自主招标、评标委员会独立评标、招标人自行定标、政府依法监督"的原则,充分保证招投标行为的公开、公正、公平。

(4)征地拆迁管理公开:征地拆迁管理工作主要依靠沿线各级人民政府,要求各级政府组建的市县高速公路建设指挥部和项目法人将用地批复文件、征地总面积、补偿金额、土地单价以及相关费税,土地种类、青苗和附属物的分类,补偿原则、补偿方法和补偿标准,征地拆迁责任人及联系方式等公开给各有关部门及各拆迁户。

(5)施工过程管理公开:此项内容涉及三个责任主体,要求项目法人、现场执行机构和监理单位、施工单位对各自职责范围内的现场管理工作进行公开,以促进三个责任主体加强管理,科学组织,规范施工,主动接受群众监督,确保工程质量和进度,做到文明施工和安全生产。

(6)设计变更管理公开:此项内容涉及两个环节,一是设计变更过程公开,责任主体是项目法人;二是设计批复结果公开,责任主体是行政审批机构。主要目的是使设计变更真正能够实事求是、科学合理地完善设计文件,保证建设质量。

(7)质量监督公开:高速公路建设项目必须严格落实"企业自检、社会监理、法人负责、政府监督"四级质量保证体系,项目法人是工程质量的第一责任人,各从业单位都必须主动接受交通行政主管部门及公路工程质量监督部门或由其授权的质量监督机构实施的质量监督管理,并接受社会舆论和媒体的监督。

(8)竣(交)工验收公开:工程竣(交)工验收是工程交付使用的重要环节,各有关部门必须按照交通部《公路工程竣(交)工验收办法》和《河北省交通厅公路工程竣(交)工验收办法实施细则》要求,认真组织工程竣(交)工验收,严格按程序办事。

(9)资金使用公开:项目法人和施工、监理单位要严格按照合同管理有关规定执行计量支付程序,注重时效管理,杜绝拖欠工程款和农民工工资现象发生。各级有关部门要严格按照财务制度、资金管理制度规范工程财务管理,各项目法人要认真落实好项目全过程跟踪审计工作。

(10)建设市场管理公开:建设市场管理包括从业单位从业信息管理和资质管理。资质管理包括公路工程监理单位的资质认可,工程试验检测单位的资质评定,公路工程设计、勘察、施工企业资质的行业审查意见。上述从业信息、资质审查、审批均对外公开。

完善各项制度,确保"十公开"制度落实。为把"十公开"制度落实到实处,河北省交通厅规定,凡涉及高速公路建设的信息,均在河北交通行政公开透明网、高速公路建设指挥网、河北交通信息网上向社会公开;还制订了党风廉政建设责任制、纪检监察联席会议、干部诫勉谈话、项目跟踪审计等7项硬措施,对"十公开"落实情况进行监督。

河北省在建高速公路推行"十公开"制度以来,把"十公开"制度作为高速公路建设项目管理中的一项重要内容,通过树立典型、明确责任、监督检查等措施,推动"十公开"在全省高速公路上全面展开、落实,坚持做到全面公开、随时公开,实现了以公开促公正,以公正促和谐,以和谐促发展,得到施工企业、广大人民群众、社会各界的较好评价。

一是通过公开,促进了建设市场的规范化管理和公平竞争,避免了人为干预,减少了腐败问题发生的机会。

二是增强了责任者的自律意识。工程建设的各个环节在阳光下运行,权力公开透明,促进了高速公路建设全过程依法依规依纪展开。

三是确保了工程建设质量。"十公开"制度从工程招投标到工程验收,实行全过程公开、公平、公正,使项目业主、工程监理、施工企业把主要精力都用在加快实施进度、提高工程质量上来。多年来,河北省高速公路建设优质工程率达到100%。

四是形成了和谐发展的良好局面。"十公开"制度将交通部门、地方政府、施工企业、人民群众的利益统一起来,赢得了各级党委、各级政府、参加单位、人民群众大力支持和高度赞扬,形成了共同促进高速公路发展的好局面。

河北省高速公路建设"十公开"制度的做法得到交通部和河北省委、省政府的重视和支持,高速公路建设"十公开"管理模式在全国、全省产生了广泛的影响。2007年9月4日,全国交通系统基础设施建设廉政工作经验交流会在廊坊召开,李盛霖部长在会上作了重要讲话,充分肯定了"十公开"工作,与会代表对"十公开"工作给予了高度评价,并发出通知,在全国交通系统推广高速公路建设"十公开"制度的经验。

回顾多年来"十公开"制度实施的情况,有很多成功的做法和经验需要进一步总结和推广,也有一些问题值得思考。"十公开"制度约束的是公权力,其核心是公开,公权的掌握者就是执行者。此外,"十公开"制度并不能解决建设市场领域的所有问题,还需要完善其他管理措施。

六、地方工作

我省高速公路建设走过了30个春秋。无论是哪个阶段,地方工作始终贯穿于工程建设阶段的始末,其中地方拆迁工作是地方工作的一个重要组成部分,做好征地拆迁工作,对保证工程建设工期、协调地方政府群众、保证工程进展起到了关键的作用,因此受到建设者更大的关注。如何做好征地拆迁的地方工作,河北省通过47条(段)高速公路的建设,进行了积极地探索,摸索出一些做好征地拆迁地方工作的经验。

(一)工作范围及内容

工作范围为高速公路建设经过地区的市、县、乡、村。

工作内容包括:签订协议、界定征地界限、办理永久性占地报批手续等,主要包括以下几个方面:

(1)公路永久占地包括路基占地,服务设施占地,收费、管理机构占地和被拆迁居民的宅基地。

(2)永久占地界内房屋等各种构造物的搬迁。

(3)永久占地内附着物的拆除。

(4)各种管线的迁移、改建,既有通信管线的改建、加高、迁移,还有电力线路的改建、加高、迁移等。

(5)临时及借土占地的征用。

(二)主要工作做法

1. 设立专门组织机构

一是完善组织机制。在高速公路起步初期阶段和吸收引进阶段,高速公路建设经验相对匮乏,各级领导对高速公路的关注度相对较高,在这两个阶段,按三级管理体系设置安置办公室,加强各级政府对征地工作的领导和监督,形成完善的拆迁工作体系,使征地拆迁工作层层有人管、层层有人抓。一般由河北省政府成立高速公路建设领导小组,由主管交通运输的副省长担任组长,省计委、财政、交通、土地等部门和高速公路沿线所经地市的主要领导为成员。在后期多元快速发展阶段,大多数地市都主动作为业主建设本区域内的高速公路,省级高速公路建设领导小组就不再设立,采用二级管理体系设置安置办公室。

高速公路建设所经地市分别成立了市高速公路建设领导小组,以主管交通副市长为组长,办事机构设在各市的交通局,简称"市高速办",负责本市段征迁及建设环境的工作。

沿线各县区分别成立了以主管交通副县(区)长为组长并吸收乡镇主要领导参加的征地拆迁安置领导小组,简称"县高速办",交通、土地、公安、供电、邮电、农林、水利等部门负责人参与,负责本县(区)段征迁及协调施工过程中发生的问题。

涉及的各乡镇都由各副乡(镇)长专职负责本乡(镇)的征地拆迁安置工作,具体办理土地丈量、附着物清点登记造册等事宜。同时,各高速公路筹建处均设置地方科或地方办,统一协调处理高速公路建设期间的各项地方问题,做到事事有沟通渠道、事事有专人解决。

二是完善督导机制。成立了由市政府督查室牵头,市纪检、公安、检察院、交通局为成员的督导小组,定期到沿线县(区)指挥部督导检查地方工作进展情况,针对反映的地方问题现场解决,并通过督办、通报等形式督导地方政府解决各类地方遗留问题。同时建立了信息周报机制,每周一将上一周地方工作、工程进展情况整理上报市、县(区)主要领导,让各级领导第一时间了解进度,对于地方工作进展缓慢的县(区)也起到督导作用。

2. 加大宣传力度,进行思想教育

加大宣传力度,为高速公路征地拆迁大造舆论,有效地解决农民"三嫌""三怕"问题,推动征地拆迁工作的全面开展。各市高速办分别采取相应措施宣传教育群众,将法规、文件印成小册子发给被征地拆迁的村庄、厂家、商家和农户;市县主要领导以已建成高速公路建设后给地方带来的巨大利好为例,利用电视台、电台对群众讲解修这条高速公路的重要性和给今后经济发展、人民生活水平的提高带来的好处,讲解今后的政策法规;印发公告在沿线村庄张贴。同时各市县高速办配备了专职信息员,使征地拆迁工作中出现的新情况、新问题能及时、迅速的进行反馈,为领导科学决策提供了依据。

在宣传的同时,坚持标准公开,严格按照河北省及各地市高速公路拆迁补偿标准,对各类农作物、树木、农电、电力电信设施等都明确了拆迁补偿标准并公之于众,使沿线群众家喻户晓、心中有数。高速公路筹建处也及时把补偿款发到拆迁户手中为民排忧解难,以推动征地拆迁工作迅速开展。

3. 严格执行政策法规,落实承包责任制

相信依靠政府,充分发挥各级政府,尤其是行使政府职能的各级高速公路建设领导小组的作用。高速公路征地拆迁工作实行群众参与,各级政府层层签订责任书,上级交政策、包协调、包拨款,下级包任务、包投资、包工期,大部分县区农户拆迁、地上附着物清点过程都采取"四到位""四现场"的做法,即县、乡、村、户四方到场,实行现场丈量、现场清点、现场签字、现场盖章,保证拆迁数量真实、准确。企业拆迁,聘请评估咨询机构对企业进行评估,依据评估价格与各级政府一同进行谈判,同时对于较大数额征地拆迁补偿资金,筹建管理处班子成员集体研究,集体决策,并上报上级部门批准,既保证了企业产权人的合法权益又保证国家资金有效使用。

4. 典型引路,推广好经验

为推动地方工作的顺利开展,省交通厅及其执行机构与高速公路所经各地市召开地方工作经验交流会,主管副省长、省交通运输厅副厅长等领导做重要讲话,并对工作成绩显著的地市进行表彰,各市高速办及部分县区介绍征地拆迁工作的先进经验,推动征地拆迁工作的顺利实施。

5. 积极跑办取土用地

筹建管理处及时为施工单位解决土源,十分注意节约使用土地,采取取土占地三结合的原则:一是取土与造地相结合;二是取土与当地水利设施相结合;三是充分利用工业废渣和山皮土等材料填筑路基。

6. 和谐铺就共赢路

在上述共性工作开展的同时,一些高速公路筹建管理处根据地方工作特点开展了一些工作方法的探寻,其中较为突出的是张承高速公路崇礼至张承界段项目在建设中"项目驻地及场站建设与新农村建设相结合、施工便道与农村路网改造相结合、施工临时用电和永久性用电与农村电网改造相结合"的"三个相结合"活动的开展。通过该项活动的开展,全线7个施工单位驻地中,有5处为旧屋改建,近60%的施工便道建成了农村公路,近50%的施工临时用电线纳入了农村电网。

通过"三个相结合"活动的开展,使原本建设期容易与地方百姓产生矛盾的工作期变成了参建单位与地方的融洽结合期,在保证施工建设工作开展的同时,对公路沿线地方建设最大限度地提供了帮助,这一做法获得了当地政府和群众的大力支持,使得施工工期得到较好的保证,间接提高了工程的施工质量。

第五节　高速公路与经济社会发展

交通运输是一个国家经济发展的基本要素之一,也是经济发展的主要基础之一。这种基础是指无论是在商品的生产阶段还是流通阶段,都离不开运输,而且经济越发展就越需要运输的专业化和现代化。运输的专业化和现代化不仅体现在交输工具的革新上,也体现在交通基础设施的完善上。1932年世界上第一条高速公路在德国建成通车,其拥有的快捷、安全、高效等优点使其迅速在全世界得到了推广,高速公路随即成为世界各国现代化建设进程中重要的运输基础设施之一。1988年10月31日,我国第一条高速公路——沪嘉高速公路正式通车。截至2014年底我国高速公路通车里程已达10.6万km,超过美国居世界第一位;2016年底,我国高速公路总里程突破13万km。

河北省属于沿海省,地处华北平原,内环北京、天津,外环渤海,是全国各地通往京津地区的必经之地,是沟通东北、西北、华北的交通枢纽,具有"东出西联、承南接北"的独特区位,又被称之为"京畿福地"。1987年河北省第一条自行设计、施工的京石高速公路破土动工,自此河北交通进入高速时代。近30年来,河北省高速公路的发展每隔几年就上一个台阶。特别是"十二五"的五年间,高速公路新增2026km,新增里程接近过去30年通车里程的一半。截至2016年底,河北高速公路通车总里程达6502km。一个国家或一个地区其交通基础设施迅速发展背后是该国家或该地区经济发展的内在需求,是经济发展到一定阶段的客观需要,反过来,交通基础设施的完善又会大大促进该国家或该地区经济的快速发展,二者具有天然的内生性。作为交通基础设施之一的高速公路来讲,它既是经济社会发展到一定阶段的产物,也是促使一个国家、一个地区的自然资源和人才得到更为充分的开发和利用的必备要素之一,二者具有协同性。

一、经济社会发展促进高速公路建设

不断流通、不断集中是现代化经济发展的必然趋势,在发展过程中庞大的人流、物流、车流也随之产生,城镇化进程、旅游资源开发、产业集群、新型工业化等这些因素客观上就需要交通基础设施的快速发展,所以说高速公路的出现为现代化经济的迅速发展提供了必要的基础平台。目前,我国高速公路的建设规模随着我国国民经济的发展逐步扩大,建设地域已从沿海、平原等经济发达地区向内陆腹地、山区发展,这是我国改革开放以来现代化经济快速发展的必然要求。

(一)高速公路建设前河北省经济发展的特点

河北省是东北、华北、华东、中南几个大区经济交流和进出口的必经之地。河北省人口密度大,承担着大量的过境交通,旅客运输需求旺盛,货物运输需求量巨大。在高速公路没有建设之前,河北省的经济发展具有以下几个特点。

1. 交通不便,人流、物流速度缓慢

河北省虽然地处平原,人口密度大,但道路基础设施的不完善、不便利不利于物资的快速发送、快速集中,而且运输物资也不方便,对外流通比较缓慢,由于道路网络不完善,低通行能力和低运作水平的道路交通综合体系又阻碍了运行和发展,使其物流运输速度比较迟缓,运输行业所产生经济效益也比较低,不能满足工业化时代的需要。

2. 交通不便，旅游业发展缓慢

游客在目的地的选择上，交通的快捷便利与否是消费者决策时考虑的重要因素。在行、食、住三项因素中，旅行者对住宿和餐饮的评价会因为个人的不同喜好、个性而产生较大的分歧。但是，对于交通条件的评价，却往往具有一致性，旅途中的快捷性、舒适性等，都是游客进行评价的重要方面。因为它不仅仅影响到旅行者的行程安排，更关系到旅行者的心情和精力，安排不妥当的交通方式或低质量的交通路况，都会使旅行者烦躁和劳累，这极大地影响了游客的满意度，而交通状况问题也恰恰是游客投诉的关键所在。交通设施的不健全对于正在开发或者已经形成的观光景点来说，无疑是继续对外宣传的绊脚石，没有畅通、便利、安全的交通配套设施，就不可能有规模化和长期发展的旅游经济。

3. 交通不便阻碍市场经济的发展

每个区域的各种行业本身拥有自身的特性，同时又具有内容和形式上的可创造性。在高速公路修建前期，因为没有快捷交通方式，城市交通配套设施相对落后，阻碍了区域与区域间的不同行业间的交流，市场经济不够活跃。一方面，不同行业或同种行业间的信息不能很快地有效传播，使人们的思想观念相对保守；另一方面，外来人员流量比较少，带来的外来信息有限，亦不能对本地市场经济建设带来活力和动力。

4. 交通不便使得创业和就业环境不够景气

在高速公路建设前经济发展缓慢，自然就缺少创业机遇，农村剩余劳动力数量较大、素质低，在劳动力供大于求的市场环境下，可选择性职业不强，就业质量较弱。因为交通问题，使很多劳动力得不到有效快捷的输出。

5. 交通事故相对较多

随着社会的进步，"安全第一"已经成为人们追求一切的前提保证，尤其每年针对所发生的事故进行统计，其中交通事故居安全事故之首。在河北省高速公路没有建成时，其省道及乡、镇公路路面比较窄，机动车道和行人车道没有标志，再加上机动车车速高，行人难以规避各种安全隐患。此外，随着车辆的不断增加，交通事故已经成为威胁人们出行安全的"杀手"。因此，在没有高速公路的年代，交通事故次数比较多。

（二）河北省经济发展与高速公路建设之间的对应关系

高速公路是经济建设和社会发展的重要组成部分，经济的发展水平决定着高速公路的发展进程。如图3-5-1、表3-5-1、表3-5-2所示，高速公路里程随着河北省生产总值的增长而增长，两者在总体上呈现出一种正比例的关系，即区域经济发展水平越高，区域内高速公路发展就越快。所以根据河北省经济发展脉络，河北省的高速公路建设大致经历了以下5个阶段。

第三章
高速公路发展成就

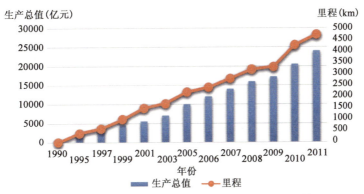

图 3-5-1　1990—2011 年河北省生产总值与高速公路里程发展概况

1990—2000 年河北省人均生产总值　　　　　　　　　　　　　　表 3-5-1

年　　份	全省生产总值（亿元）	人均生产总值（元）
1990	896.33	1465
1991	1072.07	1727
1992	1278.5	2040
1993	1690.84	2682
1994	2187.49	3439
1995	2849.52	4444
1996	3452.97	5345
1997	3953.78	6079
1998	4256.01	6501
1999	4569.19	6932
2000	5088.96	7663

1. 初期起步阶段（1987—1994 年）

1987 年 3 月，京石高速公路的开工建设，标志着河北省高速公路建设进入了起步阶段。在此阶段河北省社会经济发展水平较低，高速公路建设发展缓慢。此时正处于计划经济向市场经济过渡阶段，不发达的经济（1986 年河北省人均生产总值为 782 元）在一定程度上会制约高速公路的建设。在 20 世纪末期，全国高速公路建设都在刚刚起步，没有经验可借鉴，每个省都在摸索前进，河北省也不例外。如图 3-5-1 所示，在 1990—1999 年间，河北省生产总值水平不高，高速公路里程增长缓慢，1990 年河北省高速公路仅有 7km。在此阶段，河北省经济社会发展对高速公路通达程度和运输质量要求不高，对运输速度、效率、服务等需求处于最基本阶段。对公路的基本需求就是"有路可走"，只要有交通线路把空间节点联系起来，有运输工具把人员和货物运送到目的地，就满足了经济发展对交通运输功能的需求，对高速公路的需求很低。在此阶段的代表项目是京石、石太等高速公路建设项目。

河北省经济社会发展与高速公路发展对比表

表 3-5-2

年份	全省生产总值（亿元）	全社会固定资产投资（亿元）	地方财政收入（亿元）	城镇居民消费水平（元）	城镇居民人均可支配收入（元）	汽车拥有量（万辆）	高速公路里程（km）	人均生产总值（元）	生产总值增长率（%）
1995	2849.52	1043.49	119.95	3397	3674.16	72.64	229	4444	25.60
1996	3452.97	1264.48	151.78	3499	4429.66	69.40	278	5345	21.18
1997	3953.78	1447.87	176.07	3765	4958.67	77.34	494	6079	14.50
1998	4256.01	1558.55	206.76	3833	5084.64	81.03	607	6501	7.64
1999	4514.19	1653.10	223.28	3950	5365.03	91.08	1009	6849	6.07
2000	5043.96	1847.23	248.76	4523	5661.16	104.13	1480	7592	11.74
2001	5516.76	1912.53	283.50	4991	5984.82	119.88	1563	8251	9.37
2002	6018.28	2046.71	302.31	5776	6678.73	135.74	1591	8960	9.09
2003	6921.29	2477.98	335.83	6063	7239.12	189.55	1681	10251	15.00
2004	8477.63	3218.76	407.83	7096	7951.31	260.89	1706	12487	22.49
2005	10012.11	4210.25	515.70	7851	9107.09	282.94	2135	14659	18.10
2006	11467.60	5501.12	620.53	8971	10304.56	301.74	2329	16682	14.54
2007	13607.32	6884.68	789.12	10031	11690.47	345.19	2853	19662	18.66
2008	16011.97	8866.56	947.59	10835	13441.09	388.62	3234	22986	17.67
2009	17235.48	12311.85	1067.12	12195	14718.25	625.82	3303	24581	7.64
2010	20394.26	15083.35	1331.85	13619	16263.43	719.85	4307	28668	18.33
2011	24515.76	16389.33	1737.77	15331	18292.23	832.52	4756	33969	20.21

注：数据源自《河北省经济年鉴》（1996—2012年）。

2. 引进提高阶段(1995—2002年)

随着我国经济实力的总体增强,经济发展对高速公路的需求迅速增加。社会经济的发展提高了对交通网络、交通设施、运输工具等的要求,增加了对运输速度、效率、服务等的需求。随着人们对公路运输快速便捷的需求进一步增加,高速公路建设得到广泛重视。在此阶段,经济发展不仅要求交通网络密度更加密集,出行和运输更加方便,同时也对交通运输的安全性和快速性提出了要求,即要求在最短的时间内以最高效、最安全的方式,保证把运输对象完整无损安全地送达目的地,而高速公路通达、便利、快速的特点可以充分满足这些需求。在1995—1999年间,随着全省生产总值的逐年增长,河北省高速公路里程逐年增加,在1999年突破1000km大关,成为当时全国第二个高速公路通车里程突破1000km的省份。在这一时期,随着河北省交通运输需求及运输量的进一步增加,其高速公路也在有序地规划与建设中,主要完成:石安(石家庄至安阳)高速公路,全长216.05km;石黄(石家庄至黄骅)高速公路石家庄至沧州段,全长187.5km;京沈(宝坻至山海关段)高速公路,全长199.3km。至2001年,河北省高速公路通车里程已达1563km(其中四车道1230km,六车道332km),按通车里程排名,河北省仅次于山东省而名列第二。这些高速公路的建成通车,在很大程度上促进了河北省经济的发展。

3. 多元快速发展阶段(2003—2008年)

2003年到2008年的5年间,河北省人均生产总值从10251元增长至22986元,汽车拥有量从189.55万辆升至388.62万辆。为了满足日益增长的经济和交通工具对交通设施的需求,在2003年至2008年的5年里,全省在高速公路上共投资261.3亿元,年均投资增幅为15.3%。2003年河北省制定了高速公路建设的新规划,确定了高速公路网的"五纵六横七条线"新布局。5年间,河北省高速公路里程年均增长率14.23%,进入一个快速发展的时期。到2005年底,伴随着青银高速公路的通车运行,河北省的高速公路通车总里程突破2000km,达到2135km,成为全国高速公路里程突破2000km的第5个省份。2003年至2008年,河北省高速公路建设里程数总计达2630km(包括通车及未通车),高速公路建设实现跨越式发展,新建里程超过之前15年的总和。在此其间,河北省11个地级市实现了"市市有高速",高速公路网初步形成,在河北省境内的国道主干线高速公路全部建成通车。

4. 整合提升阶段(2009—2013年)

2008年后,河北省社会经济发展水平持续提高,2009年河北省人均生产总值接近25000元大关,汽车拥有量高达625.82万辆;2011年河北省人均生产总值突破30000元大关,汽车拥有量高达832.52万辆。交通运输需求进一步增强。同时,对交通网络、交通设施、运输工具的技术标准要求更高,对运输速度、效率、服务等的需求也提升到一个新的高度。此阶段,高速公路运输效率高、运行速度快、运输成本低、运行安全性高的特点,在满足交通运输通达性、便捷性、安全性和快速性需求的同时,可以实现运输费用、时间、效率的协调,以最低的运输费用、最节约的运输时间和最快的运输速度把运输对象运送到目的地,所以随着经济的飞速发展,高速公路里程也实现突破式增长。2008年后河北省高速公路里程逐年大幅度增加,2010年突破4000km,至2012年已达到5000km,年均增长率超过19.6%。全省139个县(市)中,132个已通高速公路,占95%;高速公路密度2.7km/100km^2,超过美国、日本等一些发达国家水平。截至2013年底,全省各设区市之间、设区市与京津和省会之间、与周边省区重要城市之间,都有了快捷的高速公路,全省95%以上的县市都可以在半小时之内上高速公路,一个燕赵通衢的高速公路网已经跃然成型。

5. 转型创新阶段(2014年至今)

2014年以来,国家实施"调结构、稳增长"战略,提出了经济发展新常态。河北省在2016年12月全省经济工作会议上提出,要主动适应经济发展新常态,要把京津冀协同发展作为活跃经济工作全局的切入点,在创新发展中实现河北绿色崛起。与此相对应,河北交通人以落实中央和省的会议精神为目标,大力发展河北省的交通事业。到2016年底,河北高速公路通车总里程达6502km。"十三五"期间,河北省将加大交通基础设施建设,加快京津冀地区交通互联互通。到2020年,河北省高速公路通车总里程将达到9000km。

高速公路建设发展的基础是经济发展,高速公路的产生是社会经济发展的必然结果。居民的人均收入水平、家庭机动车的拥有量、城镇化进程、产业集群的出现、新型工业化的进程等因素会刺激高速公路建设,推动高速公路的发展。而高速公路的建设、发展完善了公路交通网络,大大改善了交通运输状况,会极大地促进社会经济的发展。两者相辅相成,互相促进。

二、高速公路建设带动经济社会发展

"要想富,先修路。"一句话道破了优质的道路对经济发展的推动作用。高速公路从其诞生那一刻起,就以"方便、高效、安全、大容量"的优势促进了人流、物流、信息流在区域之间的流动和聚集,从而为国家、地区经济的发展发挥了重要的作用,并在一定程度上标志着一个社会或地区的经济发展水平。

(一)对河北省经济发展的影响

随着河北省高速公路的建设发展,其交通区位优势日渐凸显,缩短了区域市场之间的时空距离,促使其与周边省、直辖市之间以及省内各城市之间的资源、信息、技术、人才等各方面交流加深,大大推动了河北省经济发展速度。

1.高速公路建设促进了农业产业化发展

高速公路的建设,联通了四通八达的公路网,改善了现代运输条件,使运输变得十分便利、快捷。运输效率的提高,缩短了农产品的储藏、运送时间,方便了水产、水果、蔬菜等鲜活产品的外运,从而加速农副产品的流通,极大地提高了农副产品的商品化程度和竞争能力,同时也保证各种物资的及时调入,加强了农业信息交流和市场供需之间的联系和应变能力,扩大了难储藏、难运输的鲜活农副产品的市场范围,促进了农业产业结构的调整和升级优化,实现农业的规模化经营和集约化生产。河北是农业大省,高速公路不仅带来快运,也带来了新的思想理念和农业技术,对发展农村商品经济,缩小城乡差距,提高农村广大人民群众的物质文化生活水平,起到了关键性的带动和促进作用。加快高速公路建设,有力地推进了农业现代化、产业化发展。

2.高速公路建设优化了我省的工业布局

河北省东出西联、南通北达的高速公路网的形成,大大降低了当地工业产品的运输成本,增强了产品走向市场的竞争力。高速公路会给沿线地区带来便捷的交通优势,随着各个有利于经济发展的条件形成,高速公路以其提供畅达的交通而居于重要的地位和优势,对入驻企业也是一种强大的吸引力,对生产力要素等企业相关方面产生一定影响,促进企业发展;在强劲的经济效益和发展潜力下,能够形成聚集的产业格局,这对河北省的经济发展具有良好的促进作用,能够调动沿线县市的发展潜力,并为之提供更加优越的发展环境。这些沿线建立的企业可以充分利用高速公路快速直达的优点,节约运输成本,促进生产的发展,同时也为高速公路运输提供长期和稳定的货物供应,形成一种企业与高速公路相互依存、相互促进、共同发展的新模式。

3.高速公路建设大大推进了我省旅游业的大发展

河北省是全国唯一兼有海滨、平原、湖泊、丘陵、山地、高原的省份,不仅自然风光秀美,而且文物古迹众多。不仅有苍岩山、天桂山等自然景观,还有承德避暑山庄、正定大佛寺、赵县赵州桥、保定直隶总督署等众多人文景点。高速公路建设把这些自然风光、人文景观、娱乐休闲胜地连通起来,形成多条独具特色的旅游路线,方便了游客,促进了旅游业的发展和繁荣。比如,唐津高速公路建成通车后,唐山市的旅游事业持续发展,1999年全年共接待旅游观光、探亲访友、洽谈贸易和从事各项活动的外国和港澳台胞3.33万人,比上年增长9.9%。高速公路的建设和发展,也促进了沿线旅游资源的开发,辅助旅游业品牌打造,推动区域旅游资源的联合发展,为旅游业跨区域合作发展提供基础条件,加速旅游服务业的发展。一方面,高速公路四面延伸和铺开,可以使区域内的旅游资源广纳天下游客,走向更广阔的国际国内市场;另一方面,高速公路可使原来分散的人文地理、生态景观、饮食文化等旅游资源,更大程度地形成和发挥集群效应、互补效应和延伸效应,使旅游资源向旅游经济转化,进而形成高速公路旅游产业带。同时,由于高速公路对旅游业的带动,势必激活和提升区域的饮食文化,增加文化娱乐和体育休闲的设施,扩建新建星级宾馆饭店,从而推动三次产业的发展和升级。可以说,高速公路的建设与发展,带来的不仅仅是快捷便利的交通,还体现在对沿线旅游资源的开发、游客的增长、经济效益的提高及对沿线商业及服务业的促进发展上。通往西柏坡、北戴河、承德等旅游城镇高速公路的建成通车,彻底改变了交通条件,缩短了路程时间,增加了行车舒适感,减缓了乘车疲劳,有力增强了旅游资源的吸引力,目前我省已成为北京、天津的"后花园"。此外,利用高速公路把沿线已经有的旅游资源进行整合和拓展,形成了高速公路特色的旅游景观,大大提高了旅游业的经济效益。

4. 高速公路建设改善了投资环境,促进了高新技术开发区的发展

发达便利的交通运输设施是经济社会发展的先决条件,通过建设高速公路,还可以广泛吸纳京津地区的人力资源及优秀企业,为人员、货物的移动提供便捷、高效、安全、优质的服务。随着高速公路的快速发展,河北省及各市、县的投资环境得到提升和优化,充分发挥并体现了区位优势,使生产要素不断向河北省流动,为富民强省、实现科学发展提供了有力支撑。一方面,高速公路建设改善了投资环境,促进了区域经济发展,直接优化了河北省的交通条件,凸显了其区位优势,扩大了城市的辐射和吸引能力,增强了与外界的交流联系,为开发商创造了良好的投资条件。高速公路建设扩大了河北省的对外开放程度,密切了沿线地区企业间的联系和协作关系,促进了生产水平和产业结构的升级,扩大了出口商品的货源;疏通了内陆城市与沿海港口的关系,为商品的进出货提供了必要的交通条件;依托高速公路本身直达、快速、灵活、方便等优点,满足外向型经济对高效流通体系的要求,增强产品的市场竞争力。另一方面,高速公路建设促进了开发区的发展。在京津塘高速公路通车运营以来几年时间内,沿线各经济技术开发区建设从无到有,发展迅速,京津冀两市一省在高速公路两侧,先后兴建了7个经济技术开发区。石家庄市在京深高速公路建成通车后,在石家庄市东建立了经济技术开发区和高新技术开发区。京石、石安、京沪、京沈等高速公路两侧形成了异军突起的"经济走廊"和"高速公路产业带"。

(二)对我省交通运输状况的影响

由于高速公路安全、平稳、舒适、车速高,可以节省时间、节约燃料、减轻轮胎消耗和机械零件的磨损,减轻驾驶员的疲劳、降低交通事故率,所以,高速公路的建设发展必然会大大改善我省的交通运输状况。

1. 改善运输条件,提高通行便利

高速公路首要功能是提供通行服务,以便货物运输畅通、居民出行便利,实现客货准

确、便捷、快速、安全、舒适地到达出行目的地。随着京津塘、京秦、京承、京台、京沪、京张、京昆、石安、石太、石黄、保津、宣大、张石等高速公路的建设完成,2012年底,河北省高速公路总里程位居全国第二,达到5069km,已经建立了相对发达的高速公路网,高速公路密度位居全国第十二位,这明显加强了各县市及沿线城乡与京津以及全国各地的联系,改善了沿线县市的交通条件,使客流、物流、信息流乃至于技术流畅通无阻,以便吸引京津产业转移,充分利用其人才、技术优势以促进河北省社会经济发展;2011—2012年间,沿海高速公路沧州段、张涿高速公路张家口段和西柏坡高速公路等建成通车。至此,河北省形成的高速公路运输网络提升了黄骅港与环渤海各港口的货物集散能力,实现了港口之间的优势互补,减少货物运输时间,有效缓解了港口运输紧张局面,提高了港口的输运效率,同时促进了港区物流业快速发展。西柏坡高速公路的建成通车可以促进老区经济发展,为老区吸引旅游资源,提升老区人民的生活水平。

2. 高速公路的发展,提升了运输能力

高速公路的迅速发展使道路运输环境明显改善。至2000年底,河北省公路通车里程达5.92万km,比上年增加990km,公路密度达到31.5km/100km^2,增加0.6km/100km^2。其中,高速公路达1480km,比上年增加471km;一级公路1458km,增加151km。高速公路的建成通车使运输工具保有量继续提高。至2000年底,河北省全社会民用汽车保有量达104.13万辆,比上年增长14.3%。其中,普通载货汽车50.85万辆,增长10.8%;载客汽车50.19万辆。全省拥有小型汽车74.91万辆,增长17.7%,私人客车拥有量达51.74万辆,增长24.2%,个人拥有小型客车34.40万辆,增长25.6%,个人拥有小型货车10.75万辆,增长29.15%。高速公路的发展使河北省全社会汽车完成运输工作量迅速增加。以上数据显示出道路运输工作量的增长与高速公路建设有着密切的关系。

3. 提高了交通运输效率,降低了运输成本

与铁路、水运相比,高速公路运输更加快速便捷,经济高效。火车和船只运输一方面受到铁轨、河道及车站、码头的限制,另一方面货物由出发地点到目的地,中转过程中均需要汽车或其他运输工具搬来搬去,卸货装载环节较多,既不方便也不安全。高速公路与普通公路连成一线,延伸性广,可以随时随地装卸,无论短途、长途均可享受"门到门"运输,方便高效。日本的一项调查资料表明,1~11t的载货汽车在高速公路上的运输成本,比在普通公路下降17%~20%。速度快意味着时间的节约,同时减少燃料消耗,降低机械磨损,延长车辆使用寿命,从而大大降低运输成本。高速公路通车后,汽车对油料的消耗降低20%左右,机械磨损降低25%,实载率提高5%左右,经济效益显著。

4. 提高了交通运输的安全程度

与普通公路相比,高速公路具有很高的稳定性、可靠性和安全性。修建高速公路比普通公路更有利于保障交通安全,降低事故率,减少运输伤害。目前我国高速公路平均每亿车公里死亡率要比普通公路低约40%。由于高速公路具有立体交叉控制出入,分隔行驶,限制最低和最高车速以及交通控制点完善等特点,交通事故率大幅度下降。资料显示,高速公路交通事故率与普通公路相比,美国下降56%,英国下降62%,日本下降89%。通过有关部门对高速公路行车的管制,采用先进的科学技术和监控手段,交通事故数量已大大下降。但高速公路一旦发生事故,就会出现疏散困难、二次事故频发的现象。

(三)对我省社会发展的影响

1. 有利于市场建设和商业繁荣

对高速公路影响区而言,由于高速公路投入使用,无论是商品的流入还是流出,都有了更为便捷的通道;由于交通畅行,促进来往的客流量,由之带来的消费行为也随之增加,有效提升了地区市场的销售额;随着交通条件不断完善,商品交易量增加,对外交流不断增多,这又从另一方面促进了新市场的形成,以及原有市场的进一步扩大。例如,因京石高速公路开通而快速发展壮大的市场有石家庄市的新华集贸市场、南三条小商品批发市场,保定市的白沟市场、安国东方药城等;辛集皮革贸易市场依傍石黄高速公路的投入使用而迅速发展;邢台市清河县的羊绒市场因青银高速公路的建成而客流量逐渐增加。

2. 带动交通配套设施建设,促进第三产业发展

四通八达的高速公路体系会吸引许多企业沿线建厂,这会促进沿线经济的发展,为企业提供食宿服务或者商业服务会给沿途居民提供大量的就业机会,提高居民收入水平、改善居民生活质量。同时高速公路建设还会促进交通运输客货中转站、汽车修理行业、加油站、服务区及公路养护和管理设施等综合配套业务部门的相应发展。河北省名胜古迹和秀丽的自然景观星罗棋布,有清西陵等世界物质文化遗产,旅游业从高速公路的建设中受益良多,高速公路建设可以充分发挥河北省旅游业优势,吸引外地游客参观,满足居民日益增长的旅游消费需求。

3. 高速公路的发展促进了中小城镇的发展,缩小了城乡差别

随着高速公路的快速发展,城市逐渐向外延伸,城乡之间的联系愈来愈紧密,随着农业机械化程度的提高,农业劳动生产率迅速提高,大批农村剩余劳动力转向城市或邻近的城乡边缘区寻找就业,从而转向非农产业。另外,城乡之间紧密的经济联系,尤其是城乡之间良好的"交易"环境对于城乡边缘区的形成起主要作用。这主要表现在城乡之间的

依附关系,乡村工业具有与城市工业实行专业协作的行业结构和以城市为导向的产品结构。在农村,各种轻纺、食品加工、建材、建筑等都为城市服务,而且越是这种为城市服务的行为发展快的地区,这种城乡边缘的形成发展越快。同时委托加工、专业化协作、城乡联营、集团经营等多种经营形式也加速了城乡边缘区的形成和发展。城乡这种紧密的合作关系需要高速公路的支持。高速公路的发展,使这种关系越来越紧密。

第四章
高速公路建设管理地方法规

高速公路建设飞速发展的30年来,国家颁布了一系列相关的重要法律法规,河北省与时俱进,按照建立完善社会主义市场经济体制的要求,不断加强和改进高速公路建设管理体制,为加强高速公路建设质量管理,健全质量监督体系,深入开展质量专项治理,促进建设质量的稳步提高,制定了大量的法规和管理制度。

第一节 高速公路建设相关法规制度

一、高速公路项目建设程序

1987年3月京石高速公路河北段开工建设,河北省高速公路开始起步,2000年7月17日,河北省交通厅下发《关于印发〈河北省交通厅关于基本建设管理的若干规定(试行)〉的通知》(冀交字〔2000〕286号),明确了交通基本建设项目必须严格执行国家、省基本建设程序和有关的法律、法规。凡合并、简化基本建设程序的必须按项目管理界定的权限上报省厅或主管部门批准。

2003年5月1日,河北省人民政府发布《关于进一步改善投资环境的若干意见》(冀政〔2003〕19号),分别从审批程序、收费项目、服务意识、依法行政方面强调投资环境的改善,以达到提高行政效能、规范收费行为、创造良好条件、规范行政监督的目的。意见中明确了河北省建设项目审批程序。

2004年1月15日,河北省交通厅下发《关于印发〈河北省交通厅交通基本建设管理工作暂行规定〉的通知》(冀交体法字〔2004〕32号),对交通基本管理工作进行规范,明确了职责、分工和工作程序。

科学、有效、创新的管理,为建成通车6000多公里高速公路,与周边省、市、区高速公路对接,构成南北纵穿、东西横贯相结合的高速公路网络骨架系统,促进经济运行、社会发展和人文演进,推动河北建设经济强省,作出了卓越贡献。

二、高速公路建设主要法规制度

改革开放以来,公路建设与管理法规建设经历了从地方立法到国家统一立法的历史性转变过程,随着改革开放不断深入,公路事业不断发展,公路法制建设逐步加强。经过多年坚持不懈的努力,逐步建立和完善了以国家法律为主体,行政法规相配套,地方法规为补充的公路管理法规体系。在贯彻国家有关公路法律、法规、规章的同时,河北省大力推进地方公路法制建设,相继制定了大量的地方性法规、规章和规范性文件,为公路事业发展提供法制保障和政策支持。

高速公路项目可研审批前需要完成的主要评价评估工作如下:

(1)城市规划部门项目选址意见书。

(2)国土资源部门土地使用预审意见。

(3)国土资源部门建设用地地质灾害评估报告和是否覆盖重要矿床报告审查意见。

(4)环保部门环境影响报告批复意见。

(5)水利部门水资源论证报告(取水许可证)、水土保持方案审查意见、防洪评价审查意见。

(6)地震部门抗震设防要求审批意见。

(7)安全生产监督管理部门安全预评价报告的意见。

(8)地方人民政府关于社会稳定风险分析报告书的批复。

(9)文物管理部门选址审查意见(在文物保护单位和文物古迹保护范围及建设控制地带内的建设项目)。

(一)土地预审

1987年4月27日,河北省第六届人民代表大会第五次会议通过《河北省土地管理条例》。1990年11月10日,河北省第七届人民代表大会常务委员会第十七次会议,1997年12月22日,河北省第八届人民代表大会常务委员会第三十一次会议,1999年9月24日,河北省第九届人民代表大会常务委员会第十一次会议,2002年3月30日,河北省第九届人民代表大会常务委员会第二十六次会议,2005年5月27日,河北省第十届人民代表大会常务委员会第十五次会议均对《河北省土地管理条例》进行了修正。

土地预审是国土资源管理部门在建设项目审批、核准、备案阶段,依法对建设项目涉及的土地利用事项进行的审查。

1987年10月21日,河北省人民政府发布《河北省地方公路建设征地拆迁补偿安置费的暂行规定》(冀政〔1987〕第117号),该规定适用于本省境内地方投资的县级以上(含县级)公路建设用地(包括新建、改建和养护工程,以及取土、挖砂、采石用地),县级以上地方公路工程需征用集体所有土地的,用地单位必须支付土地补偿费。被征用土地附着物(如青苗、林木、果树、房屋及其他设施等)的补偿标准,按当地省辖市人民政府(地区行署)有关规定执行。

1989年2月27日,河北省人民政府发布《河北省荒废土地开发利用暂行规定》(省政府〔1989〕第20号令)。

2001年12月30日,《河北省人民政府关于废止2000年底以前发布的部分政府规章和行政措施的决定》中对《河北省地方公路建设征地拆迁补偿安置费的暂行规定》(冀政〔1987〕第117号)和《河北省荒废土地开发利用暂行规定》(省政府〔1989〕第20号令)予以废止。

2002年7月11日,河北省人民政府第54次常务会议通过《河北省土地开发整理管理办法》,并于9月10日以政府〔2002〕第13号令公布,自2002年10月1日起施行。2007年10月23日,河北省国土资源厅根据《河北省土地开发整理管理办法》,下发《关于印发〈河北省土地开发整理项目管理实施细则〉的通知》(冀国土资发〔2007〕13号)。对项目的立项、设计、实施、验收、管护进行了详细规定,使土地开发整理项目管理更加规范、便捷和公开。2014年6月10日,河北省人民政府发布《关于落实最严格耕地保护制度的意见》(冀政〔2014〕55号)。2015年5月29日,河北省人民政府《关于修订征地区片价的通知》(冀政〔2015〕28号),对冀政〔2011〕141号发布的区片价进行修订。

(二)覆盖重要矿床

2005年6月23日,河北省国土资源厅印发了《河北省建设项目压覆矿产资源管理暂行办法》(冀国土资发〔2005〕11号),规范了建设项目压覆矿产资源管理工作,有效保护和利用了矿产资源。

2012年7月4日,河北省国土资源厅下发了《河北建设项目压覆矿产资源审批有关事项通知》(冀国土资发〔2012〕46号),提高了建设用地审查报批工作效率,进一步优化、简化建设项目压覆矿产资源审查报批工作。

(三)环境影响评价

1994年11月5日,河北省第八届人民代表大会常务委员会第十次会议讨论通过《河北省环境保护条例》,为保护和改善生活环境与生态环境,防治污染和其他公害,保障人体健康,促进社会主义现代化建设的发展提供了保障。新建、改建和扩建对环境有影响的建设项目,在可行性研究阶段,建设单位应当编制环境影响报告书或者填报环境影响报告表,经环境保护行政主管部门批准后,计划部门方可批准可行性研究报告。在初步设计阶段,建设单位应当编制环境保护设计篇章,向环境保护行政主管部门办理环境保护设施与主体工程同时设计、同时施工、同时投产的预审单后,建设行政主管部门方可批准开工建设。

2008年2月,河北省人民政府发布《河北省环境污染防治监督管理办法》(省政府〔2008〕第2号令)。

(四)安全预评价

2001年11月5日,河北省人民政府印发《关于发布施行〈河北省地震安全性评价管理实施办法〉的通知》(省政府令〔2001〕17号),2002年12月12日,河北省经济贸易委员会发布《关于进一步加强建设工程项目安全评价和安全"三同时"工作意见的通知》,12月29日,河北省政府办公厅以"冀政办字〔2002〕108号"进行了转发。

(五)水资源论证

1999年10月18日,河北省人民政府发布《河北省取水许可制度管理办法》(省政府令第17号),对加强水资源统一管理,节约用水,合理开发利用和保护水资源提供了重要法律依据。2011年2月1日,河北省人民政府第76次常务会议讨论通过《河北省水资源费征收使用管理办法》。2014年11月28日,河北省第十二届人民代表大会常务委员会第十一次会议讨论通过《河北省地下水管理条例》。

(六)水土保持方案

河北省山区占全省总面积的60%,水土流失现象比较严重。新中国成立以来,特别是20世纪80年代以来,河北省在治理山区水土流失方面取得了一定成绩,对改善农业生产条件,促进山区经济发展发挥了重要作用。但是,由于长期的自然和人为因素的影响,山区水土流失并未得到应有的控制,部分地区还呈加剧趋势,造成山区生态环境恶化,耕地减少,水旱灾害频繁,已经成为当地生产发展和人民群众脱贫致富的主要障碍。为了加速山区水土流失的治理,促进山区经济发展和人民脱贫致富奔小康,1995年11月15日,河北省第八届人民代表大会常务委员会第十七次会议讨论通过《河北省人民代表大会常务委员会关于加强山区水土保持工作的决议》。

2014年5月30日,河北省人民政府印发《河北省实施〈中华人民共和国水土保持法〉办法》,自2014年9月1日起施行,对预防和治理水土流失,保护和合理利用水土资源,减轻水、旱、风沙灾害,改善生态环境,维护生态安全,促进人与自然和谐相处,保障经济社会可持续发展起到了积极的作用。

(七)防洪评价

《河北省实施〈中华人民共和国防洪法〉办法》由河北省第九届人民代表大会常务委员会第十七次会议于2000年9月27日通过,自2001年1月1日起施行。

依据国家计委、水利部《河道管理范围内建设项目管理的有关规定》(水政〔1992〕7号),对于河道管理范围内建设项目,应进行防洪评价,编制防洪评价报告。为此河北省水利厅于2005年发布《河北省河道管理范围内建设项目防洪评价报告编制技术大纲》,对防洪评价报告的编制进行了规范和统一。

2007年,《河北省河道管理范围内建设项目管理办法》(暂行)(冀法审〔2007〕84号)颁布实施,对加强河道管理范围内建设项目的管理,规范管理程序和建设行为,确保河道防洪安全,保障人民生命财产安全和经济社会和谐发展起到了指导作用。2009年7月21日,河北省高速公路建设指挥部办公室发布《关于切实加强高速公路建设项目河道防洪有关工作的紧急通知》(冀高指办〔2009〕8号),对河道防护的要求进行细化和强调。

(八)抗震设防要求

2001年10月26日,河北省人民政府发布《河北省地震安全性评价管理实施办法》(省人民政府〔2001〕第17号令),自2002年10月1日起施行。

2004年7月29日,河北省地震局印发《关于建设项目抗震设防要求行政审批权限规定的通知》,保证了建设项目地震安全性评价工作的分级落实,遵循分级管理和属地相结合的原则,对审批权限进行了规定。

根据国家地震局的要求,河北省各级地震主管部门对开展抗震设防要求确定行政许可事项进行了同步改革,在改革过程中产生了一些新问题亟待统一规范与完善。同时,为做好《中国地震动参数区划图》(GB 18306—2015)2016年6月1日实施衔接工作,2016年3月28日~30日,河北省地震局震防处组织部分专家在石家庄市开展了过渡期抗震设防要求行政许可辅导手册编订工作。重点研究梳理各市局在行政许可过渡期产生的实际问题及解决方法和措施,并拟定了向中国地震局震防司汇报并审定的问题与建议。

(九)社会稳定风险分析

2013年12月16日,河北省发展和改革委员会制定了《河北省重大固定资产投资项目社会稳定风险评估暂行办法》(冀发改投资〔2013〕1862号),于2014年1月1日起正式施行。

2014年7月14日,河北省发展和改革委员会发布《关于进一步做好重大固定资产投资项目社会稳定风险评估工作的通知》(冀发改投资〔2014〕1016号),对进一步简政放权,提高工作效能,更好地发挥地方政府在重大项目社会稳定风险判断、识别、防范方面起到了积极作用。

第四章 高速公路建设管理地方法规

高速公路建设相关法规制度表

表4-1-1

序号	性质	名称	文号	颁发日期	颁发单位
1	建设程序	关于印发《河北省交通厅关于基本建设管理若干规定(试行)》的通知	冀交字[2000]286号	2000年7月17日	河北省交通厅
2		关于印发《河北省交通厅关于整顿和规范交通建设市场秩序的若干意见》的通知	冀交字[2001]280号	2001年6月7日	河北省交通厅
3		关于印发《河北省交通厅关于公路建设项目可行性研究工作的若干规定》的通知	冀交字[2001]432号	2001年8月27日	河北省交通厅
4		关于进一步改善投资环境的若干意见	冀政[2003]19号	2003年5月1日	河北省人民政府
5		关于印发《河北省交通厅交通基本建设管理工作暂行规定》的通知	冀交体法字[2004]32号	2004年1月15日	河北省交通厅
6		关于印发"十一五"高速公路建设管理纲要的通知	冀交基[2006]261号	2006年6月5日	河北省交通厅
7		关于加强和规范新开工项目管理的实施意见	冀政办[2008]3号	2008年3月20日	河北省政府办公厅
8		关于抓紧开展高速公路建设各项工作的通知	冀高指办[2009]2号	2009年2月	河北省高速公路建设指挥部办公室
9	土地	河北省土地管理条例	河北省六届人大第五次会议	1987年4月27日	河北省人民代表大会常务委员会
10		河北省地方公路建设征地拆迁补偿安置费的暂行规定	冀政[1987]第117号	1987年10月21日	河北省人民政府
11		河北省荒废土地开发利用暂行规定	省政府令[1989]第20号	1989年2月27日	河北省人民政府
12		河北省人民政府关于废止2000年底以前发布的部分政府规章和行政措施的决定	省政府令[2001]第26号	2001年12月30日	河北省人民政府
13		河北省土地开发整理管理办法	省政府令[2002]第13号	2002年7月11日	河北省人民政府

续上表

序号	性质	名　　称	文　号	颁 发 日 期	颁 发 单 位
14	土地	关于加强和改进征地工作建立被征地农民基本生活保障制度的通知	冀政[2004]37号	2004年6月25日	河北省人民政府
15	土地	河北省公路建设保护耕地、合理用地的若干实施意见（讨论稿）	—	2004年12月	河北省人民政府
16	土地	河北省土地管理条例	河北省第十届人民代表大会常务委员会公告第44号	2005年5月27日	河北省人民代表大会常务委员会
17	土地	关于印发《河北省土地开发整理项目管理实施细则》的通知	冀国土资发[2007]13号	2007年10月23日	河北省国土资源厅
18	土地	关于加强农村集体建设用地管理的通知	冀政办[2008]4号	2008年3月	河北省人民政府
19	土地	关于实行征地区片价的通知	冀政[2008]132号	2008年12月31日	河北省人民政府
20	土地	关于修改《河北省城镇土地使用税实施办法》的决定	省政府令2013年第11号	2013年11月2日	河北省人民政府
21	土地	关于落实最严格耕地保护制度的意见	冀政[2014]55号	2014年6月10日	河北省人民政府
22	土地	关于修订征地区片价的通知	冀政[2015]28号	2015年5月29日	河北省人民政府
23	矿床压覆	河北省建设项目压覆矿产资源管理暂行办法	冀国土资发[2005]11号	2005年6月23日	河北省国土资源厅
24	矿床压覆	关于印发《河北省国土资源厅建设项目压覆矿产资源管理办法》的通知	冀国土资发[2011]41号	2011年6月7日	河北省国土资源厅
25	矿床压覆	河北建设项目压覆矿产资源审批有关事项通知	冀国土资发[2012]46号	2012年7月4日	河北省国土资源厅
26	环评	河北省环境保护条例	河北省第八届人民代表大会常务委员会第十次会议	1994年11月5日	河北省人民代表大会常务委员会
27	环评	河北省环境污染防治监督管理办法	省政府[2008]第2号令	2008年2月14日	河北省人民政府

第四章 高速公路建设管理地方法规

续上表

序号	性质	名称	文号	颁发日期	颁发单位
28	安评	关于发布施行《河北省地震安全性评价管理实施办法》的通知	省政府令〔2001〕17号	2001年11月5日	河北省人民政府
29		转发省经贸委关于进一步加强建设工程项目安全评价和安全"三同时"工作意见的通知	冀政办字〔2002〕108号	2002年12月29日	河北省政府办公厅
30		河北省取水许可制度管理办法	省政府令〔1999〕第17号	1999年10月18日	河北省人民政府
31	水资源	河北省实施《中华人民共和国水法》办法	省第十一届人民代表大会常务委员会第十九次会议通过	2010年9月29日	河北省人民代表大会常务委员会
32		河北省水资源费征收使用管理办法	省政府第76次常务会议	2011年2月1日	河北省人民政府
33		河北省地下水管理条例	河北省第十二届人民代表大会常务委员会第十一次会议	2014年11月28日	河北省人民代表大会常务委员会
34		河北省水利工程管理条例	河北省第七届人民代表大会常务委员会第十七次会议讨论通过	1990年11月10日	河北省人民代表大会常务委员会
35	水土保持	河北省人民代表大会常务委员会关于加强山区水土保持工作的决议	河北省第九届人民代表大会常务委员会第六次会议讨论通过	1995年11月15日	河北省人民代表大会常务委员会
36		关于修改《河北省水利工程管理条例》的决定	河北省第九届人民代表大会常务委员会第六次会议	1998年12月26日	河北省人民代表大会常务委员会
37		河北省实施《中华人民共和国水土保持法》办法	河北省第十二届人民代表大会常务委员会第八次会议	2014年5月30日	河北省人民代表大会常务委员会

续上表

序号	性质	名称	文号	颁发日期	颁发单位
38	防洪评价	河北省实施《中华人民共和国防洪法》办法	—	2000年9月27日	河北省第九届人民代表大会常务委员会第十七次会议
39		河北省河道管理范围内建设项目防洪评价报告编制技术大纲	—	2005年	河北省水利厅
40		河北省河道管理范围内建设项目管理办法（暂行）	冀法审〔2007〕84号	2007年	河北省人民政府
41		关于切实加强高速公路建设项目河道防洪有关工作的紧急通知	冀高指办〔2009〕8号	2009年7月21日	河北省高速公路建设指挥部办公室
42	地震	河北省地震安全性评价管理实施办法	省政府令〔2001〕第17号	2001年10月26日	河北省人民政府
43		关于建设项目抗震设防要求行政审批权限规定的通知	—	2004年7月29日	河北省地震局
44	社会稳定风险	河北省重大固定资产投资项目社会稳定风险评估暂行办法	冀发改投资〔2013〕1862号	2013年12月16日	河北省发展和改革委员会
45		关于进一步做好重大固定资产投资项目社会稳定风险评估工作的通知	冀发改投资〔2014〕1016号	2014年7月14日	河北省发展和改革委员会
46		关于印发《河北省重大固定资产投资项目社会稳定风险评估办法》的通知	冀发改投资〔2016〕1号	2016年1月5日	河北省发展和改革委员会
47	考古	关于公布取消缩停收和规范管理收费项目的通知	冀政办〔2009〕94号	2009年12月22日	河北省人民政府办公厅
48		关于基本建设考古调查、勘探、发掘经费问题的通知	冀文物发〔2010〕162号	2010年11月2日	河北省文物局、财政厅、物价局

2016年1月5日,河北省发展和改革委员会下发《关于印发〈河北省重大固定资产投资项目社会稳定风险评估办法〉的通知》,对提高工作效率,减少企业负担,促进固定资产投资项目的科学决策、民主决策和依法决策,预防和化解社会矛盾,构建和谐河北,规范社会稳定风险评估工作,起到了积极作用。

(十)文物管理部门选址审查意见

凡建设项目涉及文物保护的,建设单位应当依照《中华人民共和国文物保护法》的有关规定,事先会同文物业务单位在工程范围内有可能埋藏文物的地方进行文物勘察、考古发掘工作。

按照《中华人民共和国文物保护法》等法规的要求,全省各级文物业务单位和建设单位要做好基本建设考古调查、勘探、发掘工作,管理使用好该项经费,防止因经费不到位,使考古调查、勘探、发掘工作无法开展,造成文物损失和破坏。

河北省高速公路建设相关法规制度见表4-1-1。

第二节　建设市场管理相关法规制度

河北省发布的建设市场管理方面的法规制度主要包括市场管理、信用管理、资质管理和招投标管理四个方面。

一、市场管理

为加强公路建设市场管理,规范公路建设市场秩序,保证公路工程质量,促进公路建设市场健康发展,河北省出台了许多相关规定政策,以指导公路工程招投标工作。

1995年3月28日,河北省人民政府发布《河北省建设工程招标投标管理规定》(政府第129号令),为培育和发展河北省的建筑市场,依法管理建设工程的招标投标活动,提高建筑产品质量和投资效益,维护招标投标当事人的合法权益,起到了重要作用。

2004年2月25日,河北省发展和改革委员会发布《河北省建设项目招标方案和不招标申请报送和核准管理办法》,规范了建设项目的招标活动。2004年9月,河北省交通厅下发《关于重申在招标投标活动中加强管理的通知》(冀交基字〔2004〕553号)。

2007年4月12日,河北省交通厅下发《关于规范全省交通系统项目招投标信息发布媒介的通知》(冀交纪监〔2007〕158号),对发布媒介进行了规定。2007年5月,印发《河北省公路工程建设项目招标代理机构比选办法(试行)的通知》(冀交基〔2007〕226号)。随后下发《关于印发〈全省道路运输基础设施建设实施意见〉》(冀交运〔2007〕282号)的通知》。

2008年6月14日,河北省建设厅发布《河北省关于进一步加强工程建设项目招标代理管理工作的通知》(冀建市〔2008〕386号),进一步加强了工程建设项目招标代理机构及其从业人员管理,规范了招标代理市场行为。

2012年5月,河北省委、省政府办公厅印发《关于建立统一规范的公共资源交易市场的意见》,要求全省公共资源交易活动全部纳入统一交易市场。为做好此项工作,同时为进一步加强建设市场监管、完善招标投标管理工作,河北省交通运输厅于2012年12月5日下发《关于做好交通项目进入公共资源交易市场和完善招投标管理工作的通知》(冀交基〔2012〕701号)。

2015年2月27日,河北省交通运输厅下发《关于印发经营性公路建设项目投资人的选择和项目建设、运营、移交等监管工作分工的通知》(冀交政法〔2015〕94号),为做好以河北省交通运输厅为招标人的经营性公路建设项目投资人选择和项目建设、运营、移交等监管工作,建立各司其职、各负其责、齐抓共管的工作机制,使经营性公路建设项目从项目前期、招标投标、协议合同签订、合同履行等各个环节实现依法依规操作,尽量减少和避免工作失误。河北省人民政府于2015年5月30日出台《关于创新重点领域投融资机制鼓励社会投资的实施意见》(冀政发〔2015〕32号),为进一步鼓励社会资本特别是民间资本投资公共服务、资源环境、生态建设、基础设施等重点领域提供了重要保证。

2015年3月23日,河北省发展和改革委员会发布《河北省招标代理机构监督管理办法》,对加强对各类招标代理机构的监督管理,规范各类招标代理活动,维护招标投标秩序发挥了积极的作用。

2016年2月29日,河北省发展改革委、省通信管理局、省住房城乡建设厅、省交通运输厅、省水利厅、省商务厅、省政府法制办,按照国家发展和改革委员会等七部门印发的《关于建立清理和规范招标投标有关规定长效机制的意见》(发改法规〔2015〕787号)的要求,制定了《河北省关于建立清理和规范招标投标有关规定长效机制实施意见》(冀发改招标〔2016〕230号)。

二、信用管理

为做好河北省公路建设市场信用体系建设工作,河北省交通厅于2006年8月21日成立河北省公路建设市场信用体系建设领导小组,印发《河北省公路建设市场信用档案管理办法(试行)》(冀法审〔2007〕63号),进一步规范了河北省公路建设市场行为,促进了企业提高诚信经营的意识。

2010年4月20日,河北省交通运输厅下发《河北省公路施工企业信用评价实施细则(试行)》(冀交基〔2010〕197号),为做好全省公路施工企业信用评价工作,加强信用评价体系建设和管理奠定了基础。

为客观、真实、准确地做好相关信息审核工作,2011年11月16日,河北省交通运输厅发布《关于做好全国公路建设市场信用信息管理系统中信息审核有关工作的通知》。

2012年4月1日,河北省住房和城乡建设厅发布《关于加强进冀建筑业企业信用管理的通知》(冀建市〔2012〕211号),对加强进冀建筑业企业信用管理,营造诚实信用建筑市场环境,确保工程质量和施工安全提供了保证。

2013年7月8日,河北省住房和城乡建设厅发布《关于试行河北省建筑施工与监理企业工程质量信用评价的通知》(冀建质〔2013〕50号),2013年11月4日,河北省住房和城乡建设厅发布《关于开展建设工程劳务管理信用评价工作的通知》(冀建市〔2013〕20号),12月31日,河北省人民政府发布《关于加快河北省社会信用体系建设的指导意见》(冀政〔2013〕90号),对加快社会信用体系建设提供了依据。

2015年5月27日,河北省发展和改革委员会下发《关于印发〈河北省招标代理机构信用评价办法〉的通知》,对推动本省招标代理机构信用体系建设,健全招标代理失信惩戒机制,维护招标代理市场的正常秩序提供了保证。

三、资质管理

为了加强对公路建设活动的监督管理,维护公共利益和规范公路市场秩序,保证公路工程质量安全,促进河北省公路事业的健康发展,河北省人民政府主管部门出台一系列在建设市场活动中对于企业资质要求进行管理的通知、办法及规章制度。

四、招投标管理

为规范公路工程施工招标投标活动,保证公路工程施工质量,维护河北省招标投标活动各方当事人合法权益,河北省出台了一系列招投标管理的规章制度。

2001年1月2日,河北省交通厅下发《关于印发〈河北省交通运输厅关于交通基本建设项目招投标管理的若干规定〉〈河北省交通基本建设项目招投标专家库管理办法〉的通知》(冀交字〔2001〕001号)。2001年11月27日,河北省交通厅下发《关于印发〈公路工程勘察设计招标评标办法〉的通知》(冀交字〔2001〕580号)。

2002年3月7日,河北省人民政府发布《河北省基本建设货物采购招标投标管理规定》(省政府第3号令),规范了基本建设项目货物采购招标投标行为,提高了基础建设资金的使用效益和基本建设项目的质量。

2003年5月6日,河北省人民政府下发《关于建立全省统一评标专家名册和专家库的通知》(冀政办字〔2003〕32号),建立了全省统一的评标专家名册和专家库,实行评标和招标投标管理职责分离,规范了河北省招标投标领域评标专家的认证、管理和使用。

河北

建设市场管理相关法规制度表

表4-2-1

序号	性质	名称	文号	颁发日期	颁发单位
1	市场管理	河北省建设工程招标投标管理规定	政府令第129号	1995年3月28日	河北省人民政府
2		关于印发《河北省交通厅关于计划管理的若干规定》的通知	冀文字[2000]268号	2000年9月18日	河北省交通厅
3		关于印发《河北省交通厅关于整顿和规范交通建设市场秩序的若干意见》的通知	冀文字[2001]280号	2001年6月7日	河北省交通厅
4		河北省建设项目招标方案和不招标申请核准报送和核准管理办法	—	2004年2月25日	河北省发展和改革委员会
5		关于重申在招标投标活动中加强管理的通知	冀交基字[2004]553号	2004年9月	河北省交通厅
6		贯彻交通部《关于贯彻国务院办公厅关于进一步规范招投标活动的若干意见的通知》的若干意见	冀交基[2005]116号	2005年3月	河北省交通厅
7		关于规范全省交通系统项目招投标信息发布媒介的通知	冀交纪监[2007]158号	2007年4月12日	河北省交通厅
8		河北省公路工程建设项目招投标代理机构比选办法(试行)的通知	冀交基[2007]226号	2007年5月	河北省交通厅
9		全省道路运输基础设施建设实施意见	冀交运[2007]282号	2007年	河北省交通厅
10		河北省关于进一步加强工程建设项目招标管理工作的通知	冀建市[2008]386号	2008年6月14日	河北省建设厅
11		河北省进一步完善招标监督及备案工作的通知	冀交基[2008]368号	2008年8月4日	河北省交通厅
12		河北省作业场所职业卫生监督管理办法	河北省人民政府令第12号	2008年12月5日	河北省人民政府
13		关于印发《2010年公路工程质量安全监管工作安排》的通知	冀交基[2010]140号	2010年3月25日	河北省交通运输厅
14		关于建立统一规范的公共资源交易市场的意见	—	2012年5月	河北省委、省政府办公厅
15		关于做好公路项目进入公共资源交易市场和完善招标投标管理工作的通知	冀交基[2012]701号	2012年12月5日	河北省交通运输厅

续上表

序号	性质	名　　称	文　号	颁　发　日　期	颁　发　单　位
16		关于规范招标项目文件资料备案的通知	—	2013年7月3日	河北省发展和改革委员会
17		关于印发《河北省人民政府核准投资项目实施办法》的通知	冀政〔2014〕120号	2014年12月8日	河北省人民政府
18		关于进一步规范建设项目委托审计的指导意见	冀交办审〔2014〕110号	—	河北省交通运输厅
19		关于印发《改进提升交通运输服务工作实施方案》的通知	冀交综运〔2014〕64号	2014年5月12日	河北省交通运输厅
20		关于印发《河北省第一次全国地理国情普查保密工作管理规定》的通知		2014年8月	河北省第一次全国地理国情普查领导小组
21		关于印发《河北省人民政府核准投资项目实施办法》的通知	冀政〔2014〕120号	2014年12月8日	河北省人民政府
22		关于鼓励和引导民间资本进入高速公路建设领域的实施意见	冀交政法〔2014〕299号	—	河北省交通运输厅
23	市场管理	关于印发《经营性公路建设项目投资人的选择、项目建设、运营、移交等监管工作分工》的通知	冀交政法〔2015〕94号	2015年2月27日	河北省交通运输厅
24		关于招标代理机构监督管理办法	冀发改招标〔2015〕274号	2015年3月23日	河北省发展和改革委员会
25		河北省关于创新重点领域投融资机制鼓励社会投资的实施意见	冀政发〔2015〕32号	2015年5月30日	河北省人民政府
26		河北省关于建立清理和规范招标投标有关规定长效机制实施意见	冀发改招标〔2016〕230号	2016年2月29日	河北省发展和改革委员会、省通信管理局、省住房和城乡建设厅、省交通运输厅、省水利厅、省商务厅、省政府法制办
27		关于印发《河北省清理规范投资项目报建审批事项实施方案》的通知	冀政发〔2016〕45号	2016年9月24日	河北省人民政府
28		关于印发《公平竞争审查制度》的通知	冀交政法〔2016〕600号	2016年10月	河北省交通运输厅

续上表

序号	性质	名　　称	文　号	颁发日期	颁发单位
29	信用管理	关于印发《河北省公路建设市场信用信息档案管理办法（试行）》的通知	冀发审〔2007〕63号	2008年1月31日	河北省交通厅
30		关于对2008年河北省高速公路建设项目从业单位信用等级评定结果进行公示的通知	冀交基〔2008〕403号	2008年11月28日	河北省交通厅
31		《2008年度河北省高速公路建设项目从业单位信用等级评定结果》的通知	—	2009年1月22日	河北省交通厅
32		河北省公路施工企业信用评价实施细则（试行）	冀交基〔2010〕197号	2010年4月20日	河北省交通运输厅
33		关于印发《河北省公路建设市场信用信息管理实施细则》的通知	冀交基〔2010〕668号	2010年12月6日	河北省交通运输厅
34		关于调整河北省公路建设市场信用体系建设领导小组的通知	冀交基〔2010〕674号	2010年12月7日	河北省交通运输厅
35		河北省交通运输厅转发省政府办公厅关于印发《河北省安全生产"黑名单"管理制度》的通知	冀安全〔2010〕685号	2010年12月13日	河北省交通运输厅
36		关于做好全国公路建设市场信用信息管理系统中信息审核有关工作的通知	—	2011年11月16日	河北省交通运输厅
37		关于加强进冀建筑业企业信用管理的通知	冀建市〔2012〕211号	2012年4月1日	河北省住房和城乡建设厅
38		关于试行河北省建筑施工与监理企业工程质量信用评价的通知	冀建质〔2013〕50号	2013年7月8日	河北省住房和城乡建设厅
39		关于开展建设工程劳务管理信用评价工作的通知	冀建市〔2013〕20号	2013年11月4日	河北省住房和城乡建设厅
40		关于解决建设领域拖欠农民工工资问题长效机制的意见	冀政办〔2013〕34号	2013年12月	河北省人民政府
41		关于加快河北省社会信用体系建设工作的指导意见	冀政〔2013〕90号	2013年12月31日	河北省人民政府
42		关于进一步做好为农民工服务工作的实施意见	冀政发〔2015〕13号	2015年5月18日	河北省交通运输厅
43		关于对2015年度公路设计企业信用工作结果的公示	—	2015年3月	河北省交通运输厅
44		关于进一步做好为农民工服务工作的实施意见	冀政发〔2015〕13号	2015年5月18日	河北省人民政府

第四章 高速公路建设管理地方法规

续上表

序号	性质	名称	文号	颁发日期	颁发单位
45	信用管理	关于印发《河北省招标代理机构信用评价办法》的通知	—	2015年5月27日	河北省发展和改革委员会
46		河北省交通运输厅关于发布2015年度我省公路工程乙、丙级试验检测机构和试验检测员信用评价结果的通知	—	2016年10月	河北省交通运输厅
47		关于印发《河北省公路工程建设项目工地试验检测室临时资质管理暂行办法》的通知	冀公质监〔2001〕20号	2001年8月3日	河北省公路工程质量监督站
48	资质管理	关于印发《公路建设项目法人资格标准(试行)》的通知	冀建法〔2002〕176号	2002年5月28日	河北省建设厅
49		河北省工程监理企业资质管理办法	冀建法〔2002〕176号	2002年5月28日	河北省建设厅
50		关于加快推进工程勘察设计单位资质体制改革的通知	冀建质〔2003〕412号	2003年8月26日	河北省建设厅
51		关于实施《河北省建筑工程施工许可管理办法》有关问题的通知	冀建质〔2005〕57号	2005年2月2日	河北省建设厅
52		关于进一步完善检测机构资质管理制度的通知	冀建质〔2006〕180号	2006年4月10日	河北省建设厅
53		关于2006年第十六批、第二十五批工程勘察设计资质、审核初审意见的公示	—	2006年10月	河北省建设厅
54		关于2007年第七批工程勘察设计资质审批、审核意见的公示	—	2007年3月	河北省建设厅
55		关于实行工程建设企业资质申报材料核查制度的通知	冀建市〔2012〕797号	2012年12月5日	河北省住房和城乡建设厅
56		关于工程造价咨询企业资质有效期延续有关事项的通知	冀建市〔2014〕8号	2014年2月19日	河北省住房和城乡建设厅
57	招投标管理	河北省实施《中华人民共和国招标投标法》办法	河北省第九届人民代表大会	2001年9月27	河北省人民代表大会常务委员会
58		关于印发《河北省交通运输厅关于交通基本建设项目招投标管理的若干规定》《河北省交通基本建设项目招投标专家库管理办法》的通知	冀交字〔2001〕001号	2001年1月2日	河北省交通厅

续上表

序号	性质	名 称	文 号	颁 发 日 期	颁 发 单 位
59	招投标管理	关于印发《公路工程勘察设计招标评标办法》的通知	冀文字[2001]580号	2001年11月27日	河北省交通厅
60		河北省基本建设货物采购招标投标管理规定	省政府令[2002]第3号	2002年3月7日	河北省人民政府
61		河北省人民政府办公厅关于统一建立全省统一评标专家名册和专家库的通知	冀政办字[2003]32号	2003年5月6日	河北省人民政府办公厅
62		评标专家和评标专家管理暂行办法	冀政办字[2004]40号	2004年2月24日	河北省人民政府办公厅
63		河北省人民政府办公厅关于启动全省统一评标专家库的通知	冀政改招标[2004]206号	2004年2月25日	河北省发展和改革委员会
64		关于重申在招标投标活动中加强管理的通知	—	2004年6月26日	河北省人民政府
65		《河北省公路工程招标代理机构比选办法（试行）》的通知	冀交基[2004]553号	2004年9月14日	河北省交通厅
66		关于贯彻落实国家发改委等十部委关于印发贯彻落实2007年反腐倡廉工作任务进一步加强工程建设项目招标投标监督管理工作意见的通知的若干意见	冀交基[2007]226号	2007年5月	河北省交通厅
67			冀交基[2007]523号	2007年9月	河北省交通厅
68		河北省关于进一步加强工程建设项目招标投标工作的通知	冀建市[2008]386号	2008年6月14日	河北省建设厅
69		关于进一步完善招标监督及备案工作的通知	冀交基[2008]368号	2008年8月	河北省交通厅
70		关于贯彻落实交通运输部《关于进一步加强公路工程施工招标评标管理工作的通知》的通知	冀交基[2008]499号	2008年11月	河北省交通厅
71		河北省评标专家和评标专家库管理办法的通知	冀发改招标[2009]349号	2009年3月16日	河北省发展和改革委员会、省监察厅
72		关于做好交通公路建设项目进入公共资源交易市场和完善招投标管理工作的通知	冀交基[2012]701号	2012年12月	河北省交通运输厅
73		关于《河北省高速公路建设项目施工招标合理定价评审取费实施办法（试行）》的通知	冀交基[2013]360号	2013年7月18日	河北省交通运输厅
74		关于规范招标项目文件资料备案的通知	冀发改招标[2013]1080号	2013年7月	河北省发展和改革委员会
75		关于印发《河北省高速公路建设项目施工招标合理定价抽取评审实施办法》的通知	冀交基[2015]455号	2015年12月7日	河北省交通运输厅

2004年2月24日,河北省人民政府办公厅发布《评标专家和评标专家库管理暂行办法》(冀政办字〔2004〕40号),进一步规范了招标投标活动秩序,切实提高了评标质量。2004年6月26日全省统一评标专家名册和专家库正式运行。2004年9月14日,河北省交通厅印发《关于重申在招标投标活动中加强管理的通知》(冀交基字〔2004〕553号)。

2007年5月,河北省交通厅发布《关于印发〈河北省公路工程建设项目招标代理机构比选办法(试行)〉的通知》(冀交基〔2007〕226号),对进一步完善河北省公路建设项目的招投标管理工作,规范建设市场行为,促进招标代理及招投标活动的健康发展提供了保障。

2009年3月16日,河北省发展和改革委员会、监察厅发布《河北省评标专家和评标专家库管理办法的通知》(冀发改招标〔2009〕349号),对进一步提高省专家库的运行质量加强管理,充分发挥专家库的功能,起到了非常重要的作用。

2013年7月18日,河北省交通运输厅印发《关于〈河北省高速公路建设项目施工招标合理定价抽取评审法实施办法(试行)〉的通知》(冀交基〔2013〕360号),为探索改进河北省高速公路建设项目施工招标工作,进一步规范高速公路建设市场秩序,维护"公开、公平、公正和诚实信用"的市场环境,有效维护招标投标活动各方当事人合法权益起到了重要作用。

2015年12月7日,河北省交通运输厅下发《河北省高速公路建设项目施工招标合理定价抽取评审法实施办法》(冀交基〔2015〕455号),对之前试行办法实施中发现的问题进行了修订,进一步维护了"公开、公平、公正和诚实信用"的市场环境。

河北省建设市场管理相关法规制度见表4-2-1。

第三节 项目管理相关法规制度

基于高速公路项目的复杂性,在整个建设过程中,各种矛盾、问题不断出现,这就凸显了项目管理工作及各项法规制度的重要意义。有效的项目管理法规能够使整个管理系统有效运转,使建设程序更加规范。高速公路建设30年来,国家制定了一系列法规制度,规范了项目综合管理、勘察设计管理、项目建设管理、检查考评管理、廉政建设、环境保护管理、档案资料管理、资金与审计管理等各个环节的行为,使项目管理更加法制化、科学化。

一、综合管理

综合管理涉及面较广,对行政许可项目、公路建设监督管理、改建项目工程管理、公路项目建设精细化管理、全省高速公路 ETC 车道建设、高速公路工地试验室标准化建设、科技项目管理、经营性公路建设项目投资人的选择，以及项目建设、运营、移交等监管工作分工方面均有所规定。

1991 年 3 月 4 日，河北省人民政府制定了《河北省高速公路管理办法（试行）》，它的出台标志着河北省高速公路依法管理迈上了一个新的台阶。

2001 年河北省交通厅制定了《河北省高速公路养护管理暂行办法》，它的出台标志着河北省高速公路养护管理提升到了一个新高度，确保了高速公路的安全、舒适、畅通，提高了高速公路养护管理水平。

2008 年 3 月 1 日，河北省人民政府办公厅发布《关于加强和规范新开工项目管理的实施意见》（冀政办〔2008〕3 号）。2009 年 5 月，河北省交通运输厅发布《关于进一步加快交通基础设施项目建设有关工作的通知》（冀交基〔2009〕182 号）。2009 年 7 月 27 日，河北省交通运输厅发布《〈关于加强高速公路建设项目管理的若干意见〉（试行）的通知》（冀交基〔2009〕317 号）。

2010 年 4 月 29 日，河北省交通运输厅印发《河北省高速公路日常养护管理办法（试行）》（冀交公路〔2010〕141 号），提高了全省高速公路日常养护管理水平，确保了高速公路及附属设施经常处于良好的技术状态。

二、勘察设计管理

勘察设计管理指做好管理和配合工作，组织协调勘察设计单位之间以及与其他单位之间的工作配合，加强对建设工程勘察、设计活动的管理，保证建设工程勘察、设计质量，保护人民生命和财产安全，使项目建设得以顺利进行。

2002 年 7 月，河北省交通厅公路管理局先后印发了《河北省公路建设项目初步计文件技术审查要求（试行）》（冀交公字〔2002〕234 号）及《河北省公路工程施工图设计文件技术审查要求（试行）》（冀交公字〔2002〕235 号），在加强公路工程初步设计和施工图设计工作的行业管理，保证初步设计和施工图设计文件的编制质量，规范初步设计和施工图设计的审查工作方面进行了详细规定，使勘察设计的技术审查有章可循。

2006 年 2 月，河北省交通厅制定了《河北省交通厅公路工程设计变更管理实施细则》，加强了公路工程建设管理，规范了公路工程设计变更行为，保证了公路工程质量，保护了人民生命及财产安全。在 2008 年 1 月发布了《关于进一步加强公路工程设计变更工作的通知》，2014 年 12 月发布了《关于严格公路工程设计变更管理的意见》，进一步规范了设计变更行为，加强了对设计变更工作的监督管理。同时，为做好此项工作，河北省交通运输厅在全省范围内开展设计变更"回头看"活动，对所有在建项目逐一检查并进行评价。

三、项目建设管理

高速公路建设单位是项目建设的具体组织者和管理者,其管理水平决定项目的建设品质。为进一步加强河北省高速公路项目建设管理工作,切实提高建设单位管理水平,有效提升工程质量和安全水平,在以下几方面进行了规定:

(一)工程进度管理

工程进度管理是整个工程过程的重要工作,能够有效控制各部门工程实施的进度,确保各部门在其位,司其职。2009年7月,河北省交通运输厅制定了《关于加强高速公路建设项目管理的若干意见(试行)》(冀交基〔2009〕317号),在进度管理上,有效控制工期和工程费用,提高投资效益及工程管理水平,确保工程质量优良,使工程项目建设管理制度化、标准化、规范化、程序化。

(二)工程质量管理

2009年1月20日,河北省交通厅下发了《落实公路工程质量责任制实施细则》(冀交基〔2009〕19号),规范各级交通主管部门结合本地区实际情况,认真查找薄弱环节和有关问题,深入分析原因,通过健全制度、完善机制、强化监督等措施,严格落实质量责任制。把抓好工程质量管理、严格落实质量责任制作为公路工程管理工作的重要环节。

在此基础上,河北省高速公路建设项目为达到规划设计先进、工程内在及外观质量优良、工程安全性及耐久性良好、生态环境优美、项目管理科学、造价经济合理、运营安全舒适的水准,统筹兼顾实用性、耐久性及美观性等多种要求,2010年4月20日,河北省交通运输厅公路管理局下发了《关于印发高速公路建设质量管理指导意见的通知》(冀高工〔2010〕420号)。

(三)安全生产监督管理

针对全省公路建设项目多、安全生产任务重的严峻形势,河北省交通运输厅先后下发了《关于切实加强全省公路建设安全监管工作的意见》(冀交质〔2009〕223号)、《关于进一步加强安全生产事故隐患排查治理工作的意见》(交安全〔2012〕620号)等文件,《河北省安全生产委员会关于印发〈河北省安全生产隐患排查治理体系建设实施意见〉的通知》(冀安委〔2014〕11号),明确提出各地交通运输主管部门及所属的安全监督机构要加大公路建设安全监督检查力度,深入工程施工现场找问题、查隐患、抓整改。在组织开展公路建设安全生产综合监督检查的基础上,还要对隧道、特大桥等施工难度大、技术风险高的建设项目组织专项重点检查,对部分桥隧工程重点项目和特殊复杂工程组织开展风险评估。对检查发现的问题和隐患,要认真督促整改落实,对安全措施不到位、整改不彻底的工程,一定要责令停工整顿,坚决制止强令赶工和冒险作业行为。

2009年至今,每年省交通运输厅均会印发全省安全生产工作要点,坚持以人为本、以民为先、生命至上,坚持"安全第一、预防为主、综合治理",紧紧围绕省委、省政府决策部署,全面加强安全生产监督管理工作,为建设经济强省、美丽河北创造良好的安全生产环境。

(四)计量支付管理

计量支付是工程施工阶段资金控制的核心,是保证工程质量和工程进度的重要手段,关系着建设单位和承包单位的经济利益,是工程管理工作的重要内容。河北省交通厅制定下发了《关于印发〈河北省公路工程造价管理办法〉的通知》(冀交基〔2009〕22号)等多个文件,规范了计量支付行为。在做好公路建设项目计量支付管理,明确项目部、投资单位、监理单位、施工单位、造价单位及审计单位的权利与义务方面,使工程计量支付规范化、程序化,能真实、准确地反映投资完成情况及对本工程建设投资的控制。

(五)工程分包和劳务分包管理

2005年3月30日,河北省建设厅印发了《河北省建设工程劳务管理规定》(冀建法〔2005〕149号),规范了工程劳务分包,控制分包成本,防范分包风险等行为。

(六)农民工工资管理

交通建设项目工程款和农民工工资按时足额支付是一项长期工作。保障河北省交通建设事业的健康发展,建立长效机制,防止发生新的拖欠成为河北省重点工作之一。河北省交通厅制定下发了《关于加强交通建设项目工程款及农民工工资支付管理工作的指导意见》(冀交基〔2007〕503号),以此来预防和解决劳务协作队伍拖欠或克扣农民工工资问题,切实保障农民工的合法权益,保证施工正常进行。

2016年1月29日,河北省人民政府制定《关于全面治理拖欠农民工工资问题的实施意见》(冀政办发〔2016〕4号),提出依法规范企业劳动用工管理,进一步加强制度建设,依法严惩拖欠工资违法行为以及严格落实保障工资支付相关责任。

(七)交、竣工验收管理

检查工程建设是否符合设计要求是工程质量的收关环节,对保证工程项目及时投产、发挥投资效果,总结建设经验有重要作用。为了进一步加强全省公路建设项目工程管理,规范公路工程竣(交)工验收工作,河北省交通厅发布了《关于印发〈河北省公路工程竣(交)工验收办法实施细则〉的通知》(冀交基字〔2005〕241号)、《关于印发〈河北省高速公路大中修工程竣(交)工验收办法〉的通知》(冀交公〔2010〕440号),明确了交、竣工验收的工作流程及工作要点。

四、检查考评管理

2006年1月,河北省交通厅颁布了《河北省交通厅安全生产目标管理考核办法》(冀交公安〔2006〕73号),进一步加强了交通系统安全生产管理工作,更好地落实责任、强化监管,推动安全生产管理工作的制度化、规范化,确保交通系统安全生产形势稳定。

根据河北省交通运输厅《关于印发高速公路施工标准化活动方案的通知》(冀交基〔2011〕149号)和《河北省高速公路施工标准化管理指南》,下发了《关于印发〈高速公路施工标准化管理考核办法(试行)〉的通知》,全面落实河北省高速公路建设项目施工标准化,提升工程质量和安全生产管理水平。

五、廉政建设

2003年7月9日,河北省交通厅印发《在交通基础设施建设工程中派驻纪检监察人员实施细则》(冀交纪字〔2003〕9号)。

2009年,河北省交通运输厅印发《关于检查厅属系统2009年度推进惩治和预防腐败体系建设工作的通知》,从党风廉政建设责任制落实情况、反腐倡廉各项工作推进情况、创新性工作完成情况以及工作措施运用情况四方面入手,经过自查和重点检查两个阶段,对惩治和预防腐败体系建设进行了全面检查,切实推进交通运输系统惩防体系建设。

为进一步规范领导干部从政行为,确保工程建设过程中资金安全、干部廉洁、工程优质,交通运输部制定了《交通基础设施建设领域领导干部八项规定》,体现了部党组对交通基础设施建设领域廉政工作的高度重视和对交通运输系统各级领导干部的关心爱护。

2005年初,河北省交通厅大胆尝试与创新"十公开"制度。高速公路建设"十公开"制度,是全系统广大干部职工在加强廉政建设实践中积累和创造的宝贵财富,在行业内外产生了积极影响,取得了显著成效,得到了中央领导、省委、省政府和交通部的充分肯定,作为工程建设领域专项治理的经验之一向各行业推广。2011年,河北省人民政府第四次廉政工作会议特别强调要深入推行"十公开"制度,使工程建设项目的各个环节都在阳光下运行。

六、环境保护管理

为认真贯彻落实《中华人民共和国公路法》，优化公路环境，河北省人民政府颁布了《关于优化公路环境的通知》（冀政办函〔2002〕30号），明确规定了公路"红线"和"绿线"标准，各级政府加强了对优化公路环境工作的领导，精心组织，认真实施。各有关部门各司其职，各负其责，严格标准，严格程序，严格审批。

《河北省建设项目环境保护管理条例》于1996年12月17日河北省第八届人民代表大会常务委员会第二十四次会议通过，包括六章三十六条内容。

2008年2月，河北省人民政府颁布了《河北省环境污染防治监督管理办法》，进一步规范了施工管理，在施工中要始终坚持节约资源、保护环境的科学发展理念。

七、档案资料管理

高速公路建设项目档案是指从高速公路建设项目的提出、调研、预可行性研究、立项、工程可行性研究、环评、征地拆迁、招投标、勘察设计、施工、竣工到工程管理全过程中形成的应归档保存的不同类型载体的档案资料（包括文件材料、图纸、图表、科研试验、计算材料、声像材料、电子文件等）。高速公路建设项目档案管理，是指对这些档案资料进行全程收集、整理、归档、保管和使用。高速公路建设项目立卷归档工作按照"谁形成谁负责"的原则，由建设项目文件材料的形成（利用）单位或部门负责。

2010年8月9日，河北省交通运输厅、省档案局制定了《河北省高速公路建设项目档案管理办法》（冀交办〔2010〕435号），规范了河北省高速公路建设项目档案管理工作，确保工程档案的完整、准确、系统和安全，充分发挥工程档案在工程建设、管理、工程维护和改扩建中的作用。

2011年11月24日，河北省交通运输厅、省档案局印发了《河北省高速公路建设项目文件材料立卷归档整理规范》（冀交办〔2011〕41号），从文件材料的收集、整理、案卷的构成、竣工图的编制等方面进行了规定，并于2010年11月24日起实施。

八、资金与审计管理

建设项目跟踪审计是完善监督管理的有效举措，是加强廉政建设、提高资金使用效益的需求。开展跟踪审计对维护交通运输系统的良好形象具有深远的意义。

2011年8月20日，河北省交通运输厅下发《关于河北省交通运输系统建设项目跟踪审计指导意见》（冀交审〔2011〕671号），从开展跟踪审计的范围、原则、内容、程序、方法、质量控制措施、审计报告的反映形式、审计费的列支渠道及取费依据等方面进行了详细规定。

河北省项目管理法规制度见表4-3-1。

第四章 高速公路建设管理地方法规

项目管理法规制度表

表 4-3-1

序号	性质	名称	文号	颁发日期	颁发单位
1	综合管理	河北省高速公路交通管理规定	省人民政府令第14号	1998年9月24日	河北省人民政府
2		河北省高速公路养护管理暂行办法	—	2001年9月	河北省交通厅
3		关于印发依法实施的行政许可项目的通知	冀政办[2005]9号	2005年3月25日	河北省人民政府
4		关于印发《河北省交通厅高速公路建设项目"阳光工程"实施方案（试行）》的通知	冀交体法字[2005]323号	2005年7月19日	河北省交通厅
5		高速公路连接线项目管理暂行规定	冀交规[2005]403号	2005年9月8日	河北省交通厅
6		关于切实做好新建高速公路开通前有关准备工作的通知	冀交公路字[2005]263号	2005年11月	河北省交通厅公路管理局
7		关于加强扩权县（市）行政区域内国道省道新改建项目工程管理的通知	冀交体法[2007]16号	2007年	河北省交通厅
8		河北省高速公路交通安全规定	冀政办[2007]第8号	2007年5月24日	河北省人民政府
9		关于加强和规范开工项目管理的实施意见	冀政办[2008]3号	2008年3月1日	河北省人民政府办公厅
10		河北省无障碍设施建设使用管理规定	冀政办[2008]第10号	2008年8月11日	河北省人民政府
11		河北省一般干线公路建设项目"阳光工程"实施方案（试行）	冀交公[2008]315号	2008年	河北省交通厅
12		关于进一步加快交通基础设施项目建设有关工作的通知	冀交基[2009]182号	2009年5月	河北省交通运输厅
13		关于依法实施的行政许可项目的通知	冀政办[2009]23号	2009年7月7日	河北省人民政府办公厅
14		关于印发《关于加强高速公路建设项目管理的若干意见（试行）》的通知	冀交公路[2009]317号	2009年7月27日	河北省人民政府
15		河北省《公路项目建设精细化管理指导意见》（试行）的通知	冀交基[2009]87号	2009年3月12日	河北省交通运输厅
16		河北省高速公路日常养护管理办法	冀交公路[2010]141号	2010年4月29日	河北省交通运输厅
17		关于印发《河北省高速公路日常养护费用测算标准的通知	冀交公[2010]316号	2010年6月7日	河北省交通运输厅
18		关于印发《河北省交通系统开展"廉洁人员讲责任"行业新风建设活动实施方案》的通知	冀交基[2009]103号	2012年5月23日	河北省交通运输厅

续上表

序号	性质	名 称	文 号	颁发日期	颁发单位
19		关于印发《河北省高速公路施工标准化活动方案》的通知	冀交基〔2011〕149号	2011年4月3日	河北省交通运输厅
20		关于进一步做好公路改建后旧段处置工作的意见	冀交公〔2011〕866号	2011年11月22日	河北省交通运输厅
21		关于在公路建设中切实加强国防光缆保护工作的通知	冀交传基〔2013〕28号	2013年	河北省交通运输厅
22		关于进一步做好全省高速公路ETC车道建设工作的通知	冀交办公〔2013〕166号	2013年	河北省交通运输厅
23		关于印发"平安交通"创建活动重点工作分工方案》的通知	冀交安全〔2013〕187号	2013年	河北省交通运输厅
24	综合管理	关于印发《河北省高速公路工地试验室标准化建设指导意见》的通知	冀交基〔2013〕246号	2013年	河北省交通运输厅
25		关于印发《河北省交通运输厅科技项目管理办法》的通知	冀交科教〔2013〕284号	2013年	河北省交通运输厅
26		关于印发《河北省交通运输暴雨灾难防御办法实施细则》的通知	冀交公〔2013〕333号	2013年	河北省交通运输厅
27		关于印发《河北省交通运输厅科技项目管理办法补充规定》的通知	冀交科技〔2014〕323号	2014年7月25日	河北省交通运输厅
28		关于建立交通运输系统领导干部插手干预工程建设登记制度的通知	冀交基〔2014〕540号	2014年	河北省交通运输厅
29		关于规范工程建设领域投诉举报问题处置工作的通知	冀交基〔2014〕570号	2014年	河北省交通运输厅
30		关于印发《公平竞争审查制度规定》的通知	冀交政法〔2016〕600号	2016年10月	河北省交通运输厅
31		关于印发《保密工作管理规定》的通知	冀交办〔2016〕582号	2016年10月16日	河北省交通运输厅
32	勘察设计管理	关于印发《河北省公路建设项目初步设计文件技术审查要求（试行）》的通知	冀交公字〔2002〕234号	2002年7月22日	河北省交通厅公路管理局
33		关于印发《河北省公路工程施工图设计文件技术审查要求（试行）》的通知	冀交公字〔2002〕235号	2002年7月22日	河北省交通厅公路管理局

第四章 高速公路建设管理地方法规

续上表

序号	性质		名称	文号	颁发日期	颁发单位
34	勘察设计管理		关于印发《河北省高速公路沥青路面建设指导意见》的通知	冀交公字[2004]614	2004年10月	河北省交通厅公路管理局
35			关于印发《河北省交通厅公路工程设计变更管理实施细则》的通知	冀交基[2006]8号	2006年2月	河北省交通厅
36			关于进一步加强公路工程设计变更工作的通知	冀交基[2008]5号	2008年1月	河北省交通厅
37			关于印发《关于严格公路工程设计变更管理的意见》的通知	冀交基[2014]553号	2014年12月4日	河北省交通运输厅
38			关于印发《高速公路建设工程设计变更管理实施细则(试行)》的通知	冀交投工[2015]26号	2015年1月9日	河北交通投资集团公司
39	项目建设管理	工程进度管理	印发《关于加强高速公路建设项目管理的若干意见(试行)》的通知	冀交基[2009]317号	2009年7月27日	河北省交通运输厅
40		工程质量管理	关于印发《河北省公路工程质量鉴定办法》的通知	冀交基字[2005]510号	2005年11月24日	河北省交通厅
41			关于印发"十一五"高速公路建设质量管理指导意见》的通知	冀交[2006]347号	2006年7月20日	河北省交通厅
42			关于《落实公路工程质量责任制实施细则(试行)》的通知	冀交[2009]19号	2009年1月20日	河北省交通厅
43			关于加强《河北省公路水运工程混凝土质量通病治理活动实施方案》的通知	冀交基[2009]269号	2009年6月26日	河北省交通厅
44			关于加强公路工程质量通病治理的通知	冀交基[2009]279号	2009年	河北省交通厅
45			关于印发《高速公路建设质量管理指导意见》的通知	冀高工[2010]420号	2010年4月20日	河北省交通运输厅公路管理局
46			关于印发《河北省加强建筑工程质量管理工作的意见》的通知	办字[2013]130号	2013年	河北省人民政府
47			关于推广应用《公路建设质量跟踪管理系统》的通知	冀交办基[2013]15号	2013年1月28日	河北省交通运输厅
48			关于进一步加强公路水运工程质量和安全管理工作的意见	冀交安监[2015]316号	2015年	河北省交通运输厅

续上表

序号	性质	名称	文号	颁发日期	颁发单位
49	项目建设管理 安全生产监督管理	关于印发《落实安全生产经营单位安全生产主体责任暂行规定》的通知	冀政[2006]69号	2006年	河北省人民政府
50		河北省高速公路交通安全规定	冀政[2007]第8号	2007年5月24日	河北省人民政府
51		关于进一步加强在建桥梁安全生产管理的通知	冀文基[2007]485号	2007年11月21日	河北省交通厅
52		关于明确公路建设运营安全管理职责的通知	冀文公安[2008]457号	2008年10月9日	河北省交通厅
53		关于加强在建高速公路项目防汛抗灾工作的通知	冀高指办[2009]7号	2009年7月3日	河北省交通运输厅
54		关于公布《河北省重大危险源监督管理规定》的命令	省政府令[2009]第12号	2009年12月31日	河北省人民政府
55		关于印发《2009年度全省公路工程建设质量安全监督工作安排》的通知	冀文质[2009]110号	2009年	河北省交通运输厅
56		关于切实加强全省公路建设安全监管工作的意见	冀文[2009]223号	2009年5月22日	河北省交通运输厅
57		关于印发《河北省交通运输系统安全生产"三项建设"实施意见》的通知	冀文公安[2009]323号	2009年7月29日	河北省交通运输厅
58		关于印发《厅直有关单位安全生产管理职责》的通知	冀文公安[2009]437号	2009年	河北省交通运输厅
59		关于切实做好在建高速公路项目通车前交通安全管理工作的通知	冀高指办[2010]6号	2010年	河北省高速公路建设指挥部办公室
60		关于印发《2010年公路工程质量安全督查工作安排》的通知	冀文[2010]140号	2010年	河北省交通运输厅
61		关于修订安全生产委员会工作规则的通知	冀文安全[2010]420号	2010年	河北省交通运输厅
62		关于创建公路建设"平安工地"严格落实高危工程施工安全技术要求的通知	冀文安全[2010]596号	2010年10月29日	河北省交通运输厅
63		关于切实做好在建高速公路建设项目汛期防汛工作的通知	冀高指办[2011]7号	2011年	河北省高速公路建设指挥部办公室
64		关于印发《全省2011年公路工程质量安全监督工作安排》的通知	冀文质[2011]87号	2011年	河北省交通运输厅

第四章 高速公路建设管理地方法规

续上表

序号	性质		名称	文号	颁发日期	颁发单位
65	项目建设管理	安全生产监督管理	关于开展高速公路桥梁和隧道工程预防坍塌事故专项整治工作的紧急通知	冀交安全[2011]330号	2011年	河北省交通运输厅
66			关于印发《河北省交通运输系统继续深化"安全生产年"活动实施方案》的通知	冀交安全[2011]297号	2011年	河北省交通运输厅
67			关于进一步加强安全生产事故隐患排查治理工作的意见	交安全[2012]620号	2012年	河北省交通运输厅
68			关于进一步加强道路交通安全工作的实施意见	冀政[2013]4号	2013年1月	河北省人民政府
69			关于印发《道路交通安全集中整治行动实施方案》的紧急通知	冀交安全[2013]107号	2013年3月13日	河北省交通运输厅
70			关于印发《2013年公路工程质量安全监督工作安排》的通知	—	2013年3月11日	河北省交通运输厅
71			河北省安全生产委员会关于印发《河北省安全生产隐患排查治理体系建设实施意见》的通知	冀安委[2014]11号	2014年8月22日	河北省安全生产监督管理局
72			河北省安全生产委员会关于印发《2016年全省安全生产工作要点》的通知	冀安委[2016]2号	2016年1月21日	河北省安全生产监督管理局
73			关于加强安全预防控制体系建设的意见的通知	冀安委办[2016]101号	2016年11月1日	河北省交通运输厅
74			关于认真贯彻落实《公路水路安全生产事故综合分析报告规则》的通知	冀交办安监[2016]182号	2016年10月27日	河北省交通运输厅
75			关于印发《河北省公路运营安全生产风险辨识评估标准及管控措施（试行）》的通知	冀交公路[2016]619号	2016年9月20日	河北省交通运输厅公路管理局
76		计量支付管理	关于对在建高速公路原材料价格上涨调整的指导意见	冀交基字[2004]462号	2004年8月5日	河北省交通厅
77			关于调整公路工程原材料价格的指导意见	冀交基[2006]27号	2006年1月24日	河北省交通厅
78			关于印发《河北省公路工程补充预算定额》（试行）的通知	冀交基[2007]558号	2007年12月28日	河北省交通厅

续上表

序号	性质		名称	文号	颁发日期	颁发单位
79	项目建设管理	计量支付管理	关于印发《河北省公路工程基本建设项目概预算编制补充规定》的通知	冀定定〔2008〕66号	2008年3月4日	河北省公路工程定额站
80			关于公路工程建设项目材料价差调整的指导意见	冀交基〔2008〕494号	2008年11月17日	河北省交通厅
81			关于印发《河北省公路工程造价管理办法》的通知	冀交基〔2009〕22号	2009年1月22日	河北省交通厅
82			关于印发《河北省高速公路小修养和中修工程预算编制定额》《河北省高速公路小修养和中修工程预算编制办法》（试行）的通知	冀定〔2010〕31号	2010年1月	河北省公路工程定额站
83			河北省车船税实施办法（2012年）	2011年12月	2011年12月	河北省人民政府
84		工程分包和劳务分包管理	河北省建设工程劳务管理规定	冀建〔2005〕149号	2005年3月30日	河北省建设厅
85			关于加强交通建设项目工程款及农民工工资支付管理工作的指导意见	冀交〔2007〕503号	2007年11月29日	河北省交通厅
86		农民工工资管理	关于规范建设领域工程款和农民工工资支付的意见	冀政办〔2008〕6号	2008年3月28日	河北省政府办公厅
87			关于加强农村地区劳动用工监督管理工作的意见	冀政办〔2008〕10号	2008年5月7日	河北省政府办公厅
88			河北省农民工权益保障办法	省政府〔2009〕第1号令	2009年1月	河北省人民政府
89			河北省第十二届人民代表大会常务委员会公告	河北省第十二届人民代表大会常务委员会（第12号）	2013年12月1日	河北省人民代表大会常务委员会
90			关于建立解决建设领域拖欠农民工工资问题长效机制的通知	冀政办〔2013〕34号	2013年	河北省政府办公厅
91			关于开展全面维护农民工合法权益专项活动的意见	冀交基〔2013〕543号	2013年	河北省交通运输厅
92			关于进一步加强保障农民工工资支付制度建设的实施意见	冀办字〔2014〕3号	2014年1月28日	河北省交通运输厅
93			关于全面治理拖欠农民工工资问题的实施意见	冀交办发〔2016〕4号	2016年1月29日	河北省交通运输厅
94		交、竣工验收管理	关于印发《河北省公路工程竣（交）工验收办法实施细则》的通知	冀交基字〔2005〕241号	2005年6月3日	河北省交通厅
95			关于印发《河北省高速公路大中修（交）工验收办法》的通知	冀交公〔2010〕440号	2010年10月21日	河北省交通运输厅

第四章 高速公路建设管理地方法规

续上表

序号	性质	名称	文号	颁发日期	颁发单位
96	检查考评管理	关于印发《河北省"十五"期管理建设项目考核办法》的通知	冀交文〔2001〕530号	2001年10月23日	河北省交通厅
97		河北省交通厅安全生产目标管理考核办法	冀交公安〔2006〕73号	2006年1月	河北省交通厅
98		关于印发《高速公路施工标准化管理考核办法（试行）》的通知	冀交基〔2012〕38号	2012年1月18日	河北省交通运输厅
99		关于印发《公路项目建设单位考核评价办法》的通知	冀交基〔2012〕470号	2012年8月23日	河北省交通运输厅
100		关于印发《河北省高速公路项目建设单位考核评价实施方案》的通知	冀交基〔2013〕221号	2013年5月4日	河北省交通运输厅
101	廉政建设	关于印发《在交通基础设施建设工程中派驻纪检监察人员实施细则》的通知	冀交纪字〔2003〕9号	2003年7月9日	河北省交通厅
102		关于印发《关于进一步加强交通基础设施建设项目招投标重要环节纪检监察现场监督的实施意见》的通知	冀交纪监〔2007〕193号	2007年	河北省交通厅
103		关于印发《在交通基础设施建设重点工程中派驻纪检监察人员的实施细则》的补充意见	冀交党组〔2007〕20号	2007年5月11日	中共河北省交通厅党组
104	廉政管理	关于印发《在交通基础设施建设重点工程中派驻纪检监察人员实施细则》的补充意见	冀交党组〔2008〕20号	2008年8月7日	中共河北省交通厅党组
105		关于检查厅属系统2009年度推进惩治和预防腐败体系建设工作的通知	冀交党组〔2009〕72号	2009年11月17日	中共河北省交通运输厅党组
106		关于印发《工程建设领域突出问题排查工作方案》的通知	冀交纪监〔2009〕489号	2009年11月17日	河北省交通运输厅
107		反腐倡廉建设领导机构	—	2012年10月	中共河北省纪委驻省交通运输厅纪检组

续上表

序号	性质	名称	文号	颁发日期	颁发单位
108	工程建设"十公开"	关于印发《深入推进高速公路建设"十公开"实施方案》的通知	冀交基[2011]688号	2011年	河北省交通运输厅
109		关于深入推进高速公路建设"十公开"制度的意见	党组冀交党组[2011]33号	2011年7月6日	河北省交通运输厅
110		关于开展"三延四拓"工作的实施意见	党组冀交党组[2013]1号	2013年1月10日	河北省交通运输厅
111		关于深入推进高速公路建设"十公开"制度均衡发展的意见	冀交党组[2013]2号	2013年	河北省交通运输厅
112	廉政建设	关于进一步严格落实高速公路建设"十公开"制度责任制有关工作的通知	冀交基[2014]478号	2014年	河北省交通运输厅
113		关于优化公路环境的通知	冀政办函[2002]30号	2002年10月25日	河北省人民政府
114	环境保护管理	河北省建设项目环境保护管理条例	—	2005年1月9日	河北省第八届人民代表大会常务委员会
115		河北省环境污染治监督管理办法	河北省人民政府令[2008]第2号	2008年2月14日	河北省人民政府
116		河北省交通档案管理实施细则	冀交发[2008]46号	2008年	河北省交通运输厅
117	档案资料管理	关于印发《河北省高速公路建设项目档案管理办法》的通知	冀交办[2010]435号	2010年8月9日	河北省交通运输厅、档案局
118		关于印发《河北省高速公路建设项目文件材料立卷归档整理规范》的通知	冀交办[2011]41号	2010年11月24日	河北省交通运输厅、档案局
119	资金与审计管理	关于河北省交通运输系统建设项目跟踪审计指导意见	冀交审[2011]671号	2011年8月20日	河北省交通运输厅

第四章
高速公路建设管理地方法规

河北省高速公路建设管理地方法规部分资料,如图 4-3-1 所示。

图 4-3-1　高速公路建设管理地方法规部分资料

第五章
高速公路建设科技成果

18.88万km² 河北大地,6502km高速公路通车总里程,30年砥砺奋进,谱写了河北高速公路科技新篇章。

作为全国唯一兼有高原、山地、丘陵、平原、湖泊和海滨的省份,河北在高速公路建设中提振信心,创新攻关,用科技给复杂地质地貌做减法,用创新让高速公路建设价值放大,从无到有,从有到优,从优到精,实现了河北高速公路跨越太行、达海通山的目标。

从冬冷肃寒的张承地区到坡陡沟深的太行山地,从软土多聚的沿海地区到沃野千里的华北平原,一批又一批的交通科技工作人员挥洒着青春热血,穿梭其间,意气风发,秉持"科技·路·山·地·人"的协调融合,"路"法自然,牢牢坚守生态绿色环保发展的理念,让河北省高速公路建设自然地流露着燕赵精神。

发挥财政政策引导,保证科技资金投入,整体科研能力不断提升,科技创新硕果累累。河北省交通运输厅科技经费投入规模逐年加大,从"七五"期间的每年不足40万元到"十二五"末增长到逾3.1亿元。截至2016年底,河北省交通运输厅携手国内外百余所知名院校、科研院所和参建单位共同攻关,参与、完成2000余项科研项目。荣获国家科技进步二等奖1项;省部级科技进步一等奖6项、二等奖13项、三等奖101项;中国公路学会科学技术一等奖2项、二等奖13项、三等奖38项;500余项科技成果达到国际先进水平。其中,"沥青玛蹄脂碎石混合料性能及指标研究"对现今沥青玛蹄脂碎石(SMA)路面的大规模应用发挥了巨大的推动作用;"美国工程兵旋转压实剪切实验机(GTM)开发应用"开创了全国GTM应用技术研发的先河;"河北省提高高速公路沥青路面使用性能关键技术"在河北省数千公里高速公路的建养工程中应用,该课题实现了河北省交通运输厅科技进步一等奖零的突破。"十二五"期间,组织开展了5个省级科技示范工程和1个交通运输部科技示范工程。京港澳高速公路河北段,作为交通运输部第9个"科技示范工程"和"试点项目",荣获了三个"全国第一":应用橡胶改性沥青技术铺筑路面规模全国第一,交通运行状态实时监测水平全国第一,视频监控水平全国第一,被交通运输部专家誉为我国现代化高速公路的代表作。此外,"公路路面多孔改性水泥混凝土基层""公路路面防水抗裂层设计与施工技术""装配式组合钢箱梁生产安装技术"等多项科研成果被交通运输部定为交通运输建设科技成果优先推广项目。

厚植科技创新实力,打造协同创新航母。发挥科技创新对高速公路行业发展的支撑和引领作用,进一步促进了"产、学、研、用"的深度融合,推动了新技术、新工艺、新材料、新设备的全面应用,扎实走好科技成果转化为生产力的"最后一公里"。河北省交通运输厅不断完善科研基地建设,组建了河北省道路结构与材料工程技术研究中心,引进了全套法国高模量试验设备,成为全国唯一一家具备完整法国高模量沥青混合料体系研究能力的实验室,有力提升了研究中心的路面材料研究水平;打造了公路设施使用状态监测与养护保障核心技术协同创新平台,并成为交通运输部19个协同创新平台之一,深化了"产、学、研"合作,围绕产业链部署创新链,形成推动产业发展的强大创新合力;建成了河北交通投资集团公司院士工作站、河北省交通规划设计院博士后工作站以及邢台路桥建设总公司技术中心,对开展高水平科技研发活动、培养优秀科技人才发挥了巨大作用,为进行高层次学术交流打造了高端平台,为快速提升行业整体科技创新能力奠定了坚实基础。

以"丰产"促"丰收",科技成果的广泛应用,激发了一大批拥有核心自主知识产权的创新性成果应运而生。河北省交通运输厅紧跟交通运输部科技创新指导思想,截至2016年底,发布地方性指导文件近20项。科研人员踊跃参加国际会议、学术论坛千余次,促进创新资源双向开放和流动,依托科研项目,在国际三大检索期刊发表科技论文近百篇,主要发明专利、实用新型专利、软件著作权近200项,有重大影响的专业书籍40余部。同时,不断破除壁垒,开拓创新,形成地方标准、工法60余项,为促进成果转化效率,保证科技成果与实践的深度融合夯实了基础。

顺应形势发展需求,培养研发梯队人才。从1987年京津塘高速公路河北段建设开始,河北省主动适应发展的新形势、新任务和新环境,培养了一批交通科技骨干人才。截至2016年底,先后有1000余位交通科技工作人员投身其中,其中13人被评为国务院特殊津贴专家,1人被评为交通部交通青年科技英才,7人被评为河北省特殊津贴专家,3人被评为河北省省管优秀专家,9人被评为河北省突出贡献中青年专家,14人被评为河北省"三三三人才工程"人才。同时,河北省以增强核心竞争优势、提升自主研发能力为目标,继"王庆凯道路工程技术创新工作室"之后,又成立了以王国清为学术带头人的"河北省高端人才创新团队""母焕胜创新工作室",高级人才、科技人才队伍规模与素质显著提升。一系列举措为河北省交通事业的发展提供了智力支持和人力资源保障,提升了交通科技发展"软实力",让一条条雄壮隽永、蜿蜒飘逸的河北高速公路在京津冀协同发展的浪潮中魅力凸现。

科技,给高速公路插上了腾飞的翅膀。"燕赵通衢"、四通八达的条条高速公路正是科技的缩影、智慧的化身。经过起步与高速发展阶段,"十三五"期间,河北省高速公路建设将继续加快成果转化、扩大应用空间,遵循发展规律、依靠现实基础,以破解高速公路建设关键性、共性技术瓶颈为导向,以科技兴交为战略指导,乘着京津冀交通协同发展交通率先突破的浪潮,开启智慧交通新格局。

第一节　高速公路建设科技创新

30 年的发展历程,河北省高速公路建设科技创新全面发力、扶摇直上,在路基路面工程、桥梁隧道工程、交通工程与沿线设施以及工程建设与运营管理各方面谱写华章。坚持百花齐放、百舸争流,各方面均取得了显著成效。这些不仅是高速公路建设的宝贵经验,更将成为引领高速公路建设的重要资源。

一、路基路面

(一)路基工程

河北省地貌复杂、地质多变,路基工程质量成为保证高速公路建设质量的第一环节。河北省交通运输厅知难而进、迎难而上,结合不同时期的科技需求与发展形势,组织攻关,对高速公路路基工程修建技术进行了深入探索,一举攻克了多项难题。截至目前,完成了400 余项路基方面的重大科研项目,并取得丰硕科研成果。其中,荣获河北省科技进步三等奖及以上 27 项,中国公路学会科学技术三等奖及以上 7 项,突破了高速公路路基工程发展的瓶颈,促进了高速公路建设快速发展。

1993 年 11 月,被交通部称为"河北模式"的京港澳高速公路京石段西半幅全线224.6km 建成通车,开启了我国高速公路分幅施工的模式。高速公路分幅施工模式是河北省根据当时的经济发展状况,并结合交通量发展而提出的,有效解决了混合交通问题,大幅度降低了前期投资。交通部专家认为,先修半幅,再根据财力与交通发展情况建成全幅,这种横向分期建设高速公路的模式符合我国国情。当时,"河北模式"在全国范围内得到积极采用,海南省、广东省、河南省以及内蒙古自治区等地先后建成单幅高速公路近千公里。分幅修建模式不光在高速公路建设中大展身手,河北省还将该模式成功大规模应用在旧有道路改造升级中,这在我国交通建设史上尚属首例,开创了当时经济欠发达情况下高速公路快速稳步发展的新模式。但是,随着全国经济的快速发展、交通量的快速增长,该模式逐渐凸显出了其自身短板,退出历史舞台。

路堤填筑技术方面,顺河北煤电大省之势,取工业废渣粉煤灰变废为宝之利,筑节能环保可持续发展之路,河北省交通建设人员自创一套粉煤灰路堤施工"独门绝技"。利用该法,1995—1998 年,河北省共使用粉煤灰 1800 万 t,修筑了粉煤灰路堤近 130km,用灰总量、填筑高度均居国内同类工程之首,节省修路取土占地、新建灰场占地共 25200 余亩,为全国粉煤灰路堤的推广应用作出典范。同时,面对华北平原大面积覆盖的、工程性质极差的低含砂塑性粉土，瞄准粉土路基施工难以压实的问题，走出一条粉土利用综合技术之路，也是交通科技人员的心头大事。河北省交通厅组织开展了"九五行业联合科技攻关"项目——"公路粉土填筑路基技术研究"，合力攻关，在国内首次对低塑性粉土的工程特性进行了全面系统的分析研究与评价，形成了一套可操作性强、行之有效的低塑性粉土路基压实施工工艺，为修订路基设计与施工规范提供了可靠的基础资料，同时也填补了我国低塑性粉土研究利用的空白。

在河北省沿海地区，分布有大面积的软弱土质地基。具备在软土地基上修筑高速公路经验的省份很多，但在软土地基附加有盐渍土影响的省份却不常见。软土地基综合处治技术还需考虑河北省自身的特点。为此，河北省交通运输厅相继开展了"注浆技术在高速公路软弱地基处理中的应用研究""滨海地区高速公路软土地基硬壳层工程特性及处理技术研究""华北平原区不均匀软弱土夹层地基应力及变形特性研究""平原区耐久型高速公路路基路面修筑关键技术"以及"采空区地基处理技术研究"等近30项关于软土地基处治的科研项目，最终提出了针对软弱地基的综合性处治体系。高速公路地基注浆处理、高压旋喷桩工程加固及质量检测技术、潜孔气锤、袖阀管注浆、天然双层软土路堤临界高度和地基沉降计算新方法、浅埋处理、增压式真空预压加固、袋装砂井排水固结、刚性桩复合地基、夯实水泥土桩、深层水泥土搅拌桩以及塑料排水板等一系列新技术、新方法，有效改善了不良地质的工程特性。从此开启了公路行业对软土地基研究的新局面，成果应用近600km，对沿海地区乃至全国类似地区的软土地基处理问题提供了强有力的技术案例。

路基变形沉降处治技术方面，河北省交通科研人员开动脑筋另辟蹊径，创造性地提出了通过减轻路堤自重来减少软土路基总沉降及工后沉降的思路。通过开展"高填方路基的沉降速度分析与稳定性研究""高速公路路基稳定性与变形控制技术研究"及"青兰高速公路路基路面修筑关键技术""泡沫聚苯乙烯路用性能及其在高速公路路桥过渡段中的应用研究""气泡混合轻质材料在软土地基路桥过渡段中的应用研究"等30余项关于地基变形沉降处治的科研项目，推动了土工格室柔性结构体系及流态粉煤灰回填新技术，超轻质材料泡沫聚乙烯、泡沫轻质土等轻质新型材料用于路桥过渡段的填筑，冲击压实技术、新型三维土工复合防（排）水材料处治路基、煤矸石填筑路基等新技术、新材料的应用均发挥了巨大的作用。截至2016年底，这些成果在保沧高速公路、青银高速公路冀鲁界至石家庄段等10余条高速公路的应用里程超过800km，创造了巨大的经济效益。

高速公路桥头跳车是一项世界性难题，桥头台背位置碾压薄弱，压实质量难以保证。河北省交通科研人员提出"粉煤灰水泥流态处理路基/基坑回填"技术，突破了这一瓶颈约束，形成了流态粉煤灰水泥混合料施工核心技术体系，编制了《流态水泥粉煤灰台背回填施工工法》《流态粉煤灰水泥混合料施工技术指南》，有效解决了台背边角无法碾压、孔隙不易填补的难题,极大缓解了桥头跳车。1998年7月,唐津高速公路采空区竖井采用流态粉煤灰填充,以其流动性好、施工工艺简单、效果佳,获得使用单位的好评。2013年,《河北省高速公路勘察设计标准化指南》中明确规定,高度大于6m的台背回填全部使用液态粉煤灰等轻质材料填筑。截至2016年底,河北省高速公路建设在数万个台背、短路基回填中采用流态粉煤灰,体积超过900万 m^3。

生态化环境友好理念,一直是高速公路建设的指导思想。在借鉴京港澳高速公路京石段渗井排水技术的基础上,开展了"华北平原地区高速公路下穿式被交道路排水关键技术研究",提出了一定程度下挖横向通道以降低路基高度的新理念,并创造性提出了3种不同结构的集水净化渗透排水方案,以科技创新推动生态化低路基高速公路建设。集水净化渗透排水技术的应用,解决了低路基通道排水难与高路基工程规模大、占地多之间的矛盾。2013年《公路排水渗井系统设计与施工技术规范》颁布实施,有效推进了河北省生态化低路基高速公路建设,经济、社会和环境效益显著。

(二)路面工程

高速公路路面工程科技创新,河北省主要从结构、材料两方面下手。自1988年开始,河北省先后开展了多项路面技术研究,形成了多个"河北特色""河北模式"。沥青路面GTM技术更是全国首创,且同时在半刚性基层沥青路面的结构与材料、沥青玛蹄脂碎石、沥青路面早期破坏处治、橡胶沥青等一系列沥青路面技术方面也开展了大量的研究工作。截至2016年底,完成了800余项路面工程相关的重大科研项目,取得了丰硕的科研成果。其中,荣获国家科技进步二等奖1项,河北省科技进步三等奖及以上53项,中国公路学会科学技术三等奖及以上26项,为河北省路面结构、路面材料的推广与应用提供了有力技术支撑,积极推进了科技创新工作与交通发展的有效结合。

半刚性基层沥青路面研究方面,河北省重点参与了"七五"国家重点科技攻关项目——"高等级半刚性基层沥青路面结构、设计和抗滑表层的研究",主要完成了京港澳高速公路京石段正定、定州试验路的研究工作,为我国半刚性基层沥青路面结构的发展奠定了坚实的基础。参与了交通运输部公路科学研究所主持开展的"八五"国家重点科技攻关项目——"高等级公路半刚性基层沥青路面典型结构研究",国内首创采用加速加载试验,对实体工程进行数据采集、验证,推出了适合河北省不同交通等级、不同土基等级的36种典型路面结构,为完善我国半刚性基层沥青路面结构研究提供了数据支持。在国内率先采用了与施工现场更加吻合的室内振动成型法,开展"水泥稳定碎石基层振动成型法在高速公路中的应用"研究,取得了大量创新性成果。截至2016年底,研究成果在半刚性基层沥青面中累计应用超过了1500km。

河北省是较早开展沥青玛蹄脂碎石(SMA)路面研究领域的省份之一。1995年河北

第五章
高速公路建设科技成果

省先后组织专业人员,赴欧美国家进行考察,在国内SMA路面尚不成熟时,大胆提出了采用机制砂代替天然砂的举措,并在津保、黄石等高速公路铺筑了试验路,开展了"SMA路面早期损坏研究""沥青玛蹄脂碎石混合料性能及指标"等课题,总结并掌握了SMA路面核心技术体系。从2007年开始,河北省先后在青银高速公路冀鲁界至石家庄段、廊涿高速公路、京承高速公路河北段、邢汾高速公路邢台至冀晋界段、京港澳高速公路河北段改扩建工程(图5-1-1)等10余条高速公路上大面积采用SMA路面,应用里程超过1000km,应用里程居全国之首,铺筑的SMA路面性能优良、行车舒适。

图5-1-1 京港澳高速公路河北段改扩建工程SMA-13路面施工

沥青路面早期破坏在国内十分普遍,是沥青路面的顽疾之症。对于该"顽疾"的治理,河北省引进GTM沥青混合料试验设备,对其设计原理和试验方法进行消化、吸收与改进,完成河北省交通运输厅重点研究项目"美国工程兵旋转压实剪切实验机(GTM)开发应用"和交通运输部"重载交通沥青路面材料试验标准(GTM对比)"专题研究,形成了重载交通GTM沥青混合料设计核心技术体系。做足技术储备工作,大力推进其在高速公路建设和养护项目中全面推广应用。GTM沥青混合料配合比设计和施工方法被吸收到《公路沥青路面施工技术规范》(JTG F40—2004)中,被誉为沥青路面施工技术的一次变革。《GTM沥青混合料施工技术指南》《旋转压实剪切实验法(GTM)沥青混合料设计与施工技术规范》地方标准的相继出台,有效规范并推动了GTM沥青混合料设计和施工方法在河北省的应用和发展。截至2016年底,采用GTM技术设计的沥青路面在河北省高速公路建设和养护工程中应用累计里程超过6000km,对河北省乃至全国沥青路面的建设产生了积极的影响。此外,河北省开展了"骨架大粒径沥青混合料组成设计与路用性能的研究"和"大粒径碎石沥青混合料推广应用研究""重载交通高速公路沥青路面柔性基层抗车辙性能研究",为我国解决沥青路面早期车辙破坏探索出一条新出路,填补了国内大粒径沥青混合料研究的空白,对于减少沥青路面开裂、车辙以及水损害效果显著。

水是造成沥青路面顽疾的关键所在。为了防治水进入沥青面层中、下部与基层表面,最大限度地对沥青路面结构层进行保护,河北省开展了"沥青路面结构防水层的研究""高速公路沥青路面抗滑表层与解决水破坏的研究""高速公路沥青路面车辙、水损害、裂缝等病害养护技术和对策研究"等系列研究，首创性地提出了热沥青封层由基层顶面提到中面层顶面的新思路，并改名为防水黏结层。防水黏结层技术在河北省高速公路建养工程中的应用里程累计超过5000km，取得了显著成效。同时通过开展"公路沥青路面功能层组合结构技术""公路路面防水抗裂层设计施工技术"等高性能薄层沥青路面系列研究，减少了基层裂缝处沥青面层应力集中现象的出现，实现了面层裂缝少、排水效果优的特点。研究成果在近20km试验路中得到成功验证，并于2014年被列入交通运输部推广项目。

除了路面结构、材料设计创新之外，施工技术的创新是路面技术创新的"另一扇门"。为了有效防止沥青路面早期破坏，解决沥青混合料路面在传统摊铺工艺下骨料离析、温度离析等施工质量问题，河北省在国内率先采用了沥青混合料运转机，辅以拌和、碾压等成套技术，有效保证了施工质量，为减少路面早期病害奠定了基础。沥青混合料运转机的使用不仅变革了传统的路面施工工艺，而且在保证连续摊铺作业的情况下大大提高了路面的使用寿命，是修筑高质量、高等级公路沥青路面的重要装备之一。同时，河北省还引进了"亚洲第一台"戴纳派克双层摊铺机，并开展了"双层摊铺技术应用研究"。2007年，双层摊铺技术在张石高速公路涞源至曲阳段路面施工中应用，吸引了全国各地大量公路施工技术人员到现场观摩学习，并先后在黄石高速公路黄骅港至藁城西段大修工程和京承高速公路河北段等高速公路建设中成功推广。

橡胶沥青路面技术是当前世界上备受关注的绿色环保技术之一，可以有效缓解我国废旧轮胎存放占用土地资源、污染环境的问题，同时大幅度提高沥青路面的使用性能，可降低路面噪声2~3dB。河北省在橡胶沥青路面技术方面的研究工作，在全国范围内属最全面、最先进。胶粉掺加工艺从"干法"发展到"湿法"，成品橡胶沥青加工技术从"现场加工"走向"工厂化定制"，橡胶沥青技术也从"单一改性"革新升级为"复合改性"。2001年12月，在借鉴国外技术标准的基础上，结合本省气候和交通环境特点，河北省开展了"废旧轮胎橡胶粉道路应用成套技术研究"，通过大量室内试验并总结试验路成果，不断改进材料配比和生产工艺，形成了橡胶粉改性沥青应用成套技术，并编制了《橡胶粉改性沥青及混合料施工技术指南》，填补了国内空白。2009年4月，由河北省交通规划设计院编写的《废旧轮胎橡胶沥青及混合料技术标准》颁布实施，规范了橡胶沥青混合料的生产和施工，保证了路面施工质量。首创性发展了工厂化稳定型胶粉/SBS复合改性沥青技术，首次完整实践了研发→设计→生产→运输→施工→质量管理的全产业链运作模式。至今，在保沧高速公路罩面工程(图5-1-2)、京港澳高速公路河北段改扩建工程以及邢汾高速公路邢台至冀晋界段等路面工程中应用，累计里程超过600km，节约工程费用6000余万元。建成一座定制化生产复合改性橡胶沥青的生产工厂，在交通行业产业化发展探索之路上迈出了重要一步。全产业链模式引来了贵州、广西、甘肃、吉林等省区同行业人员的参观学习。

图 5-1-2　保沧高速公路胶粉改性沥青混凝土罩面

在耐久型沥青路面研究方面,从 2004 年 12 月起,"高性能沥青混合料路面成套技术""长寿命沥青路面结构设计与材料参数一体化研究""河北省提高高速公路沥青路面使用性能关键技术研究"等耐久型沥青路面研究项目相继展开。研发的高弹、高强沥青混合料,使得河北省沥青混合料技术由普通沥青混合料、改性沥青混合料,进阶到了高性能沥青混合料时代。2007 年,继湖南省之后,河北省在张石高速公路石家庄段开展了"CRCP + AC 连续配筋复合式沥青路面"大规模应用工程,应用里程 43km。复合式路面充分结合了沥青混凝土路面和连续配筋水泥混凝土路面的优点,具有整体强度高、行车舒适性好、使用寿命长、维修费用小等特性,属于"资源节约型"和"环境友好型"路面,是我国重载交通高速公路长寿命路面结构的一种探索。一系列新材料、新产品、新工艺、新技术的应用,充分发挥了科技创新的支撑和保障作用,有效提高了高速公路沥青路面的使用寿命,使河北省沥青路面的耐久性研究步入了新阶段。

二、桥梁隧道

河北省高速公路桥梁隧道建设 30 年来不断总结经验,攻坚克难,在台背回填、桥梁加固及施工工艺等方面取得了重大技术突破。经过桥梁隧道建设科技工作者的不懈努力,共计完成了 400 余项桥梁隧道工程方面的重大科研项目,其中,荣获省部级科技进步三等奖及以上 18 项,中国公路学会科学技术三等奖及以上 10 项,有效推进了河北省桥梁隧道工程建设技术进步。

(一)桥梁工程

1995 年 1 月,针对高速公路中小桥涵等构造物设计繁重,工作人员手工制图较慢的情况,河北省开发了"中小桥涵参数 CAD 系统"。该系统将设计工作的各个过程和设计目标全部抽象为参数化数据,并据此直接生成施工图文件。该成果方便、简捷、快速、适应性好,极大地提高了桥涵设计水平与工作效率,在河北省乃至全国被广泛应用。

桥梁加固技术:2009年,河北省通过对实体桥梁进行动静加载破坏性试验、数据计算分析与评价,避免了当时计划全部拆除重建造成资源浪费的问题,并编制了《预应力混凝土连续梁桥病害诊断、评估技术指南》,规范了河北省预应力混凝土连续梁桥病害诊断、评估、加固的方法与流程。同时,为了减少对原有结构的影响,攻克因粘贴CFRP或粘贴钢板加固、采用高强不锈钢绞线网-渗透性聚合砂浆加固等技术在极限荷载阶段易发生黏结破坏的难题,采用了预应力高强钢丝加固梁板技术。该技术能优化锚固区应力分布,施工时无须采用千斤顶等大型设备,受现场环境影响较小,且具有耐火、耐老化、成本低等优点。此外,采用改性环氧树脂类结构胶加固板梁桥铰缝技术,在养护资金受限制的条件下,技术优势明显。

桥梁支座技术:河北省创造性地研制出了具有水平方向弹性变形能力的固定型盆式支座,满足了上部结构横向温变收缩和共同分担水平力的要求,使上下部结构传力、受力更加均匀,彻底解决了现有桥梁使用盆式支座出现只能设一个固定支座的问题,大幅提高了桥梁结构的耐久性。自主创新研制的弹塑性防落梁球型钢支座是一种新型的减震桥梁支座,引入了多道设防的设计理念,结构新颖、性能可靠,实现了桥梁等构筑物小震不坏、中震可修、大震不倒的预期效果,并于2013年,颁布实施了地方标准《弹塑性防落梁球型钢支座技术条件》。

桥梁桩基技术:2006年,为推动多节三岔挤扩灌注桩在公路行业的发展和应用推广,河北省结合工程项目对多节三岔挤扩灌注桩进行了深入研究,通过全面分析总结试桩结果,制定出桥梁多节三岔挤扩灌注桩的设计、施工、检测技术规程。2008年颁布了《公路桥涵多节三岔(DX)挤扩灌注桩技术规程》,填补了公路行业该项技术的空白;2010年中国公路建设行业协会颁布的《桥梁桩基挤扩灌注桩施工工法》极大促进了多节三岔挤扩灌注桩的推广应用。在桥梁桩基上使用多节三岔挤扩灌注桩不但能获得较好的经济效益,而且也对环境保护有利,施工噪声低、无振动;与普通钻孔灌注桩成孔泥浆护壁完成等值承载相比,泥浆排放量显著减少;与相同桩径、桩长的直孔桩比较,多节三岔挤扩灌注桩的单桩承载力显著提高,沉降变形明显减小,安全储备大,从而提高了桥梁的安全性。

桥梁施工工艺:①河北省成为继陕西、江苏两省之后,第三个大力推广预应力钢筋混凝土小箱梁结构的省份,并结合河北省特点对其施工工艺加以改进,解决了预应力钢筋混凝土小箱梁跨中底部预应力筋过多、施工质量难以保证的问题,极大地丰富了预应力钢筋混凝土小箱梁的技术功能与应用价值。②开展了"双预应力混凝土梁桥研究",解决了顶压筋失稳、管壁应力集中的问题,为双预应力混凝土梁桥作为立交桥等建筑高度受限制的大跨径桥梁设计提供了一种全新的选择途径。开展的"下穿重载高速公路箱形桥施工技术研究",为既有高速公路与新建高速公路的立体交叉提供了一种新的设计和施工思路。

③在京港澳高速公路河北段改扩建工程中,对于需要拆除重建上部结构的小桥、新建通道,首次采用密排T梁替代空心板,并编制了密排T梁通用图。与空心板结构相比,密排T梁桥从根本上解决了空心板梁桥普遍存在的铰缝破坏导致单板受力和支座脱空、内模上浮导致顶板偏薄等问题,造价相当且施工工艺更加简便,具有极高的推广应用价值。

④河北省在桥梁工程建设过程中,探索开拓了一条产业化新路径。开展了"装配式组合钢箱梁生产安装技术"研究,通过采用工厂化、自动化制造,现场拼装工艺,组合出高强度和高刚度的钢箱叠合结构。该技术对于高速公路改扩建互通式立交的快速改造,尤其是对互通式匝道桥、跨线桥的快速建设,有着非常重要的意义,属于"国际新创桥梁结构"。该技术在河北省被广泛使用,于2013年被交通运输部定为全国重点推荐推广应用技术。

(二)隧道工程

隧道工程是高速公路的另一亮点,尤其是在山区地质条件下的工程中使用更多。2001年9月,河北省在对多座典型防冻害隧道调研的基础上,开展了"寒冷地区隧道冻害防治技术研究",在国内首次将完善的防排水系统与防冻隔温技术相结合,形成了一套完整的隧道冻害防治技术方案。研究成果在秦皇岛梯子岭隧道冻害防治实体工程中成功应用,并在青藏铁路昆仑山隧道、风火山隧道和川藏公路雀儿山隧道中得到推广。这是我国寒冷地区隧道防冻害技术的又一新路径。

2001—2008年,针对我国隧道施工过程中地质条件不断变化、地质灾害时有发生甚至出现塌方冒顶事故的现象,河北省相继开展了"公路隧道施工质量控制关键技术研究""公路隧道围岩精细分级与动态优化设计"等10余项课题研究,提出了一套跟踪公路隧道施工过程的围岩快速精细分级方法和支护方案动态优化设计方法,将公路隧道塌方灾害归纳为6种模式,并建立了围岩稳定性超前预报预测与防治对策,提出了隧道施工质量控制关键技术。这一系列新方法、新技术在京承高速公路河北段、青兰高速公路河北段以及大广高速公路承赤段等高速公路上的50多座隧道中成功应用,有效避免了隧道施工过程中地质灾害的发生。

2013年,张承高速公路承德段千松坝隧道开工建设,其中左幅4472m,右幅4424m,是河北省首个长距离穿越风积沙地质的隧道。隧道出口位于承德坝上地区,开挖时极易造成塌方。为了保障隧道安全地穿越风积沙地层,设计中采用水平旋喷桩作为超前加固措施,三台阶七步开挖法进行施工,且严格控制初期支护拱顶沉降和密切监视地表沉降,确保施工期间拱顶和掌子面的安全。为减弱或消除隧道穿越风积沙路段纵向排水管堵塞的现象,设计中采用无纺布包裹排水管、每100m设置一处纵向排水管检查井。同时,为了降低雨雪对行车的影响,选用由钢筋混凝土与钢结构相结合的遮雪棚方案,该结构不仅具有高强的防撞能力,而且轻便、施工便捷。

三、交通工程与沿线设施

绿色高速公路、便捷高速公路是现代化高速公路的特有"标签"。秉承"安全、环保、舒适、和谐"的新理念，20世纪90年代末，对高速公路沿线设施开展科技攻关。在反复的实践与论证过程中，公路绿化、景观护栏设计等方面不断取得新的进步。2010年，在机电设施特别是ETC联网收费方面取得重大突破。交通工程与沿线设施的快速发展，也成为了高速公路快捷、高效、安全运营的有效助推剂。

公路绿化技术方面，为加快河北省干旱山区和海滨重盐碱路段的公路绿化步伐，做到公路建设与环境保护同步发展，河北省开展了"几种野生植物的生物学特性及在公路绿化中的应用研究"。首次筛选出8种适合我国华北地区公路的绿化植物种类，填补了华北地区干旱、盐碱等条件下在难绿化或不可绿化公路上规模化造林和经营管理技术上的空白，拓宽了公路绿化的思路和绿化技术，为公路绿化的植物多样性和植物配置的多样化奠定了科学基础。该成果在河北省数十条高速公路绿化设施中推广应用。

景观护栏设计研究方面，河北省在京港澳高速公路京石段改扩建示范工程建设期间，开展了"高速公路安全设施持续适应设计理念及景观混凝土护栏研究"。其中，长圆孔造型的中央分隔带景观混凝土护栏、护栏持续适应设计方法、综合定量化路侧护栏设置、无缝连接设计技术、"错台搭接"纵向连接方式等新产品、新技术、新工艺得到推广应用。研究成果降低了护栏改造费用，提高了护栏的防护能力和纵向连接强度，具有景观效果优、耐久性好、施工养护方便以及与改扩建工程相适应的特点。

绿色通道检查系统方面，针对高速公路绿色通道存在的效率低、误差大、速度慢、受人为因素影响大的问题，承唐高速公路唐山段丰南收费站率先引进TC-SCAN绿色通道检查系统，也成为我国首套正式投入使用的绿色通道检查系统。该系统具有检查速度快、准确性高、安全性高、节省成本的优点，随后在全国高速公路收费站被全面推广使用。

ETC联网工程方面，河北省建设京津冀区域高速公路电子不停车收费（ETC）联网示范工程，且全省高速公路ETC系统正式运行，响应国家"京津冀协同发展"需要，实现了京津冀区域高速公路ETC联网收费，有效推动了高速公路ETC联网收费在全国的应用。至2014年底，河北省高速公路实现了ETC系统全覆盖，2015年全国29个省区市实现了ETC联网收费，极大地提高了高速公路的通行效率，加快了高速公路智能化全覆盖的步伐。

高速公路全程监控系统方面，黄石高速公路黄骅港至藁城西段率先推广，相继在京秦高速公路河北段、大广高速公路京衡段、大广高速公路衡大段实现高速公路全程无盲点监控。黄石高速公路黄骅港至藁城西段因此成为我省第一条全程使用激光夜视摄像机的高速公路。

四、工程建设与运营管理

科技与创新,不仅为高速公路的现代化、精细化发展添砖加瓦,更为后期运营管理的规范化、有效化找到了金钥匙。每一个问题都是进步的前奏,每一次尝试都是信心的坚持。在工程建设与运营管理科技创新方面,河北省交通运输厅从高速公路发展的全局性、长远性谋划,针对高速公路发展中的热点、难点和重点问题以及决策需求及时开展研究,提出了针对性、可操作性强的信息化、现代化技术。截至2016年底,河北省共计完成300余项工程建设与运营管理相关研究,其中,荣获省部级三等奖及以上16项,中国公路学会科学技术三等奖及以上12项。工程建设与运营管理科技创新的发展促进了我国交通运输行业技术进步,支持了行业管理决策的科学化与现代化。

1997年1月,针对我国公路网规划理论基础不足,已建成高等级公路后评估工作缺乏科学性,建设管理与使用效率低的问题,河北省开展了"高等级公路建设管理决策支持系统研究"。建立了适合河北省省情的高等级公路网络规划、建设及管理决策支持系统,开发了相应的计算机辅助设计与决策支持软件——交运之星(TranStar)(河北版)。该成果在京石高速公路最佳收费率确定时发挥了巨大作用,为制定河北省乃至全国高速公路最佳收费标准提供了可靠的依据,同时在承唐高速公路唐山段、保津高速公路冀津界至徐水段的招商引资工作中成功应用。

2002年11月,党的十六大指出"信息化是我国加快实现现代化的必然选择"。加快公路信息化建设,是实现公路管理现代化的必由之路。2003年1月,河北省针对自身需求,相继开展、完成了"公路信息化关键技术研究""河北省高速公路监控设施数字化管理系统"等数十项科研项目,实现了道路移动视频与语音监控系统、交通流调查系统、ISO9000应用、财务管理远程控制系统、路政管理系统、养护监督管理系统以及路网监控信息管理数据化系统的成功应用。这也成为了河北省高速公路建设和管理信息化发展的里程碑。

2004年1月,"河北省公路工程造价管理系统研究"立项。项目以河北省造价信息网为平台载体,从合理控制工程造价角度出发,开展了"河北省公路工程造价数据库信息管理系统""河北省公路工程工程量清单计量规则研究""河北公路工程材料信息管理系统"三方面的研究。目前,河北省公路工程造价管理系统被全省200多家设计、施工、监理和建设管理单位采用,为实现造价信息管理系统化、造价数据获取便捷化、造价决策科学化、施工合同管理规范化提供了有力保障,大幅提升了河北省交通运输基础设施建设和管理的信息化、智能化水平。

为加快完成"十一五"交通科技规划中关于交通出行便捷型、服务型的发展目标,河北省于2006年1月开展了"高速公路公众出行信息服务信息系统"研究。采用互联网、移动通信、地理信息系统以及CTI等先进技术手段,在路径动态分析、车道阻断处理、道路地理信息、信息异构整合等技术方面进行深入研究并取得突破,解决了高速公路"信息孤岛"难题,为高速公路公众出行提供了全方位、动态化信息,填补了河北省高速公路交通信息动态服务的空白。截至2016年底,该成果已在全省6502km高速公路的信息服务系统中得到应用。

截至2010年底,河北省规划的"五纵六横七条线"主骨架高速公路网基本建成。高速公路建设的快速化、车辆出行的便捷性促使运营量再创新高,建设安全、通行安全问题备受关注。为此河北省相继开展了"高速公路安全控制体系""山区高速公路现行安全设计研究""山区高速公路交通安全保障关键技术""高速公路隧道工程施工安全风险辨识评估及控制技术研究"等30余项课题研究,从设计、施工、监理以及运营管理等方面提出了一系列安全指导措施。研究成果对于指导高速公路安全运营、山区高速公路线形特别是长大纵坡设计、山区高速公路隧道施工、交通安全保障技术的开展提供了大力支撑,对交通运输行业发展意义非凡。

2015年9月,河北省完成了"京港澳高速公路河北段改扩建工程三维激光扫描技术应用研究",取得了多项有效性、先进性、实用性和创新性的重大科技研究成果。在三维激光扫描的坐标转换与控制模式、三维激光扫描数据的精化处理、快速获取高速公路改扩建工程定测与施工图设计数据、三维激光扫描与改扩建工程CAD协同设计等方面处于国际领先水平。该研究对我国公路勘测设计技术进步是一次创新性的技术革命,必将使我国高速公路公路勘测设计技术实现跨越式发展,其间接经济效益和社会效益巨大。

第二节 重大科研项目

30年来,一批又一批交通科技工作者严谨求实、埋头苦干,在重大科技研发、自主创新能力、科技发展效能等方面不断取得长足进步,在关键技术研发、共性瓶颈方面取得重大突破,大大提升了高速公路建设发展的科技含量和质量。一条条坦荡如砥的高速公路是一段段载满荣誉的丝带,记录着河北高速公路的每一次重大突破、每一份科技荣耀。

一、路基路面工程

(一)路基工程

1.粉煤灰在路堤中的综合应用

1)研究目的

华北平原地区高速公路建设取土占地矛盾突出,公路沿线粉煤灰占地面积较大,且污块严重,要想将粉煤灰变废为宝,提升高速公路生态建设水准,就迫切需要对粉煤灰进行综合应用。

2) 研究内容

研究以高速公路路堤工程为实体,综合运用国内和澳大利亚试验设备,对公路沿线粉煤灰进行一系列试验,取得了粉煤灰的微观结构、化学成分和物理力学指标等有关参数;提出了粉煤灰路堤横断面"包馅"设计,底设隔离层,两侧为边土,内填粉煤灰,上有封顶层,形成封闭,以确保路堤稳定;总结了影响压实度的重要因素为粒度组成、最佳含水率、最大干密度、压实机械、摊铺系数、压实遍数、二次压实效应等;总结了施工工艺流程,首次全线采用重型压实标准,并测定出压实度93%~95%有关设计参数,提高了路堤的强度,填补了国内空白。此外,提出了大规模施工作业组织、扬尘引起环境污染的处理对策。

3) 推广应用

该成果在京港澳高速公路石安段、京昆高速公路石家庄市至冀晋界段、唐津高速公路、京沈高速公路宝坻至山海关段建设中成功应用,使用粉煤灰1800万t,修筑粉煤灰路堤近130km,最大填高10.67m,用灰总量、填筑高度均居国内同类工程之首。节省修路取土占地、新建灰场占地共25200亩,为全国粉煤灰路堤的推广应用作出典范,具有巨大的经济、社会效益。

2. 公路粉土填筑路基技术研究

1) 研究目的

面对华北平原大面积覆盖、工程性质极差的含砂低塑性粉土,瞄准粉土路基施工难以压实的问题,如何走出一条粉土利用综合技术之路,是高速公路建设必须面临的问题。

2) 研究内容

研究对粉土的物理力学特性及工程特性进行了深入分析,首次利用美国进口的MTS试验机在室内进行了粉土模拟振动试验,全面系统地探讨了粉土的动力学特性,率先揭示了低塑性粉土的振动压实机理及影响因素。根据我国当时振动压路机的配置状况,提出了一整套行之有效、可操作性强、效益显著的含砂低塑性粉土路基压实施工工艺;对粉土作为公路底基层的技术可行性进行系统分析研究,并从经济性、施工便捷性等方面考虑,推荐了公路粉土底基层加固方案。解决了长期以来困扰着粉土路基施工压实难的技术难题,为充分利用我国华北地区大面积覆盖、工程性质极差的含砂低塑性粉土发挥了巨大作用,拉开了我国低塑性粉土研究的序幕。

3) 推广应用

研究成果不仅用于邯郸地区低塑性粉土,而且对华北、华东乃至全国范围内类似土质地区的公路修建具有借鉴作用,为今后修订路基设计施工规范提供了可靠的基础资料,具有重大技术价值。

3. 注浆技术在高速公路软弱地基处理中的应用研究

1）研究目的

针对高速公路路段地质结构复杂多变、水系发达、下伏软弱地基、承载力不足等问题联合开展技术攻关。

2）研究内容

项目提出了相应的注浆和高压旋喷工程处理模式；提出了一整套高速公路注浆加固的机理、施工工艺、设计技术参数、质量检测、施工监理等多方面理论与方法；开发了易于操作的计算机系统，可用于处理不同地质条件下的高速公路路基地基、桥涵构造物基础及工后沉降等，具有地质状况适应面宽、可操作性强、可控性好的特点。研究成果解决了其他加固方法难以解决的地基加固难题，为高速公路地基加固提供了注浆和旋喷加固地基设计理论及施工实践方法，且施工不受季节影响。

3）推广应用

研究成果先后用于宣大高速公路、黄石高速公路黄骅港至藁城西段、沿海高速公路秦皇岛至冀津界段等近10条高速公路超过500km的软弱地基处理工程及近百座桥涵地基加固工程，有效解决了工程技术难题，缩短了建设周期，降低了工程造价，社会、经济效益明显。

4. 平原区耐久型高速公路路基路面修筑关键技术

1）研究目的

为了解决平原区高速公路在建设与运营过程中软土地基超限沉陷、高填方路基下沉、桥头跳车、路基边坡冲刷侵蚀、沥青路面早期破坏等主要质量通病，联合开展攻关，以保证高速公路的运营安全。

2）研究内容

（1）研究揭示了滨海软土微观结构和宏观工程特性的内在关联特征，提出了高速公路软土地基土工合成材料加筋垫层和夯扩灰土挤密桩柔性桩网结构复合地基沉降计算模式以及技术方法，并研究了增压式真空预压加固软土地基。

（2）建立了考虑动荷载影响的全寿命周期路堤沉降变形计算模型，构建了路基填料强度评价体系，揭示了干湿循环条件下高速公路路基强度和沉降变形特征规律，制定了基于路基边坡浅层加筋的柔性生态优化防护技术，实现了边坡防护的耐久性。

（3）构建了土工合成材料柔性结构体系和流态粉煤灰控制桥头路堤不均匀沉降的技术方法，揭示了各种工程因素对土工格室加筋路堤及地基结构的受力变形状态的影响规律，提出了河北省平原区高速公路流态粉煤灰浆配合比设计参数，为解决桥头跳车质量通病提供了新的解决方案，如图5-2-1、图5-2-2所示。

图 5-2-1　桥头路基台阶开挖　　　　　　　　图 5-2-2　流态粉煤灰回填

（4）提出了振动击实成型法进行水泥稳定碎石半刚性基层材料配合比设计和施工控制技术方法，制订了骨架密实型沥青混合料级配优化技术方案，揭示了土工合成材料加筋沥青路面结构的耐久性规律，制定了加筋沥青混凝土路面格栅层表面抗剪性能、层间抗剪性能以及沥青面层格栅抗拉拔性能指标的评判标准。

3）推广应用

研究成果获河北省科技进步一等奖，并在青银高速公路冀鲁界至石家庄段、黄石高速公路黄骅港至藁城西段以及保沧高速公路等近20个工程项目推广应用。至今，已在全省10余条高速公路中应用，实现了路基路面安全、高质、高效的快速施工，减少了因各种质量通病造成的经济损失，保障了公路运营安全畅通，节约了大量的工程处治费用。

5. 气泡混合轻质材料在软土地基路桥过渡段中的应用研究

1）研究目的

从减轻路堤重量着手，研究开发路堤轻质填土新材料，以求更经济、更有效地解决软土地基路桥过渡段差异沉降过大引起的桥头跳车问题。

2）研究内容

项目以沿海高速公路建设工程为实体，综合运用理论分析、数值模拟、室内外试验等研究方法，首次提出了大掺量粉煤灰气泡混合轻质材料的关键配方，确定了磨细粉煤灰的最佳掺量；提出了新材料用于软基段结构物和路堤协同沉降的原理和方法，得出了路用设计方法和验算步骤；通过现场试验和施工总结，提出了整套新工法应用技术，并将成果应用于依托工程桥头跳车病害防治，形成了"不处理软基"的软基处理方法。长期沉降观测表明，工后沉降控制效果显著。

3）推广应用

研究成果采用大掺量粉煤灰，可大幅节约原材料成本，消纳电厂产生的工业废渣，具有变废为宝、实现可持续发展的社会意义。该成果不仅能用于公路及港口建设项目，而且可用于铁路、市政工程建设领域,前景广阔。

6. 河北省沿海软土地区路堤荷载下刚性桩复合地基理论与应用研究

1)研究目的

针对常规软土地基处理方法受到一定程度限制,而以管桩(预应力的、预制的、现浇的)、CFG桩等为代表的刚性桩复合地基虽受到广泛重视,但缺乏系统理论分析的问题开展了刚性桩复合地基理论与应用的深入研究。

2)研究内容

项目通过理论分析、数值模拟和现场试验对路堤荷载下刚性桩复合地基进行了系统的研究与分析。揭示了加筋垫层刚性桩复合地基在路堤荷载下的附加应力传递规律、路堤荷载作用下刚性桩复合地基中土工格栅对地基的影响规律;揭示了桩帽下土体反力、桩侧摩阻力、桩身轴力等的分布特征;提出了不同荷载作用下沿桩长深度桩间土附加应力和桩土应力比的变化规律及相应的计算公式。同时,综合现场试验和理论分析结果,给出了刚性桩复合地基承载力的计算方法。

3)推广应用

研究成果先后在唐曹高速公路、保沧高速公路及沿海高速公路近40万 m^2 软基处理工程中应用,解决了施工受限等技术难题,缩短了施工工期,降低工程造价约1500万元。

7. 土工格栅加筋土结构关键技术研究与应用

1)研究目的

针对土工格栅加筋土结构设计参数取值、变形预测与控制标准、设计计算方法及作用机理等关键技术的研究远远落后于工程实践,导致一些复杂加筋土结构由于结构失稳或过大变形而丧失功能性,继而发生结构灾变的问题,开展了"土工格栅加筋土结构关键技术研究与应用"项目研究。

2)研究内容

项目通过大量试验分析,建立了土工格栅筋材设计强度的取值标准,提出了不同介质环境中筋-土界面摩擦参数,解决了加筋土结构设计中的关键技术问题,为结构稳定分析和数值模拟提供了技术条件;首次建立了土工格栅加筋土挡墙变形计算的数学模型和理论算法,提出了变形控制标准,为加筋土挡墙的设计和应用提供了理论基础;提出了基于稳定性和变形控制的复杂加筋土挡墙设计理论和墙面板结构,实现了结构的灾变控制;建立了考虑拉伸速率影响的土工格栅本构模型,解决了土工格栅加筋土结构实测应变与应力分析的分离问题。

3)推广应用

研究成果在保沧高速公路、邢临高速公路以及石家庄市环城公路等多条公路中成功用。之后在唐山市环城水系、山西吕梁机场加筋土高边坡等不同行业、不同领域的多种加筋土结构工程中推广应用,其所彰显的社会效益也越来越明显。

8. 复杂地区高等级公路土工结构物可靠性设计理论研究

1) 研究目的

针对重要的土工结构设计中,概率模型计算易出现较大偏差,准确率难以保证的问题,开展"复杂地区高等级公路土工结构物可靠性设计理论研究",以求达到较高的设计可靠性。

2) 研究内容

在研究过程中,将稳健设计和稳健可靠性的思想和方法用于路基结构设计。通过研究结构安全系数、非概率可靠性度量之间的关系,建立了中心、非概率和区间三种结构安全系数的关系,提出了路基结构的稳健可靠性设计方法,使路基结构在满足可靠性要求的前提下,其工程造价和对不确定因素的稳健性达到协调最优;建立了基于能度可靠性理论的混合结构可靠性模型,为混合结构可靠性分析和设计以及同类问题研究提供理论参考。成果紧密结合我国复杂地区路基设计中存在的实际问题,实用、可操作性强,具有良好的推广应用价值。

3) 推广应用

研究成果在唐曹高速公路、保阜高速公路等多条高速公路修建工程中得到应用。采用该成果铺筑的试验路和实体工程,路面使用性能显著改善,经过多年的运营使用未见明显病害,减少了路面维修费用,为经济交通、便捷交通建设写上了浓墨重彩的一笔。

9. 华北平原地区高速公路下穿式被交道路排水关键技术研究

1) 研究目的

为了更好地解决华北平原地区高速公路采用低路堤时,下穿式被交道路与通道排水困难的问题,开展了"华北平原地区高速公路下穿式被交道路排水关键技术研究"项目。

2) 研究内容

项目通过调研我国平原区高速公路低路堤排水措施,分析华北平原地区气候与水文地质特点,提出了一定程度下挖横向通道以降低路基高度的方案,并且创造性地提出采用集水净化渗透排水技术解决下挖通道易积水的问题。渗透系统的排水方式既采用渗透池的雨量控制功能,将公路下穿式被交道路范围内短时汇集的雨水通过集水井、排水管引入渗透池进行临时蓄水,同时通过井底透水层,将雨水透过过滤层渗入到地下,并兼作蒸发,向上蒸发进入大气。渗透池对路表径流的处治采用好氧—兼氧—消化—沉淀—人工材料吸附—土壤渗滤一元化的复合工艺。结合工程实际,提出了3种设计方案,包括集水井+横向排水管+渗透池、集水井+横向排水管+沉淀池(封底)+渗井、集水井+横向排水管+渗透池(不封底)+渗井。低路堤与集水净化渗透排水技术的改进与有效结合,解决了低路堤通道排水难与高路堤工程规模大难度高之间的矛盾,突破了我国高速公路建设发展的又一技术瓶颈。

3)推广应用

研究成果在大广高速公路衡大段项目全线应用206处,排水效果显著。全线路堤高度平均降低1.6m,经济、社会和环境效益显著。之后,该技术在全国范围内大面积推广应用,推动了我国生态化低路堤高速公路的进步。

10.用粉煤灰水泥流态处理路基基坑回填

1)研究目的

在工程施工中,由于台背位置难以碾压到位,且机械振动大时对构造物的台身有不利影响,因此压实质量不能达到规范要求,易出现沉陷、冲刷掏空的现象,进而产生桥头跳车病害。同时桥台材料与台背回填材料属于刚柔直接衔接,也是产生桥头跳车的原因之一。针对以上问题,开展了"用粉煤灰水泥流态处理路基基坑回填"项目研究。

2)研究内容

项目经过调研后,研制了一种以粉煤灰为主要原材料,加入适量的水泥及外加剂,加水拌和后形成半刚性新型流态的混合料,回填桥台台背及其他不易碾压密实部位。混合材料有较好的流动性和较高的强度,在施工中通过测定其抗压强度来确定施工配比;施工后通过进行野外承载比试验,检测其整体强度。基于此,提出了新的粉煤灰水泥流态处理路基基坑回填施工工艺,有效保证了施工的顺利进行,基本解决了桥头跳车病害的发生和基坑回填难以碾压的难题。

3)推广应用

研究成果先后在京昆高速公路石家庄市至冀晋界段桥台水毁修复和青银高速公路石家庄至太原段台背回填等多项工程中应用,效果良好,缩短了工期,降低了施工造价。流态水泥粉煤灰回填技术开辟了处理工业废渣粉煤灰的新途径,减少了污染,保护了环境。2013年,《河北省高速公路勘察设计标准化指南》中明确规定,高度大于6m的台背回填全部使用液态粉煤灰等轻质材料填筑。截至2016年底,河北省高速公路建设在数万个台背、短路基回填中采用流态粉煤灰,体积超过900万m^3。

(二)路面工程

1.高等级半刚性基层沥青路面结构、设计和抗滑表层的研究

1)研究目的

以设计裂缝少、车辙轻、强度高、抗滑性能好和使用寿命长并能减薄沥青面层的半刚性基层沥青路面为研究中心,交通部公路科学研究所立项"七五"国家重点科技攻关项目

"高等级半刚性基层沥青路面结构、设计和抗滑表层的研究"。

2）研究内容

河北省交通厅重点完成了京港澳高速公路京石段正定试验路、定州实体工程的建设与研究工作。依托京港澳高速公路京石段西半幅建设工程,全国范围内首先在河北正定铺筑 20 段不同结构、不同材料的试验路,全长 3189m。试验路铺筑完成后,于 1989 年 8 月优选出不同基层材料的路面结构（图 5-2-3）,并在京港澳高速公路京石段各铺筑 3km 实体工程。为了验证抗滑性能,再次用玄武岩、普通岩石分别铺筑 3.6km、2.4km 表面层进行对比观测。通过试验路段与实体工程验证,研究的半刚性基层沥青路面沥青层可减薄 3~6cm,结构坚实、平整,无明显车辙,早期裂缝基本消除,采用玄武岩铺筑的抗滑表层可以保持 5 年以上。

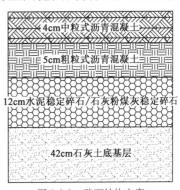

图 5-2-3　路面结构方案

3）推广应用

高等级公路半刚性基层沥青路面的研究,实现了面层减薄、裂缝少、车辙轻、强度高、抗滑性能好的预期效果。半刚性基层沥青路面也成为我国今后公路路面结构设计的主要形式。

2. 河北省高等级公路半刚性基层沥青路面典型结构研究

1）研究目的

随着交通量和重载车辆的增加,半刚性基层沥青路面愈加显示出其优越性。因此调查、研究半刚性基层路面,提出适合河北省的半刚性基层沥青路面典型结构具有十分重要的意义。

2）研究内容

1992 年 2 月,"八五"国家重点科技攻关项目"高等级公路半刚性基层沥青路面典型结构研究"正式立项。河北省交通厅作为主要参与单位,在"七五"期间研究半刚性基层沥青路面结构设计的基础上,完成了"河北省高等级公路半刚性基层沥青路面典型结构的研究"。

通过对京港澳高速公路京石段正定试验路、定州实体工程的调查和加速加载试验,以及对半刚性路面材料参数的进一步研究,提出了以下结论：石灰或水泥稳定细粒土的抗冲刷能力较差,不宜作为高等级公路基层,宜作为底基层材料;高等级公路路面的半刚性基层下宜采用半刚性底基层;对超载车辆多、轴载比较大的道路,设计时需要考虑重车影响,对于双幅公路路段可考虑上下行车道路面结构的差异。最终结合省内交通量组成、不同土基等级,提出了适合河北省不同交通等级、不同土基等级的 36 种典型路面结构（各结构层厚度范围见图 5-2-4）。

3）推广应用

研究成果有效解决了河北省当时因设计经验不足,路面结构厚度选择随意性、盲目性的问题,使道路结构设计更加规范化、标准化,为完善我国半刚性沥青路面典型结构研究提供了强有力的支撑。

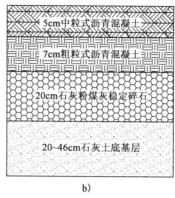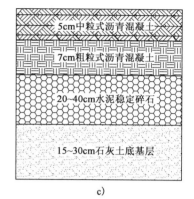

图 5-2-4 典型路面结构

3. 沥青玛蹄脂碎石混合料性能及指标

1)研究目的

针对河北省早期高速公路沥青路面由于设计、施工以及材料等方面的原因,相继出现不同程度早期病害的问题,就如何提升沥青路面使用性能等方面,河北省交通科学研究所结合当地气候及交通条件,参与完成交通部公路科学研究所攻关项目"沥青玛蹄脂碎石混合料性能及指标"。河北省主要从原材料质量、配合比设计以及施工质量控制方面进行了探究,并取得了一系列成果。

2)研究内容

(1)原材料

提出了采用改性沥青,以增强沥青玛蹄脂碎石(SMA)结构高低温稳定性能;提出采用近似立方体形状、针片状含量低的集料,使结构内部形成稳定的受力骨架,抵御车轮碾压变形;细集料方面,全国首次提出使用机制砂,使动稳定度提高1倍以上;开发研制了国产非石棉天然矿物纤维,路用效果良好,价格低廉。

(2)配合比设计

为确保充分发挥SMA结构力学优势,引入了粗集料间隙率控制指标。通过调整粗集料间隙率、矿料间隙率,确保结构内部形成"石挤石"的骨架嵌挤结构;提出沥青玛蹄脂必须满足混合料3%~4%的空隙率要求,以防止路面透水与泛油;提出配合比设计时以车辙动稳定度试验结果作为关键评价指标,并引进析漏试验、飞散试验、残留稳定度试验综合评价结构和沥青用量的合理性。

(3)施工工艺

混合料拌和生产方面:针对河北省公路建设中常用间歇式拌和楼的问题,提出SMA

纤维稳定剂采用专门添加设备,严格控制纤维添加剂的添加时间;提出集料烘干温度增加10~20℃,解决矿粉量增加、温度降低的问题;提出混合料生产拌和时间增加5~15s,解决添加纤维剂增加了混合料的黏稠度的问题。

混合料摊铺碾压方面:提出摊铺温度较常规混凝土路面提高10~20℃;压路机遵循"紧跟慢压"和振动压路机"高频、低振幅"原则。要求不准使用胶轮压路机或组合式压路机,防止轮胎将结构内部沥青"泵吸"到路表面,同时路面压实不小于马歇尔标准密度的97%或理论密度的94%。

3) 推广应用

研究成果在保津高速公路冀津界至徐水段、黄石高速公路黄骅港至藁城西段、京秦高速公路等数条高速公路铺筑试验路近100km,全面提高了路面的使用质量,缓解了因交通流量及车辆轴载的不断增加而造成的路面早期破坏问题。2002年,河北省SMA项目组作为参编单位,参与了《沥青玛蹄脂碎石混合料设计施工指南》的编写工作。至今,河北省在新建、养护路面工程中,SMA应用里程超过1000km,位居全国之首。

4. 美国工程兵旋转压实剪切实验机(GTM)开发应用

1) 研究目的

为了解决我国半刚性基层沥青路面车辙病害,河北省交通厅立项"美国工程兵旋转压实剪切实验机(GTM)开发应用"研究项目,并由河北省交通科学研究所、石青高速公路有限公司、京沪高速公路建管处、宣大高速公路建管处联合攻关。

2) 研究内容

GTM沥青混合料试验方法,主要用来进行沥青混凝土路面材料配合比设计,通过模拟现场受力情况对试件进行充分的揉搓旋转压实,降低沥青膜厚度;通过轮胎与路面的实际接触压强设定试验时的垂直压强,确定合乎要求的沥青混凝土的配合比,使生产的混合料的抗剪强度大于其所受的剪应力;以应变比、抗剪安全系数、密度为指标确定最佳沥青用量。用GTM确定的沥青混合料的各种性能,包括高温性能、低温性能、水稳性能均满足规范的要求,而且高于规范标准,尤其抗车辙能力提高显著。其力学性能指标也远大于用马歇尔试验方法确定的沥青混合料的指标。

与当时规范中马歇尔试验相比有如下优点:

(1) GTM试验采用科学推理的方法进行配合比设计,将应力应变引入试验中,并依据路面实际承受的最大压强对试件旋转揉搓、剪切,使试件受力最大限度与现场受力相关。而马歇尔试验是经验的方法,通过单纯的对试件垂直击打确定配合比,与现场实际受力的情况不符。

(2) GTM有直径分别为101.6mm、152.4mm、203.2mm的三套试模,可以根据集料粒径选择试模,而马歇尔试验方法只有直径为101.6mm的一种试模,不适于粒径大于

26.5mm的粗粒式沥青混合料。

（3）用GTM试验确定的沥青混合料中沥青用量降低，显著减少车辙、拥包等病害的产生，而且其水稳性能、低温抗裂能力都显著提高。

3）推广应用

GTM试验方法确定的沥青配合比施工，是在碾压工艺上的提高，而对原材料没有特别的要求，因此可显著降低成本。至今，成果在河北省高速公路沥青路面建养工程中应用超过5000km，经过长期跟踪观测，车辙问题基本解决。

5. 骨架大粒径沥青混合料（LSAM）组成设计与路用性能的研究

1）研究目的

针对高速公路轴载不断增大，高等级公路渠化交通，沥青路面过早出现车辙破坏，传统沥青混合料级配、结构的不足与弊病日益凸显等实际情况，开展了"骨架大粒径沥青混合料（LSAM）组成设计与路用性能的研究"。

2）研究内容

首次用三轴试验方法深入地分析了LSAM强度形成机理，提出了集料骨架稳定度和石-石接触度概念，将此作为混合料骨架结构的评价方法；通过不同试验方法对LSAM设计方法进行对比研究，提出了适合我国国情的骨架密实型LSAM综合设计法；对LSAM的路用性能进行了系统研究，提出了不同级配组成LSAM的路用性能及适用条件。通过LSAM与普通沥青混合料的经济性比较，LSAM节约造价约11%。

3）推广应用

LSAM的良好路用性能和经济性，为我国解决沥青路面早期车辙破坏、降低工程造价开辟了新途径，填补了我国LSAM研究的空白。2000年10月，在黄石高速公路黄骅港至藁城西段铺筑了2.6km试验路，效果显著，并节约投资38.18万元。之后在青银高速公路冀鲁界至石家庄段推广应用50km。

6. 重载交通高速公路沥青路面柔性基层抗车辙性能研究

1）研究目的

针对重载交通条件下柔性基层沥青路面的抗车辙问题，采用较先进的试验方法和计算理论，从材料设计和结构性能等多方面对柔性基层沥青路面高温抗车辙性能进行了系统分析和研究，提出了沥青路面抗车辙的技术措施。

2）研究内容

在室内试验研究方面，该项目对大马歇尔试验方法、Superpave旋转压实体积法和GTM试验法三种沥青混合料组成设计方法进行了对比研究，推荐了适于重载交通条件、具有较高抗车辙性能的沥青混凝土面层混合料和沥青稳定碎石基层混合料组成设计方法;通过室内试验对沥青稳定碎石基层混合料的综合性能和沥青混凝土面层混合料的高温性能进行了系统的评价分析。

在理论分析方面,从沥青混合料的受力变形特性入手,分析了沥青路面车辙产生的机理;通过汽车动载模型振动方程的建立与求解,提出了由路面不平整度引起的汽车动荷载简化模型;基于我国高速公路重交通荷载特点和气候特点,提出了适用于重交通条件的基于动力有限元理论的沥青路面车辙预估方法。经分析表明,在同等交通荷载作用和自然因素条件下,结构合理的柔性基层沥青路面和半刚性基层沥青路面的车辙深度相差不大;采用该项目研究提出的各种沥青混合料组成设计和推荐采用的柔性基层沥青路面结构具有良好的抗车辙能力。

3)推广应用

在实体工程验证方面,根据研究成果在青兰高速公路涉县至冀晋界段铺筑了4种结构共6km的柔性基层沥青路面试验路。通过试验路的铺筑,研究、制定了沥青稳定碎石基层和级配碎石基层的施工工艺和质量控制方法。试验路经过多年重交通荷载的作用,没有出现明显早期损坏,表现出良好的路用性能。至今,全省应用近300km。

7. 高速公路沥青路面抗滑表层与解决水破坏的研究

1)研究目的

针对我国高速公路沥青路面普遍存在抗滑性能不足、水破坏的现象,开展了"高速公路沥青路面抗滑表层与解决水破坏的研究"。

2)研究内容

研究从矿料级配组成角度,分析了影响粗集料间隙率大小的因素,确定了振实法确定粗集料的紧装密度,并根据松装粗集料间隙率、振实粗集料间隙率与击实试件粗集料间隙率之间的关系,提出了判定沥青混合料结构类型的界限。从影响沥青混凝土路用性能的矿料级配设计方法角度,提出了SAC系列粗集料断级配的设计和检验方法,是国内外首次提出粗集料断级配计算方法。

3)推广应用

青银高速公路冀鲁界至石家庄段沥青混凝土路面表面层应用该研究成果,有效提高了沥青路面的高温抗永久变形能力、抗水破坏能力及抗滑能力,延长了沥青路面的使用寿命,节约工程造价近2000万元。从长远来看,成果的推广应用可提高路面使用性能,减少交通事故率,节约养护维修费用,在社会效益和经济效益上可谓一举多得。

8. 公路沥青路面功能层组合结构技术

1)研究目的

针对我国沥青路面组合结构与排水路面不匹配,技术研究单一、系统性不强的问题,开展了"公路沥青路面功能层组合结构技术"研究。

2) 研究内容

(1) 研究采用高分子复合沥青材料,加强了沥青和石料之间的黏结力,抗水侵害、抗冻融性能优越。与现有高速公路路面厚度相比,减薄30%以上,较薄的沥青路面结构大大减小了车辙的深度。

(2) 研究提出了排水面层+应力吸收层(防水抗裂层)结构。应力吸收层包含改性沥青碎石层、找平层、防水抗裂层,通过使用高分子改性沥青生产沥青碎石铺筑在路面基层上,起到柔性基层的作用,吸收消解来自基层的反射裂缝。在其上铺筑防渗抗裂层,进一步吸收开裂应力,又可阻止从路面渗水进入基层,从而实现面层无裂缝,防止基层水损害的预期效果。

3) 推广应用

研究成果在大广高速公路京衡段、大广高速公路衡大段、邢台市南二环以及邢和线南石门至平涉线等中修工程中应用,效果显著,并于2014年被列入交通运输部推广项目。

9. 废旧轮胎橡胶粉道路应用成套技术研究

1) 研究目的

针对废旧轮胎占用大量土地资源、部分燃烧处理造成严重环境污染的问题,河北省高速公路管理局作为主研单位,联合交通部公路科学研究院开展了"废旧轮胎橡胶粉道路应用成套技术研究"。

2) 研究内容

项目对我国当时主要胶粉厂家的胶粉进行相关试验分析,结合国外相关技术标准,确定了适合我国的路用橡胶粉产品标准;建立了适合我国华北地区的、以黏度为主要控制指标的橡胶沥青技术性能指标体系;从路用性能、力学性能方面对橡胶(粉)沥青混合料进行了多角度评价分析,取得显著成效,可降低路面噪声2~3dB;提出了适于我国材料与工程技术特点的橡胶沥青生产配方与生产工艺,编制了《橡胶粉改性沥青及混合料的施工技术指南》,填补了国内空白。2009年4月,由河北省交通规划设计院起草的《废旧轮胎橡胶沥青及混合料技术标准》颁布实施,更好地保证了橡胶沥青混合料施工的沥青路面质量。

3) 推广应用

该成果在河北省铺筑了京港澳高速公路石安段、黄石高速公路黄骅港至藁城西段等5条共计12km的高速公路试验路工程,消耗橡胶粉84t。2002—2006年,先后在四川、广东、山东、贵州、湖北及北京推广应用,铺筑路面工程共计64km。不仅解决了废旧轮胎带来的环保问题,且带动了废旧轮胎再利用的产业链发展。至今,河北省在高速公路建养工程中应用近1000km。

10. 高性能沥青混合料路面成套技术

1) 研究目的

针对半刚性基层易开裂,导致沥青混合料面层易出现裂缝、水损坏、唧浆、车辙等早期破坏的问题,开展了"高性能沥青混合料路面成套技术"研究。

2)研究内容

项目通过对沥青路面进行结构应力分析,提出了沥青路面各结构层性能要求;研制了高强、高弹沥青,高强沥青已申请国家发明专利;开发了高弹、高强沥青混合料,提出了高性能沥青混合料级配组成、试验方法、技术指标;开创性地提出了细粒式沥青混合料用于下面层解决半刚性基层反射裂缝的典型倒装路面结构;依托试验路工程提出了高性能沥青混合料路面施工技术。研究成果解决了当时我国沥青混合料所存在的部分技术问题,提高了沥青路面质量水平,将我国沥青混合料技术由普通沥青混合料、改性沥青混合料,提高到了高性能沥青混合料的全新阶段。

3)推广应用

项目组在全国选取多家实力雄厚的沥青生产厂家,进行高强、高弹沥青生产技术的推广。截至2010年底,已有河北、山东、重庆、江苏、浙江、陕西、安徽、福建等8个省(市)的多家沥青生产厂家掌握了高强、高弹沥青生产技术,实现了批量生产。同时在邢临高速公路邢台至冀鲁界段、大广高速公路京衡段以及宣大高速公路宣化至冀晋界段"白改黑"等工程建设中应用,创造了巨大的经济效益,表现出极高的成果转化率和强大的市场竞争力。

11. 长寿命沥青路面结构设计与材料参数一体化研究

1)研究目的

针对传统沥青路面早期破坏严重、使用寿命短以及设计与施工相脱节的重大技术难题,开展了"长寿命沥青路面结构设计与材料参数一体化研究"。

2)研究内容

研究建立了长寿命沥青路面设计指标体系;提出了常规应变水平下的沥青混合料疲劳寿命,推断出低应变状态下的疲劳寿命,确定了河北邯郸长寿命沥青路面的疲劳极限;开发了"路面结构层多功能剪切仪",提出了路面层间材料评价指标体系及施工控制关键技术。研究对半刚性材料层进行功能划分,引入温度时间耦合参数——温度时间积概念,首次将其用于研究无机结合料稳定碎石性能发展与养生条件的关系,建立了三种常用的半刚性基层材料抗压强度、抗压回弹模量、劈裂强度与温度积之间的关系,将结构、材料设计与施工有机联系起来,实现了材料设计与施工一体化。

3)推广应用

研究成果在青兰高速公路河北段成功应用,展示了长寿命沥青路面承载能力强、改建费用少、路用性能佳、使用寿命长的优点,与原有路面结构相比每年可节约180万元/km。

12. 河北省提高高速公路沥青路面使用性能关键技术研究

1)研究目的

我国早期修建的高速公路沥青路面受技术条件和经验限制,一般通车1~3年就出现不同程度的早期病害(车辙、水损坏、裂缝过多等)。针对沥青路面出现的问题,2004年交通部专家委员会召开了全国路面问题研讨会,河北省对1998年引入的GTM技术和进行的路面技术创新和阶段性建设经验做了专题报告,受到与会者的一致肯定。2006年3月,为了进一步提高沥青路面质量,深化GTM研究,河北省交通规划设计院作为主研单位,开展了"河北省提高高速公路沥青路面使用性能关键技术研究",取得了一系列科研成果,如图5-2-5、图5-2-6所示。

图5-2-5　GTM技术交流会现场

图5-2-6　邢临高速公路高性能路面试验段

2)研究内容

(1)首次将国家二级气候分区细化为适应河北省地区特点的沥青路面三级气候分区,确定了不同分区的沥青路面设计参数,建立了河北区域的沥青路面温度场预估模型。

(2)提出了适合河北省的高速公路沥青路面的6种典型结构(表5-2-1),并对典型结构的整体抗剪能力和重载作用下的力学响应特征和性能参数进行了研究,提出了连续配筋水泥混凝土面板上下双层沥青混凝土复合式长寿命路面结构。

河北省高速公路推荐的路面结构一览表　　表5-2-1

半刚性基层	过渡结构	倒装式结构	柔性基层结构	复合式结构	超薄抗滑结构
沥青表面层(磨耗)				表面层	超薄磨耗层
SBS改性沥青黏结防水层					
中面层(联结层,较好抗车辙能力)				中面层	4~5cm下面层
黏层+封层		沥青稳定碎石		水泥混凝土板	改性沥青黏结防水层
半刚性基层	级配碎石过渡层	黏层+封层		沥青混凝土功能层+半刚性基层	半刚性基层
底基层		级配碎石基层			
路基	底基层	半刚性底基层	处治土或天然砂砾垫层	底基层	
	路基	路基	路基	路基	

(3)首次提出了适用于重载交通的沥青混合料设计方法——GTM 设计法,以及适用于 GTM 设计法的沥青混合料设计指标和性能指标。

(4)提出了高于规范的路面集料、道路沥青和改性沥青等原材料技术标准。

(5)提出了新型超薄沥青混凝土配合比设计指标和方法,成功地将国产环氧沥青应用于弯陡坡水泥混凝土桥面铺装。

(6)综合以上研究,编制了《旋转剪切压实实验法(GTM)沥青混合料设计与施工技术规范》《废旧轮胎橡胶粉及混合料技术标准》等 2 项河北省地方标准。

该项目共完成 12 项专题研究,经过 6 年的联合攻关,在 18 条高速公路上进行了上万次材料与结构试验,铺筑了近百公里试验路。研究形成了提高河北省高速公路沥青路面使用性能的成套技术,突破了关键难题,实现了多项创新,解决了高速公路早期破坏问题,全面提高了河北省高速公路路面技术水平。

3)推广应用

研究成果获河北省科技进步一等奖,至今在青兰高速公路河北段、保沧高速公路、京港澳高速公路河北段以及京昆高速公路石家庄市至冀晋界段等数十条、累计超过 4000km 的建养工程中应用。基本解决了沥青路面早期病害,使得养护中修时间可以推后 2~3 年,延长沥青路面使用寿命 3~5 年,社会、经济效益显著。

13. 长寿命新型多孔透水性基层材料路面结构

1)研究目的

从减少道路水损害,提高路面使用性能和使用寿命的目的出发,结合路面结构中采用排水基层的思想,对新型多孔透水性基层材料路面结构进行研究。

2)研究内容

研究通过大量路用性能试验,提出了多孔混凝土用在复合式路面的下面层作为承重层的理论;建立了多孔混凝土路面力学分析体系,通过有限元模拟与实测得到了多孔混凝土温度场和温度应力计算方法,并对多孔混凝土的疲劳应力系数进行了修正;通过多条试验路施工与性能观测,形成了高速公路多孔混凝土路面的应力分析、结构与材料组成设计、施工工艺的成套技术。研究成果可有效减少道路的水损害,延长道路使用寿命。

3)推广应用

研究成果在河北省廊涿高速公路、大广高速公路衡大段、邢台市东三环、邢峰一级公路等多条高速、一级公路得到推广,应用里程超过 400km。采用新型透水基层,减薄了沥青面层,节约沥青资源,保护环境,意义重大。

14.**高模量耐久性沥青路面设计施工关键技术研究**

1）研究目的

以全面改善路面的使用性能,尤其是其抗车辙性能和耐久性能,提高沥青混合料的高温稳定性,减少车辙和层间破坏为目标,开展了"高模量耐久性沥青路面设计施工关键技术研究"。

2）研究内容

项目开发了一种可用于高速公路沥青路面面层的高模量沥青混凝土橡胶基改性剂,并提出了沥青混合料设计方法,实现了高温性能提升的前提下,低温性能完全满足严寒地区对沥青混凝土的要求,且混合料的疲劳特性显著增强。本研究针对高模量沥青混凝土分别应用于上面层和中面层时的技术要求,制定了高模量沥青混合料以及胶结料的界定标准,是国内首个高模量沥青改性剂评价标准。

3）推广应用

高模量沥青混合料综合了路面的高温稳定性、低温抗裂性和耐疲劳性能,能够降低后期日常养护费用,延长路面大、中修所需要的时间。可有效减薄下面层沥青路面的厚度1~1.5cm,经济效益显著。成果在京港澳高速公路京石段、迁曹高速公路共铺筑10km试验段,使用状况良好,表面均匀、美观,基本未出现开裂、松散等病害。

15.**公路路面无损综合检测技术研究**

1）研究目的

随着国民经济的快速发展,公路交通量、车辆轴载不断增加,多数高速公路处于超载运营状态,公路病害日益严重,公路的日常养护与改建工程越来越多,这就需要高效、准确的路面检测技术为工程建设提供可靠依据。为了适应这一发展现状,开展了"公路路面无损综合检测技术研究"。

2）研究内容

项目首次综合运用了落锤式弯沉仪、瑞雷面波和探地雷达三种全自动化检测技术和设备对公路路面进行试验检测。运用落锤式弯沉仪测定路面强度,结合瑞雷面波及探地雷达确定路面承载能力,检测路面内部密实程度、空洞、破损状况。对路面结构、路面破损情况作出准确、翔实的描述和定量的评价。通过研究形成了快速、精确、无损的路面状况评定体系,为路面补强、加铺、确立养护对策及合理配置公路建设资金提供了可靠的依据。与传统的路面检测技术相比,该技术具备不断交、不钻孔、全自动化检测,操作简便、灵活等特点,可提高工效10倍以上,大大降低了劳动强度。

3）推广应用

该技术自研究、实施以来,在河北、河南、山东、天津等省市大面积高等级公路检测工程中成功应用,实现了高效、精确、无破损检测的路面质量评价体系。为大面积路网改造、升级,高速公路的养护、加固提供了有力的技术支撑,节约了大量的公路养护费、改建费,显著提高了社会、经济效益。

二、桥梁隧道工程

1. 中小桥涵参数化 CAD 系统

1) 研究目的

针对高速公路中小桥涵等构造物设计繁重,工作人员手工制图,严重影响工作效率的情况,开展了"中小桥涵参数 CAD 系统"研究。

2) 研究内容

在对其他省市已有成果的基础上,经过自主创新,首次提出参数化理论并进行 CAD 开发;将设计工作的各个过程和设计目标全部抽象为参数化数据,设计时可据此直接生成施工图文件。该成果方便、简捷、快速、适应性好,大大缩短了设计时间。提高了设计效率和设计质量。

3) 推广应用

研究成果提高设计能力 20~30 倍,大大缩短了设计周期。至今,系统经过不断完善与升级,应用里程超过 5000km,涉及上万座桥涵的设计工作。同时在地方道路桥涵设计中全面应用。

2. 预应力混凝土连续梁桥耐久性病害诊断与加固关键技术研究

1) 研究目的

河北省高速公路建设经过 20 多年的快速发展,预应力混凝土连续梁桥在实际应用过程中出现了各种各样的缺陷或损伤。桥梁结构性能逐渐改变,承载力下降。车辆增加、荷载增大、基础条件改变等也加速了桥梁结构性能、耐久性的恶化。针对以上问题,开展了"预应力混凝土连续梁桥耐久性病害诊断与加固关键技术研究"项目。

2) 研究内容

项目针对预应力混凝土连续梁桥出现的典型病害,全面分析了病害产生的原因及机理,提出了有效的桥梁耐久性病害诊断方法;对连续梁桥各种加固方式的受力作用机理、计算方法和加固技术适应性进行了系统的分析,提出可行加固方案;对桥梁加固前后结构进行了动静载试验及分析,针对加固后的桥梁,从理论计算和现场试验两方面评估桥梁的加固质量,提出了加固后评估方法;编制了《预应力混凝土连续梁桥病害诊断、评估技术指南》,确定并规范了河北省内预应力混凝土连续梁桥病害诊断、评估、加固及后评估的方法及流程,为省内外管理部门提供了养护决策依据。

3）推广应用

研究成果在京沪高速公路河北段、青银高速公路冀鲁界至石家庄段以及京港澳高速公路石安段等数十条高速公路桥梁建设中得到应用。经过长期观测，加固桥梁未出现明显病害与使用性能问题，各项性能均处于正常状态，桥梁技术状况良好，带来可观的经济、社会效益。

3.双预应力混凝土梁桥研究

1）研究目的

为了在梁高受到严格限制的情况下有效降低梁高，同时为这种预应力混凝土梁的计算、设计、构造、施工和养护提出一种可行的实施方法，开展了"双预应力混凝土梁桥研究"。

2）研究内容

在常规预应力（下部受压）技术的基础上，通过理论与实践相结合的方法，初步提出了一套双预应力混凝土简支梁桥的设计与计算理论。国内首次采用"双向扁管技术"，有效提高梁体的承载能力，解决了顶压筋失稳问题，减少了管壁应力集中问题，为立交桥等建筑高度受限的大跨径桥梁设计提供了一种新的选择途径。2000年10月，在承德滦平县大屯建成一座3×40m双预应力简支梁桥，并现场进行了40m足尺梁的静载破坏试验，首次对实体梁顶压钢筋进行了预应力损失测定，指出了预应力钢筋与管道间摩阻系数和偏差系数推荐值，为验证设计理论提供了科学数据。

3）推广应用

研究成果在张石高速公路、承唐高速公路承德至承唐界段等高速公路桥梁建设中成功推广应用。与同跨径传统梁相比，梁高可降低30%左右，适用于建筑高度受限制的大跨径预制吊装桥梁，特别是在公路与公路立交、公路与铁路立交以及公路与特殊管线的交叉的应用方面前景广阔，同时能够降低桥梁两侧路基的填方高度，有效降低工程总造价。至今，已在河北省数百座桥梁设计中应用。

4.下穿重载高速公路箱形桥施工技术研究

1）研究目的

针对部分新建高速公路需要跨越原有高速公路，施工时需中断交通的问题，开展了"下穿重载高速公路箱形桥施工技术研究"项目。

2）研究内容

项目依托邢临高速公路邢台至冀鲁界段新建高速公路下穿京港澳高速公路石安段实体工程，对下穿重载高速公路箱形桥施工技术展开系统研究。创造性地采用半幅开挖，分东西两侧箱体预制、快速顶进，东半幅主桥与匝道桥同时顶进的施工方案；提出了箱形桥体顶进滑移及就位控制技术；水稳性材料台背回填采用水沉粗砂并加振捣密实的回填技术方案；为保证路基的稳定性，重载交通路基采用在中央分隔带西侧边缘密排钢管桩、混凝土冠梁加固的技术方案。研究成果达到了降低施工质量风险，节约资金，缩短工期，桥体准确就位的预期效果。

3）推广应用

研究成果施工技术先进，控制简便，为既有高速公路与新建高速公路的立体交叉提供了一种新思路。

5．装配式组合钢箱梁生产安装技术

1）研究目的

为了实现高速公路改扩建互通立交的快速改造，尤其是对互通匝道桥、跨线桥的快速建设，开展了"装配式组合钢箱梁生产安装技术"研究。

2）研究内容

装配式组合钢箱梁在工厂采用自动化流水线预制生产，其结构形式是在波形钢腹板上端焊接一块整平钢板，平钢板上焊接弯筋连接件。波形钢腹板下端焊接钢套箱，钢套箱内填混凝土，通过新型桁架式连接件形成组合构件。箱室之间通过横隔板加强横向联系，确保其共同参与受力。预制好的装配式组合钢箱梁运输至桥位，现场拼装钢上翼板及梁体间横隔板，然后现浇桥面混凝土形成组合桥面板，即形成装配式组合钢箱梁桥。其采用的装配式波形钢腹板钢箱叠合结构可充分发挥组合结构优势，结构稳固可靠；采用高强耐候钢，通过各部的叠合、组合、复合、结合、联合，具备了高强度和高刚度的特性。该技术属于国际新创桥梁结构技术。

3）推广应用

研究成果在大广高速公路衡大段天桥抢修工程，京港澳高速公路石安段改扩建工程西鸭池分离式立交，张承高速公路承德段凤山互通主线桥、匝道桥、南关互通跨线桥，京港澳高速公路京石段保定互通A匝道等桥梁施工中成功应用，其高性能和高稳定性得到验证，体现了结构安全可靠、方便快捷的特点，并于2013年被交通运输部定为全国重点推荐应用技术。

6．公路桥涵多节三岔挤扩灌注桩技术研究

1）研究目的

在桥梁桩基的设计施工中如采用多节三岔（DX）挤扩灌注桩，不仅节约大量建设资金，同时也有利于环境保护。但是国家没有挤扩灌注桩标准，交通行业内部也没有出台相关标准，国际上也没有相关标准。为了全面推广多节三岔挤扩灌注桩的应用，对公路桥涵多节三岔挤扩灌注桩进行了深入研究，通过全面分析总结试桩结果，制定出桥梁多节三岔挤扩灌注桩的设计、施工及检测标准规范。

2）研究内容

研究了多节三岔（DX）挤扩灌注桩技术在公路桥涵应用的可行性，对比分析了其与直孔桩、支盘桩的机理和经济技术优势。沿桩身埋设钢筋应力计分析单桩轴向压力曲线，研究了公路桥涵多节三岔挤扩灌注桩的荷载传递的规律。首次提出了公路桥涵多节三岔（DX）扩挤灌注桩基竖向抗压、抗拔和水平承载能力计算理论，并提出了桩基承力盘（岔）抗剪切和抗冲切理论验算公式，给出适应各种土体的极限侧阻力标准值、极限盘端阻力标准值和极限桩端阻力标准值。通过总结各项目多节三岔（DX）挤扩灌注桩桩基工程的实践，提出了公路桥涵多节三岔（DX）挤扩灌注桩不同桩径的设计参数、液压挤扩装置技术参数要求，制定出公路桥涵应用该桩基的设计理论、施工工艺、质量检验及控制等技术规范及标准，填补了该桩型在公路行业的空白。

3）推广应用

研究成果在沿海高速公路秦皇岛至冀津界段、唐曹高速公路、大广高速公路京衡段、邢汾高速公路、邢衡高速公路衡水段等项目进行了工程应用。2008年被河北省交通运输厅列为公路建设节能降耗推广技术之一。与普通钻孔灌注桩相比，该技术可优化下部结构，有效减短桩长，节省混凝土工程量，有效节省工期，同时减少泥浆排放量，社会、经济、环境效益显著。

7.寒冷地区高墩大跨径小半径曲线多跨连续刚构桥施工关键技术研究

1）研究目的

针对省内山区地形、地貌复杂，桥梁施工风险和难度大的困扰，在借鉴其他山区桥梁建设成果的基础上，开拓创新，开展了"寒冷地区高墩大跨径小半径曲线多跨连续刚构桥施工关键技术研究"。

2）研究内容

对于高墩施工，采用了塔式起重机配合翻模施工高墩解决高空作业施工难、垂直运输复杂危险等难题；提出了"预制装配加现浇法"施工隔板的方法，解决了高墩隔板施工安全风险大、施工周期长的难题；建立独立三角控制网，以垂准仪控制为主、全站仪控制为辅的办法控制高墩垂直度的方法，极大提高了高墩施工质量。对于多跨小半径曲线弯梁悬浇施工，设计过程中挂篮采用了轨道分节、支座预留空隙、活动底模措施，保证挂篮在曲线上的不对称滑移问题；采用有限元分析软件对结构进行三维空间分析，设置合理的预拱度，保证了合龙误差和成桥后的几何线形。通过对黑崖沟2号特大桥（华北第一连续刚构桥）实体工程施工，形成了很成熟的高墩施工、高墩隔板施工、小半径曲线弯梁悬灌施工等一系列的施工工法，解决了寒冷地区、高墩、大跨、小曲线半径刚构桥施工的技术难题，填补了国内外多项空白。

3）推广应用

研究成果在贵州省铜仁至大龙高速公路龙生特大桥、思南至剑河高速公路龙底江特大桥施工推广应用，有效保证了施工安全、质量，节省了大量的施工成本，延长了桥梁使用寿命。

8.重载交通动态过桥可视化仿真、结构安全风险评价与对策技术研究

1）研究目的

针对重载交通运输对桥梁结构的正常使用及承载能力安全性构成威胁等问题，开展了"重载交通动态过桥可视化仿真、结构安全风险评价与对策技术研究"。

2）研究内容

该项目采用全自动自校核交通荷载采集系统，对国内四个不同地区的交通荷载信息进行实时监测，分析交通流中的特重运输车辆车型构成及其荷载参数，研究不同地区由特重运输车辆构成的汽车荷载交通流分布特征；以车辆动力学为基础，开发包含典型车辆类型库且能够随机设置交通流各参数的随机车流-桥梁分析系统，形成三维动态可视化分析软件 BDANS，实现随机车流动态过桥可视化；并采用 BDANS 对不同区域特重运输车辆通过中小跨径梁式桥进行可视化仿真，获取各桥型空间响应分布特征，对桥梁结构的运营状态进行正常使用、耐久性、承载能力极限状态的"三阶段评价"；以 BDANS 为分析平台，基于特重车型荷载效应与桥梁抗力的全可靠度限载分析模型，对不同限载状态下桥梁结构可靠度进行评价。

3）推广应用

自 2013 年起，BDNAS 软件"随机车流-桥梁耦合振动分析系统"陆续在廊坊市廊泊公路改扩建工程永定河大桥、京秦高速公路分离立交桥、京山线平改立工程公路桥梁、陕西省咸旬高速公路桥梁等项目中投入使用，节约钢筋上万吨。同时在公路桥梁设计中，基于该项目交通荷载动态过桥研究成果，引入桥梁结构动力安全性和高速行驶汽车安全性、乘车人员舒适性、货物平稳性设计新理念，取得了良好的效果。目前，运营荷载下结构安全风险评估的相关研究成果已陆续被多个检测、加固单位所采用，桥梁定期检测、静动载荷载试验及加固方案设计等进行优化后，节省了大量资金。

9.寒冷地区隧道冻害防治技术研究

1）研究目的

针对我国寒冷地区多数已建隧道衬砌产生冻胀病害，冬季出现洞顶、侧墙挂冰，路面溜冰，使隧道衬砌遭到破坏，危及行车安全的现象，开展了"寒冷地区隧道冻害防治技术研究"。

2)研究内容

项目以秦皇岛梯子岭隧道为依托,通过对已有冻害隧道的调研,在国内首次将完善的防排水系统和防冻隔温技术相结合,提出了一套完整的隧道冻害防治技术方案,继而对隧道温度场的分布及变化进行了全面、系统的现场测试。在此基础上,采用等效厚度换算法对防冻隔温层厚度进行了设计,解决了现场施工难题。经过两个冬季的现场观察与测试,基本解决了寒冷地区隧道冻害问题。

3)推广应用

研究成果已在青藏铁路昆仑山隧道、风火山隧道,川藏公路雀儿山隧道中推广应用,为我国寒冷地区隧道防冻害技术开辟了一条新途径。

10.公路隧道围岩精细分级与动态优化设计

1)研究目的

隧道工程是山区高速公路建设的控制性工程,也是典型的地质工程。隧道围岩级别直接决定了隧道的施工方法和支护参数以及隧道施工的造价、安全和进度。为了能够建立一套及时掌握隧道掌子面地质条件变化、快速准确判定围岩级别、科学合理调整支护参数的综合集成技术方法,开展"公路隧道围岩精细分级与动态优化设计"研究。

2)研究内容

紧密结合公路隧道施工实际,以掌子面地质结构与岩体工程特性为基础,形成了一套跟踪隧道施工的公路隧道围岩快速精细分级方法;在大量现场试验和统计分析的基础上,借鉴国际隧道建设的成功经验,提出了公路隧道支护动态优化设计方法;首次建立了隧道支护需求度的概念及其理论体系,用于评价隧道初期支护效果,优化了二次衬砌设计参数;将公路隧道塌方灾害概化为6种模式,分析其发生机制和控制因素,提出了相应的预测方法与防治对策;建立了基于围岩精细分级的岩体结构模型与力学参数快速确定方法。形成了"隧道稳定性超前预测、围岩精细分级、现场监控量测和动态优化设计"四位一体、紧密结合的公路隧道高效安全施工保障系统,降低了施工事故概率,控制了施工风险,保证了施工安全。

3)推广应用

研究成果已在京承高速公路河北段、青兰高速公路河北段以及大广高速公路承赤段等十余条高速公路、累计上百座隧道中推广应用。所涉及的隧道类型包括高速公路双洞分离式三车道隧道、二车道隧道及双洞连拱式隧道等,基本涵盖了我国高速公路的绝大部分隧道类型,是"科技高速、经济高速"的典型代表。

11.高烈度区复杂地层条件茅坪山隧道稳定性控制技术研究

1)研究目的

针对隧道工程穿越高烈度、岩溶涌水、活断层和软弱破碎等复杂地质围岩,极易造成突水、突泥、围岩变形、衬砌屈曲开裂等问题,开展了"高烈度区复杂地层条件茅坪山隧道稳定性控制技术研究"。

2）研究内容

围绕高烈度区复杂地形条件隧道稳定性控制技术问题,建立了考虑地下水、岩组、地质结构面、岩层产状、沉积期古剥蚀面、地貌和降雨等因素的岩溶隧道涌水风险评判模型,提出了岩溶隧道涌水风险分级方法,判定准确率达100%；研发了浮力自动启闭装置,解决了敏感区岩溶水保护和废水再利用难题；创新性应用了"大管棚+小导管+中台阶拱脚纵梁加固+超短三台阶法+浮力自动启闭单向反坡排水+废水循环再利用"技术体系；编制了活断层条件下围岩压力、衬砌配筋及断面优化计算体系,研发了充气堵水注浆止水装置,提出了"全环间隔注浆加固+超挖+单层衬砌承载+预留二次补强空间"的穿越活断层方案；创立了基于位移突变理论和空间变形监测技术的围岩变形控制基准,提出了软弱围岩隧道超前支护、掌子面加固、拱脚稳定、支护补强和空间变形监测反馈等变形控制综合施工技术。后续施工无一例支护开裂、侵限或塌方事故,为进一步完善设计规范和施工指南提供了理论储备。

3）推广应用

研究成果在沪昆高速铁路、张涿高速公路张家口段等不同行业领域近50个隧道工程中得到应用和推广,经济、社会效益显著。成果对提高我国应对高烈度区复杂地层隧道建设水平和相关行业的技术进步起到了积极的推动作用。

三、交通工程与沿线设施

1．高速公路安全设施持续适应设计理念及景观混凝土护栏研究

1）研究目的

针对高速公路护栏防护等级设置不合理、护栏衔接段存在防护漏洞、后期路面罩面后护栏高度不足、混凝土护栏景观较差,在驾驶过程中易导致驾驶疲劳、车辆冲出路侧及穿越中央分隔带事故频发等问题开展研究。

2）研究内容

项目提出了综合定量化路侧护栏设置、无缝连接设计、景观适应性设计和养护改造预留高度适应性设计等新理念下的护栏持续适应设计方法,并根据依托工程中央分隔带开口防护需求,提出了满足《公路护栏安全性能评价标准》(JTG B05-01—2013)要求、防护等级达到SAm级的B05通用型防撞活动护栏结构。结构不但可以适应道路中、远期交通条件下的行车安全和舒适性需求,而且还可适应道路大中修期间护栏养护改造的需求。

通过研究护栏单体预制块尺寸、景观造型、基础形式、纵向连接方式等对护栏防护性能的影响,首次研发了具有长圆孔造型的新型高防护等级中央分隔带景观混凝土护栏,并进行安全性能评价。通过研究不同纵向连接方式对护栏强度、纵向整体性及耐久性的影响,研发了预制安装混凝土护栏新型"错台搭接"纵向连接方式,有效提高了护栏的纵向连接强度及耐久性。

3) 推广应用

研究成果在京港澳高速公路石安段改扩建工程中全线应用,大幅降低护栏改造费用,提高了护栏的防护能力,有效提高了护栏的纵向连接强度及耐久性,且具有景观效果好、耐久性好、施工养护方便及与改扩建工程相适应的特点。

2. 植物纤维毯植被恢复技术在路域生态工程中的开发应用研究

1) 研究目的

针对不同材质植物纤维毯的植被建植成效、促成植被建成的相关机理、保障工程建设的相关技术工艺、指导工程实践的标准指南研究严重滞后,导致工程实践中缺乏适用技术支撑的问题,开展了"植物纤维毯植被恢复技术在路域生态工程中的开发应用研究"。

2) 研究内容

(1) 对比研究了椰丝型、秸秆型、稻草与椰丝混合型以及纺布对促进早期植被建成的质量差异,评价了不同材质类型覆盖对种子出苗率、越冬越夏率、植被持续效果、建成植被群落结构的影响,并研究了不同材质的植物纤维毯对土壤温度、水分条件变化影响的差异以及植物纤维毯在土壤中的降解特征,在此基础上提出了不同材质的植物纤维毯的应用建议。

(2) 对比研究了植物纤维毯的先覆盖后播种、先播种后覆盖、带种子夹层直接铺盖3种工艺对促进早期植被建成的质量差异。结果表明,这些不同工艺形式均可顺利实现草灌混播群落的建植,植被总覆盖并无显著差异,均可应用于边坡生态防护工程。

(3) 提出了针对路基填筑施工期的植物纤维毯植被建植工艺,达到尽早绿化坡面、有效控制施工期水土流失、增强施工期边坡防护的效用。核心是将填方路基边坡划分为两类:一是已完成路基填筑的成形边坡,采用全坡面播种草籽,再覆盖植物纤维毯并养护建成植被;二是未完成路基填筑的未成形边坡,采用逐层填筑路基逐层铺展植物纤维毯,并配套建设临时急流槽、挡水埝,待完成全部路基填筑及覆盖植物纤维毯之后在植物纤维毯表面播种草籽,覆盖薄土,浇水养护建成植被,设置排水设施。

(4) 对比研究了椰丝型、秸秆型、稻草与椰丝混合型以及纺布等4种植物单纯覆盖以及与植被措施耦合作用对不同降雨强度下植被工程减流、减沙效益发挥的影响。结果表明椰丝毯的保土效果最好,椰丝稻草混合毯次之,稻草毯最差。

(5)提出了植物纤维毯的产品质量检测标准,将植物纤维毯分成带种子与不带种子的类别;提出了公路植物纤维毯的技术要求、试验方法及判定规则。

(6)开发了一种调控式植物纤维毯新产品,可以调节坡面群落结构,促进目标植被建植,保障植被持续效果,最大限度地减少水土流失,特别适合于公路、铁路、矿山等行业的坡面植被恢复重建。

3)推广应用

研究成果在京港澳高速公路河北段改扩建工程、大广高速公路衡大段等近200km边坡中应用,及时、高效地解决了工程建设中环境保护实践面临的问题,为保障交通运输部绿色低碳示范路的建设提供了环保科技支撑。

四、工程建设与运营管理

1. 河北省高等级公路建设管理决策支持系统研究

1)研究目的

针对我国在公路建设后评估及公路管理方面科学性不足,影响高等级公路使用效率等问题,开展了"河北省高等级公路建设管理决策支持系统研究"。

2)研究内容

项目提出了公路网络评价指标体系及评价方法、经济评价体系及评价方法,协调了河北省高等级公路网规划、建设与管理之间的关系,为河北省公路网的合理规划、优化建设及科学管理提供了一套有效的方法和程序。项目研究成果达到国际先进水平,填补了国内空白,是交通现代化发展的助推剂。

3)推广应用

应用该研究成果完成了河北省的公路网规划、高等级公路设计及工程可行性研究、京港澳高速公路京石段后评价等工程实践项目。该成果的应用,减少了公路网规划、建设、管理中的重复性调查、研究工作,减少了大量的人力、物力,使整个公路网规划、建设及管理步入协调、科学、合理的轨道,为我国现代化交通管理系统的建立夯实了理论基础。

2. 公路信息化关键技术研究

1)研究目的

针对目前公路管理信息化落后、工作效率和决策科学化水平低等问题,开展了"公路信息化关键技术研究"。

2)研究内容

项目在对我国公路管理信息化的发展现状、与发达国家相比的不足、发展中的技术需求等充分了解的基础上,提出了4种公路信息化关键技术——公路管理信息采集技术、异构系统集成技术、质量保障管理技术、绩效监控管理技术,并将这4种技术应用于实践中,实现了道路移动视频与语音监控系统、交通流量调查系统、ISO9000应用研究、财务管理远程控制系统、养护内业监督管理系统、路政管理系统等多项项目的研发和应用。

3)推广应用

研究成果全面提升了高速公路管理工作的水平和效率,使河北省公路信息化水平走在了公路信息化的前列,亦推动了河北省高速公路信息化发展。

3.河北省公路工程造价管理系统研究

1)研究目的

为了实现河北省造价信息管理系统化、造价数据获取便捷化、造价决策科学化、施工合同管理规范化,提高河北省交通建设信息化、智能化建设水平,开展了"河北省公路工程造价管理系统研究"。

2)研究内容

研究以河北省造价信息网为平台载体,从合理控制工程造价角度出发,并从"河北省公路工程造价数据库信息管理系统""河北省公路工程工程量清单计量规则研究""河北公路工程材料信息管理系统"三个方面展开系统研究。开发了涵盖河北省公路工程建议书估算、科研估算、设计概算、施工图预算、合同价格、交工结算、竣工决算全部资料在内的信息管理系统,具备资料存储、横向、纵向分析和造价指数编制功能;在国内首次系统地编制了公路养护工程量清单和计量规则,为公路工程造价管理与决策提供准确、可靠的依据;第一次绘制全面的河北省公路工程地产建筑材料分布电子地图,创建河北公路工程材料信息管理系统,使得公路建设者动态查询全省公路工程材料信息的愿景得以实现。

3)推广应用

目前,研究成果被全省200多家设计、施工和建设管理单位推广应用。

4.高速公路公众出行服务信息系统

1)研究目的

随着高速公路的迅猛发展和公众出行频率的几何级数式增长,交通信息服务的需求急剧增加。2006年开始,针对国内道路导航系统仍旧处于建设初期,仅能发布静态、单一信息,公众难以获得最新的、动态的信息的问题,开展了"高速公路公众出行服务信息系统"研究。

2)研究内容

研究遵循"民生交通、服务公众"的思想,经过技术创新,整合基础地理信息、公路路网、收费、路况、监控、客运、施工、路政、服务区、交警、气象、旅游、沿路设施等信息,采用因特网、移动通信、计算机、地理信息系统、CTI等先进技术手段,通过互联网网站、呼叫中心、手机短信、路边信息显示屏、服务区触摸屏、电台广播等途径,以文字、图片、音频和视频相结合的方式,有效解决了高速公路"信息孤岛"难题。在路径动态分析、车道阻断处理、道路地理信息、信息异构整合等技术方面取得了重大突破。系统即时有效、形象直观、方便快捷地向公众发布全方位、开放式、动态性的最新信息,可以提供动态导航和最及时的应急救援服务,确保公众轻松出行。

3) 推广应用

研究成果填补了河北省高速公路交通信息动态服务的空白。至今,成果已成功应用于超过6000km高速公路的信息服务系统。

5. 高速公路沥青路面长期监测系统及动力学行为研究及应用

1) 研究目的

2008年起,鉴于当时对于沥青路面结构在交通动载和环境的综合影响下长期路用性能变化规律的研究较少,缺乏系统科学的方法指导和先进技术支撑,更缺乏相关的试验数据和现场数据的积累,无法形成有效的试验验证,并且在我国沥青路面设计规范中没有规定动载指标,这就迫切要求进行路面工作状态监测系统的专题研究,以弄清其在行车动载、水、温度多场作用下的结构性能及破坏机理,为其结构设计和施工提供可靠的理论依据和试验支撑。

2) 研究内容

研究以河北省内的数十条高速公路为依托、以实现沥青路面安全耐久为目标,紧紧围绕沥青路面结构的动力响应等关键技术问题进行系统分析。提出了高速公路沥青路面工作状态长期监测试验段的构建技术;开发了远程、动态、长期监测系统;首创了多场联合沥青路面动力学响应研究方法;优化了沥青路面的设计参数和施工工艺。研究成果推进了沥青路面破坏问题解决方法的科学化和系统化,为沥青路面全寿命周期工作状态监测提供了先进的手段和技术。

3) 推广应用

研究成果在大广高速公路衡大段、京台高速公路廊坊至沧州段以及张承高速公路张家口至崇礼段等多条近200km高速公路中应用,对于促进结构从安全理念向结构耐久性理念转变,加快推进现代交通运输业又好又快发展提供了强有力的技术支撑。

6. 山区高速公路交通安全保障关键技术

1) 研究目的

针对山区高速公路长大下坡路段成为事故"黑点",隧道洞口段易发生事故且规模大、频率高及易引起二次事故以及车辆碰撞护栏的事故逐年增加的状况,开展了"山区高速公路交通安全保障关键技术"研究。

2）研究内容

（1）在线形安全设计上，通过在京承高速公路河北段、承唐高速公路承德段、京昆高速公路石家庄市至冀晋界段及青兰高速公路河北段等多条山区高速开展制动器温度测量动态试验，提出基于坡度、坡长、曲线半径、车速控制的防止大货车制动热失效的解决方案及紧急避险车道设计关键技术；通过发动机台架试验及车辆动力学原理，提出山区高速公路连续上坡路段技术指标控制和爬坡车道设计关键技术。

（2）在隧道洞口安全设计上，针对隧道洞口因"暗洞"效应导致事故多发的安全隐患，提出隧道洞口贴地照明技术和隧道口光线过渡设计关键技术；对隧道照明视认性关键控制指标进行了量化分析与研究，提出了隧道照明布置原则。

（3）在安全防护设施设计上，运用理论分析、动力有限元计算、实车碰撞试验、模拟碰撞试验和动态数值模拟分析等方法，提出了护栏端部及衔接部位的具体防护目标以及无缝隙防护的设计方法。

3）推广应用

通过三个方面的整合，形成山区高速公路复杂地形条件下安全保障关键技术。研究成果融入邢汾高速公路邢台至冀晋界段设计的全过程，在承秦高速公路推广应用，对于保障行车安全与减少事故带来的经济损失、提高行车舒适性、降低工程投资成效显著。此外，可减少因事故发生的难以量化的远期损失和精神损失，切实实现了高速公路建设"以人为本，注重安全、环保、舒适、和谐"的新理念。

7. 京港澳高速公路（河北段）改扩建工程三维激光扫描技术应用研究

1）研究目的

为了解决如何在不中断交通的情况下，对现有道路安全、快速、经济地进行高精度测量的技术难题，开展了"京港澳高速公路（河北段）改扩建工程三维激光扫描技术应用研究"。

2）研究内容

首次将机载、车载三维激光扫描技术应用于高速公路改扩建工程勘察设计中，形成了一套以精密三维激光扫描勘察设计技术为核心的改扩建工程勘察设计方法，解决了公路改扩建中高精度三维激光扫描测量、与公路 CAD 协同设计等关键技术难题；建立了以三维激光扫描为核心的公路改扩建勘测设计模式；代替人工上路测量，安全、快速、高精度获取既有道路的三维空间信息数据，极大地降低了人工上路测量面临的高安全风险与高劳动强度和测设成本；提高公路改扩建测设效率，缩短公路改扩建测设周期，消除传统方法实施公路改扩建带来的交通干扰，方便公众出行，避免造成社会经济损失。项目研究取得了多项具有显著有效性、先进性、实用性和创新性的重大科技研究成果，并在三维激光扫描的坐标转换与控制模式、三维激光扫描数据的精化处理、快速获取高速公路改扩建工程定测与施工图设计数据、三维激光扫描与改扩建工程CAD协同设计等方面处于国际领先水平。

3）推广应用

研究成果在京港澳高速公路河北段改扩建工程勘察设计中成功应用，节约了公路建设成本上亿元，极大地减少人工上路测量作业，提高工作效率2倍以上，缩短勘察设计周期1/2，减少施工后续服务工作量75%以上，实现了不干扰正常交通流的公路改扩建勘测设计，避免了人工上路面临的安全隐患。

第三节 主要科技成果

创新土壤孕育科技之花，科技之花结出累累硕果。当项目研究质量、学术水平、成熟度达到一定高度，宝贵的科技成果便应运而生。科技成果是科学研究的智慧结晶，也是科技红利转向市场的重要载体。

一、主要专著

主要专著见表5-3-1。

主要专著统计表　　　　　　　　　　　表5-3-1

序号	名　　称	主　编	出版时间
1	河北公路建设技术指南	王国清、戴为民、张志伟、赵彦东等	2003.01
2	工程项目施工组织设计原理及实例	高民欢、王书斌、杨广庆	2004.01
3	高等级公路边坡冲刷理论与植被防护技术	高民欢、李辉、张新宇等	2005.09
4	公路路基施工要点与质量控制	王书斌、高民欢、杨广庆等	2005.01
5	高速公路路面工程管理与技术	张启云	2005.12
6	山区高速公路大修技术	王世彪、王虞君、白乐胜等	2005.12
7	公路隧道围岩分类与支护优化设计	静晓文、江玉生	2006.05
8	山区高等级公路勘察设计实用技术	于凤江、郑彦军	2007.03
9	公路养护技术与施工管理知识问答	刘少伟	2007.04
10	高等级公路路基病害分析与防治技术	张湧、杨广庆、吕鹏、张保俭等	2007.08
11	桥梁检查评定加固及实例	刘少伟	2008.08
12	高速公路服务区规划设计	刘孔杰、崔洪军	2009.03
13	高等级公路半刚性基层沥青路面实用新技术	李彦伟、谭宗斌	2009.04
14	高速公路病害分析与处治技术	封建武、温高峰	2009.07
15	不良地基公路施工技术	刘孔杰、郑瑞君、魏正义等	2009.09
16	土工格栅加筋土结构理论及工程应用	杨广庆	2010.06
17	滨海地区高速公路修筑技术研究	王立新、李淑杰、梁宁等	2010.09

续上表

序号	名称	主编	出版时间
18	高速公路特大交通事故预防——长大下坡路段事故预防技术	王俊骅、方守恩、陈雨人等	2011.04
19	人工高切坡超前诊断与处治技术	周建庭、何思明	2011.07
20	耐久型高速公路修筑新技术	刘中林、高民欢、齐彦锁等	2011.08
21	道路防排水技术	李志勇、王江帅、李彦伟、赵彦东等	2011.09
22	在役预应力混凝土桥梁检测与量化评估及加固关键技术	邬晓光、李彦伟、赵彦东	2011.11
23	垂直振动法水泥稳定碎石设计与施工技术	蒋应军、乔怀玉	2012.01
24	橡胶颗粒路面抑制路面结冰技术	谭忆秋、周纯秀	2012.03
25	河北省高速公路机电系统技术要求	左海波、邓伟、任清耀等	2012.05
26	高速公路黄土隧道施工过程变形控制与实践	孙佃海	2012.07
27	软弱围岩隧道稳定性变形控制技术	朱永全、李文江、赵勇等	2012.12
28	公路工程标准化施工管理手册	刘顺林	2013.08
29	河北省高速公路勘察设计标准化指南	戴为民、朱冀军、雷伟等	2013.08
30	隧道力学	李文江、朱永全、朱正国	2013.12
31	高速公路沥青路面关键技术	王国清、王庆凯、刘桂君等	2014.03
32	高速公路改扩建工程关键技术探索与实践	陈君朝、何敬晨、刘桐等	2014.11
33	高速公路改扩建工程路基加宽施工技术	陈君朝、杨广庆、何敬晨等	2014.11
34	高速公路改扩建工程工艺管理标准化图集	何敬晨、陈君朝、党永强等	2014.11
35	岩溶隧道安全施工与灾害防治研究	刘新福、孙修德、曹会芹等	2014.12
36	衡水湖湿地湖泊相软土研究	刘春原、王向会	2016.03
37	湿地湖泊相软土固结法处理技术与应用	刘春原、马文栋	2016.04
38	高速公路避险车道关键技术	刘建民、马亮、于建游等	2016.05
39	山区高速公路边坡生态恢复与重建技术及实践	刘东明、李作恒、王丙兴等	2016.06
40	高速公路景观植物	刘东明、李作恒、王丙兴等	2016.09

二、主要专利

主要专利见表5-3-2。

主要专利统计表　　　　表5-3-2

序号	名称	专利号	专利类型
1	便携式工程地质裂缝测量装置	ZL200310115564.1	发明
2	岩石静态崩解过程仪	ZL200410083684.2	发明
3	新型路面结构层	ZL200410056891.9	发明
4	现场灌注大直径钢筋混凝土管桩的工艺方法和设备	ZL200410018828.6	发明
5	粗集料断级配沥青混凝土矿料级配方法和检验方法	ZL200410044994.3	发明
6	用于寒冷地区隧道冻害防治的防冷隔温层	ZL200420041697.9	实用新型
7	用于OGFC的复合改性沥青及其制备方法	ZL200510112315.6	发明

续上表

序号	名　　称	专　利　号	专利类型
8	一种建造挡土墙的方法及该方法所用挡土块	ZL200510117473.0	发明
9	对称悬丝式混合料收缩/膨胀测定仪	ZL200520079450.0	实用新型
10	沥青混合料加速加载试验仪	ZL200520078598.2	实用新型
11	一种排水用钢质管	ZL200520105937.1	实用新型
12	真空预压用排水板、真空管连接接头	ZL200620068366.3	实用新型
13	软基处理用一体化土工格栅	ZL200620074598.X	实用新型
14	公路用疏浚泥陶粒水泥混凝土及制备方法	ZL200710015157.1	发明
15	橡胶颗粒沥青混凝土路面的施工方法	ZL200710144448.0	发明
16	深厚土石混合体棘爪式爆破锚固装置	ZL200710178763.5	发明
17	轻质挡土墙及其施工方法	ZL200710003384.2	发明
18	一种沥青路面反射裂缝扩展模拟试验装置	ZL200710019147.5	发明
19	竖向预应力锚索抗滑桩滑坡防治施工方法	ZL200710051017.X	发明
20	一种柔性对接卡箍	ZL200720102481.2	实用新型
21	中波钢波纹管	ZL200720102625.4	实用新型
22	可升降公路防撞护栏立柱	ZL200720097442.8	实用新型
23	高度可调节公路防撞护栏	ZL200720097443.2	实用新型
24	高黏度沥青改性剂及其制备方法	ZL200810207297.3	发明
25	轮胎对地压力动态分实时测量装置	ZL200820153268.9	发明
26	一种挡土块及采用该挡土块垒放挡土墙的方法	ZL200810119927.1	发明
27	增压真空预压固结处理软土地基/尾矿渣/湖泊淤泥的方法	ZL200810156787.5	发明
28	立式土工格栅	ZL200810100611.8	发明
29	一种边坡超前支护主动减压结构及其构造方法	ZL200810069300.X	发明
30	巨厚层滑坡预应力锚索抗滑隧道施工方法及防治新结构	ZL200810147991.0	发明
31	多角度路面结构层剪切试验模具	ZL200820221652.8	实用新型
32	复合路面技术治理软基道路病害研究	ZL200820106466.X	实用新型
33	一种公路路面薄层结构	ZL200910175446.7	发明
34	公路防水抗裂层	ZL200910175445.2	发明
35	一种测定公路基层材料最大干密度的试验方法	ZL200910021412.2	发明
36	模拟现场碾压效果的公路基层材料圆柱体试件制备方法	ZL200910219065.4	发明
37	一种温拌环氧沥青材料及其制备方法	ZL200910247718.X	发明
38	一种高黏高弹性沥青改性剂及其制备方法	ZL200910063309.4	发明
39	一种应用于半柔性路面的橡胶——水泥灌浆材料	ZL200910272806.5	发明
40	一种从圆柱状岩土材料试样中制取环状试件的方法	ZL200910023408.X	发明
41	淤泥固结用排水板及滤布和排水板芯	ZL200910181702.3	发明
42	基于混沌动力学理论的在役桥梁安全评估的方法	ZL200910191290.1	发明

续上表

序号	名　称	专　利　号	专利类型
43	利用压力差测量挠度/位移线形的装置及方法	ZL200910191619.4	发明
44	淤泥固结用插板装置	ZL200910181703.8	实用新型
45	一种剪切疲劳测试仪	ZL200920274851.X	实用新型
46	旧路面提升改造的路面结构	ZL200920254527.1	实用新型
47	一种间接拉伸强度测试仪	ZL200920245313.8	实用新型
48	一种剪切疲劳测试仪	ZL200920274851.X	实用新型
49	WTS转体斜拉桥称重试验系统软件	2009SR034458	软件著作
50	太阳能与土壤源热能结合的道路融雪系统	ZL201010299695.X	发明
51	橡胶沥青应力吸收层用混合料及其制备方法与应用	ZL201010225582.5	发明
52	路面基层抗冲刷性能测试设备	ZL201010126303.X	发明
53	玄武岩纤维输送设备	ZL201020615417.6	实用新型
54	一种碎石整形成套设备	ZL201020508952.1	实用新型
55	一种热塑体弹性体其制备方法和用途以及一种复合改性沥青混合料及制备方法	ZL201010166308.5	发明
56	一种平板式磨光机	ZL201010281716.5	发明
57	跨河桥一般冲刷实时预报数值方法	ZL201010538960.5	发明
58	一种桥墩局部冲刷观测系统	ZL201010548155.0	发明
59	太阳能与土壤源热能结合的道路融雪系统	ZL201010299695.X	发明
60	一种测量冰与路面黏结力试验设备及方法	ZL201010563360.4	发明
61	一种经济耐久型沥青路面倒装结构	ZL201020132551.0	实用新型
62	紧急避险车道辅助设计系统V1.0	2010SR007066	软件著作
63	复合沥青改性剂、复合改性沥青以及其制备方法	ZL201110308526.2	发明
64	一种除冰抗、抗滑、降噪沥青路面材料的制备方法	ZL201110279295.7	发明
65	一种级配碎石直剪试验的数值模拟方法	ZL201110088397.0	发明
66	一种级配碎石CBR数值试验方法	ZL201110087521.1	发明
67	一种级配碎石细观力学模型构建及微力学参数标定的方法	ZL201110096878.6	发明
68	一种超压真空密实软地基处理方法	ZL201110006909.4	发明
69	一种真空横向排水软地基处理方法	ZL201110006896.0	发明
70	加宽路基全断面沉降观测方法	ZL201110423338.4	发明
71	一种摩擦系数测试设备	ZL201110426755.4	发明
72	充气式便携路锥	ZL201120240054.7	发明
73	一种挂篮前行推进装置	ZL201120028425.5	实用新型
74	一种可变向挂篮轮式走形系统	ZL201120085623.5	实用新型
75	浮力自动启闭单向排水装置	ZL201120087071.1	实用新型
76	基于动荷载的道路材料强度参数测定仪	ZL201120556896.3	实用新型
77	一种真空横向排水装置	ZL201120009864.1	实用新型

续上表

序号	名　称	专利号	专利类型
78	便携式路基施工质量测试仪	ZL201120550544.7	实用新型
79	一种研究沥青混合料剪切性能的试验装置	ZL201120472015.X	实用新型
80	一种改进的动态剪切流变仪夹具	ZL201120426376.0	实用新型
81	沥青混凝土动态模量测试装置	ZL201120472035.7	实用新型
82	一种土工布顶破强力试验的顶压杆	ZL201120469389.6	实用新型
83	公路桥梁定期检查系统V1.0	2011SR032677	软件著作
84	路面层间黏结强度检测仪	ZL201210056806.3	发明
85	用于细粉砂路堤加宽的边坡注浆浆液的制备方法	ZL201210261052.5	发明
86	一种基于双L形梁的光纤光栅土压力传感器	ZL2012104319793.3	发明
87	沥青混合料成型方法	ZL201210254624.7	发明
88	沥青路面多层组合结构混合料抗车辙性能的检测方法	ZL201210470427.9	发明
89	用于粉细砂路堤加宽的边坡注浆浆液的制备方法	ZL201210261052.5	发明
90	一种智能型读数仪	ZL201220168435.3	实用新型
91	基坑无线自动化监测装置	ZL201220022177.6	实用新型
92	一种自发光标志标线涂料的和易搅拌装置	ZL201220749826.4	实用新型
93	软基处理工程中真空预压设备用接头	ZL201220138832.6	实用新型
94	一种桩复合地基	ZL201220667901.2	实用新型
95	一种自发光标志标线涂料的和易搅拌装置	ZL201220749826.4	实用新型
96	一种钢筋连接套筒	ZL201220020468.3	实用新型
97	桥渡压缩河段冲刷数值计算软件V1.0	2012SRBJ0719	软件著作
98	避险车道集料摩擦系数测试系统	ZL201310080429.1	发明
99	利用矿物掺合料的弹性模量进行混凝土徐变主动控制方法	ZL201310524257.2	发明
100	拉绳式测速仪	ZL201310081203.3	发明
101	冲锤式集料特性测量仪	ZL201310080615.5	发明
102	背负式融雪剂撒布车	ZL201310082009.7	发明
103	一种废旧道路沥青再生剂及制备方法	ZL201310296719.X	发明
104	一种植物型沥青再生剂及制备方法	ZL201310298557.3	发明
105	一种长联桥梁加宽拼接结构及其施工方法	ZL201310480479.9	发明
106	一种带开孔钢板的铰缝构造及其施工方法	ZL201310480848.4	发明
107	一种检测路面压实效果的装置和方法	ZL201310552614.6	发明
108	装配组合式多点沉降观测装备	ZL201320615255.X	实用新型
109	一种中空注浆锚杆用充气注浆式止浆塞	ZL201320024487.8	实用新型
110	一种应用于高速公路的车辆行驶路径识别装置	ZL201320503214.1	实用新型
111	高速公路软土层桩复合地基	ZL201320070214.7	实用新型
112	新型多聚磷酸聚合物改性沥青技术研究	ZL201320020944.6	实用新型

续上表

序号	名 称	专 利 号	专利类型
113	高速公路软土层桩复合地基	ZL201320070214.7	实用新型
114	背负式融雪剂撒布车	ZL201320116793.4	实用新型
115	伸缩缝施工专用快装路面板	ZL201320116964.3	实用新型
116	混凝土路面整平仪	ZL201320590859.3	实用新型
117	一种收费亭	ZL201320264716.3	实用新型
118	一种可读式一体化沉降仪	ZL201320608695.2	实用新型
119	装配组合式多点沉降观测装备	ZL201320615255.X	实用新型
120	公路钢桥用超声波检测装置	ZL201320129643.7	实用新型
121	振动压路机的信息采集装置	ZL201320724537.3	实用新型
122	适用于硬地基的高速公路标牌固锁装置	ZL201320452032.6	实用新型
123	适用于软地基的高速公路标牌固锁装置	ZL201320452051.9	实用新型
124	波形钢腹板成型系统	ZL201320516801.4	实用新型
125	钢箱式组合梁箱体生产线用分料转运系统	ZL201320516803.3	实用新型
126	装配式钢箱复合梁的波腹板及底箱的组合装配系统	ZL201320516799.0	实用新型
127	装配式钢箱复合梁的组合装配系统	ZL201320516800.X	实用新型
128	装配式钢箱组合梁用底箱的加工系统	ZL201320516783.X	实用新型
129	装配组合式多点沉降观测装置	ZL201320615255.X	实用新型
130	脱模剂自动喷涂装置	ZL201320505421.0	实用新型
131	高速公路车辆多维特征识别系统 V1.0	2013SR060488	软件著作
132	高速公路交通信息管理系统 V1.0	2013SR065568	软件著作
133	随机车流-桥梁系统耦合振动分析软件 V1.0	2013SR019790	软件著作
134	公路桥梁双向车道随机车流模拟软件 V1.0	2013SR028697	软件著作
135	一种路基结构	ZL201410539848.1	发明
136	一种利用乡土草本植物绿化裸露坡面的方法	ZL201410740638.9	发明
137	路锥收放器	ZL201420234586.3	实用新型
138	基于LED灯的反射照明装置	ZL201420421559.7	实用新型
139	一种公路护栏加固装置	ZL201420468354.4	实用新型
140	一种打票机专用自动盖章机	ZL201420523857.7	实用新型
141	反光警示柱	ZL201420559604.5	实用新型
142	一种路拱横坡测量仪	ZL201420588204.7	实用新型
143	一种滑动护栏三角端	ZL201420603138.6	实用新型
144	一种路面结构层间黏结强度检测装置	ZL201420610095.4	实用新型
145	一种道路养护剂喷涂装置	ZL201420645795.7	实用新型
146	一种水泥砂浆试件用抗压夹具	ZL201420858708.6	实用新型
147	一种用于检测沥青路面黏结层鼓包的装置	ZL201420867280.1	实用新型

第五章
高速公路建设科技成果

续上表

序号	名　　称	专利号	专利类型
148	一种挤压式沥青路面铣刨料破碎筛分装置	ZL201420689566.5	实用新型
149	一种激光路拱横坡测量仪	ZL201420657148.8	实用新型
150	弯道行车安全警示系统V1.0	2014SR087883	软件著作
151	山区高速公路交通事件视频高精度检测系统V1.0	2014SR087884	软件著作
152	路桥工程水文计算系统软件V1.0	2014SRBJ0050	软件著作
153	特重车过桥动态可视化安全分析软件V1.0	2014SR011238	软件著作
154	桥梁静动载检测可视化分析软件V1.0	2014SR010976	软件著作
155	基于云光效应的照明系统	ZL201520067128.X	实用新型
156	混凝土道路护栏墙体及采用该护栏墙体的道路护栏	ZL201520110616.4	实用新型
157	一种沥青路面圆柱体试件层间加压剪切仪	ZL201520212488.4	实用新型
158	一种水泥混凝土离析程度评价装置	ZL201520317053.6	实用新型
159	高速公路防眩网安装结构	ZL201520324886.5	实用新型
160	高速公路护栏柱帽一体式轮廓标	ZL201520324960.3	实用新型
161	高速公路垃圾清扫车	ZL201521095012.3	实用新型
162	一种隧道钻孔用台式升降机	ZL201520518236.4	实用新型
163	一种隧道用自动喷雾除尘装置	ZL201520518237.9	实用新型
164	一种高速公路桥梁横置式排水管疏通装置	ZL201520725120.8	实用新型
165	高速公路桥梁泄水孔自锁防堵帽	ZL201520726658.0	实用新型
166	一种动力桥梁伸缩缝清理装置	ZL201520727152.1	实用新型
167	组装式钢制桥梁墩柱	ZL201520078484.1	实用新型
168	一种软弱地质条件下隧道中台阶拱脚加固装置	ZL201520955751.9	实用新型
169	一种稳定浅埋偏压隧道洞口的防护结构	ZL201520956891.8	实用新型
170	公路用景观混凝土护栏	ZL201530046428.5	外观设计
171	隧道围岩参数反分析软件V1.0	2015SR280573	软件著作
172	复杂地质条件下隧道结构断面优化设计系统V1.0	2015SR278759	软件著作
173	隧道安全及配筋计算系统V1.0	2015SR280558	软件著作
174	隧道围岩压力计算系统V1.0	2015SR278745	软件著作
175	伸缩缝清扫车	ZL201620243676.8	实用新型
176	一种车牌识别辅助补抓拍系统	ZL201620611612.9	实用新型
177	道路桥梁降噪声伸缩装置	ZL2016207709093.7	实用新型
178	道桥施工预应力锚具	ZL201620933168.2	实用新型
179	一种桥梁拉杆减震连接装置	ZL201621107944.X	实用新型
180	一种索桥钢缆端部固定连接装置	ZL201621107945.4	实用新型
181	道路反光警示标志瓷砖(箭头)	ZL201630149341.5	外观设计
182	道路反光警示标志瓷砖(斜面)	ZL201630149342.X	外观设计

三、国家及地方标准、工法

国家及地方标准、工法见表5-3-3。

地方标准统计表

表5-3-3

序号	名 称	标准/工法号	起 草 单 位
1	公路涵洞设计细则	JTG/T D65-04—2007	河北省交通规划设计院
2	公路桥涵多节三岔(DX)挤扩灌注桩技术规程	DB13/T 999—2008	河北省交通规划设计院,河北锐驰交通工程咨询有限公司,北京中岩地基基础技术有限公司
3	旋转压实剪切实验法(GTM)沥青混合料设计与施工技术规范	DB13/T 978—2008	河北省交通厅公路管理局,河北省道路结构与材料工程技术研究中心
4	冬季预制箱梁自动控温蒸汽养生施工工法	GGG(冀)C3050—2008	河北冀星高速公路有限公司,河北路桥集团有限公司
5	桥梁上部结构混凝土切割拆除施工工法	GGG(冀)C4051—2008	河北冀星高速公路有限公司,河北路桥集团有限公司
6	STRATA应力吸层施工工法	GGG(冀)B4022—2008	河北路桥集团有限公司
7	温拌沥青混合料施工技术指南	DB13/T 1014—2009	河北省道路结构与材料工程技术研究中心
8	高速公路养护工程质量检验评定标准	DB13/T 1018—2009	河北省公路工程质量监督站
9	废旧轮胎橡胶沥青混合料技术标准	DB13/T 1013—2009	河北道路结构与材料工程技术研究中心,交通部公路科学研究院,河北海泰环保材料有限公司
10	流态水泥粉煤灰台背回填施工工法	GGG(冀)A1001—2009	邢台路桥建设总公司
11	石灰粉煤灰稳定砂路拌施工工法	GGG(冀)B1030—2009	邢台路桥建设总公司
12	温拌沥青混合料施工工法	GGG(冀)B3040—2009	河北路桥集团有限公司
13	水泥粉煤灰碎石桩(CFG桩)施工工法	GGG(冀)A2014—2009	河北路桥集团有限公司
14	双层摊铺机摊铺沥青路面施工工法	GGG(冀)B3039—2009	河北路桥集团有限公司
15	OGFC排水式沥青混凝土路面施工工法	GGG(冀)B4048—2009	河北路桥集团有限公司
16	公路工程聚酯玻纤布施工工法	GGG(冀)B5152—2009	河北路桥集团有限公司
17	高墩液压自爬模施工工法	CG 10067—2010	河北路桥集团有限公司,河北燕峰路桥建设有限公司
18	高压旋喷桩施工工法	CG 10068—2010	河北路桥集团有限公司
19	滑模摊铺水泥混凝土路面应用DBI装置施工工法	CG 10065—2010	河北路桥集团有限公司

第五章 高速公路建设科技成果

续上表

序号	名　　称	标准/工法号	起草单位
20	桥梁桩基扩灌注桩施工工法	GGG(冀)C1062—2010	河北广通路桥工程有限公司,河北省交通规划设计院,北京中阔地基基础技术有限公司
21	公路路基煤矸石填筑应用技术指南	DB13/T 1382—2011	邯郸市青红高速公路管理处,长安大学
22	公路路面多孔石改性水泥混凝土基层施工技术规程	DB13/T 1419—2011	邢台市交通运输局,邢台路桥建设有限公司
23	公路融雪剂	DB13/T 1411—2011	河北省道路结构与材料工程技术研究中心,河北省交通运输厅公路管理局
24	公路防水抗裂层施工工法	GGG(冀)B3—2011	邢台路桥建设总公司
25	沥青路面雾封层养护施工工法	GGG(冀)C4102—2011	河北路桥集团有限公司,浙江天宇交通建设有限公司
26	夯实水泥土桩处理软弱基施工工法	GGG(冀)B1026—2011	河北路桥集团有限公司,河北燕峰路桥建设有限公司
27	强夯置换片石处理软弱地基施工工法	CG 11060—2011	河北路桥集团有限公司,浙江天宇交通建设有限公司
28	单幅全宽一次浇筑桥面铺装施工工法	CG 11056—2011	河北路桥集团有限公司,承德路桥建设总公司
29	级配碎石顶面透油层施工工法	CG 11057—2011	河北燕峰路桥建设有限公司,浙江天宇交通集团建设有限公司
30	流态粉煤灰水泥混合料施工技术指南	DB13/T 1510—2012	河北省交通规划设计院,河北省道路结构与材料工程技术研究中心,河北路桥集团有限公司
31	彩色树脂路面施工工法	GGG(冀)B3041—2012	邢台路桥建设总公司
32	公路沥青路面防水抗裂层设计施工技术规范	DB13/T 1506—2012	邢台路桥建设总公司
33	土力隧道大断面稳定围岩中超锁脚小导管四步支护施工工法	CG 12085—2012	河北路桥集团有限公司,河北燕峰路桥建设有限公司
34	桥梁伸缩装置快速更换施工工法	GGG(冀)F2182—2012	河北路桥集团有限公司,浙江天宇交通建设有限公司
35	高速公路扩改建工程岩塞路基拼宽施工工法	CG 12096—2012	河北路桥集团有限公司,浙江天宇交通建设有限公司
36	连续刚构桥高墩边跨现浇段悬臂托架施工工法	CG 12094—2012	河北路桥集团有限公司,河北燕峰路桥建设有限公司
37	桥梁扩盘挤孔灌注桩施工工法	CG 12093—2012	河北路桥集团有限公司,河北燕峰路桥建设有限公司
38	玄武岩纤维SMA改性沥青路面施工工法	CG 12098—2012	河北路桥集团有限公司,河北燕峰路桥建设有限公司
39	隧道仰拱移动模架分段快速施工工法	CG 112097—2012	河北路桥集团有限公司,河北燕峰路桥建设有限公司
40	弹塑性防落梁球型钢支座技术条件	DB13/T 1717—2013	丰泽工程橡胶科技开发股份有限公司,同济大学桥梁系
41	桥梁预制梁承载能力检测评定规程	DB13/T 1749—2013	河北道桥工程检测有限公司

续上表

序号	名 称	标准/工法号	起 草 单 位
42	公路路基、路面探地雷达检测规程	DB13/T 1750—2013	河北道桥工程检测有限公司
43	公路桥面环氧沥青混凝土铺装施工技术规程	DB13/T 1789—2013	河北省高速公路管理局,河北省交通运输厅公路管理局,河北省高速公路赤筹建处,河北省高速公路邢汾建设处
44	公路多孔改性水泥混凝土基层沥青路面设计规范	DB13/T 1790—2013	邢台路桥建设总公司
45	公路路面基层振动成型施工技术规程	DB13/T 1791—2013	河北省高速公路管理局,河北省交通运输厅公路管理局
46	公路排水渗井系统设计与施工技术规范	DB13/T 1792—2013	河北省高速公路衡大管理处,东南大学,河北省地矿局石家庄综合地质大队
47	公路排水式沥青面层组合利旧路面养护改善工程设计施工技术规范	DB13/T 1834—2013	邢台路桥建设总公司
48	公路过渡段卧板组合设计施工技术规范	DB13/T 1835—2013	邢台路桥建设总公司
49	硬岩地层无振动组合取芯桩基成孔施工工法	HBGF 021—2013	河北路桥集团有限公司
50	预制梁板固定台座模具钢筋绑扎施工工法	HBGF 110—2013	河北路桥集团有限公司
51	特长公路隧道阻燃温拌沥青路面施工工法	HBGF 023—2013	河北路桥集团有限公司
52	双浆液注浆路面病害治理施工工法	HBGF 109—2013	河北路桥集团有限公司
53	公路沥青路面乳化沥青冷再生施工技术规范	DB13/T 2020—2014	河北省道路结构与材料工程研究中心,河北省交通运输厅公路管理局,美德维实伟克(中国)投资有限公司
54	公路工程沥青混合料热物理参数测试规程	DB13/T 2021—2014	石家庄市交通运输局,河北省交通运输厅公路管理局,河北省高速公路邢汾管理处,河北省道路结构与材料工程研究中心
55	公路建设工程清单计价规则	DB13/T 2057—2014	河北省交通运输厅基建处,河北省公路工程定额站
56	高性能水泥混凝土施工技术规程	DB13/T 2101—2014	承德市交通运输局
57	ESMA 路面施工技术规范	DB13/T 2102—2014	承德市交通运输局
58	公路工程水文勘测设计规范	JTG C30—2015	河北省交通规划设计院,中交第一公路勘察设计研究院,四川省公路规划勘察设计研究院,广东省公路勘察规划设计院股份有限公司
59	废轮胎橡胶颗粒自除冰沥青路面技术指南	DB13/T 2193—2015	河北省交通规划设计院,河北省道路结构与材料工程技术研究中心,河北路桥集团有限公司
60	桥涵混凝土腐蚀病害修复与防护工程技术规程	DB13/T 2194—2015	河北省交通规划设计院,河北省高速公路黄石管理处
61	高速公路智能管理与服务系统技术规范	DB13/T 2202—2015	河北省高速公路管理局指挥调度中心,交通运输部公路科学研究院,北京交科公路勘察设计研究院有限公司

四、科技论文

主要科技论文见表 5-3-4。

主要科技论文统计表

表 5-3-4

序号	题 目	期 刊 名	时间/索引号
1	设中间带公路的超高及其计算	华东公路	1988.06
2	复合型缓和曲线分析	中国科学技术文库	1998.01
3	重载沥青路面研究	西安公路交通大学学报	1998.04:9-12
4	重载水泥混凝土路面研究	中国公路学报	1999.01:16-22
5	高等级公路线形有关问题探讨	中国综合运输体系发展全书	1999.06
6	含砂低液限粉土填筑路基压实机理及施工技术研究	中国公路学报	2000.04:14-17
7	加固的含砂低液限粉土收缩性能研究	建筑材料学报	2000.04:335-339
8	矿料级配对沥青混合料路用性能的影响	长安大学学报	2002.06:1-4
9	新型桥墩局部冲刷研究	中国铁道科学	2002.03:101-105
10	大粒径沥青混合料组成的结构研究	土木工程学报	2004.07:59-63
11	沥青混合料粉胶比	长安大学学报	2004.05:7-10
12	纤维沥青混合料用性能	长安大学学报	2004.02:1-6
13	Superpave 沥青规范对改性沥青的适用性	长安大学学报	2004.01:9-11
14	台阶式加筋土挡土墙设计方法的研究	岩石力学与工程学报	2004.04:695-698
15	沥青老化性能评价方法	交通运输工程学报	2005.01:1-5
16	纤维和矿粉对沥青胶浆性能的影响	长安大学学报	2005.05:15-18
17	加筋土挡土墙水平位移研究	岩石力学与工程学报	2005.07:1248-1252
18	采沙河床桥墩冲刷研究	水利学报	2005.07:835-839
19	工程地质力学及其应用中的若干问题	岩石力学与工程学报	2006.06:1125-1140
20	成岩地质体的初始应变能状态及其对开挖引起位移场的影响	岩石力学与工程学报	2006.12:2467-2474
21	土工格栅界面摩擦特性试验研究	岩土工程学报	2006.08:948-952
22	高速公路路基填料承载比影响因素研究	岩土工程学报	2006.01:97-100
23	公路隧道二次衬砌厚度的优化	交通运输工程学报	2006.03:68-72

续上表

序号	题 目	期 刊 名	时间/索引号
24	路用沥青混合料中矿粉亚甲蓝试验	长安大学学报	2007.03:5-8
25	公路隧道工程建设质量管理	长安大学学报	2007.02:63-66
26	沥青混合料用矿粉性能指标研究	中国公路学报	2008.04:6-11
27	沥青胶浆黏度特性研究	交通运输工程学报	2008.02:49-52+64
28	鸳鸯梁隧道初次支护评价的新方法	岩土力学	2008.01;130-134+139
29	塑料土工格栅拉伸特性试验研究	岩土力学	2008.09:2387-2391
30	一种高弹沥青面层抗反射裂缝能力试验研究	同济大学学报	2008.12;1647-1651
31	长寿命路面沥青混合料疲劳极限研究	中国公路学报	2009.01;34-38
32	橡胶颗粒沥青混合料除冰雪性能的影响因素	建筑材料学报	2009.06;672-675
33	粗集料表面纹理粗糙度的分析测量和描述	哈尔滨工业大学学报	2009.11;85-89
34	滚石冲击碰撞恢复系数研究	岩土力学	2009.03;623-627
35	粉煤灰掺量和水胶比对高性能混凝土徐变性能的影响及其机理	土木工程学报	2009.12;76-82
36	水泥稳定碎石强度影响因素	长安大学学报	2010.04:1-7
37	聚丙烯纤维增强水泥稳定碎石基层材料的抗冲刷性能	建筑材料学报	2010.02;263-267+276
38	橡胶沥青混合料高温稳定性影响因素研究	同济大学学报	2010.07;1023-1028
39	基于未确知测度理论的高等级公路交通安全评价	同济大学学报	2010.07;1012-1017
40	土工格栅加筋石灰土挡墙工程特性试验研究	岩土工程学报	2010.12;1904-1909
41	沥青路面下封层应力学响应及抗剪强度试验	中国公路学报	2010.04;20-26
42	公路建设项目目标持续性评价研究	中国公路学报	2010.02;248-251
43	货车制动在公路长大下坡安全研究中的应用	哈尔滨工业大学学报	2010.04;656-659
44	胶结-膨胀复合型固化剂不同固化效果的原则探讨	岩土工程学报	2011.03;420-426
45	一种新型固化材料固化滨海氯盐渍土的试验研究	岩土工程学报	2011.08;1240-1245
46	玄武岩纤维增强沥青混凝土弯拉与疲劳性能研究	交通运输工程与信息学报	2011.02;115.121.
47	太阳能-土壤源热能耦合道路融雪系统能性能的研究	太阳能学报	2011.09;1391-1396
48	季节性冰冻池地区路基温度场分析规律	哈尔滨工业大学学报	2011.08;98-102
49	级配碎石力学性能的颗粒流数值模拟方法	同济大学学报	2011.05;699-704
50	跨河桥梁压缩冲刷数值模拟研究	中国铁道科学	2011.05;43-49

续上表

序号	题 目	期 刊 名	时间/索引号
51	复杂条件下隧道断面形状和支护参数优化	岩土力学	2011.S1:725-731
52	橡胶沥青混合料SAC-13级配空隙率变化分析	同济大学学报	2012.05:685-690
53	高速铁路线路工程安全监测系统构建	土木工程学报	2012.S2:59-63
54	隧道出入口平面线形一致性	同济大学学报	2012.04:553-558
55	矿料强强挤复架实密级配的PFC2D数值试验研究	华南理工大学学报	2012.02:92-98+103
56	SD振子的设计及非线性特性实验研究初探	力学学报	2012.03:584-590
57	设置过渡层的半刚性基层沥青路面的合理结构	长安大学学报	2012.04:25-30
58	软弱围岩隧道施工中拱脚稳定性及其控制技术	岩石力学与工程学报	2012.S1:2729-2737
59	Wind-induced performance of long-span bridge with modified cross-section profiles by stochastic traffic	Engineering Structures	2012.47:464-476
60	PP纤维自密实混凝土早期强度性能及断裂性能	华中科技大学学报	2013.03:115-121
61	墩周绕流对抛石落距的影响	水利学报	2013.02:232-237
62	基于车-桥耦合振动理论的移动荷载识别	中国公路学报	2013.01:74-86
63	Fiber Bragg grating soil-pressure sensor based on dual L-shaped levers	Optical Engineering	2013.52(1):014403-1-014403-5
64	公路软基过渡段车辆振动特性影响因素	长安大学学报	2014.04:45-51
65	基于长期监测的特重车交通荷载特性及动态过桥分析	中国公路学报	2014.02:54-61
66	高烈度活断层地区隧道结构抗震的综合措施	中国铁道科学	2014.06:55-62
67	Prediction study on mechanical and thermodynamic properties of orthorhombic $MgSiO_4$ under high temperature	PHYSICAL B-CONDENSED MATTER	2014.449:95-103
68	Analysis of the shear lag effect of cantilever box girder	Engineering Review	2014.34(3):197-27
69	Distributed ATMD for Buffeting Control of Cable-Stayed Bridges Under Construction	International Journal of Structural Stability and Dynamics	2015
70	富水角砾岩岩溶隧道综合加固效应及基底稳定分析	中国铁道科学	2015.04:60-66
71	地震作用下隧道衬砌背后空洞影响机制研究	中国铁道科学	2015.09:79-84
72	Temperature distribution analysis of high-speed railway roadbed in seasonally frozen regions based on empirical model	Cold Regions Science and Technology	2015.114:61-72
73	Effect of curing temperature on creep behavior of fly ash concrete	Construction and Building Materials	2015.96:326-333
74	严寒地区高速铁路基稳定性长期监测研究	铁道工程学报	2015.(01):22-26+128
75	竖井送排式通风隧道火灾温度分布特征模型试验研究	土木工程学报	2015.S1
76	Effect of fiber types on creep behavior of concrete	Construction and Building Materials	2016.105:416-422

五、获奖课题

河北省高速公路省科技进步奖目录见表5-3-5，中国公路学会科学技术奖目录见表5-3-6。

河北省高速公路省科技进步奖目录

表5-3-5

序号	研究时间	项目名称	完成单位	项目完成人	等级
1	2002.03~2010.12	土工格栅加筋土结构关键技术研究与应用	石家庄铁道大学、河北科技大学、河北省交通规划设计院、青岛旭域土工材料股份有限公司、江苏优凝舒布洛克建材有限公司	杨广庆、王锡朝、刘桂霞、程卫国、刘廷吉、管振祥、吕鹏、刘伟、王子鹏、高进科	一等奖
2	2006.03~2009.12	河北省提高高速公路沥青路面使用性能关键技术研究	河北省交通规划设计院、河北省高速公路管理局、河北省高速公路系承建处	王国清、杜群乐、刘桂君、刘中林、王书斌、王联芳、王庆凯、高民欢、张志毅、罗立红	一等奖
3	2008.01~2014.01	高速公路沥青路面长期监测系统及动力学行为研究及应用	石家庄铁道大学、河北省高速公路衡大管理处、河北省高速公路系承建处	陈恩利、马增强、司春棣、廖济神、严成友、路永健、李皓玉、杨绍普、王扬、赵建周	一等奖
4	2008.01~2015.12	严寒地区交通基础设施状态监测与安全控制关键技术研究	石家庄铁道大学、重庆交通大学、中国科学院水利部成都山地灾害与环境研究所、上海华测创时测控科技有限公司	赵维刚、周建庭、杜彦良、孙宝臣、张玉芝、何思明、王新敏、张文涛、张贵忠、郑丹	一等奖
5	2011.01~2015.11	高烈度区复杂地层条件茅坪山隧道稳定性控制技术研究	石家庄铁道大学、中铁十七局集团第三工程有限公司、河北交通职业技术学院	朱正国、王道远、朱永全、曹会芹、袁金秀、李文江、张卫国、孙明磊、李新志、韩现民	一等奖
6	2012.09~2013.09	平原区耐久型高速公路基路面修筑关键技术	河北省高速公路青银管理处、石家庄铁道大学、河北省高速公路管理局、江苏鑫泰岩土科技有限公司	刘中林、杨广庆、高民欢、齐彦锁、金亚伟、张景堂、刘凤妮、田文、杨生伟、周亦涛	一等奖
7	2000.05~2003.05	青银高速公路冀鲁界至石家庄段行洪通道规模优化研究	河北省水利水电第二勘测设计院、河北省交通规划设计院、河北省青银高速公路管理处	何书会、赵立敏、杨艳玲、刘奇、赵彦东、孙乐合、旭其良	二等奖

第五章 高速公路建设科技成果

续上表

序号	研究时间	项目名称	完成单位	项目完成人	等级
8	2001.08~2004.12	山岭道路路基地质灾害整治技术研究	保定保通勘察设计有限责任公司,河北省交通厅公路管理局,石家庄铁道学院	李跃英,杜祥乐,杨广庆,李晓会,张保俭,吴海波,赵玉,蒋绍云,杜学玲,孙素荣,张宏昆,王志斌,卢建飞	二等奖
9	2001.12~2007.03	废旧轮胎橡胶粉路道应用成套技术研究	河北省高速公路管理局,河北省交通厅公路管理局,交通部公路科学研究院,沧州市高速公路建管处	王国清,杜祥乐,王旭东,刘俊德,刘峥,王普清,路凯冀,康彦民,王运芳,李美江	二等奖
10	2002.10~2006.08	路基压实质量无损检测新技术研究	河北省石黄高速管理处,邢台市交通局	李少波,张献民,赵永飞,朱志刚,许祥顺,徐淑云,李小刚	二等奖
11	2004.05~2008.02	公路隧道围岩精细分级与动态优化设计	河北省交通厅基建管理处,德京承高速公路建设管理处,中国科学院地质与地球物理研究所	潘晓东,戴为民,于凤江,李晓,江玉生,静天文,王金学,董树国,刘鸿会,李作佰	二等奖
12	2004.12~2010.12	高性能沥青混合料路面成套技术	邢台市高速公路管理处,东南大学,河北省交通规划设计院	张启云,倪富健,秦稼生,陈新军,谭振东,齐耀文,罗立红,刘桂君	二等奖
13	2005.02~2009.02	公路大孔径波纹钢管涵技术研究	河北省交通运输厅公路勘察设计研究院有限公司,河北省第一公路勘察设计研究院,承德市公路工程管理处,衡水益通金属制品有限公司	张宏君,赵卫国,王金学,孙伯文,李祝龙,李海军,王艳丽,李万峰,刘百来,刘洪林	二等奖
14	2005.07~2007.10	河北省沿海软土地区堤载下刚性桩复合地基理论与应用研究	河北工业大学,河北省交通规划设计院	刘春原,杨春凤,吴端祥,唐秀明,王云平,徐东强,蔡伟红,孙吉书,刘明泉	二等奖
15	2006.07~2011.01	长寿命新型多孔透水性基层材料路面结构	河北省高速公路衡大段筹建处,中国人民解放军总参谋部南京科技创新工作站,邢台路桥建设总公司	陈君朝,李来京,李志刚,蔚红彬,颜春水,马琳,张仲帅	二等奖

续上表

序号	研究时间	项目名称	完成单位	项目完成人	等级
16	2007.05~2012.06	山区高速公路交通安全保障关键技术	河北省邢汾高速公路筹建处,同济大学	康彦民,赵文忠,王俊骅,李作恒,马泽铭,靳进钊,王丙兴,张军锡,方守恩,杨修	二等奖
17	2008.01~2010.12	复杂地区高等级公路土工结构物可靠性设计理论研究	河北工业大学,河北省交通规划设计院	刘春原,母焕胜,朱冀军,潘孝礼,乔存学,王丙兴,郭抗美,梅雪花,孙立安,陈静	二等奖
18	2009.06~2012.12	橡塑合金沥青改性剂及其路用关键技术	河北省高速公路沧汾管理处,交通运输部公路科学研究所	李作恒,赵文忠,曹东伟,王丙兴,孙宏军,李峰,杨正军,张海燕,冀伟,吴小维	二等奖
19	2010.06~2015.09	京港澳高速公路(河北段)改扩建工程三维激光扫描技术应用研究	河北省高速公路管理局,河北省高速公路石安改扩建筹建处,中交第二公路勘察设计研究院有限公司	康彦民,高民欢,郑瑞君,陈君朝,陈楚江,崔志勇,李慧珍	二等奖
20	2012.01~2016.02	重载交通动态过桥可视化仿真、结构安全风险评价与对策技术研究	河北冀通路桥建设有限公司,长安大学	李彦伟,韩万水,赵永桢,赵付安,杜昔乐,武隽,王涛	二等奖
21	1994.04~1994.06	公路桥梁管理系统推广应用	张家口市交通公路管理处	乔卫国,刘福兰,王久和,岑丙桓,杨丙龙	三等奖
22	1994.07~1997.08	乳化沥青水泥混凝土半刚性面层路面研究	河北工业大学,河北邯郸市交通局,天津市道路桥梁管理处	李国强,魏连雨,李长秀,蒋志仁,吴记坤,金建平	三等奖
23	1994.10~1995.09	乳化沥青常温混合料应用技术研究	唐山市交通局,丰南市交通局,唐山市公路管理处	汤新建,贾荣秀,肖振英,朱英智,杨荣博,刘博,周建民,何建国,王丽泽	三等奖
24	1995.01~1997.10	中小桥涵参数化CAD系统	河北省交通规划设计院	张志伟,李恒旺,崔志勇,邓伟,王京芳,贾胜勇,刘喜平,陈佩茹	三等奖

第五章 高速公路建设科技成果

续上表

序号	研究时间	项目名称	完成单位	项目完成人	等级
25	1995.01~1998.09	粉煤灰在筑路中的综合应用	河北省交通厅,河北省高速公路石安管理处,河北省交通规划设计院	张全,杨国华,李玉华,魏正义,戴国仲,张宏君,焦永顺,王普清,张宝祥,齐彦锁,廖济枰,张锁练,张振林,王绥山,邢树春	三等奖
26	1996.01~1998.12	高填方路基的沉降速度分析与稳定性研究	张家口市交通局公路管理处,张家口市第一公路工程公司	王高勇,王建国,杨宝会,武端,李忠玉,吴登瑞,叶成海,杨宽	三等奖
27	1996.10~1999.02	用粉煤灰水泥流态处理路基坑回填	河北省交通科学研究所,河北省高速公路石黄管理处	刘桂君,王联芳,马立峰,刘中林,王万福,王庆凯,田文	三等奖
28	1997.01~1999.10	河北省高等级公路建设管理决策支持系统研究	东南大学,河北省交通引资办公室,河北冀星高速公路有限公司	王炜,张祖龙,武勇,赵宝平,张文芳,邓卫,吴绍龙,梁文斌,李文权,马文栋	三等奖
29	1997.03~1999.11	桥面铺装及桥桥过渡段修筑技术研究	唐山市交通局,长安大学,唐港高速公路建设指挥部	王江帅,胡长顺,杨荣博,唐秀明,张占军,申远,刘福明,蒙旭光,贵增俭	三等奖
30	1997.12~2000.10	双预应力混凝土桥梁研究	河北省交通厅公路管理局,河北省承德市交通局,石家庄铁道学院,河北省滦平县交通局	李玉华,张志伟,齐彦锁,李进忠,张辉臻,王国清,刘红卫,张平杰,刘辉锁,刘永前,刘桂霞,张雪明,康彦民,范友毅,赵井彬,郑华昌	三等奖
31	1998.01~1999.05	注浆技术在高速公路软弱地基处理中的应用研究	河北省交通厅公路管理局,京秦高速公路廊坊建管处,宣大高速公路建管处	王国清,高民欢,李佑郎,丛保华,杨新洲,崔桂旺,王国洲,张志沛,李晓军,刘志中	三等奖
32	1998.03~2003.12	超重载路面结构研究	邯郸市交通局,长安大学,邯郸市交通局公路勘察设计院	李祥文,王选仓,徐江平,郝清莴,史恒志,姜宁,申文胜,任文清,郭文英,王苑国,侯荣国,张海斌,吴从树,白志刚	三等奖

续上表

序号	研究时间	项目名称	完成单位	项目完成人	等级
33	1998.04~1999.12	公路粉土填筑路基及底基层加固技术研究	邯郸市交通局,长安大学	李祥文,申爱琴,姜爱衣,郑南翔,宋新华,苏毅,何占军,马骁,赵增旺	三等奖
34	1998.05~1999.11	旧水泥混凝土路面加铺沥青层结构研究	唐山市交通局,西安公路交通大学,唐山市公路管理处,丰南市交通局	王江帅,胡长顺,杨荣博,李德军,曹东伟,何国建,钱兆光,王丽平,吴国旺,宋英智,肖振英,刘悦	三等奖
35	1998.08~2002.12	沥青路面抗裂技术研究	邯郸市交通局工程二处,长安大学,邯郸市交通局	沈付湘,申爱琴,李祥文,李炜光,王献虎,郑南翔,李月英,蒋庆华,孙宏玉,张宜洛,张书文,郝培文,高书堂	三等奖
36	1999.03~2003.12	几种野生植物的生物学特性在公路绿化中的应用研究	河北省交通厅公路管理局,河北石安高速公路管理处,沧州市公路管理处	张少飞,廖济坪,张显国,王志刚,李建军,赵淑萍,袁召良,吕风霞,姜立辉,张振户	三等奖
37	1999.09~2000.06	骨架大粒径沥青混合料组成设计与路用性能的研究	河北省青银高速公路筹建处,河北省石黄高速公路筹建处,长安大学	刘中林,刘庆民,田文,史建方,刘红英,李胜文,王富玉,陈忠达,种庚子,陈圆明	三等奖
38	2000.01~2002.05	沥青路面抗滑表层研究	唐山市交通局,长安大学,唐山市公路管理处	王江帅,胡长顺,杨荣博,蒙旭光,李锁哲,张争奇,赵成利	三等奖
39	2000.10~2002.11	水泥粉煤灰稳定级配碎石基层结构	张家口市交通局工程定额站,张家口市交通局公路工程管理处	梁志林,闫力支,胡东,王高勇,李树荣,孙强,高立新,徐哲文,仁贵明,苏川东,梁志顺,徐国民,张学平,张风玲,王建莉,白建军,孙佃海	三等奖
40	2001.01~2003.12	新型水泥改性剂研究	唐山北极熊特种水泥有限责任公司,唐山交通勘察设计院,中集建设集团混凝土工业公司	陈智丰,张振秋,赵林,王顺,朱元宝,侯作岭,陈桥,尚百雨	三等奖

第五章 高速公路建设科技成果

续上表

序号	研究时间	项目名称	完成单位	项目完成人	等级
41	2001.01~2003.12	寒冷地区隧道冻害防治技术研究	秦皇岛市交通局,秦皇岛市公路工程建设管理处,长安大学	杨昆,陈建勋,朱计华,张建勋,郝军洲,王德志,白新荣,樊立军,同志刚,顾安全,王永东,孟凡兴,郭拥军,叶飞	三等奖
42	2001.01~2003.12	重大公路建设项目投资决策与交通量预估方法研究	邯郸交通局,长安大学,邯郸市交通局交通勘察设计院	郝泽民,王运仓,李祥文,袁玉玲,石勇民,曾蔚,魏玉军,史小丽,刘芜祥,苏国全,姜静,武红娟,王洪波,赵桂娟,李洪彬	三等奖
43	2001.01~2004.12	公路桥梁加固改造对策及综合技术研究	河北省高速公路管理局,河北省交通厅公路管理局,长安大学	王国清,黄平明,刘柱国,陈万春,张增科,许汉铮,张国强,王蒂,刘立明,秦娟	三等奖
44	2001.03~2003.12	公路路面无损综合检测技术研究	石黄高速公路衡水支线项目建设处,河北省道路桥梁养护检测中心	王运芳,孟表柱,王立新,韩冬卿,刘聚仓,崔素敏,周荣华,贾东新,于洪泽	三等奖
45	2001.04~2007.10	公路隧道施工质量控制关键技术研究	河北省交通厅公路管理局,长安大学,承德市交通局,承德市公路工程管理处,河北省高速公路管理局	孙伯文,夏永旭,赵卫国,范有毅,王金学,王国清,朱计华,刘英杰,杨昆	三等奖
46	2002.01~2008.04	大粒径沥青混合料性能研究	河北省青银高速公路筹建处,长安大学,中交第一公路工程局有限公司	刘中林,郝培文,田文,刘红瑛,王俊谱,尹江华,史建方,张新宇,连佳机,高阜	三等奖
47	2002.04~2010.10	工业废渣低碳环保型公路修筑成套技术研究	邯郸市青红高速公路管理处,长安大学,北京中土赛科技开发有限公司	申文胜,崔金平,王运仓,孔保林,曹雪,余伟杰,田振刚,王朝辉,徐君风,郝震诚	三等奖
48	2002.12~2005.12	旧沥青路面冷再生基层技术标准研究	河北省交通厅公路管理处,河北工业大学,石家庄市公路管理处,河北省廊坊市公路管理处,邯郸市公路养护处	张增科,魏连雨,张国强,刘立明,李爱军,曹忠杰,张金荃,末长柏,李莉,陈朝霞,王献国,王建伟,孙忠伟	三等奖

续上表

序号	研究时间	项目名称	完成单位	项目完成人	等级
49	2003.01~2005.01	高性能沥青混合料技术研究	唐山市交通局,唐山市公路管理处,长安大学	王江帅,张争奇,汤建新,王建忠,李体生,刘福明,李锁哲,李乃强,袁迎捷	三等奖
50	2003.01~2005.12	公路信息化关键技术研究	沧州交通局公路管理处,河北工业大学	高九林,石培峰,顾军华,刘延东,牛存良,张长东,张建楠,党永明,张静,蒋文杰,张万成,韩亮,高冀峰,王志刚,程维江,王树栋	三等奖
51	2003.04~2004.11	高速公路路堤填料承载比试验及应用技术研究	河北省青银高速公路筹建处,石家庄铁道学院,河北道桥工程检测有限公司	高民欢,张连强,杨广庆,郭永辉,王书斌,张新宇,王生俊,张景堂,张保俭,王锡朝,徐磊,吕鹏,常军辉,丁军霞,杜学玲	三等奖
52	2003.04~2005.12	分布式光纤监测系统在桥梁工程中的应用研究	河北省青银高速公路筹建处,河北省交通厅项目办,河北省交通职业技术学院,总参南京科技创新工作站	刘中林,高民欢,齐蓉锁,张新宇,田文,李志刚,李清泉,马林,史建方,尚晓梅,赵启林,庞有师	三等奖
53	2003.07~2005.12	河北省高速公路监控设施数字化管理系统	河北省交通通信管理局,河北省公路管理局	左海波,程志恒,郭跃东,邓伟,石淑娟,张卫宇,张文斌,司现梅,李忠新,张海	三等奖
54	2003.10~2007.02	沥青胶浆与沥青混合料黏弹性研究	唐山市交通局,唐山市地方道路管理处,长安大学	杨荣博,王忠,王建忠,李洪林,张争奇,李体生,刘福明,张春青	三等奖
55	2004.01~2004.12	下穿重载高速公路箱形施工技术研究	邢台市高速公路管理处,邢台市路桥总公司	张启云,齐耀文,任红丽,李君,李玉振,郑又坤,马骅	三等奖
56	2004.01~2007.12	华北平原区不均匀软弱土夹层地基应力及变形特性研究	邢台市高速公路管理处,河北工业大学,河北科技大学,燕山大学	孙祥兆,常树君,张启云,窦远明,刘育东,曹海莹,齐耀文,陈梧华,柴江辉,孔令军	三等奖

续上表

序号	研究时间	项目名称	完成单位	项目完成人	等级
57	2004.01~2008.08	高速公路沥青路面抗滑表层与解决水破坏的研究	河北省交通厅,吉林大学,河北省高速公路管理处,河北省公路工程定额站青高速公路管理处,河北省公路衡大段筹建处	沙庆林,王富玉,刘中林,张新宇,史建方,尹江华,何敬蒲,王俊浦,任立锋,张勇	三等奖
58	2004.01~2008.12	柔性基层沥青路面设计参数和施工控制研究	河北省高速公路管理局,长安大学,河北省高速公路青银管理处,河北省公路工程定额站,中交第一公路工程局有限公司	郝培文,高民欢,张新宇,刘红瑛,史建方,王俊浦,马琳,尹江华,何敬晨,连佳机	三等奖
59	2004.01~2009.03	复合路面技术治理软基路道病害研究	河北保津高速公路有限公司,交通部公路科学研究院	孟繁宏,牛开民,王晓东,康振辉,赵健,孟会标,刘军锋,侯荣国,张冬梅,段贵安	三等奖
60	2004.01~2010.12	河北省公路工程造价管理系统研究	河北省公路工程定额站	张宝祥,赵庆果,于泽友,范志水,程志明,东,李晓璇,李卫国,杜稳平,李金棉	三等奖
61	2004.04~2006.12	滨海地区高速公路软土地基硬壳层工程特性及处理技术研究	河北省青银高速公路筹建处,石家庄铁道学院	蔡得凯,赵宏兴,邓海兵,王东海,王辉,吕鹏,周乔勇,张运会,王运芳,张保俭	三等奖
62	2004.04~2007.02	高速公路路基稳定性与变形控制技术研究	河北省青银高速公路筹建处,石家庄铁道学院,张新宇,河北省交通厅项目办	刘中林,杨广庆,高民欢,齐彦锁,张文格,吕鹏,张新宇,庞巍,刘凤妮,张保俭	三等奖
63	2004.06~2005.12	超薄沥青混凝土桥面铺装技术研究	邢台市高速公路管理处,河北工业大学,邢台市路桥总公司,哈尔滨同顺装饰材料制造有限公司	张启云,侯子义,任红丽,左文成,霍玉娴,孔令军,宋玉芹,刘素丽	三等奖
64	2004.08~2007.02	水泥混凝土道面脱空无损检测技术研究	邢台市公路工程管理处,中国民航大学	李少波,张献民,石文军,赵水飞,宋志刚,刘金杰,智大鹏	三等奖

续上表

序号	研究时间	项目名称	完成单位	项目完成人	等级
65	2004.08~2007.11	高速公路沥青路面车辙、水损害、裂缝等病害养护技术和对策研究	河北省高速公路管理局,河北保津高速公路有限公司,河北交通勘察设计研究院,河北道桥工程检测有限公司,河北廊涿高速公路筹建处	康雄伟,孟繁宏,王子鹏,刘彦光,杨泽众,史工革,王玉顺,崔桂旺,王联芳,金刚	三等奖
66	2004.09~2007.12	贫混凝土基层沥青路面抗裂结构研究	唐山市交通局,长安大学	王江帅,陈栓发,杨荣博,郑木连,唐秀明,申远,徐玉峰,陈向军,彭晓芳,史连哲	三等奖
67	2004.10~2009.12	长寿命半刚性基层沥青路面综合技术研究	河北省高速公路沿海管理处,河北省交通规划设计院	刘孔杰,康爱民,焦永顺,刘桂君,封晓黎,于建游,王庆凯,李爱军,丁荣国,曾俊平	三等奖
68	2005.01~2006.01	采空区地表沉陷对路基影响的研究	河北冀威公路工程咨询有限公司,中国地质科学院地质力学研究所,河北省交通厅项目办,河北省交通厅公路管理局	王兵,杨为民,陈君朝,张国栓,马秀君,尉红彬,戴忠华,吴树仁,张春山,刘景儒	三等奖
69	2005.01~2007.12	基于高温性能的沥青混合料成设计研究	唐山市交通局,长安大学	杨荣博,唐秀明,王春涛,张争奇,申远,徐玉峰,张春青,王春涛,李剑锋,陈华鑫,薛小刚	三等奖
70	2005.02~2007.11	半刚性基层沥青路面合理结构、整体性能和控制参数研究	河北省交通厅公路管理处,河北省道路开发中心,保定市交通建设监理公司,保定市公路工程质量监督站	杜群乐,宋金华,陈志勇,魏连雨,孙艳霞,田伟,崔志军,马士英,李进忠,王立涛	三等奖
71	2005.03~2007.11	高等级公路边坡防护及优化技术研究	沧州市交通局,河北省交通厅公路管理局,石家庄铁道学院,河北省交通厅公路管理局,铁路管理局	李铁强,李宝银,杨广庆,李俊德,张志华,杜群乐,张京波,常志明,张跃峰,孙为民	三等奖
72	2006.01~2006.11	高速公路公众出行服务信息系统	河北冀星高速公路有限公司,河北省高速公路管理局,河北省交通厅公路管理局	张秀山,李家然,苏敏江,尹创,王群彦,张文斌,李彦新	三等奖

第五章 高速公路建设科技成果

续上表

序号	研究时间	项目名称	完成单位	项目完成人	等级
73	2006.01~2007.08	高速公路线形安全性设计及评价	河北省大广高速公路京衡段筹建处,河北省道路开发中心,华南理工大学,广州市公路勘察设计有限公司,广东省公路勘察规划设计院有限公司	王万福,符锌砂,王宏义,吴勇佳,孙艳霞,朱娟,张韶波,王洪光,陈园明,高捷,池坤敏,曾义,赵寨先,詹前进,林显锋,黄吕强	三等奖
74	2006.02~2008.02	高速公路抗裂防水桥面铺装新技术研究	保定市交通局公路工程处,长安大学	赵亚尊,徐江萍,王秋荣,孙红生,范志水,李新杰,王永新,刘杰,赵庆余,曾蔚	三等奖
75	2006.03~2008.11	气泡混合轻质材料在软土地基桥过渡段中的应用研究	河北省交通厅基建处,河北省沿海高速公路筹建处,河北科技大学	潘晓东,刘孔杰,戴为民,韩拥军,刘育东,韩永刚,朱彤,李迎华,何又军,赵全胜	三等奖
76	2006.04~2007.12	抗裂沥青混合料技术研究	河北省公路管理局,河北省道路开发中心,同济大学	王书斌,杜群乐,黄卫东,马凤槐,孙桂霞,张虎,左文龙,曹学英,苏丽娜	三等奖
77	2006.04~2008.06	高速公路夯实水泥土桩复合地基应用技术研究	河北省保沧高速公路筹建处,河北省沧黄高速公路筹建处,河北省公路管理局,河北省公路工程定额站	王书斌,赵宏兴,崔志勇,张虎,张佳浦,曹学英,王寿柏,孙悦萍,丁军霞,杨广庆	三等奖
78	2006.04~2008.12	山区公路高填方土石混填路基夯实技术研究	承德市公路工程管理处,河北工业大学	王金学,张国杰,王清洲,赵国民,李海军,徐宝龙,刘彦涛,张彩丽,马士宾,康伟	三等奖
79	2006.04~2010.06	长寿命沥青路面结构设计与材料参数一体化研究	邯郸市青红高速公路管理处,长安大学	申文胜,申爱萍,周波,郭黄川,许清良,孔保林,李炜光,曹雪,郭炜,张艳红	三等奖
80	2006.06~2011.02	基于GFRP桥面板新型组合桥梁的研究与应用	河北省大广高速公路管理局,河北省大广高速公路衡段筹建处,东南大学,邢路桥建设公司	康彦民,万水,李建军,马琳,陈君朝,李来宾,肖江声,廖济桐,栗东海,张勇	三等奖
81	2006.09~2010.12	倒装式柔性沥青路面结构设计研究	河北省大广高速公路京衡管理处,交通运输部公路科学研究院	苏国柱,陈飞,吴勇佳,陈园明,张韶波,王东卫,孟书涛,王宏义,李洪泉,张庆宇	三等奖

续上表

序号	研究时间	项目名称	完成单位	项目完成人	等级
82	2007.01~2008.12	多震、盐渍土区高速公路桥梁下部结构安全耐久性能监测与养护技术	河北省高速公路沿海管理处，北京奥科瑞检测技术开发有限公司	刘建奇、苗泽清、马印怀、何义军、熊巨华、李迎华、王涓、朱彤、刘吉川、曾俊平	三等奖
83	2007.01~2011.12	道路主动除冰雪技术研究	邢台市邢衡高速公路管理处，哈尔滨工业大学，大连海事大学	黄世奇、谭忆秋、左俊朝、石剑英、任红丽、周纯秀、徐慧宁、左文成、李君、王洋	三等奖
84	2007.03~2008.02	独塔单索斜拉桥单侧转体施工工艺研究	石家庄市环城公路建设指挥部办公室，交通部公路科学研究院	檀宗斌、王克海、刘新宏、李德峰、胡素敏、成志辉、王向荣、韦韩、李茜、王菊红	三等奖
85	2007.03~2009.12	温拌沥青混合料技术研究	河北省交通运输厅公路管理局，河北省交通规划设计院，邢台公路桥建设集团总公司	王普清、杜群乐、李彦伟、白军华、石鑫、赵永祯、刘桂君、黄文元、李文清、王亨元	三等奖
86	2007.05~2011.12	山区重交通抗车辙路面结构与材料一体化研究	承德市公路工程管理处，河北工业大学，河北燕峰路桥建设集团有限公司	张国杰、王清洲、董志伟、康学伟、李立书、魏魏、范有毅、房国民、马士宾、刘海儒、李艳军	三等奖
87	2007.05~2009.12	疏浚泥陶粒在公路工程中的应用研究	邢台市公路工程管理处，中国海洋大学	许祥顺、焦双健、杜群乐、徐淑云、晏卫革、魏巍、颜庆智、刘金焕、王晖、李恒达	三等奖
88	2007.05~2011.10	曹妃甸沿海路基处理技术工程应用研究	唐山市交通运输局，唐山曹曹高速公路有限公司北京工业大学	杨振博、张务民、唐秀明、李晓东、潘凤文、马迎扶、李晓悦、王立伟、李岐国、陈万里	三等奖
89	2008.01~2010.08	玄武岩纤维及其制品路用性能与应用技术研究	河北交通职业技术学院，石家庄市京昆高速公路京石管理处	张庆宇、史恩静、翟晓静、翟亚芹、翟永卫、葛永国、丁永盛、籍建云、马彦亭、田泽宇	三等奖
90	2008.01~2010.08	基于LCC分析的公路桥梁管理理论及应用系统	邢台市高速公路管理处，河北农业大学	张启云、马骅、郝舒红、郝志红、任红丽、谭振东、李丹青	三等奖
91	2008.01~2010.12	山区高速公路线形安全设计研究	河北省邢汾高速公路筹建处，同济大学	康彦民、靳进钊、曹润月、王俊骅、赵文忠、王丙兴、王立法、张兰芳、方守恩	三等奖

第五章 高速公路建设科技成果

续上表

序号	研究时间	项目名称	完成单位	项目完成人	等级
92	2008.01~2011.12	耐久型沥青路面技术体系研究及应用	河北承德唐高速公路管理处,长安大学	蒋应军,王殿生,耿九光,栾长生,金岗,杨文利,赵国民,朱子斯,杨春乐,白永兵	三等奖
93	2008.03~2010.12	道路防排水综合技术研究	河北省交通规划设计院,重庆交通大学,河北燕峰路桥建设有限公司	李彦伟,赵彦东,李志勇,杜群乐,石鑫,赵永硕,梁乃兴	三等奖
94	2008.03~2010.12	桥梁量化检测评估及加固设计关键技术研究	河北省交通规划设计院,长安大学,中铁十四局集团第三工程有限公司	赵彦东,李彦伟,邬晓光,赵永硕,孔德水	三等奖
95	2008.04~2010.06	新型高速公路护栏研制与开发	河北工业大学,河北省高速公路沿海管理处	崔洪琼,苗泽青,朱敏清,李子麟,李彦琼,苗泽青,郗彦辉,陈顺顺林,刘吉川,韩永刚	三等奖
96	2008.04~2011.04	薄层沥青路面受力分析与结构防裂技术研究	河北交通职业技术学院,蔚县交通运输局	田平,任贵明,翟晓静,丁永盛,张庆子,顾兴宇,陈国明,王记平,张莉,高红宾	三等奖
97	2008.07~2011.02	交通荷载作用下桥梁动力性能评价及应用研究	河北省高速公路石黄管理处,长安大学	韩万水,王立新,李辉,李淑杰,梁宁,张贵宗,李如敏,王涛,王睁,马龙	三等奖
98	2009.01~2010.12	寒冷地区高墩大跨度小半径曲线多跨连续刚构桥施工关键技术研究	保阜高速公路筹建处,中铁一局集团有限公司	邹超,潘晓东,于连春,刘靖,蒋红伟,韩志超,王玉清,许金勇,范佰秀,赵丰田	三等奖
99	2009.01~2011.12	半刚性基层材料振动试验设计方法、参数与标准研究	廊沧高速公路廊坊建设管理处,长安大学	张俊杰,蒋应军,王文玉,戴学臻,王顺,李宝花,吕占民,任皎龙,刘皓琨	三等奖
100	2009.01~2012.12	预应力混凝土连续梁桥耐久性病害诊断与加固关键技术研究	河北省高速公路京沪管理处,河北省交通规划设计院,河北锐安公路工程养护有限公司	董辉,吴瑞祥,史建方,刘国明,孙文进,周炳清,张建立,李海刚,张春玉,罗秀英	三等奖
101	2009.01~2015.12	预应力混凝土构件的徐变主动控制技术及应用	燕山大学,秦皇岛市公路管理处,河北省高速公路京哈北线管理处	赵庆新,冯春恒,于俊超,李迎华,孟凡兴	三等奖

续上表

序号	研究时间	项目名称	完成单位	项目完成人	等级
102	2009.03~2010.12	滨海滩涂地区高等级公路路基变形破坏机理及安全性评价	唐山市交通运输局,河北工业大学	张务民,刘春原,潘凤文,鄂抗美,李庆国,聂宁,桂增俭,柳永年,崔树国,葛新春	三等奖
103	2009.08~2014.12	中承式钢结构吊拉组合体系拱桥结构特性与应用研究	张家口翰得交通公路勘察设计有限责任公司	程鹏,李雪涛,张淑菡,刘浩,赵利平,郝攀,闫绚彪,郑瑞海,赵建卫,张浚磊	三等奖
104	2009.10~2011.08	高速公路特殊路段沥青路面材料与结构设计	唐山市交通运输局,长安大学	周健民,卢春成,张争奇,张雅涛,张春青,陈栓发,杜美,刘博,汤恒,郑芝恒	三等奖
105	2010.01~2010.12	中小跨径简支空心板桥复合加固理论与试验研究	邢台市公路管理处,河北工业大学	季广军,郭苓,王建平,孙祥兆,李国群,路飞,程涛,曹正川,冯春梅,董智超	三等奖
106	2010.01~2011.08	提升混凝土梁桥桥面铺装耐久性关键技术	唐山市交通运输局,重庆交通大学	杜柏松,陈万里,何小兵,王立伟,罗玲,汤恒,刘大一,杜美,张存瑞,李淑娟	三等奖
107	2010.01~2011.10	公路沥青面功能层组合结构技术	邢台路桥建设总公司,河北省交通管理厅科技教育处,河北省高速公路管理局	李来宾,刘中林,王国清,高民欢,霍玉娴,罗立红,陈占巧,王中合,台晨英,李玉娜	三等奖
108	2010.01~2013.12	GTM数字仿真与高性能沥青混合料开发研究	河北省高速公路承秦建处,西安科技大学	段海军,郝新利,李晓军,王庆凯,同世龙,马立纲,马磊霞,陈济丁,徐二星,舒继伟	三等奖
109	2010.01~2013.12	承秦高速公路隧道施工安全风险辨识、评估及管控技术研究	河北省交通运输部科学研究院	康彦民,刘建民,李志强,蒉啟立,田建,张大裕,郭鹏,张凤爱,陈济宁,王洪涛	三等奖
110	2010.03~2012.12	道路沥青新材料及特性路面解决方案研究	邢台路桥建设总公司,同济大学,石家庄市众诚公路机械化养护有限公司	李彦伟,黄卫东,石鑫,赵永杭,杜群乐,李文清,程园	三等奖
111	2010.06~2011.06	自融雪、抗滑、排水、降噪多功能沥青路面技术的开发	唐山市交通运输局,北京工业大学,武理工大学	周健民,唐秀明,陈万里,徐王峰,李铁山,许秀东,张雅涛,李悦,丁庆军,黄绍龙	三等奖

第五章
高速公路建设科技成果

续上表

序号	研究时间	项目名称	完成单位	项目完成人	等级
112	2010.07~2013.05	新型多聚磷酸聚合物改性沥青技术研究	石家庄市京昆高速公路石太北线筹建处,长安大学	李树岩,郝培文,花涛,刘红瑛,王涛,杜贵珠,刘建敏,张铭铭,徐金枝,曹玉田	三等奖
113	2010.07~2014.12	基于功能层的沥青路面结构优化设计与施工工艺研究	唐山市交通运输局,长安大学	成子满,张争奇,贾自全,李铁山,孙连钧	三等奖
114	2010.10~2013.12	沥青路面抗车辙综合及车辙预测方法研究	邯郸市交通运输局公路工程管理处,北京工业大学	杨延军,张金章,韩丁丁,王超,孙靖,南武松,李智强,姜宁,胡晓芬	三等奖
115	2011.04~2014.12	高速公路跨越构造物路基差异沉降控制技术研究	邯郸市交通局,长安大学	崔金平,马亮,王选仓,常珍鹏,高志伟,孙宏军,吴校明,王玉廷,张敬红	三等奖
116	2011.06~2013.08	基于洪水演进模型的高速公路滞洪区路堤三维联动监测与稳定性研究	邢台市邢衡高速公路管理处,西安科技大学	左俊朝,张立杰,戴为民,李君,郝建新,李海滨,李栋材,李少强,滑彬,郭法霞	三等奖
117	2011.06~2013.12	高模量耐久性沥青路面设计施工关键技术研究	河北省高速公路承建处,东南大学	郝新利,孟德林,邱文凯,王庆凯,何占军,陈先华,马立纲,李浩天,杨军,武国宏	三等奖
118	2011.09~2013.12	基于掺玄武岩纤维沥青混凝土路面性能研究及工程应用	河北交通职业技术学院,邢台市高速公路管理	翟晓静,滕亚民,柴江辉,马彦芹,田泽宁,李丹青,杜龙义,谭振东,魏焕芬,蔡华英	三等奖
119	2012.01~2014.09	重载交通热拌再生沥青混合料及高性能再生剂的开发与应用技术	唐山市交通运输局,北京建筑大学,交通运输部公路科学研究所	季节,谈俊卿,曹东伟,赵卫国,陈庆宏,党翠艳,王坤,史海燕,张海燕,索智	三等奖
120	2012.06~2014.06	山区公路纵向桥桥台冲刷机理试验研究	河北省交通规划设计院,北京交通大学	齐梅兰,朱冀军,华鹏年,刘焕如,李文玉,雷伟,文永奎,高进科,魏金广,苏广和	三等奖
121	2012.06~2014.12	山区高速公路交通智能监控安全保障技术研究	河北省高速公路承赤管理处,中咨泰克交通工程集团有限公司	彭敬之,彭锐,魏伟林,傅宇浩,崔海龙,康彤,于跃,许永存,于莉	三等奖

表 5-3-6

中国公路学会科学技术奖目录

序号	项目名称	完成单位	完成人	等级	时间(年)
1	水泥混凝土路面滑模施工技术推广	交通部公路科学研究所,广东省交通厅,湖南省交通厅,河北省交通厅,吉林省交通厅,山西省交通厅,云南省交通厅,山东省交通厅,海南省交通厅,湖北省交通厅	傅智、肖宏光、李国清、李连生、贺建坤、王彦莹、崔桂秋、杭伯安、杨海龙、陈大华	一等奖	2003
2	重载交通长寿命沥青路面关键技术研究	长沙理工大学,同济大学,河北省交通规划设计院,河北省沿海高速公路筹建处,交通部公路科学研究院	沙庆林、刘朝晖、许志鸿、刘孔杰、孙立军、王庆凯、秦仁杰、罗业凤、刘吉川、郑瑞华、路凯冀、张玉贞、凌志、杨海忠、张永利	一等奖	2009
3	沥青玛蹄脂碎石混合料性能及指标	交通部公路科学研究所,河北省交通科学研究所,辽宁省交通科学研究所,山西省交通科学研究所	沈金安、李福普、柳浩、丁培建、刘地成、韩萍、陈景、单志义、于泽友	二等奖	2002
4	高等级公路综合管理系统关键技术及示范工程	交通部公路科学研究所,廊坊市公路管理处,华北高速公路股份有限公司,北京首发公司,北京中交通智能交通系统技术有限公司	杨琪、高洪霞、袁宇、陈尚作、高作凤、朱旭红、舒志强、张佰利、梅新明	二等奖	2006
5	基于滹沱河特大桥(西幅)实体试验的桥梁技术状况评定与加固决策研究	河北冀星高速公路有限公司,河北省交通规划设计院	张秀山、刘桐、周同文、李君、梁爱军、崔桂旺、尹创、郭敬姐、李佗、张友	二等奖	2009
6	疏浚泥陶粒在公路工程中的应用研究	邢台市公路工程管理处,中国海洋大学	许祥顺、焦双健、徐淑菊、石剑英、晏卫革、魏巍、刘秀菊、宁保军、李志伟、张利涛	二等奖	2010
7	公路钢波纹管涵成套技术	中交第一公路勘察设计研究院有限公司,西安工业大学,河北省承德市公路工程管理处,衡水益通金属制品有限责任公司,青海省公路科研勘测设计院	李祝龙、武懋民、赵卫民、刘百来、章金钊、焦臣、孙伯文、房建宏、王志宏、王艳丽	二等奖	2010
8	高速公路沥青路面大中修路面结构应用技术研究	河北省高速公路管理局,河北省高速公路京秦管理处,河北省高速公路京沪管理处,北京新桥技术发展有限公司	屈朗彬、马琳、王向会、郭永辉、栗东海、王玉顺、李海刚、李池英、封晓黎、白洪岭	二等奖	2011

第五章 高速公路建设科技成果

续上表

序号	项目名称	完成单位	完成人	等级	时间(年)
9	软土硬壳层综合利用技术研究	交通运输部公路科学研究院,沧州市高速公路建设管理局	吴立坚,万剑平,李铁强,冯瑞玲,邓捷,朱义城,赵占厂,万智,刘俊德,刘恰林	二等奖	2012
10	新型沥青路面还原剂封层材料开发及应用技术研究	北京西尔玛道路养护材料有限公司,交通运输部公路科学研究院,河北省高速公路管理局	张玉峰,曾蔚,田文,王伟强,蔚晓丹,尹江华,李峰,张景堂,徐剑,武恰滨	二等奖	2012
11	立交桥安全评价体系研究及应用	秦皇岛路桥建设开发有限公司,河北工业大学	韩志宏,霍东辉,乔建刚,岳小卫,高雪松,邵明伟,王海淋,黄文华,罗富亮,于丽娜	二等奖	2012
12	公路桥涵水文计算及桥孔设计方法研究	中交路桥技术有限公司,中交水运规划设计院,南京水利科学研究院,云南省交通规划设计研究院	鲍卫刚,焦永顺,吴彦,高正荣,刘新生,周冰镁,贾界峰,周丰,华鹏年,卢中一	二等奖	2013
13	环境友好型隧道沥青路面技术研究	河北省交通运输厅公路管理局,长安大学,深圳海川新材料科技有限公司,黑龙江工程学院	李彦伟,张久鹏,杜群乐,王剑英,李恋,何唯平,裴建中,徐世国,郑利卫,常明丰	二等奖	2014
14	山区高速公路交通智能监控安全保障技术研究	河北省高速公路管理处,中资泰克交通工程集团有限公司	彭敬之,孟德林,彭锐,魏伟林,马立纲,傅宇浩,崔海龙,康彤,于跃,许永存	二等奖	2015
15	基于真三维的高速公路运营智能管理关键技术	中交宇科(北京)空间信息技术有限公司,邯郸市交通局公路项目办公室	崔金平,马亮,童晓冬,何刚,韩霜南,吴校明,孟庆昕,刘士宽,刘晓东,陈志超	二等奖	2015
16	几种野生植物的生物学特性及在公路绿化中的应用研究	河北省交通厅公路管理局,河北省高速公路石安管理处	张少飞,廖济柙,张显国,王志刚,李建军	三等奖	2003

续上表

序号	项 目 名 称	完 成 单 位	完 成 人	等级	时间（年）
17	公路水文勘测设计规范	河北省交通规划设计院，四川省公路规划勘察设计研究院，陕西省公路勘察设计院，江西省交通设计研究院，长安大学	刘新生，伍佳玉，钟晓山，徐厚福，高冬光	三等奖	2003
18	高速公路路基冲击压实效能研究	河北省高速公路京沪管理处，河北省地球物理勘察院	戴为民，秦禄生，崔士伟，祖贵文，回登甫	三等奖	2003
19	高速公路薄层沥青混凝土罩面技术研究	河北省高速公路石安管理处，长沙理工大学	宋敬信，刘朝晖，贾新民，李建军，黄云涌	三等奖	2004
20	寒冷地区隧道冻害防治技术研究	秦皇岛市公路工程建设管理处	杨昆，陈建勋，朱计华，张建勋，郝军洲	三等奖	2004
21	曹妃甸港公路工程过湿盐渍土路基修筑技术研究	唐山市交通局，长安大学	王江帅，杨荣博，原喜忠，王建忠，李洪林	三等奖	2006
22	废旧橡胶粉用于筑路的技术研究	交通部公路科学研究院，河北省公路管理局，广东省公路管理局，同济大学，长沙理工大学	王旭东，曾蕤，杨志峰，王国清，苏纪开	三等奖	2006
23	高速公路中小跨径桥梁整体受力结构优化研究	河北省道路开发中心，河北道桥工程检测有限公司	彭彦忠，赵亚克，陈园明，王砚桐，封晓黎	三等奖	2006
24	公路桥梁加固改造对策及综合技术研究	河北省交通厅公路管理局，长安大学	王国清，黄平明，刘柱国，陈万春，张增科	三等奖	2006
25	公路信息化关键技术研究	沧州市交通局公路管理处，河北工业大学	高九林，石培峰，顾军华，刘延达，牛存良	三等奖	2006
26	高速公路填砂路基施工技术与沉降研究	石家庄市张石高速公路筹建处，中铁十四局集团第一工程发展有限公司，石家庄铁道学院	徐海军，李磊，朱禹，陈跃起，王焕	三等奖	2008
27	基于性能的沥青混合料组成设计研究	唐山市交通局，长安大学	杨荣博，张争奇，王建忠，唐秀明，李洪林	三等奖	2008
28	高速公路沥青路面车辙、水损坏、裂缝等病害养护技术和对策研究	河北省高速公路管理局，山东省公路科学研究所，黑龙江公路管理局，哈尔滨工业大学，河北保津高速公路有限公司	康雄伟，杨泽众，王林，孟繁宏，侯相深	三等奖	2008

续上表

序号	项 目 名 称	完 成 单 位	完 成 人	等级	时间(年)
29	沿海地区混凝土道路结构物典型病害调查及处治措施的研究	秦皇岛市公路工程建设管理处,北京工业大学,秦皇岛市公路管理处	石兆旭,张金喜,朱计华,王德志,于春芳	三等奖	2008
30	石安高速公路护栏改造研究	河北省高速公路石安管理处,北京深华达交通工程检测有限公司	王向会,高玉恒,马秀君,邵永刚	三等奖	2008
31	华北平原地区高速公路下穿式敞交道路排水关键技术研究	河北省交通公路衡大段筹建处,长沙理工大学,地质矿产部河北水文工程地质勘察院	廖济神,郑健龙,白凤怀,陈君树,刘朝晖	三等奖	2009
32	旧沥青路面上加铺水泥混凝土路面适应条件研究	河北省交通运输厅公路管理局,河北工业大学,邢台市公路工程管理处	白军华,吕兰明,马士宾,王清洲	三等奖	2009
33	级配碎石振动成型设计方法、路用性能及施工技术研究	河北省市政工程研究院,石家庄环城公路建设指挥部办公室	周卫峰,李彦伟,唐秀明,赵永桢,桂增俭	三等奖	2009
34	公路桥涵多三岔扩灌注桩技术研究与应用	天津市市政工程研究院,北京中阔地基基础技术有限公司,河北锐驰交通工程咨询有限公司	潘晓东,吴瑞祥,何勇海,金凤温,石剑英,贺鑫新,李进忠,苏国柱,王书斌,唐秀明	三等奖	2009
35	沿海高速公路基于大温差及盐渍土基条件下耐久性沥青路面技术研究	河北省沿海高速公路筹建处,江苏省交通科学研究院股份有限公司,长安大学	郑瑞君,封晓黎,马印怀,朱彤,叶勤	三等奖	2010
36	沥青路面结构与混合料整体抗剪性能研究	河北省高速公路廊涿管理处,同济大学	杜永安,唐兰军,李以利,赵素峰,王联芳	三等奖	2010
37	邢汾高速公路山区线形安全设计研究	河北省高速公路邢汾筹建处,同济大学	康彦民,李作恒,王俊骅,赵文忠,王丙兴	三等奖	2011
38	道路防排水综合技术研究	河北省交通规划设计院,重庆交通大学	李志勇,焦永顺,党奇志,齐亚娟,赵京	三等奖	2011
39	沥青混合料双层摊铺技术应用研究	河北省交通运输厅公路管理局,河北路桥集团有限公司	李进忠,王联芳,秦禄生,王斌,梁宁	三等奖	2011
40	半刚性基层材料振动试验设计方法、参数与标准研究	廊沧高速公路廊坊建设管理处,长安大学	张俊杰,蒋应军,王文玉,戴学臻,王顺	三等奖	2012
41	高速公路工程建设安全控制体系研究	河北省高速公路管理局,河北省高速公路承赤筹建处,石家庄铁道大学	张建军,郝新利,熊保林,段海军,马泽铭	三等奖	2012

续上表

序号	项目名称	完成单位	完成人	等级	时间(年)
42	滨海地区高速公路耐久性路基修筑关键技术研究与应用	河北省高速公路石黄管理处,石家庄铁道大学	王立新,周荣华,李如敏,丁军震,周乔勇	三等奖	2012
43	邢汾高速公路交通安全保障关键技术研究	河北省高速公路邢汾筹建处,同济大学	康彦民,李绪明,李作恒,陈华,李慧修	三等奖	2012
44	沥青路面永久性变形发展机理及使用寿命预估方法研究	河北高速公路石黄管理处,重庆交通大学	王立新,李如敏,李淑杰,李志勇,梁宁	三等奖	2012
45	光导照明技术在高速公路隧道中的应用与研究	河北承德秦高速公路管理处,河北通华公路材料有限公司,石家庄铁道大学	静天文,严成友,张福军,宋常玉,申大为	三等奖	2013
46	高速公路加筋土路基结构行为研究与工程应用	河北省高速公路邢汾筹建处,石家庄铁道大学,中交一公局第六工程有限公司,邯郸市光太公路工程有限公司,青岛旭域土工材料股份有限公司	杨广庆,李作恒,赵文忠,徐甫,刘其亮	三等奖	2013
47	高速公路特殊路段沥青路面材料与结构设计	唐山市交通运输局,长安大学	周健民,卢春成,张寿奇,张雅祥,刘博	三等奖	2013
48	沥青路面非均匀性检测技术与质量控制标准	唐山市交通运输局,长安大学	鲁学军,李国伟,张寿奇,陶晶,王彦秀	三等奖	2013
49	山区高速公路长大隧道群区域交通安全保障技术研究	河北省高速公路规划设计院,北京中路安交通科技有限公司,河北省高速公路张涿张家口管理处	王宏义,张国彬,张志民,李春杰,李素娟	三等奖	2014
50	高速公路标准化管理体系建设与实施研究	河北省高速公路承秦筹建处,石家庄铁道大学	王书斌,熊保林,张建军,郝新利,段海军	三等奖	2014
51	适应新农村建设的农村公路发展与对策研究	河北省交通规划设计院	赵京,鄂建新,张忠民,卫永光,赵彦东	三等奖	2015
52	大跨径波形钢腹板PC连续箱梁关键技术研究	邢衡高速公路管理处,河北交通规划设计院,东南大学	马骅,万水,赵彦东,李栋材,张国青	三等奖	2016
53	植物纤维毯植被恢复技术在路域生态工程中的开发应用研究	河北省高速公路京石改扩建管理处,交通运输部科学研究院	潘晓海,简丽,刘志忠,陈学平,贺创	三等奖	2016
54	寒冷地区沥青路面抗裂除冰综合技术研究	河北省高速公路京哈北线管理处,河北省交通规划设计院	侯岩峰,高占华,林杰,米永进,左劭	三等奖	2016
55	高速公路收费站通行效率与安全保障技术研究	河北省交通运输厅公路管理局,交通运输部公路科学研究所	郭跃东,谢军,李金棉,张文斌,周建	三等奖	2016

第六章
高速公路运营管理

按照"畅通主导、安全至上、服务为本、创新引领"的方针,坚持公路建设与养护并重、公路管理与服务并重,以改革创新为动力,以资金、制度、人才、科技为支撑,着力"提高管理水平、推进科学养护、强化应急保障、提供优质服务",河北省公路养护管理水平逐步提升。在30多年的高速公路发展历程中,积累了建设和管理经验,打造了一支风清气正、特别能战斗的干部职工队伍,成为进一步推动事业发展的宝贵财富。

20世纪80年代后期,河北省高速公路建设事业从探索中起步。在河北省高速公路发展历程中,先后成立了河北省高速公路管理局(以下简称"高管局")、河北省道路开发中心(以下简称"道开中心")、河北省交通厅国际金融组织贷款项目办公室(以下简称"项目办")和河北省交通引资办公室(以下简称"引资办")。高管局、道开中心、项目办3个项目法人负责所属高速公路前期工作、资金筹措、建设管理及收费、还贷等,引资办负责全省交通项目包括高速公路项目的招商引资。这一体制,对当时扩大融资、调动各方积极性、比学赶超、促进河北省高速公路发展起到了积极的推动作用。

1987年,河北省第一条自主设计、自主施工的京石高速公路(一级汽车专用公路)破土动工,标志着河北省交通建设进入高速时代。1999年,以保津高速公路通车为标志,全省高速公路通车里程突破1000km,用时13年;2005年,青银高速公路河北段贯通,全省高速公路通车里程迈上2000km的台阶,用时6年;2008年7月,随着廊涿高速公路建成通车,全省高速公路通车里程突破3000km,用时3年。2009年1月,经省政府批准,在原高管局、项目办、道开中心和引资办四家单位基础上,整合成立了河北省高速公路管理局(集团),适应了河北省高速公路快速化、网络化发展的新要求,搭建起了更大的融资平台,极大提高了管理效率,提升了建设和管理水平,河北高速公路发展掀开了新的篇章。2013年10月,经省政府批准,河北交通投资集团公司(以下简称"交投公司")挂牌成立。该集团是由省政府管理的国有独资企业(全民所有制),是省政府授权的投资机构,由省交通运输厅代表省政府履行出资人职责,并依法履行行业监管,主要负责省网高速公路的筹资、建设、养护、通行费征收、服务设施管理等运营管理业务,以及勘察设计、工程施工、监理咨询、智能交通等高速公路相关业务,并依法开展各类投资经营业务。交投公司的成立,在高速公路建设和投融资方面搭建了企业融资平台,有效破解全省高速公路建设资金难题,揭开了PPP投融资模式建设高速公路的新篇章。2010年,大广高速公路建成通车,全省高速公路通车里程突破4000km,达到4307km;截至2016年底,全省高速公路通车里程已达6502km,居全国第3位。2016年底,全省各设区市之间、设区市与京津和省会之间、与周边省区重要城市之间,都有了快捷的高速公路,全省95%以上的县市都可以在半个小时之内上高速,一个"燕赵通衢"的高速公路网已经跃然成形。回顾30多年的发展历程,河北省的高速公路建设始终位居全国前列,通车里程多年保持在前3名。

一、"八五"期间工作回顾(1991—1995年)

在公路管理体制方面,建立了公路管理和质量控制体系,成立了公路局、质监站、定额站、监理公司、项目办、高管局和道开中心。通过京津塘高速公路建设和京石高速公路建设,培养了一批高速公路建设人才,并摸索出了一套按照国际"菲迪克"(FIDIC)条款的管理办法;尝试按照施工招标和工程监理模式,建设完成了京石高速公路加宽和石太高速公路,并启动了利用世界银行贷款和亚洲银行贷款,进行石安高速公路(石家庄至冀豫界段)的建设和京沈高速公路(宝山段)的立项,为河北省大规模高速公路建设奠定了基础。在管理法治方面,出台了《河北省公路条例》,取得了扣车、扣证权。加强了交通行政执法和执法监督,依法行政水平有了较大提高。加快了交通通信网建设,开通了程控交换机,卫星地面站安装、测试成功,BP机寻呼台和800MHz移动通信网投入使用。

二、"九五"期间工作回顾(1996—2000年)

对建设项目实行了法人责任制,对高速公路项目和部分一般国省干线项目,分别明确了项目业主,实行了建设、管理、还贷全过程负责。推进了养护机制改革,将养护管理与养护生产分离,逐步将养护生产推向市场。在高速公路陆续竣工进入运营以后,及时加强了高速公路的运营管理,实行了"一级法人,两级管理",初步理顺了高速公路的管理体制并制定了一些管理办法。公路局设立了高速公路管理办公室,加强了对各条(段)高速公路的运营管理与协调工作。

"九五"期间,提请省人大出台了《河北省道路运输管理条例》,提请省政府制定了《河北省公路路政管理规定》和《河北省交通部门错案和执法过错责任追究暂行办法》。立法的数量在全国交通系统处于领先水平。多次进行执法检查,开展法制教育活动,使交通行政执法行为逐步规范,执法水平和依法行政水平有了新的提高。

三、"十五"期间工作回顾(2001—2005年)

推进了一般收费公路管理体制改革。充分利用统贷统还政策,将原来省、市合建的

82个一般收费公路项目按片区交由省交通厅3个项目法人负责运营管理。在高速公路运营管理中,全面推行了ISO9001标准质量体系认证,运营管理水平和服务质量明显提高。12条段高速公路实现了联网收费。

四、"十一五"期间工作回顾(2006—2010年)

2009年,在原高管局、项目办、道开中心及引资办的基础上进行整合重组,挂牌成立了河北省高速公路管理局(集团)。同年,贯彻落实中央部署,在全省范围取消公路养路费、公路运输管理费、公路客货运附加费、水路运输管理费等"四费"。2010年,开通河北省高速公路出行网和短信服务台,利用广播电台、高速公路电子情报板等方式,将路况信息第一时间向社会传递,形成全方位、多媒体、多渠道的高速公路信息发布机制。ISO9001、ISO14001、OHSAS18001三标认证工作,推行星级收费站管理、服务区"六统一"等标准,推行高速公路养护工程"十公开"制度,有力促进了高速公路养护和运营管理的规范化、标准化和程序化,使河北省的高速公路管养水平提升到全国领先水平。

"十一五"期间,在应对南方雨雪冰冻灾害、援助四川地震灾区救灾抢险、参与北京奥运会、上海世博会服务保障等应对自然灾害、重大事件过程中,河北省交通厅分别采取成立应急运输协调领导小组、组建通勤保障车队、完善预警应急制度、加强协调联动、提供延伸服务等一系列措施,圆满完成了各项交通运输保障任务,得到了党和国家领导人以及省部领导的高度赞扬,为河北、为交通部争了光。

五、"十二五"期间工作回顾(2011—2015年)

2012年,中秋、国庆等小长假期间,首次实现小型客车实行通行免费,确保了安全通畅,赢得了社会赞誉,并得到了交通运输部充分肯定。河北省严格执行鲜活农产品运输"绿色通道"政策。同年,《河北省智能交通发展战略》印发实施,落实"百家央企进河北"战略部署,与中国华录集团、中国普天集团科技合作,以BT方式建设智能化交通,组织实施京哈、黄石、大广等3条段高速公路信息化智能化改造升级。2013年,河北交通投资集团公司的设立,为省属高速公路的筹资、建设、运营和管理开创了新平台,为推进交通发展PPP模式搭建了新舞台。同年,河北交通应急指挥中心成立,组织实施了唐山港、邯郸市城乡客运一体化信息服务、省路网监管平台、秦皇岛城市公交等信息化智能化示范试点工程。2014年,在全国率先开通"12328"交通服务监督电话。2015年,实施"绿美廊道"建设3967km。7对服务区被交通运输部评为"全国百佳示范服务区",30对服务区被评为"全国优秀服务区",数量均居全国第一位,得到社会各界的充分肯定。

"十二五"期间,河北省积极推广高速公路预防性养护理念和技术,将预防性养护理念由中修工程推广到日常养护中,取得了宝贵的经验。高速公路路面使用性能指数

（PQI）均达到了92以上，路网通行能力及服务水平始终保持在较高水平。河北交投集团纳入交通运输部"公路设施使用状况监测和养护保障核心技术协同创新平台"，成为全国首批获得交通运输部认定的10家以企业为主体的协同创新平台之一。自2011年以来，河北省每年定期发布"高速公路路面、桥梁、隧道技术状况年度报告"，根据高速公路技术状况检测结果，深入分析，科学规划，提出养护决策建议，编制未来养护发展规划。

"十二五"期间，大力推广高速公路电子不停车收费，全省高速公路ETC用户快速增加，实现了ETC车道全覆盖和与全国联网。京港澳高速公路改扩建河北段智能化项目随主体工程同步投入使用，其智能化服务、安全设施水平和服务区设计管理等诸多方面在全国范围内树立了高速公路改扩建项目的一面旗帜，在诸多方面成为了"样板工程"。加强重点领域、重点时段的安全监控和布防，强化客运车辆、危险品运输车辆监管。到2015年，基本建成全方位覆盖、全天候监控、快速反应、指挥高效的交通运输安全监管系统和应急救援体系，高速公路运营安全保障再上新高度。

第一节　总体情况

随着河北高速公路更多的建设项目陆续建成通车，投入运营，经过不断地总结和完善，河北高速公路运营管理在服务理念、服务内涵、服务标准、服务方式、服务手段、服务机制、服务创新和整体形象等方面有了巨大的提升。收费管理实现了管理手段与科技水平同步；养护建设形成了各级单位各司其职、和谐统一、运转高效的养护管理机制；服务区进行了三级品牌体系创建，培育知名品牌；机电工程率先提出了联网收费。路政执法队伍政治坚定、素质过硬，执法工作依法合规成效显著、特点突出。

一、收费管理

河北省在全国率先提出了联网收费形式。高速公路建设早期的收费实行单路段封闭独立收费运行体制，随着高速公路从无到有，从单条到成网，单路段封闭独立收费运行体制已不能满足高速公路舒适、快捷、安全、高效的特点，迫切需要实现不同高速公路路段间的联网收费，使道路使用者在省域高速公路内的行驶中实现"一卡通"。因河北省环绕京津的地域特点，伴随着河北省高速公路的陆续建成通车，逐渐形成京津以南、东北、西北等区域性高速公路网络，自2003年起陆续建立一、二、三片区结算中心及承德地区结算中心。其中，将京津以南地区的高速公路网收费划拨为一片区，将张家口地区的高速公路网收费划拨为二片区，将唐山、秦皇岛地区的高速公路网收费划拨为三片区，承德地区高速公路收费由承德地区结算中心负责。伴随着2013年2月1日张石高速公路的全线通车，原来的一、二片区(即京津以南地区和张家口地区高速公路网)收费正式并网运行,成立新的一片区结算中心;伴随着2015年12月30日张承高速公路的全线通车,承德片区正式并网到新的一片区实行联网收费。截至2016年底,全省高速公路人工半自动收费形成了京津以南、张家口和承德区域采用新一片区结算中心运行模式,唐山、秦皇岛区域实行三片区(即京沈片区)结算中心运行模式。片区联网运行模式为人工半自动收费模式。

随着环渤海地区经济的崛起及京津冀都市圈高速公路网的不断完善,为提升高速公路服务水平,提高收费站口的通行效率,响应"十一五"期间交通运输部确定的"京津冀区域高速公路联网不停车收费示范工程"精神,自2010年起,河北省高速公路不停车收费系统(ETC)启用并逐步覆盖全省高速公路,更与京津联网,实现了京津冀不停车、一卡通。不停车收费(ETC)的启用运行,使通行费支付及拆分方式进一步多样化。截至2016年底,人工半自动收费(MTC)中的一片区参与拆分结算的路段共计45条(包含原二片区联网路段7条,承德片区联网路段5条),收费里程4800km;三片区参与拆分结算路段共计10条,收费里程900km。其中,各片区人工半自动收费(MTC)的数据拆分工作分别由省交通通信管理局和高管局负责,而不停车收费(ETC)的数据拆分工作由高管局指调中心负责。另外密涿高速公路支线由于地域隔离暂时独立运行,其车道软件由一片区结算中心授权安装。

(一)以制度建设为基础,全面推动收费工作的制度化和规范化管理

2009年,制定并印发《河北省高速公路管理局(集团)收费管理规定(试行)》(冀高收费〔2009〕549号)文件,对机构设置及职责、收费工作人员管理、职业行为规范、文明服务规范、工作纪律等13个方面内容进行了规范。2009年12月,制定并印发《河北省高速公路管理局收费稽查管理规定(试行)》(冀高收费〔2009〕1191号),为逃漏费治理提供了有效依据,有效净化了收费环境。2010年,为提升服务质量,制定并印发《河北省高速公路管理局肢体礼仪服务规范》(冀高收费〔2010〕466号),对收费员收费作业过程中的表情、语言、动作标准进行了规范,全面提升了服务质量。2011年3月,制定并印发《河北省高速公路管理局收费管理内业资料设置规范》(冀高收费〔2011〕198号),对收费管理内业资料设置进行了统一规范。2011年,制定并印发《河北省高速公路管理局收费站快速通行保畅预案》(冀高收费〔2011〕213号),对收费站口快速通行四级保畅预案作了明确规定,有效保障了收费站口的安全畅通。2011年9月,制定并印发《河北省高速公路管理局绿色通道车辆查验规定(试行)》,对绿通车辆的核验流程进行了统一规范,提升了站口通行效率。

(二)以技术创新为手段,全面提升收费管理工作效率

(1)2009年,高管局主导研发了"TC-SCAN绿通车辆检查设备"。该设备采用射线辐

射透视成像技术,实现了系统自动对车辆所载货物的射线扫描,图像可同步远端屏幕显示,检测人员根据图像第一时间就能确定该绿色通道车辆的真实性,使绿通车辆通过站口时间由原来的5~10min,缩短为5~10s,大大提升了站口通行能力。

(2)2011年初,在一片区开发并启用了"河北省逃漏费车辆稽查管理系统",对于证据确凿的逃费车辆录入逃费车辆黑名单,在片区范围内全面进行治理。印发了《关于加强逃费车辆稽查管理系统使用的意见》(冀高联〔2012〕4号),明确提出要强化车辆交易数据分析,提高逃费嫌疑车辆发现率,积极为其他路段提供信息支持等。

(3)2013年7月,在联网收费一片区部分路段启用了特殊车辆信息查询功能。通过收费软件系统,增加对三轴以上车辆出入口车、牌不符车辆等特殊车辆的入口信息查询工作,为筛查倒卡、伪卡嫌疑车辆提供了技术支持。

(4)针对利用计重设备逃费的行为,在重点收费站口推广安装了静态称重设备,针对车重不符或有称重存在争议的货车使用静态称重设备进行称重,有效避免了使用计重设备逃费或称重争议所引发的矛盾。

(三)以星级建设为抓手,提升行业服务质量

河北省高速公路管理局以星级收费站管理为抓手,内强素质,外树形象,不断提升收费站口保畅和服务能力,努力构建路畅人和的通行环境。星级收费站管理体系由管理标准、评价标准、激励办法3部分构成。管理标准是指各站在管理中要执行的内容,用于收费站自我管控。评价标准是局对各收费站的评价依据,用于得出客观公正的结论。激励办法是对符合标准的收费站授予相应的星级和星级标志,给予经济奖励并对其进行直接监督管理,确保其保持质量不降低。2014—2015年度达到五星级标准13个,四星级标准25个。

(四)联网收费实施情况

1.区域内高速公路联网收费情况

随着高速公路从无到有,从单条到成网,提高通行效率,保证高速公路的服务水平,充分发挥其舒适、快捷、安全、高效的特点特别迫切,因此,必须改变高速公路建设早期的单路段封闭独立运行的体制,实现不同路段间的联网收费,使道路使用者在省域高速公路内的行驶中"一卡通"。

2001年初,河北省开始研究实施高速公路信息管理中心和联网收费项目建设,并对各片区相关工作进行了统一规划和部署。自2005年12月起,相继拆除了省内高速公路主线收费站,实现各片区内高速公路联网收费和信息的统一管理。

2005年12月,实现河北省一片区(京津以南区域)高速公路联网收费,并按照片区内

新建高速公路建设进程,通车一条,纳入一条。

2006年6月,实现二片区(张家口地区)高速公路联网收费,并按照片区内新建高速公路建设进程,通车即纳入。

2010年10月,实现承德片区高速公路联网收费,并按照片区内新建高速公路建设进程,通车即纳入。

2. 区域间高速公路联网收费情况

2013年1月31日,河北省一片区、二片区高速公路实现了并网收费。按照河北省高速公路网的规划和建设进度,张石高速公路保定段于2012年底全线建成通车,该条高速公路的建成,使河北省一片区高速公路网和二片区高速公路网实现路线连通。按照交通运输部《收费公路联网收费技术要求》的规定,省内高速公路应实行联网收费,不应设置主线收费站。依据河北省高速公路机电系统的规划,在两个片区高速公路网连通后,将二片区高速公路联网收费系统纳入到一片区联网收费系统中实行统一运行和管理。随着张石高速公路保定段的全线开通收费,2013年1月31日,张保界临时主线收费站停止收费,河北省一、二片区高速公路实现了并网收费。

此外,按照河北省高速公路网的规划和建设安排,张承高速公路已于2015年12月30全线开通,与此同时,承德片区高速公路纳入一片区路网实施联网收费。

(五)账目拆分管理模式

河北省高速公路账目拆分采用三方对账模式,即收费数据、收费站汇缴状况、结算银行账目报表。

1. 收费数据

收费数据由收费车道产生,经由站级服务器即时传送至结算中心进行拆分;站级收费员交班缴款后,站级财务人员做移交银行操作,数据传送至结算中心,结算中心次日进行预对账,统计特殊情况。

2. 收费站汇缴状况

各路管理处每日汇总所辖各收费站汇款金额及特殊情况传真至结算中心。

3. 结算银行账目流水

结算银行在收到各路所汇通行费款项后,生成结算银行收费报表,传真至结算中心。

4. 对账拆分模式

结算中心每日对各收费站上一日通行费数据、收费站收费员交班缴款数据、站级财务解缴银行数据以及个管理处汇总报表进行预核对,查找差异原因。

等待各收费站所汇通行费全部到达结算银行后,结算银行出具报表,结算中心将银行报表与各管理处出具报表进行核对,查找差异原因。

结算中心最后将交易数据与解缴银行报表进行计算机核对,生成拆分指令,发送至结算银行及各管理处,结算银行收到划账指令后将通行费转至各路收益账户。

二、养护管理

河北省按照"畅通主导,安全至上,服务为本,创新引领"的方针,坚持公路建设与养护并重、公路管理与服务并重,以改革创新为动力,以资金、制度、人才、科技为支撑,着力"提高管理水平、推进科学养护、强化应急保障、提供优质服务",全省公路养护管理水平进一步提升,取得了突出的成绩和显著的成效。

(一)机构设置

河北省主要实行"条块结合、以块为主"的公路管理模式。省交通运输厅下设省高速公路管理局,负责部分省属高速公路的建设、运营和管理;2013年5月,成立河北交通投资集团公司,负责部分省属高速公路的筹资、建设、运营和管理;各设区市所属高速公路的建设、运营和管理由各设区市交通运输局作为法人进行运营管理。

整合后的高速公路养护管理实行三级管理机制,即高管局、交投集团和各设区市交通运输局养护管理部—高速公路管理处(公司)—养护工区。根据管理层级,明确了各级单位的养护管理职责及承担的养护任务。目前已经形成了各级单位各司其职、和谐统一、运转高效的养护管理机制,实现了高速公路路况良好、沿线设施齐全、路容路貌整洁、绿化管护到位的目标,保证了道路安全畅通,为社会打造了"畅、安、舒、美"的高速公路通行环境。

养护管理部:承担养护的监管责任,负责贯彻落实国家和上级有关高速公路养护管理的政策和法律法规,制定养护管理规章制度、养护规划并监督制度及计划的落实和执行;负责高速公路日常养护监督管理工作,组织全局养护管理的达标和考核工作;负责养护专项工程(含公路桥梁、隧道、路基、路面、交通安全设施、绿化、服务区贯通车道和收费广场及收费站房建等)工可阶段的方案审查、施工图设计文件的审查和报批,参与养护专项工程招标文件的审查工作;负责高速公路养护工程施工管理的监督检查工作,负责养护从业单位的信用考核工作;负责养护设备的监督管理和调拨使用,负责审查养护设备的购置计划以及设备招标和设备报废的审查;负责组织养护工程的交、竣工验收工作,参加新建高速公路项目交、竣工验收及后评价工作;负责养护技术资料档案监督检查和养护统计工作;负责暑期保畅的综合协调工作,负责运营高速公路防汛、雪灾、地质灾害、桥梁突发事件的组织协调和统计工作;负责铁路、公路、电力、水利、市政、管线等与运营高速公路交叉项目的技术审查工作;负责高速公路养护新技术、新材料、新工艺、新设备的开发及推广工作,负责组织养护人员相关知识培训工作。

高速公路管理处(公司):每条段高速公路为一个管理处,管理处为养护工程第一责任人,承担小修保养及专项养护工程的具体实施,包括:高速公路年度养护计划和中长期改、扩建计划的制订和落实,专项工程技术和投资方案的确定、施工图编制及审查、项目入库、招投标、工程实施、资金支付、交工验收及1亿元以下专项工程的竣工验收;全面负责高速公路的路基、路面、桥梁、沿线设施、绿化、养护设备、房建等小修保养项目的管理及监督检查;定期检测各项工程设施技术状况,合理利用公路技术状况评定系统和桥梁管理系统,科学编制养护工程计划及相应的养护方案;加强科学技术研究,积极采用新技术、新工艺、新材料;负责对养护工区养护经费进行审批,对养护经费的使用进行检查和监督;负责处管养护设备的管理工作,包括设备的购置、调剂、封存、大修及报废的审批以及养护设备的建档、立制工作;负责全线的工程技术档案(路线、桥涵、房建、安全设施等)的管理;负责养护作业安全工作的监督管理。

养护工区:养护工区作为小修保养的实施单位,负责全天候实施路况巡查,并对路、桥及其设施维护情况进行及时统计、归纳与上报;负责年度养护计划的归纳与上报;全面负责管辖路段主线、匝道、绿化、桥涵及附属设施日常养护、小修保养项目及防汛、除雪及突发性养护项目的组织实施,使管养路段达到"畅、洁、绿、美";负责所辖路段的日常路况巡视及公路和桥梁的数据采集工作,为管理处编制养护计划提供基础数据;负责对所辖路段的专项工程质量管理及现场安全施工的管理工作;负责养护设备建档、立制,负责养护设备及养护车辆的日常保养及维修工作;负责养护内业资料的记录、整理、归档工作;负责管辖界内路况资料、统计报表(年、季、月报表)等的归纳、总结、整理和上报。

(二)主要成就

河北省高速公路通车里程由"十一五"末的4307km,发展到2016年底的6502km。"十二五"期,河北省高速公路共完成养护投资109.7亿元,其中日常养护投资26.7亿元,养护专项工程投资83亿元;服务区营业收入超过100亿元。河北省高速公路技术状况指数(MQI)始终保持在90以上,各分项指标保持在90以上,其中,PQI始终保持在92以上。通过广大干部职工努力,河北省高速公路运行平稳有序,路面养护质量良好,沿线设施齐全有效,未发生重特大安全事故,未出现严重服务质量投诉现象。

(三)主要措施及经验

1.加强养护管理,稳定养护投入,保证路况水平

始终将养护管理作为保证高速公路运行良好的基础工作来抓,加强养护管理,特别是日常养护工作,在保证日常养护资金稳定的基础上,要求各高速公路养护管理单位严格按

照《河北省高速公路日常养护管理办法(试行)》的时限和质量要求,开展日常养护工作,并在《河北省高速公路养护管理办法》中将日常养护的相关信息管理起来,以备随时查看和核对。在保证日常养护资金稳定的前提下,加大专项养护工程的实施,每年定额安排专项养护工程资金,保证了全省高速公路的安全运行。

2. 采取科技手段,实现高速公路养护工作科学管理

在原有高速公路资产管理软件的基础上,重新开发了河北省高速公路养护管理系统,建立了全省开放性的养护管理平台,统一技术标准,优化管理模式,提高养护科学化决策水平,及时更新养护管理数据,全面实现养护管理科学化、信息化、网络化。应用"河北省高速公路养护系统"等先进管理手段,建立了省厅、法人、路段、工区全省四级养护管理框架。自2011年以来,河北省每年定期发布"高速公路路面、桥梁、隧道技术状况年度报告",根据高速公路技术状况检测结果,深入分析,科学规划,提出养护决策建议,编制未来养护发展规划。

3. 积极推广预防性养护理念和技术

河北省积极推广高速公路预防性养护理念和技术,将预防性养护理念由中修工程推广到日常养护中,取得了宝贵的经验。各路段日常养护中大面积采取灌缝、贴缝等技术,提高了日常养护的质量,注重抓好日常养护的节能减排工作,实现路面有缝必灌、灌早灌好,并及时采取微表处、雾封层、固封还原、碎石封层、沥青路面再生、薄层罩面等不同的预防性养护工程技术,实施预防性、周期性养护,多种预防性养护技术组合应用,有效地延缓了大中修周期,提升了路况服务水平,达到了节约经济成本和社会成本的目的。高速公路路面使用性能指数(PQI)均达到了92以上,路网通行能力及服务水平始终保持在较高水平。

河北省在推广预防性养护技术中,加大科技投入,扩展研究领域,分别从材料、技术、工艺等方面着手,先后立项薄层沥青路面结构优化与各结构层功能研究、温拌沥青纤维沥青混凝土薄层罩面技术研究、高性能低噪声微表处技术研究、SBS改性沥青表面层现场热再生关键技术研究、橡胶沥青应力吸收层在高速公路中的应用技术研究、高速公路罩面后路面使用性能的变化及养护对策研究、预应力混凝土连续梁桥耐久性病害诊断与加固关键技术研究、高速公路桥梁盐蚀、碱蚀破坏病害分析及养护对策研究、高速公路桥梁上部结构快速修复技术研究、高模量耐久性沥青路面设计施工关键技术研究等科技攻关项目,进行了专题研究,经过技术成果鉴定,多项获得省部级年度优秀科技成果奖。

4. 大力开展"四新"技术推广应用

积极研究应用新设备、新技术、新工艺、新材料。河北省交投集团向交通运输部成功申请"公路设施使用状况监测和养护保障核心技术协同创新平台",成为全国首批获得交

通运输部认定的10家以企业为主体的协同创新平台之一。京港澳高速公路京石段推广应用SBS改性沥青防水层、抗裂贴、钢制施工便桥等8项新技术、新材料、新设备;石太高速公路开发上下分离插拔式防眩板,使用新型RB单元式多向变位梳形板桥梁伸缩装置,运用TH高强无收缩灌浆料修复桥面;保津高速公路积极探索和实践养护机械设备革新,对老旧的多功能养护车、除雪撒布车、绿化洒水车进行改造,节省了开支,提升了效率;唐津高速公路采用沥青再生封层技术处置应急停车带;保沧高速公路安装综合造价低、抗折强度高、节能环保的FRP隔离栅立柱。采用压密注浆法加固或改性乳化沥青及改性沥青（如SBS改性沥青）处理路面裂缝病害,采用美国进口的冷灌缝胶等创新之举,实现了"提升施工效率、提高工程质量、降低养护成本、保障道路畅通"的目的。加强信息化技术推广应用,在京哈高速公路河北段、黄石高速公路、大广高速公路等示范路段,率先建设每公里1对高清摄像机,实现全程高清无盲点监控;在京哈高速公路、黄石高速公路建设了全路段高密度"交通状态动态采集与交通事件监测系统",全天候识别路网畅通、行驶缓慢、拥堵三种状态;在京哈高速公路山海关、北戴河收费站建设了"拥堵预警与监测系统",对收费站广场车辆排队长度自动检测;开发了"救援定位系统",对行驶在高速公路上的驾乘人员进行准确定位,提供精确引导服务和精准救援帮助;与省气象局合作开发了高速公路气象信息服务系统,及时获取高速沿线服务区、收费站、重特大桥涵等关键点的精细化预报(小时、日、周、月)、灾害性天气预警、交通气象专题报告。2015年,京港澳高速公路京石段率先实现"路警一体化"。

三、服务区建设

（一）提高服务水平,改善服务质量

深入贯彻落实党的十八大和十八届三中全会精神,以科学发展观为指导,以提升公众出行服务质量为主线,规范运营管理,强化服务功能,创新体制机制,优化设施配置,完善服务工作管理体系,打造"布局合理,经济实用,标识清晰,服务规范,安全有序,生态环保"的现代化服务区,满足公众高品质、多样化服务需求。

政府指导,部门协作。积极争取地方政府支持,加强与相关部门的协调配合。充分发挥政府和部门指导作用、运营单位主体作用以及行业学会协调自律作用,引导社会公众参与,尽快形成政府、行业、企业和公众共同参与的协作推进机制。

科学定位,强化功能。以保障基本服务功能为主,不断强化为驾乘人员提供停车、短暂休息、如厕以及餐饮、加油、车辆维修、公路出行信息播报等基本服务。在此基础上,因地制宜开展客运接驳、客货运输节点、旅游服务等延伸服务,提升综合服务能力,满足公众多样化需求。

分类管理、协同发展。构建车辆通行费投入为主，服务区经营所得补贴为辅的服务区公共设施管养投入保障机制，不断优化驾乘人员停车、如厕等免费服务。充分发挥市场在资源配置中的调节作用，鼓励社会资本投入餐饮、便利店、车辆加油和维修等经营性项目，公平竞争，提供高品质、多样化服务。

规范运营、优质服务。建立健全服务工作标准化管理体系，不断提高服务区服务工作规范化水平。营造公平竞争的市场环境，依法经营，为驾乘人员和通行车辆提供符合相关质量技术标准的服务保障。

1. 规范服务区运营管理，不断提升服务质量

加强服务设施日常管养。服务区日常管养由服务区所属高速公路运营管理单位负总责。交通运输主管部门结合本地区实际，健全和完善服务设施运营管理制度，定期开展检测和服务功能评价。服务区运营管理单位根据已确定的管养目标和标准规范，加强服务设施日常管养，确保各类设施设备齐全，维护维修及时，功能完好，正常运行。严禁对服务区服务项目以包代管，放任自流。

加强全天候基本服务保障。停车场、公共卫生间、加油站、汽车修理、便利店、开水供应等基本服务功能场所为驾乘人员和车辆提供全天候服务。在正常供餐时间外，能够提供简单餐饮服务。有条件的服务区，提供全天候的客房服务，满足长途旅客和接驳运输驾驶员等人员住宿需要。在高峰时段，利用服务区内部的连接通道，实行小客车错峰调配使用服务设施，最大限度地提高服务接待能力。

加强服务区运行秩序维护。结合场地条件及车型构成情况，优化停车区域设置，确保交通标识齐全清晰。加强监控设施以及保安和保洁人员配置，配合相关部门，积极疏导运行秩序，确保车辆分区停放、有序进出。督促驾乘人员做好安全防护工作，不得随意禁止危险货物运输车辆进入服务区。重大节假日等客流高峰时段，加派人员，引导驾乘人员有序就餐、购物、如厕，维护良好秩序。加强保洁管理，确保公共卫生间、停车场等公共场所始终保持卫生整洁。

加强公路出行信息服务。加强服务区信息化建设，提高服务设施的自动化程度和动态监控能力，实现公路运行状况和信息发布联网管理，确保公路路况、公路气象等公众出行信息实时滚动播报。开通微博、微信等公共网络平台，实时发布公路出行相关信息，多渠道提供出行信息服务。建立服务区停车位剩余接待容量提示制度，通过高速公路交通广播、沿途可变情报板等多种载体，及时发布前方服务区相关信息，提示驾乘人员合理调整出行方案。临近重点旅游景区的服务区，加强与景区管理单位协作，实时发布景区道路使用情况，避免进入景区的道路拥堵。

加强专业化经营管理。构建合法经营、公平竞争的服务区市场秩序，探索并完善特许经营等相关制度，鼓励社会资本投资餐饮、便利店、客房、汽车维修和加油站等经营性服务

项目。推广重点商品和服务"同城同价"制度,为驾乘人员提供质价相当的商品和服务。择优引进社会知名品牌,推进专业化、连锁化经营管理,统筹相邻服务区资源配置,促进资源节约与高效利用。鼓励创建具有市场竞争力的管理品牌、服务品牌或产品品牌。配合相关部门,加强商品质量和价格监管,坚决查处制售假冒伪劣产品、垄断经营以及非法摆摊设点、强买强卖、强行设立加水点有偿加水等违法行为。

加强应急保障能力建设。按照突发事件应急体系建设的要求,制订完善应急预案,强化应急处置管理,提高应对处置突发事件能力,在抢险救灾、交通战备和突发事件中,提供驾乘人员临时安置等协作服务。制订重大节假日服务工作预案,完善服务能力预警机制,建立健全相邻服务区联动机制。加强应急物资储备,组织实施突发事件和重大节假日应急服务演练,全面提升服务保障水平。

提升综合服务能力。在保障基本服务功能的基础上,根据本地区经济社会发展需求以及公路运输发展的新变化,为驾乘人员提供地方特色商品选购、客货运输节点、高速公路救援、旅游服务等延伸服务,满足驾乘人员多层次需求。具备条件的服务区,结合区域节点位置的优势,打造旅游服务区;与医疗机构合作,由专业医疗机构设立救助站,为驾乘人员提供医疗救助服务。

畅通公众投诉渠道。交通运输主管部门和服务区运营管理单位不断完善公众举报投诉处置机制。在服务区显著位置统一设立监督公示栏,公示运营管理单位和上级主管部门监督电话,接受社会监督。及时受理驾乘人员举报和投诉,认真开展核查和处理工作,及时反馈核处情况,确保有效投诉反馈率达到100%。有条件的地区,在服务区设置投诉受理服务台,快捷受理举报投诉,及时回应公众诉求。

加强服务考核评定。健全和完善服务工作标准体系,实现规章制度健全、岗位设置合理、责任分工明确、工作内容具体、工作标准清晰、过程控制严格、监督检查到位。交通运输主管部门组织相关单位,加强检查考核,督促运营单位不断规范管理、提升服务。发挥行业学会作用,建立健全全国统一的服务质量等级评价体系,加强服务达标和等级评定,完善外部监督机制,鼓励社会公众参与评定工作,共同促进服务水平不断提升。

2.完善监督保障措施,加强行业文明创建

完善监督管理机制。各级交通运输主管部门负责本行政区域内服务区的管理工作,明确具体的管理部门和职责,加强对服务区运营工作的指导和检查,督促服务区运营管理单位充分发挥主体作用,不断完善服务措施,规范服务管理,提升服务质量。对服务区运营管理单位因维护和服务责任缺失、造成严重后果或影响的,按照相关规定严肃处理。

提高资金保障水平。服务区公共服务设施的改善和维护经费纳入高速公路养护经费支出范围给予保障。采用BOT模式建设运营或采取专业化经营方式的服务区,按照合同约定的途径,保障相关改善和维护经费。政府还贷高速公路服务区自主经营或出租经营设施的所得收益,优先用于公共服务设施改善和维护。

加强服务区队伍建设。建立健全从业人员准入制度,通过多种方式引进专业人才。完善教育培训机制,推进服务人才培养实训基地建设。依托大专院校、专业培训机构以及与相关企业合作等方式,分时段、分层次开展员工教育与培训,重点加强对物业管理、餐饮、汽车修理、加油站、商品营销等服务管理人员的培养。健全劳动保障机制和薪酬激励机制,建设素质高、业务精、服务好、肯奉献的服务区工作团队。

加强服务区文化建设。践行社会主义核心价值观和交通运输行业核心价值体系,坚持深化主题与彰显特色相结合,加快培育以"以人为本、倾情服务、舒难解困、携手同行"为主题的行业文化,全面提升服务区行业文明程度,为促进服务区科学发展提供坚强的思想保证和精神动力。结合地域特点,加强主题服务区和特色服务区建设,创建具有浓郁地方特色、文化特色的文明服务区。

（二）增强基础设施建设,提供各种特色服务

高速公路服务设施的功能分为基本功能和延伸功能。基本功能是为满足驾乘人员长途旅行中基本的生理、心理需求,满足车辆加油、维修需求等提供的服务功能。延伸功能是超出基本功能以外的个性化、多样化服务功能。

在保证满足高速公路服务区基本功能的前提下,结合地域特点发展一些具有旅游、休闲、度假功能的特色服务,增加相应的基础设施建设和各种应急服务设施,为社会提供高品质、高品位的服务,把高速公路服务区打造成为多功能综合性的服务区,建设成为具有"家"文化内涵的驾乘人员的"高速之家"。

京石高速公路服务区推出"一区一特色",打造出"美食一条路",推行电商销售,正在拓展广场经济、主题服务区等,增设了母婴室、第三卫生间、室外休闲区、儿童乐园和智能终端查询系统等,开展各种温馨服务,大大提升了自身的综合服务能力。

四、机电工程

（一）高速公路机电建设管理

多年来,河北高速机电建设坚持"为运营管理提供决策支持、为公众出行提供优质服务、为高速公路发展提供科学参考"的目标不动摇,从路网需求出发,以整体路网为控制目标,坚持"建、管、养并重",不断加强中心建设和行业管理,切实发挥高速公路智能化、信息化、现代化管理中枢的作用,努力建设智慧高速,打造温馨旅途,助推经济发展。

河北省高速公路管理局指挥调度中心,负责制定全省高速公路信息化、智能化系统建设发展规划,高速公路机电工程统一标准,新建高速公路机电工程、机电专项工程和机电

养护工程的前期工作、建设实施和交竣工验收,路况信息的搜集、整理、发布和路网运行调度,与高速交警的信息沟通、共享和调度指令的联合发布,电子不停车收费业务及结算中心、客服发行网点的运营管理,京沈结算中心的管理。

经过多年的建设和发展,不论是路网基础设施,还是省监控总中心软硬件系统,以及指挥调度的运行机制均已具规模,一个全面感知和发布的信息管理与指挥调度系统已经形成,路网机电信息系统智能化、信息化程度在全国领先。

1. ETC系统工程建设

ETC是Electronic Toll Collection的简称,是智能交通系统主要应用对象之一,是当前国际上大力开发并重点推广普及用于公路、桥梁、隧道、停车场等方面的电子自动收费系统,是解决高速公路收费站拥堵和节能减排的重要手段。高速公路ETC建设,是高速公路智能化的典型应用,成功实现"一张ETC卡畅行全国高速公路",是高速公路管理运营中提高服务水平、提高用户满意度的有益实践。高速公路由人工收费到电子不停车收费的变革性、跨越性发展,是高速公路转型升级、科学发展的必经之路,是先进技术手段与运营管理和服务需求深度融合的具体体现。ETC通过信息化、智能化成果的整合应用,能够有效缓解高速公路拥堵,提升通行效率,提高通行能力,节省通行时间,显著降低人民群众的出行成本,全面降低全社会的物流成本,实现节能减排。ETC用户可以不停车走遍长城内外、通行大江南北,彻底解决收费站区拥堵问题,大幅度提高通行效率,对于减少资源消耗,降低环境污染,构建绿色交通和可持续发展交通运输体系发挥重要的作用。

河北省高速公路ETC作为全国高速公路ETC联网的重要组成部分,立足于为社会公众提供高水平的服务,通贯南北,互联东西,是京津冀协同发展的标志和亮点,让省际、城际间交流更密切,让河北更快捷地融入全国的大经济格局,有效助推区域经济腾飞,为促进河北省国民经济与社会发展贡献力量。

河北省高速公路ETC在发展建设过程中创新模式,搭建市场化合作网络,先后与工商银行、中国银行、建设银行、农业银行、光大银行、华夏银行、中信银行、邮储银行、兴业银行等多家银行展开合作,开通了全业务代理网点。ETC与银行的合作,是强强联合的业务开发,不仅解决了高速公路收费站拥堵问题,扩大了百姓生活半径,加快了百姓出行频率,延伸了百姓出行距离,ETC用户一卡在手便可以畅行全国,而且也已经成为银行核心竞争力的重要组成部分。

截至2016年底,河北省高速公路收费站ETC车道实现了全覆盖,省界和车流量大的收费站达到"2入2出";完善了ETC车道监控及稽核系统,车道入口加铺了彩色路面,加装车道LED指示屏,优化ETC车道通行环境;按时完成了各省份联网系统升级和调试工作,顺利实现了ETC全国联网运行;开设了省内各地市客服中心、银行代理发售点和一站式办理点;深化与银行及代理机构的合作,推出记账卡、储值卡、联名卡、大客户卡等业务共16类。

2. 通信传输网络系统升级

河北省高速公路管理局指挥调度中心将高速公路通信系统升级为ASON（自动交换光网络）技术构建骨干传输平台，连接省中心和片区通信中心，在一片区全网开通ASON并组成了核心汇聚环，京石、保沧、石黄三条路围成了环路10G"1+1"保护，一片区其他路段干线STM-16"1+0"保护，干线网通过ASON MESH保护，接入网STM-162.5G，组相切环，通过干线保护。此系统是目前全国最先进的通信传输网络。

3. 服务区室外路况信息显示系统工程

为进一步拓宽路况信息发布途径，实现对车辆的交通诱导，减少在事件发生后引起的车辆拥堵及二次事故，提高信息服务水平，多条高速公路安装了全彩LED信息发布屏、液晶监视器，并开发了路况信息发布软件，实现面向河北省高速公路路网的路况信息发布，并实现省中心对全省各路段沿线可变信息情报板及摄像机的统一控制与管理，覆盖和使用范围在全国高速公路发布系统中尚属首次。目前该系统已开始运行。

4. 高速公路路段监控信息接入工程

为加快信息化建设，不断完善路网监控指挥调度功能，提升路网管理服务质量，实施了监控室联网改造信息接入工程，实现了视频切换控制、摄像机远程控制、视频存储、视频查询、视频综合显示、报警联动视频切换、手机视频发布、外网视频发布功能。

5. 多路径识别系统工程

随着高速公路路网规模不断扩大，联网收费区域内出现的环状路网结构将变得更为复杂，已有路、在建路和未建路共有20多个最小封闭环路。一对出入口之间将有两条或多条可供车辆选择的行车路径，给解决通行费拆分等问题带来困难。为解决这一问题，河北省组织建设了多路径识别系统，在省内一片区高速公路网中设置13个车牌识别标识站，利用先进的光电、计算机、图像处理等技术，对通过车辆的前部特征图像进行连续实时全天候记录，计算机根据记录图像进行全自动识别，从而分析、判断车辆的行驶路径。此系统不仅使通行费拆分有了依据，而且使通过"换卡"偷逃通行费的行为得到有效遏制，同时还有助于公安部门职能卡口建设。

6. 交换机改造和扩容工程

交换机改造和扩容是提高运营管理水平、降低管理费用的有力举措。当前又扩容12条七号信令链路，扩容后系统的七号信令链路数从32条扩容至44条，并对程控交换机后管理模块做了安全防护，防治病毒感染和外部攻击，提高了使用的安全性，实现了全省高速公路管理单位联网，系统内部通话完全免费。同时，做好程控交换机的备品备件计划，保证在交换机出现故障时能最快地排除故障，恢复使用。

（二）取得的主要成绩

信息化建设：实施了智能化示范项目改造和推广，信息化、现代化水平全国领先。

机电养护：收费车道设备完好率、外场摄像机完好率、道路情报板及通信传输设备完好率均达到90%以上，视频接入系统无故障率近100%。

信息发布：建立了多层次、立体化的信息发布网络，"96122"服务热线累计受理电话近3000万个，发布路况信息近10万条，路况信息及时率达到99%，"96122"系统运行无故障率达到100%，河北高速出行信息服务网点击率近1000万人次；"河北高速96122"、新浪、腾讯官方微博发布路况信息10万余条，粉丝高达十几万人，其中新浪微博在近千家"河北政务微博影响力排行榜"中名列14名。

ETC推广：形成了规范化、特色化的河北ETC发行服务体系，全省高速公路收费站ETC车道实现全覆盖，到2015年底，用户总量近150万户。

安全维稳：未发生任何安全生产事故和群体性上访事件，安全维稳形势稳定。

五、路政执法管理

20世纪90年代之前，河北省公路路政管理由河北省交通厅公路处负责。1998年12月，成立河北省交通厅公路路政执法总队，负责指导全省路政管理。总队设在交通厅公路管理局。1991年，京石高速公路分段陆续建成通车，随之就有了高速公路的路政执法管理。高速公路是封闭的，自身运营、养护、管理和收费具有很强的独立性，显然普通公路的路政执法管理方法是不适用的。1992年，省高速公路管理局、省道路开发中心和省交通厅国际金融组织贷款项目办公室相继成立，成立后的三家法人单位均设置路政科负责所属高速公路的路政执法管理，业务归口在省交通厅公路路政执法总队。各地市高速公路路政执法管理分属各地市高速公路管理部门。

2008年，省政府撤销河北省高速公路管理局、河北省道路开发中心、河北省交通厅国际金融组织贷款项目办公室三家法人单位，组建河北省高速公路管理局（河北省高速公路集团）。整合组建后的河北省高速公路管理局下设路政执法总队，总队下辖18个高速支队，支队下设大队，全面负责省属高速公路（包含后来成立的省交通投资集团公司所属的高速公路）的路政执法工作。各地市所属的高速公路路政仍由各地市高速公路管理部门负责。

经过20多年的发展，路政执法机构日益健全，路政执法行为进一步规范，路政管理工作基本走上了科学化、法制化、规范化管理的轨道。以河北省高速公路管理局路政总队为例，说明全省路政执法管理情况。

（一）高速路政总队概况

河北省高速公路管理局高速公路路政总队，是省属高速公路的路政执法单位，在高速公路范围内开展路政执法，业务归口在河北省路政执法总队，主要职责是"维护路产、保护路权"，依法处理各种侵占、破坏高速公路的行为，管理保护好高速公路。

具体职责：一是宣传、贯彻执行公路管理的法律、法规和规章；二是保护路产；三是实施路政巡查；四是管理公路两侧建筑控制区；五是维持公路养护作业现场秩序；六是参与公路工程交工、竣工验收；七是依法查处各种违反路政管理法律、法规、规章的案件；八是法律、法规规定的其他职责。

（二）主要工作

1. 深化管理应用，不断提升信息化建设水平

为提高工作效能，强化执法过程监控，路政总队运用现代科技，不断加强路政信息化建设。

一是制定和完善路政信息化管理相关制度，为路政信息化管理提供制度依据。

二是改善一线执法单位的信息化装备设施，提升路政信息化管理与应用的能力。

三是加强路政信息化软件升级与功能整合，突显"一基一核六支撑"的功用，稳步高效推进信息化建设，促进路政执法工作迈上新台阶。

路政信息化建设的普遍应用，确保了总队系统调度指挥信息的畅通快捷，进一步加强了执法监督的力度，极大地提升了路政执法巡查能力、实时监控能力、快速反应能力，保证了路政执法工作应急处置的针对性和高效性。

2. 加大路产依法依规保护力度，不辱路政执法工作的光荣使命

一是依法依规实施行政许可，积极为群众提供许可服务。路政总队认真推行行政许可首问负责制和限时办结制，认真履行一次性告知、领办导办义务，法律法规对审批时限有明确规定的，绝不超期许可。对重大涉路工程许可项目，都要求申请人进行安全技术评价。行政许可办理工作做到及时受理，快速办结，提质提速，高效便民。同时，严格落实行政许可公开公示制度，主动接受申请人、上级机关和社会各界监督。

二是认真落实日常巡查制度，同驻地养护部门建立联合巡查与协作机制，提高工作效率。路政总队利用信息化装备与设施，进行全方位的巡逻工作，降低巡查成本，提高管理效能，确保能够在第一时间发现，第一时间处置。同时，加强与养护的联合巡查协作机制，路政和养护人员在巡查过程中发挥优势互补作用，共同保护好辖区路产。

三是建立起了完善的路政管理档案制度，路产登记规范有序。路政总队所属各支（大）队，分门别类规范有序地建立起了完备的档案资料，并根据情况，能够实时更新路产

资料。

四是加强涉路工程许可的监管工作。对被许可人从事许可事项活动是否符合准予许可时所确定的条件、标准和范围,是否落实保障公路、公路附属设施安全的防护措施以及应急处置措施等内容进行监督检查,发现问题,责令限期整改。在日常工作中,所属各单位加强了涉路施工的事中、事后监管工作。多年来,未发生道路施工的安全生产责任事故或重大交通拥堵现象,保证了辖区通行施工两不误。

3. 加强路域环境治理工作,确保辖区内整洁绿美安全畅通

治理违法广告塔的工作,按照"先易后难,先用地内、后用地外,先对公路造成安全隐患大的,后隐患较小的"的原则,展开轰轰烈烈的"利剑行动""秋季攻势""春季攻势"等拆违专项行动,拆除非法广告,割除违法广告塔基座,制止"建筑控制区"内非法挖沙取土、埋管排污。这些专项行动消除了安全隐患,净化了路域环境,保障了通行安全,有力地打击了违法广告业主的嚣张气焰。

4. 加强治超管理工作,将超限率牢牢地控制在1.34%以内

一是广泛宣传,营造声势。路政总队始终把宣传教育贯穿全程,利用各种渠道大力宣传超限超载运输的危害性。二是协调联动,职能互补。积极与收费部门、服务区、高速交警、地方路政及部分市、县治超部门沟通联系,建立长效的联动机制,共同打击非法超限超载运输车辆,并加强货运装载源头监管工作,坚决遏制非法超限超载车辆行驶高速公路的现象。三是分级响应,视情处置。根据车货总重55t以上车辆占货车总量的不同,分别采取"黄—橙—红"三级响应机制,所属各级路政执法单位根据不同级别,采取不同的措施。四是流动治理,重点盯守。充分利用流动治超车和便携式检测设备,在部分收费站口和服务区蹲守,对超限车辆实施劝返或移交地方治超部门进行处理。

5. 坚持执法公开,强化执法考核,接受社会监督

一是制定行政执法公开制度,明确公开内容、公开的方式。二是积极落实执法公开制度,主动接受社会监督。三是利用信息化手段,直接对一线路政人员的执法过程实时监控,减少路政执法人员的违规违法概率,杜绝"三乱"现象发生。四是建立健全了纪检监察机构,通畅举报渠道,及时核查处理群众投诉的问题。五是实现执法评议考核常态化和动态化。通过推行行政执法责任制和评议考核,建立起了激励约束的长效机制,提升了路政执法队伍的业务素质和执法能力。

6. 以"三基三化"为主线,全面推进法治路政建设

"三基三化"建设是自2012年始交通运输部加强基层执法队伍建设的一项重点工作,主要内容是基层执法队伍职业化、基层执法站所标准化、基层管理制度规范化。河北省高速公路管理局按照部有关工作部署,在所属路政大队全面开展基层执法站所"三基

三化"建设,并以此为主线,推进法治路政进程。

(1)提高认识,加强领导,构筑"三基三化"建设的组织体系。一是做到高度重视。二是加强组织领导。三是建立工作机制。省高速公路管理局每季度召开调度会议,调度工作进展,协调解决遇到的问题;路政总队每周召开工作推进会议,分析解决问题、总结工作经验;每周编发"三基三化"试点建设工作信息简报。

(2)对号入座,查漏补缺,扎实完成"三基三化"建设的规定动作。交通运输部《关于规范交通运输基层执法站所建设的若干意见》提出15项主要任务;《关于开展交通运输基层执法站所"三基三化"建设试点工作的通知》提出13项主要任务。

(3)坚持创新,深化改革,积极开展自选动作。在高标准完成"三基三化"规定动作的前提下,路政总队结合执法工作实际,积极探索走出一条河北高速特色的法治路政之路。一是在职业化方面,全面推行执法责任制,建立执法业绩档案,形成了较为科学的执法人员奖惩、晋升机制。二是在标准化方面,研发了车载机打印执法文书系统,缩短了制作外业执法文书的时间;开发了单兵执法头盔式摄像机系统和一线执法车辆车载移动视频传输系统、对讲机使用管理系统,实现了总队指挥平台对一线执法车辆、人员及执法现场的远程监控和调度,有效解决了现场取证难、当事人不配合和执法不规范的问题;建立了GPS车辆跟踪监控系统,实现总队对一线巡逻车的调度指挥;运用信息化管理手段,提高了应急处置能力和水平。三是在规范化方面,推行行政许可网上受理、路政处理案件一站式服务;建立执法公开制度,推行阳光执法。公开了执法主体、执法依据、执法程序、执法监督、执法结果、当事人权利。做到了行政许可随时公开、行政强制案件7日内公开、行政处罚案件20日内公开。建立权力清单制度和责任清单制度,全面梳理并向社会公开权力清单和责任清单。

第二节 运营管理成绩

河北省高速公路的运营管理伴随着高速公路的产生而产生,伴随着高速公路的发展而发展。从无到有,从小到大,经历了体制机制的变迁、管理模式的探索和管理方法的完善变化,取得了很大的成绩,形成了一套具有河北特点的运营管理体系和做法。

一、体制机制特点

河北省交通运输厅是河北省高速公路运营管理的政府主管部门,通过制定、完善、深化和细化一系列的运营管理办法、制度和标准等,强化管理手段,形成了规范的市场机制和政府监管机制。

第六章
高速公路运营管理

河北省高速公路建设与运营管理实行项目法人负责制。项目业主多元化是一个重要特点,实行"条块结合、以块为主"的高速公路管理模式。行使高速公路建设和运营管理职责主体的机构主要有三类:一是对省属高速公路非经营性项目,由河北省高速公路管理局作为法人负责运营管理;二是省属高速公路经营性项目由河北交通投资集团公司作为法人负责运营管理;三是设区市所属高速公路由设区市交通运输局作为法人进行运营管理。法人机构下设多条(段)高速公路管理处(或公司)。

河北省交通运输厅公路管理局负责全省公路养护管理及其他涉及公路的有关事项,为河北省公路行业管理单位。具体职能为:负责编制公路发展、中长期发展规划和年度计划建议方案,拟定公路行业有关政策、办法、实施细则并组织实施,负责公路路政、养护、运营管理,按规定负责公路有关事项的审核审批,依法行使公路方面的行政处罚权和行政强制权,对有关公路的法律、法规执行情况进行监督检查等,全省收费站窗、行业考核标准的制定及年度考核、收费站日常稽查、公路绿色通道管理等具体职责,同时承担省治超办交办的日常管理工作,指导全省公路超限运输治理工作。设置了计划科、路政科和高速公路管理办公室等职能科室。

河北省高速公路管理局主要负责省属高速公路的建设,承担项目法人和投资主体职责;负责省属高速公路的投融资工作,根据国务院《收费公路管理条例》有关规定,对省属贷款的高速公路实行收费还贷、统贷统还;负责省属高速公路的养护、运营管理、通行费征收、服务设施管理、科技研发及智能交通建设;负责省属高速公路的路政管理,保护路产路权,保证路段畅通等。

河北交通投资集团公司是省政府管理的国有独资企业(全民所有制),为省政府授权投资机构,由省交通运输厅代表省政府履行出资人职责,并依法履行行业管理。负责所属高速公路项目的筹资、建设、运营和管理,负责国有资产的保值增值,负责所属高速公路的养护、通行费征收、服务设施管理、科技研发及智能交通建设。

各设区(市)交通运输局作为各设区市政府工作部门,主要职责是贯彻执行国家、省、市有关交通运输行业的方针、政策和法律、法规,研究拟定全市交通运输行业发展战略、地方性法规草案,制定有关标准、制度、办法及实施细则,并监督执行。负责公路工程建设、工程质量和安全生产的管理,负责全市交通基本建设项目招投标活动的监督管理,负责全市收费公路管理,负责所辖高速公路的养护和运营管理。

高速公路建设与养护管理主体一体化也是河北省的一个重要特点。高速公路在建设期,一般由投资人或项目法人成立"筹建处"或"项目办公室"等机构,作为执行机构行使建设管理权。项目建成后,直接改编为"管理处"行使运营管理权。这与有些省份建设和运营管理由不同机构执行,建设完成后进行移交的方式不同。对于转让收费权的路段,一般在建成后由投资方与建设方联合成立管理公司,共同管理,如保津高速公路有限公司、唐津高速公路有限公司等。

对于高速公路的收费资金和运营养护资金分开管理,实行统收统支,收、支两条线的管理方式,也是河北省的一个特点。通行费收入统一上缴,管理费和养护资金的投入走审批拨付的管理方式。对于不同业主的管理路段,包括已转让收费权的合资公司管理的高速公路,均按此管理模式进行管理。

二、品牌建设成果

河北省高速系统在服务品牌建设工作中,积极探索文明服务品牌创建之路,加大引导和培育力度,做实、唱响服务品牌,初步培育出了一批有内涵、有特色、有影响的河北高速服务品牌,有力地推动了河北高速公路精神文明建设,大力提升了养护、收费、路政、服务区、信息等窗口文明服务和文明执法水平。以高速公路管理局为例,目前,形成了以"燕赵通衢,一路平安"总品牌为引领,各行业子品牌为支撑的服务品牌体系。其中子品牌"春雨服务""96122高速公路服务热线""河北高速之家""厚德青银""兆通我家""畅通365""阳光黄石""祥和驿都""善美心路""超级团队""京津走廊,舒心通道"等12个服务品牌先后被评为"河北省服务名牌"。省高管局被评为2013年度全国交通运输"品牌单位","燕赵通衢,一路平安"母品牌被评为全国交通运输文化建设"十百千"工程候选品牌。

(一)河北高速服务品牌发展历程

在20多年的发展历程中,河北高速广大干部职工辛勤工作,拼搏奉献,用勤劳智慧的双手、开拓创新的精神,积累了丰富的高速公路建设和管理经验。从这些财富中提炼出的"家"文化、"阳光"文化、"厚德青银"文化、"同行"文化等为代表的河北高速文化彰显出独特的管理风格及特色。在此基础上,2011年4月8日,省高管局召开了文化建设动员大会,将文化建设推进到一个崭新阶段。从此,河北高速发展使命、核心价值观、职业道德等核心价值体系,成为全局干部职工自觉遵循的基本信条和行为准则,成为高速公路事业发展的不竭动力。

经济社会的快速发展,推动着高速公路在服务理念、服务内涵、服务标准、服务方式、服务机制、服务创新和整体形象不断提升,以满足人民群众出行"更安全、更便捷、更畅通、更舒适"的热切期盼。为此,河北省高速公路管理局审时度势,将品牌建设推向战略高度,着力打造特色鲜明、创新力强、推广价值高的优质服务品牌。经过自下而上广泛征求意见、组织专家研讨、局党委开会研究,以"燕赵通衢,一路平安"母品牌为引领,以各单位及养护、收费、服务经营、路政执法、信息服务等五大系统为支撑,构建河北高速文明服务品牌体系。

(二)主要品牌建设成果简介

1. 总品牌"燕赵通衢,一路平安"

"燕赵通衢,一路平安"是河北省高速公路管理局在文化建设工作中,将许多有特色的、优秀的文化理念进行整合,建立文化体系,提炼出积淀的文化因子,在全局系统建设打造的统一品牌。"燕赵通衢,一路平安"服务品牌,基础在"通衢",核心在"平安、舒适",具有明显的行业特征,是河北高速公路"安全畅通,服务至上"核心价值观的凝练和提升。

1)"燕赵通衢,一路平安"服务品牌的内涵

"燕赵",河北省的别称。黄帝、炎帝与蚩尤在此由争斗而融合,孕育了华夏文明史,是中华民族发祥地之一,是中国唯一兼有海滨、平原、湖泊、丘陵、山地和高原的省份。同时,有3处世界文化遗产,有5座国家历史文化名城,有赵州桥、井陉秦驰道、鸡鸣驿古城等古交通文化。河北高速文明服务品牌中的"燕赵",具有很强的地域特色,能够让人穿越历史时空,发生联想,有一种历史的浑厚和凝重,体现了历史的文化传承,能够使河北厚重的文化底蕴在高速公路现代文明进程中得到充分渲染和承载。"通衢",意指四通八达的宽畅大道。河北作为京畿重地,有着"一个全国独有、一个前所未有"的优势和机遇。一个全国独有:环京津、沿渤海的区位优势;一个前所未有:河北沿海地区发展上升为国家战略,冀中南地区被列为国家层面的重点开发区域,为河北发展提供了千载难逢的机遇。把河北的高速公路称为"通衢",就是要通过构建"五纵六横七条线"主骨架高速公路网,顺达沿海港口,联通周边省(区、市),形成连接京津、接轨沿海、西通晋蒙的高速公路一体化格局,为建设"经济强省,美丽河北"提供强大交通支撑。"一路平安",常用作对出门人的祝福语。表达了河北高速人的朴实感情,体现了对驾乘人员美好的祝愿,隐含着对所辖高速公路通行环境的庄严承诺。

"燕赵通衢,一路平安",勾勒出了一幅"车到河北路好走"的美丽画卷;表达的是四通八达、科学完善的河北高速公路,推动着经济社会的科学发展,实现着人民幸福安康的美好愿望;喻示着河北高速人传承着燕赵优秀文化,以"敬业、奉献、务实、创新"精神,践行着"安全畅通、服务至上"的核心价值理念,承载着"打造畅通、平安、和谐高速,助推经济社会发展"的历史重任,实现着河北高速公路更好、更安全、更快捷、更舒适的新期待,真正把河北高速公路打造成为河北解放思想的排头兵、改革开放的靓窗口、创新驱动的新引擎、科学发展的新成果。

2)"燕赵通衢,一路平安"品牌建设主要成果

(1)河北高速公路综合形象得到明显提升。通过文明服务品牌建设,狠抓窗口单位服务能力和管理水平,转变服务理念,完善服务功能,把群众需求作为第一信号,实现由被动服务向主动服务转变,由单一服务向综合服务转变,由大众化服务向个性化、差异性服

务转变。服务区实行标志标识、礼仪规范、规章制度、工作流程、服务标准、考评办法"六统一",抓深化细化;路政实行"七统一",规范执法行为;养护作业现场落实"五公示",最大限度为通行者提供实时信息服务;收费系统以便民利民惠民为目标,坚持做到大雾天气为滞留驾乘人员免费提供食品和饮用水、为抛锚车辆提供燃油、为伤病员和走失人员提供救助、为遇困人员提供食宿……一项项延伸服务,成就了一条条爱心路。

(2)社会公众出行更加畅通、平安和舒适。为了解决收费站口拥堵这个顽疾,河北省高速公路管理局以河北青银高速为试点,加大科技投入,优化软件流程,采取发卡流程再造举措,将"车等卡"变为"卡等车",入口通行能力较传统模式提升1~3倍,基本实现不停车发卡,实现了车辆在站口的"零等待"。石安高速公路管理处石家庄收费站"春雨服务"品牌,相继推出了临时休息、电子导航、快速充电、简易维修等20多项便民利民免费服务项目,单车收费速度从联网收费初期的21.5s缩短到现在的11.7s,发卡速度由以前的4.61s缩减到现在的3.79s,使顾客满意率达98%以上;服务管理中心在建设"河北高速之家"文明服务品牌过程中,开展了"温馨旅途、亲情服务"活动,逐步建立起三级品牌创建体系,培育知名品牌。中心负责培育在全国有影响的综合管理或经营服务品牌;分中心负责培育在全省叫得响的"特色一条路"服务品牌;服务区负责培育在区域范围内叫得响的、以餐饮和商品为主的地方特色品牌。

(3)文明服务品牌建设与河北高速文化以及各子文化建设之间形成良性互动,协调发展。2010年以来,局属七个单位荣获"交通运输部文化建设示范单位"称号,青银高速公路管理处"厚德"文化、黄石高速公路管理处"守护·阳光·路"等文化建设呈现出百花齐放、全面推进态势,有力推动了局文明服务品牌科学发展。

"燕赵通衢,一路平安"总品牌被评为全国交通运输行业十大品牌的提名品牌。2015年"燕赵通衢"商标在国家工商总局正式注册,标志着河北高速软实力的知识产权受到了法律的保护。

2. 子品牌"春雨服务"

"春雨服务"子品牌是河北省高速公路石安管理处石家庄收费站创建的品牌。自2009年4月开始,石家庄收费站创新收费管理模式和服务理念,在全省高速公路系统率先创建了优质服务和快捷畅通为核心的"春雨服务"。以"亲情化、人性化、规范化"为服务标准,阳光般的微笑服务,亲切、舒展的肢体语言,整齐划一的仪容仪表,人性化的服务平台,快速畅通的站口通道,亲情化的服务沟通方式是"春雨"品牌的基础。

高速公路被誉为一个国家走向现代化的桥梁,是发展现代交通业的必经之路,建设的初衷在于缓解交通压力,节省运营成本,提高社会经济效益。但是,随着高速公路通车里程的不断增加,汽车保有量的快速增长,高速公路交通需求和交通流量的激增,高速公路收费站面临着严峻的通行压力,尤其是在交通高峰时段,收费站服务质量大大下降。当服务水平不能满足交通量需求时,收费广场内会形成交通拥堵和车辆排队现象,同时也带来了巨大的安全隐患,这就违背了高速公路"快捷、舒适、安全"的初衷。而且公众对收费站的服务需求不断增长,对收费站服务要求不断提高,这就造成了收费站除了面临着严峻的保畅压力还面临着管理压力、服务压力。因此,收费站迫切需要从繁重的建设任务逐步向精细化的运营管理转变,尽最大力量提高服务水平,所以树立统一、规范、高效的品牌形象成为发展的必然。2009年初,以"干部作风建设年"为契机,结合文明服务和运营管理工作实际,依据春雨的特点,引申出以优质和快捷服务为核心内容的"春雨"服务品牌。石家庄收费站作为石安高速公路管理处开展"春雨"服务的试点单位,完成了从活动开展、品牌创建到品牌管理体系不断深化完善的过程,服务质量有了实质性的提升,得到了社会各界的广泛赞誉和肯定。

1)"春雨服务"品牌诠释和内涵

"春雨"二字源自唐代诗人杜甫的《春夜喜雨》"好雨知时节,当春乃发生。随风潜入夜,润物细无声"一诗。诗中的"好"字含情,盛赞春雨;"知时节"赋予春雨以人的生命和情感——它体贴人意,知晓时节,在人们急需的时候飘然而至,催发生机;它随风而至,悄无声息,滋润万物,无意讨好,唯求奉献。其中"潜""润""细"恰如其分地道出了春雨的特点。依据春雨特点,引申出"春雨"服务这一品牌,契合高速行业之奉献精神,寓为"高速人细致入微的服务恰如贴心及时的春雨,滋润驾乘人员的心田"。

"春雨"服务作为一个品牌,有四个含义:

(1)春雨是充满生机的,象征着每一个石家庄站收费人员积极向上、充满活力,在各自的工作岗位上敬业、乐业、忘我奉献,为公众服务挥洒着青春与汗水。

(2)春雨是万物所期盼的,象征着石家庄站收费人员能急公众之所需所想,为驾乘人员提供最渴盼、最希望得到的服务。

(3)春雨是贴心细致的,象征着石家庄站收费人员的服务温暖热情、无微不至,如同春雨一般"滋润心田",充满"爱心"与"真情",更喻示了石家庄站收费人员持之以恒的服务追求和价值取向。

(4)春雨是清爽舒心的,象征着"春雨"服务为公众营造畅通、平安、舒适的行车环境,让每一位驾乘人员都能感受到舒适、舒心、温馨的亲情感觉。

2)"春雨"服务品牌建设主要成果

在上级领导的大力支持下,经过多年的摸索与深入开展,"春雨"服务已由一项活动升华为一种有形文化、一个服务品牌。与此同时,石家庄收费站不断提升服务质量,大力实施品牌战略,形成一整套服务创新的机制来谋求更加长远的发展,并把建成为民服务的便民窗口、展示河北交通风貌的形象窗口、人民群众最满意的品牌示范窗口作为长远发展目标。"春雨"服务品牌研究工作应用于日常工作,效果凸显,得到业内及社会的充分肯定,先后荣获国家及省、部等各级荣誉和表彰几十项。优异的成绩、显著的社会效益引起上级领导的高度重视,时任中央领导李源潮,省领导张庆伟、付志方,省交通运输厅厅长高金浩等先后亲自对该成果进行实地考察并对该成果的应用给予了高度评价。省领导付志方特别指出:"石家庄站春雨服务树立了良好的河北交通形象,要将'春雨'服务继续发扬下去。"2011年国检组组长杨映祥给予"河北高速队伍一流"的高度评价。

3. 子品牌"96122高速公路服务热线"

"96122高速公路服务热线"是河北省高速公路管理局指挥调度中心创建的服务品牌。随着经济社会的发展和人民生活水平的提高,社会公众对于高速公路通行的服务标准越来越高,在路径选择、路况查询、政策咨询、投诉申告等各方面需求的个性化程度也越来越高。信息服务作为提高高速公路整体服务水平和服务质量的组成部分和重要体现,应该先行一步、快行一步。"96122高速公路服务热线"于2009年3月30日开通,是河北省高速公路管理局设立的7×24小时为社会公众提供高速公路出行信息、紧急救助及投诉申告服务的综合性交通话务平台。承担着高速公路路网运行监测、路况信息审核发布、路网应急调度、高速公路管理部门间协调联动等重要职责,是全省路网稳定运行的神经中枢,也是对外沟通、联系的桥梁与纽带。多年来,它坚持"全心全力,服务至上"的核心价值理念,始终围绕"服务公众出行、服务决策管理、服务交通建设、服务社会发展"的主体使命,通过不断升级,提升服务能力和质量,塑造规范化、专业化的品牌形象,为出行公众编制了一张及时、高效、准确、全面获取高速公路通行信息的无线网络,成为公众出行、畅行京畿的重要信息来源,打造了一张"温馨导航·畅行河北"的高速公路服务名片。

1)"96122高速公路服务热线"品牌诠释和内涵

"96122高速公路服务热线"中的"96122"高度包含了信息服务工作的"9个承诺""6个特色""1个核心""2个体系"和"2个职能"。

9个承诺:①以饱满的工作热情、最优的服务态度接听每一个热线电话,处理每一条信息。②努力提高业务技能,以更高的专业水平提供优质服务。③"96122"热线电话首选人工接听。④7×24小时全天候不间断服务。⑤工作中规范性服务用语100%。⑥公众投诉处理反馈率100%。⑦路况信息发布及时率95%(含)以上。⑧"96122"系统日受理电话能力10万次以上。⑨网站、短信、广播、电视等发布手段的无故障率95%(含)以上。

6个特色:主动服务、全员服务、亲情服务、高效服务、优质服务、无限服务。

1个核心:以高速公路信息服务为核心。

2个体系:①信息采集体系:包括高速公路监控系统、三维TGIS综合管理平台、路况信息网络报送平台、气象监测服务系统、3G移动通信平台、应急会商平台等。②信息传播体系:包括"96122"服务热线、短信服务平台、出行信息服务网、电台广播、服务区信息显示屏、可变情报板、微博、服务区WIFI等。

2个职能：①咨询服务：路况信息查询、路径咨询、通行政策解答、救助服务。②受理投诉：举报、建议收集、疑难解释。

"96122高速公路服务热线"品牌，以"96122"服务热线为主要代表，集合了高速公路服务电话系统、高速公路监控系统、路况信息报送平台系统、应急指挥调度系统和信息发布传播体系，是全省最全面、最权威、最专业的高速公路信息服务系统。服务是"96122高速公路服务热线"的基本职能和核心要求，充分树立主动服务的自觉意识，建立规范高效的服务体系，通过温馨、精细、贴心、专业的到位服务，想其之所想，急其之所急，于细微之处、急难之时，帮其之所需。

2）"96122高速公路服务热线"服务品牌建设主要成果

通过对"96122高速公路服务热线"品牌的有效管理和实施，进一步促进了信息服务水平的提高，擦亮了高速窗口服务的形象，提升了员工工作的效率和自身的素质，扩大了高速公路信息服务的社会影响力和美誉度。

（1）体系构建完整。系统整合高速公路信息服务的资源，形成了品牌文化、品牌形象、品牌内容、品牌贯彻实施、品牌推广传播、品牌管理等6大体系的基本品牌框架，并通过贯彻实施和宣传推广，全方位、立体化地树立了一个意义积极、作用明显的现代化特色服务品牌。

（2）任务圆满完成。在品牌建设过程中，与日常工作深度融合，与重点任务、主题创建活动有效结合。通过宣讲与培训、学习与研讨、考评与激励等一系列手段，所属人员深度参与、身体力行，对品牌建设重要意义的理解逐步加深，精神面貌明显改观，工作的积极主动性和员工自豪感、归属感、凝聚力显著提升，工作标准、工作流程和服务礼仪形成规范、贯彻到位，各岗位层次融洽、衔接流畅。"96122"服务电话和"河北高速出行信息服务网"几乎家喻户晓。尤其是在2009年特大暴雪灾害、2012年以来小型客车免费通行保畅、辽宁危重病人千里护航、重大交通事件、长时间雾霾恶劣天气等重大保畅任务上更是声名远扬，在实际工作和挑战中实现了品牌文化落地和品牌形象的提升。

（3）满意度明显提升。"96122"服务热线自2009年3月成立以来，话务量逐年飞速增长，2015年已突破1200万次。品牌建设过程中，重点对客户满意度进行了专项测评，统计结果显示："96122"高速公路服务热线的客户满意度持续高位攀升，品牌已经在社会上建立了较高的知名度，尤其是在高速公路通行率高的群体中，影响力大、满意度高、信赖程度高。

（4）声誉得到认可。"96122高速公路服务热线"品牌建设以来，得到了省委省政府、行业主管部门、全国同行、广大驾乘人员和社会各界的一致好评，收到多封感谢信，道谢电话不胜枚举，先后荣获全国工人先锋号、全国五一巾帼标兵岗、全国交通运输系统先进集体、河北省工人先锋号、河北省五一巾帼标兵岗、河北省服务名牌、河北省青年文明号、抗击雪灾先进集体、政风行风建设优秀基层单位等各级荣誉10余项，省委省政府、交通运输部领导多次莅临指导,予以肯定;接待全国同行和外国友人参观,典型事迹和服务工作被媒体报道。"96122"客服值班长林少莉还荣获2015年"中国最美路姐"荣誉称号。

4. 子品牌"河北高速之家"

"河北高速之家"是河北省高速公路服务管理中心创建的服务品牌。作为服务区的管理者和服务者,当高速公路服务区早已经从简单的餐饮、加油、如厕等基本功能,逐渐向高品质、高品位,集旅游、休闲、购物等于一体的综合性多功能提升和拓展,高速公路服务区已成为交通的又一新名片。而这张新名片,必须有它独特的内涵、卓越的远见、良好的形象和深厚的文化底蕴。文化是"道",将承载服务区长远和未来的发展。为行业精心塑造服务品牌,这是河北省高速公路服务区未来发展的责任,也是服务管理中心对发展的承诺。服务管理中心以"为顾客提供家一般的服务"为目标,营造了以服务区为家、主动履行责任、积极向上、健康和谐的文化氛围,逐步确立了河北高速服务区"高速之家"的"家文化"理念,又以"六统一"为基础,探索并初步建立了具有核心竞争力和品牌影响力的"视觉文化"和"制度文化"体系。全面提升了员工队伍的整体素质,增强了企业的凝聚力和向心力,使"家"文化品牌效益日益显现,促进了经营管理工作向纵深发展,"家文化"已经成为河北高速优秀服务品牌之一。

1)"河北高速之家"品牌诠释和内涵

爱心无限,行者有家。人在路上,心在家里。家在路上,爱在心里。漫漫驿路,带给旅人的是疲倦和对家的思念。在高速公路这种相对封闭的环境里,驾乘人员的需求是一切行为的原动力,是服务的本质所在。用爱心为驾乘人员打造一个温暖的家。而在人生的路上,每个人都是行色匆匆的旅人,也希望在暂时停靠的站点上,有温暖,有关爱,有家。所在的这个集体,就是人生路上的驿站,就是家。努力打造这样的"一个家":服务管理中心,所有成员单位,齐心协力,运转高效,业绩蒸蒸日上;服务区,不论大小,清洁整齐有序,怡人舒适;每个人,都成为行业里优秀的模范;每个同事,都是肝胆相照,相互扶持的手足,是兄弟、姐妹;每个团队,都充满朝气,具有旺盛的战斗力;每一次服务,都成为驾乘人员值得留念的回忆;每一位驾乘人员,都能在服务区得到悉心的照顾;每一项上级布置的任务,都能得到完美的执行,获得行业的荣誉;每一次管理的提升,都可以作为同行业学习的样本;是河北的文化之窗,展现河北文化最美的一面;是快乐的,把快乐传播给每一个人;致力于塑造的温暖、关爱、真诚,将为驾乘人员提供一份来自于家的美好感受,也为支撑着这个家的每个人带来生活的幸福和快乐!

2)"河北高速之家"品牌建设主要成果

运营管理中品牌建设成果斐然。"河北高速之家"即为标志之一。管理者分7个步骤、4个阶段形成中心品牌建设成果。7个步骤:品牌调研、体系确立、文化表现、品牌培训、品牌实施辅导、心理辅助、行为标准。4个阶段:2009年构建了视觉识别VI体系和行为规范体系,明确提出各服务区要在管理和服务上做到"6个统一",即统一标志标识、统一礼仪规范、统一规章制度、统一工作流程、统一服务标准、统一考评办法,2011年形成河北高速服务管理中心核心价值体系;2012年,河北高速服务品牌逐步在内部形成共识,在外部树立统一、规范的品牌形象;2013—2014年,逐步将品牌理念融入到日常的管理和行为中去,让品牌建设产生效益;2015年,形成比较完整、巩固的品牌体系和一大批形式多样、内容丰富的品牌成果。

以"家"文化为基础的服务理念,让服务区成为旅途上的"温暖家园"。一是给员工营造拴心留人的内部环境,通过"家"文化的打造和培育,使员工在工作中凝聚了一种忠诚与责任、支持与信任,大家视中心为"家",家的温暖感、家的归属感和家的成就感越来越深厚,使他们自觉内强素质、外树形象,主动维护"家"的荣誉,促进了素质的整体全面提升。二是给驾乘人员创造"家"的温馨。自2010年开始,局属各服务区在停车广场设置了"问询投诉处",值班经理24小时值守,免费热水、便民药箱、便民雨伞等便民服务也已经涉及驾乘人员出行的方方面面,很多服务区还设有母婴室、第三卫生间、驾驶员休息室和儿童乐园,各种应急设施解决了驾乘人员的燃眉之急。三是不断挖掘"家"文化的辐射潜能。随着"河北高速之家"品牌不断被精细打磨,服务管理中心还以环京津和省会的香河、西兆通服务区为重点,依托区位优势,深入开展"祥和驿都""兆通我家"子品牌建设,以点带面,不断完善基础设施、优化服务环境、丰富服务内容、拓展服务功能、提升服务品质。这两个子品牌不仅秉承和弘扬了"服务至上、温馨如家"的"河北高速之家"文化理念,还结合行业特点和公众需求,以"星级享受、人文关怀"为目标,推出了符合各自服务区特色的服务内容。"河北高速之家"爱心无限、行者有家的核心价值观得到了生动的诠释和注解。

服务管理中心被中国公路学会评为"第一届中国高速公路优秀服务区管理公司",香河服务区被评为全国青年文明号、国家级巾帼文明岗,西兆通服务区喜获全国创先争优先进基层党组织称号,京沪沧州服务区成为全国交通运输行业文明示范窗口。

第七章
高速公路文化建设

文化是民族的血脉,是人民的精神家园。河北省作为华夏文明的重要发祥地,经过数千年的积淀,形成了丰富、独特的文化,成为名副其实的文化资源大省。当今世界上现存最早、保存最完善的敞肩石拱桥——赵州桥就坐落在河北赵县。

高速公路文化作为公路行业的灵魂,是随着社会主义市场经济和公路事业的发展而逐步形成的具有鲜明行业特色的新兴文化,也是公路劳动者在公路建设、养护、管理的实践活动中所创造的物质财富和精神财富的总和。

河北高速公路文化,是河北高速公路行业在长期的发展实践中逐步形成并不断积累的各种物质形式、行为规范、管理制度、价值观念的总和,是由传统文化、现代文化和高速公路属性以及河北地域特点等因素决定的,是河北交通人的理想信念、价值观念和道德精神的具体体现,决定着河北高速公路行业的思维方式、行为方式和发展方向。

国民之魂,文以化之,国家之魄,文以筑之。多年来,河北高速公路铸就文化建设,依托高速公路项目建设和运营,到2016年底,用辛勤智慧和汗水建设了6502km的高速公路,涌现出一大批先进模范、先进集体和优秀的文化作品,形成了具有河北地方特色的文化理念和路域文化。巨大成就的背后是河北高速公路内涵丰富、内容完备的文化建设。

潮平两岸阔,风正一帆悬。在京津冀协同发展、建设"经济强省、美丽河北"的今天,河北高速公路正以文化来统一思想、统一观念、统一行为,着力推动网络化布局、智能化管理、一体化服务,加快京津冀地区交通互联互通,构建安全可靠、便捷高效、经济实用、绿色环保的综合交通运输体系。

第一节 公路建设与精神文明

河北历史悠久,文化底蕴深厚。阳原泥河湾,东方人类从这里走来;涿鹿中华三祖合符地,中华文明从这里走来;革命圣地西柏坡,新中国从这里走来。河北内环京、津,外环渤海,是全国各地通往京津地区的必经之地,是沟通东北、西北、华北的交通枢纽,具有"东出西联、承南接北"的独特区位,又被称之为"京畿福地"。

新中国成立以来,在省委、省政府的坚强领导和交通运输部的正确指导下,河北省交通运输事业取得了长足发展。从1987年河北省第一条自行设计、施工的京石高速公路破土动工开始,河北高速公路发展已经30年,每隔几年就上一个台阶。特别是"十二五"的5年间,高速公路新增2026km,新增里程接近过去30年间通车里程的一半;到2016年底,河北高速公路通车总里程达6502km,基本达到了京津冀地区交通互联互通,实现了京津冀交通发展一体化。

一、高速文化与精神文明建设

在30年的发展历程中,河北高速人谱写了辉煌篇章,在实践中积累了丰富的高速公路文化建设和管理经验,打造了一支风清气正、特别能战斗的干部职工队伍,成为进一步推动事业发展的宝贵财富。

30年间,全省高速人以文化建设为动力,凝心聚力、加快建设,以提升全行业素质为基础,不断为交通发展强筋壮骨、注入活力,有力地促进了河北交通运输事业的又好又快发展。

30年间,全省高速人坚持与时俱进、求真务实,不断创新文化建设的方式方法,拓展文化建设的内涵,持续地用交通文化浸润干部职工的心灵,促进干部职工的心智成熟与人格完善,实现了人与组织的共同成长和发展,有力推进了从"人为管理"到"制度管理"的转变。

30年间,高速公路文化建设如阳光化雪、春雨润物,净化了风气,为河北交通发展壮大提供了强力保障。从1987年开始,省交通厅几乎每年都在全省政风、行风、民主评议中名列前茅,树立了交通新形象,展现了交通新风貌,并为推动交通文化建设搭建了平台,积累了经验,更好地促进了交通发展。

1987年,以京石高速公路开工为标志,河北交通进入了高速时代。多年来,京石高速公路一直是我国南北大动脉上最繁忙的一段,它不仅是国家高速公路网京港澳高速公路的一部分,是河北省高速公路网规划中最主要的南北干线,也是冀中南地区联系北京,沟通东北、华北等地区最重要的通道。

1988年,根据中央和省委部署,全省高速系统狠抓了精神文明建设。一是加强了职业道德教育,行业风气进一步好转;二是服务质量有了新的改善;三是全系统普遍深入开展了创建精神文明单位、争当文明职工的活动,涌现出一大批先进集体和模范人物,促进了两个文明建设。

1989年,以四中全会精神为指导,进一步加强思想政治工作,建立健全了精神文明领导小组,形成新的思想政治工作体系。

"七五"期间,继续坚持两个文明一起抓的方针,在治理整顿、深化改革的同时,大力加强社会主义精神文明建设,坚持不懈地纠正行业不正之风,采用脱产轮训、以会代训、定期学习、聘请讲课等办法,对职工开展基本路线教育、艰苦奋斗传统教育和职业道德、职业理想、职业纪律、职业技能技术教育,促进了职工队伍素质的提高。

1991年,大力推进精神文明建设,各部门结合交通行业的特点,广泛开展"三学一树""四职一纠"活动,加强了廉政建设和行风建设,大力做好思想政治工作,使全系统精神文明建设再迈新步。

1993年,坚持精神文明重在建设,思想政治工作贵在创新的原则,加强主旋律教育。各级党组织认真组织广大党员干部职工利用多种形式学习邓小平同志建设有中国特色社会主义的理论,加深对建立社会主义市场经济体制的认识和理解,以治理"三乱"为重点,广泛开展"纠风反腐"活动,进行普遍的党风廉政教育。

1994年,全省在坚持两手抓、搞好行风建设方面采取了大量扎实有效的措施,创建文明单位活动取得明显成效。

"八五"期间,在加快交通经济建设的同时,坚持"两手抓,两手都要硬"和"精神文明重在建设"的方针,认真抓建设有中国特色社会主义理论和党的基本路线教育、基本国情教育,深入开展了学雷锋、学严力宾、学傅显忠、树行业新风的"三学一树"活动,学包起帆、学"华铜海"轮、学青岛港的"三学"活动,以及"职业理想、职业道德、职业纪律、职业技能、纠正行业不正之风"的"四职一纠"竞赛活动和"三学、三查、三克服、一坚持"活动,使交通职工的精神面貌和行业风气有了较大改观。5年间,系统涌现出厅级以上双文明建设先进单位107个、先进集体241个、先进个人2076名,其中省部级以上先进单位、集体和个人分别为9个、17个和74名。在1995年全省十三大行业"四职一纠"竞赛评比中,交通行业名列第三。

1996年,全省高速工作围绕全面实施"科教兴冀"和"两环开放带动"两大主题战略,积极推进两个根本性转变,切实抓好交通改革和基础设施建设两大重点。扎扎实实地开展"96河北交通质量年"活动,坚持两手抓,加强行业精神文明建设。

"九五"期间,全省新增高速公路通车里程1168km,高速公路通车里程指标居全国先进行列。初步形成了以北京为中心,石家庄、天津为枢纽,辐射10个省辖市,连接秦皇岛、京唐、天津、黄骅4个港口和大同、阳泉两个煤炭基地,呈"两纵两横"开字形布局的高等级公路主骨架系统。

"九五"期间,全行业精神文明建设取得丰硕成果。全系统涌现出厅级以上双文明建设先进单位733个、先进个人1021人次。积极开展纠风和治理公路"三乱"工作,河北省获得并连续保持了"全国干线公路基本无'三乱'省份"称号。同时,全行业不断加强各级领导班子和党风廉政建设,严格按照中纪委和省纪委提出的"八条规定"和"四个不准"有关要求,认真抓好领导干部廉洁自律工作和行风建设,有效增强了各级干部的拒腐防变能力。按照省委的统一部署,在处级以上干部中认真开展了以讲学习、讲政治、讲正气为内容的"三讲"教育活动,收到了明显效果。

进入21世纪,全省交通系统始终把高速公路文化建设放在重要位置来抓,重点抓好三支队伍建设,即领导干部队伍、执法队伍和高速公路职工队伍建设。抓好文明执法、文明服务和文明管理活动,塑造良好的交通形象。同时在全系统大力弘扬"团结实干、无私奉献"的敬业精神和"奋力拼搏、争创一流"的进取精神,增强事业的感召力和职工的凝聚力、战斗力,形成"干工作、比奉献、求实效"的良好氛围,培育了一批文化建设典型示范单位。

2003年以来,全省高速系统把"爱我交通、我为交通做贡献"作为贯穿始终的主题活动,涌现出了一大批爱岗敬业的先进模范。

2004年,通过开展"做一个把信送给加西亚的人"活动,激发了大家拒绝借口、创造性地完成各项任务的积极性。通过开展"树交通新风,建廉政行业"活动,交通行业正气得到了进一步弘扬,并得到社会广泛认可。通过开展"想干事、会干事、干成事"大讨论,极大地激发了广大干部职工干事创业的热情。形成了以"奋发有为、争创一流,求真务实、真抓实干,学习进取、团结和谐,廉洁高效、正气昂然"32字交通精神为核心的河北交通文化。同时,还加强了精神文明和行风建设,深入开展创建文明行业活动,突出抓好"文明示范窗口"和"青年文明号"通道建设,不断加大宣传力度,建立健全文明创建责任制和行风评议机制,使全系统文明创建和行风建设始终保持良好态势。"十五"期间,全系统受到省部级以上表彰的先进集体78个、先进个人108名,省交通厅被国务院授予"全国民族团结进步模范集体"称号。在新世纪省直职工运动会上,交通代表队连续两届获团体总分第一名。

2008年推行了收费肢体礼仪语言服务,开展了"星级收费站""优质服务工程"和"迎奥运、强素质、树形象、优服务、保畅通"等活动。在抗击冰雪、支援汶川抗震救灾活动中,设立了"爱心服务站",成立了爱心服务小分队;开展了廉政建设"六个一"活动,廉政勤政意识更加深入人心;广泛开展了"六是六非"大讨论,是非标准更加明确。

2009年省高速公路管理局组建后,成立了文化建设领导小组。开展了"干部作风建设年"活动,组织开展了"服务窗口亮起来"和"交通惠民送服务"等活动。党风廉政建设进一步加强,高速公路建设"十公开"深入开展。获得全国五一劳动奖状、全国工人先锋号、全国巾帼文明岗等国家级荣誉称号以及河北省"巾帼建功"先进单位等省级荣誉称号。

2010年河北省高速大力弘扬"奋发有为、争创一流,求真务实、真抓实干,学习进取、团结和谐,廉洁高效、正气昂然"的河北交通精神,把高速人的思想凝聚到团结干事上来,把行动统一到抓落实、求发展上来。

"十五"期间,交通系统开展了交通"怎么办、怎么干"大讨论。通过把交通工作纳入全省经济发展战略进行认真分析研究,结合路网发展实际,提出了适应全面建设小康社会要求、公路建设"抓两头"的发展思路,制定了《河北省高速公路网规划》《河北省2003年至2007年高速公路建设计划》。

2006—2010年,是全省交通运输事业实现大投入、大建设、快发展、科学发展的5年。全省高速公路建设实现大跨越,5年共完成投资1483亿元,是"十五"时期的5.5倍。建设总规模超过3700km,建成通车2172km,全省高速公路通车总里程达到4307km。高速公路的快速发展,优化提升了河北省及各市、县的投资环境,充分发挥出区位优势,促进了生产要素向河北省流动,为科学发展、富民强省提供了有力支撑。

"十一五"期间,全省交通系统积极开展精神文明和廉政行业建设,促进交通运输事业健康发展。突出抓好执法站点和服务窗口等重点部位的文明建设,开展了"文明服务示范窗口"和"文明执法示范窗口"创建活动。省交通运输厅连续12年被省文明委评为"全省创建文明行业优胜行业",2010年被交通运输部命名为"全国交通运输文明行业"。5年间,省委、省政府多次肯定交通运输系统工作成绩,省政府两次召开公路建设和高速公路建设表彰大会,三次下发通报表彰省交通运输厅"狠抓工作落实、办事节奏快、高效率、高质量的优良作风",称赞"交通运输系统广大干部职工是一支特别能吃苦、特别能攻坚、特别能奉献的队伍,是一支敢打硬仗、能打硬仗的生力军"。

"十一五"期间,廉政文化建设成绩显著。完善了重点工程纪检监察人员再派驻制度、全程跟踪审计制度、与检察机关联合预防职务犯罪制度、领导干部经济责任和离任审计制度,具有交通特色的惩治和预防腐败体系日趋完善。深入贯彻落实廉政准则,稳步推进工程建设领域突出问题专项治理。2005年开始建立实施高速公路建设"十公开"制度,不仅有效遏制了腐败、保护了干部,而且促进了高速公路建设质量的提高和建设环境的和谐,2007年开始向高速公路养护和农村公路建设领域延伸。这一制度得到中央领导和省部主要领导的充分肯定,2007年交通部向全国推广后,国家工程建设领域专项治理领导小组,向全国工程建设领域推广。

"十二五"期间,河北交通运输跨越发展,高速公路通车总里程达到6333km,跃居全国第2位。交通一体化率先突破,互联互通的交通网络加速形成。打通、拓宽京港澳、张承、京昆、京台等连接京津的断头路、瓶颈路1300km。交通基础设施全面跃升,现代综合交通体系基本形成。加快推进大通道、大路网、大港口、大枢纽、大物流等基础设施建设。通过集中奋战,西柏坡、京港澳、张承、京昆等4条高速公路均提前一年建成。通车总里程接连突破5000km、6000km两个大关。新增通高速公路县(市、区)9个,基本实现县县通高速公路。首都地区环线高速公路河北境内主要路段建成,基本实现了京津冀交通一体化。

"十二五"期间,全面深化高速公路"十公开",制度笼子越扎越紧。认真落实八项规定精神,出台16条铁规狠刹"四风"。扎实推进党的群众路线教育实践活动、"三严三实"

专题教育、解放思想大讨论活动,成效明显。

2012年,河北省高速公路管理局印发了《河北高速文化手册》和《河北省高速公路管理局视觉形象识别系统推广手册》,按照"一主多元、外部统一、内有特色"的原则进行了物质文化内容的宣贯统一,对河北高速使命、核心价值观、服务理念和形象标识进行了宣传。2013年,京秦管理处、石黄管理处、青银管理处荣获"交通运输部文化建设示范单位"称号。2015年,省高管局印发了《河北省高速公路管理局局属单位视觉形象识别系统操作手册》。同时,在全局系统实行"三个统一":即统一局标识,统一局旗帜,统一局品牌。积极探索文明服务品牌创建之路,加大引导和培育力度,做实、唱响服务品牌,初步培育出了一批有内涵、有特色、有影响的河北高速公路服务品牌,有力地推动了河北高速公路精神文明建设,大力提升了养护、收费、路政、服务区、信息等窗口文明服务和文明执法水平。

2013年,由省政府管理、省交通运输厅代表省政府履行出资人职责的国有独资企业——河北交投集团成立。2014年,集团形成了一套符合企业发展实际的价值理念体系:确立了"经纬京畿大道、造福社会大众"的企业使命,"打造引领行业发展的现代企业集团"的企业愿景,"厚德载道、聚合致远"的核心价值观,"勇于担当、自强不息、用心做事、敢为人先"的企业精神,以及"为能者提供平台、给志者创造机会、让贡献得到回报"的人才理念等一系列经营管理理念。

通过开展"十佳最美交通人""十佳企业文化大使"等评选活动,通过"中国梦"主题征文作品展、"企业文化大讲堂"等一系列企业文化建设及文化活动,掀起进一步学习企业文化、宣扬企业文化,践行企业文化的热潮。干部职工围绕集团企业文化,用自己的话,通过一件件身边朴实感人的文化故事,讲解对企业文化的理解,宣扬干部职工自觉践行企业文化的实际行动,引起了共鸣,启迪了干部职工心智,收到了良好效果。禄发公司是河北交通投资集团公司的全资子公司,管理着集团所属高速公路的28对服务区。他们名下的"禄发驿家"服务品牌一方面为广大司乘给予"家"的温暖,另一方面努力为广大员工营造"家"的氛围,让"禄发驿家"的爱与诚在高速公路上不断地传播。陆续开展了"禄发·敢拼才会赢"系列载体活动,定期开展企业经营管理培训,每月一活动持续激发团队活力。京石路7对服务区"一区一特色"打造出"美食一条路",推行了电商销售,组织省内首届高速年货大集。正在推广拓展物流仓储、广场经济、主题服务区等。经营方式不断推陈出新,亮点频现。同时深入推进服务区品质提升,完善了服务区设施设备和功能,优化服务区环境。增设母婴室、第三卫生间和室外休闲区,"儿童乐园"、咖啡厅、智能终端查询系统、车位显示系统等功能。硬件提升的同时,开展各项温馨服务提升软实力:简易非处方药品、雨伞、便民地图、轮椅、儿童座椅、免费开水、免费手机充电、免费代缴罚款、恶劣天气延伸服务、"爱心便当""应急专用车"等,用细节服务彰显禄发驿家的爱与诚。"禄发驿家"被授予河北省服务名牌。徐水、涿州、唐山 3 对服务区被评为 2015 年"全国百佳示范服务区",霸州、雄县被评为"全国百佳优秀服务区"。

二、先进集体与个人

多年来,河北交通坚持以河北高速公路文化为引领,以构建富有特色的河北高速公路核心价值体系为根本,把全面加强文化品牌建设作为科学发展的重大战略部署,大力实施"品牌强局"战略,全面深入打造"敢于担当、主动作为、以诚为本、以信立身、爱岗敬业、感恩奉献"的河北高速精神。在"燕赵通衢,一路平安"文化品牌引领和带动下,全省交通系统立足于本省实际,积极推进高速公路文化建设,号召全体员工做敢担当、守诚信、讲奉献的高速人,涌现出一大批政治强、业务精、作风优、纪律严的先进集体和模范人物,全面提升创造了富有特色的高速公路文化建设的"河北样本"。那些可歌可泣的人物和事迹值得我们去铭记,去传承(表 7-1-1、表 7-1-2)。

典型先进人物及集体荣誉(1987—2016 年) 表 7-1-1

年 份	主 要 荣 誉
1987	交通部表彰"两个文明建设"先进单位和先进个人
1989	河北省人民政府表彰了 1988 年度劳动模范、省先进单位和省先进集体
1990	河北省交通系统有 5 名同志荣获全国"五一劳动奖章"
1992	河北省职工劳动模范、先进单位、先进集体表彰大会在石家庄市隆重召开,省交通系统 1 名特等劳动模范、22 名省级劳动模范、2 个先进单位、3 个先进集体受到表彰
1993	省交通工会荣获河北省总工会"93 科学进步年"活动先进集体称号
1994	河北省公路工程局承建的京石高速公路滹沱河至新乐立交桥段工程被评为"1993 年度全国交通施工企业重点工程劳动竞赛优胜工程项目",受到通报表彰 省交通厅、省人事厅、省交通工会共同决定:授予 13 个单位"河北省交通系统先进单位"称号、82 名同志"河北省交通系统劳动模范"称号、17 名同志"河北省交通系统先进工作者"称号
1995	河北省 3 人获"全国劳动模范"称号、24 人获"省级劳动模范"称号。 省级"职业道德建设先进单位":省交通规划设计院。 河北省标兵企业:省公路工程局
1997	国家体育运动委员会授予河北省交通体协"全国群众体育先进集体"称号 河北省交通厅、人事厅、省交通工会评选表彰:河北交通系统先进单位 73 个、先进集体 24 个、劳动模范 66 名、先进工作者 33 名。 石安管理处获得奖励,国家级荣誉(1 项)——青年文明号(石家庄收费站)
1998	省交通工会被省总工会授予"推行集体合同制度先进单位""双服务竞赛优胜单位"称号
1999	河北省人民政府召开全省劳动模范表彰大会。河北省交通系统 32 名职工荣获"河北省劳动模范"称号,5 个集体荣获"河北省先进集体"称号,3 个单位荣获"河北省先进企事业"称号
2000	省交通厅、省人事厅、省交通工会对在交通系统两个文明建设中作出卓越贡献的先进单位和先进个人共同命名表彰了 20 个先进单位、29 个先进集体、78 名劳动模范、19 名先进工作者

第七章
高速公路文化建设

续上表

年份	主要荣誉
2001	中国公路运输工会全国委员会表彰2000年度全国公路建设优质工程。河北省有6项工程受到通报表彰。省交通工会荣获"优秀组织奖"称号。 国家级"青年文明号":石安高速邢台北收费站。 省级"青年文明号":石安高速内丘收费站、隆尧收费站
2002	中国公路运输工会全国委员会表彰2001年度全国公路建设优质工程。我省有8项工程荣获"全国公路建设优质工程"荣誉称号。省交通工会荣获"优秀组织奖"称号
2003	省交通系统1人荣获2003年全国"五一劳动奖章"、1个单位(集体)荣获2003年全国"五一奖状";1人荣获2003年河北省"五一奖章"、1个单位(集体)荣获2003年河北省"五一奖状"
2005	省交通系统有2名同志荣获"全国五一劳动奖章"。省交通系统16名同志被评为"河北省职工劳动模范"、20名同志被评为"河北省先进工作者"、11个单位被评为"河北省先进集体"。 国家人事部、交通部联合表彰全国交通系统先进集体、劳动模范和先进工作者。省交通系统有6个单位荣获"全国交通系统先进集体"称号;6名职工荣获"全国交通系统劳动模范"称号;12名职工荣获"全国交通系统先进工作者"称号
2006	中共河北省委省直工委命名2004—2005年度省直文明单位、文明处室。省交通厅直属系统有3个单位荣获"省级文明"称号、14个单位荣获"省直文明单位"称号;厅机关两个处室荣获"省直文明处室"称号。 河北省交通系统先进单位:冀星公司。 河北省高速公路建设先进集体:京承管理处。 全国优秀勘察设计院:河北省交通规划设计院
2007	省交通厅、省人事厅、省交通工会表彰河北省交通系统先进集体49个、河北省交通系统先进工作者42名、河北省交通系统劳动模范40名 省交通系统1个单位荣获"河北省十佳职工创新示范岗"称号、7个单位荣获"河北省职工创新示范岗"称号、13名职工荣获"河北省职工创新能手"称号。 全国公路建设施工企业重点工程劳动竞赛优胜奖:青红管理处。 国家优质工程银质奖:河北省交通规划设计院。 全国工程勘察与岩土行业诚信单位:河北省交通规划设计院
2008	省总授予省交通工会"经济技术创新先进单位"称号。在河北省首届"十大金牌工人""百名能工巧匠"评选活动中,交通系统有11人荣获"百名能工巧匠"称号,居全省前列。 省交通系统有2个单位荣获全国"抗震救灾重建家园工人先锋号"称号。 京秦高速公路管理处迁安养护工区荣获全国"迎奥运工人先锋号"称号。 工人先锋号:石安管理处石家庄收费站。 河北省文明单位:河北省交通规划设计院
2009	全国交通建设系统"工人先锋号":京沪管理处沧北收费站。 全国青年文明号:香河服务区。 河北省交通规划设计院获得奖励:全省交通运输系统廉政主题歌曲竞赛二等奖;全国交通运输系统先进集体;河北省勘察设计行业发展最好最快企业奖;省直"安康杯"竞赛优胜单位;省直文明单位
2010	全国文明单位:省高速公路管理局。 全国交通运输行业文明示范窗口:河北省高速公路管理局服务管理中心沧州服务区、河北省高速公路石安管理处石家庄收费站

续上表

年 份	主 要 荣 誉
2010	青红管理处获得奖励：国家级荣誉（1项）——工人先锋（黄粱梦收费站）。 河北省交通规划设计院获得奖励：河北省企业文化建设示范单位；省直2010年度经济技术创新活动优秀组织单位；模范职工之家
2011	省交通运输厅、省人力资源和社会保障厅、省交通运输工会联合评选表彰了省交通运输系统50个先进集体、100名劳动模范和先进工作者。厅直系统厅公路管理局等11个单位被评为全省交通运输系统先进集体、厅公路管理局高级工程师刘秀菊等10名同志被评为全省交通运输系统劳动模范、省水运工程规划规划设计院高级工程师黄磊等13名同志被评为全省交通运输系统先进工作者。 承秦管理处2011年度获得奖励：省（部）级荣誉（1项）——（全国交通系统重点工程劳动竞赛先进单位）
2011	河北省交通规划设计院获得奖励：河北省职工文化建设先进单位；河北省五一奖状；省直文明单位
2012	河北省成功举办以创先争优劳动竞赛为主题的河北"高速杯"书画摄影大赛和厅机关"健行一万里，喜迎十八大"健走竞赛活动。 承赤管理处2012年度获得奖励： （1）省（部）级荣誉（1项）：全国公路交通系统重点工程劳动竞赛"先进单位"。 （2）省直级荣誉（1项）：省直工委"文明单位"。 邯郸市交通局获得奖励：国家级荣誉（1项）——全国公路交通系统重点工程劳动竞赛先进单位。 京台廊坊管理处获得奖励：国家级荣誉（1项）——全国公路交通系统重点工程劳动竞赛先进单位
2013	省交通运输系统有9个单位、12名个人分别被评为省级以上劳动竞赛先进单位、先进个人，省交通运输工会被评为省劳动竞赛优秀组织单位。 在全系统广泛开展了以"甘做铺路石，奉献在交通"为主题的"寻找最美交通人"活动，评选出河北省交通规划设计院高级工程师母焕胜等40名季度"最美交通人"和厅公路管理局农村公路办公室主任刘秀菊等10名年度十佳"最美交通人"
2014	省交通运输工会荣获"全国交通基础设施重点工程劳动竞赛优秀组织奖"。组织开展"中国梦·交通梦·我的梦"主题演讲比赛。 在交通运输部举办的全国交通运输行业筑路机械职工技能大赛上，省厅组队参加比赛，获得个人二等奖1名、三等奖4名，取得团体第三名，并荣获优秀组织奖。 河北省青年文明号：河北省高速公路96122客服中心，京秦管理处秦皇岛收费站，青银管理处窦妪收费站，京沪管理处吴桥收费站，石安管理处栾城收费站，石黄管理处大陈庄收费站，宣大管理处东城收费站，廊涿管理处固安东收费站，河北省高速公路管理局服务管理中心南宫服务区，京衡管理处饶阳收费站。 河北省交通规划设计院获得奖励：河北省工程勘察设计行业优秀企业；"7·21"灾后恢复重建先进集体

第七章 高速公路文化建设

续上表

年　份	主　要　荣　誉
2015	京石改扩建筹建处获得奖励:国家级荣誉(1项)——全国交通基础设施重点工程劳动竞赛先进集体。 承张管理处2015年度获得奖励:省(部)级荣誉(1项)公路水运建设"平安工程"。 廊沧廊坊管理处获得奖励:国家级荣誉(1项)全国优秀服务区(永清服务区、文安服务区)。 河北省交通规划设计院获得奖励:河北省工人先锋号(岩土工程处)。 第四批"交通运输文化建设示范单位":京张公司
2016	石黄管理处获得奖励:国家级荣誉(2项)——全国模范职工小家(石黄处、武强站)。 张涿张家口管理处获得奖励:河北省省直工会劳动竞赛先进单位。 河北省交通规划设计院获得奖励:河北省职工道德建设标兵单位

个人荣誉(1987—2016年)　　　　　　　　　　　　　　　　表7-1-2

年　份	获　得　荣　誉
1993	河北省重点工程建设先进工作者:张同辉(承秦)
1994	省重点公路建设领导小组办公室高级工程师屠庆林、省公路工程局一工程处孙宝铸荣获"全国交通系统先进个人"称号
1995	河北省职工劳动模范:孙宝铸(省公路工程局)、王永和、李子洲(廊坊市局) 河北省重点工程建设先进工作者:曹润月(衡大) 全国劳动模范:慈成禄(廊坊市局)
1996	省交通工会王国占荣获全国第二届"金桥奖" 河北省抗洪抢险斗争一等功:曹润月(衡大)
2003	全国交通系统青年岗位能手:李欣(京沪) 全国五一劳动奖章:商振林(廊坊市局) 厅直系统胡铁牛被授予"河北省技术能手"荣誉称号
2004	河北省二等功:董辉 河北省有突出贡献的中青年专家:赵彦东(省设计院)、冯西录(省质监站)、张宝祥(省定额站)、张增科(省公路局)
2005	全国交通系统先进工作者:赵彦东(省设计院) 河北省高速公路建设先进个人:刘建民(承秦) 全国交通系统劳动模范:佟爱民(廊坊市局)
2006	第四届中国公路百名优秀工程师:刘建民 河北省交通系统劳动模范:赵彦东、刘桂霞(省设计院) "十五"期全省交通系统优秀科技工作者:邢现军、王庆凯(省设计院) 全省交通新闻宣传工作先进个人:赵惠芹(省设计院)

续上表

年　份	获　得　荣　誉
2008	全国交通行业文明职工标兵:李欣(京沪) 河北省科学技术成果奖:张启云(邢临) 河北省交通系统奥运保障先进个人:王领战(张石保定)、沈付湘(青兰) 河北省有突出贡献的中青年专家:母焕胜、王兵(省设计院)
2009	60位新中国成立以来感动交通人物:赵增旺(石安) 河北省建设行业勘察大师:王云平(省设计院)
2010	全国交通运输行业精神文明建设先进工作者:张秀山(青银) 河北省突出贡献中青年专家:张启云(邢临) 河北省"五一劳动奖章"获得者:母焕胜(省设计院)
2011	全国五一劳动奖章:韦廷强(廊坊市局)、母焕胜(省设计院) 第六届中国公路百名优秀工程师:申文胜(青兰)、吴瑞祥(省设计院) 河北省工程设计大师:吴瑞祥(省设计院) 河北省职工文化优秀骨干:韩芳(省设计院) 河北省"三三三人才工程":吴瑞祥(省设计院)
2012	省政府三等功:李作恒(邢汾) 河北省有突出贡献的中青年科学技术管理专家:刘桂霞、刘桂君(省设计院) 省直精神文明建设先进个人:张忠民(省设计院)
2013	中国公路百名优秀工程师:李作恒(邢汾) 河北省"三三三人才工程":朱冀军、王子鹏(省设计院)
2014	全国交通运输系统劳动模范:武自强(石安) 全国交通技术能手:张培安(廊坊市局) 省五一巾帼标兵:孙宏珍(石黄) 河北省省管优秀专家:赵彦东(省设计院) 河北省工程设计大师:赵彦东(省设计院) 河北省工程勘察设计行业优秀青年设计师:何勇海、高岭、王子鹏、金凤温(省设计院)
2015	交通运输部2014年感动交通十大年度人物:苏俐(青银支队) 为发展我国工程技术事业做出突出贡献奖:李彦伟(石家庄) 全国交通系统劳动模范:杨智(廊坊市局) 河北省政府特殊津贴专家:李作恒(邢汾)、檀宗斌(石家庄) 国务院特殊津贴:母焕胜(省设计院) 全国交通运输系统劳动模范:刘桂霞(省设计院) 第八届"中国公路百名优秀工程师":何勇海(省设计院) 河北省政府特殊津贴专家:何勇海(省设计院) 河北省"五一"奖章:吴瑞祥(省设计院)
2016	全国交通基础设施重点工程劳动竞赛先进个人:张建军(邢衡) 国务院特殊津贴专家:檀宗斌(石家庄)、刘桂霞(省设计院) 河北省7.19抗洪抢险救灾工作先进个人:李作恒(邢汾)、王子鹏(省设计院) 全国交通运输行业文明职工标兵:李春杰(省设计院) 全国交通建设企业优秀特约记者(通讯员):韩芳(省设计院)

第二节　河北高速公路文化特色

中华优秀传统文化是人类文明的瑰宝。在实现中华民族伟大复兴的时代背景下,继承和发展中华优秀传统文化,既是历史的必然,也是时代的需求。

赶考之路,任重道远。坚定的文化自信是走好赶考路不可或缺的精神条件。一直以来,河北省不断加强社会主义精神文明建设,着力打造"中国梦·赶考行""善行河北""美丽河北"三大特色品牌,坚持用中国梦和社会主义核心价值观凝聚共识、汇聚力量,坚定文化自信,以善美之德讲述着文化筑梦的河北故事,着力走好新时期的赶考路。

2006年交通部制定了《交通文化建设实施纲要》,2010年提出了行业核心价值体系,在全行业实施文化建设"十百千"工程。

2010年3月8日,河北省政府出台了《河北省文化产业振兴规划(2010—2015年)》,2011年初发布《打造五大特色品牌推进文化强省建设》,指出河北文化遗存众多、文化资源丰富、文化积淀深厚,是中华文明的重要发祥地之一。倾力打造"红色太行、壮美长城、诚义燕赵、神韵京畿、弄潮渤海"五大文化品牌,五大文化品牌植根于燕赵文化深厚的底蕴和鲜明的脉系,特色鲜明,凸显区域优势,其核心元素依次彰显了革命文化、爱国文化、根脉文化、畿辅文化和开放文化等河北文化的精神内涵,同时挖掘了"草原文化""皇家文化"和"冬奥文化",把河北独特的文化资源优势切实转化为文化发展优势,进一步推动河北文化大发展大繁荣,实现由文化资源大省向文化强省跨越的目标。

为了推进全省公路文化建设,省交通运输厅公路局研究制定了《河北公路文化建设实施意见》,并于2010年9月专门召开了交通运输文化建设推进大会,全面部署全省交通运输行业文化建设工作。

河北高速公路文化是河北公路行业在长期的发展实践中逐步形成并不断积累的各种物质形式、行为规范、管理制度、价值观念的总和。河北高速公路文化是由传统文化、现代文化和公路属性以及河北地域特点等因素决定的;是河北公路人的理想信念、价值观念和道德精神的具体体现,决定河北高速公路行业的思维方式、行为方式和发展方向。

2010年,新时期河北高速公路行业核心价值理念确定为:文明服务、安全畅通;河北高速公路价值品牌确定为:京畿坦途、上善大道。

多年来,河北高速广大干部职工在省交通运输厅的领导下,认真贯彻省委、省政府的战略部署,紧紧围绕"奋发有为、争创一流,求真务实、真抓实干,学习进取、团结和谐,廉洁高效、正气昂然"的32字河北交通精神,继承优秀文化,体现河北高速公路行业特点,符合时代发展要求,形成行业共识,牢固树立"以人为本、以和为基(和谐发展)、用户至上、安全畅通"的核心价值观,打造"河北高速公路承载使命、浓缩时空、拓展文明"服务品牌,提升行业管理水平,提高行业社会美誉度,提高职工身心素质,开拓创新,锐意进取,艰苦奋斗,全省高速公路事业取得了辉煌的成就,基础设施面貌发生了翻天覆地的变化,高速公路形成了特有的路域文化。

一、高速公路建设中的文化与特色

道路是人类文明发展的重要基础,它既是生产生活的必备设施,又是文化形成与传播的重要通道。在信息传播高度发达的今天,作为现代化交通设施的高速公路同样也是文化传播通道。

路域文化是在特定区间的道路使用者感知空间范围内所展示出来的一切文化现象,包括具有象征意义的自然景观、人文景观、文化符号系统和行为系统。随着河北交通事业日新月异的发展和河北高速公路网的形成,借助高速公路展现出河北经济文化特色,促进河北地域经济、文化及旅游业的发展,呈现出丰富多彩的路域文化特色。

(一)"红色太行"是英雄河北的文化血脉

太行山脉雄伟大气、瑰丽神奇,它是孕育新中国的红色摇篮、革命圣地。

太行山纵贯河北省西部,在全国具有很高知名度。从南到北分布着129师司令部、前南峪抗大旧址、西柏坡中共中央旧址、城南庄晋察冀军区司令旧址等全国知名的革命圣地。特别是西柏坡,作为中共中央进入北平前最后一个农村指挥所,新中国从这里走来。巍巍太行,流传着狼牙山五壮士、雁翎队、野火春风斗古城、地道战等许多动人的故事。

为更好地服务于京津冀协同发展,促进北京西部地区与河北省西、南部地区的联系与发展,疏解北京首都功能,开发沿线矿产和旅游资源,拉近太行山区与北京的距离,使太行山区成为北京近距离的功能疏解和产业转移地、旅游休闲地,带动群众脱贫致富,同时全面落实省委、省政府加快西部太行山区扶贫开发的总体要求,体现交通"先行官"的作用,河北省规划了太行山高速公路,并列入了京津冀协同发展交通一体化专项规划。

太行山高速公路北连北京门头沟,南接河南林州,河北省境内依次穿越张家口、保定、石家庄、邢台、邯郸5个设区市,途经17个县区,由京蔚、张石、荣乌、涞曲、保阜、西阜、西柏坡、京昆高速、平赞、邢台段和邯郸段等11条段组成,全长约680km。以西柏坡为代表的保定—石家庄—邢台—邯郸一线形成了一条太行山腹地红色走廊,是一条连接首都、贯穿河北、直至中原的南北通衢高速大通道。

太行山高速公路全线穿越崇山峻岭,与地形、地物、自然景观融合在一起,仿佛是展显祖国大好河山的一幅幅优美画卷。结合京南千里红色历史文化带涞涞易"京西百里画廊"和绿色生态等元素,共同打造成"太行山千里画廊",沿线53个AAAA级景区全覆盖。

(二)"壮美长城"是古老中国的文化象征

长城从河北省起始,最精华的部分也在河北。东起秦皇岛的老龙头、山海关到唯一的潘家口水下长城、奇峻的承德金山岭长城,到张家口的大境门。草原文明和农耕文明在这里交相辉映,北方游牧民族和中原汉民族等多民族长期在这里融合,王朝帝国在此交替,关内与关外在此牵手。

河北省有多条高速公路与长城交叉,G1 京哈高速公路河北段(香河—山海关)是其中的代表。山海关同样是高速公路的重要节点。当你驱车行驶在 G1 高速公路上,就会发现自雄伟的长城脚下穿过,高速公路两侧全部被绿植覆盖,令人心旷神怡。笔直的北栾、挺拔的国槐、繁茂的紫叶李、鲜艳的金叶榆、低矮的三七景天和鸢尾,路两旁大片大片的乔木、灌木郁郁葱葱,路中间绿化带成片成行的榆叶梅一丛丛、一束束,各色小花点缀其中随风摆动。这就是 G1 高速公路河北段实施绿美廊道示范通道工程的绚烂景色。在河北省绿美廊道建设中,G1 高速公路河北段完成栽植乔木约 12 万株,栽植灌木 43 万株,栽植地被 220 万株。

京承高速公路河北段是北京的重要交通放射线之一,是承德市连接着首都北京、省会石家庄的重要大通道。金秋时节,京承高速公路两旁"乱花渐欲迷人眼",五彩缤纷的树叶交织着绿色的草地护坡,美不胜收。沿线经过著名的金山岭长城景区,收费站、服务区在建筑和布局上无不透露出皇家园林的风格。

京承高速公路注重与承德地方文化特色相结合,经过长期不懈的发展与积累,打造了金山岭收费站"长城脚下第一班"和承德收费站"紫塞明珠巾帼岗"两个优秀服务班组(图 7-2-1)。

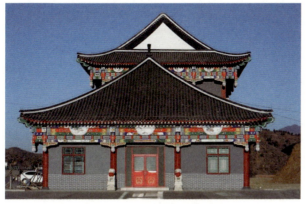

图 7-2-1 京承高速公路服务区

(三)"诚义燕赵"是人文河北的历史源头

"燕赵"这一简称最直观体现着河北的历史。千百年来,诚义的颂歌在燕赵大地绵延不绝。荆轲、高渐离的慷慨赴死,赵武灵王的胡服骑射,廉颇、蔺相如的"将相和",刘关张桃园三结义,赵子龙忠心事主,杨家将舍命抗辽等,脍炙人口。近代以来,燕赵儿女承继先人重诚尚义之风,在国家危难之际、他人艰困之时,挺身而出。李大钊铁肩担道义,杨十三"绝不辗转床褥做亡国奴""唐山十三义士"无私奉献,白方礼蹬三轮感动全中国。一方水土养一方人,今天河北高速公路文化中,同样渗透着人文河北的特点。

G22青兰高速公路河北段依据不同路段的自然景观、地势地貌的差异,因地制宜、随势造景,采用微地形自然景观设计,打造常青与落叶树种相搭配、彩叶树种与绿色草坪相衬托的园林式绿化景观。结合公路沿线民居和田地较多的特点,以金叶榆、垂柳等交替种植,打造多层次、立体式、园林化的绿色景观廊道。结合公路依山傍水的特点,种植藤本植物,提高山区公路的绿化覆盖率,打造了绿色旅游长廊。高速公路绿化逐渐由"点线串联"向"路景相融"转变。沿线经过赵苑公园、丛台公园、邺令公园、晋冀鲁豫革命纪念园、东山文化博艺园、八路军129师司令部旧址等景区。

G9511涞水至涞源高速公路结合本地旅游特色,以视觉价值、自然价值、历史价值、文化价值为核心,打造了多个"春有花、夏有荫、秋有色、冬有绿"的绿化景观,使公路兼具交通运输和旅游体验双重功能。

G20青银高速公路建设绿美廊道采用"一树一档"的管理方式,起到了良好示范的效果。在高速公路两侧,墨绿色的油松、笔直的白蜡、伞状的国槐、金黄色叶子的金叶榆,与路界外高大挺拔的杨树林相映成趣,形成一片绿色的廊道。在中央分隔带上,圆形的黄杨球、榆叶梅等灌木靓丽美观,很好地起到了防眩、安全、美化的效果。为防止地表裸露,中央分隔带还种植了八宝景天、金娃娃萱草、鸢尾等植被。为增强边坡部分防护效果,栽植了牲畜不喜欢吃的鸡矢藤。互通区种植了白皮松、油松、银杏、垂柳等常绿树,形成了错落有致的立体景观效果。绿树掩映,天蓝山青,空气清新,青银处以良好的生态环境打造一张靓丽名片,筑起一道绿色屏障,让驾乘人员切实感受到最美风景的行车体验。

(四)"神韵京畿"是护城河畔的文化之春

河北元为中书省,明为京师,清为直隶省,地位显赫,拱卫首都的地理位置一直延续至今。清代直隶总督统管京津冀衙署在保定,第二政治中心在承德。清朝皇家陵寝一处为唐山遵化的东陵,另一处为保定易县的西陵,可以说是一部清史写照。同时北洋、民国时期包括新中国成立后河北省会在京津保之间变迁,还有今天张承地区成为北京的后花园、水源地,廊坊被誉为"京津走廊上的明珠"。位于张家口阳原县境内泥河湾古人类遗址、涿鹿县中华炎黄蚩三祖圣地、张北县元中都遗址等历史遗存,更强化了京畿重地的神韵感。

张涿高速公路张家口段全线在涿鹿境内。五千年前,中华民族的始祖炎帝、黄帝、蚩尤在涿鹿征战、耕作、融合,创建了以"和合、文明、修德、创新"为核心内容的"三祖文化"。"三祖文化"是中华文明传统美德,是涿鹿之战后,黄帝与各部落之间的"合符釜山"。这是一次经过激烈战争之后的政治盛典,是一次和合的盛典。合符釜山首次提出了和合的理念,这是中华文化和谐观念的源头。"千古文明开涿鹿",三祖文化倡导的"文明"就是通过仁爱、忠义、礼和、睿智、诚信去感化和融合其他部落。三祖文化的"修德"就是奉行以德治国的理念。张涿高速公路大力弘扬"三祖文化"的传统美德,倡导职工爱岗敬业、诚实守信、乐于助人、诚恳待人的高尚品德。

G95首都地区环线高速公路创新思路,力求通过植物语言导入公路安全文化,实现景观性与功能性的融合,利用多种植物在不同路段的交替提示行车环境变化,彰显出自身特色。为驾驶人员提供安全优美的行驶环境。

(五)"弄潮渤海"是崛起的海洋文化

历史上,徐福求仙入海处、曹操诗赋"东临碣石"处均位于秦皇岛。如今在河北487km的海岸线上,分布着秦皇岛港、京唐港、曹妃甸港、黄骅港等重要港口。唐山被称作"中国近代工业摇篮",现代工业文明底蕴深厚。在这里诞生了中国第一桶机制水泥、第一座机械化矿井、第一条标准轨距铁路、第一台蒸汽机车和第一件卫生瓷具。唐山人在废墟上涅槃重生的抗震精神更是令世人瞩目。秦皇岛是中国首批沿海开放城市,是环渤海地区的重要港口城市,是京津冀辐射东北的节点城市,是中国近代旅游业的发祥地,是驰名中外的避暑胜地。沧州是国务院确定的经济开发区、沿海开放城市之一,也是石油化工基地和陆海交通枢纽,是环渤海经济区和京津冀都市圈重要组成部分。

随着《河北沿海地区发展规划》上升为国家战略,沿海高速公路、唐港高速公路、唐曹高速公路、迁曹高速公路等,将秦皇岛港、京唐港、曹妃甸港、天津港、黄骅港连成一线,多个旅游景点连接到一起,促进了港口之间功能互补、腹地共享,对临海产业带的形成,构建"东出西联"交通新格局具有重要意义,对京津冀地区经济发展具有重要作用。"弄潮渤海"为高速公路文化建设注入新内涵,提供新支点,开辟新领域,使海洋文化真正成为助推河北经济和社会腾飞的重要引擎。

沿海高速公路的主题是"走金色大道,赏碧海金沙;行生态之旅,观湿地海鸟",以"满足使用功能,减少环境污染,丰富道路景观,建设绿色长廊"为目标,根据不同的自然条件,创造不同层次、不同环境空间的绿化效果。充分利用植物造景,并辅以各种形式的园林小品,充分发挥绿化工程防护、美化、防眩等功能,整体上体现了"四季常青,三季有花,行车舒适"的原则,建设成为一流的"生态路""景观路""文化路"。沿海高速公路成为冀东大地上一条靓丽的绿色风景线。

(六)"草原文化"和"冬奥文化"是美丽河北的窗口

草原文化是中华文化极具特色、不可或缺的重要组成部分。坝上草原位于张家口以北100km处和承德以北100km处,主要由围场坝上(木兰围场)、丰宁坝上、张北坝上和草原天路等区域组成。西起张家口市的张北县、尚义县、康保县,中挟沽源县、丰宁县,东至承德市围场县。

2022年,举世瞩目的北京冬奥会将在张家口崇礼举行。凭借这一千载难逢的历史机遇,依托"草原天路"、延崇高速公路和张承高速公路打造崇礼滑雪"国家1号风景大道"和皇家文化旅游,把"世界级"的景观资源发挥到极致,创出在全国、全世界有影响力的旅游品牌。

在首都地区环线中,里程最长的当属张承高速公路。张承高速公路是河北省高速公路布局规划"五纵六横七条线"中"线一"的重要组成部分,也是河北省最北部东西走向的重要干线,连接大广高速公路、二秦高速公路、京藏高速公路,是东北和西北地区通江达海、东出西联的重要通道,对于推进京津冀经济一体化,促进张承地区的经济发展,分流北京过境交通压力,服务2022年冬奥会具有重要意义。

G6京藏高速公路、G7京新高速公路、张承高速公路、G45大广高速公路河北承德段、大广高速公路围场支线和张石高速公路冀蒙界至京藏高速公路段把河北的草原文化、冬奥文化、皇家文化有效地串联起来,形成了特有的文化脉络。这里高速公路沿线天高地阔,草肥花艳。盛夏时节,气候凉爽;冬季滑雪,激情飞扬。皇家文化,独具魅力,是理想的休闲度假地。

二、河北高速公路的文化内涵

1. 河北高速使命

——打造畅通、平安、和谐高速,助推经济社会发展。

释义:使命述说河北高速的任务,是其核心价值观的载体和反映,是其生存和发展的崇高责任。

畅通:意味着以信息化、智能化、科学化管理和服务,确保车畅其行、货畅其流,条条高速公路通畅、整个高速路网通达。

平安:意味着平稳安定,最大程度地保证行路人和内部员工的人身财产安全,是一切稳定、和谐、幸福的基础。

和谐:意味着以人为本、科学发展,实现高速与社会、公路与自然、单位与职工的和谐统一。

发展河北高速公路,为社会提供畅通、平安、和谐的通行环境是河北高速公路的崇高职责,是推动高速公路行业由建管型向服务型转变的有力推手,是服务"经济强省、和谐河北"的有力保障。

2. 河北高速愿景

——精细化管理、人性化服务、现代化高速。

释义：愿景是实施其发展战略与加强文化建设的内在动力，是全体职工共同向往的美好图景。

精细化管理："精"就是精确定位、精益求精；"细"就是细化目标，细化考核。河北高速精细化管理就是在设计、施工建设过程中和收费、养护、路政、机电、服务等实际工作中，处处体现"精、准、细、严"的工作标准，满足社会公众对高速公路多层次、全方位、个性化服务需求，提升管理水平和服务质量，形成符合行业和自身特色的规范化、标准化、信息化的管理流程，培养"细致、精致、极致"的工作作风，锻造河北高速公路优秀的路域文化，更好地提升河北高速公路形象。

人性化服务：是坚持以人为本的原则，尊重人、关心人，对外为社会公众提供满意的服务，把驾乘人员当作自己的亲人，让每一名行驶在河北高速公路的驾乘人员都感到温馨、安全、便捷、愉悦；对内关心职工发展，为其提供和谐、快乐的工作、学习环境，能够体现自身价值、成就个人理想的舞台。

现代化高速：是充分借鉴和运用国内外先进理念和技术的创新，融合地域特色文化，设计建造和管护高速公路，全力打造智能化、信息化、全天候畅通安全、使用耐久、便捷舒适的高速公路。

3. 河北高速精神

——敬业、奉献、务实、创新。

释义：高速精神是河北高速公路核心价值体系的精髓，是广大干部职工长期奋斗共同展现的宝贵精神财富，是其创新和发展的强大动力。

敬业：是河北高速人的工作态度。以明确的目标选择、朴实的价值追求、勤勉的职业精神、百分之百的热忱投入、精湛的专业技能，兢兢业业工作，精益求精做事，尽善尽美履职。

奉献：是河北高速人的本色。以为民服务的大情怀、勇担重任的大觉悟、敢于吃苦的大境界，把工作当成机遇来珍惜，作为事业来追求。

务实：是河北高速人的优良传统。一切从实际出发，实事求是。工作中以此判断与决策，继承和发扬务实的精神是每一名河北高速人的责任。

创新：是河北高速公路的发展动力。敢于突破，打破常规。以超长的努力，把挑战和压力变为机遇和动力，围绕发展以勇于创新的精神不断创新机制、创新管理、创新服务、创新制度、创新环境，谱写河北高速公路建设发展的新篇章。

4. 河北高速核心价值观

——安全畅通、服务至上。

释义：核心价值观引导河北高速公路日常决策的方向，是其文化的灵魂和核心组成部分，是其发展的根本任务和全体职工的共同追求。

安全畅通：是一切工作出发点和落脚点，是社会的需要、经济发展的需要，更是河北高速公路全体职工一切工作应围绕的重心。

服务至上：标志着"服务"在河北高速公路发展过程中所占的重要地位，通过高效优质的管理服务，把为民、利民、便民贯穿到工作的各个环节，把始于公众需求、止于公众满意作为全局人员的目标，提升服务品位。

5. 河北高速职业道德

——遵纪守法、爱国诚信、团结友爱、朴实勤奋。

释义：职业道德是河北高速核心价值体系的职业规范，是职工在管理与服务活动中应当遵循的道德准则、道德情操和道德品质的总和，是其规范和发展的根本要求。

遵纪守法：是河北高速人的基本准则，体现在学法、知法、用法、依法办事，严格遵守组织纪律和本单位（部门）的各项规章制度。

爱国诚信：是河北高速人的基本道德要求和价值取向，体现在对祖国的热爱，对事业忠诚，对组织忠诚，对公众诚实，对相关方守信。

团结友爱：是河北高速人的处世素养，体现在识大体，顾大局，彼此尊重，协调配合，团结互助，求同存异。

朴实勤奋：是河北高速人的工作修养，体现在作风朴实、任劳任怨，在日常工作和生活中努力锤炼自己，认认真真做人，勤勤恳恳工作。

文化铸魂，品牌塑形。

多年来，河北高速公路广大干部职工深入贯彻党中央国务院、省委省政府和省交通运输厅决策部署，大力弘扬社会主义核心价值观，始终发扬爱岗敬业、诚实守信、乐于奉献的精神，为社会提供了畅通、平安、和谐的通行环境。同时，用高速公路文化积极助力京津冀协同发展交通一体化和"经济强省、美丽河北"建设，扎实推进各项决策部署落地生根，在建设"交通强省，美丽交通"的征程中，不忘初心，砥砺前行……

第八章
高速公路建设项目

第一节　G1（北京—哈尔滨）河北段（香河—山海关）

G1 北京至哈尔滨高速公路是国家高速公路网"71118 网"中的"射1"，河北境内起自香河县（京冀界），止于山海关（冀辽界），全长 220.613km。沿线途经廊坊市的香河县，唐山市的玉田县、丰润区、开平区、滦县、迁安市，秦皇岛市的卢龙县、抚宁县、海港区、山海关区。北京至哈尔滨高速公路河北段的建设促进了国民经济发展，沿线区内 GDP 逐年增长。

G1 北京至哈尔滨高速公路河北境内由两段组成，分别是京沈公路北京廊坊界至廊坊天津界段、京沈公路宝坻至山海关段高速公路。

(1)京沈公路北京廊坊界至廊坊天津界段于 1999 年 11 月 10 日建成通车，2009 年 1 月之前由河北省高速公路廊坊段管理处负责运营管理养护，2009 年 1 月之后由河北省高速公路京秦管理处负责运营管理养护（河北省高速公路廊坊段管理处已撤并），运营里程桩号为 K41+904~K63+207，全长 21.303km，设计速度 120km/h，双向六车道，路基宽 34.5m。

(2)京沈公路宝坻至山海关段高速公路于 1999 年 7 月底建成通车，由河北省高速公路京秦管理处负责运营管理养护，运营里程桩号 K102+000~K301+310，路线全长 199.31km，设计速度 120km/h，双向六车道，路基宽度 33.5m。

G1（北京—哈尔滨）河北段（香河—山海关）高速公路信息见表 8-1-1，路线平面图如图 8-1-1 所示。

G1（北京—哈尔滨）河北段（香河—山海关）高速公路项目信息表　　表 8-1-1

项目名称	路段起讫桩号		规模（km）		设计速度（km/h）	路基宽度（m）	投资情况（亿元）				建设时间（开工~通车）	备注
	起点桩号	讫点桩号	合计	车道数			估算	概算	决算	资金来源		
京沈公路北京廊坊界至廊坊天津界段	K41+904	K63+207	21.303	六	120	34.5	7.000	7.011	6.862	部补助、地方自筹、银行贷款、国债基金	1998.3~1999.11	

续上表

项目名称	路段起讫桩号		规模(km)		设计速度(km/h)	路基宽度(m)	投资情况(亿元)				建设时间(开工~通车)	备注
	起点桩号	讫点桩号	合计	车道数			估算	概算	决算	资金来源		
京沈公路宝坻至山海关段	K102+000	K301+310	199.31	六	120	33.5	49	54	58	部补助、银行贷款、地方自筹	1996.9~1999.7	

一、京沈公路北京廊坊界至廊坊天津界段

(一)项目概况

1. 基本情况

1)功能定位

京沈公路北京廊坊界至廊坊天津界段是国家公路主骨架北京至哈尔滨高速公路的组成部分,是一条重要的政治路、经济路、开放路和旅游路。它的建成,促进了北京、天津和沿线的社会及交通运输的发展,加强了华北与东北地区之间的经济联系,大大改善了北京至北戴河的陆路通行条件。

2)技术标准

采用双向六车道,设计速度120km/h,设计荷载为汽车—超20级,挂车—120,路基宽度34.5m。

3)建设规模

本项目建设里程长21.303km,其中:大桥1250m/5座,中桥812m/14座,小桥328m/27座,涵洞25道,桥梁长度占路线总长度的11.2%;互通式立交2处,分离式立交7处;主线收费站1处,匝道收费站1处;服务区1处;管理、养护、服务、监控房屋建筑面积13993.3m^2。

4)主要控制点

本项目位于廊坊市香河县境内。路线起于北京与香河交界的凌家务村北侧,跨越潮白河后,与天津宝坻路段相连接。

5)地形地貌

项目位于华北平原北部的冲积平原,有较厚的第四系全新统沉积层,主要由冲积性黏土和砂类土组成,个别地点可见新沉积沙层;地势自西向东略微倾斜,海拔高度为6.5~14.5m,本路段内高差约为8m,沿线地形平坦。

第八章

高速公路建设项目

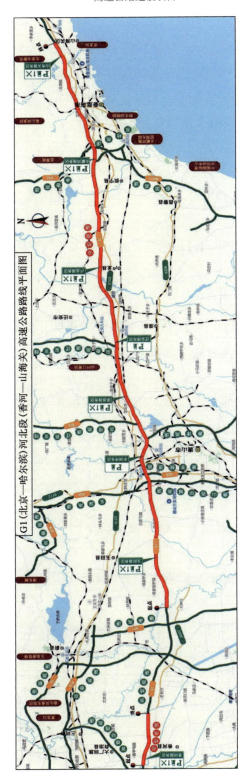

图8-1-1　G1(北京—哈尔滨)高速公路河北段(香河—山海关)高速公路路线平面图

6) 路面结构及主要构造物

主要采用沥青混凝土路面。4cm AC-13I 改性沥青混凝土,5cm AC-20I 改性沥青混凝土,SBR 改性乳化沥青,6cm AC-25I 粗粒式沥青混凝土,乳化沥青封层,18cm 水泥稳定级配碎石,20cm 石灰、粉煤灰稳定级配碎石,20cm 石灰、粉煤灰稳定土。

主要构造物采用预应力混凝土连续梁桥。

7) 投资规模

项目概算投资 7.011 亿元,竣工决算投资 6.862 亿元,平均每公里造价 3221.60 万元。

8) 开工及通车、竣工时间

1998 年 3 月开工建设,1999 年 11 月交工通车,2002 年 11 月完成竣工验收。

2. 前期决策情况

1) 前期决策背景

京沈公路北京廊坊界至廊坊天津界段是北京至秦皇岛北戴河的必经路段。河北省从"八五"初期开始进行京沈高速公路河北段的前期工作。

2) 前期决策过程

1997 年 8 月 15 日,交通部交计发〔1997〕497 号文批准工程可行性研究报告。

(二)建设情况

1. 项目准备阶段

1) 项目审批

(1) 1997 年 11 月 20 日,河北省交通厅冀交公字〔1997〕539 号批准施工监理招投标报告。

(2) 1998 年 2 月 6 日,交通部交公路发〔1998〕105 号文批准初步设计,批准建设工期 2 年。

(3) 1998 年 7 月 6 日,河北省交通厅冀交公字〔1998〕68 号批准施工图设计。

(4) 1998 年 8 月 26 日,国家环境保护总局环发〔1998〕240 号文件批准环评报告。

(5) 1998 年 9 月 17 日,河北省交通厅冀交公字〔1998〕518 号批准施工招投标。

(6) 2000 年 1 月 21 日,国土部国土资函〔2000〕83 号批准补办建设用地手续。

2) 资金筹措

本项目概算投资为 7.011 亿元,交通部补助 1.23 亿元,河北省交通厅筹措 0.707 亿元,贷款 4.56 亿元,国债资金 0.365 亿元。竣工决算实际完成投资 6.862 亿元,节约 0.1493 亿元,平均每公里造价 3221.60 万元。

3）合同段划分及招投标

（1）合同段划分

根据各专业的工程内容,划分标段（表8-1-2）如下：

①土建工程设计1个标段,房建工程设计2个标段,交通工程设计1个标段,机电工程设计1个标段。

②施工标段划分:通过招投标本项目有13个施工单位参与建设,其中土建标7个,路面标2个,房建工程标1个,机电工程标1个,交通安全设施标7个,绿化工程标3个。

③施工监理标段划分:通过招投标本项目有13个施工单位参与建设,其中土建标7个,路面标2个,房建工程标1个,机电工程标1个,交通安全设施标7个,绿化工程标3个。

（2）招投标

本工程严格按照交通部《公路工程施工招标资格预审办法》和《公路工程施工招标投标办法》中的有关程序进行了招标。按规定编制了招标文件,制定了评标细则。按照资格预审程序,对投标单位认真地进行了资质审查。经过严格的资审、招标、评标,并经过交通厅批准,确定了具有一级资质的河北省公路工程局第一、第二、第五、第七工程处,河北省廊坊市公路工程处和河北省第四建筑工程公司等承担本工程的施工任务。施工单位的资质、资信均符合交通部《公路建设市场管理办法》及河北省有关规定,招投标工作做到了公开、公平、公正。

4）参建单位主要情况

（1）建设单位

本项目的建设单位是河北省高速公路管理局,项目执行机构是河北省京秦高速公路廊坊段建设管理处。

（2）设计单位

详见表8-1-2。

（3）施工单位

详见表8-1-2。

5）征地拆迁

（1）工作及范围

京沈公路北京廊坊界至廊坊天津界段全长21.303km,位于香河境内,沿途共涉及4个乡镇32个村街。全线永久占地3073亩,临时占地1700亩,本段工程需动迁80多户,拆迁房屋面积16099.8m^2。由于本段工程1999年底前必须竣工通车,因此,工期紧,工程难度很大。

（2）征地、拆迁工作的主要内容

签订协议、界定征地界限,办理永久性占地报批手续,公路永久占地包括路基占地、服务设施占地、收费、管理机构占地和被拆迁居民的宅基地。

京沈公路北京廊坊界至廊坊天津界段合同段划分一览表

表 8-1-2

参建单位	类 型	参建单位名称	标段所在地	主 要 内 容	主要负责人	备注
项目管理单位	业主	京秦高速公路廊坊段筹建管理处	河北香河		丛宝华	
勘察设计单位	土建工程设计	交通部北京公路勘察设计所	河北香河		张子华	
施工单位	道路和结构土建工程	省公路工程局	河北香河	桥梁工程	焦银河	
		省公路工程局	河北香河	路基土石方、小桥涵及桥梁工程	李彦英	
		省公路工程局	河北香河	路基土石方、互通立交及桥梁工程	刘玺章	
		廊坊市公路工程处	河北香河	路基工程及桥梁工程	杜永安	
		廊坊市公路工程处	河北香河	路基工程及桥梁工程	蒋浩云	
		省公路工程局	河北香河	路基工程及桥梁工程	焦银河	
		省公路工程局	河北香河	路基工程、互通工程及桥梁工程	李彦英	
	路面工程	省公路工程局	河北香河	路面工程	刘玺章	

全线拆迁工作于1998年3月10日前全部完成。

2．项目实施阶段

1）施工过程

（1）土建工程于1998年3月28日开工，1999年10月18日完工。

（2）房建工程于1999年4月1日开工，2000年11月16日完工。

（3）1999年11月，河北省公路工程质量监督站对项目进行了竣工质量鉴定，总评分95.43分，等级为优良。

（4）交通工程于2000年5月完工。

（5）2000年7月，河北省交通厅组织河北省交通厅公路管理局、河北省高速公路管理局、河北省公路工程质量监督站、河北省公路工程定额站、设计、施工、监理单位等共20名委员组成的验收委员会进行了交工验收。

（6）机电工程于2000年12月18日开工，2001年7月完工。

（7）绿化工程于2001年5月完工。

（8）2002年11月，完成了对本工程的竣工验收。

京沈公路北京廊坊界至廊坊天津界段建设生产要素统计见表8-1-3。

京沈公路北京廊坊界至廊坊天津界段建设生产要素统计表　　　表8-1-3

路线编号	项目名称	建设时间	钢筋(t)	沥青(t)	水泥(t)	砂石料(m³)	机械工(工日)	机械(台班)
G1	京沈高速公路廊坊段	1998.3~1999.11	14199	29872	82109	72196	1916079	389887

2）重要决策

1998年初，建管处和总监办研究制订了《京沈公路北京廊坊界至廊坊天津界段精品工程实施纲要》。

（三）科技创新

（1）旋喷桩软基处理。

（2）路基挂线施工。

（3）小桥涵钢模浇筑。

（4）非均质土路基压实。

（四）运营养护管理

1．服务设施

全线设置1处香河服务区。

2．收费设施

本项目共设置收费站2处，其中主线收费站1处，匝道收费站1处（2013年新建香河东匝道收费站1处）。匝道出入口数量截至2014年底共计16条，其中ETC车道3条（表8-1-4）。

京沈公路北京廊坊界至廊坊天津界段收费设施一览表　　　表8-1-4

收费站名称	桩　号	入口车道数		出口车道数		收费方式
		总车道	ETC车道	总车道	ETC车道	
香河主线收费站	K48+500	12	2	22	2	MTC+ETC
香河北收费站	K47+500	4	1	4	0	
香河东收费站	K56+000	3	1	5	1	

3. 养护管理

本项目设置廊坊养护工区1处（表8-1-5），负责全路段21.303km的养护任务。

京沈公路北京廊坊界至廊坊天津界段养护设施一览表　　　表8-1-5

养护工区名称	桩　号	路段长度（km）	占地面积（亩）	建筑面积（m²）
廊坊养护工区	K56+000	21.303	6.07	1831

4. 监控设施

本项目设置廊坊监控中心（表8-1-6），负责本路段的运营监管。

京沈公路北京廊坊界至廊坊天津界段监控设施一览表　　　表8-1-6

监控设施名称	桩　号	占地面积（亩）	建筑面积（m²）
廊坊所收费监控中心	K48+500	中心与香河主线站合建	

5. 交通流量

2007—2016年，京沈公路北京廊坊界至廊坊天津界段交通量情况如表8-1-7、图8-1-2所示。

京沈公路北京廊坊界至廊坊天津界段交通量（自然数）发展状况表　　　表8-1-7

年　份		2007	2008	2009	2010	2011	2012	2013	2014	2015	2016
交通量（辆）	香河东收费站							219188	1007277	1323206	1323206
	香河北收费站	1980316	2147389	2294623	3280246	4172389	3769000	3788177	4257687	4897082	4897082
	香河主线收费站	7852037	7801845	8991030	10319384	9982037	10984858	12848874	11960499	12008262	12074572
	合计	1980316	2147389	2294623	3280246	4172389	3769000	4007365	5264964	6220288	6220288
收费站年平均日交通量（辆/日）		5426	5883	6287	8987	11431	10326	10979	14425	17042	17042

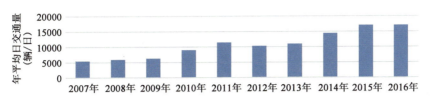

图 8-1-2　京沈公路北京廊坊界至廊坊天津界段收费站年平均日交通量（自然数）增长柱状图

二、京沈公路宝坻至山海关段

(一)项目概况

1. 基本情况

1）功能定位

京沈公路宝坻至山海关段是国家"九五"重点工程，交通部规划的 12 条国道主干线的重要组成部分，是华北连接东北三省公路网的主骨架，是国家立项建设规模、标准较高的高速公路项目之一，同时也是党和国家领导人、国际友人和国内外各方游客到北戴河办公、避暑和旅游的重要通道，因此是一条经济路、政治路、旅游路。本工程的修建不仅对促进沿线经济发展，改善交通运输状况和投资环境，发展旅游事业至关重要，而且具有深远的政治意义和广泛的社会影响。

2）技术标准

按高速公路平原微丘区标准设计，采用双向六车道，设计速度 120km/h，路基宽度 33.5m，设计桥涵荷载汽车—超 20，挂车—120，最大纵坡 2.9%。

3）建设规模

本项目建设里程主线长 199.31km，其中：特大桥 3488m/2 座，大桥 13553m/54 座，中桥 11123m/179 座，小桥 10893m/680 座，涵洞 181 道。桥梁长度占路线总长 21.3%；互通式立交 19 处（其中服务型互通 12 处，枢纽型互通 7 处），分离式立交 49 处，通道 223 处，天桥 49 座；收费站 2 处，匝道收费站 10 处；服务区 5 处，停车区 2 处；管理、养护、服务、监控房屋建筑面积 32975.38m^2。

4）主要控制点

唐山市（玉田县、丰润区、开平区、滦县、迁安市共 5 个县市）、秦皇岛市（卢龙县、抚宁县、海港区、山海关区共 4 个县市）。共计 2 个市、9 个县（市）、38 个乡镇。

5）地形地貌

沿线地形为平原微丘区，属于华北平原东部边缘地带，位于燕山南麓洪积冲积平原及燕山余脉微丘区，南临渤海，地势总趋势西北向东南倾斜，唐山市段比较平坦，秦皇岛市段地势起伏较大。

6) 路面结构及主要构造物

主要采用沥青混凝土路面。4cm AC-13C 改性沥青混凝土,5cm AC-20 中粒式沥青混凝土,乳化沥青封层,6cm BL-30 粗粒式沥青碎石,19cm 水泥稳定级配碎石基层,18cm 石灰、粉煤灰稳定级配碎石基层,20cm 石灰土底基层。

主要构造物采用预应力混凝土连续梁桥和组合梁桥。

7) 投资规模

项目概算投资 56.021 亿元,竣工决算投资 60.468 亿元(含北戴河连接线),平均每公里造价 2786.45 万元。其中,主线项目概算投资 54 亿元,竣工决算投资 58 亿元,平均每公里造价 2910.04 万元。

8) 开工及通车、竣工时间

1996 年 9 月开工建设,1999 年 7 月建成通车,2002 年 12 月完成竣工验收。

2. 前期决策情况

1) 前期决策背景

京沈公路宝坻至山海关段高速公路是国家"九五"重点工程,交通部规划的 12 条国道主干线的重要组成部分,是华北连接东北三省公路网的主骨架,同时也是党和国家领导人、国际友人和国内外各方游客到北戴河办公、避暑和旅游的重要通道,河北省交通厅于 1993 年决定由河北省交通厅国际金融组织贷款项目办公室进行项目前期工作。

2) 前期决策过程

本项目的立项、审批等前期工作严格按照国家基本建设程序进行,具体情况如下。

(1) 项目建议书:在编报项目建议书的过程中,进行了充分调研和认真分析论证,努力做到技术上先进,经济上合理,社会效益显著。1993 年完成了编报项目建议书的基本工作,国家计划委员会 1994 年 7 月以计交能〔1994〕944 号文下达了《国家计委关于宝坻(津冀省界)至山海关高速公路项目建议书的批复》,此项目经国家批准正式立项,同意利用亚洲开发银行贷款。

(2) 可行性研究:比较论证选择最佳方案,在对项目建设的必要性、经济合理性、技术可行性、实施可能性进行充分的科学调查、评估、论证、分析、预测的基础上,于 1994 年 7 月编制出工程可行性研究报告。国家计划委员会 1995 年 9 月以计交能〔1995〕1346 号文批复工程可行性研究报告。

(3) 亚行贷款程序的履行:项目国内程序审批的同时,提出利用国外贷款的申请报告,阐明了本项目的贷款额度,贷款渠道的建议、贷款使用方案及还贷方案。国家计划委员会工可批复中,批准本项目国外贷款计划编号为:J950000434014 号。中国人民银行把本项目列入了亚行1995财年贷款项目。亚行先后派现场考察团、评估团来河北对项目进行了认真的考察、评估和谈判。1996年5月9日,中国驻菲律宾大使代表中国政府与亚洲开发银行签署了本项目贷款协定,贷款金额2.2亿美元。1996年6月29日中国人民银行与河北省政府签订了项目的转贷协议。

(4)开工报告批复:1996年8月1日,项目执行机构向主管部门呈报了开工报告;1996年8月16日,国务院北戴河办公会议上批准本项目开工。1996年9月20日,总监理工程师签发了开工令,工程有效工期34个月。国家计划委员会以计投资〔1996〕1683号文下达了1996年基本建设新开工大中型项目计划的通知。至此,前期工作中的国家、亚行的审批手续全部完成。

(二)建设情况

1. 项目准备阶段

1)项目审批

(1)1995年4月,国家环保局以《关于京沈公路宝坻(津冀省界)至山海关段高速公路环境影响报告书审批意见的复函》(环监〔1995〕228号)批准了本工程环境影响报告书。

(2)1995年11月,交通部以《关于宝坻至山海关段高速公路初步设计的批复》(交公路发〔1995〕1070号)批准了本工程初步设计。

(3)1995年12月,河北省审计厅以(冀审投结字〔1995〕2号)批准了本项目的审计报告。

(4)1996年5月,中国驻菲律宾大使代表中国政府与亚洲开发银行签署了本项目贷款协定,6月中国人民银行与河北省人民政府签订了本项目转贷协议。

(5)1996年8月,国家计划委员会以《关于宝坻至山海关段高速公路项目利用亚洲开发银行贷款方案的批复》(计外资〔1996〕1573号)批准了本项目利用亚洲开发银行贷款方案。

(6)1997年6月,国家文物局以《关于京沈高速公路穿越山海关长城、长城修复加固方案的批复》(文物保函〔1997〕358号)批准了本工程穿越长城、长城修复加固方案。

(7)1996年8月,国家计划委员会以《关于下达1996年基本建设新开工大中型项目计划的通知》(计投资〔1996〕1683号)下达了本项目开工的通知。

(8)2000年1月21日,国土资源部以国土资函正〔2000〕84号文,批复《关于京沈高速公路宝坻至山海关段工程补办建设用地手续的批复》。

(9)1999年11月26日,国土资源部以国土资函正〔1999〕653号文,批复《关于京沈高速公路北戴河连接线工程补办建设用地手续的批复》。

2）资金筹措

本项目批准总概算为56.021亿元，实际到位资金59.323亿元，其中，中央补助（交通部补助）拨款13.850亿元，国债转贷资金拨款1.750亿元，亚洲开发银行贷款2.2亿美元（折合人民币18.051亿元），国内银行贷款18.890亿元，河北省自筹6.782亿元，项目资本金16.180亿元。竣工决算投资60.468亿元，平均每公里造价2786.45万元。

3）合同段划分及招投标

（1）合同段划分

根据各专业的工程内容划分标段如下：

①土建工程设计1个标段，房建工程设计4个标段，绿化工程设计1个标段，机电工程设计1个标段。

②施工标段划分：根据工程内容的不同，土建工程12个标段（表8-1-8），机电工程1个标段，房建工程9个标段，绿化工程76个标段，交通安全设施9个标段。北戴河连接线土建工程7个标段，绿化工程11个标段，房建工程1个标段，机电工程1个标段，交通安全实施工程2个标段。

③施工监理标段划分：根据工程内容设1个总监办公室，12个土建工程驻地监理标段，2个房建工程总监办公室，9个房建工程监理标段，1个机电工程监理标段。

（2）招投标

按照国家颁布的《招投标法》和交通部颁布的《公路工程施工招标投标管理办法》的规定及亚行提供的2.2亿美元贷款的要求，全面实行国际、国内招投标，选定施工队伍。

①土建工程共12个合同段，实行国际公开招标、投标，采用国际通用的"菲迪克"合同条款。1996年4月29日在石家庄开标，共收到50家单位的69份投标书。评标工作依照亚行"采购指南"和亚行批准的招标文件中规定的原则和程序进行。1996年5月在石家庄举行国际招标专家评审会，建议中国第二建筑工程局联营体等12家为中标人。1996年5月28日京沈高速公路宝坻至山海关段建设领导小组召开了会议，对评标报告及专家评审意见进行了审定。1996年7月3日亚行正式批准了中标人名单。

②房建工程共9个合同段，分两期招标，第一期7个合同于1998年1月至3月完成。第二批2个合同，于1998年4月至5月完成。

③交通工程分9个合同段，支线4个合同段，于1998年6月至8月完成。

④绿化工程分76个合同段，支线11个合同段，于1998年6月至10月完成。

⑤交通机电工程于1999年3月开标，1999年11月亚行正式批复评标报告，同意中标单位为华能基础产业投资有限公司。

第八章 高速公路建设项目

表 8-1-8 京沈公路宝坻至山海关段高速公路合同段划分一览表

参建单位	类型	参建单位名称	合同段编号及起止桩号	标段所在地	主要内容	主要负责人	备注
项目管理单位		河北省京秦高速公路管理处				裴世保	
勘察设计单位		河北省交通规划设计院			初测、初步设计、定测、施工图设计	周立强	
施工单位	土建工程	中国建筑第二工程局联营体	Z1:K102+000~K116+450	玉田	路基、路面、桥涵	潘德军	
		北京市第一市政工程公司	Z2:K116+450~K128+537	玉田	路基、路面、桥涵	石新为	
		邢台路桥建设总公司	Z3:K128+537~K149+050	玉田、丰润	路基、路面、桥涵	李殿双	
		交通部第一公路工程总公司第一工程公司联营体	Z4:K149+050~K161+300	丰润	路基、路面、桥涵	李仕军	
	主线土建工程	黑龙江省公路桥梁建设总公司	Z5:K161+300~K171+350	滦县	路基、路面、桥涵	田玉龙	
		河北省公路工程局	Z6:K171+350~K191+622	迁安	路基、路面、桥涵	郑炳厚	
		山西省公路局第一工程局	Z7:K191+622~K216+125	迁安、卢龙	路基、路面、桥涵	武召明	
		铁道部第十一工程局	Z8:K216+125~K235+600	卢龙、抚宁	路基、路面、桥涵	张树才	
		北京市市政工程总公司	Z9:K235+600~K252+350	抚宁	路基、路面、桥涵	左景生	
		秦皇岛路桥建设开发公司	Z10:K252+350~K267+450	海港区	路基、路面、桥涵	高雪松	
		交通部第一公路工程总公司	Z11:K267+450~K282+391	海港区、山海关区	路基、路面、桥涵	翟亮	
		铁道部第五工程局	Z12:K282+391~K301+310	山海关区	路基、路面、桥涵	吴青山	

以上全部招、投、评标过程均由河北省政府招标、投标管理机构及公证部门进行了监督和管理,一切程序符合国家的有关法律规定。

4)参建单位主要情况

(1)建设单位

本项目建设单位是河北省交通厅国际金融组织贷款项目办公室(现已合并为河北省高速公路管理局),项目执行机构是河北省京秦高速公路建设管理处。

(2)设计单位

①土建工程设计单位:河北省交通规划设计院。

②交通工程设计单位:河北省交通规划设计院。

(3)施工单位

详见表8-1-8。

5)征地拆迁

按三级管理体系设置安置办公室,加强各级政府对征地工作的领导和监督,形成完善的拆迁工作体系,使征地拆迁工作层层有人管、层层有人抓。

河北省政府成立了"京沈高速公路建设领导小组",由何少存副省长担任组长,河北省计划委员会、河北省财政厅、河北省交通厅、河北省国土厅等部门和唐山市、秦皇岛市的主要领导为成员,其办事机构为"京沈高速公路建设领导小组办公室",设在河北省交通厅国际金融组织项目贷款办公室,负责建设中的具体事务,加强对全线征迁和建设环境工作的协调和领导。

唐山市、秦皇岛市两个市及沿线途经的11个县区分别成立了市、县高速公路建设领导小组,以主管副市长、副县长为组长,办事机构设在各市、县的交通局,简称"市、县高速办",负责本市段征迁。

涉及的38个乡镇都有各副乡(镇)长专职负责本乡(镇)的征地拆迁安置工作,具体办理土地丈量、附着物清点登记造册等事宜。征地拆迁统计见表8-1-9。

京沈公路宝坻至山海关段高速公路征地拆迁统计表 表8-1-9

高速公路编码	项目名称	征地拆迁安置起止时间	征用土地(亩)	拆迁房屋(m²)	拆迁占地费(万元)	备注
G1	京沈公路宝坻至山海关段高速公路	1996.4~1996.9	28363.21	65870.63	45037.87	

2.项目实施阶段

1)施工过程

(1)主线土建工程于1996年9月20日开工,1997年7月30日完工。

(2)房建工程于1998年4月28日开工,1999年12月完工。

(3)机电工程于2000年4月开工,2002年4月完工。

(4)交通安全设施工程于1997年4月开工,1998年7月完工。

(5)绿化工程于1998年10月开工,1999年10月完工。

(6)1999年7月,河北省公路工程质量监督站对主线主体工程进行了检测鉴定,鉴定分数为95.31分,2000年3月对全线房建工程进行了工程质量鉴定,质量等级均为优良。

(7)2000年12月26日,河北省交通厅组织了本工程交工验收,认为工程质量达到了设计要求,评定为优良工程,建议交工验收总评分为95.32分。

(8)2000年12月,国家环保总局组织了本工程环境保护设施验收,认为工程基本符合环保验收条件,同意通过竣工验收。

(9)2001年10月23日,河北省档案局组织了本工程档案验收,验收组一致同意宝山高速公路项目通过项目档案验收。

(10)2002年11月7日,河北省交通厅公路局组织专家对本工程进行了机电合同项目交工验收,达到优良工程等级,建议交工验收总评分96分。

(11)2002年12月,交通部组织了本项目竣工验收,工程质量评分为96.507分,被评定为优良工程。

京沈公路宝坻至山海关段高速公路建设生产要素统计见表8-1-10。

京沈公路宝坻至山海关段高速公路建设生产要素统计表 表8-1-10

路线编号	建设时间	钢材(t)	沥青(t)	水泥(t)	砂石料(m³)	机械工(工日)	机械(台班)
G1	1996.9.20~1999.7	142148	299048	886244	675755	4824776	3649345

2)重要决策

(1)1996年10月8日,在唐山市丰润互通区举行了隆重的开工典礼,国务委员、全国人大常委会副委员长王丙乾,省人大常委会副主任张建新、副省长何少存出席了开工典礼,并为该路奠基(图8-1-3)。

(2)1999年8月,有关领导出席了宝山高速公路主线建成通车典礼。

3)重大变更

根据设计变更管理办法,本项目中的重大变更如下:

(1)路面基层变更:为提高路面结构强度和延长路面使用寿命,经过计算和专家论证,将原设计32~34cm厚石灰土基层变更为20cm厚石灰土,10cm厚三灰碎石上基层变更为18cm厚石灰粉煤灰碎石,15cm厚石灰粉煤灰碎石底基层变更为19cm厚水泥稳定碎石。

(2)蓟运河特大桥变更:蓟运河特大桥东桥头500m段为沼泽软土地基,由于工期要求,附近又无合适的路基填料,因此将蓟运河特大桥向东延长500m,桥长由原来的1645m增加到2145m。

图 8-1-3　宝山高速公路开工典礼

（3）唐山段 56.88km 四车道路面改为六车道路面（原设计为中间预留两车道）。根据京唐港高速公路建成后的交通量预测，为完善唐山区域高速公路网，并经专家技术论证，该段改为一次性建成六车道。

4）各项活动

（1）建立五级质量监检机制。

（2）组织劳动竞赛，落实奖惩措施。

（三）科技创新

河北省京秦高速公路建设管理处在项目管理创新、技术创新、技术推广上实现了新的突破。其中管理创新有 3 项：

（1）省部领导多次强调将京沈公路宝坻至山海关段建成 20 世纪 90 年代样板路，河北省交通厅要求本工程要创精品，筹建处特制订《京沈公路宝坻至山海关段高速公路精品工程实施方案》，涵盖领导机构、精品工程总体目标、精品工程质量标准、创精品工程具体措施、奖惩政策、精品工程实施计划等内容，精品工程管理模式有效确保了"通车时全省第一、全国领先"优质工程目标的实现。

（2）在招标、工程管理中采用了国际通用的"菲迪克"管理模式。

（3）制定了《京沈公路宝坻至山海关段高速公路路面施工指导书》，实施管理四部曲，严格管理程序，严把质量关。

积极推广的新技术有 2 项：

（1）NCS 处理过湿土。NCS 固化剂是一种新型吸水剂及加固材料，与传统过湿土处置方法比较，具有吸水能力强、强度高、压实快等优点，掺入 NCS 固化剂的过湿土，可以大大降低土的塑性指数和含水率。在本工程的一标段路基为软基，路侧土液限高达 52.2，塑限为

25.2,含水率为31%~35.4%,不能直接用作路基填筑材料,而远距离运土在35km以外,并且受多方面条件限制,运输量满足不了施工需要。通过采取NCS掺拌过湿土,使之满足路基填筑材料的指标要求,不仅解决了部分远运土的问题,而且加快了施工进度,保证了工程质量,为高速公路施工积累了经验,为NCS固化剂的推广应用提供了实践依据。

(2)路面结构采用SMA技术。SMA具有较高的热稳定性、良好的路面抗滑移性能,以及结合料老化慢等诸多优点,这是被国内外实践已证明的事实。但SMA是一项成套技术,它要求施工人员能熟练掌握这套技术,对施工工艺、原材料、设备技术参数等提出了不同于普通沥青混凝土的新要求。为确保SMA施工质量,首先聘请有这方面经验的技术依托单位,负责进行原材料检验、组成设计、施工过程中的技术指导、施工检测等。同时选择了管理到位、设备精良、经验丰富的两家施工单位承担SMA的施工任务。

(四)运营养护管理

1. 服务设施

全线设置5处服务区,2013年根据交通流量的增长情况,新建丰润、迁安2处停车区(表8-1-11)。

京沈公路宝坻至山海关段高速公路服务设施一览表   表8-1-11

高速公路编码	服务区名称	桩号	所在区域	占地(亩)	建筑面积(m²)
G1	玉田服务区	K120+136	玉田县散水头镇	105	7515
	丰润停车区	K155+000	银城铺镇	119	3960
	滦县服务区	K175+300	滦县王店子镇	99.9	6127
	迁安停车区	K195+000	迁安市沙河驿镇	121.46	4196.25
	卢龙服务区	K219+450	卢龙县小高庄村西	99.9	9500
	北戴河服务区	K258+200	抚宁县榆关镇	96.048	10200
	山海关服务区	K291+606	山海关区孟姜镇	95.6	15154.39

2. 收费设施

本项目共设置收费站12处。匝道出入口数量截至目前共计134条,其中ETC车道27条(表8-1-12)。

京沈公路宝坻至山海关段高速公路收费设施一览表   表8-1-12

收费站名称	桩号	入口车道数		出口车道数		收费方式
		总车道	ETC车道	总车道	ETC车道	
玉田收费站	K111+486	3	1	4	1	MTC+ETC
鸦鸿桥收费站	K124+885	6	2	9	2	
唐北收费站	K150+937	3	1	7	1	
榛子镇收费站	K171+498	3	1	5	1	

续上表

收费站名称	桩号	入口车道数 总车道	入口车道数 ETC车道	出口车道数 总车道	出口车道数 ETC车道	收费方式
迁安收费站	K199+576	11	2	14	2	MTC+ETC
卢龙收费站	K221+054	3	1	4	1	
抚宁收费站	K247+866	2	1	4	1	
秦皇岛收费站	K269+227	6	1	9	2	
秦皇岛北收费站	K276+618	4	1	6	1	
秦皇岛东收费站	K283+374	3	1	5	1	
山海关收费站	K291+068	0	0	19	2	
孟姜收费站	K301+074	2	0	2	0	

3. 养护管理

本项目养护里程主线199.31km。设置唐山、迁安、秦皇岛3处养护工区(表8-1-13)。

京沈公路宝坻至山海关段高速公路养护设施一览表　　表8-1-13

养护工区名称	桩号	路段长度(km)	占地面积(亩)	建筑面积(m²)
唐山养护工区	K150+937	69.73	14.49	3688
迁安养护工区	K199+576	76.33	15.86	4802.6
秦皇岛养护工区	K276+618	70.88	14.035	3646

4. 监控设施

本项目设置河北高速公路京秦管理处调度指挥中心,分别负责京秦处全线的运营监督管理(表8-1-14)。

京沈公路宝坻至山海关段高速公路监控设施一览表　　表8-1-14

监控设施名称	桩号	占地面积(亩)	建筑面积(m²)
京秦处调度指挥中心	秦皇岛市区		中心在管理处办公大楼

5. 交通流量

京沈公路宝坻至山海关段高速公路交通量情况如表8-1-15、图8-1-4所示。

京沈公路宝坻至山海关段高速公路交通量(自然数)发展状况表　　表8-1-15

年份		2007	2008	2009	2010	2011	2012	2013	2014	2015	2016
交通量(辆)	孟姜收费站	341291	270514	305149	351496	369529	418714	291221	502103	602258	739704
	山海关收费站	3114813	3455426	3758065	4274419	4838884	5333210	5581609	6191318	6130794	6767262
	秦皇岛东收费站	1001128	1130933	1340819	1724477	2347608	2626868	3414163	2865398	3002151	3504305
	秦皇岛北收费站	2037441	2897144	3600981	3180502	2608597	2830783	3439895	3965227	4215884	4728181
	秦皇岛收费站			11164	1602356	2270723	2486705	2828523	2660332	2011514	2183418
	北戴河收费站	1897944	1072993	1366033	1513574	1570444	1667143	1915554	1966550	2371605	2361182

续上表

年份		2007	2008	2009	2010	2011	2012	2013	2014	2015	2016
交通量（辆）	抚宁收费站	2013994	1427833	1994479	2137838	1905434	2086438	2608212	2176551	2220386	2293642
	卢龙收费站	1069683	900549	1074564	1191349	1134469	1562067	1449523	1618414	1790201	1945504
	迁安收费站	3346763	3741963	4344042	5101723	4806105	5350239	4907468	4815695	3473837	3372504
	榛子镇收费站	1757345	1602903	2240677	2650410	2763907	3074452	2598144	3282078	2942232	2889676
	唐山北收费站	2946599	3392458	3790892	4138077	4136560	5055218	4775571	5717765	5506748	5536979
	鸦鸿桥收费站	1360157	1719054	2284408	2782777	2994018	2080759	682184	3563060	3704782	4060476
	玉田收费站	764017	833792	1587705	1717756	1968136	2441037	2439234	1785634	1749768	2087577
	合计	21651175	22445562	27698978	32366754	33714414	37013633	36931300	41110125	39722160	42470410
收费站年平均日交通量(辆/日)		59318	61495	75888	88676	92368	101407	101182	112630	108828	116357

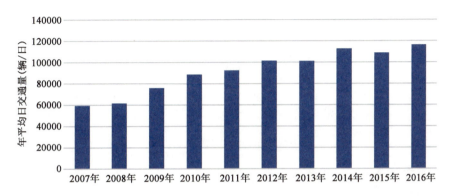

图 8-1-4　京沈公路宝坻至山海关段高速公路收费站年平均日交通量（自然数）增长柱状图

第二节　G1N（北京—秦皇岛）河北段（三河市燕郊镇—秦皇岛九门口）

G1N 京秦高速公路（北京—秦皇岛）是国家高速公路网中京哈高速公路的辅助通道，河北境内分为六条段，其中四条段未建，分别为冀京界至诸葛店段、段甲岭至冀津界段、京秦高速公路津冀界（大安镇—平安城段）、北京至秦皇岛高速公路遵化至秦皇岛段。目前已建成两段，分别为密涿支线高速公路诸葛店至段甲岭段，起自三河市诸葛店，终于三河市段甲岭，位于三河市境内；清东陵高速公路平安城至下院寺段起自唐山市遵化市平安城，止于遵化市下院寺，位于遵化市境内。本工程的建设对构建河北省东北部地区"东出西联"运输大通道，加快京津冀经济一体化，促进地方旅游业及沿线区域经济发展具有重要意义。

G1N京秦高速公路(北京—秦皇岛)河北境内段已建成的密涿支线高速公路诸葛店至段甲岭段于2012年12月27日建成通车,由河北省高速公路廊坊北三县管理处负责运营管理养护,运营里程桩号K0+000~K32+826,全长32.826km,设计速度120km/h,双向四车道,路基宽度28.0m。清东陵高速公路平安城至下院寺段于2013年12月建成通车,由河北省高速公路京哈北线管理处负责运营养护管理,全长13.59km,设计速度120km/h,双向六车道,路基宽度34.5m。

G1N(北京—秦皇岛)河北段(三河市燕郊镇—秦皇岛九门口)高速公路信息见表8-2-1,路线平面示意图见图8-2-1。

G1N(北京—秦皇岛)河北段
(三河市燕郊镇—秦皇岛九门口)高速公路项目信息采集表

表8-2-1

项目名称	路段起讫桩号		规模合计(km)	车道数	设计速度(km/h)	路基宽度(m)	投资情况(亿元)				建设时间(开工~通车)	备注
	起点桩号	讫点桩号					估算	概算	决算	资金来源		
密涿支线高速公路诸葛店至段甲岭段	K0+000	K32+826	32.826	四	120	28.0	21.500	22.493	尚未决算	地方自筹、银行贷款	2009.6~2012.12	
清东陵高速公路平安城至下院寺段	K1+700	K15+290	13.59	六	120	34.5	15.701	17.204	尚未决算	银行贷款、地方自筹	2011.10~2013.12	

一、密涿支线高速公路诸葛店至段甲岭段

(一)项目概况

1. 基本情况

1)功能定位

密涿支线高速公路诸葛店至段甲岭段是河北省高速公路网布局"五纵六横七条线"中"线3"(密云—平谷—三河—香河—廊坊—涿州)的重要路段,在北京市境内,密涿支线(北京段)连接北京六环,达到与区域路网衔接的目的。在远期可向东延伸连接津蓟高速公路,继续向东沿邦宽线、三抚线构建新的京秦第二通道,成为北京连接天津北部以及河北省唐山市、秦皇岛市,进而沟通东北地区的重要走廊。该项目的实施,对于缓解国道102线廊坊段不断增长的交通压力,构建区域运输通道、完善路网结构,具有重要作用。

2)技术标准

本项目采用四车道高速公路标准进行设计,汽车荷载等级采用公路—Ⅰ级,设计速度120km/h,整体式路基宽度28.0m。平曲线最小半径5500m,最大纵坡3%。

第八章

高速公路建设项目

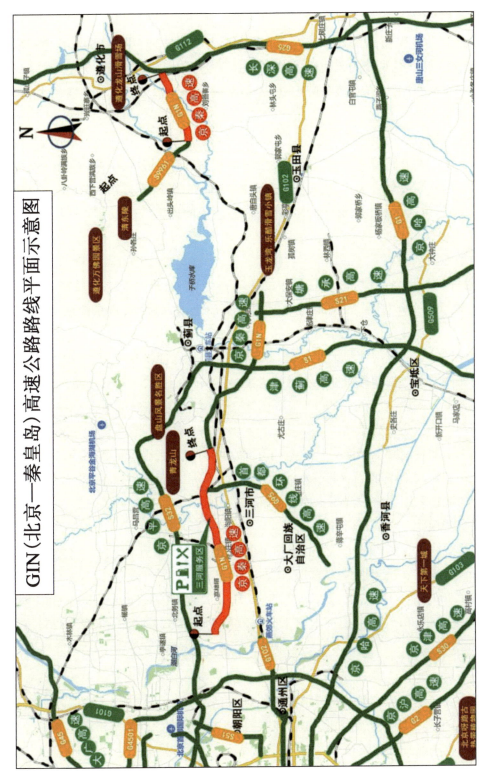

图8-2-1 GIN(北京—秦皇岛)高速公路路线平面示意图

3）建设规模

本项目建设里程长32.826km，全线设置大桥1357m/4座；中桥357m/6座；涵洞18道；桥梁长度占路线总长度的5.2%；全线分离式立交9处、通道33处、天桥1座；全线设置互通式立交5处；沿线设置服务区1处，养护工区1处。本项目设监控通信中心1处，设匝道收费站3处。

4）主要控制点

密涿支线高速公路诸葛店至段甲岭段位于河北省三河市境内，呈东西走向，项目起点位于三河市燕郊镇诸葛店村北，通过引线与燕顺路相接。途经燕郊镇、高楼镇、齐心庄镇、李齐庄镇、泃阳镇、黄土庄镇，终于段甲岭镇，通过段甲岭连接线与段蒋线连接，涉及1个县（市）、7个乡镇。

5）地形地貌

本项目位于河北省廊坊市北三县中的三河市境内，地理坐标东经116°42′~117°20′，北纬39°50′~40°05′。三河市行政区划上隶属于河北廊坊，被京津两个直辖市所包围。

路线经过的三河境内地势北高南低，地貌类型主要有冲洪积平原区和山地丘陵区。前者以山前冲洪积地貌和河流冲洪积地貌为主，地形起伏不大，分布有多条沟渠。后者以低山丘陵为主，一般海拔200~300m，采石场林立，陡坎、凹洼随处可见。

6）路面结构及主要构造物

主要采用沥青混凝土路面。4cm AC-13C改性沥青混凝土，6cm AC-20C改性沥青混凝土，12cm ATB-30沥青碎石，18cm水泥稳定碎石，18cm水泥稳定碎石，18cm级配碎石。

主要构造物采用预应力混凝土连续梁桥。

7）投资规模

本项目概算总投资22.493亿元，平均每公里造价约6853万元。

8）开工及通车、竣工时间

本项目2009年6月开工建设，2012年12月交工通车（21.580km，K0+000~K21+580），其余路段于2015年10月完成交工验收（11.246km，K21+580~K32+826）。

2. 前期决策情况

1）前期决策背景

密涿支线高速公路诸葛店至段甲岭段已列入河北省"十一五"交通发展规划。该项目的实施，对于进一步密切廊坊北三县尤其是三河市与北京之间的经济社会联系，推动区域经济一体化进程具有重要意义。

2）前期决策过程

河北省交通厅在2007年启动本项目的建设工作，中交远洲交通科技集团有限公司于

2007年8月完成该项目预可行性研究报告的编制工作。

（1）2007年3月29日，北京市交通委员会与河北省交通厅签订《关于密涿支线高速公路接线方案的协议》。

（2）2007年10月8日，河北省交通厅通过《关于密涿支线（G102三河过境）公路项目建议书的审查意见》。

（3）2007年12月21日，河北省发改委以冀发改基础〔2007〕2079号文，对《关于密涿支线诸葛店至段甲岭段项目建议书》进行批复。

（4）2008年4月21日，河北省交通厅以冀交函规〔2008〕87号文，对《关于密涿支线诸葛店至段甲岭段工程可行性研究报告》进行批复。

（5）2008年6月11日，河北省交通厅以冀交公字〔2008〕133号文，批复《关于密涿支线高速公路诸葛店至段甲岭段环境影响报告书的预审意见》。

（6）2008年9月8日，河北省发改委以冀发改基础〔2008〕1102号文，对《关于密涿支线诸葛店至段甲岭段工程可行性研究报告》进行批复。

（二）建设情况

1. 项目准备阶段

1）项目审批

（1）2008年12月18日，河北省发展和改革委员会以冀发改投资〔2008〕1741号文，对《关于密涿支线高速公路诸葛店至段甲岭段初步设计》进行批复。

（2）2009年3月27日，国土资源部以〔2009〕773号文，对《关于密涿支线高速公路诸葛店至段甲岭段工程建设用地》进行批复。

（3）2009年4月23日，河北省交通运输厅以冀交公字〔2009〕156号文，对《关于密涿支线高速公路诸葛店至段甲岭段主体工程两阶段施工图设计》进行批复。

（4）2009年4月26日，廊坊市水务局以廊水管〔2009〕12号文，对《关于密涿支线高速公路诸葛店至段甲岭段河道防护工程初步设计报告》进行批复。

（5）2009年7月1日，河北省交通运输厅同意密涿支线高速公路诸葛店至段甲岭段高速公路开工。

（6）2010年12月2日，河北省交通运输厅以冀交公字〔2010〕665号文，对《关于密涿支线高速公路诸葛店至段甲岭段房建等附属工程两阶段施工图设计》进行批复。

2）资金筹措

本项目概算总投资22.492亿元，项目资本金7.872亿元，由河北省高速公路管理局负责筹措，前期由廊坊市交通运输局负责筹措，其余14.620亿元申请银行贷款，平均每公里造价约6853万元。

3)合同段划分及招投标

(1)合同段划分

根据各专业的工程内容划分标段(表8-2-2)如下:

①土建工程设计2个标段,房建工程设计2个标段,绿化工程设计1个标段,机电工程设计1个标段,交通安全设施1个标段。

②施工标段划分:根据工程内容的不同,土建工程5个标段,机电工程1个标段,房建工程6个标段,绿化工程3个标段,交通安全设施1个标段。

③施工监理标段划分:根据工程内容设1个总监理工程师办公室,2个土建工程驻地监理工程师办公室,2个房建工程驻地监理工程师办公室。

(2)招投标

按照国家颁布的《招投标法》和交通部颁布的《公路工程施工招标投标管理办法》《公路工程施工招标资格预审办法》《公路工程施工招标评标办法》的要求,由项目法人单位组织招标工作,采用无标底投标,合理低价中标方式。

①2009年1月18日有33家施工单位通过资格预审,参加本项目主线路基工程4个合同段的投标。选出4家中标单位。

②2010年4月27日有12家施工单位通过资格预审,参加本项目主线路面工程1个合同段的投标。

③2011年1月17日有55家施工单位通过资格预审,参加本项目主线房建工程2个合同段(FJ-2、FJ-3)的投标。选出2家中标单位。

2011年1月17日有7家施工单位通过资格预审,参加本项目主线房建工程1个合同段(FJ-1)的投标。

2011年3月11日有44家施工单位通过资格预审,参加本项目主线房建工程1个合同段(FJ-4)的投标。

2013年5月14日有71家投标人递交了71份投标文件,参加本项目主线房建工程2个合同段(HTFJ-1、HTFJ-2)的投标。选出2家中标单位。

④2010年9月25日有9家施工单位通过资格预审,参加本项目主线机电工程1个合同段的投标。

⑤2011年1月17日有37家施工单位通过资格预审,参加本项目主线交安工程1个合同段的投标。

⑥2013年3月16日有83家投标人递交了83份投标文件,参加本项目主线绿化工程3个合同段的投标。选出3家中标单位。

4)参建单位主要情况

(1)建设单位

第八章 高速公路建设项目

密涿支线高速公路诸葛店至段甲岭段合同段划分一览表

表 8-2-2

参建单位	类 型	参建单位名称	合同段编号及起讫桩号	标段所在地	主 要 内 容	主要负责人	备注
项目管理单位		河北省高速公路廊坊北三县管理处		三河市		李继武	
勘察设计单位	路基工程设计	中交远洲交通科技集团有限公司		三河市	土建工程	杨新洲	
施工单位	路基工程	中交一公局第六工程有限公司	LJ-1~LJ-4	燕郊镇、高楼镇	路基、桥涵工程	郝明	
		中交一公局海威工程建设有限公司	LJ1:K0+000~K7+550	高楼镇、齐心庄镇	路基、桥涵工程	郭云杰	
		中铁五局集团第二工程有限责任公司	LJ2:K7+550~K16+000	泃阳镇	路基、桥涵工程	崔学军	
		廊坊市交通公路工程有限公司	LJ3:K16+000~K24+550	黄土庄镇、段甲岭镇	路基、桥涵工程	陈崇哲	
		中铁六局集团有限公司	LJ4:K24+550~K32+826	黄土庄镇	下穿大秦铁路框架桥顶进工程	张敏	
			LJ-5				

本项目建设单位前期为廊坊市交通局,项目执行机构是密涿支线102高速公路廊坊建设管理处,后移交到河北省高速公路管理局,项目执行机构是河北省高速公路廊坊北三县管理处。

(2)设计单位

详见表8-2-2。

(3)施工单位

详见表8-2-2。

5)征地拆迁

(1)设立专门组织机构

根据廊坊市政府和市交通运输局部署和要求,建管处于2008年12月初,组织成立勘界清点领导小组,由三河市高速公路建设地方工作指挥部牵头,各相关乡镇政府负责联系沿线村街和被拆迁人开始勘界、清点工作。清点数据由指挥部、建管处、乡镇政府、村委会及产权人五方现场确认并签字盖章。

(2)及时签订征地拆迁及地方工作协议书

为高效、圆满完成征拆工作,廊坊市交通运输局以大包干的形式与三河市政府签订了《征地拆迁及地方工作协议书》。大包干的主要内容:一是征地拆迁及地方工作由三河市高速公路建设指挥部负责组织实施,二是征拆费用为包干使用,三是明确了征拆完成时限。征地拆迁统计见表8-2-3。

密涿支线高速公路诸葛店至段甲岭段征地拆迁统计表　　表8-2-3

高速公路编码	项目名称	征地拆迁安置起止时间	征用土地（亩）	拆迁房屋（m²）	拆迁占地费（万元）	备注
G1N	密涿支线高速公路诸葛店至段甲岭段	2009.6～2009.9	3208.431	厂房51103；楼房6242；砖房30229；临建房9330	33311	

2.项目实施阶段

1)施工过程

(1)主线土建工程于2009年6月开工建设,于2012年4月完成一期21.580km并通车运营,于2015年8月完成剩余11.246km交工。

(2)房建工程于2011年7月开工建设,于2015年8月完工。

(3)机电工程于2011年7月开工建设,于2015年8月完工。

(4)交通安全设施工程于2011年7月开工建设,于2015年8月完工。

(5)绿化工程于2011年3月开工建设,于2015年8月完工。

(6)2012年4月12日,河北省高速公路管理局组织专家对密涿支线高速公路(K0+000~K21+580)进行了交工验收,并通车运营;2015年10月,河北省高速公路管理局组织专家对密涿支线高速公路(K21+580~K32+826)进行了交工验收。

密涿支线高速公路诸葛店至段甲岭段建设生产要素统计见表8-2-4。

密涿支线高速公路诸葛店至段甲岭段建设生产要素统计表　　表8-2-4

路线编号	建设时间	钢材(t)	沥青(t)	水泥(t)	砂石料(m³)	机械工(工日)	机械(台班)
G1N	2009.6~2012.12	33424	25415	178915	1796646	354410	279076

2)重要决策

(1)2009年6月26日,河北省交通运输厅副厅长杨国华,廊坊市委副书记吴晓琳、市人大常委会主任张素珍、常务副市长吴立方、市政府副市长饶贵华及北京市交委、天津市政公路局、河北省水利厅的领导出席了密涿支线高速公路开工奠基仪式(图8-2-2)。

图8-2-2　密涿支线高速公路开工奠基仪式

(2)2012年12月27日零时,密涿支线高速公路诸葛店至段甲岭段正式开通运营。

3)各项活动

为保证施工进度,在项目实施期间实行了分项工程质量管理卡制度及专家咨询制度,先后组织开展了"质量年活动""百日决战""百日劳动竞赛"等活动。

(三)科技创新

(1)橡胶沥青应力吸收层在高速公路中的应用。

(2)研究半刚性基层上反射裂缝产生机理以及防裂措施的作用机理,对基层存在裂缝的沥青混凝土路面结构进行有限元分析。

(3)用不同胶粉细度、胶粉掺量、拌和温度、基质沥青类型等制备橡胶沥青,试验项目包括针入度、软化点、177℃黏度、弹性恢复等,分别测试橡胶沥青的高温性能、低温性能、抗老化性能等,研究各因素对橡胶沥青性能的影响。

(四)运营养护管理

1. 服务设施

全线在三河市境内设置 1 处服务区(表 8-2-5)。

密涿支线高速公路诸葛店至段甲岭段服务设施一览表　　　表 8-2-5

高速公路编码	服务区名称	桩　号	所在区域	占地(亩)	建筑面积(m²)
G1N	三河服务区	K23+853	三河市泃阳镇双塔村北	159.2	5520.1

2. 收费设施

本项目共设置收费站 3 座。匝道出入口数量截至 2016 年 3 月共计 25 条,其中 ETC 车道 8 条(表 8-2-6)。

密涿支线高速公路诸葛店至段甲岭段收费设施一览表　　　表 8-2-6

收费站名称	桩　号	入口车道数		出口车道数		收费方式
		总车道	ETC车道	总车道	ETC车道	
燕郊收费站	K1+425	3	1	5	1	MTC+ETC
齐心庄收费站	K13+891	4	2	4	2	
三河西收费站	K20+963	3	1	6	1	

3. 养护管理

本项目养护里程 32.826km,设置养护工区 1 处,负责全线养护管理工作(表 8-2-7)。

密涿支线高速公路诸葛店至段甲岭段养护设施一览表　　　表 8-2-7

养护工区名称	桩　号	路段长度(km)	占地面积(亩)	建筑面积(m²)
燕郊养护工区	K0+000~K32+826	32.826	48	1964

4. 监控设施

本项目设置信息监控中心 1 处,建筑面积 364.32m²。

5. 交通流量

密涿支线高速公路诸葛店至段甲岭段 2016 年收费站年平均日交通量(自然数)为 4851 辆/日,2013—2016 年年均增长率为 25.51%(表 8-2-8)。

密涿支线高速公路诸葛店至段甲岭段交通量(自然数)发展状况表 表8-2-8

年份		2013	2014	2015	2016
交通量(辆)	三河西收费站	895672	1181265	1521212	1770659
	合计	895672	1181265	15921212	177065
收费站年平均日交通量(辆/日)		2454	3236	4168	4851

二、清东陵高速公路平安城至下院寺段

(一)项目概况

1. 基本情况

1)功能定位

G1N京秦高速公路(北京—秦皇岛)是国家高速公路网中京哈高速公路的辅助通道,是京津冀地区重要的经济干线,对构建河北省东北部地区"东出西联"运输大通道,加快京津冀经济一体化,促进地方旅游业及沿线区域经济发展具有重要意义。京秦高速公路的建成通车,在缓解京哈高速公路唐山段交通压力,促进遵化地区经济发展及旅游推广方面,发挥了重要作用。

2)技术标准

本项目设计速度120km/h,双向六车道,路基宽度为34.5m。平曲线一般最小半径为2400m,最大纵坡采用1.62%。

3)建设规模

本项目建设里程长13.59km。其中大桥2250m/10座,中桥600m/10座,小桥279m/29座,涵洞9道,互通式立交3处(其中下院寺枢纽互通、平安城枢纽互通分期实施)。本路段共设1处收费站;设置1处养护工区。

同期建设清东陵支线,建设里程为13.45km,已划分为省高速公路网(S9961),将在本章第四十一节进行介绍。

4)主要控制点

遵化市(辛店子乡、团瓢庄乡、东新庄乡共3个乡镇)。共计1个市,3个乡镇。

5)地形地貌

项目位于唐山遵化市境内,地貌类型多样,北部为燕山余脉,丘陵连绵;中部为山麓平原,土地肥沃;南部为洼地,土地广阔。

6)路面结构及主要构造物

主要采用沥青混凝土路面。4cm AC-13C沥青混合料表面层,SBS改性沥青防水黏结

层,6cm AC-20C 中粒式改性沥青混凝土下面层,SBR 改性乳化沥青黏层,12cm ATB-25 沥青稳定碎石柔性基层,慢裂慢凝阳离子乳化沥青下封层,PC-2 型阳离子乳化沥青透层,18cm 水泥稳定碎石上基层,18cm 水泥稳定碎石下基层,18cm 水泥稳定碎石底基层。

主要构造物采用预应力混凝土连续梁桥。

7)投资规模

本项目与清东陵支线同期批复施工,总概算投资额为 29.661 亿元。本段概算投资17.204 亿元。

8)开工及通车、竣工时间

2010 年 12 月开工建设,2013 年 12 月交工通车。

2. 前期决策情况

(1)2010 年 7 月 16 日,河北省交通运输厅组织召开《清东陵高速公路预可行性研究报告》专家评审会。

(2)2010 年 11 月 12～13 日,受河北省发展和改革委员会委托由河北省工程咨询院在石家庄组织召开了《清东陵高速公路工程可行性研究报告》专家评审会。

(3)2010 年 11 月 23 日,河北省工程咨询院对《清东陵高速公路工程可行性研究报告》提供评估意见。

(4)2010 年 12 月 13 日,河北省发展和改革委员会批复了《清东陵高速公路工程可行性研究报告》(冀发改基础〔2010〕1877 号)。

(5)2010 年 12 月 9 日,河北省国土资源厅下发《河北省国土资源厅关于清东陵高速公路邦宽线至长深高速段建设用地的预审意见》(冀国土资函〔2010〕1401 号)。

(二)建设情况

1. 项目准备阶段

1)项目审批

(1)2010 年 9 月 26 日,河北省发展和改革委员会同意清东陵高速公路招标方案。

(2)2010 年 12 月 28 日,河北省环境保护厅以冀环评〔2010〕422 号文,批复《关于清东陵高速公路邦宽线至长深高速段项目环境影响报告书》。

(3)2011 年 6 月 9 日,河北省发展和改革委员会以冀发改投资〔2010〕912 号文,批复《关于清东陵高速公路工程初步设计》。

(4)2012 年 4 月 19 日,河北省交通运输厅以冀交公〔2012〕205 号文,批复《关于清东陵高速公路两阶段施工图设计》。

（5）2012年7月24日，国土资源部以国土资函〔2012〕584号文，批复《关于清东陵高速邦宽线至长深高速工程建设用地》。

（6）2012年9月5日，河北省交通运输厅批准了清东陵高速公路施工许可申请。

2）资金筹措

清东陵高速公路概算总投资29.661亿元（含平安城至下院寺段及清东陵支线段），项目资本金7.415亿元，由河北省高速公路管理局负责筹措，其余22.246亿元申请银行贷款。

3）合同段划分及招投标

（1）合同段划分

根据各专业的工程内容划分标段（表8-2-9）如下：

①勘察设计标段划分：公路总体设计1个标段，房建工程设计1个标段，绿化工程设计1个标段。

②施工标段划分：根据工程内容的不同，土建标3个，房建工程3个，机电工程1个，交通安全设施10个，绿化及声屏障工程5个，ETC专用车道工程1个。

③施工监理标段划分：根据工程内容设1个总监办标段，1个房建工程驻地办标段，1个机电工程监理标段。

（2）招投标

按照国家颁布的《招投标法》和交通部颁布的《公路工程施工招标投标管理办法》《公路工程施工招标资格预审办法》《公路工程施工招标评标办法》的要求，由项目法人单位和项目执行机构组织招标工作。

①土建工程施工招标：2011年4月共有87家土建施工单位通过了资格预审。2011年7月4日发出了投标邀请书，8月4日在石家庄公开开标，通过资格预审的87家投标人参加了土建工程4个标段的投标，8月5日召开评标会议，评标办法采用合理低价法，由评标委员会进行评审推荐了中标候选人，经公示后确定4家第一中标候选人为中标人。

2012年6月27日发布土建工程5标段（下穿大秦铁路立交桥）施工第二次招标公告（资格后审），7月19日在石家庄公开开标，有3家投标人参加投标，7月19日召开评标会议，评标办法采用合理低价法，由评标委员会进行评审推荐了中标候选人，经公示后确定了1家第一中标候选人为中标人。

②房建工程施工招标：2011年12月共有121家申请人通过了资格预审，参加了本项目房建工程3个标段的投标，2012年2月28日召开评标会议，评标办法采用合理低价法，由评标委员会进行评审推荐了中标候选人，经公示后确定3家第一中标候选人为中标人。

清东陵高速公路（平安城—下院寺）段合同段划分一览表

表 8-2-9

参建单位	类型	参建单位名称	合同段编号及起止桩号	标段所在地	主要内容	主要负责人	备注
项目管理单位		河北省高速公路京哈北线管理处（原名称为河北省高速公路清东陵筹建处、河北省高速公路京秦二通道筹建处）				侯岩峰	
勘察设计单位	工程勘察设计	河北省交通规划设计院	QDLGL		负责全线土建、交安、机电工程施工设计	焦永顺	
施工单位	土建工程	唐山公路建设总公司	1：K1+700～K6+500	团瓢庄乡	路基、桥涵施工程	马东旭	
		中交一公局桥隧工程有限公司	2：K6+500～K13+000	东新庄乡	路基、桥涵、路面工程	田武平	
		中铁十二局集团第一工程有限公司	3：K13+000～K15+290	平安城镇	路基、桥涵工程	罗延生	

③机电工程施工招标:2013年1月31日发布机电工程施工(共1个标段)招标公告(资格后审),3月12日在石家庄公开开标,有32家投标人参加投标,3月17日召开评标会议,评标办法采用合理低价法,由评标委员会进行评审推荐了中标候选人,经公示后确定了1家第一中标候选人为中标人。

4)参建单位主要情况

(1)建设单位

本项目建设单位是河北省高速公路管理局,项目执行机构是河北省京哈北线管理处(曾用名称:河北省高速公路清东陵管理处、河北省高速公路京秦二通道筹建处)。

(2)设计单位

设计咨询单位:中国公路工程咨询集团有限公司。

土建工程设计单位:河北省交通规划设计院。

其他专项工程设计单位见表8-2-9。

(3)施工单位、监理单位

见表8-2-9。

5)征地拆迁

(1)设立专门组织机构

健全地方工作体系,成立唐山市、遵化市两级地方工作指挥部办公室,加强各级政府对征地工作的领导和监督,形成完善的拆迁工作体系,使征地拆迁工作层层有人管、层层有人抓。

(2)落实承包责任制

征地拆迁工作实行群众参与,各级政府层层签订责任书,采取"四到位"的做法,即市、乡镇、村、户四方到场,现场丈量、现场清点、现场签字。

2011年6月河北省交通运输厅与唐山市人民政府签订清东陵高速公路建设土地和房屋征收、附属物补偿及地方工作框架协议。2011年10月河北省高速公路管理局与唐山市京秦高速公路建设地方工作领导小组签订清东陵高速公路征地拆迁及地方工作费用包干协议书。征地拆迁统计见表8-2-10。

清东陵高速公路平安城至下院寺段征地拆迁统计表　　表8-2-10

高速公路编码	项目名称	征地拆迁安置起止时间	征用土地(亩)	拆迁房屋(m^2)	拆迁占地费(万元)	备注
G1N	清东陵高速公路平安城至下院寺段	2011.11~2012.10	2387	314.1	39630.524	

2.项目实施阶段

1)施工过程

(1)路基工程于2011年11月1日开工,2012年12月31日完工。

(2)桥涵工程于2011年11月1日开工,2012年12月31日完工。

(3)路面工程于2012年6月30日开工,2013年11月1日完工。

(4)房建工程于2012年6月5日开工,2013年10月30日完工。

(5)2013年11月29日,河北省高速公路管理局组织专家对清东陵高速公路进行了交工验收。2014年1月9日,组织专家对清东陵高速公路绿化工程进行了交工验收。

清东陵高速公路平安城至下院寺段建设生产要素统计见表8-2-11。

清东陵高速公路平安城至下院寺段建设生产要素统计表　　表8-2-11

路线编号	建设时间	钢材(t)	沥青(t)	水泥(t)	砂石料(m³)	机械工(工日)	机械(台班)
G1N	2011.10~2013.12	26900.4	13796.46	181100.36	1310028.02	242288.04	188987.2

2)重要决策

(1)2010年12月30日,河北省清东陵高速公路举行开工奠基仪式。

(2)2013年12月16日,清东陵高速公路通车运营。

3)各项活动

(1)施工进度

施工期间管理处相继下达了"大干120天的施工计划""春季攻坚,全面开工施工计划""大干90天施工计划""保通车大干120天施工计划"。

(2)劳动竞赛

为鼓励先进,鞭策落后,加快工程建设速度,保证工程质量,管理处在2012年和2013年先后开展了"春季攻坚,全面开工""大干90天,保质保量实现路基桥梁完工""保通车,大干120天"等多项劳动竞赛,并制订竞赛办法和竞赛目标,每阶段评比一次;此措施有效地激发了承包人的施工积极性,并迅速掀起一场比、学、赶、帮、超的大干快上高潮,为保质保量完成工程任务,实现按期通车目标,起到了极为重要的作用。

(三)科技创新

清东陵高速公路在项目管理创新、技术创新、技术推广上实现了新的突破。其中,管理创新有1项:施工运输车辆、路面压实温度采用GPS轨迹实时管理系统。

技术创新有3项:

(1)提出斜坡地基高速公路施工工艺流程:半填半挖处施工工序、土工格栅的铺设和质量检验等工艺,并在工程中进行应用,提高施工效率,保证路堤施工安全。

(2)应用清东陵旅游高速公路路堑工程环境协调性研究成果,通过清东陵高速公路的工程实践,完成了路堑边坡协调性设计技术和方法在工程中的实践应用,提出了路堑边坡的防护技术、绿化措施,并分析了其环境协调性效果。

(3)为有效解决寒冷地区半刚性基层沥青路面反射裂缝和低温收缩裂缝病害的影响,应用大粒径橡胶颗粒沥青混合料抑制路面结冰技术,率先把应力吸收层技术和抑制路面结冰技术有机结合起来并应用到工程实体中,一定程度上提高了寒冷地区沥青路面的抗裂除冰能力。

(四)运营养护管理

1. 服务设施

本段未设置服务区。

2. 收费设施

本项目共设置东新庄收费站 1 座(表 8-2-12)。匝道出入口数量截至 2013 年底共计 12 条,其中 ETC 车道 2 条。

清东陵高速公路平安城至下院寺段收费设施一览表 表 8-2-12

高速公路编码	收费站名称	桩号	入口车道数		出口车道数		收费方式
			总车道	ETC 车道	总车道	ETC 车道	
G1N	东新庄收费站	K11+192	4	1	6	1	MTC+ETC

3. 养护管理

本项目养护里程 13.59km,设置东新庄养护工区(表 8-2-13)。

清东陵高速公路平安城至下院寺段养护设施一览表 表 8-2-13

养护工区名称	桩号	路段长度(km)	占地面积(m²)	建筑面积(m²)
东新庄养护工区	K11+192	13.59	13333	4574

4. 监控设施

本项目设置 1 处信息调度中心,与清东陵收费站合址建设,负责京秦高速公路及清东陵支线运营监管(表 8-2-14)。

清东陵高速公路平安城至下院寺段监控设施一览表 表 8-2-14

监控设施名称	桩号	占地面积(m²)	建筑面积(m²)
信息调度中心	K12+775	信息调度中心与清东陵收费站合建	

5. 交通流量

该路段于 2013 年 12 月建成,2016 年东新庄收费站年平均日交通量(自然数)为 3158 辆/日,2014—2016 年年均增长率为 16.44%(表 8-2-15)。

清东陵高速公路平安城至下院寺段交通量(自然数)发展状况表 表 8-2-15

年份	2013	2014	2015	2016
东新庄收费站交通量(辆)	6054	853627	1398862	1152759
收费站年平均日交通量(辆/日)	17	2339	3832	3158

第三节　G0111(秦皇岛—滨州)河北段(秦皇岛—沧州)

G0111秦皇岛至滨州高速公路,简称秦滨高速公路,河北境内段起自秦皇岛市抚宁县,终止于沧州市海兴县,全长212.082km。沿线途经秦皇岛市抚宁县、昌黎县、唐山市的乐亭县、滦南县、唐海县、南堡开发区、丰南县、沧州市的南大港产业园区、黄骅市、海兴县。本工程的建设,将实现各港口功能之间的优势互补,促进港口的快速发展;加强渤海新区与天津滨海新区和山东半岛城市群等经济开发地区之间的经济往来,对河北省实现建设沿海经济社会发展强省,打造沿海经济隆起带战略目标具有重要作用。

G0111(秦皇岛—滨洲)河北段(秦皇岛—沧州)由两条段组成。分别是:沿海高速公路秦皇岛至冀津界段(分为秦皇岛至乐亭段和乐亭至冀津界段)、沿海高速公路沧州岐口至海丰段。

(1)沿海高速公路秦皇岛至冀津界段于2007年12月21日建成通车,由河北省高速公路沿海管理处负责建设和运营管理养护,运营里程桩号K0+000~K160+582,全程160.582 km。设计速度120km/h,双向四车道,路基宽度28.0m。

(2)沿海高速公路沧州岐口至海丰段于2011年建成通车,由沧州市沿海高速公路运营管理处负责运营管理养护,运营里程桩号K10+560~K62+200,全长51.50km,设计速度120km/h,双向四车道,路基宽度28.5m。

G0111(秦皇岛—滨州)河北段(秦皇岛—沧州)高速公路信息见表8-3-1,路线平面图如图8-3-1、图8-3-2所示。

G0111(秦皇岛—滨洲)河北段(秦皇岛—沧州)高速公路项目信息采集表　　表8-3-1

项目名称	路段起讫桩号		规模(km)		设计速度(km/h)	路基宽度(m)	投资情况(亿元)				建设时间(开工~通车)	备注
	起点桩号	讫点桩号	合计	车道数			估算	概算	决算	资金来源		
沿海高速公路秦皇岛至乐亭段	K0+000	K78+080	78.080	四车道	120	28.0	26.747	36.920	35.910	银行贷款、资本金	2005.5~2007.12	
沿海高速公路乐亭至冀津界段	K78+080	K160+582	82.502		120	28.0	33.856	38.580	38.450	银行贷款、资本金	2005.5~2007.12	
沿海高速公路沧州岐口至海丰段	K10+560	K62+200	51.500		120	28.5	55.000		52.700	软贷款、银行贷款、地方自筹	2008.10~2011.12	

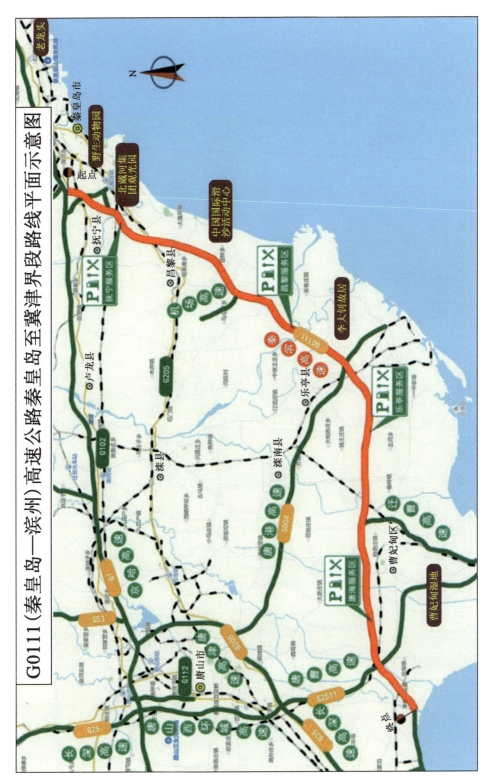

图8-3-1　G0111（秦皇岛—滨州）高速公路秦皇岛至冀津界段路线平面示意图

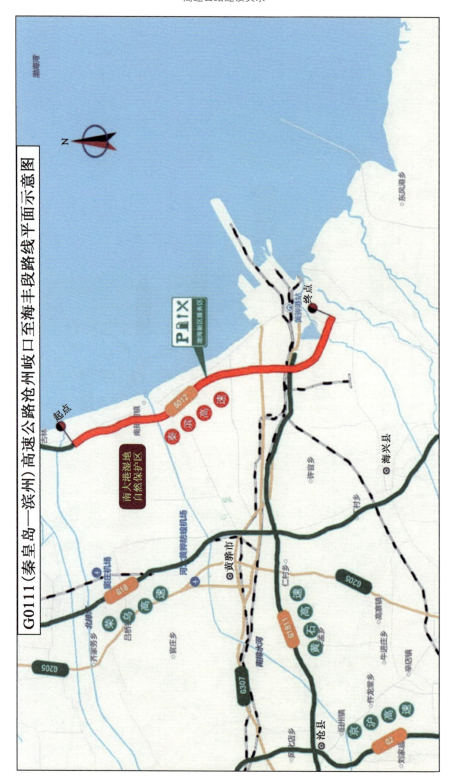

图8-3-2 G0111(秦皇岛—滨州)高速公路沧州岐口至海丰段路线平面示意图

第八章 高速公路建设项目

一、沿海高速公路秦皇岛至冀津界段

(一)项目概况

1. 基本情况

1)功能定位

沿海高速公路秦皇岛至冀津界段为秦、唐、沧环渤海公路的一部分,是2020年河北省高速公路布局规划"五纵六横七条线"主骨架中"横3[北戴河—京唐港—天津—霸州—徐水—阜平—冀晋界(五台)]"的重要组成部分,是沟通沿海地区联系的主要通道,它连接了沿线的秦皇岛、唐山、曹妃甸、天津港口,对临海产业带的形成具有重要意义。

2)技术标准

全线采用双向四车道高速公路,设计速度120km/h,路基宽度28.0m。平曲线最小半径采用3500m,最大纵坡采用2.214%。

3)建设规模

本项目建设里程160.582km,其中:特大桥5117m/1座;大桥4053m/17座;中桥2180m/40座;小桥2124m/163座;涵洞164道;桥梁长度占路线总长度的8.3%;互通式立交14处(其中,服务型互通12处,枢纽型互通2处);天桥72座;主线收费站1处,匝道收费站12处;服务区4处,管理、养护、服务、监控房屋建筑面积47650.6m^2。

4)主要控制点

秦皇岛市(抚宁县、昌黎县),唐山市(乐亭县、滦南县、唐海县、南堡开发区、丰南区),共计2个市,7个县(区)。

5)地形地貌

项目属平原地貌,多为风化花岗岩、中砂、细砂、粉砂、黏土、亚黏土、淤泥质土,下部为低液限黏土、粉土,地基十分软弱。

6)路面结构及主要构造物

主要采用沥青混凝土路面。4cm AC-13I 细粒式改性沥青混凝土,6cm AC-20I 中粒式改性沥青混凝土,8cm AC-25I 粗粒式密级配沥青混凝土,SBR改性沥青防水层,18cm 水泥稳定级配碎石,18cm 石灰、粉煤灰稳定级配碎石,18cm 石灰、粉煤灰稳定土。

面层4cm SAC16,7cm SAC25,7cm SAC25,中间设黏结防水层,基层采用38cm 水泥稳定碎石(6MPa),38cm 二灰土结构。

主要构造物采用预应力混凝土连续梁桥和组合梁桥。

7)投资规模

项目概算投资75.5亿元,竣工决算投资74.36亿元,平均每公里造价4630.66万元。

8）开工及通车、竣工时间

2005年5月开工建设,2007年12月交工通车,2013年12月完成竣工验收。

2. 前期决策情况

1）前期决策背景

沿海高速公路秦皇岛至冀津界段是沟通沿海地区联系的主要通道,该项目的建设,对河北省临海产业带的形成具有重要意义。

2）前期决策过程

(1)2003年8月11日,河北省人民政府以冀政函〔2003〕86号文《关于〈河北省2003至2007年高速公路建设计划〉的批复》对该项目进行了批复,同意该项目立项。

(2)2004年4月27日,河北省发展和改革委员会以冀发改交通〔2004〕456号文《关于沿海公路秦皇岛至乐亭段高速公路工程可行性研究报告的批复》、以冀发改交通〔2004〕467号文《关于沿海公路乐亭至冀津界段高速公路工程可行性研究报告的批复》对该工程可行性研究报告进行了批复。

(3)2005年1月5日,国土资源部以国土资函〔2004〕574号文《关于沿海公路秦皇岛至冀津界段高速公路工程建设用地的批复》对该项目建设用地进行了批复。

(二)建设情况

1. 项目准备阶段

1）项目审批

(1)项目初步设计批复:2004年6月28日,河北省发改委以冀发改投资〔2004〕840号文《关于沿海公路乐亭至冀津界段高速公路初步设计的批复》进行了批复,项目概算总投资33.856亿元。

(2)环境影响报告的批复:2004年7月22日,国家环境保护总局办公厅以环办函〔2004〕454号文《关于同意保沧等九条高速公路批复意见的复函》进行了批复。

(3)施工图设计的批复:2005年4月30日,河北省交通厅公路管理局以冀交公路字〔2005〕74号文《关于沿海公路秦皇岛至乐亭段高速公路主体工程两阶段施工图设计文件的批复》和冀交公路字〔2005〕73号文《关于沿海公路乐亭至津冀界段高速公路主体工程两阶段施工图设计文件的批复》进行了批复。

(4)开工批复:2005年6月13日,河北省交通厅以冀交基字〔2005〕261号文《关于沿海公路秦皇岛至乐亭段高速公路建设项目施工许可的批复》进行了批复,以冀交基字〔2005〕262号文《关于沿海公路乐亭至冀津界段高速公路建设项目施工许可的批复》正式批复建设项目施工许可。

2）资金筹措

秦皇岛至乐亭段项目决算总投资 35.910 亿元。

乐亭至冀津界段项目决算总投资 38.450 亿元。

3）合同段划分及招投标

（1）合同段划分

根据各专业的工程内容划分标段（表 8-3-2）如下：

①土建工程设计 2 个标段，房建工程设计 2 个标段，绿化工程设计 2 个标段，机电工程设计 2 个标段。

②施工标段划分：根据工程内容的不同，土建工程 13 个标段，机电工程 3 个标段，房建工程 8 个标段，绿化工程 19 个标段，交通安全设施 24 个标段。

③施工监理标段划分：本项目设置 2 个总监办公室，分别负责秦皇岛至乐亭、乐亭至冀津界的施工监理工作；6 个土建工程监理办公室，负责监理区段内路基路面工程、交通安全设施工程、绿化工程的施工监理工作；4 个房建工程监理办公室，负责全线 8 个标段的房建工程施工监理；1 个机电工程监理办公室，负责全线的机电工程施工监理。

（2）招投标

按照国家颁布的《招投标法》和交通部颁布的《公路工程施工招标投标管理办法》《公路工程施工招标资格预审办法》《公路工程施工招标评标办法》的要求，由项目法人单位组织招标工作。

①2004 年 9 月，有 144 家土建工程施工单位通过资格预审，参加本项目主线土建工程 13 个合同段的投标。2004 年 11 月 18 日，在石家庄公开开标，采用无标底投标，合理低价中标方式。由河北省交通厅、河北省建设委员会、河北省经济贸易委员会等单位组成评标委员会评审出 13 家中标单位。

②2005 年 8 月 30 日，有 148 家房建工程施工单位通过资格预审，参加本项目房建工程 8 个合同的投标。2006 年 2 月 15 日，在石家庄公开开标，采用无标底投标，合理低价中标方式，确定了 8 家中标单位。

③2006 年 7 月 10 日，有 65 家机电工程施工单位通过资格预审，参加本项目机电工程的投标。2006 年 11 月 20 日和 2007 年 1 月 4 日，在石家庄公开开标，由评标委员会进行评审，确定 4 家中标单位。

④2007 年 1 月 10 日，有 225 家交通安全设施工程施工单位通过资格预审，参加交通安全设施 24 个合同段的投标。2007 年 4 月 23 日，在石家庄公开开标，确定了 24 家中标单位。

⑤2007 年 1 月 10 日，有 161 家绿化工程单位通过资格预审，参加绿化工程 19 个合同的投标。2007 年 4 月 23 日，在石家庄公开开标，确定了 19 家中标单位。

沿海高速公路秦皇岛至冀津界段合同段划分一览表

表 8-3-2

参建单位	类型	参建单位名称	标段所在地	主要内容	主要负责人	备注
项目管理单位	土建工程	河北省沿海高速公路筹建处			刘孔杰	
勘察设计单位	土建工程	河北省交通规划设计院	抚宁,昌黎	土建工程	赵彦东	
		河北省交通规划设计院	乐亭,滦南,唐海,丰南,南堡	土建工程	吴瑞祥	
施工单位	土建工程	中铁十九局集团第三工程有限公司	抚宁	路基、桥涵、路面工程	由继福	
		吉林省交通建设集团有限公司	抚宁	路基、桥涵、路面工程	倪金洲	
		宁夏路桥工程股份有限公司	抚宁,昌黎	路基、桥涵、路面工程	候立	
		中铁十九局集团第四工程有限公司	昌黎	路基、桥涵、路面工程	石崇岭	
		贵州公路桥梁工程总公司	昌黎	路基、桥涵、路面工程	田延军	
		山西太行路桥有限公司	昌黎	路基、桥涵、路面工程	周晋辉	
		黑龙江北琴海路桥工程集团有限公司	乐亭	路基、桥涵、路面工程	徐延龙	
		唐山远东交通工程有限公司	乐亭	路基、桥涵、路面工程	杨大勇	
		中铁二十二局集团第四工程有限公司	乐亭,滦南	路基、桥涵、路面工程	崔猛	
		唐山公路建设总公司	滦南,唐海	路基、桥涵、路面工程	曹艳民	
		中铁一局集团第一工程有限公司	唐海	路基、桥涵、路面工程	赵立波	
		中铁十七局集团第三工程有限公司	丰南	路基、桥涵、路面工程	郭久明	
		天津市公路工程总公司	丰南	路基、桥涵、路面工程	安德法	

4)参建单位主要情况

(1)建设单位

本项目建设单位是河北省交通厅国际金融组织贷款项目办公室(现已合并为河北省高速公路管理局),项目执行机构是河北省沿海高速公路筹建处。

(2)设计单位

土建工程设计单位:河北省交通规划设计院。

(3)施工单位

详见表8-3-2。

5)征地拆迁

(1)成立市县乡高速公路征拆办事机构。负责本段征拆工作及建设环境的协调。

(2)落实承包责任制。涉及的乡镇都有各副乡(镇)长专职负责本乡(镇)的征地拆迁安置工作,具体办理土地丈量、附着物清点登记造册等事宜。形成了专门负责沿海高速公路征地拆迁工作的领导体系,为"四落实"提供了组织保证。

2004年8月下旬,河北省沿海高速公路筹建处组织人员会同各县高速公路指挥部,分三组对沿线7个县(市)地上附着物进行了清点、登记造册,并签字确认,2005年3月河北省交通厅与唐山市、秦皇岛市政府签订征地、拆迁合同协议。征地拆迁统计见表8-3-3。

沿海高速公路秦皇岛至冀津界段征地拆迁统计表 表8-3-3

高速公路编码	项 目 名 称	征地拆迁安置起止时间	征用土地(亩)	拆迁房屋(m²)	拆迁占地费(万元)	备注
G0111	沿海高速公路秦皇岛至乐亭段	2004.8~2007.12	11521.83	17234	51060	
G0111	沿海高速公路乐亭至冀津界段	2004.8~2007.12	14400.34	253026	58470	

2. 项目实施阶段

1)施工过程

(1)主线土建工程于2005年5月开工,2007年12月完工。

(2)房建工程于2006年5月开工,2007年11月完工。

(3)机电工程于2007年3月开工,2009年3月完工。

(4)交通安全设施工程于2007年7月开工,2007年11月完工。

(5)绿化工程于2007年7月开工,2008年12月完工。

(6)对主要原材料实行准入制度。

(7)筹建处编制了《沿海高速公路工程质量管理实施办法》《沿海高速公路试验管理办法》等十余项规章制度,规范了工程施工行为,明确了设计、监理、施工单位的职责、义务和奖惩办法,理顺了关系。

(8)抓好设计质量关,落实贯彻"双院制"设计审查制度。严格控制特殊地基处理施工质量,关键工程重点控制。授权监理工程师用经济奖罚手段进行工程管理,采用新材料、新技术,研究新课题,提高科技含量,出版著作3部。

(9)2007年12月3日~5日,河北省交通厅国际金融组织贷款项目办公室组织专家对本工程进行了交工验收。

(10)2013年12月,由河北省交通运输厅组织,对项目进行了竣工质量鉴定。

沿海高速公路秦皇岛至冀津界段建设生产要素统计见表8-3-4。

沿海高速公路秦皇岛至冀津界段建设生产要素统计表　　　表8-3-4

路线编号	建设时间	钢材(t)	沥青(t)	水泥(t)	砂石料(m³)	机械工(工日)	机械(台班)
G0111	2005.5~2007.12	70416	113781	550745	7439506	1045871	1045871

2)重要决策

(1)2004年12月6日,本工程开工奠基仪式在昌黎隆重举行。河北省人民政府副省长付双建,河北省交通厅厅长焦彦龙,河北省秦皇岛市委书记宋长瑞、市长菅瑞亭及省直相关部门、新闻、施工、监理代表800多人参加了典礼仪式(图8-3-3)。

图8-3-3　沿海高速公路秦皇岛至冀津界段高速公路奠基仪式

(2)2007年12月21日,沿海高速公路秦皇岛至冀津界段举行通车典礼,进入运营阶段。

3)各项活动

(1)2005年9月20日召开"大干90天暨第一次施工竞赛动员大会"。

(2)召开"沿海高速公路秦皇岛至冀津界段2006年上半年施工竞赛总结表彰暨大干100天动员大会"。

(3)项目施工期间共开展3次施工劳动竞赛。

(三)复杂技术工程

1. 京秦铁路大桥

该桥主桥上部结构为跨径(44m+60m+44m)的钢箱-混凝土组合梁,下部结构桥墩采用钢管混凝土柱,箱梁与墩柱固结,钻孔灌注桩基础。复杂技术主要体现在:

(1)该桥为弯斜桥,平面几何关系复杂,桥墩及临时墩的位置放样难度较大。

(2)因铁路通行的需要,钢箱需在制造厂分段预制,在桥址处铁路限界外按设计制作段搭设临时钢支架,采用吊机、双导梁架桥机架梁,在支架上将分段钢梁用高强度螺栓连成整梁,再在钢箱上翼板焊接剪力连接钉,并与桥面板混凝土浇成整体,通过连接钉将桥面板与下面的钢箱连接起来,形成钢-混组合截面共同受力。

(3)预应力系统采用体内、体外索相结合的方法,以改善结构的受力状况。

(4)根据铁路部门要求,铁轨上空的钢箱梁底板设置防电板,起到防电作用。

(5)通过防撞护栏内钢筋与钢箱连接,起到避雷作用。

2. 特殊地基处理

沿海高速公路存在软土、稻田、湿地、泥沼、滩涂、鱼虾养殖池、盐渍土、砂土液化等各种类型的不良地基。其中,盐渍土路段长达51km、砂土液化路段长21km。针对不同类型不良地基,选取不同处置方案是本路段难点所在。软土地基采取的措施有换填、超载预压或根据不同沉降计算结果,采取塑料排水板、水泥搅拌桩、振冲碎石桩、薄壁混凝土管桩等处理方法构筑成复合地基后,再与堆(超)载预压相结合进行处置;砂土液化路段根据液化程度,采取措施有振冲碎石桩或水泥搅拌桩等处置方案;盐渍土路段根据盐渍化的程度,采取不同的处理措施,主要采用围堰及排水沟排除地表水、路堤底面设置砂垫层隔断毛细水、采用固化剂进行改性;路堤稳定性处理和对策有:超载预压、砂垫层+土工格栅+超载预压、砂垫层+土工格栅+竖向排水体+超载预压、砂垫层+土工格栅+深层水泥土搅拌桩、高真空击密法等。

(四)科技创新

1. 管理创新

本工程是河北省将土建工程、房建工程、机电工程、监控工程、绿化工程、联网收费工程等同时统筹建设、同时交付使用的高速公路工程;是河北省建设单位工程建设质量管理体系通过ISO9000认证的高速公路;是全面实行精细化管理和路面施工动态技术质量管理的高速公路。工程建设过程中实行纪检、监察、审计联席制度,为在公路建设领域推行"十公开"、打造阳光工程积累了经验,奠定了基础。

2. 技术创新

（1）以项目建设为依托进行了12项的研究课题，多项课题获得河北省科技进步奖。

（2）为解决"桥头跳车"这一质量通病，采用冲击压实和水泥搅拌桩处理原地面，采取液态粉煤灰水泥混合料等新工艺、新材料浇筑基坑和台背，效果良好，行车舒适。

（3）全面推广振动击实成型法进行基层材料组成设计和施工控制的高速公路，保证了路面基层压实度，大大降低了路面开裂隐患。

（4）推广大粒径LSAM沥青混凝土新型路面结构和长路段柔性基层研究，同时大规模在全线沥青面层施工中推行GTM设计方法。

（5）施工过程中经专家论证，在沥青路面上、中、下层之间设置改性沥青黏结防水层。

（五）运营养护管理

1. 服务设施

全线设置抚宁、昌黎、乐亭、唐海4处服务区（表8-3-5）。

沿海高速公路秦皇岛至冀津界段服务设施一览表　　　表8-3-5

高速公路编码	服务区名称	桩　号	所在区域	占地（亩）	建筑面积（m²）
G0111	抚宁服务区	K14+100	抚宁县留守营乡	198.198	4818.82
	昌黎服务区	K61+700	昌黎县荒佃庄	220.107	4190.38
	乐亭服务区	K97+490	滦南县坨里镇	217.49	5017.88
	唐海服务区	K135+840	滦南县南堡镇	222	5378.64

2. 收费设施

本项目共设置收费站13处，其中主线收费站1处，匝道收费站12处，匝道出入口数量截至2014年底共计81条，其中ETC车道23条（表8-3-6）。

沿海高速公路秦皇岛至冀津界段收费设施一览表　　　表8-3-6

收费站名称	桩　号	入口车道数		出口车道数		收 费 方 式
		总车道	ETC车道	总车道	ETC车道	
秦皇岛西收费站	K3+381	3	1	4	1	MTC+ETC
南戴河收费站	K10+712	2	1	3	1	
抚宁南收费站	K20+676	2	1	3	1	
昌黎东收费站	K31+874	2	1	3	1	
昌黎南收费站	K46+127	2	1	3	1	
荒佃庄收费站	K53+365	2	0	4	1	
乐亭东收费站	K71+419	2	1	3	1	
乐亭南收费站	K87+826	2	1	4	1	
滦南南收费站	K105+554	2	0	4	1	

续上表

收费站名称	桩号	入口车道数		出口车道数		收费方式
		总车道	ETC车道	总车道	ETC车道	
唐海北收费站	K122+445	3	1	3	1	MTC+ETC
南堡收费站	K142+216	2	1	3	1	
丰南南收费站	K156+039	2	1	4	1	
涧河主线收费站	K160+585	0	0	14	1	

3. 养护管理

本项目养护里程160.582km，设置昌黎、乐亭、唐海3处养护工区（表8-3-7）。

沿海高速公路秦皇岛至冀津界段养护设施一览表　　表8-3-7

养护工区名称	桩号	路段长度（km）	占地面积（亩）	建筑面积（m²）
昌黎养护工区	K31+200	52.15	26	1337.3
乐亭养护工区	K71+300	53.95	13.6	1327.6
唐海养护工区	K122+300	54.48	15.741	1240.6

4. 监控设施

本项目设置沿海处监控中心，负责全线区域的运营监管（表8-3-8）。

沿海高速公路秦皇岛至冀津界段监控设施一览表　　表8-3-8

监控设施名称	桩号	占地面积（亩）	建筑面积（m²）
沿海处监控中心	秦皇岛市开发区	监控中心与沿海处办公楼合建	

5. 交通流量

沿海高速公路秦皇岛至冀津界段交通量情况如表8-3-9、图8-3-4所示。

沿海高速公路秦皇岛至冀津界段交通量（自然数）发展状况表　　表8-3-9

	年份	2008	2009	2010	2011	2012	2013	2014	2015	2016
交通量（辆）	秦皇岛西	384840	416161	644453	790347	773506	865143	816503	917586	1053830
	南戴河	331654	337327	509014	493239	555121	834771	445541	419297	426133
	抚宁南	230951	313975	449176	600281	456884	527763	562565	570243	545307
	昌黎东	367109	438453	491729	444026	545441	666301	851443	960895	934833
	昌黎南	429257	409439	512661	714821	672048	813533	791103	766372	741744
	北戴河机场							5614	35125	146726
	荒佃庄	262840	437963	577169	696788	794013	902030	909093	665298	837708
	乐亭东	441499	503655	494269	658193	793513	778647	828225	739882	837708
	乐亭南	269103	256114	396708	429183	425415	571343	743162	615677	718973
	滦南南	410381	533235	822842	811679	677528	789439	972814	852364	935087
	唐海北	1232266	1126649	1446794	1417811	1460555	1282367	1188659	1117985	939991
	南堡	502946	779192	661805	737457	905322	1121533	1166127	731519	781053

续上表

年份		2008	2009	2010	2011	2012	2013	2014	2015	2016
交通量（辆）	丰南南	670447	763474	977201	967539	1185350	504261	1148634	1228591	1470764
	涧河		2159831	3595626	4365219	5688440	7071937	6500993	5682342	7234176
	合计	5533293	8475468	11579447	13126583	14933136	16729068	16930476	15303176	17604033
收费站年平均日交通量（辆/日）		15160	23220	31725	35963	40913	45833	46385	41927	48230

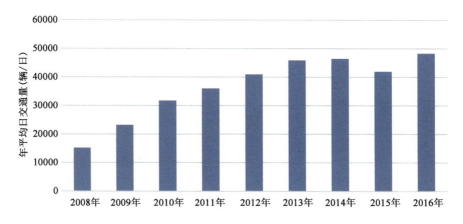

图 8-3-4　沿海高速公路秦皇岛至冀津界段收费站年平均日交通量（自然数）增长柱状图

二、沿海高速公路沧州岐口至海丰段

（一）项目概况

1. 基本情况

1）建设理由

沿海高速公路沧州岐口至海丰段位于渤海新区东部，北接天津市海滨大道，南接山东省拟建的沿海公路，是河北省"五纵六横七条线"高速公路网中"纵一"的重要组成部分，也是长深国家高速公路的辅助通道。它的建设实现了黄骅港与各港口功能之间的优势互补，促进黄骅港的快速发展；加强渤海新区与天津滨海新区和山东半岛城市群等经济开发地区之间的经济往来，对河北省实现建设沿海经济社会发展强省，打造沿海经济隆起带战略目标具有重要作用。

沿海高速公路沧州岐口至海丰段的建设，将有效缓解这一区域的交通压力，加速天津滨海新区与沧州东部临海地区的融合，实现环渤海港口之间的高速公路连接，促进京津冀都市圈经济的快速发展。

2）技术标准

全线按双向四车道高速公路设计，路基宽度28.5m，设计速度120km/h。

3)建设规模

本项目建设里程51.5km[涉及与天津(约3km)、山东(约1.1km)接线路段另行立项批复]。全线共有特大桥2314m/2座、大桥3880m/6座、中桥854m/13座、小桥494m/26座、涵洞51道,共设南排河、北疏港路、中疏港路、青锋农场枢纽、海丰等5处互通式立交,预留规划建设的歧河路互通立交,服务区1处,信息管理中心1处,主线收费站2处,养护工区1处。

4)主要控制点

沿海高速公路沧州段北起岐口镇,终于海丰村北的海防公路,途经南大港产业园区、黄骅市、中捷农场、海兴县。项目全长51.5km。

5)地形地貌

项目属沿海地貌,本段100%均为软基路段,95%以上为水上作业。

6)路面结构及主要构造物

主要采用沥青混凝土路面。4cm AC-13I改性沥青混凝土,6cm AC-16I改性沥青混凝土,SBS改性乳化沥青,10cm ATB-25I粗粒式沥青混凝土,乳化沥青封层,18cm水泥稳定级配碎石,18cm石灰、粉煤灰稳定级配碎石,18cm石灰、粉煤灰稳定土。

主要构造物采用预应力混凝土连续梁桥。

7)投资规模

本工程概算总投资52.7亿元。

8)开工及通车、竣工时间

本工程2008年10月开工建设,2011年12月交工通车。

2. 前期决策情况

1)前期决策背景

沿海高速公路沧州段位于渤海新区东部,北接天津市海滨大道,南接山东省拟建的沿海公路,被国家列入国防交通项目,是河北省"五纵六横七条线"高速公路网中"纵一"的重要组成部分,也是长深高速公路的辅助通道。沧州市交通局高速公路建设管理局在2008年启动本项目的建设工作。

2)前期决策过程

(1)2007年10月9日,河北省人民政府批复了冀交规〔2007〕413号文《河北省交通厅关于沿海高速公路沧州段路线方案的报告》。

(2)2008年1月25日,河北省国土资源厅批复了冀国土资函〔2008〕106号文《关于沿海高速公路沧州岐口至海丰段项目用地的预审意见》。

(3)2008年1月31日,河北省发展和改革委员会批复了冀发改交通〔2008〕117号文《关于沿海高速公路沧州岐口至海丰段项目可行性研究报告的批复》。

(4)2008年1月31日,河北省环境保护局批复了冀环评〔2008〕65号文《关于沿海高速公路沧州岐口至海丰段工程环境影响报告书的批复》。

(5)2008年2月14日,河北省交通厅批复了冀交函规〔2008〕13号文《关于同意沧州市做沿海高速公路沧州岐口至海丰段项目业主的函》。

(二)建设情况

1. 项目准备阶段

1)项目审批

(1)2008年9月26日,河北省发展和改革委员会以冀发改投资〔2008〕1191号文,批复了沿海高速公路沧州岐口至海丰段初步设计。

(2)2009年3月10日,河北省交通运输厅以冀交公〔2009〕82号文,批复了沿海高速公路沧州岐口至海丰段主体工程两阶段施工图设计。

(3)2011年5月20日,河北省交通运输厅以冀交公〔2011〕317号文,批复了沿海高速公路沧州岐口至海丰段交通沿线设施及连接线工程两阶段施工图设计。

(4)2011年6月17日,河北省交通运输厅以冀交公〔2011〕415号文,批复了沿海高速公路沧州段机电工程施工图联合设计文件。

2)资金筹措

本项目概算总投资52.7亿元,项目资本金184466.33万元,其中:河北省交通运输厅国际金融组织贷款项目办公室负责筹措50%,项目业主筹措50%;其余342580.33万元申请银行贷款。

3)合同段划分及招投标

(1)合同段划分

根据各专业的工程内容划分标段(表8-3-10)如下:

①施工标段划分:根据工程内容的不同,土建工程10个标段,机电工程1个标段,房建工程6个标段,交通安全设施11个,设备安装9个合同段。

②施工监理标段划分:根据工程内容设1个总监办公室,4个土建工程驻地监理标段,2个房建工程监理标段,1个机电工程监理标段。

(2)招投标

按照国家颁布的《招投标法》和交通部颁布的《公路工程施工招标投标管理办法》《公路工程施工招标资格预审办法》《公路工程施工招标评标办法》的要求,由项目法人单位组织招标工作。

①2008年5月,完成土建工程施工单位招投标。

②2008年12月,完成房建工程施工单位招投标。

第八章
高速公路建设项目

表8-3-10 沿海高速公路沧州岐口至海丰段合同段划分一览表

参建单位	类型	参建单位名称	标段所在地	主要内容	主要负责人
项目管理单位		沿海高速公路建设管理处			刘俊德、常志明
勘察设计单位	土建工程设计	河北省交通规划设计院		主线土建工程	赵彦东、李卫青
施工单位	土建工程	中交第四公路工程局有限公司	黄骅岐口镇	路基、桥涵、路面工程	刘圣伟
		中交一公局第一工程有限公司	黄骅张巨河	路基、桥涵、路面工程	翁玉峰
		青岛建工集团有限公司	南大港	路基、桥涵、路面工程	李德强、崔胜利
		河北燕峰路桥建设有限公司	黄骅盐场	路基、桥涵、路面工程	吴祥
		沧州路桥工程公司	渤海新区中枢港路	路基、桥涵、路面工程	孟福胜
		中铁十四局集团第二工程有限公司	黄骅杨二庄乡	路基、桥涵、路面工程	梁金宝
		科达集团股份有限公司	渤海新区黄骅港区	路基、桥涵、路面工程	李春林
		中交一公局第六工程有限公司	海兴县小山乡	路基、桥涵、路面工程	张陆山
		沧州路桥工程公司			孟福胜

③2010年11月,完成机电工程施工单位招投标。

④2010年10月,完成交通安全设施工程施工单位招投标。

4)参建单位主要情况

(1)建设单位

本项目建设单位是沧州市交通运输局高速公路建设管理局,项目执行机构是沧州市沿海高速公路建设管理处。

(2)设计单位

土建工程设计单位:河北省交通规划设计院。

(3)施工单位

详见表8-3-10。

5)征地拆迁

(1)设立专门组织机构

按三级管理体系设置安置办公室,加强各级政府对征地工作的领导和监督,形成完善的拆迁工作体系,使征地拆迁工作层层有人管、层层有人抓。形成了在省政府领导下的专门负责征地拆迁工作的领导体系和专门机构,为落实政策、落实地方工作、落实人口安置、落实征地拆迁提供了组织保障。

(2)落实承包责任制

征地拆迁工作实行群众参与,各级政府层层签订责任书,采取"四到位""四现场"的做法,即县、乡、村、户四方到场,现场丈量、现场清点、现场签字、现场盖章。征地拆迁统计见表8-3-11。

沿海高速公路沧州岐口至海丰段征地拆迁统计表　　　表8-3-11

高速公路编码	项目名称	征地拆迁安置起止时间	征用土地（亩）	拆迁房屋（m²）	补偿费用（万元）	备注
G0111	沿海高速公路沧州岐口至海丰段	2009—2010	5849	—	40877.099	

2.项目实施阶段

1)施工过程

(1)主线土建工程于2009年10月开工,2011年12月28日完工。

(2)房建工程于2010年10月开工,2005年11月完工。

(3)机电工程于2011年3月25日开工,2011年12月12日完工。

(4)交通安全设施工程于2011年7月1日开工,2011年12月1日完工。

沿海高速公路沧州岐口至海丰段建设生产要素统计见表8-3-12。

沿海高速公路沧州岐口至海丰段建设生产要素统计表　　　　表 8-3-12

路线编号	项目名称	建设时间	钢筋(t)	沥青(t)	水泥(t)	砂石料(m³)	机械工(工日)	机械(台班)
G0111	沿海高速公路沧州岐口至海丰段	2008.5~2011.11	78641	49659	402443	10000000	12246602	4082200

2）重要决策

（1）2008 年 2 月 19 日，沿海高速公路沧州岐口至海丰段举行奠基仪式，河北省副省长付志方、沧州市委书记郭华等领导出席。

（2）2011 年 12 月 8 日，河北省交通运输厅厅长高金浩，沧州市委书记郭华、市长焦彦龙等领导出席沿海高速公路沧州岐口至海丰段通车仪式。

3）各项活动

（1）以关键工程为重点，抓计划目标控制和分解，全线开展了两次"保质量、保安全，促进度""大干 100 天"比学赶帮超劳动竞赛活动。

（2）树立了"安全、环保、和谐、耐久、节约"的建设理念，制定了"确保单位工程优良率 100％"，无质量、安全责任事故，坚持抓住重点推动全面工作的开展，针对质量年活动提出的要求，主要开展了四项活动，重点落实七项制度。抓住重点环节、落实长效机制，推进"阳光工程"建设。

（三）科技创新

（1）编制了《软土硬壳层路基设计与施工技术指南》，对公路工程综合利用软土硬壳层具有重要指导意义和实用价值。

（2）沿海高速公路路基综合排水技术研究，对低路基高速公路路基、路面排水起到了很好的指导作用。

（四）运营养护管理

1．服务设施

全线设置渤海新区服务区（表 8-3-13）。

沿海高速公路沧州岐口至海丰段服务设施一览表　　　　表 8-3-13

高速公路编码	服务区名称	桩号	所在区域	占地（亩）	建筑面积（m²）
G0111	渤海新区服务区	K35+650	渤海新区	—	7000

2．收费设施

本项目共设置收费站 6 处，其中冀鲁界尚未开通使用。匝道出入口数量截至 2016 年底共计63条,其中ETC车道12条(表8-3-14)。

沿海高速公路沧州岐口至海丰段收费设施一览表　　　表8-3-14

高速公路编码	收费站名称	入口车道数		出口车道数		收费方式
		总车道	ETC车道	总车道	ETC车道	
G0111	黄骅岐口主线	15	2	15	2	MTC + ETC
	中捷收费站	3	1	6	1	
	渤海新区北	3	1	6	1	
	渤海新区	3	1	6	1	
	海丰收费站	2	1	4	1	
	海港主线收费站					

3. 养护管理

本项目养护里程51.5km,设置渤海新区养护工区1处,负责全线高速的养护(表8-3-15)。

沿海高速公路沧州岐口至海丰段养护设施一览表　　　表8-3-15

养护工区名称	桩　号	路段长度(km)	占地面积(亩)	建筑面积(m²)
沿海高速养护中心	K30+000	51.5	—	1500

4. 监控设施

本项目设置监控中心1处,负责全线的运营监管(表8-3-16)。

沿海高速公路沧州岐口至海丰段监控设施一览表　　　表8-3-16

监控设施名称	桩　号	占地面积(亩)	建筑面积(m²)
监控中心	K42+385	11.7	4000

5. 交通流量

沿海高速公路沧州岐口至海丰段交通量情况如表8-3-17、图8-3-5所示。

沿海高速公路沧州岐口至海丰段交通量(自然数)发展状况表　　　表8-3-17

年　份		2011	2012	2013	2014	2015	2016
交通量(辆)	岐口主线收费站	87329	1632092	2972913	3303665	3065041	3570011
	中捷收费站	37714	459348	678719	699444	1236341	843800
	新区北收费站	7816	127133	199001	155479	161156	451118
	新区收费站	6275	124734	203531	171121	176809	505266
	海丰收费站	35150	573766	750194	584786	371228	814202
	合计	174284	2917073	4804358	4914495	5010575	6184397
收费站年平均日交通量(辆/日)		477	7992	13163	13464	13728	16944

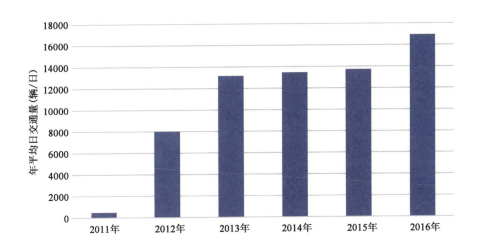

图 8-3-5　沿海高速公路沧州岐口至海丰段收费站年平均日交通量(自然数)增长柱状图

第四节　G2（北京—上海）河北段

G2 北京至上海高速公路河北段是国家高速公路网"71118"中的"纵2"，河北境内起自廊坊市(冀京界)，止于沧州市千童镇(冀鲁界)，全长 117.271km。沿线途经廊坊市市区、永清县、霸州市、文安县、大城县，沧州市市区、沧县、南皮县、孟村自治县、盐山县。北京至上海高速公路河北段的建设形成了又一条连接北京、济南、长三角地区最便捷的高速公路大通道，对缓解原京沪通道交通压力，进一步加强河北、山东联系，推进京津冀区域协同发展具有十分重要的意义。

G2 北京至上海高速公路河北境内由 4 条段组成，分别是京津塘高速公路河北省廊坊段、京沪高速公路青县至吴桥段(青县至陶官营枢纽互通段)、廊沧高速公路沧州段(陶官营枢纽互通至南顾屯枢纽互通)、南顾屯枢纽互通至千童(冀鲁界)段。

(1)京津塘高速公路河北省廊坊段于 1990 年 12 月建成通车，由华北高速公路股份有限公司负责运营管理养护，运营里程桩号 K35+000～K41+837，全长 6.837km，设计速度 120km/h，双向四车道，路基宽度 26.0m。

(2)京沪高速公路青县至吴桥段(青县至陶官营枢纽互通段)于 2000 年 12 月建成通车，由河北省高速公路京沪管理处负责运营管理养护，运营里程桩号 K150+000～K182+282，全长 32.282km，设计速度 120km/h，双向四车道，路基宽度 28.0m。

(3)廊沧高速公路沧州段(陶官营枢纽互通至南顾屯枢纽互通)于 2011 年 11 月建成通车，由沧州市高速公路建设管理局沧廊高速公路运营管理处负责运营管理养护，运营里程桩号 K182+197.75~K212+098.628，全长 29.92km，设计速度 120km/h，双向六车道，路基宽度 34.5m。

(4)南顾屯枢纽互通至千童(冀鲁界)段于 2016 年 6 月建成通车，由沧州市高速公路建设管理局京沪高速筹建处负责运营养护，路线全长 48.232km。采用双向六车道高速公路标准建设，设计速度 120km/h，路基宽 34.5m。

G2(北京—上海)河北段项目信息见表 8-4-1，路线平面图如图 8-4-1、图 8-4-2 所示。

一、京津塘高速公路河北省廊坊段

(一)项目概况

1. 基本情况

1)功能定位

京津塘高速公路河北省廊坊段，是交通部规划的"五纵七横"国道主干线之一。交通部在初步设计阶段批复的项目名称是"京津塘高速公路"。本项目的建设对完善国家路网，增进北京、天津与河北省的社会交往与经济交流，加快沿线的社会经济发展，缓解沿线的交通压力，促进沿线地区经济和旅游业发展，具有重要意义。

2)技术标准

采用双向四车道，设计速度 120km/h，路基宽度 26.0m。平曲线最小半径采用 9349m，最大纵坡采用 0.35%。

3)建设规模

本项目建设起点桩号 K35+000，讫点桩号 K41+837，总里程长 6.837km，其中：中桥 119.48m/2 座；涵洞 45 道；互通式立交 1 处；分离式立交 2 处，通道 6 处；匝道收费站 1 处；管理、养护、服务、监控房屋建筑面积 2174 m^2。

4)主要控制点

廊坊市桐柏镇的堤口、下庄头及南营村，共计 1 个镇、3 个村。

5)地形地貌

项目属平原区。地表为亚砂土、亚黏土、粉砂亚砂土，地势西高东低。

6)路面结构及主要构造物

主要采用沥青混凝土路面。5cm 中粒式沥青混凝土，6cm 粗粒式沥青混凝土，12cm 沥青碎石，20cm 水泥稳定级配碎石，30cm 石灰稳定土。

4cm 中粒式沥青混凝土，5cm 粗粒式沥青混凝土，11cm 沥青碎石，20cm 水泥稳定级配碎石，28cm 石灰稳定土。

主要构造物采用预应力混凝土梁。

第八章 高速公路建设项目

G2（北京—上海）河北段项目信息采集表

表 8-4-1

项 目 名 称	路段起讫桩号		规模（km）		车道数	设计速度（km/h）	路基宽度（m）	投资情况（亿元）			资金来源	建设时间（开工~通车）	备 注
	起点桩号	讫点桩号	合计					估算	概算	决算			
京津塘高速公路河北省廊坊段	K35+000	K41+837	6.837		四	120	26.0		0.918	0.916	世界银行贷款、地方自筹	1987.12~1990.12	
京沪高速公路青县至吴桥段（青县至陶官营枢纽互通段）	K150+000	K182+282	32.282		四	120	28.0	7.1	8.8	7.48	亚行贷款和地方自筹	1998.10~2000.12	
廊沧高速公路沧州段（陶官营枢纽互通至南顾屯枢纽互通）	K182+197.75	K212+098.628	29.92		六	120	34.5		25.1		银行贷款	2007.12~2011.11	依据冀交公路[2008]295号《关于印发〈全省国家高速公路网里程桩号规范设置及变更桩号工作实施方案〉的通知》变更桩号
南顾屯枢纽互通至干童（冀鲁界）段	K212+098.6	K260+330.3	48.232		六	120	34.5	48.9	50.07		部补助、银行贷款、地方自筹	2013.12~2016.6	

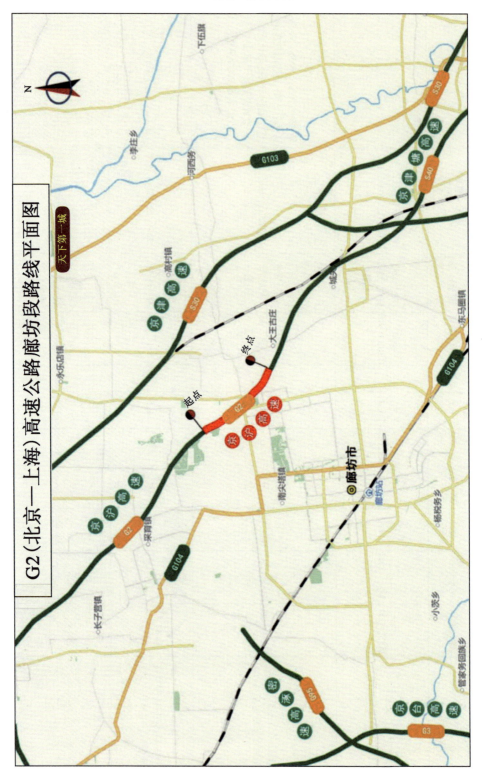

图8-4-1　G2（北京—上海）高速公路廊坊段路线平面图

第八章
高速公路建设项目

图8-4-2 G2（北京—上海）冀津界至于童（冀鲁界）段高速路线平面图

7）投资规模

项目概算投资 0.918 亿元,竣工决算投资 0.916 亿元,平均每公里造价 1342 万元。

8）开工及通车、竣工时间

1987 年 12 月开工建设,1990 年 12 月交工通车,1991 年 12 月完成竣工验收。

2. 前期决策情况

1）前期决策背景

京津塘高速公路是我国第一条经国务院批准并部分利用世界银行贷款建设的跨省、市高速公路工程。

早在 20 世纪 70 年代,交通部公路局就为建设高速公路进行技术储备,组织翻译国外有关高速公路的大量资料。1978 年,京塘高速公路初步设计完成后,交通部组织相关单位进行施工图设计阶段的课题研究。当时对高速公路是十分陌生的,仅仅是概略认识到高速公路是先进的、高科技的。作为全国公路主管的交通部领导,深知成功实现"零的突破"的难度和艰辛。因此,为高速公路建设的人才培训做出了"请进来,派出去"的战略决策,为高速公路建设打下了坚实的人才基础。至此,本项目从 20 世纪 70 年代初开始酝酿和准备,到 1987 年 2 月 23 日正式开工,其间经过"三次易名"和"三起三落",经历了长达 15 年的曲折与难以言喻的艰辛历程。

2）前期决策过程

交通部于 1982 年 2 月 15 日以〔82〕交计字第 221 号印发《关于下达 1982 年设计前期工作项目计划的通知》,确定由交通部公路规划设计院主持,交通部公路科学研究所、交通部第一公路勘察设计院、北京市交通局、天津市市政工程局等单位参加,联合组成"京塘公路建设项目可行性研究组"负责进行研究。研究结论是建设汽车专用一级公路。

交通部于 1984 年以〔84〕交公路字第 500 号印发《关于下达 1984 年度公路规划、勘察设计及标准、规范编制任务的通知》,确定由交通部公路规划设计院负责,按世界银行贷款项目要求对原可行性研究进行修改和补充。经研究后确定按全立交、全封闭的四车道高速公路标准修建京津塘高速公路。

1984 年 3 月,成立交通部京津塘高速公路测设指挥组,由交通部公路科学研究所及交通部公路规划设计院等 5 个单位共同完成。

遵照国务院决定,于 1986 年 8 月成立京津塘高速公路工程领导小组,由交通部、财政部和北京市、天津市及河北省的主管领导组成,交通部副部长王展意任组长。

1986 年 8 月,工程领导小组决定在北京成立京津塘高速公路联合公司,两市一省成立分公司,实行企业法人责任制。随即河北省成立京津塘高速公路河北省公司,承担企业法人责任,朱世文任公司经理。

(二)建设情况

1. 项目准备阶段

1)项目审批

1978年京塘高速公路按高速公路标准建设未获批准。1983年2月,交通部和北京市、天津市、河北省联合向国家计划委员会呈报了京塘汽车专用公路的设计文件。1984年1月7日,国家计划委员会批复按汽车专用公路标准建设。

1984年7月,北京市、天津市、河北省联合向国务院请示,拟将汽车专用公路改为高速公路。

1984年10月,国家计划委员会正式批复同意建设京津塘高速公路。

2)资金筹措

本项目概算总投资0.918亿元,项目资本金利用世界银行贷款共664.4万美元,其余为业主自筹。竣工决算为0.916亿元,投资节约26.861万元,平均每公里造价1342万元。

3)合同段划分及招投标

(1)合同段划分

根据各专业的工程内容划分标段如下:

①设计标段:本项目设计由交通部第二公路勘察设计院负责主体设计,交通部公路科学研究所负责交通工程设计,交通部公路规划设计院负责房建工程和部分桥涵通用图设计。

②施工标段:全部工程分5个合同段,其中4个合同段为土建工程,1个合同段为交通工程及附属设施工程。本项目在第一合同段。

③施工监理标段:1987年11月25日,经交通部批准,任命交通部工程管理司司长杨盛福为京津塘高速公路总监理工程师。根据本项目工程内容设1个高级驻地监理办公室。

(2)招投标

京津塘高速公路是部分利用世界银行贷款建设的跨省、市高速公路工程,因此采用国际性竞争招标。

1986年9月,4个土建合同段公开招标,国内外共有51个承包商申请投标。经资格预审,其中40个承包商取得投标资格。

1987年6月24日,在北京公开开标,由中国技术进出口总公司国际招标公司和两市一省组成的评标小组进行评标。评标结果经国家评标委员会批准和世界银行确认。

1987年10月27日,在北京举行4个土建标段合同的签字仪式,时任副总理李鹏亲自参加。

第五合同段于1990年10月20日招标,参加投标的国内外共有10个承包商联营体。1991年4月23日开标。

1991年8月1日,在北京举行第五标段合同的签字仪式。

本项目所在第一合同段,由RBFN联合公司中标。1987年10月23日联合公司与河北省交通厅公路工程局通过协商,双方同意将合同中河北段(K35+000～K41+837)的全部工程,由河北省交通厅公路工程局承包施工,并于1988年1月12日签订承包协议书。

4)参建单位主要情况

(1)建设单位

本项目建设单位是京津塘高速公路联合公司,项目执行机构是京津塘高速公路河北省公司。

(2)设计单位

交通部第二公路勘察设计院负责主体设计,交通部公路科学研究所负责交通工程设计,交通部公路规划设计院负责房建工程和部分桥涵通用图设计。

(3)施工单位

河北省交通厅公路工程局京津塘高速公路河北段工程经理部。

(4)监理单位

京津塘高速公路河北段工程监理部。

5)征地拆迁

京津塘高速公路是我国第一条经国务院批准并利用世界银行贷款建设的跨省、市高速公路工程。设计院根据施工图的占地范围进行征地拆迁统计,按当时当地征地补偿政策计算征地拆迁费用。市(县)、乡(镇)、村三级政府组成征地拆迁领导办公室,负责完成拆迁工作。拆迁费用包干使用。征地拆迁情况见表8-4-2。

京津塘高速公路河北省廊坊段征地拆迁统计表　　　　表8-4-2

高速公路编码	项 目 名 称	征地拆迁安置起止时间	征用土地（亩）	拆迁房屋（m²）	拆迁占地费（万元）	备注
G2	京津塘高速公路河北省廊坊段	1987.5～1987.11	721.62	46	—	

2. 项目实施阶段

1)施工过程

(1)主线土建工程于1987年12月23日开工,1990年12月8日完工。

(2)房建工程于1988年5月开工,1990年11月完工。

(3)交通安全设施工程于1989年4月开工,1990年11月完工。

(4)绿化工程于1989年9月开工,1990年12月完工。

(5)1990年9月12日,北京至天津杨村段72km主线工程通车,为第十一届亚运会提供通行服务。国家领导人邹家华、李锡铭、叶飞、王光英等参加通车仪式。

(6)1991年12月4日,在廊坊市由京津塘高速公路建设河北省领导小组组织成立京津塘高速公路河北省廊坊段公路交工验收委员会,对该项目进行交工验收。

(7)机电工程于1992年11月28日开工,1995年3月28日完工。

(8)1993年9月25日,京津塘高速公路全线通车,国务院副总理邹家华剪彩,交通部部长黄镇东及京津冀政府领导和有关部门代表参加。

(9)1995年3月底,全线的交通控制、管理系统建成。至此,京津塘高速公路工程全部建成。

(10)1995年8月3~4日,受国家计委的委托,由交通部主持,会同国家计委、财政部、建设部、公安部、审计署、国家土地局、国家环保局、中国人民建设银行和京津冀三省市政府及有关部门组成京津塘高速公路竣工验收委员会进行工程验收。验收结论为:该项目使用世界银行贷款取得成功,为我国公路建设和争取外资贷款起到了示范和推动作用。通过项目实施,提高了建设、设计、施工、监理单位的技术和管理素质;培养了一批适应国际竞争和建设项目管理的专业技术人员;制定了一套符合国际惯例、适合中国国情的项目建设管理机制和监理工程师制度;引进了国外一批先进的施工设备;工程总体水平达到国内领先和当代国际先进水平。

(11)1998年12月17日,国家经贸委以国经贸企改〔1998〕817号发出了《关于设立华北高速公路股份有限公司的复函》,批准成立股份有限公司,负责接管京津塘高速公路。

(12)1999年7月20日,公司在北京国门路大饭店召开第一届股东大会,暨创立大会。第一次会议选举刘长宽为董事长。

2)重要决策

(1)京津塘高速公路利用世界银行贷款,采用国际性竞争招标,工程建设按照国际惯例FIDIC条款合同管理模式实行监理工程师制度。

(2)1987年12月23日,京津塘高速公路总监理工程师杨盛福下达了开工令。

(3)1987年10月30日,河北省成立了京津塘高速公路河北省分公司,朱世文任总经理。

(4)1991年12月4日,在廊坊市由京津塘高速公路建设河北省领导小组组织成立京津塘高速公路河北省廊坊段公路竣工验收委员会,对该项目进行竣工验收、移交管理会议。

（三）科技创新

京津塘高速公路1993年被交通部授予改革开放以来中国十大公路工程称号；1994年被建设部评为改革开放以来对国内外有重大影响的中国最佳工程特别奖；1995年被交通部评为公路优质工程一等奖；1996年获中国建筑工程鲁班奖和交通部科学技术进步特等奖；1997年12月，国家科学技术委员会授予京津塘高速公路联合公司"京津塘高速公路工程建设成套技术"科技进步一等奖。

（四）运营养护管理

1. 服务设施

本项目未设置服务区。

2. 收费设施

本项目共设置收费站1处，在南营设置匝道收费站1处（表8-4-3）。

京津塘高速公路河北省廊坊段收费设施一览表　　　表8-4-3

收费站名称	桩号	入口车道数		出口车道数	
		总车道	ETC车道	总车道	ETC车道
南营收费站	K38+000	2	1	3	1

3. 养护管理

本项目养护里程6.837km，初期养护工程与南营收费站在一起办公，后期成立华北高速公路股份有限公司后养护管理合并到北京马驹桥养护管理所。

4. 监控设施

本项目没有设置监控设施，由华北高速公路股份有限公司在北京亦庄公司驻地设置监控、通信、收费中心各1处。

二、京沪高速公路青县至吴桥段

（一）项目概况

1. 基本情况

1）功能定位

京沪高速公路青县至吴桥段（青县至陶官营枢纽互通）是交通部规划的"五纵七横"国道主干线之一，也是河北省"十五"公路网建设发展规划确定的"四纵四横十条线"主骨架中的一部分。本工程的建设，对加强华北与华东地区之间的经济联系，促进河北东部地区社会经济发展具有十分重要的作用。

2）技术标准

该项目路基宽28m,按平原微丘区高速公路标准建设,全封闭、全立交,路基、路面、构造物按四车道标准一次建成。设计速度120km/h。

3）建设规模

该项目建设期为青吴高速公路,路线走向总体成南北走向,起于青县（冀津界）至沧州陶官营互通,与京台高速公路相接。路线全长32.282km。

4）主要控制点

沧州市（青县）,共计1个市、1个县（市）。

5）地形地貌

该项目路线位于华北凹陷的东南部,地势从西北向东南渐低,地面自然纵坡万分之一,属近海冲积平原,地表植被均为农作物及果木园。

6）路面结构及主要构造物

主要采用沥青混凝土路面。4cm SAC-16中粒式沥青混凝土,5cm SAC-20中粒式沥青混凝土,6cm SAC-25粗粒式沥青混凝土,38cm水泥稳定级配碎石,20cm水泥石灰稳定土。

主要构造物采用预应力混凝土连续梁桥。

7）投资规模

本项目是河北省第一条利用亚洲开发银行资金修建的高速公路。

京沪高速公路青县至吴桥段投资约7.48亿元,平均每公里造价2317万元。

8）开工及通车、竣工时间

1998年10月开工建设,2000年12月交工通车,2004年12月完成竣工验收。

2. 前期决策情况

1）前期决策背景

京沪高速公路青县至吴桥段是国家规划于"九五"期间重点建设项目,它纵贯河北省东部地区,与G205、G104、G106、G307等国道构成该区域的公路骨架网络,连接华北地区北京、天津、沧州、德州等大中城市。根据河北省交通厅干线公路网建设的总体规划要求,河北省交通厅公路管理局于1994年开始着手进行本项目的前期工作。

2）前期决策过程

河北省交通厅公路管理局于1994年3月3日,以冀交公字〔1994〕3号文下达了《关于京沪公路河北段进行前期工作的通知》。

（1）1997年9月3日,交通部以交函计〔1997〕335号文下达了《关于京沪公路青县至吴桥公路可行性研究报告审查意见的函》。

(2)1998年5月14日,经国务院批准,国家计划委员会以计交能〔1998〕836号文,批复《京沪国道主干线冀境青县至吴桥段高速公路可行性研究报告的请示的通知》。

(二)建设情况

1. 项目准备阶段

1)项目审批

(1)1997年6月26日,国家环境保护局以环监〔1997〕426号文,复函河北省环境保护局《关于京沪公路青县(津冀省界)至吴桥(冀鲁省界)段高速公路环境影响报告书审查意见的复函》。

(2)1997年10月19日,河北省交通厅以〔1997〕冀交函公字240号文,批复了《关于印发京沪公路青县至吴桥段审查意见的函》。

(3)1997年12月8日,交通部公路管理司以公建字〔1997〕294号文,批复了《关于河北省青县至吴桥高速公路资格预审结果》。

(4)1998年1月16日,交通部以交公路发〔1998〕323号文,批复了《关于京沪国道主干线冀境青县至吴桥公路初步设计》。

(5)1998年7月2日,国家计委批准开工报告,1998年10月12日正式开工。

(6)2000年1月21日,国土资源部以国土资函〔2000〕82号文,批复《关于青县至吴桥高速公路工程补办建设用地手续的批复》。

2)资金筹措

京沪国道主干线青县至吴桥段概算总投资38.447亿元(青县至陶官营枢纽互通段概算投资约8.8亿元),其中利用亚行贷款1.8亿美元。其余配套资金由交通部补贴和省交通厅筹措解决,交通部补贴7.03亿元,省交通厅自筹资金16.48亿元。竣工决算为32.686亿元,投资节约5.762亿元。青县至陶官营枢纽互通段投资约7.48亿元,平均每公里造价2317万元。

3)合同段划分及招投标

(1)合同段划分

根据各专业的工程内容划分标段(表8-4-4)如下:

①土建工程设计2个标段,房建工程设计2个标段,绿化工程设计1个标段,机电工程设计1个标段。

②施工标段划分:根据工程内容的不同,土建工程12个标段,机电工程1个标段,房建工程1个标段,绿化工程4个标段,交通安全设施工程3个标段。

表 8-4-4 京沪高速公路青县至吴桥段合同段划分一览表

参建单位	类型	参建单位名称	合同段编号及起讫桩号	标段所在地	主要内容	主要负责人	备注
项目管理单位		河北省京沪高速建设管理处				肖江声	
勘察设计单位	土建工程设计	河北省交通规划设计院		全线	主线土建工程	梁素引	
		交通部第二公路勘察设计院		全线	两阶段初步设计	康明	
		铁道部第三勘察设计院			子牙新河特大桥	陈后军	
施工单位	土建工程	交通部第二公路工程局与唐山市政联营体	1标:K150+000~K168+600	青县	路基、桥涵、路面工程	王海宝	
		河北公路工程建设集团公司	2标:K168+600~K198+363	青县、沧县	路基、桥涵、路面工程	郝伶	

③施工监理标段划分:根据工程内容设 1 个总监办公室,11 个土建工程驻地监理标段,5 个房建工程监理标段,1 个机电工程监理标段。

(2)招投标

依照亚行项目管理办法和《亚行贷款项目招标采购文件范本》,中技国际招标公司作为本项目的采购代理,本项目的总采购通告和资格预审通告于 1997 年 8 月 28 日分别刊登在《人民日报》和《中国日报》,同时于 1997 年 8 月 28 日中技招标公司及交通厅项目办发售资格预审文件,截至 10 月 28 日共收到国内外的 114 家申请人递交的资格预审申请。

1998 年 4 月 29 日,亚行确认了资格预审报告,共有 39 家申请人通过了资格预审,项目办向通过资格预审的申请人发出了投标邀请。

①招标工作

招标文件经交通部、亚行批准后,于 1998 年 4 月 30 日向资格预审合格的投标人发售。按照招标文件规定,业主和招标公司于 1998 年 6 月 1 日~5 日组织召开了标前会议。共 38 家投标单位,186 位投标人代表参加了会议。至投标截止日 1998 年 7 月 1 日 10 时,共有 38 家国内外承包商递交了投标书。

②评标工作

评标的组织分三个层次:一为评标工作组,负责对全部标书进行详细审查、复核,提交出翔实的评标报告;二为专家评审组,负责对工作组提交的评标报告进行审核;三为评标委员会,负责对专家审核后的评标报告进行审定。评委会由省领导小组成员组成。经评委会审定后的评标报告报交通部经批准后报亚行。

评标原则和评标办法根据交通部、亚行批准的招标文件制定。中标原则为:其投标书实质上符合招标文件的要求,有实施合同的足够资源和能力,技术方案先进、合理、可行,并经评定为最低投标价的投标人。所有评标人都要本着全面、客观、公正的原则进行评审。

评标工作历时 17 天,评标报告经亚行审查后,一次全部批准了 9 个合同的中标人名单。

③合同谈判与签约

亚行批准评标报告后,业主与承包人进行了合同谈判,1998 年 8 月 29 日签订了合同,省委、省政府领导参加了隆重的签约仪式。

④交通工程资格预审和招标评标情况

项目办和建管处组成招标工作小组,按照亚行有关规定,以国内竞争性招标方式对交通安全设施工程进行了招标,最终按实质性响应下的最低评标价中标原则,确定了 8 家中标单位。

4)参建单位主要情况

(1) 建设单位

本项目建设单位是河北省交通厅国际金融组织贷款项目办公室(现已合并为河北省高速公路管理局),项目执行机构是河北省京沪高速公路建设管理处。

(2) 设计单位

土建工程设计单位:河北省交通规划设计院、交通部第二公路勘察设计院和铁道部第三勘察设计院。

(3) 施工单位

详见表 8-4-4。

5) 征地拆迁

(1) 京沪项目实施之前,河北省即成立了对该项目的领导小组,河北省交通厅安排一名副厅长专职负责对该项目的领导。沿线各市、县都建立了征地拆迁指挥部并设立专职人员组成办公室与乡、村负责人动员和帮助移民拆迁,落实对农民的补偿和协调整个施工过程中发生的问题,政府各行政管理部门如交通、土地、公安、金融等部门均在自己管辖的业务范围内发挥了重要作用。

(2) 京沪项目征地拆迁补偿和取土占地补偿费用总计 3.1 亿元,多至上千万少至几万元均是由建管处支付给市领导小组办公室,市转至县、县转至乡、乡转村、村兑现到户,没有一笔款是建管处直接兑付村民的。这样就充分发挥了各级政府部门的监管作用,管理处的支付也是根据征地拆迁工作的进展速度逐步拨付的,这样在很大程度上防止出现只拿钱不拆迁或迟拆迁的现象。

(3) 京沪高速公路施工单位的生活区、料场、预制场、拌和场总计占用农民土地 6500 多亩,所占用的土地均进行了全面复耕。征地拆迁统计见表 8-4-5。

京沪高速公路青县至吴桥段征地拆迁统计表　　表 8-4-5

高速公路编码	项目名称	征地拆迁安置起止时间	征用土地(亩)	拆迁房屋(m^2)	拆迁占地费(万元)	备注
G2	G2 青县(冀津界)至沧州陶官营互通段	—	17647	26490	23749	

2. 项目实施阶段

1) 施工过程

(1) 主线土建工程于 1998 年 10 月 12 日开工,2000 年 11 月 30 日完工。

(2) 交通安全设施工程于 2000 年 1 月开工,2000 年 12 月完工。

(3) 房建工程于 2000 年 1 月 18 日开工,2000 年 12 月完工。

(4) 绿化工程于 2001 年 3 月开工,2002 年 5 月完工。

(5) 2001 年 11 月,由交通部质量监督总站联合河北省公路工程质量安全监督站,根据《公路工程质量鉴定办法》,对项目进行了竣工质量鉴定,等级为优良。

(6)机电工程于 2003 年 3 月完工。

(7)2004 年 12 月 14 日,河北省交通厅国际金融组织贷款项目办公室组织专家对项目进项了竣工验收。

京沪高速公路青县至吴桥段建设生产要素统计见表 8-4-6。

京沪高速公路青县至吴桥段建设生产要素统计表　　表 8-4-6

路线编号	建设时间	钢筋(t)	沥青(t)	水泥(t)	砂石料(m^3)	机械工(工日)	机械(台班)
G2	1998.10~2000.12	14570.5	84059	136876.4	—	—	—

2)重要决策

(1)1998 年 10 月 18 日,沧州市副市长魏振宗,河北省交通厅国际金融组织贷款项目办公室书记赵玉明、主任宋敬信参加京沪高速公路青县至吴桥段(青县至陶官营枢纽互通段)奠基典礼。

(2)2000 年 12 月 11 日上午,河北省委书记王旭东、省长钮茂生、副省长何少存,交通部原副部长王展意,省政府副秘书长赵国昌,河北省交通厅厅长么金铎,沧州市委书记张庆华,以及项目沿线各县市的政府领导以及省直有关部门的负责同志,出席了京沪高速公路青县至吴桥段通车典礼。

3)各项活动

(1)1998 年 10 月 27 日开展了"大干 50 天"劳动竞赛,召开了誓师大会,制定了劳动竞赛奖励办法,极大调动了承包商建设积极性。

(2)举办京沪高速公路千里行活动。

(三)复杂技术工程

南运河大桥桥跨布置为 25m+(35+60+35)m+5×25m,上部结构跨南运河主桥采用(35+60+35)m 预应力混凝土现浇连续箱梁,下部结构采用 V 形墩,墩梁之间刚性连接;引桥采用 25m 预应力简支空心板。

该桥的复杂技术及难点在于:①施工顺序与结构受力紧密结合,主桥长 130m,分两段浇筑,首先浇筑第一段,长度 90m,包括 60m 中孔及边孔各 15m,再浇筑两边孔剩余的 20m 梁段;②施工关键部位为 130m 长的主桥,采取满堂支架就地分段浇筑的方式,制订正确的施工程序,以保证工程质量。

(四)科技创新

京沪管理处在项目技术创新上实现了新的突破。其中技术创新有 2 项:

1. 预应力混凝土连续梁桥耐久性病害诊断与加固关键技术研究

(1)以河北省内常见的连续梁为研究对象,基于河北省内连续箱梁的构造、环境作用、使用状况,结合调查获得的耐久性病害特点,研究针对性的病害诊断技术,并在实桥应用及验证的基础上,提出相应有效的耐久性病害诊断方法和评估技术指南,对规范省内相关结构耐久性病害诊断技术起着重要作用。

(2)在综合常见连续梁构造、病害调查与机理和性能现状分析、加固关键技术研究,以及实桥应用与验证的基础上,根据梁桥耐久性病害诊断资料,找出病害发生的机理,提出相应可靠的加固技术和安全、有效、合理及可行的加固方案,使其在实桥应用并得到验证,对规范省内相关结构耐久性病害加固和确保其加固质量起着重要作用。

(3)根据桥梁耐久性病害诊断结果和加固方案,按照国家标准和规范要求,对加固后的预应力混凝土连续梁桥进行承载能力综合评定,并通过提炼形成作为技术指南的标准化规定。

(4)编制《预应力混凝土连续梁桥病害诊断、评估技术指南》,为省内外管理部门提供养护决策依据。

2. 高速公路桥梁盐碱蚀破坏病害分析及养护对策研究

(1)通过对历年河北省桥梁技术状况资料的分析,发现河北省大量高速公路桥梁存在盐碱蚀病害。通过对桥梁盐碱蚀病害的分析研究,发现此类病害具有较为明显的规律性:①在结构上多发生于边梁翼板处、预制的边梁、次边梁或和第三片梁的铰缝及腹板处、其他预制梁的铰缝及腹板处、泄水孔周围及附近、梁端及帽梁、桥台背墙等部位;②盐碱蚀病害发生的概率随桥梁所处地域的不同而不同,其中以沿海地区病害最为严重;③盐碱蚀病害发生的概率随桥梁通车年限的增加而增大;④近年来桥梁盐碱蚀病害日趋严重,且发展迅速。

(2)通过对盐碱蚀病害机理的研究,发现冻融循环、盐结晶胀裂、钢筋锈蚀和碱-集料作用破坏是钢筋混凝土破坏的主要模式。由于这些破坏模式都离不开水,因此,防治桥梁混凝土盐碱蚀破坏的前提是防水。

(3)自主研发了新材料、新技术和新工艺,形成了一整套的完备盐碱蚀病害防治方案,并在京沪高速公路、石安高速公路等实体工程中获得验证,效果良好。

(4)在理论研究和实桥应用的基础上,编制了桥梁盐碱蚀病害防治施工工艺标准。

(5)通过对桥梁典型病害进行处治,积累了丰富的经验,借助"LH混凝土病害修复防护体系"可以对常见的病害部位进行预防性的养护,降低病害发生的概率。

(五)运营养护管理

1. 服务设施

本路段设置1处青县服务区(表8-4-7)。

京沪高速公路青县至吴桥段服务设施一览表　　表8-4-7

高速公路编码	服务区名称	桩　号	所在区域	占地(亩)	建筑面积(m²)
G2	青县服务区	K155+300	青县	—	1175

2. 收费设施

本项目共设置收费站2处,其中在冀津界设置主线收费站1处,在青县设置匝道收费站1座。匝道出入口(车道)数量截至2015年底共计40条,其中ETC车道5条(表8-4-8)。

京沪高速公路青县至吴桥段收费设施一览表　　表8-4-8

收费站名称	桩　号	入口车道数		出口车道数		收费方式
		总车道	ETC车道	总车道	ETC车道	
青县主线收费站	K150+150	15	2	18	2	MTC+ETC
青县收费站	K164+497	2	0	5	1	

3. 养护管理

本项目养护里程32.282km,设置1个养护工区(表8-4-9)。

京沪高速公路青县至吴桥段养护设施一览表　　表8-4-9

养护工区名称	桩　号	路段长度(km)	占地面积(亩)	建筑面积(m²)
沧北养护工区	不在G2桩号内	32.282	—	3464

4. 监控设施

本项目设置监控指挥大厅,负责全线机电设备的运营监管。

5. 交通流量

京沪高速公路青县至吴桥段交通量情况如表8-4-10、图8-4-3所示。

京沪高速公路青县至吴桥段交通量(自然数)发展状况表　　表8-4-10

年　份		2007	2008	2009	2010	2011	2012	2013	2014	2015	2016
交通量(辆)	青县主线收费站	8194539	9287765	7187693	7187693	10716460	10969744	9628873	9734402	9760017	11317666
	青县收费站	443076	550641	1152384	1152384	1053396	2184826	1794904	1931289	2341543	3876378
	合计	8637615	9838406	8340077	8340077	11769856	13154570	11423777	11665691	12101560	15194044
收费站年平均日交通量(辆/日)		23665	26955	22850	22850	32246	36040	31298	31961	33155	41628

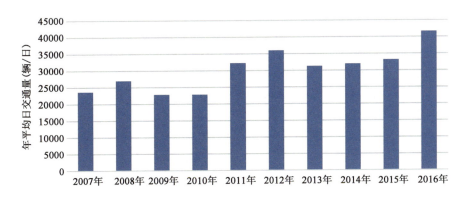

图 8-4-3　京沪高速公路青县至吴桥段收费站年平均日交通量（自然数）增长柱状图

三、廊沧高速公路沧州段（陶官营枢纽互通至南顾屯枢纽互通）

（一）项目概况

1. 基本情况

1）功能定位

廊沧高速公路沧州段是河北省"五纵六横七条线"高速公路网络中的"纵二"的重要组成部分，同时也是河北省"十一五"交通发展规划中的重点建设项目。该路段对缓解现有京台高速公路交通压力，形成连接北京、河北、山东的一条快捷通道和鲁西北地区一条重要的出海通道，对实施"一线两厢"发展战略和带动全省经济发展带具有重要意义。

2）技术标准

全线采用双向六车道高速公路标准建设，设计速度 120km/h，路基宽度 34.5m，桥涵设计汽车荷载等级采用公路—Ⅰ级。

3）建设规模

该项目位于河北省东部，路线走向总体呈西北—东南走向，起于青县陶官营村，与京台高速公路廊坊段相接，终点位于沧州市南顾屯村东南侧，与石黄高速公路沧州至黄骅段交叉。路线全长 29.92km，起讫桩号：K182+197.75～K212+098.628。

4）主要控制点

途经主要控制点有：沧州市的青县、运河区、新华区、沧县等 4 县区。

5）地形地貌

本项目地处河北平原东部的冲湖积平原，地势开阔平坦，地面高程为 6～9m。第四系厚度 450～500m，其中全新统厚度 30～40m，主要岩性为粉质黏土、粉土及粉砂等。区域内河流、沟渠纵横、村庄密集、路网发达。

6）路面结构及主要构造物

主要采用沥青混凝土路面。

主要构造物采用简支梁、连续梁和组合梁等梁式桥。

7）投资规模

本项目经河北省发展和改革委员会批准立项，工程概算总投资25.131亿元。资金来源为：资本金由省交通厅负责筹措（其中一半使用国家开发银行软贷款），其余建设资金申请银行贷款。

8）开工及通车、竣工时间

廊沧高速公路沧州段（陶官营枢纽互通至南顾屯枢纽互通）于2007年12月正式开工建设，2011年11月26日运营通车。

2. 前期决策情况

2006年11月28日，河北省发展和改革委员会以冀发改交通〔2006〕1484号文下达了《关于廊沧高速公路沧州段项目建议书的批复》。

2007年4月16日，河北省水利厅以冀水建〔2007〕27号文下达了《河北省水利厅关于廊沧高速公路防洪评价报告的批复》。

2007年6月5日，河北省环境保护局以冀环评〔2007〕178号文下达了《关于廊沧高速公路沧州段工程环境影响报告的批复》。

2007年7月5日，河北省发展和改革委员会以冀发改交通〔2007〕949号下达了《河北省发展改革委员会关于廊坊—沧州段项目可行性研究报告的批复》。

2007年11月23日，河北省交通厅以冀交函财〔2007〕296号文下达了《河北省交通厅关于对廊沧高速公路沧州段项目建设资金承诺函的补充说明的函》。

2009年4月24日，国土资源部以国土资函〔2009〕561号文下达了《国土资源部关于廊沧高速公路沧州段工程建设用地的批复》。

（二）建设情况

1. 项目准备阶段

1）项目审批

（1）2007年11月29日，河北省发展和改革委员会以冀发改投资〔2007〕1940号文批复了《关于廊沧高速公路沧州段初步设计》。

（2）2007年11月29日，河北省发展和改革委员会以冀发改投资〔2007〕1940号文下达了《关于廊沧高速公路沧州段初步设计的批复》。

（3）2007年4月25日，河北省发展和改革委员会下达了《关于廊坊—沧州段先行勘察设计招标的核准意见》。

（4）2008年6月30日，河北省交通厅公路管理局以冀交公路〔2008〕197号文批复了《关于廊沧高速公路沧州段主体工程施工图设计》。

（5）2008年11月12日，河北省国土资源厅以冀国土资呈字〔2008〕494号文下达了《关于廊沧高速公路沧州段工程建设用地的审查意见》。

（6）2009年12月1日，河北省交通厅以冀交公〔2009〕513号文批复了《关于廊沧高速公路沧州段房建工程两阶段施工图设计》。

2）资金筹措

2007年11月29日，冀发改投资〔2007〕1940号文对廊沧高速公路沧州段初步设计进行了批复，批复项目概算总投资为25.131亿元。

2008年6月30日，河北省交通厅公路管理局以冀交公路〔2008〕197号文对廊沧高速公路沧州段主体工程施工图设计进行了批复，批复主体工程预算总投资20.07亿元。

3）合同段划分及招投标

（1）合同段划分

廊沧高速公路沧州段于2008年经公开招标，由9家施工单位中标承建，3家驻地监理公司及1家总监办监理公司（沧州市公路工程监理中心）监理。K125+600～K140+725段15.125km路面工程于2009年经公开招标，由1家施工单位中标承建，1家驻地监理公司及1家总监办监理公司（沧州市公路工程监理中心）监理。连接线工程于2009年经公开招标，由4家施工单位中标承建，1家监理公司（沧州市公路工程监理中心）监理。沥青采购工程于2010年经公开招标，由4家施工单位中标供应。房建工程于2009年经公开招标，由7家施工单位中标承建，3家驻地监理公司及1家总监办监理公司（沧州市公路工程监理中心）监理。交通及安全设施工程于2010年经公开招标，由5家施工单位中标承建，1家监理单位监理。声屏障工程于2011年经公开招标，由2家施工单位中标承建，1家监理单位监理。

（2）招投标

按照国家颁布的《招投标法》和交通部颁布的《公路工程施工招标投标管理办法》《公路工程施工招标资格预审办法》《公路工程施工招标评标办法》的要求，由项目法人单位组织招标工作。

①2008年1月18日，有6家土建工程施工单位通过资格预审，参加本项目主线土建工程1个合同段的投标。2008年2月26日公开开标，采用合理低价中标方式。由河北省发改委统一评标专家库中随机抽取的专家及业主代表组成评标委员会，评审出1家中标单位；2008年3月28日，有104家土建工程施工单位通过资格预审，参加本项目主线土建工程5个合同段的投标。2008年5月23日公开开标，采用合理低价中标方式。由河北省

发改委统一评标专家库中随机抽取的专家及业主代表组成评标委员会,评审出 5 家中标单位;2008 年 7 月 11 日有 15 家土建工程施工单位通过资格预审,参加本项目主线土建工程 3 个合同段的投标。2008 年 8 月 20 日公开开标,采用合理低价中标方式。由河北省发改委统一评标专家库中随机抽取的专家及业主代表组成评标委员会,评审出 3 家中标单位;2009 年 5 月 17 日,有 6 家土建工程施工单位通过资格预审,参加本项目主线土建工程 1 个合同段的投标。2009 年 7 月 14 日公开开标,采用合理低价中标方式。由河北省发改委统一评标专家库中随机抽取的专家及业主代表组成评标委员会,评审出 1 家中标单位。

②2009 年 2 月 20 日,有 34 家房建工程施工单位通过资格预审,参加本项目房建工程 7 个合同的投标。2009 年 6 月 11 日公开开标,采用合理低价中标方式,确定了 7 家中标单位。

③2010 年 2 月 8 日,有 13 家机电工程施工单位通过资格预审,参加本项目机电工程的投标。2010 年 4 月 26 日公开开标,由评标委员会进行评审,确定 1 家中标单位。

4)参建单位主要情况

(1)建设单位

沧州市高速公路建设管理局下属沧廊高速公路建设管理处为本工程建设、管养和运营单位。

(2)设计单位

河北省交通规划设计院为该段高速公路设计单位,拥有公路行业专业甲级资质。

(3)施工单位

略。

5)征地拆迁

(1)设立专门组织机构

按三级管理体系设置安置办公室,加强各级政府对征地工作的领导和监督,形成完善的拆迁工作体系,使征地拆迁工作层层有人管、层层有人抓。

针对地方问题复杂的特点,沧州市高速公路建设管理局成立了"沧州市高速公路建设领导小组",主管局长为组长,各区、县成立了相应机构,负责本市、县段的征迁及建设环境协调。形成了在市政府领导下的专门负责征地拆迁工作的领导体系和专门机构,为落实政策、落实地方工作、落实人口安置、落实征地拆迁提供了组织保障。

(2)落实承包责任制

征地拆迁工作实行群众参与,各级政府层层签订责任书,采取"四到位""四现场"的做法,即县、乡、村、户四方到场,现场丈量、现场清点、现场签字、现场盖章。

2007 年 10 月上旬,筹建管理处组织有关人员分三组对沿线 9 个县(市)地上附着物进行了清点、登记造册、签字确认,并签订征地、拆迁合同协议,见表 8-4-11。

廊沧高速公路沧州段(陶官营枢纽互通至南顾屯枢纽互通)征地拆迁统计表　　表8-4-11

高速公路编码	项目名称	征地拆迁安置起止时间	征用土地（亩）	拆迁房屋（m²）	拆迁占地费（万元）	备注
G2	廊沧高速公路沧州段	2008.1~2009.5	4518.45	14529.347	31278.49	

2. 项目实施阶段

1) 施工过程

(1) 主线土建工程于2008年9月20日开工,2010年12月26日完工。

(2) 房建工程于2009年5月开工,2010年12月完工。

(3) 机电工程于2009年7月开工,2010年12月完工。

(4) 交通安全设施工程于2009年8月开工,2010年12月完工。

(5) 绿化工程于2009年5月开工,2011年10月完工。

(6) 2010年12月11日、23日,沧州市高速公路建设管理局组织专家对廊房至沧州高速公路沧州段进行了交工验收。

廊沧高速公路沧州段(陶官营枢纽互通至南顾屯枢纽互通)建设生产要素统计见表8-4-12)。

廊沧高速公路沧州段(陶官营枢纽互通至南顾屯枢纽互通)建设生产要素统计表　　表8-4-12

路线编号	建设时间	钢筋（t）	沥青（t）	水泥（t）	砂石料（m³）	机械工（工日）	机械（台班）
G2	2008.6~2010.12	77949	52411	377569	2717122	1588308	1271845

2) 重要决策

2007年11月16日,廊沧高速公路沧州段举行奠基仪式。河北省副省长张和、沧州市市长等省市领导为高速公路奠基剪彩,河北省交通厅、省直相关部门、沧州市相关部门领导参加开工奠基仪式(图8-4-4)。

2010年12月22日上午,在青县木门店服务区举行了廊沧高速公路沧州段隆重通车典礼仪式。沧州市委书记郭华宣布工程竣工通车。河北省交通运输厅、沧州市有关领导出席了典礼仪。

3) 各项活动

(1) 2008年9月23日,廊沧高速公路沧州段召开"大干一百天"活动动员大会。沧州、廊坊、衡水、保定四地市代表出席了会议。

(2) 2009年10月20日,为确保廊沧高速公路沧州段建设的年度目标和总工期,同时为全线土建施工单位提供一个互相学习、相互促进的平台。沧廊建管处召开土建施工单位法人代表观摩暨座谈会。

图 8-4-4 奠基仪式

(三)科技创新

1. 廊沧高速公路具硬壳层软土地基注浆处理技术研究

(1)提出了在不破坏硬壳层的前提下,利用压力注浆的方法,快速补强下伏软土地基,可以满足高速公路路基沉降和稳定性的要求,为此类二元结构的地基处理提供了技术支持。

(2)采用地质和数理统计的分析方法,分析了软土地基的工程地质特征,建立了软土的物性指标之间、物性与力学指标之间的相关关系,总结出了该类型软土地基的沉降趋势。

(3)提出了软土地基硬壳层注浆加厚技术设计参数,如注浆扩散半径、注浆量、注浆压力及检测指标等。

2. 廊沧高速公路沧州段沥青混凝土质量控制技术与研究

在温拌沥青的性能研究、混合料级配快速检测技术及SBS改性沥青改性剂含量测定技术方面具有创新性。采用多种试验方法及评价体系分析了不同温拌沥青在三个不同阶段(原样、短期老化、长期老化)的微观结构和耐久性,发现了温拌沥青的抗老化规律,采用耗散能法评价温拌沥青混合料的疲劳性能,建立了温拌沥青混合料的疲劳方程。基于固体颗粒群的接触行为理论,研发了沥青混合料级配快速检测装置,提出了以粗比指数为指标的级配快速检测方法和离析判定标准。建立了实体工程的SBS改性沥青的图谱库,开发了SBS改性沥青改性剂含量测定软件系统,测试速度快,测试绝对误差可达到±0.3%。

(四)运营养护管理

1. 服务设施

全线设置了1处服务区(表8-4-13)。

廊沧高速公路沧州段(陶官营枢纽互通至南顾屯枢纽互通)服务设施一览表　表8-4-13

服务区名称	桩号	所在区域	占地(亩)	建筑面积(m²)
木门店服务区	K104+250	青县木门店镇	95.4	7823

2. 收费设施

本项目共设置收费站3处,其中在西花园、姚官屯、开发区设置匝道收费站3处。匝道出入口数量截至2014年底共计20条,其中ETC车道6条(表8-4-14)。

廊沧高速公路沧州段(陶官营枢纽互通至南顾屯枢纽互通)收费设施一览表　表8-4-14

站点名称	车道数	ETC	桩号	收费方式
西花园收费站	5	2	K115+498	人工收费和ETC
姚官屯收费站	7	2	K123+350	人工收费和ETC
开发区收费站	8	2	K132+150	人工收费和ETC

3. 养护管理

本项目养护里程29.92km,设置开发区1处养护工区(表8-4-15)。

廊沧高速公路沧州段(陶官营枢纽互通至南顾屯枢纽互通)养护工区一览表　表8-4-15

养护工区名称	桩号	养护路段长度(km)	占地面积(亩)	建筑面积(m²)
沧廊高速沧州段养护工区	AK0+420	29.92	10	1439

4. 监控设施

本项目设置西花园信息监控中心1处(表8-4-16)。

廊沧高速公路沧州段(陶官营枢纽互通至南顾屯枢纽互通)监控设施一览表　表8-4-16

监控设施名称	桩号	占地面积(亩)	建筑面积(m²)
西花园信息中心	K115+498	39.86	6773.59

5. 交通流量

2011—2016年廊沧高速公路沧州段(陶官营枢纽互通至南顾屯枢纽互通)交通量(自然数)发展状况如表8-4-17、图8-4-5所示。

廊沧高速公路沧州段(陶官营枢纽互通至南顾屯枢纽互通)
交通量(自然数)**发展状况表**　　　　　　　　　　表 8-4-17

年　　份		2011	2012	2013	2014	2015	2016
交通量(辆)	西花园收费站	760265	1354926	1424892	1804376	1768909	2299834
	木门店收费站	276497	315872	389308	468549	483783	494847
	开发区收费站	141456	336264	478407	830787	840656	1018896
	姚官屯收费站		4671	204937	964070	539333	767279
	合计	1178218	2011733	2497544	4067782	3632681	4580856
收费站年平均日交通量(辆/日)		3228	5512	6843	11145	9953	12550

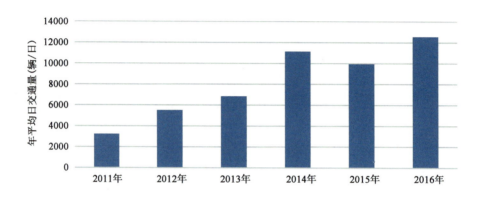

图 8-4-5　廊沧高速公路沧州段(陶官营枢纽互通至南顾屯枢纽互通)收费站年平均日交通量(自然数)增长柱状图

四、南顾屯枢纽互通至千童(冀鲁界)段

(一)项目概况

1. 基本情况

1)功能定位

该项目是国家高速公路网中北京至上海高速公路(G2)的组成部分;是河北省"五纵六横七条线"高速公路网布局规划中的"纵二"的并行线;是京津两市经沧州至济南的便捷高速通道;是连接我国政治中心和经济中心,沟通环渤海地区和长江三角洲的交通大动脉;远期京台高速公路沧州段扩建的分流通道。

2)技术标准

采用双向六车道,设计速度 120km/h,路基宽度 34.5m。平曲线最小半径采用5500m,最大纵坡采用 2.1%,汽车荷载等级采用公路—Ⅰ级

3)建设规模

路线全长48.232km。采用双向六车道高速公路标准建设,设计速度120km/h,路基宽34.5m。

全线设特大桥1192m/1座(河北段计列596m)、大桥1810m/6座、中桥482m/8座、小桥128m/6座、涵洞39道(含互通及服务区4道);互通式立交5处(完善南顾屯枢纽互通1处);分离式立交823m/10座(含互通区主线跨线桥)、天桥4座,通道78道,服务区1处,主线收费站1处,匝道收费站4处,监控分中心1处,养护工区1处。

4)主要控制点

沧县、孟村、南皮及盐山。共计4个县(市)、10个乡镇。

5)地形地貌

项目属平原地貌,多为亚砂土、亚黏土、粉砂亚砂土,地势平坦。

6)路面结构及主要构造物

主要采用沥青混凝土路面。4cm AC-13C细粒式改性沥青混凝土,6cm AC-20C中粒式改性沥青混凝土,12cm ATB-25沥青稳定碎石,20cm水泥(5%)稳定级配碎石,20cm低剂量水泥(3.5%)稳定级配碎石,20cm石灰、粉煤灰稳定土。

主要构造物采用预应力混凝土连续梁桥。

7)投资规模

项目概算投资50.07亿元,平均每公里造价10381万元。

8)开工及通车、竣工时间

2013年12月开工建设,2016年6月底交工通车。

2.前期决策情况

1)前期决策背景

根据河北省交通厅"九五"期间国高网建设的总体规划要求,沧州市交通运输局在2013年12月启动沧州至千童(冀鲁界)段的建设工作。

2)前期决策过程

沧州市交通运输局根据省交通运输厅工作部署,下达了《关于开展京沪高速公路沧州至千童(冀鲁界)段前期工作的通知》,河北省交通规划设计院于1999年12月完成该项目预可行性研究报告的编制工作。

(1)2011年4月21日,河北省交通运输厅召开《京沪高速公路沧州至千童(冀鲁界)段可行性研究报告》审查会。

(2)2012年9月19日,国家发改委在沧州市召开《河北沧州至千童(冀鲁界)公路可行性研究报告》现场评审会。

(3)2013年6月21日,国家发改委以发改基础〔2013〕1180号文批复《河北沧州至千童(冀鲁界)公路可行性研究报告》。

(4)2012年1月13日,国土资源部以〔2012〕12号文下发了《关于京沪高速公路沧州至千童(冀鲁界)段建设用地预审意见的复函》。

(二)建设情况

1. 项目准备阶段

1)项目审批

(1)2009年7月,工程场地地震安全性评价报告获得河北省地震局批复(冀震安评〔2009〕18号)。

(2)2009年8月,防洪评价报告获得沧州市水务局批复(沧水管字〔2009〕34号)。

(3)2010年12月,水土保持获得国水利部批复。

(4)2011年3月,压覆矿产资源获得国土资源厅证明(冀国土资储压字〔2011〕10号)。

(5)2011年6月,工程环境影响报告书获得国环境保护部批复(环审〔2011〕166号)。

(6)2012年1月,项目建设用地预审意见获得国土资源部批复(国土资预审字〔2012〕12号)。

(7)2013年9月,初步设计获得交通运输部批复(交公路发〔2013〕598号)。

(8)2013年12月,施工图设计获得河北省交通运输厅批复(冀交函公〔2013〕1147号)。

(9)2016年6月,机电工程施工图联合设计获得河北省交通运输厅批复(冀交函公〔2013〕815号)。

2)资金筹措

本项目概算总投资50.07亿元,项目资本金共计12.52亿元,其中交通部补贴4.62亿元,7.90亿元沧州市交通运输局负责筹措,其余37.55亿元申请银行贷款。

3)合同段划分及招投标

(1)合同段划分

根据各专业的工程内容划分标段见(表8-4-18)如下:

①土建工程设计2个标段,房建工程设计1个标段,绿化工程设计1个标段,机电工程设计1个标段。

②施工标段划分:根据工程内容的不同,土建工程6个标段,机电工程1个标段,房建工程4个标段,绿化工程6个标段,交通安全设施工程15个标段。

③施工监理标段划分:根据工程内容设1个土建总监办公室,3个土建工程驻地监理标段,2个房建工程监理标段,1个机电工程监理标段。

第八章 高速公路建设项目

南颐屯枢纽互通至千童(冀鲁界)段合同段划分一览表

表 8-4-18

参建单位	类型	参建单位名称	合同段编号及起止桩号	标段所在地	主要内容	主要负责人	备注
项目管理单位		沧州市高速公路建设管理局京沪高速公路筹建管理处	K212+098.628~K260+330.258		全线的项目管理	徐卫东	
勘察设计单位	土建工程设计	河北省交通规划设计院河北建筑设计研究院有限责任公司北方设计研究院	1:K212+098.628~K239+096.6		主线土建1、2、3工程	赵彦东	
		江苏省交通规划设计院有限公司沧州双盛公路工程咨询有限公司	2:K239+096.6~K260+330.258		主线土建4、5、6工程	张志泉	
施工单位	土建工程	中铁四局集团第四工程有限公司	K212+098.628~K218+256.6	旧州镇、汪家铺乡、仵龙堂乡	路基、桥涵工程	李云峰	
		中交二公局第二工程有限公司	K212+098.628~K229+183.6（路基：K218+256.6~K229+183.6）	旧州镇、汪家铺乡、仵龙堂乡、刘家庙乡	路基、桥涵、路面工程	蔡文	
		德州市公路工程总公司	K229+183.6~K246+916.6（路基：K229+183.6~K237+396.6）	孟村镇、宋庄子乡、鲍官屯镇	路基、桥涵、路面工程	董明起	
		中铁七局集团有限公司	K237+396.6~K246+916.6	宋庄子乡、鲍官屯镇	路基、桥涵、工程	王平孝	
		正平路桥建设股份有限公司	K246+916.6~K253+996.6	小庄乡、圣佛镇	路基、桥涵、工程	星发洪	
		沧州路桥工程有限公司	K246+916.6~K260+330.258（路基：K253+996.6~K260+330.258）	小庄乡、圣佛镇、千童镇	路基、桥涵、路面工程	孟福胜	

（2）招投标

按照国家颁布的《招投标法》和交通部颁布的《公路工程施工招标投标管理办法》《公路工程施工招标资格预审办法》《公路工程施工招标评标办法》的要求,由项目法人单位组织招标工作。

①2013年8月29日,有12家土建工程施工单位通过资格预审,参加本项目主线土建控制性工程施工1个合同段的投标。2013年11月8日在沧州市公开开标,采用合理低价法中标方式,确定了1家中标单位。

2013年12月26日,一类共有93家投标人递交了93份投标文件,二类共有81家投标人递交了81份投标文件,参加本项目主线土建施工(1~5标段)的投标。2013年12月26日在石家庄公开开标,采用合理定价抽取评审法方式,确定5家中标单位。

②2015年3月10日,Ⅰ类共有26家投标人递交了投标文件;Ⅱ类共有14家投标人递交了投标文件,参加本项目房建工程4个合同的投标。2015年3月10日在沧州市公开开标,采用合理定价抽取评审法方式,确定了4家中标单位。

③2015年6月25日,有21家投标人递交了投标文件,参加中央分隔带混凝土护栏工程2个合同段的投标。2015年6月25日在沧州市公开开标,采用合理定价抽取评审法方式,确定了2家中标单位。

④2015年12月23日,共有33家投标人递交了投标文件,参加本项目机电工程的投标。2015年12月23日在石家庄公开开标,采用合理定价抽取评审法方式,确定1家中标单位。

⑤2015年9月16日,Ⅰ类共收到57家投标人递交的57份投标文件;Ⅱ类共收到18家投标人递交的18份投标文件;Ⅲ类共收到11家投标人递交的11份投标文件;Ⅳ类收到9家投标人递交的9份投标文件;Ⅴ类共收到8家投标人递交的8份投标文件;Ⅵ类共收到8家投标人递交的8份投标文件;参加交通安全设施13个合同段的投标。2015年9月16日在沧州市公开开标,采用合理定价抽取评审法方式,确定了12家中标单位(其中有1家入围投标人未通过评审)。

二次招标,2015年12月2日共收到8家投标人递交的8份投标文件,参加交通安全设施1个合同段的投标。2015年12月2日在沧州市公开开标,采用合理定价抽取评审法方式,确定了1家中标单位。

⑥2016年8月10日,Ⅰ类共有197家投标单位递交了投标文件,参加绿化工程1个合同的投标。2016年8月10日在沧州市公开开标,采用合理定价抽取评审法方式,确定了1家中标单位。

2016年8月11日,Ⅱ类共有215家投标单位递交了投标文件,参加绿化工程1个合同的投标。2016年8月11日在沧州市公开开标,采用合理定价抽取评审法方式,确定了1家中标单位。

2016年8月12日,Ⅲ类共有169家投标单位递交了投标文件,参加绿化工程1个合同的投标。2016年8月12日在沧州市公开开标,采用合理定价抽取评审法方式,确定了1家中标单位。

4)参建单位主要情况

(1)建设单位

本项目建设单位是沧州市高速公路建设管理局,项目执行机构是沧州市高速公路建设管理局京沪高速公路筹建管理处。

(2)设计单位

①土建工程设计单位:河北省交通规划设计院、河北建筑设计研究院有限责任公司、北方设计研究院、江苏省交通规划设计院有限公司、沧州双盛公路工程咨询有限公司。

②房建工程设计单位:河北建筑设计研究院有限责任公司。

③交通工程设计单位:河北省交通规划设计院。

④机电工程设计单位:河北省交通规划设计院。

(3)施工单位

详见表8-4-18。

5)征地拆迁

(1)设立专门组织机构

按两级管理体系设置高速公路建设指挥部及办公室,加强各级政府对征地工作的领导和监督,形成完善的拆迁工作体系,使征地拆迁工作层层有人管、层层有人抓。

针对河北省高速公路建设里程长、路段多、地方问题复杂的特点,市政府成立了沧州市高速公路建设指挥部,指挥部办公室设在市交通运输局,市交通局局长任办公室主任。沿线各县成立了相应机构,负责本县段的征迁及建设环境协调。形成了在市政府领导下的专门负责征地拆迁工作的领导体系和专门机构,为落实政策、落实地方工作、落实人口安置、落实征地拆迁提供了组织保证,见表8-4-19。

南顾屯枢纽互通至千童(冀鲁界)段征地拆迁统计表　　　表8-4-19

高速公路编码	项目名称	征地拆迁安置起止时间	征用土地(亩)	拆迁房屋(m²)	拆迁占地费(万元)	备注
G2	河北省沧州至千童(冀鲁界)段公路	2013.10~2016.6	6443	6679.39	69847	

(2)落实承包责任制

2013年10月,筹建管理处组织有关人员分别对沿线4个县地上附着物进行了清点、登记造册、签字确认;2013年10月沧州市人民政府与各县人民政府签订征地拆迁责任书。

2. 项目实施阶段

1) 施工过程

(1) 土建控制性工程于 2013 年 12 月 30 日开工,2015 年 12 月完工。主线土建工程于 2014 年 3 月 15 日开工,2016 年 6 月完工。

(2) 房建工程于 2015 年 5 月 16 日开工,2016 年 6 月完工。

(3) 机电工程于 2016 年 5 月 21 日开工,2016 年 6 月完工。

(4) 交通安全设施工程于 2005 年 3 月 20 日开工,2016 年 6 月完工。

(5) 2016 年 6 月 23 日~25 日由京沪高速公路筹建管理处组织交工验收。

南顾屯枢纽互通至千童(冀鲁界)段建设生产要素统计见表 8-4-20。

南顾屯枢纽互通至千童(冀鲁界)段建设生产要素统计表 表 8-4-20

路线编号	建设时间	钢筋(t)	沥青(t)	水泥(t)	砂石料(t)	机械工(工日)	机械(台班)
G2	2013.12~2016.6	38593	53982	591207	3416936	909240	664750

2) 重要决策

在新时期中央提出的"构建京津冀"一体化的政策指引下,省、市政府要求提前半年通车。2016 年 6 月 30 日,河北省沧州至千童(冀鲁界)段公路在冀鲁界主线收费站广场(盐山县圣佛镇)进行通车调研活动。

3) 各项活动

(1) 2014 年 8 月 13 日,深入贯彻施工标准化组织召开七步法桩头破除交流会。

(2) 2015 年 8 月 26 日,召开河北省沧州至千童(冀鲁界)段公路 2015 年"大干 100 天"总结会暨"攻坚 80 天"动员会。

(3) 2016 年 3 月 20 日,京沪筹建管理处召开 2016 年工程管理暨"决战 90 天"动员大会。

(三) 科技创新

京沪沧州筹建管理处在项目管理创新、技术创新上实现了新的突破。其中管理创新有 1 项:

二维码移动管理平台在高速公路施工现场中的应用,本课题研发的施工现场二维码移动管理平台主要采用智能手机、二维码、云计算等技术,解决高速公路施工管理过程中现场施工人员、工作等数据的实时采集问题。

技术创新有 2 项:

(1) "沿海区高速公路桥梁台背填土差异沉降控制关键技术研究"在 2014 年取得了河北省交通运输厅科技计划项目立项(编号 Y-2014007)。

主要创新点:

①桩间距是影响桥头段 CFG 桩复合地基沉降控制效果各因素中最主要的因素,其次是桩长和桩身模量,设计时重点考虑 CFG 桩平面布置。

②考虑不同差异沉降作用下路面结构附加应力、路面排水及平整度要求,提出基于结构与功能要求的高速公路路基差异沉降控制标准。

③依据填料类型、填筑高度,提出了基于施工控制的京沪高速公路沧千段桥头台背填土路基沉降分级,根据分级采取合理措施,达到主动控制差异沉降的目的。

④以台背填土路基施工期沉降实际观测数据为依据,采用生长曲线模型进行路基工后沉降预估,依据路基沉降分级标准,提出台背路基差异沉降主动控制措施和施工指南。

(2)"基于驾驶人视觉特性的三维立体视错觉减速标线、突起路标、防眩设施设计研究"来源于河北省交通运输厅 2013 年科技计划项目,项目编号补助项目-2-18。

主要创新点:

在分析国内外研究的基础上,课题研究形成以下创新成果:

①基于驾驶人视角要求建立三维立体视错觉减速标线图形视错觉高度和厚度拉伸尺寸计算方法。

②基于驾驶人视觉特性、视觉警示、速度感知,运用几何数学确定竖曲线路段突起路标设置间隔。

③建立基于 Adams/Car 的平直线路段、平曲线路段、竖曲线路段、长大下坡路段和收费广场处不同设置间隔下突起路标振动警示效果的分析方法。

④基于眩光纵距确定不同半径下凹形竖曲线过渡段防眩设施高度。

本课题通过以减速标线、突起路标、防眩设施作为安全设施突破口进行系统研究,完善交通安全设施规范,推动交通安全设施科学建设,提升高速公路交通安全状况、减少交通事故、提高通行效率,预计减少交通事故 10% ~ 30%。研究成果使高速公路安全设施能够与河北省乃至全国高速公路交通安全的长远目标保持协调发展,促进公路交通事业的安全、高效的常态发展。

(四)运营养护管理

1. 服务设施

全线设置孟村 1 处服务区(表 8-4-21)。

南顾屯枢纽互通至千童(冀鲁界)段服务设施一览表　　　　表 8-4-21

高速公路编码	服务区名称	桩号	所在区域	占地(亩)	建筑面积(m²)
G2	孟村服务区	K160+350	沧州市孟村回族自治县	140	6760

2. 收费设施

本项目共设置收费站 5 处。匝道出入口数量截至 2016 年底共计 57 条,其中 ETC 车道9条(表8-4-22)。

南顾屯枢纽互通至千童(冀鲁界)段收费设施一览表   表8-4-22

收费站名称	桩号	入口车道数		出口车道数		收费方式
		总车道	ETC车道	总车道	ETC车道	
冀鲁界主线收费站	K257+376.6			23	2	MTC+ETC
孟村西收费站	AK0+680	5	1	11	1	
盐山南收费站	AK0+230	3	1	5	1	
千童收费站	AK0+250	6	2	4	1	
沧州南收费站	AK0+225	—	—	—	—	

3. 养护管理

本项目养护里程48.232km,设置孟村1处养护工区,负责养护里程为48.232km(表8-4-23)。

南顾屯枢纽互通至千童(冀鲁界)段养护设施一览表   表8-4-23

养护工区名称	桩号	路段长度(km)	占地面积(亩)	建筑面积(m²)
孟村养护工区	AK0+608	48.232	38	1604

4. 监控设施

本项目监控中心与沧廊高速公路运营管理处监控中心合并,不单独设立监控分中心。

第五节 G3(北京—台北)河北段(廊坊广阳—沧州吴桥)

G3北京至台北高速公路是国家高速公路网7条首都放射线中的"线3",是交通部"十一五"重点建设项目之一,同时也是省"五纵六横七条线"高速公路网规划中"纵二"的重要路段。河北境内起自廊坊广阳区(京冀界),止于沧州吴桥(冀鲁界),全长248.024km。沿线途经廊坊市的广阳区、永清县、霸州市、文安县、大城县,沧州市的沧县、南皮县、东光县、吴桥县。京台高速河北段的建设将成为连接京津的第三条高速公路,成为京津东出西连的重要交通枢纽,可缓解北京市过境交通压力和京津之间的交通压力,促进京津冀经济一体化进程,有力地带动环渤海地区经济社会快速协调发展。

G3北京至台北高速公路河北境内由四段组成,分别是京台高速公路廊坊段、廊沧高速公路廊坊段、廊沧高速公路沧州段(廊沧界至陶官营互通段)、京沪高速公路青县至吴桥段[陶官营枢纽互通至吴桥(冀鲁界)段]。

(1)京台高速公路廊坊段于2014年12月建成通车,由京台高速公路廊坊建设管理处负责运营管理养护,运营里程桩号 K28+000~K56+424,全长 28.424km,设计速度 120km/h,双向八车道,路基宽度 42.0m。

(2)廊沧高速公路廊坊段于 2011 年 11 月 26 日建成通车,由廊沧高速公路廊坊建设管理处负责运营养护管理,营运桩号 K0+709~K93+957,全长 93.248km,设计速度 120km/h,双向六车道,路基宽度 34.5m。

(3)廊沧高速公路沧州段(廊沧界至陶官营互通段)于 2011 年 11 月 26 日建成通车,由沧州高速公路建设管理处负责运营养护管理,营运桩号 K92+967.15~K110+601.15,全长 17.635km,设计速度 120km/h,双向六车道,路基宽度 34.5m。

(4)京沪高速公路青县至吴桥段[陶官营枢纽互通至吴桥(冀鲁界)段]于 2000 年 12 月建成通车,由河北省高速公路京沪管理处负责运营养护管理,运营桩号 K190+282~K298+999,全长 108.717km,设计速度 120km/h,双向四车道,路基宽度 28m。

G3(北京—台北)河北段(廊坊广阳—沧州吴桥)高速公路项目信息见表 8-5-1、图 8-5-1、图 8-5-2。

一、京台高速公路廊坊段

(一)项目概况

1. 基本情况

1)功能定位

本项目的建设,为廊坊市融入京津提供了交通保障,它的建设将对廊坊市经济快速协调发展起到巨大的推动作用。

2)技术标准

采用双向八车道,设计速度 120km/h,路基宽度 42.0m。平曲线最小半径采用 2800m,最大纵坡采用 1.3%。

3)建设规模

本项目建设里程 28.424km,其中:特大桥 7108m/1 座,大桥 1654m/2 座,中桥 620m/8 座,涵洞 40 道,桥梁长度占路线总长度的 33%;互通式立交 3 处(服务型互通),分离式立交 7 处,通道 14 处,天桥 3 座;主线收费站 1 处(尚未开通),匝道收费站 3 处;服务区 1 处;管理、养护、服务、监控房屋建筑面积 110903.51m^2。

4)主要控制点

廊坊市广阳区、永清县,共计 10 个乡镇,2 个工业园区。

5)地形地貌

路线所经区域自然环境有丰富的土地资源,地形平坦,海拔在 10~13.8m。

G3（北京—台北）河北段（廊坊广阳—沧州吴桥）高速公路项目信息表

表 8-5-1

项目名称	路段起讫桩号		规模(km)	车道数	设计速度(km/h)	路基宽度(m)	投资情况(亿元)			资金来源	建设时间（开工~通车）	备注
	起点桩号	讫点桩号	合计				估算	概算	决算			
京台高速公路廊坊段	K28+000	K56+424	28.424	八	120	42.0	33	35.59		部补助、银行贷款、地方自筹	2012.2~2014.12	
廊沧高速公路廊坊段	K0+709	K93+957	93.248	六	120	34.5	44.864	71.74	72.997	银行贷款、地方自筹	2009.2~2011.11	
廊沧高速公路沧州段（廊沧界至陶官营互通段）	K92+976.15	K110+601.15	17.635	六	120	34.5		14.80		银行贷款	2007.12~2011.11	
京沪高速公路青县至吴桥段[陶官营枢纽互通至吴桥（冀鲁界）段]	K190+282	K298+999	108.717	四	120	28.0	23.9	29.64	25.2	亚行贷款和地方自筹	1998.10~2000.12	

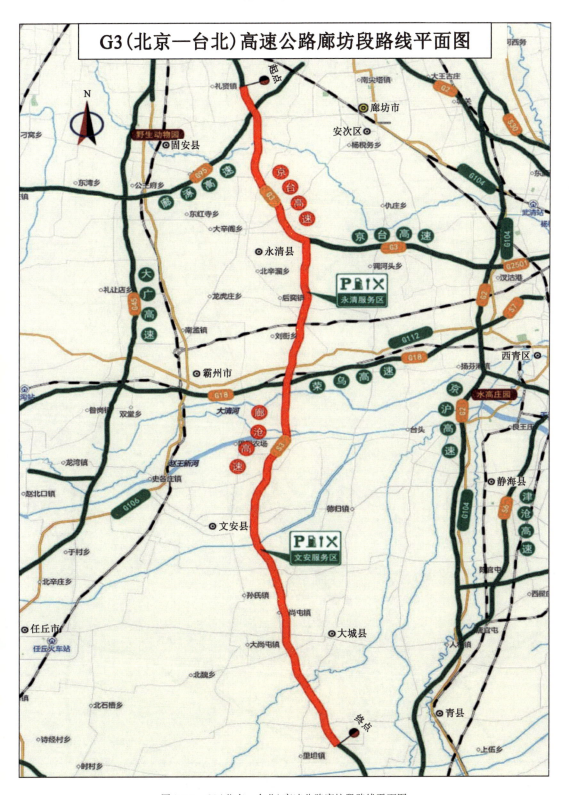

图 8-5-1 G3（北京—台北）高速公路廊坊段路线平面图

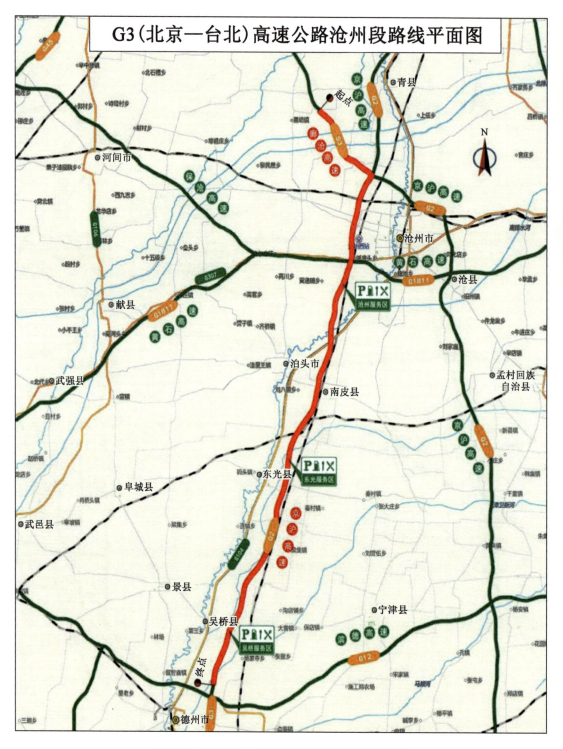

图 8-5-2　G3（北京—台北）高速公路沧州段路线平面图

6）路面结构及主要构造物

主要采用沥青混凝土路面。4cm AC-13C 改性沥青混凝土，6cm AC-20CI 改性沥青混凝土，SBS 改性乳化沥青防水层，12cm ATB-25 密级配沥青稳定碎石，19cm 水泥稳定碎石，19cm 水泥稳定碎石，20cm 级配碎石。

主要构造物采用预应力混凝土连续梁桥。

7）投资规模

项目概算投资 35.59 亿元，平均每公里造价 12521 万元。

8）开工及通车、竣工时间

2012 年 2 月开工建设，2014 年 12 月交工通车。

2. 前期决策情况

1）前期决策背景

根据河北省高速公路网规划要求，河北省交通厅公路管理局于 2006 年 5 月 24 日，组织召开了京台高速公路河北段（京冀界至廊坊别古庄枢纽互通）段路线方案论证会，会议原则通过了方案研究推荐路线方案，并将研究成果上报河北省人民政府审批。

2）前期决策过程

2006 年 7 月 4 日至 5 日，河北省交通厅组织专家对《京台高速公路廊坊段预可行性研究报告》进行评审。

（1）2008 年 11 月 20 日，河北省交通厅与北京市交通委员会就京冀两省市接线位置签订了接线协议，明确京台高速公路北京段线位方案，调整了原工程可行性报告中推荐方案的起点位置、路线走向、建设规模、估算投资及评价等。2008 年 12 月 3 日，根据项目起点位置的变化情况，编制完成了本项目工程可行性补充报告，随工程可行性报告一同上报。

（2）2010 年 3 月 23 日，国家发展和改革委员会以发改基础〔2010〕553 号文《关于京台高速公路廊坊段可行性研究报告的批复》批复了本项目可行性研究报告。

（二）建设情况

1. 项目准备阶段

1）项目审批

（1）2008 年 10 月 13 日，河北省国土资源厅以冀国土资储压字〔2008〕88 号文批复《关于京台高速公路廊坊段工程场地地震安全性评价报告的评审意见》。

（2）2009 年 2 月 24 日，水利部以水保函〔2009〕62 号文批复《关于北京至台北公路廊坊段水土保持方案的复函》。

(3)2009年5月7日,环境保护部以环评〔2009〕222号文复函河北省环保厅批复《关于京台高速公路廊坊段环境影响报告书》。

(4)2010年9月8日,交通运输部以交公路发〔2010〕460号文批复《关于京台高速公路廊坊段初步设计》。

(5)2010年12月22日,河北省交通厅运输厅以冀交公字〔2010〕716号文批复《关于京台高速公路廊坊段两阶段施工图设计》。

(6)2010年12月31日,国家林业局以林资许准〔2010〕498号文批复《使用林地审核同意书》。

(7)2011年10月29日,国土资源部以国土资函〔2011〕811号文批复《关于京台高速公路廊坊段工程建设用地》。

(8)2012年2月1日,交通运输部公路司同意京台高速公路廊坊段高速公路开工。

2)资金筹措

项目概算投资35.59亿元。

3)合同段划分

根据各专业的工程内容划分标段(表8-5-2)如下：

(1)土建工程、房建工程、绿化工程、机电工程设计标段划分1个标段。

(2)施工标段划分：根据工程内容的不同,土建工程11个标段,机电工程2个标段,房建工程10个标段,绿化工程3个标段,交通安全设施3个标段。

(3)施工监理标段划分：根据工程内容设1个总监办公室,3个土建工程驻地监理标段,2个房建工程监理标段,1个机电工程监理标段。

4)招投标

按照国家颁布的《招投标法》和交通部颁布的《公路工程施工招标投标管理办法》《公路工程施工招标资格预审办法》《公路工程施工招标评标办法》的要求,由项目法人单位组织招标工作。

(1)2008年9月5日,发布勘察设计招标公告,9月26日开标,4家单位参加投标,经评审公示后,确定1家中标单位。

(2)2010年8月23日,发布施工监理资格预审公告,41家单位参加资格预审,10月8日开标,经评审公示后,确定中标单位4家。

(3)2010年8月23日,发布控制性工程LQ5标段施工招标资格预审公告,13家单位参加资格预审,9月8日资格预审评审,9月9日向通过资格评审的单位发投标邀请书,10月8日开标,经评审公示后,确定中标单位1家。

(4)2010年10月8日,发布路基、桥涵工程施工招标资格预审公告,129家单位参加投标,3月28日开标,经评审公示后,确定中标单位7家。

第八章 高速公路建设项目

表 8-5-2 京合高速公路廊坊段合同段划分一览表

参建单位	类型	参建单位名称	合同段编号及起讫记桩号	标段所在地	主要内容	主要负责人	备注
项目管理单位		京合高速公路廊坊建设管理处	全线		主线土建工程、绿化	孟广文	
勘察设计单位	土建工程设计	中交第一公路勘察设计研究院有限公司	全线		主线土建工程、绿化	史吉昌	
		廊坊市燕赵交通勘察设计有限公司				厉兰伯	
施工单位	土建施工	陕西路桥集团有限公司	LQ1:-K0+000.420~K7+658.48	广阳区	路基、桥涵工程	李玉幸	
		河北燕峰路桥建设有限公司	LQ2:K7+658.48~K11+272.5	广阳区、永清县	永定河特大桥	彭振峰	
		廊坊市交通公路工程有限公司	LQ3:K11+272.5~K14+766.52	永清县	永定河特大桥	王文刚	
		唐山市路桥建设有限公司	LQ4:K14+766.52~K21+900	永清县	路基、桥涵工程	谭永海	
		中天路桥有限公司	LQ5:K21+900~K26+068.035	永清县	路基、桥涵、路面工程	赵亚	
		中铁二十局集团第六工程有限公司	LQ7:K30+268.035~K37+250	安次区	路基、桥涵工程	冯太坤	
		辽宁交通建设集团有限公司	LQ8:K37+250~K43+550	安次区	路基、桥涵工程	史良逢	
		廊坊市交通公路工程有限公司	LQ9:K43+550~K53+253.137	广阳区、永清县	路基、桥涵工程	刘军	
	路面施工	中交第一公路工程有限公司	LM1:-K0+000.420~K21+900	永清县、安次区	路面工程	王纯鸣	
		河北燕峰路桥建设集团有限公司	LM2:K30+268.035~K42+100	安次区	路面工程	刘国彬	
			LM3:K42+100~K53+253.137		路面工程	赵占伟	

(5)2012年3月20日,发布路面工程施工招标资格预审公告,58家单位参加投标,5月24日开标,经评审公示后,确定中标单位3家。

(6)2012年9月24日,发布房建工程施工招标公告,108家单位参加投标,10月22日开标,经评审公示后,确定中标单位9家。

(7)2013年6月4日,发布交通安全设施施工招标公告,23家单位参加投标,6月27日开标,经评审公示后,确定中标单位2家。

(8)2013年6月4日,发布绿化及环保设施(声屏障)工程施工招标公告,215家单位参加投标,7月10日开标,经评审公示后,确定中标单位4家。

(9)2013年8月21日,发布机电工程施工JD2标段施工招标公告,16家单位参加投标,9月10日开标,经评审公示后,确定中标单位1家。

5)参建单位主要情况

(1)建设单位

本项目建设单位是廊坊市交通运输局,项目执行机构是京台高速公路廊坊建设管理处。

(2)设计单位

土建工程设计单位:中交第一公路勘察设计研究院有限公司和廊坊市燕赵交通勘察设计有限公司,总体设计负责单位为中交第一公路勘察设计研究院有限公司。

其他专项工程设计单位见表8-5-2。

(3)施工单位

详见表8-5-2。

6)征地拆迁

(1)坚持一个原则,以维护好群众切身利益为根本出发点。

(2)严格三个环节,做到依法依规征地拆迁。

(3)完善三种机制,形成各级联动的工作合力。一是完善组织机制,成立了市长任指挥长、市政府各部门为成员单位的业主高速公路建设指挥部,下设办公室负责处理日常事务,同时沿线各县(区)参照市指挥部规格成立了县(区)指挥部,为京台高速廊坊段开展地方工作提供了有力的组织保障。二是完善督导机制。成立了市政府督查室牵头,市纪检、公安、检察院、交通局为成员的督导小组。

(4)突破难点,保证工程建设进度。

2.项目实施阶段

1)施工过程

(1)主线土建工程于2012年2月15日开工,2014年12月16日交工。

(2)房建工程于2013年2月开工,2014年12月16日交工。

(3)机电工程于2013年11月开工。

(4)交通安全设施工程于2013年8月开工,2014年12月16日交工。

(5)绿化工程于2013年8月开工。

(6)管理处秉承"追求最好,争创跨世纪最佳工程"的总体建设目标,与参建各方签订质量责任状,明确各方责任,树立"质量第一"的意识,加大"关键部位"控制力度,有效保证了工程质量和进度。

(7)2014年12月16日,京台高速公路廊坊建设管理处组织专家对本段高速公路进行了交工验收。

京台高速公路廊坊段建设生产要素统计见表8-5-3。

京台高速公路廊坊段建设生产要素统计表　　　　表8-5-3

路线编号	建设时间	钢筋(t)	沥青(t)	水泥(t)	砂石料(m³)	机械工(工日)	机械(台班)
G3	2012.2~2014.12	92880	33441	631667	1265583	690275	555512

2)重要决策

(1)2007年11月26日,河北省交通厅决定同意廊坊市作"京津南通道河北段高速公路项目"业主。

(2)2008年5月5日,廊坊市机构编制委员会办公室行文成立"京津南通道河北段高速公路廊坊建设管理处"。

(3)2009年1月15日,廊坊市机构编制委员会办公室行文将京津南通道河北段高速公路廊坊建设管理处更名为"京台高速公路廊坊建设管理处"。

(4)2014年12月26日,项目通车试运营。

3)各项活动

(1)2012年3月14日,高速公路廊坊建设管理处召开"大干120天"劳动竞赛动员大会。

(2)2012年10月1日,高速公路廊坊建设管理处召开"百日决战"劳动竞赛动员大会。

(三)科技创新

京台高速廊坊建设管理处在项目管理创新、技术创新、技术推广上实现了新的突破。其中技术创新有6项:

(1)全线结构工程全部采用高性能混凝土,有效提高了混凝土耐久性。

(2)主筋采用数控弯曲机加工,箍筋采用小型自动弯箍机进行加工,有效保证钢筋骨架尺寸,确保钢筋保护层厚度。

(3)预制梁板钢筋骨架全部采用定型胎架进行绑扎;预制梁板采用蒸汽养生;正、负弯矩张拉、压浆全部采用智能张拉、压浆系统,张拉数据必须24h内上传至动态管理平台,否则软件自动锁定,不能继续张拉,梁板实体质量、外观色泽、压浆饱满度显著提升。

(4)在摊铺机、压路机上安装监控设备,监控其碾压遍数及速度;要求压路机采用队列式碾压,有效提高压实效果。

(5)采用HDR系列高阻尼隔震橡胶支座,提高桥梁抗震储备,该种支座在国内处于领先水平,桥梁按抗震烈度8度进行设防,有效增加桥梁安全性能及使用寿命。

(6)为提升项目信息化管理水平,与中交公路规划设计院联合开发建立了基于互联网技术的京台高速公路动态管理平台系统,目前该系统在质量管理方面实现了如下功能:软土地基处理施工动态跟踪;智能张拉压浆网络监控;施工现场24h实时监控;沥青拌和站实时监控;压路机碾压速度、遍数监控等。动态管理平台系统的集成应用,实现了项目资源高度共享,延伸了项目管理层的触角,确保了项目高效有序运行。

(四)运营养护管理

1.服务设施

全线设置万庄服务区,因北京段未通车,车流量较少,该服务区未开通(表8-5-4)。

京台高速公路廊坊段服务设施一览表　　　表8-5-4

高速公路编码	服务区名称	桩　　号	所在区域	占地(亩)	建筑面积(m²)
G3	万庄服务区	K29+320	廊坊市广阳区	80	6283.88

2.收费设施

本项目共设置收费站4处,其中设置主线收费站1处,设置匝道收费站3处(表8-5-5)。

京台高速公路廊坊段收费站一览表　　　表8-5-5

收费站名称	桩号	入口车道数		出口车道数		收费方式
		总车道	ETC车道	总车道	ETC车道	
京冀界廊坊主线收费站	K29+330			18	2	MTC+ETC
廊坊空港收费站	K33+144	6	1	8	1	
永清北收费站	K43+514	3	1	3	1	
永清收费站	K51+602.5	2	1	5	1	

3.养护管理

本段养护里程28.424km,设置永清养护工区负责全线的养护工作(表8-5-6)。

京台高速公路廊坊段养护设施一览表　　　表8-5-6

养护工区名称	桩　　号	路段长度(km)	占地面积(亩)	建筑面积(m²)
永清养护工区	K51+602.5	28.424	22.4	1216.45

4. 监控设施

本项目设置万庄监控中心,负责京冀界至廊坊别古庄枢纽互通的运营监管(表8-5-7)。

京台高速公路廊坊段监控设施一览表　　　　　表8-5-7

监控设施名称	桩　　号	占地面积(亩)	建筑面积(m^2)
万庄监控中心	K29+330		临时设立在万庄服务区西区

5. 交通流量

京台高速公路廊坊段交通量(自然数)发展状况见表8-5-8,2012—2016年京冀界至廊坊别古庄枢纽互通段收费站年平均日交通量(自然数)增长柱状图如图8-5-3所示。

京台高速公路廊坊段交通量(自然数)发展状况表　　　　　表8-5-8

年　　份		2012	2013	2014	2015	2016
交通量(辆)	京冀主线站					233872
	廊坊空港站			44352	3475421	4400007
	永清北站			3059	708388	1884362
	永清站	849944	2033551	2405049	2290623	3209910
	合计	849944	2033551	2452460	6474432	9728151
收费站年平均日交通量(辆/日)		2329	5571	6719	17738	26652

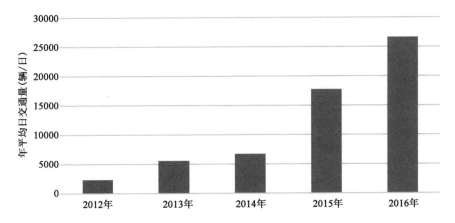

图8-5-3 京冀界至廊坊别古庄枢纽互通段收费站年平均日交通量(自然数)增长柱状图

二、廊沧高速公路廊坊段

(一)项目概况

1. 基本情况

1)功能定位

廊沧高速公路廊坊段是河北省"五纵六横七条线"高速公路网中的"纵二"的重要组

成部分,同时也是河北省"十一五"交通发展规划中的重点建设项目。

2)技术标准

采用双向四车道,设计速度120km/h,路基宽度34.5m。平曲线最小半径采用3000m,最大纵坡采用2.498%。

3)建设规模

本项目建设里程长93.248km,其中大桥1313m/6座,中桥885m/15座,小桥436m/20座,涵洞17座;分离式立交2176m/17座,互通式立交9处,互通区主线桥(上跨)2762m/20座,匝道桥2481m/13座,通道118处,服务区2处,信息管理中心1处,养护工区2处,收费站7处。管理、养护、服务、监控房屋建筑面积27915m^2。

4)主要控制点

廊坊市的永清县、霸州市、文安县、大城县。共计4个县(市)、17个乡镇。

5)地形地貌

项目属平原地貌,主要为冲积及湖沼成因的粉土、粉质黏土、粉细砂。地势平缓。

6)路面结构及主要构造物

主要采用沥青混凝土路面。4cm AC-13细粒式改性沥青混凝土,0.17cm改性沥青防水层,6cm AC-20中粒式改性沥青混凝土,12cm ATB-30沥青稳定碎石,18cm水泥稳定级配碎石,18cm石灰粉煤灰稳定级配碎石,20cm石灰粉煤灰稳定土。

主要构造物采用预应力混凝土连续梁桥。

7)投资规模

项目概算投资71.74亿元,竣工决算预计投资72.997亿元,平均每公里造价7828万元。

8)开工及通车、交工时间

2009年2月开工建设,2011年11月交工通车,2012年5月完成整个项目交工验收。

2. 前期决策情况

1)前期决策背景

根据河北省交通厅"十一五"期间干线公路网建设的总体规划要求,河北省交通厅决定在2006年启动廊沧高速公路廊坊段建设工作。

2)前期决策过程

(1)2006年11月28日,河北省发展和改革委员会以冀发改交通〔2006〕1485号文下达了《关于廊沧高速公路廊坊段项目建议书的批复》。

(2)2007年6月20日,河北省发展和改革委员会以冀发改交通〔2007〕841号文下达了《关于廊沧高速公路廊坊段项目可行性研究报告的批复》。

(二)建设情况

1. 项目准备阶段

1)项目审批

(1)2007年6月5日,河北省发展和改革委员会审核了廊沧高速公路廊坊段建设项目《河北省建设项目招标方案和不招标申请表》。

(2)2007年8月27日,河北省发展和改革委员会以冀发改投资〔2007〕1298号文下达了《关于廊沧高速公路廊坊段初步设计的批复》。

(3)2008年4月9日,河北省交通厅公路管理局以冀交公路〔2008〕81号文批复了《关于廊沧高速公路廊坊段主体工程施工图设计》。

(4)2007年6月5日,河北省环境保护局以冀环评〔2007〕179号文批复了《关于廊沧高速公路廊坊段环境影响报告书》。

(5)2009年1月17日,国土资源部以国土资源〔2009〕73号文下发了《关于廊沧高速公路廊坊段工程建设用地的批复》。

(6)2009年2月10日,河北省交通运输厅批准廊沧高速公路廊坊段开工建设。

(7)2010年2月10日,河北省交通运输厅以冀交公字〔2010〕71号文批复了《关于廊沧高速公路廊坊段安全设施、通信管线、房建工程及绿化环保工程两阶段高速公路两阶段施工图设计文件》。

(8)2011年5月6日,河北省交通运输厅以冀交公〔2011〕281号文批复了《关于廊沧高速公路廊坊段机电工程联合设计》。

2)资金筹措

本项目概算批复总投资71.74亿元,项目资本金25.11亿元,由河北省高速公路管理局和廊坊市高速公路管理处负责筹措,其余46.63亿元申请银行贷款。

3)合同段划分及招投标

(1)合同段划分

根据工程专业内容全线划分标段(表8-5-9)如下:

①全线设计标段1个(允许组成联合体投标,易于总体协调)。

②施工标段划分:根据工程内容的不同,土建工程20个标段,机电工程1个标段,房建工程10个标段,绿化工程7个标段,交通安全设施4个标段。

③施工监理标段划分:根据工程内容设1个总监办公室,5个土建工程驻地监理办公室,2个房建工程监理办公室,1个机电工程监理办公室。

(2)招投标

由项目法人单位组织招标工作。

廊沧高速公路廊坊段合同段划分一览表

表 8-5-9

参建单位	类型		参建单位名称	合同段编号及起讫桩号	标段所在地	主要内容	主要负责人	备注
项目管理单位			廊沧高速廊建设管理处				张俊杰	
勘察设计单位	土建工程设计		河北省交通规划设计院			全线土建工程设计	赵彦东	
施工单位	路基工程		朝阳建设集团有限公司	LJ2:K2+800~K8+600	大沈庄、东劳营、马家堡	路基桥涵工程	王俊宝	
			河北北方公路工程建设集团有限公司	LJ3:K8+600~K14+950	王虎庄、李奉先、武家窑	路基桥涵工程	赵亚	
			中铁十五局集团有限公司	LJ4:K14+950~K16+500	南大王庄	路基桥涵工程	贺修军	
			廊坊市交通公路工程有限公司	LJ5:K16+500~K24+700	渠头村、大宁口	路基桥涵工程	郭秀全	
			河北燕峰路桥建设股份有限公司	LJ6:K24+700~K27+200	王庄子、赵各庄、十间房	路基桥涵工程	王万强	
			廊坊市交通公路工程有限公司	LJ7:K27+200~K35+800	靳家堡、任庄子	路基桥涵工程	王文刚	
			湖北长江路桥股份有限公司	LJ8:K35+800~K44+250	唐头村、南庄村、大柳河镇	路基桥涵工程	田云海	
			中交第三公路工程局有限公司	LJ9:K44+250~K46+800	孟家务	路基桥涵工程	随中州	
			中铁三局集团第五工程有限公司	LJ10:K46+800~K55+000	韦各庄、小刘皂村、韩么村、文庄	路基桥涵工程	王景河	
			中国路桥工程有限责任公司	LJ11:K55+000~K61+000	万村、姜庄子	路基桥涵工程	赵魏	
			河北广通路桥工程有限公司	LJ12:K61+000~K71+000	天德店、大三王、大阜村、盖张街	路基桥涵工程	赵学同	
			道隆集团工程有限公司	LJ13:K71+000~K78+000	大广安、东牛村、刘故献	路基桥涵工程	王淀	
			中交第一公路工程局有限公司	LJ14:K78+000~K86+000	十王堂、鄂庄	路基桥涵工程	余亦勤	

续上表

参建单位	类型	参建单位名称	合同段编号及起讫桩号	标段所在地	主要内容	主要负责人	备注
施工单位	路基工程	中交一公局第一工程有限公司	LJ15:K86+000~K93+956.7	季村,石挖塔,大木桥	路基桥涵工程	陈制永	
	路面工程	廊坊市交通公路工程有限公司	LM1:K0+708.971~K14+950	赵百户营,大沈庄,东贺尧营,马家堡,王虎庄,李奉先,武家窑	路基桥涵路面工程	王纯明	
		河北广通路桥工程有限公司	LM2:K14+950~K27+200	南大王庄,渠头村,大宁口,王庄子,赵各庄,十间房	路面工程	杨孝全	
		河北燕峰路桥建设有限公司	LM3:K27+200~K46+800	靳家堡,任庄子,唐头村,南庄村,大柳河镇,孟家务	路面工程	彭振峰	
		邢台路桥建设总公司	LM4:K46+800~K61+000	韦各庄,小扣皂村,韩么村,文庄,万村村,姜庄子	路面工程	李文清	
		四川公路桥梁建设集团有限公司	LM5:K61+000~K78+000	天德店,大三王,大阜村,盖张街,大广安,东牛村,刘故献	路面工程	余同和	
		江西交建工程集团有限公司	LM6:K78+000~K93+956.7	十王堂,郭庄,季村,石挖塔,大木桥	路面工程	张政玖	

①2007年1月19日,勘察设计招标在石家庄公开开标,招标采用资格后审,有3家设计联合体递交了投标文件。采用"双信封评标法",评审出1家勘察设计中标单位。

②2007年8月28日,有59家路基桥涵工程施工单位通过资格预审,参加本项目主线控制性工程3个合同段的投标。采用合理低价中标方式,评审出3家控制性工程中标单位。

③2007年8月28日,有4家监理单位通过总监办资格预审,参加本项目总监办的投标。评审出1家总监办中标单位。

④2007年12月25日,有192家路基桥涵工程施工单位通过资格预审,参加本项目主线路基桥涵工程11个合同段的投标。采用合理低价中标方式,评审出11家路基桥涵工程中标单位。

⑤2007年12月25日,有15家主线驻地监理单位通过资格预审,参加本项目主线施工监理4个合同段的投标。评标采用"双信封评标法",评审出5家主线施工驻地监理中标单位。

⑥2009年6月22日,有42家路面工程施工单位通过资格预审,参加本项目主线路面工程6个合同段的投标。采用合理低价中标方式,评审出6家路面工程中标单位。

4)参建单位主要情况

(1)建设单位

本项目建设单位是廊坊市交通运输局,项目执行机构是廊沧高速公路廊坊建设管理处。

(2)设计单位

土建工程、交通工程、机电工程设计单位:河北省交通规划设计院。

总体设计由河北省交通规划设计院负责,为联合体主办方,河北省建筑设计研究院有限责任公司和北京腾远设计事务所为联合体成员。

(3)施工单位

详见表8-5-9。

5)征地拆迁

征地拆迁工作实行群众参与,各级政府层层签订责任书,采取"四到位、四现场"的做法,即县、乡、村、户四方到场,现场丈量、现场清点、现场签字、现场盖章。

2008年2月完成全部清点确认工作。廊坊市人民政府与永清县、霸州市、文安县、大城县签订拆迁合同协议(表8-5-10)。

廊沧高速公路廊坊段征地拆迁统计表　　　表8-5-10

高速公路编码	项目名称	征地拆迁安置起止时间	征用土地（亩）	拆迁房屋（m²）	拆迁占地费（万元）	备注
G3	廊沧高速公路廊坊段	2008.2～2009.2	10766.088	40258.78	73309.57	

2. 项目实施阶段

1）施工过程

（1）主线土建工程于2009年2月10日开工，2011年7月完工。并于2011年11月4日完成了交工验收。

（2）房建工程于2010年8月开工，2011年10月完工。并于2012年8月26日完成了交工验收。

（3）机电工程于2010年10月开工，2011年11月完工。并于2012年12月28日完成了交工验收。

（4）交通安全设施工程于2010年8月开工，2011年11月完工。并于2011年11月4日完成了交工验收。

（5）绿化工程于2011年9月开工，2013年5月完工。并于2014年5月15日完成了交工验收。

廊沧高速公路廊坊段建设生产要素统计见表8-5-11。

廊沧高速公路廊坊段建设生产要素统计表　　　表8-5-11

路线编号	建设时间	钢材（t）	沥青（t）	水泥（t）	砂石料（m³）	机械工（工日）	机械（台班）
G3	2009.2～2011.11	186543	86558	764226	7061509	3391064	11018384

2）重要决策

（1）2007年9月28日，廊坊市市长宣布廊沧高速公路廊坊段开工。

（2）2011年11月26日上午，廊坊市委书记赵世洪，河北省交通运输厅厅长高金浩等领导出席了廊沧高速公路廊坊段通车典礼。

3）各项活动

（1）在全线开展"大干120天"活动。

（2）"大干120天"期间，每月进行"质量、进度、安全"评比。

（三）科技创新

廊沧高速廊坊建设管理处在项目管理创新、技术创新、技术推广上实现了新的突破。

（1）"半刚性基层材料振动试验设计方法、参数与标准研究"课题于2012年获得河北省科学技术三等奖。

（2）"高模量沥青混凝土在半刚性基层沥青路面结构中的应用技术研究""新型多功能复合型沥青混合料添加剂的开发与技术性能研究"两项课题均获得省交通运输厅科技成果一等奖。

（四）运营养护管理

1. 服务设施

全线设置永清、文安 2 处服务区，2013 年 9 月 26 日开始运营（表 8-5-12）。

廊沧高速公路廊坊段服务设施一览表　　　　表 8-5-12

高速公路编码	服务区名称	桩　号	所在区域	占地（亩）	建筑面积（m²）
G3	永清服务区	K9+500	廊坊市永清县	89.91	7053.15
G3	文安服务区	K57+800	廊坊市文安县	89.91	7053.15

2. 收费设施

本项目共设置收费站 7 处（表 8-5-13）。

廊沧高速公路廊坊段收费设施一览表　　　　表 8-5-13

收费站名称	桩　号	入口车道数		出口车道数		收费方式
		总车道	ETC 车道	总车道	ETC 车道	
永清南收费站	K12+416	2	0	3	1	MTC+ETC
信安收费站	K23+062	2	0	4	1	
大柳河收费站	K36+997	2	0	3	1	
文安收费站	K50+498	2	1	5	1	
龙街收费站	K59+323	3	0	3	1	
大城收费站	K72+216	2	0	4	1	
臧屯收费站	K83+857	2	0	4	1	

3. 养护管理

本项目养护里程 93.248km，设置大柳河、臧屯 2 处养护工区（表 8-5-14）。

廊沧高速公路廊坊段养护设施一览表　　　　表 8-5-14

养护工区名称	桩　号	路段长度（km）	占地面积（亩）	建筑面积（m²）
大柳河养护工区	K37+706	48.292	15	1158
臧屯养护工区	K83+464	44.956	15	1158

4. 监控设施

本项目设置信息调度中心 1 处，负责廊沧高速公路廊坊段的运营监管（表 8-5-15）。

廊沧高速公路廊坊段监控设施一览表　　　　　表 8-5-15

监控设施名称	桩号	建筑面积(m²)
信息调度中心	K10+850	1089

5. 交通流量

2011—2016 年廊沧高速公路廊坊段交通量(自然数)发展状况如表 8-5-16、图 8-5-4 所示。

廊沧高速公路廊坊段交通量(自然数)发展状况表　　　　　表 8-5-16

年　份		2011	2012	2013	2014	2015	2016
交通量(辆)	永清南		290756	555884	743631	784364	882353
	信安	67877	1185736	1550523	1894930	1623556	1666045
	大柳河		448342	1443176	2179264	1624876	1762349
	文安	40818	951736	1530008	2198660	1918539	1954272
	龙街	27664	665255	864143	1053388	979546	1212130
	大城	33092	789000	1330446	1729359	1765221	2038394
	臧屯	27457	740471	864893	1106781	1123782	1258115
	合计	196908	5071296	8139073	10906013	9819884	10773658
收费站年平均日交通量(辆/日)		539	13894	22299	29879	26904	29517

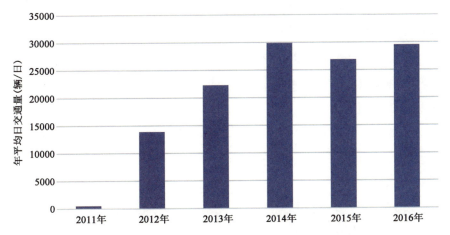

图 8-5-4　廊沧高速公路廊坊段收费站年平均日交通量(自然数)增长柱状图

三、廊沧高速公路沧州段(廊沧界至陶官营枢纽互通)

(一)项目概况

1. 基本情况

1)功能定位

廊沧高速公路沧州段既是河北省"五纵六横七条线"高速公路网络中的"纵二"的重要组成部分,同时也是河北省"十一五"交通发展规划中的重点建设项目。

2)技术标准

全线采用双向六车道高速公路标准建设,设计速度120km/h,路基宽度34.5m,桥涵设计汽车荷载等级采用公路—I级。

3)建设规模

该项目位于河北省东部,路线走向总体呈西北-东南走向,起于大城县大木桥村与青县西艾辛庄之间的廊坊沧州界,与廊沧高速公路廊坊段相接,终点位于沧州市陶官营,与京沪高速公路相接交叉。路线全长17.635km。

4)主要控制点

途经主要控制点:青县。

5)地形地貌

本项目地处河北平原东部的冲湖积平原,地势开阔平坦,地面高程为6~9m。第四系厚度450~500m,其中全新统厚度30~40m,主要岩性为粉质黏土、粉土及粉砂等。区域内河流、沟渠纵横、村庄密集、路网发达。

6)路面结构及主要构造物

主要采用沥青混凝土路面。

主要构造物采用简支梁桥、连续梁桥和组合梁桥。

7)投资规模

2007年11月29日,冀发改投资〔2007〕1940号对廊沧高速公路沧州段初步设计进行了批复,批复项目概算总投资为148040.48万元。

8)开工及通车时间

沧廊高速公路沧州段于2007年12月正式开工建设,2011年11月26日运营通车。

2. 前期决策情况

(1)2006年11月28日,河北省发展和改革委员会以冀发改交通〔2006〕1484号文下达了《关于廊沧高速公路沧州段项目建议书的批复》。

(2)2007年7月5日,河北省发展和改革委员会以冀发改交通〔2007〕949号下达了《河北省发展改革委员会关于廊坊—沧州段项目可行性研究报告的批复》。

(3)2007年11月23日,河北省交通厅以冀交函财〔2007〕296号文下达了《河北省交通厅关于对廊沧高速公路沧州段项目建设资金承诺函的补充说明的函》。

（二）建设情况

1. 项目准备阶段

1）项目审批

（1）2007年4月16日，河北省水利厅以冀水建〔2007〕27号文下达了《河北省水利厅关于廊沧高速公路防洪评价报告的批复》。

（2）2007年6月5日，河北省环境保护局以冀环评〔2007〕178号文下达了《关于廊沧高速公路沧州段工程环境影响报告的批复》。

（3）2007年11月29日，河北省发展和改革委员会以冀发改投资〔2007〕1940号文批复了《关于廊沧高速公路沧州段初步设计》。

（4）2008年6月30日，河北省交通厅公路管理局以冀交公路〔2008〕197号文批复了《关于廊沧高速公路沧州段主体工程施工图设计》。

（5）2008年11月12日，河北省国土资源厅以冀国土资呈字〔2008〕494号文下达了《关于廊沧高速公路沧州段工程建设用地的审查意见》。

（6）2009年12月1日，河北省交通运输厅以冀交公〔2009〕513号文批复了《关于廊沧高速公路沧州段房建工程两阶段施工图设计》。

2）合同段划分及招投标

（1）合同段划分

廊沧高速公路沧州段（廊沧界至陶官营互通），勘察设计1个合同段；土建施工规划3个合同段；房建工程2个合同段；机电工程1个合同段。设10个总监办公室，6个驻地监理办公室（表8-5-17）。

（2）招投标

按照国家颁布的《招投标法》和交通部颁布的《公路工程施工招标投标管理办法》《公路工程施工招标资格预审办法》《公路工程施工招标评标办法》的要求，由项目法人单位组织招标工作。

①2008年1月至2009年5月，三次对土建工程施工单位招标，确定施工中标单位3家。

②2009年2月20日对房建工程施工单位招标，采用合理低价中标方式，确定了7家中标单位。

③2010年2月8日对机电工程施工单位招标，由评标委员会进行评审，确定1家中标单位。

3）参建单位主要情况

（1）建设单位

沧州市高速公路建设管理局下属沧廊高速公路建设管理处为本工程建设、管养和运营单位。

（2）设计单位

河北省交通规划设计院为该段高速公路设计单位。

（3）施工单位

详见表8-5-17。

廊沧高速公路沧州段（廊沧界至陶官营互通）合同段划分一览表　　　表8-5-17

参建单位	类型	参建单位名称	合同段编号及起止桩号	主要内容	主要负责人
项目管理单位		沧廊高速公路建设管理处			孙为民
勘测设计单位	土建设计	河北省交通规划设计院、沧州双盛公路工程咨询有限公司		全线土建、交通工程、机电设计	焦永顺
施工单位	土建工程	衡水路桥工程有限公司	TJSG－01合同：K92+956.792～K98+023	路基、桥涵工程	李树冰
		沧州路桥工程公司	TJSG－02合同：K98+023～K101+260	桥涵工程	兰青
		沧州路桥工程公司	TJSG－03合同：K92+956.792～K109+500	路基、桥涵、路面工程	曹艳明

4）征地拆迁

设立专门组织机构，按三级管理体系设置安置办公室，加强各级政府对征地工作的领导和监督，形成完善的拆迁工作体系，使征地拆迁工作层层有人管、层层有人抓。

2007年10月上旬，筹建管理处组织有关人员分三组对沿线地上附着物进行了清点、登记造册、签字确认，并签订征地、拆迁合同协议（表8-5-18）。

廊沧高速公路沧州段（廊沧界至陶官营互通）征地拆迁统计表　　　表8-5-18

高速公路编码	项目名称	征地拆迁安置起止时间	征用土地（亩）	拆迁房屋（m²）	拆迁占地费（万元）	备注
G3	廊沧高速沧州段	2008.1～2009.5	2110.59	8852.95	18425.25	

2. 项目实施阶段

1）施工过程

（1）主线土建工程于2008年9月20日开工，2010年12月26日完工。

（2）房建工程于2009年5月开工，2010年12月完工。

（3）机电工程于2009年7月开工，2010年12月完工。

（4）交通安全设施工程于2009年8月开工，2010年12月完工。

（5）绿化工程于2009年5月开工，2011年10月完工。

(6)2010年12月23日,沧州市高速公路建设管理局组织专家对廊沧高速公路进行了交工验收。

2)重要决策

(1)2007年11月16日,廊沧高速公路沧州段举行奠基仪式。河北省副省长张和等省市领导出席。

(2)2010年12月22日,举行了隆重通车典礼仪式。沧州市委书记郭华宣布工程竣工通车。

(三)科技创新

(1)廊沧高速公路具硬壳层软土地基注浆处理技术研究。
(2)廊沧高速公路沧州段沥青混凝土质量控制技术与研究。

(四)运营养护管理

1. 服务区设施

全线设置木门店服务区1处(表8-5-19)。

廊沧高速公路沧州段(廊沧界至陶官营互通)服务设施一览表 表8-5-19

服务区名称	桩号	所在区域	占地(亩)	建筑面积(m²)
木门店服务区	K104+250	青县木门店镇	95.4	7823

2. 收费设施

本项目在木门店设置一站两点收费站1处(表8-5-20)。

廊沧高速公路沧州段(廊沧界至陶官营互通)收费站点情况表 表8-5-20

站点名称	车道数	ETC	桩号	收费方式
木门店收费站(南区)	4	1	K104+500	人工收费和ETC
木门店收费站(北区)	4	1	K104+500	人工收费和ETC

3. 养护管理

本项目养护里程17.625km,设置开发区1处养护工区。

4. 监控设施

本项目设置西花园信息监控中心1处(表8-5-21)。

廊沧高速公路沧州段(廊沧界至陶官营互通)监控设施一览表 表8-5-21

监控设施名称	桩号	占地面积(亩)	建筑面积(m²)
西花园信息中心	K115+498	39.86	6773.59

5. 交通流量

2011—2016年廊沧高速公路沧州段(廊沧界至陶官营互通)交通量如表8-5-22、图8-5-5所示。

廊沧高速公路沧州段(廊沧界至陶官营互通)交通量(自然数)发展状况表　表8-5-22

年　　份		2011	2012	2013	2014	2015	2016
交通量（辆）	西花园收费站	760265	1354926	1424892	1804376	1768909	2299834
	木门店收费站	276497	315872	389308	468549	483783	494847
	开发区收费站	141456	336264	478407	830787	840656	1018896
	姚官屯收费站		4671	204937	964070	539333	767279
	合计	1178218	2011733	2497544	4067782	3632681	4580856
收费站年平均日交通量（辆/日）		3228	5512	6843	11145	9953	12550

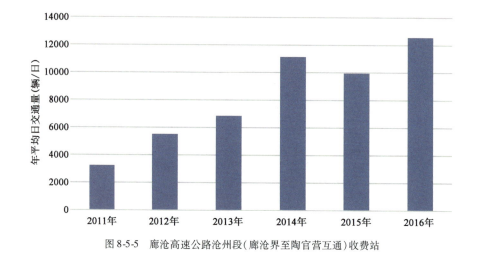

图8-5-5　廊沧高速公路沧州段(廊沧界至陶官营互通)收费站
年平均日交通量(自然数)增长柱状图

四、京沪高速公路青县至吴桥段[陶官营枢纽互通至吴桥(冀鲁界)]

(一)项目概况

1. 基本情况

1)功能定位

京沪高速公路青县至吴桥段是交通部规划的"五纵七横"国道主干线之一,也是河北省"十五"公路网建设发展规划确定的"四纵四横十条线"主骨架中的一部分。

2)技术标准

该项目按平原微丘区高速公路标准建设,路基宽度28m,设计速度120km/h,桥梁设计荷载采用汽车—超20级、挂车—120。

3）建设规模

京沪高速公路青县至吴桥段[陶官营枢纽互通至吴桥（冀鲁界）]，项目批复是按京沪高速公路青县至吴桥段全线批复的，全线路基土方2205万 m³；沥青混凝土路面约51万 m²；大桥共2786.38m/8座。

4）主要控制点

沧州市（青县、沧县、泊头、南皮、东光、吴桥）。共计1个市、6个县（市）。

5）地形地貌

该项目路线位于华北凹陷的东南部，地势从西北向东南渐低，地面自然纵坡万分之一，属近海冲积平原，地表植被均为农作物及果木园。

6）路面结构及主要构造物

主要采用沥青混凝土路面。4cmSAC-16中粒式沥青混凝土，5cmSAC-20中粒式沥青混凝土，6cmSAC-25粗粒式沥青混凝土，38cm水泥稳定级配碎石，20cm水泥石灰稳定土。

4cmSAC-16中粒式沥青混凝土，5cmSAC-20中粒式沥青混凝土，6cmSAC-25粗粒式沥青混凝土，19cm水泥稳定级配碎石，19cm石灰、粉煤灰稳定级配碎石，20cm石灰稳定土。

主要构造物采用简支梁桥和预应力混凝土连续梁桥。

7）投资规模

青县至吴桥段总投资38.8亿元（静态总投资31.54亿元），其中资本金23.86亿元，约占项目总投资的61%，资本金中交通部用车辆购置附加费安排7.03亿元，河北省以养路费、公路重点建设基金投入16.83亿元，其余为亚洲开发银行贷款1.8亿美元（折合人民币约14.94亿元）。本项目投资25.2亿元。

8）开工及通车、竣工时间

1998年10月开工建设，2000年12月交工通车，2004年12月完成竣工验收。

2. 前期决策情况

1）前期决策背景

京沪公路青县至吴桥段高速公路是国家规划于"九五"期间重点建设的北京至上海高速公路河北境内段，它纵贯河北省东部地区，与G205、G104、G106、G307等国道构成该区域的公路骨架网络，连接华北地区北京、天津、沧州、德州等大中城市。根据河北省交通厅干线公路网建设的总体规划要求，河北省交通厅公路管理局于1994年开始着手进行本项目的前期工作。

2）前期决策过程

河北省交通厅公路管理局于1994年3月3日，以冀交公字〔1994〕3号文下达了《关于京沪公路河北段进行前期工作的通知》。

(1)1997年9月3日,交通部以交函计〔1997〕335号文下达了《关于京沪公路青县至吴桥公路可行性研究报告审查意见的函》。

(2)1998年5月14日,经国务院批准,国家计划委员会以计交能〔1998〕836号文批复了《京沪国道主干线冀境青县至吴桥段高速公路可行性研究报告的请示的通知》。

(二)建设情况

1. 项目准备阶段

1)项目审批

(1)1997年6月26日,国家环境保护局以环监〔1997〕426号文《关于京沪公路青县(津冀省界)至吴桥(冀鲁省界)段高速公路环境影响报告书审查意见的复函》复函河北省环境保护局。

(2)1997年10月19日,河北省交通厅以〔1997〕冀交函公字240号文批复了《关于印发京沪公路青县至吴桥段审查意见的函》。

(3)1997年12月8日,交通部公路管理司以公建字〔1997〕294号文,批复了《关于河北省青县至吴桥高速公路资格预审结果》。

(4)1998年1月16日,交通部以交公路发〔1998〕323号文,批复了《关于京沪国道主干线冀境青县至吴桥公路初步设计》。

(5)1998年7月2日,国家计划委员会批准开工报告。本工程1998年10月12日正式开工。

(6)2000年1月21日,国土资源部以国土资函〔2000〕82号文批复了《关于青县至吴桥高速公路工程补办建设用地手续》。

2)资金筹措

京沪公路青县至吴桥段高速公路整个项目概算总投资38.8亿元,其中利用亚洲开发银行贷款1.8亿美元。其余配套资金由交通部补贴和省交通厅筹措解决,交通部补贴7.03亿元,省交通厅自筹资金16.48亿元。竣工决算为32.686亿元,投资节约5.7615亿元。本项目投资约25.2亿元,平均每公里造价2318万元。

3)合同段划分及招投标

(1)合同段划分

根据各专业的工程内容,标段划分如表8-5-23。

①土建工程设计标段划分2个标段,房建工程设计2个标段,绿化工程设计1个标段,机电工程设计1个标段。

②施工标段划分:根据工程内容的不同,土建工程13个标段,机电工程1个标段,房建工程7个标段,绿化工程13个标段,交通安全设施22个标段。

第八章 高速公路建设项目

京沪高速公路青县至吴桥段合同段划分一览表

表 8-5-23

参建单位	类型	参建单位名称	合同段编号及起讫桩号	标段所在地	主要内容	主要负责人	备注
G3		河北省京沪高速建设管理处				肖江声	
勘察设计单位	土建工程设计	河北省交通建设规划设计院		全线	主线土建工程	梁素引	
		交通部第二公路勘察设计院		全线	两阶段初步设计	康明	
施工单位	土建工程	河北公路工程建设集团公司	2标：K168+600～K198+363	青县、沧县	路基、桥涵、路面工程	郝伶	
		交通部第一公路工程总公司第二工程公司	3标：K198+363～K204+250	沧县	路基、桥涵、路面工程	齐海福	
		中铁十二局集团有限公司	4标：K204+250～K217+100	沧县	路基、桥涵、路面工程	王珊	
		葛洲坝水利水电工程集团公司	5标：K217+100～K235+798	泊头市、南皮县	路基、桥涵、路面工程	杨爱国	
		铁道部第十九工程局第三工程处	6标：K235+798～K250+200	南皮县、东光县	路基、桥涵、路面工程	于佳	
		天津第二市政公路工程有限公司	7标：K250+200～K265+748	东光县	路基工程	张绍坦	
		邢台路桥与天津雍阳联营体		东光县	路基工程	张磊云	
		交通部第二公路工程局第四工程处	8标：K265+748～K284+400	吴桥县	路基工程	张峰	
		河南省交通公路工程局		吴桥县	路基、桥涵、路面工程	焦海秦	
		北京市政工程总公司	9标：K284+400～K298+996	吴桥县	路基、桥涵、路面工程	闫庆详	

③施工监理标段划分:根据工程内容设1个总监办公室,11个土建工程驻地监理标段,5个房建工程监理标段,1个机电工程监理标段。

(2)招投标

依照亚行项目管理办法和《亚行贷款项目招标采购文件范本》,中技国际招标公司作为本项目的采购代理,本项目的总采购通告和资格预审通告于1997年8月28日分别刊登在《人民日报》和《中国日报》,同时于1997年8月28日中技招标公司及交通厅项目办发售资格预审文件,截至10月28日共收到国内外的114家申请人递交的资格预审申请。

1998年4月29日,亚洲开发银行确认了资格预审报告,共有39家申请人通过了资格预审,项目办向通过资格预审的申请人发出了投标邀请。

①招标工作

招标文件经交通部、亚洲开发银行批准后,于1998年4月30日向资格预审合格的投标人发售,至投标截止日1998年7月1日10时,共有38家国内外承包商递交了投标书,评标报告经亚行审查后,选出了9个合同的中标人名单。

②交通工程资格预审和招标评标情况

河北省交通厅国际金融组织贷款项目办公室和建管处组成招标工作小组,按照亚洲开发银行有关规定,以国内竞争性招标方式对交通安全设施工程进行了招标,最终按最低评标价中标原则,确定了8家中标单位。

4)参建单位主要情况

(1)建设单位

本项目建设单位是河北省交通厅国际金融组织贷款项目办公室(现已合并为河北省高速公路管理局),项目执行机构是河北省京沪高速公路筹建管理处。

(2)设计单位

土建工程设计单位:河北省交通规划设计院、交通部第二公路勘察设计院。

(3)施工单位

详见表8-5-23。

5)征地拆迁

项目实施之前河北省即成立了对该项目的领导小组,河北省交通厅安排一名副厅长专职负责对该项目的领导。沧州市、县都建立了征地拆迁指挥部并设立专职人员组成办公室与乡、村负责人动员和帮助移民拆迁,落实对农民的补偿和协调整个施工过程中发生的问题,政府各行政管理部门如交通、土地、公安、金融等部门均在自己管辖的业务范围内发挥了重要作用(表8-5-24)。

京沪高速公路青县至吴桥段征地拆迁统计表　　　　表 8-5-24

高速公路编码	项 目 名 称	征地拆迁安置起止时间	征用土地（亩）	拆迁房屋（m²）	拆迁占地费（万元）	备注
G3	京沪公路青县至吴桥段高速公路	1997～1998.10	17647	26490	23749	

2. 项目实施阶段

1）施工过程

（1）主线土建工程于1998年10月12日开工,2000年11月30日完工。

（2）房建工程于2000年1月18日开工,2000年12月完工。

（3）交通安全设施工程于2000年1月开工,2000年12月完工。

（4）绿化工程于2001年3月开工,2002年5月完工。

（5）2001年11月,由交通部质量监督总站联合河北省公路工程质量监督站,根据《公路工程质量鉴定办法》,对项目进行了竣工质量鉴定,等级为优良。

（6）机电工程于2003年3月完工。

（7）2004年12月14日,河北省交通运输厅国际金融组织贷款项目办公室组织专家对项目进项了竣工验收。

京沪高速公路青县至吴桥段[陶官营枢纽互通至吴桥（冀鲁界）]建设生产要素统计见表8-5-25。

京沪高速公路青县至吴桥段[陶官营枢纽互通至吴桥（冀鲁界）]建设生产要素统计表　　　　表 8-5-25

路线编号	建 设 时 间	钢筋（t）	沥青（t）	水泥（t）	砂石料（m³）	机械工（工日）	机械（台班）
G3	1998.10～2000.12	49043.5	282938	460718.3	—	—	—

2）重要决策

（1）1998年6月2日,京沪公路青县至吴桥段高速公路征地拆迁动员大会召开,河北省交通厅有关领导参加了会议。

（2）1998年10月18日,京沪高速河北段奠基典礼。

（3）2000年12月11日上午,河北省委书记王旭东、省长钮茂生、副省长何少存,交通部原副部长王展意,河北省政府副秘书长赵国昌、河北省交通厅厅长么金铎、沧州市委书记张庆华,工程沿线各市县的政府领导以及省直有关部门的负责同志出席了京沪公路青县至吴桥段高速公路通车典礼。

3）各项活动

（1）1998年10月27日开展了"大干五十天"劳动竞赛,召开了誓师大会,制定了劳动竞赛奖励办法,极大调动了承包商建设积极性。

（2）举办京沪高速千里行活动。

(三)科技创新

河北省高速公路京沪管理处在项目管理创新、技术创新、技术推广上实现了新的突破。其中技术创新有4项：

(1)预应力混凝土连续桥耐久性病害诊断与加固关键技术研究,编制《预应力混凝土连续梁桥病害诊断、评估技术指南》,为省内外管理部门提供养护决策依据。

(2)高速公路收费亭内环境控制系统。本研究拟在对收费亭室内外环境特点进行分析以及污染物类型特点进行研究的基础上,提出收费亭室内环境控制和净化技术方案,研制能够保证室内环境净化要求,并适用于收费亭结构和运行要求的成套控制设备。

(3)适用于软地基的高速公路标牌固锁装置直接放置于立柱和拦水槽之间,然后将标牌插入标牌插管中,解决了标志标牌固定不牢固、易倾斜导致安全隐患的难题。

(4)高速公路桥梁泄水孔自锁防堵帽,能够及时将路面垃圾隔离,防护泄水孔畅通,桥面积水及时排出,减少桥面积水性侵蚀病害和行车安全隐患。

(四)运营养护管理

1.服务设施

全线设置沧州、东光、吴桥3处服务区(表8-5-26)。

京沪高速公路青县至吴桥段[陶官营枢纽互通至吴桥(冀鲁界)]服务设施一览表 表8-5-26

高速公路编码	服务区名称	桩号	所在区域	建筑面积(m²)
G3	沧州服务区	K211+095	沧州	5488
	东光服务区	K250+238	东光	1175
	吴桥服务区	K289+100	吴桥	4538

2.收费设施

本项目共设置收费站5处,其中在冀鲁界设置主线收费站1处,在沧州、南皮、东光、吴桥、设置匝道收费站4处(表8-5-27)。

京沪高速公路青县至吴桥段[陶官营枢纽互通至吴桥(冀鲁界)]收费设施一览表 表8-5-27

收费站名称	桩号	入口车道数		出口车道数		收费方式
		总车道	ETC车道	总车道	ETC车道	
沧州北收费站	K199+235	5	2	9	2	MTC+ETC
南皮收费站	K232+497	4	1	8	2	
东光收费站	K254+538	3	1	4	1	
吴桥收费站	K284+950	3	1	4	1	
吴桥主线收费站	K298+999	11	2	11	2	

3.养护管理

路段内设有沧州北、沧州南2处养护工区(表8-5-28)。

京沪高速公路青县至吴桥段[陶官营枢纽互通至吴桥(冀鲁界)]养护设施一览表　　表 8-5-28

养护工区名称	桩号	路段长度(km)	占地面积(亩)	建筑面积(m²)
沧州北养护工区	K207+952	41.717		3646
沧州南养护工区	K254+538	66.999		2784

4. 监控设施

本项目设置监控指挥大厅,负责全线机电设备的运营监管(表 8-5-29)。

京沪高速公路青县至吴桥段[陶官营枢纽互通至吴桥(冀鲁界)]监控设施一览表　　表 8-5-29

监控设施名称	桩号	占地面积(亩)	建筑面积(m²)
监控指挥中心			监控指挥中心与管理处办公楼合建

5. 交通流量

2007—2016 年京沪高速公路青县至吴桥段[陶官营枢纽互通至吴桥(冀鲁界)]交通量(自然段)发展状况如表 8-5-30、图 8-5-6 所示。

京沪高速公路青县至吴桥段[陶官营枢纽互通至吴桥(冀鲁界)]　　表 8-5-30
交通量(自然数)发展状况表

	年份	2007	2008	2009	2010	2011	2012	2013	2014	2015	2016
交通量(辆)	沧州北收费站	1479513	1680471	2028986	2028986	3234130	2310900	1947195	2064415	2359152	3295610
	南皮收费站	481495	646117	812495	812495	1068086	1206654	1253388	1389613	1775254	3872424
	东光收费站	410617	540995	658893	658893	913980	1024325	1136740	1443738	1519286	2824573
	吴桥收费站	379777	482359	447617	447617	916758	996510	1153120	1238894	1172542	1498495
	吴桥主线站	4804646	5329361	4991102	4991102	6714788	6716739	6838152	7103104	6890734	7160940
	合计	7556048	8679303	8939093	8939093	12847742	12255128	12328595	13239764	13716968	18652042
收费站年平均日交通量(辆/日)		20702	23779	24491	24491	35199	33576	33777	36273	37581	51101

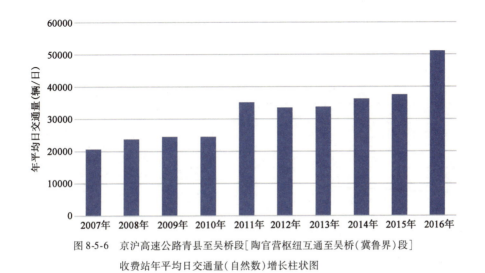

图 8-5-6　京沪高速公路青县至吴桥段[陶官营枢纽互通至吴桥(冀鲁界)段]
收费站年平均日交通量(自然数)增长柱状图

第六节　G4(北京—港澳)河北段(涿州市—磁县)

G4 京港澳高速公路是国家高速公路网"71118 网"中的"第四条射线",河北境内起自涿州(京冀界),起点桩号:K45＋602,止于磁县(冀豫界),讫点桩号:K480＋091.76,全长434.557km。沿线途经涿州市、高碑店市、定兴县、徐水区、保定市区、清苑区、望都县、定州市,石家庄市的新乐市、藁城区、石家庄市区、栾城区、赵县,邢台市的市区、邢台县、沙河市、内丘县、临城县、隆尧县、任县、柏乡县、沙河市,邯郸市的永年县、邯郸市区、磁县、临漳县。京港澳高速是华北、华南联结首都的主动脉,京港澳高速河北段是我国高速公路中极为繁忙的路段之一,被业界称为"黄金大通道",对促进沿线经济发展起到了十分积极的作用。

G4 京港澳高速公路河北境内由两条段组成,分别是京港澳高速公路涿州(冀京界)至石家庄段和京港澳高速公路石家庄至磁县(冀豫界)段。

(1)京港澳高速公路涿州(冀京界)至石家庄段于 1987 年 3 月开始修建,1994 年建成通车,由河北京石高速公路开发有限公司负责运营管理养护,运营里程桩号 K45＋602～K270＋212.767,全长 224.678km,设计速度 120km/h,双向四车道,路基宽度 27m。2012 年 9 月 18 日,京港澳高速公路涿州(京冀界)至石家庄段改扩建工程开工。改扩建主体工程将原有的四车道改为八车道,设计速度 120km/h,路基宽度 42m,于 2014 年 12 月交工通车。

(2)京港澳高速公路石家庄至磁县(冀豫界)段与 1994 年 8 月开工,1997 年 12 月建成通车,由河北省高速公路石安管理处负责运营管理养护,运营里程桩号 K270＋212.767～K480＋091.76,全长 209.879km,该路段为双向四车道,路基宽 26m,设计速度 120km/h。京港澳高速公路石家庄至磁县(冀豫界)段改扩建工程于 2012 年 3 月开工,改扩建主体工程将原有的四车道改建为八车道,设计速度 120km/h,路基宽度 42m,于 2014 年 12 月建成通车。

G4(北京—港澳)河北段(涿州市—磁县)高速公路项目信息见表 8-6-1,路线平面示意图见图 8-6-1、图 8-6-2。

G4(北京—港澳)河北段(涿州市—磁县)高速公路项目信息表(改扩建)　　表 8-6-1

项目名称	路段起讫桩号		规模(km)		设计速度(km/h)	路基宽度(m)	投资情况(亿元)				建设时间(开工~通车)	备注
	起点桩号	讫点桩号	合计	车道数			估算	概算	决算	资金来源		
京港澳高速公路涿州(冀京界)至石家庄段	K45＋602	K270＋212.767	224.678	八	120	42.0	175.7	188.8		银行贷款、地方自筹	2012.9～2014.12	
京港澳高速公路石家庄至磁县(冀豫界)段	K270＋212.767	K480＋091.76	209.879		120	42.0	152.6	152.6		银行贷款、资本金	2012.3～2014.12	

第八章 高速公路建设项目

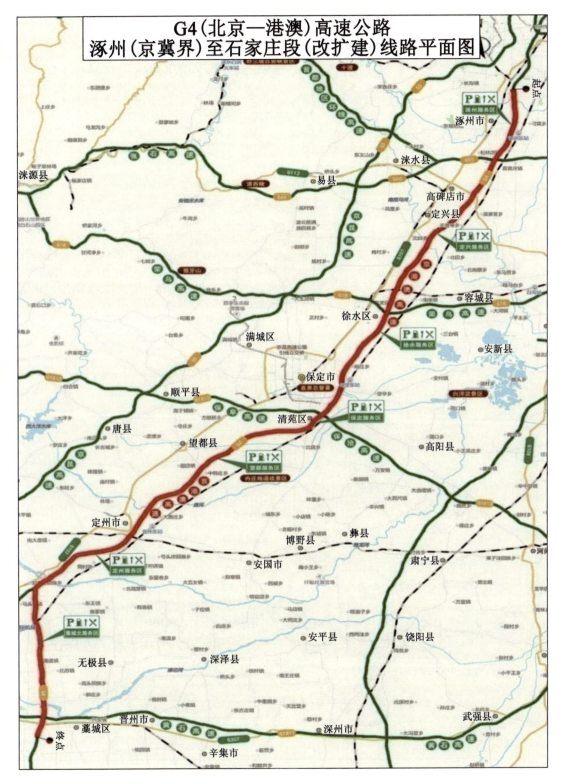

图 8-6-1 G4(北京—港澳)涿州(京冀界)至石家庄段(改扩建)路线平面示意图

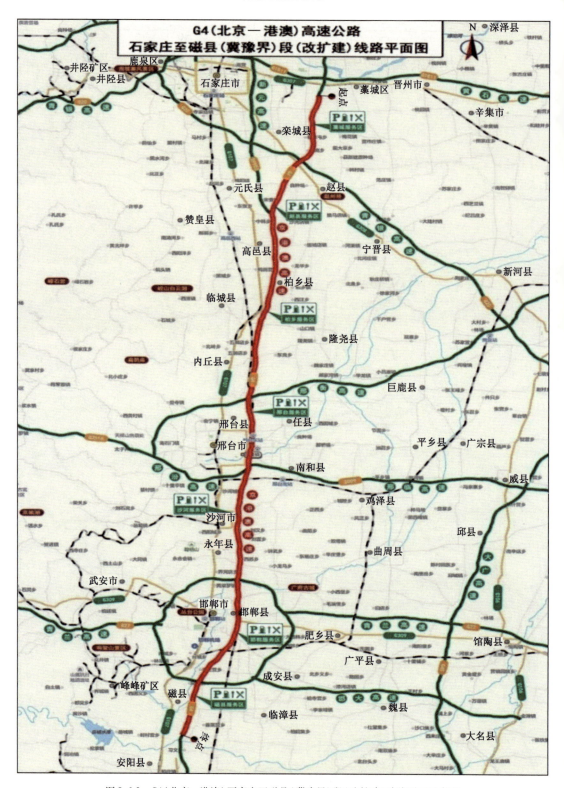

图 8-6-2　G4(北京—港澳)石家庄至磁县(冀豫界)段(改扩建)路线平面示意图

第八章
高速公路建设项目

一、京深高速公路石家庄至北京界段（四车道）

G4 京港澳高速公路河北省境内北京至石家庄段，全长 224.6km，1994 年 12 月四车道高速公路建成通车。随着国民经济高速发展，路段通行能力已不适应快速增长交通量的需要，于 2012 年 3 月进行拓宽改造，2014 年 12 月八车道高速公路建成通车。然而京石高速公路从 1985 年开始前期工作，1987 年开工建设，经历了汽车专用公路、半幅高速公路、全幅四车道高速公路，历时 8 年，凝聚了河北交通人在公路建设上的孜孜追求和探索，积累了宝贵的高速公路建设经验，为河北高速公路建设培养了大批建设、管理、设计和施工技术人才，也为我国交通事业作出了应有的贡献。

（一）汽车专用公路（半幅高速公路）

1. 项目决策背景

改革开放初期，国内经济欠发达，交通运输工具性能差，修建高速公路是非常有争议的事，北京至石家庄公路是国省主要干线公路，当时为二级公路，混合交通严重，道路拥堵，但升级改造成什么等级公路是河北交通人一直探索的问题，修建二级汽车专用公路是河北创新的成果，但在这条国省干线上是否合适，一时间也成为讨论的焦点。

解决混合交通，实现汽车与其他车辆分道行驶，提高车速、提高通行能力、保证交通安全，是改建升级的主要目标。为此，河北省交通厅分别以（85）冀交公字 14 号文和冀交公字 13 号便函下达了京深公路北京至石家庄段调查研究及测设任务的通知，1985 年 9 月河北省交通规划设计院完成了研究汇总工作。

河北省从省情出发，本着全面规划、确保重点、量力而行、分期修建原则，河北省交通厅经过反复研究比较并结合交通部的总体规划，采用了在距旧路东侧 5~7km 左右修建汽车专用公路方案，一级路平面线形，路基宽 13m（高速公路半幅），路面宽 10.75~11.5m，全封闭，全立交，为日后改建高速公路打下基础，为此开创了高速公路横向及纵向分期修建的先河。

2. 建设规模及标准

建设里程全长 224.6km，其中清苑段和高碑店以北段共长 51.66km 按全幅修建，路基宽 26m，其余 172.94km 按高速公路半幅修建，路基宽 13m。路面结构：全幅段，3cm 细粒式沥青混凝土 +4cm 中粒式沥青混凝土 +5cm 粗粒式沥青混凝土 +20cm 水泥白灰稳定碎石 +40cm 水泥二灰稳定土。半幅路段，4cm 中粒式沥青混凝土 +5cm 粗粒式沥青混凝土 +20cm 水泥白灰稳定碎石 +40cm 水泥二灰稳定土。

桥梁宽 13m，桥面净宽 12mm +2×0.5m 防撞护栏。设计荷载汽车—超 20 级、挂车—

100,互通立交主线采用高速公路全幅断面设计建设。

3. 建设情况

京石汽车专用公路当时不能称为高速公路,但对于总长224.6km的高标准汽车专用公路,修建这样规模及标准的公路,在河北省乃至全国都没有经验可以借鉴。国家对建设管理及技术标准也没有相关规定。不管是设计、施工以及建设管理都是从头做起,摸索前行。

从建设管理模式上进行探索。由于项目里程长,途经石家庄、保定2个地区,按旧有管理模式,项目之初由各地市负责辖区内项目建设管理。但分散管理难于协调统一设计标准和质量标准等。为此,河北省交通厅成立了重点项目管理办公室,全线管理协调项目建设工作,由各地市协助配合。为进一步加强管理力度,河北省政府成立了河北省重点工程领导小组,由一名副省长任组长,河北省交通厅成立河北省重点工程领导小组办公室,全面负责京石汽车专用的建设管理。至此京石汽车专用公路组织管理机构正式确定,对加快设计施工进度,提高工程质量,建设较完善的施工管理体系,发挥了重要作用。

项目设计单位为河北省交通规划设计院,其中石家庄段西半幅由石家庄地区勘测设计处设计。

河北省交通规划设计院作为河北省唯一的省级公路设计单位,对该项目的设计高度重视,倾全院之设计力量,全力以赴做好京石汽车专用公路设计工作。但对全封闭、全立交汽车专用公路设计是第一次,国内也没有可借鉴的经验。翻阅国外大量资料,结合国内实际情况,人口多、村庄密、横向干扰严重,如何降低造价又能满足全立交成为设计要点,设计人员加班加点,反复研究方案。首先要降低造价,必须最大限度地降低路基高度,降低路基高度的控制因素是通道的净高。为此,设计院技术人员深入农村,向村民了解每一条横穿公路的道路用途、需要的高度,反复研究,最终确定通道的净空,为便于设计归纳为几个通道等级。

通道的高度决定着路基的高度,如果被交路上跨数量太多,村民绕道距离长且景观也不好,经反复比较研究,采用了部分被交路上跨,大部分通道下穿的方案。为进一步降低路基高度,通道需下挖,但随之而来的是解决排水问题。经过反复探索,结合沿线区域降水情况,采用了通道下挖1~1.5m,设集水井(池)排水方案,使路基降至最低,减少了土方、投资、取土占地,为我国平原区高速公路降低路基设计、减少投资、提高行车安全,提供了宝贵的经验。

由于是第一条自主设计的高等级公路,设计人员在平面线形设计、纵断面设计、桥涵设计、互通立交设计、路面设计、路基防护设计等方面都做了大量研究工作,都是为提高设计水平,提高省内自主设计建设的第一条高等级路的质量。

由于项目里程长、工期紧、设计手段落后(全部手工计算、手绘图纸),设计人员为满足工程需要,加班加点,常驻现场。

项目施工单位以河北省公路工程局下属各施工单位为主,沿线各地市施工以省内施工单位为主要力量参加项目建设,当时建设市场尚不成熟,也没有招投标的相关要求。只能自力更生,自主施工。

各施工单位也是第一次参加高等级公路的建设施工,抽调了系统内较好的技术力量和设备。为高质量完成任务,各单位相继采购了大批国际先进设备投入京石公路的建设,为提高施工质量奠定了基础。

各施工单位为提高工程质量,在路基路面及桥涵施工工艺上做了大量试验。工艺创新、技术创新,使工程质量逐步提高。逐步超越了二级路的施工水平,实现了施工质量质的飞跃。

项目管理由河北省交通厅组织项目管理机构,在省内抽调有经验的技术人员组成管理队伍,现场管理,逐步摸索出一套符合项目特点及省情的管理模式,为保证工程质量起到了重要作用。

项目于1987年3月开工建设,采取从南(石家庄)向北分段建设,逐段通车的方案。1991年3月京石西半幅石家庄至定州段开通试运行,长68km。1991年8月,京石西半幅定州至望都段通车,累计通车里程92km。1991年12月,京石西半幅通车至清苑,累计通车里程117km。1992年京石西半幅通车至高碑店,累计通车里程190km。高碑店至河北、北京界长34.5km,按全幅高速公路标准建设,于1993年10月17日建成通车。至此京石汽车专用公路(半幅高速公路)全线建成通车。

(二)四车道高速公路

党的十四大后,国民经济呈现快速增长的趋势,根据河北省经济发展规划:1993年到2000年的八年内,国民经济要上三个台阶,即"八五"后三年,全省国民生产总值实现翻两番,"九五"期间国民经济生产总值翻两番半,争取翻三番。经济的高速发展,必将导致交通量的迅速增长。

随着京石西半幅高速公路的逐段开通运营,交通量迅速增长,交通事故频发。河北省把京石高速公路拓宽工程作为促进省域经济持续健康发展的一项先导工程加速实施。于1993年4月陆续全线分段进行东半幅加宽施工建设。河北省交通规划设计院及参建的各施工单位在时间紧、任务重、要求多、标准高的情况下,发扬开拓进取、不怕苦、不怕累的精神,勇于克服各种困难,加班加点,千方百计,保质保量地完成工程任务。经过一年半的艰苦奋斗,于1994年12月18日全线四车道高速公路竣工通车。

河北交通人为解决混合交通问题,提高通行能力,降低交通事故,经过近10年时间探索了汽车专用公路、高速公路分期修建(半幅高速公路)和高速公路的解决方案,为高速公路快速发展,为河北交通乃至中国交通事业作出了自己的贡献。

京石高速公路全线竣工通车后,时任国务院副总理邹家华说了这样一段话:"这条路建设的速度又快,质量又好,说明河北人有志气,有能力,能够建设好重点工程,这也是河北人民对社会主义建设作出的重大贡献。"

京石高速公路(四车道)全长224.6km,共计投资约18亿元,每公里801万元。除交通部补助部分资金外,其余为省内自筹。

(三)科技创新

京石高速公路建设之初,国内尚没有成熟的建设经验可借鉴,只有参考国外高速公路建设信息,自己摸索前行,从设计、工程管理到工程建设大胆创新,不断摸索实践,取得了思想上、管理上、新技术应用上的创新和突破。

京石公路的建设实现了从汽车专用公路到高速公路分期修建的指导思想及技术上的突破和创新。为我国在当时经济及社会条件下,公路的升级换代开创了新的建设模式,为我国《公路工程技术标准》的修订提供了实践依据。在当时资金不足的背景下,为推动国内高速公路建设起到了积极的作用。

(1)低路基设计。项目所经区域,村庄稠密、人口众多、农田路网密集,要想减少投资、降低路基是很难做到的事情,也是与国外高速公路不同之处。经过反复研究、多方案比较,最终确定了部分等级公路上跨、乡村路设通道下挖,设集水井的方案,解决了路基过高的问题,形成了低路基设计解决方案。

(2)采用了沥青砂路缘工艺,解决了水泥混凝土路缘和沥青路面分离的弊端。沥青砂路缘具有较高的强度和整体性,不易损坏,表面光滑,外形美观。

(3)沥青面层施工采用了一系列新技术、新设备,使混合料级配、油石比、拌和质量得到了有效控制;消除纵缝,提升了路面整体结构,美观无污染,施工效率高。

(4)粉煤灰利用,在京石高速公路建设中取得了突破,全国首次使用二灰碎石路面基层,即粉煤灰石灰碎石基层。在路基填筑中也大量使用粉煤灰,使电厂的粉煤灰变废为宝,减少了取土占地及粉煤灰存放占地,减少了粉煤灰大量堆积造成的环境污染。

(四)运营管理

京石高速公路全线通车后,由河北省高速公路管理局与中远香港工贸公司组成合资公司,即河北冀星高速公路有限公司,负责运营管理。

京石高速公路共设3处服务区:涿州服务区、徐水服务区和望都服务区。

京石高速公路设收费站17座;养护工区4处,分别是定兴、保定、定州和新乐养护工区;设置监控中心1处、3处分中心,分别是石家庄、保定和涿州监控分中心。

二、京深高速公路石家庄至安阳段(四车道)

石家庄至芝村(安阳)高速公路(以下简称石安高速公路)是我国国道主干线京深高速公路的重要路段,是连接华北地区和东南部地区的重要经济干线,也是国家和河北省"八五""九五"时期的重点建设项目,在国家及河北省的路网中具有十分显要的地位。石安高速公路起自石家庄南高营,讫于临漳县芝村(安阳),途经石家庄、邢台、邯郸3个设区市,17个县(市)。

石安高速公路全长216.05km,按平原微丘区高速公路标准设计,设计速度120km/h,平曲线最小半径4000m,路基宽度26m,为全封闭、全立交双向四车道高速公路。石安高速公路从1991年开始测设,主体工程于1994年8月开工建设,1997年12月底全线竣工通车。项目概算投资36.8573亿元,竣工决算投资45.48亿元,平均每公里造价2105.00万元。本项目建设单位是河北省交通厅国际金融组织贷款项目办公室(现已合并为河北省高速公路管理局),项目执行机构是河北省石安高速公路建管处(现已改称河北省高速公路石安管理处)。

(一)前期决策情况

石安高速公路是当时国内利用世界银行贷款额度较大(2.4亿美元)的公路建设项目之一,是河北省独自以业主身份实施的第一条利用外资严格按照"FIDIC"条款要求修建的高速公路,也是河北省严格按照《公路工程技术标准》(JTJ 01—88)进行设计的高标准高速公路。

1. 前期决策背景

1992年初,河北省政府及交通厅为促进河北省中南部地区的发展,打通省会石家庄与南部省市的南北大通道,石安高速公路的建设被提上了重要议事日程。但全省道路建设资金规模小,筹资渠道路子窄,使得交通部门心有余而力不足。在筹资困难的情况下,省交通厅把目光转向了条件优惠但贷款程序繁杂的世界银行贷款,经过多方努力争取到了2.4亿美元贷款。这2.4亿美元贷款不仅建设了石安高速公路,更重要的是为河北省高速公路建设资金的筹措开辟了新的思路。世界银行贷款还款期限长的优惠条件为河北省高速公路发展提供了广阔空间。从此,河北省交通部门把利用外资作为高速公路建设筹资的一条重要途径,先后又分别从亚洲开发银行为京秦、京沪两条高速公路建设争取到2.2亿美元和1.8亿美元的国际贷款。

2. 前期决策过程

本项目于1992年3月开始前期工作,在基建程序上,经历了世界银行贷款程序与国内基本建设审批程序两套程序。"FIDIC"条款是国外几十年合同管理的经验总结,是世界银行推荐的一套科学化、规范化、标准化的管理模式。世界银行贷款项目的管理分六个阶段：即项目的选定、项目的准备、项目的评估、项目的谈判、项目的执行与监督、项目的总结评价。它与我国基本建设管理程序基本是一致的。项目的选定就相当于"预可通行性研究"，是项目的立项阶段；项目的准备就相当于"工程可行性研究"和设计阶段；项目的评估相当于国家对项目的审批；项目的执行与监督、项目的总结评价与我国的招投标、施工、监理监督、竣工验收、后评估是一致的。石安高速公路的管理程序完全符合世界银行和国家计委、交通部、财政部的要求。

（1）1992年8月31日，国家计划委员会批复《关于石家庄至芝村（安阳）公路项目建议书的批复》（计交通〔1992〕1431号）。

（2）1993年3月17日，国家计划委员会批复《关于石家庄至芝村（安阳）高速公路可行性研究报告的请示》（计交通〔1993〕396号）。

（3）1993年6月22日，国家环保局批复《关于京深公路石家庄至安阳段环境影响报告书审批意见的复函》（环监〔1993〕323号）。

（4）1993年11月24日，国建土地管理局批复《关于京深高速公路石家庄至安阳段建设用地的函》（〔1993〕国土〔建项〕字第32号）。

（二）参建单位主要情况

1. 建设单位

本项目建设单位是河北省交通厅国际金融组织贷款项目办公室（现已合并为河北省高速公路管理局），项目执行机构是河北省石安高速公路建管处（现已改称河北省高速公路石安管理处）。

2. 设计单位

（1）交通部公路规划设计院（K271+345～K283+200）。

（2）交通部第一公路工程总公司（K283+200～K304+295、K414+967～K466+360）。

（3）河北省林业勘察设计院（K271+345～K487+392）。

（4）中交第二公路勘察设计研究院（K304+295～K487+392）。

3. 施工单位

通过招投标，本项目有23个施工单位参与建设，其中土建工程12个，房建工程10个，机电工程1个。

4. 施工监理单位

根据世界银行的要求，采取国际竞争招标，聘请澳大利亚雪山公路工程咨询有限公司承担外方监理咨询工作,先后派出八位专家组成专家组。并根据省交通厅要求,由中方监理单位河北省交通工程监理咨询总公司与澳大利亚雪山咨询有限公司共同组建石安高速公路总监理工程师办公室(简称总监办)。总监理工程师由河北省交通厅厅长担任,总监代表由中方担任,总监副代表由外方专家组组长担任,共同负责总监办的领导工作,总监办设工程部、合同部、中心试验室和行政文秘部。沿线石家庄、邢台、邯郸三市分别设三个高级驻地监理工程师办公室(简称高驻办),中方任高级驻地监理工程师,外方任副高级驻地监理工程师。高驻办所辖各合同段设驻地监理工程师办公室(简称驻地办),具体负责各合同段的监理工作。

(三)建设情况

1. 项目审批

国内基本建设程序:

(1)1993年5月14日,交通部批复《关于石家庄至芝村(安阳)高速公路初步设计的批复(交工发〔1993〕630号)》。

(2)1993年5月17日和28日分别在《人民日报》和《中国日报》上刊登主线土建工程资格预审通告。

(3)1993年12月4日,河北省土地管理局批复《关于京深公路石家庄至安阳段征用土地的批复》(冀土函字〔1993〕50号)。

(4)1994年10月20日,河北省计划委员会批复《关于下达一九九四年河北省基本建设新开工大型项目计划的通知》(冀计投〔1994〕770号)。

世界银行贷款程序:

(1)1993年6月16日,依照世行项目管理办法和《世行贷款项目招投标采购文件规范》,在联合国《发展论坛》368期上,刊登本项目总采购通告和资格预审通告。

(2)1993年6月17日,开始出售资格预审文件。

(3)1994年12月19日,世行批复第一批房建合同的招标文件,1995年9月3日批复评标结束。

(4)1997年1月12日世行批复第二批房建合同招标文件,同年6月26日批复评标结束。

2. 资金筹措

本项目概算总投资36.8573亿元,竣工决算实际投资45.48亿元,其中利用世界银行贷款2.4亿美元,其中2500万美元用于连接线建设。配套资金由交通部车购费补贴10.02亿元,其余由省交通厅利用国内银行贷款、发行债券等方式筹措解决。

3. 招投标

石家庄至安阳高速公路为世行贷款项目，各项工程的采购招投标严格按照"世行采购指南"进行，采用国际竞争性招标。根据工程实际情况，经世行协商同意本项目道路和结构土建工程分为9个合同。房建9个合同，机电1个合同。

依照世行项目管理方法和《世行贷款项目招标采购文件范本》，中技国际招标公司作为本项目的采购代理，本项目的总采购通告和资格预审通告于1993年6月16日刊登在联合国《发展论坛》商业版第368期上。同时于1993年5月17日和28日分别在《人民日报》和《中国日报》上刊登了主线土建工程资格预审通告。1993年6月17日开始出售资格预审文件，共收到中、韩、德、巴西、克罗地亚等国内外的40家承包商申请人递交的资格预审申请。至投标截止日1994年3月7日，共有25家国内外承包商递交了投标书，同日公开开标。所有项目均严格执行了世行和国内有关规定，资审、招标、评标、定标完全在公开、公正、公平的原则下进行。

石安高速公路房建工程项目共划分为9个合同，分两批进行实施，第一批房建合同的招标文件世行于1994年12月19日批复，1995年9月13日世行批复评标结果；第二批房建合同招标文件于1997年1月12日得到世行批复，6月26日批复评标结果。

石安高速公路机电工程为工程总承包，按交钥匙工程进行，要求承包人提供包括设计、供货、运输、交付、安装、开通、测试、试运转、培训、文件和12个月免费缺陷责任期等全套服务。该机电工程合同由监控、收费、通信3个系统构成，招标采用一标总投方式。

4. 技术创新

本着"节约用地，因地制宜，就地取材，保护环境"的宗旨，石安高速公路充分利用沿线石家庄、邢台、邯郸、马头四个热电厂生产的粉煤灰填筑路基72km，最大填高10.67m，用灰总量达1180万t，节约取土占地11600亩，减少粉煤灰储灰场占地4000亩，共节约土地15600亩，创造社会经济效益近10亿元，被国家经贸委授予"国家资源综合利用奖"，项目办被河北省人民政府授予大宗利用粉煤灰先进单位。

5. 工程质量评价

工程建设初期，省领导就提出了石安路工程质量要创"全省第一，全国一流"，厅党组明确提出"质量重于泰山"的口号。在各方的共同努力下，石安路的工程质量达到了较高的水平。1996年6月，世行哈吉先生高度评价石安项目与其他世行项目相比管理水平是领先的。1997年7月，世行检查团再次高度评价石安路是中国贷款公路项目中施工质量最出色的高速公路。1997年5月，交通部视察团也给予石安路充分肯定，认为"质量意识空前，质量水平不凡"。

世界银行特别重视对技术人才的培养。石安高速公路的前期工作和项目实施过程，以及国外考察学习,为河北省高速公路的建设培养了大批管理和技术人才。

2004年11月,受交通部委托,河北省交通厅对石安高速公路建设项目进行竣工验收。验收委员会及专家组一致评价:石家庄至芝村(安阳)高速公路,认真履行了国家基本建设程序和世界银行贷款程序,为成功利用外资积累了丰富经验。项目办执行了"项目法人制、工程招投标制、工程监理制、合同管理制",建设规模大、标准高。

项目建设过程中扎实有效地开展了"公路建设质量年活动",政府监督有力、项目管理规范、质量进度控制有效、工程质量好、造价低,是中国同类项目中利用粉煤灰数量最大的项目,获得了"国家综合资源奖"。本项目注重环保设计和施工监理,并获得中国绿化委员会"部门造林绿化400佳先进单位"荣誉称号。竣工验收委员会评定该项目综合得分95.599分,项目等级为优良。

(四)运营养护管理

石安高速公路设西兆通、元氏、邢台、沙河、磁县5处服务区,4个管理所,16座收费站,3处养护工区,1处机电养护中心,1处养护设备管理中心,1处超限治理站,3处信息分中心。

石安高速公路2012年3月开始改扩建,2014年12月竣工通车。其中石家庄南高营至元氏西封斯枢纽互通段50.00km维持双向四车道不变,改称新元高速公路(S9902),扩建G4石黄枢纽互通至元氏西封斯枢纽互通43.787km,双向八车道,路基宽度为42.00m。元氏西封斯枢纽互通至安阳(冀豫界)段166.05km,由双向四车道扩建为双向八车道,改称京港澳高速公路(G4),路基宽度为42m。该项目建设单位是河北省高速公路管理局,项目执行机构是河北省高速公路石安改扩建筹建处,现运营养护机构是河北省高速公路石安管理处。

三、京港澳高速公路涿州(冀京界)至石家庄段(改扩建)

(一)项目概况

1. 基本情况

1)功能定位

G4京港澳高速公路是国家高速公路网"71118网"中的第四条首都放射线,也是河北省2020年高速公路网布局规划"五纵六横七条线"中最主要的南北交通干线,是河北省中南部地区联系首都北京,进而沟通东北、华北和华中地区的重要高速通道,在国家及河北省路网中具有十分显要的地位,是全国极为繁忙的交通通道之一。本项目为国家高速公路改扩建项目,由双向四车道改为双向八车道高速公路。

2) 技术标准

新建和改扩建均采用双向八车道高速公路标准建设,设计速度120km/h,路基宽度42m。

3) 建设规模

本项目建设里程全长224.678km,其中改扩建段185.843km,新建段38.835km。全线共设特大桥9512m/5座,大桥2261m/5座,中桥1446m/23座,小桥1502m/23座,涵洞56道;互通式立交21处(其中枢纽互通5处、服务型互通16处),分离式立交84处,天桥1座,通道398处;全线设服务区7处(其中新设4处,改扩建3处);收费站18处(其中主线站1处、新建6处、原位改建6处、移位重建4处)。

4) 主要控制点

途经保定市的涿州市、高碑店市、定兴县、徐水区、保定北市区、保定南市区、清苑区、望都县、定州市、石家庄市的新乐市、藁城市,共计2个设区市,11个县(市)区。

5) 地形地貌

路线所经地区属太行山山前冲积平原地貌单元,距太行山山区40～50km,地势自西北向东南倾斜。局部路段地势略高。沿线地势自东北向西南逐步升高,但起伏极小,海拔20～100m,绝对高程在36～75m,自然坡降为1/200～1/20000。沿线所经地区微地貌类型多样,如河漫滩、阶地、沙地等。整体项目区地形地貌类型简单,地形平坦,但微地貌发育,村镇密集。

6) 路面结构及主要构造物

主要采用沥青混凝土路面。4cm SMA-13改性沥青混凝土,SBS改性沥青封层,6cm AC-20橡胶改性沥青混凝土,SBR改性乳化沥青,AC-20橡胶改性沥青混凝土(距中线8.25m),拼宽部位采用6cm AC-20橡胶改性沥青混凝土,SBR改性乳化沥青;原京石旧面层(距中线8.25m),拼宽部位采用8cmATB-25沥青碎石,SBR改性乳化沥青;原京石旧二灰碎石(距中线9.75m),拼宽部位采用28cm水泥稳定级配碎石;原京石旧石灰土(距中线10.25m),拼宽部位采用28cm水泥稳定级配碎石;原京石旧石灰土(距中线10.25m),拼宽部位采用15cm级配碎石。

4cm SMA-13改性沥青混凝土,SBS改性沥青封层,6cm AC-20橡胶改性沥青混凝土,SBR改性乳化沥青,12cmAC-25沥青碎石,SBR改性乳化沥青,20cm水泥稳定级配碎石,20cm水泥稳定级配碎石,20cm水泥稳定级配碎石。

主要构造物采用预应力混凝土连续梁桥。

7) 投资规模

项目概算投资188.8亿元。

8) 开工及通车、竣工时间

2012年9月开工建设,2014年12月交工通车。

2. 前期决策情况

1)前期决策背景

京港澳高速公路河北省涿州(冀京界)至石家庄段(改扩建)途经石家庄市及保定市,在省内路网中据有龙头地位,在综合运输交通体系中的功能和作用不可替代。京港澳高速公路涿州(京冀界)至石家庄段连接了保定、石家庄两个地市,是一条真正的经济带。

京港澳高速公路京石段于1987年3月开始动工修建,1993年11月半幅高速公路全线建成通车,1994年12月全幅双向四车道通车运营,通车以来随着沿线经济的快速增长,交通量不断增加,道路服务水平不能适应交通通行能力,为提高道路通行能力,适应和进一步促进经济的发展,急需对京石高速公路进行改扩建。

2)前期决策过程

(1)2010年11月8日,国土资源部以国土资预审字〔2010〕303号文批复了《关于京港澳高速公路(京冀界)至石家庄段改扩建项目建设用地预审意见的复函》,通过用地预审。

(2)2010年12月17日,交通运输部以交函规划〔2010〕269号文批复了《关于京港澳高速公路涿州(京冀界)至石家庄公路改扩建工程核准的意见》,同意实施涿州(京冀界)至石家庄公路改扩建工程。

(3)2012年4月24日,国家发展和改革委员会以发改基础〔2012〕1025号文批复了《关于河北省(京冀界)至石家庄公路改扩建工程项目核准的批复》,同意实施涿州(京冀界)至石家庄公路改扩建工程。

(二)建设情况

1. 项目准备阶段

1)项目审批

(1)2012年8月15日交通运输部以交公路发〔2012〕384号文批复《关于涿州(京冀界)至石家庄公路改扩建工程项目初步设计的批复》。

(2)2012年9月28~30日,京石改扩建项目主体工程施工及施工监理中标结果公示,26家主体施工单位中有19家为当年AA信用企业。

(3)2012年11月25日,公路管理局京港澳高速公路涿州(冀京界)至石家庄段(改扩建)土地组卷框架协议全部完成。

(4)2013年4月3日,河北省交通运输厅批复了《关于涿州(京冀界)至石家庄公路改扩建工程两阶段施工图设计的批复》。

(5)2013年12月31日,国家林业局准予行政许可决定书林资许准〔2013〕537号使用林地审核同意书。

(6)2014年7月18日,河北省交通运输厅下发了冀交函公〔2014〕830号文《关于河北省涿州(冀京界)至石家庄公路改扩建工程机电工程施工图联合设计文件的批复》。

2)资金筹措

本项目概算总投资为188.80亿元,其中项目资本金为61.5亿元,占项目总投资的35%,由河北省高速公路开发有限公司和Smart Watch Assets limited共同出资,出资比例分别为55%:45%;项目资本金以外的投资通过国内银行贷款解决。

3)合同段划分及招投标

(1)合同段划分

根据各专业的工程内容,标段划分如表8-6-5所示。

①勘察设计标段划分:共划分为4个标段,其中主体土建工程设计2个标段,房建设计1个标段,绿化设计1个标段。设计监理划分1个标段。

②施工标段划分:主体路基、路面、桥梁工程26个标段,护栏预制5个标段;房建工程18个标段;机电工程5个标段;绿化工程18个标段;交安工程及声屏障30个标段。

③施工监理标段划分:主体土建工程划分2个总监办,10个土建工程驻地办,4个房建驻地办,1个绿化驻地办;机电监理1个总监办。

(2)招投标

按照国家颁布的《招投标法》《招标投标法实施条例》和省、部委颁布的相关招标投标管理办法,《河北省高速公路建设项目施工招标合理定价抽取评审法实施办法(试行)》等的要求,由项目建设管理单位组织招标工作。

①勘察设计招标。

2010年4月20~26日发售招标文件,至投标截止时间共收到26家投标人递交的26份投标文件。

2010年5月15日上午组织勘察设计开标、评标会议。经评标委员会评审并经网上公示,最终确定4家中标单位(含1个联合体)。

②施工招标。

主体路基、桥涵路面工程:采用资格后审办法、单信封形式。2012年8月23~27日发售招标文件,共有362家符合资质要求的单位购买了文件。截至2012年9月25日投标截止,共收到了310份投标文件。经评标委员会评审并经网上公示,最终确定中标单位

26家。

房建工程:采用资格后审办法、单信封形式。2013年5月31日~2013年6月4日发售招标文件,共有728家符合资质要求的单位购买了招标文件。至投标截止时间2013年6月26日,共有444家单位递交投标文件。经评标委员会评审并经网上公示,最终确定中标单位13家。

机电工程:采用两阶段招标形式,第一阶段确定关键设备品牌,第二阶段采用合理定价抽取评审法确定中标单位。

2014年2月24~28日发售招标文件,至报名截止时间前共有51家投标人报名并领取了招标文件。2014年3月18日召开了本项目第一阶段开标会。共有48家投标人递交了投标文件。经评标委员会评审,确定了机电关键设备的品牌名录。2014年6月5日召开了本项目第二阶段开标会。共有44家投标人递交了投标文件。经评标委员会评审并经网上公示,最终确定5家中标单位。

绿化工程:采用合理定价抽取评审法。

2014年8月14~20日发售招标文件,共有759家投标单位报名并领取了招标文件。至2014年9月4日投标截止时间,共有668家投标单位递交投标文件。经评标委员会评审并经网上公示,最终确定18家中标单位。

交安工程:采用合理定价抽取评审法。

2014年6月3~7日发售招标文件,共有206家投标单位报名并领取了招标文件。至2014年6月24日投标截止时间,共有186家投标单位递交投标文件。经评标委员会评审并经网上公示,最终确定17家中标单位。其中防眩设施类因投标单位仅有4家,只确定了1个标段的中标人,另4个标段进行了二次招标。

2014年7月8~12日二次发售招标文件,共有64家投标人报名并领取了招标文件。截至投标截止时间2014年7月30日,共有55家投标单位递交投标文件。经评标委员会评审并经网上公示,最终确定4家中标单位。

③监理招标。

设计监理:2010年4月20~26日第一次发售招标文件,无单位报名。2010年4月29日~5月6日二次发售招标文件,共有4家单位购买了招标文件。至投标截止时间2010年5月25日,收到1家投标人递交的1份投标文件。

2010年5月28日~6月3日设计监理第三次发售招标文件,至投标截止时间2010年6月22日,收到7家投标人递交的投标文件。经评标委员会评审并经网上公示,最终确定1家中标单位。

主体监理:采用双信封形式合理低价法。2012年8月23~27日发售招标文件,共有109家符合资质要求的单位购买了216份招标文件。截至2012年9月22日上午10:00

（即投标截止时间），共收到了 167 份投标文件。经评标委员会评审并经网上公示，最终确定 12 家中标单位。

房建监理：采用双信封形式合理低价法。2013 年 5 月 31 日～6 月 4 日发售招标文件，共有 44 家符合资质要求的单位购买了招标文件。至投标截止时间 2013 年 6 月 26 日 10:00，共 36 家单位递交投标文件。经评标委员会评审并经网上公示，最终确定 4 家中标单位。

机电监理：采用双信封形式合理低价法。2014 年 2 月 24～28 日发售招标文件，至报名截止时间前共有 16 家投标人报名并领取了招标文件。至投标截止时间 2014 年 3 月 24 日 10:00，本项目共 15 家投标人递交了投标文件。经评标委员会评审并经网上公示，最终确定 1 家中标单位。

绿化监理：采用双信封形式合理低价法。2014 年 8 月 14～20 日发售招标文件，共有 4 家投标单位报名并领取了招标文件。截至 2014 年 9 月 4 日投标截止时间，共有 3 家投标单位递交投标文件。经评标委员会评审并经网上公示，最终确定 1 家中标单位。

4）参建单位主要情况

（1）建设单位

本项目建设单位是河北省高速公路管理局，2014 年 11 月 18 日该项目划归河北交通投资集团公司，项目执行机构是河北省高速公路京石改扩建筹建处。

（2）设计单位

主体改扩建段设计单位：中交第二公路勘察设计研究院（联合体主办人）和河北省交通规划设计院（联合体成员）。

（3）施工单位

详见表 8-6-2。

5）征地拆迁

（1）建立征地拆迁终端管理体系

设置 5 个现场管理部，按照终端管理理念建立征地拆迁协调终端管理体系，由筹建处副处长负责牵头包段，地方科负责协调各市级高指办，现场管理部负责盯办地方高指办完成征地拆迁任务（表 8-6-3）。

（2）落实征地拆迁公开

与石家庄市政府、保定市政府签订征地拆迁责任书。严格落实"十公开"要求、阳光操作。对征地迁拆资金单独列项，任何一笔征地迁拆款都坚持在地方指挥部、乡镇机关、农户、筹建处同时在场并完成丈量、计算等工作后才能支付。同时充分利用项目动态管理平台及现场公示牌，对征地迁拆工作的每一个环节都实现完全公开。

京港澳高速公路涿州（冀京界）至石家庄段（改扩）建）合同段划分一览表

表 8-6-2

参建单位	类 型	参建单位名称	合同段编号及起讫桩号	标段所在地	主 要 内 容	主要负责人
项目管理单位		河北省高速公路京石改扩建筹建处				陈君朗
勘察设计单位	土建工程设计	中交第二公路勘察设计研究院有限公司（联合体主办人）	JSSJ-1	涿州至保定北市区	主体改扩建,土建,交安	张世平
		河北省交通规划设计院（联合体成员）	JSSJ-2	保定北市区至新乐	主体改扩建,土建,交安	朱冀军
		贵州省交通规划勘察设计研究院		新乐至藁城	主体新建,土建,交安	李迎涛
施工单位	土建工程	中交第三公路工程有限公司	JS1:K45+602～K54+500	涿州	路基,桥涵,路面工程	王增全
		河北燕峰路桥建设集团有限公司	JS2:K54+500～K69+950	涿州	路基,桥涵,路面工程	李宏
		河北建设集团有限公司	JS3:K69+950～K82+400	高碑店	路基,桥涵,路面工程	赵记坤
		中交二公局第六工程有限公司	JS4:K82+400～K97+300	定兴	路基,桥涵,路面工程	宁文龙
		汇通路桥建设集团有限公司	JS5:K97+300～K114+000	定兴、徐水	路基,桥涵,路面工程	孙志刚
		中交二公局第六工程有限公司	JS6:K114+000～K130+602	徐水、保定北市区	路基,桥涵,路面工程	李元猛
		中交二公局第六工程有限公司	JS7:K130+602～K138+500	保定北市区、清苑	路基,桥涵,路面工程	高斌
		中铁五局集团机械化工程有限责任公司	JS8:K138+500～K152+300	清苑	路基,桥涵,路面工程	霍益
		中铁十一局集团第四工程有限公司	JS9:K152+300～K168+500	清苑、望都	路基,桥涵,路面工程	肖红星
		青岛公路建设集团有限公司	JS10:K168+500～K183+200	定州	路基,桥涵,路面工程	祝拥军
		邢台路桥建设总公司	JS11:K183+200～K199+900	定州	路基,桥涵,路面工程	吕世玺
		保定申成路桥有限责任公司	JS12:K199+900～K215+500	定州	路基,桥涵,路面工程	张国新
		河北冀通路桥建设有限公司	JS13:K215+500～K230+800	定州、新乐	路基,桥涵,路面工程	张园
		廊坊市交通公路工程有限公司	JS14:K230+800～K234+686.5（路基）,K230+800～K251+134（路面）	新乐	路基,桥涵,路面工程	王劲松

续上表

参建单位	类型	参建单位名称	合同段编号及起讫桩号	标段所在地	主要内容	主要负责人
施工单位	土建工程	中铁五局集团第一工程有限责任公司	JS15:K234+686.5~K236+633.5	新乐	新乐高架桥	陈新岭
		中铁隧道集团三处有限公司	JS16:K236+633.5~K240+182.5	新乐	木刀沟特大桥、新乐互通	张雷
		唐山公路建设总公司	JS17:K240+182.5~K251+134	新乐	路基、桥涵	周国水
		河北广通路桥工程有限公司	JS18:K251+134~K256+400（路基），K251+134~K270+212.767（路面）	新乐、藁城	路基、桥涵、路面工程	黄峰涛
		正平路桥建设股份有限公司	JS19:K256+400~K264+382	藁城	路基、桥涵	张雄波
		中铁十六局集团第五工程有限公司	JS20:K264+382~K266+335.5	藁城	滹沱河特大桥	张国宾
		中交第一公路工程局有限公司	JS21:K266+335.5~K268+109	藁城	滹沱河特大桥	李松林
		中铁十一局集团第三工程有限公司	JS22:K268+109~K270+212.767	藁城	石黄枢纽互通	宋林
		中铁十九局集团第五工程有限公司	JS23:K45+602~K82+400	涿州、高碑店	梁板预制	焦健全
		中铁十九局集团第五工程有限公司	JS24:K82+400~K138+500	定兴、徐水、保定市区	梁板预制	张义文
		中铁十一局集团第五工程有限公司	JS25:K138+500~K183+200	保定市区、清苑、望都	梁板预制	韦兴尧
		中铁十九局集团有限公司	JS26:K183+200~K230+800	定州、新乐	梁板预制	李志勇
	房建工程	河北沧贸建筑安装工程有限公司	JSFJ-07	保定	保定北、保定南收费站及保定监控所房建施工	张军文
		河南恒业建筑安装工程有限公司	JSFJ-08	清苑	保定服务区房建施工	王占江
		衡水和利建设集团有限公司	JSFJ-09	清苑、望都、定州	清苑、望都、定州、定州南收费站及定州工区房建施工	李建军
		宇杰集团股份有限公司	JSFJ-10	望都	望都服务区房建施工	陈溪

第八章 高速公路建设项目

续上表

参建单位	类型	参建单位名称	合同段编号及起讫桩号	标段所在地	主要内容	主要负责人
施工单位	房建工程	安徽广厦建筑(集团)股份有限公司	JSFJ-11	定州	定州服务区房建施工	丁勇
		邯郸建工集团有限公司	JSFJ-12	藁城	新乐东、藁城北、机场东收费站房建施工	陈洪
		鸿丰建设集团有限公司	JSFJ-13	藁城	藁城北服务区房建施工	范志兵
		河南技改建设集团有限公司	GWJ1	涿州至定兴	主线站北京侧至徐水收费站收费棚钢网架及涿州、定兴服务区加油站网架	王卫东
		石家庄建设集团有限公司	GWJ2	徐水至保定	保定北至保定南收费站收费棚钢网架及徐水、保定服务区加油站钢网架	张超
		河北方泽建筑工程集团有限公司	GWJ3	清苑至定州	清苑至定州收费站收费棚钢网架及望都、定州服务区加油站网架	杨宏杰
		邢台建工集团有限公司	GWJ4	藁城	新乐东至机场东收费站收费棚钢网架及藁城北服务区加油站网架	张磊勇
		河南宝鼎建设工程有限公司	FGZX1	保定	主线站河北侧、保定及保定服务区仿古装修	马燕君

京港澳高速公路涿州(冀京界)至石家庄段(改扩建)征地拆迁统计表　　表8-6-3

高速公路编码	项目名称	征地拆迁安置起讫时间	征用土地（亩）	拆迁房屋（m²）	拆迁占地费（万元）	备注
G4	京港澳高速公路涿州(冀京界)至石家庄段(改扩建)	2012.10～2015.12	16066.22	290399	310830	

2. 项目实施阶段

1）施工过程

(1)主体工程于2013年1月16日开工,2014年12月21日完工。

(2)房建工程于2013年10月8日开工,2014年12月21日完工。

(3)机电工程于2014年6月开工,2015年9月16日完工。

(4)交通安全设施工程于2014年8月开工,2014年12月21日完工。

(5)绿化工程于2014年10月12日开工,2015年8月完工。

(6)从招标入手实行"双择"方式,择优选择了施工单位和项目经理。严格按照"服务前移,严谨务实,标准引导,规范工艺"的质量管理方针,全面推行"管理制度标准化、人员配备标准化、工地建设标准化、施工工艺标准化、过程控制标准化"的"五化"管理。执行首件工程认可制,推行监理互检制、第三方检测制度。通过智能化手段实现全过程、实时质量监管,落实信用等级评定制度。

(7)主要原材料实行甲控和甲供市场准入制,加强原材料源头管理,在台背回填、水稳及路面的平整度、桥面铣刨三大重点工序上,推行业主验收制度。

(8)2014年12月8日至11日,河北交通投资集团公司组织专家对京港澳高速公路涿州(冀京界)至石家庄段(改扩建)进行了交工验收。

京港澳高速公路涿州(冀京界)至石家庄段(改扩建)建设生产要素统计见表8-6-4。

京港澳高速公路涿州(冀京界)至石家庄段(改扩建)建设生产要素统计表　　表8-6-4

路线编号	建设时间	钢材（t）	沥青（t）	水泥（t）	砂石料（m³）	机械工（工日）	机械（台班）
G4	2013.1～2015.12	241077	240299	158456	8567986	7938752	6004680

2）重要决策

(1)2011年12月7日,河北省交通运输厅党组书记、厅长高金浩莅临河北省高速公路京石改扩建筹建处,欣然题写"天下第一路"并寄予厚望。

(2)2012年9月28日,京港澳高速公路(京石段)改扩建工程开工动员大会在石家庄太行国宾馆召开,河北省委书记、省人大常委会主任张庆黎宣布京港澳高速公路京石段改扩建工程开工。

(3)2014年12月21日京港澳高速公路京石段改扩建工程建成通车。

2014年6月14日,交通运输部部长杨传堂到项目工地进行调研。

3)各项活动

(1)为全面掀起大干高潮,确保工程按时间节点进行,2013年4月2日,京石改扩建筹建处召开"大干120天"劳动竞赛动员大会。筹建处相关人员及2家总监办及10家驻地办负责人、26家施工单位项目负责人参加了会议。

(2)2013年8月2日,筹建处在多功能厅召开"大干120天"劳动竞赛总结大会。河北省交通运输厅、河北省高速公路管理局、保定市交通运输局相关领导出席会议,会议对"大干120天"劳动竞赛先进集体和优秀个人进行了表彰。

(3)施工进度管理。

京港澳高速公路涿州(冀京界)至石家庄段(改扩建)工程三年工期两年完成,在工程进度管理方面全面落实"终端管理理念",通过开展各项劳动竞赛,带领各参建单位全员参与,全面形成了"比学赶超"的大干氛围。

一是强化终端管理;二是强化沟通手段;三是实行目标动态管理;四是有效开展劳动竞赛活动;五是公开评比促热情;六是重点盯办,确保落后标段不掉队。

先后开展的劳动竞赛主题活动月有:

2013年3月"促开工月"活动;2013年4月"全面开工月"活动;2013年5月"计划目标攻坚月"活动;2013年6月"路基填筑决战月"活动;2013年7月"互通、服务区征拆突击、施工月"活动;2013年8月"全面断交施工备战月"活动;2013年9月"全面大干奋勇争先月"活动;2013年10月"全面断交施工计划目标冲刺月"活动;2013年11月"年度任务目标会战月"活动;2014年3月"标准化施工全面开展月"活动;2014年4月"路基土方填筑歼灭月"活动;2014年5月"施工断点集中消除月"活动;2014年6月"全线半幅贯通决战月"活动;2014年7月"柔性基层施工决战月"活动;2014年8月"中下面层施工决战月"活动;2014年9月"断点集中消除暨外观品质提升月"活动;2014年10月"主体工程全面完工决战月"活动;2014年11月"剩余工程扫尾月"活动。

(4)开展十项专题研究。

将研究成果直接应用到设计文件和招标文件中,做到了设计理念与施工实际的有效结合。

(5)开展施工标准化活动。

筹建处组织开展"我最规范、我最标准、我的质量就是第一"的标准化施工活动。在重点工序、关键环节上成立26个标准化施工工艺研究小组。

(三)复杂技术工程

1. 高速公路路基加宽施工技术研究

为减小新旧路基不均匀沉降,本路段路基加宽工程对新老路基之间开挖台阶的位置、尺寸进行了研究,以增加新旧路基结合部接触面积,增强结合部摩阻力和抗剪能力,保证新旧路基之间的有效结合和整体性,同时方便了加宽部分路堤的地基处理,为横向台阶面铺设土工格栅提供了一个锚固长度。由于大部分旧路堤边坡土体的压实度达不到设计要求,为避免新旧路基的横断面产生较大沉降差异,施工中采用了强力夯实机补强高速公路路基加宽搭接部位压实度。针对短路基及路桥过渡段,研究了高速公路路基加宽段路基处置技术,结合沉降观测结果,确定了冬季备土堆载预压合理的卸载时机,提出了利用冬季进行备土堆载预压方案。

2. 路面拼接及加铺工程

由于京港澳高速公路涿州(冀京界)至石家庄段(改扩建)采取纵向分段、横向分幅分期修建的特殊建设形式,这种建设方式,导致该工程出现横向不同、纵向多变的路面结构。另外,由于对旧路路面进行了罩面的病害处理,使原路面结构总厚度达到71~75cm,但基层较薄,厚度一般在12~15cm,在改建时需加厚基层10cm才能满足设计要求。本路段的复杂技术是如何确定路面拼接方案。为提高旧路基强度,保证新建路面下路基强度的均匀性,本路段改扩建中引入分车道设计理念:硬路肩采用挖除重建的方式,扩建后第三、第四车道为全新建路面,按行驶大、中型车进行路面设计。针对旧路横坡为1.5%左右,新建八车道按规范宜采用2%,横坡不一致问题,进行了研究,综合考虑路面的最小摊铺厚度、最适宜摊铺厚度及纵横坡度等各种因素后,认为以原路面加铺3层(4cm+6cm两层路面+1层调平层)较为合适。其中调平层采用AC-20材料,其最适宜摊铺厚度为6~10cm,最小摊铺厚度5cm。通过最小摊铺厚度与最适宜摊铺厚度的范围差来实现横坡调整。

(四)科技创新

京石改扩建筹建处在项目管理创新、技术创新、技术推广上实现了新的突破,实现了多项科技创新:

1. 护栏设计创新

京石改扩建工程中分带景观护栏创新。

首次通过在护栏墙体设置"长圆孔"造型,增加了护栏的通透性,改善了常规混凝土护栏的景观效果、减少了驾乘人员疲劳感,提高了行车安全性和舒适性。

2.标线设计创新

(1)河北省首次在全线边缘线全部使用振动标线(图8-6-3)。

(2)车道分界线全部采用刮涂施工双组分标线(图8-6-4)。

图8-6-3 振动标线

图8-6-4 双组分标线

(3)特殊路段彩色标线设计(图8-6-5、图8-6-6)。

图8-6-5 彩色标线(1)

图8-6-6 彩色标线(2)

(4)防眩设计创新。

采用新型可调节支架防眩、植物防眩。

(五)运营养护管理

1.服务设施

本项目共设7处服务区(表8-6-5)。

京港澳高速公路涿州(冀京界)至石家庄段(改扩建)服务设施一览表　　表8-6-5

高速公路编码	服务区名称	桩号	所在区域	占地（亩）	建筑面积（m²）
G4	定兴服务区	K91	河北省保定市定兴县李郁庄乡牛家庄村	210	5998
	清苑服务区	K151	河北省保定市清苑区	335.499	9251
	定州服务区	K216+750	定州市明月店镇闫家庄村	160	6834
	藁城北服务区	K249	河北省石家庄市藁城区	280	8000
	望都服务区	东区 K178+120 西区 K178+140	河北省保定市望都县	83	8007
	徐水服务区	K121	保定市徐水区	263	6600
	涿州服务区	K58	河北省涿州市	39	9990

2. 收费设施

京港澳高速公路涿州(冀京界)至石家庄段(改扩建)工程共设置收费站18处,其中设置双向主线收费站1处(与北京合用),设置匝道收费站17处(表8-6-6)。

京港澳高速公路涿州(冀京界)至石家庄段(改扩建)收费设施一览表　　表8-6-6

收费站名称	桩号	入口车道数		出口车道数		收费方式
		总车道	ETC车道	总车道	ETC车道	
涿州主线收费站	K47+219	20	3	25	3	MTC+ETC
健康城收费站	K48+020	2	—	2	—	
涿州北收费站	K50+502	3	1	5	1	
涿州收费站	K55+375	7	2	13	2	
高碑店北收费站	K72+870	3	1	6	1	
高碑店收费站	K77+055	6	2	6	2	
定兴收费站	K92+350	3	1	5	1	
徐水收费站	K113+032	3	1	7	1	
保定北收费站	K131+793	5	1	10	1	
保定收费站	K135+230	6	1	14	1	
保定南收费站	K144+800	4	1	9	1	
清苑收费站	K155+100	4	1	9	1	
望都收费站	K180+400	3	1	5	1	
定州收费站	K200+900	6	1	12	1	
定州南收费站	K209+400	3	1	4	1	
新乐东收费站	K236+860	4	1	8	1	
机场东收费站	K241+971	3	1	5	1	
藁城北收费站	K257+016	3	1	4	1	

3. 养护管理

本项目共设4处养护工区(表8-6-7)。

京港澳高速公路涿州(冀京界)至石家庄段(改扩建)养护设施一览表　　表8-6-7

养护工区名称	桩　号	养护路段长度（km）	占地面积（亩）	建筑面积（m²）
定兴养护工区	K86+800	46.876	35.52	2693.8
保定养护工区	K135+240	62.622	13.575	1160
定州养护工区	K203+481	54.3	30	3904
藁城养护工区	K209+400～K270+279.767	60.88	17	1505(其中库房605)

4. 监控设施(表8-6-8)

京港澳高速公路涿州(冀京界)至石家庄段(改扩建)监控设施一览表　　表8-6-8

监控设施名称	桩　号	占地面积（亩）	建筑面积（m²）
监控中心	K245+500	30.321	4867

5. 交通流量

2002—2013年京港澳高速公路涿州(冀京界)至石家庄(改扩建)交通量(自然数)发展状况(2002—2013年)如图8-6-7、表8-6-9所示。

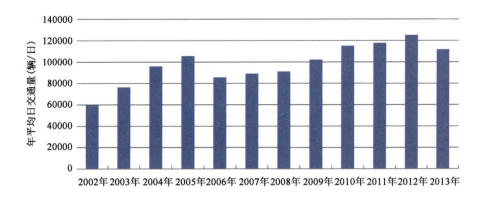

图8-6-7　京港澳高速公路涿州(冀京界)至石家庄段(改扩建)
收费站年平均日交通量(自然数)增长柱状图

京港澳高速公路涿州(冀京界)至石家庄段(改扩建)2016年收费站年平均日交通量(自然数)为123550辆/日,2015—2016年环比增长率为16.38%(表8-6-10)。

京港澳高速公路涿州（冀京界）至石家庄段（改扩建）交通量（自然数）发展状况表（2002—2013 年）

表 8-6-9

年	份	2002	2003	2004	2005	2006	2007	2008	2009	2010	2011	2012	2013
交通量（辆）	涿州北主线站	5567780	6097850	7498156	8615208	9154075	10219128	10191317	12603427	14787465	13289020	12748221	9753038
	影视城站	362665	382760	416544		299258	360902	552719	656572	903001	896600	873829	695007
	涿州站	1493154	1593327	1958070	1822717	1962021	2206647	2506178	2680781	2242389	2582721	2755686	2887624
	高碑店站	741540	758336	950129	937576	1126623	1413866	1599625	1626601	1782052	1709710	1728904	1490998
	定兴站	388664	439205	471338	523332	527475	657257	649847	682377	893138	1075850	1206262	1022781
	徐水站	692042	763059	917625	905714	1277192	1640902	2007674	2256490	2614540	2652406	2677624	2192270
	保定站	1908845	1917189	2586223	2383631	2761105	3295439	3758787	3930395	4277937	4909797	5692566	4866503
	保定南站	1094193	1316267	1376405	1458644	1420149	1670593	1658471	1895607	2260114	2431136	3028038	2632747
	清苑站	892831	942689	1128833	1166124	1213570	1788030	1811178	1969148	2236947	2113586	2222316	1918246
	望都站	319555	355326	492298	417436	494467	694424	908096	892770	634736	941970	1042576	912012
	定州站	1459683	1697053	2157643	1800948	1723423	1941001	2352932	2618745	2915974	3035802	3266439	2788364
	新乐站	738569	956320	1135804	1223229	1671530	2020393	2243287	2164422	2440257	2573419	2889803	3553806
	机场站	309348	361223	450301	591939	804571	1138228	1146103	1440627	1958647	2394060	2831546	3025718
	正定站	575521	571083	684156	642909	2416185	2199464	1864860	1898952	2076187	2382666	2705708	3031450
	石家庄北站	3875416	4595865	5179379	6591200	4386585							
	石家庄东站	1391032	2533783	4337930	5991875		1298134						
	石家庄南站		2543371	3302225	3504329								
	合计	21810838	27824706	35043059	38576811	31238229	32544408	33251074	37316914	42023384	42988743	45669518	40770564
	收费站年平均日交通量（辆/日）	59756	76232	96008	105690	85584	89163	91099	102238	115133	117777	125122	111700

京港澳高速公路涿州(冀京界)至石家庄段(改扩建)
年平均交通量(自然数)发展状况表(2014—2016年)

表 8-6-10

	年份	2014	2015	2016
交通量（辆）	河北主线站	253052	9954670	11024456
	涿州北站	7042	609909	798267
	涿州站	74928	2789842	2794283
	高碑店北站	4832	313690	445082
	高碑店站	41514	1841896	2158173
	定兴站	19870	1302299	1653407
	徐水站	44684	2058485	2467407
	保定北站	42971	2429754	3052784
	保定站	104397	4340037	4262611
	保定南站	47203	2654794	3621620
	清苑站	34748	1736491	2354376
	望都站	24416	1244482	1705341
	定州站	52983	2484155	2727773
	定州南站	32182	1489038	2051188
	新乐东站	14344	1044020	961972
	机场东站	12672	796485	1269022
	藁城北站	25051	1657431	1747873
	合计	836889	38747478	45095635
收费站年平均日交通量(辆/日)		2293	106157	123550

四、京港澳高速公路石家庄至安阳(冀豫界)段(改扩建)

(一)项目概况

1. 基本情况

1)功能定位

京港澳高速公路是国家高速公路网"71118网"中的第四条首都放射线。京港澳高速公路石家庄至磁县(冀豫界)段是河北省2020年高速公路网布局规划"五纵六横七条线"中最主要的南北交通干线,是河北省中南部地区联系首都北京,进而沟通东北、华北和华中地区的重要高速通道,其在国家及河北省路网中具有十分显要的地位,是全国极为繁忙的交通通道之一。

本项目为国家高速公路网高速公路旧路改扩建项目,由原双向四车道高速公路改扩建为双向八车道高速公路。

2）技术标准

新建或改扩建均按双向八车道标准建设,路基宽度42m,设计速度120km/h。

3）建设规模

项目主线全长209.879km,采用双向八车道高速公路标准建设。其中起点至赵县西封斯互通44.869km为新建段;西封斯互通至终点段165.01km为改扩建。同时,新建邯郸绕城高速公路。特大桥2142.2m/2座,大桥9358.1m/31座,中桥1853.5m/27座,小桥1342.8m/98座,涵洞264道;互通立交21处（新建7处、改扩建段14处）,分离立交78处,通道247处,天桥20座;房建总建筑面积81000m²。全线共设服务区7处,其中原址扩建2处,新建4处,移位改建1处;冀豫省界主线收费站分址改扩建。

4）主要控制点

沿途经过石家庄市的（藁城、栾城、赵县、高邑县）、邢台市的（柏乡、隆尧、临城、内丘、任县、沙河、邢台县、开发区、七里河管委会、桥东区）、邯郸市的（永年、邯郸县、高开区、丛台区、马头、磁县、临漳）。共计3个设区市、21个县区。

5）地形地貌

项目属平原地貌,多为亚砂土、亚黏土、粉砂亚砂土。

6）路面结构及主要构造物

主要采用沥青混凝土路面。上面层:4cm改性沥青混凝土（SMA-13）,上封层:橡胶沥青封层,中面层:6cm中粒式改性沥青混凝土（AC-20C）,黏层:CR改性乳化沥青,下面层:12cm粗粒式沥青稳定碎石（ATB-25）,下封层:ES-3型稀浆封层,上基层:20cm 5%水泥稳定级配碎石,透层油:C-2慢裂型阳离子乳化沥青,下基层:20cm水泥粉煤灰稳定碎石,底基层:20cm水泥粉煤灰稳定土。

上面层:4cm改性沥青混凝土（SMA-13）,黏层:SBR改性沥青粘层,中面层:6cm中粒式改性沥青混凝土（AC-20C）（部分为橡胶沥青）,封层:橡胶沥青封层,下面层:8cm粗粒式沥青混凝土（AC-25C）,黏层:SBR改性沥青粘层,上基层:11cm沥青稳定碎石（ATB-25）,下封层:SBS改性沥青封层,透层:SBR改性乳化沥青,基层:36cm水泥粉煤灰稳定碎石,底基层:20cm水泥粉煤灰稳定碎石。

主要构造物采用预应力混凝土连续梁桥。

7）投资规模

项目概算投资152.640亿元,平均每公里造价7275.13万元。

8）开工及通车、竣工时间

2012年3月开工建设,2014年12月交工通车。

2. 前期决策情况

1）前期决策背景

京深高速公路石家庄至安阳段于1994年8月开工,1997年12月建成交付使用,是一条功能齐全、全封闭、全立交的四车道高速公路。本项目通车后,交通量迅速增长,服务水平趋于饱和。根据交通量预测,按现有技术标准,至2015年全线将全部进入三级服务水平。因此,扩建本段高速公路是十分必要的。根据河北省交通厅"十一五"期间干线公路网建设的总体规划要求及河北省交通厅有关领导的指示精神,河北省交通厅在2007年启动该工程的改扩建工作。

2)前期决策过程

(1)2010年9月6日至9日,受国家发展和改革委员会委托,北京交科公路勘察设计研究院在石家庄市主持召开了《京港澳高速公路石家庄至磁县(冀豫界)段改扩建项目工程可行性研究报告》现场调研评估会。

(2)2010年11月8日,国土资源部以〔2010〕304号文下发了《关于京港澳高速公路石家庄至磁县(冀豫界)段改扩建项目建设用地预审意见的复函》。

(3)2011年1月6日,交通运输部以交函规划〔2011〕4号文下发了《关于京港澳高速公路石家庄至磁县(冀豫界)段改扩建工程可行性研究报告的审查意见》。

(4)2011年7月18日,国家发展和改革委员会以发改基础〔2011〕1533号文批准了《关于河北省石家庄至磁县(冀豫界)公路改扩建工程可行性研究报告的批复》。

(二)建设情况

1. 项目准备阶段

1)项目审批

(1)2009年4月15日,河北省发展和改革委员会,对本项目招标方案核准(核准文号:2010-0531)。

(2)2009年5月4日,河北省水利厅以冀水资〔2009〕37号文批复河北省高速公路管理局《关于京港澳高速公路石家庄至磁县(冀豫界)段公路改扩建项目水资源论证报告》。

(3)2009年8月18日,水利部以水保函〔2009〕281号文复函河北省高速公路管理局《关于石家庄至磁县(冀豫界)公路改扩建项目水土保持方案》。

(4)2010年11月8日,国土资源部以国土资预审字〔2010〕304号文复函河北省国土资源厅《关于石家庄至磁县(冀豫界)公路改扩建项目建设用地预审意见》。

(5)2010年12月9日,国家环境保护总局以环审〔2010〕397号文批复河北省高速公路管理局《关于石家庄至磁县(冀豫界)公路改扩建工程环境影响报告书》。

(6)2011年10月12日,交通运输部以交公路发〔2011〕574号文批复河北省交通运输厅《关于石家庄至磁县(冀豫界)公路改扩建工程初步设计》。

(7)2012年6月25日,河北省交通运输厅以冀交公〔2012〕342号文批复《关于石家庄至磁县(冀豫界)公路改扩建工程两阶段施工图设计》。

(8)2012年9月7日,河北省交通运输厅以冀交公〔2012〕497号文批复《关于石家庄至磁县(冀豫界)公路改扩建工程机电保通项目施工图联合设计文件》。

(9)2014年10月8日,河北省交通运输厅公路管理局以冀交公〔2014〕422号文批复《关于石家庄至磁县(冀豫界)公路改扩建机电工程(闭路监控、通信及收费系统)施工图联合设计设计》。

2)资金筹措

京港澳高速公路石家庄至安阳(冀豫界)段(改扩建),工程概算总投资为152.640亿元(含建设期贷款利息11.297亿元),全部形成固定资产。资金来源为:申请银行中长期贷款为114.480亿元(占总投资的75%),资本金38.160亿元(占总投资的25%)。

3)合同段划分及招投标

(1)合同段划分

根据各专业的工程内容,标段划分如表8-6-17所示。

①土建工程设计标段划分2个标段,房建工程设计1个标段,绿化工程设计1个标段,机电工程设计1个标段。

②施工标段划分:根据工程内容的不同,土建工程16个标段,机电工程7个标段,房建工程12个标段,绿化工程32个标段,交通安全设施55个标段。

③施工监理标段划分:根据工程内容设3个总监办公室,12个土建工程驻地监理标段,6个房建工程监理标段,1个机电工程监理标段。

(2)招投标

按照国家颁布的《招投标法》和交通部颁布的《公路工程施工招标投标管理办法》《公路工程施工招标资格预审办法》《公路工程施工招标评标办法》的要求,由项目法人单位组织招标工作。

①2011年8月有234家土建工程施工单位通过资格预审,参加本项目主线土建工程18个合同段的投标。2011年11月15日在石家庄公开开标,采用资格预审,合理低价法。由评标委员会进行评审,采用资格预审,合理低价法确定了18家中标单位。

②2012年4月5日有10家土建工程施工单位通过资格预审,参加本项目XJ2标段土建工程的投标。2012年4月5日石家庄公开开标,由评标委员会进行评审,采用资格预审,合理低价法确定了1家中标单位。

③2013年1月10日,有9家土建工程施工单位参加XJ10标段土建工程的投标。

2013年1月10日在石家庄公开开标,采用合理低价法,由评标委员会进行评审,采用合理低价法确定了1家中标单位。

④2012年10月18日,有94家房建工程施工单位参加本项目房建工程施工10个合同的投标。2012年10月19日在石家庄公开开标,由评标委员会进行评审,采用合理低价法确定了10家中标单位。

⑤2014年5月22日,有34家机电工程施工单位参加机电工程(闭路监控、通信及收费系统)施工机电工程的投标。2014年5月22日,在石家庄公开开标,由评标委员会进行评审,采用合理定价抽取评审法确定了3家中标单位。

⑥2013年12月23日,有97家交通安全设施工程施工单位参加扩建段路侧波形梁钢护栏工程施工9个合同段的投标。2013年12月23日在石家庄公开开标,由评标委员会进行评审,采用合理定价抽取评审法确定了9家中标单位。

⑦2015年10月9日,有317家绿化工程单位递交了投标文件,参加邯郸绕城东南环边坡及主线站绿化工程施工3个合同的投标。2015年10月9日在石家庄公开开标,由评标委员会进行评审,采用合理定价抽取评审法确定了3家中标单位。

4)参建单位主要情况

(1)建设单位

本项目建设单位是河北省高速公路管理局,项目执行机构是河北省高速公路石安改扩建筹建处,项目运营管理机构是河北省高速公路石安管理处。

(2)设计单位

①土建工程设计单位:中国公路工程咨询集团有限公司、河北省交通规划设计院、中交第一公路勘察设计研究院有限公司。

②交通工程设计单位:河北省交通规划设计院。

③机电工程设计单位:河北省交通规划设计院。

(3)施工单位

详见表8-6-11。

5)征地拆迁

(1)明确责任分工,提高工作效率。

地方工作烦琐、复杂,而且工作难度大,涉及3个市21个县,点多线长面广(表8-6-12)。筹建处克服事多人少的实际困难,把工作进行细化,明确分工,责任到人,将科室成员分成了三个地方小组,包县包段,并根据工作需要相互协调、相互沟通、统一调配,强化了每一名成员的责任意识,工作效率明显提高。

(2)注重地方协调工作,优化建设环境。

筹建处健全地方工作机制,争取地方政府和人民群众支持,定期召开协调会,实行地

河 北

京港澳高速公路石家庄至安阳(冀豫界)段(改扩建)合同段划分一览表

表 8-6-11

参建单位	类型	参建单位名称	合同段编号及起讫桩号	标段所在地	主要内容	主要负责人	备注
项目管理单位		河北省高速公路石安改扩建筹建处				郑端君	
勘察设计单位	土建工程设计	中国公路工程咨询集团有限公司	K270+200～K312+620		主线土建工程	刘庆成	
		河北省交通规划设计院	K312+620～K414+900		主线土建工程	朱冀军	
		中交第一公路勘察设计研究院有限公司	K414+900～K480+080		主线土建工程	张协	
施工单位	土建工程	中铁十六局集团有限公司	XJ1:K270+200～K271+155	藁城	桥涵	杨玉国	
		中铁二十三局工程有限公司	XJ2:路基 K271+155～K276+060、路面 K270+200～K284+600	南营镇、丘头镇	路基、桥涵、路面	曹峰	
		廊坊市交通公路工程有限公司	XJ3:K276+060～K284+600	南营镇	路基、桥涵	王纯鸣	
		中铁三局集团第二工程有限公司	XJ4:路基 K284+600～K293+400、路面 K284+600～K298+820	栾城区、柳林屯	路基、桥涵、路面	马国良	
		中铁十二局集团第四工程有限公司	XJ5:K293+400～K298+820	赵县、栾城	路基、桥涵、路面	何建斌	
		中交三公局第一工程有限公司	XJ7:K298+820～K304+800	南村乡	路基、桥涵、路面	朱志华	
		青岛公路建设集团有限公司	XJ6:路基 K304+800～K312+620、路面 K298+820～K312+620	北王镇、高村乡	路基、桥涵、路面	何建华	
		中铁十一局集团有限公司	KJ1:K312+620～K334+020	赵县、元氏、高邑	路基、桥涵、路面	杨屹	
		保定申成路桥有限责任公司	KJ2:K334+020～K353+855	尹村镇东尹村	路基、桥涵、路面工程	刘杰	
		汇通路桥建设集团有限公司	KJ3:K353+855～K375+920	任县大屯乡旧固村	路基、桥涵、路面工程	禹海龙	
		中交二公局第六工程有限公司	KJ4:K375+920～K394+020	邢台县双楼村	路基、桥涵、路面工程	邹会安	
		中交第一公路工程有限公司	KJ5:K394+020～K414+900	沙河褡裢街道办、田村	路基、桥涵、路面工程	段维峰	
		邢台公路建设总公司	KJ6:K414+900～K432+080	南吕固乡四留固村	路基、桥涵、路面工程	赵英涛	
		河北广通路桥集团有限公司	KJ7:K432+080～K447+680	邯郸市高开区、邯郸县南堡乡、磁县花官营乡	路基、桥涵、路面工程	高志华	
		河北燕峰路桥建设集团有限公司	KJ8:K447+680～K463+780	磁州镇、高臾镇、辛庄营、花官营	路基、桥涵、路面工程	李军民	
		河北路桥集团有限公司	KJ9:K463+780～K480+080	磁州镇、习文乡	路基、桥涵、路面工程	王志斌	

京港澳高速公路石家庄至安阳(冀豫界)段(改扩建)征地拆迁统计表　　表8-6-12

高速公路编码	项 目 名 称	征地拆迁安置起止时间	征用土地(亩)	拆迁房屋(m^2)	拆迁占地费(万元)	备注
G4	北京至港澳高速公路石家庄至安阳(冀豫界)段	2010.8~2010.12	17218	73512	224993	

方工作专人负责制,分段包干,定时限、要质量、求效益。在处理地方关系上坚持五原则:坚持依靠地方政府的原则,坚持掌握政策、依法合规的原则,坚持主动处理的原则,坚持杜绝涉及个人私利的原则,处理阻工现象坚持多管齐下、综合治理的原则。

2.项目实施阶段

1)施工过程

(1)主线土建工程于2012年3开工,2014年12月完工。

(2)房建工程于2012年12月开工,2014年12月完工。

(3)交通安全设施工程于2014年3月开工,2014年12月完工。

(4)机电工程于2014年7月开工,2014年12月完工。

(5)绿化工程于2014年8月开工,2015年9月完工。

(6)建章立制,实施标准化管理。

(7)对主要原材料实行甲控,同时引进第三方检测,保证工程质量。

(8)树立样板工程,实行专家咨询制度,加强人员岗前培训。

(9)2014年12月12日,河北省高速公路管理局组织专家对河北省石安改扩建工程进行交工验收。

京港澳高速公路石家庄至安阳(冀豫界)段(改扩建)建设生产要素统计见表8-6-13。

京港澳高速公路石家庄至安阳(冀豫界)段(改扩建)建设生产要素统计表　　表8-6-13

路线编号	建设时间	钢材(t)	沥青(t)	水泥(t)	砂石料(m^3)	机械工(工日)	机械(台班)
G4	2012.3~2014.12	175170	260263	1146578	12513542	1812098	1444659

2)重要决策

2012年3月京港澳高速公路石家庄至安阳(冀豫界)段(改扩建)主线段开工,2014年12月21日,建成通车。

3)各项活动

(1)2012年筹建处组织了"平安工地"建设活动,组织施工标准化考试,印发了施工管理考核评价办法实施细则(试行),印发监理考核评价办法(试行),组织开展扩建段2012年"大干100天"暨施工竞赛动员大会,2012年"大干100天"暨施工竞赛活动,KJ3合同召开施工标准化观摩会,KJ8合同召开施工标准化推进会,表彰施工标准化施工标杆单位,KJ6合同召开施工标准化观摩会。

(2)2013年筹建处组织并下发了"质量督查办法",组织工程建设攻坚会战专项行动,2013年"抓安全、提质量、保通车"施工竞赛,举办安全生产管理培训班,组织开展2013年上半年施工竞赛动员大会,召开2012年"大干100天"施工竞赛总结表彰大会。

(3)2014年筹建处组织开展"质量月"活动、工程质量通病治理活动,组织路面施工管理人员及路面机械设备操作人员培训,开展京港澳主线通车攻坚战活动。

(三)复杂技术工程

1.石德铁路分离立交转体桥

石德铁路分离式立交桥布孔为左半幅采用$(23.5+2\times25+23.5)m+2\times(5\times25)m+(5\times40+2\times80+3\times40)m+5\times25m$;右半幅采用$(23.5+2\times25+23.5)m+2\times(5\times25)m+(3\times40+2\times80+5\times40)m+5\times25m$。上部结构主桥采用一联$2\times80m$"T构"箱梁,箱梁为变高度单箱双室直腹板截面,高度变化段按二次抛物线渐变;引桥采用先简支后连续小箱梁。下部结构中主桥桥墩采用薄壁墩,下接承台,基础采用钻孔灌注桩;引桥桥墩采用柱式桥墩、桩基础;桥台采用肋板台,钻孔灌注桩基础。本桥的技术难点有:

(1)主桥箱梁采用满堂支架法在铁路限界外现浇施工,引桥小箱梁采用预制安装施工,为保证支架具有足够刚度和强度,采用预压重消除支架的非弹性变形。

(2)主桥$2\times80m$"T构"浇筑完成后,再采用转体将主桥归位,该桥转体质量达14300t。

2.改扩建总体设计

本项目主线全长209.879km,采用双向八车道高速公路标准建设,利用现有高速公路采用沿旧路两侧加宽的方案进行扩建,是河北省首条高速公路全线改扩建项目。总体设计的主要技术难点有:

(1)该路段作为华北地区的交通大动脉,如何做到不断交通施工是其最大的难点。合理的交通组织方案确保了施工期间的区域交通顺畅,并在施工过程中配合业主进行动态调整。

(2)本项目作为改扩建工程,对现有工程的充分利用是总体设计必须考虑的重点、难点。为此,对左右幅路基分别设计,并采用统计分布的方法分析拟合成果,最大限度地实现了对既有道路平、纵线形的精确拟合,有效地降低了局部路面铣刨和加铺工程量(图8-6-8)。

图 8-6-8　半幅通车、半幅施工

（3）本项目洺河大桥、支漳河特大桥和漳河特大桥三座桥梁均为超长联桥梁，单联最长达 540m，本次改扩建为在原桥两侧各拼宽 8m，采用"上部结构刚性连接，下部结构不连接"的拼接方式。对超长联不解联，初期采用新旧桥弱连接的方法处理，既避免了新旧桥混凝土收缩徐变不同步产生的巨大内力对桥梁上部结构的危害，又保证了施工期间道路的正常运营，而且实现了项目的按时完工交付使用，为国内超长联桥的拼接开创先河。该项目的设计已于 2016 年获得河北省省级优秀勘察设计一等奖。

（四）科技创新

石安高速公路管理处在项目管理创新、技术创新、技术推广上实现了新的突破。其中技术创新有 9 项：

（1）高速改扩建不断交交通组织与管理技术。

（2）全线使用高性能混凝土。

（3）采用车载三维激光扫描测量技术。

（4）全线路面施工过程实行动态实时监控技术。

（5）采用高压水射流系统清除破损混凝土技术。

（6）采用延伸桥面板无缝桥结构新技术。

（7）采用橡胶沥青材料技术。

（8）采用温拌沥青混合料技术。

（9）太阳能光伏发电系统应用技术。

(五)运营养护管理

1. 服务设施

本段共设服务区7处(表8-6-14)。

京港澳高速公路石家庄至安阳(冀豫界)段(改扩建)服务设施一览表　　表8-6-14

高速公路编码	服务区名称	桩号	所在区域	占地(亩)	建筑面积(m²)
G4	石家庄东服务区	K277+750	河北省石家庄市	380	9685
G4	赵县服务区	K306+500	河北省石家庄市赵县	240	13000
G4	柏乡服务区	K340	河北省邢台市柏乡县	300	6000
G4	邢台服务区	K373	河北省邢台市	400.875	8878
G4	沙河服务区	K412	河北省沙河市	62.37	8000
G4	邯郸服务区	K438	河北省邯郸市	300	6400
G4	磁县服务区		河北省邯郸市磁县	375.999	29786

2. 收费设施

本项目共设置收费站22处,其中设置单向主线收费站1处,设置匝道收费站21处(表8-6-15)。

京港澳高速公路石家庄至安阳(冀豫界)段(改扩建)收费设施一览表　　表8-6-15

收费站名称	桩号	入口车道数		出口车道数		收费方式
		总车道	ETC车道	总车道	ETC车道	
藁城兴华路	K272	3	1	5	1	
栾城东	K283	3	1	3	1	
赵县西	K303	3	1	3	1	
高邑	K322	6	2	7	2	
柏乡	K335	6	2	6	2	
隆尧	K345	3	1	5	1	
内丘	K355	6	2	6	2	
邢台北	K377	5	1	10	1	
邢台	K383	6	2	13	1	
邢台南	K388	2	—	3	—	MTC+ETC
沙河	K400	4	1	9	1	
永年	K418	3	1	5	1	
邯郸	K428	5	2	11	2	
邯郸南	K440	6	2	10	2	
冀南新区	K452	6	2	6	2	
磁县	K464	6	2	6	2	
邺城	K473	3	1	3	1	
河沙镇	绕城	3	1	5	1	
临漳主线站	K480	—	—	25	2	

续上表

收费站名称	桩 号	入口车道数		出口车道数		收费方式
		总车道	ETC车道	总车道	ETC车道	
藁城西	K295+443	5	1	8	1	MTC+ETC
北五女	K289+663	5	1	7	1	
西兆通	K283+196	2	1	2	1	

3. 养护管理

京港澳高速公路石家庄至安阳(冀豫界)段(改扩建)截至2015年底刚通车一年,仅进行日常养护(表8-6-16)。

京港澳高速公路石家庄至安阳(冀豫界)段(改扩建)养护设施一览表　　表8-6-16

养护工区名称	桩 号	路段长度(km)	占地面积(亩)	建筑面积(m²)
石家庄南	S9902K283+800	22	15	1500.1
石家庄东	AK0+715	43.787	9.711	2824
邢台	K378+000	64	16	3463
邯郸	K440+687	58	16.4541	4543
邯郸南	K440+559	22.05	13.47	2632.17

4. 监控设施

本项目设置石家庄监控分中心、邢台监控分中心、邯郸监控分中心,负责石家庄区域、邢台区域和邯郸区域的运营监管(表8-6-17)。

京港澳高速公路石家庄至安阳(冀豫界)段(改扩建)监控设施一览表　　表8-6-17

监控设施名称	桩 号	占地面积(亩)	建筑面积(m²)
石家庄监控分中心	K291	—	317.6
邢台监控分中心	K380	—	272
邯郸监控分中心	K435	—	220.5

5. 交通流量

1997—2006年京港澳高速公路石家庄至安阳(冀豫界)段(改扩建)交通量(自然数)发展状况如表8-6-18、表8-6-19、图8-6-9所示。

京港澳高速公路石家庄至安阳(冀豫界)段(改扩建)交通量(自然数)发展状况表(1)　　表8-6-18

年 份		1997	1998	1999	2000	2001	2002	2003	2004	2005	2006
交通量(辆)	藁城西	—	—	412688	838440	938607	1055572	1221948	1378881	1614083	1879191
	西兆通	—	—	3071	6091	6813	10573	16987	41459	98344	507927
	石家庄	2161231	2341566	2796338	3248669	3413185	3450119	4083760	4900101	5880032	6454643
	栾城	262796	364644	485550	651549	834076	965600	1061585	1218491	1221147	1296989
	元氏	27052	101852	124549	133202	164021	196978	281860	467173	553661	669292

续上表

年 份		1997	1998	1999	2000	2001	2002	2003	2004	2005	2006
交通量（辆）	高邑	39249	424018	509452	442460	488778	524014	590798	680953	684963	578396
	柏乡	46037	181766	150856	154121	157478	152570	128771	223705	258736	333419
	隆尧	13514	216365	235128	318180	311165	342121	404706	482416	339732	365332
	内丘	52590	183295	155690	157216	160629	169143	172072	228484	268507	329600
	邢北	287917	1227059	1132069	1294107	1261679	1298705	1421686	1829463	1880874	1664384
	邢南	—	—	303981	460468	526101	566936	451932	584714	0	693508
	沙河	4373	133354	298194	324222	387743	379853	453109	606305	1534692	676412
	永年	5679	223937	339121	269674	317069	321989	457642	390891	473900	589352
	邯郸	1338	999012	1080352	1145265	1214787	1345148	1551990	2139874	1813232	1715366
	邯郸南	10007	397281	335487	409349	501692	677694	581296	760958	740556	859830
	冀南新区	981	158646	130201	149104	180606	194279	234394	346436	256818	320184
	磁县	13075	308064	289291	308127	295938	225828	249117	380589	329148	497048
	临漳	6155	2216601	2440485	2638511	2866016	3563834	3496747	6781597	5015158	5331447
	涉县西	—	—	—	—	—	—	—	—	223381	248814
	合计	2931994	9477460	11222503	12948755	14026384	15440756	16860400	23442490	23186964	25011134
收费站年平均日交通量（辆/日）		8033	25966	30747	35476	38428	42303	46193	64226	63526	68524

京港澳高速公路石家庄至安阳（冀豫界）段（改扩建）交通量（自然数）发展状况表 表8-6-19

年 份		2007	2008	2009	2010	2011	2012	2013	2014	2015	2016
交通量（辆）	藁城西	2119363	2264199	2399168	1649326	1717643	1868765	2333264	2468624	2740865	3835847
	北五女			783103	2172842	2260599	3685871	3562779	3968660	4691418	5276670
	西兆通	655871	698188	741854	636408	610527	655282	868824	977465	1345632	1405794
	石家庄	7351195	7456494	7413098	8603397	10074882	11385282	12416652	12393192	15544604	17381625
	栾城	1454901	1794942	1892776	1840842	2066998	2272570	2589460	2608093	3238371	4156304
	元氏	772850	718284	856725	993947	1043305	1264553	1158987	1195495	1250629	1165827
	高邑	755582	936144	1186162	969602	985293	1196671	624758	369539	1461077	2279678
	藁城兴华路								8311	998508	1487119
	栾城东								7473	849547	1442601
	赵县西								6746	803195	1254655
	柏乡	502780	636901	741928	643465	701483	853681	587327	403866	1204575	1753675
	隆尧	434356	587393	782653	689356	690780	491221	449431	241018	690708	1290792
	内丘	556246	544516	982963	944997	904125	849715	386588	852308	1053740	1697223
	邢北	1991041	2462837	2696847	2816590	2886135	3264011	2807346	3011704	2303584	2302598
	邢台	—	—	—	—	—	—	—	7309	2272993	4568480

第八章 高速公路建设项目

续上表

年份		2007	2008	2009	2010	2011	2012	2013	2014	2015	2016
交通量（辆）	邢南	815450	993762	1273849	1585968	1699405	1953225	1709454	2703748	1326954	1964248
	沙河	940231	1254715	1310996	1309845	1824669	2321689	1110123	422345	1687661	2755693
	永年	828504	901508	1301786	1565334	1585047	2299787	1023070	515617	1642181	2513762
	邯郸	1688114	1842098	2528005	2178736	2329967	4569826	1886792	1231326	3146857	3892495
	邯郸南	896720	1061572	1340231	1564113	1701421	2644952	342399	13783	1993076	2491223
	河沙镇	—	—	—	—	—	—	—	—	830	478564
	冀南新区	429301	614923	473319	1102062	1190523	1524696	169357	9481	1000793	1395890
	磁县	615690	789618	1151789	1320709	1192592	1575306	1189829	987917	1136259	1583115
	邺城								1040	324093	961600
	临漳	4768124	5329868	6075090	9269757	6179014	5697823	3526425	2506998	5450041	7510343
	涉县	—	—	—	915869	2340663	2238032	2543078	2544376	2543477	1671820
	涉县西	300891	707890	1968386	818189	305608	213365	240995	209256	232730	8683410
	合计	27877210	31595852	37900728	43591264	44290679	52826023	41526738	39665690	60934398	13705268
收费站年平均日交通量（辆/日）		76376	86564	103838	119428	121344	144729	113772	108673	166944	37549

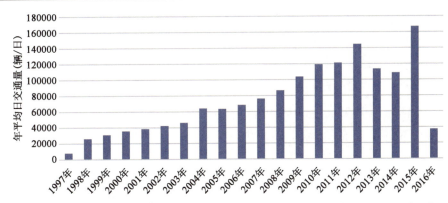

图 8-6-9　京港澳高速公路石家庄至安阳（冀豫界）段（改扩建）收费站年平均日交通量（自然数）增长柱状图

第七节　G5（北京—昆明）河北段（涞水县—井陉县）

G5 京昆高速公路是河北省高速公路网主骨架"五纵六横七条线"规划中"第五纵"的重要组成部分，也是国家高速公路网中北京至昆明高速公路的重要组成路段。河北境内起自涞水县（京冀界），终止于井陉县（冀晋界），全长 267.156km。沿线途经保定市的涞水县、易县、满城区、保定市区、顺平县、唐县、曲阳县，石家庄市的行唐县、灵寿县、正定县、鹿泉市、井陉县。项目建成后，打通了困扰京冀多年的京昆高速"断头路"，为加快国家和

439

河北省高速公路网形成,完善区域路网规划布局,发挥路网整体效益;对实现京津冀一体化,推进京津冀都市圈建设起到重要的推动作用,并且将极大地促进区域旅游的发展和旅游资源的进一步开发。

京昆高速公路河北境内由五段组成,分别是京昆高速公路冀京界至涞水段、张石高速公路涞源(张保界)至曲阳(保石界)段、张石高速公路曲阳至石家庄段、京昆高速公路石家庄市至冀晋界段、西柏坡高速公路北胡庄互通至西柏坡互通段(与S71石家庄至西柏坡高速公路共线13.5km,详见第三十三节)。

(1)京昆高速公路冀京界至涞水段于2014年12月25日建成通车,由河北省高速公路张涿保定管理处负责运营管理养护,运营里程桩号K64+806~K89+000,全长24.194km,设计速度120km/h,双向六车道,路基宽度34.5m。

(2)张石高速公路涞源(张保界)至曲阳(保石界)段(涞水至曲阳段)于2008年10月建成通车,由河北交通投资集团张石高速公路保定段有限公司负责运营管理养护,运营里程桩号K89+500~K225+090,全长135.59km,设计速度120km/h,路基宽度34.5m。

(3)张石高速公路曲阳至石家庄段于2008年7月建成通车,由石家庄市张石高速公路管理处负责运营管理养护,运营里程桩号K225+051~K266+366,全长41.32km,设计速度120km/h,双向六车道,路基宽度34.5m。

(4)京昆高速公路石家庄市至冀晋界段于2015年12月建成通车,由京昆高速石太北线管理处负责运营管理养护,项目分为两段,第一段运营里程桩号K266+366~K281+712,全长15.346km,设计速度120km/h,双向六车道,路基宽度34.5m;第二段运营里程桩号K295+212~K332+418,全长37.206km,设计速度100km/h,双向六车道,路基宽度33.5m。

G5(北京—昆明)河北段(涞水县—井陉县)高速公路项目信息采集见表8-7-1,路线平面示意图见图8-7-1、图8-7-2。

G5(北京—昆明)河北段(涞水县—井陉县)高速公路项目信息表　　　表8-7-1

项目名称	路段起讫桩号		规模(km)		设计速度(km/h)	路基宽度(m)	投资情况(亿元)			建设时间(开工~通车)	备注
	起点桩号	讫点桩号	合计	车道数			估算	概算	资金来源		
京昆高速公路冀京界至涞水段	K64+806	K89+000	24.194	六车道	120	34.5	19.00	20.860	部补助、银行贷款、业主自筹	2012.11~2014.12	
张石高速公路涞源(张保界)至曲阳(保石界)段(涞水至曲阳段)	K89+500	K225+090	135.59		120	34.5	87.83	81.785	项目资本金、银行贷款	2006.7~2008.10	
张石高速公路曲阳至石家庄段	K225+051	K266+366	41.32		120	34.5		47.9665	银行贷款、地方自筹	2005.11~2008.7	
京昆高速公路石家庄市至冀晋界段	K266+366	K281+712	15.346		120	34.5		70.24	银行贷款、地方自筹	2013.11~2015.12	
	K295+212	K332+418	37.206		100	33.5					

第八章
高速公路建设项目

图 8-7-1　G5(北京—昆明)高速公路京冀界至曲阳(保石界)段路线平面示意图

图8-7-2　G5（北京—昆明）高速公路曲阳（保石界）至冀晋界段路线平面示意图

第八章 高速公路建设项目

一、京昆高速公路冀京界至涞水段

(一)项目概况

1. 基本情况

1)功能定位

京昆高速公路冀京界至涞水段是河北省高速公路网主骨架"五纵六横七条线"规划中"第五纵"的重要组成部分,也是国家高速公路网中北京至昆明高速公路的重要组成路段。项目的建设,对实现京津冀一体化、推进京津冀都市圈建设起到重要的推动作用;同时缩短了项目区域和首都北京之间的距离,对项目区域经济的开发开放、促进区域经济协调发展起到重要作用。

2)技术标准

全线采用全封闭、全立交、分向行驶的双向六车道高速公路标准,设计速度120km/h,路基宽度34.5m,桥梁与路基同宽,桥涵设计荷载等级采用公路—Ⅰ级。

3)建设规模

本项目建设里程长24.194km,设大桥7座,中桥4座,小桥13座,互通式立交4处,分离式立交6处,桥梁总长3606.8m(未含互通区),占路线长度的14.9%;服务区1处,养护工区1处,主线收费站1处、匝道收费站2处。管理、养护、服务设施房屋总建筑面积12200m^2。

4)主要控制点

涞水县、易县。共计2个县、6个乡镇。

5)地形地貌

项目属平原地貌,岩性为砾卵石、粗砂砾石、粉土及黏性土,地势东北高西南低。

6)路面结构及主要构造物

主要采用沥青混凝土路面。4cmAC-13细粒式沥青混凝土(SBS改性),6cmAC-20中粒式沥青混凝土(SBS改性),10cmATB-25密级配沥青稳定碎石,18cm水泥稳定碎石,18cm水泥稳定碎石,20cm水泥稳定砾石。

主要构造物采用预应力混凝土连续梁桥。

7)投资规模

项目概算投资20.8603亿元。

8)开工及通车、交工时间

2012年11月开工建设,2014年12月交工通车。

2. 前期决策情况

（1）2010年5月,中国公路工程咨询集团有限公司编制了《京昆高速京冀界至涞水段工程可行性研究报告》。

（2）2011年12月21日,国家发展改革委以发改基础〔2011〕2469号文对项目的工程可行性研究报告进行了批复。

（3）2010年9月30日,国土资源部以〔2010〕248号文下发了《关于京昆高速公路冀京界至涞水段工程建设用地预审意见的复函》。

（二）建设情况

1. 项目准备阶段

1）项目审批

（1）2011年12月26日,河北省交通运输厅向交通运输部报送了《关于报送河北省京冀界至涞水公路初步设计文件及预审意见的请示》(冀交基〔2011〕935号)。2012年5月15日交通运输部以交公路发〔2012〕218号文对项目的初步设计文件进行了批复。

（2）2012年11月1日至2日,在石家庄召开了京昆高速公路冀京界至涞水段两阶段施工图设计审查会。

（3）2013年1月7日,河北省交通运输厅以冀交公〔2013〕2号文对京昆高速公路冀京界至涞水段两阶段施工图设计进行了批复。

（4）2010年12月9日,水利部以水保函〔2010〕392号文下发了《关于京昆高速公路冀京界至涞水段工程水土保持方案的复函》。

（5）2010年12月22日,环境保护部以环审〔2010〕417号文复函《关于京昆高速公路冀京界至涞水段工程项目环境影响报告书的批复》。

2）资金筹措

本项目概算总额为20.860亿元,项目资本金占总投资的25%,其余资金利用国内银行贷款解决。本项目于2014年12月25日通车运行,目前未办理竣工决算。

3）合同段划分及招投标

（1）合同段划分

本工程根据各专业的工程内容,标段划分如表8-7-2所示。

①土建、机电、房建、绿化工程设计标段划分1个标段(联合体)。

②施工标段划分:根据工程内容的不同,土建工程2个标段,机电工程1个标段,房建工程3个标段,绿化工程5个标段,交通安全设施6个标段。

③施工监理标段划分:根据工程内容设3个总监办公室,其中1个土建工程总监办公

京昆高速公路冀京界至涞水段合同段划分一览表

表 8-7-2

参建单位	类型	参建单位名称	合同段编号及起讫桩号	标段所在地	主要内容	主要负责人	备注
项目管理单位		河北省高速公路张涿保定管理处				孙博文	
勘察设计单位	主体、连接线、机电工程设计	中国公路工程咨询集团有限公司	全线		主线主体、连接线、机电工程	王民	
施工单位	土建工程	河北燕峰路桥建设集团有限公司	JK-LQ1:K64+806~K78+806	义和庄、石亭、大赤土、渐东村、墩台东、魏村东、北洞头、下辛亭东、东文山	路基、桥涵工程	贺元军	
		汇通路桥建设集团有限公司	JK-LQ2:路基 K78+806~K89+000,路面 K64+806~K89+000	义和庄、石亭、大赤土、渐东村、墩台东、魏村东、北洞头、下辛亭东、东文山、东长堤、十里铺、北秋兰、樊家台、西明义	路基、桥涵、路面工程	杜喜平	

室,1个房建工程总监办公室,1个机电工程总监办公室。

(2)招投标

按照国家颁布的《招投标法》和交通部颁布的《公路工程施工招标投标管理办法》《公路工程施工招标资格预审办法》《公路工程施工招标评标办法》的要求,由项目法人单位组织招标工作。

①主体工程于2012年9月17日在石家庄举行开标评标会议,采用合理低价中标方式,共有56家施工单位递交了本项目2个合同段的投标文件,最终评审出2家中标单位。

②房建工程于2014年1月16日在石家庄举行了开标评标会议,采用合理定价抽取评审法,共有69家单位递交了本项目3个合同段的投标文件,最终评审出3家中标单位。

③机电工程于2014年8月4日在石家庄举行开标评标会议,采用合理定价抽取评审法,共有36家施工单位递交了本合同段的投标文件,最终评审出1家中标单位。

④交通安全设施工程于2014年7月21日在石家庄举行开标评标会议,采用合理定价抽取评审法,共有90家施工单位递交了本项目6个合同段的投标文件,最终评审出6家中标单位。

⑤绿化工程于2014年8月26日在石家庄举行开标评标会议,采用合理定价抽取评审法,共有268家施工单位递交了本项目5个合同段的投标文件,最终评审出5家中标单位。

4)参建单位主要情况

(1)建设单位

本项目建设单位是河北省高速公路管理局,项目执行机构是河北省高速公路张涿保定管理处。

(2)设计单位

主体工程设计单位(包含土建、交安、机电):中国公路工程咨询集团有限公司。

(3)施工单位

详见表8-7-2。

5)征地拆迁

(1)设立专门组织机构

按三级管理体系设置安置办公室,加强各级政府对征地工作的领导和监督,形成完善的拆迁工作体系,使征地拆迁工作层层有人管、层层有人抓。

(2)落实承包责任制

征地拆迁工作实行群众参与,各级政府层层签订责任书,采取"四到位、四现场"的做法,即县、乡、村、户四方到场,现场丈量、现场清点、现场签字、现场盖章,表8-7-3。

京昆高速公路冀京界至涞水段征地拆迁统计表　　表8-7-3

高速公路编码	项目名称	征地拆迁安置起止时间	征用土地（亩）	拆迁房屋（m²）	拆迁占地费（万元）	备注
G5	京昆高速公路冀京界至涞水段	2012.6~2013.4	2942.241	5291.244	41769.768	

2．项目实施阶段

1）施工过程

（1）主线土建工程于2012年11月20日开工，2014年12月16日完工。

（2）房建工程于2014年10月开工，收费站区2014年12月完工，服务区2015年7月15日完工。

（3）机电工程于2014年9月开工，2014年12月完工。

（4）交通安全设施工程于2014年8月开工，2014年12月完工。

（5）绿化工程于2014年9月开工，2016年3月完工。

（6）2014年12月15日、16日，河北省高速公路管理局组织专家对京昆高速公路冀京界至涞水段主体工程进行了交工验收。

京昆高速公路冀京界至涞水段建设生产要素统计见表8-7-4。

京昆高速公路冀京界至涞水段建设生产要素统计表　　表8-7-4

路线编号	建设时间	钢材(t)	沥青(t)	水泥(t)	砂石料(m³)	机械工(工日)	机械(台班)
G5	2012.11~2014.12	51079	20790	197676	1547770	392002	274329

2）重要决策

2014年12月25日上午11点58分，京昆高速京冀界至涞水段同京昆高速北京段顺利实现同时通车，同步进入运营阶段。交通运输部部长杨传堂、副部长翁孟勇，北京市市长王安顺、副市长张延昆，河北省省长张庆伟、副省长姜德果等领导对通车情况进行了现场视察，并对一线工作人员进行了慰问。河北省交通运输厅厅长高金浩就全省交通运输工作情况和2015年发展思路向河北省领导作了简要汇报。

3）各项活动

（1）2013年度，在全线开展"大干一百天，攻坚保目标"活动。

（2）2014年度，在全线开展"决战180天"活动。

（三）科技创新

"膨胀泥浆骨架浇筑桥涵台背路基技术研究"课题，可以充分利用工地现场的各种土源、料源，从而显著减少土方工程运输量，降低工程造价，具有广阔的应用前景，将产生巨大的社会效益和经济效益。

(四)运营养护管理

1. 服务设施

全线设置涞水服务区1处(表8-7-5)。

京昆高速公路冀京界至涞水段服务设施一览表　　　表8-7-5

高速公路编码	服务区名称	桩　号	所 在 区 域	占地(亩)	建筑面积(m^2)
G5	涞水服务区	K80+006	涞水县南兵上	100	5687

2. 收费设施

京昆高速京冀界至涞水段设收费站3处(表8-7-6)。

京昆高速公路冀京界至涞水段收费设施一览表　　　表8-7-6

收费站名称	桩　号	入口车道数		出口车道数		收 费 方 式
		总车道	ETC车道	总车道	ETC车道	
涞水西收费站	K77+956	3	1	3	1	MTC+ETC
涞水新城收费站	K67+870	3	1	3	1	
涞水主线收费站	K65+566	0	0	17	2	

3. 养护管理

本项目养护里程24.194km,设置涞水西1处养护工区,负责全线公路养护(表8-7-7)。

京昆高速公路冀京界至涞水段养护设施一览表　　　表8-7-7

养护工区名称	桩　号	路段长度(km)	占地面积(亩)	建筑面积(m^2)
涞水西工区	K77+956	24.194	9.4005	1185

4. 监控设施

本项目在张涿高速涞水北养护工区设置临时监控中心,负责张涿高速和京昆高速京冀界至涞水段的运营监管。

5. 交通流量

京昆高速公路冀京界至涞水段2016年收费站年平均日交通量(自然数)为18865辆/日,2015—2016年年均增长率为34.89%(表8-7-8)。

京昆高速公路冀京界至涞水段交通流（自然数）发展一览表　　表8-7-8

	年　份	2015	2016
交通量（辆）	涞水西收费站	1135016	2024570
	涞水新城收费站	651994	1072330
	涞水主线收费站	3317740	3788700
	合计	5104750	6885600
收费站年平均日交通量（辆/日）		13986	18865

二、张石高速公路涞源（张保界）至曲阳（保石界）段（涞水至曲阳）

（一）项目概况

1.基本情况

1）功能定位

张石高速公路涞源（张保界）至曲阳（保石界）段是国家"7918"高速公路规划网中的放射线之一京昆高速公路的重要组成部分，同时也是河北省高速公路网主骨架"五纵六横七条线"规划中"第五纵"的重要组成部分。本项目的建设将河北省西部经济较为落后的地区与首都北京等经济发达的地区通过高速公路联系起来，向东北方向沿京昆高速公路北京段可直达北京五环以内地区，沿北京五环可去往承德及以北地区；向西北方向沿张涿高速公路可到达张家口及内蒙古等地区，完善了河北省高速公路网的布局结构，使河北省高速公路网的布局更加合理。

2）技术标准

本项目采用双向六车道，设计速度120km/h，路基宽度34.5m。平曲线最小半径采用1000m，最大纵坡采用3%。

3）建设规模

本项目建设里程长135.59km，其中：特大桥3857m/3座，大桥10558.5m/61座，中桥6210.97m/96座，小桥1330m/100座，涵洞172道，桥梁长度占路线总长度的16.19%；互通式立交9处（其中服务型互通7处、枢纽型互通2处），通道116处，天桥28座；匝道收费站7处；服务区4处，停车区1处；管理、养护、服务、监控房屋建筑面积39577.22m^2。

4）主要控制点

涞水县、易县、定兴县、徐水县、满城县、顺平县、唐县、曲阳县，共计8个县。

5）地形地貌

项目由低山区、丘陵和平原三部分组成，多为亚砂土、亚黏土、粉砂亚砂土，地势西高东低。

6）路面结构及主要构造物

主要采用沥青混凝土路面。4cmAC-13C 改性沥青混凝土，6cmAC-20C 改性沥青混凝土，7cmAC-25C 沥青混凝土，8cm 沥青稳定碎石（ATB-25），18cm 水泥稳定碎石，18cm 石灰粉煤灰碎石，18cm 石灰粉煤灰土。

主要构造物采用预应力混凝土连续梁桥。

7）投资规模

项目概算投资 81.785 亿元，平均每公里造价概算 6031.77 万元（尚未竣工验收）。

8）开工及通车、竣工时间

2006 年 7 月开工建设，2008 年 10 月交工通车。

2. 前期决策情况

1）前期决策背景

为解决张家口地区和省会石家庄之间往来车辆需过境北京的问题，河北省于 2005 年开始规划建设张石高速公路。由于张石高速公路曲阳至石家庄段和保定曲阳至涞水枢纽互通段与京港澳高速公路京石段基本平行，可大大缓解京港澳高速公路京石段的交通压力。

2）前期决策过程

根据《河北省 2003—2007 年高速公路建设计划》（冀政函〔2003〕86 号），按照河北省高速公路建设指挥部《关于印发〈高速公路"6+1"项目前期工作安排意见〉的通知》（冀高指字〔2005〕1 号）要求开始前期工作。

（1）2005 年 11 月 1 日，河北省咨询研究院发文《张石公路涞源（张保界）至曲阳（保石界）段工程可行性研究报告》（冀咨项〔2005〕73 号）。

（2）2005 年 11 月 11 日，河北省发改委以冀发改交通〔2005〕1063 号文下达了《关于张石高速公路涞源（张保界）至曲阳（保石界）段项目可行性研究报告的批复》。

（3）2005 年 10 月 31 日，河北省国土资源厅以冀国土资函〔2005〕521 号文批复了《关于张石高速公路涞源（张保界）至曲阳（保石界）段项目用地的预审意见》。

（4）2008 年 11 月 27 日，国土资源部以国土资函〔2008〕772 号文下发了《关于张石高速公路涞水至曲阳段工程建设用地的批复》。

（二）建设情况

1. 项目准备阶段

1）项目审批

（1）2005 年 7 月 8 日，河北水利厅以冀水保〔2005〕52 号文批复了《关于张石公路涞源(张保界)至曲阳(保石界)段水土保持方案报告书的请示》。

(2)2006年9月1日,河北省交通厅公路管理局以冀交公路〔2006〕133号文批复了《关于张石高速公路涞水至曲阳段主体工程两阶段施工图设计文件》。

(3)2007年11月9日,河北省交通厅公路管理局以冀交公路〔2007〕308号文批复了《关于张石高速公路涞水至曲阳段及密涿支线安全设施、绿化、房建工程两阶段施工图设计文件》。

(4)2008年3月17日,河北省交通厅公路管理局以冀交公路字〔2008〕55号文批复了《关于张石高速公路涞水至曲阳段及密涿支线机电工程施工图设计文件》。

(5)2009年3月19日,河北省交通运输厅批准开工建设。

2)资金筹措

本项概算总投资87.83亿元,项目资本金30.74亿元,由项目业主和河北省交通运输厅负责筹措,其余资金申请银行贷款解决。

3)合同段划分及招投标

根据各专业的工程内容,标段划分见表8-7-9。土建工程设计标段划分20个标段,房建工程设计5个标段,绿化工程设计7个标段,机电工程设计2个标段。

张石高速公路涞源(张保界)至曲阳(保石界)段(涞水至曲阳)合同段划分一览表 表8-7-9

参建单位	类型	参建单位名称	合同段编号及起讫桩号	主要内容	主要负责人
项目管理单位		保定市张石高速公路筹建处			王领战
施工单位	土建工程	保定申成路桥有限公司	LJ-S1:K154+500~K162+700	路基、桥涵、通道	刘杰
		河北建设集团有限公司	LJ-S2:K162+700~K173+900	路基、桥涵、通道	杨见雨
		北京市政建设集团有限责任公司	LJ-S3:K173+900~K185+900	路基、桥涵、通道	王东海
		中交路桥北方工程有限公司	LJ-S4:K185+500~K197+200	路基、桥涵、通道	李洪杰
		路桥集团第一公路工程厦门有限公司	LJ-S5:K185+500~K197+200	路基、桥涵、通道	张海腾
		中铁二十局集团有限公司	LJ-S6:K207+800~K218+000	路基、桥涵、隧道、通道	吕瑞诚
		保定申成路桥有限公司	LJ-S7:K218+000~K228+200	路基、桥涵、通道	张航
		中铁二十局集团有限公司	LJ-S8:K228+200~K238+800	路基、桥涵、通道	周冉冉
		中铁大桥局股份有限公司	LJ-S9:K238+800~K249+200	路基、桥涵、通道	谢弘
		中国冶金科工集团公司	LJ-S10:K249+218.121~K260+500	路基、桥涵、通道	王涛
		秦皇岛路桥建设开发有限公司	LJ-S11:K260+500~K268+177	路基、桥涵、通道	张家辉
		中铁十六局集团第二工程有限公司	LJ-S12:K268+177~K282+500	路基、桥涵、通道	申宗华
		中国冶金科工集团公司	LJ-S13:K282+500~K290+083.719	路基、桥涵、通道	李刚

续上表

参建单位	类型	参建单位名称	合同段编号及起讫桩号	主 要 内 容	主要负责人
施工单位	土建工程	中铁十八局第二工程处	LJ-MS	跨满神铁路立交桥1座	陈永良
		中交一公局第六工程有限公司	LM-S1：K154+500～K173+900	路面工程	李修华
		河北路桥集团有限公司	LM-S2：K173+900～K97+200	路面工程	曹占波
		邯郸市光太公路工程有限公司	LM-S3：K197+200～K218+000	路面工程	徐莆
		中星路桥有限公司	LM-S4：K218+000～K238+800	路面工程	潘民
		河北建设集团有限公司	LM-S5：K238+800～K268+177	路面工程	杨杰
		河北北方公路工程建设集团有限公司	LM-S6：K268+177～K290+083.719	路面工程	田友军

4）征地拆迁

（1）设立专门组织机构

按二级管理体系设置高速公路建设指挥部，加强各级政府对征地工作的领导和监督，形成完善的拆迁工作体系，使征地拆迁工作层层有人管、层层有人抓（表8-7-10）。

张石高速公路涞源（张保界）至曲阳（保石界）段（涞水至曲阳）征地拆迁统计表　表8-7-10

高速公路编码	项目名称	征地拆迁安置起止时间	征用土地（亩）	拆迁房屋（m²）	拆迁占地费（万元）	备注
G5	张石高速公路涞源（张保界）至曲阳（保石界）段	2006.5～2006.7	14501.316	44832.17	71741.5617	

（2）落实承包责任制

征地拆迁工作实行群众参与，各级政府负责，采取"四到位、四现场"的做法，即县、乡、村、户四方到场，现场丈量、现场清点、现场签字、现场盖章。

2. 项目实施阶段

1）施工过程

（1）主线土建工程于2006年7月开工建设，2008年10月完工。

（2）房建工程于2007年7月开工，2009年2月完工。

（3）机电工程于2008年4月开工，2005年9月完工。

（4）交通安全设施工程于2005年4月开工，2005年11月完工。

（5）绿化工程于2008年3月开工，2009年5月完工。

（6）2009年3月，由建设单位组织，根据《公路工程质量鉴定办法》，对项目进行了交工验收，工程质量总评得分为96.46分，等级为优良。

张石高速公路涞源（张家界）至曲阳（保石界）段（涞水至曲阳）建设生产要素见表8-7-11。

张石高速公路涞源(张保界)至曲阳(保石界)段(涞水至曲阳)   表8-7-11
建设生产要素统计表

路线编号	建设时间	钢材(t)	沥青(t)	水泥(t)	砂石料(m³)	机械工(工日)	机械(台班)
G5	2006.7~2008.10	165138	199720	758363	1086874	24353303	311167

2)重要决策

(1)2005年1月27日,根据省长办公会议纪要第25号文,将张石高速公路建设项目补充列入《河北省2003—2007年公路建设计划》。

(2)2005年2月20日,保定市委、市政府成立了保定市公路建设指挥部。市委书记任政委、市长任总指挥长、市交通局长任办公室主任。

(3)2006年5月保定市人民政府召开全市高速公路建设动员大会。

3)各项活动

(1)2007年3月,保定市交通局开展解决张石高速公路地方问题突击月活动,加大地方事宜协调力度,保证建设工程顺利进行。

(2)2008年6月,开展"迎奥运、保安全"百日督查活动。

(三)运营养护管理

1.服务设施

全线设置1处停车区,4处服务区表8-7-12。

张石高速公路涞源(张保界)至曲阳(保石界)段(涞水至曲阳)服务设施一览表   表8-7-12

高速公路编码	服务区名称	桩号	所在区域	占地(亩)	建筑面积(m²)
G5	定兴服务区	K109+450	定兴县姚村乡	58.794	7181.78
	满城服务区	K133+425	满城县大册营镇	200.001	5488.05
	顺平服务区	K165+000	顺平县白云乡	100.005	5636.19
	唐县服务区	K192+420	唐县南店头乡	60	5446
	曲阳停车区	K222+350	曲阳县晓林乡	48.321	2194

2.收费设施

本项目共设置匝道收费站7处,分别在曲阳、唐县、顺平、满城、徐水、定兴、易县(表8-7-13)。

3.养护管理

本项目养护里程135.59km,设置曲阳、辛木、顺平3处养护工区(表8-7-14)。本项目自通车以来由原业主单位保定市交通运输局负责养护,2014年本项目收费经营权转让给河北省交通投资集团,养护管理工作于2014年11月1日正式交接,由河北省交通投资集团公司负责养护。

表 8-7-13 张石高速公路涞源(张保界)至曲阳(保石界)段(涞水至曲阳)收费站信息汇总表

收费站名称	桩 号	入口车道数		出口车道数		收费方式
		总车道	ETC车道	总车道	ETC车道	
大北城收费站	K94+161	2	0	2	1	MTC+ETC
辛木收费站	K112+426	2	0	2	1	
保定北收费站	K130+036	4	1	5	2	
满城收费站	K148+612	4	0	4	1	
顺平北收费站	K158+782.6	2	0	3	1	
唐县北收费站	K179+708.8	2	0	2	1	
曲阳东收费站	K207+187	3	0	3	1	

表 8-7-14 张石高速公路涞源(张保界)至曲阳(保石界)段(涞水至曲阳)养护设施一览表

高速公路编码	养护工区名称	桩 号	养护路段长度(km)	占地面积(亩)	建筑面积(m²)	备 注
G5	辛木养护工区	K113+311.5	69.35	13.7	1151	
	顺平养护工区	K158+235	全线	13.18	1148.6	房建及沿线设施养护工区
	曲阳养护工区	K207+187	66.24	16.46	1148.6	

4. 监控设施

本项目在顺平服务区内设置顺平监控中心 1 处(表 8-7-15)。

表 8-7-15 张石高速公路涞源(张保界)至曲阳(保石界)段(涞水至曲阳)监控设施一览表

监控设施名称	桩 号	占地面积(亩)	建筑面积(m²)
顺平监控中心	K165+000	与顺平服务区共占地100.005	3058.62

5. 交通流量

张石高速公路涞源(张保界)至曲阳(保石界)段 2016 年收费站年平均日交通量(自然数)为 42011 辆/日,2014—2016 年年均增长率为 1.47%(表 8-7-16)。

表 8-7-16 张石高速公路涞源(张保界)至曲阳(保石界)段(涞水至曲阳)交通量(自然数)发展状况表

	年 份	2014	2015	2016
交通量(辆)	曲阳东	2408984	2175594	2904183
	唐县北	2262060	2214691	2954620
	顺平北	759035	728046	1015943
	满城	1578287	1421976	1830640
	保北	5691321	3359846	4103561
	辛木	913667	853852	1022805
	大北城	1280409	1418634	1502333
	合计	14893763	12172639	15334085
收费站年平均日交通量(辆/日)		40805	33350	42011

三、张石高速公路曲阳至石家庄段

(一)项目概况

1. 基本情况

1)功能定位

张石高速公路曲阳至石家庄段是国家高速公路网"7918 网"中的"纵 5"的一部分,是石家庄到北京的第二通道的重要组成部分,是河北省政府"6+3"项目之一。该项目的建设可以缓解京港澳高速公路交通压力,促进石家庄市西北部经济发展,进一步完善河北省会石家庄市高速公路交通网络。

2)技术标准

主线采用双向六车道,设计速度 120km/h,路基宽度 34.5m。平曲线最小半径采用 2500m,最大纵坡采用 2.284%。

3)建设规模

本工程主路线全长 41.32km。

4)主要控制点

张石高速公路曲阳至石家庄段主线由石家庄、保定界的曲阳县城东进入石家庄境内,途经正定、灵寿、行唐三县市,至终点张石高速曲阳桥互通立交桥。

5)地形地貌

项目属平原地貌,多为亚砂土、亚黏土、粉砂亚砂土,地势西高东低。

6)路面结构及主要构造物

主要采用沥青混凝土复合路面。6cm 细粒式沥青混凝土面层,28cm 连续配筋水泥混凝土板,4cm 细粒式沥青混凝土,18(20)cm 级配碎石。

主要构造物采用预应力混凝土连续梁桥。

7)投资规模

项目概算投资 47.9665 亿元,平均每公里造价 5933.8 万元。

8)开工及通车、竣工时间

项目 2005 年 11 月开工建设,2008 年 7 月交工通车。

2. 前期决策情况

1)前期决策背景

本项目是河北省"十一五"规划的主骨架公路,根据河北省交通厅"十一五"期间干线公路网建设的总体规划要求及省交通厅有关领导的指示精神,石家庄市交通运输局在

2005年启动张石高速公路曲阳至石家庄段的建设工作。

2）前期决策过程

（1）根据2005年1月27日,根据河北省人民政府《省长办公会会议纪要》（第25号）会议精神,石家庄市交通局启动张石高速公路曲阳至石家庄段的建设工作。

（2）2005年11月8日,河北省发展和改革委员会以《关于张石公路石家庄段工程可行性研究报告的批复》（冀发改交通〔2005〕869号）,批复工程可行性研究报告。

（二）建设情况

1. 项目准备阶段

1）项目审批

（1）2005年4月21日,河北省国土资源厅《关于张石高速公路曲阳至石家庄段工程项目建设用地压覆矿产资源情况的证明》（冀国土资储压字〔2005〕15号）。

（2）2005年7月21日,河北省国土资源厅《关于张石高速公路曲阳至石家庄段项目用地的预审意见》（冀国土资函〔2005〕266号）。

（3）2005年9月7日河北省环境保护局《关于河北省张石高速公路曲阳至石家庄段环境影响报告书的批复》（冀环管〔2005〕231号）。

（4）2006年1月8日,河北省发展和改革委员会以《关于张石高速公路曲阳至石家庄段初步设计的批复》（冀发改投资〔2005〕1070号）,批复初步设计。

（5）2006年9月11日,河北省交通厅公路管理局以《关于张石高速公路曲阳至石家庄段主体工程两阶段施工图设计文件的批复》（冀交公路〔2006〕135号）,批复施工图设计。

（6）2008年8月22日,国土资源部《关于河北省张石高速公路曲阳至石家庄段工程建设用地的批复》（国土资函〔2008〕527号）。

2）资金筹措

本项目主线概算总投资47.9665亿元,项目资本金16.7883亿元,由石家庄市交通局负责筹措,其余31.1782亿元申请银行贷款,平均每公里造价5933.8万元。

3）合同段划分及招投标

张石高速公路曲阳至石家庄段招标工作从第一个项目勘察设计招标,到最后一个服务区房建工程招标,前后历时三年两个月。包括了土建、房建、机电、安全设施、绿化工程及设备、材料采购项目,还有设计、监理、科研等服务项目。

本项目招标工作严格按照《招投标法》等有关规定执行,整个招标过程中接受纪检和行政监督,作到了公平、公正、科学择优,符合规定程序。

（1）设计单位招标

张石高速公路曲阳至石家庄段设计招标全线为1个合同段,经过资格后审、招投标、评标、开标、公证,最后确定河北省交通规划设计院为中标人。

(2)土建施工单位、监理招标情况

张石高速公路曲阳至石家庄段土建工程施工和施工监理同时进行资格预审和招标,全线共分为13个合同段和6个监理合同段。自2005年9月发布资格预审公告起,至11月,经过资格预审、招投标、评标、开标、公证,最后确定中标人,发放中标通知书。

(3)房建工程招标

张石高速公路曲阳至石家庄段共分为7个施工合同,按国内竞争性招标方式进行。自2007年3月发布资格预审公告,至8月,经过资格预审、招投标、评标、开标、公证,最后确定中标人,发放中标通知书。

(4)交通安全设施工程招标

张石高速公路曲阳至石家庄段交通安全设施工程施工招标共分为5个类别,16个合同段;绿化及声屏障工程施工招标共分为2个类别,6个合同段,均按国内竞争性招标方式进行。自2007年10月发布资格预审公告,至2008年2月,经过资格预审、招投标、评标、开标、公证,最后确定中标人,发放中标通知书。

4)参建单位主要情况

(1)建设单位

本项目建设单位是石家庄市交通局,项目执行机构是石家庄市张石高速公路筹建处。

(2)设计单位

土建及交通工程设计单位为:河北省交通规划设计院。

(3)施工单位

详见表8-7-17。

5)征地拆迁

张石高速公路曲阳至石家庄段项目:拆迁房屋大棚68577.32m^2(表8-7-18)。

2.项目实施阶段

1)施工过程

(1)主线土建工程于2005年11月18日开工,2008年7月8日完工。

(2)房建工程于2007年6月开工,2008年6月完工。

(3)机电工程于2008年1月开工,2008年6月完工。

(4)交通安全设施工程于2008年1月开工,2008年7月完工。

(5)绿化工程于2008年3月开工,2008年6月完工。

张石高速公路曲阳至石家庄段合同段划分一览表

表 8-7-17

参建单位	类型	参建单位名称	合同段编号及起讫桩号	标段所在地	主要内容	主要负责人	备注
项目管理单位	建设单位	石家庄市张石高速公路筹建处					
勘察设计单位	土建工程设计	河北省交通规划设计院	ZS1-ZS7、LM1-LM3		主线土建工程	赵彦东	
施工单位	主线土建工程	中港第一航务工程局	ZS1：K10+007～K14+020	行唐县	沙河大桥	王广建	
		湖南省益阳公路桥梁建设有限责任公司	ZS2：K14+020～K22+900	行唐县	路基、桥涵工程	李延国	
		中铁五局(集团)有限公司	ZS3：K22+900～K32+050	行唐县	路基、桥涵工程	李传华	
		中铁隧道集团有限公司	ZS4：K32+050～K36+361.48	行唐县	路基、桥涵工程	韩志强	
		山西远方路桥(集团)有限责任公司	ZS5：K36+361.48～K44+475	灵寿县	路基、桥涵工程	吕可华	
		天津城建集团有限公司	ZS6：K44+475～K51+150	灵寿县	路基、桥涵工程	李延国	
		徐州公路工程公司	ZS7：K51+150～K54+499.52 ZK0+707.414～ZK5+000	正定县	路基、桥涵工程	高立明	
		青岛公路建设集团有限公司	LM1：K10+007～K22+900	行唐县	路面工程	冷明泽	
		中交一公局第六工程有限公司	LM2：K22+900～K36+357.980	行唐 灵寿县	路面工程	王焕	
		中铁十四局集团有限公司	LM3：K36+357.980～K53+381	灵寿 正定县	路面工程		

(6)加强对原材料采购、运输、存储、检验及使用等方面的管理,对主要材料采用甲控管理。

(7)组织设计单位进行技术交底,对工程质量进行全过程跟踪检查。

(8)2008年8月,河北省交通厅质量监督站对京昆高速公路石家庄段工程进行了交工验收。

张石高速公路曲阳至石家庄段征地拆迁统计表　　　　表8-7-18

高速公路编码	项目名称	征地拆迁安置起止时间	征用土地（亩）	拆迁房屋（m²）	拆迁占地费（亿元）	备注
G5	京昆高速公路石家庄段	2005.11~2006.3	—	68577.32	7.422	

2)重要决策

(1)2005年11月18日,河北省委常委、石家庄市委书记吴显国宣布张石高速公路曲阳至石家庄段开工。

(2)2008年7月8日上午,河北省委常委、石家庄市委书记吴显国,副省长宋恩华,石家庄市交通局局长孙吉明,以及市直有关部门的负责同志出席了张石高速公路曲阳至石家庄段通车典礼。

(三)科技创新

筹建处以张石高速公路建设需求为导向,同长安大学、西南交通大学、石家庄铁道学院、交通部公路科学研究所等院校和科研单位合作,确定了高速公路填砂路基施工技术与沉降研究、连续配筋混凝土路面设计施工技术研究、连续玄武岩纤维配筋水泥混凝土路面研究等研究课题。各项科研课题研究工作进展顺利,全部完成预定研究内容。

(四)运营养护管理

1.服务设施

全线设置灵寿1处停车区,行唐服务区1处(表8-7-19)。

张石高速公路曲阳至石家庄段服务设施一览表　　　　表8-7-19

高速公路编码	服务区名称	桩号	所在区域	占地(亩)	建筑面积(m²)
G5	行唐服务区	K233+800	行唐县南桥镇封家佐村村南	282.591	6499.61
	灵寿停车区	K253+600	灵寿县北洼乡小韩楼村	156.909	

2.收费设施

本项目共设置匝道收费站4处,匝道出入口数量截至2015年底共计54条,其中ETC

车道10条（表8-7-20）。

张石高速公路曲阳至石家庄段收费设施一览表

表8-7-20

收费站名称	桩 号	入口车道数		出口车道数		收费方式
		总车道	ETC车道	总车道	ETC车道	
行唐收费站	K236+769	4	1	5	1	MTC+ETC
行唐南收费站	K248+638	5	1	7	1	
灵寿收费站	K258+028	4	1	5	1	
正定西收费站	K264+516	6	2	8	2	

3. 养护管理

本项目养护里程43.37km，设置正定北互通养护工区1处（表8-7-21）。

张石高速公路曲阳至石家庄段养护设施一览表

表8-7-21

养护工区名称	桩 号	路段长度（km）	占地面积（亩）	建筑面积（m²）
正定北互通区养护工区	ZK13+902	43.37	—	—

4. 监控设施

本项目设置石家庄信息中心1处，负责石家庄区域的运营管理（表8-7-22）。

张石高速公路曲阳至石家庄段监控设施一览表

表8-7-22

监控设施名称	桩 号	占地面积（亩）	建筑面积（m²）
石家庄信息中心	K278+673	信息中心与石家庄收费站合建	

四、京昆高速公路石家庄至井陉（冀晋界）段

（一）项目概况

1. 基本情况

1）功能定位

京昆高速石家庄至井陉（冀晋界）段是国家"71118"高速公路网中"射5"北京至昆明高速公路的重要组成部分，是我国西南地区联系首都北京和连接冀晋两省及"西煤东运"的重要运输通道。

2）技术标准

本项目全线采用双向六车道高速公路标准建设。

项目起点至胡庄枢纽互通段（K266+366～K281+712），设计速度120km/h，路基宽度34.5m。

西柏坡互通至终点段(K295+212～K332+419),设计速度100km/h,路基宽度33.5m。

桥涵设计汽车荷载等级采用公路—I级;设计洪水频率特大桥为1/300,大中小桥涵及路基均采用1/100。

3)建设规模

本项目全线采用双向六车道高速公路标准建设,建设里程为52.552km。

本项目全线设置特大桥5613m/3座、大桥8526.75m/24座、中桥194m/2座、小桥141.8m/9座、涵洞56道;长隧道2163.38m/2处,中隧道3099m/5处,短隧道1055m/4处,均采用分离式隧道;互通式立交5处,全线设分离式立交2处;监控通信分中心1处;省界主线收费站1处(含隧道监控通信所),匝道收费站4处;服务区1处,停车区1处;养护工区1处;隧道口变电所3处;隧道口消防泵房1处。

4)主要控制点

京昆高速公路石家庄至井陉(冀晋界段)主线由石家庄市正定县西进入山西境内,沿途经过石家庄市正定、鹿泉、平山、井陉、井陉矿区五县市,至终点与阳曲高速相接。

5)地形地貌

项目由东向西经历平原地貌、山区地貌,多为亚砂土、亚黏土、粉砂亚砂土、岩石,地势西高东低。

6)路面结构及主要构造物

主要采用沥青混凝土路面。4cm AC-13C改性沥青混凝土,6cm AC-20C改性沥青混凝土,10cm ATB-25密级配沥青混凝土,18cm水泥稳定级配碎石,18cm水泥稳定级配碎石,18cm级配碎石(或15cm级配碎石)。

主要构造物采用预应力混凝土连续梁桥。

7)投资规模

项目概算投资70.24亿元,平均每公里造价1.3497亿元。

8)开工及通车、竣工时间

2013年11月开工建设,2015年12月交工通车。

2. 前期决策情况

1)前期决策背景

京昆高速公路石家庄冀晋界段是联系河北省会石家庄市和山西省会太原市的又一条重要高速通道,本项目的建设是解决石太高速交通拥堵最有效的途径。本项目前期基础工作由原石太北线筹建处完成,于2010年正式启动。

2)前期决策过程

(1)2010年9月,交通运输部召开了河北省石家庄至冀晋界公路可行性研究审查会,并出具了《关于京昆国家高速石家庄至冀晋界公路可行性研究报告的审查意见》。

（2）2010年12月14日，国土资源部出具了《关于京昆高速公路石太北线石家庄段建设用地预审意见的复函》。

（3）2012年8月31日，国家发展和改革委出具了《国家发展改革委关于河北省石家庄至冀晋界公路可行性研究报告的批复》。

（二）建设情况

1. 项目准备阶段

1）项目审批

（1）2011年6月22日，国家环境保护部出具了《关于京昆高速公路石太北线石家庄段工程环境影响报告书的批复》（环审〔2011〕155号）。

（2）2012年12月31日，交通运输部出具了《交通运输部关于石家庄至冀晋界公路初步设计的批复》（交公路发〔2012〕800号）。

（3）2013年10月29日，河北省交通运输厅出具了《关于河北省石家庄至冀晋界公路两阶段施工图设计的批复》（冀交函公〔2013〕893号）。

2）资金筹措

本项目概算总投资为70.24亿元。项目资本金17.56亿元，由业主单位筹措；其余资金申请银行贷款。

3）合同段划分及招投标

本项目按照国家颁布的《招投标法》《招标投标实施条例》和交通部颁发的《公路工程招标投标管理办法》《公路工程施工招标资格预审办法》《公路工程施工招标评标办法》的要求，由项目法人单位进行了招标。

2013年1月，进行了招标代理比选，河北国合招标有限公司中选。

2013年2月，12家单位通过资格预审，参加路基主体LJ-2标投标，评标委员会按合理低价法评审出中标候选人。

2013年5月，有129家单位通过资格预审，参加路基、桥隧主体LJ-1、3~12标段投标，评标委员会按合理低价法评审出中标候选人，经公示后确定10家中标单位。

2013年8月，有9家单位通过资格预审，参加路基、桥隧主体LJ-8标第二次投标，评标委员会按合理低价法评审出中标候选人，经公示后确定中标单位。

2013年8月，有12家单位通过资格预审，参加主体LM标段投标，评标委员会按合理低价中标法评审出中标候选人，经公示后确定中标单位。

2015年2月至9月，房建工程、交安工程及绿化工程陆续招投标，确定中标人，详见表8-7-23。

第八章 高速公路建设项目

京昆高速公路石家庄至井陉（冀晋界段）划分一览表

表8-7-23

参建单位	类型	参建单位名称	合同段编号及起讫桩号	标段所在地	主要内容	主要负责人	备注
项目管理单位	建设单位	石家庄市京昆高速公路石太管理处					
勘察设计单位	土建工程设计	河北省交通规划设计院	LJ1-LJ4,LM	正定、鹿泉、矿区、井陉	主线土建工程	赵彦东	
		北京文科公路勘察设计院有限公司	LJ5-LJ12,LM	矿区、井陉	土建工程	赵有才	
施工单位	土建工程	浙江天宇交通建设集团有限公司	K-1+635.676~K1+300	正定、鹿泉、矿区、井陉	路基、桥涵工程	刘彦昌	
		河北冀通路桥建设集团有限公司	K1+300~K8+000	正定、鹿泉	路基、桥涵工程	刘玉华	
		北京城建道桥建设集团有限公司	K8+000~K14+471.454	鹿泉	路基、桥涵工程	李卫兵	
		河北冀通路桥建设集团有限公司	K28+000~K36+000	井陉	路基、桥涵工程	张建成	
		中铁十一局集团有限公司	K36+000~K41+200	井陉	路基、桥涵工程	王光正	
		中铁十二局集团第三工程有限公司	K41+200~K45+490	矿区、井陉	路基、桥涵工程	徐镇刚	
		中铁二十局集团第四工程有限公司	K45+490~K49+120	井陉	路基、桥涵工程	任学清	
		中铁十八局集团第三工程有限公司	K49+120~K52+085	井陉	路基、桥涵工程	吕学科	
		中交二公局第六工程有限公司	K52+085~K55+300	井陉	路基、桥涵工程	杨毅	
		中铁十六局集团第五工程有限公司	K55+300~K59+420	井陉	路基、桥涵工程	陈志	
		河北燕峰路桥建设集团有限公司	K59+420~K62+480	井陉	路基、桥涵工程	刘品忠	
		中铁十六局集团有限公司	K62+480~K65+210.753	井陉	路基、桥涵工程	林法广	
		河北冀通路桥建设有限公司	K-1+635.676~K14+471.454 K28+000~K65+206.753	井陉	路面工程	张建成	

4)参建单位主要情况

(1)建设单位

本项目建设单位是石家庄市交通运输局,项目执行机构是石家庄市京昆高速公路石太管理处。

(2)设计单位

土建设计单位为:河北省交通规划设计院、北京交科公路勘察设计研究院有限公司。

(3)施工单位

详见表8-7-23。

5)征地拆迁

按三级管理体系设置安置办公室,加强各级政府对征地工作的领导和监督,形成完善的拆迁工作体系。

征用永久土地6370亩,建筑物拆迁257处,电力改迁97处(共132个铁塔基础),通信改迁91处。完成地上附着物评估价值8475余万元;完成勘界放线、土地分户测量、土地复垦方案报告书编制、林业砍伐及迁坟工作;以及下穿石太客专设施改迁协调工作和协调天然气2处改迁及占地工作。

2. 项目实施阶段

1)施工过程

(1)主线土建工程于2013年11月开工,2015年12月主线交工。

(2)房建工程于2015年4月开工。

(3)机电工程于2015年6月开工。

(4)交通安全设施工程于2015年7月开工。

(5)绿化工程于2015年10月开工。

(6)对高填(26.3m)深挖(32.22m)路段,采用压沉值法控制填石路基的压实质量,取得了良好的效果。

(7)对原材料实行准入制,严格审查与检验。

(8)采用先进的路面施工机械,优化压实组合,提高了路面各项指标。

(9)2015年12月,河北省交通运输厅质量监督站对京昆高速公路石家庄至井陉(冀晋界段)工程进行了交工验收。

京昆高速公路石家庄至井陉(冀晋界段)建设生产要素统计见表8-7-24。

2)重要决策

(1)2013年7月17日,管理处召开京昆高速公路石家庄至井陉(冀晋界段)施工进场邻署会。

京昆高速公路石家庄至井陉(冀晋界段)建设生产要素统计表　　　表 8-7-24

路线编号	建设时间	钢材(t)	沥青(t)	水泥(t)	砂石料(m³)	机械工(工日)	机械(台班)
G5	2013.11~2015.12	188147	44053	958940	4970012	1743664	1583486

(2)2015 年 12 月 22 日,京昆高速公路石家庄至井陉(冀晋界段)通车仪式。

3)各项活动

项目工程师坚持每天巡查工地,协调解决施工中的问题,坚持周例会制度,依靠监理工程师进行"进度、质量、费用"三大任务管理,变管理为服务,并开展施工劳动竞赛,对优胜单位进行表彰,充分调动了施工单位的积极性,促进各项工程都能按计划完成。

(三)科技创新

管理处以京昆高速公路石家庄至井陉(冀晋界段)建设需求为导向,同武汉理工大学、河北工业大学、河北交通职业技术学院、河北精锐电子科技有限公司等院校和科研单位合作,完成了四个课题的研究工作,各项科研课题研究工作进展顺利,全部完成预定研究内容。

(1)抗滑极薄磨耗层在山区高速公路中的应用研究。
(2)桥梁支座病害检测与诊断新技术研究。
(3)公路隧道群爆破震动效应和合理施工方法研究。
(4)云光照明技术在高速公路隧道中的应用研究。

(四)运营养护管理

1.服务设施

全线设置库隆峰停车区及井陉北服务区(表 8-7-25)。

京昆高速公路石家庄至井陉(冀晋界段)服务设施一览表　　　表 8-7-25

高速公路编码	服务区名称	桩号	所在区域	占地(亩)	建筑面积(m²)
G5	库隆峰停车区	K304+170	井陉县库隆峰村	29.8335	1500
	井陉北服务区	K324+700	井陉县南要子村东	143.175	7000

2.收费设施

本项目共设置收费站5处,其中匝道收费站4处,主线收费站1处(表8-7-26)。

京昆高速公路石家庄至井陉(冀晋界段)收费设施一览表   表8-7-26

收费站名称	桩 号	入口车道数		出口车道数		收费方式
		总车道	ETC车道	总车道	ETC车道	
李村收费站	K280+000	3	1	5	1	MTC+ETC
南防口收费站	K299+837	3	1	3	1	
井陉矿区收费站	K309+400	4	1	7	1	
大里岩收费站	K322+605	3	1	3	1	
主线收费站	K324+102			23	2	

3.养护管理

本项目养护里程52.043km,设置井陉北互通养护工区(表8-7-27)。

京昆高速公路石家庄至井陉(冀晋界段)养护设施一览表   表8-7-27

养护工区名称	桩 号	路段长度(km)	占地面积(亩)	建筑面积(m²)
井陉北互通区养护工区	ZK309+400	52.043	与井陉矿区收费站合址并建	

4.监控设施

本项目设置信息调度中心1处,负责本路段区域的运营监管(表8-7-28)。

京昆高速公路石家庄至井陉(冀晋界段)监控设施一览表   表8-7-28

监控设施名称	桩 号	占地面积(亩)	建筑面积(m²)
信息调度中心	K280+000	与李村收费站合址并建	

第八节 G6(北京—拉萨)河北段(怀来县—尚义县)

G6北京至拉萨高速公路,简称京藏高速公路,是国家"71118"高速公路网中一条首都放射型高速公路,河北省境内起自怀来县东花园镇(冀京界),终止于尚义县(冀蒙界),全长178.611km。沿线途经张家口市怀来县、下花园区、宣化区、桥西区、万全县、怀安县、尚义县。北京至拉萨高速公路河北段的建设加速了社会交流和经济交流,促进国民经济发展,沿线区内GDP逐年增长。

第八章 高速公路建设项目

北京至拉萨高速公路河北境内由两段组成,分别是丹拉国道主干线河北省怀来(冀京界)至宣化段和丹拉国道主干线宣化至老爷庙(冀蒙界)段。

丹拉国道主干线河北省怀来(冀京界)至宣化段于2002年11月建成通车,由河北华能京张高速公路有限责任公司负责运营管理养护,运营里程桩号K69+000~K148+189,全长79.189km,设计速度山岭重丘区80k/h,平原微丘区100km/h,双向四车道,路基宽度27.0m。该段工程分两期建设,一期工程宣化至土木段全长51km,于1998年11月8日开工建设,2001年6月28日竣工通车。二期工程土木至冀京界,全长28.189km,于2000年9月8日开工,2002年11月18日竣工通车。

丹拉国道主干线宣化至老爷庙(冀蒙界)段于2005年9月建成通车,由京藏高速公路张家口管理处负责运营管理养护,运营里程桩号K148+189~K247+611,全长99.422km,设计速度100km/h,双向四车道,路基宽度:下八里至冀蒙界段新(改)建工程,新建段26m,旧路利用段采用分离式路基,左侧新建半幅13m,右侧利用半幅12m;小慢岭至下八里段改善工程宽度21.5m。G6高速公路项目信息见表8-8-1,路线平面示意图见图8-8-1、图8-8-2。

G6高速公路项目信息表　　　　　　表8-8-1

项目名称	路段起讫桩号		规模(km)		设计速度(km/h)	路基宽度(m)	投资情况(亿元)				建设时间(开工~通车)	备注
	起点桩号	讫点桩号	合计	车道数			估算	概算	决算	资金来源		
丹拉国道主干线河北省怀来(冀京界)至宣化段	K69+000	K148+189	79.189	四车道	100	27.0	27.829	21.231		公司自筹和银行贷款	1998.11~2002.11	
丹拉国道主干线宣化至老爷庙(冀蒙界)段	K148+189	K247+611	99.422	四车道	100	26.0	19.45	21.7554	19.8758	部补助、银行贷款、地方自筹	2002.10~2005.9	投资情况决算不含预留新建小慢岭、张家口西及渡口堡三处互通费用,共计0.9604亿元

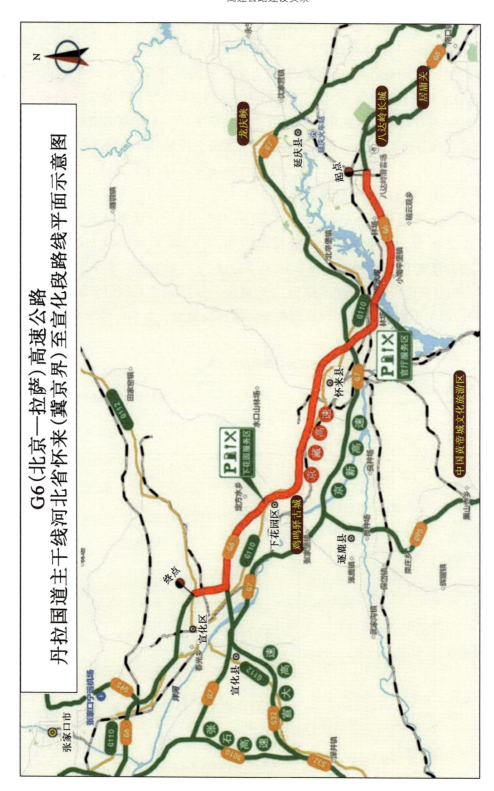

图8-8-1　G6(北京—拉萨)高速公路丹拉国道主干线河北省怀来(冀京界)至宣化段路线平面示意图

第八章
高速公路建设项目

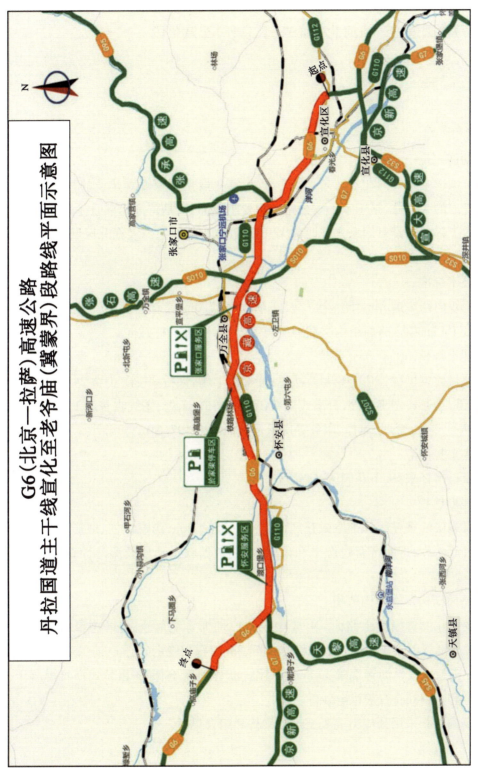

图8-8-2 G6（北京—拉萨）高速公路丹拉国道主干线宣化至老爷庙（冀蒙界）段路线平面示意图

一、丹拉国道主干线河北省怀来(冀京界)至宣化段

(一)项目概况

1. 基本情况

1)功能定位

丹拉国道主干线河北省怀来(冀京界)至宣化段是国家规划建设的丹拉国道主干线河北省境内的一部分,是国家干线公路的重要组成部分,是首都北京通往西北地区的咽喉要道。本工程的建设对国家实施西部大开发战略,促进张家口及西北区域经济的发展,具有非常重要的意义。

2)技术标准

采用双向四车道、全封闭、全立交,路基宽度27.0m,设计速度山岭重丘区80km/h,平原微丘区100km/h。路面结构类型为沥青混凝土,桥面净宽12m。

3)建设规模

本项目建设里程长79.189km,其中:特大桥1座,大桥29座,中桥24座,小桥38座,涵洞69道;互通式立交5处,分离式立交22处,通道81处;主线收费站1处、匝道收费站5处;服务区2处;管理、养护、服务等房屋建筑面积15197.61m²。

4)主要控制点

张家口市怀来县、下花园区、宣化区。

5)地形地貌

项目属山岭重丘区和平原微丘区,山岭重丘区21km,沟壑纵横、地形复杂;平原微丘区跨越官厅水库,近库区有过湿土和稻田、水网鱼塘软土地质及湿陷性黄土。地势西高东低。

6)路面结构及主要构造物

主要采用沥青混凝土路面。4cm中粒式改性沥青混凝土,6cm中粒式沥青混凝土,8cm粗粒式沥青混凝土,40cm水泥稳定碎石,38cm石灰稳定砂砾。

4cm中粒式改性沥青混凝土,5cm中粒式沥青混凝土,6cm粗粒式沥青混凝土,20cm水泥稳定碎石,38cm石灰稳定砂砾。

主要构造物采用预应力混凝土连续梁桥和组合梁桥。

7)投资规模

项目概算投资27.829亿元,竣工决算投资21.231亿元,平均每公里造价2681.05万元。

8)开工及通车、竣工时间

1998年11月开工建设,2002年11月全线交工通车,2004年11月完成竣工验收。

2. 前期决策情况

1)前期决策背景

丹拉国道主干线河北省怀来(冀京界)至宣化段(简称京张高速公路)是京津地区通往西北各省的咽喉要道,也是晋煤外运的主要通道之一,本工程的建设对张家口以及西北地区经济的发展具有重要意义。河北省交通厅于1995年9月启动京张公路北京界至半坡街段建设工作。

2)前期决策过程

河北省交通厅于1995年9月7日,以冀交函公字〔1995〕61号文,下达了《关于京张公路北京界至半坡街段建设项目进行前期工作的通知》,河北省交通规划设计院于1995年12月完成该项目预可行性研究报告的编制工作。

(1)1997年5月16日,交通部以交计发〔1997〕275号文《关于怀来(冀京界)至宣化,(小慢岭)公路项目建议书的批复》,同意京张高速公路立项。

(2)1998年8月20日,国家计委以计基础〔1998〕1600号文《印发国家发展计划委员会关于审批丹拉国道主干线河北省怀来(冀京界)至宣化高速公路工程可行性研究报告的请示的通知》,同意该项目正式列入国家九五计划。

(3)1998年8月26日,国家计委以计投资〔1998〕1636号文,批准该项目为1998年第二批安排财政预算内专项资金基本建设新开工大中型项目,并要求抓紧组织实施。

(4)1999年7月29日,国家计委下发计基础〔1999〕936号文《关于丹拉国道主干线河北省怀来(冀京界)至宣化高速公路建设标准调整的批复》。

(二)建设情况

1. 项目准备阶段

1)项目审批

(1)2000年8月31日,交通部下发交公路发〔2000〕449号文《关于丹拉国道主干线河北省怀来(冀京界)至宣化高速公路公路初步设计的批复》。

(2)2000年10月11日,河北省交通厅以冀交字〔2000〕421号文,下发了《关于转发交通部〈关于丹拉国道主干线河北省怀来(冀京界)至宣化高速公路公路初步设计的批复〉的通知》。

2）资金筹措

项目概算投资 27.829 亿元，截至 2002 年 9 月 30 日，公司筹集资金总额 22.942 亿元。其中资本金到位 9.442 亿元，银行贷款 13.5 亿元。竣工决算投资 21.231 亿元，投资节约 6.598 亿元，平均每公里造价 2681.05 万元。

3）合同段划分及招投标

（1）合同段划分

根据各专业的工程内容，标段划分如表 8-8-2 所示。

丹拉国道主干线河北省怀来（冀京界）至宣化高速公路合同段划分一览表　表 8-8-2

参建单位	类　　型	参建单位名称	合同段编号及起讫桩号	主　要　内　容	主要负责人	备注
项目管理单位		河北华能京张高速公路有限责任公司			勒新彬	
勘察设计单位	土建工程设计	河北省交通规划设计院			赵邦海	
施工单位	一期路基、构造物工程	中国航空港建设第十工程总队	1/1-1：K000+000~K009+200	路基、桥涵工程		
		铁道部第十八工程局第五工程处	2：K009+200~K013+000	路基、桥涵工程		
		铁道部第十一工程局第四工程处	3：K013+000~K016+250	路基、桥涵工程		
		中国冶金建设集团公司	4：K018+300~K019+950	路基、桥涵工程		
		铁道部第十八工程局第一工程处	4A：K016+250~K018+300	路基、桥涵工程		
		承德路桥建设总公司	5：K019+950~K024+300	路基、桥涵工程		
		铁道部第十二工程局第一工程处	5A：K024+300~K025+300	路基、桥涵工程		
		铁道部第十三工程局第一工程处	6：K025+300~K027+800	路基、桥涵工程		

续上表

参建单位	类　型	参建单位名称	合同段编号及起讫桩号	主　要　内　容	主要负责人	备注
施工单位	一期路基、构造物工程	铁道部第十八工程局第三工程处	6A：K027+800～K029+600	路基、桥涵工程		
		邢台路桥建设集团公司	7：K029+600～K032+400	路基、桥涵工程		
		中国人民武装警察部队交通第二总队	7-1：K036+500～K040+000	路基、桥涵工程		
		铁道部第十九工程局第二工程处	7A：K032+400～K036+500	路基、桥涵工程		
		铁道部第十八工程局第四工程处	8：K040+000～K042+600	路基、桥涵工程		
		吉林省公路工程局	8A：K042+600～K047+900	路基、桥涵工程		
		吉林省公路工程局	8AY：K047+900～K051+000	路基、桥涵工程		

①土建工程设计标段划分2个标段，房建工程设计2个标段，绿化工程设计1个标段，机电工程设计1个标段。

②施工标段划分：根据工程内容的不同，土建工程13个标段，机电工程1个标段，房建工程7个标段，绿化工程13个标段，交通安全设施工程22个标段。

③施工监理标段划分：根据工程内容设1个总监办公室，11个土建工程驻地监理标段，5个房建工程监理标段，1个机电工程监理标段。

（2）招投标

在招投标的整个过程中始终遵循国家有关的法律、法规，严格按招投标的规定程序办事，坚持"公平、公正、公开、客观"的原则，由项目法人单位组织招投标。

4）参建单位主要情况

（1）建设单位

京张高速公路是河北省第一条以企业投资、实行项目法人为建设主体的高速公路建设项目，其项目法人是河北华能京张高速公路有限责任公司，由中国华能集团公司、河北省高速公路开发有限公司、河北省建设投资公司、张家口市公路开发公司四家股东于1998年7月31日组建而成。公司按照BOT模式，全面负责京张高速公路的建设、经营、管理。

(2）设计单位

土建工程：河北省交通规划设计院。

房建工程：河北省交通规划设计院。

(3）施工单位

详见表8-8-2。

5）征地拆迁

(1）设立专门组织机构

京张高速公路所经区域为狭窄的怀来盆地，受沿线地形和军事工程的影响，在修铁路和110国道时沿线居民已经搬迁过一次，有的居民已搬迁了两次，征拆工作难度非常大。为确保征迁工作顺利进行，省政府成立了"京张公路怀来至宣化段高速公路建设领导小组"，副省长何少存任组长。张家口市成立了京张高速公路指挥部，各县区也相应成立了办事机构，负责工程建设中的地方协调工作。公司设一名副总及工作人员分管征迁工作。

(2）落实承包责任制

由于领导重视、组织保证，沿线各级政府层层落实责任，广大人民群众参与支持，圆满地完成了征迁工作。

全线除征用永久占外，拆迁企业、工厂91个，部队营区、站5处，电力及通信线路301处，征地拆迁统计见表8-8-3。

丹拉国道主干线河北省怀来（冀京界）至宣化高速公路征地拆迁统计表　　表8-8-3

高速公路编码	项目名称	征地拆迁安置起止时间	征用土地（亩）	拆迁房屋（m²）	拆迁占地费（万元）	备注
G6	（北京—拉萨）河北段（冀京界—宣化小慢岭）	1998.5～2000.9	10194.49	113986.2	25195.61	

2.项目实施阶段

1）施工过程

(1）土建工程一期于1998年11月8日开工，2001年6月28日完工；二期于2000年9月8日开工，2002年11月18日完工。

(2）房建工程一期于2000年5月18日开工，2001年6月30日完工；二期于2002年2月8日开工，2002年11月5日完工。

(3）机电工程于2002年1月10日完工。

(4）2001年6月21日、2012年11月15日，河北省交通厅组织验收委员会对一、二期工程进行了交工验收，一期工程质量评分为96.302分，二期工程质量评分为

96.094 分,沿线服务区设施、收费站房建工程综合评定均为优良工程。该建设项目质量为优良等级。

(5)2004 年 6 月 27 日,通过国家环境保护总局组织的环保工程验收。

(6)2004 年 11 月 4 日,京张高速公路通过了由交通部委托河北省交通厅组织的竣工验收,综合得分 96.559 分,为河北省 2004 年竣工验收的 5 条高速公路中最高分。

丹拉国道主干线河北省怀来(冀京界)至宣化高速公路建设生产要素统计见表 8-8-4。

丹拉国道主干线河北省怀来(冀京界)至宣化高速公路建设生产要素统计表　表 8-8-4

路线编号	建设时间	钢材(t)	沥青(t)	水泥(t)	砂石料(m^3)	机械工(工日)	机械(台班)
G6	1998.11~2002.11	54341	27311	246473	2216276	—	—

2)重要决策

(1)1998 年 10 月 18 日,京张高速公路开工典礼在怀来县土木乡霸王庄隆重举行。河北省人民政府顾问陈立友、政府副秘书长赵国昌、张家口市委和市政府领导出席典礼仪式。

(2)2001 年 6 月 28 日,京张高速公路一期工程通车典礼在土木收费站举行。河北省副省长何少存、河北省政府副秘书长赵国昌,中国华能集团公司刘金龙、刘凤堂,张家口市委书记杨德庆,河北省交通厅厅长么金铎等领导参加通车典礼仪式。

(3)2002 年 11 月 16 日,京张高速公路全线通车典礼仪式在东花园主线收费站隆重举行。河北省省长钮茂生、副省长何少存,交通部副部长李居昌,中国华能集团公司董事长兼总经理李小鹏,河北省人大常委会副主任龚焕文,河北省政府副秘书长赵国昌、李春宁,以及河北省计划委员会、河北省经济贸易委员会、河北省交通厅、张家口市的领导以及新华社、中央电视台和河北省、张家口市新闻单位的记者、施工单位及沿线群众代表参加了典礼仪式。

3)各项活动

(1)1999 年 4 月 12 日,举行一期工程"大干一百天"劳动竞赛。

(2)2000 年 6 月 23 日,举行京张高速公路一期路面工程劳动竞赛。

(3)2001 年 3 月 18 日,举行京张高速公路二期工程劳动竞赛,从 3 月 1 日开始到 11 月 15 日结束。

(三)复杂技术工程

1. 官厅水库特大桥

官厅水库特大桥(图 8-8-3)是跨越官厅水库的一座特大桥,是华北地区最大的在冰冻地区建设的深水基础大跨径连续梁桥,桥跨布置为 $10 \times 30m + (65m + 10 \times 110m + 65m) + 10 \times 30m$,上部结构中主桥为一联 12 孔三向预应力混凝土连续箱梁;引桥采用 30m 跨径预应力混凝土连续 T 梁。下部结构中主桥墩身采用圆端形混凝土实体墩,分离式承台,引桥采用双柱式刚架墩,肋板式桥台,均为钻孔灌注桩。

图 8-8-3　官厅水库特大桥主桥近景

复杂技术特征有:

(1)主桥箱梁采用纵、横、竖三向预应力。全联长 1230m,纵向共设一个固定支撑(16 号墩)、两个半固定支撑(15、17 号墩)。

(2)主桥连续梁采用挂篮悬臂对称灌注,两边跨约 10m 梁段及边跨合龙段在膺架上浇筑,中跨合龙段采用吊挂模板、劲性骨架并加平衡重方法进行施工。

(3)主桥钻孔桩除两个边墩外,其余均位于水库水域范围,施工中需采用钢护筒作为平台支撑及钻孔护壁;对于大体积混凝土承台,施工中采取了降温措施。

(4)本工程所在地区的地震基本烈度为Ⅷ度,且桥一联长度较长,因此采取以下抗震措施:在 16 号墩顶设置 TPZ-1 抗震型固定支座,其他墩上设滑动支座,容许有限位移以消能;在 11 个主墩上均设有防震锚栓,以限制地震时梁的位移量。

(5)本工程所在地区大风多,于施工不利,因此采用以下抗风措施:走行设备及高大结构物采用安装止轮器、缆风等。

(6)本工程所在地区冰冻期长,于施工不利。因此采用以下抗冰冻措施:在施工结构物周围布置通风管路,靠高压风在水中吹泡翻浪,使其周围形成活水圈而不结冰;护筒内加盐降低冰点,内侧放稻草、海绵抵消冰胀力;人工破冰和破冰船破冰。

2. 周家沟Ⅱ号桥

周家沟Ⅱ号桥(图 8-8-4)桥跨布置为 $3 \times 40m + (2 \times 108m) + 2 \times 40m$,上部结构主桥为 2 孔 108m 上承式钢管混凝土拱桥,主拱肋及其横向支撑为钢管混凝土构件,拱上立柱为钢筋混凝土构件,横梁为预应力钢筋混凝土构件;引桥为40m先简支后连续预应力混凝土T梁。下部结构全桥均采用挖孔灌注桩基础,3号、5号桥墩,由于桩顶有较大的水平推力,各设置了两排斜桩。

图8-8-4 周家沟Ⅱ号桥

复杂技术特征有:

(1)本桥几何关系极为复杂,2孔主拱位于260m长的缓和曲线内,施工过程中要现场进行三维尺寸符合。

(2)拱肋分三段制作,外形尺寸要符合给定坐标并叠加预拱度,预拱度沿拱肋跨径按二次抛物线布置。

(3)在引桥盖梁和主拱横梁上架设行车道板时,必须按照从盖梁中心开始向两端铺设的顺序进行。

(4)由于桥位地势起伏,基岩埋深变化较大,钻孔灌注桩的长度应结合实际情况做必要调整。

(四)科技及管理创新

京张高速公路管理处在项目管理创新、技术创新、技术推广上实现了新的突破。其中管理创新有5项:

(1)河北省第一条以BOT模式建设的高速公路项目。

京张高速公路项目法人组建是按照现代企业管理机制,由四家股东按照投资比例成立董事会、监事会,经股东提名并经董事会聘任确定公司高层管理人员,于1998年8月正式注册了河北华能京张高速公路有限责任公司,独立、全面负责京张高速公路的建设、经营和管理。

河北省委、省政府对京张高速公路的建设十分重视,为了及时协调解决工程建设中的有关问题,省政府成立了"京张公路怀来至宣化段高速公路建设领导小组",由主管副省长担任组长；沿线市、县、区各级政府也相应成立了指挥机构。各级政府的大力支持，为京张高速公路建设提供了良好的建设环境，保障了项目在进度、质量和投资三方面的有效控制。

（2）河北省第一次实行"通道经营"的项目。

京张高速公路公司在项目建设同时，将具有相同功能的110国道收费公路经营权打捆收购，充分发挥整体管理优势，通过严格的收费管理，使通行费收入大幅上涨，实现了股东当年投资、当年开工建设、当年分红的良好收益。

（3）官厅水库大桥是全国第一次采用设计施工总承包模式的建设项目。

针对二期工程中官厅水库特大桥的特点，京张高速公路公司大胆提出并采用了设计施工总承包模式。按照交通部批复的初步设计，公司首先通过招标开展了地质详勘工作，之后又认真组织编写了招标文件，经批准邀请了4家设计单位和4家施工单位组成的4个联合体参与投标，由投标人自行编制施工图设计文件、自行编制计量支付清单；开标后，公司委托同济大学和中交第一公路勘察设计研究院两家单位，独立对4家联合体提交的施工图进行了验算和技术审查；最后由评标专家委员会按照"技术合理、结构安全、工期保障、造价最低"的原则，确定了中标单位。在这种模式下，由于设计单位综合考虑了施工企业的优点、特点，优化了设计方案，因而大大降低了工程造价。

业主通过监理管理，按照投标人编制的清单作计量支付，明确了双方风险划分，克服了设计变更、索赔等一系列问题，为我国高速公路建设采用设计施工总承包模式提供了借鉴。

（4）河北省第一次实施主要原材料由业主统一招标供给模式的高速公路建设项目。

京张高速公路公司，在招标文件中明确了工程建设使用的钢筋、钢绞线、沥青、水泥等主要材料，均由业主委托专业化中介服务机构统一招标、统一配送。这一模式既保证了原材料的质量，又减小了承包人的资金压力，同时还大大降低了材料价格。

（5）河北省第一次采用授权监理全权负责的监理模式。

京张高速公路公司工程监理，采用了全委托社会监理模式，公司在选定总监办以后，由总监办自行招标选择驻地办，结果报业主备案。总监理工程师对施工和监理单位享有充分的现场管理权和支付权。业主全部管理人员不足20人，对项目管理实行"项目工程师备忘录"制度，业主项目工程师通过深入施工现场，进行巡视和监督，发现问题后开具"项目工程师备忘录"交付现场各方，总监办在24h内对"项目工程师备忘录"指出的问题拿出处理意见。这样，既确保了总监理工程师对现场的管理权，又避免了同一问题承包人接收到业主和总监理工程师不同的指令，并能够保证业主随时掌握工程建设情况。

技术创新有5项：

（1）河北省第一次在冰冻区建设深水基础的大跨径连续梁桥。

官厅水库特大桥系65m+10×110m+65m 12孔全一联1230m的预应力钢筋混凝土

箱梁结构,是河北省第一次采用多跨径110m的深水基础挂篮施工的桥梁结构。其技术复杂、施工难度大,在全国抗震烈度Ⅷ度区和冰冻区是首次采用。此外,周家沟Ⅰ号特大桥主跨两孔采用单孔108m的钢管拱结构,祁家庄特大桥采用40m+5×92m+40m的T形刚构,戴家营Ⅱ号特大桥采用15×40m跨径预应力箱梁结构,斜交29°跨110国道的4×38m钢-混凝土组合梁结构,在我省都是第一次应用。

(2)第一次采用动态设计取消高边坡圬工砌体防护,第一次采用冲击碾压对低填方、半填半挖、挖方段和不良路段进行处置的高速公路建设项目。

京张高速公路工程技术人员结合不同路段边坡开挖后的实际地质条件及环境特点,通过适当的补充勘察和动态设计手段,以工程防护和植物防护相结合,确定不同路段最佳的边坡防护措施,减少了大量的圬工砌体防护,仅将开挖后的路堑上边坡结合地形适当修整,使之与周围山体地形、周围环境相协调。运营几年来,路基边坡稳定,野生的自然植被自由生长,全部路堑路段与自然十分和谐、浑然一体、犹如天成,已经看不出是挖方路段。

针对全线非自重湿陷性黄土的分布情况,工程技术人员确定了以封水为主的指导思想,采用了石灰土、旋喷桩、粉喷桩、土工格栅、强夯处理等多种措施进行处理,取得了明显的效果。对低填方、半填半挖、挖方土路基路段和不良地基路段进行了填前冲击碾压处置,有效避免了路基的不均匀沉降。

(3)第一次对桥面铺装和桥面排水进行专门设计并加强和完善。

针对京张高速公路的超载现象,为克服桥梁单板受力问题,技术人员专门对所有桥涵的桥面铺装和横向联结设计进行了优化加强,通过加密桥面防水混凝土铺装层钢筋间距、增大钢筋直径,同时在板体上预埋钢板、架梁后搭钢板焊接等方法,使横向连接结构得到了加强,至今京张高速公路没有一座桥涵出现单板受力情况。为克服桥面铺装的水损害,第一次采用了带孔式低高程安装泄水孔设计;对不设泄水孔的桥涵结构,则通过在护轮带下埋设横向PVC管的方式解决沥青路面铺装下的渗水排出问题。

(4)第一次采用18cm沥青混凝土面层,全厚96cm的超厚路面结构。

京张高速公路设计时,根据不同方向、不同的车型构成,对路面结构进行了优化,专门对重车道方向进行了加厚。重车道的路面结构形式是,上面层为AC16-1型4cm改性沥青混凝土,中面层为AC20-1型6cm沥青混凝土,下面层为AC25-1型8cm沥青混凝土,基层分别为20cm水泥稳定级配碎石和水泥稳定级配砂砾,底基层为38cm水泥稳定砂砾或二灰砂砾(碎石),全厚96cm;轻车道的路面结构形式是,上面层为AC16-1型4cm改性沥青混凝土,中面层为AC20-1型5cm沥青混凝土,下面层为AC25-1型6cm沥青混凝土,基层为20cm水泥稳定级配碎石,底基层为38cm水泥稳定砂砾或二灰砂砾(碎石),全厚73cm。使用几年来,路面结构良好,至今没有出现大面积的车辙和坑槽等病害现象。

(5)全国第一个荣获开发建设项目水土保持示范工程的高速公路建设项目。

京张高速在建设过程中注重环境保护、水土保持和以人为本的理念,施工时根据地形变化,逐段优化排水设计,根据汇水量的大小采用不同的排水沟断面形式,尽快将水引入附近沟渠,既节省了大量的圬工构造,又减少了冲刷。同时,施工过程中注意对取、弃土场的修整和防护,结合绿化工程植树、种草,植物防护和工程防护并举,最大限度地减少水土流失;全线修整、利用弃土场为地方造田226亩。2003年,京张高速公路被水利部授予"全国开发建设项目水土保持示范工程",这是全国交通建设项目第一次获得此项殊荣。

(五)运营养护管理

1.服务设施

全线设置官厅、下花园2处服务区(表8-8-5)。

丹拉国道主干线河北省怀来(冀京界)至宣化段服务设施一览表　　　表8-8-5

高速公路编码	服务区名称	桩　　号	所 在 区 域	占地(亩)	建筑面积(m²)
G6	官厅服务区	K87+164	怀来县狼山乡	66	5156
	下花园服务区	K127+500	张家口市下花园区	191.904	3062

2.收费设施

本项目共设置收费站6座,其中设置单向主线收费站1座设置匝道收费站5座(表8-8-6)。

丹拉国道主干线河北省怀来(冀京界)至宣化段收费设施一览表　　　表8-8-6

收费站名称	桩　　号	入口车道数		出口车道数		收 费 方 式
		总车道	ETC车道	总车道	ETC车道	
东花园主线收费站	K75+785	—	—	14	4	MTC+ETC
东花园收费站	K76+170	2	1	4	1	
沙城收费站	K106+160	3	1	5	1	
鸡鸣驿收费站	K122+700	3	1	3	1	
下花园收费站	K128+492	2	1	2	1	
宣化东收费站	K143+804	3	1	3	1	

3.养护管理

本项目养护里程178.611km,设置公司1处养护工区(表8-8-7)。

丹拉国道主干线河北省怀来(冀京界)至宣化段养护设施一览表　　　表8-8-7

养护工区名称	桩　　号	路段长度(km)	占地面积(亩)	建筑面积(m²)
公司养护工区	K106+000	79.189	33	3075

4.监控设施

本项目设置公司监控中心,负责全线的运营监管(表8-8-8)。

丹拉国道主干线河北省怀来(冀京界)至宣化段监控设施一览表　　表8-8-8

监控设施名称	桩　号	占地面积(亩)	建筑面积(m²)
公司监控中心	K106+000	—	2366

5. 交通流量

2008—2016年丹拉国道主干线河北省怀来(冀京界)至宣化段交通量情况如表8-8-9、图8-8-5所示。

丹拉国道主干线河北省怀来(冀京界)至宣化段交通量(自然数)发展状况表　　表8-8-9

	年　份	2008	2009	2010	2011	2012	2013	2014	2015	2016
交通量	宣化东站	1081298	975346	990300	800225	708065	848570	1054410	1249886	1190366
	下花园站	746439	743510	1215441	1159534	1147308	1093021	919992	865937	1022625
	鸡鸣驿站	822465	1013387	1171273	1009874	951481	761752	611535	644615	663064
	沙城站	1697439	2072141	2858052	2966731	3151587	3078489	2416047	2199344	2434064
	东花园匝道站	711161	843788	1260952	1349587	1639249	1705421	1476843	1615183	1807335
	东花园主线站	6389020	6778823	8284717	9281443	9189058	9461447	8147555	7566574	7566574
	合计	11447822	12426995	15780735	16567394	16786748	16948700	14626382	14141539	14684028
收费站年平均日交通量(辆/日)		31364	34047	43235	45390	45991	46435	40072	38744	40230

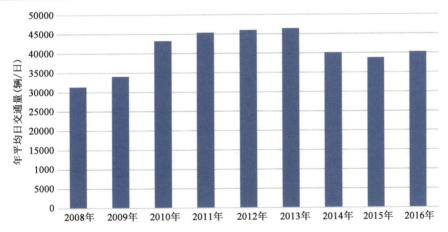

图8-8-5　丹拉国道主干线河北省怀来(冀京界)至宣化段收费站年平均日交通量(自然数)增长柱状图

二、丹拉国道主干线宣化至老爷庙(冀蒙界)段

(一)项目概况

1. 基本情况

1)功能定位

丹拉国道主干线宣化至老爷庙(冀蒙界)段是交通部规划的"五纵七横"国道主干线

之一,是河北省公路网主骨架的重要组成路段,属我省"十五"公路建设规划路线。沿线途经张家口市宣化区、宣化县、桥西区、万全县、怀安县、尚义县二区四县,8个乡镇。

2）技术标准

采用双向四车道,设计速度100km/h。路基宽度:下八里至冀蒙界段新（改）建工程,新建段26m,旧路利用段采用分离式路基,左侧新建半幅13m,右侧利用半幅12m;小慢岭至下八里段改善工程宽度21.5m。

3）建设规模

丹拉国道主干线宣化小慢岭至尚义（冀蒙界）段公路为全封闭全立交,路线总里程99.422km。小慢岭至下八里段10.484km为改建工程,在原有一级路基础上改建高速公路;下八里至冀蒙界段88.938km为新（改）建工程,其中万全县至怀安县郭磊庄段在原有二级公路上进行改建,改建半幅52.614km。

4）主要控制点

张家口市宣化区、宣化县、桥西区、万全县、怀安县、尚义县二区四县,8个乡镇。

5）地形地貌

路线穿越区位于华北平原与内蒙古高原过渡带的冀西北山地边缘,属冀西北山间盆地。境内山地分为阴山,燕山余脉。山地、丘陵、河谷和盆地相间分布。路线在宣化境内穿越区为平原区,在万全境内为近山平地,在怀安境内走西洋河北岸为山前冲积扇地带,在马市口进入山岭重丘区,穿过几公里山区后与内蒙古连接。

6）路面结构及主要构造物

主要采用沥青混凝土路面。路面采用二灰稳定级配碎石及水泥稳定级配碎石基层,沥青混凝土面层。

主要构造物采用预应力混凝土连续梁桥和组合梁桥。

7）投资规模

项目概算总投资21.7554亿元。小慢岭下八里段项目基建工程支出10.830亿元,与其审核概算金额13.645亿元（已扣除预留新建小慢岭互通的预留费用0.0485亿元）相比,节约资金0.281亿元。下八里至冀蒙界段项目交付使用资产18.793亿元,与其审核概算金额19.430亿元（已扣除预留张家口西和渡口堡两处互通式立交预留费0.912亿元）相比,节约资金0.637亿元。平均每公里造价2525.00万元。

8）开工及通车、竣工时间

本工程分两期进行:小慢岭至下八里段改善工程,2003年7月6日开工,2004年10月28日交工;下八里至冀蒙界段新（改）建工程,土建工程2002年10月24日开工。2005年9月3日全线进入运营管理阶段。

2. 前期决策情况

1）前期决策背景

根据河北省交通厅"九五"期间干线公路网建设的总体规划要求，河北省交通厅在2001年启动本项目的建设工作。

2）前期决策过程

（1）2001年7月河北省交通厅以冀交字〔2001〕367号文对《丹拉公路宣化（小慢岭至下八里）段高速公路工程可行性研究报告》进行了批复。

（2）2001年7月河北省交通厅以冀交字〔2001〕368号文向交通部上报了《丹拉公路宣化（下八里）至冀蒙界段可行性研究报告》，同年11月交通部以交规划发〔2001〕663号文对可行性研究报告进行了批复。

（二）建设情况

1. 项目准备阶段

1）项目审批

（1）2002年5月交通部以交公路发〔2002〕188号文对《丹拉国道主干线宣化至老爷庙（冀蒙界）段的初步设计》进行了批复。

（2）2002年9月河北省交通厅以冀交公字〔2002〕280号文对《丹拉国道主干线宣化至老爷庙（冀蒙界）公路两阶段施工图设计》进行了批复。

（3）2003年1月河北省交通厅以冀交字〔2003〕025号文对《丹拉公路宣化小慢岭至下八里段高速公路改建工程初步设计》进行了批复。

（4）2003年9月河北省交通厅以冀交公字〔2003〕285号文对《丹拉公路小慢岭至下八里段高速公路两阶段施工图设计》进行了批复。

（5）2005年国土资源部国土函〔2005〕191号文、河北省人民政府冀政转征函〔2004〕0828号文，批复了《丹拉国道主干线宣化至老爷庙（冀蒙界）段建设用地申请》。

2）资金筹措

根据交规划发〔2001〕663号文《关于丹拉国道主干线宣化至老爷庙（冀蒙界）段可行性研究报告的批复》，本项目自2002年至2005年建设并通车，建设里程全长99.422km，项目总投资概算21.7554亿元。

3）合同段划分及招投标

（1）合同段划分

主线土建工程分为5个合同段，根据各专业的工程内容标段划分如表8-8-10所示。

（2）招投标

按照国家颁布的《招投标法》和交通部颁布的《公路工程施工招标投标管理办法》《公路工程施工招标资格预审办法》《公路工程施工招标评标办法》的要求,由项目法人单位组织招标。中标单位如下:

①受丹拉公路张家口高速公路管理处委托,河北省交通规划设计院负责完成丹拉公路宣化至冀蒙界段高速公路两阶段施工图勘测设计任务。

②张家口路桥建设集团有限公司等5家联合体,经河北省交通厅冀交字〔2003〕234号文批准参加小慢岭至下八里段高速公路施工投标。

③河北华亿建设工程有限公司等39家单位,经河北省交通厅冀交字〔2003〕322号文批准参加房建工程F1~F10合同段的投标。

④高密市顺达交通工程有限公司等24家单位,经河北省交通厅冀交字〔2003〕702号文批准参加交通安全设施的投标。

⑤河北路桥集团有限公司等38家单位,经河北省交通厅冀交字〔2003〕318号文批准参加丹拉国道主干线宣化至老爷庙(冀蒙界)段程5个路基桥梁施工合同的投标。

4)参建单位主要情况

(1)建设单位

本项目建设单位是张家口市交通局,项目执行机构是丹拉公路张家口高速公路管理处。

(2)设计单位

土建设计单位:河北省交通规划设计院。

(3)施工单位

详见表8-8-10。

丹拉国道主干线宣化至老爷庙(冀蒙界)段合同段划分一览表 表8-8-10

下八里至冀蒙界段新(改)建工程		
路基桥涵	A标	张家口路桥建设集团有限公司
	B标	路桥集团第一公路工程局第一工程公司
	C标	中铁十一局集团第四工程有限公司
	D标	路桥集团第二公路工程局第六工程公司
	E标	唐山公路建设总公司
	公铁立交	北京铁路建设集团有限公司
小慢岭至下八里段改建工程		
路基桥涵	一合同段	张家口市交通局高等级公路管理处
	辅道一	张家口路桥建设集团有限公司
	辅道二	唐山市路桥建设有限公司
	辅道三	张家口路桥建设集团有限公司
	三级路公铁立交	北京铁路建设集团有限公司

5) 征地拆迁

(1) 设立专门组织机构

按三级管理体系设置安置办公室,加强对征地工作的领导和监督,形成完善的拆迁工作体系,使征地拆迁工作层层有人管、层层有人抓。

(2) 落实承包责任制

征地拆迁工作实行群众参与,各级政府层层签订责任书,采取"四到位""四现场"的做法,即县、乡、村、户四方到场,现场丈量、现场清点、现场签字、现场盖章(表8-8-11)。

从2001年10月下旬开始,到2002年10月末,主线永久性征地拆迁已基本完成。

丹拉国道主干线宣化至老爷庙(冀蒙界)段征地拆迁统计表   表8-8-11

高速公路编码	项目名称	征地拆迁安置起止时间	征用土地(亩)	拆迁房屋(m²)	拆迁占地费(万元)	备注
G6	丹拉国道主干线宣化至老爷庙(冀蒙界)段	2001.10~2002.10	7483.68	12000	16400	

2. 项目实施阶段

1) 施工过程

(1) 小慢岭至下八里段改善工程,2003年7月6日开工,2004年10月28日交工。

(2) 下八里至冀蒙界段新(改)建工程,土建工程2002年10月24日开工,交通安全设施工程2004年4月12日开工,土建工程2005年8月30日交工(其中K0+000~K12+800段于2004年11月6日交工),交通安全设施工程2005年8月30日交工。

(3) 历时3年全线工程宣告完成,2005年9月3日全线进入运营管理阶段。

(4) 工程建成后,河北省公路工程质量监督站按照交通部的有关规定,分别于2004年10月、2004年11月、2005年8月组织人员对小慢岭至下八里段改善工程和下八里至冀蒙界段新(改)建工程进行了交工验收,认定合同执行情况良好,工程质量合格。

(5) 丹拉公路宣化下八里至小慢岭段高速公路改建工程,2004年10月按《河北省公路工程质量检验评定标准》进行认真的评定,工程质量评分98.40分。丹拉国道主干线宣化至老爷庙(冀蒙界)段,2005年8月进行验收,质量评定合格。

2) 重要决策

丹拉国道主干线下八里至冀蒙界段新(改)建工程,土建工程2002年10月24日开工。

3) 各项活动

(1) 在全线开展劳动竞赛,促进计划目标的完成。2003年开展"工程建设大干100天活动"。

（2）2004年，根据工程实际情况，在上半年和下半年分别开展了"大干80天，确保上半年工程任务顺利完成"及"再战100天、全面完成全年目标任务"劳动竞赛活动。

（三）复杂技术工程

东洋河大桥右幅为利用原110国道大桥加固改造而成。原桥上部结构采用17×25m先简支后连续预应力混凝土空心板，全桥一联；下部结构桥墩为桩柱式墩，桥台为肋板台群桩基础。复杂技术特征有：提出并实施了等应力束技术，即在17孔连续梁的铰缝上方布置通长钢束，在靠桥台两侧张拉，保持张拉力不变，从中间孔开始逐孔横方向向下张拉钢束到设计位置并锚固（钢束转向处垫塑料波纹管），横向张拉过程中桥台两侧纵向张拉千斤顶适时放张保持钢束应力不变，使预应力钢束落入各孔跨中铰缝内并锚固，形成17孔连续曲线布束后，锚固桥台两侧纵向张拉端；浇注铰缝混凝土，从而使体外束变为体内束。实践表明，等应力束技术融合了先张、后张、横张法和体外束的优点：一是克服了常规工艺中曲线布束的弊病，仅需2个锚固端，没有预应力摩阻损失，钢束的强度得到了充分发挥；二是不需要波纹管，减小了布束所需的空间；三是减少了大量的锚固装置，避免了在旧梁上打眼植筋对旧梁的损伤。

（四）科技创新

在项目管理创新、技术创新、技术推广上实现了新的突破。其中技术创新有1项："等应力束技术研究与应用"2007年3月11日通过了河北省交通厅组织的河北省科技成果鉴定。

（五）运营养护管理

1. 服务设施

全线设置2个服务区，1个停车区（表8-8-12）。

丹拉国道主干线宣化至老爷庙（冀蒙界）段服务设施一览表　　　　表8-8-12

高速公路编码	服务区名称	桩号	所在区域	占地（亩）	建筑面积（m²）
G6	怀安服务区	K229+700	河北省张家口市怀安县渡口堡乡渡口堡村	220	7200
	於家梁停车区	K199+228	万全县	160	5200
	张家口服务区	K186+682	万全县	240	6181

2. 收费设施

本项目共设置主线收费站1处,匝道收费站6处(表8-8-13)。

丹拉国道主干线宣化至老爷庙(冀蒙界)段收费设施一览表　　　　表8-8-13

收费站名称	桩　号	收费站位置类型	入口车道数 总车道数	入口车道数 其中ETC车道	出口车道数 总车道数	出口车道数 其中ETC车道	收费方式
东洋河主线收费站	K221+466	主线站	4	2	15	2	MTC+ETC
怀安收费站	K218+833	匝道站	2	1	2	1	
郭磊庄收费站	K205+758	匝道站	2	1	2	1	
万全收费站	K189+632	匝道站	2	1	2	1	
张家口西收费站	K177+243	匝道站	3	1	8	1	
张家口东收费站	K173+95	匝道站	4	1	5	1	
宣化北收费站	K154+23	匝道站	3	1	5	1	

3. 养护管理

本项目共设置於家梁怀安2处养护工区(表8-8-14)。2014年8~10月,项目运营单位京藏高速公路张家口管理处针对东洋河、郭磊庄、万全、张家口西、张家口东及宣化北收费站累计47个收费亭进行维修。

丹拉国道主干线宣化至老爷庙(冀蒙界)段养护设施一览表　　　　表8-8-14

养护工区名称	桩　号	路线长度(km)	占地面积(亩)	建筑面积(m²)
於家梁养护工区	K199+228	52.0	13.89	1440
怀安养护工区	K228+300	47.4	39.69	1968

4. 监控设施

监控中心的通信计算机通过通信系统提供的ETH通道连接各自的监控外场设备(表8-8-15)。

丹拉国道主干线宣化至老爷庙(冀蒙界)段监控设施一览表　　　　表8-8-15

监控设施名称	地　点	占地面积(亩)	建筑面积(m²)
丹拉监控中心	张家口市世纪路8号	20.2605	1897

5. 交通流量

丹拉国道主干线宣化至老爷庙(冀蒙界)段交通量情况如表8-8-16、图8-8-6所示。

丹拉国道主干线宣化至老爷庙(冀蒙界)段交通量(自然数)发展状况表 表 8-8-16

站　点	2005 年	2006 年	2007 年	2008 年	2009 年	2010 年	2011 年	2012 年	2013 年	2014 年	2015 年	2016 年
东洋河	576095	2435654	2745149	3308856	3536200	5432026	6104364	5028249	4094664	4342025	3922080	4168834
怀安	95651	583598	644440	799686	977254	1762518	610025	887367	926511	969956	1460064	1388682
郭磊庄	33532	164744	247072	379973	277527	327356	467600	510579	516874	524088	378853	397861
万全	310142	660249	683137	774572	504356	661080	979517	888765	970421	1087756	775012	735688
张家口西							71330	280951	400455	449724	439784	508325
张家口东	663173	2047993	2278776	2506467	2250014	2251145	2139900	2065889	2415361	1698876	1691087	1608710
宣化北		986944	1765195	1717111	1097297	1793810	1951216	1864475	2190222	2166164	2222159	2236021
合计	1678593	6879182	8363769	9486665	8642648	12227935	12323952	11526275	11514508	11238589	10889039	11044121
收费站年平均日交通量(辆/日)	4599	18847	22914	25991	23678	33501	33764	31579	31547	30791	29833	30258

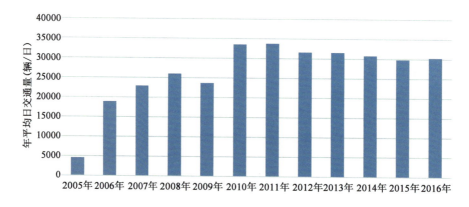

图 8-8-6　丹拉国道主干线宣化至老爷庙(冀蒙界)段收费站年平均日交通量(自然数)增长柱状图

第九节　G7(北京—乌鲁木齐)河北段(怀来县—宣化县)

G7(北京—乌鲁木齐)河北段(简称京新高速公路)是国家高速公路"7918"公路网中的首都放射线之一,是河北省"五纵六横七条线"高速公路网中"横一"的重要组成部分,河北张家口境内起自京冀界,起点桩号:K91+000,止于宣化胶泥湾,讫点桩号:K183+994,全长 92.994km。沿线途经张家口市的怀来县、涿鹿县、下花园区、宣化区、宣化县。京新高速公路连接沟通着多条国、省干线公路,是河北省西北部地区极为重要的一条交通干线。该段公路主要功能是分流京藏(京张)高速公路的货运车辆,对完善河北省高速公路网,改善区域交通条件,带动沿线经济的发展,具有重要意义。

G7 北京至乌鲁木齐河北段在张家口境内分三期建设。分别为一期工程京化公路京冀界至土木段高速公路,全长 21.653km,设计速度为 100km/h,双向四车道,路基宽度为 28.5m,于 2008 年 7 月建成通车;二期工程土木至胶泥湾段高速公路,全长 71.341km,设计速度为 100km/h,双向六车道,路基宽度为 33.5m,于 2010 年 12 月建成通车;三期工程胶泥湾至西洋河(冀晋界)段,全长 63.085km,为在建工程。该条段高速公路实行建管养一体化管理模式,由京新高速公路张家口管理处负责运营养护。目前,通车运营路段为京冀界至胶泥湾段,已通车里程为 92.994km,运营里程桩号为:K91 + 000 ~ K183 + 994。

G7 高速公路项目信息见表 8-9-1,路线平面示意图见图 8-9-1。

G7 高速公路项目信息表　　表 8-9-1

项目名称	路段起讫桩号		规模(km)		设计速度(km/h)	路基宽度(m)	投资情况(亿元)				建设时间(开工~通车)	备注
	起点桩号	讫点桩号	合计	车道数			估算	概算	决算	资金来源		
京冀界至土木段高速公路	K91 + 000	K112 + 653	21.653	四车道	100	28.5	12.620	14.504	13.779	银行贷款、地方自筹	2007.7 ~ 2008.7	
土木至胶泥湾段高速公路	K112 + 653	K183 + 994	71.341	六车道	100	33.5	55.400	58.078	50.40(审计数)	银行贷款、地方自筹	2009.5 ~ 2010.12	

(一)项目概况

1. 基本情况

1)功能定位

京化公路京冀界至胶泥湾段是首都放射线之一是 G7 北京至乌鲁木齐高速公路的重要组成部分,是河北省"五纵六横七条线"高速公路网中"横一"的重要组成部分,也是张家口市"二横三纵五线"高速公路网中"横二线"的重要路段。本项目主要功能是分流京藏高速公路的货运车辆,可以极大缓解京藏高速公路日益加重的运输压力;同时也为山西、内蒙古等西部地区向东连接京津地区及出海口,对京津冀经济一体化发展战略的实施具有重要意义。

2)技术标准

京化公路京冀界至土木段高速公路采用双向四车道,设计速度为 100km/h,路基宽度为 28.5m;土木至胶泥湾段高速公路双向六车道,设计速度为 100km/h,整体式路基

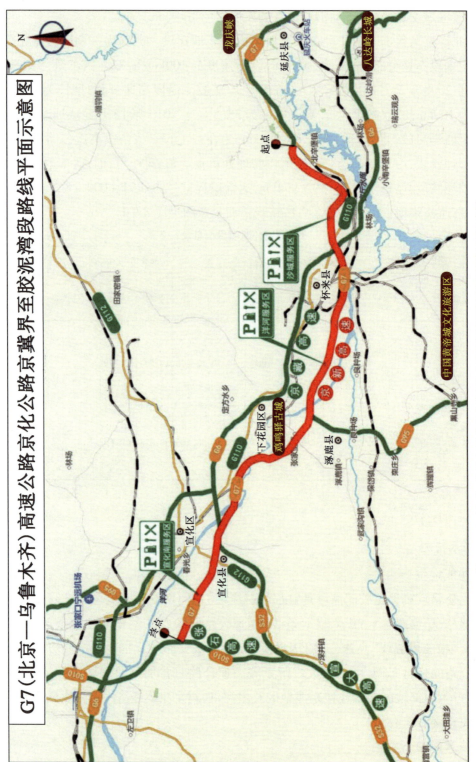

图8-9-1 G7（北京—乌鲁木齐）高速公路京化公路京冀界至胶泥湾段路线平面示意图

宽33.5m。

3）建设规模

京化公路京冀界至胶泥湾段建设里程为92.994km。其中，特大桥1座，大桥46座，中桥49座，涵洞80道；主线收费站1处，匝道收费站4处，服务区3处，设置信息管理中心1处，养护工区1处，超限管理站1处。

4）主要控制点

京冀界至土木段主要控制点：怀来县北辛堡村、沙城东、沙城西；土木至胶泥湾段：涿鹿县、下花园区、宣化区胶泥湾村。

5）地形地貌

（1）京冀界至土木段地势基本是西高东低，北高南低。路线所经过地区是中段高，两边低。所处区域属冀西北山间丘陵盆地，盆地地势平坦，海拔在460~2882m之间。南侧官厅水库拦河坝海拔460m。

（2）土木至胶泥湾段项目所在区域地势自西北向东南倾斜，总体地貌特征为两盆夹一山，即：西北段为柴张宣盆地，中段为黄羊山山地，东南段为怀涿盆地。按成因类型可分为两个地貌单元，冲洪积倾斜平原区和构造剥蚀低山区，其中倾斜平原约占3/4，构造剥蚀低山约占1/4。

6）路面结构及主要构造物

主要采用沥青混凝土路面。4cm AC-13C细粒式改性沥青混凝土，6cm AC-20C中粒式改性沥青混凝土，7cm AC-25C粗粒式沥青混凝土，8cm ATB-25密级配沥青碎石，18cm水泥稳定碎石上基层，18cm水泥粉煤灰稳定碎石，20cm水泥稳定砂砾。

主要构造物采用简支桥梁。

7）投资规模

京冀界至土木段项目概算投资14.504亿元，决算投资为13.779亿元；土木至胶泥湾段项目概算投资为58.078亿元，政府审计已完成投资额为50.40亿元（已完成政府审计，财政评审及决算正在进行中）。

8）开工及通车、竣工时间

京冀界至土木段2007年7月开工建设，2008年7月交工通车试运营；土木至胶泥湾段项目2009年5月开工建设，2010年12月交工通车试运营。

2. 前期决策情况

1）前期决策背景

随着京津冀经济一体化进程的加快以及大北京都市圈的迅猛发展，区域合作越来越密切。京藏高速是西北方向进京的唯一一条高速公路，车流量大，向北京运输煤炭和错季蔬菜重车占相当大比重，且超载严重，现有道路通行能力已不能满足日益增长的通行量。

该段公路主要功能是分流京藏高速公路的货运车辆,完善区域路网结构。

2)前期决策过程

(1)京冀界至土木段

①2006年3月10日,河北省交通厅以冀交函规〔2006〕39号文件批复了《关于北京至化稍营公路冀京界至陈家洼段预可行性研究报告(代项目建议书)审查意见的函》。

②2006年8月17日,河北省发展和改革委员会以冀发改交通〔2006〕953号文,批复了《北京至化稍营公路冀京界至陈家洼段预可行性研究报告(代项目建议书)》。

③2006年8月25日,河北省国土资源厅以冀国土资函〔2006〕566号文件批复了《关于京化公路京冀界至陈家洼段高速公路项目用地的预审意见》。

④2006年8月31日,河北省交通厅以冀交函规〔2006〕215号文件出具《关于京化公路京冀界至土木段项目可行性研究报告审查意见函》。

⑤2006年10月20日,河北省发展和改革委员会以冀发改交通〔2006〕1269号文,批复了《京化公路京冀界至土木段工程可行性研究报告》。

(2)土木至胶泥湾段

①2008年4月2日,河北省交通厅以冀交函规〔2008〕68号文,批复了《北京至化稍营公路土木至洋河南段及支线洋河南至胶泥湾段项目可行性研究报告》。

②2008年4月16日,河北省环境保护局以冀环评〔2008〕226号文件批复了《关于北京至化稍营公路土木至洋河南段及支线洋河南至胶泥湾段工程环境影响报告书》。

③2008年6月5日河北省发展和改革委员会以冀发改交通〔2008〕680号文,批复了《土木至胶泥湾高速公路项目可行性研究报告》。

(二)建设情况

1. 项目准备阶段

1)项目审批

(1)京冀界至土木段

①2006年11月30日,河北省发展和改革委员会以冀发改投资〔2006〕1509号文批复了《京化公路京冀界至土木段高速公路初步设计》。

②2007年6月18日,河北省交通厅以冀交公路〔2007〕136号文批复了《北京至化稍营公路京冀界至土木段高速公路主体工程施工图设计》。

③2007年8月5日,河北省交通厅以冀交公路〔2007〕173号文件下发了《关于京化高速公路京冀界至土木段房建、安全设施和绿化工程施工图设计》。

④2008年2月,河北省交通厅批复了《关于京化公路冀京界至土木段高速公路机电

工程施工图设计文件》。

(2)土木至胶泥湾段

①2008年11月5日,河北省发展和改革委员会以冀发改投资〔2008〕1322号文批复了《土木至胶泥湾高速公路初步设计》。

②2009年2月12日,河北省交通厅以冀交公〔2009〕53号文批复了《土木至胶泥湾高速公路主体工程及连接线工程施工图设计》。

③2009年8月10日,河北省交通运输厅以冀交公〔2009〕351号文件批复了《土木至胶泥湾高速公路房建工程施工图设计》。

④2009年8月20日,河北省交通运输厅以冀交公〔2009〕390号文件批复了《土木至胶泥湾高速公路京包铁路1号桥等5座铁路桥施工图设计》。

⑤2010年2月23日,河北省交通运输厅以冀交公〔2010〕85号文件批复了《土木至胶泥湾段高速公路安全设计、绿化及通信管道工程施工图设计文件》。

⑥2010年9月29日,河北省交通运输厅以冀交公路〔2010〕543号文件批复了《土木至胶泥高速公路机电工程施工图联合设计文件》。

2)资金筹措

京冀界至土木段项目概算总金额为14.504亿元。资金来源为:资本金5.076亿元,其中由河北省交通厅负责筹措50%(2.538亿元),申请国家开发银行软贷款解决50%(2.538亿元);其余9.427亿元申请银行贷款解决。竣工决算为13.779亿元,投资节约0.725亿元。

土木至胶泥湾段概算总投资为58.078亿元。资金来源为:资本金20.327亿元,由张家口市高等级公路资产管理中心筹措;其余37.751亿元,申请银行贷款解决。该项目已完成政府审计,审计投资额约为50.40亿元。财政评审及竣工决算正在进行。

3)合同段划分及招投标

(1)合同段划分

①京冀界至土木段

根据各专业的工程内容标段划分如表8-9-2所示。

京化公路京冀界至土木段合同段划分一览表　　　　表8-9-2

参建单位	类　　型	参建单位名称	合同段编号及起讫桩号	标段所在地	主　要　内　容	主要负责人	备注
项目管理单位		京新高速公路张家口管理处				孙强	
勘察设计单位	全线工程设计	河北省交通规划设计院			全线勘察设计	赵彦东	

续上表

参建单位	类型	参建单位名称	合同段编号及起讫桩号	标段所在地	主要内容	主要负责人	备注
施工单位	土建工程	张家口路桥建设集团有限公司	L01：K0+000~K10+200	怀来	路基、桥涵工程	刘玉忠	
		中铁四局集团有限公司	L02：K10+200~K17+200	怀来	路基、桥涵工程	李朝珠	
		天津五市政公路工程有限公司	L03：K17+200~K24+350	怀来	路基、桥涵工程	陈志平	
		路桥华南工程有限公司	L04：K24+350~K31+811.448	怀来	路基、桥涵工程	张文利	
		中铁二十二局集团第四工程有限公司	L05：K31+811.448~K36+300	怀来	梁板预制	王庆忠	

土建工程设计标段划分 2 个标段，房建工程设计 1 个标段，绿化工程设计 1 个标段，机电工程设计 1 个标段。

施工标段划分：根据工程内容的不同，土建工程 4 个标段，机电工程 1 个标段，房建工程 5 个标段，绿化工程 1 个标段，交通安全设施工程 2 个标段。

施工监理标段划分：根据工程内容设 1 个总监办公室，1 个房建工程监理标段，1 个机电工程监理标段。

②土木至胶泥湾段

根据各专业的工程内容标段划分如表 8-9-3 所示。

土木至胶泥湾段合同段划分一览表　　　　表 8-9-3

参建单位	类型	参建单位名称	合同段编号及起讫桩号	标段所在地	主要内容	主要负责人	备注
项目管理单位		京新高速公路张家口管理处				胡存亮	
勘察设计单位	土建工程设计	河南省交通规划勘察设计院	K0+000~K31+811.448	张家口	K0+000~K31+811.448 勘察设计	余正武	
		浙江省交通规划设计研究院	K31+811.448~K71+340.802	张家口	K31+811.448~K71+340.802 勘察设计	艾国志	
施工单位	土建工程	中际联发交通建设有限公司	L01：K0+000~K10+200	怀来	路基、桥涵工程、沙河大桥	谢金	

第八章 高速公路建设项目

续上表

参建单位	类型	参建单位名称	合同段编号及起讫桩号	标段所在地	主要内容	主要负责人	备注
施工单位	土建工程	中交一公局第五工程有限公司	L02：K10+200~K17+200	怀来	路基、桥涵工程、马营屯1,2号大桥	刘希忠	
		内蒙古自治区公路工程局	L03：K17+200~K24+350	怀来	路基、桥涵工程	张立洲	
		北京鑫旺路桥建设有限公司	L04：K24+350~K31+811.448	涿鹿	路基、桥涵工程、洋河1号大桥	赵海田	
		河北广通路桥工程有限公司	L05：K31+811.448~K36+300	涿鹿	路基、桥涵工程、胡庄大桥	宋继增	
		中铁五局集团第二工程有限责任公司	L06：K36+300~K39+050	下花园	路基、桥涵工程、胡庄1,2号大桥	胡喜峰	
		河北广通路桥工程有限公司	L07：K39+050~K47+450	下花园	路基、桥涵工程、响水铺1,2,3号桥、辛庄子1,2,3号桥	韩世平	
		中铁十四局集团第四工程有限公司	L08：K47+450~K49+200	宣化	路基、桥涵工程、洋河3号特大桥	周忠彬	
		中交一公局第六工程有限公司	L09：K49+200~K54+700	宣化	路基、桥涵工程	冷明泽	
		张家口路桥建设集团有限公司	L10：K54+700~K64+700	宣化	路基、桥涵工程、王家寨1号桥、水泉河大桥	刘丙河	
		衡水路桥工程有限公司	L11：K64+700~K71+340.802	宣化	路基、桥涵工程、王家寨2号桥、西甘庄大桥	韩增	
		中铁二十二局集团第四工程有限公司	LB1：K0+000~K71+340.802	张家口	预制预应力梁板	王庆忠	
		中铁六局集团有限公司		张家口	铁路桥	刘翠山	

土建工程设计标段划分2个标段，房建工程设计1个标段，绿化工程设计1个标段，机电工程设计1个标段。

施工标段划分：根据工程内容的不同，土建工程11个标段，机电工程1个标段，房建工程9个标段，绿化工程1个标段，交通安全设施工程5个标段。

施工监理标段划分：根据工程内容设 1 个总监办公室，4 个驻地监理办公室，1 个房建工程监理标段，1 个机电工程监理标段。

（2）招投标

按照国家颁布的《招投标法》和交通部颁布的《公路工程施工招标投标管理办法》《公路工程施工招标资格预审办法》《公路工程施工招标评标办法》的要求，由项目法人单位组织招标工作，采用合理低价中标方式。

①京冀界至土木段

2006 年 9 月有 31 家土建工程施工单位通过资格预审，参加本项目主线土建工程 4 个合同段的投标，评审出 4 家中标单位。

2007 年 3 月有 56 家房建工程施工单位通过资格预审，参加本项目房建工程 5 个合同的投标，确定了 5 家中标单位。

2007 年 5 月有 9 家机电工程施工单位通过资格预审，参加本项目机电工程的投标，确定 1 家中标单位。

2007 年 8 月有 52 家交通安全设施工程施工单位通过资格预审，参加交通安全设施 2 个合同段的投标，确定了 2 家中标单位。

2009 年 2 月有 8 家绿化工程单位通过资格预审，参加绿化工程 1 个合同的投标，确定了 1 家中标单位。

②土木至胶泥湾段

2008 年 12 月有 56 家土建工程施工单位通过资格预审，参加本项目主线土建工程 11 个合同段的投标，评审出 11 家中标单位。

2009 年 4 月有 39 家房建工程施工单位通过资格预审，参加本项目房建工程 9 个合同的投标，确定了 9 家中标单位。

2010 年 3 月有 9 家机电工程施工单位通过资格预审，参加本项目机电工程的投标，确定 1 家中标单位。

2010 年 4 月有 39 家交通安全设施工程施工单位通过资格预审，参加交通安全设施 5 个合同段的投标，确定了 5 家中标单位。

2010 年 12 月有 5 家绿化工程单位通过资格预审，参加绿化工程 1 个合同的投标，确定了 1 家中标单位。

4）参建单位主要情况

（1）建设单位

本项目建设单位是张家口市交通局，项目执行机构分别是：

京冀界至土木段：京化高速公路张家口管理处；

土木至胶泥湾段：京新高速公路张家口管理处。

(2）设计单位、施工单位

①京冀界至土木段：

土建工程设计单位：河北省交通规划设计研究院。

②土木至胶泥湾段：

土建工程设计单位：河南省交通规划勘察设计院和浙江省交通规划设计研究院。

5）征地拆迁

(1）设立专门组织机构

按属地管理原则设置征迁办公室，形成完善的拆迁工作体系，使征地拆迁工作层层有人管、层层有人抓。

(2）落实承包责任制

征地拆迁工作实行群众参与，各级政府层层签订责任书，采取"四到位""四现场"的做法，即县、乡、村、户四方到场，现场丈量、现场清点、现场签字、现场盖章，征地拆迁统计见表8-9-4。

京化公路京冀界至胶泥湾段征地拆迁统计表　　　表8-9-4

高速公路编码	项目名称	征地拆迁安置起止时间	征用土地（亩）	拆迁房屋（m²）	拆迁占地费（万元）	备注
G7	京冀界至土木段高速公路	2006.11~2008.7	3443.181	2355	13250.6014	
	土木至胶泥湾段高速公路	2009.3~2011.10	7847.6865	2485.5	61659.3838	

2．项目实施阶段

1）施工过程

(1）主要原材料实行甲控，严格材料资格审查，严格把好材料进场关，有效利用资金管控，强化施工材料动态监管，加强原材料采购、运输、储存、检验、使用等方面的管理。

(2）严格落实项目负责人责任制、项目监理制、合同管理制、档案完善制的"四制"管理要求，严把工序关、工艺关，防治质量通病，全力保障工程建设质量。注重关键工艺、工序、重点及隐蔽工程控制，严格执行首件工程认可制，认真落实样板工程推广制，确保达到工程质量优良。

本项目分两期施工，具体如下：

①一期工程京冀界至土木段

主线土建工程于2007年3月1日开工，2008年7月10日完工。

房建工程于2007年6月20日开工，2008年7月10日完工。

机电工程于2008年6月开工，2008年7月完工。

交通安全设施工程于 2008 年 5 月开工,2008 年 7 月完工。

绿化工程于 2009 年 4 月开工,2009 年 6 月完工。

②二期工程土木至胶泥湾段

主线土建工程于 2008 年 11 月 23 日开工,2011 年 10 月 31 日完工。

房建工程于 2008 年 11 月 23 日开工,2011 年 10 月 31 日完工。

机电工程于 2011 年 8 月开工,2011 年 10 月 31 日完工。

交通安全设施工程于 2011 年 8 月开工,2011 年 10 月 31 日完工。

绿化工程于 2011 年 7 月开工,2011 年 10 月完工。

京化公路京冀界至胶泥湾段建设生产要素见表 8-9-5。

京化公路京冀界至胶泥湾段建设生产要素统计表　　表 8-9-5

高速公路编码	项目名称	建设时间	钢材 (t)	沥青 (t)	水泥 (t)	砂石料 (m³)	机械工 (工日)	机械 (台班)
G7	京冀界至土木段高速公路	2006.3~2008.7	13393	12739	216196	80152	793875	
	土木至胶泥湾段高速公路	2008.11~2010.12	54911	54778	972882	368699	3572437	

2)重要决策

(1)2006 年 12 月 10 日,京冀界至土木段开工奠基。

(2)2007 年 5 月 15 日,京冀界至土木段工程召开大干 120 天动员会,确保奥运会之前建成通车。

(3)2008 年 7 月 18 日,京冀界至土木段建成通车,张家口市委书记许宁等领导同志出席通车仪式。

(4)2008 年 11 月 23 日,土木至胶泥湾段工程开工奠基。

(5)2011 年 10 月 31 日,土木至胶泥湾段工程交工验收。

3)各项活动

在全线开展"大干 120 天"活动,确保了京冀界至土木段工程 2008 年奥运会召开前通车运行。

(三)复杂技术工程

丰沙铁路桥桥跨布置为 35m+45m+35m,上部结构主梁采用单箱双室斜腹板箱形截面,下部结构 1、2 号桥墩采用双柱墩,基桩为挖(钻)孔灌注桩;桥台采用三肋板式桥台,基桩为挖(钻)孔灌注桩。复杂技术难点是在施工过程中为尽可能减少对铁路运营的影响,采用顶推式施工,需综合考虑顶推速度、顶落梁时间及顶推次数与铁路运营可中断时间的相互协调。顶推式施工的具体步骤为:在跨铁路孔外侧设置辅助墩,搭设施工支架;

并装 30m 钢导梁,并浇筑桥梁中间 65m 梁段;张拉先期钢束及临时束;设置顶推过程中辅助支墩及滑道;向跨中顶推梁段 85m 就位;顶落梁;拆除滑道安装永久支座;拆除临时束;苔设边跨支架,并浇筑两边跨侧剩余梁体混凝土;张拉后期钢束;拆架;桥面施工。

(四)运营养护管理

1. 服务设施

京化公路京冀界至胶泥湾段全线设置 3 处服务区(表 8-9-6)。

京化公路京冀界至胶泥湾段服务设施一览表　　表 8-9-6

高速公路编码	服务区名称	桩号	所在区域	占地(亩)	建筑面积(m²)
G7	宣化南服务区	K175	宣化县江家屯乡	119.85	6520
	洋河服务区	K132	怀来县大黄庄镇	209	7107
	沙城服务区	K150+300	怀来县狼山乡	199.5	2300

2. 收费设施

京化公路京冀界至胶泥湾段全线设置主线收费站 1 处,设置匝道收费站 5 处(表 8-9-7)。

京化公路京冀界至胶泥湾段收费设施一览表　　表 8-9-7

收费站名称	桩号	入口车道数		出口车道数		收费方式
		总车道	ETC 车道	总车道	ETC 车道	
京冀界主线收费站	K90+000	5	1	13	1	MTC+ETC
北辛堡收费站	K90+959	2	1	4	1	
沙城东收费站	K110+08	3	1	5	1	
沙城西收费站	K121+707	3	1	7	1	
涿鹿北收费站	K142+001	3	1	9	1	
下花园西收费站	K155+044	2	1	3	1	

3. 养护管理

京化公路京冀界至胶泥湾段养护里程为 92.994km,采用招标方式由专业化高速公司养护公司负责日常养护施工,未设置专门养护工区。管理处养护科负责养护任务下达,并对养护公司养护质量进行监督,按照养护进度及养护工作量计量支付日常养护资金。

4. 监控设施

京冀界至胶泥湾段临时监控中心设置在北辛堡运营管理部,属临时运营管理办公场地。待京新三期胶泥湾至西洋河段项目建设成后,统一规划设置监控中心。

5. 交通流量

2008—2016年京化公路京冀界至胶泥湾段交通量情况如表8-9-8、图8-9-2所示。

京化公路京冀界至胶泥湾段交通量(自然数)发展状况表　　　　表8-9-8

	年份(年)	2008	2009	2010	2011	2012	2013	2014	2015	2016
交通量(辆)	京冀界	603709	2773730	2853281	2892216	2418962	2284187	1644727	287159	1505848
	北辛堡	116917	590839	309324	340273	309968	412776	332310	349323	344507
	沙城东	233818	1068356	1552240	1573805	1061465	1154070	1062202	1415344	1614164
	沙城西				259872	595197	653846	5805202	534000	659725
	涿鹿北			1857	1415917	1628290	1228646	1163796	1274176	1393482
	下花园西			865	919647	1059102	1217793	1609734	1622210	1871705
	合计	954444	4432925	4717567	7401730	7072984	6951318	11617971	5482212	7389431
收费站年平均日交通量(辆/日)		2615	12145	12925	20279	19378	19045	31830	15020	20245

图8-9-2　京化公路京冀界至胶泥湾段收费站年平均日交通量(自然数)增长柱状图

第十节　G1013(海拉尔—张家口)河北段(沽源县—万全县)

G1013海拉尔至张家口高速公路是国家高速公路网"八横九纵八支八环"高速路网的重要组成部分,河北境内段起自张北县(冀蒙界),止于万全县太师庄,全长114.7km。沿线途经张家口市的张北县、万全县。本工程的建设将加强张家口与内蒙古及京津冀环渤海地区在能源、原材料供应、人力资源等领域的广泛合作,有效促进沿线经济的发展。

G1013海拉尔至张家口高速公路河北境分两段建成,分别是张石高速公路三号地(冀蒙界)至张北段和张石高速公路张北至旧罗家洼段(张北至京藏高速公路太师庄段)。

张石高速公路三号地(冀蒙界)至张北段于2011年10月建成通车,由张石高速公路张家口管理处负责运营管理养护,运营里程桩号 K0+000～K57+813,全长57.6km,设计速度100km/h,双向四车道,路基宽度26m。

张石高速公路张北至旧罗家洼段(张北至京藏高速公路太师庄段)于2006年9月建成通车,由张石高速公路张家口管理处负责运营管理养护,运营里程桩号 K2+394～K51+050,全长57.1km,设计速度80km/h,双向四车道,路基宽度24.5m。

G1013高速公路项目信息见表8-10-1,路线平面示意图见图8-10-1。

G1013高速公路项目信息表 表8-10-1

项目名称	路段起讫桩号		规模(km)		设计速度(km/h)	路基宽度(m)	投资情况(亿元)				建设时间(开工～通车)	备注
	起点桩号	讫点桩号	合计	车道数			估算	概算	决算	资金来源		
张石高速公路三号地(冀蒙界)至张北段	K0+000	K57+813	57.6	四车道	100	26	22.739			银行贷款、业主自筹	2009.3～2011.10	
张石高速公路张北至旧罗家洼段(张北至京藏高速公路太师庄段)	K2+394	K51+050	57.1		80	24.5	28.350			银行贷款、业主自筹	2004～2006.9	

(一)项目概况

1. 基本情况

张石高速公路冀蒙界至京藏高速公路太师庄段包括张石高速公路三号地(冀蒙界)至张北段和张石高速公路张北至旧罗家洼段(张北至京藏高速公路太师庄段),全长共114.7km。

1)功能定位

张石高速公路是河北省高速公路布局规划"五纵六横七条线"公路网主骨架中之"纵五"的重要组成部分,是完善河北省高速公路网布局,构筑北京高速公路大环线,形成张家口公路主骨架、改善路网功能,建设现代化国防交通运输的需要,是张家口融入环京津经济圈、促进河北省经济均衡发展,缩小地区间经济差距,贫困地区脱贫致富,开发旅游资源,推动旅游业发展的需要。

图 8-10-1　G1013(海拉尔—张家口)高速公路张石高速公路冀蒙界至京藏高速公路太师庄段路线平面示意图

2)技术标准

张石高速公路三号地(冀蒙界)至张北段为双向四车道,设计速度100km/h,路基宽度26m。张石高速公路张北至旧罗家洼段(张北至京藏高速公路太师庄段)为双向四车道,设计速度80km/h,路基宽度24.5m,沥青混凝土路面。

3)建设规模

张石高速公路冀蒙界至京藏高速公路太师庄段路线全长114.7km。共设大桥14座、中桥14座、小桥12座、涵洞64道;设互通式立交7处,分离式立交2处;通道67处、天桥6座;设主线收费站1处,匝道收费站6处,养护工区2处,服务区3处,监控分中心1处。

4)主要控制点

张家口市的沽源县、察北管理区、张北县、张家口市区、万全县、宣化县(区),主要经过玻璃彩、野狐岭、膳房堡、万全镇、新窑子、太师庄。

5)地形地貌

项目所经区域为坝上高原,地势南高北低,岗梁、湖淖滩地相间分布,呈现出典型的波状高原景观。地貌分为高原与盆岭山地两类。地势总体呈现南北两端高、中间洋河谷地低的特点。

6)路面结构及主要构造物

主要采用沥青混凝土路面。4cmAC-13I 改性沥青混凝土,6cmAC-16I 改性沥青混凝土,SBR 改性乳化沥青,8cmAC-25I 粗粒式沥青混凝土,乳化沥青封层,18cm 水泥、粉煤灰稳定级配碎石,18cm 水泥、粉煤灰稳定级配碎石,18cm 石灰稳定土,16cm 水泥稳定碎砾石。

主要构造物采用预应力混凝土连续梁桥和组合梁桥。

7)投资规模

张石高速公路三号地(冀蒙界)至张北段批准概算金额 22.739 亿元。张石高速公路张北至旧罗家洼段批准概算金额 28.35 亿元。

8)开工及通车时间

张石高速公路三号地(冀蒙界)至张北段 2009 年 3 月开工建设,2011 年 10 月建成通车,2011 年 10 月 28 日正式收费。张石高速公路张北至旧罗家洼段(张北至京藏高速公路太师庄段)自 2004 年开工建设,2006 年 9 月建成通车。2006 年 11 月 19 日正式收费。

2. 前期决策情况

1)前期决策背景

按照河北省委六届三次全会提出的我省全面建设小康社会的总体目标和战略思路,根据河北省委、省政府对河北省交通厅编报的《河北省全面建设小康社会公路港口发展目标》的指示精神,编制了我省 2003—2007 年高速公路建设计划。凡是列入 2003—2007 年高速公路建设计划的项目,河北省政府批复后视为立项,可以直接做项目工程可行性研究报告。张石高速公路在建设计划之列。

2)前期决策过程

(1)张石高速公路三号地(冀蒙界)至张北段

①国家发展和改革委员会以发改交运字〔2007〕2270 号文批准立项。

②河北省发展和改革委员会以冀发改交通〔2008〕1601 号文批准工程可行性研究报告。

③《张石高速公路三号地(冀蒙界)至张北段公路工程可行性研究报告的请示》(张发

改交运〔2007〕777号)。

④河北省交通运输厅《关于报送〈张石高速公路三号地(冀蒙界)至张北段高速公路初步设计文件和行业审查意见〉的函》(冀交函基〔2009〕203号)。

(2)张石高速公路张北至旧罗家洼段(张北至京藏高速公路太师庄段)

①经河北省人民政府批准,以河北省交通厅、河北省发展计划委员会编制的《河北省2003—2007高速公路建设计划》为立项文件。

②河北省发展和改革委员会以冀发改交通〔2004〕219号文批准工程可行性研究报告。

(二)建设情况

1. 项目准备阶段

1)项目审批

(1)张石高速公路三号地(冀蒙界)至张北段

①河北省发展和改革委员会以冀发改投资〔2009〕1195号批准初步设计,批准概算金额22.739亿元。

②河北省交通运输厅以冀交公〔2010〕264号文、冀交公路〔2010〕453号文、冀交公〔2011〕486号文、冀交公路〔2010〕261号文,批复主体工程、房建、绿化、交通安全设施、机电工程、康保连接线施工图设计。

③国土资源部以国土字函〔2011〕626号文,河北省人民政府冀以政转征函〔2011〕763号文,批准建设用地。

④河北省人民政府办公厅以办字〔2011〕97号文批准收费权及收费年限。

⑤河北省物价局、河北省财政厅以冀价行费〔2011〕36号文批准车辆通行费收费标准。

(2)张石高速公路张北至旧罗家洼段(张北至京藏高速公路太师庄段)

①河北省发改委以冀发改投资〔2004〕555号文批准初步设计,批准概算总投资28.358018亿元(未包括预留的胶泥湾互通立交、匝道收费站和养护工区投资2713.6万元)。

②河北省交通厅公路局以冀交公路字〔2005〕4号文批准主体工程施工图设计,核准预算19.86979804亿元。

③国土资源部以国土资函〔2004〕395号文,河北省人民政府以冀政转征函〔2004〕0682号文,批准建设用地。

④河北省人民政府办公厅以办字〔2006〕81号文批准收费权及收费年限。

⑤河北省物价局、河北省财政厅以冀价行费字〔2006〕37号文批准车辆通行费收费标准。

2) 资金筹措

张石高速公路三号地(冀蒙界)至张北段概算金额为22.739亿元。本工程建设资金实际到位资金23.6亿元。其中:资本金0.6亿元,业主贷款11亿元,张家口市高等级资产管理中心贷款12亿元。

张石高速公路张北至旧罗家洼段概算金额为29.573亿元,到位资金27.98亿元。其中项目资本金5亿元,由国家开发银行河北省分行以软贷款形式解决;商业银行贷款共计22.98亿元。

3) 合同段划分及招投标

(1) 合同段划分

张石高速公路三号地(冀蒙界)至张北段合同段划分(表8-10-2):主线划分8个标段,交通工程5个标段,机电工程1个标段,绿化工程1个标段,设计4个标段,设计监理1个标段,主线监理3个标段,房建监理1个标段,机电监理1个标段。

张石高速公路张北至旧罗家洼段(张北至京藏高速太师庄段)(表8-10-3)主线划分5个标段,交通工程3个标段,房建工程6个标段,绿化工程4个标段,机电工程1个标段。施工监理6个标段。

(2) 招投标

按照国家颁布的《招投标法》和交通部颁布的《公路工程施工招标投标管理办法》《公路工程施工招标资格预审办法》《公路工程施工招标评标办法》的要求,采用合理低价法,由项目法人单位组织招标工作。

①张石高速公路三号地(冀蒙界)至张北段

2009年7月主体工程施工Ⅰ类共有58家、Ⅱ类共有54家单位申请单位通过了资格预审,参加本项目8个合同段的投标,确定8家中标单位。

2012年1月有9家绿化工程施工单位通过资格预审,确定1家中标单位。

2010年11月有49家交通安全设施工程施工单位通过了资格预审,确定5家中标单位。

2010年9月有47家报名并领取了机电工程资格预审文件,参加本项目机电工程的投标,确定1家中标单位。

②张石高速公路张北至旧罗家洼段(张北至京藏高速公路太师庄段)

2004年4月18日有116家土建施工单位通过资格预审,参加本项目土建工程的投标,确定9家中标单位。

张石高速公路三号地(冀蒙界)至张北段合同段划分一览表

表 8-10-2

参建单位	类型	参建单位名称	合同段编号及起讫桩号	标段所在地	主要内容	主要负责人	备注
项目管理单位	业主	张石高速公路张家口管理处	KC-01	张家口	路基、路面、桥涵、防护、交通工程、绿化工程、机电工程	赵铮	
勘察设计单位	主线设计	山西交科公路勘察设计院		张家口	主线设计	周国江	
施工单位	施工主线	北京市公路桥梁建设集团有限公司	L1标：K0+000~K15+000	张北县	路基、路面、桥涵、防护	杨洁	
	施工主线	北京鑫实路桥建设集团有限公司	L2标：K10+000~K15+000	张北县	路基、路面、桥涵、防护	薛江	
	施工主线	北京鑫旺路桥建设有限公司	L3标：K15+000~K19+000	张北县	路基、路面、桥涵、防护	闫国江	
	施工主线	安通建设有限公司	L4标：K19+000~IK29+000	张北县	路基、路面、桥涵、防护	张满汝	
	施工主线	张家口路桥建设集团有限公司	L5标：K29+000~K33+000	张北县	路基、路面、桥涵、防护	张霖	
	施工主线	中际联发交通建设有限公司	L6标：K33+000~K43+000	张北县	路基、路面、桥涵、防护	王满仓	
	施工主线	中星路桥工程有限公司	L7标：K43+000~K47+000	张北县	路基、路面、桥涵、防护	贺淑红	
	施工主线	中国建筑第七工程局有限公司	L8标：K47+000~K58+013	张北县	路基、路面、桥涵、防护	徐阳	

张石高速公路张北至旧罗家洼段(张北至京藏高速公路太师庄段)合同段划分一览表

表 8-10-3

参建单位	类型	参建单位名称	合同段编号及起讫桩号	标段所在地	主要内容	主要负责人	备注
项目管理单位	业主	张石高速公路张家口管理处		张家口	路基、路面、桥涵、防护、交通工程、绿化	张继文程级	
勘察设计单位	设计单位	中交第一公路勘察设计研究院		张家口	路基、路面、桥涵、防护、交通工程、绿化	易春旺	
施工单位	主线工程	黑龙江北琴海路桥工程集团有限公司	L1:K0+780~K19+200	张北县	路基、路面、桥涵、防护	赵立东	
	主线工程	中铁十八局集团第五工程有限公司	L2:K19+200~K28+700	张北县	路基、路面、桥涵、防护	李华军	
	主线工程	秦皇岛路桥建设开发有限公司	L3:K19+200~K39+100	张北县	路基、路面、桥涵、防护	李积奎	
	主线工程	河南省大河筑路有限公司	L4:K39+100~K52+200	万全县	路基、路面、桥涵、防护	詹先运	
	主线工程	吉林省交通建设集团有限公司	L5:K39+100~K59+000	万全县	路基、路面、桥涵、防护	张巍	

2004年6月14日有5家机电工程施工单位通过资格预审,参加本项目机电工程的投标,确定1家中标单位。

2005年11月25日有54家交通安全设施工程施工单位通过资格预审,参加交通安全设施5个合同段的投标,确定了5家中标单位。

2006年1月6日有120家绿化工程单位通过资格预审,参加绿化工程7个合同的投标,确定了7家中标单位。

2005年3月25日有2家房建监理单位通过资格预审,参加本项目房建监理工程的投标,确定了1家中标单位。

2004年4月18日有23家土建监理单位通过资格预审,参加本项目土建监理工程的投标,确定了6家中标单位。

4)参建单位主要情况

(1)建设单位

本项目建设单位是张家口市交通运输局,项目执行机构是张石高速公路张家口管理处。

(2)设计单位、施工单位

①张石高速公路三号地(冀蒙界)至张北段

主体设计单位:山西交科公路勘察设计院。

其余详见表8-10-2。

②张石高速公路张北至旧罗家洼段(张北至京藏高速公路太师庄段)

主体设计单位:中交第一公路勘察设计研究院。

其余详见表8-10-3。

5)征地拆迁

在张石高速公路建设指挥部的统一领导下,沿线各县、乡(镇)政府指挥协调机构负责本辖区内的征地拆迁补偿安置工作(表8-10-4),实行分级负责制,确保上下政令统一。

张石高速公路冀蒙界至京藏高速公路太师庄段征地拆迁统计表　　表8-10-4

高速公路编码	项目名称	征地拆迁安置起止时间	征用土地(亩)	拆迁房屋(m^2)	补偿费用(万元)	备注
G1013	张石高速公路三号地(冀蒙界)至张北段	2009.2~2010.5	4973.1	0	10865.576	
	张石高速公路张北至旧罗家洼段(张北至京藏高速公路太师庄段)	2003.1~2003.12	4848.79	118	9465.63	

2.项目实施阶段

1)施工过程

一期：土建工程开工2004年10月，交工2006年10月。

二期：土建工程开工2010年4月，交工2011年10月。

房建工程开工2010年5月，交工2011年11月。

机电工程开工2011年6月，交工2012年1月。

2）重要变更

（1）张石高速公路三号地（冀蒙界）至张北段

①张石高速公路三号地（冀蒙界）至张北段路面底基层设计变更，批复文件为《河北省交通运输厅关于张石公路三号地（冀蒙界）至张北段高速公路路面底基层设计变更文件的批复》（冀交基〔2010〕694号）。

②张石高速公路三号地（冀蒙界）至张北段张北北互通式立交与西北环连接线路基宽度由18m变更为26m。

③取消九连城互通立交的变更。

④《张家口市发展和改革委员会关于二秦高速公路占用张石高速公路康保连接线线位的情况说明》（张发改交运〔2011〕513号）。

（2）张石高速公路张北至旧罗家洼段（张北至京藏高速公路太师庄段）

增设"张石高速公路野狐岭互通工程"，批复文件为《关于张石公路张北至旧罗家洼段高速公路增设野狐岭互通立交初步设计的批复》（冀发改投资〔2011〕1568号）。

3）重要决策

2006年12月10日，张石高速公路一期工程竣工通车。

4）各项活动

（1）召开"工程质量、安全生产"及"平安工地创建、安全生产"动员大会。

（2）开展"安全生产大检查"活动。

（三）运营养护管理

本段所辖收费站8处（表8-10-5）、服务区3处（表8-10-6），现已全部开通运营。

1.服务设施

张石高速公路冀蒙界至京藏高速公路太师庄段服务设施一览表　　表8-10-5

高速公路编码	服务区名称	桩　　号	所　在　区　域	占地（亩）	建筑面积（m²）
G1013	万全服务区	K42+500	万全县上田村	60.006	5679
	张北服务区	K51+000	张北县马莲滩	60.111	5170.92
	察北服务区	K16+200	察北区	60.111	5406.72

2. 收费设施

张石高速公路冀蒙界至京藏高速公路太师庄段收费设施一览表　　表 8-10-6

收费站名称	桩　　号	入口车道数		出口车道数		收费方式
		总车道	ETC 车道	总车道	ETC 车道	
九连城主线收费站	K1+300			12	2	
察北收费站	K21+915	2	1	3	1	
郝家营收费站	K42+024	2	1	3	1	
张北北收费站	K56+50	2	1	3	1	MTC+ETC
张北南收费站	k9+800	3	1	6	1	
野狐岭收费站	k19+200	4		4		
张家口北收费站	K38+310	3	1	5	1	
张家口南收费站	K53+700	4	1	7	1	

3. 养护管理

本段养护里程 114.7km，养护管理由公开招标确定的承养单位负责（表 8-10-7）。

张石高速公路冀蒙界至京藏高速公路太师庄段养护设施一览表　　表 8-10-7

序　号	养护工区名称	桩　　号	路段长度(km)	占地面积(亩)	建筑面积(m²)
1	察北养护工区	K21+455	50	9	777.5
2	张北南养护工区	K9+825	50	9	1917.43
3	孔家庄养护工区	K53+700	45.638	31	3491.83
4	胶泥湾养护工区	K69+200	30	25	1862

4. 监控设施

张石高速公路全线监控为个别区域重点监控，无全程监控，监控实行二级管理，张家口南总监控中心负责全路段外场及各收费站、隧道群监控总体管理。

5. 交通流量

2006—2016 年张石高速公路冀蒙界至京藏高速公路太师庄段交通量情况如表 8-10-8、图 8-10-2 所示。

张石高速公路冀蒙界至京藏高速公路太师庄段交通量(自然数)发展状况表　　表 8-10-8

年　　份		2006	2007	2008	2009	2010	2011	2012	2013	2014	2015	2016
交通量(辆)	九连城						48966	415229	498729	589530	599900	694700
	察北						37991	281424	324900	452729	561930	416769
	郝家营						8342	82912	105650	153435	257927	254882
	张北北						51676	432635	422671	820554	638817	686032
	张北南	105370	1098174	1609270	1462488	1990250	3245727	2651758	2929703	2988128	3350268	3767913
	野狐玲										348510	784643

续上表

年份		2006	2007	2008	2009	2010	2011	2012	2013	2014	2015	2016
交通量（辆）	张家口北	96124	922949	1345733	1241390	1784076	2207066	1944510	2527740	2951026	2860310	3258317
	张家口南	59059	672007	961676	919667	1394116	1692699	1722069	1762472	1614419	1648636	1894740
	合计	260553	2693130	3916679	3623545	5168442	7292467	7530537	8571865	9569821	10266298	11757996
收费站年平均日交通量（辆/日）		714	7378	10731	9928	14160	19979	20632	23485	26219	28127	32214

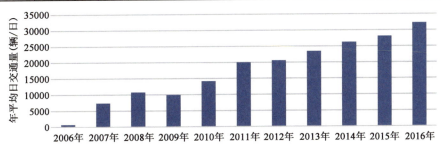

图 8-10-2　张石高速公路冀蒙界至京藏高速公路太师庄段收费站年平均日交通量（自然数）增长柱状图

第十一节　G18（荣成—乌海）河北段（海兴县—涞源县）

G18 荣成至乌海高速公路是国家高速公路网"71118 网"中的"横5"，河北省境内起自海兴县（冀鲁界），止于涞源县（冀晋界），全长 304.754km，2016 年底建成通车 269.84km。沿线途经沧州市的海兴县、黄骅市，廊坊市的霸州市，保定市的雄县、容城县、徐水县、涞源县。荣乌高速公路河北段的建设对拉动区域经济发展具有重要作用，构成山西北部与内蒙古南部地区最便捷的出海通道，在国家和区域路网中居于重要地位。

G18 荣成至乌海高速公路河北境内由四段组成，分别是津汕高速公路冀津界至冀鲁界段、保津高速公路冀津界至徐水段、荣乌高速公路徐水至涞源（冀晋界）段和张石高速公路涞源（张保界）至曲阳（保石界）段（涞源东互通至涞源西互通段）。

（1）津汕高速公路冀津界至冀鲁界段于 2008 年 9 月 30 日建成通车，由沧州市高速公路建设管理局津汕高速公路运营管理处负责运营管理养护，运营里程桩号 K619+387~K688+454.5，全长 69.068km，设计速度 120km/h，双向四车道，路基宽度 28m。

（2）保津高速公路冀津界至徐水段于 1999 年 12 月建成通车，由河北保津高速公路有限公司负责运营、管理、养护，运营里程桩号 K776+945~K881+895，全长 104.95km，设计速度 120km/h，双向四车道，路基宽度 27m。

（3）荣乌高速公路徐水至涞源（冀晋界）段全长 121.736km，其中易县坡仓至涞源西互通在建中，2016 年底已通车 86.822km，由河北省高速公路荣乌管理处负责运营、管理、养护。本项目有四段建成通车,分别为：

商庄枢纽互通至大王店枢纽互通段,该段于2011年12月底建成通车,运营里程桩号K881+000~K906+400,全长25.36km,设计速度120km/h,双向四车道,路基宽度28.0m。

大王店枢纽互通至狼牙山互通段于2015年12月底建成通车,运营里程桩号K906+400~K928+700,全长22.3km,设计速度100km/h,双向四车道,路基宽度26m。

涞源西互通至驿马岭隧道(冀晋界)段于2015年7月底建成通车,运营里程桩号K995+417~K1011+972.951(左线隧道省界),全长16.562km,设计速度100km/h,双向四车道,路基宽度26m。

狼牙山互通至坡仓互通段于2016年6月建成通车,运营里程桩号K928+700~K951+300,全长22.6km,设计速度100km/h,双向四车道,路基宽度26m。

(4)张石高速公路涞源(张保界)至曲阳(保石界)段(涞源东互通至涞源西互通段)为张石高速公路涞源(张保界)至曲阳(保石界)段与荣乌高速公路徐水至涞源(冀晋界)段共线段,起点桩号为K312+000,终点桩号K321+000,路线全长9km,采用双向六车道,设计速度100km/h,路基宽度33.5m。

G18高速公路项目信息见表8-11-1,路线平面示意图见图8-11-1、图8-11-2。

一、津汕高速公路冀津界至冀鲁界段

(一)项目概况

1. 基本情况

1)功能定位

津汕高速公路冀津界至冀鲁界段是国家规划的重点公路G25(长深高速公路)和G18(荣乌高速公路)的重合路段,是河北省公路网建设的重要组成部分,也是东北地区与华东及华南地区联系的重要通道之一,对我省东部地区的经济发展具有重要作用。它的实施对完善国家路网,促进国民经济发展具有重要意义。

2)技术标准

津汕高速公路冀津界至冀鲁界段,设计速度120km/h,按双向四车道设计,路基宽度28m,与天津、山东两省市对接路段及全线互通立交范围内主线按六车道设计,路基宽度34.5m。

3)建设规模

津汕高速公路冀津界至冀鲁界段全线总长69.068km,设特大桥1座,大桥18座,中桥13座,小桥8座,涵洞54道,互通式立交4处,分离式立交21处,天桥13处,通道54处,管理处1处,收费站5处,养护工区1处,服务区2处。

第八章 高速公路建设项目

G18 高速公路项目信息表

表 8-11-1

项目名称	路段起讫桩号		规模（km）		设计速度（km/h）	路基宽度（m）	投资情况（亿元）			资金来源	建设时间（开工～通车）	备注
	起点桩号	讫点桩号	合计	车道数			估算	概算	决算			
津汕高速公路冀津鲁界至冀鲁界段	K619+387	K688+454	69.068	四车道	120	28.0	25.497	33.192	31.025	交通部补助、银行贷款、地方自筹	2004.9～2007.12	
保津高速公路冀津界至徐水段	K776+945	K881+895	104.95		120	27.0		23.77	23.15	省厅拨款、银行贷款	1996.8～1999.12	
荣乌高速公路徐水至涞源（冀晋界）段	K881+040	K906+400	25.360		120	28.0	全线 97.800	全线 102.860		部补助、银行贷款、地方自筹	2010.3～2011.12	
	K906+400	K928+700	22.3		100	26					2013.3～2015.12	
	K995+417	K1011+972.951	16.562		100	26					2010.10～2015.7	
	K928+700	K951+300	22.600		100	26					2013.3～2016.6	
张石高速公路涞源（张家口至石家庄）至曲阳（保石界）段（涞源至涞源西互通段东互通段）	K312+000	K321+000	9	六车道	100	33.5	6.65	6.879		银行贷款、地方自筹	2007.8～2012.12	未通车段桩号 K951+300～K987+129.872

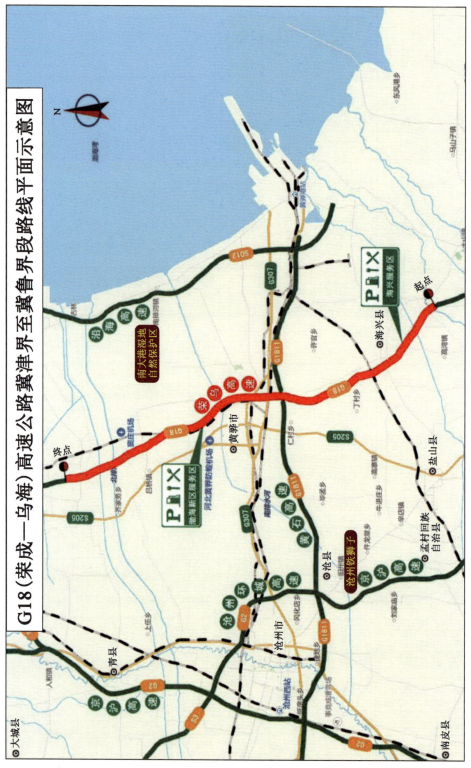

图8-11-1 G18(荣成—乌海)高速公路冀津界至冀鲁界段路线平面示意图

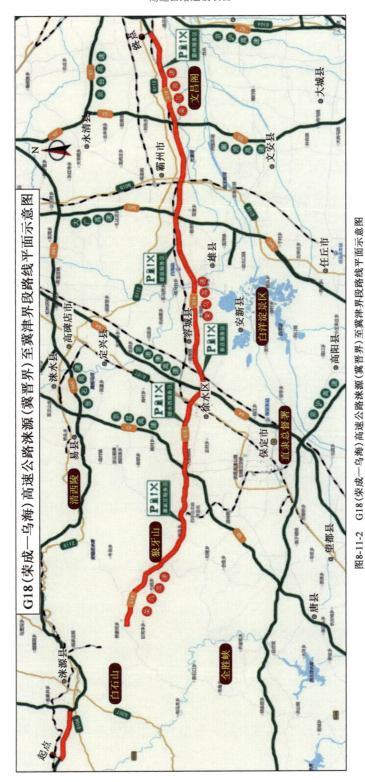

图8-11-2 G18(荣成—乌海)高速公路涞源(冀晋界)至冀津界段路线平面示意图

4）主要控制点

津汕高速公路冀津界至冀鲁界段沿线经过黄骅市（齐家务乡、吕桥乡、羊三木乡、黄骅镇、旧城镇共5个乡镇18个村）、南大港管理区（一分区、二分区共2个分区3个村）、海兴县（赵毛陶乡、苏集镇、辛集镇、张会亭乡共4个乡镇26个村），共计3个县（市），47个村。

5）地形地貌

整个路线所经区域地处海河流域下游，为滨海冲积、海积平原，地表岩性以亚砂土、亚黏土为主，地形平坦，开阔，地势低平，自西南向东北微微倾斜。

6）路面及主要构造物

全线采用沥青混凝土路面。面层4cm AC-13 I 细粒式改性沥青混凝土，6cm AC-20 I 中粒式改性沥青混凝土，8cm AC-25 I 粗粒式密级配沥青混凝土，SBS改性沥青防水层。路面基层为19cm水泥稳定级配碎石，19cm石灰、粉煤灰稳定级配碎石，18cm石灰、粉煤灰稳定土。

主要构造物采用预应力混凝土连续梁、连续钢梁、组合梁和简支梁桥。

7）投资规模

项目概算总金额33.192亿元，竣工决算投资31.025亿元，平均每公里造价4492.01万元。

8）开工及通车、竣工时间

2004年9月20日开工建设，2007年10月25日交工通车，吕桥站至冀鲁界段61.7km土建工程和交安工程交工验收，12月26日联网收费；2008年1月8日，房建工程交工验收；2008年9月29日吕桥以北段7.3km交工验收，2008年9月30日联网收费，全线建成通车。

2. 前期决策情况

1）前期决策背景

项目的建设对带动我省沧州及中南部地区的临港产业和外向性经济的发展，加快我省两环开放带动战略的实施具有十分重要的意义。

2）前期决策过程

（1）2003年3月3日，河北省交通厅以冀交字〔2003〕089号文批准沧州市交通局作为该工程项目业主。

（2）2003年4月23日，河北省发展计划委员会以冀计基础〔2003〕392号文批复了项目建议书，项目正式立项。

（3）沧州市编制委员会以沧机编字〔2003〕21号文批准成立沧州市高速公路建设管理处。

(4)2003年12月5日,河北省交通厅以冀交字〔2003〕674号文批准沧州市高速公路建设管理处为津汕高速公路项目法人。

(5)河北省发展和改革委员会,2003年10月10日以冀发改交通〔2003〕180号文,2004年4月28日以冀发改交通〔2004〕516号文,批复工程可行性研究报告和工可补充报告。

(二)建设情况

1. 项目准备阶段

1)项目审批

(1)2003年3月3日,河北省交通厅以冀交字〔2003〕089号文批准沧州市交通局作为津汕高速公路业主。

(2)2004年6月8日,河北省发改委以冀发改投资〔2004〕643号文批复初步设计;同时顺利完成了环境影响、水资源论证、防洪、地震安全、文物保护、工程安全评价、地质灾害危险性评估等所有相关行业评审审批工作。

(3)2004年8月,国土资源部于以国土资函〔2004〕444号文批复建设用地;同年12月3日,河北省人民政府以冀政转征函字〔2004〕0690号正式批准工程建设用地。

(4)2005年9月16日,河北省交通厅以冀交公路字〔2005〕191号文批复主体工程施工图设计。

(5)2005年11月25日,河北省交通厅以冀交基字〔2005〕511号文正式批复建设项目施工许可。

(6)2012年6月18日,河北省发改委以冀发改投资〔2012〕668号文批复调整初步设计概算。

2)资金筹措

本项目估算总金额25.497亿元。项目资本金8.924亿元,由项目业主筹措和交通部补助,其余建设资金16.573亿元申请银行贷款。

批复的调整后概算总投资33.192亿元,调增投资按原筹资渠道和比例通过银行贷款和建设单位自筹解决。

3)合同段划分及招投标

2004年5月28日,河北省发展和改革委员会对津汕高速公路项目招标方案进行了核准,核准号:2004—0109。

津汕高速公路勘察设计1个合同段,路基桥涵路面、交通安全设施、房建、绿化、机电等工程施工合同段,以及沥青、硅芯管、收费亭、油罐等货物供应或安装合同段共69个,监理合同段共7个,并经河北省交通厅和河北省发展和改革委员会批准,采用公开招标方式选择和确定承包单位。招标组织形式采用委托招标。合同段划分情况见表8-11-2。

（1）设计单位招标情况

2003年12月10日和2004年1月7日先后2次在《河北经济日报》刊登勘察设计招标资格预审公告,报名投标人只有一家单位。沧州市交通局2004年1月13日上报省交通厅《关于津汕高速公路委托勘察设计的请示》（沧交公字〔2004〕4号）,1月15日省交通厅批复同意采用委托方式进行勘察设计工作（冀交基字〔2004〕30号）,1月16日高管局委托河北省交通规划设计院为主办人的联合体承担两阶段勘察设计工作。

（2）施工单位招标情况

2004年4月13日发布招标公告,经过专家评审、媒体公示,确定中标单位。

详见表8-11-2。

4）参建单位主要情况

（1）建设单位

本项目建设单位是沧州市交通运输局,项目执行机构是沧州市高速公路建设管理局（原沧州市高速公路建设管理处,2008年6月12日变更为现名）。

（2）设计单位

初步设计及本项目总体设计:河北省交通规划设计院。

（3）施工单位

详见表8-11-2。

5）征地拆迁

（1）设立专门组织机构

按沧州市高速公路建设指挥部要求,沿线各县、市、区成立了相应的高速公路建设指挥部,由主管交通的县市长任指挥长,负责本市县、市、区段的征迁及建设环境协调。

（2）全线施工段为了保障正常施工,各修路指挥部,分别建立流动法庭和公路派出所,充分利用法律手段解决拆迁过程中存在的争议问题和治安问题。

（3）落实承包责任制

各级政府层层签订责任书,大部分县、市、区都采取"四到位""四现场"的做法,即县、乡、村、户四方到位,现场丈量、现场清点、现场签字、现场盖章。征地拆迁统计见表8-11-3。

第八章 高速公路建设项目

津汕高速公路冀津界至冀鲁界段合同段划分一览表

表8-11-2

参建单位	类型	参建单位名称	合同段编号及起讫桩号	标段所在地	主要内容	主要负责人	备注
项目管理单位		沧州市高速公路建设管理处				李铁强	
勘察设计单位	土建工程设计	河北交通规划设计院			主线土建工程	卫永光	
		沧州交通勘测设计院			主线土建工程		
		德州市水利勘察设计研究院			漳卫新河特大桥护岸固基工程		
		北京中交跨世纪工程技术有限公司			施工图设计审查		
		北京交科公路勘察设计研究院			二阶段勘察设计		
施工单位	土建工程	中铁一局集团第一工程有限公司	K13+545～K15+200		路基土石方、路面、桥梁、涵洞、防护、排水、公路设施及预埋管线等	张春刚	
		中铁十六局集团有限公司	K17+280～K20+700			林秀丽	
		沧州路桥工程公司	K15+200～K17+280				
		辽宁省路桥建设总公司	K20+700～K30+610			邢文斌	
		中铁十八局集团第五工程有限公司	K30+610～K38+700			李世争	
		沧州路桥工程公司	K38+700～K47+959			吴秋正	
		中建七局	K47+595～K58+200			左吉兴	
		中铁十四局集团第二工程有限公司	K58+200～K70+950			梁金宝	
		沧州路桥工程公司	K70+950～K82+613			赵洪普	

津汕高速公路冀津界至冀鲁界段征地拆迁统计表　　　表8-11-3

高速公路编码	项目名称	征地拆迁安置起止时间	征用土地（亩）	拆迁房屋（m²）	拆迁占地费（万元）	备注
G18	津汕高速公路冀津界至冀鲁界段	2004.9~2005.12	7652.12	3474	28772.5	

2. 项目实施阶段

1）施工过程

（1）主体土建标段路基二、四、六、八标段合同工期24个月，路面三、五、七标段合同工期30个月。于2004年9月20日开工，2007年10月25日二至八合同段进行交工验收，2008年9月30日一标段、K15+200~K17+280标段及三标段天津段交工验收。

（2）交通安全设施工程于2006年12月开工，2007年10月25日组织交工验收。

（3）房建工程于2005年11月开工，2008年1月8日组织交工验收。

（4）机电工程于2006年12月开工，2008年7月25日组织交工验收。

（5）绿化工程于2007年10月开工，2010年9月5日组织交工验收。

2）重要决策

（1）2004年9月20日，本工程公路奠基。

（2）河北省副省长付双建参加本工程开工典礼。

3）重大变更

津汕高速建设期间，共发生较大变更3项：软土地基处理方案变更；增设紧急停车带；增设柔性基层路面试验段。

（1）软土地基处理方案变更

津汕高速公路沧州段新霞路分离式立交与漳卫新河大桥之间全长353m为软土路段，原施工图设计除两桥头台背30m范围内采用深层水泥搅拌桩外，其余路段采用超载预压方案。经比选，为保证工程质量和按期完成，采用漳卫新河向北延长8孔35m方案，结构形式与漳卫新河大桥相同；中间剩余75m路段（辛霞路分离式立交桥头K81+875~K81+950）路基统一采用砂垫层+土工格栅+深层水泥土搅拌桩处理。2005年9月12日，河北省交通厅以《关于津汕高速公路沧州段K81+905~K82+228段软土地基处理方案变更的审查意见》（冀交基字〔2005〕409号文）批复该变更。桥梁加长新增费用约2230万元，软土地基处理节约费用718万元，该项变更共增加费用1512万元。

（2）增设紧急停车带

为今后按六车道使用创造条件，在维持路基宽度28m不变的情况下，增设港湾式紧急停车带。距离控制在500m左右，宽度4m，长度为80m（含渐变段），具体加宽方案按不同路基高度进行设计，不新增占地。2006年5月30日，河北省交通厅以《关于津汕公路冀津界至冀鲁界段高速公路增设紧急停车带的审查意见》(冀交基〔2006〕249号文)批复该变更。该变更共增加费用1683.8万元。

(3)增设柔性基层路面试验段

津汕高速公路增设6.78km柔性基层路面试验段,8cm大粒径沥青碎石层面层,底基层18cm二灰土变更为18cm二灰碎石。2006年7月29日,河北省交通厅以《关于津汕公路冀津界至冀鲁界段高速公路增设柔性基层路面试验段的审查意见》(冀交基字〔2006〕337号文)批复该变更。

4)各项活动

(1)抓计划目标控制。在每年开工之初召开的年度工程管理工作会议上,全面部署,并签定责任状,明确奖惩措施。

(2)抓阶段控制重点,开展劳动竞赛活动。

在每一工序开工时和施工高潮期开展"示范性工序和优秀施工段评比活动",在每年年中开展"阶段性奖惩活动",在每年下半年开展"强管理、保质量、促进度、大干100天"活动,以及质量进度劳动竞赛活动。通过这些活动和措施,促进了工程进展。

(三)科技创新

1. 科研课题研究

津汕高速公路建设期间,共计开展科研课题5项。

(1)2007年12月5日通过鉴定的"高等级公路边坡防护及优化技术研究",确定了高等级公路路基边坡防护类型区划,推荐了分区路基边坡综合防护方案。鉴定评价为国际先进,获河北省2008年度科学技术三等奖,河北省交通厅2008年度优秀科技成果一等奖。

(2)2005年4月29日通过鉴定的"基于无线网络的高速公路建设管理信息系统研究",集成了无线局域网、计算机、通信技术等手段,实现了全过程的实时视频监控、项目管理和办公自动化。鉴定评价为国内领先,获河北省交通厅2006年度优秀科技成果三等奖。

(3)2006年7月29日通过评审的"河北省公路网交通量预测技术",提高了OD基础数据的准确性和实时性。鉴定评价为国际先进。

(4)2006年9月23日通过评审的"河北省公路发展战略环境影响评价指标体系的研究",构建了环境影响评价的基本指标体系。鉴定评价为国内领先。

(5)2007年7月28日通过鉴定的"沥青路面施工质量动态管理系统",提出了拌和设备和摊铺温度实时动态监测管理模式。

2. 专项研究

(1)基于津汕高速公路所处自然条件,为选用适合本地生长的耐盐植物,提高成活率,开展了"津汕高速公路绿化工程优化研究"。

（2）新材料、新技术应用。

在津汕高速公路建设过程中，立足于推广应用新技术、新工艺、新材料，积极组织技术力量解决技术难题。

为解决路基填土CBR值不够的问题，对这部分填土进行了掺灰或掺电石灰处理，强化了路基强度，为提高路面工程的质量提供了先决条件。

电石灰是以化工城闻名的沧州市化工产业在生产过程中的副产品，属于工业废渣。由于连年积累，其数量已经达到相当大的程度，不但占用大量耕地，还造成很大的污染，曾经是沧州的另类"风景"。利用电石灰的有效钙镁含量，代替石灰与土拌和做路基的稳定材料，是连续几年的科研课题。"电石灰稳定土施工工法"成功入选人民交通出版社出版的《公路工程工法汇编》，在津汕高速公路中大量应用，既达到路基土改良的效果，又降低了工程造价。同期建设的沧州至黄骅港高速公路、保定至沧州高速在观摩了本项目的做法后，也采取了相同的措施。三条高速公路的使用，消除了电石灰的污染隐患，成功移走堵住沧州南入市口的50多万立方米"电石灰山"，受到全市人民的交口称赞。

（四）运营养护管理

1. 服务设施

全线设有渤海新区和海兴2个服务区（表8-11-4），经营方式为承包经营。

津汕高速公路冀津界至冀鲁界段服务设施一览表　　　　表8-11-4

高速公路编码	服务区名称	桩　号	所 在 区 域	占地面积（亩）	建筑面积（m²）
G18	渤海新区服务区	K669+000	渤海新区南大港管理区	150.0075	6009
	海兴服务区	K626+485	海兴县	150.0075	6061

2. 收费设施

本项目共设置收费站5处（表8-11-5）。

津汕高速公路冀津界至冀鲁界段收费设施一览表　　　　表8-11-5

| 收费站名称 | 桩　号 | 入口车道数 | | 出口车道数 | | 收 费 方 式 |
		总车道数	其中ETC车道	总车道数	其中ETC车道	
冀津界主线收费站	K683+250	27	1	21	1	MTC+ETC
冀鲁界主线收费站	K626+250	15	1	14	1	
吕桥收费站	K680+299	3	1	3	1	
黄骅北收费站	K662+454.55	3	1	5	1	
海兴收费站	K631+740	3	1	5	1	

3. 养护管理

本项目养护里程69.068km,设置1处养护工区(表8-11-6)。

津汕高速公路冀津界至冀鲁界段养护设施一览表　　　　表8-11-6

养护工区名称	桩　号	路段长度(km)	占地面积(亩)	建筑面积(m²)
黄骅北养护工区	K662+454.55	69.068	35	2006

4. 监控设施

本项目设置黄骅北监控中心,负责全线的运营监管,因场地原因暂时与黄骅北收费站监控室合署办公(表8-11-7)。

津汕高速公路冀津界至冀鲁界段监控设施一览表　　　　表8-11-7

监控设施名称	桩　号	占地面积(亩)	建筑面积(m²)
黄骅北监控中心	K662+454.55	监控中心暂时与黄骅北收费站监控室合用场地	

5. 交通流量

津汕高速公路冀津界至冀鲁界段交通量情况如表8-11-8、图8-11-3所示。

津汕高速公路冀津界至冀鲁界段交通量(自然数)发展状况表　　　　表8-11-8

	年　份	2008	2009	2010	2011	2012	2013	2014	2015	2016
交通量(辆)	海兴主线站	2423202	4952225	4893919	6826052	7277382	8085330	7987051	9611860	10060509
	海兴站	697139	805972	1084462	1378496	1312630	1368647	1505160	1773417	1980099
	黄骅北站	392026	530251	981630	1189821	1062204	1188074	1203799	1172141	1318302
	吕桥站	590602	661055	978624	938066	638611	562537	595566	715079	688315
	黄骅北主线站	522863	4852902	7305005	7877665	6732118	6069529	6055243	7973628	8747224
	合计	4625832	11802405	15243640	18210100	17022945	17274117	17346819	21246125	22794449
收费站年平均日交通量(辆/日)		12674	32335	41763	49891	46638	47326	47526	58209	62451

二、保津高速公路冀津界至徐水段

(一)项目概况

1. 基本情况

1)功能定位

保津高速公路是连接天津、河北的重要通道,对加强河北与天津地区的经济文化交流

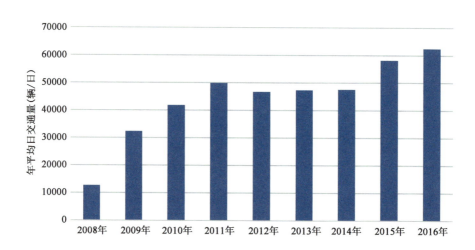

图 8-11-3　津汕高速公路冀津界至冀鲁界段收费站年平均日交通量（自然数）增长柱状图

有十分重要的意义。保津高速公路建成通车之日，是我省高速公路通车里程突破千公里大关之时，是河北省高速公路建设的一个里程碑。

2）技术标准

设计路基宽度27m。为全封闭、全立交、双向四车道高速公路，设计速度120km/h。

3）建设规模

起点桩号K776+945，讫点桩号K881+895，全长104.95km，特大桥2座，大桥8座，中桥17座，小桥50座，涵洞50道，互通立交7处，分离式立交27处，跨线桥2处，通道160处；服务区3个，收费站7个，养护工区2个，监控中心1个。

4）主要控制点

河北保津高速公路西起徐水，经容城、雄县、霸州、安次入天津。

5）地形地貌

项目属平原地貌，多为亚砂土、亚黏土、粉砂亚砂土，地势西高东低。

6）路基路面及主要构造物

路线位于冲洪积平原。项目在软土路基处理中应用了一些新技术和新材料，以及克服高速公路路面早期通病，提高路面热稳定性，提高路面承载力，延长路面使用寿命上。主要采用了两种路面结构：

路面结构一：上面层4cm SMA-16；中面层5cm AC-30Ⅰ；下面层6cm AC-30Ⅱ。

路面结构二：上面层4cm AC-16，SBS改性70号沥青；中面层5cm AC-25Ⅰ；下面层6cm AC-30Ⅱ。

主要构造物采用钢筋混凝土连续梁桥和简支梁桥。

7）投资规模

初步设计概算总投资23.77亿元，竣工财务决算总投资23.15亿元，平均每公里造价

2205.81万元。

8）开工及通车时间

1996年8月开工建设，1999年12月全线通车。

2. 前期决策情况

本段高速建设项目研究工作始于1990年，河北省交通规划设计院开始该项目可行性研究报告的编制工作。

1996年3月和9月，河北省计划委员会分别以冀计交〔1996〕245、891、890号3个文件，批准了保津高速公路的可行性研究报告。

（二）建设情况

1. 项目准备阶段

1）项目审批

该项目严格执行了交通基本建设程序，各个环节手续齐全，具体如下：

（1）1998年河北省计划委员会以冀计投〔1998〕1173、1174号文，批复了保津高速公路工程初步设计。

（2）1999年河北省计划委员会以冀计投〔1999〕1263号文，批复了保津高速公路沿线房建初步设计。

2）资金筹措

本项目初步设计概算总投资23.77亿元，竣工财务决算总投资23.15亿元，投资节约0.6亿元，平均每公里造价2205.81万元。

3）合同段划分及招投标

根据各专业的工程内容，标段划分详见表8-11-9～表8-11-11。

4）参建单位主要情况

（1）建设单位

本项目建设单位是河北省交通厅，项目执行机构是河北省保津高速公路管理处。

（2）设计单位

①土建工程设计单位：河北省交通规划设计院和交通部北京勘察设计所，总体设计负责单位为河北省交通规划设计院。

②房建工程设计单位：河北省交通规划设计院。

③交通工程设计单位：河北省交通规划设计院。

（3）施工单位

详见表8-11-9～表8-11-11。

保津高速公路冀津界至徐水段（一期）合同段划分一览表

表 8-11-9

参建单位	类　型	参建单位名称	合同段编号及起讫桩号	主要内容	主要负责人	备注
项目管理单位	管理处	河北省保津高速公路管理处	K776+945～K881+895			
勘察设计单位	土建工程设计	交通部北京勘察设计所	K851+678～K881+895	主线土建工程		
		河北省交通规划设计院	K776+945～K851+678	主线土建工程	王运芳	
施工单位	土建工程	河北省交通厅公路工程局	K881+895～K879+095	路基桥涵		
		承德路桥建设总公司	K879+095～K875+895	路基桥涵		
		石家庄路桥建设总公司	K875+895～K874+895	路基桥涵		
		武警交通第二总队	K874+895～K871+895	路基桥涵		
		铁道部第十四工程局	K871+895～K868+895	路基桥涵		
		保定市公路工程处	K868+895～K865+895	路基桥涵		
		交通部一局二公司	K865+895～K864+295	路基桥涵		
		深圳建设土石方公司	K864+295～K861+295	路基桥涵		
		石家庄市公路管理处	K861+295～K858+805	路基桥涵		
		航空港第十工程总队	K858+805～K855+095	路基桥涵		
		河北省交通厅公路工程局	K855+095～K852+895	路基桥涵		
		北京城建总公司	K852+895～K851+895	路基桥涵		
		河北省交通厅公路工程局	K881+895～K851+678	路面		

第八章 高速公路建设项目

保津高速公路冀津界至徐水段(二期)合同段划分一览表

表 8-11-10

参建单位	类型	参建单位名称	合同段编号及起讫桩号	主要内容	主要负责人	备注
项目管理单位	管理处	河北省保津高速公路管理处				
勘察设计单位	土建工程设计	交通部北京勘察设计所	K851+678~K881+895	主线土建工程		
		河北省交通规划设计院	K776+945~K851+678	主线土建工程	王运芳	
施工单位	土建工程	铁道部第十四工程局	K851+678~K848+136	路基桥涵		
		河北省交通厅公路工程局	K848+136~K846+380	路基桥涵		
		河北省交通厅公路工程局	K846+380~K839+395	路基桥涵		
		唐市政建设公司	K895+395~K833+395	路基桥涵		
		深圳建设土石方公司	K833+395~K826+112	路面		
		河北省交通厅公路工程局	K851+678~K839+395	路面		
		保定市公路工程处	K839+395~K826+112			

保津高速公路冀津界至徐水段（三期）合同段划分一览表

表 8-11-11

参建单位	类型		参建单位名称	合同段编号及起讫桩号	主要内容	主要负责人	备注
项目管理单位	管理处		河北省保津高速公路管理处				
勘察设计单位	土建工程设计		交通部北京勘察设计所		主线土建工程		
			河北省交通规划设计院		主线土建工程	赵彦东	
施工单位	土建工程		承德路桥建设总公司	K826+112～K839+895	路基桥涵		
			河北省交通厅公路工程局		特大桥		
			铁道部第三工程局	K963+895～K819+895	特大桥		
			河北省交通厅公路工程局		特大桥		
			唐山公路工程总公司	K819+895～K814+395	路基桥涵		
			交通部一公局二公司	K814+395～K808+695	路基桥涵		
			武警总队七支队	K808+695～K802+395	路基桥涵		
			派力工程有限公司	802+395～K796+795	路基桥涵		
			石家庄市公路工程处	K796+795～K791+095	路基桥涵		
			廊坊市公路工程处	K791+095～K786+795	路基桥涵		
			航空港第十工程总队	K786+795～K781+895	路基桥涵		
			保定市公路工程处	K781+895～K776+945	路基桥涵		
			交通部一公局一公司	K826+112～K808+695	路面		
			天津市政五公司	K808+695～K791+095	路面		
			廊坊市公路工程处	K791+095～K776+945	路面		

5）征地拆迁

设立专门组织机构,按三级管理体系设置安置办公室,加强各级政府对征地工作的领导和监督,形成完善的拆迁工作体系,使征地拆迁工作层层有人管、层层有人抓(表8-11-12)。

保津高速公路冀津界至徐水段征地拆迁统计表　　　表8-11-12

高速公路编码	项 目 名 称	征地拆迁安置起止时间	征用土地(亩)	拆迁房屋（m²）	拆迁占地费（万元）	备注
G18	保津高速公路冀津界至徐水段	1995.7~1997.7	12748	2872	24723.78	

2．项目实施阶段

1）施工过程

土建工程于1996年3月18日在徐水立交举行一期工程开工典礼。1999年12月18日全线开通典礼在霸州站举行。

2）重要决策

（1）1996年3月18日,保津高速公路在徐水立交举行一期工程开工典礼。

（2）1999年12月18日,河北省高速公路突破千公里暨保津高速公路全线开通典礼,在霸州站隆重举行。河北省省长钮茂生、副省长何少存,交通部副部长李居昌、河北省政协副主席赵燕、河北省交通厅厅长幺金铎及保定市、廊坊市有关部门领导和沿线地方各级政府部分同志出席典礼仪式。

保津高速公路冀津界至徐水段建设生产要素统计见表8-11-13。

保津高速公路冀津界至徐水段建设生产要素统计表　　　表8-11-13

路线编号	建 设 时 间	钢材(t)	沥青(t)	水泥(t)	砂石料(m³)	机械工(工日)	机械(台班)
G18	1996.8~1999.12	46876	66882	469257	162152	1157735	875683

3）各项活动

1998年3月30日,建设管理处召开关于开展1998年社会主义劳动竞赛的大会,要求各施工单位比质量比进度,为保津路建设做贡献。

1998年8月19日,保津高速公路"大干一百天,再谱新篇章"动员大会在霸州召开。

1999年6月21日,管理处召开保津路三期路面工程质量年竞赛活动总结表彰大会。

(三)复杂技术工程

保津高速公路在建设过程中,为克服当时高速公路早期病害的通病,提高柔性路面热稳定性,采用了国际领先水平的沥青玛蹄脂碎石(SMA)新技术,1997年9月至1999年共铺筑SMA路面单幅计79.16km。为提高沥青路面技术指标,保津路还在沥青路面中面层和上面层采用了PE和SBS复合改性沥青,以提高路面承载能力,延长路面使用寿命。

(四)科技创新

保津管理处在项目管理创新、技术创新、技术推广上实现了新的突破,体现在复合路面技术和治理软基道路病害研究等科研项目实施上。2007年4月,依据"复合路面技术治理软基道路病害研究"项目组的工作,在复合性路面试验段的基础上,把研究成果全面应用于长46km的保津高速公路维修建设中,对指导保津高速处理软基病害的工程起到了基础性的作用,主要有以下几个方面:

(1)制定了一套完善的保津高速公路复合性路面治理软基病害技术方案,大大加快了施工进度,保证了施工质量。

(2)挖除沥青面层及部分基层,使用抗裂贴粘贴新老路面接缝,采用24cm的C20水泥混凝土下面层+15cm的沥青混凝土上面层处理措施,取得了显著的治理效果。

(3)该项目研究成果在保津高速维修上的大量应用,相比其他处治技术,平均每年每平方米节约98.5元,全幅每年则节约近8000万元。

(4)该项目研究成果的成功应用,显示该项成果具有创新性、成熟性和经济性。

创新性:采用复合性路面处置软基路面病害技术在国内尚属首次,取得了显著效果,具有创新性。

(五)运营养护管理

1.服务设施

全线设置崔庄、雄县、霸州3处服务区(表8-11-14)。

保津高速公路冀津界至徐水段服务设施一览表　　　　表8-11-14

高速公路编码	服务区名称	桩号	所在区域	占地(亩)	建筑面积(m²)
G18	崔庄服务区	K878+547	徐水县崔庄乡	50	6933
	雄县服务区	K838+946	雄县大营乡	208	13081
	霸州服务区	K788+395	霸州市东段乡	170	12952

2. 收费设施

本项目共设置收费站7处。匝道出入口数量截至2015年底共计85条,其中ETC车道17条(表8-11-15)。

保津高速公路冀津界至徐水段收费设施一览表 表8-11-15

收费站名称	桩　号	入口车道数		出口车道数		收费方式
		总车道	ETC车道	总车道	ETC车道	
容城	K865+245	3	1	5	1	MTC+ETC
雄县	K849+545	8	2	8	2	
雄县东	K833+895	3	1	4	1	
霸州	K820+247	4	1	8	1	
胜芳	K789+998	5	1	9	1	
杨芬港	K779+178	2	1	2	1	
冀津界	K777+895	12	1	12	2	

3. 养护管理

本项目养护里程104.95km,设置容城、霸州2处养护工区(表8-11-16)。

保津高速公路冀津界至徐水段养护设施一览表 表8-11-16

养护工区名称	桩　号	路段长度(km)	占地面积(亩)	建筑面积(m²)
容城工区	K865+245	51.024	48.48	2033
霸州工区	K820+247	53.926	42.11	1711

4. 监控设施

本项目设置保定监控中心,负责全线运营监管(表8-11-17)。

保津高速公路冀津界至徐水段监控设施一览表 表8-11-17

监控设施名称	桩　号	占地面积(亩)	建筑面积(m²)
保定监控中心	保定市区	0.15	97.2

5. 交通流量

保津高速公路冀津界至徐水段交通量情况如表8-11-18、图8-11-4所示。

保津高速公路冀津界至徐水段交通量(自然数)发展状况表 8-11-18

站　点	2004年	2005年	2006年	2007年	2008年	2009年	2010年
容城站	703123	731872	1201095	1412105	1440680	1748927	2067541
雄县站	538073	540534	911231	1148758	1387494	1801521	2335924

续上表

站 点	2004年	2005年	2006年	2007年	2008年	2009年	2010年
雄县东站	545263	597848	649548	744962	858303	1359110	2678446
霸州站	1192895	1146744	1525293	1925586	2396023	3223832	5879712
胜芳站	946588	805393	1038503	1372123	1677996	2395725	3998896
杨芬港站	309140	285619	178740	198926	219745	252548	448193
冀津站	3448537	3506356	3517479	4197429	5215107	5704342	6341213
合计	7683619	7614366	9021889	10999889	13195348	16486005	23749925
收费站年平均日交通量（辆/日）	21051	20861	24718	30137	36152	45167	65068

站 点	2011年	2012年	2013年	2014年	2015年	2016年
容城站	2427985	2794289	3432326	3626739	4362756	4286613
雄县站	2776234	3191289	3462486	3871769	4333449	4400325
雄县东站	2097456	2401692	2563744	1948563	2758284	2878733
霸州站	4404880	3327518	3372720	3612219	3799744	4119002
胜芳站	3765731	2974742	2878880	2738591	2760358	3405995
杨芬港站	409863	476438	725412	555676	543078	615266
冀津站	6562356	6973399	7506571	7436302	8290972	8936988
合计	22444505	22139367	23942139	23789859	26848641	28642922
收费站年平均日交通量（辆/日）	61492	60656	65595	65178	73558	78474

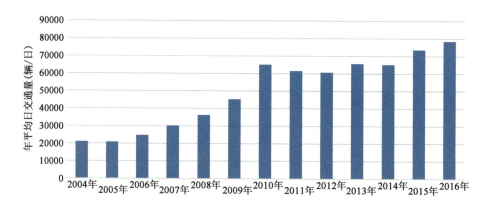

图 8-11-4 保津高速公路冀津界至徐水段收费站年平均日交通量（自然数）增长柱状图

三、荣乌高速公路徐水至涞源(冀晋界)段

(一)项目概况

1. 基本情况

1)功能定位

G18 荣成至乌海高速公路河北徐水至涞源(冀晋界)段项目,是国家高速公路网规划网"71118 网"中"18 横"的第 4 条东西横向线的重要组成部分,是河北省高速公路网布局规划(2020 年)"五纵六横七条线"主骨架中的"横三""纵五"和"线三"的组成部分,是保定市高速公路网布局规划"三纵三横"中的第二横,其中商庄枢纽互通至大王店枢纽互通段也是保定市高速公路外环的北外环。

本项目的建设对完善国家路网,构建河北省高速公路网具有重要作用。项目建成后可改善西北、华北、东北三大经济区的运输环境,充分发挥路网的整体效益,将使东部环渤海区域与中西部地区的联系更加紧密,有效促进区域经济的协调发展。

2)技术标准

全线采用双向四车道高速公路标准建设,路线起点至大王店互通立交段 25.36km,设计速度 120km/h,路基宽度 28m;大王店互通至终点段,设计速度 100km/h,路基宽度 26m。

3)建设规模

通车里程 86.822km。其中:特大桥 1 座,大桥 61 座,中桥 19 座,小桥 1 座,涵洞 74 道,桥梁长度占路线总长度的 23.21%;互通式立交 8 处(其中服务型互通 5 处,枢纽型互通 3 处);分离式立交 12 座,通道 70 道,天桥 3 座;主线收费站 1 处,匝道收费站 5 处;监控分中心 1 处,养护工区 3 处,服务区 3 处,停车区 2 处,管理、养护、服务、监控房屋建筑面积 34880.04m²。

4)主要控制点

京港澳高速公路、保津高速公路、津保北线(S333)、国道 107、京广铁路、设计中的保津铁路、京昆高速公路、南水北调总干渠、省道 S232 线、省道 S237 线、省道 241 线、坡仓互通、黄土岭长城及黄土岭战役遗址群、司格庄服务区、营尔岭隧道进口及沿线众多尾矿、涞源县的张石高速共线段、冀晋省界处驿马岭隧道(终点)等。

5)地形地貌

项目区地形地貌复杂,河谷发育,沟壑纵横,地形切割剧烈,路线走廊带跨越地貌单元较多。路线经过地区大的地貌单元分为华北平原区和太行山山地,地势总体东南低,西北高。路线走廊带最高点位于涞源县白石山,海拔 2018m,最低点位于徐水县,海拔 11m,最大相对高差 2007m,一般相对高差 50~200m。

6）路面结构及主要构造物

路面结构根据重载交通特点，采用了左右半幅不同厚度的路面结构。山西往河北方向路面结构总厚度 82cm，河北往山西方向路面结构总厚度 72cm。

路线左半幅（山西往河北方向），4cm AC-13C SBS 改性沥青混凝土，6cm AC-20C 中粒式改性沥青混凝土，12cm ATB-30 沥青稳定碎石，乳化沥青封层，40cm 水泥稳定级配碎石基层，20cm 级配碎石底基层。

路线右半幅（河北往山西方向），4cm AC-13C SBS 改性沥青混凝土，6cm AC-20C 中粒式改性沥青混凝土，8cm ATB-30 沥青稳定碎石，乳化沥青封层，36cm 水泥稳定级配碎石基层，18cm 级配碎石底基层。

主要构造物采用连续梁桥和组合梁桥。

7）投资规模

项目概算投资 102.86 亿元，平均每公里造价 8449.43 万元。

8）开工及建设、通车时间

商庄枢纽互通至大王店枢纽互通段 2010 年 3 月开工建设，2011 年 12 月交工通车；大王店枢纽互通至狼牙山互通段 2013 年 3 月开工建设，2015 年 12 月交工通车；涞源西互通至驿马岭隧道（冀晋界）段 2010 年 10 月开工建设，2015 年 7 月交工通车；狼牙山互通至坡仓互通段 2013 年 3 月开工建设，2016 年 6 月交工通车；其余段落正在紧张施工中。

2. 前期决策情况

1）前期决策背景

荣成至乌海高速公路是国家规划的国家高速公路网的第四横，它由东至西横贯山东、河北、天津、山西、内蒙古 5 个省、自治区、直辖市，是我国北部地区东西向主通道，是西北部地区通往环渤海湾地区的出海通道之一。本项目位于河北省保定市西北部，是河北省高速公路网中横三、纵五和线三的一部分，也是保定地区的重要运输通道。

2）前期决策过程

河北省交通厅公路管理局于 2006 年 3 月 21 日，以冀交规〔2006〕111 号文，下达了《关于荣乌高速公路徐水至涞源段项目业主的批复》，中交第二公路勘察设计研究院有限公司于 2006 年 11 月完成该项目预可行性研究报告的编制工作。

（1）2009 年 7 月 20 日，国家发改委以《关于荣乌高速公路徐水至涞源段项目业主的批复》（发改基础〔2009〕1766 号）批复了可行性研究报告。

（2）2010 年 1 月 11 日，交通运输部以《关于徐水至涞源（冀晋界）初步设计的批复》（交公发〔2010〕28 号）对项目的初步设计进行了批复。

(二)建设情况

1. 项目准备阶段

1)项目审批

(1)2008年4月24日,环境保护部以《关于荣成—乌海高速公路河北徐水至涞源(冀晋界)段环境影响报告书的批复》(环审〔2008〕259号)批复了环境影响报告。

(2)2011年5月20日,河北省交通运输厅以《关于徐水至涞源(冀晋界)公路主体工程、安全设施、环保绿化工程两阶段施工图设计的批复》(冀交公〔2011〕319号)批复了两阶段施工图设计。

(3)2011年11月1日,河北省交通运输厅以《关于荣乌高速公路河北徐水至涞源段徐水商庄互通至大王店互通机电工程施工图联合设计文件的批复》(冀交公〔2011〕825号)批复了本项目机电施工图联合设计。

(4)2011年11月29日,河北省交通运输厅以《关于荣乌高速公路徐水至涞源(冀晋界)段房建工程两阶段施工图设计的批复》(冀交公〔2011〕1004号)批复了房建工程施工图设计。

(5)2011年12月3日,国土资源部以《关于荣成至乌海高速公路徐水至涞源(冀晋界)段工程建设用地的批复》(国土资函〔2011〕905号)批复了项目用地。

(6)2012年4月13日,交通运输部同意本项目开工建设。

2)资金筹措

本项目估算总投资888860万元,项目建设资本金311101万元(占总投资的35%),项目资本金的一半由河北省交通运输厅申请交通运输部补助和利用国家开发银行软贷款解决,另一半由保定市政府筹集解决。

3)合同段划分及招投标

(1)合同段划分

根据各专业的工程内容,标段划分如表8-11-19所示。

①主线土建、交通、绿化、机电、房建工程设计单位为中交第二公路勘察设计研究院有限公司。连接线工程设计单位为保定市保通公路勘测设计有限责任公司。

②施工标段划分:土建工程26个标段,房建工程8个标段,机电工程6个标段,交通安全设施工程9个标段,绿化工程3个标段,环保工程1个标段。

③施工监理标段划分:商庄枢纽互通至大王店枢纽互通段设置2个监理办公室,2个房建监理办公室;其余段设置1个总监办公室,下辖8个驻地监理办公室,2个房建驻地监理办公室。全线设置1个机电工程监理办公室,负责全线的机电工程施工监理。

表 8-11-19 荣乌高速公路徐水至易县（坡仓）段、涞源西互通至冀晋界段合同段划分一览表

参建单位	类型	参建单位名称	合同段编号及起讫桩号	标段所在地	主要内容	主要负责人	备注
项目管理单位		河北高速公路荣乌管理处	—	—	—	吴勇任	
勘察设计单位	主线勘察设计	中交第二公路勘察设计研究院有限公司	RWSJ-1	—	主线勘测设计（包含房建、绿化、交安、机电）	于大涛	
	连接线勘察设计	保定市保通公路勘测设计有限责任公司	RWSJ-2	—	连接线勘测设计	李跃英	
施工单位	路基工程	华通路桥集团有限公司	LJSG-1：K881+950.000～K882+855.821	徐水县安肃镇	路基、桥涵工程	张国良	
		中交第二公路工程局有限公司	LJSG-2：K882+855.821～K886+515.821	徐水县安肃镇、高林村镇	路基、桥涵工程	云新隽	
		中铁十四局集团有限公司	LJSG-3：K886+515.821～K888+306.813	徐水县安肃镇、高林村镇	路基、桥涵工程	岳耀明	
		河北汇通路桥建设有限公司	LJSG-4：K888+306.813～K895+706.813	徐水县安肃镇、高林村镇、遂城镇	路基、桥涵工程	金万军	
		保定申成路桥有限责任公司	LJSG-5：K895+706.813～K908+375.348	徐水县遂城镇、大王店镇	路基、桥涵工程	徐胜利	
		河北建设集团有限公司	LJSG-6：K995+414.668～K1006+456.935	涞源县北石佛乡	路基、桥涵工程	张嘉辉	
		保定申城路桥有限责任公司	LJSG-7：K1006+456.935～K1011+970.721	涞源县北石佛乡	路基、桥涵、隧道工程	徐胜利	
		中交第二公路第六工程有限公司	LJSG-8：K908+375.348～K916+492.813	徐水县大王店镇、义联庄乡	路基、桥涵工程	蔡瑞	
		汇通路桥建设集团有限公司	LJSG-9：K916+492.813～K923+699.881	满城县白龙乡、易县独乐乡	路基、桥涵、隧道工程	金万军	

第八章 高速公路建设项目

续上表

参建单位	类型	参建单位名称	合同段编号及起讫桩号	标段所在地	主要内容	主要负责人	备注
施工单位	路基工程	浙江八咏公路工程有限公司	LJSG-10:K923+699.881~K929+899.881	易县独乐乡	路基、桥涵工程	朱翼麟	
		河北燕峰路桥建设集团有限公司	LJSG-11:K929+899.881~K937+699.881	易县管头镇	路基、桥涵工程	刘林华	
		中星路桥工程有限公司	LJSG-12:K937+699.881~K941+559.881	易县管头镇	路基、桥涵、隧道工程	王国正	
		河北交建集团有限公司	LJSG-13:K941+559.881~K946+261.506	易县管头镇、坡仓乡	路基、桥涵、隧道工程	胡海	
		湖南省永州公路桥梁建设有限公司	LJSG-14:K946+261.506~K952+561.506	易县坡仓乡	路基、桥涵工程	唐恩文	
		中铁十一局集团第三工程有限公司	LJSG-15:K952+561.506~K957+491.506	易县坡仓乡、桥家河乡	路基、桥涵工程	胡大堂	
		中国铁建大桥工程局集团有限公司	LJSG-16:K957+491.506~K961+601.506	易县桥家河乡	路基、桥涵、隧道工程	刘战辉	
		青岛公路建设集团有限公司	LJSG-17:K961+601.506~K966+461.506	易县桥家河乡、涞源县银坊镇	路基、桥涵工程	王云江	
		中铁隧道集团二处有限公司	LJSG-18:K966+461.506~K970+861.506	涞源县银坊镇	路基、桥涵工程	江正清	
		中交一公局第三工程有限公司	LJSG-19:K970+861.506~K974+561.506	涞源县银坊镇	路基、桥涵工程	刘宝珊	
		中交一公局海威工程有限公司	LJSG-20:K974+561.506~K977+581.506	涞源县银坊镇	路基、桥涵工程	张卫强	
		中交第一公路工程有限公司	LJSG-21:K977+581.506~K987+129.842	涞源县南屯乡	路基、桥涵、隧道工程	孙树光	
	路面工程	保定申成路桥有限责任公司	LMSG-1:K881+950.000~K908+375.348	徐水县安肃镇、高林村镇、遂城镇、大王店镇	路面工程	张国新	
		河南中州路桥建设有限公司	LMSG-2:K995+414.668~K1011+972.929	涞源县北石佛乡	路面工程	袁红东	
		中交四公局第一工程有限公司	LMSG-3:K908+375.348~K923+699.881	徐水县大王店镇、义联庄乡,满城县白龙乡,易县独乐乡	路面工程	崔胜利	
		云南云桥建设股份有限公司	LMSG-4:K923+699.881~K937+699.881	易县独乐乡、管头镇	路面工程	陈加伟	
		沈阳高等级公路建设总公司	LMSG-5:K937+699.881~K952+561.506	易县管头镇、坡仓乡	路面工程	丛德民	

(2)招投标

按照国家颁布的《招投标法》和交通部颁布的《公路工程施工招标投标管理办法》《公路工程施工招标资格预审办法》《公路工程施工招标评标办法》的要求,由项目法人单位组织招标工作。

①2009年11月有48家土建工程施工单位通过路基施工资格预审,参加本项目主线土建工程5个合同段的投标。2010年2月在石家庄公开开标,采用合理低价法评审方式。由交通运输部专家库专家和业主代表组成评标委员会评审出5家中标单位。

②2010年8月有5家土建单位通过路面施工资格预审,参加1个路面合同的施工投标。2010年10月在石家庄开标,采用合理低价法评审方式。由交通运输部专家库专家和业主代表组成评标委员会评审出1家中标单位。

③2010年10月有10家房建工程施工单位通过资格预审,参加本项目房建工程2个合同的投标。2010年11月在石家庄公开开标,采用合理低价法评审方式,由河北省统一评标专家库专家和业主代表组成评标委员会评审出确定了2家中标单位。

④2011年3月有4家机电工程施工单位4参加本项目机电工程1个合同的投标。采用资格后审,合理低价法双信封形式。由交通运输部专家库专家和业主代表组成评标委员会评审出1家中标单位。

⑤2011年3月有5家交通安全设施工程施工单位通过资格预审,参加交通安全设施1个合同段的投标。2005年5月石家庄公开开标,由河北省统一评标专家库专家和业主代表组成评标委员会评审出确定了1家中标单位。

⑥2011年11月有65家绿化工程单位通过资格预审,参加绿化工程2个合同的投标。2012年1月在石家庄公开开标,由河北省统一评标专家库专家和业主代表组成评标委员会评审出确定了2家中标单位。

4)参建单位主要情况

(1)建设单位

本项目建设单位是河北省高速公路管理局,项目执行机构是河北省高速公路荣乌管理处。

(2)设计单位

详见表8-11-19。

(3)施工单位

详见表8-11-19。

5)征地拆迁

(1)工作及范围(表8-11-20)

沿线经过徐水县(高林村镇、安肃镇、遂城镇、大王店镇、义联庄乡5个乡镇)、满城县(白龙乡1个乡镇)、易县(桥家河乡、坡仓乡、狼牙山镇、独乐乡)、涞源县(北石佛乡、南屯乡、银坊镇),共计4个县13个乡镇。

(2)主要内容

①签订协议、界定征地界限、办理永久性占地报批手续。

②永久占地界内房屋等各种构造物的搬迁。

③永久占地内附着物的拆除。

④各种管线的迁移、改建,既有通信管线的改建、加高、迁移,还有电力线路的改建、加高、迁移。

(3)遵循的政策法规

①《中华人民共和国土地管理法》。

②《河北省土地管理条例》。

③保定市人民政府办公厅2009年9月25日发布的《关于印发荣乌高速公路保定段征地拆迁补偿标准的通知》(〔2009〕保市府办291号文)。

(4)主要做法

①在征地拆迁过程中我们始终坚持三项原则:一是坚持紧密依靠地方政府原则,二是坚持广泛动员原则,三是坚持公开、公正、公平原则。

②积极协调,加快电力电信迁改进度。

③专业评估,妥善解决矿产压覆赔偿问题。

征地拆迁统计见表8-11-20。

荣乌高速公路徐水至涞源(冀晋界)段征地拆迁统计表　　　　表8-11-20

高速公路编码	项目名称	征地拆迁安置起止时间	征用土地(亩)	拆迁占地费(万元)	备注
G18	荣乌高速公路河北徐水至涞源(冀晋界)段	2009.10~2010.10	10792.398	41825.5	

2. 项目实施阶段

1)施工过程

(1)商庄枢纽互通至大王店枢纽互通段2010年3月开工建设,2011年12月交工通车。

(2)涞源西互通至驿马岭隧道(冀晋界)段2010年10月开工建设,2015年7月交工通车。

(3)大王店枢纽互通至狼牙山互通段2013年3月开工建设,2015年12月交工通车。

(4)狼牙山互通至坡仓互通段2013年3月开工建设,2016年6月交工通车。

(5)其余段落2013年3月开工建设,正在紧张施工中。

荣乌高速公路徐水至涞源(冀晋界)段建设生产要素统计见表8-11-21。

荣乌高速公路徐水涞源(冀晋界)段建设生产要素统计表　　　表8-11-21

路线编号	建设时间	钢材(t)	沥青(t)	水泥(t)	砂石料(m^3)	机械工(工日)	机械(台班)
G18	20011.5~2015.12	98822	46883	215754	11991580	679196	500390

2)各项活动

多次开展劳动竞赛、安全生产月和标准化评比活动。

2010年8月18日上午,荣乌高速公路保定筹建处召开了"大干100天,保质按期完成建设任务"的动员大会。

(三)科技创新

荣乌管理处的科研课题"山区高速公路挖方高边坡稳定可靠性及其控制技术研究"已通过鉴定,将结构可靠度分析方法用于对山区高速公路挖方高边坡的稳定安全可靠性分析,根据计算力学的最新发展动态,结合采用多维数值分析,进一步准确地评价挖方高边坡的安全可靠度。对失效率高、存在潜在不稳定性的高边坡提出加固技术对策,以避免高边坡发生滑坡、坍塌等地质灾害,确保高边坡开挖施工安全和建成通车后的公路运营安全,并保证施工工期不受边坡地质灾害影响及节省工程投资。

(四)运营养护管理

1.服务设施

全线设置徐水西、康家庄、司格庄3处服务区(表8-11-22)。

荣乌高速公路徐水至涞源(冀晋界)段服务设施一览表　　　表8-11-22

高速公路编码	服务区名称	桩号	所在区域	占地(亩)	建筑面积(m^2)
G18	徐水西服务区	K894+607	徐水县遂城镇	60	5993.61
	康家庄服务区	K925+050	易县独乐乡	60	4697.99
	司各庄服务区	K964+930	涞源县银坊镇	60	6080.00

2.收费设施

本项目共设置收费站6座,其中司格庄互通尚未开通使用。匝道出入口数量截至

2016年底共计37条,其中ETC车道10条(表8-11-23)。

荣乌高速公路徐水至涞源(冀晋界)段收费设施一览表　　　　表8-11-23

收费站名称	桩　号	入口车道数		出口车道数		收费方式
		总车道	ETC车道	总车道	ETC车道	
涞源主线收费站	K1004+012			12	2	MTC+ETC
徐水收费站	K890+256	3	1	3	1	
钟家店收费站	K917+871	3	1	3	1	
狼牙山收费站	K928+722	3	1	4	1	
坡仓收费站	K952+062	3	1	3	1	
司格庄收费站	K964+930	—	—	—	—	

3.养护管理

本项目设置徐水、涞源2处养护工区,坡仓工区暂未成立,目前由徐水工区暂管(表8-11-24)。

荣乌高速公路徐水至涞源(冀晋界)段养护设施一览表　　　　表8-11-24

养护工区名称	桩　号	路段长度(km)	占地面积(亩)	建筑面积(m²)
徐水养护工区	K890+256	36.4	14.85	1600
坡仓养护工区	K952+062	34.6	—	—
涞源养护工区	K1004+000	16.6	10	407.5

4.监控设施

本项目在徐水设置监控通信分中心1处,负责全线的运营监管(表8-11-25)。

荣乌高速公路徐水至涞源(冀晋界)段监控设施一览表　　　　表8-11-25

监控设施名称	桩　号	占地面积(亩)	建筑面积(m²)
徐水监控通信分中心	K890+256	20	6277.27

5.交通流量

该路段2016年年平均日交通量(自然数)为19545辆/日(表8-11-26),2014—2016年收费站年均增长率为97.35%。

荣乌高速公路徐水至涞源(冀晋界)段交通流量发展状况表　　　　表8-11-26

年　份		2014	2015	2016
交通量(辆)	徐水收费站	1831669	921890	1358442
	涞源收费站	—	1683692	5775509
	合计	1831669	2605582	7133951
收费站年平均日交通量(辆/日)		5018	7139	19545

四、张石高速公路涞源(张保界)至曲阳(保石界)段(涞源东互通至涞源西互通段)

1)功能定位

张石高速公路涞源(张保界)至曲阳(保石界)段(涞源东互通至涞源西互通段)与荣乌高速公路共线。

2)技术标准

采用双向六车道,设计速度100km/h,路基宽度33.5m。

3)建设规模

本项目建设里程长9km。其中:大桥5座,中桥4座,小桥3座,涵洞18道;互通式立交1处,天桥1座;匝道收费站1处;管理、养护、服务、监控房屋建筑面积4433.36m²。

4)主要控制点

保定市涞源县南屯乡、城管镇2个乡镇。

5)路面及主要构造物

本项目采用沥青混凝土路面。4cm AC-11C 改性沥青混凝土,8cm AC-20C 改性沥青混凝土,12cm ATB-30 沥青稳定碎石,SBS 改性沥青防水层,18cm 水泥稳定级配碎石,16cm 水泥稳定砂砾。

主要构造物采用连续梁桥。

6)投资规模

项目概算投资6.879亿元(按张石高速公路涞源至曲阳段每公里造价折算)。

7)开工及通车、竣工时间

2007年8月开工建设,2012年12月交工通车。

注:本项目其他内容详见第二十三节 S31 张石高速公路保定段叙述。

第十二节　G1811(黄骅—石家庄)河北段

G1811黄骅至石家庄高速公路,是国高网G18国道的联络线之一,全线位于河北境内,起自沧州市黄骅港区,止于石家庄市鹿泉区,全长314.167km。沿线途经沧州市的黄骅港区、黄骅市、沧县、献县,衡水市的武强县、深州市,石家庄市的辛集市、晋州市、藁城市、石家庄市区、鹿泉区。黄石高速公路是河北省"五纵六横七条线"高速公路规划网的重要组成部分,是河北省"十五"期间规划和实施的重点建设项目横贯河北省中部经济发达地区,同时石黄高速是一条促进冀中平原经济发展和省会石家庄经济腾飞的大通道,是连接黄骅综合大港的集疏港高速公路,也是晋煤东运出海的大动脉,对于省会石家庄发展外向型经济,实施"东出西联"发展战略,在建设沿海经济社会发展强省中发挥了重要作用。

G1811 黄骅至石家庄高速公路由三段组成,分别为石黄高速公路黄骅港至藁城西段、石安高速公路互通式立交连接线(藁城西至南高营枢纽互通段)、石太高速公路南高营至申后段(南高营枢纽互通至高庄枢纽互通段)。

(1)石黄高速公路黄骅港至藁城西段分三期建设:一期工程石家庄藁城西至辛集段于 1998 年 12 月 28 日建成通车,路基宽度 33.5m;二期工程辛集至沧州段于 2000 年 12 月建成通车,路基宽度 27m;三期工程沧州至黄骅港段于 2007 年 12 月建成通车,路基宽度 27.5m。由河北省高速公路石黄管理处负责运营管理养护,运营里程桩号 K5+000～K281+258,全长 276.258km,设计速度 120km/h。

(2)石安高速公路互通式立交连接线(藁城西至南高营枢纽互通段)于 1998 年 12 月建成通车,由河北省高速公路石安管理处负责运营管理养护,运营里程桩号 K281+258～K299+393,全长 18.135km,设计速度 120km/h,双向四车道,路基宽度 28.0m。

(3)石太高速公路南高营至申后段(南高营枢纽互通至高庄枢纽互通段)于 1995 年 10 月 18 日建成通车,由河北石青高速公路有限公司负责运营管理养护,运营里程桩号 K299+393～K319+167,全长 19.774km,设计速度 100km/h,双向四车道,路基宽度 24.5m。

G1811 高速公路项目信息见表 8-12-1,路线平面见图 8-12-1、图 8-12-2。

一、石黄高速公路黄骅港至藁城西段

(一)项目概况

1. 基本情况

1)功能定位

石黄高速公路是交通部规划的"五纵七横"国道主干线之一,也是河北省"十五"公路网建设发展规划确定的"四纵四横十条线"主骨架中的一部分。本项目的建设对完善国家路网,增进西北地区与内地及东南沿海地区的社会交往与经济交流,加快沿线乃至省会东南部地区的社会经济发展,缓解石家庄市东北出口的交通压力,增强石家庄市作为全国交通运输枢纽的辐射功能具有重要意义。

2)技术标准

采用双向四车道,设计速度 120km/h。黄骅港—沧州段路基宽度 27.5m,沧州—辛集段基宽度 27m,辛集—藁城西段路基宽度 33.5m,双向六车道宽度,其中互通立交和桥梁构造物一次建成,路面双向四车道,中间预留两车道。

G1811 高速公路项目信息表

表 8-12-1

项目名称	路段起讫桩号		规模(km)		设计速度(km/h)	路基宽度(m)	投资情况(亿元)			资金来源	建设时间(开工~通车)	备注
	起点桩号	讫点桩号	合计	车道数			估算	概算	决算			
石家庄—黄骅港公路辛集市段高速公路	K240+958	K281+258	40.3		120	33.5	12.45	10.67	8.98	资本金、银行贷款	1997.05~1998.12	
石港公路辛集至沧州段高速公路	K93+300	K240+958	147.658		120	27		36.35	30.583	资本金、银行贷款	1998.08~2000.12	
石黄高速公路沧州(纸房头)至黄骅港段	K5+000	K93+300	88.3	四车道	120	27.5		26.4	31.73	资本金、银行贷款	2003.12~2007.11	
石安高速公路互通式立交连接线(藁城西至南高营枢纽互通段)	K281+258	K299+393	18.135		120	28.0					1995.10~1998.12	概算投资8.37亿元,17条连接线,本项目未单列
石太高速公路南南营至高庄枢纽互通段(南高营枢纽互通至高庄枢纽互通段)	K299+393	K319+167	19.774		100	24.5		2.713	3.202	省自筹、部投资、利用外资	1994.6~1995.10	

第八章
高速公路建设项目

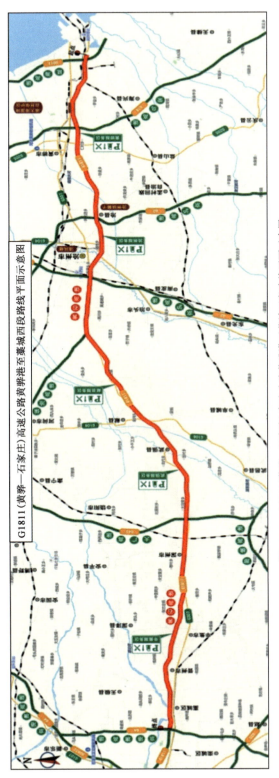

图8-12-1　G1811(黄骅—石家庄)高速公路黄骅港至藁城西段路线平面示意图

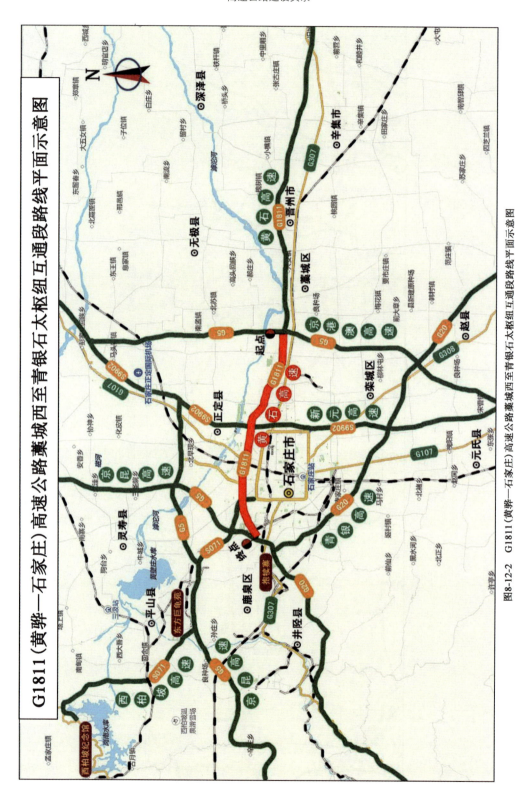

图8-12-2 G1811(黄骅—石家庄)高速公路藁城西至青银石太枢纽互通段路线平面示意图

3）建设规模

本项目建设里程长 276.258km，特大桥 1 座，大桥 60 座，中桥 112 座，小桥 183 座，涵洞 362 道，桥梁长度占路线总长度的 8.13%；互通式立交 22 处，分离式立交 87 处，人行天桥 6 座；收费站 16 处；养护工区 4 处；管理所 4 处；服务区 5 处。

深州至滏阳河段利用旧路（原路为二级公路，在津石总干渠南岸上爬行，横向道路很少），是河北省第一条利用旧路改建为高速公路的路段。

4）主要控制点

沿线经过沧州市（黄骅、沧县、献县共 3 个县市）、衡水市（武强、深州共 2 个县市）、石家庄市（辛集、晋州、藁城共 3 个县市）。共计 3 个设区市、8 个县（市）、34 个乡镇。

5）地形地貌

项目属平原地貌，多为亚砂土、亚黏土、粉砂亚砂土，地势西高东低。

6）路面及主要构造物

采用了两种沥青混凝土路面结构：

面层 4cmAC-16 改性沥青混凝土，6cmAC-20 改性沥青混凝土，8cm（10cm）AC-25 粗粒式沥青混凝土。路面基层 18cm 水泥稳定级配碎石，18cm 石灰、粉煤灰稳定级配碎石，18cm 石灰、粉煤灰稳定土。

面层 4cm AC-16 改性沥青混凝土，5cm AC-20 改性沥青混凝土，6cm AC-25 粗粒式沥青混凝土。路面基层 20cm 水泥稳定级配碎石，20cm 石灰、粉煤灰稳定级配碎石，20cm 石灰、粉煤灰稳定土。

主要构造物采用简支梁、连续梁桥和组合梁桥。

7）投资规模

项目概算投资 73.42 亿元，竣工决算投资 71.293 亿元，平均每公里造价 2519.00 万元。

8）开工及通车、竣工时间

1997 年 5 月开工建设，2007 年 11 月交工通车，2015 年 1 月完成竣工验收。

2. 前期决策情况

1）前期决策背景

"十五"期间，我省交通面临新的形势，尤其是我省制定"东出西联"发展战略，改善对外投资环境，扩大对外开放，促进环渤海经济区及中南部地区的经济发展，推动沿海经济强省建设，急需建设省会最便捷的出海大通道——石黄高速公路。

2）前期决策过程

（1）一期工程石家庄至辛集段

①河北省交通厅公路管理局于 1996 年以冀交公字〔1996〕175 号文《关于石港公路石

家庄至辛集段项目建议书》上报河北省计划委员会。

②1996年9月28日,河北省计划委员会以冀计交〔1996〕892号文批复了石港公路石家庄至辛集段项目建议书。

③1997年3月25日,河北省交通厅以〔1997〕冀交函公字85号《关于石港公路石家庄至辛集段项目可行性研究报告》上报河北省计划委员会。

④1997年5月13日,河北省交通厅以冀交公字〔1997〕749-755号文批复了石家庄至黄骅港高速公路石家庄至辛集段开工报告。

⑤1997年12月20日,河北省计划委员会以冀计能交〔1997〕1093号文批复了石黄公路石家庄至辛集段高速公路可行性研究报告。

⑥1998年12月25日,河北省计划委员会以冀计能交〔1998〕1171号文批复了石家庄至黄骅港高速公路石家庄至辛集段开工报告。

（2）二期工程辛集至沧州段

①1996年12月25日河北省交通厅以冀交函公字〔1996〕268号文《石港公路辛集至沧州(104高速公路)段项目建议书》上报河北省计划委员会。

②1997年9月18日河北省计划委员会以冀计能交〔1997〕732号文批复了石港公路深州(石家庄衡水界)至献县(衡水沧州界)段项目建议书。

③1997年11月17日河北省计划委员会以冀计能交〔1997〕946号文批复了石港公路辛集至深州(石家庄衡水界)段项目建议书。

④1998年11月21日河北省计划委员会以冀计能交〔1998〕1145号文批复了石黄公路深州(石家庄衡水界)至献县(衡水沧州界)段高速公路可行性研究报告。

⑤1998年12月20日河北省计划委员会以冀计能交〔1998〕1148号文批复了石黄公路辛集至深州(石家庄衡水界)段高速公路可行性研究报告。

⑥1998年12月26日河北省计划委员会以冀计能交〔1998〕1152号文批复了石黄公路献县(衡水至沧州界)至沧州(京沪高速公路)段高速公路可行性研究报告。

（3）三期工程沧州至黄骅港段

①2002年,河北省道路开发中心以冀交字〔2001〕179号文件《关于编制石黄公路沧州至黄骅港段项目建议书的通知》,于2003年1月上报了本项目的预可行性研究报告。

②2003年5月完成了工程可行性报告的编制。

(二)建设情况

1.项目准备阶段

1)项目审批

(1)1997年4月21日,冀石港地字〔1997〕1号《关于石港高速公路建设各地经理部临时占地的通知》。

(2)1997年4月28日,冀石港地字〔1997〕2号《关于石港高速公路建设各地经理部临时占地的补充通知》。

(3)1997年4月15日,冀石港地字〔1997〕3号《关于石港高速公路石辛段建设征用土地的请示》。

(4)1997年6月11日,冀石港地字〔1997〕4号《关于尽快办理征地手续的通知》。

(5)1997年9月15日,冀石港地字〔1997〕5号《关于尽快恢复耕地条件的紧急通知》。

(6)1997年12月16日,冀石港地字〔1997〕6号《石港高速公路关于石辛段拆迁占地问题的通知》。

(7)2004年4月5日,冀国土资地字〔2004〕27号《关于石黄高速公路沧州至黄骅港段控制工期单体工程先行用地的请示》。

(8)2004年6月七日,冀交公路字〔2004〕143号《关于沧黄高速公路永久占地安置补助费调整的批复》。

2)资金筹措

本项目石家庄至辛集段、辛集至沧州段工程批复概算总投资47.023亿元,到位资金44.135亿元。来源为:省自筹12.095亿元;国债转贷资金33.0亿元;基建投资借款28.740亿元。竣工决算为40.059亿元,投资节约6.964亿元。

本项目沧州至黄骅港段工程批复概算总投资26.4亿元,竣工决算31亿元。

3)合同段划分及招投标

(1)合同段划分

根据各专业的工程内容,标段划分如表8-12-2所示。

①土建工程设计标段划分2个标段,房建工程设计3个标段,机电工程设计1个标段。

②施工标段划分:根据工程内容的不同,路基工程39个标段,路面11个标段,机电工程1个标段,房建工程17个标段,绿化工程48个标段,交通安全设施59个标段。

③施工监理标段划分:10个土建工程驻地监理标段,4个房建工程监理标段,1个机电工程监理标段,1个绿化工程监理标段。

(2)招投标

按照国家颁布的《招投标法》和交通部颁布的《公路工程施工招标投标管理办法》《公路工程施工招标资格预审办法》《公路工程施工招标评标办法》的要求,由项目法人单位组织招标工作。

①一期工程石家庄至辛集段

石黄高速公路黄骅港至藁城西段合同段划分一览表

表 8-12-2

参建单位	类型	参建单位名称	合同段编号及起讫桩号	标段所在地	主要内容	主要负责人	备注
项目管理单位		石港高速公路建设管理处	—	—	—	张连强	
勘察设计单位	土建工程设计	河北交通规划设计院	K240+958～K281+258	石家庄至辛集	施工图设计	赵彦东	
		交通部第二公路勘察设计研究院	K93+300～K240+958	辛集至沧州	施工图设计	唐一龙	
		交通部第二公路勘察设计研究院	K0～K93+300	沧州至黄骅	施工图设计	唐一龙	
	路面工程（石辛段）	黑龙江路桥总公司	一：K267+063～K281+258	藁城	路面	孙安	
		铁道部第十四局第二工程处	二：K252+819～K267+063	藁城	路面	刘建政	
		省公路工程局	三：K240+883～K252+819	藁城	路面	路振杰	
施工单位	土建工程（石辛段）	石家庄公路处	一：K277+408～K281+258	藁城	路基	路芳格	
		省工程局五处	二A：K275+108～K277+408	藁城	路基	刘柏林	
		铁一局	二B：K273+908～K275+108	藁城	路基	杨忠兴	
		铁十八局五处	三A：K272+208～K273.908	藁城	路基	苟敌	
		石市路桥公司	三B：K270+408～K272+208	藁城	路基	张增茂	
		武警交通独立支队	四：K267+408～K270+408	晋州	路基	梅秀年	
		铁十一局	五：K261+586～K267+408	晋州	路基	段昌炎	
		工程局四处	六A：K256+618～K261+586	晋州	路基	王书章	
		衡水地铁处	六B：K252+894～K256+618	晋州	路基	冯奋学	
		交通部二局六处	七：K248+408～K252+894	晋州	路基	杨俭存	
		中建五局	八：K242+961～K248+408	辛集	路基	罗坚代	
		深圳市政	九：K240+958～K242+961	辛集	路基	马恭元	

续上表

参建单位	类型		参建单位名称	合同段编号及起讫桩号	标段所在地	主要内容	主要负责人	备注
施工单位	土建工程（辛衡段）		深圳市政	续九:K239+038~K240+958	辛集	路基	马恭元	
			省工程建工集团	十:K233+488~K239+038	辛集	路基	牛静波	
			河北省工程建工集团	十一A:K230+488~K233+488	辛集	路基	陈芊	
			衡水地铁处	十一A:K228+488~K230+488	辛集	路基	李靖	
			武警交通二总队	十二A:K226+908~K228+488	辛集	路基	邢奇厚	
			铁十一局	十二B:K224+108~K226+908	辛集	路基	庞琳	
			武警独立支队	十三A:K220+458~K224+108	辛集	路基	王翼	
			济南公路局	十三B:K218+974~K220+458	辛集	路基	王嘉南	
			沈阳高等级建设公司	A1:K214+979~K218+974	辛集	路基	郑留生	
			河北省公路工程建设集团	A2:K211+179~K214+979	辛集	路基	郝克俭	
			铁十九局三处	B:K203+779~K211+179	辛集	路基	关治英	
			天津市政五公司	C:K196+019~K203+779	辛集	路基	王宏亿	
			铁十八局五处	D:K186+229~K196+019	辛集	路基	唐会文	
			衡水公路处	E1:K179+486~K186+229	辛集	路基	崔桓耀	
			唐山公路工程总公司	E2:K177+519~K179+486	辛集	路基	杨红生	
			交通部一局四公司	F:K170+219~K177+519	辛集	路基	李波	
			山西大同路桥公司	G:K163+695~K170+219	辛集	路基	杨海龙	
	辛沧段（路面）		省公路工程建设集团	一:K221+646~K240+883	辛集	路面	路振杰	
			省公路工程建设集团	二:K204+962~K221+646	辛集	路面	徐胜海	

续上表

参建单位	类型		参建单位名称	合同段编号及起讫桩号	标段所在地	主要内容	主要负责人	备注
施工单位	土建工程（沧州段）		交通部一局二处	三:K184+162~K204+962	辛集	路面	陈海波	
			省公路工程建设集团	四:K164+838~K184+162	辛集	路面	陈志银	
			交通部第二公路工程局第六工程处	五:K148+291~K164+838	辛集	路面	毛小林	
			交通部二局六处	六:K131+846~K148+291	辛集	路面	李建武	
			交通部二局四处	七:K113+846~K131+846	辛集	路面	刘进学	
			沧州路桥工程公司	八:K95+946~K113+846	辛集	路面	范文海	
			深圳市政总公司	A1:K160+503~K163+695	沧州	路基	毛小林	
			公路工程建设集团	A2:K159+207~K160+503	沧州	路基	邢树春	
			交通部二局六处	B1:K153+157~K159+207	沧州	路基	杜树德	
			石家庄公路处	B2:K148+427~K153+157	沧州	路基	徐海军	
			省公路工程建设集团	C1:K141+782~K148+427	沧州	路基	刘柏林	
			保定交通工程处	C2:K135+082~K141+782	沧州	路基	刘彦光	
			铁十七局	D1:K129+282~K135+082	沧州	路基	戴福生	
			唐山交通局工程处	D2:K120+182~K129+282	沧州	路基	田全乐	
			哈尔滨公路处	E1:K113+982~K120+182	沧州	路基	李永恒	
			铁十八局五处	E2:K106+982~K113+982	沧州	路基	荀太子	
			铁十四局	E3:K96+982~K106+982	沧州	路基	张波	

1997年3月有56家土建工程施工单位通过资格预审,参加本项目石辛段的路基构造物工程9个合同段的投标,其中六合同为议标。1997年3月30日至4月3日在石家庄公开开标,由河北省交通厅、河北省建设委员会、河北省经济贸易委员会等单位组成评标委员会评审出11家单位,评标结果经河北省建设委员会招标办公室批准,中标单位共12家。

1997年12月15日有9家施工单位通过资格预审,参加该项目石家庄至辛集段路面工程3个合同段的投标,其中三合同为议标。1998年1月20日在石家庄公开开标,评标结果经河北省建设委员会招标办公室批准,确定了3家中标单位。

1997年12月15日有21家房建工程施工单位通过资格预审,参加本项目5个合同的投标。1998年1月20日在石家庄公开开标,由评标委员会进行评审,评标结果经河北省建设委员会招标办公室批准,确定5家中标单位。

②二期工程辛集至沧州段

1998年5月5日有37家施工单位通过资格预审,参加该项目沧州段路基工程5个合同段的投标。1998年5月14日在石家庄公开开标,评标结果经河北省建设委员会招标办公室批准,1998年7月25日与各中标单位签订协议书。

1998年6月8日经河北省交通厅批准52家单位通过资审,参加该项目辛集、衡水段路基工程11个合同段的投标,其中11合同为议标。1998年7月9日在石家庄公开开标,1998年7月25日与各中标单位签订协议书。

1999年6月2日发售辛集至沧州段路面工程8个合同段的资格预审文件,36家单位通过资审,1999年9月7日在石家庄公开开标,评标结果经河北省建设委员会招标办公室批准,1999年12月3日与各中标单位签订协议书。

辛集至沧州段房建工程和交通工程分别由河北省道路开发中心组织招标。

4)参建单位主要情况

(1)建设单位

本项目建设单位为河北省道路开发中心(现已合并为河北省高速公路管理局)。一期工程石家庄至辛集段、二期工程辛集至沧州段项目执行机构为河北省石黄高速公路建管处,三期沧州至黄骅港段为河北省沧黄高速公路筹建处。现运营管理机构为河北高速公路石黄管理处。

(2)设计单位

①土建工程设计单位:河北省交通规划设计院和交通部第二公路勘察设计研究院。

②机电工程设计单位:河北省交通规划设计院。

(3)施工单位

详见表8-12-2。

5)征地拆迁

(1)设立专门组织机构

按三级管理体系设置安置办公室,加强各级政府对征地工作的领导和监督,形成完善的拆迁工作体系,使征地拆迁工作层层有人管、层层有人抓。

根据河北省高速公路建设里程长、路段多、地方问题复杂的特点,河北省政府成立了"河北省高速公路建设领导小组",主管省长为组长,小组办公室设在河北省交通厅,副厅长杨国华任办公室主任。各市、县成立了相应机构,负责本市、县段的征迁及建设环境协调。形成了在省政府领导下的专门负责征地拆迁工作的领导体系和专门机构。为落实政策、落实地方工作、落实人口安置、落实征地拆迁提供了组织保证。

(2)落实承包责任制

征地拆迁工作实行群众参与,各级政府层层签订责任书,采取"四到位"、"四现场"的做法,即县、乡、村、户四方到场,现场丈量、现场清点、现场签字、现场盖章。

筹建管理处要求各施工单位按施工进度上报当年每月取土用地计划,根据该计划,地方科每位同志负责2个合同段,做到"吃住在工地,解决问题在现场",及时为施工单位解决土源;做到"当年取土,当年退耕,当年耕种"。

征地拆迁统计见表8-12-3。

石黄高速公路黄骅港至藁城西段征地拆迁统计表　　　　表8-12-3

高速公路编码	项目名称	征地拆迁安置起止时间	征用土地（亩）	拆迁房屋（m²）	拆迁占地费（万元）	备注
G1811	石黄高速公路黄骅港至藁城西段	1996～2003.5	37095.528	270920.6	56700	

2. 项目实施阶段

1)施工过程

(1)一期工程石家庄至辛集段主线土建工程于1997年5月开工,1998年12月28日通车;房建工程于1998年开工,1998年12完工。

(2)二期工程辛集至沧州段主线土建工程于1998年8月开工,2000年12月5日交工;房建工程于2000年4月开工,2001年10月竣工;交通安全设施工程于1998年开工,2000年完工。

(3)根据《公路工程质量鉴定办法》,2000年12月4日至5日,河北省道路开发中心组织了石黄高速公路石家庄至沧州段的交工验收工作。对项目进行了竣工质量鉴定,评分为一期工程石家庄至辛集段总体工程质量评为94.88分,二期工程辛集至沧州段总体工程质量评为 96.228 分,全线工程质量等级为优良。

2)重要决策

2000 年 12 月 28 日上午,河北省委书记王旭东、省长钮茂生、副省长何少存、省委宣传部长张群生等领导出席石黄高速公路石家庄至沧州段高速公路通车典礼。

(三)科技创新

石黄管理处在项目技术创新、技术推广上实现了新的突破。其中技术创新有 8 项:

(1)针对目前沥青路面裂缝类病害成因多变,裂缝病害处治方式错综繁多的问题,结合黄石高速公路的特点,对裂缝类病害的最优化的处治策略进行研究与开发,并将其运用于高速公路裂缝处治工程中,为以后的推广应用奠定基础。

(2)针对目前微表处技术存在耐久性差和行车噪声大的问题,结合黄石高速公路实体工程,对高性能低噪声的微表处技术进行研究与开发,并将其运用于高速公路养护工程中,为以后的推广应用奠定基础。

(3)实现基于物联网技术的高速公路一体化智能管控平台,实现涵盖高速公路全程监控、应急联动、机电管理、路政管理、养护管理、收费管理等多部门、多种类、多侧面的业务应用,有效提高高速公路区域内管理的组织、指挥、决策、控制和协调能力,最终实现对高速公路的一体化智能管控。平台将在石黄高速公路加以验证应用。

(4)骨架大粒径沥青混合料可以改善沥青路面的高、低温性能,提高沥青混合料抗水损、抗疲劳性能提供参考价值。

(5)研究温拌技术及超薄沥青混凝土罩面技术的应用,形成了超薄沥青混凝土罩面在高速公路罩面养护中的全套应用策略。

(6)根据高速公路的具体业务开发的实用的管理系统,整个系统利用先进的 GIS 技术和数据库技术将高速公路的养护业务数据管理起来,同时通过综合统计和分析各种数据以及采用丰富多彩的图标显示,为公路养护管理提供深入方便的工具,为决策提供科学快捷的支持。

(7)在沥青混凝土中加入 Bonifibeirs 纤维,具有防止车辙、反射裂缝、由热造成的裂纹和由强压形成的坑洼等优点,可大大减少沥青混凝土路面的早期破坏,延长路面使用寿命。

(8)创新式突破传统桥梁的静力评价方法,提出了基于模型修正的正常交通荷载下桥梁动力性能评价方法。

(四)运营养护管理

1.服务设施

全线设置辛集、武强、献县、沧州和黄骅 5 处服务区(表 8-12-4)。

石黄高速公路黄骅港至藁城西段服务设施一览表　　　　表8-12-4

高速公路编码	服务区名称	桩　　号	所在区域	占地(亩)	建筑面积(m²)
G1811	辛集服务区	K241+200	辛集市位伯镇	207	20144
	武强服务区	K188+000	衡水市武强县	170	11000
	献县服务区	K135+000	沧州市献县	126.5	6692.72
	沧州服务区	K14+000	沧州市沧县云河堤	152	4658.70
	黄骅服务区	K48+000	黄骅市前沙洼	150	4258.79

2. 收费设施

本项目共设置收费站16处。截至2015年底,出、入口车道数共计126条,其中出、入口ETC车道32条(表8-12-5)。

石黄高速公路黄骅港至藁城西段收费设施一览表　　　　表8-12-5

| 收费站名称 | 桩　号 | 入口车道数 | | 出口车道数 | | 收费方式 |
		总车道	ETC车道	总车道	ETC车道	
黄骅港主线收费站	K6+444	6	2	12	2	MTC+ETC
黄骅东收费站	K30+643	2	1	2	1	
黄骅南收费站	K42+797	3	1	5	1	
沧州东开发区收费站	K62+955	2	1	3	1	
沧州东收费站	K89+264	3	1	6	1	
沧州西收费站	K73+502	5	1	9	1	
崔尔庄收费站	K109+286	2	0	4	1	
淮镇收费站	K129+186	2	1	3	1	
河城街收费站	K145+446	2	1	2	1	
大陈庄收费站	K155+559	3	1	4	1	
武强收费站	K173+253	2	1	3	1	
深州东收费站	K205+833	2	0	4	1	
深州西收费站	K212+504	3	1	4	1	
辛集收费站	K240+396	3	1	6	1	
晋州收费站	K253+102	4	1	8	1	
藁城东收费站	K266+028	3	1	4	1	

3. 养护管理

本项目养护里程276.258km,设置黄骅、沧州、衡水、石家庄4处养护工区(表8-12-6)。

石黄高速公路黄骅港至藁城西段养护设施一览表 表8-12-6

养护工区名称	桩 号	路段长度(km)	占地面积(亩)	建筑面积(m²)
黄骅养护工区	K16+640	73.266	13.67	3552
沧州养护工区	K109+050	71.892	与收费站合建	1354
衡水养护工区	K198+153	67.39	与管理所合建	2126
石家庄养护工区	K266	68.75	与管理所合建	3410

4. 监控设施

本项目设置两级监控中心,其中监控总中心1处,分中心4处。监控总中心设置在管理处,负责全路段的运营监管(表8-12-7)。

石黄高速公路黄骅港至藁城西段监控设施一览表 表8-12-7

监控设施名称	桩 号	占地面积(亩)	建筑面积(m²)
监控总中心	无	监控中心与管理处合建	
石家庄监控分中心	K266	监控中心与石家庄管理所合建	
衡水监控分中心	无	监控中心与衡水管理所合建	
沧州一所监控分中心	无	监控中心与沧州管理一所合建	
沧州二所监控分中心	无	监控中心与沧州管理二所合建	

5. 交通流量

石黄高速公路黄骅港至藁城西段交通量情况如表8-12-8、图8-12-3所示。

石黄高速公路黄骅港至藁城西段交通量(自然数)发展状况表 表8-12-8

年份		1999	2000	2001	2002	2003	2004	2005	2006	2007	2008
交通量(辆)	藁城东	189333	150732	300963	481138	693951	1046614	1508708	1740686	2010499	2265991
	晋州	136461	322243	282545	197670	389545	580551	745126	913501	1044435	1220744
	辛集	447141	729462	510401	644950	687398	922503	992837	989552	1108034	1374574
	深西		6929	253635	412136	389753	502502	735940	885185	1158202	1242451
	深东		2481	98146	175803	129062	143626	175472	212542	473621	546742
	武强		2255	129752	92990	82987	146864	160951	191862	272755	355323
	大陈庄			263199	365989	420229	446597	458027	755479	921092	1122873
	河城街			65845	153545	159707	166042	298499	342543	816822	668726
	淮镇		1205	29581	41469	60779	120036	197074	309641	282094	224534
	崔尔庄		845	145327	184415	158499	189710	331737	561735	634813	599141

续上表

年份		1999	2000	2001	2002	2003	2004	2005	2006	2007	2008
交通量（辆）	沧州西										1720270
	沧州东									689462	717060
	沧开										
	黄骅东									286259	414256
	黄骅南									490487	443194
	黄骅港									29012	414120
	合计	772935	1216152	2079394	2750105	3171910	4265045	5604371	6902726	10217087	13329999
收费站年平均日交通量（辆/日）		2118	3332	5697	7535	8690	11685	15354	18912	27992	36521

年份		2009	2010	2011	2012	2013	2014	2015	2016
交通量（辆）	藁城东	2409839	2418325	2448730	3064988	2934032	3587012	4382167	5165529
	晋州	1376932	1686188	1811412	2122138	2758205	2824828	3231508	4734214
	辛集	1544284	1937239	2174426	2563663	3392093	3541702	3606259	4345147
	深西	1478303	1782017	1788355	1987898	1843113	2410970	2461341	2647619
	深东	484310	914328	954059	956458	1101742	1057335	1407819	1195477
	武强	403098	677162	740484	774119	1082701	1016331	1393363	1161312
	大陈庄	1191705	1183120	1140651	1023928	1321668	1397359	1604797	1775767
	河城街	686367	820192	1026386	1174866	1144528	1470100	1665446	1990527
	淮镇	194013	443501	564297	676753	829850	790282	1065954	1380374
	崔尔庄	1113072	976244	1075764	1387420	1194002	1623306	1655559	2288625
	沧州西	2276583	3139260	3425722	4086307	4675631	4303635	5740788	8560260
	沧州东	1579431	1228901	1528262	1660680	1830623	1742257	2570048	3090554
	沧开				11362	388618	461121	462872	
	黄骅东	558391	573477	717539	561766	680443	778051	887409	1178422
	黄骅南	1316773	819156	1021962	980998	978009	1224683	1481599	1795904
	黄骅港	587539	1185134	1419028	1095737	1399814	1326872	1637530	1954931
	合计	17200640	19784244	21837077	24129081	27555072	29555844	35254459	43264662
收费站年平均日交通量（辆/日）		47125	54203	59828	66107	75493	80975	96588	118533

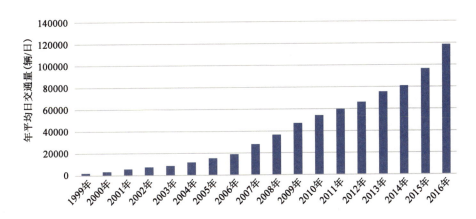

图 8-12-3　石黄高速公路黄骅港至藁城西段收费站年平均日交通量(自然数)增长柱状图

二、石安高速公路互通式立交连接线(藁城西至南高营枢纽互通段)

(一)项目概况

1. 基本情况

1)功能定位

石安高速公路互通式立交连接线(藁城西至南高营枢纽互通段)建设期是石安高速公路主线的 17 条连接线其中之一(主线与连接线同步审批),也是石黄高速公路其中的一段主线。本项目的建设对改善对外投资环境、扩大对外开放、促进河北省和环渤海经济区及中南部地区的经济发展,推动沿海经济强省建设和省会石家庄的经济腾飞,促进南北通衢、东出西连起到极大的推动作用。对于省会发展外向型经济,实施"东出西联"发展战略,在建设沿海经济社会发展强省中发挥重要作用必将起到积极的意义。

2)技术标准

采用双向四车道,设计速度 120km/h,路基宽度 28.0m。平曲线最小半径 5480.532m,最大纵坡 0.58%。

3)建设规模

本项目建设里程长 18.135km。其中:中桥 5 座,互通式立交 1 处,分离式立交 2 座,匝道收费站 3 处。

4)主要控制点

石家庄市藁城区、高新区、长安区。共计 3 个区。

5)地形地貌

项目属平原地貌,多为亚砂土、亚黏土、粉砂亚砂土,地势西高东低。

6) 路面及主要构造物

采用了两种沥青混凝土路面结构：

4cmSAC-16 型沥青混凝土，5cm 粗粒密级配式沥青混凝土，6cm 粗粒式沥青混凝土，18cm 水泥碎石基层，17cm 二灰碎石底基层，20cm 二灰砂底基层。

4cm 多碎石密级配沥青混凝土，5cm 粗粒密级配式沥青混凝土，6cm 粗粒式沥青混凝土，18cm 水泥稳定碎石，18cm 石灰粉煤灰稳定级碎石基层，17cm 石灰土底基层。

7) 投资规模

本项目工程投资约 4.596 亿元，平均每公里造价约 2534.33 万元。

8) 开工及通车、竣工时间

1995 年 11 月开工建设，1998 年 12 月交工通车，2000 年 4 月完成竣工验收。

2. 前期决策情况

1) 前期决策背景

石家庄市至芝村段(安阳)高速公路互通式立交连接线(藁城西至南高营枢纽互通段)是国家规划的"五纵七横"十二条国道主干线的重要组成部分，本段是河北省九五规划的主骨架公路石安高速公路主线的连接线。根据河北省交通厅干线公路网建设的总体规划要求，河北省交通厅启动藁城西至南高营枢纽互通段高速公路的建设工作。

2) 前期决策过程

1986 年由河北省交通规划设计院牵头、由交通部第一公路勘察设计研究院和华杰工程咨询有限公司参加共同完成该项目(主线和连接线)的前期研究工作，当年 9 月完成本项目"预可报告"的编制。

国家计划委员会以计交通〔1993〕396 号文批复了《印发关于审批石家庄至芝村(安阳)高速公路可行性研究报告的请示的通知》。

(二) 建设情况

1. 项目准备阶段

1) 建设依据

(1) 交通部以交工发〔1993〕630 文批复了《关于石家庄市—芝村(安阳)高速公路初步设计》。

(2) 河北省交通厅以冀交公字〔1993〕62 号文批复了《关于石家庄市—芝村段高速公路互通式立交连接线进行勘测设计》。

(3) 河北省交通厅以冀交字〔1993〕208 文批复了《关于石安段高速连接线初步设计》。

(4)国家计划委员会以计外资〔1996〕2887号文批复了《关于河北省石家庄至安阳高速公路项目世界银行贷款余款利用方案》。

2)资金筹措

本项目工程投资约4.596亿元,资金由世界银行贷款、交通部补助和河北省自筹方式筹措。

3)合同段划分及招投标

(1)合同段划分

根据各专业的工程内容,标段划分见表8-12-9。

①土建工程设计标段划分1个标段,房建工程设计1个标段,绿化工程设计1个标段,机电工程设计1个标段。

②施工标段划分:根据工程内容的不同,土建工程2个标段,机电工程1个标段,房建工程1个标段,交通安全设施工程2个标段。

③施工监理标段划分:根据工程内容设1个总监办公室,2个土建工程驻地监理标段,3个房建工程监理标段,2个机电工程监理标段。

(2)招投标

O-A合同招标工作于1994年8月23日开始,和主线一样,经过刊登招标通告、资格评审、出售招标文件、举行标前会开标、评标、世行确认等工作程序,最后确定由交通部第二工程局中标。1994年10月10日建设单位与承包单位签订了合同。

O-L合同采用国际竞争性招标,1996年12月2日报送世行资格预审招标文件;1996年12月15日世行批复资格预审招标文件;1996年12月16日出售资格预审招标文件,截止日期为1997年1月31日;1997年2月15日评标报告报送世行;1997年3月14日世行批复评标报告;1997年通知合格的承包商。

1997年1月31日招标文件报送世行;1997年2月28日世行批复招标文件;1997年3月20日出售标书;1997年4月15日标前会,投标截止日期为1997年5月15日;1997年6月2日评标报告报送世行;1997年6月30日世行批复评标报告;1997年6月20日完成占地和安置;1997年7月10日合同谈判和签约;1997年8月11日开工;1999年8月31日国际竞争性招标合同(O-L);最后确定铁道部第十七工程局第三工程处中标。

4)参建单位主要情况

(1)建设单位

本项目建设单位是河北省交通厅国际金融组织贷款项目办公室(现已合并为河北省高速公路管理局),项目执行机构是河北省石安高速公路管理处。

(2)设计单位

土建工程设计单位:河北省交通规划设计院。

（3）施工单位

详见表8-12-9。

石安高速公路互通式立交连接线（藁城西至南高营枢纽互通段）合同段划分一览表　　表8-12-9

参建单位	类型	参建单位名称	合同段编号及起讫桩号	标段所在地	主要内容	主要负责人	备注
项目管理单位		河北省石安高速公路建设管理处				戴国仲	
勘察设计单位	工程设计	河北省交通规划设计院	1~10、13		主线土建工程	赵彦东	
		中交第二公路勘察设计研究院	11、12		11、12主线土建工程	田瑞红	
施工单位	土建工程	铁道部第十七工程局第三工程处	O-L:K281+258~K287+141	岗上镇	路基、桥涵、路面工程	陈前明	
		交通部第二工程局	O-A:K287+141~K297+258	北五女、南村、店上、凌透	路基、桥涵、路面工程		

5）征地拆迁

（1）设立专门组织机构

按三级管理体系设置安置办公室,加强各级政府对征地工作的领导和监督,形成完善的拆迁工作体系,使征地拆迁工作层层有人管、层层有人抓。

形成了在河北省政府领导下的专门负责征地拆迁工作的领导体系和专门机构。

（2）落实承包责任制

征地拆迁工作实行群众参与,各级政府层层签订责任书,采取"四到位"、"四现场"的做法,即县、乡、村、户四方到场,现场丈量、现场清点、现场签字、现场盖章。

各级政府分别于下级部门签订征地拆迁责任书,层层落实任务和目标责任。

征地拆迁统计见表8-12-10。

石安高速公路互通式立交连接线（藁城西至南高营枢纽互通段）征地拆迁统计表　　表8-12-10

高速公路编码	项目名称	征地拆迁安置起止时间	征用土地（亩）	拆迁房屋（m²）	拆迁占地费（万元）	备注
G1811	藁城西至石家庄（南高营枢纽互通）段	—	2227.41	5566	81.75	

2. 项目实施阶段

1）施工过程

（1）O-A合同1995年11月20日下达开工令,1997年3月1日正式开工建设。

（2）O-L合同1997年9月17日开工,1998年12月28日竣工。

石安高速公路互通式立交连接线（藁城西至南高营枢纽互通段）建设生产要素统计见表 8-12-11。

石安高速公路互通式立交连接线（藁城西至南高营枢纽互通段）建设生产要素统计表　　表 8-12-11

路线编号	建设时间	钢材（t）	沥青（t）	水泥（t）	砂石料（m³）	机械工（工日）	机械（台班）
G1811	1994.8.22	17850	25450	178750	61750	441000	333550

2）重要决策

石安高速公路奠基仪式如图 8-12-4 所示。

图 8-12-4　石安高速公路奠基仪式

3）各项活动

在全线开展"比安全、比预防措施、比施工便道、比驻地和施工现场卫生、比质量、比生产进度"的"六比"活动。

（三）科技创新

石安处在项目建设过程，非常注重科技投入，靠科技进步提高项工程质量，主要体现在以下几方面：

（1）利用粉煤灰填筑路基。

被国家经济贸易委员会授予"国家资源综合利用奖"，项目办被河北省人民政府授予大宗利用粉煤灰先进单位。

（2）使用浮动基准梁控制平整度。

浮动基准梁是项目建设期引进开发的新产品，与摊铺机和平整度仪配合使用，对提高沥青路面平整度起了重要作用。

(四)运营养护管理

1. 收费设施

本项目共设置收费站3处。匝道出入口数量截至2015年底共计12条,其中ETC车道3条(表8-12-12)。

石安高速公路互通式立交连接线(藁城西至南高营枢纽互通段)收费设施一览表　　　表8-12-12

收费站名称	桩　号	入口车道数		出口车道数		收费方式
		总车道	ETC车道	总车道	ETC车道	
藁城西收费站	K283+109	5	1	8	1	MTC+ETC
北五女收费站	K289+645	5	1	7	1	
西兆通收费站	K296+103	2	1	2	1	

2. 养护管理

本项目养护里程18.135km(表8-12-13)。

石安高速公路互通式立交连接线(藁城西至南高营枢纽互通段)养护设施一览表　　　表8-12-13

养护工区名称	桩　号	路段长度(km)	占地面积(亩)	建筑面积(m²)
石家庄养护工区	新元高速公路K284+000	18.135	9.777	2007.97

3. 监控设施

本项目设置石家庄监控中心负责藁城西至石家庄区域的运营监管(表8-12-14)。

石安高速公路互通式立交连接线(藁城西至南高营枢纽互通段)监控设施一览表　　　表8-12-14

监控设施名称	桩　号	占地面积(m²)	建筑面积(m²)
石家庄监控中心	新元高速公路K290+901	—	126

4. 交通流量

石安高速公路互通式立交连接线(藁城西至南高营枢纽互通段)交通量发展状况如表8-12-15、图8-12-5所示。

石安高速公路互通式立交连接线(藁城西至南高营枢纽互通段)交通量发展状况表　　　表8-12-15

年　份		1997	1998	1999	2000	2001	2002
交通量(辆)	藁城西			412688	838440	938607	1055572
	西兆通			3071	6091	6813	10573
	石家庄	2161231	2341566	2796338	3248669	3413186	3450119
	合计	2161231	2341566	3212097	4093200	4358606	4516264

续上表

年 份	1997	1998	1999	2000	2001	2002
收费站年平均日交通量(辆/日)	5921	6415	8800	11214	11941	12373

年 份		2003	2004	2005	2006	2007	2008
交通量（辆）	藁城西	1221948	1378881	1614083	1879191	2119363	2264199
	西兆通	16987	41459	98344	507927	655871	698188
	石家庄	4083760	4900101	5880032	6454643	7351195	7456494
	合计	5322695	6320441	7592459	8841761	10126429	10418881
收费站年平均日交通量(辆/日)		14583	17316	20801	24224	27744	28545

年 份		2009	2010	2011	2012	2013	2014	2015	2016
交通量（辆）	藁城西	2399168	1649236	1717643	1868765	2333264	2468624	2740865	3789095
	北五女	783103	2172842	2260599	3685871	3562779	3968660	4691418	5115641
	西兆通	741854	636408	610527	655282	868824	977465	1345632	2031128
	石家庄	7413098	8603397	10074882	11385282	12416452	12393192	15544604	16649017
	合计	11337223	13061883	14663651	17595200	19181319	19807941	24322519	27584881
收费站年平均日交通量(辆/日)		31061	35786	40174	48206	52552	54268	66637	75575

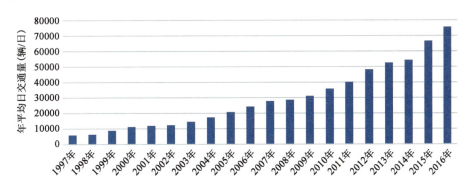

图 8-12-5　石安高速公路互通式立交连接线（藁城西至南高营枢纽互通段）
收费站年平均日交通量（自然数）增长柱状图

三、石太高速公路南高营至申后段（南高营枢纽互通至高庄枢纽互通段）

(一)项目概况

1.基本情况

1)功能定位

石太高速公路高庄至南高营段（南高营枢纽互通至高庄枢纽互通段），是晋煤外运的主要通道,是交通部和河北省"八五"计划公路国道主干线重点建设项目。本项目的建设提高了石家庄市交通向外辐射的能力,对开发太行山区,加快河北省乃至华北地区的经济腾飞起了巨大推动作用。

2)技术标准

采用双向四车道,设计速度100km/h,路基宽度24.5m。

3)建设规模

本项目建设里程长19.774km。其中:大桥3座,中桥12座,小桥32座;涵洞22道;互通式立交3处;主线收费站1处(2005年联网时拆除),匝道收费站3处,服务区1处(因石家庄铁路建设拆迁占地被拆除)。

4)主要控制点

石家庄市(长安区、新华区、鹿泉区)。共计1市3个区。

5)地形地貌

项目属平原微丘区,沿线地处石家庄郊区,地物复杂。

6)路面及主要构造物

本项目采用沥青混凝土路面。5cm中粒式沥青混凝土,7cm粗粒式沥青混凝土,18cm二灰碎石,38cm石灰土。

主要构造物采用连续梁桥。

7)投资规模

项目概算投资2.713亿元,竣工决算投资3.202亿元,平均每公里造价1619.30万元。

8)开工及通车、交工时间

1994年6月23日开工,1995年10月18日建成通车,并于10月21日正式收费运营,1997年5月15日完成交工验收。

2. 前期决策情况

1)前期决策背景

河北省交通厅于1997年启动南高营枢纽互通至申后段的建设工作。

2)前期决策过程

河北省交通厅根据省长办公会议纪要1988年第11号文、1989年第26号文《关于修建石太公路复线工程的指示》和交通部(89)交计字172号《关于下达"八五"第一批公路建设重点项目的前期工程计划的通知》要求,指派河北道路开发公司筹备处(省道路开发中心前身)负责完成河北省政府和交通部交给的任务。

(1)石太高速公路南高营至申后段于1991年4月提出预可行性研究报告。

(2)1991年6月向交通部呈报项目建议书,1992年5月交通部以交计发〔1992〕364号文批复项目建议书。

(3)1992年7月提出工程可行性研究报告,1992年9月向交通部呈报工程可行性研究报告,同年12月交通部以交计发〔1992〕1140号文批复可行性研究报告。

(二)建设情况

1. 项目准备阶段

1)项目审批

(1)1992年4月委托交通部公路规划设计院进行初步设计,1992年12月完成初步设计文件。1993年7月向交通部呈报初步设计文件,同年9月交通部以交工发〔1993〕975号文批复初步设计文件。

(2)1993年安排施工图设计任务,1993年6月设计单位提交征地、拆迁设计图表,并派人进现场放样,埋置占地界桩;1993年12月提交分标段的施工图设计文件。

2)资金筹措

本项目概算投资2.713亿元,竣工决算投资3.202亿元,平均每公里造价1619.30万元。

3)合同段划分及招投标

(1)合同段划分

①路基和构造物工程分为10个合同。

②路面和交通工程为1个合同。

③房建分为5个合同。

④通信工程分为1个合同。

⑤收费系统工程分为1个合同。

(2)招投标

石太高速公路南高营至申后段按照交通部《公路工程施工招投标管理办法》的要求,采用邀请招标与议标和单价合同的承包方式选择承包商。

①1993年12月二期路基和构造物工程8个合同,向31家施工单位发邀请函,经资格预审,有30个施工单位取得投标资格。1994年2月22日在石家庄公开开标,由评审委员会进行评审,评标结果经河北省建设委员会招标办公室批准。

②路面和交通工程合同是议标,由河北省公路工程局承担,1995年4月15日在石家庄举行承包合同签字仪式。

③1994年11月房建工程五个合同向26家施工单位发邀请函,经资格预审,有21个

施工单位取得投标资格。1994年12月1日在石家庄公开开标,由评标委员会进行评审,评标结果经河北省建设委员会招标办公室批准。

④通信工程合同是议标,由铁道部电气化工程局一处五段承担。

⑤收费系统工程合同是议标,由机械电子工业部五十四研究所交通电子公司承担。

4)参建单位主要情况

(1)建设单位

本项目建设单位是河北省石太公路建设指挥部,项目执行机构是河北省道路开发中心。

(2)设计单位

详见表8-12-16。

(3)施工单位

详见表8-12-16。

5)征地拆迁

征地拆迁工作是石太高速公路南高营至申后段建设前期准备工作的一个重要组成部分。针对此项工作涉及面广、工作复杂的特点,指挥部专门设置了地方工作处,并抽调事业心强、具有丰富工作经验的同志专门负责此项工作。在各级政府的重视和各级土地管理部门的积极配合下,通过省指挥部和两县一区分指挥部的艰苦细致和卓有成效的工作,仅用4个月就完成了全线的征地拆迁工作。

全线共征用永久占地2366亩,拆迁房屋5037m^2。征地拆迁费(包括地方事务)共计2810万元。

2. 项目实施阶段

1)施工过程

(1)该工程1994年6月23日开工,于1995年10月18日建成通车,1995年10月21日正式收费运营。

(2)河北省交通厅于1997年5月15日进行了交工验收工作。

石太高速公路南高营至申后段(南高营枢纽互通至高庄枢纽互通段)建设生产要素统计见表8-12-17。

2)重要决策

1994年6月23日开工建设,1995年10月18日建成通车。

3)各项活动

河北省交通厅于1997年5月15日进行了交工验收工作。

第八章 高速公路建设项目

表 8-12-16 石太高速公路南高营至申后段（南高营枢纽互通至高庄枢纽互通段）合同段划分一览表

参建单位	类型	参建单位名称	合同段编号及起讫桩号	主要内容	主要负责人	备注
项目管理单位		河北省石太公路建设指挥部				
设计单位		交通部公路规划设计院		路基、路面、桥梁、房建		
		交通部公路科学研究所		交通工程		
		西安公路研究所				
施工单位	路基桥涵	北京市延庆路桥公司	三合同：K197+400～K199+250	路基、涵洞、通道、小桥、分离式立交、太平河大桥	姚杰	
		河北省公路工程局三处	四合同：K199+250～K204+250	路基、涵洞、通道、小桥、分离式立交	郭士军	
		河北省公路工程局五处	五合同：K204+250～K206+000	路基、涵洞、通道、石清路互通立交、石清路大桥	刘聚仓	
		承德市公路工程一处	六合同：K206+000～K208+000	路基、涵洞、通道	王亚林	
		邢台路桥建设总公司	七合同：K208+000～K210+700	路基、涵洞、通道、分离式立交、小桥、赵陵铺大桥	张耕良	
		铁道部第十六工程局第四工程处	八合同：K210+700～K212+500	路基、涵洞、通道	刘三元	
		交通部公路一局二公司	九合同：K212+500～K214+500	路基、通道、涵洞、柳辛庄互通立交	黎儒国	
		石家庄市公路管理处工程一公司	十合同：K214+500～K217+130	路基、通道、涵洞、分离式立交	杜国栋	
	路面和交通工程	河北省公路工程局一处	I合同：K194+600～K217+130	路面、交通工程		

石太高速公路南高营至申后段(南高营枢纽互通至高庄枢纽互通段)　表8-12-17
建设生产要素统计表

路线编号	建设时间	钢筋（t）	沥青（t）	水泥（t）	砂石料（m³）	机械工（工日）	机械（台班）
G1811	1994—1995	5028	7338	39289	—	—	—

(三)运营养护管理

1. 服务设施

本项目建成时设置1处服务区,为石家庄服务区。由于铁路货迁占地已被拆除。

2. 收费设施

目前设置收费站3处。出入口数量截至2016年底共计24条,其中ETC车道6条(表8-12-18)。

石太高速公路南高营至申后段(南高营枢纽互通至高庄枢纽互通段)　表8-12-18
收费设施一览表

收费站名称	桩号	入口车道数		出口车道数		收费方式
		总车道	ETC车道	总车道	ETC车道	
西古城收费站	K302+855	3	1	6	1	MTC+ETC
石清路收费站	K311+359	2	1	3	1	
南新城收费站	K317+128	4	1	6	1	

3. 养护管理

本项目养护里程19.774km,养护工区设置在G20青银高速公路段。

4. 监控设施

本项目实行全程监控(表8-12-19)。

石太高速公路南高营至申后段(南高营枢纽互通至高庄枢纽互通段)　表8-12-19
监控设施一览表

监控设施名称	桩号	占地面积(亩)	建筑面积(m²)
石家庄监控分中心	K291+000	—	317.6

5. 交通流量

石太高速公路南高营至申后段(南高营枢纽互通至高庄枢纽互通段)交通量情况如表8-12-20、图8-12-6所示。

石太高速公路南高营至申后段(南高营枢纽互通至高庄枢纽互通段) 表8-12-20
交通量(自然数)发展状况表

	年份	2008	2009	2010	2011	2012	2013	2014	2015	2016
交通量(辆)	井陉西收费站	7053536	6858585	8168644	8254120	8018886	8774173	8528884	8055632	6307786
	秀林收费站	1650371	1544471	1537896	1336413	1521065	1642459	2228559	1581896	1946775
	井陉收费站	991976	952875	1378032	1284405	2973834	1778366	1471588	1362954	1357918
	鹿泉收费站	2179252	2364562	3018003	2870817	2973834	3061844	2597457	3021984	3524352
	石清路收费站	2121809	1535219	1351266	1468689	1384080	1337266	1584193	1987622	2638921
	西古城收费站	4347356	4645876	4619086	4319723	5143805	5618242	5875498	7468223	8470112
	南新城收费站		301643	472192	1284405	2460962	2108515	3143245	3266117	3672405
	合计	18344300	18203231	20545119	20818572	24476466	24320865	25429424	26744428	27918269
收费站年平均日交通量(辆/日)		50258	49872	56288	57037	67059	66633	69670	73272	76488

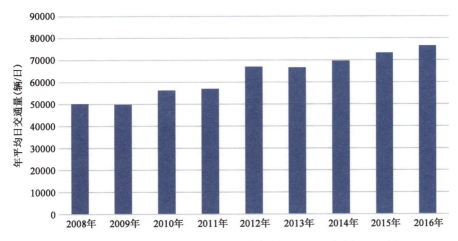

图8-12-6 石太高速公路南高营至申后段(南高营枢纽互通至高庄枢纽互通段)
收费站年平均日交通量(自然数)增长柱状图

第十三节 G1812(沧州—榆林)河北段(沧县—阜平县)

G1812沧州至榆林高速公路是G18荣乌高速公路的六条联络线之一,是河北省"五纵六横七条线"高速公路网中的重要组成部分,河北境内起自沧州市沧县,止于保定市阜平县,全长267.532km。沿线途经沧州市的沧县、献县、河间市、任丘市,保定市的蠡县、高阳县、清苑区、南市区、满城区、顺平、唐县、曲阳、阜平县,本工程的建设将连接河北沧州与陕西榆林,又增加一条西煤东运的重要通道,是山西、内蒙古等地联系河北省沿海城市与港口以及整个华北地区联系华东及东南沿海城市的重要运输通道。

G1812 沧州至榆林高速公路河北境内由两条路段组成,分别是保沧高速公路(崔尔庄至保定段)和保阜高速公路保定至阜平(冀晋界)段。

(1)保沧高速公路(崔尔庄至保定段)于2007年12月建成通车,由河北省保沧高速公路有限公司负责运营养护,运营桩号K0+000~K120+248,全长120.248km,设计速度120km/h,双向四车道,路基宽28m。

(2)保阜高速公路保定至阜平(冀晋界)段于2011年12月建成通车,由保阜高速公路有限公司负责运营养护,运营桩号K0+000~K147+724,全长147.284km,设计速度分别为80km/h、100km/h、120km/h,双向四车道,路基宽度27、28m。

G1812 高速公路项目信息见表8-13-1,路线平面示意如图8-13-1、图8-13-2所示。

G1812(沧州—榆林)河北段(沧县—阜平县)项目信息采集表　　表8-13-1

项目名称	路段起讫桩号		规模(km)		设计速度(km/h)	路基宽度(m)	投资情况(亿元)			资金来源	建设时间(开工~通车)	备注
	起点桩号	讫点桩号	合计	车道数			估算	概算	决算			
保沧高速公路(崔尔庄至保定段)	K0+000	K120+248	120.248	四车道	120	28.0	—	49.204	45.629	—	2004.11~2007.12	
保阜高速公路保定至阜平(冀晋界)段	K0+000	K147+724	147.284		120/100/80	28.0	112.400	114.670	—	地方自筹、银行贷款	2007.04~2011.12	

一、保沧高速公路(崔尔庄至保定段)

(一)项目概况

1. 基本情况

1)功能定位

保沧高速公路(崔尔庄至保定段)是河北高速公路网的重要组成部分,对连接区内的京港澳、大广、石黄等高速公路,形成快速高效的公路网有着重要意义。同时,该项目还是河北省第一条民营资本参与投资建设和运营管理的高速公路,实现了项目业主多元化、投资主体多元化、筹资方式多元化,是河北省高速公路建设史上的一次新突破。

2)技术标准

采用双向四车道,设计速度120km/h,路基宽度28.0m。平曲线最小长度采用2300m,最大纵坡采用2%。

第八章
高速公路建设项目

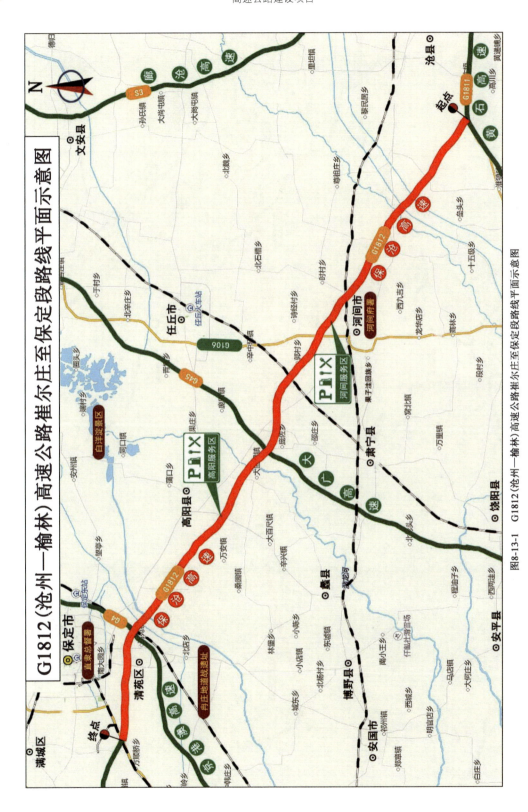

图8-13-1 G1812（沧州—保定）高速公路崔尔庄至保定段路线平面示意图

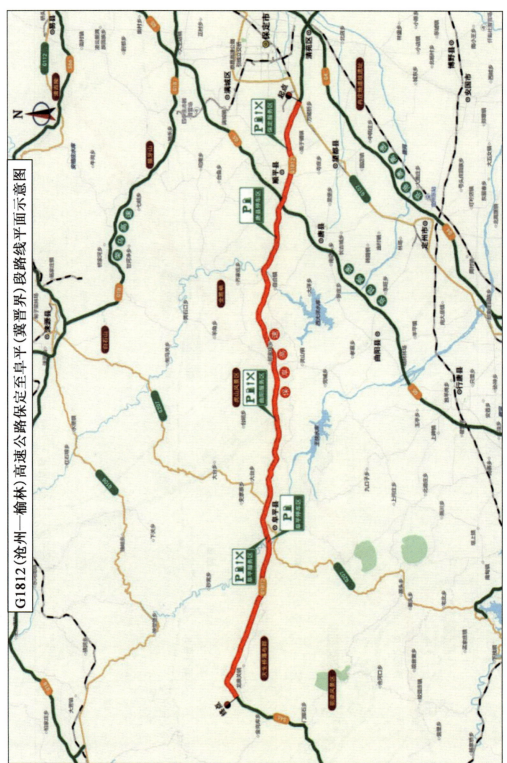

图8-13-2　G1812（沧州—榆林）高速公路保定至阜平（冀晋界）段路线平面示意图

3）建设规模

本项目建设里程长120.248km，其中：特大桥3座，大桥18座，中桥61座，小桥132座，桥梁长度占路线总长度的23.89%；互通式立交11处（其中服务型互通8处，枢纽型互通3处），分离式立交11处，通道274处，天桥17座；匝道收费站8处；服务区2处，停车区4处；管理、养护、服务、监控房屋建筑面积31157m^2。

4）主要控制点

保定市（南市区、满城区、清苑区、高阳县、蠡县）、沧州市（河间市、任丘市、献县、沧县）。共计2个市、9个县（市）、32个乡镇。

5）地形地貌

项目属平原地貌，多为亚砂土、亚黏土、粉砂亚砂土，地势西高东低。

6）路面及主要构造物

本项目采用沥青混凝土路面，4cm AC-13细粒式改性沥青混凝土，6cm AC-20I中粒式改性沥青混凝土，8cm AC-25I粗粒式沥青混凝土，18cm水泥稳定级配碎石，18cm石灰、粉煤灰稳定级配碎石，18cm石灰稳定土。

主要构造物采用连续梁桥。

7）投资规模

项目概算投资49.204亿元，竣工决算投资45.629亿元，平均每公里造价3796.09万元。

8）开工及通车、竣工时间

2004年11月开工建设，2007年12月交工通车。

2. 前期决策情况

1）前期决策背景

本项目是河北省"五纵六横七条线"高速公路网中"第五线"，在全省公路网中占重要位置。是全面建设小康社会《河北省公路发展目标》计划中2003至2007年竣工项目，是河北省中、西部内陆地区等地联系河北省沿海城市与港口的重要运输通道。

2）前期决策过程

河北省人民政府2003年8月11日，以冀政函〔2003〕86号文，批复了《河北省2003至2007年高速公路建设计划》，中交第一公路勘察设计研究院河北分院于2003年12月完成该项目预可行性研究报告的编制工作。

(1) 2004年3月31日，河北省发展和改革委员会以冀发改交通〔2004〕335号文，批复了《保定至沧州公路沧州段高速公路工程可行性研究报告》。

(2) 2004年4月1日，河北省发展和改革委员会以冀发改交通〔2004〕369号文，批复了《保定至沧州公路保定段高速公路工程可行性研究报告》。

(二)建设情况

1. 项目准备阶段

1) 项目审批

(1)2004年6月27日,河北省发展和改革委员会以冀发改投资[2004]836号文,批复了《保定至沧州公路保定段高速公路初步设计》。

(2)2004年6月27日,河北省发展和改革委员会以冀发改投资[2004]837号文,批复了《保定至沧州公路沧州段高速公路初步设计》。

(3)2004年6月10日,河北省环境保护局以冀环管[2004]142号文,批复了《保定至沧州公路保定段高速公路环境影响报告书》。

(4)2004年6月10日,河北省环境保护局以冀环管[2004]141号文,批复了《保定至沧州公路沧州段高速公路环境影响报告书》。

(5)2005年1月5日,国土资源部以国土资函[2004]569号文,批复了《保定至沧州公路沧州段高速公路工程建设用地》。

(6)2005年1月5日,国土资源部以国土资函[2004]575号文,批复了《保定至沧州公路保定段高速公路工程建设用地》。

(7)2005年4月30日,河北省交通厅公路管理局以冀交公路字[2005]70号文,批复了《保定至沧州公路保定段高速公路主体工程两阶段施工图设计文件》。

(8)2005年4月30日,河北省交通厅公路管理局以冀交公路字[2005]71号文,批复了《保定至沧州公路沧州段高速公路主体工程两阶段施工图设计文件》。

(9)2005年7月15日,河北省交通运输厅对保定至沧州公路保定段高速公路建设项目施工许可(冀交基字[2005]321号)进行了批复,同意开工建设。2005年7月19日,省交通厅对保定至沧州公路沧州段高速公路建设项目施工许可(冀交基字[2005]322号)进行了批复,同意开工建设。

(10)2005年10月28日,河北省交通厅公路管理局以冀交公路字[2005]264号文,批复了《保沧高速公路保定段房建工程施工图设计文件》。

(11)2005年12月8日,河北省交通厅公路管理局以冀交公路字[2005]274号文,批复了《保沧高速公路沧州段房建工程施工图设计文件》。

(12)《关于保沧高速公路机电工程施工图设计文件的批复》冀交公路[2007]143号。

(13)2007年2月13日,河北省交通厅公路管理局以冀交公路[2007]49号文,批复了《保沧高速公路保定段安全设施和绿化工程两阶段施工图设计文件》。

(14)2007年2月13日,河北省交通厅公路管理局以冀交公路[2007]50号文,批复了《保沧高速公路沧州段安全设施和绿化工程两阶段施工图设计文件》。

2）资金筹措

本项目概算总投资 49.204 亿元，项目资本金 17.228 亿元，由项目法人河北保沧高速公路有限公司负责筹集，其余 31.975 亿元申请银行贷款。竣工决算为 45.629 亿元，投资节约 3.574 亿元，平均每公里造价 3796.089 万元。

3）合同段划分及招投标

（1）合同段划分

根据各专业的工程内容标段划分如表 8-13-2 所示。

①土建工程设计标段划分 2 个标段，房建工程设计划分 1 个标段，绿化工程设计划分 1 个标段，机电工程设计 1 个标段。

②施工标段划分：根据工程内容的不同，土建工程划分 14 个标段，机电工程划分 1 个标段，房建工程划分 7 个标段，绿化工程划分 8 个标段，交通安全设施划分 22 个标段。

③施工监理标段划分：根据工程内容设 2 个总监办公室，8 个土建工程驻地监理标段，3 个房建工程监理标段，1 个机电工程监理标段。

（2）招投标

按照国家颁布的《招投标法》和交通部颁布的《公路工程施工招标投标管理办法》《公路工程施工招标资格预审办法》《公路工程施工招标评标办法》的要求，由项目法人单位组织招标工作。

①2004 年 9 月 3 日共有 93 家土建工程施工单位通过资格预审，参加本项目主线土建工程 8 个合同段的投标。2004 年 10 月 20 日下午在石家庄（河北省工会大厦）公开开标，采用投标担保形式，合理低价中标方式。由河北省交通厅、河北省发改委等单位组成评标委员会评审出 8 家中标单位。

②2006 年 1 月 10 日共有 26 家房建工程施工单位通过资格预审，参加本项目房建工程 4 个合同段的投标。2006 年 4 月 12 日上午在石家庄公开开标，根据评标价计算评审排序，推荐得分最高的投标人为中标候选人，确定了 4 家中标单位。

③2006 年 12 月 12 日保沧机电工程在石家庄公开开标，由评标委员会进行评审，确定 1 家中标单位。

④2007 年 6 月 12 日有 68 家交通安全设施工程施工单位通过资格预审，参加交通安全设施 4 个合同段的投标。2007 年 6 月 12 日上午在石家庄河北华能有限责任公司公开开标，确定了 4 家中标单位。

⑤2007 年 7 月 1 日下午保沧绿化工程在石家庄公开开标，确定了 8 家中标单位。

⑥2007 年 7 月 19 日上午保沧声屏障工程在石家庄公开开标，采用评标价为基准，投标最高得分者为中标候选人，确定了 2 家中标单位。

保沧高速公路（崔尔庄至保定段）合同段划分一览表

表 8-13-2

参建单位	类型	参建单位名称	合同段编号及起讫桩号	标段所在地	主要内容	主要负责人	备注
项目管理单位		河北保沧高速筹建管理处			主线土建工程	刘建民	
勘察设计单位	土建工程设计	河北省交通规划设计院			主线土建工程	朱冀军	
		中交第一公路勘察设计研究院				成威	
施工单位	土建工程	中铁一局集团第一工程有限公司	1：K0+000～K13+825		路基、桥涵、路面工程	张同伟	
		路桥集团第二公路工程局	2：K13+825～K20+180		路基、桥涵、路面工程	瞿东明	
		中铁一局集团第二工程有限公司	3：K20+180～K22+260		特大桥工程	陈明春	
		中铁十七局集团第二工程有限公司	4：K22+260～K32+750		路基、桥涵、路面工程	毕永清	
		中铁二十局集团第二工程有限公司	5：K32+750～K44+100		路基、桥涵、路面工程	张西轩	
		中铁二局股份有限公司	6：K44+100～K46+200		特大桥工程	兰文峰	
		山西路桥第一工程有限责任公司	7：K46+200～K53+490		路基、桥涵、路面工程	张文芸	
		中铁十五局集团第五工程有限公司	8：K53+490～K63+200		路基、桥涵、路面工程	戴易华	
		天津城建集团有限公司	9：K64+000～K75+000		路基、桥涵、路面工程	满俊明	
		廊坊市交通公路工程有限公司	10：K75+000～K85+000		路基、桥涵、路面工程	杨涛	
		天津五市政公路工程有限公司	11：K85+000～K96+000		路基、桥涵、路面工程	王迅	
		中国铁路工程总公司	12：K96+000～K104+750		路基、桥涵、路面工程	张有权	
		中铁十四局集团第三工程有限公司	13：K104+750～K107+750		特大桥工程	刘美良	
		科达集团股份有限公司	14：K107+750～K123+348		路基、桥涵、路面工程	李世祥	

⑦2006年9月7日有28家沥青材料的供货单位通过资格预审,参加6个合同段的投标。2006年9月28日在石家庄公开开标,确定了6家中标单位。

4)参建单位主要情况

(1)建设单位

本项目建设单位是河北省高速公路管理局,现已合并为河北省高速公路管理局(集团),项目执行机构是河北省保沧高速公路筹建管理处,运营管理机构是河北保沧高速公路有限公司。

(2)设计单位

①土建工程设计单位:河北省交通规划设计院和中交第一公路勘察设计研究院。
②交通工程设计单位:河北省交通规划设计院和中交第一公路勘察设计研究院。
③绿化工程设计单位:河北省交通规划设计院。

(3)施工单位

详见表8-13-2。

5)征地拆迁

保沧高速公路全长120.2km,分保定段和沧州段两段建设,途经保定市及沧州市9个县(区)、32个乡镇(表8-13-3)。为确保建设顺利进行,针对保沧高速公路建设里程长、政策性强、地方问题复杂的特点,成立了保定市、沧州市高速公路建设指挥部,沿线各县也成立了相应指挥部,负责本线县段的征地拆迁和建设环境协调,为落实政策、落实地方工作、落实人口安置、落实征地拆迁指标提供了组织保证。

保沧高速公路(崔尔庄至保定段)征地拆迁统计表　　　表8-13-3

高速公路编码	项目名称	征地拆迁安置起止时间	征用土地(亩)	拆迁房屋(m^2)	拆迁占地费(万元)	备注
G1812	保定至沧州高速公路	2005.3~2008.10	14171.7	30547.73	49768	

2004年10月20日地方科会同沿线指挥部、乡镇政府对地上附着物进行清点,登记造册,签字确认。2005年3月1日征地拆迁工作正式开始,2008年10月征地拆迁工作结束。

征地拆迁工作中,在保定、沧州市委、市政府和沿线县委、县政府的大力支持下,保沧高速公路严格掌握政策法规,合理确定拆迁补偿标准,千方百计做好地方工作,在高速公路建设过程中,积极帮助征地拆迁困难群众,为施工单位排忧解难,创造了良好的施工环境,确保了高速公路的顺利建设。

2. 项目实施阶段

1）施工过程

（1）主线土建工程于 2004 年 11 月 20 日开工，2007 年 12 月 12 日完工。

（2）房建工程于 2006 年 5 月开工，2007 年 11 月 11 日完工，预留项目 2008 年 5 月开工，2008 年 10 月完工。

（3）机电工程于 2007 年 4 月 2 日开工，2007 年 12 月 1 日完工，预留项目 2008 年 8 月 1 日开工，2008 年 10 月 15 日完工。

（4）交通安全设施工程于 2007 年 7 月开工，2007 年 12 月完工。

（5）绿化工程于 2007 年 10 月 1 日开工，2008 年 10 月 1 日完工。

（6）2007 年 12 月，施工单位完成了合同约定的各项工程内容，经自检、监理检查、省质监站检测鉴定，达到了交工验收条件。施工单位向项目法人提出交工验收申请，筹建处于 2007 年 12 月 12 日组织了交工验收，各项工程验收合格。

2）重要决策

（1）2004 年 11 月 20 日，保定至沧州高速公路开工奠基仪式在保定市高阳县高阳互通建设工地举行，河北省副省长付双建、河北省交通厅厅长焦彦龙等领导出席奠基仪式（图 8-13-3）。

图 8-13-3　奠基仪式

（2）2007 年 12 月 20 日，保定至沧州高速公路通车典礼在京石高速公路枢纽互通处隆重举行，河北省副省长张和出席并宣布本工程建成通车，河北省交通厅厅长焦彦龙等省直相关部门领导和保定市、沧州市领导也出席了通车典礼（图 8-13-4）。

3）各项活动

2005 年 7 月 21 日，保定至沧州高速公路开展"大干 120 天"活动动员会，确保完成全年任务目标。

图 8-13-4　通车典礼

（三）科技创新

河北保沧高速公路有限公司在项目管理创新、技术创新、技术推广上实现了新的突破。其中管理创新 2 项：

（1）高速公路沥青路面施工质量过程控制技术研究。本研究通过正确的指标选择和合理的检测要求，实施在线检测，并结合先进的数理统计工具，使之成为真正意义的过程控制。通过该课题的研究，对完善路面施工质量控制方法，使河北省在施工质量过程控制的研究上走在全国的前列，对提高高速公路建设质量，延长路面使用寿命，具有重大意义。

（2）预应力梁的应力测试及预警技术研究。本研究通过分离出收缩、徐变、温度的影响，找出预应力混凝土应力测试的准确可靠方法，取得施工期及运营期应力预警系统的方案布置成果，适用于全省范围内推广。

技术创新 4 项：

（1）保沧高速公路盐渍土性状及路基修筑成套技术研究。本课题的立项和实施不仅可以查明保沧线盐渍土的类型、含量级别、提出不同盐渍土的工程特性及其处治对策，有力指导保沧路的施工，保证其盐渍土路段的工程质量和寿命，而且对全省其他盐渍土地区的高速公路建设具有重要的借鉴和指导意义。

（2）新型支挡结构水平位移与施工控制技术研究。本研究总结了土工格栅加筋土新型支挡结构的施工工艺，其 9m 高的土木格栅加筋土新型支挡结构在河北省首次使用，该研究成果具有广阔的应用前景，为填补土工格栅加筋土新型支挡结构水平位移变形机制，土工合成材料在河北省交通部门的推广应用具有重要的现实意义、经济效益和社会效益显著。

（3）土木格栅与水泥搅拌联合加固软土地基的机理及设计方法研究。这一课题对于指导桩承土工格栅处理软基的设计与施工,扩大水泥搅拌桩承土工格栅在软基处理中的应用,以及对于今后制订 GRPS 法加固软基的规范等都具有重要的理论与实践意义。

(4)抗裂沥青混合料的技术研究。本研究以半刚性基层沥青路面为对象,通过提高下面层沥青混合料抗裂性能,达到防止或延缓半刚性路面开裂的目标。根据河北省交通厅下发《关于下达 2006 年科技项目计划的通知》(冀交科教〔2006〕145 号),开展了"抗裂沥青混合料的技术研究"课题试验。该项综合技术创新荣获河北省科技进步三等奖。

(四)运营养护管理

1.服务设施

全线设高阳和河间 2 处服务区(表 8-13-4)。

保沧高速公路(崔尔庄至保定段)服务区一览表　　表 8-13-4

高速公路编码	服务区名称	桩号	所在区域	占地(亩)	建筑面积(m²)
G1812	高阳服务区	K35	高阳县	60	6400
G1812	河间服务区	K90	河间市	60	6400

2.收费设施

全线设朝阳路、大庄、高阳、高阳东、河间北、河间、沙河桥、韩村 8 处收费站(表 8-13-5)。

保沧高速公路(崔尔庄至保定段)公路收费设施一览表　　表 8-13-5

收费站名称	桩号	入口车道数		出口车道数		收费方式
		总车道	ETC 车道	总车道	ETC 车道	
朝阳路收费站	K10+314	6	2	8	2	MTC + ETC
大庄收费站	K25+015	4	2	4	2	
高阳收费站	K40+601	3	1	5	1	
高阳东收费站	K57+889	2	1	2	1	
河间北收费站	K75+894	3	1	5	1	
河间收费站	K84+569	3	1	5	1	
沙河桥收费站	K99+327	3	1	5	1	
韩村收费站	K108+073	2	1	2	1	

3.养护管理

本项目养护里程 120.189km,设置高阳、河间 2 处养护工区,其中高阳工区地处高阳与蠡县交界处,河间工区地处106国道河间处,临近河间市、任丘市(表8-13-6)。

保定至沧州高速公路养护设施一览表 表8-13-6

养护工区名称	桩　　号	路段长度(km)	占地面积(亩)	建筑面积(m²)
高阳养护工区	K39+950	57.889	15	1906
河间养护工区	K75+600	62.3	11.5	2069

4.监控设施

本项目设置保沧监控中心,负责保沧高速公路(崔尔庄至保定段)区域的运营监管。

5.交通流量

保沧高速公路(崔尔庄至保定段)交通量情况如表8-13-7、图8-13-5所示。

保沧高速公路(崔尔庄至保定段)交通量(自然数)发展状况表　表8-13-7

年　　份		2008	2009	2010	2011	2012	2013	2014	2015	2016
交通量(辆)	朝阳路	1384693	1644284	2082250	2775272	2790601	3054336	3923564	3185253	3526872
	大庄	21088	341413	420510	555723	550701	802533	1329584	717430	788942
	高阳	1101287	1372166	1295238	2014875	2299281	2290090	2047120	2274998	2850276
	高阳东	26567	360471	807863	858386	931838	852409	1042775	1137145	1305300
	河间北	1089436	1181778	1632577	1680454	1876062	1852662	1943742	1922280	2017336
	河间	826568	898504	1377183	1722177	2300794	3095356	2562056	2703723	3633307
	沙河桥	230246	738121	1042744	1681353	2052712	2611271	2307328	2317016	3285639
	韩村	9069	100667	120108	187178	214712	306897	326809	392588	313683
	合计	4688954	6637404	8778473	11475418	13016701	14865554	15482978	14650433	17721355
收费站年平均日交通量(辆/日)		12846	18185	24051	31440	35662	40728	42419	40138	48552

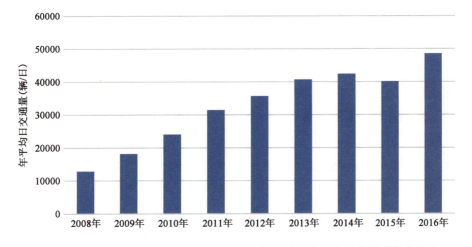

图8-13-5　保沧高速公路(崔尔庄至保定段)收费站年平均日交通量(自然数)增长柱状图

二、保阜高速公路保定至阜平(冀晋界)段

(一)项目概况

1. 基本情况

1)功能定位

保阜高速公路保定至阜平(冀晋界)段项目是河北省高速公路建设指挥部于2005年6月批复的河北省高速公路"6+3"重点项目之一,是河北省规划的"五纵六横七条线"高速公路网的重要组成部分。保阜高速公路是河北省"东出西联"的大通道,对促进西部山区脱贫致富、开发沿线旅游资源以及拉动沿线经济发展具有十分重要的意义。

2)技术标准

采用双向四车道,起点至西朝阳互通式立交段,设计速度120km/h,路基宽度28.0m;西朝阳互通式立交至阜平西互通式立交段设计速度100km/h,路基宽度28.0m;阜平西互通式立交段至冀晋界段设计速度80km/h,路基宽度27.0m。平曲线最小半径采用700m,最大纵坡采用4%。

3)建设规模

本项目建设里程长147.284km,其中:特大桥5182m/4座,大桥33556m/119座,中桥2395m/43座,小桥644m/73座,涵洞278道,桥梁长度占路线总长度的28.4%;互通式立交9处(其中服务型互通8处,枢纽型互通1处),分离式立交20处,天桥9座,通道63处;特长隧道3317.95m/2座,长隧道1005m/1座,中隧道4542m/5座,短隧道1915m/6座;主线收费站1处,匝道收费站8处;服务区3处,停车区2处;管理、养护、服务、监控房屋建筑面积42338.6m^2。

4)主要控制点

满城区、顺平县、唐县、曲阳县、阜平县,共计5个区(县)。

5)地形地貌

项目穿越太行山中麓和河北平原,区内山势陡峻,沟壑纵横,地形复杂,地貌单元多,在低山丘陵区山势较缓,平原区地势平坦,地貌主要为河流冲洪积地貌,全线总的地势是西高东低,起伏较大,海拔37~1800m。

项目区穿越两种地貌单元,冀西山地和河北平原地区。地表形态以山地、沟谷和山前冲洪积平原为主。

6)路面及主要构造物

本项目主要采用两种沥青混凝土路面:

4cm AC-13C改性沥青混凝土,8cm AC-20C改性沥青混凝土,12cm沥青稳定碎石

(ATB-30),17(重车方向 20)cm 水泥稳定碎石,17(重车方向 20)cm 水泥粉煤灰稳定碎砾石,18cm 级配碎石。

4cm AC-13C 改性沥青混凝土,8cm AC-20C 改性沥青混凝土,12cm 沥青稳定碎石(ATB-30),34(重车方向 40)cm 水泥稳定碎石,18cm 水泥稳定碎石。

主要构造物采用连续梁和连续钢梁桥。

7)投资规模

项目概算投资 114.670 亿元,平均每公里造价 7785.658 万元。

8)开工及通车、竣工时间

2007 年 4 月开工建设,一期工程(起点至京昆段)30km,于 2009 年 10 月 1 日通车;二期工程(京昆至阜平县城段)78km,于 2010 年 12 月 16 日通车;三期工程(阜平县城至冀晋界)39km,于 2011 年 12 月 7 日建成通车。

2. 前期决策情况

1)前期决策背景

保阜高速公路保定至阜平(冀晋界)段高速公路是保定市"三纵三横"高速公路网布局中的重要一横。2005 年 8 月,经河北省政府同意,将保阜高速公路保定至阜平(冀晋界)段高速公路列入《河北省 2003—2007 年高速公路建设计划》。

2)前期决策过程

河北省交通厅于 2005 年 2 月 21 日以冀交函规字〔2005〕019 号文《关于同意你市作为张石高速公路保定段、保阜高速公路项目业主的函》,明确保定市为保阜高速公路项目业主。

2005 年 6 月 14 日,河北省高速公路建设指挥部以冀高指字〔2005〕03 号文《关于印发〈高速公路"6+3"项目前期工作进度安排计划〉的通知》将保阜高速公路列入河北省"6+3"项目。

(1)2005 年 12 月 20 日,河北省发展和改革委员会以冀发改交通〔2005〕1256 号文批复了《保阜高速公路保定至阜平(冀晋界)段项目建议书》。

(2)2005 年 12 月 28 日,河北省国土资源厅以冀国土资函〔2005〕702 号文下发了《关于保阜高速公路保定至阜平(冀晋界)段项目用地的预审意见》。

(3)2006 年 8 月 17 日,河北省发展和改革委员会以冀发改交通〔2006〕954 号文批复了《保阜高速公路保定至阜平(冀晋界)段工程可行性研究报告》。

(二)建设情况

1. 项目准备阶段

1)项目审批

该项目严格执行了交通基本建设程序,从项目建议书、工程可行性研究、初步设计、施

工图设计、工程施工、监理招投标及工程开工报告的审批,各个环节手续齐全,具体如下:

(1)2006年11月3日,河北省发展和改革委员会以冀发改投资〔2006〕1355号文,批复了《关于保阜公路保定至阜平(冀晋界)段初步设计》。

(2)2007年4月16日,河北省交通厅公路管理局以冀交公字〔2007〕98号文,批复了《关于保定至阜平(冀晋界)段高速公路主体工程两阶段施工图设计文件》。

(3)2007年8月16日,河北省公路工程质量监督站以编号BF070816号文《河北省公路工程质量监督通知书》明确对保阜高速公路进行质量监督工作。

(4)2008年11月4日,河北省交通厅公路管理局以冀交公路〔2008〕401号批复了《关于保阜公路保定至阜平(冀晋界)段高速公路房建工程施工图设计》。

(5)2008年11月27日,国土资源部以国土资函〔2008〕771号批复了《国土资源部关于保阜公路保定至阜平(冀晋界)段工程建设用地》。

(6)2009年3月27日,河北省交通运输厅以冀交通〔2009〕—16000001号颁发保定至阜平(冀晋界)高速公路施工许可证。

(7)2009年4月23日,河北省交通运输厅公路管理局以冀交公〔2009〕159号文,批复了《关于保阜公路保定至阜平(冀晋界)段高速公路交通安全设施及环境保护工程施工图设计文件》。

2)资金筹措

本项目概算总投资114.67亿元,项目资本金40.13亿元,由河北省交通运输厅负责筹措50%(20.07亿元),申请国家开发银行软贷款解决50%(20.07亿元)。

3)合同段划分及招投标

(1)合同段划分

根据各专业的工程内容,标段划分见表8-13-8。

①土建工程和绿化、机电工程设计划分1个标段,房建工程设计划分1个标段。因长城岭隧道与山西交界,山西占2/3,根据两省交通运输厅意见,机电设计单位由山西忻阜高速公路管理处确定。

②施工标段划分:根据工程内容的不同,土建工程划分26个标段,机电工程划分4个标段,房建工程划分11个标段,交通安全设施划分4个标段,绿化和环保工程划分2个标段。

③施工监理标段划分:根据工程内容设1个总监办公室,6个土建工程驻地监理标段,3个房建工程驻地监理标段,1个机电工程监理标段。

(2)招投标

按照国家颁布的《招投标法》和交通部颁布的《公路工程施工招标投标管理办法》《公路工程施工招标资格预审办法》《公路工程施工招标评标办法》的要求,由项目法人单位组织招标工作。

第八章 高速公路建设项目

保阜高速公路保定至阜平（冀晋界）段高速公路合同段划分一览表

表 8-13-8

参建单位	类型	参建单位名称	合同段编号及起讫桩号	标段所在地	主要内容	主要负责人	备注
项目管理单位		保定市保阜高速公路筹建处				陈学普/于连春	
勘察设计单位	土建、房建、交通、绿化、机电工程勘察设计	中交第一公路勘察设计研究院和河北省建筑设计研究院组成的联合体			土建、房建、交通、绿化、机电工程勘察设计	霍明、郜刚	
施工单位	土建工程	保定申成路桥有限责任公司	LJ-01A：K0+000～K1+635，K3+030～K4+000	保定、满城	路基、桥涵、保定西互通	孙建考	
		中铁十七集团有限公司	LJ-01B：K1+635～K3+030	满城	京广铁路分离式立交	郝俊文	
		江西中煤建设工程有限公司	LJ-02：K4+000～K19+000	满城	路基、桥涵	金万军	
		保定申成路桥有限公司	LJ-03：K19+000～K30+000	满城、唐县	路基、桥涵、西朝阳枢纽互通	曹永占	
		唐山远大交通工程有限公司	LJ-04：K30+000～K38+500	唐县	路基、桥涵	张刚	
		中星路桥工程有限公司	LJ-05：K38+500～K47+200	唐县	路基、桥涵、南唐梅隧道	王国正	
		陕西明泰工程有限公司	LJ-06：K47+200～K53+300	唐县	路基、桥涵、白合隧道	李运海	
		辽河石油勘探局路桥工程有限公司	LJ-07：K53+300～K60+500	曲阳	路基、桥涵	王占力	
		山东昆仑路桥工程有限公司	LJ-08：K60+500～K66+250	曲阳	路基、桥涵	孙志刚	
		中铁十六局集团第二工程有限公司	LJ-09：K66+250～K69+500	曲阳	路基、桥涵、灵山互通	王月宏	
		河北建设集团有限公司	LJ-10：K69+500～K77+200	曲阳	路基、桥涵	赵宏杰	

续上表

参建单位	类型	参建单位名称	合同段编号及起迄桩号	标段所在地	主要内容	主要负责人	备注
施工单位	土建工程	中铁十一局集团第二工程有限公司	LJ-11:K77+200~K88+200	阜平	路基、桥涵、平阳互通	刘志雄	
		中铁一局集团第四工程有限公司	LJ-12:K88+200~K97+400	阜平	路基、桥涵	马建民	
		福建省闽西交通工程有限公司	LJ-13:K97+400~K108+200	阜平	路基、桥涵、阜平东互通	周亚彬	
		中交一公局第三工程有限公司	LJ-14:K108+200~K119+000	阜平	路基、桥涵、阜平西互通	张克宇	
		河北路桥集团有限公司	LJ-15:K119+000~K125+800	阜平	路基、桥涵	唐玉宽	
		廊坊市交通公路工程有限公司	LJ-16:K125+800~K131+000	阜平	路基、桥涵、东下关互通	赵亚尊	
		华通路桥集团有限公司	LJ-17:K131+000~K138+100	阜平	路基、桥涵	张付增	
		南京东部路桥工程总公司	LJ-18:K138+100~K143+550	阜平	路基、桥涵	赵军	
		中铁一局集团第一工程有限公司	LJ-19:K143+550~K147+724.16	阜平	路基、桥涵、长城岭隧道、黑崖沟刚构特大桥	蒋红伟	
		保定申成路桥有限责任公司	LM-01:K0+000~K30+000	满城	路面	曹永占	
		河北建设集团有限公司	LM-02:K30+000~K60+500	唐县	路面	李素格	
		中星路桥工程有限公司	LM-03:K60+500~K88+200	唐县、曲阳	路面	潘民	
		河北汇通路桥建设有限公司	LM-04:K88+200~K108+200	曲阳、阜平	路面	孙志刚	
		河北路桥集团有限公司	LM-05:K108+200~K131+000	阜平	路面	李海良	
		中交二公局第六工程公司	LM-06:K131+000~K147+724.16	阜平	路面	张磊	

注：建设单位主要负责人指建设期科长、分部主任以上和其他有突出贡献人员；参建单位以合同段为单元，设计单位主要负责人指总负责人，监理单位主要负责人指总监，施工单位负责人指项目经理和总工。

第八章
高速公路建设项目

①2006年12月有7家土建工程施工单位通过控制性工程3标段资格预审,参加本项目控制性工程1个合同段的投标。2006年12月在石家庄进行公开开标,采用无标底投标,合理低价中标方式。由随机抽取的专家和业主代表组成的评标委员会评审出1家中标单位。

②2007年1月有97家公路土建工程施工单位通过2、4~10标段8个合同段的资格预审,参加投标。2007年3月12日在石家庄公开开标,采用无标底投标,合理低价中标方式,3月15日经随机抽取的专家和业主代表组成的评标委员会评审确定了8家中标单位。

③2007年4月有66家施工单位通过11~18标段8个合同段的资格预审,参加本项目投标。2007年5月在石家庄公开开标,由评标委员会进行评审,确定了8家中标单位。

④2006年12月有6家土建工程施工单位通过19标段资格预审,参加本项目投标。2007年5月在石家庄进行公开开标,采用无标底投标,合理低价中标方式。由随机抽取的专家和业主代表组成的评标委员会评审出1家中标单位。

⑤2007年5月有11家投标单位通过资格预审投标1A和1B 2个标段。2007年7月在石家庄开标并进行了评标,确定了两家施工单位中标。

⑥2009年1月有23家房建工程单位通过资格预审,参加房建工程3个合同段(FJ01-03)的投标。2009年3月在石家庄公开开标,确定了3家中标单位。

⑦2009年2月有5家路面工程施工单位通过资格预审,参加保阜高速公路路面工程保沧至张石段LM-01合同段的投标。2009年3月在石家庄公开开标,确定了1家中标单位。

⑧2009年6月有66家路面工程单位通过资格预审,参加路面工程5个合同段(LM02-06)的投标。2009年7月在石家庄公开开标,确定了5家中标单位。

⑨2009年5月有56家房建工程单位通过资格预审,参加房建工程8个合同段(FJ04-11)的投标。2009年9月在石家庄公开开标,确定了8家中标单位。

⑩2010年2月有16家机电工程单位通过资格预审,参加机电工程3个合同段(JD01-03)的投标。2010年3月在石家庄公开开标,确定了3家中标单位。

⑪2011年4月有5家机电工程单位通过资格预审,参加机电工程1个合同段(JD-04)的投标。2011年6月在石家庄公开开标,确定了1家中标单位。

4)参建单位主要情况

(1)建设单位

本项目建设单位是保定市道路开发中心,项目执行机构是保定市保阜高速公路筹建处。

(2)设计单位

中交第一公路勘察设计研究院和河北省建筑设计研究院组成的联合体。

(3)施工单位

详见表8-13-8。

5)征地拆迁(表8-13-9)

(1)成立专门的征地拆迁领导体系和工作机构。沿线市、县、乡均成立了高速公路建设指挥部及相应工作机构,并明确专人负责。

(2)做好规划用地范围内的现状保护工作,防止拆迁过程中出现用地范围内抢栽、抢种、抢建等现象。

(3)通过审计、评估等手段节约征地拆迁资金。

(4)积极跑办取土及弃渣场等临时用地。

保阜高速公路保定至阜平(冀晋界)段高速公路征地拆迁统计表　　表8-13-9

高速公路编码	项 目 名 称	征地拆迁安置起止时间	征用土地(亩)	拆迁房屋(m^2)	拆迁占地费(万元)	备注
G1812	保阜高速公路保定至阜平(冀晋界)段高速公路	2007.6~2007.7	17495.2	23325	44927.738	

2. 项目实施阶段

1)施工过程

(1)主线土建工程于2007年3月开工,2011年12月完工。

(2)房建工程于2009年7月开工,2012年5月完工。

(3)机电工程于2010年4月开工,2011年12月完工。

(4)交通安全设施工程于2009年8月开工,2011年12月完工。

(5)2010年1月29日,保定市道路开发中心组织专家对该工程进行了一期工程(K0+000~K30+000)交工验收。

2010年12月30日,保定市道路开发中心组织专家对该工程进行了二期工程(K30+000~K108+200)交工验收。

2011年12月2日,保定市道路开发中心组织专家对该工程进行了三期工程(K108+200~K147+724)交工验收。

保阜高速公路保定至阜平(冀晋界)段高速公路建设生产要素统计见表8-13-10。

保阜高速公路保定至阜平(冀晋界)段高速公路建设生产要素统计表　　表8-13-10

路线编号	建 设 时 间	钢材(t)	沥青(t)	水泥(t)	砂石料(m^3)	机械工(工日)	机械(台班)
G1812	2007.4~2011.12	168753	56383	855587	4669874	3528199	744927

2)重要决策

2006年11月30日,保阜高速公路保定至阜平(冀晋界)段高速公路在顺平县举行奠基仪式。

3)各项活动

(1)保阜高速公路二期工程"百日决战"活动。

(2)开展"保安全、保优质、保高效、保廉政、讲文明、讲协作"劳动竞赛。

(3)开展保阜高速公路二期工程百日决战活动。

(三)复杂技术工程

黑崖沟2号特大桥(图8-13-6)桥跨布置为5×40m+(70m+3×127m+70m)+5×40m+5×40m。上部结构主桥采用(70+3×127+70)m预应力混凝土连续刚构桥,主梁为现浇单箱单室预应力混凝土直腹板箱形梁;引桥采用跨径40m的装配式预应力混凝土T形连续梁桥。下部结构基础形式为群桩或单排桩,主墩截面形式为变截面薄壁空心墩,最高墩为120.5m。主墩承台采用整体式,桩基采用φ250cm嵌岩桩;过渡墩采用变截面矩形空心墩,桩基采用φ200cm嵌岩桩。复杂技术特征有:①针对大跨径连续刚构桥梁的跨中长期下挠问题,采用预拱度控制与施工中采取较长张拉龄期控制相结合的技术措施,保证了结构的弹性模量发展,减小了弹性压缩损失。②为预防箱梁的不同部位出现损伤及开裂问题,根据结构的空间应力状态进行结构尺寸拟定及配筋,保证结构安全性。

图8-13-6 黑崖沟2号特大桥

(四)科技创新

1. 管理创新

(1)全省第一次对招标代理机构进行公开比选。为河北省招标代理机构比选工作进行了尝试,为今后比选的推广积累了经验。

(2)工程施工过程中,对重点工程和施工部位采用全天视频监控技术监控施工现场情况。

2.技术创新

(1)对路面半刚性基层进行了研究,对应力吸收层进行了理论与实验研究,选择应变控制试验与往复轮载试验对各种抗裂沥青混合料进行了抗裂性能评价,对各种应力吸收层通过往复轮载试验进行了防治反射裂缝评价,最后提出了防治反射裂缝的成套技术方案。根据本研究成果,在本工程铺筑了试验路。

(2)以黑崖沟2号特大桥集墩高、曲线半径小、桥址处气候寒冷、地质情况复杂等特点于一身,是在目前国内外比较少见的施工难度较大的工程。完善了现有工法的同时,创新提出了很多自身的施工方法,其中"预制装配加现浇法"隔板施工工艺和小半径曲线连续刚构桥悬灌施工挂篮特殊设计具有很强的推广价值。对寒冷地区高性能混凝土的大量实验研究,为提高高性能混凝土耐久性、延长桥梁使用寿命提供了理论指导。

(3)在研究箱梁开裂控制影响因素的基础上,提出桥梁施工过程中控制箱梁开裂的技术措施及桥梁设计中的改进技术措施。创造性地提出"高墩大跨连续刚构桥开裂控制的应力设计方法"和"高墩大跨连续刚构桥合龙段底板线形设计与防裂构造设计方法"。

(五)运营养护管理

1.服务设施

全线设置2处停车区,3处服务区(表8-13-11)。

保阜高速公路保定至阜平(冀晋界)段高速公路服务设施一览表　　　表8-13-11

高速公路编码	服务区名称	桩　　号	所在区域	占地(亩)	建筑面积(m^2)
G1812	保定服务区	K12+150	保定市顺平县高于铺镇	110.055	6224
	唐县停车区	K33+750	保定市唐县北店头乡	40.02	1672
	曲阳服务区	K71+000	保定市曲阳灵山镇	110.055	6377
	阜平服务区	K106+800	保定市阜平城关镇	110.055	7577
	阜平停车区	K130+040	保定市阜平天生桥镇	40.02	1692

2.收费设施

本项目共设置收费站9处。出入口数量截至2015年底共计62条,其中ETC车道12

条(表8-13-12)。

保阜高速公路保定至阜平(冀晋界)段高速公路收费设施一览表　　表8-13-12

收费站名称	桩号	入口车道数		出口车道数		收费方式
		总车道	ETC车道	总车道	ETC车道	
保定西收费站	K1+320	3	1	6	1	MTC+ETC
顺平收费站	K18+378	2	0	3	1	
唐县收费站	K46+399	2	0	2	1	
曲阳收费站	K68+656	2	0	2	1	
平阳收费站	K82+438	2	0	2	1	
阜平东收费站	K104+458	2	0	2	1	
阜平西收费站	K109+046	2	0	3	1	
东下关收费站	K128+362	2	0	2	1	
冀晋界收费站	K140+600	12	1	11	2	

3. 养护管理

本项目养护里程147.284km(表8-13-13)。

保阜高速公路保定至阜平(冀晋界)段高速公路养护设施一览表　　表8-13-13

编号	养护工区名称	桩号	路段长度(km)	占地面积(亩)	建筑面积(m²)
G1812	顺平南养护工区	K18+378	33.75	12	1090
	唐县白合养护工区	K46+399	34.83	12	1127
	阜平东养护工区	K104+458	35.44	12	1264
	东下关养护工区	K128+362	43.27	12	1060.9

4. 监控设施

本项目设置保定监控中心,负责运营监管(表8-13-14)。

保阜高速公路保定至阜平(冀晋界)段高速公路监控设施一览表　　表8-13-14

编号	监控设施名称	桩号	占地面积(亩)	建筑面积(m²)
G1812	监控中心	K0+700	6	1069

5. 交通流量

保阜高速公路保定至阜平(冀晋界)段高速公路交通量情况如表8-13-15、图8-13-7所示。

保阜高速公路保定至阜平(冀晋界)段高速公路交通量(自然数)发展状况表 表 8-13-15

年份		2011	2012	2013	2014	2015	2016
交通量(辆)	保定西	974617	1207187	1445543	2021606	1553727	2067999
	顺平	381777	572458	665561	715316	951640	1326444
	唐县	698957	614692	761028	959051	1041618	1443765
	曲阳	295513	545310	1438337	635552	941884	1084169
	平阳	38235	453388	849266	567092	658825	1010844
	阜平东	701726	609923	796731	689855	638522	819636
	阜平西	95878	1458112	1398080	1473928	1385333	1515928
	东下关	32848	503338	679527	728927	638911	783141
	冀晋主线站	185101	2871929	4332553	4170394	3912110	4675202
	合计	3404652	8836337	12366626	11961721	11722570	14727128
收费站年平均日交通量(辆/日)		9328	24209	33881	32772	32117	40348

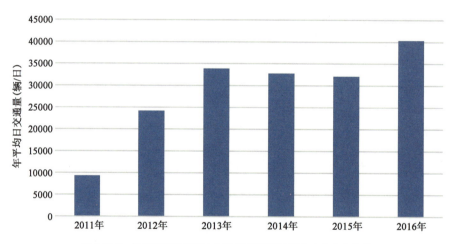

图 8-13-7 保阜高速公路保定至阜平(冀晋界)段高速公路收费站年平均日交通量(自然数)增长柱状图

第十四节 G20(青岛—银川)河北段(清河县—井陉县)

G20 青岛至银川高速公路是国家高速公路网"71118"中的"横五",河北省境内起自邢台市清河县(冀鲁界),起点桩号 K459+461,迄于石家庄市井陉县(冀晋界),终点桩号 K684+993,全长 224.095km。沿线途经邢台市清河、威县、南宫、新河、宁晋,石家庄市赵县、栾城、元氏、石家庄市区、鹿泉、井陉(图 8-14-1)。青岛至银川高速公路河北段的建设加速了社会、经济交流,促进了国民经济快速发展。

第八章
高速公路建设项目

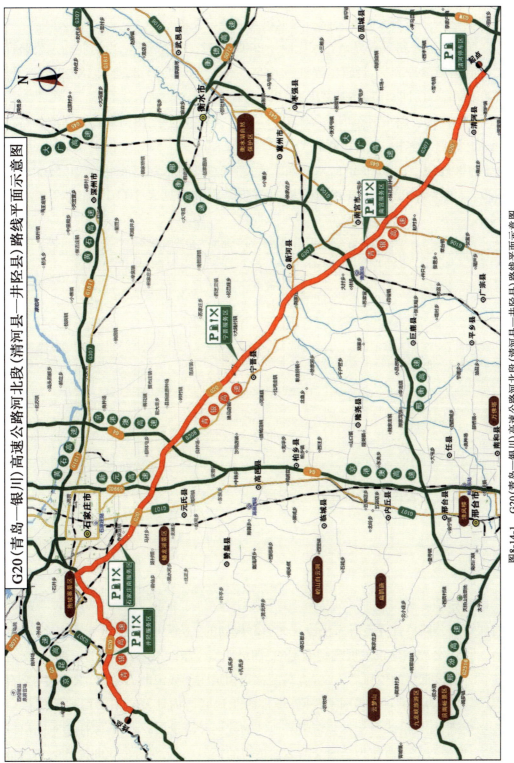

图8-14-1 G20(青岛—银川)高速公路河北段(清河县—井陉县)路线平面示意图

G20青岛至银川高速公路河北境内由两条路段组成,分别是青银高速公路冀鲁界至石家庄段高速公路和石太高速公路石太枢纽互通至旧关段。

(1)青银高速公路冀鲁界至石家庄段于2005年12月建成通车,由河北高速公路青银管理处负责运营管理养护,运营里程桩号K459+461~K640+373,全长180.912km,设计速度120km/h,双向四车道,路基宽度28.0m。

(2)石太高速公路申后至旧关段于1995年10月建成通车,由河北石青高速公路有限公司负责运营管理养护,运营里程桩号K641+342~K684+525,全长43.183km,设计速度平原区100km/h,山区60km/h,双向四车道,路基宽度平原24.5m,山区21.5m。

G20(青岛至银川)高速公路河北境内两条路段信息见表8-14-1,路线平面示意见图8-14-1。

G20(青岛—银川)高速公路河北境内条段信息表　　表8-14-1

项目名称	路段起讫桩号		规模(km)		设计速度(km/h)	路基宽度(m)	投资情况(亿元)			资金来源	建设时间(开工~通车)	备注
	起点桩号	讫点桩号	合计	车道数			估算	概算	决算			
青银高速公路冀鲁界至石家庄段	K459+461	K640+373	180.912	四车道	120	28.0	44.864	46.238	45.956	部补助、银行贷款、地方自筹	2003.5~2005.12	
石太高速公路申后至旧关段(青银枢纽互通至旧关段)	K641+342	K684+525	43.183		平原100 山区60	平原24.5 山区21.5		5.925	6.992	省自筹、部投资、利用外资	1992.6~1995.10	

一、青银高速公路冀鲁界至石家庄段

(一)项目概况

1.基本情况

1)功能定位

青银高速公路冀鲁界至石家庄段是交通部规划的"五纵七横"国道主干线之一,也是河北省"十五"公路网建设发展规划确定的"四纵四横十条线"主骨架中的一部分,交通部在初步设计阶段批复的项目名称是"青岛至银川国道主干线河北省清河(冀鲁界)至石家庄段"。本项目的建设对完善国家路网,增进西北地区与内地及东南沿海地区的社会交往与经济交流,加快沿线乃至省会东南部地区的社会经济发展,缓解石家庄市东南出口的交通压力,增强石家庄市作为全国交通运输枢纽的辐射功能,对分流308国道的交通量具有重要意义。

2）技术标准

采用双向四车道，设计速度120km/h，路基宽度28.0m。平曲线最小半径5500m，最大纵坡2.31%。

3）建设规模

本项目建设里程182.004km（含山东境内1.092km），其中特大桥3467m/2座，大桥3106m/11座，中桥1878m/30座，小桥700m/29座，涵洞72道，桥梁长度占路线总长度的5.03%；互通式立交12处（其中服务型互通10处，枢纽型互通2处），分离式立交37处，通道228处；天桥31座；主线收费站1处，匝道收费站10处（其中大学城匝道收费站尚未开通）；服务区3处，停车区1处；管理、养护、服务、监控房屋建筑面积32975.38m^2。

4）主要控制点

邢台市[清河县、威县、南宫市、新河县、宁晋县5个县（市）]、石家庄市[赵县、栾城县、元氏县、鹿泉市共4个县（市）]。共计2个市、9个县（市）、38个乡镇。

5）地形地貌

项目属平原地貌，多为亚砂土、亚黏土、粉砂亚砂土，地势西高东低。

6）路面及主要构造物

本项目采用了多种沥青混凝土路面结构：

4cmAC-13I改性沥青混凝土，6cmAC-20I改性沥青混凝土，SBR改性乳化沥青，6cmAC-25I粗粒式沥青混凝土，乳化沥青封层，18cm水泥稳定级配碎石，18cm石灰、粉煤灰稳定级配碎石，18cm石灰、粉煤灰稳定土。

4cmAC-13I改性沥青混凝土，6cmAC-20I改性沥青混凝土，6cmAC-25I粗粒式沥青混凝土，乳化沥青封层，33cmBL-30粗粒式沥青碎石，15cm石灰、粉煤灰稳定碎石，18cm水泥石灰土。

4cmAC-13I改性沥青混凝土，8cmAC-20I改性沥青混凝土，乳化沥青封层，36cmLSM-40大粒径沥青混凝土，16cm石灰、粉煤灰稳定碎石，18cm水泥石灰土。

4cmAC-13I改性沥青混凝土，8cmAC-20I改性沥青混凝土，乳化沥青封层，15cmBL-30粗粒式沥青碎石，18cm水泥稳定碎石，18cm水泥石灰稳定土。

4cmAC-13I改性沥青混凝土，6cmAC-20I改性沥青混凝土，8cmAC-25I粗粒式沥青混凝土，乳化沥青封层，18cm水泥稳定级配碎石，18cm石灰、粉煤灰稳定级配碎石，18cm水泥石灰稳定土。

主要构造物采用简支梁、连续梁桥和组合梁桥。

7）投资规模

项目概算投资46.238亿元，竣工决算投资45.956亿元，平均每公里造价2525.00万元。

8）开工及通车、竣工时间

2003年5月开工建设，2005年12月交工通车，2010年8月完成竣工验收。

2. 前期决策情况

1997年12月8日，河北省交通厅公路管理局以冀交公字〔1997〕663号文，下达了《关于开展青银公路鹿泉至清河段前期工作的通知》，河北省交通规划设计院于1999年12月完成该项目《预可行性研究报告》。

（1）2000年7月11日，河北省发展计划委员会以冀计函〔2000〕101号文，下达了《关于加快开展青岛—银川公路石家庄至冀鲁界段高速公路可行性研究工作的函》。

（2）2002年8月2日，经国务院批准，国家计划委员会以计基础〔2002〕1303号文，批复了《青岛至银川国道主干线河北省清河（冀鲁界）至石家庄公路可行性研究报告》。

（3）2002年11月26日，国土资源部以〔2002〕381号文，下发了《关于青岛—银川公路河北清河至石家庄段高速公路建设用地预审意见的复函》。

（二）建设情况

1. 项目准备阶段

1）项目审批

该项目严格执行了交通基本建设程序，从预可行性研究、工程可行性研究、初步设计、施工图设计、工程施工、监理招投标及工程开工报告的审批，各个环节手续齐全，具体如下：

（1）2002年12月15日，交通部以交公路发〔2002〕619号文，批复了《关于青岛至银川国道主干线河北省清河（冀鲁界）至石家庄公路初步设计》。

（2）2003年1月8日，河北省交通厅以〔2002〕649号文，批复了《关于青银高速公路冀鲁界至石家庄段土建施工、土建监理资格预审结果的批复及单位名单》。

（3）2003年1月20日，河北省交通厅以〔2003〕005号文，批复了《关于青银高速公路冀鲁界至石家庄段土建工程及施工监理招标文件》。

（4）2003年4月8日，国土资源部以〔2003〕92号文，复函国土厅《关于青岛至银川国道主干线公路控制工期的单体工程先行用地》的复函。

（5）2003年5月26日，河北省交通厅公路管理局以冀交公字〔2003〕162号文，批复了《关于青岛—银川公路冀鲁界至石家庄栾城段高速公路两阶段施工图设计文件》。

（6）2003年12月16日，国家环境保护总局以环审〔2003〕362号文，复函河北省环保厅《关于青岛—银川公路冀鲁界至石家庄段工程环境影响报告书审查意见》。

（7）2004年6月29日，交通部公路司同意青岛至银国道主干线河北段清河（冀鲁界）

至石家庄高速公路开工。

(8)2004年8月6日,河北省交通厅公路管理局以冀交公路字〔2004〕205号文,批复了《关于青银高速公路房建工程施工图设计文件》。

(9)2004年10月14日,河北省交通厅公路管理局以冀交公路字〔2004〕261号文,批复了《关于青岛—银川公路石家庄市栾城至鹿泉段高速公路主体工程两阶段施工图设计文件》。

(10)2005年7月25日,河北省交通厅公路管理局以冀交公路字〔2005〕129号文,批复了《关于青银高速公路河北段机电工程联合设计文件》。

(11)2005年9月28日,河北省交通厅公路管理局以冀交公路字〔2005〕215号文,批复了《青岛—银川公路冀鲁界至石家庄段高速公路交通安全设施和绿化工程施工图设计》。

(12)2006年6月7日,国土资源部以国土资函正〔2006〕353号文,批复了《关于青岛至银川国道主干线清河(冀鲁界)至石家庄公路工程建设用地》。

2)资金筹措

本项目概算总投资46.238亿元,项目资本金16.180亿元,由河北省交通厅国际金融组织贷款项目办公室负责筹措,其余30.058亿元申请银行贷款。竣工决算为45.956亿元,投资节约0.282亿元,平均每公里造价2525.00万元。

3)合同段划分及招投标

(1)合同段划分

根据各专业的工程内容,标段划分见表8-14-2。

①土建工程设计标段划分2个标段,房建工程设计标段划分2个标段,绿化工程设计标段划分1个标段,机电工程设计标段划分1个标段。

②施工标段划分:土建工程划分13个标段,机电工程划分1个标段,房建工程划分7个标段,绿化工程划分13个标段,交通安全设施划分22个标段。

③施工监理标段划分:设1个总监办公室,11个土建工程驻地监理标段,5个房建工程监理标段,1个机电工程监理标段。

(2)招投标

按照国家颁布的《招投标法》和交通部颁布的《公路工程施工招标投标管理办法》《公路工程施工招标资格预审办法》《公路工程施工招标评标办法》的要求,由项目法人单位组织招标工作。

①2002年5月有130家土建工程施工单位通过资格预审,参加本项目主线土建工程13个合同段的投标。2002年8月30日~9月1日在石家庄公开开标,采用无标底投标,合理低价中标方式。由河北省交通厅、河北省建设委员会、河北省经济贸易委员会等单位组成评标委员会评审出13家中标单位。

青银高速公路冀鲁界至石家庄段合同段划分一览表

表 8-14-2

参建单位	类型	参建单位名称	合同段编号及起讫桩号	标段所在地	主要内容	主要负责人	备注
项目管理单位		河北省青银高速公路筹建处				刘中林	
勘察设计单位	土建工程设计	河北省交通规划设计院	1~10、13		主线土建工程	赵彦东	
		中交第二公路勘察设计研究院	11、12		11、12 主线土建工程	田瑞红	
施工单位	土建工程	中铁十七局集团有限公司	1:K458+369~E28~K459+869	清河油坊镇	卫运河特大桥	戴亚夫	
		路桥集团第一公路工程局	2:K459+869~K473+369	油坊镇、连庄镇、葛仙庄镇	路基、桥涵、路面工程	冷明泽	
		中铁十一局集团第二工程有限公司	3:K473+369~K490+669	葛仙庄镇、段芦头镇、常庄乡	路基、桥涵、路面工程	赵天元	
		秦皇岛路桥建设开发有限公司	4:K490+669~K504+569	常庄乡、赵村乡	路基、桥涵、路面工程	张天华	
		邢台路桥建设总公司	5:K504+569~K521+369	凤岗街道办、南杜街道办、苏村镇	路基、桥涵、路面工程	石文军	
		山东省公路工程总公司	6:K512+369~K540+619	苏村镇、大村乡、寻寨乡	路基、桥涵、路面工程	闫升海	
		中铁二十局集团有限公司	7:K540+619~K547+124	白神首乡、侯口乡	滏阳新河特大桥、路基、桥涵、路面工程	马国龙	
		沧州路桥工程有限公司	8:K547+124~K560+869	侯口乡、贾家口镇、凤凰镇	路基、桥涵、路面工程	王桂良	
		衡水路桥工程有限公司	9:K560+869~K577+859	凤凰镇、换马店镇	路基、桥涵、路面工程	葛永卫	
		路桥集团第一公路工程处天津工程处	10:K577+859~K596+649	南柏舍镇、赵州镇、新寨店镇、南高乡	路基、桥涵、路面工程	栾北	
		路桥集团国际建设股份有限公司	11:K593+969~K608+319	南高乡、栾城镇、窦妪镇	路基、桥涵、路面工程	庞思安	
		河北路桥集团有限公司	12:K608+319~K625+569	窦妪镇、马村乡、寺家庄镇	路基、桥涵、路面工程	鲁照民	

②2002年12月15日有50家房建工程施工单位通过资格预审,参加本项目房建工程个合同段的投标。2003年1月20日在石家庄公开开标,采用无标底投标,合理低价中标方式,确定了7家中标单位。

③2004年6月14日有5家机电工程施工单位通过资格预审,参加本项目机电工程的投标。2004年9月22日在石家庄公开开标,由评标委员会进行评审,确定1家中标单位。

④2004年11月8日有106家交通安全设施工程施工单位通过资格预审,参加交通安全设施22个合同段的投标。2005年3月23日在石家庄公开开标,确定了20家中标单位(其中有2家单位分别各中了2个标段)。

⑤2004年12月6日有79家绿化工程单位通过资格预审,参加绿化工程13个合同段的投标。2005年5月18日在石家庄公开开标,确定了13家中标单位。

4)参建单位主要情况

(1)建设单位

本项目建设单位是河北省交通厅国际金融组织贷款项目办公室(现已合并为河北省高速公路管理局),项目执行机构是河北省青银高速公路筹建管理处。

(2)设计单位

土建工程设计单位为河北省交通规划设计院和中交第二公路勘察设计研究院,总体设计负责单位为河北省交通规划设计院。

(3)施工单位

详见表8-14-2。

5)征地拆迁

(1)设立专门组织机构

按三级管理体系设置安置办公室,加强各级政府对征地工作的领导和监督,形成完善的拆迁工作体系,使征地拆迁工作层层有人管、层层有人抓。

(2)落实承包责任制

征地拆迁工作实行群众参与,各级政府层层签订责任书,采取"四到位""四现场"的做法,即县、乡、村、户四方到场,现场丈量、现场清点、现场签字、现场盖章。

2002年10月上旬,筹建管理处组织有关人员分三组对沿线9个县(市)地上附着物进行了清点、登记造册、签字确认,2003年2月河北省交通厅与邢台市、石家庄市签订征地、拆迁合同协议。征地拆迁统计见表8-14-3。

青银高速公路冀鲁界至石家庄段征地拆迁统计表 表8-14-3

高速公路编码	项目名称	征地拆迁安置起止时间	征用土地(亩)	拆迁房屋(m^2)	拆迁占地费(万元)	备注
G20	青银高速公路冀鲁界至石家庄段	2002.10~2003.5	19609.9	27194.04	57579.957	

2.项目实施阶段

1)施工过程

(1)主线土建工程于2003年4月20日开工,2005年12月11日完工。

(2)房建工程于2004年10月开工,2005年11月完工。

(3)机电工程于2004年10月开工,2005年11月完工。

(4)交通安全设施工程于2005年4月开工,2005年11月完工。

(5)绿化工程于2005年9月开工,2005年12月完工。

(6)2005年12月10~11日,河北省交通厅国际金融组织贷款项目办公室组织专家对本工程进行了交工验收。

(7)2008年12月,由交通部工程质量监督总站联合河北省公路工程质量安全监督站,根据《公路工程质量鉴定办法》,对项目进行了竣工质量鉴定,评分为96.0分,等级为优良。

(8)2010年3月15~16日,交通运输部组织成立青银高速公路冀鲁界至石家庄段竣工验收委员会,对该项目进行竣工验收,工程质量评分为96.58分,等级为优良。

青银高速公路冀鲁界至石家庄段建设生产要素统计见表8-14-4。

青银高速公路冀鲁界至石家庄段建设生产要素统计表　　表8-14-4

路线编号	建设时间	钢材(t)	沥青(t)	水泥(t)	砂石料(m³)	机械工(工日)	机械(台班)
G20	2003.5~2005.12	80359	114654	804440	277974	1984688	1501170

2)重要决策

(1)2003年4月20日,河北省委书记、省人大常委会主任白克明宣布青银高速公路河北段开工(图8-14-2)。

图8-14-2　青银高速公路河北段开工典礼

(2)2003年6月30日,省政府召开"大干120天、确保完成全年交通建设任务"动员大会。

(3)2005年12月28日上午,河北省省长季允石,省委常委、石家庄市委书记吴振华,省人大常委会副主任韩葆珍,副省长付双建,省政协副主席秦朝镇,省军区副政委任宗清,石家庄市市长吴显国,邢台市副市长李英民,河北省政府副秘书长于万魁,河北省交通厅厅长焦彦龙,纪检专员刁厚枝,副厅长杨国华,河北省交通厅国际金融组织贷款项目办公室主任屈朝彬、党委书记任府以及省直有关部门的负责同志出席了青银高速公路通车典礼。

3)各项活动

(1)在全线开展"比安全、比预防措施、比施工便道、比驻地和施工现场卫生、比质量、比生产进度"的"六比"活动。

(2)2月21日筹建管理处举办"青银高速公路廉政建设专家讲座",邀请河北省检察院预防职务犯罪处处长李宪民为处机关、各项目经理、各驻地负责同志做了"预防职务犯罪,促进廉政建设"的专题讲座。

(3)11月1～10日中央电视台记者张亮、曹筱征以及河北电视台记者对青银高速公路河北段的建设进行了专访录制"贯彻五中全会落实科学发展观"之河北篇。河北省交通厅副厅长杨国华接受了记者的采访。

(三)复杂技术工程

卫运河特大桥桥跨布置为$28 \times 35m + (40+60+40)m + 7 \times 35m$。上部结构主桥为$(40+60+40)m$预应力混凝土连续刚构,采用单箱双室变截面预应力混凝土现浇箱梁;引桥采用35m预应力混凝土先简支后连续小箱梁。下部结构主桥桥墩采用双薄壁墩,基础采用钻孔灌注桩;引桥桥墩采用柱式桥墩、桩基础;桥台采用肋板台,钻孔灌注桩基础。复杂技术特征如下:

(1)主梁采用变截面,梁底曲线为二次抛物线。

(2)采用满堂支架分段现浇的施工方法,全桥分两次浇注,先浇注双薄壁墩顶处混凝土,然后向两侧延伸,最后在中跨跨中合龙。

(3)墩梁固结段结构复杂,钢筋、预应力管道密集。

(4)主桥下部结构采用双薄壁墩,墩梁固结,形成T形刚构。双薄壁墩的顺桥向抗推刚度较小,能有效地减小温度、收缩徐变等因素的影响。

(5)主桥双薄壁桥墩较高,施工难度大。

(四)科技创新

青银高速公路筹建管理处在项目管理创新、技术创新、技术推广上实现了新的突破。

其中管理创新有4项：

（1）河北省第一条将土建工程、房建工程、机电工程、监控工程、绿化工程、联网收费工程等同时统一统筹建设、同时交付使用的高速公路工程。

（2）河北省第一条建设单位工程建设质量管理体系通过IS9000认证的高速公路。

（3）国内第一条实行纪检、监察、审计联席制度建设的高速公路，为在公路建设领域推行"十大公开"、打造阳光工程积累了经验，奠定了基础。

（4）河北省第一条全面实行精细化管理和路面施工动态技术质量管理的高速公路。

技术创新有6项：

（1）为解决桥头跳车这一质量通病，率先采用冲击压实和水泥搅拌桩方法处理原地面，采用液态粉煤灰水泥混合料等新工艺、新材料浇注台坑和台背，效果良好，行车舒适。

（2）河北省第一条全面推广振动击实成型法进行基层材料组成设计和施工控制的高速公路，提高了路面基层压实度，大大降低了路面开裂隐患。

（3）率先在河北省推广大粒径LSAM沥青混凝土新型路面结构和长路段柔性基层研究的高速公路，同时也是大规模在全线沥青面层施工中推行GTM设计方法的高速公路。

（4）率先在沥青路面上、中、下层之间设置改性沥青黏结防水层的高速公路。

（5）河北省第一条平原区采用低路基方案、节约土地做法的高速公路，实现了当年取土，当年复耕，当年耕种。节约耕地336亩，节约取土占地2798亩。

（6）首次采用平原区耐久型高速公路路基路面修筑关键技术。

该项技术突破软土地基处理优化、路基变形控制和耐久型路面三大技术难题，成功进行了复杂地质软土地基的优化处理技术，成功实施了耐久型路基稳定与沉降的控制技术，成功解决了耐久型高速公路路面应用技术等。该项综合技术创新荣获河北省科技进步一等奖。

①复杂地质软土地基处理优化技术创新成果

研发了增压式真空预压软基加固新技术，建立了柔性桩桩土应力比计算模式，提出了夯扩挤密土桩复合地基新方法，实现了软土地基上高速公路路基的安全与耐久。

创新成果通过在青银高速公路工程实施，实现了软土地基上高速公路路基稳定性和沉降的有效控制，工效提高28%以上，节约投资20%。

②耐久型路基稳定与沉降控制技术方面的创新成果

建立了全寿命周期路堤沉降计算理论方法，实现了路基边坡生态防护优化，提出了土工材料和流态粉煤灰防治桥头跳车技术方法，解决了平原区耐久型路基多项关键技术难题。

创新成果通过在青银高速公路工程实施，实现了高填方路基无过大沉降、无塌方滑移，路面平顺。桥头路堤工后沉降较传统方法降低30%。

③耐久型高速公路路面应用技术创新成果

提出了骨架密实型沥青混合料级配优化技术,制订了沥青混凝土路面格栅性能的评价指标,有效解决了沥青路面的早期破坏的技术难题。

创新成果通过在青银高速公路工程实施,路面结构平顺、无开裂,有效避免了沥青路面的早期破坏,实现了路面结构的安全耐久。

青银高速公路冀鲁界至石家庄段高速公路,2010年3月通过交通部竣工验收,工程质量评分96.58分,名列交通部竣工验收评分全国高速公路前茅。通车6年后的2011年在国检路况检查中取得了满分的最优成绩。本路段科技创新成果在全省多条高速公路得到推广应用。

(五)运营养护管理

1. 服务设施

全线设置1处停车区,3处服务区,2008年根据交通流量的增长情况,运营管理单位将清河停车区的功能升级为服务区功能(表8-14-5)。

青银高速公路冀鲁界至石家庄段服务设施一览表　　　表8-14-5

高速公路编码	服务区名称	桩　　号	所 在 区 域	占地(亩)	建筑面积(m²)
G20	清河服务区	K467+044	清河县渡口驿乡	52.5	2032.00
G20	南宫服务区	K519+898	南宫市苏村镇	60.03	5896.36
G20	宁晋服务区	K568+838	宁晋县唐邱乡	60.03	5477.00
G20	石家庄南服务区	K624+521	鹿泉区铜冶镇	60.03	5532.35

2. 收费设施

本项目共设置收费站11处,其中大学城互通尚未开通使用(表8-14-6)。

青银高速公路冀鲁界至石家庄段高速收费设施一览表　　　表8-14-6

收费站名称	桩　　号	入口车道数		出口车道数		收 费 方 式
		总车道	ETC车道	总车道	ETC车道	
清河主线收费站	K466+764			11	2	MTC+ETC
清河收费站	K475+974	2	1	4	1	
赵村收费站	K497+500	3	1	3	1	
南宫收费站	K516+458	2	1	2	1	
新河收费站	K539+337	2	1	2	1	
宁晋收费站	K570+734	4	1	6	1	
赵县收费站	K586+600	2	1	4	1	
栾城收费站	K599+242	2	1	3	1	
窦妪收费站	K614+461	2	1	4	1	
铜冶收费站	K628+407	4	1	4	1	
大学城收费站	K638+998	—	—	—	—	

3. 养护管理

本项目养护里程180.912km,设置南宫、石家庄2处养护工区(表8-14-7)。

青银高速公路冀鲁界至石家庄段高速养护设施一览表   表8-14-7

养护工区名称	桩 号	路段长度(km)	占地面积(亩)	建筑面积(m²)
南宫养护工区	K517+030	90.4	13.719	1897
石家庄养护工区	K614+932	90.5	9.777	2007.97

4. 监控设施

本项目设置2处监控中心(表8-14-8),负责邢台区域和石家庄区域的运营监管。

青银高速公路冀鲁界至石家庄段监控设施一览表   表8-14-8

监控设施名称	桩 号	占地面积(亩)	建筑面积(m²)
清河监控中心	K475+309	20.2605	1897
石家庄监控中心	K614+461	监控中心与窦妪收费站合建	

5. 交通流量

2007—2016年青银高速公路冀鲁界至石家庄段交通量情况如表8-14-9、图8-14-3所示。

青银高速公路冀鲁界至石家庄段交通量(自然数)发展状况表   表8-14-9

年 份		2007	2008	2009	2010	2011	2012	2013	2014	2015	2016
交通量(辆)	清河主线收费站	2731020	3534246	3395129	4462061	4871884	5427715	4450624	4282501	4110264	4026114
	清河收费站	1158612	1769676	1517277	2131395	2779638	2802629	2342768	2320205	2433745	2121192
	赵村收费站							102543	441258	456735	854873
	南宫收费站	353363	606979	692123	799741	833706	967113	1210460	1608982	1860082	2905304
	新河收费站	143565	256730	475677	567121	648741	810768	1195000	1284526	1174519	2037946
	宁晋收费站	991167	1324364	1883966	1807520	2276744	2512033	2554064	2958861	2854307	3607189
	赵县收费站	287075	300201	483669	514879	578741	650390	769477	1190493	1488038	1799670
	栾城收费站	427988	711917	1093751	1350698	1341438	1384484	1268203	1446737	1439007	2476431
	窦妪收费站	427999	989220	1198805	1433148	1607576	1681429	2023077	2889532	2574032	5144365
	铜冶收费站	636144	965062	806912	1394122	1407759	1383561	2336310	2335889	1555419	1304006
	合计	7156933	10458395	11547309	14460685	16346227	17620122	18252526	20758984	19946148	26277090
收费站年平均日交通量(辆/日)		19608	28653	31636	39618	44784	48274	50007	56874	54647	71992

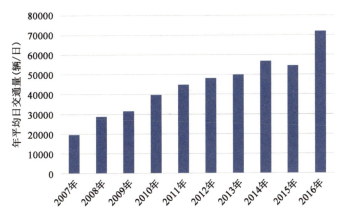

图 8-14-3　青银高速公路冀鲁界至石家庄段收费站年平均日交通量(自然数)增长柱状图

二、石太高速公路申后至旧关段(青银枢纽互通至旧关段)

(一)项目概况

1. 基本情况

1)功能定位

青银高速公路石太枢纽互通至旧关段,是利用原石太高速公路申后至旧关段其中的一段。石太高速公路分两期建设,一期工程为申后至旧关段,二期工程为申后至新元高速公路南高营枢纽互通段。石太高速公路河北段在旧关与山西太旧高速公路相接,向东与南高营枢纽互通相接,东连黄石高速公路,南北接新元高速公路。青银高速公路在石家庄市鹿泉区与石太高速公路相连,新建了石太枢纽互通立交。根据国家高速公路路网统一规划,将石太枢纽互通立交至旧关段改称青银高速公路。将石太枢纽互通立交至高庄枢纽互通段改为石家庄环城高速公路,高庄枢纽互通至南高营枢纽互通立交段改为黄石高速公路。

石太高速公路申后至旧关段是晋煤外运的主要通道,是交通部和河北省"八五"规划公路国道主干线重点建设项目。本工程的建设对开发太行山区,加快河北省乃至华北地区的经济腾飞起到了巨大推动作用。

石太高速公路是我省第一条山区且有重载交通的高速公路。

2)技术标准

采用汽车专用一级公路标准:全封闭、全立交,双向四车道,设计速度山区路段60km/h,平原区100km/h,路基宽度山区路段21.5m,平原区24.5m。

3)建设规模

本项目建设里程43.183km,其中大桥9座,中桥16座,小桥24座,涵洞177道;互通式立交3处,主线收费站1处,匝道收费站2处,服务区1处。

4）主要控制点

石家庄市（鹿泉区、井陉县），共计1个区、1个县。

5）地形地貌

项目属山岭重丘区，沿线地形复杂、地质多变。

6）路面及主要构造物

本项目采用沥青混凝土路面结构：

4cm 中粒式沥青混凝土，5cm 粗粒式沥青混凝土，6cm 粗粒式沥青碎石，15cm 二灰碎石，38cm 石灰土。

主要构造物采用连续梁桥。

7）投资规模

项目概算投资5.925亿元，竣工决算投资6.992亿元，平均每公里造价1619.16万元。

8）开工及通车、竣工时间

1992年6月25日开工，1995年10月18日建成通车，并于10月21日正式通车运营，1997年5月15日完成交工验收。

2. 前期决策情况

河北省交通厅根据省长办公会议纪要1988年第11号、1989年第26号关于修建石太公路复线工程的指示和交通部（89）交计字172号《关于下达"八五"第一批公路建设重点项目前期工程计划的通知》要求，指派河北道路开发公司筹备处（河北省道路开发中心前身）负责完成该项目的建设工作。

（1）1989年9月完成项目建议书。

（2）1989年10月向交通部呈报项目建议书，1990年2月交通部以（90）交计字72号文批复项目建议书。

（二）建设情况

1. 项目准备阶段

1）项目审批

（1）1990年4月完成工程可行性研究报告。1990年5月向交通部呈报设计任务书，同年9月交通部以（90）交计字472号文批复设计任务书。

（2）1989年6月委托交通部第一公路勘察设计院、河北省交通规划设计院和西安公路研究所承担初步设计任务，1990年10月完成初步设计文件。

（3）1990年11月向交通部呈报初步设计文件，1991年6月交通部以（91）交工字472号文批复初步设计文件。

(4)1990年11月安排施工图设计任务,1991年11月设计单位提交征地、拆迁设计图表,并派人进现场放线,埋置占地界桩。

(5)1991年12月提交能满足招标的分标段路基及桥涵构造物施工图设计文件,1992年3月提交全部施工图设计文件。

2)资金筹措

项目概算投资5.925亿元,竣工决算投资6.992亿元,平均每公里造价1619.16万元。

3)合同段划分及招投标

(1)合同段划分

根据各专业的工程内容,标段划分见表8-14-10。

石太高速公路申后至旧关段(青银枢纽互通至旧关段)合同段划分一览表　表8-14-10

参建单位	类型	参建单位名称	合同段编号及起讫桩号	主 要 内 容	主要负责人
项目管理单位		河北省石太公路建设指挥部			
勘察设计单位		交通部第一公路勘察设计院	K150+200~K173+888.14	路基、路面、桥梁、房建	
		河北省交通规划设计院	K173+888.14~K195+600	路基、路面、桥梁、房建	
		交通部公路科学研究所		交通工程	
		西安公路研究所			
施工单位	路基和构造物工程	河北省公路工程局第五工程处、河北省承德市公路工程一处	A合同:K150+200~K160+700	路基、通道、涵洞、分离式立交、大龙窝大桥、张家窑大桥	张连强、王亚林
		河北省交通厅公路工程局	B合同:K160+700~K169+400	路基、通道、小桥涵、梅庄互通立交、吴家垴互通立交、甘陶河大桥、郝家窑大桥、李家庄大桥、南枣林大桥	贾新民
		铁道部第十二工程局	C合同:K169+400~K177+540	路基、通道、小桥涵、南良都互通立交、高家庄1,2号中桥、金良河大桥	吴全国
		铁道部第十七工程局	D合同:K177+540~K187+000	路基、通道、小桥涵、分离式立交、香渣沟大桥	杨明宇
		中国人民武装警察部队交通独立支队	E合同:K187+000~K194+600	路基、通道、小桥涵、分离式立交、武家庄大桥	周先明
				路基、通道、涵洞、分离式立交	杜国栋
	路面和交通工程	铁道部第十四工程局	F合同:K150+200~K165+000	路面、交通工程	
		天津市市政五公司、河北省邢台市路桥建设公司	G合同:K165+000~K179+000	路面、交通工程	

路基和构造物工程分为 5 个合同段;路面和交通工程分为 3 个合同段;房建工程(含收费、照明和服务设施)分为 4 个合同段;通信工程为 1 个合同段;收费系统工程为 1 个合同段。

(2)招投标

青岛至银川高速公路石太枢纽互通至冀晋省界段按照交通部"公路工程施工招投标管理办法"的要求,采用邀请招标与议标和单价合同的承包方式选择承包商。

①1991 年 6 月一期路基和构造物工程共 4 个合同段,向 10 家施工单位发邀请函,经资格预审,有 8 个单独施工单位和联合体取得投标资格。

②1992 年 3 月 10 日在石家庄公开开标,由交通部工管司、省交通厅、省建委、省经贸委、省建行、设计单位、市交通局等单位组成评标委员会进行评审,石家庄市公证处到会公证,评标结果经省建委招标办批准。中标单位为:A 合同段为河北省公路工程局第五工程处和河北省承德市交通局第一公路工程处联合体,C 合同段为铁道部第十二工程局,D 合同段为铁道部第十七工程局和河北省石家庄市交通局公路处第一、二公路工程公司联合体,E 合同段为交通部武警交通独立支队;B 合同段是议标,由河北省公路工程局承担。

③1993 年 10 月路面和交通工程 2 个合同段向 11 家施工单位发出邀请函,经资格预审,有 5 个施工单位和一个联合体取得投标资格。

④1994 年 4 月 25 日在石家庄公开开标,由评标委员会进行评审,评标结果经省建委招标办批准。中标单位为:F 合同段为铁道部第十四工程局,G 合同段为天津市市政五公司和河北省邢台市路桥建设公司联合体;H 合同段是议标,由河北省公路工程局第四工程处承担。

⑤1994 年 7 月房建工程 4 个合同向 26 家施工单位发邀请函,经资格预审,有 21 个施工单位和 1 个联合体取得投标资格。

⑥1994 年 8 月 10 日在石家庄公开招标,由评标委员会进行评审,评审结果经省建委招标办批准。中标单位为:1 合同段为河北省公路工程局后勤管理处、河北省石家庄市交通局房建维修联合体,2 合同段为河北省第四建筑工程公司第七分公司,3 合同段为河北省石家庄市建筑公司第二分公司,4 合同段为河北省正定市第七建筑公司。

⑦通信工程合同是议标,由铁道部电气化工程局一处五段承担。

⑧收费系统工程合同是议标,由机械电子工业部五十四研究所交通电子公司承担。

4)参建单位主要情况

(1)建设单位

本项目建设单位是河北省石太公路建设指挥部,项目执行机构是河北省道路开发中心。

(2)设计单位

本项目设计单位是交通部第一公路勘察设计院、河北省交通规划设计院、交通部公路科学研究所、西安公路研究所。

(3)施工单位

详见表 8-14-10。

5) 征地拆迁

征地拆迁工作是石太公路河北段建设前期准备工作的一项重要工作。针对此项工作涉及面广、工作复杂的特点，指挥部专门设置了地方工作处，并抽调事业心强、具有丰富工作经验的同志专门负责此项工作。在各级政府的重视和各级土地管理部门的积极配合下，通过省指挥部和一县一区分指挥部的艰苦细致和卓有成效地工作，仅用 4 个月就完成了全线的征地拆迁工作。

全线共征用永久占地 5166 亩，拆迁房屋 11001 m^2。征地拆迁费（包括地方事务）共计 6136 万元。

2. 项目实施阶段

(1) 该工程于 1992 年 6 月 25 日开工，1995 年 10 月 18 日建成通车，1995 年 10 月 21 日正式收费运营。

(2) 河北省交通厅于 1997 年 5 月 15 日主持了交工验收工作。

(3) 本项目前期、建设期和运营初期按汽车专用一级公路运作，后称为高速公路。运营后不久引入外资（香港一家公司），成立合资公司，合作经营。

石太高速公路申后至旧关段（青银枢纽互通至旧关段）生产要素见表 8-14-11。

石太高速公路申后至旧关段（青银枢纽互通至旧关段）生产要素统计表　　表 8-14-11

路线编号	建设时间	钢筋(t)	沥青(t)	水泥(t)	砂石料(t)	机械工(工日)	机械(台班)
G20	1992—1995	10979	16025	85801	—	—	—

（三）复杂技术工程

1. 武家庄大桥

武家庄大桥桥跨布置为 $15 \times 40m$，上部结构为预应力混凝土连续箱梁。该桥分上下行修建，单桥宽 10.5m，中间设有分隔带，全桥总宽 21.5m，桥梁位于平曲线上，且箱梁整体倾斜 3‰。复杂技术特征有：该桥具有高、弯、斜等特点，且过山跨谷，地质复杂多变，施工现场水源缺乏，交通不便；该桥在技术、施工上难度均较高。

2. 高家庄 1 号中桥

高家庄 1 号中桥桥跨布置为 1～30m，上部结构为等截面悬链线空腹式拱桥，主拱圈为浆砌料石圬工，厚度 95cm。桥台为 L 形重力式桥台，块石镶面，浆砌片石圬工。全桥长度 54m，位于 $R = 7618.92m$ 的平曲线内，纵坡为 3.9%。

3. 甘陶河大桥

甘陶河大桥桥跨布置为 $(5 \times 40 + 5 \times 40 + 5 \times 40)m$，上部结构为预应力混凝土连续箱梁（单箱单室），下部结构为独柱式墩，框架式台，钻孔灌注桩基础。复杂技术特征有：①上部结构为现浇混凝土箱梁，是河北省第一座预应力混凝土现浇箱梁桥。施工中采用满堂木支架，经预压后在其上支模板绑钢筋浇筑混凝土，浇筑顺序为先底腹板后顶板，纵桥向分为九段浇筑。待一联混凝土全部达到张拉强度时，张拉预应力；②该桥突破性进展是采用了新材料 UEA 微膨胀混凝土。

（四）运营养护管理

1. 服务设施

本项目建成时设置 1 处服务区，即井陉服务区（表 8-14-12）。

石太高速公路申后至旧关段（青银枢纽互通至旧关段）服务设施一览表　　表 8-14-12

高速公路编码	服务区名称	桩　号	所 在 区 域	占地（亩）	建筑面积（m²）
G20	井陉服务区	K669+404	井陉县	18	20680

2. 收费设施

目前设置收费站 3 处（表 8-14-13）。出入口数量截至 2016 年底共计 44 条，其中 ETC 车道 4 条。

石太高速公路申后至旧关段（青银枢纽互通至旧关段）收费设施一览表　　表 8-14-13

收费站名称	桩　号	入口车道数		出口车道数		收费方式
		总车道	ETC 车道	总车道	ETC 车道	
井陉收费站	K657+662	1		2		ETC
秀林收费站	K666+760	3	1	4	1	
井陉西主线收费站	K667+229	7	1	20	1	

3. 养护管理

本项目养护里程 43.183km，设置 1 处养护工区（表 8-14-14）。

石太高速公路申后至旧关段（青银枢纽互通至旧关段）养护设施一览表　　表 8-14-14

养护工区名称	桩　号	路段长度（km）	占地面积（亩）	建筑面积（m²）
养护工区	K666+750	43.183	30	4567

4. 监控设施

本项目实行全程监控。

5. 交通流量

2008—2016 年石太高速公路申后至旧关段（青银枢纽互通至旧关段）交通量情况如表 8-14-15、图 8-14-4 所示。

第八章
高速公路建设项目

石太高速公路申后至旧关段（青银枢纽互通至旧关段）交通量（自然数） 表 8-14-15
发展状况表

	年　份	2008	2009	2010	2011	2012	2013	2014	2015	2016
交通量（辆）	井陉西	6852244	6851557	8168644	8254120	8018886	8774173	8562705	8062366	6307786
	秀林	1650371	1544471	1537896	1336412	1494518	1642459	2228559	1581896	1946775
	井陉	991976	952875	1378032	1284404	1348560	1778366	1471588	1362954	1357918
	鹿泉	2179252	2326190	3018003	2870821	2929526	3061844	2597457	3021984	3524352
	南新城		308059	472192	904593	2432896	2108515	3143245	3266117	3672405
	石清路	2121809	1573591	1471352	1468697	1372823	1337266	1584193	1987622	2638921
	西古城	4347356	4645876	4499000	4319726	5120392	5618242	5875498	7468223	8470112
	合计	18143008	18202619	20545119	20438773	22717601	24320865	25463245	26751162	27918269
收费站年平均日交通量（辆/日）		49707	49870	56288	55997	62240	66633	69762	73291	76488

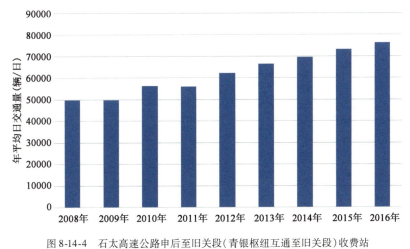

图 8-14-4　石太高速公路申后至旧关段（青银枢纽互通至旧关段）收费站年平均日交通量（自然数）增长柱状图

第十五节　G2001 石家庄绕城高速公路

G2001 石家庄绕城高速公路由 5 条路段组成，分别为石太高速公路（青银（石太）枢纽互通至高庄枢纽互通段）、张石高速公路石家庄段（高庄枢纽互通至曲阳桥枢纽互通）、张石高速公路石家庄段（曲阳桥枢纽互通至拐角铺枢纽互通段）、南孟枢纽互通至南安庄枢纽互通段（与 G4 京港澳高速公路共线，详见第六节）、南安庄枢纽互通至青银（石太）枢纽互通段（与 G20 青银高速公路共线，详见第十四节）。

石太高速公路青银（石太）枢纽互通至高庄枢纽段于1995年10月建成通车，由河北石青高速公路有限公司负责运营养护管理，运营里程桩号K132+826～K137+909，全长5.083km，设计速度100km/h，双向四车道，路基宽度24.5m。

张石高速公路石家庄段（高庄枢纽互通至曲阳桥枢纽互通、曲阳桥枢纽互通至拐角铺枢纽互通段），于2008年7月建成通车，由石家庄市张石高速公路管理处负责运营管理养护，运营里程桩号K266+366～K286+000、ZK0+707.414～ZK16+750，全长35.643km，设计速度120km/h，双向六车道，路基宽度34.5m。

G2001石家庄绕城高速公路信息见表8-15-1，路线平面示意如图8-15-1所示。

G2001石家庄绕城高速公路项目信息表　　　　表8-15-1

项目名称	路段起讫桩号		规模(km)		设计速度(km/h)	路基宽度(m)	投资情况(亿元)				建设时间（开工～通车）	备注
	起点桩号	讫点桩号	合计	车道数			估算	概算	决算	资金来源		
石太高速公路青银（石太）枢纽互通至高庄枢纽互通	K132+826	K137+990	5.083	四车道	100	24.5		0.709	0.836	省自筹、部投资、利用外资	1992.06～1995.10	
张石高速公路石家庄段（高庄枢纽互通至曲阳桥枢纽互通段）	K266+366	K286+000	19.6	六车道	120	34.5		21.15		银行贷款、地方自筹	2005.11～2008.07	
张石高速公路石家庄段（曲阳桥枢纽互通至拐角铺枢纽互通段）	ZK0+707.414	ZK16+750	16.043	六车道	120	34.5						

一、石太高速公路青银（石太）枢纽互通至高庄枢纽互通段

石太高速公路分两期建设，一期工程为申后至旧关段，二期工程为申后至新元高速公路南高营枢纽互通段。石太高速公路河北段在旧关与山西太旧高速公路相接，向东与南高营枢纽互通相接，东连黄石高速公路，南北接新元高速公路。青银高速公路在石家庄市鹿泉区与石太高速公路相连，修建青银（石太）枢纽互通式立交。根据国家高速公路路网统一规划，将青银（石太）枢纽互通式立交至旧关段改为青银高速公路。将青银（石太）枢纽互通式立交至高庄枢纽互通改为石家庄绕城高速公路，高庄枢纽互通至南高营枢纽互通改为黄石高速公路（建设期2005.11～2008.7）。

第八章
高速公路建设项目

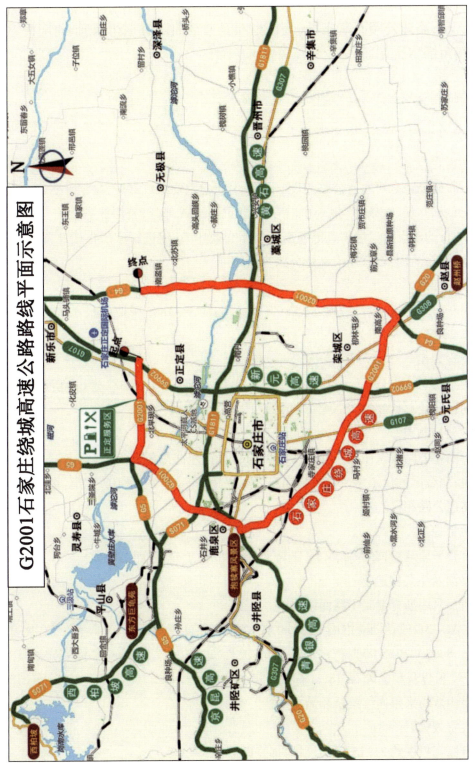

图8-15-1 G2001石家庄绕城高速公路路线平面示意图

二、张石高速公路石家庄段(高庄枢纽互通至曲阳桥枢纽互通、曲阳桥枢纽互通段至拐角铺枢纽互通)

(一)项目概况

1. 基本情况

1)功能定位

张石高速公路是河北省公路建设"十五"规划的重要组成部分,是河北省高速公路网主骨架"五纵、六横、七条线"规划中"五纵"的重要组成部分,是河北省政府"6+3"项目之一,该项目的建设可以缓解京港澳高速公路交通压力,促进石家庄市西北部经济发展,进一步完善河北省会石家庄市高速公路交通路网。

2)技术标准

采用双向六车道,设计速度120km/h,路基宽度34.5m。平曲线最小半径2500m,最大纵坡2.284%。

3)建设规模

路线全长35.643km,其中特大桥2507m/1座,大桥3702.8m/7座,中桥235m/4座,桥梁长度占路线总长度的18.06%。

4)主要控制点

张石高速公路石家庄段石家庄西绕城段起自正定曲阳桥互通,至终点石太高速公路高庄互通;北绕城段从正定曲阳桥村向东经吴兴镇,跨京广铁路、107国道,在新拐角铺村与新元高速公路相接。

5)地形地貌

项目属平原地貌,多为亚砂土、亚黏土、粉砂亚砂土,地势西高东低。

6)路面及主要构造物

本项目采用沥青混凝土路面结构:

4cm AC-13C改性沥青混凝土,6cm AC-20C改性沥青混凝土,7cm AC-25C密集配沥青混凝土,8cm ATB-25沥青稳定碎石,SBS改性沥青防水层,18cm水泥稳定级配碎石,18cm石灰、粉煤灰稳定碎石,18cm石灰粉煤灰稳定土。

主要构造物采用连续梁桥和简支梁桥。

7)投资规模

项目概算投资约21.15亿元,平均每公里造价5933.8万元。

8)开工及通车、竣工时间

2005年11月开工建设,2008年7月交工通车。

2.前期决策情况

(1)2005年1月27日,河北省人民政府通过《省长办公会会议纪要》(第25号)。

(2)2005年11月8日,河北省发展和改革委员会以冀发改交通〔2005〕869号文《关于张石公路石家庄段工程可行性研究报告的批复》,批复工程可行性研究报告。

(二)建设情况

1.项目准备阶段

1)项目审批

该项目严格执行了交通基本建设程序,各个环节手续齐全,具体如下:

(1)2005年4月21日,河北省国土资源厅下发《关于张石高速公路石家庄段工程项目建设用地压覆矿产资源情况的证明》(冀国土资储压字〔2005〕15号)。

(2)2005年7月21日,河北省国土资源厅以冀国土资函〔2005〕266号文,下发《关于张石高速公路石家庄段项目用地的预审意见》。

(3)2005年9月7日,河北省环境保护局以冀环管〔2005〕231号文,批复了《关于河北省张石高速公路石家庄段环境影响报告书的批复》。

(4)2005年12月28日,河北省发展和改革委员会以冀发改投资〔2005〕1070号文《关于张石高速公路石家庄段初步设计的批复》,批复初步设计。

(5)2006年9月11日,河北省交通厅公路管理局以冀交公路〔2006〕135号文《关于张石高速公路石家庄段主体工程两阶段施工图设计文件的批复》,批复施工图设计。

(6)2008年8月22日,中华人民共和国国土资源部以国土资函〔2008〕527号文,批复了《关于河北省张石高速公路石家庄段工程建设用地的批复》。

2)资金筹措

项目概算投资约21.15亿元,部分项目资本金由石家庄市交通局负责筹措,其余申请银行贷款,平均每公里造价5933.8万元。

3)合同段划分及招投标

本项目招标工作严格按照《中华人民共和国招标投标法》等有关规定执行,整个招标过程中接受纪检和行政监督,做到了公平、公正、科学择优,符合规定程序。

合同段划分及中标公司详见表8-15-2。

4)参建单位主要情况

(1)建设单位

本项目建设单位是石家庄市交通局,项目执行机构是石家庄市张石高速公路筹建处。

张石高速公路石家庄段(高庄枢纽互通至曲阳桥枢纽互通、曲阳桥枢纽互通至拐角铺枢纽互通)合同段划分一览表

表 8-15-2

参建单位	类型	参建单位名称	合同段编号及起讫桩号	标段所在地	主要内容	主要负责人	备注
项目管理单位	建设单位	石家庄市张石高速公路筹建处				徐海军	
勘察设计单位	土建工程设计	河北省交通规划设计院			主线土建工程	赵彦东	
施工单位	土建工程	河北冀通路桥建设有限公司	ZS8~ZS13,LM4~LM5				
			ZS8:K54+499.52~K56+936.48	滹沱河	滹沱河特大桥	封彦宏	
		路桥第一集团公路工程局	ZS9:K56+936.48~K62+737.18	鹿泉区大河镇	路基、桥涵工程	冷明泽	
		新疆昆仑路港工程有限公司	ZS10:K62+737.18~K68+450.18	鹿泉区	路基、桥涵工程	李传华	
		山西平阳路桥有限公司	ZS11:K68+450.18~K74+800	鹿泉区	路基、桥涵工程	宋进生	
		青岛公路建设集团有限公司	ZS12:ZK5+000~ZK13+300	正定县	路基、桥涵工程	邵明炬	
		中铁十七局集团有限公司	ZS13:ZK13+300~ZK16+750	正定县	路基、桥涵工程	刘朝林	
		青岛公路建设集团有限公司	ZS12:ZK5+000~ZK13+300	正定县	路基、桥涵工程	邵明炬	
		中铁十七局集团有限公司	ZS13:ZK13+300~ZK16+750	正定县	路基、桥涵工程	刘朝林	
		安通建设有限公司	LM4:K57+034.98~K74+800	鹿泉区	路面工程	李传华	
		河北冀通路桥建设有限公司	LM5:K53+381~K57+034.98 ZK0+707.414~ZK16+750	鹿泉、正定区	路面工程	王存江	

(2)设计单位

主线土建及交通工程设计单位为河北省交通规划设计院。

其他专项工程设计单位见表 8-15-2。

(3)施工单位

详见表 8-15-2。

2.项目实施阶段

1)施工过程

(1)主线土建工程于 2005 年 11 月 18 日开工,2008 年 7 月 8 日完工。

(2)房建工程于 2007 年 6 月开工,2008 年 6 月完工。

(3)机电工程于 2008 年 1 月开工,2008 年 6 月完工。

(4)通安全设施工程于 2008 年 1 月开工,2008 年 7 月完工。

(5)绿化工程于 2008 年 3 月开工,2008 年 6 月完工。

(6)2008 年 8 月,河北省交通厅公路工程质量安全监督站对张石高速公路石家庄段工程进行了交工验收。

2)重要决策

(1)2005 年 11 月 18 日,河北省委常委、石家庄市委书记吴显国宣布张石高速公路石家庄段开工。

(2)2008 年 7 月 8 日,张石高速公路石家庄段举行通车典礼。

(三)科技创新

张石高速管理处在项目管理创新、技术创新、技术推广上实现了新的突破。其中管理创新有 3 项:

(1)路基填方大量采用填砂路基和借山皮土填方,有效利用了当地资源,降低了工程造价,并节约了大量耕地。

(2)面层采用 Supperpave 组成设计。

(3)桥面铺装采用机械刷毛,保证了桥面的黏结质量。

技术创新有 3 项:

(1)高速公路填砂路基施工技术与沉降研究。本课题主要进行了以下几个方面的研究:

①滹沱河粉细砂的物理力学性质研究。

②滹沱河粉细砂填料水灌法施工工艺的研究。

③滹沱河粉细砂路基施工检测和控制标准研究。

④滹沱河粉细砂路基的沉降变形及其稳定计算。

(2)连续配筋混凝土路面设计施工技术研究。本课题主要进行了以下几个方面的研究:

①连续配筋混凝土路面+沥青层试验路的设计施工及质量控制研究。

②CRCP使用状况和交通状况的调查。

③水泥混凝土路面与沥青基层及表面功能层的层间黏结模拟试验。

（3）连续玄武岩纤维配筋水泥混凝土路面研究。本课题主要进行了以下几个方面的研究：

①玄武岩纤维不同形式筋材的力学指标调研和试验。

②不同玄武岩筋材与混凝土的共同受力理论研究（主要针对温缩应力、翘曲应力）。

③连续玄武岩纤维加筋混凝土路面受力机理研究（主要是荷载应力）。

④基于光纤检测的BFRCP路面力学分析验证和模型修正。

⑤试验路施工工艺及BFRCP的优化设计研究。

（四）运营养护管理

1. 服务设施

全线设置正定、石家庄2处服务区（表8-15-3）。

张石高速公路石家庄段（高庄枢纽互通至曲阳桥枢纽互通、曲阳桥枢纽互通至拐角铺枢纽互通段）服务设施一览表　　表8-15-3

高速公路编码	服务区名称	桩　　号	所在区域	占地（亩）	建筑面积（m²）
G2001	石家庄服务区	K265+280	鹿泉区大河镇东邵营村	306.8	
G2001	正定服务区	ZK12+237	正定县吴兴村西南	306.9	6714.8

2. 收费设施

本项目共设置收费站3处（表8-15-4），匝道出入口数量截至2015年底共计40条，其中ETC车道6条。

张石高速公路石家庄段（高庄枢纽互通至曲阳桥枢纽互通、曲阳桥枢纽互通至拐角铺枢纽互通段）收费设施一览表　　表8-15-4

收费站名称	桩　　号	入口车道数		出口车道数		收费方式
		总车道	ETC车道	总车道	ETC车道	
正定北收费站	ZK13+902	6	1	8	1	
石家庄收费站	K278+673	6	1	8	1	
鹿泉收费站	K285+022	5	1	7	1	

3. 养护管理

本项目养护里程33.643km，设置正定北互通区1处养护工区。

4. 监控设施

本项目设置石家庄信息中心1处，负责石家庄区域的运营监管（表8-15-5）。

张石高速公路石家庄段(高庄枢纽互通至曲阳桥枢纽互通、曲阳桥枢纽互通 表 8-15-5
至拐角铺枢纽互通段)监控设施一览表

监控设施名称	桩号	占地面积(亩)	建筑面积(m²)
石家庄信息中心	K278+673		信息中心与石家庄收费站合建

第十六节 G22(青岛—兰州)河北段(大名县—涉县)

G22青岛至兰州高速公路是国家高速公路网"71118"中的"横六",河北境内起自大名县(冀鲁界),止于涉县(冀晋界),全长188.176km,沿线途经邯郸市的大名县、魏县、广平县、成安县、邯郸县、马头工业城、复兴区、磁县、峰峰矿区、武安县、涉县,本工程的建设使晋、冀、鲁、豫四省接壤区再增一条沟通东西的大通道,同时也是晋煤外运的重要通道。

G22(青岛—兰州)高速公路河北境内段由5条路段组成,分别是邯大高速公路、京港澳高速公路(大名县至成安县)邯郸绕城高速公路(邯大起点商城互通至京港澳高奥枢纽互通)、邯郸绕城高速公路(含高奥枢纽互通至史村互通)、青兰高速公路史村互通至涉县东段(含高奥枢纽互通至史村互通)、邯长公路更乐至冀晋界段高速公路(青兰高速公路涉县至冀晋界段)。

(1)邯大高速公路(大名县至成安县)于2014年6月建成通车,由邯郸市高速公路管理局负责运营管理养护,运营里程桩号K0+000~K72+551,全长72.551km,设计速度120km/h,双向六车道,路基宽度34.5m。

(2)京港澳高速公路邯郸绕城高速公路(邯大起点商城互通至京港澳高奥枢纽互通)于2015年12月建成通车,由河北高速公路石安管理处负责运营管理养护,运营里程桩号K22+455.552~K36+731.563,全长14.286km,设计速度120km/h,双向四车道,路基宽度28m。

(3)青兰高速公路史村互通至涉县东段(含高奥枢纽互通至史村互通段),于2010年9月建成通车,由邯郸市高速公路管理局负责运营管理养护,全长88.248km。其中主线全长65.72km,史村至磁山段采用双向六车道,设计速度为100km/h,路基宽度33.5m;磁山至涉县段双向六车道,设计速度80km/h,路基宽度32m;其中高奥枢纽互通至史村互通段运营里程桩号ZK36+157~ZK58+684.546,全长22.528km,设计速度120km/h,双向四车道,路基宽度28m。

(4)青兰高速公路涉县至冀晋界段,于2004年12月建成通车,由河北省高速公路石安管理处负责运营管理养护,运营里程桩号K719+405~K732+496,全长13.091km,双向四车道,设计速度80km/h,路基宽度24.5m。

G22(青岛—兰州)高速公路河北境内段信息见表8-16-1,路线平面示意如图8-16-1所示。

G22（青岛—兰州）高速公路河北境内段信息表

表 8-16-1

项目名称	路段起讫桩号		规模（km）		设计速度（km/h）	路基宽度（m）	投资情况（亿元）			资金来源	建设时间（开工~通车）	备注
	起点桩号	讫点桩号	合计	车道数			估算	概算	决算			
邯大高速公路（大名县至成安县）	K0+000	K72+551	72.551	六车道	120	34.5	76.650	80.231		部补助、银行贷款、地方自筹	2011.06~2014.06	
京港澳高速公路邯郸绕城邯大起点商城互通至京港澳高邑互通	K22+445.552	K36+731.563	14.286	四车道	120	28.0	9.1	9.706		部补助、银行贷款、地方自筹	2012.3~2015.12	
青兰高速公路史村互通至涉县东段（含高邑枢纽互通至史村互通）	主线史村	磁山	65.72	六车道	100	33.5		72.89	70.76		2007.12~2010.9	
	磁山	涉县	22.528	四车道	80	32.0						
	支线户村	高邑			120	28						
青兰高速公路涉县至冀豫晋界段	K719+405	K732+496	13.091	四车道	80	24.5	4.299	4.084			2003.4~2004.12	

第八章
高速公路建设项目

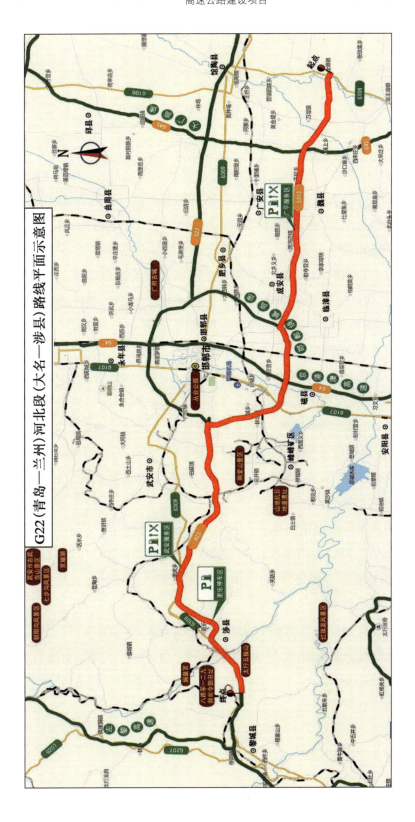

图8-16-1 G22（青岛—兰州）河北段（大名—涉县）路线平面示意图

一、邯大高速公路（大名县至成安县）

（一）项目概况

1. 基本情况

1）功能定位

邯大高速公路（大名县至成安县）位于河北省邯郸市东南部，沿途经过邯郸市的临漳县、成安县、广平县、魏县、大名县，路线走廊总体呈西东走向。路线起点接京港澳高速公路邯郸绕城高速公路东南环，止于冀鲁交界大名县金滩镇沙窝庙村南，终点与山东省拟建的青兰高速公路复线相接。邯郸至大名县（冀鲁界）高速公路是邯郸市"三纵两横一环"高速公路网中的重要"一横"，也是河北省高速公路网的重要组成部分。该项目的实施将形成山西、河北南部地区连接胶东半岛的又一条便捷的出海通道，进一步缩短了与青岛港的运营距离，进一步完善区域高速公路网的布局结构，能够有效缓解青红高速公路、国道309、省道邯大线等道路远期的交通压力，密切邯郸与周边省市之间的交通联系，对于加快邯郸市区域经济中心的建设步伐具有十分重要的意义。

采用双向六车道，设计速度为120km/h，路基宽度34.5m。项目建设里程72.551km，其中特大桥11756m/3座，大桥2428.53m/5座（含互通主线桥），中桥244.24m/4座，小桥8座，涵洞32道。本项目位于邯市东南部，属于华北平原区，西南部略高于东北部，一般海拔高度39.8～65m，地势平坦。地貌类型主要是冲积平原区及少量沙丘。

2）路面及主要构造物

本项目采用沥青混凝土路面结构：

路线左幅：4cm AC-13C 细粒式改性沥青混凝土，6cm AC-20C 中粒式改性沥青混凝土，12cm ATB-25 粗粒式沥青稳定碎石，20cm 水泥稳定碎石，20cm 水泥稳定碎石，20cm 石灰、粉煤灰稳定土，总厚度82cm。

路线右幅：4cm AC-13C 细粒式改性沥青混凝土，6cm AC-20C 中粒式改性沥青混凝土，8cm AC-25C 粗粒式沥青混凝土，18cm 水泥稳定碎石，18cm 水泥稳定碎石，20cm 石灰、粉煤灰稳定土，总厚度74cm。

主要构造物采用连续梁桥。

3）投资规模

项目概算投资80.23亿元。

4）开工及通车、竣工时间

本项目于2011年6月开工，2014年6月竣工通车。

2. 前期决策情况

1)前期决策背景

该项目与京港澳高速公路、大广高速公路连接,对于完善邯郸市"三纵两横一环"高速公路网,有效发挥路网功能和整体效益起着重要作用,同时有效改善邯郸市东南部县区的出行条件,推动东南部贫困地区的对外交流、加速经济发展具有重要的推动作用。

2)前期决策过程

2009年10月12日,河北省人民政府以收文呈办笺〔2009〕4813号文件批复了包含邯大高速公路项目在内的《河北省交通运输厅关于邢台至衡水高速公路、邯郸至大名县高速公路规划及路线方案的意见》。

(1)2009年11月4日,邯郸市人民政府向河北省交通运输厅呈报了《关于明确邯郸至大名县高速公路项目业主的函》,河北省交通运输厅以冀交函规〔2010〕146号文进行了批复。

(2)2010年5月27日,河北省发展和改革委员会委托河北省工程咨询研究院在石家庄组织召开项目的工可评审会。

(3)2010年6月10日,河北省工程咨询研究院以冀咨项目评审二〔2010〕第207号文向河北省发展和改革委员会出具了评估意见。

(4)2010年7月1日,河北省发展和改革委员会以冀发改基础〔2010〕第728号文批复了工可报告。

(二)建设情况

1. 项目准备阶段

1)项目审批

(1)2010年11月19日,河北省发展和改革委员会对邯大高速公路初步设计文件做出批复,将于年内开工建设。

(2)2011年4月8日,交通运输部下达2011年交通运输固定资产投资计划表,决定参照国高网标准,给予邯大高速公路总额为6.1亿元的车购税补助。

(3)2011年5月14日,国家战备办公室发文,邯大高速公路列为国防交通项目,用地可使用国家用地指标。

(4)2011年6月27日,邯大高速公路主线、连接线和互通布置等设计方案顺利通过邯郸市规划委员会第33次会议审议。

(5)2011年8月19日,邯大高速公路两阶段施工图设计获河北省交通运输厅批复。

2)资金筹措

本项目概算总投资80.231亿元,项目资本金20亿元,其余申请银行贷款。

3)合同段划分及招投标

（1）合同段划分

根据各专业的工程内容,标段划分见表8-16-2。

①勘察设计划分:土建工程设计标段划分2个标段,房建工程设计划分1个标段,交通工程设计划分1个标段,绿化工程设计划分1个标段,机电工程设计划分1个标段。

②施工标段划分:根据工程内容的不同,土建工程划分10个标段,机电工程划分1个标段,房建工程划分5个标段,绿化工程划分8个标段,交通安全设施划分5个标段。

③施工监理标段划分:根据工程内容设1个总监办公室,6个土建工程驻地监理标段,2个房建工程监理标段,1个机电工程监理标段。

邯大高速公路（大名县至成安县）合同段划分一览表　　表8-16-2

参建单位	类型	参建单位名称	合同段编号及起讫桩号	标段所在地	主要内容	主要负责人	备注
项目管理单位		邯郸市交通运输局公路项目办公室				崔金平	
勘察设计单位	土建工程设计	中交远洲交通科技集团有限公司	1~3		主线土建工程	常建国	
		中交公路规划设计院	4~10		主线土建工程	齐向军	
施工单位	土建工程	河北广通路桥工程有限公司	1:K0+000~K10+350	成安	路基、桥涵、路面工程	宋继增	
		江西赣北公路工程有限公司	2:K10+350~K21+600	成安	路基、桥涵、路面工程	吴运忠	
		青岛公路建设集团有限公司	3:K21+600~K30+085	广平	路基、桥涵、路面工程	薄文祥	
		中交一公局第一工程有限公司	4:K30+100~K37+770	魏县	路基、桥涵、路面工程	王宝善	
		济南通达公路工程有限公司	5:K37+770~K49+518	魏县	路基、桥涵、路面工程	隗景富	
		中交第二公路工程局有限公司	6:K49+518~K52+912	大名县	漳河特大桥	杨永斌	
		中铁十局集团有限公司	7:K52+912~K55+800	大名县	漳河特大桥	张峻	
		邯郸市光太公路工程有限公司	8:K58+230~K63+600	大名县	小引河特大桥	张铁军	
		河北路桥集团有限公司	9:K63+600~K67+400	大名县	卫河特大桥	张国彬	

(2)招投标

按照国家颁布的《招投标法》和交通部颁布的《公路工程施工招标投标管理办法》《公路工程施工招标资格预审办法》《公路工程施工招标评标办法》的要求,由项目法人单位组织招标工作。

①2011年1月有96家土建工程施工单位通过资格预审,参加本项目主线土建工程9个合同段的投标。2011年3月23日在石家庄公开开标,采用合理低价中标方式。由评标委员会评审出9家中标单位。

②2012年11月19日有60家房建工程施工单位,参加本项目房建工程5个合同段的投标。2012年12月13日在邯郸公开开标,采用合理低价中标方式,确定了5家中标单位。

③2013年7月9日有23家机电工程施工单位,参加本项目机电工程的投标。2013年7月29日在邯郸公开开标,由评标委员会进行评审,确定1家中标单位。

④2013年7月9日有79家交通安全设施工程施工单位通过资格预审,参加交通安全设施4个合同段的投标。2013年9月4日在邯郸公开开标,确定了4家中标单位。

⑤2013年9月23日有159家绿化工程单位,参加绿化工程7个合同段的投标。2013年10月15日在邯郸公开开标,确定了7家中标单位。

4)参建单位主要情况

(1)建设单位

本项目建设单位是邯郸市交通运输局公路项目管理办公室。

(2)设计单位

土建工程设计单位:

HDSJ-1 中交远洲交通科技集团有限公司。

HDSJ-2 中交公路规划设计院有限公司。

其他专项工程设计单位见表8-16-2。

(3)施工单位

详见表8-16-2。

5)征地拆迁

(1)设立专门组织机构

项目办和评估单位及沿线县交通运输局、乡镇村共同组成调查组,加强征地做业监督和协调。

(2)主要做法

清点工作人员与评估单位、县、乡、村一起,对各村地块进行了实地丈量,并对地面附属物进行了清点和认真统计,分门别类,登记造册。

征地拆迁统计见表8-16-3。

邯大高速公路(大名县至成安县)征地拆迁统计表　　　　表 8-16-3

高速公路编码	项目名称	征地拆迁安置起止时间	征用土地（亩）	拆迁房屋（m²）	补偿费用（万元）	备注
G22	邯大高速公路(大名县至成安县)	2011.6~2014.6	10962.9	10967	70269	

2. 项目实施阶段

1) 施工过程

(1) 主线土建工程于 2011 年 4 月开工,2014 年 6 月完工。

(2) 房建工程于 2013 年 3 月开工,2014 年 6 月完工。

(3) 交通安全设施工程于 2013 年 5 月开工,2014 年 6 月完工。

(4) 绿化工程于 2013 年 5 月开工,2014 年 12 月完工。

(5) 机电工程于 2013 年 10 月开工,2015 年 6 月完工。

(6) 主要材料实行甲控和甲供市场准入制,加强原材料采购、运输、储存、检验、使用等方面的管理。

(7) 实行"政府监督、法人管理、社会监理、企业自检"的四级质量保证体系。实行工程质量责任终身制。严禁勘察设计、施工和监理、检测单位将承接的工程项目进行转包,严格控制公路建设工程的分包。全面推行标准化、规范化、精细化施工。实行隐患排查和专项治理,实行首件工程以及拌和、预制、加工站场认可证制度。对设计单位、监理单位、施工单位实行制度管理。做好科研及科技成果应用工作,确保邯大高速公路过硬的工程质量。

(8) 2014 年 6 月 26 日,河北省交通运输厅组织专家对邯大高速公路(大名县至成安县)进行了交工验收。

邯大高速公路(大名县至成安县)建设生产要素统计见表 8-16-4。

邯大高速公路(大名县至成安县)建设生产要素统计见表　　　　表 8-16-4

路线编号	建设时间	钢筋（t）	沥青（t）	水泥（t）	砂石料（m³）	机械工（工日）	机械（台班）
G22	2011.06~2014.06	144641	61832	1037390	4092707	1146799	96741

2) 重要决策

(1) 2011 年 2 月 22 日,邯大高速公路举行开工奠基仪式。

(2) 2012 年 4 月 10 日,邯大高速公路启动"大干 100 天"劳动竞赛活动。

(3) 2014 年 6 月 29 日,历时数年建设,邯大高速公路(大名县至成安县)通车运营。

3) 各项活动

(1) 开展百日劳动竞赛活动,进行进度、质量、安全综合评比。

(2) 全程实行质量季度评分制度。

(三)科技创新

邯郸市交通运输局公路项目管理办公室在项目管理创新、技术创新、技术推广上实现了新的突破。其中技术创新有一项:路跨越构造物路基差异沉降控制技术研究。

课题针对邯大高速公路路基设计方案中的水泥搅拌桩平面布置、水泥搅拌桩桩长、部分路段水泥搅拌桩的取舍、部分路段冲击压实的取舍等提出了改进方案,利用本课题的研究成果,改进方案与原设计方案相比共节省工程费用 11705.2 万元,已在工程建设中全部实现,产生了巨大的经济效益。该研究成果经济社会效益显著,推广应用前景广阔,总体达到了国际先进水平。

课题提出了河北地区高速公路特殊路基差异沉降控制标准,并基于此标准对邯大高速公路进行建设。

(四)运营养护管理

1. 服务设施

全线设置服务区 2 处(表 8-16-5)。

邯大高速公路(大名县至成安县)服务设施一览表　　　表 8-16-5

高速公路编码	服务区名称	桩　号	所在区域	占地(亩)	建筑面积(m²)
G22	广平服务区	K26+852.8	广平县		
G22	大名县服务区	K71+943	大名县		

2. 收费设施

本项目共设置收费站 7 处。

3. 养护管理

本项目养护里程 72.551km,设置市区养护工区 1 处(与监控通信分中心同址合建),魏县养护工区(与魏县互通收费站同址建设)1 处(表 8-16-6)。

邯大高速公路(大名县至成安县)养护设施一览表　　　表 8-16-6

养护工区名称	桩　号	养护路段长度(km)	占地面积(亩)	建筑面积(m²)
魏县养护工区	K36+048	72.551	15.86	1550

4. 监控设施

本项目设置邯大监控通信分中心,负责邯大高速公路区域的运营监管。占地面积 55.95 亩,建筑面积 6508m²。

5. 交通流量

邯大高速公路(大名县至成安县)2016 年收费站年平均日交通量(自然数)为 12846

辆/日,2015—2016 年环比增长率为 31.30%,详见表 8-16-7。

邯大高速公路(大名县至成安县)交通量(自然数)发展状况表　　　表 8-16-7

年　　份		2014	2015	2016
交通量 (辆)	成安西	407304	1275854	1749515
	成安	135430	244883	315027
	漳河店	213327	941538	1106702
	魏县	118661	385673	484143
	大名县北	155288	485158	608933
	金滩镇	95485	237894	424566
	合计	1125495	3571000	4688886
收费站年平均日交通量(辆/日)		3084	9784	12846

二、京港澳高速公路邯郸绕城高速公路(邯大起点商城互通至京港澳高臾枢纽互通)

(一)项目概况

1. 基本情况

1)功能定位

京港澳高速公路邯郸绕城高速公路(邯大起点商城互通至京港澳高臾枢纽互通)是京港澳高速公路石家庄至磁县(冀豫界)段改扩建工程的一部分,起于邯大高速公路商城枢纽互通,与京港澳高速公路高臾枢纽互通相接,路线全长 14.286km。

该段经成安和磁县 2 个县,项目建成后邯郸市绕城高速公路环线全部贯通,可有效地缓解京港澳高速公路主线的交通繁忙状况,同时为主城区通向各地提供了非常便捷的交通通道,对城市交通的疏导和解决过境交通的功能发挥了重要作用。

2)技术标准

采用双向四车道高速公路标准建设,设计速度 120km/h,路基宽度 28m。

3)建设规模

项目建设里程 14.286km。其中大桥 187m/1 座,中桥 136.20m/2 座,涵洞 18 道,桥梁长度占路线总长度的 2.26%;互通式立交 1 处;分离式立交 1 处,通道 6 处;天桥 6 座。

4)主要控制点

邯郸市(成安和磁县 2 个县),共计 1 个市、2 个县(市)、6 个乡镇。

5)地形地貌

项目区地处河北省西南部,处于邯郸市区东南部,路线所经地区属华北平原的西部边缘带,距太行山主峰约 50～60km。属太行山山前冲积平原。所经地区地形平坦,村镇密集。

6）路面及主要构造物

本项目采用沥青混凝土路面结构：

4cm SMA-13 细粒式沥青玛蹄脂碎石，6cm AC-20C 中粒式沥青混凝土，12cm ATB-25 沥青稳定碎石，SBS 改性热沥青封层，20cm 水泥稳定碎石上基层，20cm 水泥粉煤灰稳定碎石下基层，20cm 水泥粉煤灰稳定土底基层。

主要构造物采用连续梁桥。

7）投资规模

项目概算投资 9.706 亿元，平均每公里造价 6367 万元。

8）开工及通车、竣工时间

2012 年 3 月开工建设，2015 年 12 月交工通车。

2. 前期决策情况

1）前期决策背景

京港澳高速公路邯郸绕城段是京港澳高速公路邯郸市改扩建工程的一段。根据河北省交通厅"十一五"期间干线公路网建设的总体规划要求及省交通厅有关领导的指示精神，河北省交通厅在 2007 年启动建设工作。

2）前期决策过程

（1）2010 年 9 月 6~9 日，受国家发展和改革委员会委托，北京交科公路勘察设计研究院在石家庄市主持召开了《京港澳高速公路石家庄至磁县（冀豫界）段改扩建项目工程可行性研究报告》现场调研评估会。

（2）2011 年 1 月 6 日，交通运输部以交函规划〔2011〕4 号文，下发了《关于京港澳高速公路石家庄至磁县（冀豫界）段改扩建工程可行性研究报告的审查意见》。

（3）2011 年 7 月 18 日，经国家发展和改革委员会批准，以发改基础〔2011〕1533 号文，批复了《关于河北省石家庄至磁县（冀豫界）公路改扩建工程可行性研究报告的批复》。

（二）建设情况

1. 项目准备阶段

1）项目审批

（1）2009 年 3 月 11 日，河北省地震局以冀震安评〔2009〕1 号文，复函河北省高速公路管理局《关于石家庄至磁县（冀豫界）公路改扩建项目工程场地地震安全性评价报告》。

（2）2009 年 4 月 15 日，河北省发展和改革委员会，对本项目招标方案核准（核准文号：2010—0531）。

(3)2009年5月4日,河北省水利厅以冀水资〔2009〕37号文,批复河北省高速公路管理局《关于京港澳高速公路石家庄至磁县(冀豫界)段公路改扩建项目水资源论证报告》。

(4)2010年11月8日,国土资源部以〔2010〕304号文,下发了《关于京港澳高速公路石家庄至磁县(冀豫界)段改扩建项目建设用地预审意见的复函》。

(5)2011年7月18日,国家发展和改革委员会以发改基础〔2011〕1533号文,批复河北省发展改革委《关于石家庄至磁县(冀豫界)公路改扩建工程可行性研究报告》。

(6)2011年10月12日,交通运输部以交公路发〔2011〕574号文,批复河北省交通运输厅《关于石家庄至磁县(冀豫界)公路改扩建工程初步设计》。

(7)2012年6月25日,河北省交通运输厅以冀交公〔2012〕342号文,批复《关于石家庄至磁县(冀豫界)公路改扩建工程两阶段施工图设计》。

2)资金筹措

概算投资9.706亿元,全部形成固定资产。资金来源:银行中长期贷款占总投资的75%,资本金占总投资的25%。

3)合同段划分及招投标

(1)合同段划分

根据各专业的工程内容,标段划分见表8-16-8。

①土建工程设计标段划分1个标段,绿化工程设计划分1个标段,机电工程设计划分1个标段。

②施工标段划分:土建工程划分3个标段。

③施工监理标段划分:设1个总监办公室,1个土建工程驻地监理标段。

(2)招投标

按照国家颁布的《招投标法》和交通部颁布的《公路工程施工招标投标管理办法》《公路工程施工招标资格预审办法》《公路工程施工招标评标办法》的要求,由项目法人单位组织招标工作。

①2011年8月有234家土建工程施工单位通过资格预审,参加本项目主线土建工程18个合同段的投标。2011年11月15日在石家庄公开开标,采用资格预审,合理低价法。由评标委员会从交通运输部专家库中随机抽取评标专家5名和招标人代表2名共同组成评标委员会,由评标委员会进行评审,采用资格预审,合理低价法确定了18家中标单位。

2013年1月10日,有9家土建工程施工单位参加XJ10标段土建工程的投标。2013年1月10日在石家庄公开开标,采用合理低价法,从交通运输部专家库中随机抽取评标专家4名和招标人代表1名共同组成评标委员会,由评标委员会进行评审,采用合理低价法确定了1家中标单位。

京港澳高速公路邯郸绕城（邯大起点商城互通至京港澳高邑枢纽互通）合同段划分一览表

表 8-16-8

参建单位	类型	参建单位名称	合同段编号及起讫桩号	标段所在地	主要内容	主要负责人
项目管理单位		河北高速公路石安改扩建筹建处	K22+445.552～K35+000			郑瑞君
勘察设计单位	土建工程设计	河北省交通规划设计院	K22+445.552～K35+000		主线土建工程	何勇海
施工单位	土建工程	中交一公局桥隆工程有限公司	K22+445.552～K35+000	商城镇、长巷乡、高邑镇	路面工程	杨玉平
		中铁二局第四工程有限公司	K22+445.552～K35+000	商城镇	路基、桥涵	王湘华
		中交一公局桥隆工程有限公司	K25+000～K35+000	长巷乡、高邑镇	路基、桥涵	杨玉平

②2012年10月18日,有94家房建工程施工单位参加本项目房建工程施工10个合同段的投标。2012年10月19日在石家庄公开开标,从河北省统一专家库中随机抽取的专家5人和招标人代表2人共同组成评标委员会,由评标委员会进行评审,采用合理低价法确定了10家中标单位。

③2014年5月22日有34家机电工程施工单位参加机电工程(闭路监控、通信及收费系统)施工机电工程的投标。2014年5月22日在石家庄公开开标,从交通运输部评标专家库中随机抽取了专家4人和业主代表1人共同组成评标委员会,由评标委员会进行评审,采用合理定价抽取评审法确定了3家中标单位。

2014年8月25日有42家机电工程施工单位参加机电工程(外场供电及摄像机、监控系统)施工机电工程的投标。2014年8月25日在石家庄公开开标,从交通运输部评标专家库中随机抽取了专家4人和业主代表1人共同组成评标委员会,由评标委员会进行评审,采用合理定价抽取评审法确定了3家中标单位。

④2013年12月23日有97家交通安全设施工程施工单位参加扩建段路侧波形梁钢护栏工程施工9个合同段的投标。2013年12月23日在石家庄公开开标,从河北省统一评标专家库中随机抽取了专家5人组成评标委员会,由评标委员会进行评审,采用合理定价抽取评审法确定了9家中标单位。

⑤2015年10月9日有317家绿化工程单位递交了投标文件,参加邯郸绕城高速公路东南环边坡及主线站绿化工程施工3个合同段的投标。2015年10月9日在石家庄公开开标,从河北省统一评标专家库中随机抽取了专家4人和业主代表1人共同组成评标委员会,由评标委员会进行评审,采用合理定价抽取评审法确定了3家中标单位。

4)参建单位主要情况

(1)建设单位

本项目建设单位是河北省高速公路管理局,项目执行机构是河北省高速公路石安改扩建筹建处。

(2)设计单位

土建工程设计单位:河北省交通规划设计院。

房建工程设计单位:中钢集团工程设计研究院有限公司。

(3)施工单位

详见表8-16-8。

5)征地拆迁

(1)明确责任分工,提高工作效率

把工作进行细化,明确分工,责任到人,包县包段,并根据工作需要相互协调、相互沟通、统一调配,强化了每一名成员的责任意识,工作效率明显提高。

(2) 注重地方协调工作,优化建设环境

健全地方工作机制,争取地方政府和人民群众支持,定期召开协调会,实行地方工作专人负责制,分段包干,定时限、要质量、求效益。

征地拆迁统计见表8-16-9。

京港澳高速公路邯郸绕城高速公路(邯大起点商城互通至京港澳高邑枢纽互通)　　表8-16-9
征地拆迁统计表

高速公路编码	项目名称	征地拆迁安置起止时间	征用土地（亩）	拆迁房屋（m²）	拆迁占地费（万元）	备注
G22	京港澳高速公路邯郸绕城高速公路(邯大起点商城互通至京港澳高邑枢纽互通)	2010.8~2010.12	1469	2333	7149	

2. 项目实施阶段

1) 施工过程

(1) 主线土建工程于2012年3月开工,2015年12月完工。

(2) 房建工程于2015年7月开工,2015年12月完工。

(3) 机电工程于2015年8月开工,2015年12月完工。

(4) 交通安全设施工程于2015年8月开工,2015年12月完工。

(5) 绿化工程于2016年3月开工。

(6) 2015年12月14日,河北省高速公路管理局对邯郸绕城高速公路东南环进行组织交工验收。

京港澳高速公路邯郸绕城高速公路(邯大起点商城互通至京港澳高邑枢纽互通)建设生产要素统计见表8-16-10。

京港澳高速公路邯郸绕城高速公路(邯大起点商城互通至京港澳高邑枢纽互通)　　表8-16-10
建设生产要素统计表

路线编号	建设时间	钢材（t）	沥青（t）	水泥（t）	砂石料（m³）	机械工（工日）	机械（台班）
G22	2012.3~2015.12	28211.2	18671	114558	536871.6	254843	196537.6

2) 重要决策

(1) 2011年8月18日,石安改扩建工程建设动员大会在邢台市召开。河北省副省长宋恩华,河北省交通运输厅党组书记、厅长高金浩等省直单位负责人参加会议。

(2) 2015年12月22日,邯郸绕城高速东南环段正式通车试运营。至此,邯郸市103km绕城高速环线实现完整闭合。

3) 各项活动

(1) 2011年10月7日,石安改扩建筹建处召开了"百日决战"动员大会暨第一次全体职工会议。

(2)2014年3月4~5日,河北省高速公路建设动员会在邢台召开,河北省交通运输厅党组书记、厅长高金浩做重要讲话。

(三)科技创新

(1)全线使用高性能混凝土,有效提高了混凝土结构的抗腐蚀和耐久性。同时使用大量的矿物掺合料,节约能源,社会经济效益巨大。

(2)全线路面施工过程实行动态实时监控技术。

(3)采用智能张拉系统控制预应力张拉,操作人员通过计算机程序控制设备运行,整个过程直观反映在显示器上,具有精确控制张拉应力、延伸量、加载速率、停顿点、持荷时间等要素的特点,张拉施工数据自动保存在软件程序中,确保了预应力张拉质量。

三、青兰高速公路史村互通至涉县东段（含高奥枢纽互通至史村互通）

(一)项目概况

1. 基本情况

1)功能定位

青兰高速公路史村互通至涉县东段（含高奥枢纽互通至史村互通）是国家重点公路"横五"的重要路段,也是河北省规划的"五纵、六横、七条线"高速公路主骨架中"横六"的组成部分。本项目是沟通山东地区、河北南部和山西南部经济联系的主要通道,也是晋煤外运的主要通道。项目的建成进一步完善了河北省高速公路路网结构,促进沿线地区经济发展。

2)技术标准

主线史村互通至磁山段采用双向六车道,设计速度为100km/h,路基宽度33.5m。磁山至涉县段采用双向六车道,设计速度80km/h,路基宽度32m。高奥枢纽互通至史村互通段采用双向四车道,设计速度120km/h,路基宽度28m。平曲线最小半径2000m,最大纵坡3.95%。

3)建设规模

本项目建设里程全长88.248km,其中主线65.72km,高奥枢纽互通至史村互通22.528km。主线:特大桥3164m/2座,大桥13632m/50座,中小桥2960m/128座,隧道5处,涵洞85道,桥梁长度占路线总长度的26.2%;互通式立交5处(其中服务型互通4处,枢纽型互通1处);分离式立交6处,通道66道;天桥12座;匝道收费站5处;1个养护工区,2处隧道管理所,2处服务区,1个停车区。高奥枢纽互通至史村互通:大桥2611m/10

座,中小桥 1209m/52 座,涵洞 25 道;互通式立交 2 处;1 处收费站;管理、养护、服务、监控房屋建筑面积 33141.97m²。

4)主要控制点

邯郸县、马头工业城、复兴区、峰峰、磁县、武安市、涉县 7 个县(市、区),22 个乡镇。

5)地形地貌

路线处在太行山的东麓,地势由西北向东南倾斜。路线所经地区属于山前的缓坡区域,坡面成扇形扩展,呈现大面积低谷地,路线通过路段地势平缓,从谷地的中间由东向西直接通过,沿线越过几条由西北向东南汇入清漳河的支流,河流两岸地层均系水稳性差的黄土层。地表被切割出几乎垂直的深沟,类似黄土高原的地貌。沿线冲沟发育,对路线影响较大。

6)路面及主要构造物

本项目采用沥青混凝土路面结构:

5cmAC-16C 中粒式沥青混凝土,SBS 改性沥青黏层,8cmAC-25C 粗粒式沥青混凝土,SBS 改性乳化沥青黏层,12cmATB-25 沥青稳定碎石,SBS 改性乳化沥青防水层兼黏层,透层油,18cm 水泥稳定碎石,18cm 二灰稳定碎石,18cm(32cm)二灰稳定土。

主要构造物采用连续梁桥。

7)投资规模

项目概算投资 72.89 亿元,竣工决算投资 70.76 亿元,平均每公里造价 7150.51 万元。

8)开工及通车、竣工时间

2007 年 12 月开工建设,2010 年 9 月建成通车。

2. 前期决策情况

1)前期决策背景

青兰高速公路史村互通至涉县东段(含高奥枢纽互通至史村互通)的立项、审批等前期工作,由邯郸市交通局青红高速公路管理处(项目法人)组织安排,严格按照国家基本建设程序进行,需要说明的是,在项目前期过程中,2005 年 2 月,经国务院审议通过的国家高速公路网规划出台,简称"7918 网",原"青红高速公路邯郸段"变更为"青兰高速公路邯郸段",成为规划中"横六"青岛至兰州高速公路的一部分。

2)前期决策过程

(1)2003 年 8 月 11 日河北省人民政府以冀政函〔2003〕86 号文批复了《河北省 2003 年至 2007 年高速公路建设计划》,该计划中包含青红高速公路邯郸至涉县段项目,2005 年 10 月 20 日国家发展和改革委员会以发改交运〔2005〕2110 号文批复了该项目的预可。

（2）2005年委托河北冀威公路工程咨询有限公司编制工程可行性研究报告,国家发展和改革委员会以发改交运〔2006〕761号文批复了该项目的工可。

（二）建设情况

1. 项目准备阶段

1）项目审批

（1）主线土建工程施工与监理招标由青红高速公路管理处委托招标代理机构河北达洋咨询有限公司进行,按照《中华人民共和国招标投标法》的规定,招标以国内竞争性公开招标的方式进行,河北省发展和改革委员会招投标管理处核准了本项目的招标方案。

（2）项目法人编制了施工招标的资格预审文件和招标文件,经河北省交通厅招投标中心审查以冀交招函字〔2004〕13号文批复后,项目法人即进行了招标公告发布、资格预审的评审和上报,而后河北省交通厅以冀交基字〔2004〕212号文批复了资审结果,在规定的时间内按基建程序完成了招标文件出售、开标、评标及中标人的公示工作。

2）资金筹措

该项目批准概算总投资74.22亿元,由以下5部分组成：

（1）河北省交通厅提供的国家开发银行软贷款4.9亿元。

（2）交通部予以车购税补助8.49亿元。

（3）将青红高速公路邯郸段服务区、停车区经营权转让给中国石油化工股份有限公司,转让资金2.28亿元。

（4）河北省交通厅补助资金5.0亿元。

（5）项目建设银行贷款资金58.05亿元。

竣工决算为70.76亿元,投资节约2.13亿元,平均每公里造价7150.51万元。

3）合同段划分及招投标

（1）合同段划分

根据各专业的工程内容,标段划分见表8-16-11。

①土建工程设计标段划分2个标段。

②施工标段划分：土建工程划分8个标段,机电工程划分3个标段,房建工程划分8个标段,绿化工程划分11个标段,交通安全设施划分7个标段。

③施工监理标段划分：设1个总监办公室,7个土建工程驻地监理标段,2个房建工程监理标段,1个机电工程监理标段。

（2）招投标

严格执行《中华人民共和国招标投标法》和公路建设基建程序,对工程勘察设计和土建施工阶段,依照市场竞争原则,均实行公开招标。整个过程有纪委监察部门全程监督。

第八章 高速公路建设项目

青兰高速公路史村互通至涉县东段(含高庄枢纽互通至史村互通)合同段划分一览表

表 8-16-11

参建单位	类型	参建单位名称	合同段编号及起讫桩号	标段所在地	主要内容	主要负责人	备注
项目管理单位		邯郸市青红高速公路管理处				沈付湘	
勘察设计单位	土建工程设计	河北省交通规划设计院	全线		土建工程	张国栓	
		路桥华南工程有限公司	K93+790~K94+692.3 K95+200~K100+900	户村镇	路基、路面、桥涵、排水、防护、交叉工程	周政	
		河北路桥集团有限公司	K100+900~K104+500 ZK102+872.454~ZK105+800	河口村	路基、路面、桥涵、排水、防护、交叉工程及9合同段的路面工程,跨邯长铁路桥的沥青混凝土路面工程	孟兵宇	
		江西通威公路建设集团有限公司	ZK105+800~ZK114+450	西陆开村	路基、路面、桥涵、排水、防护、交叉工程及12合同段路面工程,13合同段和跨京广铁路桥和上跨马磁铁路桥的沥青混凝土路面工程	李小利	
施工单位	土建工程	邢台路桥建设总公司	ZK115+700~ZK119+200 ZK119+700~ZK120+300	林坦镇	路基、路面、桥涵、排水、防护、交叉工程	石敬辉	
		河北冀通路桥建设有限公司	ZK120+300~ZK125+400	高庄镇	路基、路面、桥涵、排水、防护、交叉工程	李伟义	
		中交第二公路工程局有限公司	K104+685.013~K112+425.967	淑村镇	路基、路面、桥涵、排水、防护、交叉工程及15合同段的路面工程	邹会安	
		中国云南路建集团股份有限公司	K112+425.967~K116+200	白沙	隧道、路基、路面、桥涵、排水、防护工程	胡恩聪	
		中铁十一局集团第一工程有限公司	K116+200~K120+000	伯延镇	隧道、路基、路面、桥涵、排水、防护、交叉工程	宋国平	
		邯郸市光太公路工程有限公司	K120+000~K121+714.310 K121+737.720~K125+300	磁山镇	路基、路面、桥涵、排水、防护、交叉工程及磁山互通、16和18合同段的路面工程	张铁军	

续上表

参建单位	类型	参建单位名称	合同段编号及起讫桩号	标段所在地	主要内容	主要负责人	备注
施工单位	土建工程	北京鑫畅路桥建设有限公司	K125+300～K137+000	徘徊镇	路基、桥涵、排水、防护	孙景涛	
		沧州路桥工程公司	K137+000～K143+000	冶陶镇	路基、桥涵、排水、防护、交叉工程	高冀民	
		吉林省建设集团有限公司	K143+000～K150+240.731	龙虎乡	路基、路面、桥涵、排水、防护、交叉工程及龙虎互通,19合同段路面工程和21合同段混凝土路面工程	边俊平	
		路桥集团国际建设股份有限公司	K150+240.731～K155+500	龙虎乡	隧道、路基、路面、桥涵、排水	孙新海	
		中交第二公路工程局有限公司	K155+500～K159+100	井店镇	隧道、路基、路面、桥涵、排水	叶荣友	
		中交一公局中路通隧道工程有限公司	K159+100～K163+650	更乐镇	隧道、路基、路面、桥涵、排水、交叉工程	刘三奇	
		河北广通路桥工程有限公司	K163+650～K170+405	更乐镇	路基、路面、桥涵、排水、防护、交叉工程及涉县东互通,22和23合同段的沥青混凝土路面工程等	宋继增	
		中铁六局集团有限公司	(路基K94+692.3～K95+200,K121+714.31～K121+737.72,ZK114+450～ZK115+700,ZK119+200～ZK119+700)	上跨邯长铁路,上跨马磁铁路,上跨京广铁路,下穿马磁铁路	跨铁路桥	栗荣印	
		邯郸市光太公路工程有限公司	LK93+100～LK100+900	康庄乡、南城乡	西出口连接线路基、路面、大桥、交叉	曲洺庆	
		青岛公路建设集团有限公司	K40+799.033～K52+690.170	淑村镇	淑村连接线路基、路面、大桥、涵洞	蒋文祥	

第八章
高速公路建设项目

①2005年12月7日发出招标公告,根据《公路工程勘察设计招标投标管理办法》(交通部〔2001〕582号)和七部委《评标委员会和评标方法暂行规定》,依法成立了评标委员会负责评标。采用双信封评标法,最后确定SJ01合同段中标单位为河北省交通规划设计院、中钢集团工程设计研究院的联合体,SJ02合同段中标单位为河北省交通规划设计院。

②2006年7月13日土建施工单位和监理单位招标开始,共出售土建工程施工资格预审文件269份,出售施工监理资格预审文件33份,经过严格的资格审查后,施工单位171份资格预审申请文件通过了施工标段的资格预审,监理单位的18份资格预审申请文件通过了监理标段的资格预审。

③2007年5月8日土建工程施工25合同段(跨铁路桥)招标开始,共出售资格预审文件10份,其中有8家申请人通过了符合性审查。

主线土建工程施工9~13合同段与监理标(ZJ、ZD5~ZD10合同段)于2006年12月6日在石家庄开标。

14~24合同段与监理标ZD11合同段于2007年2月26日在石家庄开标。

25合同段(跨铁路桥)于2007年9月6日在石家庄开标,土建施工和监理评标采用综合评分法。

土建工程的施工分为17个合同段,土建工程施工监理分为8个合同段。

④连接线土建工程分为2个合同段。

2007年10月19~25日发售了资格预审文件,其中土建施工L1合同段有37家申请人通过了资格预审评审,L2合同段有10家申请人通过了资格预审评审,施工监理合同有4家通过了资格预审评审。

2007年11月30日向通过资格预审的投标人发售招标文件,在规定时间内,L1合同段共收到了9份投标文件,L2合同段共收到了7份投标文件,监理标段共收到4份投标文件。

2007年12月29日在石家庄进行了开标,评标采用综合评分法。评标委员会评审的中标单位是:L1合同段为邯郸市光太公路工程有限公司,L2合同段为青岛公路建设集团有限公司,监理单位为河北路桥技术开发有限公司。

4)参建单位主要情况

(1)建设单位

本项目建设单位是邯郸市交通运输局,项目执行机构是邯郸市青红高速公路管理处。

(2)设计单位

土建工程设计单位:河北省交通规划设计院。

房建工程设计单位:中钢集团工程设计研究院。

(3)施工单位

详见表8-16-11。

5)征地拆迁

(1)设立专门组织机构

各县都设置了建设指挥部,加强各级政府对征地工作的领导和监督,形成完善的拆迁工作体系,使征地拆迁工作层层有人管、层层有人抓。

(2)落实承包责任制

征地拆迁工作实行群众参与,各级政府层层签订责任书,上级交政策、包协调、包拨款;下级包任务、包工期,大部分县、镇都采取"四到位""四现场"的做法,即县、乡、村、户四方到场,现场丈量、现场清点、现场签字、现场盖章。

2007年4月上旬,路政科组织有关人员分三组对青兰高速公路沿线7个县(市)地上附着物进行了清点、登记造册,签字确认,2007年8月邯郸市签发了各县征地拆迁及地方工作协议书。征地拆迁统计见表8-16-12。

青兰高速公路史村互通至涉县东段(含高奥枢纽互通至史村互通) 表8-16-12
征地拆迁统计表

高速公路编码	项目名称	征地拆迁安置起止时间	征用土地（亩）	拆迁房屋（m²）	拆迁占地费（万元）	备注
G22	青兰高速公路史村互通至涉县东（含高奥枢纽互通至史村互通）	2005.12~2007.7	11713.155	38327.23	47881.2021	

2.项目实施阶段

1)施工过程

(1)主线土建工程于2007年10月26日开工,2010年8月13日完工。

(2)房建工程于2009年3月开工,2010年8月完工。

(3)机电工程于2009年10月开工,2011年8月完工。

(4)交通安全设施工程于2009年10月开工,2010年8月完工。

(5)管理处提出"科学化的管理、高素质的员工、诚信的工作态度创青兰管理模式,建省优工程,争创全国优质工程"的总体质量方针,大力开展"建优良工程、创精品工程"的活动。建章立制、科学管理、规范施工。

(6)加强原材料进场关,加强"关键部位、隐蔽工程"的质量控制,全面推行标准化、规范化、精细化施工。实行隐患排查和专项治理,实行首件工程以及拌和、预制、加工站场认可证制度。

2)重要决策

(1)2006年12月30日,河北省副省长张和、交通运输厅副厅长杨国华,邯郸市市长赵国岭、市委书记孙瑞彬、副市长冯连生参加奠基仪式。

(2)2007年3月30日,施工合同签字仪式。

(3)为提高青兰高速公路通行能力,每隔1km左右两侧各设置1处紧急停车带。

(4)2009年12月28日,邯郸市人大常委会副主任董庆民参加隧道贯通仪式。

(5)2010年9月1日上午,青兰高速公路二期竣工通车,邯郸市委书记崔江水等出席仪式。

3)各项活动

(1)在总工期控制的情况下,管理处对每年的施工计划分解细化到月、周,确保每一步施工都能够按照计划进行。

(2)为保证计划真正落到实处,管理处加大考核力度,并采取严格的考核奖惩措施,通过"一月一检查、二月一评比"的进度考核办法,对进度快的单位进行重奖,对进度落后、完不成任务的施工单位进行经济处罚。

(3)为充分调动各参建单位人员的工作积极性,管理处在每年的施工黄金季节都组织开展"劳动竞赛"活动,在活动中制订实施方案,确定活动目标,加快了工程建设。

(三)复杂技术工程

跨南水北调钢管拱桥。桥梁布孔为1-103.2m。上部结构采用下承式钢管混凝土系杆拱桥。下部结构采用重力式U形台,钻孔灌注群桩基础。复杂技术特征有:

(1)对主拱圈的承载能力要求较高,而主拱圈采用单榀拱肋作为承载面,这在钢管混凝土拱桥中为特殊设计。

(2)"大体积混凝土施工技术研究"达到了国内先进水平。

(3)本桥为弯桥直做,主梁采用两侧不等长悬臂以适应复杂路线线形;同时,主梁既作为拱桥的系杆,又承担着传递活荷载的功能,为该桥设计的一个特色。

(4)作为省内首座单拱肋百米跨度拱桥,获得2015年度河北省优秀工程勘察设计一等奖。本桥承台施工方法"大体积混凝土施工技术研究"获河北省科学技术厅颁发的河北省科学技术成果鉴定证书。

(四)科技创新

本项目在项目管理创新、技术创新、技术推广上实现了新的突破。

新材料、新技术应用有5项:

(1)把煤矸石作为高速公路路基填筑材料,在河北省高速公路修筑史上是首次,在全国也属于领先技术。

(2)在南水北调大桥采用纤维混凝土技术,采用此技术可取消桥面铺装混凝土,节省投资,加快施工进度。

(3)长期以来,形成桥面破坏的一主要原因就是层间黏结问题。桥面铺装的浮浆是诱发桥面防水层失效、层间结合破坏和桥面铺装损坏的主要因素。引进桥面铺装除浆凿毛机,对全线大中小桥桥面进行除浆凿毛,根治了施工中的痼疾,取得了显著的效果。

(4)在桥头高填方段采用粉煤灰等轻质路基填料,解决了桥头不均匀沉降而引起的桥头跳车问题。

(5)工程路基灌注桩钻孔,采用具有国内领先技术的旋挖钻,不用挖泥浆池,减少了对环境污染,缩短了工期。

(五)运营养护管理

1. 服务设施

全线设置武安1处服务区、更乐1处停车区(表8-16-13)。

青兰高速公路史村互通至涉县东段(含高奥枢纽互通至史村互通) 表8-16-13
服务设施一览表

服务区名称	类　别	所在区域	位置桩号	占地面积(亩)	建筑面积(m²)
武安服务区	服务区	武安市	K690+369	249.6	6578
更乐停车区	停车区	涉县	K717+800	166.9	549

2. 收费设施

本项目共设置收费站5处(表8-16-14)。

青兰高速公路史村互通至涉县东段(含高奥枢纽互通至史村互通) 表8-16-14
收费设施一览表

收费站名称	桩　号	入口车道数		出口车道数		收费方式
		总车道	ETC车道	总车道	ETC车道	
淑村收费站	K657	3	1	4	1	MTC+ETC
和村磁山收费站	K672	2	1	4	1	
龙虎收费站	K694	2	1	3	1	
涉县东收费站	K715	2	1	4	1	
林峰收费站	K665	2	1	3	1	

3. 养护管理

本项目养护里程88.248km,设置邯郸西1处养护工区(表8-16-15)。

青兰高速公路史村互通至涉县东段(含高奥枢纽互通至史村互通) 表8-16-15
养护设施一览表

养护工区名称	桩　号	路段长度(km)	占地面积(亩)	建筑面积(m²)
邯郸西养护工区	K694+000	88.248	21.38	2699

4. 监控设施

本项目设置青兰监控通信分中心负责青兰高速公路区域的运营监管(表8-16-16)。

青兰高速公路史村互通至涉县东段(含高奂枢纽互通至史村互通)　表8-16-16
监控设施一览表

监控设施名称	桩　　号	占地面积(亩)	建筑面积(m²)
青兰监控通信分中心	K628	—	241

5．交通流量

2010—2016年青兰高速公路史村互通至涉县东段(含高奂枢纽互通至史村互通)情况如表8-16-17所示。

青兰高速公路史村互通至涉县东段(含高奂枢纽互通至史村互通)　表8-16-17

年份(年)		2010	2011	2012	2013	2014	2015	2016
交通量 (辆)	史村站	605069	2175795	2506448	1587492	1920952	1742499	1700187
	淑村站	597051	1655899	1945215	1651497	1749053	1437894	1540652
	磁山站	453431	1311844	1285993	1158190	997447	999402	1150245
	龙虎站	317064	700742	729555	782567	585958	530088	420061
	涉县东	433368	1178645	1232912	1529796	1938885	1806575	1376776
	合计	2405983	7022925	7700123	6709542	7192295	6516458	6187921
收费站年平均日交通量 (辆/日)		6592	19241	21096	18382	19705	17853	16953

四、青兰高速公路涉县至冀晋界段

(一)项目概况

1．基本情况

1)功能定位

青兰高速公路涉县至冀晋界段是交通部规划的"五纵七横"国道主干线的路段,也是河北省公路主骨架"五纵六横七条线"的重要组成部分,是晋煤外运的重要通道之一,是"十五"期间河北省重点建设项目之一。本项目的建设对改善交通拥挤状况,促进涉县革命老区经济发展和改革开放具有十分重要意义。

2)技术标准

按山岭重丘区双向四车道高速公路标准,全封闭、全立交、双向四车道,设计速度80km/h。

3)建设规模

本项目建设里程13.091km,路基宽度24.5m,连接线长2.672km。全线特大桥1564.2m/1座,大桥479.78m/1座,中桥358m/4座;互通式立交1处;路面工程30.2254万m²;房建工程3209m²。

4）主要控制点

涉县(3个乡镇14个行政村)。

5）地形地貌

路线处在太行山的东麓,地势由西北向东南倾斜。属于山前的缓坡区域,坡面成扇形扩展,呈现大面积低谷地,路线通过路段地势平缓,从谷地的中间由东向西通过,沿线越过几条由西北向东南汇入清漳河的支流,河流两岸地层均系水稳性差的黄土层。地表被切割出几乎垂直的深沟,类似黄土高原的地貌。沿线冲沟发育,对路线影响较大。

6）路面及主要构造物

本项目主要采用两种沥青混凝土路面结构:

4cm AC-13A 沥青混凝土,SBS 改性沥青黏层,6cm AC-20I 沥青混凝土,8cm AC-20 沥青混凝土,8cm ATB-25 沥青稳定碎石,2mm 改性沥青下封层(SBS)、透层(乳化沥青),20cm 水稳碎石,20cm 二灰碎石,20cm 灰土。

4cm AC-13A 沥青混凝土,SBS 改性沥青黏层,8cm AC-25I 沥青混凝土,8cm ATB-25 沥青稳定碎石,10cm ATB-25 沥青稳定碎石,10cm ATB-25 沥青稳定碎石,2mm 改性沥青下封层(SBS)、透层(乳化沥青),20cm 水稳碎石,20cm 二灰碎石。

主要构造物采用连续梁桥、钢筋混凝土拱桥和T形刚构桥。

7）投资规模

项目概算总投资4.3亿元。

8）开工及通车、竣工时间

2003年4月16日开工建设,2004年12月交工通车,2010年8月完成竣工验收。

2.前期决策情况

根据河北省交通厅、山西省交通厅关于《国道309公路接线方案协调会议纪要》及《309国道冀晋界段高速公路接线方案的协议》,确定了两省交界处的技术标准、连线位置及收费管理系统设置方案。

(1)2002年5月27日,河北省发展计划委员会以冀计基础〔2002〕422号文,批复了《关于调整邯郸—长治公路更乐至冀晋界段建设标准的批复》。

(2)2002年7月15日,河北省交通厅以冀交京〔2002〕331号文,对《关于邯郸—长治公路更乐至冀晋界段高速公路项目法人资格》进行了批复。

(二)建设情况

1.项目准备阶段

1）项目审批

(1)2002年8月,河北省水利厅以冀水保〔2002〕35号文,批复《邯郸—长治公路更乐至冀晋界段高速公路水土保持方案的批复》。

(2)2002年12月3日,河北省环境保护局以冀环管〔2002〕420号文,批复《关于309国道武安至山西省界段改建工程(更乐至冀晋界段高速公路)环境影响评价补充说明的批复》。

(3)2003年3月3日,河北省发展计划委员会以冀计投资〔2003〕175号文,批复《关于邯郸—长治公路更乐至冀晋界高速公路初步设计》。

(4)(2003年5月14日,河北省交通厅以冀交字〔2003〕199号文,批复《关于邯郸—长治公路更乐至冀晋界段高速公路项目开工建设的批复》。

(5)2003年6月2日,河北省交通厅公路管理局以冀计公字〔2003〕161号文,批复《关于邯郸—长治公路更乐至冀晋界段高速公路两阶段施工图设计文件的批复》。

(6)2003年11月17日,地质矿产部水文地质勘察院通过《邯郸—长治公路更乐至冀晋界段高速公路建设用地地质灾害危险性评定报告》。

(7)2004年10月11日,河北省交通厅通过《关于邯郸—长治公路更乐至冀晋界段初步设计文件审查意见及初步设计文件》(冀交字〔2002〕)的请示。

(8)2007年8月30日,河北省交通厅以冀交审字〔2007〕378号文,下发《关于印发邯郸—长治公路更乐至冀晋界段建设项目竣工决算审计意见的通知》。

2)资金筹措

项目概算总投资4.30亿元,由业主筹措项目资本金1.505亿元,其余2.795亿元申请建设银行贷款。竣工决算投资4.084亿元。

3)合同段划分及招投标

(1)合同段划分

根据各专业的工程内容,标段划分见表8-16-18。

①土建工程设计标段划分为1个标段。

②施工标段划分:根据工程内容的不同,土建工程划分3个标段,房建工程划分1个标段,绿化工程划分1个标段,交通安全设施划分3个标段。

③施工监理标段划分:根据工程内容设1个总监办公室,2个土建工程驻地监理标段。

(2)招投标

按照国家颁布的《招投标法》和交通部颁布的《公路工程施工招标投标管理办法》《公路工程施工招标资格预审办法》《公路工程施工招标评标办法》的要求,由项目法人单位组织招标工作。

4)参建单位主要情况

青兰高速公路涉县至冀晋界段合同段划分一览表　　　　表8-16-18

参建单位	类型	参建单位名称	合同段编号及起讫桩号	标段所在地	主要内容	主要负责人	备注
项目管理单位		河北省邯长高速筹建管理处	K719+405~K732+496	涉县		候岩峰	
勘察设计单位	土建、房建、机电	河北省交通规划设计院	K719+405~K732+497			赵彦东	
施工单位	土建工程	中铁十八局集团第三工程有限公司	K719+405~K721+931	涉县昭岗村、寨上村、南庄村	路基工程、桥涵工程、清漳河特大桥	李四牛	
	土建工程	河北路桥集团有限公司	K721+931~K726+036	南庄村、椿树岭村、神头村	路基工程、桥涵工程、清漳河特大桥	李占斌	含2.672二级路面
	土建工程	中国第六建筑工程局	K726+036~K732+496	神头村、响堂铺村	路基、桥涵工程	王文虎	

(1)建设单位

本项目建设单位是河北省交通厅国际金融组织贷款项目办公室(现已合并为河北省高速公路管理局),项目执行机构是河北省邯长高速公路筹建管理处。

(2)设计单位

土建、房建、机电工程设计单位:河北省交通规划设计院。

(3)施工单位

详见表8-16-18。

5)征地拆迁

(1)设立专门组织机构

按三级管理体系设置安置办公室,加强各级政府对征地工作的领导和监督,形成完善的拆迁工作体系,使征地拆迁工作层层有人管、层层有人抓。

(2)落实承包责任制

征地拆迁工作实行群众参与,各级政府层层签订责任书,采取"四到位""四现场"的做法,即县、乡、村、户四方到场,现场丈量、现场清点、现场签字、现场盖章。

2003年3月23日,涉县政府召开了邯长高速公路拆迁动员大会,成立了涉县邯长高速公路建设指挥部,承担本项目的征地拆迁工作。本着服务于邯长高速公路和沿线群众的双重原则,克服困难,细心工作,顺利完成征地1443亩,为高速公路建设创造了良好的施工环境。征地拆迁统计见表8-16-19。

青兰高速公路涉县至冀晋界段征地拆迁统计表　　　　表 8-16-19

高速公路编码	项目名称	征地拆迁安置起止时间	征用土地（亩）	拆迁房屋（m²）	拆迁占地费（万元）	备注
G22	青兰高速公路涉县至冀晋界段	2003.4~2004.12	1443	105600	3105.69	

2. 项目实施阶段

1）施工过程

（1）主线土建工程于2003年4月16日开工,2005年12月11日完工。

（2）房建工程于2003年11月开工,2004年11月完工,建设工期12个月。

（3）路基工程于2004年3月15日完工。

（4）路面工程于2004年3月16日开工,10月20日全线路面工程完工。

（5）2004年12月1日,河北省交通厅国际金融组织贷款项目办公室组织专家进行了交工验收。

青兰高速公路涉县至冀晋界段建设生产要素见表8-16-20。

青兰高速公路涉县至冀晋界段建设生产要素表　　　　表 8-16-20

路线编号	建设时间	钢材(t)	沥青(t)	水泥(t)	砂石料(m³)	机械工(工日)	机械(台班)
G22	2003.5~2004.12	80359	114654	804440	277974	1984688	1501170

2）重要决策

（1）2003年4月16日,邯长高速公路开工建设。

（2）2004年12月18日,河北省副省长付双建参加邯长高速公路开通典礼讲话。

3）各项活动

（1）在全线开展"比安全、比预防措施、比施工便道、比驻地和施工现场卫生、比质量、比生产进度"的"六比"活动。

（2）广泛开展向许振超同志学习的活动。

（三）科技创新

邯长高速公路管理处在项目管理创新、技术创新、技术推广上实现了新的突破。其中技术创新有3项：

（1）强夯法处理湿陷性黄土的研究。为了保证路基的工程质量,减少因黄土湿陷性所引起的路基、路面及各种小构造物的病害,探讨消除黄土的湿陷性和提高路基承载能力的技术方法等具有重要的现实意义和应用前景。

（2）厚层基层喷附法在山区高速公路边坡植被防护中的应用。本研究所采用的厚层基质喷附法解决了高陡岩石边坡难以生长植被的难题。

（3）重载交通高速公路沥青路面柔性基层抗车辙性能研究。柔性基层沥青路面适宜于重载交通道路,可有效避免和克服半刚性基层沥青路面普遍存在的反射裂缝、水损害、车辙等早期病害,全面提高沥青路面使用性能、延长路面使用寿命、减少养护维修费用,因而具有良好的经济、社会效益,并具有十分广阔的应用前景。

(四)运营养护管理

1. 收费设施

本项目共设置收费站2处(表8-16-21),匝道出入口数量截至2016年底共计5条,其中ETC车道2条。

青兰高速公路涉县至冀晋界段收费设施一览表　　表8-16-21

收费站名称	桩号	入口车道数		出口车道数		收费方式
		总车道	ETC车道	总车道	ETC车道	
涉县主线收费站	K729+112	4	2	10	2	MTC+ETC
涉县西收费站	K725+338	2	1	3	1	

2. 养护管理

本项目养护里程13.091km,设置邯长1处养护工区(表8-16-22)。

青兰高速公路涉县至冀晋界段养护设施一览表　　表8-16-22

养护工区名称	桩号	路段长度(km)	占地面积(亩)	建筑面积(m²)
邯长养护工区	K725+338	13.091	2.95	1965.93

3. 监控设施

本项目设置1个邯长所监控中心的运营监管,桩号K725+338。

4. 交通流量

2007—2016年青兰高速公路涉县至冀晋界段交通量情况如表8-16-23、图8-16-2所示。

青兰高速公路涉县至冀晋界段交通量(自然数)发展状况表　　表8-16-23

年　份		2007	2008	2009	2010	2011	2012	2013	2014	2015	2016
交通量(辆)	冀鲁主线	806802	2580023	2429998	2838825	3381034	3537361	3353287	2720563	2540621	3152611
	馆陶站	298578	788039	874171	1216964	1380562	1736179	1851206	1653126	1641795	2119032
	吕营站	130596	397438	423312	667972	888805	984155	1158965	1233069	1171129	1891680
	肥乡站	154636	567884	726331	1173991	527030	517285	538924	555876	515246	787726
	邯郸东站				955505	1734692	2050486	3254345	3611738	3118183	3400688
	黄粱梦站	276955	662799	614966	1160520	1115261	1071633	2108595	2096099	982009	1219584
	邯郸西站	535590	2577316	2862086	3136687	2273544	2472730	2304086	2140444	2212904	2804958
	合计	2203157	7573499	7930864	11150464	11300928	12369872	14569408	14010915	12181887	15376279
收费站年平均日交通量(辆/日)		6036	20749	21728	30549	30961	33890	39916	38386	33375	42127

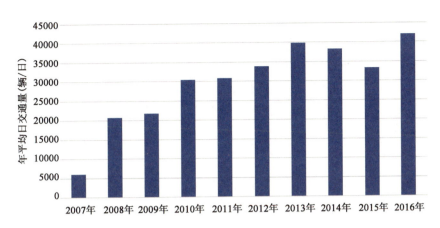

图8-16-2 邯长公路更乐至冀晋界段高速公路(青兰高速公路涉县至冀晋界段)
收费站年平均日交通量(自然数)增长柱状图

第十七节　G25(长春—深圳)河北段(平泉县—海兴县)

G25(长春—深圳)高速公路是国家高速公路网"71118"中的"纵三",河北境内路段起自承德市平泉县(冀辽界),止于沧州市海兴县(冀鲁界),全长323.828km(不含与G18荣乌高速公路共线段长度)。沿线途经承德市的平泉县、承德县、双桥区、滦平县、兴隆县,唐山市的遵化市、丰润区、唐山市区、丰南区,长春至深圳高速公路河北段的建设对完善河北高速公路网、促进沿线社会经济发展具有重要意义。

G25(长春—深圳)高速公路河北境内共由8条路段组成,分别是长深高速公路平泉(冀辽界)至承德段(冀辽界至承德南互通)、京承高速公路承德南出口至大栅子互通、承唐高速公路承德至承唐界段、长深高速公路承唐界至遵化南小营段、承唐高速公路唐山段(南小营至京哈互通)、唐山西环段、唐津高速公路丰南枢纽至冀津界、津汕高速公路沧州段(与荣乌高速公路共线,详见第十一节)。

(1)长深高速公路平泉(冀辽界)至承德南互通于2010年11月8日建成通车,由河北省高速公路承朝管理处负责运营管理养护,运营里程桩号K676+000~K794+404,全长118.404km,设计速度100km/h,其中K769+306~K773+956段为双向六车道,路基宽度33.5m,其余路段为双向四车道,路基宽度26m。

(2)京承高速公路承德南出口至大栅子互通段于2009年9月建成通车,由河北承德京承高速公路建设管理处负责运营管理养护,运营里程桩号K794+404~K806+000,全长11.596km,设计速度80km/h,双向四车道,路基宽度24.5m。

(3)承唐高速公路承德至承唐界段于2010年11月建成通车,由河北省高速公路承唐承德管理处负责运营管理养护,运营里程桩号K806+000~K888+279,全长82.279km,设计速度100km/h,双向六车道,路基宽度32m。

(4)长深高速公路承唐界至遵化南小营段于2010年11月建成通车,由承唐高速公路唐山管理处负责运营管理养护,运营里程桩号K888+279~K931+067,全长42.788km。其中承唐界至遵化南互通段长23.209km为双向六车道,设计速度100km/h,路基宽度32.0m;遵化南互通至终点段19.579km为双向四车道,设计速度80km/h,路基宽度26.0m。

(5)承唐高速公路唐山段(南小营至京哈互通)于2007年1月建成通车,由承唐高速公路唐山管理处负责运营管理养护,运营里程桩号K931+934~K950+394,全长18.460km,设计速度100km/h,双向四车道,路基宽度26m。

(6)唐山西环高速公路于2002年1月建成通车,由承唐高速公路唐山管理处负责运营管理养护,运营里程桩号K950+752~K984+645,全长33.893km,设计速度120km/h,双向四车道,路基宽度28m。

(7)唐津高速丰南枢纽至冀津界段于1997年11月建成通车,由河北唐津高速公路有限公司负责运营管理养护,运营里程桩号K984+297~K1000+705,全长16.408km,设计速度为120km/h,双向六车道,路基宽度33.5m。本项目作为唐津高速公路(河北段)的一部分,工程内容详见第四十三节唐山绕城高速公路,本节不再赘述。

G25(长春—深圳)高速公路河北境内段信息见表8-17-1;G25(长春—深圳)高速公路承德至承唐界段路线平面示意见图8-17-1、承唐界至遵化南小营段路线平面示意见图8-17-2、平泉(冀辽界)至大栅子互通路线平面示意见图8-17-3、唐山西环段至冀津界路线平面示意见图8-17-4。

G25(长春—深圳)高速公路河北境内段信息表　　　　表8-17-1

项目名称	路段起讫桩号		规模(km)		设计速度(km/h)	路基宽度(m)	投资情况(亿元)			建设时间(开工~通车)
	起点桩号	讫点桩号	合计	车道数			估算	概算	决算	资金来源	
长深高速公路平泉(冀辽界)至承德南互通	K676+000	K769+306	93.306	四车道	100	26.0		64.63	66.56	部补助、银行贷款	2008.5~2010.11
	K769+306	K773+956	4.65	六车道	100	33.5					
	K773+956	K794+404	20.448	四车道	100	26.0					
京承高速公路承德南出口至大栅子互通	K794+404	K806+000	11.596	四车道	80	24.5	4.02	4.615	4.112	交通部补助,省内自筹,其他拨款	2004年4月~2005年12月31日试通车、2009年9月27日全线通车

续上表

项目名称	路段起讫桩号		规模(km)		设计速度(km/h)	路基宽度(m)	投资情况(亿元)				建设时间(开工~通车)
	起点桩号	讫点桩号	合计	车道数			估算	概算	决算	资金来源	
承唐高速公路承德至承唐界段	K806+000	K888+279	82.279	六车道	80	32.0	57.860	65.54		交通部补助、银行贷款	2007.10.31~2010.11.08
长深高速公路承唐界至遵化南小营段	K888+279	K931+067	42.788	六/四车道	100/80	32/26	20.700	26.016	35.44	车购税2.1亿元,燃油税补助0.5亿元,其余银行贷款	2009.4~2010.11
承唐高速公路唐山段(南小营至京哈互通)	K931+934	K950+394	18.460	四车道	100	26.0	5.600	5.600	5.8	银行贷款、地方自筹	2005.4~2007.1
唐山西环段	K950+752	K984+645	33.893	四车道	120	28.0	8.4951	8.4951	8.75	银行贷款、地方自筹	1999.10~2001.11
唐津高速公路丰南枢纽至冀津界	K984+297	K1000+705	16.408	六车道	120	33.5		17.408	16.5046	基建拨款基建投资借款	1995.8~1997.11
津汕高速公路沧州段(荣乌共线段)	K619+387	K688+454	69.068	四车道	120	28.0	25.497	33.192	31.025	交通部补助,银行贷款、地方自筹	2004.9~2007.12

一、长深高速公路平泉(冀辽界)至承德南互通

(一)项目概况

1.基本情况

1)功能定位

长深高速公路平泉(冀辽界)至承德段是国家高速公路网 G25(长春—深圳)高速公路

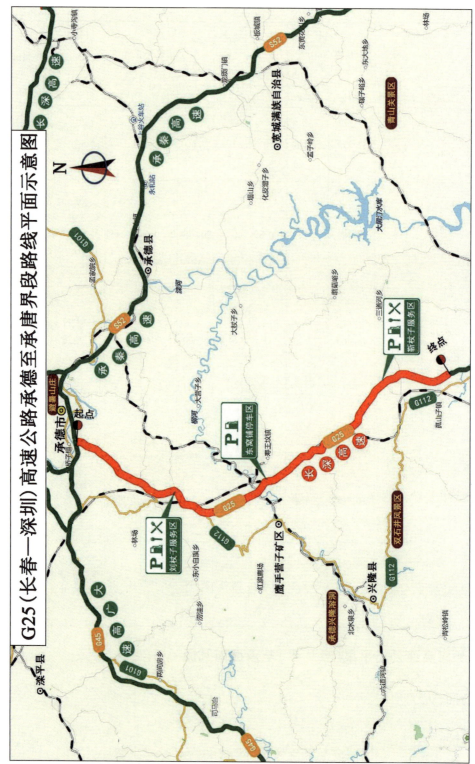

图8-17-1　G25（长春—深圳）高速公路承德至承唐界段路线平面示意图

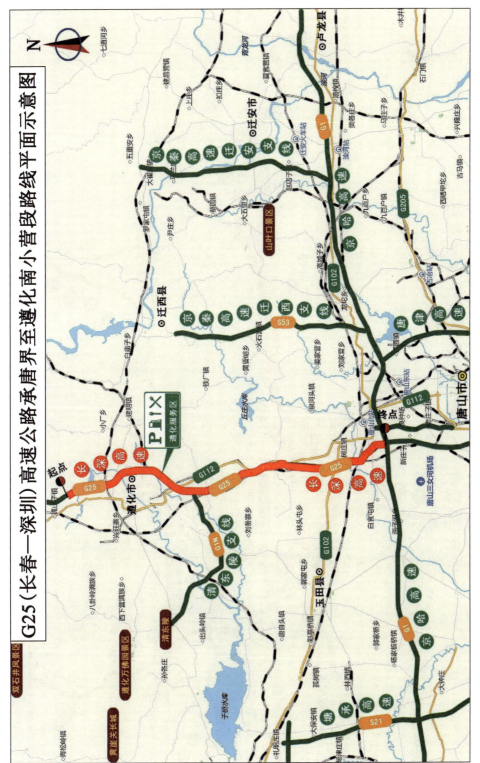

图8-17-2　G25（长春—深圳）高速公路承唐界至遵化南小营段路线平面示意图

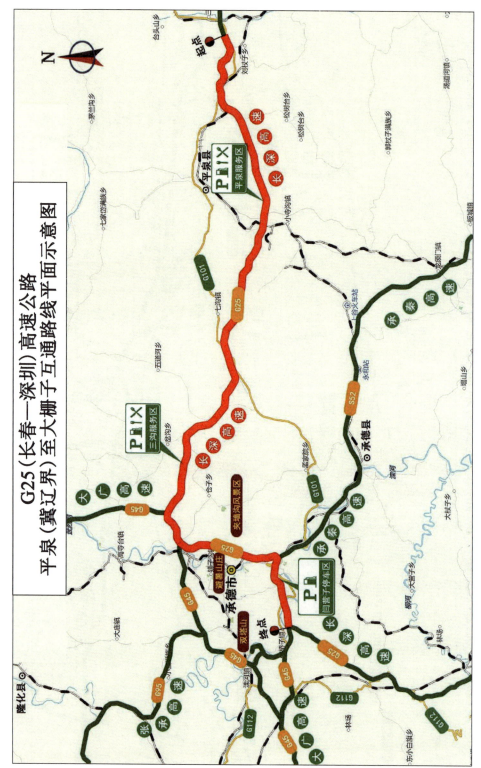

图8-17-3　G25(长春—深圳)高速公路平泉(冀辽界)至大栅子互通路线平面示意图

第八章
高速公路建设项目

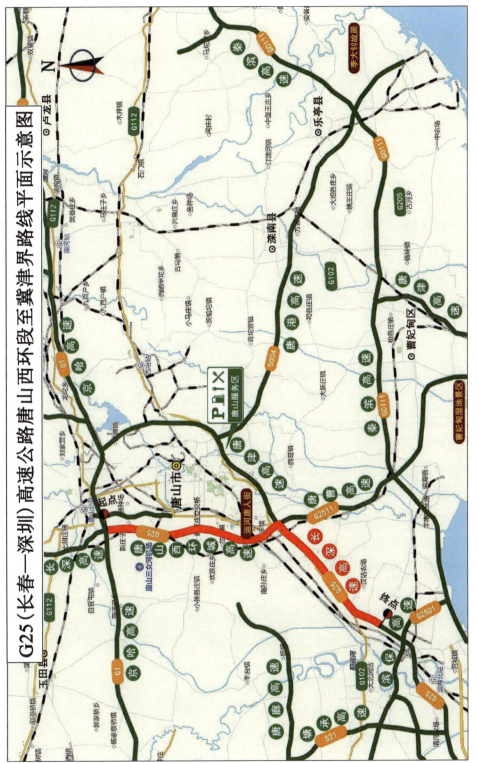

图8-17-4　G25（长春—深圳）高速公路唐山西环段至冀津界路线平面示意图

的重要路段,是河北省高速公路网规划"五纵、六横、七条线"中主骨架"横一"的重要组成部分,也是承德市"一环八射"高速公路网的一条重要放射线。项目建成后,将完善国家公路网规划,形成东北至华北的第二条通道,改善区域交通状况,将北京、天津、承德、唐山与东北地区的朝阳、阜新和长春等城市串联起来,有利于加速京津冀经济圈、环渤海经济圈建设及振兴东北老工业基地,并完善承德地区高等级公路骨架,改善地区投资环境,对加快优势资源的开发起到重要作用。

2）技术标准

起点至东营子段 K676+000~K769+306,里程 93.306km,为标准四车道高速公路,设计速度 100km/h,路基宽度 26.0m。

东营子段 K769+306~K773+956,里程 4.65km,与承赤高速公路共线,标准六车道高速公路,设计速度 100km/h,路基宽度 33.5m。

东营子至承德南互通立交 K773+956~K794+404,里程 20.448km,为标准四车道高速公路,设计速度 100km/h,路基宽度 26.0m。

3）建设规模

本项目建设里程 118.404km,桥梁 14231.9m/73 座,其中特大桥 1953m/1 座,大桥 10769.1m/38 座,中桥、小桥 1509.8m/34 座；主线隧道 10215.1m/8 处；设互通式立交 8 处,其中预留互通 2 处,分离式立交 2153.4m/12 处；涵洞 217 道,通道 63 处。全线桥隧总长度为 24557m,占路线总长度的 20.7%。

4）主要控制点

平泉许杖子（冀辽界）,终点为承德南互通,主要控制点为：杨树岭、平泉、六沟、三沟、双峰寺、承德东、承德南互通。

5）地形地貌

项目区地貌以中山、低山丘陵、坡洪积群及河谷平原为主。

6）路面及主要构造物

本项目采用沥青混凝土路面结构：

4cmAC-13C 细粒或改性沥青混凝土,6cmAC-20C 中粒式沥青混凝土,12cmATB-25 密级配沥青稳定碎石,0.8cm 沥青封层,23cm（5%~6%）水泥稳定碎石,15cm（3%~4%）水泥稳定砂砾。

主要构造物采用连续梁和连续钢梁桥。

7）投资规模

本项目批复概算总投资 55.11 亿元,概算调整为 64.63 亿元。

8）开工及通车

2008 年 5 月 1 日开工建设,2010 年 10 月 31 日建成,2013 年 11 月 8 日竣工验收。

2.前期决策情况

1)前期决策背景

长深高速公路平泉(冀辽界)至承德段是国家高速公路网G25(长春—深圳)高速公路的重要路段,是河北省高速公路网规划"五纵、六横、七条线"中主骨架"横一"的重要组成部分,也是承德市"一环八射"高速公路网的一条重要放射线。

2)前期决策过程

(1)2006年2月,关于《长深高速公路平泉(冀辽界)至承德段工程可行性研究报告》上报河北省发展和改革委员会。

(2)2007年7月30日,国家发展和改革委员会以《国家发展和改革委员会关于长深高速公路平泉(冀辽界)至承德段工程可行性研究报告的批复》(发改交运〔2007〕875号)文件批复《长深高速公路平泉(冀辽界)至承德段工程可行性研究报告》。

(3)2007年12月,交通部通过《关于平泉(冀辽界)至承德段公路初步设计的批复》(交公路发〔2007〕734号)。

(二)建设情况

1.项目准备阶段

1)项目审批

本项目的建设,严格按照交通部规定的建设程序执行。

(1)2006年12月31日,国土资源部以国土资函〔2006〕365号文批复了工程建设用地。

(2)2007年2月,环境保护部以环审〔2007〕19号文批复了工程环境影响报告书。

(3)2007年12月,交通部以交公路发〔2007〕734号文对项目的初步设计进行了批复。

(4)2008年4月,交通运输部以交公路施工许可〔2008〕63号文批复了承朝高速公路施工批准的申请。

(5)2009年2月11日,河北省交通运输厅以冀交公〔2009〕51号文批复了施工图设计。

2)资金筹措

本项目批复概算总投资55.11亿元,概算调整为64.63亿元,资本金11.81亿元(其中交通运输部补助6.09亿元),其余建设资金由银行贷款解决。竣工决算预计总投资为66.56亿元。

3)合同段划分及招投标

(1)合同段划分

根据各专业的工程内容,标段划分见表8-17-2。

①设计招标全线分为3个合同段,1个监理标。

②路面、路基、桥涵、隧道工程施工和施工监理全线共分为27个施工合同段和15个监理合同段。

③房建工程施工和施工监理共分为4个施工合同段和2个监理合同段。

④绿化声屏障工程分为7个绿化标段、1个声屏障标段。

⑤安全设施工程,全线共4个安全设施合同段。

长深高速公路平泉(冀辽界)至承德南互通合同段划分一览表　　　　表8-17-2

参建单位	类型	参建单位名称	合同段编号及起讫桩号	主要内容	备注
项目管理单位		承朝高速建设管理处			
勘察设计单位	土建工程设计	河北省交通规划设计院			
		中交第二公路勘察设计研究院			
		中交第一公路勘察设计研究院			
施工单位	土建工程	江西通威公路建设集团有限公司	1:K0+000~K5+400	路基、桥涵	
		福建省第一公路工程公司	2:K5+400~K8+200	路基、桥涵	
		路桥集团国际建设股份有限公司	3:K8+200~K15+000	路基、桥涵	
		中铁十局集团有限公司	4	豆杖子分离式立交	
		中铁九局集团有限公司	5	2-12m框构桥	
		朝阳建设集团有限公司	6:K15+000~K24+250	路基、桥涵	
		湖南环达公路桥梁建设总公司	7:K24+250~K32+900	路基、桥涵	
		中铁十三局集团第五工程有限公司	8:K32+900~K39+492	路基、桥涵	
		中铁十七局集团第一工程有限公司	9:K35+585~K36+398	路基、桥涵	
		北京城建道桥工程有限公司	10:K39+000~K48+000	路基、桥涵	
		中交第二公路工程局有限公司	11:K48+000~K52+500	路基、桥涵	
		南京东部路桥工程总公司	12:K52+500~K59+000	路基、桥涵	
		中铁隧道集团二处有限公司	13:K59+000~K61+300	路基、桥涵	
		中交第四公路工程局有限公司	14:K61+300~K65+800	路基、桥涵	
		中铁五局集团有限公司	15:K65+800~K68+000	路基、桥涵	
		中铁二十局集团第四工程有限公司	16:K68+000~K73+100	路基、桥涵	
		江西中煤建设工程有限公司	17:K73+100~K78+217	路基、桥涵	
		张家口路桥建设集团有限公司	18:K75+400~K83+200	路基、桥涵	
		河北北方公路工程建设集团有限公司	19:K83+200~K88+050	路基、桥涵	
		承德路桥建设总公司	20:K88+050~K94+400	路基、桥涵	
		承德路桥建设总公司	21:K94+400~K99+800	路基、桥涵	
		河北北方公路工程建设集团有限公司	22:K99+800~K106+000	路基、桥涵	
		廊坊市交通公路工程有限公司	23:K106+000~K108+200	路基、桥涵	
		中铁十六局集团第五工程有限公司	24	承德东互通匝道	
		河北燕峰路桥建设有限公司	25:K108+200~K110+500	路基、桥涵	
		安徽省交通建设有限责任公司	26:K110+500~K113+200	路基、桥涵	

续上表

参建单位	类型	参建单位名称	合同段编号及起讫桩号	主要内容	备注
施工单位	土建工程	中铁六局集团有限公司	27:K113+200~K114+927	路基、桥涵	
		承德路桥建设总公司	K113+200~K114+924.4	路基、桥涵	
		河北北方公路工程建设集团有限公司	1:K0+000~K30+000	路面工程	
		承德路桥建设总公司	2:K30+000~K59+500	路面工程	
		安徽开源路桥公司	3:K59+500~K76+400	路面工程	
		湖南环达公路桥梁建设总公司	4:K76+400~K95+800	路面工程	
		中国路桥工程有限责任公司	5:K95+800~K114+927.43	路面工程	

(2)招投标

按照国家颁布的《招投标法》和交通部颁布的《公路工程施工招投标管理办法》《公路工程施工招投标资格预审办法》《公路工程施工招投标评标办法》的要求,由项目法人单位组织招标工作。

4)参建单位主要情况

(1)建设单位

本项目建设单位是承德市交通运输局,项目执行机构是河北承德承朝高速公路筹建处。

(2)设计单位

①土建工程设计单位:河北省交通规划设计院、中交第二公路勘察设计研究院。

②房建工程设计单位:河北省交通规划设计院。

③绿化及声屏障工程设计单位:河北省交通规划设计院。

(3)施工单位

详见表8-17-2。

5)征地拆迁

(1)设立专门组织机构

按三级管理体系设置安置办公室,加强各级政府对征地工作的领导和监督,形成完善的拆迁工作体系,使征地拆迁工作层层有人管、层层有人抓。

根据近几年河北省高速公路建设里程长、路段多、地方问题复杂的特点,省政府成立了"河北省高速公路建设领导小组",主管省长为组长,小组办公室设在省交通厅,副厅长杨国华任办公室主任。各市、县成立了相应机构,负责本市、县段的征地拆迁及建设环境协调。形成了在省政府领导下的专门负责征地拆迁工作的领导体系和专门机构。为落实政策、落实地方工作、落实人口安置、落实征地拆迁提供了组织保证。

(2)落实承包责任制

征地拆迁工作实行群众参与,各级政府层层签订责任书,采取"四到位""四现场"的做法,即县、乡、村、户四方到场,现场丈量、现场清点、现场签字、现场盖章(表8-17-3)。

长深高速公路平泉(冀辽界)至承德南互通公路征地拆迁统计表　　表8-17-3

高速公路编码	项目名称	征地拆迁安置起止时间	征用土地（亩）	农用地（公顷）	拆迁占地费（万元）	备注
G25	长深高速公路平泉（冀辽界）至承德段	2008.3.1~2010.6.30	11524.5	8452.5	198321.63	

2.项目实施阶段

1)施工过程

(1)主线土建工程于2008年5月10日开工,2010年9月30日完工。

(2)房建工程于2009年9月开工,2010年10月30日完工。

(3)机电工程于2010年3月开工,2010年10月30日完工。

(4)交通安全设施工程于2009年8月开工,2010年10月30日完工。

(5)绿化工程于2010年3月开工,2010年10月30日完工。

长深高速公路平泉(冀辽界)至承德南互通建设生产要素统计见表8-17-4。

长深高速公路平泉(冀辽界)至承德南互通建设生产要素统计表　　表8-17-4

路线编号	项目名称	建设时间	钢筋（t）	沥青（t）	水泥（t）	砂石料（m²）	机械工（工日）	机械（台班）
G25	长深高速公路平泉（冀辽界）至承德段	2008.3~2010.11	105286	356475	975511	623442	2322459	2863451

2)重要决策

(1)2008年5月1日,土建工程全线开工。

(2)2010年11月8日,项目建成通车,平泉收费站、双峰寺收费站、冀辽主线收费站正式通车启用。承德市委书记杨汭、市交通运输局局长朱锋利、局党委书记闫国辉等领导参加了通车仪式。

3)各项活动

承朝高速公路管理处启动"大干100天"活动。

(三)复杂技术工程

乔杖子隧道位于承德市三沟镇乔杖子村北侧,隧道长度1815m。结构类型为整体式就地模筑钢筋混凝土结构,出入口洞门形式为削竹式,单洞净空为10.75×5m。该隧道技术难点为洞身开挖采用光面爆破技术,使爆破后的断面轮廓最接近设计轮廓。隧道围岩等级为Ⅳ~Ⅴ级,因此遵循"短进尺、强支护、勤量测"的施工原则,确保施工安全。下边墙及仰拱开挖,软弱及黄土围岩控制在6~10m,并及时封闭。

(四)科技创新

本项目为交通部典型示范工程,从建设一开始就积极开展项目的科技创新,本着不破

坏就是最大的保护原则,优化取弃土场,隧道早进、晚出,确保不破坏植被。在建设期主要有以下几项科研及新技术应用:

1)高液限填筑材料的应用研究

筹建处等共同就平泉段的第6、7、8合同段高液限填筑材料的应用进行研究,并制订切实可行的施工方法,总结出高液限挖方路段进行重锤满夯的方法。

2)高速公路隧道病害防治技术研究

围绕承朝高速公路隧道建设,针对隧道的防水方面,重点进行了防水层完好性保护和止水带的合理安装;结合依托工程隧道的特点,对隧道的环向排水、纵向排水等环节进行了优化;混凝土在浇筑过程会产生大量水化热,采取数值模拟的方法并结合工程实际,优化施工工艺,控制衬砌浇筑过程中内外温差的变化,避免裂缝产生。

3)承朝高速公路典型示范工程相关技术研究

建设典型示范工程就是根据新理念设计,采取规范化管理,推行环保型施工,确保优良的品质。具体就是在确保质量的前提下,以路基边坡、隧道进出口、互通式立交、服务区等的生态防护、环保景观设计、施工为重点,以体现自然减少人工痕迹为主题,营造各具特色又与沿线自然及人文环境和谐统一的公路景观。

4)公路桥梁施工期安全管理与评价技术体系研究

公路桥梁施工期安全管理与评价技术体系研究是承朝高速公路管理处与长安大学共同承担的河北省交通运输厅科学技术项目,经共同研究提出典型混凝土桥梁在关键施工阶段承受特殊施工荷载时的结构安全评价方法、指标与管理技术措施。将施工安全期管理与评价技术体系应用于承朝高速公路桥梁工程,检验、完善了评估体系。

5)推广应用厚层基质挂网喷附法

厚层基质喷附法主要表现在工序简单、与坡面结合效果好、植被覆盖均匀、可应用于坡度大于1:0.75、坡高在150m左右的高陡岩石边坡等。根据承德地区适宜的植被调查,选用了高羊茅、无芒雀麦、老芒麦、紫花苜蓿、沙打旺、柠条、紫穗槐的种子用于本工程。从目前情况看,采用厚层基质喷附法进行的护坡绿化美化效果十分显著。从施工过程到呈现出的工程效果都表现出了不同于其他施工方法的特殊优越性,对实现边坡的绿色防护、建设绿色交通来说是一种非常行之有效的手段。

(五)运营养护管理

1.服务设施

本项目设有三沟和平泉2处服务区(表8-17-5)。

长深高速公路平泉（冀辽界）至承德南互通服务设施一览表　　表 8-17-5

高速公路编码	服务区名称	桩　号	所在区域	占地（亩）	建筑面积（m²）
G25	三沟服务区	K746+574	承德县三沟镇	73	3656
G25	平泉服务区	K702+369	平泉县	63.2	3263

2. 收费设施

本项目共设置收费站 6 处（表 8-17-6）。

长深高速公路平泉（冀辽界）至承德南互通收费站一览表　　表 8-17-6

高速公路编码	收费站名称	桩号	入口车道数		出口车道数		收费方式
			总车道数	其中 ETC 车道	总车道数	其中 ETC 车道	
G25	承德东收费站	K783.88	3	1	4	1	MTC+ETC
G25	双峰寺收费站	K774.325	2	1	4	1	
G25	六沟收费站	K746.012	2	1	3	1	
G25	平泉收费站	K709.824	3	1	4	1	
G25	杨树岭收费站	K689.181	2	1	2	1	
G25	冀辽主线收费站	K677.1			12	2	

3. 养护管理

本项目养护里程 118.404km，设置 2 处养护工区（表 8-17-7）。

长深高速公路平泉（冀辽界）至承德南互通养护设施一览表　　表 8-17-7

养护工区名称	桩　号	路段长度（km）
双峰寺养护工区	K774+325	48.404
平泉养护工区	K709+824	70

4. 监控设施

本项目监控中心为承德市交通局指挥调度中心，由市局统一调度，另在双峰寺和平泉 2 处收费站内各设置了 1 处站级监控室和 1 处隧道监控室（表 8-17-8）。

长深高速公路平泉（冀辽界）至承德南互通监控设施一览表　　表 8-17-8

监控设施名称	桩　号	占地面积（亩）	建筑面积（m²）
双峰寺监控	K774+325	位于双峰寺收费站办公楼内	
平泉监控	K709+824	位于平泉收费站办公楼内	

5. 交通流量

2010—2016 年长深高速公路平泉（冀辽界）至承德南互通交通量情况如表 8-17-9、图 8-17-5 所示。

长深高速公路平泉(冀辽界)至承德南互通交通量(自然数)发展状况表   表8-17-9

	年份	2010	2011	2012	2013	2014	2015	2016
交通量(辆)	承德东收费站	4941	400363	544174	687947	821076	958677	1183076
	双峰寺收费站	76528	727019	1022745	1301845	1415209	1369567	1632992
	六沟收费站	144173	290748	356276	441663	468266	595779	600953
	平泉收费站	61182	627751	663219	767406	660895	775923	982410
	杨树岭收费站			84148	138969	157896	164060	204494
	冀辽主线收费站	51208	610855	770464	832283	773545	829634	1104779
	合计	338032	2656736	3441026	4170113	4296887	4693640	5708704
收费站年平均日交通量(辆/日)		926	7279	9427	11425	11772	12859	15640

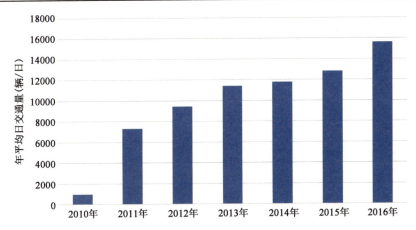

图8-17-5　长深高速公路平泉(冀辽界)至承德南互通收费站年平均日交通量(自然数)增长柱状图

二、京承高速公路承德南出口至大栅子互通段

项目概况

1）功能定位

京承高速公路京冀界至承德段是《国家高速公路网规划》中大庆至广州高速公路的重要路段，G25长深高速公路利用了京承高速公路承德南出口至大栅子互通，里程桩号K794+404~K806+000，全长11.596km。

2）技术标准

采用双向四车道，设计速度80km/h，路基宽度24.5m。

3）建设规模

本项目建设里程11.596km，特大桥1248.1m/1座，大桥752m/2座，隧道2处。

4）主要控制点

承德市（冯营子镇、闫营子村、石门子村、大栅子村）。

5）地形地貌

该区域为燕山山脉的延伸地带，属燕山地槽与内蒙古高原过渡区。

6）投资规模

项目概算投资4.11亿元，平均每公里造价3546.41万元。

7）开工及通车、竣工时间

2004年4月开工建设，承德至偏桥段2005年12月试通车，2009年9月全线通车，2014年11月竣工验收。

注：G25（长春—深圳）高速公路河北段（京承高速公路承德南出口至大栅子互通段），资料无法分割，本节不作详细叙述，其他详细内容在第十九节G45京承高速公路叙述。

三、承唐高速公路承德至承唐界段

（一）项目概况

1. 基本情况

1）功能定位

本项目是国家高速公路网规划中第三纵线长春至深圳高速公路的重要组成部分，也是河北省高速公路网"五纵七横六条线"规划中"纵一"的重要路段。本项目的实施不仅可促进国家高速公路网规划纵线、横线及首都放射线的连接，有利于国家高速公路网的形成，同时可完善河北省东北部地区路网结构，建设本地区南北通道，形成承德地区矿产资源的出海通道及旅游通道，在京津冀经济圈现代化综合交通体系中发挥重要作用。本项目的实施将促进承德地区的矿产资源、旅游等传统优势产业的进一步发展，优化区域产业结构，实现跨越式经济发展目标。

2）技术标准

采用双向六车道，设计速度100km/h，路基宽度32.0m。平曲线最小半径532m，最大纵坡4.5%。

3）建设规模

本项目建设里程82.279km，其中特大桥1212m/1座，大桥17275m/58座，中桥979m/15座，小桥331m/16座，涵洞124道，特长隧道3123m/1处，桥隧长度占路线总长度的40%；互通式立交5处，分离式立交2处，通道21处；主线收费站1处，匝道收费站4处；服务区2处，停车区1处；管理、养护、服务、监控房屋建筑面积8959.54m²。

4）主要控制点

太阳沟门（项目起点）、五道岭（特长隧道）、安匠（互通区）、老坎山、刘杖子（服务区）、北大山、偏道沟、李家营(互通区)、小凿子岭、白马川(互通区)、安子岭、王杖子、承唐界(项目终点)。共计 1 个市、3 个县(区)、10 个乡镇、29 个行政村。

5)地形地貌

本项目地处河北省北部燕山腹地。山体海拔最大高程 1384m,最低处为山谷,高程 150m。沿线自然地形山高林密,植被覆盖良好,沟谷纵横,风光秀丽。沿线山体绵延,局部起伏较大,地形大多蜿蜒曲折、狭窄,山岭重丘区地形特征明显。

6)路面及主要构造物

本项目采用沥青混凝土路面结构:

4cm SMA-13 沥青玛蹄脂碎石混合料,5cm AC-20 中粒式改性沥青混凝土,9cm ATB-30 沥青稳定碎石,应力吸收层 1cm,34cm 水泥稳定碎石(3.5%),18cm 水泥稳定碎石(3%)。

主要构造物采用连续梁和简支梁桥。

7)投资规模

项目概算投资 62.59 亿元,调整概算投资 65.54 亿元。

(8)开工及通车时间

2007 年 10 月开工建设,2010 年 11 月交工通车。

2. 前期决策情况

1)前期决策背景

长深高速公路是国家规划的"五纵六横七条线""纵一"的中重要路段,本段是河北省"九五"规划的主骨架公路。

2)前期决策过程

河北省交通厅冀交字〔2003〕323 号文件"关于高速公路建设指挥部各成员单位对《河北省 2003 至 2007 年高速公路建设计划》意见的报告"中指出,按照"加快前期工作,积极创造条件,成熟一个、开工一个"的原则,对承唐高速公路抓紧运作,力争早日全线开工。

(1)2004 年 9 月,河北省工程咨询研究院主持召开了《承唐高速公路承德至承唐界段预可行性研究报告》评估论证会。

(2)2004 年 9 月 29 日,河北省发展与改革委员会以冀发改交通〔2004〕1341 号文正式下发《河北省发展和改革委员会关于承唐高速公路承德至承唐界段工程项目建议书的批复》(以下简称《批复》)。在河北省发展和改革委员会《批复》和《预可行性研究报告》的基础上,中交第一公路勘察设计研究院进行了承唐高速公路承德至承唐界段工程可行性研究报告的编制工作。

(3)2005 年 12 月 31 日,国家发展和改革委员会以发改交运〔2005〕2831 号文批复了本项目四车道工可,2007 年 4 月 30 日,国家发展和改革委员会以发改交运〔2007〕943 号文批复了本项目六车道补充工可。

(二)建设情况

1. 项目准备阶段

1) 项目审批

项目严格执行了交通基本建设程序,各个环节手续齐全,具体如下:

(1)项目法人核备:本项目的项目法人核备文件号为冀交函规字〔2005〕020号。

(2)初步设计批复:2007年8月30日,交通部以交公路发〔2007〕467号文批复了初步设计。

(3)施工图设计批复:2008年7月1日,河北省交通厅公路管理局以冀交公路字〔2008〕204号文批复了本项目的施工图设计文件。

(4)土地批复:2008年7月,国土资源部以国土资函〔2008〕483号文明确了本项目控制性工程的单体工程先行用地。

(5)2004年12月17日,承德市规划局以承市规发〔2004〕101号文批复了承唐高速公路路线方案走向。

2) 资金筹措

本项目概算总投资62.59亿元,后经调整概算65.54亿元。项目资本金11.8亿元,由承德市交通局负责筹措,其余53.74亿元申请银行贷款。

3) 合同段划分及招投标

(1)合同段划分

根据各专业的工程内容,标段划分见表8-17-10。

①设计标段划分2个标段。

②施工标段划分:土建工程划分15个标段,路面工程划分3个标段,路面上面层工程划分3个标段,房建工程划分6个标段,机电工程划分1个标段,机电设备采购工程划分8个标段,交通安全设施工程划分3个标段,绿化工程划分8个标段。

③施工监理标段划分:设1个路基监理办公室,6个土建工程驻地监理标段,1个房建工程监理标段,1个机电工程监理标段,1个路面总监理办公室。

(2)招投标

按照国家颁布的《招投标法》和交通部颁布的《公路工程施工招标投标管理办法》《公路工程施工招标资格预审办法》《公路工程施工招标评标办法》的要求,由项目法人单位组织招标工作。

①设计招标

2005年4月6日,在河北省招投标综合网发布设计招标公告。评标委员会于2005年4月30~5月2日进行了封闭评标,当场出具了评标报告并推荐了中标候选人,第1合同段的第一中标候选人浙江省交通规划设计研究院为中标人,第2合同段的第一中标候选人中国公路工程咨询监理总公司为中标人。

第八章 高速公路建设项目

承唐高速公路承德至承唐界段合同段划分一览表

表8-17-10

参建单位	类型	参建单位名称	合同段编号及起讫桩号	标段所在地	主要内容	主要负责人	备注
项目管理单位		河北承德承唐高速公路管理处				王殿生	
勘察设计单位	土建工程设计	浙江省交通规划设计研究院	K806+000~K849+445		土建工程设计	桂炎德、陈鹏	
	土建工程设计	中国公路工程咨询监理总公司	K849+445~K888+154		土建工程设计	王民	
施工单位	土建工程	广西壮族自治区公路桥梁工程总公司	1:K806+000~K814+950	陈栅子乡大棚子、大阳沟、西山根、杨树下、塔子沟、娘娘沟各村	路基、桥涵工程	阳个小	
		中铁十一局集团第一工程有限公司	2:K14+950~K821+650	安匠乡、潘家沟、下旗村	路基、桥涵、隧道工程	肖和平	
		华通路桥集团有限公司	3:K821+650~K827+120	安匠乡、刘杖子村	路基、桥涵工程	王刚	
		天通第一市政公路工程有限公司	4:K827+120~K832+775	刘杖子乡	路基、桥涵工程	钟永坤	
		中铁十六局集团第五工程有限公司	5:K832+775~K836+400	刘杖子乡	路基、桥涵、隧道工程	罗树军	
		中铁七局集团第三工程有限公司	6:K836+400~K843+940	李家营乡	路基、桥涵、隧道工程	张海平	
		中铁十七局集团有限公司	7:K843+940~K844+756 EK00+600~EK02+546	李家营乡	路基、桥涵、隧道工程	靳登宇	
		江西省交通工程集团公司	8:K844+756~K851+937.5	李家营乡、苗营村	路基、桥涵工程	查群旗	
		承德路桥建设总公司	9:K851+937.5~K857+800	大水泉乡、黄土梁子村	路基、桥涵、隧道工程	张善士	
		核工业华东建设工程有限公司	10:K857+800~K862+150	大水泉乡、白马川村、双庙村	路基、桥涵、隧道工程	余效义	
		安通建设有限公司	11:K862+150~K866+700	大水泉乡、花园河西、分水石东沟	路基、桥涵、隧道工程	贺美郡	
		中铁十三局集团第二工程总公司	12:K866+700~K872+050	迷子地、安于地	路基、桥涵、隧道工程	魏炳炎	
		中国铁路工程总公司	13:K872+050~K877+000	双炉台、靳杖子、半壁山镇	路基、桥涵、隧道工程	田晓钟	
		贵州省公路工程总公司	14:K877+000~K882+310	半壁山镇	路基、桥涵、隧道工程	冷明泽	
		河北北方公路工程建设集团有限公司	15:K882+310~K888+154.4	孤山子乡、王杖子村、大佐村	路基、桥涵、隧道工程	刘立国	

②土建施工招标

2007年10月15日13:30(北京时间),共有150家施工投标人递交了203份施工投标文件。评标委员会于2007年10月19~20日对本项目进行了封闭评标,专家推荐的中标单位15家。

③土建施工监理招标

2007年9月17~21日共有26家监理投标人递交了49份监理投标文件。评标委员会于2007年10月19~20日对本项目进行了封闭评标,专家推荐的中标单位7家。

④路面施工招标

2009年2月22日共有108家申请人递交了108份投标文件,评标委员会评选出各标段推荐的中标单位3家。

⑤路面施工监理招标

2009年2月22日有5家申请人递交了5份资格预审申请文件。评标委员会评选出本项目路面工程施工监理标段推荐的中标单位1家。

4)参建单位主要情况

(1)建设单位

本项目建设单位是河北承德承唐高速公路管理处。

(2)设计单位

详见表8-17-10。

(3)施工单位

详见表8-17-10。

5)征地拆迁

(1)设立专门组织机构

按三级管理体系设置安置办公室,加强各级政府对征地工作的领导和监督,形成完善的拆迁工作体系,使征地拆迁工作层层有人管、层层有人抓。

(2)落实承包责任制

征地拆迁工作实行群众参与,各级政府层层签订责任书,采取"四到位""四现场"的做法,即县、乡、村、户四方到场,现场丈量、现场清点、现场签字、现场盖章。征地拆迁统计见表8-17-11。

承唐高速公路承德至承唐界段征地拆迁统计表 表8-17-11

高速公路编码	项目名称	征地拆迁安置起止时间	征用土地（亩）	拆迁房屋（m²）	拆迁占地费（万元）	备注
G25	承唐高速公路承德至承唐界段	2002.10~2003.5	9718.42	58517.055	49681	

2. 项目实施阶段

1）施工过程

（1）主线土建工程于 2007 年 10 月开工，2010 年 11 月 8 日完工。

（2）路面工程于 2009 年 7 月开工，2010 年 11 月 8 日完工。

（3）房建工程于 2010 年 4 月开工，2010 年 11 月完工。

（4）机电工程于 2010 年 7 月开工，2010 年 11 月完工。

（5）交通安全设施工程于 2010 年 4 月开工，2010 年 11 月完工。

（6）绿化工程于 2009 年 10 月开工，2010 年 12 月完工。

（7）2010 年 10 月 26 日，承唐高速公路管理处组织交工会议对承唐高速公路进行了交工验收。

（8）2015 年 4 月，由河北省公路工程质量安全监督站根据《公路工程质量鉴定办法》对项目进行了竣工质量鉴定，评分为 93.2 分，等级为优良。

承唐高速公路承德至承唐界段建设生产要素统计见表 8-17-12。

承唐高速公路承德至承唐界段建设生产要素统计表　　表 8-17-12

路线编号	建设时间	钢材（t）	沥青（t）	水泥（t）	砂石料（m³）	机械工（工日）	机械（台班）
G25	2007.10～2010.10	180006.2782	36473.96	597183.079	827134.2033	4036960	4036960

2）重要决策

（1）2007 年 10 月 30 日，承唐高速公路承德段开工奠基。

（2）2009 年 7 月 16 日，管理处根据目前工程建设的具体情况，为促进施工进度，保证工期，开展了"大干 100 天"活动。

（3）2010 年 11 月 8 日上午，承唐高速公路通车典礼。

（三）科技创新

河北承德承唐高速公路管理处精细化管理应贯穿全过程，执行到每一项工作的各个环节、步骤，做到环环紧扣、道道精细，把细事、细节做透做实，追求尽善尽美，以实现各个细节的精致操作、各个环节的精准控制和各个流程的高效运转。

（1）精细化管理施工图的优化设计。

（2）精细化质量控制。

（3）精细化进度控制。

（4）精细化安全生产控制。

技术创新有 11 项：

（1）优化路基土石方调配方案。本项目土石方数量高达 2440 万 m³，隧道开挖土石方

360余万 m³。经过对全线土石方调配方案的研究并结合现场实际情况,在填挖经济平衡的基础上,合理取消6座中桥,并将剩余石方加工成路面基层碎石,使土石方最大限度地得到利用,也使调配方案更加合理可行,减少弃土场占地约180亩,节约了土地资源和资金,同时为路面备料奠定了坚实的基础。

(2)针对项目所在地域岩性变化程度比较复杂的情况,每10m确认一次围岩类别,根据实际情况采取相应的衬砌结构形式,避免因支护过度造成浪费,节约投资约1亿元。

(3)优化隧道洞口形式。首先,为达到环保的效果,尽可能地降低对周围环境的破坏,将原设计的端墙式洞门取消,进行绿化防护,采用自然的方式进洞出洞,共节约资金120多万元。其次,调整照明系统,采用LED灯与无极灯相结合,减少了投资及运营成本。再次,在隧道洞口增设轮廓灯,并在隧道内增加LED诱导灯,确保行车安全。

(4)优化路面结构形式。针对山区高速公路纵坡大、交通量大的特点,为预防路面推移及温差大造成的表面裂缝,延长路面使用寿命,将原设计5%水泥剂量的水泥稳定碎石基层优化为3.5%水泥稳定碎石。考虑到抗滑指标要求高的因素,将上面层AC-13细粒式沥青混凝土优化为SMA-13沥青玛蹄脂碎石混合料,同时针对山区高速公路易推移的实际,将下面层ATB-25沥青稳定碎石优化为ATB-30沥青稳定碎石。

(5)优化全线防护排水工程。全线地形变化多样,根据施工现场的实际情况,采取逐点逐段现场勘察,逐段确定防护排水方案,在完善功能的基础上又节约投资约1500万元。

(6)拉槽和打孔的方法成功解决50m T梁边梁张拉后的侧弯问题。50m T梁侧弯平面如图8-17-6所示。

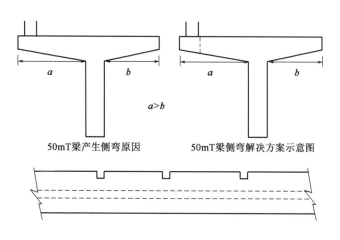

图8-17-6 50m T梁侧弯平面示意图

(7)上面层采用4cm SMA-13沥青玛蹄脂碎石混合料,由于粗集料的良好嵌挤,混合料有非常好的高温抗车辙能力;同时由于沥青玛蹄脂的黏结作用,低温变形性能和水稳定性也有较多的改善;添加纤维稳定剂,使沥青结合料保持高黏度,其摊铺和压实效果较好;

间断级配在表面形成大孔隙,构造深度大,抗滑性能好;同时混合料的空隙又很小,耐老化性能及耐久性都很好。

(8)在中央分隔带和分离式路基设置钢护栏路段,增加了平卧石,确保路面工程施工质量,避免了在施工过程中对新泽西护栏破坏,保证路面边缘压实度,美化通车环境。

(9)为了避免二次车祸的发生,减少养护费用,提高安全性能,中央分隔带护栏采取新泽西护栏,在经过多次优化后,最终确定护栏断面尺寸,为了确保断面尺寸及内在质量,采取集中预制的方法,同时,在安装过程中,经过多次实践最终确定为小龙门架粗装,千斤顶精装的工艺,取得了良好的效果。为了消减车辆冲击能,在护栏内侧填充了碎石。

(10)全线外车道外侧铺设振动标线,有效提醒驾驶员,已进入紧急停车带,确保驾驶安全。

(11)护栏外侧1m范围内涂刷了防盐漆料,预防冬季除雪造成的混凝土盐蚀,提高了混凝土的耐久性。

(四)运营养护管理

1.服务设施

全线设置东窝铺停车区,刘杖子、靳杖子2处服务区(表8-17-13)。

承唐高速公路承德至承唐界段服务设施一览表　　　　表8-17-13

高速公路编码	服务区名称	桩号	所在区域	占地(亩)	建筑面积(m²)
G25	刘杖子服务区	827.584	承德县刘杖子乡	80.2	7192.16
G25	东窝铺停车区	847.4	兴隆县东窝铺村	30.5	1479.67
G25	靳杖子服务区	874.99	兴隆县靳杖子乡	80	6600.1

2.收费设施

本项目共设置收费站5处(表8-17-14)。

承唐高速公路承德至承唐界段收费设施一览表　　　　表8-17-14

收费站名称	桩号	入口车道数		出口车道数		收费方式
		总车道	ETC车道	总车道	ETC车道	
安匠收费站	821.438	2	1	2	1	MTC + ETC
李家营收费站	847.872	2		2		
白马川收费站	859.433	2	1	2	1	
半壁山收费站	879.054	2	1	3	1	
临时主线站	883.574			7	1	

3.养护管理

本项目养护里程82.279km(表8-17-15)。

承唐高速公路承德至承唐界段养护设施一览表　　　　　表8-17-15

养护工区名称	桩　　号	路段长度(km)	占地面积(亩)	建筑面积(m²)
安匠养护一工区	K821+438	39.1	25.6	4479.77
半壁山养护二工区	K879+054	43.1	17.5	4479.77

4. 监控设施

本项目设置2处监控通信分中心(表8-17-16),负责双滦区、承德县和兴隆县区域的运营监管。

承唐高速公路承德至承唐界段监控设施一览表　　　　　表8-17-16

监控设施名称	桩　　号	占地面积(亩)	建筑面积(m²)
安匠隧道监控预警分中心	821.438	25.6	4479.77
半壁山隧道监控预警分中心	879.054	17.5	4479.77

5. 交通流量

2010—2016年承唐高速公路承德至承唐界段交通量情况如表8-17-17、图8-17-7所示。

承唐高速公路承德至承唐界段交通量(自然数)发展状况表　　　　　表8-17-17

年　份		2010	2011	2012	2013	2014	2015	2016
交通量(辆)	安匠收费站	33010	275608	339109	381890	418946	467845	484476
	李家营收费站	144130	1137334	1313023	1363604	1444169	1629628	1943285
	白马川收费站		110338	158207	187957	219415	262285	240484
	半壁山收费站	90881	787741	789113	754650	684335	863778	950800
	承唐界临时主线收费站	188395	1939584	2059230	2096349	2238604	2488070	2689481
	合计	456416	4250605	4658682	4784450	5005469	5711606	6308526
收费站年平均日交通量(辆/日)		1250	11645	12764	13108	13714	15648	17284

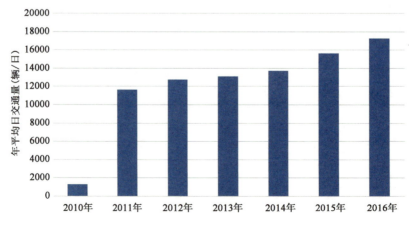

图8-17-7　承唐高速公路承德至承唐界段收费站年平均日交通量(自然数)增长柱状图

四、长深高速公路承唐界至遵化南小营段

(一)项目概况

1. 基本情况

1)功能定位

长深高速公路承唐界至遵化南小营段是 G25(长春—深圳)高速公路的重要组成部分,是京津冀经济一体化发展的重要经济干线,该项目建设将进一步完善国家和河北省路网结构,增强路网功能和京津冀经济圈的辐射能力。

2)技术标准

承唐界至遵化南互通段 23.209km,采用双向六车道标准建设,设计速度 80km/h,路基宽度 32.0m;遵化南互通至终点段 19.576km,采用双向四车道标准建设,设计速度 100km/h,路基宽度 26.0m。

3)建设规模

长深高速公路承唐界至遵化南小营段,路线全长 42.785km。全线互通式立交 4 处,分离式立交 16 处,大中桥 30 座,共设涵洞 60 道,通道 26 处,隧道 1 处,服务区 1 处,养护工区 2 处(1 处与监控通信分中心合建,1 处与遵化南收费站合建),主线收费站 1 处,匝道收费站 4 处。

4)主要控制点

唐山市遵化市,共涉及地级市 1 个,县级市 1 个。

5)地形地貌

项目属三山两川盆地地形,多为石英砂岩组成。

6)路面及主要构造物

本项目采用沥青混凝土路面,其主要结构为:

4cmAC-13C 改性沥青混凝土,6cmAC-20C 改性沥青混凝土,10cmAC-25C 粗粒式沥青混凝土,乳化沥青封层,18cm 水泥稳定碎石,18cm 水泥稳定碎石,18cm 水泥稳定碎石。

主要构造物采用连续梁和组合梁桥。

7)投资规模

本项目概算总投资 26.016 亿元,实际投资 35.441 亿元,平均每公里造价 8282.8 万元。

8)开工及通车、竣工时间

2009 年 4 月开工建设,2010 年 11 月交工通车,2014 年 10 月完成竣工验收。

2. 前期决策情况

1)前期决策背景

长深高速公路承唐界至遵化南小营段是国家高速公路网规划的"纵三"的组成路段。根据河北省交通厅"九五"期间干线公路网建设的总体规划要求及有关领导的指示精神，唐山市交通局在 2005 年启动项目的建设工作。

2）前期决策过程

2005 年 4 月项目建议书通过河北省交通厅初审，5 月 13 日通过河北省工程咨询研究院审查，于 2005 年 6 月 10 日河北省发展和改革委员会以冀发改交通〔2005〕502 号文报送至国家发展和改革委员会。交通部于 2005 年 9 月 2 日以交函规划〔2005〕268 号文件将该工程项目建议书的审查意见提交国家发展和改革委员会后，国家发展和改革委员会于 2005 年 11 月 10 日以发改交运〔2005〕2354 号文件下发了《国家发展改革委关于河北省遵化至南小营公路项目建议书的批复》。

（1）2008 年 4 月 21 日，由国家发展和改革委员会以发改交运〔2008〕962 号文件下发了《国家发展改革委关于河北省遵化至南小营公路可行性研究报告的批复》。

（2）2008 年 10 月 15 日，初步设计获交通运输部审核批复，审批文号交公路发〔2008〕353 号。

（3）2006 年 1 月 13 日，国土资源部以国土资预审字〔2006〕343 号文《关于长深高速公路遵化（承唐界）至南小营段项目建设用地预审意见的复函》对项目建设用地进行了批复。

（二）建设情况

1. 项目准备阶段

1）项目审批

本项目严格执行了交通基本建设程序，各个环节手续齐全，具体如下：

（1）2008 年 10 月 15 日，初步设计获交通运输部审核批复，审批文号交公路发〔2008〕353 号。

（2）2006 年 1 月 13 日，国土资源部以国土资预审字〔2006〕343 号文《关于长深高速公路遵化（承唐界）至南小营段项目建设用地预审意见的复函》对项目建设用地进行了批复。

（3）项目主体工程施工图设计于 2009 年 3 月 27 日获河北省交通运输厅公路管理局审核批复，审批文号冀交公〔2009〕115 号。

（4）房建、安全设施及绿化工程施工图设计于 2010 年 4 月 29 日获河北省交通运输厅公路管理局审核批复，审批文号冀交公〔2010〕224 号。

（5）机电工程施工图联合设计文件于 2010 年 10 月 15 日获河北省交通运输厅公路管理局审核批复，审批文号冀交公〔2010〕574 号。

（6）2007 年 12 月 20 日，国家环境保护总局以环审〔2007〕567 号文《关于长深高速公路遵化（承唐界）至南小营段环境影响补充报告书的批复》对环境影响补充报告书进行了批复。

（7）2009年4月21日，河北省交通运输厅与河北省财政厅以冀交规〔2009〕147号文件下发了《关于下达2009年干线公路建设计划的通知》，该计划中包含长深高速公路承唐界至南小营段项目。

（8）2009年4月30日，交通运输部核准《施工许可申请书》，工程正式开工建设。

2）资金筹措

本项目概算总投资26.016亿元，竣工决算为35.441万元，平均每公里造价8282.8万元。

项目资金来源包括：一是交通运输部对项目车购税补助2.1亿元，二是河北省交通运输厅对项目燃油税补助0.5亿元，利用开行软贷款4.2亿元，三是养路费返还、通行费分成0.111亿元构成资本金；其余由唐山市交通运输局申请银行贷款。

3）招投标及合同段划分

（1）合同段划分

根据各专业的工程内容，标段划分见表8-17-18。

①施工标段划分：土建工程12个标段，机电工程1个标段，收费大棚工程3个标段，房建工程7个标段，绿化工程4个标段，交通安全设施5个标段。

②施工监理标段划分：设1个总监办公室，3个土建工程驻地监理标段，2个房建工程监理标段，1个机电工程监理标段。

（2）招投标

按照国家颁布的《招投标法》和交通部颁布的《公路工程施工招标投标管理办法》《公路工程施工招标资格预审办法》《公路工程施工招标评标办法》的要求，由项目法人单位组织招标工作。

①2008年11月，土建工程招标，采用无标底投标，合理低价中标方式。由评标委员会评审出9家中标单位。

②2009年9月，路面工程施工招标，采用无标底投标，合理低价中标方式，确定了3家中标单位。

③2009年8月，房建工程招标，采用无标底投标，合理低价中标方式，确定了7家中标单位。

④2010年4月，机电工程施工招标，由评标委员会进行评审，确定1家中标单位。

4）参建单位主要情况

（1）建设单位

本项目建设单位是唐山市交通开发总公司，项目执行机构是承唐高速公路建设指挥部。

（2）设计单位

详见表8-17-18。

长深高速公路承唐界至遵化南小营段合同段划分一览表

表 8-17-18

参建单位	类型	参建单位名称	合同段编号及起讫记桩号	标段所在地	主要内容	主要负责人	备注
项目管理单位		承唐高速公路建设指挥部				周健民	
勘察设计单位	工程设计	中交公路规划设计院有限公司	全部工程		全部设计工作	李智武	
施工单位	路基工程	路桥集团国际建设股份有限公司	K0+135.881~K6+000		路基、桥涵	侯耀	
		中铁五局集团第四工程有限责任公司	K6+000~K12+000		路基、桥涵	罗雪峰	
		中铁十五局集团第二工程有限公司	K12+000~K20+761		路基、桥涵	侯宏新	
		中交一公局第六工程有限公司	K21+367~K30+618		路基、桥涵	辛北	
		道隧集团工程有限公司	K30+618~K31+798		路基、桥涵	陈志坤	
		安徽开源路桥有限责任公司	K31+798~K38+500		路基、桥涵	刘哲	
		唐山公路建设总公司	K38+500~K43+654.76		路基、桥涵	梁立军	
		中铁十五局集团有限公司	大秦铁路桥、潘遵铁路桥		桥涵	邹刚波	
		中铁十八局集团第五工程有限公司	K20+731~K21+367		桥涵	毕树兵	

（3）施工单位

详见表8-17-18。

5）征地拆迁

（1）设立专门组织机构

按三级管理体系设置安置办公室，加强各级政府对征地工作的领导和监督，形成完善的拆迁工作体系，使征地拆迁工作层层有人管、层层有人抓。

遵化市政府专门成立了"遵化市承唐高速公路建设指挥部"负责征地拆迁工作。为落实政策、落实地方工作、落实人口安置、落实征地拆迁提供了组织保证。

（2）落实承包责任制

征地拆迁工作实行群众参与，各级政府层层签订责任书，采取"四到位""四现场"的做法，即县、乡、村、户四方到场，现场丈量、现场清点、现场签字、现场盖章。征地拆迁统计见表8-17-19。

长深高速公路承唐界至遵化南小营段征地拆迁统计表　　　　表8-17-19

高速公路编码	项目名称	征地拆迁安置起止时间	征用土地（亩）	拆迁房屋（m²）	拆迁占地费（万元）	备注
G25	长深高速公路承唐界至南小营段	2009.3～2010.5	5288.74	105400	103963	

2. 项目实施阶段

1）施工过程

（1）主线土建工程于2009年4月30日开工，2010年11月18日完工。

（2）房建工程于2009年10月开工，2010年11月完工。

（3）机电工程于2010年5月开工，2010年11月完工。

（4）交通安全设施工程于2010年4月开工，2010年11月完工。

（5）绿化工程于2010年10月开工，2011年4月完工。

（6）2010年11月18日，长深高速公路遵化至南小营段高速公路建设指挥部组织专家对项目进行了交工验收。

（7）2014年10月，由河北省公路工程质量安全监督站，根据《公路工程质量鉴定办法》，对项目进行了竣工质量鉴定，评分为92.42分，等级为优良。

（8）2014年10月31日，河北省交通运输厅成立长深高速公路遵化至南小营段高速公路竣工验收委员会，对该项目进行竣工验收，工程质量评分为95.48分，等级为优良。

2）重要决策

（1）2005年2月21日，河北省交通厅批复唐山市交通局作为长深高速公路唐山段项目业主。

（2）2008年12月27日，召开新闻发布会宣布长深高速公路唐山段开工建设。

(3)2010年11月8日,项目完工,组织交工验收。

（三）科技创新

指挥部以长深高速公路建设需要为导向,同长安大学等院校合作,共进行了7项课题研究。涵盖了路基、路面、桥梁、隧道等方面的内容。其中两项荣获河北省科技进步三等奖。

(1)特殊地质条件下浅埋公路隧道施工技术研究。

(2)铁尾矿渣路用性能研究。

(3)沥青路面典型示范技术综合应用。

(4)采空区上伏路基复合旱桥法处置技术研究。

(5)基于安全目标的隧道出入口路面结构与材料研究。

(6)长大纵坡路段沥青路面修筑关键技术研究。

(7)提升混凝土梁桥桥面铺装耐久性关键技术研究。

（四）运营养护管理

1. 服务设施

本项目设置遵化南服务区1处,桩号K908+065。

2. 收费设施

本项目设置5处收费站(表8-17-20)。

长深高速公路承唐界至遵化南小营段收费设施一览表 表8-17-20

收费站名称	桩 号	入口车道数		出口车道数		收费方式
		总车道	ETC车道	总车道	ETC车道	
党峪收费站	927.773	2	0	3	1	MTC+ETC
遵化南收费站	909.611	3	1	4	1	
遵化东收费站	898.275	3	1	5	1	
侯家寨收费站	890.373	2	0	3	1	
承唐界主线收费站	889.973			10	1	

3. 养护管理

本项目设置2处养护工区(表8-17-21)。

长深高速公路承唐界至遵化南小营段养护设施一览表 表8-17-21

养护工区名称	桩 号	路段长度(km)	占地面积(亩)	建筑面积(m^2)
遵化所	910.17	46.966		
隧道管理所	919.468	2.293	8.8	590

4. 监控设施

本项目运营监管由唐山西外环监控通信分中心负责。

5. 交通流量

2011—2016年长深高速公路承唐界至遵化南小营段交通量情况如表8-17-22、图8-17-8所示。

长深高速公路承唐界至遵化南小营段交通量(自然数)发展状况表　　表8-17-22

年　份		2011	2012	2013	2014	2015	2016
交通量（辆）	党峪	902917	1026072	1068550	1056237	951212	904449
	遵化南	2049441	2258725	2610529	2375602	2056640	1857643
	遵化东	1227183	1890294	1795743	1966913	1849108	1860347
	侯家寨	357678	276195	271036	332113	366574	453622
	承唐主线	1917669	2122999	2051844	2173652	2275237	2310434
	合计	6454888	7574285	7797702	7904517	7498771	7386495
收费站年平均日交通量(辆/日)		17685	20751	21364	21656	20545	20237

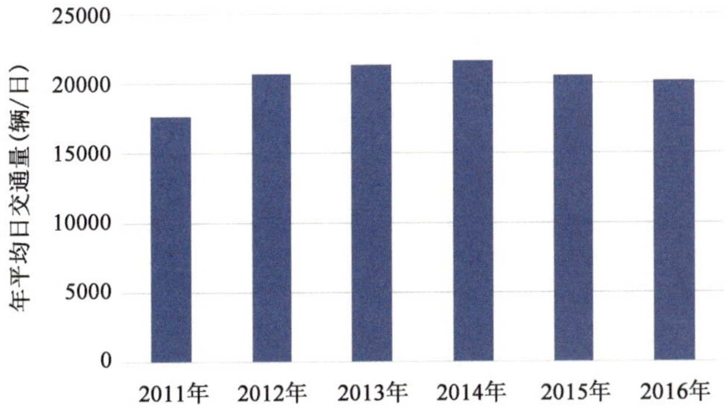

图8-17-8　长深高速公路承唐界至遵化南小营段收费站年平均日交通量(自然数)增长柱状图

五、承唐高速公路唐山段(南小营至京哈互通)

(一)项目概况

1. 基本情况

1) 功能定位

承唐高速公路是河北省高速公路布局规划的"五纵六横七条线"中的重要一纵,国家高速公路网长深线(长春—深圳)的重要组成部分。它的建成为唐山与承德之间构筑了一条快速通道,对改善冀东北地区交通状况,引领三北地区的资源、产业向沿海聚集,对优化河北省城市路网结构、改善投资环境具有重要意义。

2) 技术标准

按双向四车道高速公路标准建设,路基宽度26m,设计行车速度100km/h。桥涵设计荷载为公路—Ⅰ级,路线平曲线最小半径1196m,最大纵坡2.899%,最小坡长330m,竖曲线最小半径10000m。

3)建设规模

本项目路线全长18.46km,全线设置互通式立交2处、分离式立交3处、公铁立交1处、大桥1座、主线收费站1处、匝道收费站2处。

4)主要控制点

起点为唐山市西外环高速公路终点,向西北经张良各庄与小屯之间穿过,上跨京秦铁路、102国道,在遵化南小营东侧与112国道相接。

5)地形地貌

项目属平原地貌,多为亚砂土、亚黏土、粉砂亚砂土,地势北高南低。

6)路面及主要构造物

本项目采用沥青混凝土路面结构:

4cmAK-13I细粒式改性沥青混凝土,6cmAC-20I改性沥青混凝土,6cmAC-20I中粒式改性沥青混凝土,8cmAC-25I粗粒式沥青混凝土,乳化沥青封层,18cm水泥稳定级配碎石,18cm石灰、粉煤灰稳定级配碎石,18cm水泥石灰稳定土。

主要构造物采用连续梁桥。

7)投资规模

工程概算总投资5.6亿元,竣工决算为5.8亿元,平均每公里造价3142.65万元。

8)开工及通车、竣工时间

2005年4月1日正式开工,2007年1月28日正式通车运营。

2.前期决策情况

承唐高速公路唐山段一期工程(唐山至南小营段)于2003年8月21日由河北省人民政府以冀政函〔2003〕86号文件批准建设,为加强对承唐高速公路建设的组织与领导,确保其按期开工、竣工,协调解决有关问题,经唐山市政府研究,决定成立承唐高速公路建设指挥部,开展项目前期工作。

(二)建设情况

1.项目准备阶段

1)项目审批

该项目严格执行了交通基本建设程序,从预可行性研究、工程可行性研究、初步设计、施工图设计、工程施工、监理招投标及工程开工报告的审批,各个环节手续齐全,具体如下:

(1)2004年4月26日,河北省发展和改革委员会《关于承唐高速公路遵化至唐山段一期工程(唐山至南小营)可行性研究报告的批复》(冀发改交通〔2004〕507号)。

(2)2004年6月16日,河北省环境保护局《关于承唐高速公路遵化至唐山段一期工程(唐山至南小营)环境影响报告表的批复》(冀环审〔2004〕97号)。

(3)2004年6月28日,河北省发展和改革委员会以冀发改投资〔2004〕838号文,批复《关于承唐高速公路遵化至唐山段一期工程(唐山至南小营)初步设计》。

(4)2004年8月25日,承唐高速公路建设指挥部委托河北安惠招标有限公司在河北省发展和改革委员会指定媒体《河北经济日报》《河北工人报》和河北省招投标综合网等媒体上发布招标公告,进行高速公路主体工程施工、监理招标。

(5)2004年11月3日,国土资源部以国土资函〔2004〕447号,批准了关于承唐高速公路遵化至唐山段一期工程(唐山至南小营段)建设工地,批复同意使用国有建设用地110.2587hm^2。

(6)2005年3月31日,承唐高速公路建设指挥部在河北安惠招标有限公司在河北省发展和改革委员会指定媒体《河北经济日报》《河北工人报》和河北省招投标综合网等媒体上发布招标公告,进行高速公路设计、施工、监理招标。

(7)2005年4月1日,承唐高速公路遵化至唐山段一期工程(唐山至南小营)工程开工。

2)资金筹措

本项目概算总投资5.62亿元,项目资本金1.967亿元,由河北省唐山市交通局负责筹措,其余3.656亿元申请银行贷款。竣工决算为5.801亿元,平均每公里造价3142.65万元。

3)合同段划分及招投标

(1)合同段划分

根据各专业的工程内容,标段划分见表8-17-23。

①土建工程设计标段划分2个标段。

②施工标段划分:土建工程3个标段,机电工程3个标段,房建工程3个标段,绿化工程3个标段,交通安全设施4个标段。

③施工监理标段划分:设1个总监办公室,2个土建工程驻地监理标段,1个房建工程监理标段,1个机电工程监理标段,1个交通工程监理,1个绿化工程监理。

(2)招投标

由项目法人单位组织招标工作。

①勘察设计招标:勘察设计共分2个合同段,于2004年5月24日招标,经过专家评审,最终确定了中标人:第一合同段为北京首都工程有限公司;第二合同段为中交第四航务工程勘察设计院和中国公路工程咨询监理总公司联合体,并于2004年6月23日签订合同协议书。

承唐高速公路唐山段（南小营至京哈互通）合同段划分一览表

表 8-17-23

参建单位	类型	参建单位名称	合同段编号及起讫桩号	标段所在地	主要内容	主要负责人	备注
项目管理单位		承唐高速公路建设指挥部					
勘察设计单位		中交第四航务工程勘察设计院					
施工单位	土建工程	云南路桥股份有限公司	1：K931+934~K936+838.86、K937+483.14~K940+234	韩城镇、张良各庄、七树庄、太平庄	路基、桥涵、路面工程	胡少华	
		中铁十五局集团第五工程有限公司	2：K936+838.86~K937+483.14	丰润	京秦铁路立交桥	杨子林	
		唐山公路建设总公司	3：K940+234~K950+394				

②主体工程施工、监理招标：主体工程施工分3个合同段，监理分2个合同段。于2004年8月25日招标，通过资格预审，专家评审，确定中标单位。

4）参建单位主要情况

（1）建设单位

本项目建设单位是唐山市交通开发总公司，项目执行机构是承唐高速公路建设指挥部。

（2）设计单位

详见表8-17-23。

（3）施工单位

详见表8-17-23。

5）征地拆迁

承唐高速公路唐山段（南小营至京哈互通）征地拆迁统计见表8-17-24。

承唐高速公路唐山段（南小营至京哈互通）征地拆迁统计表 表8-17-24

高速公路编码	项目名称	征地拆迁安置起止时间	征用土地（亩）	拆迁房屋（m³）	拆迁占地费（万元）	备注
G25	承唐高速公路唐山段（唐山至南小营段）	2004.12~2006.3	1653.88	21461.93	12397.48	

2. 项目实施阶段

1）施工过程

（1）主线土建工程于2005年4月1日开工，2007年1月28日完工。

（2）房建工程于2005年7月开工，2006年12月完工。

（3）机电工程于2006年5月开工，2006年12月完工。

（4）交通安全设施工程于2006年5月开工，2006年12月完工。

（5）绿化工程于2006年5月开工，2007年1月完工。

（6）2007年1月13日，唐山市交通开发总公司组织专家对承唐高速公路遵化至唐山段（唐山至南小营段）高速公路进行了交工验收。

承唐高速公路唐山段（南小营至京哈互通）建设生产要素统计见表8-17-25。

承唐高速公路唐山段（南小营至京哈互通）建设生产要素统计表 表8-17-25

路线编号	建设时间	钢材（t）	沥青（t）	水泥（t）	砂石料（m³）	机械工（工日）	机械（台班）
G25	2005.4~2007.1	—	1753.7	—	22848.8	—	—

2）重要决策

2006年9月5日，河北省发展和改革委员会通过长深高速公路唐山段四车道改成六车道设计方案。

3）各项活动

承唐高速公路指挥部贯彻执行"科学计划，合理安排"的原则，根据工程实际情况特制定了详细的进度管理办法。在实施整个过程中，通过计划、组织、协调、检查与调整等手段，运用计算机网络技术，制订科学合理的工程计划，确保总工期目标的实现。

（三）科技创新

指挥部始终坚持科技创先，积极开展科技攻关，解决工程技术难题，在工程技术创新方面主要做了以下几方面工作：

组织专家论证会，解决工程技术难题。指挥部多次邀请国内、省内公路、桥梁行业知名专家、教授组织召开专家论证会，对困扰施工进度和质量的技术难题进行分析、研究，提出解决办法与施工新思路，对重大技术问题进行把关与敲定，有效地促进了工程进度，提高了工程质量，节省了工程资金。

开展科研攻关，探究新型路面结构。指挥部结合国际新型路面设计理念，与长安大学合作，以贫混凝土基层、大粒径沥青碎石防裂层结构和基于性能的沥青混合料等两个项目为课题，开展科研攻关，探究新型路面结构的路用性能、施工技术特点与经济性能，为新型路面结构研究提供了理论与实践经验。

采用多种施工工艺综合处理路基。为提高高填路基的稳定性，指挥部采用低能量强夯、夯扩碎石桩、冲击压实、钻孔压浆等一种或几种综合方案，补充压实，有效地保证了高填路基的压实度。

采用桥面与路面基层刷毛新工艺，增强层间结合。引进新型设备，对已成型的桥面混凝土和水稳碎石基层进行喷砂、刷毛处理，提高粗糙度，增强与沥青路面的层间结合。

推行"GTM"设计方法，提高沥青路面路用性能。为提高沥青路面路用性能，上、中、下三层沥青路面均采用先进的"GTM"设计方法，遵循"高温、紧跟、重碾、强振、慢压"的原则进行碾压，既提高了路面的压实度与高温抗车辙能力，又降低了沥青用量，取得了良好效果。

推广信息化技术，实现工程管理信息化。引进东方思维公司HCS工程管理系统，充分利用省交通厅与市交通局的局域网平台，实现建设程序、工程管理、合同管理、计量支付、工程变更数据传输一体化，大大提高了工作效率，实现了工程管理信息化。

（四）运营养护管理

1. 收费设施

本项目设置3处收费站（表8-17-26）。南小营临时主线站已于承唐二期通车后拆除。

第八章 高速公路建设项目

承唐高速公路唐山段(南小营至京哈互通)收费设施一览表　表8-17-26

收费站名称	桩号	入口车道数		出口车道数		收费方式
		总车道	ETC车道	总车道	ETC车道	
丰润收费站	949.484	2	0	4	1	MTC+ETC
丰润西匝道收费站	940.743	3	1	5	1	
南小营临时主线收费站		1	0	2	0	MTC

2. 养护管理

本项目养护里程18.091km,设置丰润1处养护工区(表8-17-27)。

承唐高速公路唐山段(南小营至京哈互通)养护设施一览表　表8-17-27

养护工区名称	桩　号	路段长度(km)	占地面积(亩)	建筑面积(m²)
丰润养护工区	K949+156	18.091	10	1132

3. 监控设施

本项目监控管理设在唐山西外环监控通信分中心。

4. 交通流量

2011—2016年承唐高速公路唐山段(南小营至京哈互通)交通量情况如表8-17-28、图8-17-9所示。

承唐高速公路唐山段(南小营至京哈互通)交通量(自然数)发展状况表　表8-17-28

年　份		2011	2012	2013	2014	2015	2016
交通量(辆)	丰润	3158455	2803527	2496670	2715229	2486861	2419801
	丰润西	1808179	2035839	2656839	1886149	1746950	1959342
	合计	4966634	4839366	5153509	4601378	4233811	4379143
收费站年平均日交通量(辆/日)		13607	13259	14119	12607	11599	11998

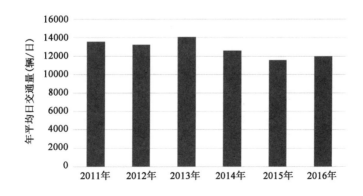

图8-17-9　承唐高速公路唐山段(南小营至京哈互通)收费站年平均日交通量(自然数)增长柱状图

六、唐山西环段

(一)项目概况

1. 基本情况

1) 功能定位

唐山西环段南起唐津高速公路丰南莲花泊枢纽互通立交,在丰润高各庄与京哈高速公路相接。该项目对于加强唐山市与京津地区、东北地区乃至全国各地的联系与沟通,促进唐山与周边地区的经济合作与往来,将起到积极作用,产生巨大的社会效益和经济效益。

2) 技术标准及建设规模

按双向四车道高速公路标准建设,路基宽度28m,设计行车速度120km/h,路线全长33.893km。桥涵设计荷载为汽车—超20级,挂车—120。最大纵坡3%,最小平曲线半径1000m。

3) 主要控制点

该路线起于唐津高速公路丰南莲花泊枢纽互通立交,向北跨越205线国道、京山铁路、津唐运河、省道唐通线、机场专用线,终于丰润县高各庄东南的京沈高速公路。

4) 地形地貌

项目属平原地貌,多为亚砂土、亚黏土、粉砂亚砂土,地势北高南低。

5) 路面及主要构造物

本项目采用沥青混凝土路面结构:

4cm中粒式沥青混凝土抗滑表层,5cm中粒式沥青混凝土,6cm粗粒式沥青混凝土,乳化沥青封层,18cm水泥稳定级配碎石,18cm石灰、粉煤灰稳定级配碎石,20cm石灰土底基层。

主要构造物采用连续梁桥。

6) 投资规模

工程概算总投资8.495亿元,平均每公里造价2556万元。

7) 开工及通车、竣工时间

1999年10月28日正式开工,2001年11月27日正式通车运营。

2. 前期决策情况

本项目是由河北省计划委员会批准立项的河北省"九五"期间的基础设施建设重点项目,是唐山市的重点建设工程。因此省、市领导对该项目的建设十分重视,为了及时协调解决工程建设中有关问题,保证工程顺利进行。市政府成立了"唐山市西外环高速公路建设指挥部"。各县、区也相应成立了支援重点建设工程办公室,负责建设中的地方协调工作。

(1)1998年10月12日,河北省计划委员会《河北省计划委员会关于唐津、京沈高速公路联络线项目建议书的批复》(冀计能交〔1998〕941号)。

(2)1998年11月12日,河北省计划委员会《河北省计划委员会关于唐山市西外环(唐津、京沈高速公路联络线)工程可行性研究报告的批复》(冀计能交〔1998〕988号)。

(二)建设情况

1. 项目准备阶段

1)项目审批

该项目严格执行了交通基本建设程序,各个环节手续齐全,具体如下:

(1)1999年6月17日,河北省计划委员会《河北省计划委员会关于唐山市西外环(唐津、京沈高速公路联络线)工程初步设计的批复》(冀计能交〔1998〕455号)。

(2)1999年8月10日,国家计划委员会《关于对唐山市西外环线工程项目予以确认的函》(计司基础〔1999〕147号)。

(3)1999年8月27日,国土资源部《关于唐津、京沈高速公路联络线建设用地的批复》(国土资函〔1999〕431号)。

(4)1999年9月15日,唐山市计划委员会《关于下达1999年西外环线工程基建投资计划的通知》(唐计投字〔1999〕97号)。

(5)1999年9月17日,唐山市计划委员会下达《固定资产投资项目投资许可证》(编号:9902311122)。

(6)1999年10月28日,唐山市西外环线(唐津、京沈高速公路联络线)工程破土动工。

2)资金筹措

本项目概算总投资8.495亿,其中5亿通过国内贷款方式解决,其余资金业主自行筹措。

3)合同段划分及招投标

(1)合同段划分

根据各专业的工程内容,标段划分见表8-17-29。

施工标段划分:路面工程2个标段,土建工程8个标段,机电工程1个标段,护栏工程4个标段,房建工程3个标段。

(2)招投标

所有开标、评标过程始终在唐山市监察局、市建设工程招投标办公室和市公路工程质量监督处监督下进行,同时国家公证人员进行了公证。

唐山西环段合同段划分一览表　　　　表 8-17-29

参建单位	类型	参建单位名称	合同段编号及起讫桩号	主要内容	主要负责人	备注
项目管理单位		唐山西环高速公路建设指挥部			王雅坤	
勘察设计单位		中交第一公路勘察设计院				
		唐山市交通勘察设计院				
施工单位	路基工程	唐山市交通局公路工程处	K1+407~K2+980	路基桥涵工程	李畅	
		中铁十八局五处	K2+980~K4+100	路基及特大桥工程		
		唐山远大交通工程有限公司	K4+100~K10+000	路基桥涵工程		
		唐山市交通局公路工程处	K10+000~K18+000	路基桥涵工程	李宽	
		武警交通二总队	K18+000~K21+000	路基桥涵工程		
		唐山公路工程总公司	K21+000~K30+000	路基桥涵工程	聂宁	
		唐山路桥建设有限公司	K30+000~K34+231	路基桥涵工程		
		唐山市交通局公路工程处	K34+231~K35+300	路基桥涵工程		
	路面工程	河北公路工程建设集团有限公司	K1+407~K17+730	路面工程		
		唐山市交通局公路工程处	K17+730~K34+231	路面工程		
监理单位		唐山交通建设工程监理咨询有限公司		工程监理	贾国强	
		河北通达工程监理咨询有限公司		工程监理	卫永光	

4）参建单位主要情况

（1）建设单位

本项目建设单位是唐山市交通开发总公司，项目执行机构是唐山西环高速公路建设指挥部。

（2）设计单位

详见表 8-17-29。

（3）施工单位

详见表 8-17-29。

5）征地拆迁

由于各级领导对西外环线高速公路建设的重视，各部门积极配合，从而保证了西外环线高速公路征地、拆迁工作的顺利进行，为施工单位按时顺利进场施工打下了基础（表 8-17-30）。

唐山西环段征地拆迁统计表　　　　表 8-17-30

高速公路编码	项目名称	征地拆迁安置起止时间	征用土地（亩）	拆迁房屋（m²）	拆迁占地费（万元）	备注
G25	唐山西环段	1998—1999	4359.28	5654.42		

2. 项目实施阶段

(1) 1999年10月28日,唐山西外环段正式开工。

(2) 2001年11月27日,正式通车运营。唐山西环段建设生产要素统计见表8-17-31。

唐山西环段建设生产要素统计表　　　　表8-17-31

路线编号	建设时间	项目名称	钢材(t)	沥青(t)	水泥(t)	砂石料(t)	机械工(工日)	备注
G25	1999.10~2001.11	唐山西环段	7817	21291	92753	615050	3495053	

(三) 复杂技术工程

唐山市西外环线软土路段长约9km,采用的处治方案为粉喷桩和塑料排水板等地下排水体系形成复合地基,并且采用静载预压及欠载预压两种方案,缩短了施工工期。针对高压电线影响的软土路段,采用了土工格栅加筋和超载预压方式进行处理;针对丰南区稻米产地的软土路段,采用了抽水、清淤后,回填砂砾,再进行粉喷桩加固处置。由于沿线土源缺乏,采用粉煤灰填筑路基,顶面采用黏土或灰土进行封层,降低了施工成本,加快了工程进度。既解决了土源不足问题,又利用了工业废料,产生了较好的经济效益和社会效益。

(四) 运营养护管理

1. 收费设施

本项目设置4处收费站(表8-17-32),其中机场站于2008年建成通车,南湖站于2010年建成通车,机场站与南湖站一同并入西外环段。原丰润站于2007年并入承唐一期。

唐山西环段收费设施一览表　　　　表8-17-32

收费站名称	桩号	入口车道数		出口车道数		收费方式
		总车道	ETC车道	总车道	ETC车道	
机场收费站	K960+212	5	1	7	1	MTC+ETC
唐山西收费站	K968+179	4	1	7	2	
南湖收费站	K972+668	4	2	7	2	
丰南收费站	K983+706	2	0	3	1	

2. 养护管理

本项目养护里程33.893km,设置丰润1处养护工区(表8-17-33)。

唐山西环段养护设施一览表　　　　表8-17-33

养护工区名称	桩号	占地面积(亩)	建筑面积(m²)
丰润养护工区	K949	1.2	590

3. 监控设施

唐山西环高速公路设置西外环监控通信分中心1处,建筑面积330m²。

4. 交通流量

2011—2016年唐山西环段交通量情况如表8-17-34、图8-17-10所示。

唐山西环段交通量(自然数)发展状况表　　　表8-17-34

年 份		2011	2012	2013	2014	2015	2016
交通量 (辆)	丰南	1775647	1966236	2420270	2403066	2090868	2137812
	南湖	1953441	1900284	2170448	2188179	1849028	1607714
	唐山西	3598944	3792526	4221225	4144485	3765553	3842436
	唐山机场	4795071	4813991	4755495	5184758	4109659	3810802
	合计	12123103	12473037	13567438	13920488	11815108	11398764
收费站年平均日交通量 (辆/日)		33214	34173	37171	38138	32370	31229

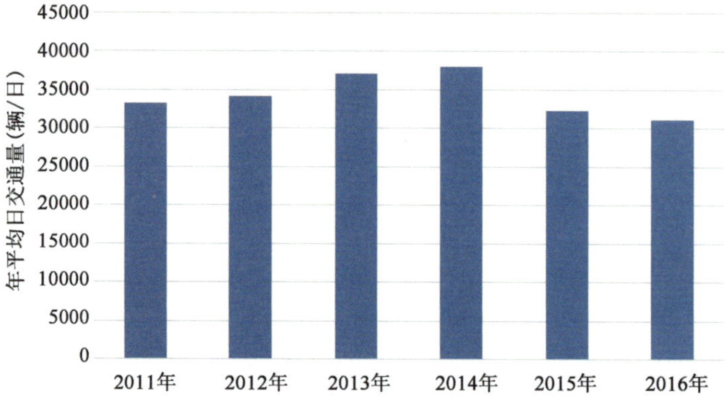

图8-17-10　唐山西环段收费站年平均日交通量(自然数)增长柱状图

第十八节　G2516(东营—吕梁)河北段(临西县—邢台县)

G2516高速公路是国家高速公路网G25长深高速公路的第五条联络线,起自邢台市临西县的卫运河,止于邢台县(冀晋界),全长191.951km。沿线途经邢台市的临西县、威县、平乡县、南和县、邢台市区、邢台县,本工程的建设将形成连接冀晋鲁"东出西联"的重要通道,是冀晋革命老区与出海口相连的生命线。

G2516(东营—吕梁)河北段(临西县—邢台县)由两条段组成,分别是邢临高速公路邢台至冀鲁界段、邢汾高速公路邢台至冀晋界段。

(1)邢临高速公路邢台至冀鲁界段于2005年12月建成通车,由邢台市高速公路管理处负责运营管理养护,全长104.758km,设计速度100km/h,双向四车道,路基宽度26m。

（2）邢汾高速公路邢台至冀晋界段于2015年12月建成通车，由河北省高速公路邢汾管理处负责运营管理养护，全长87.193km，设计速度100km/h、80km/h，双向四车道，路基宽度28.5m。

G2516（东营至吕梁）河北段（临西县至邢台县）信息见表8-18-1，路线平面图如图8-18-1所示。

G2516（东营至吕梁）河北段（临西县至邢台县）项目信息表　　表8-18-1

项目名称	路段起止桩号		规模(km)、技术标准		设计速度(km/h)	路基宽度(m)	投资情况（亿元）				建设时间（开工~通车）	备注
	起点桩号	讫点桩号	合计	车道数			估算	概算	决算	资金来源		
邢临高速公路邢台至冀鲁界段	K0+000	K104+758	104.758	四车道	100	26.0	30.570	27.675		资本金、基建拨款、基建借款、上级拨入投资借款	2003.7~2005.12	
邢汾高速公路邢台至冀晋界段	K0+000	K87+193.423	87.193	四车道	100/80	28.5	64.06	92.446		部补助、银行贷款、地方自筹	2010.10~2015.12	

一、邢临高速公路邢台至冀鲁界段

（一）项目概况

1. 基本情况

1）功能定位

邢临高速公路邢台至冀鲁界段，是河北省"五纵、六横、七条线"高速公路网主骨架的重要组成部分，西起京港澳高速公路邢台南互通，终点东延后（冀鲁界）与山东省高（唐）临（清）高速公路相接。该项目的建设不仅填补了邢台东西向无高速公路的空白，有效地满足了区域内交通要求，对于完善河北省高速公路网布局，打通晋煤东运的快速出海通道，加快国民经济发展具有重要意义。

2）技术标准

采用双向四车道，设计速度100km/h，路基宽度26.0m。平曲线最小半径2250m，最大纵坡1.99%。

3）建设规模

本项目建设里程104.758km，全线共设特大桥1052m/1座，大桥3452m/14座，中桥3019m/49座，小桥523m/40座，涵洞134道，桥梁长度占路线总长度的7.68%；分离式立交25处，天桥15座，通道78处；互通式立交11处（其中服务型互通10处，枢纽型互通1处）；主线收费站1处，匝道收费站9处；养护工区2处；服务区3处；管理、养护、服务、监控房屋建筑面积42493.3m²。

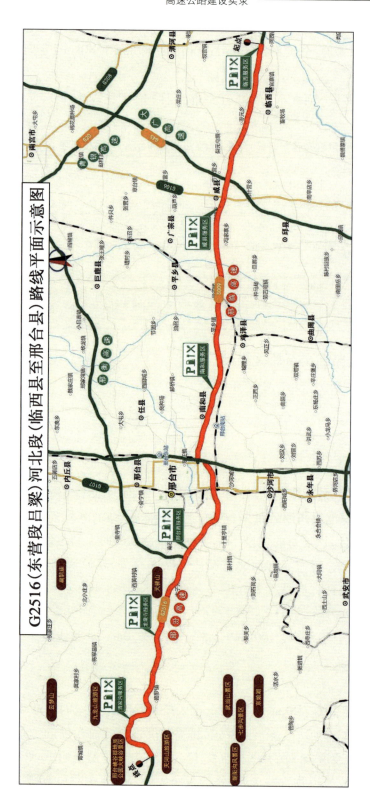

图8-18-1 G2516(东营段吕梁)河北段(临西县至邢台县)路线平面示意图

4)主要控制点

邢台市高开区、南和县、平乡县、广宗县、威县、临西县6个县市区。共计1个市、6个县(市)、24个乡镇、119个行政村。

5)地形地貌

项目属平原地貌,多为亚砂土、亚黏土、粉砂亚砂土,地势西高东低。

6)路面及主要构造物

本项目采用沥青混凝土路面结构:

上面层:4cm AC-13细粒式沥青混凝土;中面层:6cm AC-20中粒式沥青混凝土;下面层:8cm AC-25粗粒式沥青混凝土;封层:0.5cm SBS改性沥青封层;上基层:18cm水泥稳定碎石;下基层:18cm二灰稳定碎石;底基层:18cm二灰稳定土;总厚度:72cm。

主要构造物采用连续梁桥。

7)投资规模

项目概算投资30.57亿元,竣工决算投资27.675亿元,平均每公里造价2641.83万元。

8)开工及通车时间

2003年7月开工建设,2005年12月交工通车。

2. 前期决策情况

1)前期决策背景

邢临高速公路邢台至冀鲁界段,是河北省"五纵、六横、七条线"高速公路网主骨架的重要组成部分,对于完善河北省高速公路网布局,打通晋煤东运的快速出海通道,加快国民经济发展意义重大。

2)前期决策过程

(1)《关于明确邢威高速公路项目业主的通知》(冀交字〔2001〕574号)。

(2)《河北省发展计划委员会关于邢台至威县公路项目建议书的批复》(冀计基础〔2002〕647号)。

(3)《河北省发展计划委员会关于邢台至威县公路工程可行性研究报告的批复》(冀计基础〔2002〕952号)。

(4)《河北发展和改革委员会关于邢临高速公路威县至冀鲁界段工程可行性研究报告的批复》(冀计交通〔2004〕77号)。

(二)建设情况

1. 项目准备阶段

1)项目审批

(1)2003年7月24日,河北省发展计划委员会下发了《河北省发展计划委员会关于邢台至威县公路初步设计的批复》(冀计投资〔2003〕758号)。

(2)2004年5月17日,河北省发展和改革委员会下发了《河北省发展和改革委员会关于邢临高速公路威县至冀鲁界段高速公路初步设计的批复》(冀发改投资〔2004〕554号)。

(3)2003年11月12日,河北省交通厅公路管理局下发了《关于邢威高速公路两阶段施工图设计的批复》(冀交公字〔2003〕318号)。

(4)2005年4月1日,河北省交通厅公路管理局下发了《关于邢临高速公路威县至冀鲁界段高速公路主体工程施工图设计的批复》(冀交公路字〔2005〕42号)。

(5)2009年3月10日,河北省交通运输厅下发了《河北省交通运输厅关于邢临高速公路冀鲁界卫运河特大桥工程施工图设计的批复》(冀交公〔2009〕83号)。

(6)2005年8月31日,河北省交通厅公路管理局下发了《关于邢临高速公路邢台至冀鲁界段高速公路交通工程、绿化及声屏障工程施工图设计文件的批复》(冀交公路字〔2005〕154号)。

(7)2006年9月8日,河北省交通厅公路管理局下发了《关于邢临高速公路邢台至冀鲁界段高速公路连接线施工图设计的批复》(冀交公路〔2006〕137号)。

(8)2004年10月28日,河北省人民政府以《关于邢临高速公路威县至冀鲁界段高速公路工程建设用地的批复》(冀政转征函〔2004〕0663号)批复建设用地。

2)资金筹措

本项目概算总投资30.57亿元,项目资本金7.165亿元,由邢台市交通局负责筹措,其余20.51亿元申请银行贷款。竣工决算为27.675亿元,投资节约2.895亿元,平均每公里造价2639.00万元。

3)合同段划分及招投标

(1)合同段划分

根据各专业的工程内容,标段划分见表8-18-2。

①土建工程设计标段划分2个标段,房建工程设计1个标段,绿化工程设计1个标段,机电工程设计1个标段。

②施工标段划分:土建工程9个标段,机电工程2个标段,房建工程10个标段,绿化工程5个标段,交通安全设施10个标段。

③施工监理标段划分:设1个总监办公室,7个土建工程驻地监理标段,1个房建工程监理标段,1个机电工程监理标段。

(2)招投标

①设计单位招标情况

2002年12月10日在《河北经济日报》、河北招标投标综合网及河北省交通厅行政权

第八章 高速公路建设项目

邢临高速公路邢台至冀鲁界路段合同段划分一览表

表 8-18-2

参建单位	类型	参建单位名称	合同段编号及起讫桩号	标段所在地	主要内容	主要负责人	备注
项目管理单位		邢台市高速公路管理处				孙祥兆	
勘察设计单位	土建工程设计	河北省交通规划设计院	主线一、二期		主线土建工程	赵彦东	
施工单位	土建工程	邢台路桥建设总公司	1：K0+0000～K15+600		路基、桥涵、路面工程	郑又坤	
		邯郸光太公路工程有限公司	2：K15+600～K31+300		路基、桥涵、路面工程	鄂文英	
		中铁二十局集团二公司	3：K31+300～K51+150		路基、桥涵、路面工程	李占荣	
		中铁十九局集团第三工程有限公司	4：K51+150～K63+000		路基、桥涵、路面工程	刘海军	
		中铁十五局集团公司	5：K63+000～K73+000		路基、桥涵、路面工程	张富强	
		河北路桥有限公司	6：K73+000～K84+000		路基、桥涵、路面工程	鲁照民	
		邢台四局路桥建设总公司	7：K84+000～K94+000		路基、桥涵、路面工程	李殿双	
		中铁四局集团第一工程有限公司	8：K94+000～K104+272		路基、桥涵、路面工程	邓伟民	
		邢台路桥建设总公司	9：K104+272～K105+443.5		卫运河特大桥	苏丹	

力公开透明运行网上发布了资格预审公告,并开始发售资格预审文件。截止到开标时间2003年1月8日10:00时,5家单位全部递交了投标文件,最终确定中标单位为主体土建工程勘察设计由河北省交通规划设计院负责。2003年10月,邢临二期设计招标项目经过两次公开招标,均未构成竞标条件,形成流标。2003年11月25日,经河北省交通厅冀交字〔2003〕661号文件批准,该项目不再招标,采用委托设计的形式,于2004年12月9日委托河北省交通规划设计院负责。

②施工、监理招标情况

一期工程在2003年5月发售资格预审文件,130家通过资格预审,参加本项目主线工程1~4合同段的投标。评审结果确定了4家中标单位。

二期工程在2004年1月有91家通过资格预审,参加本项目主线工程5~8合同段的投标。2004年4月5日在邢台市公开开标,由评标委员会进行评审,确定了4家中标单位。卫运河特大桥由于和山东共建,作为二期工程的后续工程,于2008年12月25日发售资格预审文件,7家单位通过资审。评审结果确定了1家中标单位。

房建工程于2004年5月18日发售资格预审文件,62家单位通过资审,参加本项目房建工程10个合同的投标。评审结果确定了10家中标单位。

交通安全设施于2005年1月27日至2005年1月31日发售资格预审文件,70家单位通过资审,参加本项目交通安全设施6个合同的投标。评审结果确定了6家中标单位。

绿化工程于2005年1月28至2005年2月1日发售资格预审文件,124家单位通过资审,参加本项目绿化工程5个合同的投标。评审结果确定了5家中标单位。

机电工程于2004年1月27日至2004年1月31日发售资格预审文件,18家单位通过资审,参加本项目机电工程的投标。中标单位为河北远东通信系统工程有限公司。

4)参建单位主要情况

(1)建设单位

本项目建设单位是邢台市交通局,项目执行机构是邢台市高速公路管理处。

(2)设计单位

①土建工程:河北省交通规划设计院。

②交通工程设计单位:河北省交通规划设计院、中国公路工程咨询监理总公司。

(3)施工单位

详见表8-18-2。

5)征地拆迁

征地、拆迁工作是工程建设顺利进行的关键,针对这项工作政策性强、难度大、时间要求紧等特点,主要做了以下几方面工作:

(1)设立专门组织机构

设置项目征地拆迁安置办公室,加强各级政府对征地拆迁工作的领导和监督,形成完善的征地拆迁工作体系,使征地拆迁工作层层有人管、层层有人抓。

(2)落实承包责任制

征地拆迁工作实行群众参与,各级政府层层签订责任书,上级交政策、包协调、包拨款;下级包任务、包工期,大部分县、市都采取"四到位""四现场"的做法,即县、乡、村、户四方到场,现场丈量、现场清点、现场签字、现场盖章。征地拆迁统计见表8-18-3。

邢临高速公路邢台至冀鲁界段征地拆迁统计表　　　　表8-18-3

高速公路编码	项目名称	征地拆迁安置起止时间	征用土地（亩）	拆迁房屋（m²）	拆迁占地费（万元）	备注
G2516	邢临高速公路邢台至冀鲁界段	2003.5～2004.7	9958.3	58776.82	26171.8	

2. 项目实施阶段

1)施工过程

(1)主线土建工程

1～4标段合同工期29个月,于2003年7月28日开工,2005年12月27日进行交工验收。5～8标段合同工期19个月,于2004年5月28日开工,2005年12月27日进行交工验收。9标段合同工期20个月,于2009年6月开工,2012年6月16日进行交工验收。

(2)交通安全设施工程于2005年4月开工,2005年12月27日进行交工验收。

(3)房建工程于2004年9月开工,2006年5月23日进行交工验收。

(4)机电工程于2005年4月开工,2006年12月22日进行交工验收。

(5)绿化工程于2005年5月24日开工,2008年6月30日进行交工验收。

(6)加强对原材料源头管理,各施工单位建立健全了完善质量保证体系,加强工地试验室管理力度,加大抽检频率。

(7)贯彻市局提出的"工程要优良、人员要优秀、争创优质工程"的总目标,树立"高起点、高标准、高站位、严要求"的管理理念,建立规章制度,规范质量管理,建立"质量管理点"做好阶段性控制,以点带面,提高整体质量;树立样板工程,加大"关键部位"质量的控制力度,推行质量责任终身制,通过以上措施的实施,有效保证了工程质量和进度。

(8)筹建处制定了《原材料质量管理办法》和《甲控材料管理办法》,同时加大抽检频率,对质量抓好"准入关",把好"过程关""验收关"。

(9)全面开展施工标准化活动,完善质量检查制度,实行专家咨询制度,树立样板工程,实行第三方检测制度,同时抓好监理管理,为项目质量保驾护航打下了良好的基础。

(10)注重科技成果转化应用,与高校及科研机构展开科研课题合作,获得省部级奖项6项,并出版多部著作,获得多项专利,并在工程中应用,取得了良好的效果。

(11)2014年8月,由河北省公路工程质量安全监督站联合邢台市公路工程质量安全监督站,根据《公路工程质量鉴定办法》,对项目进行了竣工质量鉴定,评分一期工程为91.7分,二期工程为91.9分,质量等级均为优良。

(12)2014年8月21日,河北省交通运输厅组织成立邢台至威县公路及邢临高速公路威县至冀鲁界段高速公路竣工验收委员会,对该项目进行竣工验收,工程质量评分为邢台至威县公路93.26分,邢临高速公路威县至冀鲁界段高速公路93.6分,工程质量评定等级均为优良。

邢临高速公路邢台至冀鲁界建设生产要素见表8-18-4。

邢临高速公路邢台至冀鲁界段建设生产要素统计表　　表8-18-4

路线编号	建设时间	钢材(t)	沥青(t)	水泥(t)	木材(m³)
G2516 邢台南至威县段	2003.7~2005.12	19803	55750	143808	3374
G2516 威县至冀鲁界段	2004.5~2005.12	19026	37167	132746	3241

2)重要决策

(1)2003年7月28日,河北省副省长郭世昌、邢台市委书记董经纬、邢台市长张洪义等为"邢台市一号工程"邢威高速公路奠基。

(2)2005年12月21日上午,河北省省长季允石,副省长付双建,河北省交通厅厅长焦彦龙,邢台市领导同志等出席了邢临高速公路通车典礼。

3)各项活动

(1)大力开展劳动竞赛

①2003年,结合河北省交通厅"大干120天活动"精神,认真组织施工,采取多种施工措施,确保2003年工程计划完成。

②2004年9~11月,组织一、二期工程劳动竞赛活动。

(2)扎实开展党风廉政建设和行风建设

①执行派驻纪检监察员制度。

②建章立制,积极有效开展廉政教育。

(三)科技创新

1.科学研究

科学技术是第一生产力。邢临高速公路建设期间,同东南大学、河北工业大学、石家庄铁道学院、河北省水利水电研究院等院校合作,进行了7项研究课题。涵盖了高速公路地基处理、路基加固、路面结构优化、防洪安全、桥梁顶进和桩基检测等方面的内容。课题研究见表8-18-5。

第八章 高速公路建设项目

课题研究一览表 表8-18-5

课题名称	鉴定时间	成果水平	备注（获奖）
邢威高速公路蓄滞洪区段水多向演进动态模拟及防洪安全阈研究	2005年1月10日	国际先进	河北省厅优秀科技成果 二等奖
下穿重载高速公路箱型桥施工技术研究	2005年1月28日	国内领先	河北省科技进步 三等奖
邢临高速公路软土地基土工格栅加筋土挡墙应用技术研究	2006年12月14日	国内领先	河北省厅优秀科技成果 二等奖
沥青路面各结构层性能要求及高性能沥青混合料研究项目	2007年4月25日	国际先进	河北省科技进步 二等奖
超薄沥青混凝土桥面铺装技术研究项目	2006年5月20日	国内领先	河北省科技进步 三等奖
华北平原不均匀软弱夹层地基应力及变形特性研究	2007年12月25日	国际先进	河北省科技进步 三等奖
超长桩低应变应力波接力传导检测技术研究	2011年12月2日	国际先进	河北省厅优秀科技成果 一等奖

各项科研课题全部完成了预定的研究内容，通过了河北省科技厅或河北省交通厅鉴定。4项研究课题达到国际先进水平，3项研究课题达到国内领先以上水平。其中"下穿重载高速公路箱型桥施工技术研究""超薄沥青混凝土桥面铺装技术研究""华北平原不均匀软弱土夹层地基应力及变形技术研究"等三项课题获河北省科技进步三等奖，"高性能沥青混合料路面成套技术"获河北省科技进步二等奖。

2. 新技术、新材料、新设备、新工艺的应用

1）加筋土挡墙路基填筑技术

与石家庄铁道学院合作，对土工格栅加筋土挡墙作用机理、安全性进行了调研、分析，研究确定了工艺，包括土工格栅的铺设方法、质量保证措施，保证墙面平整度的技术措施，加筋土挡墙的施工工艺，以及距墙面不同距离处压实设备的选型等，并指导了施工。

2）硬壳层软基施工控制技术

邢临高速公路沿线软土地基广泛分布，软基处理方案和施工控制技术是一种挑战。虽然成因不同，物理力学性质上存在差异，厚度及深度变化悬殊，但不同类型的软土层上普遍存在着一个硬壳层。由于硬壳层的强度较高，如果充分发挥其结构性，能够大大降低软基处理费用，这自然就成了软基工程研究利用的目标。

管理处与河北工业大学合作，对软基中硬壳层的作用效果、应力及变形规律作为课题进行了研究。通过对实测数据分析得出硬壳层具有减小沉降、板体支撑、封闭土体、应力滞后以及反压护道等作用。同时，结合PLAXIS软件预测与现场实测变形曲线进行比较，使二者结果得以相互印证。

基于地质详勘资料及实测变形曲线，运用多元线性回归分析模型建立了数学关系表

达式,并得出了临界高度与硬壳层厚度、软土层厚度的关系,经过检验得出其具有较高的预报精度。这样一来,在软基处治设计与施工中结合临界高度,可以充分发挥硬壳层的优良性能,优化软基的处理方式,以此可以节约工程投资,并能有效地控制填土速率,指导施工。

根据课题组的研究成果,优化了软土地基处理方案,节省投资3200余万元。采用硬壳层软基施工控制技术指导施工,取得了较大成功,经10年运营检验,软基段路基整体稳定,未出现路基病害。

3)在全线沥青面层施工中大规模推行GTM设计方法

根据河北省沥青路面施工指导意见的要求,中下面层的AC-20、AC-25采用GTM设计法进行目标配合比和生产配合比设计,马歇尔设计法进行校核,表面层AC-13采用马歇尔设计法进行配比设计,GTM设计法进行校核。GTM的设计压力为中下面层0.8MPa、表面层0.7MPa。配比设计中,增加65℃车辙试验,进一步验证高温稳定性,并给出GTM设计密度和马歇尔设计密度的相关系数,以便于施工过程控制,有效地提高了路面压实度和抗车辙能力。

4)低应变应力波接力传导检测技术成功用于卫运河大桥桩基检测

与中国民航大学合作,研究开发了"超长桩低应变应力波接力传导检测技术"。该研究结合长桩基础工程施工过程及低应变信号衰减规律,采取有效的传感器埋设工艺,在基桩适当部位布置传感器以减小应力波传播距离,建立了混凝土长桩完整性低应变信号采集及处理技术体系,形成了低应变接力传导检测方法。

该技术在卫运河大桥得到了成功应用,不用预埋声测管,简化了操作环节,提高了施工效率,为卫运河特大桥节省钢材消耗89.395t,降低费用40余万元。该技术拓展了低应变检测技术应用范围,具有重要的科学价值,将产生重大的经济效益和社会效益。

5)在河北省率先应用了埋置混凝土沥青防腐技术,阻止了地下水有害物对混凝土的侵蚀,延长了土体中混凝土寿命。

通过专家论证,率先在沥青路面上、中面层间设置改性沥青防水黏结层,起到良好的防水效果。

6)采用高性能沥青铺筑路面

与东南大学、韩国SK沥青公司合作,研制了高弹性、高强度沥青,在K31+300~K51+150铺筑了试验路。试验表明,高弹沥青的抗疲劳参数明显优于SBS改性沥青、70号普通沥青$[G^* \cdot \mathrm{Sin}(kPa)2005/3824/7363]$;高强度沥青混合料的马歇尔稳定度、流值指标都明显好于普通70号沥青及SBS改性沥青混合料,劈裂强度也很高,动稳定度是SBS改性沥青混合料的两倍多(11323/6987)。

7)大吨位沥青压路机和沥青混合料转运车的应用

根据《河北省高速公路沥青路面建设指导意见》(冀交公字〔2004〕614号)有关要求,

沥青路面面层厚度由4cm、5cm、6cm提高到4cm、6cm、8cm,为了保证沥青路面混合料压实度,引进了瑞典产自重18t振动压路机用于路面压实,取得了较好效果。

远距离运输造成沥青混合料温度下降,沥青路面密实度受到影响;沥青混合料温度不均匀是沥青路面温度离析的主要原因之一。施工中,要求各施工单位配备沥青混合料转运车,二次加热、二次搅拌,基本消除了沥青混合料离析、碾压温度低等质量通病。

8)混凝土构件和桥面铺装糙化技术

为进一步提高混凝土构件表面粗糙度,增强混凝土黏结强度,研究规范了混凝土构件糙化技术。研制了旋转毛糙机,待混凝土强度到10MPa后即可糙化,剥去表面浮浆。该设备操作灵活,构件凸凹处、边角处都能剔除干净,效率高,效果好。

混凝土桥面经历了刷毛、人工凿毛、铣刨机或刻槽处理等多种糙化方法,处理效果有一定缺憾。卫运河特大桥在施工中研究采用了机械剥皮刻纹并配合高速抛丸机糙化技术,基本剥除了浮浆,一定程度上提高了桥面平整度。

(四)运营养护管理

1.服务设施

全线设置南和、威县、临西3处服务区(表8-18-6)。

邢临高速公路邢台至冀鲁界段服务设施一览表　　　　表8-18-6

高速公路编码	服务区名称	桩　　号	所在区域	占地(亩)	建筑面积(m²)
G2516	南和服务区	K18+805	南和县三召乡	70.47	5648.88
G2516	威县服务区	K62+079	威县洺州镇	82.31	6071.69
G2516	临西服务区	K103+220	临西县枣园乡	68.25	6238.03

2.收费设施

本项目共设置收费站10处(表8-18-7)。

邢临高速公路邢台至冀鲁界段收费设施一览表　　　　表8-18-7

收费站名称	桩　　号	入口车道数		出口车道数		收费方式
		总车道	ETC车道	总车道	ETC车道	
邢台南收费站	K0+200	3	1	3	1	MTC+ETC
南和收费站	K14+080	2	1	3	1	
鸡泽收费站	K29+237	2	1	2	1	
平乡收费站	K39+877	2	1	2	1	
广宗收费站	K52+564	2	1	2	1	
威县收费站	K59+995	2	1	2	1	
大葛寨收费站	K73+790	3	1	3	1	
临西收费站	K86+180	2	1	2	1	

续上表

收费站名称	桩号	入口车道数		出口车道数		收费方式
		总车道	ETC车道	总车道	ETC车道	
运河西收费站	K101+865	2	1	2	1	MTC+ETC
冀鲁界主线收费站	K103+330	8	1	8	2	

3. 养护管理

本项目养护里程104.758km,设置2处养护工区(表8-18-8)。

邢临高速公路邢台至冀鲁界段养护设施一览表　　表8-18-8

养护工区名称	路段长度(km)	占地面积(亩)	建筑面积(m²)
养护一工区	52.564	13.14	3206.67
养护二工区	52.194	26.04	1148.38

4. 监控设施

本项目设置管理处监控中心(表8-18-9),负责全线的运营监管。

邢临高速公路邢台至冀鲁界段监控设施一览表　　表8-18-9

监控设施名称	占地面积(亩)	建筑面积(m²)
监控中心	27.59	2903(与管理处机关、邢台南收费站共用)

5. 交通流量

2006—2016年邢临高速公路邢台至冀鲁界段交通量如表8-18-10、图8-18-2所示。

邢临高速公路邢台至冀鲁界段交通量(自然数)发展状况表　　表8-18-10

年份		2006	2007	2008	2009	2010	2011	2012	2013	2014	2015	2016
交通量(辆)	邢台		622171	1030702	1301582	1561626	1795946	2094655	2538341	2915259	1445143	2727173
	南和	462453	603392	666971	613653	666362	711410	678487	941104	1191185	1333274	1952834
	鸡泽	388747	515724	608341	508158	679902	748174	770389	907134	1041656	1265560	1966369
	平乡		287350	476995	527803	770427	808421	852951	1033546	1174591	1699500	2261895
	广宗	129106	287747	470870	400189	582083	581968	664577	741294	806294	1255846	1290299
	威县	431681	577650	840222	1041482	1647767	983823	940530	1064988	1247294	1712929	1746025
	大葛寨	184660	343395	446090	427885	494324	468366	459005	518157	540506	810355	1222502
	临西	176097	300160	340313	315891	362948	454874	624216	873933	931928	908854	1358918
	运河西	180222	268446	181367	217258	251072	265811	597668	541605	530992	473165	933099
	冀鲁界							771354	1429175	1472308	1712684	2899340
	合计	1952966	3806035	5061871	5353901	7016511	6818793	8453832	10589277	11852013	12617310	18358454
收费站年平均日交通量(辆/日)		5351	10427	13868	14668	19223	18682	23161	29012	32471	34568	50297

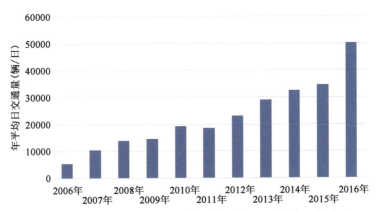

图 8-18-2 邢临高速公路邢台至冀鲁界段收费站年平均日交通量(自然数)增长柱状图

二、邢汾高速公路邢台至冀晋界段

(一)项目概况

1. 基本情况

1)功能定位

邢汾高速公路邢台至冀晋界段是河北省高速公路规划"五纵六横七条线"中"横五"的一段,是国家高速公路网 G2516 东吕高速公路的重要组成部分。主线起点位于京港澳高速公路邢台南互通南侧 1.5km 处,设置复合式互通与邢临高速公路及京港澳高速公路连接;终点位于冀晋省界,与山西段汾邢高速公路相接,是晋煤外运和邢台市东出西联的晋中南大通道。

2)技术标准

采用双向四车道高速公路标准建设,路基宽度 28.5m,起点至路罗段(AK2+870.084~AK58+190,路线长 58.746km)设计速度 100km/h,路罗至终点段(BK58+190~BK86+637,路线长 25.580km)设计速度 80km/h。

3)建设规模

邢汾高速公路邢台至冀晋界段路线全长 87.193km,全线设特大桥 4 座,大桥 74 座,中桥 14 座,小桥涵 197 座,天桥 13 座,隧道 15 处(其中特长隧道 1 处、长隧道 4 处、中隧道 3 处、短隧道 7 处),路基填方 1280 万 m^3,路基挖方 1258 万 m^3,路面 $1243873m^2$,主线桥梁总长 26232m,隧道总长 11338m,桥隧比 45%。

全线设 4 处匝道收费站,1 处省界主线收费站,3 处服务区,3 处养护工区,1 处监控通信分中心,2 处管理所,1 处隧道管理站,2 处路政用房,服务设施房建工程总建筑面积为 $47340m^2$。

本项目永久性占地约 10630 亩(其中主线占地 9397 亩,连接线占地 1233 亩)。项目概算总投资 92.446 亿元(未包含变更后增加 2.9 亿元)。

4)主要控制点

邢台市高开区、沙河市、桥西区和邢台县,共 13 个乡镇、71 个村。

5)地形地貌

路线从东向西可分为平原区、丘陵区、山区,地形复杂,地势西高东低,东西部高差近 1100m,沿线植被较为茂密。

6)路面及主要构造物

本项目主要采用沥青混凝土路面结构:

4cm SBS 改性 SMA-13 沥青玛蹄脂碎石,6cm AC-20C 中粒式沥青混凝土(SBS)改性,8cm AC-25C 密级配沥青混凝土,8cm ATB-25 密级配沥青碎石,18cm 水泥稳定碎石,18cm 水泥粉煤灰稳定碎石,18cm 水泥粉煤灰稳定碎石。

主要构造物采用连续梁桥、钢筋混凝土钢架拱、系杆拱桥和 T 形刚构桥。

7)投资规模

项目概算投资 92.446 亿元,概算平均每公里造价 1.09 亿元。

8)开工及通车时间

2010 年 9 月份开工建设,2013 年 12 月起点至路罗段交工并通车,2014 年 11 月路罗至终点段交工,2015 年 12 月份全线通车。

2. 前期决策情况

1)前期决策背景

邢汾高速公路邢台至冀晋界段是河北省高速公路布局规划"五纵六横七条线"中"横五"的一段,是国家高速公路网 G2516 东吕高速公路的重要组成部分,是晋煤外运和邢台市东出西联的晋中南大通道。

2)前期决策过程

(1)2008 年 2 月 5 日,河北省发展和改革委员会以冀发改交通〔2008〕173 号文批复邢汾高速公路邢台至路罗段项目建议书。

(2)2008 年 11 月 25 日,河北省发展和改革委员会以冀发改交通〔2008〕1494 号文批复邢汾高速公路路罗至冀晋界段项目建议书。

(3)2009 年 4 月 29 日,工程可行性研究获河北省发展和改革委员会批复,批复文号为冀发改交通〔2009〕452 号。

(二)建设情况

1. 项目准备阶段

1)项目审批

该项目严格执行了交通基本建设程序,从预可行性研究、工程可行性研究、初步设计、施工图设计、工程施工、监理招投标及工程开工报告的审批,各个环节手续齐全,具体如下:

(1)初步设计批复

2009年12月31日,河北省发展和改革委员会以冀发改投资〔2009〕1695号文批复初步设计。

(2)施工图设计批复

2010年9月30日,河北省交通运输厅以冀交公〔2010〕552号文批复邢汾高速公路邢台至桃树坪段主体工程施工图设计文件。

(3)质量监督申请

依法招标公示并签订施工合同后,2010年6月主线施工单位陆续进场,向河北省公路工程质量安全监督站上报申请并办理完成了质量监督手续。河北省公路工程质量安全监督站于2010年11月26日下达了《公路工程质量监督通知书》,编号:xfgsgljdtz。

(4)征地批复

2010年9月5日,国土资源部办公厅以国土资厅函〔2010〕934号文批复本项目控制工期单体工程先行用地;2012年4月19日,国土资源部以国土资函〔2012〕296号文批复本项目全部工程建设用地684.1169hm^2。

(5)施工许可

2010年12月24日,河北省交通运输厅批准施工许可,编号:冀交通〔2010〕—00600006。

2)资金筹措

本项目工程概算总投资92.446亿元(含建设期贷款利息5.27亿元),全部形成固定资产。资金来源为:申请银行中长期贷款69.335亿元(占总投资的75%),资本金23.112亿元(占总投资的25%)。

3)合同段划分及招投标

(1)合同段划分

根据各专业的工程内容,标段划分见表8-18-11。

①土建工程设计标段划分3个标段,房建工程设计1个标段,绿化工程设计1个标段,机电工程设计1个标段。

②施工标段划分:土建工程14个标段,机电工程7个标段,房建工程12个标段,绿化工程9个标段,交通安全设施17个标段。

③施工监理标段划分:设1个总监办公室,6个土建工程驻地监理标段,2个房建工程监理标段,1个机电工程监理标段。

邢汾高速公路邢台至冀晋界段合同段划分一览表

表 8-18-11

参建单位	类型	参建单位名称	合同段编号及起讫桩号	标段所在地	主要内容	主要负责人	备注
项目管理单位		河北省高速公路邢汾筹建处			全线建设管理	李作恒	
勘察设计单位	勘察设计单位	河北省交通规划设计院			平原段路基、路面、交安设施工程设计	吴端祥	
		中交第一公路勘察设计研究院有限公司			山区段路基、路面、交安设施工程设计	张协	
施工单位	土建工程	中交一公局厦门工程有限公司	L1 合同:K2+870.074~K3+900	留村、南市村	路基、桥涵工程	陆炳志	不含互通 留村枢纽
		天津城建集团有限公司	L2 合同:K3+900~K9+452	开发区、桥西区	路基、桥涵工程	张伟	
		中铁十局集团有限公司	L3 合同:K9+452~K10+702	桥西区	路基、桥涵工程	高见然	
		中交二公局第六工程有限公司	L4 合同:K10+702~K16+411	桥西区	路基、桥涵工程	何志凯	
		北京城建道桥集团有限公司	L5 合同:K16+411~K21+315	羊范镇、开发区	路基、桥涵工程	王栋梁	
		安通建设有限公司	L6 合同:K21+315~K32+686	太子井乡	路基、桥涵工程	王小彦	
		湖南省第六工程有限公司	L7 合同:K32+686~K42+526.072	太子井乡	路基、桥涵工程	戴步卿	
		山东通达路桥工程有限公司	L8 合同:K42+526.072~K51+386	龙泉寺乡	路基、桥涵工程	邢浩	
		邯郸市光太公路工程有限公司	L9 合同:K51+386~K59+361	城计头乡	路基、桥涵工程	徐莆	
		中铁十一局集团第三工程有限公司	L10 合同:K59+361~K62+666	路罗镇、石店村、花木沟村	路基、桥涵、隧道工程	宋林	
		河北燕峰路桥建设有限公司	L11 合同:K62+666~K65+696	小戈廖村、赵家沟村	路基、桥涵、隧道工程	宁学辉	
		中交一公局桥隧工程有限公司	L12 合同:K65+696~K70+116	牛豆台村	路基、桥涵、隧道工程	魏军	
		中铁七局集团有限公司	L13 合同:K70+116~K75+326	桃树坪村	路基、桥涵、隧道工程	吉武军	
		中交第二公路工程有限公司、中交第二公路勘察设计院有限公司联合体	L14 合同:K75+326~K87+321	清家沟村	路基、桥涵、隧道工程	周根龙	
		邢台路桥建设总公司	LM1 合同:K2+870.074~K26+400	邢台县	路面工程	李文清	
		河北燕峰路桥建设有限公司	LM2 合同:K26+400~K51+386	邢台县	路面工程	高志国	
		中交二公局第六工程有限公司	LM3 合同:K51+386~K87+321	邢台县	路面工程	林朝	

(2)招投标

按照国家颁布的《招投标法》和交通部颁布的《公路工程施工招标投标管理办法》《公路工程施工招标资格预审办法》《公路工程施工招标评标办法》的要求,由项目法人单位组织招标工作。

①路面、路基、桥涵、隧道施工单位、监理招标情况

路基、桥涵、隧道工程,施工和施工监理全线共分为14个施工合同段和1个总监理工程师办公室,6个驻地监理办公室,除上跨铁路桥L3合同、设计施工总承包L14合同、JL6驻地办外,其余单位自2009年9月发布资格预审公告起,经过资格预审、投标、评标、开标、公证,最后向招标人推荐中标候选人,至2010年3月确定中标单位,2010年5月底签订中标合同。

上跨铁路桥L3合同在2010年2月发布招标公告,经过资格预审、投标、评标、开标、公证,最后向招标人推荐中标候选人,在2011年2月签订中标合同。设计施工总承包L14合同和JL6驻地办均在2010年11月发布招标公告,经过资格预审、投标、评标、开标、公证,最后向招标人推荐中标候选人,在2010年12月底签订中标合同。

路面工程全线共分为3个合同于2012年1月发布招标公告,经过资格预审、投标、评标、开标、公证,最后向招标人推荐中标候选人,在2012年7月签订中标合同。

②房建工程招标情况

房建工程施工和施工监理共分为12个施工合同段和2个监理合同。自2011年12月发布资格预审公告起,经过资格预审、投标、评标、开标、公证,最后向招标人推荐中标候选人,至2012年7月底签订中标合同。

③绿化及声屏障工程招标情况

绿化工程分为9个标段、声屏障工程分为2个标段,2013年2月发布招标公告,经过投标、评标、开标、公证,最后向招标人推荐中标候选人,2013年4月签订合同。

④机电工程和交通安全设施工程招标情况

交通安全设施工程,全线共14个安全设施合同段,2013年2月发布招标公告,经过投标、评标、开标、公证,最后向招标人推荐中标候选人,2013年4月签订合同。机电工程施工和施工监理同时进行招标,全线分为5个机电合同段、1个机电监理合同段。2013年4月发布招标公告,经过投标、评标、开标、公证,最后向招标人推荐中标候选人,2013年7月签订合同。

4)参建单位主要情况

(1)建设单位

本项目建设单位是河北省道路开发中心,现合并为河北省高速公路管理局,项目执行机构是河北省高速公路邢汾筹建处。

(2)设计单位

土建工程设计单位:平原段 L1~L7 合同由河北省交通规划设计院设计,总体设计负责单位为河北省交通规划设计院。

(3)施工单位

详见表 8-18-11。

5)征地拆迁

(1)设立专门组织机构

按三级管理体系设置安置办公室,加强各级政府对征地工作的领导和监督,形成完善的拆迁工作体系,使征地拆迁工作层层有人管、层层有人抓。

(2)落实承包责任制

征地拆迁工作实行群众参与,各级政府层层签订责任书,采取"四到位""四现场"的做法,即管理处、县、乡、村、户五方到场,现场丈量、现场清点、现场签字、现场盖章。

(3)积极协调征地拆迁工作

筹建处出台了《邢汾高速公路征地拆迁管理办法》等制度,根据施工实际地方科分成平原、山区两个小组负责协调征地拆迁工作,做到发现问题现场及时解决问题,及时为施工单位协调解决征拆及地方问题。据统计,全线征用永久性占地 684.1169 hm^2,拆迁房屋 82466.68 m^2,拆迁占地费用(包括征地各税费)共 5.758 亿元。征地拆迁统计见表 8-18-12。

邢汾高速公路邢台至冀晋界段征地拆迁统计表 表 8-18-12

高速公路编码	项目名称	征地拆迁安置起止时间	征用土地(亩)	拆迁房屋(m^2)	拆迁占地费(万元)	备注
G2516	邢汾高速公路邢台至冀晋界段	2010.9~2015	10262	82466.68	57579.957	

2. 项目实施阶段

1)施工过程

(1)主线土建工程于 2010 年 9 月 30 日开工,2013 年 12 月 18 日完工。

(2)房建工程于 2012 年 9 月开工,2014 年 12 月完工。

(3)机电工程于 2013 年 9 月开工,2016 年 5 月完工。

(4)交通安全设施工程于 2013 年 9 月开工,2014 年 12 月完工。

(5)绿化工程于 2013 年 6 月开工,2015 年 10 月完工。

(6)2013 年 12 月 16 日、17 日、18 日和 2014 年 11 月 26 日、27 日,河北省高速公路管理局分别组织专家对邢汾高速公路起点至路罗段、路罗至省界段进行了交工验收。

邢汾高速公路邢台至冀晋界段建设生产要素见表 8-18-13。

邢汾高速公路邢台至冀晋界段建设生产要素统计表 表 8-18-13

路线编号	建设时间	钢材(t)	沥青(t)	水泥(t)	砂石料(m^3)	机械工(工日)	机械(台班)
G2516	2010.9~2014.12	192646	45700	1123814	1942854		

(2)重要决策

(1)2009年11月26日,河北省交通运输厅厅长焦彦龙、邢台市委书记姜德果,参加邢汾高速公路邢台至冀晋界段开工奠基仪式。

(2)2011年6月30日,河北省政府召开"大干120天、确保完成全年交通建设任务"动员大会,全线开展"百日决战活动"。

(3)2015年12月30日上午,河北省副省长姜德果、省政府副秘书长康彦民、省交通运输厅厅长高金浩、省高速公路管理局局长杨荣博、邢台市政府有关领导出席了邢汾高速公路通车典礼。

3)各项活动

(1)2011年,在全线开展了"百日决战"的活动。

(2)2012年,在全线开展"比工程质量、比工程进度、比安全生产、比技术创新、比文明施工、比科学管理、创精品工程"的"六比一创"活动。

(三)复杂技术工程

沙河特大桥(图8-18-3)桥跨布置为(12×30)m+(19.268+26.5+19.268)m+(184×30)m+(10×27.474)m+(1×146)m+(24×30)m。其中上部结构19.268m+26.5m+19.268m采用预应力混凝土现浇箱梁,(1×146)m为下承式钢管拱,30m及27.474m跨径采用预应力混凝土连续小箱梁。下部结构主桥采用空心墩,引桥采用双柱墩,钻孔灌注桩基础;桥台采用肋板式桥台,钻孔灌注桩基础。复杂技术特征有:

(1)主桥采用钢架系杆拱体系,拱肋与桥墩结构固结,采用预应力钢绞线作为拉杆来平衡拱的推力,有效避免采用大吨位支座,抗震性能好,同时钢架系杆拱桥施工采用"先拱后梁",对南水北调工程倒虹吸影响小。

(2)主桥下部采用闭合箱形截面桥墩与整体式承台。

图8-18-3 沙河特大桥全景图

（3）系杆全部采用了可整体换索的系杆,取代了系杆穿过拱肋锚固在帽梁上的做法。

（4）主桥施工全过程实行监测、监控,主桥竣工后进行成桥静、动载试验。

(四)科技创新

邢汾筹建处在项目管理创新、技术创新、技术推广上实现了新的突破。主要技术创新有8项：

（1）为解决桥头跳车这一质量通病,对结构物台背采用山皮土等材料填筑,采用冲击压实处理,效果良好,行车舒适。

（2）山区高速公路线形安全设计研究。

基本解决了长大陡坡安全问题,研究成果桥梁选型已应用于本项目工可和勘察设计阶段安全性评价,推荐邢汾高速公路桥梁结构设计采用公路—Ⅰ级荷载上调30%为本项目设计荷载,保证了重载交通条件下桥梁结构安全,同时在省内外多条高速公路中推广应用。

（3）邢汾高速公路施工安全保障体系研究。

①界定了公路工程施工项目危险源的种类,对施工前的整体环境危险源和施工过程中工作单元的危险源进行了初始辨识,确定了危险源初始辨识清单,为自辨识和动态辨识构建危险源的内容框架提供支持。结合邢汾高速公路实际提出了危险源控制技术,建立了桥隧危险源识别及危险评价体系。

②研究制定了河北省邢汾高速公路工程建设安全生产管理细则,编制了路基、路面、桥梁、隧道施工安全作业指导书和施工现场管理实施细则,编制了施工安全事故及突发公共事件应急预案,并在构建邢汾高速公路筹建处安全管理体系中得到应用。

③分析了公路工程施工危险源及施工安全事故发生的内外部原因,提出了包括事故启动、振荡、激发、发生和后效五阶段的高速公路施工安全事故激发过程及控制体系,为施工安全控制提供了理论基础。

④建立了邢汾高速公路的安全施工评价体系,确定了该体系的评价项目、评价标准和评价方法,大大改善了施工单位安全施工条件,提高了安全施工管理水平。

⑤提出了公路工程施工安全事故预警管理的要素和程序,建立了基于安全预警分析和安全预控对策的高速公路施工安全事故预警管理模型,提出了基于模糊多层次分析理论的公路施工安全事故处理技术。

（4）高速公路设计施工总承包合同管理模式的研究。

本课题以河北省邢汾高速公路设计施工总承包试点建设项目为依托,采取定性与定量分析、合同管理与法规衔接、理论与工程实践相结合的研究方法,通过国内外以往项目调研、资料收集和实例剖析,从分析设计施工总承包模式和传统施工承包模式的异同点着手,研究国内公路总承包存在的问题和改进思路,进而对公路工程实施设计施工总承包模式进行科学的分析研究,按照项目实施顺序,从试点规模和标段选择、设计文件管理、招投标程序与评标办法、责任风险划分及合同条款制定、计价方式与合同价调整方法,直到施工期设计优化与变更管理、业主工程管理要点等方面,经过两年多的研究,逐一解决了设计施工总承包项目管理的关键点和技术难点,为设计施工总承包试点项目提供了技术支持。

(5)山区高速公路高架桥混凝土裂缝问题研究与对策。

①邢汾高速公路桥梁工程技术特性分析。

②基于交通调查的高速公路桥梁设计荷载标准的确定。

③钢筋混凝土桥梁的病害分析及高速公路桥梁结构形式优化。

④基于模糊数学和灰色理论的高速公路桥梁形式选定与造价控制。

⑤针对邢汾高速公路高墩大跨典型桥梁结构特点,研究了桥梁下部墩台混凝土结构中的温度场和应力场的分布规律;并通过对比分析总结桥梁下部混凝土结构各种热学指标的选取。

⑥分析桥梁混凝土,不同的浇注温度、冷水管不同水温及流量对承台混凝土温度场和应力场的影响;分析高墩不同部位和不同气候条件下高墩混凝土温度场和应力场的变化规律。

⑦基于粒度优化分布的高性能混凝土的性能与水化温升规律,研究了低胶材用量的高性能混凝土配合比设计。

⑧结合室内试验、现场测试、有限元分析及邢汾高速公路桥梁混凝土施工的效果,从混凝土的原材料、配合比、外加剂、施工工艺等几方面研究减少桥梁混凝土开裂的工程措施。

(6)橡塑合金(TPE)沥青改性剂、路用性能与应用示范。

该项目研究新型废旧塑料、橡胶改性剂,利用废旧塑料、橡胶改性对基质沥青进行改性,从而用作路面材料,开辟一个新的技术途经,已完成试验路段,效果良好。

(7)邢汾高速公路交通安全保障关键技术研究

依托邢汾高速公路,通过以下三个方面的研究,形成山区高速公路复杂地形条件下安全保障关键技术。

①在线形安全设计方面,结合我国公路、车辆的现状,通过在京承、承唐、石太、青兰、漳龙及玉元等多条山区高速公路开展制动器温度测量动态试验,提出了道路纵断面设计控制指标、避险车道设置、爬坡车道设置等关键技术,建立了我国公路连续下坡路段典型货车制动器温度预测模型,解决高落差条件下连续纵坡段的设计安全问题;通过发动机台

架试验及车辆动力学原理,提出山区高速公路连续上坡路段线性指标控制关键技术。已应用于邢汾、秦承、渝黔等高速公路的线形设计,并被《路线设计细则》采纳。

②隧道洞口安全设计,针对隧道洞口因"暗洞"效应至事故多发的安全隐患,提出隧道洞口贴地照明技术;对隧道事故特征与运营状态进行调研分析,基于人体工程学原理,通过现场试验确定典型驾驶员制动反应时间,结合典型货车动力性能,提出隧道口光线过渡设计关键技术;对隧道照明视认性关键控制指标进行了量化分析与研究,提出了采用窄光束投光灯贴地照明的方式提高隧道入口驾驶视认性的方法,采用 DIALux 软件进行隧道照明分析和改善设计的方法,给出了隧道照明布置原则。已在邢汾高速公路等国内多个高速公路隧道洞口的照明设计中得到应用,解决了隧道洞口"瞳孔放大"的安全隐患。

③安全防护设施设计,运用理论分析、动力有限元计算、实车碰撞试验、模拟碰撞试验和动态数值模拟分析等进行研究,提出了护栏端部及衔接部位的具体防护目标以及无缝隙防护的设计方法,为建立山区高速公路的无缝隙安全防护体系提供经验参考,有利于提高山区高速公路整体防护水平和运营效益。

(8)高速公路建设项目多维动态管理模式及信息化。

在全国高速公路建设管理中首次引入 4D 系统,推进项目管理现代化。

河北省高速公路邢台至冀晋界段,2013 年 12 月 18 日起点至路罗段通过交工验收,2014 年 12 月 27 日路罗至冀晋界段通过交工验收,两段工程质量评分均 98.8 分,2015 年 12 月全线通车运营。

(五)运营养护管理

1.服务设施

全线设置邢台西、龙泉寺、清家沟 3 处服务区(表 8-18-14)。

邢汾高速公路邢台至冀晋界段服务区一览表　　　　表 8-18-14

高速公路编码	服务区名称	桩　　号	所在区域	占地(亩)	建筑面积(m²)
G2516	邢台西服务区	K27+086	邢台县	90	5680.6
G2516	龙泉寺服务区	K49+726	邢台县	40	2585.6
G2516	清家沟服务区	K73+373	邢台县	114.71	6044.4

2.收费设施

本项目共设置收费站 5 处(表 8-18-15)。匝道出入口数量共计 39 条,其中 ETC 车道 10 条。

邢汾高速公路邢台至冀晋界段收费设施一览表　　表8-18-15

收费站名称	桩 号	入口车道数		出口车道数		收费方式
		总车道	ETC车道	总车道	ETC车道	
主线收费站	K73+173	0	0	13	2	MTC+ETC
东马庄收费站	K8+904	3	1	5	1	
羊范收费站	K20+607	3	1	5	1	
龙泉寺收费站	K43+414	2	1	3	1	
路罗收费站	K60+653	2	1	3	1	

3．养护管理

本项目养护里程86.551km（表8-18-16）。

邢汾高速公路邢台至冀晋界段养护设施一览表　　表8-18-16

养护工区名称	桩 号	路段长度（km）	占地面积（亩）	建筑面积（m²）
东马庄养护工区	K9+250	28.18	8.1	2259.3
龙泉寺养护工区	K42+960	27.92	10.06	1503
清家沟养护工区	K73+373	30.451	28.12	1503

4．监控设施

本项目在管理处设置信息调度中心，在各收费站设置监控中心（表8-18-17），负责全线的运营监管。

邢汾高速公路邢台至冀晋界段监控设施一览表　　表8-18-17

监控设施名称	桩 号	占地面积（亩）	建筑面积（m²）
信息调度中心	K20+607	信息调度中心与管理处合建	
东马庄收费站	K8+904	9.342	1238.2
羊范收费站	K20+607	8.098	2157.1
龙泉寺收费站	K43+414	11.62	2182.6
路罗收费站	K60+653	16.13	3070.8
主线收费站	K73+173	14.37	3506.7

5．交通流量

邢汾高速公路邢台至冀晋界段于2013年12月建成，2016年收费站年平均日交通量（自然数）为21871辆/日，2014—2016年年均增长率为129.89%，交通量发展状况见表8-18-18。

邢汾高速公路邢台至冀晋界段交通量(自然数)发展状况表　　　表8-18-18

年份		2013	2014	2015	2016
交通量 (辆)	东马庄	519	294977	396272	581472
	羊范	382	415816	735600	2158315
	龙泉寺	320	221103	363944	336755
	路罗	310	578593	710972	839530
	冀晋界主线站			4451	4066998
	合计	1531	1510489	2211239	7983070
收费站年平均日交通量(辆/日)		4	4138	6058	21871

第十九节　G45(大庆—广州)河北段(隆化县—大名县)

G45大庆至广州高速公路是国家高速公路网"71118"中的"纵五",河北境内起自茅荆坝(蒙冀界),止于大名县(冀豫界),全长565.712km。沿线途经承德市的隆化县、承德县、滦平县,廊坊市的固安县、霸州市、文安县,保定市的雄县、高阳县、蠡县,沧州市的任丘、肃宁县,衡水市的饶阳县、深州市、桃城区、枣强县、冀州区,邢台市的南宫市、威县,邯郸市的邱县、曲周县、广平县、大名县,大庆至广州高速公路河北段的建设加速了社会发展和经济交流,促进了沿线地区国民经济的增长。

G45大庆至广州高速公路河北境内由四段组成,分别是河北省承赤高速公路茅荆坝(蒙冀界)至红石砬段、京承高速公路红石砬至冀京界段、大广高速公路京衡段、大广高速公路衡大段。

(1)河北省承赤高速公路茅荆坝(蒙冀界)至红石砬段于2013年9月建成通车,由河北省高速公路承赤管理处负责运营管理养护,运营桩号K973+192~K1085+013,全长106.237km。

(2)京承高速公路红石砬至冀京界段于2005年12月建成通车,由京承高速公路管理处负责运营管理养护,全长48.513km,设计速度80km/h,双向四车道,路基宽度24.5m。

(3)大广高速公路京衡段于2010年12月建成通车,由河北省高速公路京衡管理处负责运营管理养护,运营桩号K1354+000~K1541+087,全长187.087km,设计速度120km/h,双向六车道,路基宽度34.5m。

(4)大广高速公路衡大段于2010年12月建成通车,由河北省高速公路衡大管理处负责运营管理养护,运营里程桩号K1541+153~K1762+138,全长223.875km(包含衡水支线2.89km),设计速度120km/h,其中,起点至邓家庄互通段为扩建段,长33.452km,将既有衡小高速公路榆科互通至衡水北互通段21.52km及既有衡德高速公路衡水北互通至邓家庄互通段12km在四车道高速公路基础上扩建为八车道,路基宽度42m(衡小高速公路衡水北互通至大麻森段2.89km,路基宽度27.5m,目前作为大广高速公路衡水支线运营使用);邓家庄至项目终点的187.533km,采用六车道标准新建,路基宽度34.5 m。平曲线最小半径1100m,最大纵坡2.382%。

G45(大庆—广州)河北段(隆化县—大名县)项目信息见表8-19-1,路线平面示意图见图8-19-1、图8-19-2。

一、河北省承赤高速公路茅荆坝(蒙冀界)至红石砬段

(一)项目概况

1. 基本情况

1)功能定位

河北省承赤高速公路茅荆坝(蒙冀界)至红石砬段,是《国家高速公路网规划》中大庆至广州公路(G45)的重要组成部分,也是河北省高速公路"五纵六横七条线"规划中的"第一纵"中的重要路段,是河北省交通运输厅在承德全额投资建设的第一条高速公路。截至2013年10月底,包括承赤高速公路主线、围场支线、连接线及服务区等所有主体及附属工程一次性建成完工。它的建设对完善国家高速公路网和河北省高速公路主骨架,对加强京津冀地区与内蒙古自治区东北地区的经济联系,带动承德和赤峰地区社会经济发展具有重大意义。

2)技术标准

起点至东营子段68.988km为双向四车道高速公路,设计速度100km/h,路基宽度26.0m。

东营子至东园子段27.3km为双向六车道高速公路,设计速度100km/h,路基宽度33.5m。

东园子至红石砬9.949km为双向四车道高速公路,设计速度100km/h,路基宽度26.0m。

3)建设规模

主线共设置特大桥11060m/10座,大桥9380m/32座,中桥1800m/27座,小桥130m/16座,涵洞121道,通道27处;隧道17970m/14处(其中特长隧道2930m/1处,长隧道11250m/6处,中隧道2660m/4处,短隧道1130m/4处);设置互通式立交11处,分离式立交3处;监控通信分中心1处,服务区2处,养护工区3处,主线收费站1处,匝道收费站6处。

G45（大庆—广州）河北段（隆化县—大名县）项目信息表

表 8-19-1

项目名称	路段起讫桩号			规模（km）		设计速度（km/h）	路基宽度（m）	投资情况（亿元）			资金来源	建设时间（开工～通车）	备注
	起点桩号	讫点桩号	合计		车道数			估算	概算	决算			
河北省承赤高速公路茅荆坝（蒙冀界）至红石砬段	K973+192	K1042+180	68.988		四	100	26.0		158.166		中央补贴、地方自筹、银行贷款	2011.3～2013.12	
	K1047+764	K1075+064	27.3		四	100	33.5						
	K1075+064	K1085+013	9.949		四	100	26.0						
京承高速公路红石砬至冀京界段	K1085+069	K1133+582	48.513		四	80	24.5	48.513	65.113		交通部补助、省内自筹、其他拨款	2004.4～2005.12.31 试通车，2009.9.27 全线通车	
大广高速公路京衡段	K1354+000	K1541+087	187.087		四	120	34.5	91.600	102.260	102.24	交通部补助、省自筹、银行贷款	2007.12～2010.12	
大广高速公路衡大段	K1541.153	K1762.138	223.875		四/六/八	120	42/34.5	82.400	113.866		部补助、银行贷款、地方自筹	2009.3～2010.12	衡大段 220.985km；衡水支线 2.89km

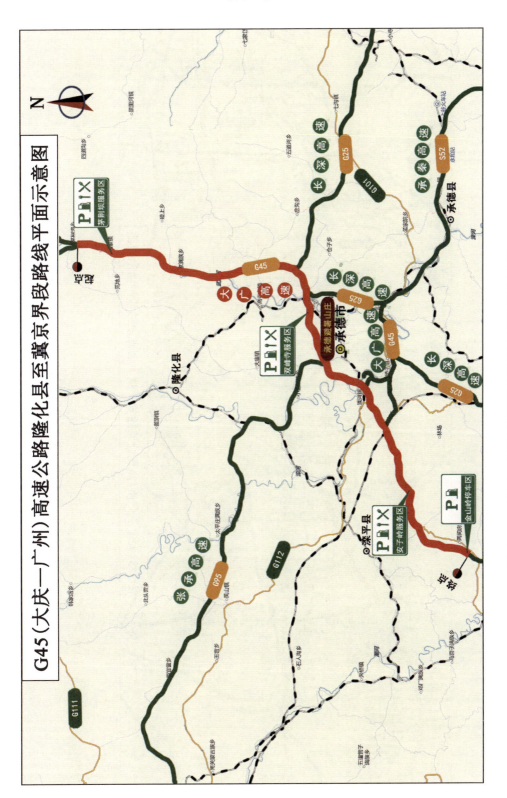

图8-19-1 G45（大庆—广州）高速公路隆化县至冀京界段路线平面示意图

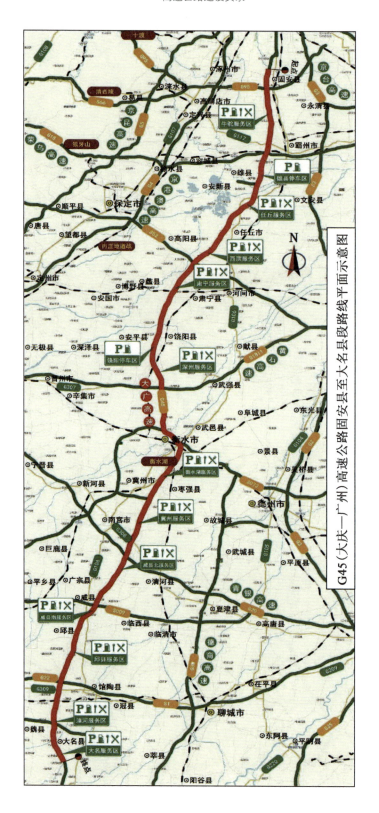

4）主要控制点

起点为蒙冀交界的茅荆坝,终点为红石砬,主要控制点为:七家、两家、头沟、东营子、双峰寺、双滦。共计1个市、6个乡镇。

5）地形地貌

项目区地貌以中山、低山丘陵、坡洪积群及河谷平原为主。

6）路面及主要构造物

本项目采用沥青混凝土路面,其主要结构为:

4cmAC-13C 细粒式改性沥青混凝土,防水层,6cmAC-20C 中粒式改性沥青混凝土,黏层,12cmATB-25 沥青稳定碎石,透层,18cm 水泥稳定碎石,18cm 水泥稳定碎石,18～23cm 水泥稳定。

主要构造物采用简支梁桥、连续梁桥、悬臂梁桥和组合梁桥。

7）投资规模

全线项目工程概算总投资为158.166亿元(含建设期贷款利息8.748亿元),全部形成固定资产。

8）开工及通车

2011年3月20日开工建设,2013年10月31日建成,2013年12月9日正式通车运行。

2. 前期决策情况

1）前期决策背景

河北省承赤高速公路茅荆坝(蒙冀界)至红石砬段是《国家高速公路网规划》中大庆至广州公路(G45)的重要组成部分,也是河北省高速公路"五纵六横七条线"规划中"纵一"的重要路段。本项目是河北省交通运输厅在承德全额投资建设的第一条高速公路,也是内蒙古自治区同步建设的第一条高速公路。

2）前期决策过程

（1）2008年6月,经承德市政府与河北省交通厅协商同意,由河北省交通厅项目办投资建设。

（2）2009年6月,《大广公路蒙冀界至承德段工程可行性研究报告》上报河北省发展和改革委员会。

（3）2010年7月30日,国家发展和改革委员会以《国家发展和改革委员会关于河北省茅荆坝(蒙冀界)至红石砬段可行性研究报告的批复》(发改基础〔2010〕1692号)文件批复《大广公路蒙冀界至承德段工程可行性研究报告》。

(二)建设情况

1. 项目准备阶段

1）项目审批

承赤高速公路项目的建设,严格按照交通运输部规定的建设程序执行。

2010年3月25日,环境保护部以环审〔2010〕83号文件批复了工程环境报告书。

2011年6月1日,国土资源部以国土资函〔2011〕317号文批复了工程建设用地。

2010年7月30日,国家发展和改革委员会以发改基础〔2010〕1692号文批复了可行性研究报告。

2010年10月8日,交通运输部以交公路发〔2010〕540号文对项目的初步设计进行了批复。

2010年12月22日,河北省交通运输厅以冀交公〔2010〕718号文批复了施工图的设计。

2011年12月15日,河北省交通运输厅以冀交公〔2011〕906号文批复了房建工程、环保绿化工程施工图的设计。

2011年8月11日,交通运输部以交公路施工许可〔2011〕23号文批复了施工批准的申请。

2）资金筹措

全线工程概算总投资为158.166亿元(含建设期贷款利息8.748亿元)。资金来源为:申请银行中长期贷款118.624亿元(占总投资的75%);资本金39.541亿元(占总投资的25%),其中河北省高速公路管理局自筹30.651亿元,交通运输部车购税补助8.89亿元。

3）合同段划分及招投标

（1）合同段划分

根据各专业的工程内容,承赤高速公路主线段标段划分见表8-19-2。

①设计标段划分:土建工程设计2个标段,交通工程1个标段,房建工程设计1个标段,绿化及声屏障工程设计1个标段,设计咨询单位1个标段。

②施工标段划分:土建工程12个标段,房建工程6个标段,绿化工程7个标段,声屏障工程2个标段,机电工程5个标段,交通安全设施9个标段,主便道工程1个标段,视频监控工程1个标段,河道防护工程1个标段,混凝土护栏工程1个标段。

③施工监理标段划分:设1个总监办公室,7个土建工程驻地监理标段,3个房建工程监理标段,1个机电工程监理标段。

（2）招投标

①设计单位招标情况

河北省承赤高速公路茅荆坝(蒙冀界)至红石砬段设计招标全线分为6个合同段,1个监理标段。自2009年7月发布招标公告起,至2009年8月底,经过招投标、评标、开标、公证,最后向招标人推荐中标候选人。

②路面、路基、桥涵、隧道施工单位、监理招标情况

路面、路基、桥涵、隧道工程,施工和施工监理全线共分为19个施工合同段和10个监理合同段,除上跨铁路桥6标、17标外,其余标段自2010年8月发布资格预审公告起,至2010年12月,经过资格预审、招投标、评标、开标、公证,最后向招标人推荐中标候选人。施工6标段,自2011年1月发布资格预审公告,至2011年5月,经过资格预审、招投标、评标、开标、公证,最后向招标人推荐中标候选人。施工17标段,自2011年7月发布资格预审公告,至2011年10月,经过资格预审、招投标、评标、开标、公证,最后向招标人推荐中标候选人。

③房建、钢网架工程招标情况

房建工程施工和施工监理共分为8个施工合同段和3个监理合同。自2011年12月发布资格预审公告起,至2012年4月底,经过资格预审、招投标、评标、开标、公证,最后向招标人推荐中标候选人。钢网架工程施工全线共分为3个施工合同段,2012年11月底,经过招投标、评标、开标、公证,最后向招标人推荐中标候选人。

④绿化及声屏障工程招标情况

绿化声屏障工程分为10个绿化标段、3个声屏障标段,招标采用资格后审方式,2012年12月,经过招投标、评标、开标、公证,最后向招标人推荐中标候选人。

⑤机电工程和安全设施工程招标情况

安全设施工程,全线共14个安全设施合同段,招标采用资格后审方式。2013年3月,经过招投标、评标、开标、公证,最后向招标人推荐中标候选人。机电工程施工和施工监理同时进行招标,招标采用资格后审方式,全线分为6个机电合同段、1个机电监理合同段。2013年3月底,经过招投标、评标、开标、公证,最后向招标人推荐中标候选人。

4)参建单位主要情况

(1)建设单位

本项目建设单位是河北省高速公路管理局,项目执行机构是河北省高速公路承赤筹建处。

(2)设计单位

土建工程设计单位:河北省交通规划设计院、华杰工程咨询有限公司。

(3)施工单位

施工单位详见表8-19-2。

河北省承高速公路茅荆坝(蒙冀界)至红石砬段主线合同段划分一览表

表 8-19-2

参建单位	类型	参建单位名称	合同段编号及起讫桩号	标段所在地	主要内容	主要负责人	备注
项目管理单位		河北省高速公路承赤筹建处				王书斌	
勘察设计单位	土建工程设计	河北省交通规划设计院	CCSJ-1	承德市	1~5标段土建工程设计	赵彦东	
		华杰工程咨询有限公司	CCSJ-2	承德市	6~12标段土建工程设计	黎立新	
施工单位	土建工程	中铁一局集团有限公司	SG1:K973+192.32~K988+067	隆化县	路基、路面、桥涵、隧道工程	曹西斌	
		中国路桥工程有限责任公司	SG2:K988+067~K1008+117	承德县	路基、路面、桥涵、隧道工程	刘朋华	
		中铁五局(集团)有限公司	SG3:K1008+117~K1031+167	承德县	路基、路面、桥涵、隧道工程、边坡绿化工程	韦家悦	
		中铁二局工程有限公司	SG4:K1031+167~K1035+067	承德县	路基、桥涵、隧道工程、边坡绿化工程	王湘华	
		中铁三局集团第二工程有限公司	SG5:K1035+067~K1042+180.369	承德县	路基、桥涵、隧道工程、边坡绿化工程	孙江	
		中铁十六局集团有限公司	SG6:K1047+764~K1048+717.5	承德市双桥区	路基、路面、桥涵工程、边坡绿化工程	王发树	
		中铁电气化局集团西安铁路工程有限公司	SG7:K1048+717.5~K1054+164	承德市双桥区	路基、路面、桥涵工程、边坡绿化工程	王贤乐	
		中铁十九局集团第二工程有限公司	SG8:K1054+164~K1059+414	承德市双桥区	路基、桥涵、隧道工程、边坡绿化工程	张品	
		中铁十二局集团有限公司	SG9:K1059+414~K1065+264	承德市双滦区	路基、桥涵、隧道工程、边坡绿化工程	崔立将	
		中铁十六局集团第五工程有限公司	SG10:K1065+264~K1070+864	承德市双滦区	路基、桥涵、隧道工程、边坡绿化工程	赵永	
		承德路桥建设总公司	SG11:K1070+864~K1076+564	承德市双滦区	路基、桥涵、隧道工程、边坡绿化工程	修德保	
		中铁七局集团有限公司	SG12:K1076+564~K1085+013	承德市双滦区、滦平县	路基、桥涵、隧道工程、边坡绿化工程	黄峰涛	

5）征地拆迁

（1）设立专门组织机构

按三级管理体系设置安置办公室，加强各级政府对征地工作的领导和监督，形成完善的拆迁工作体系，使征地拆迁工作层层有人管、层层有人抓。

根据近几年河北省高速公路建设里程长、路段多、地方问题复杂的特点，省政府成立了"河北省高速公路建设领导小组"，主管省长为组长，小组办公室设在省交通运输厅，杨国华副厅长任办公室主任。各市、县成立了相应机构，负责本市、县段的征迁及建设环境协调。形成了在省政府领导下的专门负责征地拆迁工作的领导体系和专门机构。为落实政策、落实地方工作、落实人口安置、落实征地拆迁提供了组织保证。

（2）落实承包责任制

征地拆迁工作实行群众参与，各级政府层层签订责任书，采取"四到位""四现场"的做法，即县、乡、村、户四方到场，现场丈量、现场清点、现场签字、现场盖章。

据统计全市共完成征占土地 16208 亩，拆迁房屋 1223 户，砍伐树木 42.7 万棵，征占青苗 10173 亩，迁移坟墓 3991 座，迁移企业 1152 家，迁移电力、电信设施 339 处，征占取弃土场 558.7 亩，全线详细工程量统计见表 8-19-3。

河北省承赤高速公路茅荆坝（蒙冀界）至红石砬段征地拆迁统计表　　表 8-19-3

高速公路编码	项目名称	征地拆迁安置起止时间	征用土地（亩）	拆迁房屋（m²）	拆迁占地费（万元）	备注
G45	河北省承赤高速公路茅荆坝（蒙冀界）至红石砬段	2010.8.16～2012.12.28	16208	61150	229232.3833	

2. 项目实施阶段

1）施工过程

（1）主线土建工程于 2011 年 3 月 20 日开工，2013 年 10 月 19 日完工。

（2）房建工程于 2012 年 4 月开工，2013 年 10 月 19 日完工。

（3）机电工程于 2012 年 8 月开工，2013 年 10 月 19 日完工。

（4）交通安全设施工程于 2012 年 8 月开工，2013 年 10 月 19 日完工。

（5）绿化工程于 2012 年 8 月开工，2013 年 10 月 19 日完工。

（6）加大对原材料进场的检测频率，从源头上杜绝质量安全隐患。对主要原材料采用甲供与甲控管理。

（7）路基、路面、桥梁、隧道等工程严格按照施工技术方案实施，抓落实，对存在异议的召开专家论证会，对重点部位、关键工艺、工序严把质量关，提出解决措施，消除质量通病，保证工程质量。

（8）2013 年 10 月 19 日，河北省交通运输厅高速公路管理局组织专家对承赤高速公路进行了交工验收，项目交工得分 98.8 分。

河北省承赤高速公路茅荆坝（蒙冀界）至红石砬段建设生产要素统计见表 8-19-4。

河北省承赤高速公路茅荆坝（蒙冀界）至红石砬段建设生产要素统计表　　　表 8-19-4

路线编号	建设时间	钢材（t）	沥青（t）	水泥（t）	砂石料（m³）	机械工（工日）	机械（台班）
G45	2011.3~2013.12	230684	63795	1416518	7413771	2295497	2014587

2）重要决策

（1）2010 年 8 月 21 日，开工奠基仪式在隆化县茅荆坝举行（图 8-19-3），内蒙古自治区书记胡春华、河北省省长陈全国出席奠基仪式。

图 8-19-3　开工奠基仪式

（2）2013 年 12 月 9 日 9 时，高速公路全线开始开放通行，进入运营管理阶段。

3）各项活动

（1）2011 年 6 月 29 日，承赤筹建处召开"大干 60 天"活动总结表彰暨"大干 120 天"活动施工动员大会活动。

（2）2011 年 7 月 14 日下午，承赤筹建处组织开展全处工程技术人员、总监办相关人员、各驻地监理工程师、各标段项目经理和主要技术人员到承赤四标项目部制梁观摩活动。

（三）复杂技术工程

茅荆坝特长隧道长 6778m，分离式双向四车道，净宽 10.75m，设置通风斜井 1 座。该隧道主要特点及难点有：

（1）隧道地形复杂，多方案比选使隧道内外平、纵线形相协调。

（2）地质条件复杂、穿越石墨化地层。

（3）紧邻茅荆坝森林保护区、侧穿美林镇选矿厂采空区。

（4）隧道通风专项研究，确保隧道运营安全。

(5)采用新材料、新技术预防冻害。

(6)河北省与内蒙古自治区两省隧道信息共享,实现隧道事故应急联动。

为此,开展了"单层衬砌的关键技术及其在茅荆坝隧道中的应用研究"的科研项目,同时,茅荆坝特长隧道被授予2015年度河北省优秀工程勘察设计二等奖。在工程前期研究、勘察设计、施工过程中,解决了众多技术重难点,克服多项省内难题,设计工艺及总体技术水平处于省内领先。

(四)科技创新

1. 高速公路景观与生态工程技术研究

通过利用建筑学、美学、动物学、园林艺术、地质、水文、环境、生态、工程力学、土木工程学、经济学等理论技术,并结合历史和文化研究,对承赤高速公路的生态与景观进行全面的、系统的、深入的研究,确保承赤高速公路的区域环境生态平衡,实现承赤高速公路为生态、环保、旅游、景观的"示范工程"和"精品工程"的终极目标具有特别重要的指导意义,同时对提升山区高速公路景观及生态工程设计水平具有重要的现实意义。

景观工程设计理念识别;项目区域人文、自然风景在工程中的定位,突出清代文化特色;高新技术、低碳材料等在依托工程中的应用;模拟效果下的动态景观创意;互通立交景观设计规划;景观平台、服务区、收费站、隧道洞口、取弃土场景观创意设计规划;起点茅荆坝自然保护区景观方案设计与路线总体设计相融合;高填、深挖边坡的景观设计规划;中央隔离带、路基边坡绿化设计及其色彩搭配;雕塑景观设计规划。

2. GTM数字仿真与高性能沥青混合料开发

针对传统的马歇尔设计方法不足,结合承赤高速公路实体工程,在分析GTM压实机理数字仿真与微观力学机理的基础上,开展高性能沥青混合料三维力学性能仿真计算研究,对级配优化进行细致研究,并开发沥青混凝土数值仿真软件;开展GTM试件高温间接拉伸强度测定研究,探讨沥青混合料间接拉伸设计标准及GTM标准的关系,并应用于现场沥青混凝土质量控制中,为实现承赤高速公路"质量更可靠、工程更耐久、设施更完善、群众更满意"的目标奠定坚实基础。

开展了基于GTM设计方法的高性能沥青混合材料的路用性能与GTM自身性能指标的相关分析与评价方法;建立了一种新的可与GTM设计理念相配套的沥青混合材料纯剪测试技术;研究了适合于高性能沥青混合材料现场摊铺所需的相关关键工艺及技术要求。

(五)运营养护管理

1. 服务设施

本项目设2处服务区,分别为双峰寺服务区和茅荆坝服务区(表8-19-5)。

河北省承赤高速公路茅荆坝（蒙冀界）至红石砬段服务设施一览表　　表8-19-5

高速公路编码	服务区名称	桩　号	所在区域	占地（亩）	建筑面积（m²）
G45	双峰寺服务区	K81+333	承德市承德县	80.001	6500
G45	茅荆坝服务区	K28+500	承德市隆化县	60	5500

2. 收费设施

设置收费站7处，其中单向收费站1处，为茅荆坝主线收费站；匝道收费站6处（表8-19-6）。

河北省承赤高速公路茅荆坝（蒙冀界）至红石砬段收费设施一览表　　表8-19-6

收费站名称	桩　号	入口车道数		出口车道数		收费方式
		总车道	ETC车道	总车道数	ETC车道	
茅荆坝主线收费站	K989	0	0	13	2	MTC+ETC
承德西收费站	K1080	3	1	5	1	
两家收费站	K1016	2	0	2	1	
头沟收费站	K1033+528	2	0	3	1	
西地收费站	K1069	3	1	3	1	
七家收费站	K995+517	2	0	2	1	
避暑山庄收费站	K1058+300	4	1	5	1	

3. 养护管理

设置七家、承德西2个养护工区（表8-19-7）。

河北省承赤高速公路茅荆坝（蒙冀界）至红石砬段养护设施一览表　　表8-19-7

养护工区名称	桩　号	路段长度（km）	占地面积（亩）	建筑面积（m²）
七家养护工区	K995+517	68.988	10.0005	1200
承德西养护工区	K1080	41.859	5.001	973

4. 监控设施

主线段设置监控所2处，分别为避暑山庄隧道监控所、茅荆坝隧道监控所，负责承赤高速主线段的运营监管（表8-19-8）。

河北省承赤高速公路茅荆坝（蒙冀界）至红石砬段监控设施一览表　　表8-19-8

序　号	监控设施名称	桩　号	占地面积（亩）	建筑面积（m²）
1	避暑山庄隧道监控所	K1058+300	10	1945
2	茅荆坝隧道监控所	K989	5.001	400

5. 交通流量

河北省承赤高速公路茅荆坝（蒙冀界）至红石砬段于2013年9月建成，2016年收费站年平均日交通量（自然数）为17170辆/日（表8-19-9），2014—2016年年均增长率为27.71%。

河北省承赤高速公路茅荆坝(蒙冀界)至红石砬段交通量(自然数)发展状况表　　　表 8-19-9

	年份(年)	2013	2014	2015	2016
交通量(辆)	茅荆坝主线收费站	38106	1073576	1494194	1999819
	七家收费站	9458	285396	364192	472475
	两家收费站	7660	223367	238262	262157
	头沟收费站	12856	439807	461088	580230
	避暑山庄收费站	29275	567574	632698	869416
	西地收费站	5852	79098	66720	85915
	承德西收费站	4410	106270	114180	134068
	蓝旗卡伦收费站	7120	141399	197155	337155
	围场南收费站	17443	533209	613007	919230
	围场北主线收费站	6653	392528	507313	606575
	合计	138833	3842224	4688809	6267040
收费站年平均日交通量(辆/日)		380	10527	12846	17170

二、京承高速公路

京承高速公路承德至京冀界全长 76.709km，经规划分为三段：G25 高速公路承德南出口至大栅子互通段 11.596km，G45 高速公路红石砬至冀京界段 48.513km，G95 高速公路红石砬至大栅子互通段 16.6km。因建设期为同一实施项目，故资料无法分割，G25 承德南出口至大栅子互通段、G45 红石砬至冀京界段、G95 红石砬至大栅子互通段可详见本节内容京承高速公路。

(一)项目概况

1. 基本情况

1) 功能定位

京承高速公路是《国家高速公路网规划》中大庆至广州高速公路的重要路段，是全省"五纵六横七条线"的高速公路布局规划中"横一"的重要路段，也是承德"一环八射"高速公路网的重要组成部分，它的实施对完善国家路网、促进国民经济发展具有重要意义，对增进我国东北部地区与华北地区的联系，带动河北省北部地区的经济发展，促进承德建设现代化的旅游城市具有重要作用。

2) 技术标准

采用双向四车道，设计速度 80km/h，路基宽度 24.5m。平曲线最小半径 450m，最大纵坡 4%。

3) 建设规模

本项目建设里程长 76.709km，其中：特大桥 1248m/1 座，大中桥 7937m/47 座，隧道 7

处,单洞计长10972m;互通式立交6处,通道及小桥涵构造物共188座,路基土石方2814.73万m^3。沿线互通式收费站4处,主线收费站1处,服务区1处,停车区2处。

4) 主要控制点

主要控制点为:滦平县(巴克什营镇、两间房乡、长山峪镇、付营子乡4个乡镇)、双滦区(陈栅子乡、偏桥子镇2个乡镇)、双桥区(冯营子镇、大石庙镇2个乡镇)。共计3个县区、8个乡镇。

5) 地形地貌

该区域为燕山山脉的延伸地带,属燕山地槽与内蒙古高原过渡区。项目区域内地形复杂,且起伏变化较大,地势较高,深谷陡崖纵横其间,大部分地区基岩出露,部分地区为第四纪覆盖物,覆盖层厚度小于20m。大的地貌类型分为中低山区、低山重丘区和山间盆地。盆地主要为滦平盆地和承德盆地。其间微地貌类型有山间凹地、山前平原、单斜山,河谷、河漫滩、一级阶地、二级阶地和冲洪积扇等。

6) 路面及主要构造物

本项目采用沥青混凝土路面结构:

4cmAC-13细粒式沥青马蹄脂碎石,5cmAC-16中粒式改性沥青混凝土,9cmAC-25(30)粗粒式沥青混凝土,36cm水泥稳定碎石,30cm级配碎石。

主要构造物采用连续梁桥。

7) 投资规模

项目概算投资27.551亿元,竣工决算投资27.204亿元,平均每公里造价3546.41万元。

8) 开工及通车、竣工时间

2004年4月开工建设,承德至偏桥段于2005年12月试通车,2009年9月全线通车,2014年11月完成竣工验收。

2. 前期决策情况

1998年,河北省交通厅批准京承高速公路开展前期工作,2000年1月11日,河北省省长钮茂生在承德主持召开现场办公会,决定正式启动筹建工作,2月29日,承德市人民政府批准组建河北承德京承高速公路筹建处。2001年3月9日,国家发展计划委员会主任曾培炎,在九届人大四次会议上,做《关于2000年国民经济和社会发展计划执行情况与2001年国民经济和社会发展计划草案的报告》时,将京承高速公路项目列为国家重点基础设施建设项目之一。2002年8月,国家发展计划委员会以计基础〔2002〕1406号又上报国务院该项目建议书,同年9月18日,国务院正式批准京承高速公路立项。2003年8月15日,国家发展和改革委员会以发改交运〔2003〕970号文件批复了项目可行性研究报告。2004年1月18日,交通部以交公路发〔2004〕24号文件批复初步设计。

(二)建设情况

1. 项目准备阶段

1)项目审批

项目严格执行了交通基本建设程序,从预可行性研究、工程可行性研究、初步设计、施工图设计、工程施工、监理招投标到工程开工报告的审批,各个环节手续齐全,具体如下:

(1)国家发展和改革委员会《印发国家发展改革委关于审批京承公路京冀界至承德段可行性研究报告的请示的通知》(发改交运〔2003〕970号)。

(2)交通部《关于京承公路京冀界至承德段初步设计的批复》(交公路发〔2004〕24号)。

(3)河北省交通厅《关于京承高速公路路面结构型式及施工安排的批复》(冀交基字〔2005〕206号)。

(4)河北省交通厅公路管理局《关于京承高速公路京冀界至承德段主体工程施工图设计文件的批复》(冀交公路字〔2004〕116号)。

(5)国土资源部办公厅《关于京承高速公路京冀界至承德段建设用地预审意见的复函》(国土资厅函〔2003〕135号)。

(6)河北省人民政府建设用地批复《关于京承高速公路京冀界至承德段工程建设用地的批复》(冀政转征函〔2005〕0103号)。

(7)国家环境保护总局《关于京承公路冀京界至承德市段公路工程环境影响报告书审查意见的复函》(环审〔2004〕92号)。

(8)水利部《关于京承公路京冀界至承德段水土保持方案的批复》(水保〔2004〕56号)。

2)资金筹措

本项目概算总投资27.551亿元,项目资本金4.904亿元,由承德市交通局筹措,其余22.3亿元申请银行贷款。竣工决算为27.204亿元,投资节约0.347亿元,平均每公里造价3546.41万元。

3)合同段划分及招投标

(1)合同段划分

根据各专业的工程内容,合同段划分见表8-19-10、表8-19-11。

①设计标段划分:土建工程设计1个标段,房建工程设计1个标段,绿化工程设计1个标段,机电工程设计1个标段。

②施工标段划分:土建工程15个标段,机电工程1个标段,房建工程3个标段,绿化工程4个标段,交通安全设施7个标段。

大棚子互通至京冀界段合同段划分一览表

表 8-19-10

参建单位	类型	参建单位名称	合同段编号及起讫桩号	标段所在地	主要内容	主要负责人	备注
项目管理单位		河北承德京承高速公路建设管理处	全线		全部	于凤江	
勘察设计单位	土建工程设计	河北省交通规划设计院				焦永顺	
		铁路专业设计院	隧道			李攻京	
施工单位	土建工程	中铁十四局集团第二工程公司	路基-1 K1133+582～K1131+361	巴克什营镇槽棚子村	路基、桥涵、隧道	岳耀明、方源	
		中铁十五局集团有限公司	路基-2 K1131+361～K1127+006	巴克什营镇偏桥村	路基、防护工程、桥涵、隧道	赵中华	
		承德路桥建设总公司	路基-3 K1127+006～K1122+711	巴克什营镇偏桥村、两间房乡叶营村	路基、防护工程、桥涵、隧道	徐德禄、王殿生	
		聊城市公路工程总公司	路基-4 K1122+711～K1118+216	两间房乡叶营村	路基、桥涵、隧道	李登斌	
		中铁十九局五处	路基-5 K1118+216～K1113+146	两间房乡苇塘村、东新房村、长山峪村	路基、防护工程、桥涵、隧道	孟宪彪、王必军	
		北京市政二建设工程有限公司	路基-6 K1113+146～K1108+496	长山峪镇西营村、东营村、长山峪村	路基、桥涵、隧道	邓辉	
		承德路桥建设总公司	路基-7 K1108+496～K1098+989	长山峪镇长山峪村、安子岭村、蕨菜沟村	路基、桥涵、防排水	梁建青、王殿生	
		路桥集团第二工程局六处	路基-8 K1098+989～K1092+239	长山峪镇三道梁村、二道营村、付营子乡靳家沟门村	路基、桥涵	庞彦红	
		河北建设集团有限公司	路基-9 K1092+239～K1084+439	付营子乡靳家沟门村、羊草沟门村、王营子村、东营沟门村、红石砬村	路基、桥涵	冯文科	
		河北建设集团有限公司	路基-10 K1084+439～K1075+339	付营子乡红石砬村、头道河村、付营子村、凡西营沟村、邢家沟门村	路基、桥涵、防护工程	冯文科	
		河北建设集团有限公司	路基-11 K1075+339～K1068+469	陈栅子乡化育沟村、陈栅子村、大栅子村、南山根村	路基、桥涵	刘进林	
		河北建设集团有限公司	路面-14 K1133+582～K1098+891	全线	路面	王刚 冯文科	
		河北路桥集团有限公司	路面-15 K1098+891～K1068+469	全线	路面	赵树昌	

承德至大棚子互通段合同段划分一览表

表 8-19-11

参建单位	类型	参建单位名称	合同段编号及起讫桩号	标段所在地	主要内容	主要负责人	备注
项目管理单位		河北承德京承高速公路建设管理处	全线		全部	于凤江	
勘察设计单位	土建工程设计	河北省交通规划设计院				焦永顺	
		铁路专业设计院	隧道			李攻京	
施工单位	土建工程	河北路桥集团有限公司	路基-11 K806～K804+585	陈棚子乡化育沟村、陈棚子村、大棚子村、南山根村	路基、桥涵	刘进林	
		河北路桥集团有限公司	路基-12 804+585～K801.860	陈棚子乡南山根村、冯营子镇石门村	滦河特大桥、路基、小桥涵	刘玺章	
		承德路桥建设总公司	路基-13 K801+860～K794+404	大石庙镇冒营子村	路基、桥涵、隧道、防排水工程	刘树立、王殿生	
		河北路桥集团有限公司	路面-15 K1098+891～K1068+469 K806～K794+404	全线	路面	赵树昌	

③施工监理标段划分：设1个总监办公室，4个土建工程驻地监理标段，1个房建工程监理标段，1个机电工程监理标段。

（2）招投标

按照国家颁布的《招投标法》和交通部颁布的《公路工程施工招标投标管理办法》《公路工程施工招标资格预审办法》《公路工程施工招标评标办法》的要求，由项目法人单位组织招标工作。

①控制性工程。本项目5、12、13合同段施工招标采用邀请招标、资格后审的形式，邀请具有独立企业法人营业执照、公路工程施工总承包企业一级资质的单位参加投标。河北省交通厅以冀交字〔2003〕第418号文正式批复京承高速公路京冀界至承德段控制性工程施工招标采用邀请招标的形式。由河北省发展和改革委员会招标评标专家库中随机抽取4人、招标人代表1人组成评标委员会，经评标委员会评审，确定了3家中标单位。

②主线工程。本项目1、2、3、4、6、7、8、9、10、11合同委托中国机械进出口（集团）有限公司对该项目的土建工程在全国范围内进行公开招标。2003年12月，有150家单位通过了资格预审，参加主线土建工程10个合同段的投标。2004年2月18日，在承德公开开标。2004年3月10日，招标人会同河北省交通厅有关部门从交通部公路工程专家库中随机抽取4名专家，与1名招标人代表共同组成评标委员会，按京承高速公路土建工程招标评标细则分别对各份投标文件从商务和技术两部分分别进行了评审，确定了10家中标单位。

③路面工程。本项目路面工程机构设置2个合同段。招标采用公开招标、资格预审的形式。2004年6月10日，23家施工单位通过资格预审。2004年7月20日，在河北承德公开开标。从《河北省评标专家库》中随机抽取4名经济和技术方面的专家，与1名招标人代表共同组成评标委员会，经评审确定2家中标单位。

④安全设施。本项目安全设施工程标设置6个合同段，招标采用公开招标、资格预审的形式。2005年7月，有25家单位通过资格预审。2005年8月16日，在承德公开开标。从河北省统一专家库中随机抽取4名经济和技术方面的专家，与1名招标人代表共同组成评标委员会，经评审确定6家中标单位。

⑤房建工程。2005年6月15日，有32家房建工程施工单位通过资格预审，参加本项目房建工程3个合同的投标。2005年9月10日，在河北承德公开开标，从河北省统一专家库中随机抽取5经济和技术方面的专家，与2名招标方代表共同组成评标委员会，按照招标文件规定的评标方法，选择评标价得分最高的投标人为中标人，确定了3家施工单位。

⑥机电工程。2005年7月22日，有11家机电工程施工单位通过资格预审，参加本项目机电工程1个合同的投标。2005年9月23日，石家庄公开开标，从河北省统一专家库中随机抽取4名经济和技术方面的专家，与1名招标方代表共同组成评标委员会，采用合理低价法，确定了1家施工单位。

4）参建单位主要情况

（1）建设单位

本项目建设单位是河北承德京承高速公路建设管理处。

（2）设计单位

土建工程设计单位：河北省交通规划设计院，其中隧道由铁路专业设计院负责。

（3）施工单位

施工单位详见表 8-19-10、表 8-19-11。

5）征地拆迁

承德市政府成立承德市京承高速公路建设领导小组，下设征地拆迁工作组，具体负责京承高速公路征地拆迁组织领导工作，并对县区征地拆迁工作进行检查指导，征地拆迁工作由沿途县区人民政府负责组织实施，有关县区成立相应的征地拆迁工作机构，具体负责征地拆迁工作。市交通部门按设计文件负责划定征地拆迁范围及类别，协助测量，核准征地拆迁数量。

在深入细致调查的基础上，依据十多部法律，借鉴了张家口市丹拉高速公路、青银高速公路等外地经验，并结合承德市八县三区修建二级公路历年来的拆迁工作实际，经过市、县及建管处十多次的修改，正式出台《承德市京承高速公路（河北段）征地拆迁实施办法》。在征地拆迁工作中始终坚持依法征占，规范操作，力求做到合理补偿，妥善安置。在具体操作中，严格按程序进行，对被征占土地、林木、房屋的清点、核查、登记做到细致准确、认真。使账物、图表、账账三相符。并将补偿的项目、标准及额度向社会公开，接受群众监督，严防优亲厚友，真正做到了公开、公正、公平。为工程顺利进行创造了良好的施工环境，整个工程从未因征地拆迁滞后而影响工程进度，从而为京承高速公路提前通车奠定了坚实基础。

全线共征用土地 8067.3 亩（表 8-19-12），拆迁房屋 716 户，60569.88m²，砍伐树木 340229 棵，拆迁各种电力线路 81.32km，拆迁各种通信光电缆 81.88km。完成征地拆迁投资 2.01 亿元，占总投资的 7.3%。

京承高速公路征地拆迁统计表 表 8-19-12

高速公路编码	项目名称	征地拆迁安置起止时间	征用土地（亩）	拆迁房屋（m²）	拆迁占地费（万元）	备注
G45	大棚子互通至京冀界段	2003.8~2004.8	6595	51414	17062	
G45	承德至大棚子互通段	2003.8~2004.8	1472.3	9156	3038	

2. 项目实施阶段

1）施工过程

（1）本项目路基工程分两次招标，5、12、13 标段和 1-4、6-11 标段。作为控制工程的

5、12、13标段于2003年9月开工,1-4、6-11标段于2004年4月开工。为尽早实现投资效益以及为了满足社会需要,本项目施行了分阶段交工,3-13标段于2005年12月交工,1、2标段于2008年1月交工。

(2)路面工程14、15标段于2005年12月完成中下面层铺筑工作,于2007年7月完成全线表面层铺筑工作。

(3)管理处要求参与者按照"严细认真,一丝不苟,精益求精,力求完美"的思路,狠抓工程质量管理。

(4)严格落实"政府监督,社会监理,企业自检"制度,对不同时期的单项、分项工程严格落实责任人,一抓到底。

(5)2005年12月12日,京承高速公路建设管理处组织了交工验收。

(6)2009年9月,实现与北京段对接,全线贯通。

(7)2014年10月,河北省公路工程质量安全监督站,根据《公路工程质量鉴定办法》,对项目进行了竣工质量鉴定,评分为91.6分,等级为优良。

(8)2014年11月13日,河北省交通运输厅组织成立京承高速公路京冀界至承德段竣工验收委员会,对该项目进行了竣工验收。项目综合评分为94.4分,综合评价等级为优良。

京承高速公路建设生产要素统计见表8-19-13。

京承高速公路建设生产要素统计表　　　　表8-19-13

路线编号	建设时间	钢材(t)	沥青(t)	水泥(t)	砂石料(m³)	机械工(工日)	机械(台班)
G45	2004.4~2005.12	83216	42319	4473111	—	—	—

2)重要决策

(1)2004年4月20日,京承高速公路京冀界至承德段开工。

(2)2005年5月28日,河北省高速公路建设指挥部办公室领导提出要求:"2005年滦平县东营子至市区段55km实现试通车"。

(3)2005年6月3日,工程建设指挥部召开"决战150天动员誓师大会"。

(4)2005年12月31日,滦平县偏桥至承德市区68.5km试通车。

(5)2009年9月27日,与北京段对接,京承高速公路全线贯通。

3)各项活动

2005年6月,承德市高速公路建设指挥部专门召开了"确保施工环境、确保工期目标、确保工程质量、确保施工安全,决战150天必保滦平县东营子至市区段55km试通车誓师动员大会"。

(三)运营养护管理

1.服务设施

全线设置服务区1处,停车区2处(表8-19-14)。

京承高速公路服务设施一览表　　　　表8-19-14

服务区名称	桩号	所在区域	占地(亩)	建筑面积(m²)
安子岭服务区	K1103	滦平县安子岭村	105	9500
金山岭停车区	K1132	滦平县巴克什营镇	18.954	2164
闫营子停车区	K797	承德市高新技术开发区闫营子	33	4500

2. 收费设施

本项目共设置收费站6处(表8-19-15)。匝道出入口数量共计42条,其中ETC车道10条。

京承高速公路收费设施一览表　　　　表8-19-15

收费站名称	桩号	入口车道数		出口车道数		收费方式
		总车道	ETC车道	总车道	ETC车道	
滦河站	K1074+198	2	0	3	0	MTC+ETC
红石砬站	K1085+053	2	1	2	1	
滦平站	K1112+375	2	1	4	1	
偏桥站	K1125+857	2	1	2	1	
金山岭站	K1131+975	1	0	9	2	
承德站	K794+404	6	1	7	1	MTC+ETC

3. 养护管理

本项目养护里程76.709km。

4. 监控设施

本项目设置有滦平隧道所、金山岭隧道所和承德隧道所。

5. 交通流量

2006—2016年京承高速公路交通量情况如表8-19-16、图8-19-4所示。

京承高速公路交通量(自然数)发展状况表　　　　表8-19-16

年份		2006	2007	2008	2009	2010	2011	2012	2013	2014	2015	2016
交通量(辆)	红石砬		4987	180254	207304	269937	245377	289621	268464	279158	264106	341198
	滦平	389307	650541	636260	654196	1163780	1283406	1268010	1369722	1347316	1301877	1460858
	偏桥	1307350	1728587	1868981	2291015	746137	766120	546136	501869	500596	482646	623144
	金山岭				546084	2871446	3342286	3218969	3390063	3373385	4026083	4699501
	合计	1696657	2384115	2685495	3698599	5051300	5637189	5322736	5530118	5500455	6074712	7124701
收费站年平均日交通量(辆/日)		4648	6532	7358	10133	13839	15444	14583	15151	15070	16643	19520

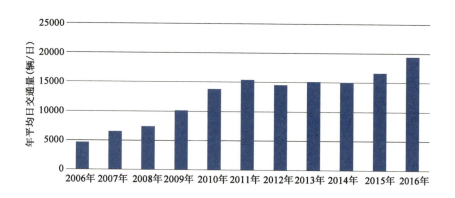

图 8-19-4 京承高速公路收费站年平均日交通量(自然数)增长柱状图

三、大广高速公路京衡段

(一)项目概况

1. 基本情况

1) 功能定位

大广高速公路京衡段是国家高速公路规划网中南北纵线大庆至广州高速公路的重要路段,也是河北省高速公路规划网"五纵、六横、七条线"中固安(京冀界)至大名县(冀豫界)高速公路的重要组成部分。项目建成后,与京港澳、京台、京昆高速公路共同构成四条纵贯河北南北的高速公路大通道,对河北省构筑"东出西联、南北通衢"综合交通运输体系,提升沿线各市县区位优势,提高经济竞争力,改善沿线地区投资环境,拉动区域经济增长,建设沿海经济社会发展强省,具有十分重要的意义。

2) 技术标准

采用双向六车道,设计速度 120km/h,路基宽度 34.5m。平曲线最小半径 2500m,最大纵坡 2.82%。

3) 建设规模

本项目全长 187.087km,在固安、吉城、牛驼、霸州、大魏庄、雄县、鄚州、任丘南、庞口、西演、尚村、肃宁、饶阳、深州、榆科设置 15 处互通式立交,预留双堂、任丘北 2 处互通式立交。设有主线收费站 1 处,匝道收费站 11 处,服务区 5 处,停车区 2 处,养护工区 3 处,监控通信分中心 1 处。

4) 主要控制点

主要控制点有:固安县城西(京冀界)、吉城枢纽(廊涿高速公路)、霸州市、大魏庄枢纽(保津高速公路)、雄县东、任丘西、西演枢纽(保沧高速公路)、肃宁西、饶阳西、榆科枢纽(黄石高速公路)和项目终点。

5) 地形地貌

本项目经过的北部区域地势自西北向东南方向平缓倾斜,自然坡降为1/2600,为永定河、大清河冲积、洪积平原。南部区域地处滹沱河古冲洪积扇及其与滏阳河沉积的交错地带,地表平坦开阔,地貌类型单一,地势由西南向东北倾斜,最低海拔2.1m,最高海拔26.5m。

6) 路面及主要构造物

本项目采用沥青混凝土路面结构:4cmAC-13C改性沥青混凝土,6cmAC-16C中粒式改性沥青混凝土,10cmAC-25C粗粒式沥青混凝土(改性沥青混凝土),18cm水泥稳定碎石上基层,18cm石灰粉煤灰稳定碎石基层,20cm石灰粉煤灰稳定土底基层。

主要构造物采用简支梁桥、连续梁桥和连续钢梁桥。

7) 投资规模

本项目批复概算总投资100.47亿元,概算调整为102.26亿元,资本金32.06亿元(其中交通运输部补助12亿元),其余建设资金由银行贷款解决。竣工决算总投资为102.24亿元。

8) 开工及通车、竣工时间

本项目自2007年12月2日开工建设,2010年12月交工通车,2016年1月完成竣工验收。

2. 前期决策情况

(1) 国家发展与改革委员会《关于河北省固安(京冀界)至深州公路可行性研究报告的批复》(发改交运〔2007〕1898号)。

(2) 交通部《关于大广公路固安(京冀界)至深州段高速公路初步设计文件的批复》(发改交运〔2007〕1898号文)。

(3) 河北省交通厅《关于大广公路固安(京冀界)至深州段施工图设计文件审查意见及批复》。

(二)建设情况

1. 项目准备阶段

1) 项目审批

该项目严格执行了交通基本建设程序,从预可行性研究、工程可行性研究、初步设计、施工图设计、工程施工、监理招投标到工程开工报告的审批,各个环节手续齐全,具体如下：

(1)2005年7月25日，国家发展和改革委员会以《关于河北省固安(京冀界)至深州公路项目建议书的批复》(发改交运〔2005〕1358号)批准立项。

(2)2006年2月17日，国家环境保护总局以《关于大广公路固安(京冀界)至深州段环境影响报告书的批复》(环审〔2006〕80号)批复了环境影响报告书。

(3)2006年1月24日，水利部以《关于大广公路固安(京冀界)至深州段水土保持方案的复函》(水保函〔2006〕42号)批复了水土保持方案。

(4)2007年8月3日，国家发展和改革委员会以《关于河北省固安(京冀界)至深州公路可行性研究报告的批复》(发改交运〔2008〕1898号)批复了可行性研究报告。

(5)2007年11月2日，交通部以《关于固安(京冀界)至深州公路初步设计的批复》(交公路发〔2007〕612号)批复了初步设计。

(6)2008年3月20日，河北省交通厅公路管理局以《关于大广公路固安(京冀界)至深州段高速公路主体工程施工图设计的批复》(冀交公路〔2008〕59号)批复了主体工程施工图的设计。

(7)2008年10月13日，国土资源部以《国土资源部关于固安(京冀界)至深州公路工程建设用地的批复》(国土资函〔2008〕665号)批准了工程建设用地。

(8)2008年12月30日，交通运输部批复了《大广公路固安(京冀界)至深州段高速公路施工许可申请书》。

2)资金筹措

本项目批复概算总投资100.47亿元，资本金32.06亿元，其余建设资金68.41亿元由申请银行贷款解决。竣工决算总投资为102.05亿元，与概算相比超出1.58亿元。

3)合同段划分及招投标

(1)合同段划分

根据各专业的工程内容，标段划分情况见表8-19-17。

①设计标段划分：设计招标全线分为2个合同段。

②施工标段划分：路基桥涵工程共分为18个施工合同段；路面工程共分为12个施工合同段；房建工程共分为8个施工合同段；交通安全设施共分为5个类别，40个合同段；绿化及声屏障工程共分为2个类别，16个合同段；机电工程为1个合同段。

③施工监理标段划分：路基桥涵工程共分为8个合同段，包括1个总监办和7个驻地办；路面工程共分为6个合同段；房建工程共分为3个合同段；机电工程共1个合同段。

(2)招投标

按照《中华人民共和国招投标法》《公路工程施工招标投标管理办法》《公路工程施工

第八章 高速公路建设项目

大广高速公路京衡段合同段划分一览表

表 8-19-17

参建单位	类型	参建单位名称	合同段编号及起讫桩号	标段所在地	主要内容	主要负责人
项目管理单位		河北省大广高速公路京衡段筹建处				苏国柱
勘察设计单位	土建工程设计	河北省交通规划设计院	冀京界至廊保界及保沧高速公路至石黄高速公路		冀京界至廊保界及保沧高速公路至石黄高速公路段土建工程、交通安全设施、绿化工程、环保工程	赵彦东
		中交桥梁技术有限公司	廊保界至保沧高速公路段		廊保界至保沧高速公路段土建工程、绿化工程、交通安全设施施工图设计、环保工程	鲍玉刚
施工单位	路基桥涵工程	天津城建集团有限公司	LQ1:K1354+000～K1354+701.2	固安县	永定河特大桥路基桥涵工程	李树楷
		邯郸市光太公路工程有限公司	LQ2:K1354+701.2～K1367+801.2	固安县	含固安互通、吉城互通路基桥涵工程	徐 莆
		中交一公局第一工程有限公司	LQ3:K1367+801.2～K1383+801.2	固安县	路基、桥涵工程路基桥涵工程	冯 浩
		甘肃顺达路桥建设有限公司	LQ4:K1383+801.2～K1396+502.100	固安县、霸州市	含牛驼互通、霸州互通路基桥涵工程	龙运东
		山东黄河工程集团有限公司	LQ5:K1396+502.100～K1409+517.85	雄县	含大魏庄枢纽互通路基桥涵工程	韩克伟
		河北路桥集团有限公司	LQ6:K1409+517.85～K1417+517.85	雄县、任丘市	含新盖房分洪道特大桥、雄县互通路基桥涵工程	崔洪峰
		廊坊市交通公路工程有限公司	LQ7:K1417+517.85～K1425+717.85	雄县、文安县、任丘市	含赵王新河、小白河分洪道特大桥路基桥涵工程	李栋材
		中铁十四局集团第四工程有限公司	LQ8:K1425+717.85～K1442+717.85	任丘市	含鄚州互通路基桥涵工程	黄聚生
		中铁十一局集团第二工程有限公司	LQ9:K1442+717.85～K1457+617.85	任丘市	含任丘南互通路基桥涵工程	罗 仑
		邢台路桥建设总公司	LQ10:K457+617.85～K1470+806.390	任丘市、高阳县	含庞口互通、西演板纽互通除保沧高速公路主线以外的其他路基桥涵工程、加上西演板纽互通工程量	马超祥
		中交一公局桥隧工程有限公司	LQ11:K1470+806.390～K1486+689.66	高阳县、肃宁县	含尚村互通路基桥涵工程	刘仁旭

续上表

参建单位		类型	参建单位名称	合同段编号及起讫桩号	标段所在地	主要内容	主要负责人
施工单位	路基桥涵工程		中铁十六局集团第二工程有限公司	LQ12：K1486+689.606~K1487+289.66	肃宁县	下穿朔黄铁路箱涵（K132+882），在桥梁两侧根据实际情况预留出足够施工场地（短链17m）路基桥涵工程	范忠泉
			中铁十九局集团第四工程有限公司	LQ13：K1487+289.66~K1503+884.88	蠡县、肃宁县、饶阳县	含肃宁互通路基桥涵工程	王德福
			中交一公局第五工程有限公司	LQ14：K1503+884.88~K1510+784.88	饶阳县	含滹沱河特大桥路基桥涵工程	孙永平
			河北广通路桥工程有限公司	LQ15：K1510+784.88~K1518+384.88	饶阳县	含饶阳互通、滹沱河分洪、幸福渠大桥路基桥涵工程	张伟
			山东泰山路桥工程有限公司	LQ16：K1518+384.88~K1527+84.88	饶阳县、深州市	含杨各庄渠大桥路基桥涵工程	刘峻青
			中铁六局集团有限公司	LQ17：K1527+84.88~K1529+384.88 K1529+384.88~K1535+284.88	饶阳县、深州市	（K174+188）上跨京九桥，两侧留出足够的桥梁施工场地（铁路西750m+东350m）路基桥涵工程	张魁
			中铁七局集团有限公司	LQ18：K1535+284.88—K1541+140	深州市	含深州互通、榆枓枢纽互通路基桥涵工程	王永波
	路面工程		河北路桥集团有限公司	LM1：K1354+000~K1367+801.2	固安县	负责相关标段路面工程、安全设施和预埋管线的施工	王志斌
			中交一公局第二工程有限公司	LM2：K1367+801.2~K1382+801.2	固安县	负责相关标段路面工程、安全设施和预埋管线的施工	王福和
			中铁三局集团第二工程有限公司	LM3：K1382+801.2~K1396+385.05	固安县、霸州市	负责相关标段路面工程、安全设施和预埋管线的施工	马国良
			辽宁省路桥建设有限公司	LM4：K1396+502.100~K1409+517.85	霸州市、雄县	负责相关标段路面工程、安全设施和预埋管线的施工	鲁荣刚
			北京市公路桥梁建设集团有限公司	LM5：K1409+517.85~K1425+717.85	雄县、文安县、任丘市	负责相关标段路面工程、安全设施和预埋管线的施工	樊永义
			衡水路桥工程有限公司	LM6：K1425+717.85~K1441+717.85	任丘市	负责相关标段路面工程、安全设施和预埋管线的施工	屈会杰

第八章 高速公路建设项目

续上表

参建单位	类型	参建单位名称	合同段编号及起讫桩号	标段所在地	主要内容	主要负责人
施工单位	路面工程	科达集团股份有限公司	LM7：K1441+717.85～K1457+617.85	任丘市	负责相关标段路面工程、安全设施和预埋管线的施工	高旺平
		河北广通路桥工程有限公司	LM8：K1457+617.850～K1471+394.93	任丘市、高阳县	负责相关标段路面工程、安全设施和预埋管线的施工	王耀阁
		中交二公局第六工程有限公司	LM9：K1470+806.390～K1487+389.66	高阳县、肃宁县	负责相关标段路面工程、安全设施和预埋管线的施工	陈兴
		中交二公局第六工程有限公司	LM10：K1487+389.66～K1505+261.88	蠡县、肃宁县、饶阳县	负责相关标段路面工程、安全设施和预埋管线的施工	秦词峰
		中交第二航务工程局有限公司	LM11：K1505+261.88～K1527+84.88	饶阳县、深州市	负责相关标段路面工程、安全设施和预埋管线的施工	宋宗平
		中交一公局第三工程有限公司	LM12：K1527+84.88～K1541+140	饶阳县、深州市	负责相关标段路面工程、安全设施和预埋管线的施工	李文清
		邢台路桥建设总公司				

招标资格预审办法》《公路工程施工招标评标办法》等法律法规的要求,项目法人单位按照"公开、公平、公正"的原则分阶段进行了勘察设计、施工及监理单位的招标工作。

①设计单位招标情况

大广高速公路京衡段设计招标全线分为2个合同段。自2004年4月发布招标公告起,至2005年12月底,经过招标、投标、开标、评标、公证,最后确定中标候选人。

②路基桥涵施工、监理单位招标情况

路基桥涵工程施工和施工监理同时进行资格预审和招标,全线共分为18个施工合同段和8个监理合同段。自2007年10月18日发布资格预审公告起,至2008年8月底,经过招标、投标、开标、评标、公证,最后确定中标候选人。

③路面施工、监理单位招标情况

路面工程施工和施工监理同时进行资格预审和招标,全线共分为12个施工合同段和6个监理合同段。自2009年7月19日发布资格预审公告起,至2009年10月23日,经过招标、投标、开标、评标、公证,最后确定中标候选人。

④房建工程招标情况

房建工程施工和施工监理同时进行资格预审和招标,全线共分为8个施工合同段、3个监理合同段。自2009年3月30日发布招标公告起,至2009年7月27日,经过招标、投标、开标、评标、公证,最后确定中标候选人。

⑤交通安全设施招标情况

交通安全设施施工招标共分为5个类别,40个合同段,按国内竞争性招标方式进行。自2010年3月15日发布招标公告起,至2010年8月8日,经过招标、投标、开标、评标、公证,最后确定中标候选人。

⑥绿化及声屏障工程招标情况

大广高速公路京衡段绿化及声屏障工程施工招标共分为2个类别,16个合同段,按国内竞争性招标方式进行。自2010年5月26日发布招标公告起,至2010年8月20日,经过招标、投标、开标、评标、公证,最后确定中标候选人。

⑦机电工程招标情况

机电工程施工和施工监理同时进行资格预审和招标,全线共分为1个施工合同段、1个监理合同段。自2009年11月12日发布招标公告起,至2010年1月31日,经过招标、投标、开标、评标、公证,最后确定中标候选人。

4)参建单位主要情况

(1)建设单位

本项目建设单位是河北省道路开发中心(现已合并为河北高速公路管理局),项目执行机构是河北省大广高速公路京衡段筹建处。

(2) 设计单位

本项目勘察设计单位共有4个,河北省交通规划设计院为总体设计单位,其中主体土建工程、交通安全设施及绿化由河北省交通规划设计院和中交桥梁技术有限公司设计,房屋建筑工程由河北省建筑设计研究院设计,机电工程由北京交科公路勘测设计研究院设计。

(3) 施工单位

施工单位详见表8-19-17。

5) 征地拆迁

全线共征用永久占地21881.469亩(表8-19-18),砍伐树木654766棵,拆迁民房20726m^2,拆迁电力电信线路985处,拆迁经营实体51个。征拆工作既是一项复杂繁重、政策性强的工作,又是一项决定工程建设能否顺利进行的关键性工作,为了做好征地拆迁工作,做了如下几方面工作:

(1) 超前谋划,制定办法。征地拆迁及地方工作,政策性强,涉及面广,同时牵涉到沿线征拆单位和个人的利益。为此,筹建处认真总结以往高速公路建设征地拆迁的先进经验,结合本路段实际情况,明确了征地拆迁及地方工作目标,制定了《征地组卷指导书》《征地拆迁及地方工作指导书》《取土用地管理办法》《临时用地管理办法》等文件,并建立了地方工作周报制度、筹建处与地方指挥部定期会商制度、施工单位地方工作考核制度等一系列规章制度,规范了工作程序与工作方法,使征地拆迁和地方工作有章可循,提高了工作效率。

(2) 广泛宣传,营造氛围。一是大力宣传该项目修建的重要意义,充分赢得沿线群众的理解和支持。二是通过电视台、宣传栏、标语等形式宣传征地拆迁标准、国家政策的严肃性,打消个别人想多赔偿的幻想。三是邀请省内主流媒体对沿线土源落实进度严重滞后情况进行了报道,引起地方领导的高度重视,促进了各地的征地、拆迁和土源落实进度。

(3) 多措并举,灵活推进。全线电力电信拆迁数量大,涉及电力、电信、移动、网通、石油、部队等二十多个产权单位,是拆迁中的重点,筹建处通过与县市高指办签订协议,与电力电信产权部门签订拆迁协议,委托施工单位进行拆迁等方法进行拆迁,加快了拆迁进度。针对经营企业拆迁是拆迁工作中的难点,涉及行业多,补偿标准不明确,部分产权人

大广高速公路京衡段征地拆迁统计表　　　　表8-19-18

项目名称	征地拆迁安置起讫时间	征用土地(亩)	拆迁房屋(m^2)	补偿费用(万元)	备注
大广高速公路京衡段	2008年底前全部完成	21881.469	20726	143602.3823	

要价过高,协商洽谈难度大等问题,筹建处一方面通过高指办、乡镇等部门与产权人进行协商,明确补偿原则、补偿标准,促使产权人自觉支持高速公路建设;另一方面对补偿费用差距较大的,与征拆方共同委托有资质的评估公司进行评估,根据评估结果,协调补偿费用,确保了补偿合规、合理。

(4)和谐相处,实现共赢。本着"以人为本,合情合理"的原则,对地方提出的边角地、隔断井、地方路损坏维修等合理诉求认真及时解决,以赢得当地政府和群众的理解和支持,加快了征拆进度,实现了共赢。

2. 项目实施阶段

1)施工过程

(1)路基桥涵工程:2008年9月30日开工,2010年11月完成。

(2)本项目于2008年12月30日由交通运输部批准开工许可申请书,2010年12月交工。

(3)路面工程:2009年8月20日开工,2010年11月完成。

(4)房建工程:2009年9月30日开工,2010年11月完成。

(5)机电工程:2010年4月2日开工,2010年12月完成。

(6)绿化及声屏障工程:2010年9月20日开工,2011年11月完成。

(7)大力推进"六项活动"的开展,重点推进"七项制度"的落实,对关键工艺、关键工序严格把关,争创精品工程,实行"台背填筑"等专项管理,有效地提高了工程质量和工程进度。

(8)重视技术创新,与高校及科研机构合作,开展多项发明专利及科研课题,为项目的顺利实施提供了强有力的技术支撑。

(9)项目于2010年12月交工。

大广高速公路京衡段建设生产要素统计见表8-19-19。

大广高速公路京衡段建设生产要素统计表 表8-19-19

路线编号	项目名称	建设时间	钢筋(t)	沥青(t)	水泥(t)	砂石料(m^3)	机械工(工日)	机械(台班)
G45	大广高速公路京衡段	2008.12~2010.12	214487	149456	982753	9665215.28	4318964	3408662

2)重要决策

(1)2007年12月2日,大(庆)广(州)高速公路京衡段在深州举行开工奠基仪式。省长郭庚茂、副省长张和、省交通厅厅长焦彦龙等有关领导出席。

(2)2010年12月24日上午10时,大广高速公路河北段建成通车仪式在深州服务区举行(图8-19-5)。河北省省长陈全国,副省长宋恩华,省长助理、省政府秘书长尹亚力,省政府副秘书长曹汝涛,省政府相关部门负责同志,沿线各市县区政府主要负责同志参加了通车仪式,省长陈全国宣布大广高速公路河北段通车。

图 8-19-5　大广高速公路河北段建成通车仪式

3)各项活动

(1)精心组织,大力推进质量年活动的开展。

为进一步增强质量意识、全面推进精细化管理、全面提升工程建设者素质、全面落实规范化施工,筹建处自 2009 年 3 月开始推行质量年活动,成立了组织机构、落实了各部门职责、明确了总体目标、制订了实施细则。

(2)大力推动"六项活动"的开展。

①开展了群众献计献策活动。

②加强招标监督管理活动。

③开展提高设计质量活动。

④开展提高施工质量活动。

⑤开展"监理企业树品牌、监理人员讲责任"的行业新风建设活动。

⑥开展征集评选优秀论文活动。

(三)复杂技术工程

滹沱河分洪道特大桥上部结构采用先简支后连续预应力 T 梁结构,下部结构桥墩采用柱式桥墩、DX 桩基础;桥台采用肋板式台,钻孔灌注桩基础。复杂技术特征有:

(1)T 梁的吊运:T 梁未设吊环,采用兜托梁底吊法。T 梁吊装就位后,进行普通横隔梁湿接缝、翼板湿接缝及墩顶横隔梁的施工,以尽早形成整体受力状态,保证 T 梁稳定。

（2）本桥下部结构桩基采用多节三岔（DX）挤扩灌注桩，受力机理明确合理，大幅提高承载能力；其成桩质量可靠，单桩承载力高，节约成本，缩短工期；低噪声，低振动，泥浆排放量小，符合环保要求；机械化程度高，施工过程可监测控制，具有显著的经济效益、社会效益、环境效益。

（四）科技创新

河北省高速公路京衡管理处在项目管理创新、技术创新、技术推广上实现了新的突破。其中4项获得河北省科技进步三等奖，3项分别获得河北省交通运输厅科技成果一、二、三等奖。

（1）设计方面。"高速公路线形安全性设计及评价"课题研究，获河北省科技进步三等奖。通过对高速公路路线安全性评价，指导路线的初步设计和施工图设计，有效提高高速公路的安全性，减少了高速公路交通事故隐患。

（2）结构方面。一是"高速公路中小跨径桥梁整体受力结构优化研究"课题，获河北省科技进步三等奖，解决了高速公路中小跨径桥梁的单板受力问题，为高速公路中小跨径桥梁的建设提供了更为优化的设计依据。二是"DX挤扩灌注桩技术在大广高速公路京衡段桥梁应用"课题，在滹沱河分洪道特大桥和幸福渠大桥上的推广应用，创造了河北省特大桥大孔径挤扩桩基的历史，节约投资近2000万元。

（3）路面方面。一是"倒装式柔性沥青路面结构设计研究"课题，获河北省科技进步三等奖，完善了倒装式柔性基层沥青路面结构设计，节约了养护成本，降低了裂缝、水损坏等病害的发生。二是"不同种类改性沥青混合料路用性能对比研究"课题，获省交通运输厅科技成果二等奖，为沥青路面混合料改性剂的选择和用量提供了参考，提高了沥青路面的性能，延长了路面的使用期限。

（4）智能交通方面。"基于视频图像的交通事件自动检测系统的研究"成果在本路中得到应用。通过准确、快速地对交通异常和交通事件进行检测，达到快速救援、快速设置、快速恢复交通的效果。

（5）财务方面。"工程保业务在大广高速公路京衡段建设资金管理中心的应用"获交通运输部"交通运输行业财务审计工作创新成果优秀奖"。该项成果可避免发生工程借款等违规操作，解决了施工单位资金短缺的问题，确保了工程进度。

（五）运营养护管理

1. 服务设施

全线设置饶阳、雄县2处停车区（表8-19-20）。

第八章 高速公路建设项目

大广高速公路京衡段服务设施一览表　　　　表8-19-20

高速公路编码	服务区名称	桩号	所在区域	占地(亩)	建筑面积(m²)
G45	深州服务区	K1532+200	辰时镇	90.045	6781
G45	饶阳停车区	K1519+700	王同岳乡	30	2500
G45	肃宁服务区	K1484+500	付佐乡	79.5	6464
G45	西演服务区	K1464+506	西演镇	90	7500
G45	任丘服务区	K1427+133	于村乡	80	6464
G45	雄县停车区	K1408+521	双堂镇	30	2800
G45	牛驼服务区	K1378+401.2	牛驼镇	105	9000

2. 收费设施

本项目共设置收费站13处,ETC车道28条(表8-19-21)。

大广高速公路京衡段收费设施一览表　　　　表8-19-21

高速公路编码	收费站名称	桩号	收费站位置类型	入口车道数		出口车道数		收费方式
				总车道数	ETC车道	总车道数	ETC车道	
G45	冀京固安主线收费站	K1355+501.2	主线站	12	2	24	2	
G45	固安收费站	K1358+200	匝道站	3	1	4	1	
G45	牛驼收费站	K1383+750	匝道站	2	1	3	1	
G45	霸州收费站	K1392+700	匝道站	4	1	7	1	
G45	雄县收费站	K1413+200	匝道站	3	1	5	1	
G45	鄚州收费站	K1432+600	匝道站	3	1	5	1	MTC+ETC
G45	任丘南收费站	K1452+200	匝道站	2	1	5	1	
G45	高阳收费站	K1460+200	匝道站	2	1	2	1	
G45	尚村收费站	K1482+000	匝道站	2	1	2	1	
G45	肃宁收费站	K1489+800	匝道站	2	1	5	1	
G45	饶阳收费站	K1513+700	匝道站	2	1	5	1	
G45	深州收费站	K1536+100	匝道站	2	1	4	1	
G45	白洋淀收费站	K8+500	支线主线站	5	1	8	1	

3. 养护管理

本项目养护里程187.087km,设置3处养护工区(表8-19-22)。

大广高速公路京衡段养护设施一览表　　　　表8-19-22

高速公路编码	养护工区名称	桩号	养护路段长度(km)	占地面积(亩)	建筑面积(m²)	星级	备注
G45	牛驼养护工区	K1383+750	59.75	15.73	2809.49	三星级	
G45	任丘南养护工区	K1452	81.926	23.56	2910.01		
G45	饶阳养护工区	K1513+700	59.981	30.26	2258.1		

4. 交通流量

2011—2016年大广高速公路京衡段交通量情况如表8-19-23、图8-19-6所示。

大广高速公路京衡段交通量（自然数）发展状况表　　表 8-19-23

年　份		2011	2012	2013	2014	2015	2016
交通量（辆）	固安主线收费站	7902035	9318094	12595427	16463897	12973637	15811682
	固安收费站	947731	1998508	2702912	3359962	4554782	6421905
	牛驼收费站	382245	446897	973313	1226533	1282852	1518783
	霸州收费站	1286927	1592946	1569170	1697564	1751537	2521108
	雄县收费站	348164	319785	516894	566516	685728	735572
	白洋淀收费站			236862	477681	584766	722310
	鄚州收费站	3027313	4010922	3822882	4185824	3425129	3876992
	任丘南收费站	1556406	1839594	1860481	2178686	2528636	3290680
	高阳收费站	402244	728856	700439	656970	735842	1352658
	尚村收费站	460199	551069	718166	888391	943047	1152446
	肃宁收费站	730010	1118440	1288867	1414629	1441480	1656581
	饶阳收费站	1302016	1584857	2138013	2511884	2532513	2923485
	深圳收费站	806052	924888	907249	989141	792451	1213247
	合计	19151342	24434856	30030675	36617678	34232400	43197449
收费站年平均日交通量（辆/日）		52469	66945	82276	100322	93787	118349

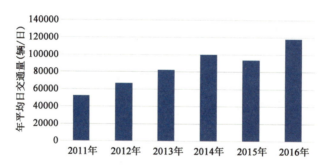

图 8-19-6　大广高速公路京衡段收费站年平均日交通量（自然数）增长柱状图

四、大广高速公路衡大段

（一）项目概况

1. 基本情况

1）功能定位

大广高速公路衡大段是国务院审批通过的国家高速公路"7918"网中大庆至广州高速公路中的重要路段，也是河北省"五纵六横七条线"高速公路网络中"纵三"的重要组成部分。本项目连接东北、华北、华中与华南，是东北与华北联系的第三通道。

2）技术标准

项目起点至邓家庄互通段为扩建段，长 33.452km，将既有衡小高速公路榆科互通至衡水北互通段21.452km及既有衡德高速公路衡水北互通至邓家庄互通段12km在四车道高速公路基础上扩建为八车道，路基宽度42m（衡小高速公路衡水北互通至大麻森段2.89km，四车道，路基宽度27.5m，目前作为大广高速公路衡水支线运营使用）；其余路段采用六车道标准新建，路基宽度34.5m。平曲线最小半径1100m，最大纵坡2.382%。

3）建设规模

本项目建设里程长221.47km，其中：特大桥7157m/5座；大桥3547m/17座；中桥1281m/24座；小桥168m/29座；涵洞105道（不含互通区内构造物）；桥梁长度占路线总长度的5.5%；互通式立交16处；分离式立交41处（其中铁路分离式立交3处），通道308处；天桥27座；主线收费站1处，匝道收费站11处；服务区（停车区）8处；养护工区4处，监控通信分中心1处，房建工程总建筑面积68641m^2。

4）主要控制点

主要控制点：衡水市[深州、桃城区、枣强县、冀州4个县（市）]、邢台市[南宫、威县2个县（市）]、邯郸市[邱县、曲周县、广平县、大名县4个县（市）]，共计3个市、10个县（市）、27个乡镇。

5）地形地貌

属平原地貌，多为亚黏土、亚砂土、黏土、粉砂、细砂，地势南高北低、西高东低。

6）路基路面及主要构造物

项目采用集水净化渗透排水技术解决下挖通道积水问题，使全线路基高度平均降低1.6m，社会、经济和环境效益显著。

路面主要采用两种结构形式：

(1)4cmSAC-16沥青混凝土，8cmSAC-25沥青混凝土，38cm水泥稳定碎石基层，38cm二灰土基层。

(2)4cmAC-13改性沥青混凝土，上封层，6cmAC-20改性沥青混凝土，10cmATB-25沥青稳定碎石，18cm水泥稳定级配碎石，18cm二灰碎石，20cm二灰稳定土。

主要构造物采用连续梁桥和组合梁桥和简支梁桥结构。

7）投资规模

项目概算投资113.87亿元。

8）开工及通车、竣工时间

2009年3月开工建设，2010年12月交工通车。

2. 前期决策情况

1）前期决策背景

大广高速公路衡大段是国务院审批通过的国家高速公路"7918"网中大庆至广州高速公路中的重要路段，也是河北省"五纵六横七条线"高速公路网络中"纵三"的重要组成部分,是交通运输部第三批勘察设计典型示范工程。按照省政府提出的提速工作过程、提高服务质量的"双提"要求,根据河北省高速公路建设指挥部《高速公路"6+1"项目前期工作安排意见》,督促加快大广公路冀京界至冀豫界段开工建设。

2)前期决策过程

河北省交通厅公路管理局于2003年以冀交函字〔2003〕82号文下达了《关于阿深公路冀京界至冀豫界段项目工程可行性研究报告意见的函》,河北冀威公路工程咨询有限公司于2005年5月完成该项目预可行性研究报告的编制工作。

(1)2005年11月10日,国家发展和改革委员会以发改交运〔2005〕2353号文批复了《关于河北省深州至大名县(冀豫界)公路项目建议书》。

(2)2006年7月5日,河北省交通厅召开"大广高速公路深州至大名县段工程可行性研究报告"咨询评估会。

(3)2007年5月16~19日,在北京召开"大庆至广州高速公路深州至大名县段工程可行性研究"现场评审会。

(4)2007年10月29日,国家发改委以发改交运〔2007〕2851号文批复《大广高速公路深州至大名县段项目可行性研究报告》。

(5)2007年1月26日,国土资源部以国土资预审字〔2007〕15号文下发了《关于大广高速公路深州至大名县(冀豫界)段项目建设用地预审意见的复函》。

(6)2008年3月4~6日,交通部在石家庄组织召开了河北省大广高速公路深州至大名县段初步设计现场审查会暨典型示范工程技术咨询会。

(7)2008年7月12日,河北省交通厅公路管理局组织专家在石家庄召开了大广高速公路深州至大名县(冀豫界)段施工图设计审查会。

(二)建设情况

1.项目准备阶段

1)项目审批

该项目严格执行了交通基本建设程序,从预可行性研究、工程可行性研究、初步设计到施工图设计的审批,各个环节手续齐全,具体如下:

(1)2005年8月25日,河北省地震安全评定委员会以冀震安〔2005〕83号文批复《大广高速公路深州至大名县(冀豫界)段建设场地地震安全性评估报告》。

(2)2005年9月13日,河北省文物局以冀文物函〔2005〕70号文复函《大广高速公路深州至大名县(冀豫界)段文物调查及选址意见》。

(3)2005年10月17日,河北省安全生产宣传教育中心以冀安全宣教〔2005〕62号文批复《大广高速公路深州至大名县(冀豫界)段安全与评价报告》。

(4)2005年10月27日,河北省国土资源厅以冀国土资储压字〔2005〕30号文批复《大广高速公路深州至大名县(冀豫界)段压覆矿产资源》。

(5)2005年11月10日,国家发展和改革委员会以发改交运〔2005〕2353号文批复《关于深州至大名县(冀豫界)公路项目建议书》。

(6)2006年6月29日,河北省地震局安全评定委员会以冀震安〔2006〕70号文批复《大广高速公路深州至大名县(冀豫界)段建设场地地震安全性评价报告(补充)》。

(7)2006年7月10日,河北省国土资源厅完成了大广高速公路深州至大名县(冀豫界)段建设项目地址灾害危险性评估报告备案登记。

(8)2006年8月6日,水利部海河水利委员会以海建管〔2006〕42号文批复《大广高速公路深州至大名县(冀豫界)段漳河特大桥、大名县泛区防洪评价报告》。

(9)2007年8月15日,环境保护总局以环审〔2007〕328号文批复《关于大庆至广州高速公路深州至大名县(冀豫界)段环境影响报告书》。

(10)2007年10月29日,国家发展和改革委员会以发改交运〔2007〕2851号文批复《大广高速公路深州至大名县段项目可行性研究报告》。

(11)2007年12月3日,河北省水利厅以冀水建管〔2007〕113号文批复《关于大广高速公路深州至大名县改线段防洪评报告》。

(12)2008年5月8日,国家水利部以水保函〔2008〕118号文复函河北省交通厅国际金融组织贷款项目办公室《关于大庆至广州高速公路深州至大名县(冀豫界)段水土保持方案》。

(13)2008年5月29日,交通运输部以交公路发〔2008〕102号文批复《关于深州至大名县(冀豫界)公路初步设计》。

(14)2008年10月31日,河北省交通厅公路管理局以冀交公路〔2008〕395号文批复《关于大广高速公路深州至大名县段主体工程施工图设计文件》。

(15)2009年3月26日,国土资源部以国土资厅函〔2009〕119号文复函国土厅《关于深州至大名县(冀豫界)公路控制工期的单体工程先行用地》的复函。

(16)2009年8月31日,河北省交通运输厅公路管理局以冀交公〔2009〕391号文批复《关于大广高速公路深州至大名县段房建工程施工图设计文件》。

2)资金筹措

本项目概算总投资113.87亿元,项目资本金39.85亿元,其中自筹28.85亿元,交通部补助11亿元。其余74.02亿元利用国内银行贷款解决。

3)合同段划分及招投标

(1)合同段划分

根据各专业的工程内容,标段划分情况见表8-19-24。

大广高速公路衡大段合同段划分一览表

表8-19-24

参建单位	类型	参建单位名称	合同段编号及起讫桩号	标段所在地	主要内容	主要负责人	备注
项目管理单位		河北大广高速公路衡大段筹建管理处				廖济柙	
勘察设计单位	土建工程设计	中交公路第一勘察设计院			衡水段共84.190km的主体工程(路基、路面、桥涵)设计	赵述增	
		中交公路规划设计院有限公司			邢台段共59.822km的主体工程(路基、路面、桥涵)设计	李智武	
		中国公路工程咨询总公司			邯郸段共76.417km的主体工程(路基、路面、桥涵)设计	刘庆成	
施工单位	路基桥涵施工	中交第二工程局有限公司	LQ1 K1541+153~K1556+950	榆科镇、护驾迟镇、乔屯乡	改扩建段路基、桥涵、路面工程	周建国	
		邢台路桥建设总公司	LQ2 K1556+950~K1566+184	乔屯乡、大麻森乡	改扩建段路基、桥涵、路面工程	杜毅	
		衡水路桥工程有限公司	LQ3 K1566+184~K1572+218.5	大麻森乡	改扩建段路基、桥涵、路面工程	张晓亮	
		中交第一公路工程有限公司	LQ4 K1572+218.5~K1574+605.5	大麻森乡、邓家庄乡	新建段路基、桥涵、路面工程	王福和	
		邢台路桥建设总公司	LQ5 K1574+605.5~K1576+914	邓家庄乡	新建段路基、桥涵、路面工程	孙进省	
		中铁六局集团	LQ6 K1576+922~K1578.000	邓家庄乡	新建段路基、桥涵、路面工程	杨军	
		中铁十七局集团	LQ7 K1585+172~K1586+260	邓家庄乡	新建段路基、桥涵、路面工程	陈述	
		四川武通路桥工程局	LQ8 K1586+268~K1598+684	邓家庄乡、肖张乡、枣强县城关镇	新建段路基、桥涵、路面工程	张培生	

第八章 高速公路建设项目

续上表

参建单位	类型	参建单位名称	合同段编号及起讫桩号	标段所在地	主要内容	主要负责人	备注
施工单位	路基桥涵施工	中交一公局第六工程有限公司	LQ9 K1598+684~K1609.054	寨强镇	新建段路基、桥涵工程	张海腾	
		中铁四局第一公路工程有限公司	LQ10 K1609.054~K1625+815.481	卷子乡、张秀屯、南午村镇	新建段路基、桥涵工程	蔡学为	
		吉林省华一公路建设集团有限责任公司	LQ11 K1625+899.043~K1632+352	明化镇	新建段路基、桥涵工程	霍金荣	
		中交隧道工程局有限公司	LQ12 K1632+352~K1641+162	大高村镇	新建段路基、桥涵工程	戴雨	
		西安萌兴高等级公路工程股份有限公司	LQ13 K1641+162~K1648+397.750	薛吴村乡	新建段路基、桥涵工程	郑云青	
		中城建第二工程有限公司	LQ14 K1648+397.750~K1658+352	侯贯镇	新建段路基、桥涵工程	李国成	
		中铁十七局集团第二工程有限公司	LQ15 K1658+352~K1671+782	常屯乡	新建段路基、桥涵工程	周志伟	
		中铁七局集团有限公司	LQ16 K1671+782~K1674+810	方家营乡	新建段路基、桥涵工程	于英洲	
		中铁一局集团第二工程有限责任公司	LQ17 K1674+810~K1685+749.124	第什营乡	新建段路基、桥涵工程	韩国民	
		中铁五局集团第一工程有限公司	LQ18 K1685+720.939~K1695+980	新马头镇	新建段路基、桥涵工程	胡喜峰	
		中铁二十局集团第六工程有限公司	LQ19 K1695+980~K1706+070	邱城镇	新建段路基、桥涵工程	贺玉龙	
		山东省公路建设(集团)有限公司	LQ20 K1706+070~K1717+192	侯村镇	新建段路基、桥涵工程	宋勇	
		安徽开源路桥有限责任公司	LQ21 K1717+192~K1719+440	东张孟乡	新建段路基、桥涵工程	马林	

续上表

参建单位	类型	参建单位名称	合同段编号及起讫桩号	标段所在地	主要内容	主要负责人	备注
施工单位	路基桥涵施工	中交集团公路一局桥遂工程有限公司	LQ22 K1719+440～K1728+122	东张孟乡、沙圪塔	新建段路基、桥涵工程	刘巍	
		河北广通路桥工程有限公司	LQ23 K1728+122～K1735+750	沙圪塔、杨桥镇	新建段路基、桥涵工程	郭德生	
		中铁二十二局集团第四工程有限公司	LQ24 K1735+750～K1749+049	杨桥镇、铺上乡	新建段路基、桥涵工程	崔猛	
		中铁十七局第三工程有限公司	LQ25 K1749+049～K1751+324.5	铺上乡	新建段路基、桥涵工程	张智勇	
		中交二公局第六工程有限公司	LQ26 K1751+324.5～K1753+823	西末庄乡	新建段路基、桥涵工程	周根龙	
		邯郸市光太公路工程有限公司	LQ27 K1753+823～K1762+138	西末庄乡、旧治乡	新建段路基、桥涵工程	刘承刚	
	路面施工	河北广通路桥工程有限公司	LM1 K1572+213～K1598+684	大麻森乡、邓家庄乡、肖张乡、枣强县城关镇	新建段路面工程	李立新	
		湖北省路桥集团有限公司	LM2 K1598+684～K1625+815.481	刘郝村、卷子乡、南午村镇	新建段路面工程	李庆勇	
		中交二公局第一工程有限公司	LM3 K1625+899.043～K1648+397.750	明化镇、大高村镇、薛吴村乡	新建段路面工程	王福和	
		邢台路桥建设总公司	LM4 K1648+397.750～K1671+782	侯贯镇、常屯乡	新建段路面工程	石敬辉	
		河北省路桥集团有限公司	LM5 K1671+782～K1695+980	方家营乡、第什营乡、新马头镇	新建段路面工程	左小林	
		唐山远大实业集团有限公司	LM6 K1695+980～K1717+192	邱城镇、侯桥镇	新建段路面工程	王燕和	
		中交一公局厦门工程有限公司	LM7 K1717+192～K1735+750	东张孟乡、沙圪塔、杨桥镇	新建段路面工程	秦飞	
		邯郸市光太公路工程有限公司	LM8 K1735+750～K1762+138	杨桥镇、铺上乡、西末庄乡、旧治乡	新建段路面工程	马炎	

①设计标段划分:土建工程设计3个标段,房建工程设计2个标段,绿化工程设计1个标段,机电工程设计1个标段。

②施工标段划分:路基桥涵工程27个标段,路面工程8个标段,机电工程1个标段,房建工程10个标段,绿化工程19个标段,交通安全设施33个标段,声屏障2个标段。

③施工监理标段划分:设1个总监办,10个主线驻地监理标段,5个房建工程监理标段,1个机电工程监理标段。

(2)招投标

按照国家颁布的《招投标法》和交通部颁布的《公路工程施工招标投标管理办法》《公路工程施工招标资格预审办法》《公路工程施工招标评标办法》的要求,由项目法人单位组织招标工作。

①路基桥涵工程施工招标情况

路基桥涵工程施工共分为27个施工合同段。自2008年8月4日至2009年8月5日完成招标工作。

②路面工程施工招标情况

路面工程施工共分为8个施工合同段。自2009年7月23日至2009年11月1日完成招标工作。

③房建工程施工招标情况

房建工程施工共分为10个施工合同段。自2009年5月21日至2009年8月24日完成招标工作。

④机电工程施工招标情况

机电工程施工为1个合同段。自2009年11月16日至2010年4月9日完成招标工作。

⑤交通安全设施施工招标情况

交通安全设施施工按改扩建段和新建段分别招标:

改扩建段交通安全设施工程施工共分为8个合同段。自2010年1月22日至2010年4月15日完成招标工作。

新建段交通安全设施工程施工共分为25个合同段。自2010年4月19日至2010年8月10日完成招标工作。

⑥绿化及声屏障工程施工招标情况

绿化工程招标按改扩建段和新建段分别招标:

改扩建段绿化工程施工共分为2个合同段。自2010年1月22日至2010年4月15日完成招标工作。

新建段绿化工程施工共分为17个合同段。自2010年5月26日至2010年11月2日完成招标工作。

声屏障工程施工共分为 2 个合同段。自 2010 年 6 月 17 日至 2010 年 7 月 14 日完成招标工作。

4）参建单位主要情况

（1）建设单位

本项目建设单位是河北省交通厅国际金融组织贷款项目办公室（现已合并为河北省高速公路管理局），项目执行机构是河北省高速公路衡大筹建处。

（2）设计单位

土建工程设计单位：中交公路第一勘察设计院、中交公路规划设计院有限公司和中国公路工程咨询总公司，其中中交公路第一勘察设计院为勘察设计总协调。

（3）施工单位

施工单位详见表 8-19-24。

5）征地拆迁

（1）设立专门组织机构

河北省高速公路建设指挥部是领导和协调全省高速公路建设的核心机构，大广高速公路衡大段筹建处是项目建设的执行主体，沿线各市、县（区）政府是征地拆迁和维护地方建设环境的责任主体。大广高速公路深州至大名县（冀豫界）段途经衡水、邢台、邯郸 3 个设区市，所属的深州、桃城区、枣强、冀州、南宫、威县、邱县、曲周、广平、大名县 10 个县（市），沿线各级政府均成立了高速公路建设指挥部。指挥部下设办公室，并负责本行政区域内的征地拆迁及地方协调工作。大广高速公路衡大段筹建处地方科具体负责日常工作，与各指挥部之间协调，同时各项目部指派专人负责地方协调工作。三方加强协调沟通，形成合力，全面做好征地拆迁及地方工作。

（2）落实责任制

项目征地拆迁工作实行群众参与，各级政府层层签订责任书，上级负责政策指导协调、拨款包干使用；下级落实任务、工期。筹建处工作人员分组包段到市区县。

（3）积极跑办征地手续

①《国土资源部关于大广高速公路深州至大名县（冀豫界）段项目建设用地预审意见的复函》（国土资预审字〔2007〕15 号）。

②《河北省国土资源厅关于深州至大名县（冀豫界）公路工程建设用地的审查意见》（冀国土资呈字〔2009〕91 号）。

2009 年 5 月 6 日，获交通运输部大广高速公路深州至大名县（冀豫界）施工许可申请书。

（4）现场清点地上附着物

由大广高速公路衡大筹建处与沿线衡水、邢台及邯郸市各区县地方工作指挥部、乡镇、村委会、户主或土地承包人员现场清点地上附着物,经核实后现场确认。

(5)做好征地拆迁工作

大广高速公路深州至大名县(冀豫界)段项目建设用地征拆过程中,省交通厅和沿线各市政府签订《征地拆迁责任书》。按征地拆迁责任书,将征地拆迁费用及时拨付三市指挥部。各市高速公路建设指挥部把征地拆迁任务分解到所辖县(市),再由县(市)分解到乡镇。筹建处及时足额地向各市指挥部拨付征地拆迁专项资金,市指挥部把费用按规定的补偿标准下拨给县(市),再由县(市)逐级下拨。大广高速公路衡大段征地拆迁统计见表8-19-25。

大广高速公路衡大段征地拆迁统计表　　　　　表8-19-25

高速公路编码	项目名称	征地拆迁安置起止时间	征用土地(亩)	拆迁房屋(m²)	补偿费用(万元)	备注
G45	大广高速公路衡大段	2008.1~2009.12	24489.68	27605		

2. 项目实施阶段

1)施工过程

(1)改扩建段分为LQ1~LQ3三个合同,合同工期为33个月。项目于2009年3月15日开工,至2010年6月30日交工,实际施工工期为15个月,提前18个月完工。

桥涵工程自2009年4月28日开工,2010年6月15日交工。

路基工程自2009年4月15日开工,2010年5月2日交工。

路面工程自2010年3月10日开工,2010年6月22日交工。

标志、标线、护栏、隔离栅自2010年5月16日开工,2010年7月15日交工。

绿化工程自2010年6月1日开工,2010年8月31日交工。

(2)新建段自2009年3月15日开工,2010年12月18日交工。

路基工程自2009年3月15日开工,2010年6月15日交工。

路面工程自2010年3月15日开工,2010年11月15日交工。

桥梁工程自2009年3月15日开工,2010年11月30日交工。

标志、标线、护栏、隔离栅自2010年9月1日开工,2010年11月28日交工。

房建工程自2009年10月25日开工,2010年12月12日交工。

机电工程自2010年5月12日开工,2011年7月31日机械完工,2011年12月19日交工。

绿化工程自2010年4月25日开工,2011年12月18日交工。

声屏障工程自2011年5月8日开工,2011年11月20日交工。

(3)开展"全过程、规范化、公开化"的全面质量管理,围绕"提高质量,合理工程造价"总目标,抓关键工艺、工序,树立样板工程,严格控制工程变更,使各项工作顺利开展。

(4)2010年6月30日、12月18日,河北省高速公路管理局组织专家分别对大广高速公路深州至大名县段改扩建段、新建段进行了交工验收。本项目改扩建段交工验收质量评分为98.98分,工程质量等级评定为优良;新建段交工验收质量评分为99.29分,工程质量等级评定为优良。

大广高速公路衡大段建设生产要素统计见表8-19-26。

大广高速公路衡大段建设生产要素统计表 表8-19-26

路线编号	建设时间	钢材(t)	沥青(t)	水泥(t)	砂石料(m³)	机械工(工日)	机械(台班)
G45	2009.3~2010.12	196623	186124	1007359	10004634	4328607	3135596

2)重要决策

2008年12月11日,举行大广高速公路衡大段开工奠基仪式,河北省政府副省长、党组成员、省残疾人联合会主席的宋恩华与时任河北省交通厅厅长、党组书记的焦彦龙参加开工奠基仪式,并发表热情洋溢的讲话。省、市领导共同为大广高速公路深州至大名县(冀豫界)段工程奠基(图8-19-7)。

图8-19-7 大广高速公路衡大段开工奠基仪式

3)各项活动

(1)连续开展了"公路建设质量年""和谐征拆迁年""地方工作重点推进月""大干60天""大干150天劳动竞赛"和"百日攻坚"冬季施工、"百日会战""百日决战"等劳动竞赛活动,掀起了一轮又一轮大干快上的建设高潮,圆满完成了"保质量、保进度、保工期"的任务目标。

(2)积极开展"公路建设质量年"和"水泥混凝土质量通病集中治理月"活动,为争创优质工程奠定基础。

(三)科技创新

河北省高速公路衡大管理处在项目管理创新、技术创新、技术推广上实现了新的突破。其中技术创新有 2 项：

(1)采用渗井技术，实现平原区高速公路低路堤设计。

(2)建造了 GFRP-钢组合结构车行天桥。

(四)运营养护管理

1.服务设施

全线设置 7 处服务区(停车区)(表 8-19-27)。

大广高速公路衡大段服务设施一览表　　　　　表 8-19-27

高速公路编码	服务区名称	桩号	所在区域	占地(亩)	建筑面积(m²)
G45	衡水湖服务区、停车区	K1595+846	衡水市桃城区	50	5000
G45	冀州服务区、停车区	K1623+419	衡水市冀州市	50	3800
G45	威县北服务区、停车区	K1649+142	邢台市威县	50	3800
G45	威县南服务区、停车区	K1675+482	邢台市威县	50	3800
G45	邱县服务区、停车区	K1701+560	邯郸市邱县	50	3800
G45	漳河服务区、停车区	K1738+290	邯郸市大名县段	50	3800
G45	大名县服务区	K1759+780	邯郸市大名县段	80	6500

2.收费设施

本项目共设置收费站 12 座(表 8-19-28)。匝道出入口数量截至 2015 年底共计 106 条，其中 ETC 车道 28 条。

大广高速公路衡大段收费设施一览表　　　　　表 8-19-28

| 收费站名称 | 桩　号 | 入口车道数 | | 出口车道数 | | 收费方式 |
		总车道	ETC 车道	总车道	ETC 车道	
衡水收费站	K1564+029	5	1	9	1	MTC+ETC
衡水南收费站	K1590+407	3	1	5	1	MTC+ETC
桃城收费站	K1570+880	6	2	6	2	MTC+ETC
枣强收费站	K1601+387	3	1	5	1	MTC+ETC
南宫收费站	K1626+928	3	1	5	1	MTC+ETC
常屯收费站	K1654+667	3	1	4	1	MTC+ETC
威县收费站	K1667+954	3	1	4	1	MTC+ETC
邱县收费站	K1692+347	3	1	5	1	MTC+ETC
沙圪塔收费站	K1732+176	3	1	3	1	MTC+ETC
铺上收费站	K1743+700	3	1	3	1	MTC+ETC

续上表

收费站名称	桩　号	入口车道数		出口车道数		收费方式
		总车道	ETC车道	总车道	ETC车道	
大名县收费站	K1753+589	3	1	4	1	MTC+ETC
大名县主线收费站	K1755+300			15	2	

3. 养护管理

本项目养护里程221.47km,设置滏阳、南宫、邱县、铺上4处养护工区(表8-19-29)。

大广高速公路衡大段养护设施一览表　　表8-19-29

养护工区名称	桩　号	路段长度(km)	占地面积(亩)	建筑面积(m²)
滏阳养护工区	K1575+000	49.193	30.6	3020
南宫养护工区	K1630+941	52.054	24	3658
邱县养护工区	K1692+802	59.16	24.75	1020.6
铺上养护工区	K1744+100	60.577	30.75	1548.3

4. 监控设施

本项目设置衡水监控通信分中心,负责全线的运营监管。

5. 交通流量

大广高速公路衡大段交通量情况如表8-19-30、图8-19-8所示。

大广高速公路衡大段交通量(自然数)发展状况表　　表8-19-30

	年　份	2010	2011	2012	2013	2014	2015	2016
交通量(辆)	衡水收费站	52233	3795296	4127066	4513117	5115928	3763785	4054817
	桃城收费站	7834	1003252	1689788	1431840	1505605	2385808	3067314
	衡水南收费站	3629	471634	684923	567473	706041	728893	808245
	枣强收费站	4161	391009	664472	752322	942552	946057	1123389
	南宫收费站	2663	435648	567418	712065	886757	627164	612668
	常屯收费站	2247	254891	304473	406145	619905	831233	973431
	威县收费站	2403	440237	528023	618067	708503	937544	1312249
	邱县收费站	3004	331488	442408	565237	701946	760407	952842
	沙圪塔收费站	2118	62075	229548	279716	401690	380101	416683
	铺上收费站	1485	115130	543307	584287	685567	676681	767368
	大名县收费站	4657	520771	805444	1177867	1205312	1214200	1597560
	大名县省界收费站	7266	2742692	3602503	5273795	6168330	5945902	6206708
	合计	93700	10564123	14189373	16881931	19648136	19197775	21893274
收费站年平均日交通量(辆/日)		257	28943	38875	46252	53831	52597	59982

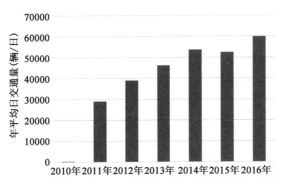

图 8-19-8 大广高速公路衡大段收费站年平均日交通量(自然数)增长柱状图

第二十节 G95(首都地区环线)

G95 全称为首都地区环线高速公路,亦称北京大外环高速公路。途经河北省张家口、涿州、廊坊、承德,以及北京市大兴区、通州区和平谷区等地。路线全长 940km,其中河北省境内约 850km,2016 年底通车里程 774.539km。

河北省境内由大广高速公路单塔子至红石砬段、京承高速公路红石砬至大栅子段、承唐高速公路承德段(大栅子互通至李家营互通)、密涿高速公路廊坊至北三县段、承平高速公路、廊涿高速公路(廊坊至涿州松林店互通)、张石高速公路密涿支线(松林店至榆林互通)、张涿高速公路保定段、张涿高速公路张家口段、京新高速公路(单家堡至胶泥湾)、张石高速公路胶泥湾至京藏高速公路太师庄互通段、京藏高速公路太师庄互通至屈家庄互通、张承高速公路张家口至崇礼段(一期)、张承高速公路崇礼至张承界段(二期)、承张高速公路承德段(承张界至单塔子)15 段组成。其中大广高速公路单塔子至红石砬段与大广高速公路共线,在这里不做叙述;京承高速公路红石砬至大栅子段资料无法分割,详见第十九节京承高速公路,在这里不做叙述;承唐高速公路唐山段(大栅子互通至李家营互通)与长深高速公路共线,在这里不做叙述;承平高速公路尚未建设;京新高速公路(单家堡至胶泥湾)与京新高速公路共线,在这里不做叙述;张石高速公路胶泥湾至京藏高速公路太师庄互通段资料无法分割,详见第二十三节 S31 张石高速公路;京藏高速公路太师庄互通至屈家庄互通与京藏高速公路共线,在这里不做叙述。

(1)密云涿州高速公路是北京大外环高速公路的重要组成部分,自北向南连接京平、京沈二线、京沈、京津、京沪、京台、大广等 9 条高速公路,项目的建成将为北京以南地区至东北地区,河北中南部至承秦唐地区提供高效便捷通道,能够有效改善过境北京交通状况和缓解首都交通压力。

密涿高速公路廊坊至北三县段是河北省高速公路网规划"五纵六横七条线"中"线

三"的重要组成部分,北京段是北京市规划东南部过境运输通道的重要路段,可有效完善区域高速公路网布局;该项目建成后将打通北三县与廊坊市的高速通道,加快构筑廊坊市"两带一轴一中心"的空间格局。

本项目建设里程长50.462km,其中北三县段35.184km(K0+000~K34+942,其中含长链241.89m),广阳区段15.278km(K72+682~K87+959.891),其中白庄子互通以北暂缓实施,实际施工段落29.073km(K5+869~K34+942)。2016年通车里程为44.351km,由廊坊北三县管理处运营养护。采用双向四车道,设计速度120km/h,路基宽度34.5m。平曲线最小半径2000m,最大纵坡2.35%。

(2)廊坊至涿州高速公路涿州至旧州段是河北省高速公路布局规划"五纵六横七条线"中"线三"的重要路段。起点位于涿州松林店互通以西约8km处,京广铁路以西140m,终点位于廊坊市广阳区旧州镇张家务北旧州互通,路线全长58.4km。本项目的建设,对缓解北京市的过境交通压力,实现省会与廊坊及其北部三县的高速连接,对加快河北省"两环开放带动"战略的实现,促进京津冀经济一体化经济圈的形成具有全方位的重要意义和作用。

本项目于2006年2月开工,2008年7月建成通车,由河北省高速公路廊涿管理处负责运营管理养护,全线采用双向四车道高速公路标准建设,考虑预留远期建设六车道的条件。计算行车速度采用120km/h,路基宽度采用28.0m,项目总投资批准概算33.96亿元。

(3)G95(首都地区环线)张石高速公路密涿支线(松林店至榆林互通)段属于首都地区环线的一部分,建设期称为张石高速公路密涿支线,路线位于河北省涿州市境内。

本路线于2007年9月开工建设,于2008年11月建成通车,现由河北交通投资集团公司张石高速公路保定段有限公司负责运营管理养护,运营里程桩号K31+810~K38+450,全长6.64km,设计速度120km/h,双向四车道,路基宽度28.0m。

(4)G95(首都地区环线)张涿高速公路是绕行北京、连接张家口市与西北各省区及京津地区的快速通道,起自张家口市涿鹿县城东北单家堡,与G7京新高速公路相接,在张家口市境内经涿鹿县城东、栾庄、黑山寺、卧佛寺、孔涧、谢家堡,在岔河村东进入保定市,然后经九龙镇、三坡镇、娄村乡、王村乡,在涿州榆林村北接张石高速公路密涿支线,全长155.944km。G95(首都地区环线)张家口至涿州高速公路由两条段组成,分别是张家口市段和保定市段。

①张涿高速公路保定段于2009年9月开工,2013年12月建成通车,由河北省高速公路张涿保定管理处负责运营管理养护,运营里程桩号:K82+714~K155+351,路线全长72.66km,设计速度100km/h,双向四车道,路基宽度26.0m。

②张涿高速公路张家口段于2010年3月开工,2014年3月全线建成通车。由河北省高速公路张涿张家口管理处负责运营管理养护,运营里程桩号K0+087.17~K82+714,

全长82.643km,双向四车道,其中K0+087.17~K59+600段设计速度100km/h,路基宽度28m,K59+600~K82.714段设计速度80km/h,路基宽度26m。

(5)G95(首都地区环线)张承高速公路是河北省"五纵六横七条线"高速公路网布局中"线一"的重要路段。G95(首都地区环线)张承高速公路由两条段三期组成。张家口段分两期建设,承德段分两期建设。张家口段一期工程由崇礼县城北至张家口市沙岭子与京藏高速公路相接;二期由崇礼县城北至张承界。

①张家口一期工程起于京藏高速公路沙岭子,起点桩号K0+000,终于崇礼县城北,终点桩号K62+078,全长62.078km。沿线途经沙岭子、姚家庄、大仓盖乡、桥东区、高家营镇、西湾子。该段于2007年5月开工,2010年9月建成通车,由河北省高速公路张承张家口管理处运营管理养护,双向四车道,设计速度80km/h,整体式路基宽度24.5m。

②张家口二期工程起于崇礼县城北,起点桩号K62+051.24,终于张承界,终点桩号K164+065.7,本项目路线全长102.014km,其中本项目建设里程98.861km,二秦高速公路项目实施的东滩枢纽互通区3.153km。沿线途经西湾子镇、白旗、狮子沟、清三营、占海、莲花滩、西辛营、小河子乡、平定堡、长梁乡。

本项目于2013年5月开工,2015年10月建成通车。由河北省高速公路张承张家口管理处运营管理养护,双向四车道,起点至二秦枢纽互通段设计速度80km/h,路基宽度24.5m;二秦枢纽互通至张承界段设计速度100km/h,路基宽度26.0m。

③G95(首都地区环线)张承高速公路承德段,起于承德市双滦区,起点桩号K164+000,终于张承界,终点桩号K367+483,全长203.483km。沿线途经双滦、滦平、隆化、丰宁3县1区。

该段全线采用双向四车道高速公路标准建设,设计速度100km/h,整体式路基宽度26m,分离式路基宽度13m。一期工程:丰宁互通至终点,全长73.225km,2013年4月1日开工建设。二期工程:丰宁互通至起点,全长130.258km,2013年6月1日开工。全线2015年12月30日正式运营通车,运营管理养护由河北省高速公路张承承德管理处负责。

G95高速公路项目信息见表8-20-1。路线平面示意图如图8-20-1~图8-20-6所示。

一、大广高速公路单塔子至红石砬段

与大广高速公路共线13.5km。

二、京承高速公路红石砬至大栅子段

G95高速公路红石砬至大栅子互通段、G25高速公路承德南出口至大栅子互通段、G45高速公路红石砬至冀京界段因在建设期为一个项目资料无法分割,本节内容详见G45高速公路红石砬至冀京界段。

G95高速公路项目信息表

表8-20-1

项目名称	路段起讫桩号 起点桩号	路段起讫桩号 讫点桩号	规模(km) 合计	车道数	设计速度(km/h)	路基宽度(m)	投资情况(亿元) 估算	投资情况(亿元) 概算	投资情况(亿元) 决算	资金来源	建设时间(开工~通车)	备注
大广高速公路单塔子至红石砬段	K1068+469		22		80	24.5	6	5	5.8			与大广共线13.5km
京承高速公路红石砬至大棚子段		K1085+069	16.6									与长深共线39.3km
长深高速公路大棚子互通至李家营互通			39.3									
密涿高速公路廊坊至北三县段	K5+869	K34+942	29.073		120	34.5	31.431	59.226			2013.5~2016.11	未通车桩号K0+000~K5+869
廊涿高速公路涿州至旧州段项目	K72+682	K87+959.891	15.278									
张石高速公路密涿支线（松林店至榆林互通）	K0+000	K58+400	58.4		120	28.0	31.431	33.960	32.958	自筹、银行贷款	2006.2~2008.7	
张家口至涿州高速公路保定段	K31+810	K38+450	6.64		120	28	3.283	3.032		自筹资本金加银行贷款	2006.11~2008.10	
张家口至涿州高速公路张家口段	K82+694	K155+351	72.66		100	26.0	77.464	87.070		厅自筹、银行贷款、地方自筹	2010.9~2013.12	
京新高速公路单家堡至胶泥湾	上K0+087.17 下K82+694	K82+714 K82+694	82.643	四车道	100/80	28/26	76.220	96.711	110.544	部朴助、银行贷款、地方自筹	2010.3~2014.3	与京新共线
张石高速公路胶泥湾至京藏高速公路太师庄互通			42.5									与张石共线12.2km，详见第23节
京藏高速公路太师庄互通至屈家庄互通			9.7									与京藏高速公路共线
张承高速公路张家口至崇礼段	K0+000	K62+078	62.078		80	24.5	36.260	37.724		地方自筹、银行贷款	2007.05~2010.09	
张承高速公路崇礼至张承界段	K62+051.24	K164+065.7	102.014		80/100	24.5/26	79	78.16		部补贴、地方自筹、银行贷款	2013.5~2015.10	
承德至张家口高速公路承德段	K164+000	K367+483	203.483		100	26.0	217.700	258.200		部补助、银行贷款、地方自筹	2013.4~2015.12	K138+206.785~K141+306.7为二秦高速公路互通，二秦互通段规模为四车道102.014km

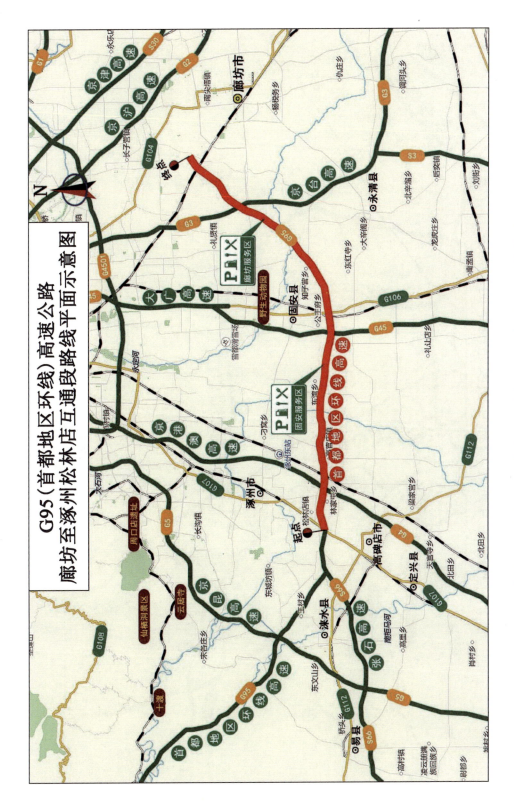

图8-20-1 G95（首都地区环线）高速公路廊坊至涿州松林店互通段路线平面示意图

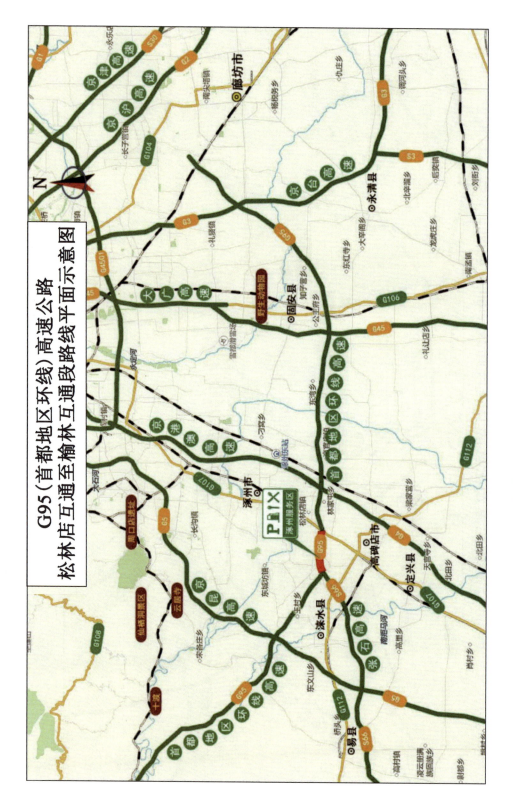

图8-20-2 G95（首都地区环线）高速公路松林店互通至榆林互通段路线平面示意图

第八章
高速公路建设项目

图 8-20-3　G95(首都地区环线)高速公路榆林互通至张家口市涿鹿县段路线平面示意图

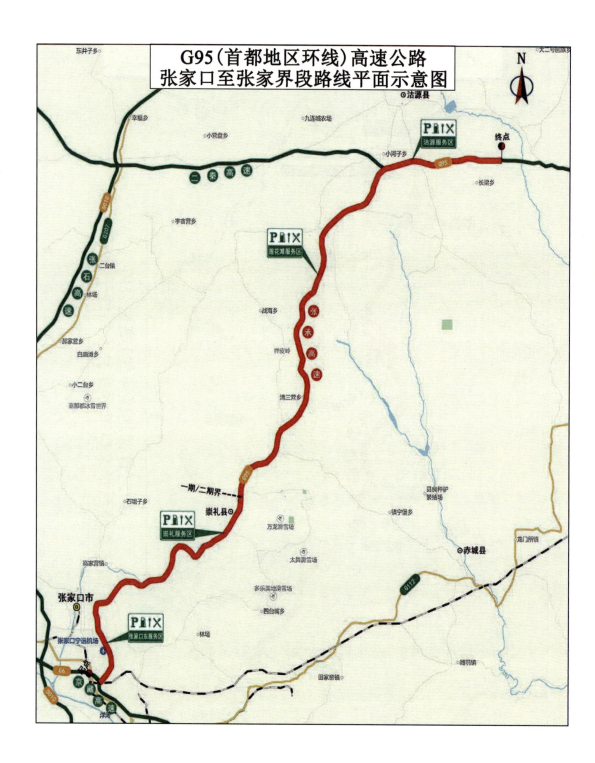

图 8-20-4　G95（首都地区环线）高速公路张家口至张承界段路线平面示意图

第八章
高速公路建设项目

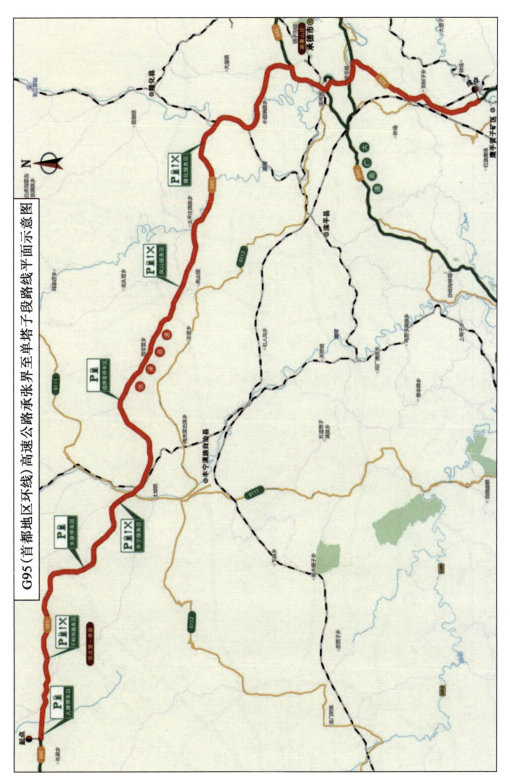

图8-20-5 G95（首都地区环线）高速公路承张界至单塔子段路线平面示意图

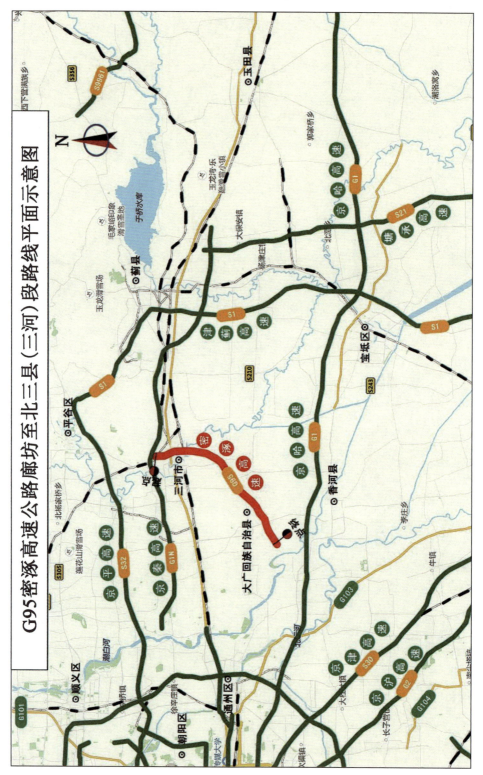

图8-20-6　G95密涿高速公路廊坊至北三县（三河）段路线平面示意图

三、承唐高速公路大栅子互通至李家营互通

与长深高速公路共线 39.3km。

四、密涿高速公路廊坊至北三县段

(一)项目概况

1. 基本情况

1)功能定位

密(云)涿(州)高速公路是北京大外环高速公路的重要组成部分,自北向南连接京平、京沈二线、京沈、京津、京沪、京台、大广等 9 条高速公路,项目的建成将为北京以南地区至东北地区,河北中南部至承秦唐地区提供高效便捷通道,能够有效改善过境北京交通状况和缓解首都交通压力。

密涿高速公路廊坊至北三县段是河北省高速公路网规划"五纵六横七条线"中"线三"的重要组成部分,北京段是北京市规划东南部过境运输通道的重要路段,可有效完善区域高速公路网布局;该项目建成后将打通北三县与廊坊市的高速通道,加快构筑廊坊市"两带一轴一中心"的空间格局。

2)技术标准

采用双向四车道,设计速度 120km/h,路基宽度 34.5m。平曲线最小半径 2000m,最大纵坡 2.35%。

3)建设规模

本项目建设里程长 50.462km,北三县段 35.184km(K0+000~K34+942,含长链 241.89m),广阳区段 15.278km(K72+682~K87+959.891),其中白庄子互通以北暂缓实施,实际施工段落为 K5+869~K34+942。其中:特大桥 3127m/1 座,大桥 923m/7 座,中桥 442.3m/7 座;互通式立交 7 处(其中枢纽互通 2 处),分离式立交 14 处,天桥 2 座,通道 53 道(不含互通范围内构造物)。全线共设服务区 1 处,停车区 1 处,主线收费站 1 处,监控通信分中心 1 处,养护工区 2 处。

4)主要控制点

主要控制点:三河东、大厂东、香河西、梁家务西、伊指挥营东、万庄西、堡上村南等。共计 3 个县(市)、1 个区、9 个乡镇。

5)地形地貌

项目位于河北平原区,区域为冲积平原区,海拔高度 2~32m,地势自西北向东南倾斜,自然坡降为 1/200~1/20000,属于暖温带大陆性季风气候。

项目地处华北平原北部,地势自西北向东南倾斜,较为平坦。西北海拔 25.7m,东南海拔 4.4m。地面高程由 22m 斜至 9m。主要地貌类型为永定河冲积缓岗、二坡地、洼地、旧河故道、漫滩,局部有沙丘残留。

6）路面及主要构造物

本项目采用复合路面和柔性路面两种结构:

复合路面结构:4cmAC-13C 细粒式 SBS 改性沥青混凝土上面层,SBS 改性沥青黏结防水层,6cmAC-20C 中粒式 SBS 改性沥青混凝土中面层,改性乳化沥青黏层,30cm 水泥混凝土面板,4cm 沥青混凝土夹层,20cm 贫混凝土基层,15cm 级配碎石底基层。

柔性路面结构:94cmAC-13C 细粒式 SBS 改性沥青混凝土上面层,SBS 改性沥青黏结防水层,6cmAC-20C 中粒式 SBS 改性沥青混凝土中面层改性乳化沥青黏层,12cmATB-30 沥青碎石下面层,乳化沥青透层油,20cm 水泥稳定级配碎石上基层,20cm 水泥稳定级配碎石下基层,20cm 水泥石灰稳定土底基层。

主要构造物采用连续梁桥和组合梁桥。

7）投资规模

项目概算投资 59.226 亿元,平均每公里造价 11736.73 万元。

8）开工及通车时间

2013 年 5 月开工建设,2016 年 11 月交工通车。

2. 前期决策情况

（1）2010 年 4 月 27 日,河北省发展和改革委员会以《关于密（云）涿（州）高速公路廊坊至北三县（三河）段项目建议书的批复》批准了项目建议书。

（2）2010 年 10 月 26 日,河北省发展和改革委员会以《关于密涿高速公路廊坊至北三县（三河）段项目可行性研究报告的批复》批准了项目可行性研究报告。

（二）建设情况

1. 项目准备阶段

1）项目审批

2010 年 8 月 19 日,河北省国土资源厅以《关于密（云）涿（州）高速公路廊坊至北三县（三河）段工程建设用地的预审意见》批复了项目用地方案。

2010 年 9 月 9 日,河北省住房和城乡建设厅以《关于密涿高速公路廊坊至北三县（三河）段工程建设选址审批结果的公告》批复了项目选址意见。

2010 年 9 月 17 日,河北省环境保护厅以《关于密涿高速公路廊坊至北三县（三河）段工程环境影响报告书的批复》批复了项目环境影响报告书。

2011年4月28日，河北省发展和改革委员会以《关于密涿高速公路廊坊至北三县段初步设计的批复》文件批准了项目初步设计文件。

2013年5月13日，河北省交通运输厅以《关于密涿高速公路廊坊至北三县段两阶段施工图设计的批复》批准了项目施工图设计文件。

2）资金筹措

本项目概算总投资59.226亿元，项目资本金14.807亿元，由河北省高速公路管理局拨付，其余44.420亿元申请银行贷款。

3）合同段划分及招投标

（1）合同段划分

根据各专业的工程内容，标段划分情况见表8-20-2。

①设计标段划分：1个标段。

②施工标段划分：土建工程9个标段，机电工程1个标段，房建工程5个标段，绿化工程7个标段，交通安全设施3个标段，环保工程2个标段，地源热泵安装工程3个标段。

③施工监理标段划分：设1个总监办公室，3个土建工程驻地监理标段，2个房建工程监理标段，1个机电工程监理标段。

（2）招投标

按照国家颁布的《招投标法》和交通部颁布的《公路工程施工招标投标管理办法》《公路工程施工招标评标办法》的要求，由项目法人单位组织招标工作。

①2012年11月22日，有4家施工单位参加本项目下穿大秦铁路立交桥施工合同段（T1标段）的投标，采用资格后审方式、单信封形式、合理低价法的评标办法。由河北省统一评标专家库中随机抽取的4名专家及1名业主专家组成评标委员会评审出1家中标单位。

②2012年12月11日，有176家施工单位参加本项目路基桥涵、路面工程施工合同段（L1、2、3、4、5、Q1标段）的投标，采用资格后审方式、单信封形式、合理低价法的评标办法。由交通运输部专家库中随机抽取的5名专家及2名业主专家组成评标委员会评审出6家中标单位。

③2013年8月27日，有3家施工单位参加本项目下穿京沪高速铁路、京沪铁路框架地道桥工程施工合同段（T2标段）的投标，采用资格后审方式、双信封形式、合理低价法的评标办法。由交通运输部专家库中随机抽取的4名专家及1名北京铁路局的专家组成评标委员会评审出1家中标单位。

④2014年4月3日，有52家施工单位参加本项目Q2标段施工合同段（Q2标段）的投标，采用资格后审方式、单信封形式、合理定价抽取的评标办法。由交通运输部专家库中随机抽取的4名专家及1名业主专家组成评标委员会评审出1家中标单位。

密涿高速公路廊坊北至三县段参建单位及合同段划分一览表

表 8-20-2

参建单位	类型	参建单位名称	合同段编号及起讫桩号	标段所在地	主要内容	主要负责人	备注
项目管理单位		河北省高速公路廊坊北三县管理处				霍雷声	
勘察设计单位		河北省交通规划设计院			全线土建工程的设计	梁絮引	
		廊坊市燕赵交通勘察设计有限公司				厉兰伯	
施工单位	土建工程	廊坊市交通公路工程有限公司	L1:K5+167~K10+219	廊坊北三县	路基、桥涵、路面工程	赵亚	
		中南建设集团有限公司	L2:K11+945~K23+000	三河市	路基、桥涵	高友长	
		中星桥工程有限公司	L3:K23+000~K33+605	大厂、香河	路基、桥涵	单建坤	
		中交第一公路工程有限公司	L4:K72+682~K80+442.5	广阳区	路基、桥涵	谭建平	
		中交二公局第六工程有限公司	L5:K85+959.891~K87+959.891	广阳区	路基、桥涵、路面工程	张磊	
		中铁十一局集团第三工程有限公司	Q1:K10+219~K11+945.1	三河	K11+085.848京哈铁路,泃河分离式立交桥	陈朐华	
		中交一公局第五工程有限公司	Q2:K80+442.5~K85+959.891	广阳区	K83+923.5广阳高架桥	孙明志	
		中铁六局集团有限公司	T1:大秦线K386+349	三河	下穿大秦铁路立交桥	郭佳	
		中铁六局集团有限公司	T2:京沪线K61+863	广阳区	下穿京沪高速铁路、京沪铁路框架地道桥	乔洪亮	

⑤2014年11月13日,有184家施工单位参加本项目房建工程施工(FJ-1、2、3标段)的投标,采用资格后审方式、单信封形式、合理定价抽取的评标办法。由河北省评标专家库中随机抽取的4名专家及1名业主专家组成评标委员会评审出3家中标单位。

⑥2015年3月31日,有140家施工单位参加本项目交通安全设施工程施工(JASG-1、2、3标段)的投标,采用资格后审方式、单信封形式、合理定价抽取的评标办法。由交通运输部评标专家库中随机抽取的4名专家及1名业主专家组成评标委员会评审出3家中标单位。

⑦2015年6月30日,有30家施工单位参加本项目机电工程施工(JDSG标段)的投标,采用资格后审方式、单信封形式、合理定价抽取的评标办法。由交通运输部评标专家库中随机抽取的4名专家及1名业主专家组成评标委员会评审出1家中标单位。

⑧2015年12月17日,有668家施工单位参加本项目绿化工程施工(LH1、2、3、4、5、6、7标段)的投标,采用资格后审方式、单信封形式、合理定价抽取的评标办法。由河北省评标专家库中随机抽取的4名专家及1名业主专家组成评标委员会评审出7家中标单位。

⑨2015年12月17日,有55家施工单位参加本项目环保工程施工(SPZ-1、2标段)的投标,采用资格后审方式、单信封形式、合理定价抽取的评标办法。由河北省评标专家库中随机抽取的4名专家及1名业主专家组成评标委员会评审出2家中标单位。

⑩2016年3月18日,有103家施工单位参加本项目地源热泵采购及安装工程施工(DR-1、2、3标段)的投标,采用资格后审方式、单信封形式、合理定价抽取的评标办法。由河北省评标专家库中随机抽取的4名专家及1名业主专家组成评标委员会评审出3家中标单位。

4)参建单位主要情况

(1)建设单位

本项目原建设单位是廊坊市交通运输局,2012年4月,项目建设单位变更为河北省高速公路管理局,项目执行机构是河北省高速公路廊坊北三县管理处。

(2)设计单位

土建工程设计单位为河北省交通规划设计院、河北建筑设计研究院有限责任公司、北方设计研究院、廊坊市燕赵交通勘察设计有限公司(联合体投标),总体设计负责单位为河北省交通规划设计院。

(3)施工单位

施工单位详见表8-20-2。

5)征地拆迁

(1)设立专门组织机构

按三级管理体系设置安置办公室,加强各级政府对征地工作的领导和监督,形成完善的拆迁工作体系。

（2）落实承包责任制

征地拆迁工作实行群众参与，各级政府层层签订责任书，采取"五到位""四现场"的做法，即管理处、县、乡、村、户五方到场，现场丈量、现场清点、现场签字、现场盖章。

2012年8月上旬，管理处组织有关人员分两组对沿线4个县（市）地上附着物进行了清点、登记造册、签字确认；2012年12月，河北省高速公路管理局与廊坊市签订征地拆迁合同协议。密涿高速公路廊坊至北三县段征地拆迁统计见表8-20-3。

密涿高速公路廊坊至北三县段征地拆迁统计表　　　表8-20-3

高速公路编码	项目名称	征地拆迁安置起止时间	征用土地（亩）	拆迁房屋（户）	拆迁占地费（万元）	备注
G95	密涿高速公路廊坊至北三县段	2012.8~2016.7	6266.06	66	150837	

注：因拆迁有部分遗留问题，拆迁费用截止到2016年5月。

2. 项目实施阶段

1）施工过程

（1）主线土建工程于2013年6月1日开工，2016年10月30日完工。

（2）房建工程于2015年7月开工，2016年10月完工。

（3）机电工程于2016年4月开工，2016年10月完工。

（4）交通安全设施工程于2015年10月开工，2016年10月完工。

（5）绿化工程于2015年10月开工。

（6）2016年11月4~6日，河北省高速公路管理局组织专家对密涿高速公路廊坊至北三县（三河）段进行了交工验收。

2）重要决策

（1）2012年11月19日，河北省发展和改革委员会批复了杨庄段12.973km的改线变更批复，节省征地拆迁费用一千多万元。

（2）2013年12月13日，为适应首都第二机场的建设及廊坊市的总体规划，河北省发展和改革委员会批复了廊坊市与首都第二机场之间密涿高速公路广阳段3.127km路基变高架桥的变更。

3）各项活动

（1）2013年8月17日上午，北三县管理处组织召开密涿高速公路工程建设"大干120天劳动竞赛活动"动员会，省高速公路管理局党委委员、纪检书记任跃宇进行了动员。

（2）2016年2月16日下午，管理处组织召开了2016年度首季开门红暨开工动员会，处机关人员、各项目经理、各驻地负责同志参加会议。

（3）2016年坚持工程建设，"两学一做"教育、"降本增效"等活动两手抓，切实做到

"两不误、双促进"。

(4)密涿高速公路建设时期组织开展了6次劳动竞赛活动,进行了23次月度考核评比。

(三)科技创新

北三县管理处在项目管理创新、技术创新、技术推广上实现了新的突破。其中管理创新有以下3项:

(1)在工程施工时采用施工现场动态监控系统。

(2)在内业管理上建立项目管理系统,对计量文件实行网签,缩短了资金拨付周期;建立OA系统,公文流转实行网上会签,节约了纸张,提高了效率。

(3)针对本项目处于首都大外环的特殊地理位置,建立了河北省高速公路廊坊北三县管理处官方认证微信公众平台,以更好地为驾乘人员提供便利。

技术创新有以下5项:

(1)护栏板采用镀锌+纳米浸塑涂层防腐技术替代传统单一镀锌防腐技术,未增加费用且提升了护栏板的耐久性和总体外观效果。

(2)在传统附着式轮廓标的基础上增加新型柱顶式轮廓标,使得夜间可视性增强,大大提高了夜间行车的安全性,同时,美观实用,提升了高速公路的整体品质。

(3)采用紫穗槐坡面植物防护+草皮护坡的模式,取消三维网植草防护,既降低了成本,又利于运营期维护管理。

(4)通过最新的工程信息化技术——BIM技术,搭建集公路、桥梁、服务区等多专业一体化的综合性可视化数字信息系统平台,实现了设计各专业间的协同化、可视化、低成本;施工建造过程的虚拟仿真化、运行维护过程的实景化,大大减少了建筑质量问题、安全问题,减少返工和整改,打破了传统管理中各方的信息壁垒。

(5)国内首次在未预留和未提前加固条件下穿高速铁路的高速公路,进行了对地层及结构影响的变形规律分析及控制技术研究,对下穿方案进行了比选和优化,减少了相关预留及地层加固产生的成本,节约工期,避免了结构变形过大而造成的经济损失。保证了京沪高速铁路下穿段桥墩承台和桩基周围土体不受扰动,有效控制了京沪高速铁路桥墩沉降,确保京沪高速铁路列车运行安全。现已申请发明专利。利用下穿京沪高速铁路现浇U形框构,作为高速铁路检修便道,少修一座天桥,节省费用200余万元。

(四)运营养护管理

1.服务设施

全线设置大厂服务区、万庄停车区(表8-20-4)。

密涿高速公路廊坊至北三县段服务设施一览表　　　　表8-20-4

高速公路编码	服务区名称	桩　号	所在区域	占地（亩）	建筑面积（m²）
G95	大厂服务区	K26+840	大厂县大厂镇于各庄	80.0004	6982
G95	万庄停车区	K75+000	广阳区万庄镇高家营	18	1518.5

2. 收费设施

本项目共设置收费站6处（表8-20-5）。匝道出入口数量截至2016年底共计62条（含主线站），其中ETC车道13条。

密涿高速公路廊坊至北三县段收费设施一览表　　　　表8-20-5

收费站名称	桩　号	入口车道数		出口车道数		收费方式
		总车道	ETC车道	总车道	ETC车道	
三河东收费站	K9+775	3	1	5	1	MTC+ETC
三河南收费站	K16+815	3	1	3	1	
大厂东收费站	K23+990	3	1	4	1	
香河西收费站	K32+700	3	1	3	1	
万庄主线收费站	K75+000			25	3	
万庄收费站	K77+116	4	1	6	1	

3. 养护管理

本项目养护里程50.462km，因北京段分割，分为南、北两段，其中北三县段（北段）35.184km，广阳区段（南）15.278km，北三县段设置大厂东养护工区，广阳区段设置万庄养护工区（表8-20-6）。本项目于2016年12月6日通车运营。

密涿高速公路廊坊至北三县段养护设施一览表　　　　表8-20-6

养护工区名称	桩　号	路段长度（km）	占地面积（亩）	建筑面积（m²）
大厂东养护工区	K23+990	35.184	15	1320
万庄养护工区	K77+116	15.278	15	1320

4. 监控设施

本项目设置燕郊监控中心、万庄监控分中心（表8-20-7），燕郊监控中心负责密涿高速公路北三县段及京秦高速公路三河段的运营监管，万庄监控分中心负责密涿高速公路广阳段的运营监管。

密涿高速公路廊坊至北三县段监控设施一览表　　　　表8-20-7

监控设施名称	桩　号	占地面积（亩）	建筑面积（m²）
燕郊监控中心		监控中心与管理处合建	
万庄监控分中心	K75+000	监控分中心与万庄主线站合建	

五、廊涿高速公路(廊坊至涿州松林店互通)

(一)项目概况

1. 基本情况

1)功能定位

廊涿高速公路(廊坊至涿州松林店互通)是河北省高速公路布局规划"五纵六横七条线"中的"线三"的重要路段。本项目的建设,对缓解北京市的过境交通压力,实现省会与廊坊及其北部三县的高速连接,对加快我省"两环开放带动"战略的实现,促进京津冀区域一体化区域圈的形成具有全方位的重要意义和作用。

2)技术标准

全线采用平原微丘区高速公路设计标准,全封闭、全立交、双向四车道,需考虑预留远期建设六车道的条件。设计速度120km/h,路基宽度28m。

3)建设规模

本项目建设里程长58.4km,全线路基土方984.4万m^3。共设特大桥1座(左幅5826m、右幅5831m),大桥18座(含互通区)、中桥17座(含互通区)、小桥12座,通道涵洞121座,服务区2处;互通式立交8处,分离式立交21处(其中铁路分离式立交2处),天桥10座,匝道收费站6处、养护工区1处。

4)主要控制点

本项目位于河北省中部,起自涿州南8km处的松林店镇,途经固安县,终止于廊坊市的旧州镇。包含保定市[涿州、高碑店2个县(市)]、廊坊市[固安1个县(市)]共计2个市、3个县(市)。

5)地形地貌

项目所在区域属平原地貌,多为亚砂土、亚黏土、粉砂亚砂土。

6)路面及主要构造物

本项目采用多种沥青混凝土路面结构:

4cmSMA-13细粒式改性沥青玛蹄脂碎石,6cmAC-20中粒式改性沥青混凝土,8cmAC-25粗粒式改性沥青混凝土,16cmATB-25沥青碎石,20cm水泥稳定级配碎石,20cm水泥稳定砂砾。

4cmSMA-13细粒式改性沥青玛蹄脂碎石,6cmAC-20中粒式改性沥青混凝土,10cmAC-25粗粒式改性沥青混凝土,19cm水泥稳定级配碎石,18cm水泥稳定级配碎石,18cm水泥稳定砂砾。

4cmSMA-13细粒式改性沥青玛蹄脂碎石,6cmAC-20中粒式改性沥青混凝土,

12cmATB-25沥青碎石,18cm水泥稳定级配碎石,20cm水泥稳定级配砂砾,18cm水泥稳定砂砾。

主要构造物采用连续梁桥、组合梁桥、钢筋混凝土系杆拱桥和斜腿刚构桥。

7)投资规模

本项目概算总投资33.96亿元,实际投资总额为32.96亿元。

8)开工及通车时间

2006年2月15日开工建设,2008年7月9日进行交工验收,2008年7月22日通车试运营。

2. 前期决策情况

1)前期决策背景

本项目是河北省高速公路布局规划"五纵六横七条线"中的"线三"的重要路段。根据河北省交通厅干线公路网建设总体规划要求及省交通厅有关领导的指示精神,河北省交通厅在2004年启动廊坊至涿州高速公路涿州至旧州段的建设工作。

2)前期决策过程

河北省人民政府于2004年6月8日以冀政函〔2004〕63号文,下发了《关于补充调整河北省2003—2007年高速公路建设计划的批复》,将"线三"控制点由霸州调整至涿州,本项目直接进入可行性研究阶段。

(1)2005年1月26日,河北省发展和改革委员会以冀发改交通〔2005〕159号批准了《关于廊坊至涿州高速公路工程可行性研究报告的批复》。

(2)2005年6月30日,河北省发展和改革委员会以冀发改函〔2005〕108号批准了《关于密涿公路廊坊至涿州段工程可行性研究补充报告的复函》。

(3)2004年7月5日,河北省国土资源厅以冀国土资函〔2004〕217号下发了《关于密涿高速公路廊坊至涿州段建设项目用地的预审意见》。

(4)2006年3月28日,国土资源部以国土资〔2006〕249号批准了《关于廊涿高速公路涿州至旧州段工程建设用地的批复》。

(二)建设情况

1. 项目准备阶段

1)项目审批

该项目严格执行了交通基本建设程序,可行性研究、初步设计、施工图设计、工程施工的审批,各个环节手续齐全,具体如下:

(1)冀环管〔2004〕265号文件《关于密涿公路廊坊至涿州段高速公路环境影响报告书的批复》。

(2)冀国土资灾评〔2004〕185号文件《密涿公路廊坊至涿州段建设用地地质灾害危险性评估报告认定意见》。

(3)冀发改交通〔2005〕159号文件《河北省发展和改革委员会关于廊坊至涿州高速公路工程可行性研究报告的批复》。

(4)冀发改函〔2005〕108号函《河北省发展和改革委员会关于对密涿公路廊坊至涿州段工程可行性研究补充报告的复函》。

(5)冀发改投资〔2005〕631号文件《河北省发展和改革委员会关于廊坊至涿州高速公路涿州至旧州段初步设计的批复》。

(6)冀水保〔2005〕48号文件《河北省水利厅关于密涿公路廊坊至涿州段水土保持方案的批复》。

(7)冀震安〔2005〕46号文件《关于廊坊至涿州段高速公路工程场地地震安全性评价报告的评审意见》。

(8)冀交基〔2006〕425号文件《河北省交通厅关于廊坊至涿州高速公路涿州至旧州段施工许可的批复》。

(9)冀交公路字〔2006〕81号文件《关于廊涿高速公路涿州至旧州段主体工程两阶段施工图设计文件的批复》。

(10)冀交公路〔2007〕14号文件《关于廊坊至涿州高速公路涿州至旧州段房屋建筑工程施工图设计的批复》。

(11)冀交公路〔2007〕229号文件《关于廊涿高速公路涿州至旧州段交通安全设施、环保绿化工程施工图设计文件的批复》。

(12)冀交公路〔2008〕41号文件《关于廊坊至涿州高速公路涿州至旧州段机电工程施工图设计文件的批复》。

(13)国土资源部下发的国土资函〔2006〕249号文件《关于廊涿高速公路涿州至旧州段工程建设用地的批复》。

2)资金筹措

本项目概算总投资33.96亿元,竣工决算为32.96亿元。截至2015年底,筹措资金32.60亿元,其中项目资本金11.89亿元,上级拨入银行贷款20.71亿元;本项目节约投资1亿多元,平均每公里造价2821.7万元。

3)合同段划分及招投标

(1)合同段划分

根据各专业的工程内容,标段划分情况见表8-20-8。

①设计标段划分:土建工程设计2个标段,房建工程设计1个标段,绿化工程设计1个标段,机电工程设计1个标段。

廊涿高速公路（廊坊至涿州松林店互通）合同段划分一览表

表 8-20-8

参建单位	类型	参建单位名称	合同段编号及起讫桩号	标段所在地	主要内容	主要负责人	备注
项目管理单位		河北省廊涿高速公路筹建处				康雄伟	
勘察设计单位	土建工程设计	河北省交通规划设计院	K0+000~K37+000		K0+000~K37+000 主线土建工程设计	吴瑞祥	
		路桥集团桥梁技术有限公司	K37+000~K58+400		K37+000~K58+400 主线土建工程设计	王刚	
施工单位	土建工程	河南省大河筑路有限公司	LZ1:K0+000~K11+000	松林店镇、高官庄	路基、桥涵工程	孙振华	
		中铁四局集团第四工程有限公司	LZ2:K11+000~K29+500	高官庄、东湾乡	路基、桥涵工程	刘德连	
		邢台路桥建设总公司	LZ3:K29+500~K46+353	东湾乡、固安	路基、桥涵工程	张贺府	
		中铁大桥局股份有限公司	LZ4:K46+353~K52+179	固安、知子营	路基、桥涵工程	杜国庆	
		河南路桥建设集团总公司	LZ5:K52+179~K58+400	知子营、旧州	路基、桥涵工程	温化龙	
		中铁六局集团有限公司	LZGTLJ	涿州	桥涵工程	王振	
		路桥集团国际建设股份有限公司	LZLM1	松林店镇、高官庄、东湾乡	路面工程	乔东林	
		天津城建集团有限公司	LZLM2	固安、知子营、旧州	路面工程	周宝良	

②施工标段划分：土建工程13个标段，机电工程1个标段，房建工程6个标段，绿化工程7个标段，交通安全设施10个标段。

③施工监理标段划分：设1个总监办公室，2个土建工程驻地监理标段，2个房建工程监理标段，1个机电工程监理标段。

(2) 招投标

按照国家颁布的《招投标法》和交通部颁布的《公路工程施工招标投标管理办法》《公路工程施工招标资格预审办法》《公路工程施工招标评标办法》的要求，由项目法人单位组织招标工作。

①2005年6月有71家土建工程施工单位通过资格预审，参加本项目主线土建工程5个合同段的投标。2005年8月15~20日在石家庄公开开标，采用无标底投标、合理低价中标方式。在河北省发展和改革委员会和省交通厅的监督下，从省政府设定的全省统一专家库中抽取专家5名与招标人代表2名共同组成评标委员会评审出5家中标单位。

②2007年1月6日有30家房建工程施工单位通过资格预审，参加本项目房建工程5个合同段的投标。2007年3月6日在石家庄公开开标，采用无标底投标、合理低价中标方式，在河北省发展和改革委员会和省交通厅的监督下，从省政府设定的全省统一专家库中抽取专家4名与招标人代表1名共同组成评标委员会评审出LZF1、LZF4、LZF5合同段的3家中标单位。LZF2、LZF3合同段没有有效投标人，按照有关规定需进行二次招标。2007年3月19日有11家房建工程施工单位通过资格预审，参加本项目房建工程2个合同段的投标。2007年4月16日在石家庄公开开标，采用无标底投标、合理低价中标方式，在河北省发展和改革委员会和省交通厅的监督下，从省政府设定的全省统一专家库中抽取专家4名与招标人代表1名共同组成评标委员会评审出LZF2、LZF3合同段的2家中标单位。

③2007年7月31日有13家机电工程施工单位通过资格预审，参加本项目机电工程的投标。2007年11月6~7日在石家庄公开开标，由评标委员会进行评审，确定1家中标单位。

④2007年11月8日有106家交通安全设施工程施工单位通过资格预审，参加交通安全设施工程10个合同段的投标。2005年3月23日在石家庄公开开标，确定了10家中标单位。

⑤2007年11月12~16日有95家159份资格预审文件通过预审，参加绿化工程7个合同段、声屏障2个合同段的投标。2008年1月在石家庄公开开标，确定了9家中标单位。

4) 参建单位主要情况

(1) 建设单位

本项目建设单位是河北省高速公路管理局（现合并为河北省高速公路管理局集团），

项目执行机构是河北省廊涿高速公路筹建处。

(2)设计单位

土建工程设计单位：河北省交通规划设计院和路桥集团桥梁技术有限公司，总体设计负责单位为河北省交通规划设计院。

(3)施工单位

施工单位详见表8-20-8。

5)征地拆迁

(1)设立专门组织机构

廊坊市及固安县、广阳区，保定市及涿州市，以及所辖乡镇都成立了相应的地方征地拆迁机构，分别负责各市、县区、乡镇村街段的征地拆迁及建设环境协调工作。并形成了在统一领导下分工明确的专门负责廊涿高速公路征地拆迁工作的机构，为落实征地政策、地方协调动员、人口安置、征地拆迁补偿等工作提供了保证。

(2)落实责任制

廊涿高速公路征地拆迁工作实行群众参与，各级政府层层签订责任书，上级负责政策指导协调、拨款包干使用；下级落实任务、工期。筹建处工作人员分组包段到市区县。

交通厅与保定市、廊坊市地方工作指挥部签订征地拆迁协议。

廊涿高速公路(廊坊至涿州松林店互通)征地拆迁统计见表8-20-9。

廊涿高速公路(廊坊至涿州松林店互通)征地拆迁统计表　　　　表8-20-9

高速公路编码	项目名称	征地拆迁安置起止时间	征用土地(亩)	拆迁房屋(m²)	补偿费用(万元)	备注
G95	廊坊至涿州高速公路涿州至旧州段项目	2005.6~2006.12	8085.34	19616	31326.27	

2.项目实施阶段

1)施工过程

(1)主线土建工程于2006年2月15日开工,2008年7月9日完工。

(2)房建工程于2007年4月28日开工,2008年11月完工。

(3)机电工程于2007年12月开工,2008年7月完工。

(4)交通安全设施工程于2007年12月15日开工,2008年7月完工。

(5)绿化工程于2009年3月开工,2009年12月完工。

(6)2008年7月9日,河北省高速公路管理局组织专家对廊涿高速公路进行了交工验收。

(7)2015年12月10日,交通运输厅对该项目进行竣工验收,工程质量评分为94.6分,等级为优良。

廊涿高速公路(廊坊至涿州松林店互通)建设生产要素统计见表8-20-10。

第八章
高速公路建设项目

廊涿高速公路（廊坊至涿州松林店互通）建设生产要素统计表 表 8-20-10

路线编号	建设时间	钢筋（t）	沥青（t）	水泥（t）	砂石料（m³）	机械工（工日）	机械（台班）
G95	2006.2～2008.7	4936	42348	341993	2826576	1442642	1041121

2）重要决策

（1）2005年6月29日，河北省廊涿高速公路筹建处正式挂牌成立，河北省交通厅党组副书记、副厅长陈永久和保定市委副书记、涿州市委书记于群为廊涿筹建处揭牌。

（2）2005年8月27日，廊涿高速公路开工奠基仪式在廊坊市固安县知子营互通工地举行，河北省副省长付双建，省交通厅厅长焦彦龙，副厅长杨国华，省直有关部门和廊坊、保定两市负责人出席奠基仪式。

（3）2008年7月21日，廊涿、京化高速公路通车暨全省高速公路通车里程突破3000km新闻发布会在河北省省会石家庄隆重举行。河北省政府副秘书长于万魁，河北省交通厅厅长焦彦龙，副厅长陈永久、王金廷，专员刁厚枝，保定、廊坊、张家口、涿州市市政府领导和交通部门负责人，省交通厅各处室和厅直各单位领导参加了新闻发布会。

3）各项活动

2008年3月18日，廊涿高速公路筹建处组织召开"建人民满意工程"第5阶段劳动竞赛暨大干100天确保按期通车动员大会。

（三）科技创新

廊涿高速公路筹建处在项目管理创新、技术创新、技术推广上实现了新的突破。其中管理创新有1项：

河北省交通厅建设项目"十公开"全面从廊涿高速公路走出去，成为交通系统学习交流的模范。

技术创新有8项：

（1）路面结构与混合料整体抗剪性能的研究提出了采用GTM抗剪强度和剪应变作为沥青路面结构和沥青混合料整体抗剪性能的设计方法及具体技术指标要求，并采用单轴贯入强度作为抗剪强度验证指标的方法，具有创新性。

（2）工业废渣水泥稳定级配碎石基层在高速公路中的应用提高了路面基层的抗裂性能，延缓了路面裂缝的产生。

（3）水泥混凝土桥面铺装耐久性关键技术研究能够延长桥面铺装的使用时间、推迟维修时间，在桥梁寿命期内减少养护活动的次数与频率，减轻对社会的影响和环境的破坏。

（4）28m宽高速公路横断面合理利用暨改六车道可行性研究提出了新建和改扩建高

速公路不同运营阶段的横断面设计标准,对高速公路扩建工程设计、施工、运营、管理具有重要的指导与借鉴意义。

(5)复合纤维水泥混凝土在桥面铺装层具有内部结构密实,抗渗、抗冻融、抗腐蚀等优良的耐久性能,加强了纤维水泥混凝土铺装层与桥梁结构层的黏结结合力。

(6)耐盐冻、耐冲击高性能桥面铺装混凝土具有优良的抗折、抗冲击、抗疲劳性能,使得所建工程耐久性增强,从而可节省巨大的维修加固费用。

(7)河北廊涿高速公路永定河特大桥桥面阴极防护技术与工程分布式牺牲阳极能够对钢筋起到足够的保护作用,阴极保护技术能显著延长桥面的耐久性,具有明显的经济效益。

(8)河北高速公路安全技术研究提出了治理河北省高速公路安全和建立运营紧急救援安全体系的建议。

河北省廊涿高速公路涿州至旧州段,于2012年12月通过交通运输厅竣工验收,工程质量评分为94.6分,本路段科技创新成果在全省多条高速公路得到推广应用。

(四)运营养护管理

1. 服务设施

全线设置固安、廊坊2处服务区(表8-20-11)。

廊涿高速公路(廊坊至涿州松林店互通)服务设施一览表　　表8-20-11

高速公路编码	服务区名称	桩　号	所在区域	占地(亩)	建筑面积(m²)
G95	固安服务区	K26+800	固安东湾乡	152.325	6461.16
G95	廊坊服务区	K53+350	廊坊旧州镇	152.325	6502.67

2. 收费设施

本项目共设置收费站6处,在涿州南、高官庄、东湾、固安南、固安东设置匝道收费站5处(表8-20-12)。

廊涿高速公路(廊坊至涿州松林店互通)收费设施一览表　　表8-20-12

收费站名称	桩　号	入口车道数		出口车道数		收费方式
		总车道	ETC车道	总车道	ETC车道	
涿州南收费站	K1+144	3	1	5	1	MTC+ETC
高官庄收费站	K13+625	3	1	5	1	
东湾收费站	K22+498	3	1	5	1	
固安南收费站	K35+998	3	1	5	1	
固安东收费站	K45+548	3	1	5	1	
廊坊西收费站	K57+580	0	1	6	1	

3. 养护管理

本项目养护里程 58.4km,设置 1 处养护工区,负责全路段的养护工作(表 8-20-13)。

廊涿高速公路(廊坊至涿州松林店互通)养护设施一览表　　　表 8-20-13

养护工区名称	桩　号	养护路段长(km)	占地面积(亩)	建筑面积(m²)
廊涿养护工区	K58+400	58.4	15.2325	1571.19

4. 监控设施

本项目设置廊坊监控中心,负责廊坊和涿州区域的运营监管(表 8-20-14)。

廊涿高速公路(廊坊至涿州松林店互通)监控设施一览表　　　表 8-20-14

监控管理中心名称	桩　号	占地面积(亩)	建筑面积(m²)	备注
廊涿监控中心	廊坊市区	30	6550	监控中心、管理处合建

5. 交通流量

廊涿高速公路(廊坊至涿州松林店互通)交通量情况如表 8-20-15、图 8-20-7 所示。

廊涿高速公路(廊坊至涿州松林店互通)交通量(自然数)发展状况表　　　表 8-20-15

	年　份	2008	2009	2010	2011	2012	2013	2014	2015	2016
交通量(辆)	涿州南收费站	192688	850806	1232434	1975693	2144580	2968638	1445835	2419763	2965157
	高官庄收费站	49554	299611	706029	714493	870935	1236337	650888	1363335	1467287
	东湾收费站	28489	148389	411172	595657	605713	834335	283884	717211	979140
	固安南收费站	98768	671793	1078254	1222430	1380277	1328564	431316	1323877	1612223
	固安东收费站	84777	405186	1453950	1088779	1251412	1531750	729854	2259565	3637270
	廊坊西收费站	196665	1115443	872345	2186030	1658724	2705531	4611860	2063319	2251197
	合计	650941	3491228	5754184	7783082	7911641	10605155	8153637	10147070	12912274
收费站年平均日交通量(辆/日)		1783	9565	15765	21324	21676	29055	22339	27800	35376

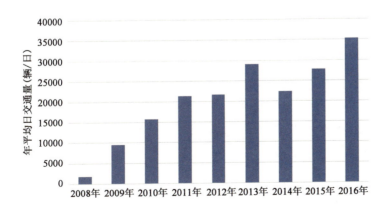

图 8-20-7　廊涿高速公路廊坊至涿州松林店互通收费站年平均日交通量(自然数)增长柱状图

六、张石高速公路密涿支线（松林店互通至榆林互通）

（一）项目概况

1. 基本情况

1）功能定位

G95（首都地区环线）张石高速公路密涿支线（松林店互通至榆林互通）是首都环线高速公路中的一部分，建设期属于张石高速公路密涿支线的一部分。东部连接廊涿高速公路，西部连接张涿高速公路，是河北省西北部及中国西北省份物资出海的重要通道，也是连接河北省沿海地区与腹地经济发展的重要走廊。这一项目的实施，对于完善区域高速公路网布局，缓解京张通道交通压力、打破西北内陆地区能源及矿产物资出海的交通"瓶颈"，带动张家口和保定地区经济发展都具有十分重要的现实意义和深远的历史意义。

2）技术标准

采用双向四车道，设计速度120km/h，路基宽度28m。平曲线最小半径1000m，最大纵坡3%。

3）建设规模

本项目建设里程长6.64km，其中：大桥110m/1座；中桥296m/5座；小桥49m/4座；涵洞3道；桥梁长度占路线总长度的6.85%；互通式立交1处；通道8道；天桥1座；匝道收费站1处；服务区1处；收费站、服务区建筑面积8442m^2。

4）主要控制点

主要控制点：涿州市。

5）地形地貌

项目全线位于平原段，多为河流冲刷地质构成，地势西高东低。

6）路面及主要构造物

项目采用沥青混凝土路面：

4cmAC-13I改性沥青混凝土，8cmAC-20I改性沥青混凝土，12cm沥青稳定碎石，SBS改性沥青防水层，18cm水泥稳定级配碎石，18cm石灰、粉煤灰稳定级配碎石，19cm石灰、粉煤灰稳定土。

主要构造物采用连续梁桥。

7）投资规模

项目概算投资3.032亿元（按张石高速公路密涿支线的里程长度划分），平均每公里造价 4566.026 万元。

8)开工及通车、竣工时间

本项目建设期间路线名称为张石高速公路密涿支线,建设期全长 25.951km,于 2006 年 11 月开工建设,2008 年 10 月交工通车。其中预留的黄家屯互通式立交于 2009 年 9 月开工建设,2010 年 11 月交工通车。

2. 前期决策情况

河北省人民政府于 2003 年 8 月 11 日,以冀政函〔2003〕86 号文批复《河北省 2003 至 2007 年高速公路建设计划》,按河北省高速公路建设指挥部以冀高指字〔2005〕1 号关于印发《高速公路"6+1"项目前期工作安排意见》的通知要求开始前期工作。

(1)2003 年 8 月 11 日,交通部以交公路发〔2003〕86 号文批《河北省 2003 至 2007 年高速公路建设计划》。

(2)2005 年 10 月 31 日,河北省国土资源厅以冀国土咨函〔2005〕521 号文件下达了《河北省国土资源厅关于张石高速公路涞源(张保界)至曲阳(保石界)段项目用地的预审意见》。

(3)2005 年 11 月 11 日,河北省发展和改革委员会以冀发改交通〔2005〕1063 号文下达了《关于张石高速公路涞源(张保界)至曲阳(保石界)段项目可行性研究报告的批复》。

(二)建设情况

1. 项目准备阶段

1)项目审批

该项目严格执行了交通基本建设程序,预可行性研究、工程可行性研究、初步设计、施工图设计、工程施工、监理招投标及工程开工报告的审批,各个环节手续齐全,具体如下:

(1)2006 年 9 月 8 日,河北省发展和改革委员会以冀发改投资〔2006〕1069 号文,批复《关于张石高速公路涞源至涞水段及密涿支线初步设计》。

(2)2008 年 1 月 17 日,河北省发展和改革委员会以冀发改投资〔2008〕74 号文,批复《关于张石高速公路密涿支线黄家屯互通式立交初步设计》。

(3)2007 年 11 月 9 日,河北省交通厅公路管理局以冀交公路〔2007〕308 号文,批复《关于张石高速公路涞水至曲阳段及密涿支线安全设施、绿化、房建工程两阶段施工图设计文件》。

(4)2008 年 3 月 17 日,河北省交通厅公路管理局以冀交公路字〔2008〕55 号文,批复《关于张石高速公路涞水至曲阳段及密涿支线机电工程施工图设计文件》。

(5)2008年10月13日,国土资源部以国土资函〔2008〕680号文下发《关于张石高速公路密涿支线工程建设用地的批复》。

(6)2008年11月11日,河北省国土资源厅以冀政转征函〔2009〕0334号文下发《关于张石高速公路密涿支线工程建设用地批复》。

2)资金筹措

本项目建设期属于张石高速公路密涿支线,概算总投资3.032亿元(按里程长度划分,含黄家屯互通式立交0.489亿元),项目资本金1.061亿元,由河北省交通厅负责筹措,其余1.971万元申请银行贷款。平均每公里造价4566.026万元。

3)合同段划分及招投标

(1)合同段划分

根据各专业的工程内容,标段划分情况见表8-20-16。

①设计标段划分:土建工程设计1个标段,房建工程设计1个标段。

②施工标段划分:土建工程2个标段,机电工程2个标段,房建工程2个标段,绿化工程1个标段,交通安全设施5个标段。

③施工监理标段划分:设1个总监办公室,1个土建工程驻地监理标段,1个房建工程监理标段,1个机电工程监理标段。

(2)招投标

按照国家颁布的《招投标法》和交通部颁布的《公路工程施工招标投标管理办法》《公路工程施工招标资格预审办法》《公路工程施工招标评标办法》的要求,由项目法人单位组织招标工作。

①2009年6月8日,发布黄家屯互通式立交资格预审公告。2009年7月7日共有4家土建工程施工单位通过资格预审,参加本项目主线土建工程1个合同段的投标。2008年8月21日上午10:00在河北安惠招标有限公司召开开标会,4家投标人递交了4份投标文件。2009年8月25日上午10:00,在河北安惠招标有限公司召开评标会,采用合理低价中标方式。由河北省统一评标专家库随机抽取5名专家和招标人代表2人组成评标委员会评审出1家中标单位。由石家庄市太行公证处公证。

②2009年6月18日,发布黄家屯互通收费站房建工程资格预审公告。2009年7月7日共有25家房建工程施工单位通过资格预审,参加本项目主线土建工程1个合同段的投标。2008年8月21日上午10:00在河北安惠招标有限公司召开开标会,4家投标人递交了4份投标文件。2009年8月25日上午10:00,在河北安惠招标有限公司召开评标会,采用合理低价中标方式。由河北省统一评标专家库随机抽取5名专家和招标人代表2人组成评标委员会评审出1家中标单位。由石家庄市太行公证处公证。

③2009年6月18日,发布黄家屯互通收费站房建工程监理资格预审公告。2008年8

月21日上午10:00在河北安惠招标有限公司召开开标会,3家投标人递交了3份投标文件。2009年8月25日上午10:00,在河北安惠招标有限公司召开评标会,采用合理低价中标方式。由河北省统一评标专家库随机抽取5名专家和招标人代表2人组成评标委员会评审出1家中标单位。由石家庄市太行公证处公证。

④2009年6月18日,发布黄家屯互通收费站机电工程施工和监理资格预审公告。2008年8月21日上午10:00在河北安惠招标有限公司召开开标会,5家投标人递交了5份机电施工投标文件,3家投标人递交了3份机电监理投标文件。2009年8月25日上午10:00,在河北安惠招标有限公司召开评标会,采用合理低价中标方式。由河北省统一评标专家库随机抽取5名专家和招标人代表2人组成评标委员会评审出1家机电施工中标单位和1家机电监理中标单位。由石家庄市太行公证处公证。

⑤2006年8月有45家土建工程施工单位通过资格预审,参加本项目密涿支线路基桥涵、路面工程MZ-01、MZ-02、MZ-03合同段施工的投标。2007年1月在石家庄公开开标,采用无标底投标、合理低价中标方式。由河北省统一评标专家库和招标人代表组成评标委员会评审出3家中标单位。

⑥2007年7月有13家机电工程施工单位通过资格预审,参加本项目涞源(张保界)至曲阳(保石界)段项目涞水至曲阳段及密涿支线房屋建筑工程施工的投标。2007年8月在石家庄公开开标、采用无标底投标、双信封形式、合理低价中标方式。由河北省统一评标专家库和招标人代表组成评标委员会评审出5家中标单位。

⑦2007年3月有43家房建工程施工单位通过资格预审,参加本项目张石高速公路涞水至曲阳段及密涿支线机电工程施工的投标。2007年5月在石家庄公开开标,采用无标底投标、合理低价中标方式。由河北省统一评标专家库和招标人代表组成评标委员会评审出5家中标单位。

4)参建单位主要情况

(1)建设单位

本项目建设单位是保定市交通局,项目执行机构是保定市张石高速公路筹建处。

(2)设计单位

①土建工程设计单位:河北省交通规划设计院。

②房建工程设计单位:河北省建筑规划设计院。

③交通工程设计单位:河北省交通规划设计院。

④绿化工程设计单位:河北省交通规划设计院。

⑤机电工程设计单位:河北省交通规划设计院。

(3)施工单位

施工单位详见表8-20-16。

张石高速公路涿密支线(松林店互通至榆林互通)合同段划分一览表

表 8-20-16

参建单位		参建单位名称	合同段编号及起讫桩号	标段所在地	主要内容	主要负责人	备注
项目管理单位		保定市张石高速公路筹建处	全线	保定市	建设管理	王领战	
勘察设计单位		河北省交通规划设计院	勘察设计,K12+500~K38+450	涿州市	勘察设计	吴瑞祥	
		河北省建筑规划设计院	勘察设计,K12+500~K38+450	涿州市	勘察设计	刘建	
施工单位		保定申成路桥有限责任公司	MZ-03,K30+200~K38+450	涿州市	路基、路面施工	李新杰	
		河北京鑫建安工程有限公司	FJ-M1,K12+500~K38+450	涿州市	房建施工	宋立齐	
		河北普利园林绿化工程有限公司	LH-M1,K12+500~K38+450	涿州市	绿化施工	王建勇	
		河北汇通路桥建设有限公司	MZ-04,黄家屯互通立交主体	涿州市	土建施工	岳静芳	
		保定天元交通设施有限公司	JT-S14,K12+500~K38+450	涿州市	交安设施施工	马素玲	
		陕西汉唐计算机有限公司	JT-S11,K12+500~K38+450	涿州市	交安设施施工	杨占新	
		河北特利特交通设施有限公司	JD-SM1,K12+500~K38+450	涿州市	机电设施施工	杨建新	
		河北省第二建筑工程公司	JT-S1,K12+500~K38+450	涿州市	交安设施施工	王现芳	
		保定天元交通设施有限公司	FJ-M2,黄家屯互通收费站房建	涿州市	房建施工	郑青昌	
		北京公科飞达交通工程发展有限公司	黄家屯互通交安工程	涿州市	交安设施施工	张克强	
		北京公科飞达交通工程发展有限公司	JD2,K12+500~K38+450	涿州市	机电设施施工	常淼	
		河北路桥交通工程有限公司	JT-S4,K12+500~K38+450	涿州市	交安设施施工	刘国平	

5)征地拆迁

(1)设立专门组织机构

按二级管理体系设置张石高速公路指挥部,加强各级政府对征地工作的领导和监督,形成完善的拆迁工作体系,使征地拆迁工作层层有人管、层层有人抓。

保定市政府成立了"张石高速公路指挥部",市委书记为指挥长,指挥部办公室设在市交通局,市交通局局长任办公室主任。涿州市成立了相应机构,负责本市段的征迁及建设环境协调。并形成了在市政府领导下的专门负责征地拆迁工作的领导体系和专门机构。为落实政策、落实地方工作、落实人口安置、落实征地拆迁提供了组织保证。

(2)落实承包责任制

征地拆迁工作实行群众参与,各级政府负责,采取"四到位""四现场"的做法,即县、乡、村、户四方到场,现场丈量、现场清点、现场签字、现场盖章。

2006年9月上旬,筹建管理处组织有关人员协助涿州市高速公路指挥部对地上附着物进行了清点、登记造册、签字确认。征用永久性占地692.895亩,拆迁房屋213.913m²(按里程长度划分),拆迁占地费用(包括征地各税费)共947.291万元(按里程长度划分)(表8-20-17)。

张石高速公路密涿支线(松林店互通至榆林互通)征地拆迁统计表　　表8-20-17

高速公路编码	项目名称	征地拆迁安置起止时间	征用土地(亩)	拆迁房屋(m²)	拆迁占地费(万元)	备注
G95	张石高速公路密涿支线松林店至榆林互通段	2007.7~2007.9	692.895	213.913	947.291	

2.项目实施阶段

1)施工过程

(1)主线土建工程于2006年11月开工建设,2008年10月完工。

(2)房建工程于2007年9月开工,2009年2月完工。

(3)机电工程于2008年4月开工,2009年9月完工。

(4)交通安全设施工程于2006年11月开工,2008年10月完工。

(5)绿化工程于2008年3月开工,2009年5月完工。

(6)2008年9月30日保定市张石高速公路筹建处组织专家对密涿支线段进行了交工验收。

2)重要决策

(1)2005年12月,举行张石高速公路保定段奠基仪式。

(2)2008年11月20日,举行张石高速公路保定段一期工程(涞水—曲阳)通车剪彩仪式。

3)各项活动

保定市人民政府召开全市高速公路动员大会。

(三)科技创新

本项目技术创新有4项：

(1)研发了一种性价比优越的高黏度沥青改性剂,改性后沥青的60℃动力黏度指标可达到60000Pa·s以上,其余各项技术指标亦满足规范要求,而其成本与TPS相比降低约25%,与RST及HVA相比降低约20%,经济效益明显。

(2)对橡胶颗粒填充型及盐化物混入型凝冰抑制技术在排水性沥青混合料中应用的可行性进行了试验研究,结果表明,混合料的高温稳定性及低温抗裂性较好,但橡胶颗粒掺量2.5%,盐化物掺量4%时,混合料冻融劈裂残留强度比远低于规范要求的80%,即橡胶颗粒填充型及盐化物混入型凝冰抑制技术不适用于排水性沥青混合料。

(3)提出了基于防水材料和热熔型标线涂料的凝冰抑制涂层技术,室内研究表明,两种涂层技术均可发挥凝冰抑制功能,基于热熔标线涂料的凝冰抑制涂层抗压强度、流动度、低温抗裂等性能良好,且凝冰抑制效果耐久性优越。

(4)对排水性沥青路面的施工与养护技术进行了总结,并铺筑了兼具排水与凝冰抑制功能的实体工程。通车一年后的检测结果显示,实体工程基本无车辙,也未出现松散、掉粒情况,但由于杂质污染,渗水系数衰减明显;另外,融雪标线中的盐化物明显析出,发挥了凝冰抑制作用。

(四)运营养护管理

1. 服务设施

全线设置涿州服务区1处(表8-20-18)。

G95 张石高速公路密涿支线(松林店互通至榆林互通)服务设施一览表　　表8-20-18

高速公路编码	服务区名称	桩　号	所在区域	占地(亩)	建筑面积(m^2)
G95	涿州服务区	K33+000	涿州市	169	6442

2. 收费设施

本项目共设置收费站1处,为黄家屯收费站(表8-20-19)。匝道出入口数量截至2015年底共计4条,其中ETC车道2条。

张石高速公路密涿支线(松林店互通至榆林互通)收费设施一览表　　表8-20-19

收费站名称	桩　号	入口车道数		出口车道数		收费方式
		总车道	ETC车道	总车道	ETC车道	
黄家屯收费站	K36+040	2	1	2	1	MTC+ETC

3. 养护管理

本项目养护里程 6.64km，由河北交通投资集团公司张石高速公路保定段有限公司涞水养护工区负责养护（表 8-20-20）。

张石高速公路密涿支线（松林店互通至榆林互通）养护设施一览表　　表 8-20-20

养护工区名称	桩　　号	路段长度（km）	占地面积（亩）	建筑面积（m²）
涞水养护工区	K18+925	40.155	14	1200

4. 监控设施

本项目由河北交通投资集团公司张石高速公路保定段有限公司顺平监控中心负责运营监管（表 8-20-21）。

张石高速公路密涿支线（松林店互通至榆林互通）监控设施一览表　　表 8-20-21

监控设施名称	桩　　号	占地面积（亩）	建筑面积（m²）
顺平监控中心	K165+000	50（含服务区）	3058.2

5. 交通流量

张石高速公路密涿支线（松林店互通至榆林互通），2016 年收费站年平均日交通量（自然数）为 1365 辆/日（表 8-20-22）。

张石高速公路密涿支线（松林店互通至榆林互通）交通量（自然数）发展状况表　　表 8-20-22

年　　份		2014	2015	2016
交通量（辆）	G95 黄家屯	562088	436981	498055
	合计	562088	436981	498055
收费站年平均日交通量（辆/日）		1540	1197	1365

七、张涿高速公路保定段

（一）项目概况

1. 基本情况

1）功能定位

张家口至涿州高速公路保定段是河北省高速公路规划网的重要组成部分，也是国家高速公路网"G95"（首都地区环线）的一部分。本项目的建设对进一步构建保定段的交通区位优势、发挥连接西北与华北的交通枢纽作用，完善河北省及保定市高速公路网布局、构建区域运输便捷通道的需要，构建精品旅游线路带动沿线地区经济发展的需要，缓解京张通道交通压力，促进"一线两厢"区域经济发展战略的实现具有重要意义。

2）技术标准

采用双向四车道，设计速度100km/h，路基宽度26.0m。平曲线最小半径700m，最大纵坡3.95%。

3）建设规模

本项目建设里程长72.66km，其中：特大桥1160m/1座；大桥6367m/22座；中桥1353m/25座；小桥125m/11座；涵洞36道；桥梁长度占路线总长度的12.51%；互通式立交6处（其中服务型互通5处，枢纽型互通1处）；分离式立交6座，通道61道；匝道收费站4处；服务区2处；管理、养护、服务、监控房屋建筑面积30629.01m²。

4）主要控制点

主要控制点：保定市[涿州市、涞水县2个县(市)]。共计1个设区市、2个县(市)、7个乡镇。

5）地形地貌

项目所在区域地貌由平原和山地两大单元构成，地势北高南低。

6）路面及主要构造物

本项目采用沥青混凝土和水泥混凝土路面，其主要结构：

4cm细粒式阻燃改性沥青混凝土SBS型沥青防水层，6cm中粒式改性沥青混凝土，28cm C40水泥混凝土，20cm C20水泥混凝土，12~15cm C20水泥混凝土（无仰拱段）。

4cm细粒式SBS型沥青混凝土，6cm中粒式SBS型沥青混凝土，10cm沥青碎石，18cm水泥稳定级配碎石，18cm水泥稳定级配碎石，18cm水泥稳定级配碎石。

4cm细粒式SBS型沥青混凝土，6cm中粒式SBS型沥青混凝土，10cm沥青碎石，18cm水泥稳定级配碎石，18cm水泥稳定级配碎石，18cm水泥稳定级配碎石，18cm水泥稳定级配碎石。

4cmAC-13C细粒式SBS改性沥青混凝土，6cmAC-20C中粒式SBS型改性沥青混凝土，26cm水泥混凝土，20cm贫混凝土。

26~28cm C40水泥混凝土，20cmC20水泥混凝土，12~15cm C20水泥混凝土。

主要构造物采用连续梁桥。

7）投资规模

项目概算投资87.07亿元。

8）开工及通车、竣工时间

2009年9月开工建设，2013年12月交工通车。

2. 前期决策情况

1）前期决策背景

张家口至涿州高速公路是途经张家口市涿鹿至保定市涞水、涿州的快速通道，是河北省高速公路路网规划的重要组成部分。2008年4月，河北省交通厅完成了本项目的路线方案研究，并报省政府批准开展前期工作。受项目业主委托，中交远洲交通科技有限公司完成了项目预可行性研究报告的编制工作。

2）前期决策过程

（1）2008年6月18日，河北省发展和改革委员会以冀发改交通〔2008〕273号文，下发了《关于张家口至涿州高速公路保定段项目建议书的批复》。

（2）2008年6月30日，河北省交通厅以冀交函规〔2008〕152号文，下发了《关于张家口至涿州高速公路保定段项目建议书的审查意见》。

（3）2008年6月30日，河北省交通规划设计院在石家庄市主持召开了《张家口至涿州公路保定段预可行性研究报告（代项目建议书）》评估论证会。

（4）2008年10月29日，河北省交通厅以冀交函规〔2008〕281号文，下发了《关于张家口至涿州公路保定段项目工程可行性研究报告的审查意见》。

（5）2008年12月30日，河北省发展和改革委员会以冀发改交通〔2008〕1928号文，批复了《关于张家口至涿州高速公路保定段工程可行性研究报告》。

（二）建设情况

1. 项目准备阶段

1）项目审批

（1）2008年8月22日，河北省文物局以冀文物函〔2008〕71号文，下发了《关于同意张家口至涿州高速公路保定段（含连接线）路线方案的函》。

（2）2008年10月2日，国土资源部以国资厅函〔2008〕714号文，下发了《关于同意张涿高速公路保定段通过河北涞水野三坡国家地质公园的函》。

（3）2008年11月14日，北京市房山区人民政府以房政函〔2008〕225号文，传达了《关于对张涿高速公路保定段穿越北京房山区征求意见的复函》。

（4）2008年11月20日，河北省国土资源厅以冀国土资函〔2008〕1095号文，下发了《关于张家口至涿州高速公路保定段项目用地的预审意见》。

（5）2008年12月4日，河北省环境保护局以冀环评〔2008〕698号文，批复了《关于张家口至涿州高速公路保定段工程环境影响报告书》。

（6）2009年6月22日，河北省发展和改革委员会以冀发改投资〔2009〕740号文，批复了《关于张家口至涿州高速公路保定段初步设计》。

（7）2010年4月16日，河北省交通运输厅以冀交公〔2010〕191号文，批复了《关于张家口至涿州高速公路保定段主体工程两阶段施工图设计》。

（8）2010年7月16日，国土资源部以国土资函〔2010〕556号文，批复了《关于张家口至涿州高速公路保定段工程建设用地》。

(9)2010年9月20日,河北省人民政府以冀政转征函〔2010〕1204号文,批复了《关于张家口至涿州高速公路保定段工程建设用地》。

(10)2010年9月20日,河北省交通运输厅批准了本项目的施工许可。

(11)2011年5月18日,河北省交通运输厅以冀交公〔2011〕305号文,批复了《涞水北互通连接线等三条连接线工程两阶段施工图设计》。

(12)2011年5月18日,河北省交通运输厅以冀交公〔2011〕308号文,批复了《房建、环保绿化、安全设施及通信管道工程两阶段施工图设计》。

(13)2013年5月29日,河北省交通运输厅以冀交公〔2013〕269号文,批复了《关于张家口至涿州高速公路保定段机电工程施工图联合设计文件》。

2)资金筹措

本项目概算总投资87.071亿元,项目资本金30.475亿元(其中省交通厅筹措12.215亿元,保定市筹措18.26亿元),其余56.596亿元申请银行贷款。本项目于2013年12月31日通车运行。

3)合同段划分及招投标

(1)合同段划分

根据各专业的工程内容,标段划分情况见表8-20-23。

①设计标段划分:土建、机电工程设计1个标段,房建工程设计1个标段,绿化工程设计1个标段,连接线工程设计1个标段。

②施工标段划分:土建工程18个标段,机电工程6个标段,房建工程6个标段,绿化工程8个标段,交通安全设施7个标段。

③施工监理标段划分:设1个总监办公室,6个土建工程驻地监理标段,2个房建工程监理标段,1个机电工程监理标段。

(2)招投标

按照国家颁布的《招投标法》和交通部颁布的《公路工程施工招标投标管理办法》《公路工程施工招标资格预审办法》《公路工程施工招标评标办法》的要求,由项目法人单位组织招标工作。

①2009年7月11日有107家施工单位通过了路基、桥梁、隧道工程的资格预审。2009年9月15日在石家庄举行开标会议,采用合理低价中标方式,72家单位递交了本项目13个合同段(LJ-S1、LJ-S2、LJ-S3、LJ-S4、LJ-S5、LJ-S7、LJ-S8、LJ-S9、LJ-S10、LJ-S11、LJ-S13、LJ-S14、LJ-S15)的投标文件。2009年9月19日在石家庄举行评标会议,评标委员会由河北省统一评标专家库中随机抽取的5名专家与2名招标人代表共同组成,最终评审出13家中标单位。

第八章 高速公路建设项目

张涿高速公路保定段合同段划分一览表

表 8-20-23

参建单位	类型	参建单位名称	合同段编号及起讫桩号	标段所在地	主要内容	主要负责人	备注
项目管理单位		河北省高速公路张涿保定管理处	全线			任清耀	
勘察设计单位	土建工程设计	河北省交通规划设计院			主线工程	朱冀军	
施工单位	土建工程	中铁三局集团第六工程有限公司	LJ-S1：YK84+889~YK88+004	北龙门,太平庄	路基、桥梁、隧道工程	吴俊明	运营桩号等于施工桩号
		保定申成路桥工程有限责任公司	LJ-S2：YK88+004~YK90+874	九龙镇	路基、桥梁、隧道工程	李雪峰	
		中星路桥工程有限公司	LJ-S3：YK90+874~YK95+050	东马各庄	路基、桥梁、隧道工程	李刚	
		河北汇通路桥建设有限公司	LJ-S4：YK85+896~K99+264	西马各庄,紫石口	路基、桥梁、隧道工程	赵云峰	
		湖南娄底路桥建设有限责任公司	LJ-S5：YK99+264~YK103+354	南台村	路基、桥梁、隧道工程	谭国祥	
		中铁六局集团有限公司	LJ-S6：YK103+354~YK106+454	松树口	路基、桥梁、隧道工程	陈志群	
		中铁十七局集团第三工程有限公司	LJ-S7：YK106+454~YK110+204	下庄村,都衙村	路基、桥梁、隧道工程	王飞	
		中交第一公路工程局有限公司	LJ-S8：YK110+204~YK112+454	都衙村	路基、桥梁、隧道工程	马春雷	
		中交一公局厦门工程有限公司	LJ-S9：YK112+454~YK115+454	南岭村	路基、桥梁、隧道工程	杨焕坤	
		中铁十五局集团第七工程有限公司	LJ-S10：YK115+454~YK118+964	庄子村	路基、桥梁、隧道工程	王现中	
		江西井冈路桥(集团)有限公司	LJ-S11：YK118+964~YK121+354	李家铺	路基、桥梁、隧道工程	王兑兑	
		保定申成路桥工程有限责任公司	LJ-S12：YK121+354~YK129+899	李家铺,虎过庄	路基、桥梁、隧道工程	刘永力	
		唐山远大实业集团有限公司	LJ-S13：YK129+899~YK138+919	车厂,楼村镇	路基、桥梁工程	刘俊平	
		中交一公局第二工程有限公司	LJ-S14：K138+919~K142+919	水北	路基、桥梁工程	边俊平	
		河北燕峰路桥建设有限公司	LJ-S15：K142+919~K155+280	榆林	路基、桥梁工程	胡耀东	

2009年8月4日和2009年8月21日进行的两次资格预审中有5家施工单位通过了LJ-S6标段资格预审。2009年10月10日在石家庄举行开标会议,采用合理低价中标方式,4家单位递交了本合同段的投标文件。2009年10月11日在石家庄举行评标会议,评标委员会由河北省统一评标专家库中随机抽取的4名专家与1名招标人代表共同组成,最终评审出1家中标单位。

2009年3月10日有5家施工单位通过了LJ-S12标段的资格预审。2009年8月6日在石家庄举行开标会议,采用合理低价中标方式,5家单位递交了本合同段的投标文件。2009年8月6日在石家庄举行评标会议,评标委员会由河北省统一评标专家库中随机抽取的4名专家与1名招标人代表共同组成,最终评审出1家中标单位。

②2010年12月19日有15家施工单位通过了路面工程的资格预审。2011年2月24日在石家庄举行开标会议,采用合理低价中标方式,15家单位递交了本项目2个合同段(LM-S1、LM-S2)的投标文件。2011年2月25日在石家庄举行评标会议,评标委员会由河北省统一评标专家库中随机抽取的4名专家与1名招标人代表共同组成,最终评审出2家中标单位。

2011年6月9日有15家施工单位通过了路面黏层、透层、封层工程的资格预审。2011年11月10日在石家庄举行开标会议,采用合理低价中标方式,15家单位递交了本合同段(LM-S3)的投标文件。2011年11月10日在石家庄举行评标会议,评标委员会由河北省统一评标专家库中随机抽取的4名专家与1名招标人代表共同组成,最终评审出1家中标单位。

③2010年10月25日有80家施工单位通过了房建工程的资格预审。2011年3月5日在石家庄举行开标会议,采用合理低价中标方式,22家单位递交了本项目6个合同段(FJ-S1、FJ-S2、FJ-S3、FJ-S4、FJ-S5、FJ-S6)的投标文件。2011年3月6日在石家庄举行评标会议,评标委员会由河北省统一评标专家库中随机抽取的4名专家与1名招标人代表共同组成,最终评审出6家中标单位。

④机电工程JD-S3至JD-S6标段共有13家施工单位通过了资格预审。2012年1月9日在石家庄举行开标会议,采用合理低价中标方式,13家单位递交了本项目4个合同段的投标文件。2012年1月10日在石家庄举行评标会议,评标委员会由河北省统一评标专家库中随机抽取的4名专家与1名招标人代表共同组成,最终评审出4家中标单位。

JD-S1和JD-S2标段共有8家施工单位通过了资格预审。2011年6月28日在石家庄举行开标会议,采用合理低价中标方式,8家单位递交了本项目2个合同段的投标文件。2011年6月29日在石家庄举行评标会议,评标委员会由河北省统一评标专家库中随机抽取的4名专家与1名招标人代表共同组成,最终评审出2家中标单位。

⑤交通安全设施工程于2013年6月7日在石家庄举行开标评标会议,采用合理低价中标方式,共有203家施工单位递交了7个合同段(JA-S1、JA-S2、JA-S3、JA-S4、JA-S5、JA-S6、JA-S7)的投标文件。评标委员会由河北省统一评标专家库中随机抽取的4名专家与1名招标人代表共同组成,最终评审出6家中标单位(JA-S1、JA-S2、JA-S3、JA-S5、JA-S6、JA-S7)。其中,JA-S4合同段于2013年8月19日举行了二次开标评标会议,共有42家施工单位递交了投标文件,最终评审出1家中标单位。

⑥绿化工程有111家施工单位通过了资格预审。2012年1月4日在石家庄举行开标会议,采用合理低价中标方式,94家单位递交了本项目8个合同段(LH-S1、LH-S2、LH-S3、LH-S4、LH-S5、LH-S6、LH-S7、LH-S8)的投标文件。2012年1月5日在石家庄举行评标会议,评标委员会由河北省统一评标专家库中随机抽取的4名专家与1名招标人代表共同组成,最终评审出8家中标单位。

4)参建单位主要情况

(1)建设单位

本项目建设单位前期是保定市交通运输局,2012年6月5日变更为河北省高速公路管理局,项目执行机构是河北省张涿高速公路保定段筹建处。

(2)设计单位

①土建工程设计单位:河北省交通规划设计院。

②机电工程设计单位:河北省交通规划设计院。

(3)施工单位

施工单位详见表8-20-23。

5)征地拆迁

(1)设立专门组织机构

按三级管理体系设置安置办公室,加强各级政府对征地工作的领导和监督,形成完善的拆迁工作体系,使征地拆迁工作层层有人管、层层有人抓。

根据近几年河北省高速公路建设里程长、路段多、地方问题复杂的特点,省政府成立了"河北省高速公路建设领导小组",主管省长为组长,小组办公室设在省交通运输厅,杨国华副厅长任办公室主任。各市、县成立了相应机构,负责本市、县段的征迁及建设环境协调。并形成了在省政府领导下的专门负责征地拆迁工作的领导体系和专门机构。为落实政策、落实地方工作、落实人口安置、落实征地拆迁提供了组织保证。

(2)落实承包责任制

征地拆迁工作实行群众参与,各级政府层层签订责任书,采取"四到位""四现场"的做法,即县、乡、村、户四方到场,现场丈量、现场清点、现场签字、现场盖章。拆迁情况见表8-20-24。

张涿高速公路保定段征地拆迁统计表　　　　表 8-20-24

高速公路编码	项目名称	征地拆迁安置起止时间	征用土地（亩）	拆迁房屋（m²）	拆迁占地费（万元）	备注
G95	张家口至涿州高速公路保定段	2009.3～2010.5	6159.0525	38383.965	50825.685	

2. 项目实施阶段

1）施工过程

（1）主线土建工程于 2009 年 11 月开工，2013 年 10 月完工。

（2）房建工程于 2012 年 7 月开工，2013 年 12 月完工。

（3）机电工程于 2013 年 3 月开工，2013 年 12 月完工。

（4）交通安全设施工程于 2013 年 7 月开工，2013 年 12 月完工。

（5）绿化工程于 2013 年 10 月开工。

（6）对主要原材料实行甲方管控，同时引进第三方检测，对工地实验室严格执行审查备案制度，实行专家咨询制度，对隧道施工的监控量测进行跟踪，并及时反馈数据；要求施工单位委托有资质的单位进行地质超前预报工作，对技术复杂项目施工方案实行评审制，实行首件工程认可制，建章立制，出台管理办法保证工程质量。

（7）2013 年 12 月 18 日至 21 日，河北省高速公路管理局组织专家对张涿高速公路保定段进行了交工验收。

张涿高速公路保定段建设生产要素见表 8-20-25。

张涿高速公路保定段建设生产要素统计表　　　　表 8-20-25

路线编号	建设时间	钢材（t）	沥青（t）	水泥（t）	砂石料（m³）	机械工（工日）	机械（台班）
G95	2009.11～2013.12	174874	35830	1272377	4604276	1763657	2116297

2）重要决策

（1）2009 年 11 月 1 日，张涿高速公路保定段开工。

（2）2013 年 12 月 31 日上午 10 点，张涿高速公路保定段涞水北收费站驶入第一辆车，标志着总长 71.976km 的张涿高速公路保定段按计划正式通车。

3）各项活动

（1）2012 年 7 月 21～22 日，涞水县遭遇有气象记录以来最强暴雨，导致通往三坡镇、九龙镇的交通、通信中断，张涿高速公路保定段部分标段料场、设备被冲，人员被困。河北省交通运输厅厅长高金浩、河北省高速公路管理局局长康彦民第一时间赶赴涞水县，并在筹建处及时召开紧急会议（图 8-20-8），要求全力以赴开展救援行动，确保人民群众的生命财产安全。

图 8-20-8　召开紧急会议

（2）2010年4月底和8月中旬相继组织了"大干一百天"和"金秋大干80天"劳动竞赛活动。

（3）2012年开展了"百日决战"劳动竞赛活动。

（三）科技创新

1. 山区高速公路隧道工程软弱围岩新型支护结构应用技术研究

提出了软岩隧道工程支护设计的非线性大变形力学设计理论和方法，建立了软岩隧道工程的对策设计、过程优化设计和参数设计的设计程序。

提出了高速公路软弱隧道围岩"钢拱架＋锁脚锚杆＋钢筋网＋喷射混凝土"的新型支护结构。

在课题"山区高速公路隧道工程软弱围岩新型支护结构应用技术研究"的指导下，对河北省高速公路张涿保定段的软岩隧道进行了优化设计。

经三年的监控量测数据表明，高速公路软弱隧道围岩中采用的新型支护结构是可靠的，经济效益和社会效益非常明显。现在张涿高速公路的隧道稳定性良好，保障了行车安全，运输畅通。

2. 公路隧道远程动态实时监测研究

在公路隧道施工阶段，采用地质雷达系统对围岩级别进行预报，弥补常规围岩分级方法存在的局限性。

采用光纤传感技术对公路隧道开挖后围岩的变形、压力、温度等实现了远程动态实时监测。克服了传统的公路隧道监测方法缺陷，实现了远程动态实时监测，方法简便、安全，量测精度高，数据可靠，具有较大的优势和广阔的应用前景。

该研究成果在张涿高速公路东马各庄隧道、林里隧道直接进行应用，在施工过程中重

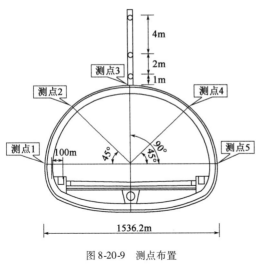

图 8-20-9 测点布置

点加强对Ⅳ和Ⅴ级围岩实行远程实时动态监测(图 8-20-9),既保证了施工的安全性,又大大提高了工作效率,缩短了工期,取得了较好的经济效益,为今后类似工程提供了理论依据,为远程实时动态监测提供了经验,具有较大的社会效益。

典型断面应用实例:

利用本项目的创新点及技术方法,推广至东马各庄隧道、南台一号隧道等较破碎断面的研究,得到了与理论计算一致的成果,提高了生产效率,节约了成本,加快施工进度,经济效益较为明显。

(四)运营养护管理

1. 服务设施

全线设置野三坡、涞水 2 处服务区(表 8-20-26)。

张涿高速公路保定段服务设施一览表　　表 8-20-26

高速公路编码	服务区名称	桩　号	所在区域	占地(亩)	建筑面积(m²)
G95	野三坡服务区	K98+654	涞水县紫石口村	146.151	7279.00
	涞水服务区	K134+048	涞水县娄村乡	118.89	7180.67

2. 收费设施

本项目设置白草畔、百里峡、野三坡、涞水北共 4 处收费站(表 8-20-27)。

张涿高速公路保定段收费设施一览表　　表 8-20-27

收费站名称	桩　号	入口车道数		出口车道数		收费方式
		总车道	ETC车道	总车道	ETC车道	
白草畔收费站	K90+242	3	1	3	1	MTC+ETC
百里峡收费站	K98+554	3	1	3	1	
野三坡收费站	K113+200	2	1	3	1	
涞水北收费站	K146+634	3	1	3	1	

3. 养护管理

本项目养护里程 72.637km,设置 2 处养护工区(表 8-20-28)。

张涿高速公路保定段养护设施一览表　　　　表8-20-28

养护工区名称	桩　　号	路段长度(km)	占地面积(亩)	建筑面积(m²)
野三坡养护工区	K98+554	37.086	27.204	1628.72
涞水北养护工区	K146+634	35.551	25.65	1301

4.监控设施

本项目设置李家铺隧道监控管理所(表8-20-29),涞水北临时监控中心负责隧道和全路段的运营监管。

张涿高速公路保定段监控设施一览表　　　　表8-20-29

监控设施名称	桩　　号	占地面积(亩)	建筑面积(m²)
李家铺隧道监控管理所	K124+660	5.2455	1415

5.交通流量

张涿高速公路保定段于2013年12月建成,2016年收费站年平均日交通量(自然数)为7188辆/日(表8-20-30),2014—2016年年均增长率为34%。

张涿高速公路保定段交通量(自然数)发展状况表　　　　表8-20-30

年　　份		2013	2014	2015	2016
交通量(辆)	白草畔收费站	247	176922	272300	318256
	百里峡收费站	338	433687	664172	973243
	野三坡收费站	281	361638	541192	680722
	涞水北收费站	684	486671	397234	651392
	合计	1550	1458918	1874898	2623613
收费站年平均日交通量(辆/日)		4	3997	5137	7188

八、张涿高速公路张家口段

(一)项目概况

1.基本情况

1)功能定位

张涿高速公路是河北省西北部及内蒙古西部、山西省北部物资出海的重要通道,也是连接河北省沿海地区与腹地经济发展的重要走廊,对于完善区域高速公路网布局,缓解京张通道交通压力、打破西北内陆地区能源及矿产物资出海的交通"瓶颈",带动张家口和保定地区经济发展都具有十分重要的现实意义和深远的历史意义。

2) 技术标准

采用双向四车道,其中 K0+087.17~K59+600 段设计速度为 100km/h,路基宽度 28.0m,平曲线最小半径 1000m,最大纵坡为 3.926%;K59+600~K83.375 段设计速度为 80km/h,路基宽度 26m,平曲线最小半径 600m,最大纵坡 3.889%。

3) 建设规模

本项目建设里程长 82.643km,其中:特大桥 4147m/2 座;大桥 29162m/94 座;中桥 2664m/39 座;小桥 877m/106 座;涵洞 110 道;特长隧道 13689m/2 座;长隧道 11639m/6 座;中隧道 1876m/3 座;短隧道 2427m/8 座;桥隧单线长度占路线单线总长度的 41.56%;互通式立交 6 处,匝道收费站 4 处;服务区 2 处,停车区 1 处;管理、养护、收费、服务、监控等房屋建筑面积 33527.95m^2。

4) 主要控制点

主要控制点:张家口市涿鹿县(张家堡镇、东小庄镇、五堡镇、栾庄乡、黑山寺乡、卧佛寺乡、谢家堡乡、河东镇)。共计 8 个乡镇。

5) 地形地貌

总体上可分为 4 个区段,分别为:涿鹿怀来盆地段,黑山中山区段,矾山盆地区段,灵山中高山区段。相对高差 500~1500m,海拔高度 800~2882m。

6) 路面及主要构造物

本项目采用沥青混凝土和水泥混凝土路面结构:

4cm 细粒式改性沥青混凝土,6cm 中粒式改性沥青混凝土,28cm C40 水泥混凝土,20cm C20 素混凝土,12~15cm C20 素混凝土(整平层)。

4cmAC-13C 细粒式改性沥青混凝土,6cmAC-20C 中粒式改性沥青混凝土,12cmATB-30 沥青碎石,20cm 水泥稳定级配碎石,20cm 水泥稳定级配碎石,20cm 水泥粉煤灰稳定砂砾。

4cmAC-13C 细粒式 SBS 改性沥青混凝土,6cmAC-20C 中粒式 SBS 型改性沥青混凝土,26cm 水泥混凝土,20cm 贫混凝土。

水泥混凝土路面结构:

26~28cm C40 水泥混凝土面板,18~20cm C20 素混凝土,12~15cm C20 素混凝土。

主要构造物采用连续梁桥及少数简支梁桥。

7) 投资规模

本项目概算总投资 96.7 亿元,其中项目资本金 11.3 亿元,分别由交通运输部补助 9 亿元和河北省高速公路管理局筹措 2.3 亿元,其余 85.4 亿元申请银行贷款。

8) 开工及通车、竣工时间

2010 年 3 月开工建设,2014 年 3 月全线通车。

2. 前期决策情况

1) 前期决策背景

张家口地区接山西、内蒙古以煤炭为主的能源基地,东南连接首都北京及天津等重要出海口岸,是联系西北与华北地区的枢纽,同时也是西北内陆能源及矿产物资出海的必经通道。张家口连接北京的公路主要有京张高速公路和110国道,随着区域经济的快速发展,通道内交通量增长迅猛,京张高速公路和110国道通行能力已饱和,服务水平急剧下降。

京张通道的"瓶颈"制约不仅使西北与华北地区的经济交流受到限制,也使得张家口市的对外出行受到严重阻碍,境内的矿产资源及农副产品得不到及时外运,造成严重经济损失。同时导致张家口市投资环境降低,社会经济发展受到较大影响。

为彻底打破西北内陆地区及矿产物资出海的交通"瓶颈",加强西北与华北地区的经济联系,改善张家口的对外交通条件,为河北建设沿海经济社会发展强省提供有力保障,河北省、市相关部门通过深入的调研和实地勘探,提出开辟一条经张家口市涿鹿、保定市涞水至涿州的快速通道。该通道将有效分流经现有京张通道去往天津沿海和保定、石家庄方向的交通流量,在缓解京张交通压力、改善进京道路交通环境的同时进一步发挥河北省环京地区的区位优势,促进区域经济的快速发展。

2) 前期决策过程

2008年5月,河北省发展和改革委员会批准下达了《关于张家口至涿州高速公路张家口段项目建议书的批复》(冀发改交通〔2008〕641号),中交远洲交通科技有限公司于2008年5月完成该项目预可行性研究报告的编制工作。

(1) 2008年5月26日,河北省工程咨询研究院召开《关于〈张家口至涿州公路张家口段预可行性研究报告(代项目建议书)〉的评审会》。

(2) 2008年11月7日,河北省工程咨询研究院在石家庄市召开《张家口至涿州公路张家口段工程可行性研究报告》现场评审会。

(3) 2008年12月,河北省发展和改革委员会批复《张家口至涿州高速公路张家口段工程可行性研究报告》(冀发改交通〔2008〕1927号)。

(二) 建设情况

1. 项目准备阶段

1) 项目审批

该项目严格执行了交通基本建设程序,预可行性研究、工程可行性研究、初步设计、施工图设计、工程施工、监理招投标及工程开工报告的审批,各个环节手续齐全,具体如下:

(1)2008年7月8日,河北省发展和改革委员会下达《关于张涿高速公路张家口段先行开展勘查设计招标的复函》(冀发改招标专〔2008〕26号)。

(2)2008年11月27日,河北省水利厅下达《关于张家口至涿州高速公路张家口段工程水土保持方案的批复》(冀水保〔2008〕158号)。

(3)2008年11月28日,河北省环境工程评估中心下达《关于张家口至涿州高速公路张家口段工程项目环境影响报告书的评估意见》(冀环评估〔2008〕803号)。

(4)2008年12月3日,河北省交通运输厅下达《关于张家口至涿州高速公路张家口段工程项目环境影响报告书的预审意见》(冀交函基〔2008〕315号)。

(5)2008年12月30日,河北省环境保护局批复了《张家口至涿州高速公路张家口段工程项目环境影响报告书的批复》(冀环评〔2008〕765号)。

(6)2009年7月22日,河北省发展和改革委员会批复《张家口至涿州高速公路张家口段初步设计》(冀发改投资〔2009〕1006号)。

(7)2010年1月18日,河北省交通运输厅公路管理局批复《张家口至涿州高速公路张家口段主体工程施工图设计文件》(冀交公〔2010〕24号)。

(8)2010年3月23日,河北省交通运输厅公路管理局批复《张家口至涿州高速公路张家口段房建、安全设施、通信管道及绿化工程施工图设计文件》(冀交公〔2010〕130号)。

(9)2010年12月29日,国土资源部下发《关于张家口至涿州高速公路张家口段工程建设用地的批复》(〔2010〕1096号文)。

(10)2011年2月12日,河北省人民政府批复《关于张家口至涿州高速公路张家口段工程建设用地》(冀政转征函〔2011〕0149号)。

2)资金筹措

本项目概算总投资96.7亿元,其中项目资本金11.3亿元,分别由交通运输部补助9亿元和河北省高速公路管理局筹措2.3亿元,其余85.4亿元申请银行贷款。

3)合同段划分及招投标

(1)合同段划分

根据各专业的工程内容,标段划分情况见表8-20-31。

①设计标段划分:土建工程设计2个标段,房建工程设计16个标段,绿化工程设计1个标段,交通工程机电工程设计1个标段。

②施工标段划分:土建工程24个标段,机电工程1个标段,房建工程7个标段,绿化工程6个标段,交通安全设施6个标段。

③施工监理标段划分:设1个总监办公室,6个土建工程驻地监理标段,1个房建工程监理标段,1个机电工程监理标段。

(2）招投标

按照国家颁布的《招投标法》和交通部颁布的《公路工程施工招标投标管理办法》《公路工程施工招标资格预审办法》《公路工程施工招标评标办法》的要求，由项目法人单位组织招标工作。

①2008年9月18日公路工程勘察设计4个标段有20家单位参与投标，2008年9月18日在石家庄公开开标，以无标底投标、合理低价中标方式确定了4个标段的中标单位。

②2008年9月18日公路工程勘察设计监理有3家单位参加投标，9月18日在石家庄公开开标，以无标底投标、合理低价中标方式确定了1家中标单位。

③2009年5月16日下午16:00（北京时间）共收到330家申请人递交的536份申请文件，截至2006年9月17日上午10:00共收到164份投标文件，参加本项目路基桥涵隧道工程18个合同段的投标。2009年9月17日在石家庄公开开标，采用无标底投标、合理低价中标方式，招标人从全省统一评标专家库中随机抽取经济、技术类专家4名与招标人代表1名共同组成本次招标评委会。确定了18个标段中标单位。

④2009年5月16日工程施工监理项目有38家单位通过资格申请，2009年9月17日有28份投标文件参加6个监理标段的投标，2009年9月17日在石家庄公开开标，以无标底投标、合理低价中标方式确定了6个标段的中标单位。

⑤2010年8月23日，路面工程在石家庄公开招标，路面工程审核通过申请单位131家，采用无标底投标、合理低价中标方式。从河北省统一评标专家库中随机抽取经济、技术类专家4名与招标人代表1名共同组成本次招标评委会。2010年11月30日上午10:00（北京时间）收到83份投标文件，2010年12月2日评标委员会确定了4个标段中标单位。

⑥2010年8月23日路面工程监理项目有8家单位通过资格审查，2010年11月30日有5家单位参与投标。2010年11月30日在石家庄公开开标，以无标底投标、合理低价中标方式确定了1家中标单位。

⑦2010年9月8日LQ标段刚构桥工程有15家工程施工单位通过资格审查，2010年11月30日4家单位参与投标。2010年11月30日在石家庄公开开标，采用无标底投标、合理低价中标方式，评标专家委员会确定了1家中标单位。

⑧2010年5月7日有165家房建工程施工单位通过资格预审，参加本项目房建工程10个合同段的投标。2010年7月5日在石家庄公开开标，采用无标底投标、合理低价中标方式，评标专家委员会确定了10家中标单位。

⑨2010年7月13日房建工程施工监理有9家单位参与投标，2010年7月13日在石家庄公开开标，以无标底投标、合理低价中标方式确定了1家中标单位。

⑩2011年3月3日有41家机电工程施工单位通过资格预审，参加本项目机电工程5

个合同段的投标。2011年4月26日在石家庄公开开标,采用无标底投标、合理低价中标方式,评标专家委员会确定了5个标段中标单位。

⑪2010年10月25日永久性供电设备采购及安装工程有3家单位参与投标,2010年10月25日在石家庄公开开标,采用无标底投标、合理低价中标方式,评标专家委员会确定了1家中标单位。

⑫2011年3月3日机电工程监理有8家工程监理单位通过资格预审,2011年4月2日有8家单位参与投标。2011年4月2日石家庄公开开标,采用无标底投标、合理低价中标方式,评标专家委员会确定了1家中标单位。

⑬2011年3月4日有66家交通安全设施工程施工单位通过资格预审,参加交通安全设施6个合同段的投标。2011年4月26日在石家庄公开开标,采用无标底投标、合理低价中标方式,评标专家委员会确定了6个标段中标单位。

⑭2012年4月1日有16家绿化工程单位参加绿化工程一期的投标。2012年4月1日在石家庄公开开标,采用无标底投标、合理低价中标方式,评标专家委员会确定了1家中标单位。

⑮2013年2月26日有226家绿化工程单位参加绿化工程二期4个合同段的投标,16家声屏障工程单位参加声屏障工程投标。2013年2月26日在石家庄公开开标,采用无标底投标、合理低价中标方式,评标专家委员会确定了绿化工程二期4个合同段中标单位,声屏障工程1家中标单位。

4)参建单位主要情况

(1)建设单位

本项目建设单位是河北省高速公路管理局,项目执行机构是河北省高速公路张涿张家口管理处。

(2)设计单位

①土建工程设计单位:辽宁省交通规划设计院,河北省交通规划设计院。

②交通工程设计单位:河北省交通规划设计院。

③机电工程设计单位:河北省交通规划设计院。

(3)施工单位

施工单位详见表8-20-31。

5)征地拆迁

(1)设立专门组织机构

管理处设置地方事务科,涿鹿县由政府相关部门组成以县交通局为主的交通工程重点建设办公室,各乡镇村有交通工程重点建设小组等三四级机构,管理处地方事务科主要依靠和针对县交通工程重点建设办公室开展工作。

第八章 高速公路建设项目

张涿高速公路张家口段合同段划分一览表

表 8-20-31

参建单位	类型	参建单位名称	合同段编号及起讫桩号	标段所在地	主要内容	主要负责人	备注
项目管理单位		张家口至涿州高速公路张家口管理处		张家口市涿鹿县		王宏义	
勘察设计单位	土建工程设计	辽宁省交通勘察设计院	ZS-1：K0+000～K44+700	东小庄镇,栾庄乡,山寺乡,卧佛寺乡	K0+000～K44+700 段主线土建工程	王昕	
		河北省交通规划设计院	ZS-2：K44+700～K74+771	谢家堡乡,河东镇	K44+700～K74+771 段主线土建工程	赵彦东	
施工单位	土建工程	中国港湾工程有限责任公司	L1：K0+087～K7+500	涿鹿县郭小庄乡	路基、桥涵、隧道工程	白银战,刘君贵	
		青岛路桥建设集团有限公司	L2：K7+500～K17+100	涿鹿县栾庄乡	路基、桥涵、隧道工程	李茂政,于长河	
		河北广通路桥工程有限公司	L3：K17+100～K21+900	涿鹿县栾庄乡	路基、桥涵、隧道工程	刘宏岩,陆海锋	
		中铁十九局集团第五工程有限公司	L4：K21+900～K24+300	涿鹿县栾庄乡	路基、桥涵、隧道工程	崔科星,于宝胜	
		廊坊市交通公路桥工程有限公司	L5：K24+300～K26+300	涿鹿县黑山寺乡	路基、桥涵、隧道工程	李俊杰,胡耀东	
		河北汇通路桥建设有限公司	L6：K26+300～K36+200	涿鹿县黑山寺乡	路基、桥涵、隧道工程	何士奎,任贤贵	
		张家口路桥建设集团有限公司	L7：K36+200～K41+040	涿鹿县卧佛寺乡	路基、桥涵、隧道工程	李敏,刘敏	
		中铁七局有限公司	L8：K41+040～K45+122.11	涿鹿县卧佛寺乡	路基、桥涵、隧道工程	曹新章,高文煜	
		中铁隧道集团二处有限公司	L9：K45+716.094～ZK49+800,ZK45+717.958～ZK49+800（断链K45+717.958＝K45+122.11）	涿鹿县卧佛寺乡	路基、桥涵、隧道工程	周良刚,陈洲颀	
		中铁十五局集团第一工程有限公司	L10：K49+800～K53+505, ZK49+800～ZK53+445	涿鹿县谢家堡乡	路基、桥涵、隧道工程	马振伟,章忠	
		江西省路桥工程集团有限公司	L11：K53+505（ZK53+445）～K55+650	涿鹿县谢家堡乡	路基、桥涵、隧道工程	赵全才,周鲁	

河 北

续上表

参建单位		类型	参建单位名称	合同段编号及起讫桩号	标段所在地	主要内容	主要负责人	备注
施工单位	土建工程		保定申成路桥有限责任公司	L12:K55+650~K61+160(单幅)	涿鹿县谢家堡乡	路基、桥涵、隧道工程	王迎宾、单建坤	
			核工业华南建设工程集团公司	L13:K61+160~K64+900(单幅)	涿鹿县谢家堡乡	路基、桥涵、隧道工程	茆稳林、刘育春	
			中铁十一局集团第五工程有限公司	L14:K64+900~K69+720(单幅)	涿鹿县谢家堡乡	路基、桥涵、隧道工程	张忠义、于涛	
			中铁十四局集团第四工程有限公司	L15:ZK55+650~ZK63+150(单幅)	涿鹿县谢家堡乡	路基、桥涵、隧道工程	何新伟、于连山	
			山东黄河工程集团有限公司	L16:K69+720(ZK63+150)~K76+760	涿鹿县谢家堡乡	路基、桥涵、隧道工程	屈克强、宋淑平	
			北京市公路桥梁建设集团有限公司	L17:K76+760~K82+714	涿鹿县河东镇	路基、桥涵、隧道工程	郑占利、田云涛	
			葛洲坝集团第五工程有限公司	L18:K82+714~K75+735(断链K83+375=K74+220)	涿鹿县河东镇	路基、桥涵、隧道工程	周友辉、李军成	
			中星路桥工程有限公司	LQ:AK0+466~AK0+014	涿鹿县谢家堡乡	刚构桥工程	李刚、杨国忠	
			中铁六局集团有限公司	TLQ	涿鹿县栾庄乡	铁路桥工程	杨海	
			汇通路桥建设集团有限公司	LM1:K0+087.170~K23+294	涿鹿县东小庄镇、栾庄乡	路面工程	崔秀伦、田建明	
			贵州省公路工程集团有限公司	LM2:K25+460~ZK46+839.290	涿鹿县黑山寺乡、卧佛寺乡	路面工程	周大庆、杨志刚	
			河北建设集团有限公司	LM3:K53+116~K83+375,ZK53+130~ZK83+370	涿鹿县谢家堡乡、河东镇	路面工程	王刚、杨杰	

(2)工作方式

根据拆迁对象的权属、类别、大小等情况分别采取多种形式实施:

①征地。管理处委托张家口市国土资源服务中心对全线占地进行勘测工作,由地方事务科、县交通工程重点建设办公室、县国土资源局,四方工作组配合共同深入实地一线对土地进行类别划分和乡村分界等。管理处、县重点办、国土局、乡村四部门对张家口市国土资源服务中心制作的涿鹿县各乡镇土地分类面积图表资料确认后,管理处以全包方式委托县政府进行征地工作。

②地上附着物。由地方事务科牵头协调县交通工程重点建设办公室,两方工作组配合共同深入实地一线对地上附着物进行地毯式的清查、统计、造册,管理处、县重点办双方对地上附着物的数量、规格确认后,管理处以全包方式委托县重点办进行拆迁工作。

③企业。主要是指电力、电信、水利和工矿工企业等,首先是由管理处与企业共同确认权属和拆迁物,管理处委托有相关业务资质的社会中介对拆迁物进行价格鉴证,管理处地方事务科依据价格鉴证结果对企业进行谈判补偿事宜。

④其他。是指河北省小五台山国家级自然保护区管理局杨家坪管理区,由于该区属国家级自然保护区的特殊性,在对杨家坪管理区进行征地拆迁时,管理处、管理局两家直接沟通谈判和依据国家级自然保护区相关文件进行补偿拆迁。

(3)工作流程

征地拆迁经费使用工作原则是:事前有请示,事中有记录,事后有档案。其工作流程大致分以下几步:

①根据工作计划和情况先请示处领导,依据领导指示和意图筹划落实方案,有计划有步骤地开展工作。

②协调相关部门和工作人员沟通情况,工作组实地踏勘,了解现场一线情况,翔实记录(文字或影像)和整理原始基础资料,座谈分析和沟通情况,初拟解决问题若干方案,上报管理处领导。

③通过管理处领导或办公会审议后,针对确定的最优工作方案,相关工作部门一致形成协议书或合同书,在管理处形成正式文件,按规定程序进行传阅会签,相关科室按规定保存和留档资料文件等。

④按照协议书或合同书内容,由具体负责工作人员认真填写请示卡片和付款通知单,按照审批程序签字齐备后一并同协议书和收款单位的合法财务票据交于财务科,即可转账支付。征地拆迁情况见表8-20-32。

2.项目实施阶段

1)施工过程

(1)主线土建工程于2010年3月开工,2014年3月全线完工。

张涿高速公路张家口段征地拆迁统计表　　　　表8-20-32

高速公路编码	项目名称	征地拆迁安置起止时间	征用土地（亩）	拆迁房屋（m²）	拆迁占地费（万元）	备注
G95	张涿高速公路张家口段	2009.9～2010.6	8884.264		67534.456	

（2）房建工程于2010年9月开工,2013年12月完工。

（3）机电工程于2011年10月开工,2014年3月完工。

（4）交通安全设施工程于2011年8月开工,2012年12月完工。

（5）绿化工程于2013年4月开工。

（6）开展招标监督、设计质量、施工质量、监理管理等6个方面的活动,效果良好。

（7）重点推进对技术质量、信用等级评定、原材料甲方管控、第三方检测、骨干人员管理、项目质量全面督查6个方面的制度管理。

（8）对关键工艺、关键工序以及主要部位、隐蔽工程挂牌督导,进行精细化管理,树立样板工程,及时处理质量不合格工程,并在工程的不同时期开展"工程质量回头看,再上新台阶"活动,对拌和站采用全过程动态监控。

张涿高速公路张家口段生产要素统计见表8-20-33。

张涿高速公路张家口段生产要素统计表　　　　表8-20-33

路线编号	建设时间	钢筋(t)	沥青(t)	水泥(t)	砂石料(t)	机械工(工日)	机械(台班)
G95	2010.3	215184	43683	1375247	16806880	2339119	2466644

2）重要决策

（1）2007年12月8日,召开张家口至涿州高速公路路线方案研究报告专家论证会。

（2）2008年12月26日,举行张涿高速公路工程奠基仪式。

（3）2012年12月28日,河北省张涿高速公路张家口管理处涿鹿至黄帝城段开通运营。

（4）2014年3月4日,张涿高速公路张家口段实现全线双幅通车。

3）各项活动

（1）2009年10月29日,张涿高速公路张家口段穿越小五台山国家级自然保护区专家座谈会在涿鹿召开。

（2）2010年3月23日,张涿高速公路张家口管理处召开开工动员大会。

（3）2012年9月27日,张涿高速公路张家口段筹建处召开"百日决战"动员大会。

（三）复杂技术工程

张家口分水岭至张保界段总体设计工程。本项目为张涿高速公路张家口分水岭至张保界段,路线全长37.177km。全线采用双向四车道高速公路标准,起点至G109互通段设计速度100km/h,整体式路基宽度28m,分离式路基宽度14m;G109互通至张保界段设计速度 80km/h,整体式路基宽度 26m,分离式路基宽度 13m。本项目设互通式立交 3 处,桥梁 19267m/51 座(单幅),隧道 25010m/15 座(单洞)。该项目主要特点及难点如下:

(1)优化隧道出口位置,使路线高差降低 100m,互通内纵坡控制在 2%,保证了行车的安全。

(2)采用分离式路基,对下坡方向半幅路基进行展线,设置回头曲线,减小路线纵坡,解决了重车下坡方向的安全问题。

(3)设置 6 处避险车道和 1 处爬坡车道,解决了大货车下坡制动失灵、上坡运行速度不足问题(图 8-20-10)。

图 8-20-10　避险车道及防撞设施

(4)设置联络通道,解决长路段分离路基的救援问题。

同时开展了"山区高速公路长大隧道群区域交通安全保障技术研究"的科研项目,并获得中国公路协会三等奖。

(四)运营养护管理

1.服务设施

全线设置涿鹿、鲍家口 2 处服务区(表 8-20-34)。

张涿高速公路张家口段服务设施一览表　　　　　表 8-20-34

高速公路编码	服务区名称	桩　号	所在区域	占地(亩)	建筑面积(m²)
G95	涿鹿服务区	K13+250	涿鹿县栾庄乡	80.004	5674.54
	鲍家口服务区	K43+500	涿鹿县鲍家口乡	91.923	6168

2.收费设施

本项目共设置收费站 4 处,全部为匝道收费站(表 8-20-35)。匝道出入口数量共计 21 条,其中 ETC 车道 8 条。

张涿高速公路张家口段收费设施一览表　　表8-20-35

收费站名称	桩号	入口车道数		出口车道数		收费方式
		总车道	ETC车道	总车道	ETC车道	
涿鹿收费站	K4+500	3	1	4	1	MTC+ETC
黄帝城收费站	K35+600	2	1	3	1	
孔涧收费站	K53+650	2	1	2	1	
河东收费站	K78+200	2	1	3	1	

3. 养护管理

本项目养护里程83.304km，设置黄帝城、河东2处养护工区，负责养护里程分别为53.913km和28.714km（表8-20-36）。

张涿高速公路张家口段养护设施一览表　　表8-20-36

序号	养护工区名称	桩号	路段长度（km）	占地面积（亩）	建筑面积（m²）
1	黄帝城养护工区	K35+600	53.913	11.3	1534.98
2	河东养护工区	K78+200	28.714	12.7	2640.39

4. 监控设施

本路段设置管理处信息调度中心，主要负责全路段收费系统、道路运营监控及通信系统管理；隧道监控所负责全线隧道的监控、消防及供配电管理（表8-20-37）。

张涿高速公路张家口段监控设施一览表　　表8-20-37

监控设施名称	桩号	占地面积（亩）	建筑面积（m²）	备注
管理处信息调度中心	K4+500			占用涿鹿收费站两个办公室
隧道监控所	K53+650	24.3	4683.9	与孔涧收费站共用一院区

5. 交通流量

张涿高速公路张家口段于2013年12月建成，2016年收费站年平均日交通量（自然数）为10178辆/日（表8-20-38），2014—2016年年均增长率为37.60%。

张涿高速公路张家口段交通量（自然数）发展状况表　　表8-20-38

年份		2013	2014	2015	2016
交通量（辆）	涿鹿站	703304	982367	1389452	1611600
	黄帝城站	204497	727751	1191856	1640843
	孔涧站		154373	121721	163123
	河东		97600	244376	299338
	合计	907801	1962091	2947405	3714904
收费站年平均日交通量（辆/日）		2487	5376	8075	10178

九、京新高速公路（单家堡至胶泥湾）

与京新共线。

十、张石高速公路胶泥湾至京藏高速公路太师庄互通段

12.2km 资料详见第二十三节。

十一、京藏高速公路太师庄互通至屈家庄互通

与京藏高速共线。

十二、张承高速公路张家口至崇礼段(一期)

(一)项目概况

1．基本情况

1)功能定位

张承高速公路是河北省"五纵六横七条线"高速公路网布局中"线一"的重要路段,与丹拉、张石、宣大等高速公路相接。本项目的建设能改善张家口市路网结构,加强张承地区联系,增强路网综合功能,促进张家口及承德市资源和旅游开发,加快坝上地区脱贫致富,促进区域经济社会和谐发展。

2)技术标准

采用双向四车道,设计速度80km/h,整体式路基宽度24.5m,桥涵设计汽车荷载等级采用公路—Ⅰ级,最小平曲线半径700m,最大纵坡4.905%。

3)建设规模

本项目路线全长62.078km。本项目大桥10236m/41 座;中桥813m/12 座;小桥119m/8 座;涵洞86 道;桥梁长度占总长度的18.0%;特长隧道5243m/1 座;长隧道1103m/1 座;中隧道580m/1 座;短隧道420m/1 座;隧道长度占总长度的11.8%;互通式立交6 处;分离式立交3 处;天桥1 座;渡槽1 处;匝道收费站5 处;服务区2 处;管理、养护及服务设施等房建工程建筑面积总计24983.36m^3。

4)主要控制点

张家口市宣化区、桥东区、崇礼区,共计3 个县(区)、6 个乡镇。

5)地形地貌

项目区可分为三个大的地貌单元,即盆地低山丘陵区、中低山区与河谷阶地区。

6)路面及主要构造物

本项目采用沥青混凝土路面结构:

4cmAC－13 细粒式 SBS 改性沥青混凝土,SBS 改性乳化沥青防水层,5cmAC－20 中

粒式 SBS 改性沥青混凝土,6cmAC-25 粗粒式沥青混凝土,18cm 水泥粉煤灰稳定级配碎石,18cm 水泥粉煤灰稳定级配碎石,16cm 水泥稳定砂砾。

主要构造物采用连续钢梁桥。

7) 投资规模

项目概算投资 37.724 亿元,竣工决算投资 47.996 亿元,平均每公里造价 7731.56 万元。

8) 开工及通车时间

2007 年 5 月开工建设,2010 年 9 月交工通车,2016 年 6 月 30 日前计划完成竣工验收。

2. 前期决策情况

1) 前期决策背景

张承高速公路 2005 年被河北省政府列入河北省高速公路网规划,是河北省"五纵六横七条线"高速公路网规划"线一"张—承—秦的组成部分,也是北京高速公路大外环的重要路段。根据河北省人民政府文件批示精神,2006 年 4 月河北省交通厅和张家口市交通局开始筹备本项目建设工作。

2) 前期决策过程

2005 年 1 月 27 日,河北省省长办公会议明确张承高速公路补充列入《河北省 2003—2007 年高速公路建设计划》。

(1) 2005 年 4 月 30 日,河北省环境保护局以冀环管〔2005〕77 号文件下达《关于张承高速公路一期工程(张家口至崇礼段)环境影响报告书的批复》。

(2) 2006 年 8 月 17 日,河北省发展和改革委员会以冀发改交通〔2006〕952 号文件下达《关于张承高速公路张家口至崇礼段项目建议书的批复》。

(3) 2006 年 11 月 2 日,河北省国土资源厅以冀国土资函〔2006〕743 号文件下达《关于张承高速公路张家口至崇礼段项目用地的预审意见》。

(4) 2006 年 11 月 8 日,河北省交通厅以冀交函规〔2006〕280 号下达《关于张承公路张家口至崇礼段项目可行性研究报告审查意见的函》。

(5) 2006 年 11 月 28 日,河北省发展和改革委员会以冀发改交通〔2006〕1483 号文件下达了《关于张承高速公路张家口至崇礼段工程可行性研究报告的批复》。

(二) 建设情况

1. 项目准备阶段

1) 项目审批

本项目严格执行了交通基本建设程序,从预可行性研究、工程可行性研究、初步设计、

施工图设计到工程招投标的审批,各个环节手续齐全,具体如下:

(1)2007年4月9日,河北省发展和改革委员会以冀发改投资〔2007〕446号文件下达《关于张承高速公路张家口至崇礼段初步设计的批复》。

(2)2007年8月30日,河北省交通厅公路管理局以冀交公路字〔2007〕203号文件下达《关于张承高速公路张家口至崇礼段主体工程施工图设计的批复》。

(3)2007年12月10日,河北省交通厅公路管理局以冀交公路〔2007〕319号文件下达《关于张承高速公路房建、交通工程和绿化工程施工图设计的批复》。

(4)2008年9月28日,河北省交通厅公路管理局以冀交公路〔2008〕344号文件下达《关于张承高速公路张家口至崇礼段机电工程施工图设计文件的批复》。

(5)2011年9月10日,国土资源部以国土资函〔2011〕642号文件下达《关于张承高速公路张家口至崇礼段工程建设用地的批复》。

(6)2013年3月13日,河北省交通运输厅以冀交通〔2013〕-00600002号准予行政许可决定书批复本项目开工许可。

2)资金筹措

本项目概算总投资37.724亿元,项目资本金13.20亿元,其余24.52亿元申请银行贷款。竣工决算为47.996亿元,超概算10.27亿元,平均每公里实际造价7731.56万元。

3)合同段划分及招投标

(1)合同段划分

根据各专业的工程内容,标段划分见表8-20-39。

①土建工程设计标段划分3个标段,主体、房建、绿化工程设计各1个标段。

②设计监理1个标段。

③施工标段划分:土建工程18个标段,机电工程1个标段,房建工程9个标段,绿化工程7个标段,交安工程3个标段。

④施工监理标段划分:设1个总监办公室,6个土建工程驻地监理标段,2个路面监理标段,1个房建监理标段,1个绿化监理标段,1个机电工程监理标段。

(2)招投标

依据《中华人民共和国招标投标法》、交通部发布的《公路工程施工招标投标管理办法》《公路工程标准施工招标文件》等法律法规,由管理处委托河北宏信招标有限公司、河北安惠招标有限公司、北京赋佳慧祥工程造价咨询有限公司、河北方达招标有限公司4家单位组织招标工作。

①设计招标:2006年9月19日有5家土建工程施工单位通过资格预审,参加本项目主线土建工程1个合同段的投标,根据《公路工程勘察设计招标投标管理办法》和《公路

张承高速公路张家口至崇礼段合同段划分一览表

表 8-20-39

参建单位	类型	参建单位名称	合同段编号及起讫桩号	标段所在地	主要内容	主要负责人	备注
项目管理单位		张承高速公路张家口管理处				杨丙龙	
勘察设计单位	主体设计	河北省交通规划设计院	1~10,13		土建工程、交通安全设施工程、机电工程设计	赵彦东	
施工单位	土建工程	江西通威公路建设集团有限公司	L1:K2+500~K11+160	东榆林村	路基、桥涵工程	任全	
		甘肃顺达路桥建设集团有限公司	L2:K11+160~LK13+850（RK13+850）	张家口市	路基、桥涵工程	吴宝宝	
		衡水路桥工程有限公司	L3:K15+350(RK15+350)~LK18+400(RK18+490)	口里东窑子镇	路基、桥涵工程	张贵斌	
		中交第四公路工程局有限公司	L4:LK23+900(RK24+350)~K24+460		路基、桥涵工程	苗志新	
		张家口路桥建设集团有限公司	L5:K25+460~K28+300	南窑铺村	路基、桥涵工程	张超	
		中交第一公路工程局有限公司	L6:K28+300~K32+300	南地村	路基、桥涵工程	魏军	
		中铁四局集团有限公司	L7:K32+300~K35+700	下新营村	路基、桥涵工程	吕涛	
		辽宁玉洲公路工程有限公司	L8:K35+700~K39+900	下新营村	路基、桥涵工程	韩少平	
		陕西省机械施工公司	L9:K39+900~K46+500		路基、桥涵工程	张青	
		河北汇通路桥建设有限公司	L10:K46+500~K53+500		路基、桥涵工程	郝万年	
		黄冈市楚通路桥工程建设有限公司	L11:K53+500~K57+350	崇礼县	路基、桥涵工程	李继文	
		河北广通路桥工程有限公司	L12:K57+350~K61+645	崇礼县	路基、桥涵工程	王成山	
		中铁十九局集团第五工程有限公司	S1:K0+000~K2+500		隧道工程	崔科星	
		中铁十四局集团有限公司	S2:LK13+850(RK13+850)~LK15+350(RK15+350)		隧道工程	包辉	
		道隧集团工程有限公司	S3:LK15+350(RK15+350)~LK21+118(RK21+200)	口里东窑子镇	隧道工程	代山峰	
		中铁三局集团第五工程有限公司	S4:LK21+118(RK21+200)~LK23+900(RK24+350)	南窑铺村	隧道工程	曹国林	
		张家口路桥建设集团有限公司	K0+000~K39+845		底基层、基层、沥青混凝土路面、桥面铺装、混凝土护栏以及其他工程	李冰	
		河北建设集团有限公司	K39+845~K62+078		底基层、基层、沥青混凝土路面、桥面铺装、混凝土护栏以及其他工程	王治强	

工程勘察设计招标评标办法》确定1家中标单位。

②房建及绿化工程勘察设计：2006年11月30日有10家设计单位通过资格预审，参加本项目房建及绿化工程2个合同段的投标，根据《公路工程勘察设计招标投标管理办法》和《公路工程勘察设计招标评标办法》确定2家中标单位。

③主体土建工程：2007年2月有124家施工单位通过资格预审，参加本项目主体土建工程16个合同段投标。2007年5月12日，在石家庄公开开标，采用合理低价法，评标委员会根据《张承高速张家口至崇礼段施工招标评标办法及细则》评标，最终确定16家中标单位。

④主体路面工程：2007年8月有64家施工单位通过资格预审，参加本项目主体路面工程2个合同段投标。2007年11月6日，共有12家单位递交投标文件参加投标，本项目采用合理低价法，最终确定2家中标单位。

⑤房建工程：于2007年11月12日在张家口市召开开标会，有54家施工单位通过资格预审，参加本项目9个合同段投标，2007年11月14日采用合理低价法最终确定9家中标单位。

⑥交通安全设施：2007年12月有55家施工单位通过资格预审，参加本项目交安工程3个合同段投标。2008年3月3日，在石家庄评标委员会根据《张承高速张家口至崇礼段施工招标评标办法及细则》评标，最终确定3家中标单位。

⑦机电工程：2007年12月有20家施工单位通过资格预审，参加本项目机电工程1个合同段投标。2008年3月4日，在石家庄评标委员会最终确定1家中标单位。

⑧绿化工程：2009年7月有55家施工单位通过资格预审，参加本项目绿化工程7个合同段投标。2009年7月31日，在石家庄评标委员会最终确定7家中标单位。

⑨设计监理：2006年9月19日在张家口市公开开标，有4家设计单位通过资格预审，参加设计监理1个合同段的投标，根据《公路工程勘察设计招标投标管理办法》和《公路工程勘察设计招标投标评标办法》确定1家中标单位。

⑩主体监理：2007年4月25日，在张家口有38家监理单位通过资格预审，参与本项目7个合同段的评标，评标委员会根据《张承高速张家口至崇礼段主体监理评标办法及细则》确定7家中标单位。

⑪路面监理：有17家监理单位递交投标文件参与本项目2个合同段投标，2007年11月8日，在张家口开标，评标专家委员会进行资格后审最终确定2家中标单位。

⑫房建监理：2007年11月12日在张家口市召开开标会，有6家监理单位通过资格预审，参加本项目1个合同段投标，11月14日采用"双信封评标法"最终确定1家中标单位。

⑬机电监理：2008年2月29日在张家口市公开开标，有5家监理单位通过资格预审，参加本项目1个合同段投标，最终确定1家中标单位。

4)参建单位主要情况

(1)建设单位

本项目业主是张家口市交通局,项目执行机构是张家口交通局张承高速公路张家口管理处(后更名为:河北省高速公路张承张家口管理处)。

(2)设计单位

土建工程设计单位为河北省交通规划设计院,负责主体土建、交通安全设施、机电工程联合设计。

(3)施工单位

施工单位详见表8-20-39。

5)征地拆迁

(1)设立专门组织机构

按照三级管理体系设置办公室,加强各级政府对征地工作的领导和监督,形成完善的拆迁工作体系,使征地拆迁工作层层有人管、层层有人抓。各县成立了指挥部,负责本县段的征迁及建设环境协调。并形成了在管理处领导下的专门负责征地拆迁工作的领导体系和专门机构,为落实政策、落实地方工作、落实人口安置、落实征地拆迁提供了有力的保证。

(2)落实承包责任制

征地拆迁工作实行群众参与,各级政府层层签订责任书,采取"四到位""四现场"的做法,即县、乡、村、户四方到场,现场丈量、现场清点、现场签字、现场盖章。

2007年1月上旬,管理处组织有关人员分两组对沿线2个区、2个县的地上附着物进行了清点、登记造册、签字确认;2007年3月,管理处与各县指挥部签订征地、拆迁合同协议。

征地拆迁统计见表8-20-40。

张承高速公路张家口至崇礼段征地拆迁统计表 表8-20-40

高速公路编码	项 目 名 称	征地拆迁安置起止时间	征用土地(亩)	拆迁房屋(m²)	拆迁占地费(万元)	备注
G95	张承高速公路张家口至崇礼段	2007.1~2010.10	6639.9465	2719	36043.3	

2.项目实施阶段

1)施工过程

(1)张承高速公路崇礼至张承界段主线工程于2007年7月15日开工,2010年9月完工。

(2)房建工程于2008年3月15日开工,2010年9月完工。

(3)机电工程于2009年3月开工,2010年9月完工。

(4)交通安全设施工程于2008年7月15日开工,2010年9月完工。

(5)绿化工程于2009年4月份开工,2010年9月完工。

(6)2010年9月25日,河北省质量安全监督站对本项目主线及交安工程进行了交工检测,并根据《公路工程质量评定办法》进行了交工质量鉴定,评分为98.35分。

(7)该路段尚未完成竣工验收。

(8)建章立制,实施规范化、标准化管理。制订年度质量管理规划,切实推行标准化施工。聘请咨询单位进行技术指导,加大原材料的管理力度,建立设备模板准入制度,认真搞好施工技术交底工作。做好首件工程、样板工程认可制,充分发挥第三方检测单位的作用,有效保证了工程质量和进度。

张承高速公路张家口至崇礼段建设生产要素统计见表8-20-41。

张承高速公路张家口至崇礼段建设生产要素统计表　　表8-20-41

路线编号	建设时间	钢材(t)	沥青(t)	水泥(t)	砂石料(m³)	机械工(工日)	机械(台班)
G95	2008.5~2010.12	80359	114654	804440	277974	1984688	1501170

2)重要决策

(1)2005年6月19日经市政府批准成立张承高速公路张家口管理处。

(2)2006年8月17日,河北省发展和改革委员会以冀发改交通〔2006〕952号文件,批复同意了张承高速公路张家口至崇礼段项目建议书。

(3)2007年4月26日在张家口市桥东区口里东窑子村东举行"张承高速公路至崇礼段工程开工奠基仪式"。

3)各项活动

在全线开展"安全生产"活动,保证工程进度与质量,同时做好工地各项安全防范措施,真正创建一个平安、和谐的施工环境。

(三)科技创新

1. 山区高速公路取(弃)土场优化设置及其生态环境安全模式研究

本项目合作单位为河北昌荣交通技术有限公司,于2007年1月启动,2009年12月结题,2010年8月通过科技成果鉴定,成果国内领先。课题通过实体工程应用研究,利用高精度卫星遥感(RS)对空间信息的综合反映能力和实地调查相结合的手段,从生态环境安全方面,对山区高速公路项目区取(弃)土场分布的合理性进行了研究分析,最终提出了综合评价结果和调整建议,指导具体工程施工,取得了良好效果。

2. 大华岭特长公路隧道经成果鉴定,成果国内领先

课题通过理论分析、施工计算与设计,以及现场实施(包括通风方式选定、通风机械

配套、监控量测等)相结合,并考虑国内隧道施工实践,再借鉴国外经验,得出合适的通风方式和机械配套,隧道塌方、突水、涌泥等突发事件的预防和处置方法,以及开挖掘进(钻眼放炮)、长距离出渣运输和施作衬砌结构的安全保障和技术措施。通过对长大隧道不同通风方式的理论计算和试验得出分阶段通风方式在大华岭特长公路隧道施工中应用的经济性和安全性,对以后的隧道施工具有很高的借鉴价值。

3. 高速公路服务区新型路面结构研究

本项目合作单位为长沙理工大学,于2008年1月正式立项,于2010年11月结题。课题通过对室内理论分析和试验研究成果进行验证,并对施工工艺和现场施工质量控制措施进行归纳总结,提出了服务区新建薄水泥混凝土路面结构设计方法及薄水泥混凝土路面施工和质量控制技术。其开展新型服务区道面结构技术研究,不仅为解决服务区道面破损问题提供了一个有效途径,同时,也对我省高速公路乃至一般干线公路重载交通路面结构方案选择有很好的参考价值。

(四)运营养护管理

1. 服务设施

本路段设置2处服务区,分别为张家口东服务区和崇礼服务区(表8-20-42)。

张承高速公路张家口至崇礼段服务设施一览表　　表8-20-42

高速公路编号	服务区名称	桩　号	所在区域	占地(亩)	建筑面积(m²)
G95	张家口东服务区	K8+067	张家口桥东区	60	4823
	崇礼服务区（双侧）	K53+085	崇礼西湾子镇	60	7206
		K54+550			

2. 收费设施

本项目共设置收费站5处(表8-20-43)

张承高速张公路家口至崇礼段收费设施一览表　　表8-20-43

收费站名称	桩　号	入口车道数		出口车道数		收费方式
		总车道	ETC车道	总车道	ETC车道	
小辛庄收费站	K10+600	3	1	6	1	MTC+ETC
里东窑收费站	K17+100	3	1	6	1	
把图湾收费站	K36+500	2	1	2	1	
崇礼南收费站	K56+300	2	1	2	1	
崇礼北收费站	K62+100	2	1	4	1	

3. 养护管理

张承高速公路张家口至崇礼段养护里程62.078km,设置张家口1处养护工区(表8-20-44)。

张承高速公路张家口至崇礼段养护设施一览表　　表8-20-44

养护工区名称	桩　号	路段长度(km)	占地面积(亩)	建筑面积(m²)
张家口养护工区	K17+132	62.078	22	5893.5

4. 监控设施

本项目设置张家口监控通信分中心,负责张家口区域的运营监管(表8-20-45)。

张承高速公路张家口至张承界监控设施一览表　　表8-20-45

监控设施名称	桩　号	占地面积(亩)	建筑面积(m²)
张家口监控通信分中心	K0+755	39.96	5285

5. 交通流量

2009—2016年,张承高速公路张家口至崇礼段交通量情况见表8-20-46,如图8-20-11所示。

张承高速公路张家口至崇礼段交通量(自然数)发展状况表　　表8-20-46

年　份		2009	2010	2011	2012	2013	2014	2015	2016
交通量(辆)	小辛庄	89847	327902	515843	604953	845433	837696	1065161	5738483
	里东窑	109512	503064	1087609	1113779	1262257	1599289	1856719	9942637
	把图湾		20646	226919	137854	144334	176625	219614	1150536
	崇礼南		83868	508896	510198	646878	807273	1073002	4864250
	崇礼北		33808	213283	259125	381161	409340	593616	361215
	合计	199359	969288	2552550	2625909	3280063	3830223	4808112	22057121
收费站年平均日交通量(辆/日)		546	2656	6993	7194	8986	10494	13173	60430

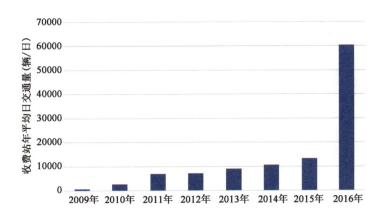

图8-20-11　张承高速公路张家口至崇礼段收费站年平均日交通量(自然数)增长柱状图

十三、张承高速公路崇礼至张承界段(二期)

(一)项目概况

1. 基本情况

1)功能定位

张承高速公路是河北省"五纵六横七条线"高速公路网规划"线一"的重要组成部分,是贯穿河北省北部地区唯一的一条东西向高速公路。本项目西接国家高速公路网中京藏高速公路,东连大广高速公路,兼有联系东北、沿海港口与山西、内蒙古西部能源基地的运输通道功能。本项目对构建河北省北部地区"东出西联"运输大通道,加快环首都经济圈建设、促进京津冀经济一体化、带动沿线旅游业的发展具有重要意义。

2)技术标准

采用双向四车道,设计速度 80/100km/h,路基宽度 24.5/26.0m。平曲线最小半径 1100m,最大纵坡 4%。

3)建设规模

本项目建设里程全长 102.014km,其中:大桥 4411m/13 座;中桥 1358m/27 座;小桥 336.5m/16 座;涵洞 137 道;桥梁长度占总长度的 6.18%;长隧道 4193m/2 座;中隧道 703m/1 座;隧道长度占总长度的 4.95%;互通式立交 4 处;分离式立交 6 座;天桥 10 座;通道 27 道;匝道收费站 4 处;服务区 2 处;管理、养护及服务设施等房建工程建筑面积总计 25100m²。

4)主要控制点

崇礼县(区)、张北县、沽源县,共计 3 个县、9 个乡镇。

5)地形地貌

项目区可分为 3 个大的地貌单元,即坝上高原区、冀西北间山盆地区、冀北山地区。

6)路面及主要构造物

本项目采用沥青混凝土和水泥混凝土两种路面结构:

4cmSMA-13 改性沥青上面层,6cmAC-20 中粒式改性沥青混凝土,10cmATB-25 普通沥青稳定碎石基层,18cm 级配碎石基层,18cm 水泥稳定级配碎石,16cm 水泥粉煤灰稳定碎石土。

混凝土路面结构:

28cm C40 水泥混凝土,18cm C20 水泥混凝土。

主要构造物采用连续梁桥。

7)投资规模

本项目概算总投资 78.16 亿元。

8)开工及通车时间

2013 年 5 月开工建设,2015 年 10 月交工通车。

2. 前期决策情况

1)前期决策背景

张承高速公路在 2005 年被河北省政府列入河北省高速公路网规划,是河北省"五纵六横七条线"高速公路网规划"线一"张—承—秦的组成部分,也是北京高速公路大外环的重要路段。根据 2010 年宋恩华副省长的批示,列入"十二五"期建设规划,于"十二五"期开工建设。

2)前期决策过程

(1)2010 年 1 月 4 日,河北省交通运输厅、河北省发展和改革委员会以冀交规〔2010〕1 号文件,下达《关于加快张承高速公路崇礼至承德段建设的意见》。

(2)2010 年 9 月 20 日,河北省发展和改革委员会以冀发改基础〔2010〕1442 号文件下达《关于张承高速崇礼至张承界项目建议书的批复》。

(3)2011 年 5 月 17 日,河北省交通运输厅出具《关于张家口至承德高速公路崇礼至张承界段项目工程可行性研究报告的审查意见》(冀交函规〔2011〕392 号)。

(4)2011 年 7 月 7 日,河北省工程咨询研究院出具《关于〈张承高速公路崇礼至张承界段工程可行性研究报告〉的评估意见》(冀资项目评审二〔2011〕187 号)。

(5)2011 年 8 月 4 日,河北省发展和改革委员会以冀发改基础〔2011〕1183 号文件下达《关于张承高速公路崇礼至张承界段项目可行性研究报告的批复》。

(二)建设情况

1. 项目准备阶段

1)项目审批

本项目严格执行了交通基本建设程序,从预可行性研究、工程可行性研究、初步设计、施工图设计、工程招投标到工程开工报告的审批,各个环节手续齐全,具体如下:

(1)2010 年 12 月 28 日,河北省发展和改革委员会核准《河北省建设项目招标方案和不招标申请核准表》。

(2)2011 年 3 月 31 日,河北省水利厅以冀水资〔2011〕23 号文件批复《张承公路崇礼至张承界段水资源论证报告》。

(3) 2011年5月16日,河北省国土资源厅以冀国土资函〔2011〕438号文件下达《张承高速公路崇礼至张承界段建设项目用地的预审意见》。

(4) 2011年8月24日,河北省发展和改革委员会以冀发改投资〔2011〕1557号文件批复《张承高速公路崇礼至张承界段初步设计》。

(5) 2011年5月19日,河北省发展和改革委员会以发改招标专〔2011〕41号文件下达《关于同意张承高速公路崇礼至张承界段先行开展勘察设计招标的函》。

(6) 2013年6月3日,河北省交通运输厅公路管理局以冀交公〔2013〕276号文件批复《张承高速公路崇礼至张承界段两阶段施工图设计》。

(7) 2013年7月12日,国土资源部以国土资函〔2013〕427号文件下发《关于张承高速公路崇礼至张承界段工程建设用地的批复》。

(8) 2013年11月1日,河北省交通运输厅批准本项目开工许可。

2) 资金筹措

本项目概算总投资78.160亿元,项目资本金19.540亿元,其余58.620亿元申请银行贷款。

3) 合同段划分及招投标

(1) 合同段划分

①设计划分3个标段,主体、房建、绿化工程设计各1个标段。

②设计监理1个标段。

③土建施工标段7个,机电施工标段5个,房建施工标段8个,绿化施工标段11个,交安施工标段11个。

④施工监理标段总监办1个,土建驻地办4个,房建驻地办2个,机电监理1个。

(2) 招投标

依据《中华人民共和国招标投标法》、交通运输部发布的《公路工程施工招标投标管理办法》《公路工程标准施工招标文件》(2009版)等法律法规,通过招标确定由河北华能招标有限责任公司、河北省成套招标有限公司两家单位组织招标工作。

①设计招标:2011年6月有18家土建工程施工单位通过资格预审,参加本项目3个合同段的投标。2011年6月22日在石家庄市公开开标,根据《公路工程勘察设计招标投标管理办法》和《公路工程勘察设计招标评标办法》确定3家中标单位。

②主体土建工程:2012年11月有240家施工单位通过资格预审,参加本项目7个合同段的投标。2012年11月22日在石家庄市公开开标,采用合理低价法评标,推荐7家中标单位。

③房建工程:2013年7月有250家施工单位通过资格预审,参加本项目8个合同段的投标。2013年8月5日在石家庄公开开标,由评审委员会采用合理低价法评标,确定8家

中标单位。

④绿化工程:分为三类招标,一、二类于2015年4月有314家施工单位通过资格预审,参加本项目8个合同段的投标;2015年4月8日在石家庄市公开开标,采用合理定价抽取评审法,确定8家中标单位。三类于2015年4月有260家施工单位通过资格预审,参加本项目3个合同段的投标;2015年4月9日在石家庄市公开开标,采用合理定价抽取评审法,确定3家中标单位。

⑤交通安全设施工程:2015年5月有160家施工单位通过资格预审,参加本项目11个合同段的投标。2015年5月22日在石家庄公开开标,采用合理定价抽取评审法,确定11家中标单位。

⑥机电工程:分两次招标,JD1~JD3标于2015年8月有100家施工单位通过资格预审,参加本项目3个合同的投标;2015年8月11日在石家庄进行第二阶段公开开标,采用合理定价抽取评审法(两阶段),确定3家中标单位。JD4标于2015年8月有39家施工单位通过资格预审,参加本项目1个合同段的投标;2015年8月18日在石家庄进行公开开标,采用合理低价法,确定1家中标单位。

⑦设计监理:2011年6月有10家施工单位通过资格预审,参加本项目1个合同段的投标。2011年6月22日在石家庄市公开开标,根据《公路工程勘察设计招标投标管理办法》和《公路工程勘察设计招标评标办法》确定1家中标单位。

⑧土建监理:2012年10月有156家监理单位通过资格预审,参加本项目5个合同段的投标。2012年10月21日在石家庄市公开开标,11月28日评标委员会评标并推荐5家中标单位。

⑨房建监理:2013年8月有11家监理单位通过资格预审,参加本项目2个合同段的投标。8月5日在石家庄市公开开标,最终确定2家中标单位。

⑩机电监理:2015年6月有15家监理单位通过资格预审,参加本项目1个合同段的投标。6月15日在石家庄市公开开标,最终确定1家中标单位。

4)参建单位主要情况

(1)建设单位

本项目建设单位是河北省高速公路管理局,项目执行机构是河北省高速公路张承张家口管理处。

(2)设计单位

土建工程设计单位为河北省交通规划设计院,负责主体土建、交通安全设施、机电联合设计。

(3)施工单位

施工单位详见表8-20-47。

张承高速公路崇礼至张承界段划分一览表

表 8-20-47

参建单位	类型	参建单位名称	合同段编号及起讫桩号	标段所在地	主要内容	主要负责人	备注
项目管理单位		张承高速公路张家口管理处				李建军	
勘察设计单位	主体设计	河北省交通规划设计院	SJ1		土建工程、交通安全设施工程、机电工程设计	赵彦东	
施工单位	土建工程	河北燕峰路桥建设集团有限公司	A：K62+051～K75+700	白旗乡	路基、桥涵、隧道、路面工程	白洪江	
		东盟营造工程有限公司	B：K75+700～K92+000	狮子沟乡	路基、桥涵、路面工程	李广科	
		中铁十一局集团第五工程有限公司	C：K92+000～ZK99+515、YK99+530	清六营 战海乡	路基、桥涵、隧道、路面工程	于涛	
		中交一公局桥隧工程有限公司	D：ZK99+515，YK99+530～K111+580	战海乡 莲花滩乡	路基、桥涵、隧道、路面工程	张帆	
		邢台路桥建设总公司	E：K111+580～K124+200	西辛营镇	路基、桥涵、路面工程	李文清	
		河北广通路桥集团有限公司	F：K124+200～K138.140	西辛营镇 小河子乡	路基、桥涵、路面工程	张伟	
		中铁五局集团机械化工程有限责任公司	G：K141+247～K163+953	长梁乡 平定堡镇	路基、桥涵、路面工程	雷宏国	

5)征地拆迁

(1)设立专门组织机构

按照三级管理体系设置办公室,加强各级政府对征地工作的领导和监督,形成完善的拆迁工作体系,使征地拆迁工作层层有人管、层层有人抓;各县成立了指挥部,负责本县段的征迁及建设环境协调;并形成了在管理处领导下的专门负责征地拆迁工作的领导体系和专门机构,为落实政策、地方工作、人口安置、征地拆迁提供了有力的保证。

(2)落实承包责任制

征地拆迁工作实行群众参与,各级政府层层签订责任书,采取"四到位""四现场"的做法,即县、乡、村、户四方到场,现场丈量、现场清点、现场签字、现场盖章。

2011年7月上旬,管理处组织有关人员分三组对沿线3个县的地上附着物进行了清点、登记造册、签字确认;2012年12月,管理处与各县指挥部签订征地、拆迁合同协议。

征地拆迁统计见表8-20-48。

张承高速公路崇礼至张承界段征地拆迁统计表　　　表8-20-48

高速公路编码	项 目 名 称	征地拆迁安置起止时间	征用土地（亩）	拆迁房屋（m²）	拆迁占地费（万元）	备注
G95	张承高速公路崇礼至张承界段	2012.3~2016.10	9396.2775	3364	53132.94	

2.项目实施阶段

1)实施过程

(1)张承高速公路崇礼至张承界段主线工程于2013年5月1日开工,2015年10月完工。

(2)房建工程于2013年7月15日开工,2015年11月完工。

(3)交通安全设施工程于2015年7月10日开工,2015年11月完工。

(4)2015年11月26日,河北省公路工程质量安全监督站对本项目主线及交安工程进行了交工检测。

(5)2015年12月2日,河北省高速公路管理局组织专家对本项目进行了交工验收,并根据《公路工程质量评定办法》进行了交工质量鉴定,评分为98.67分。

(6)本路段尚未完成竣工验收。

2)重要决策

(1)2011年8月4日,河北省发展和改革委员会以冀发改基础〔2011〕1183号文,批复张承高速公路崇礼至张承界段项目可行性研究报告。

(2)2013年4月27日,张承高速崇礼至张承界段的桦皮岭隧道破土动工,标志着张承高速全线的控制性工程开工。

(3)2015年12月30日,张承高速公路崇礼至张承界段经过三年的艰苦奋斗实现顺利通车。

3)各项活动

(1)在全线进行标准化施工学习培训,争取做到细节管理精细化、细部施工规范化,严把质量关,拓宽企业路。

(2)组织计量工程师专项培训,为张承高速崇礼至张承界段项目首期计量支付工作奠定了基础。

(三)科技创新

管理创新共4项:

(1)本项目属于首都外环线的一部分,又处于冀北生态脆弱区、坝上贫困区、旅游观光区、2022年冬奥会雪上项目核心区。为打造一条生态、环保、节能、美丽的高速公路,在工程建设中,本项目十分重视科技成果的研发及推广应用,效果显著。

(2)考虑项目山区高速公路地质情况的复杂性,实行了联合设计及动态设计。通过多次动态联合设计,使沿线边坡防护、排水工程、线外改路改渠工程的施工图设计质量得到提高,既保证了设计文件的技术可行性和经济合理性,又最大限度地满足了沿线人民的生产生活需求,取得了良好效果。

(3)在全线路基边坡防护设计时实行了优化设计及动态设计。从提高设计质量入手,做好动态设计,在保证路基稳定的前提下,尽可能减少圬工防护数量,增加生态防护,将原设计的混凝土、浆砌片石等圬工防护变更为植物纤维毯和挂网客土基质层喷播等绿色防护,做到了"绿化、美化、亮化、文化"四化的有机结合,不仅减少了投资、加快了施工进度,而且有效地保护了生态环境,与自然融为一体,体现了绿色、环保的生态理念,也取得了巨大的经济效益。

(4)沿线的服务区、收费站建筑风格根据当地地形、地貌特点,结合自然环境,采用了坡屋顶、蒙古包等多样化的形式,在充分满足房屋功能需求的前提下,既体现了当地的民俗文化风情,又与当地历史文化背景相契合。尤其是沽源服务区是河北省第一个蒙古包草原风情建筑的服务区。另外,在沿线路堑挖方混凝土护面墙墙体表面增加了奥运主题及坝上地区民族风情艺术景观装饰,既美化了环境,又增加了行车情趣。

科研成果创新共9项:

(1)坝上地区高速公路路基施工生态环境安全技术研究。通过路基施工对高速公路路域生态环境的影响分析,主要从公路路域生态环境保护、水土保持两大方面进行了技术研究,针对各个影响因素提出了相应的对策措施,使路基边坡、取土场、弃土场、施工便道等在最短的时间内得到快速恢复,减少工程建设对沿线生态环境的影响。

(2)橡胶改性沥青质量控制关键技术研究。针对项目所处坝上地区自然气候温差大、沥青材料运距较远的特点,结合工程实际合理确定了适用于本工程的橡胶改性沥青最佳生产参数与生产工艺,对生产设备存在的缺陷进行技术优化改造,实现了对橡胶改性沥青生产材料的"源头控制"与生产工艺的"动态质量过程控制",保证了橡胶改性沥青的生产质量。

(3)寒冷地区耐久性路面建设关键技术研究。通过本课题的研究,一方面改善了沥青路面 SMA 面层的表面功能和使用性能,使其具有优良的服务功能和使用寿命;另一方面,通过系统解决半刚性材料的性能设计,综合协调其强度与抗裂特性,有效延缓和阻断裂缝的拓展,减少基层开裂,为沥青面层提供整体性支撑,从整体上提高了沥青路面的服务水平和使用寿命,减少了沥青路面运营和养护成本。

(4)高速公路隧道湿喷高性能混凝土应用技术研究。为保证隧道初支喷射混凝土的强度,延长其使用寿命,解决喷射混凝土粉尘大、回弹量多的问题,开展了隧道湿喷高性能混凝土应用技术的研究。通过一系列的室内试验和现场调试,确定了强度高、粉尘及回弹量少的湿喷高性能混凝土配合比和施工工艺,并编制成"工法",具有推广应用价值。

(5)高速公路钢波纹管推广应用技术研究。为了降低工程造价,加快施工进度,开展了高速公路钢波纹管推广应用技术研究。尤其是坝上地区有效施工期短,用于砌体的石料少,对于保证小桥涵工程进度、节省投资,具有推广应用价值。

(6)山区公路巨粒土路基变形与稳定特性研究。为充分利用路基挖石方和隧道弃渣,减少占地对自然环境的破坏,在高填方路基利用巨粒土进行分层填筑,采用冲击碾压并辅以强夯补强压实的施工方法保证路基得到充分压实(夯实),通过沉降与稳定性的跟踪监测,路基质量符合技术规范要求,取得了良好的效果,达到了合理利用资源、节省投资、减少对周围环境破坏的目的,为山区公路巨粒土填筑路基的推广应用积累了宝贵经验。

(7)季节性冻土路基设计理论及病害防治对策研究。针对项目建设地处坝上高寒地区,沿线经过有高液限黏土、湿陷性黄土、膨胀土、河道淤泥质土和水浇地、湿地有机质土、腐殖土等特殊土质的特点,通过现场调查研究及室内外试验分析,提出了季节性冻土路基设计理论及病害防治的具体对策与技术措施,有效地指导了工程施工,取得了良好的效果。

(8)高速公路软土路基沉降后评估研究。通过对本项目湿地和河道软土路基物理及力学特征的试验研究,提出了技术上可行的软土地基处理方案,对软土地基处理后的沉降进行了监测和分析总结,实现了从理论至实践的完美结合,取得了成功的经验。

(9)高速公路融雪防冰型沥青路面材料开发与应用技术研究。针对当地多雪、寒冷的自然气候条件,为提高清除路面冰雪效率,降低恶劣天气所诱发的交通事故,开展了高速公路融雪防冰型沥青路面材料开发与应用技术研究。在沥青混合料中添加环保型沥青路面冰雪抑制剂,并合理选用适合本项目的融雪剂,结合实际情况提出道路除冰雪体系的完善方法建议,大幅度提高了路面除冰雪效果和道路的服务水平。

(四)运营养护管理

1. 服务区设施

本段设置2处服务区,分别为莲花滩服务区和沽源服务区(表8-20-49)。

张承高速公路崇礼至张承界段服务设施一览表　　　　表8-20-49

高速公路编号	服务区名称	桩　号	所在区域	占地(亩)	建筑面积(m²)
G95	莲花滩服务区	K111+000	沽源县莲花滩乡	69.86	4829.46
G95	沽源服务区	K143+750	沽源县小河子乡	70.54	4848.12

2. 收费设施

本项目共设收费站4处(表8-20-50)。

张承高速公路崇礼至张承界段收费设施一览表　　　　表8-20-50

收费站名称	桩　号	入口车道数		出口车道数		收费方式
		总车道	ETC车道	总车道	ETC车道	
南山窑收费站	K74+950	3	1	4	1	MTC+ETC
桦皮岭收费站	K100+273.588	3	1	4	1	
西辛营收费站	K121+330.5	3	1	4	1	
沽源收费站	K146+430	3	1	6	1	

3. 养护管理

张承高速公路崇礼至张承界段养护里程98.86km,设置崇礼、沽源2处养护工区(表8-20-51),负责养护里程分别为44.95km和53.91km。

张承高速公路崇礼至张承界段养护设施一览表　　　　表8-20-51

养护工区名称	桩　号	路段长度(km)	占地(亩)	建筑面积(m²)
崇礼养护工区	K75+000	44.95	32.54	3328.35
沽源养护工区	K146+500	53.91	35	3097.34

4. 监控设施

本项目设张家口监控通信分中心,负责张家口地区的运营监管(表8-20-52)。

张承高速公路崇礼至张承界段监控设施一览表　　　　表8-20-52

监控设施名称	桩　号	占地面积(亩)	建筑面积(m²)
张家口监控通信分中心	K0+755	39.96	5285

十四、张承高速公路承德段(张承界—单塔子)

(一)项目概况

1. 基本情况

1)功能定位

张承高速公路是河北省"五纵六横七条线"高速公路布局规划中"线一"的重要组成部分,有效连接国家高速公路网中的大广、京藏公路;是河北省北部地区规划的唯一一条东西向高速公路,也是张家口、承德两市高速公路网的主要组成部分,它的建设对于河北省高速公路网的形成,改善路网分布不均衡布局结构,增强路网综合功能具有十分重要的作用,同时也将进一步完善张承两市的公路网络结构,提高两市公路交通总体水平。

张承高速公路是张家口与承德之间经济发展和交流的交通纽带,对沿线地区自然资源的开发利用、旅游业发展、改善经济落后状况具有重要的作用。同时,张承高速公路通过与公路网衔接,西连内蒙古煤炭能源基地,东达河北省两大港口,形成河北省"东出西联"北部运输大通道,并与承德、锡林郭勒盟两地初步达成共识,修建张承公路大滩连接线,为内蒙古锡林郭勒盟开辟了公路出海通道,内蒙古地区能源物资均可通过张承公路运往河北省沿海地带。

项目启动后张承高速公路承德段(张承界至单塔子)成为G95(首都地区环线)的一部分,促进了环首都经济圈形成。

2)技术标准

全线采用双向四车道高速公路标准建设,设计速度100km/h,整体式路基宽度26m,分离式路基宽度13m。平曲线最小半径1150m,最大纵坡3.8%。

3)建设规模

本项目建设里程长203.483km,共设置双滦北枢纽、红旗、隆化、凤山、西官营、南关、丰宁、大滩8处互通式立交。设分离式立交8处,天桥8座,通道77道。设特大桥1387m/1座,大桥23752m/68座,中桥923m/11座,小桥33m/1座,涵洞457道;服务区、互通区主线桥、跨线桥1283m/13座,3746m/16座;特长隧道17550m/4座,长隧道13666m/6座,中隧道767.5m/1座,短隧道2440m/7座。设匝道收费站8处,服务区4处,停车区3处,养护工区4处,隧道管理所4处,隧道口变配电室20处,隧道口消防水泵房11处。服务设施和管理设施建筑面积68330m²。

4)主要控制点

承德至张家口高速公路承德段主线起点位于承德市双滦区单塔子村北,与承赤高速公路相接,终点在丰宁县大滩镇与张承高速公路张家口段相接。红旗、凤山、西官营、土城、小坝子、大滩为本项目主要控制点。

5）地形地貌

项目区域属燕山地槽与蒙古高原过渡区，境内地形复杂，山脉纵横，河流交错。区内地势总体上为西北高、东南低，全区地貌以宜啃坝、牛圈子坝为界分为坝上高原和冀北山地。

项目区域内地貌类型为中山区、低山重丘区及河谷平原区三种类型。

6）路面及主要构造物

本项目主要采用沥青混凝土路面，部分路段为普通混凝土路面：

4cmAC-13C改性沥青混凝土，SBS改性沥青防水黏结层，6cmAC-20C改性沥青混凝土，SBR改性乳化沥青，6cmAC-20C中粒式沥青混凝土，SBR改性乳化沥青，8cmATB-25粗粒式沥青碎石，SBR改性乳化沥青，透层，18cm级配碎石，18cm水泥稳定级配碎石，18cm水泥稳定级配碎石。

4cmAC-13C改性沥青混凝土，SBS改性沥青防水黏结层，6cmAC-20C改性沥青混凝土，SBR改性乳化沥青，8~12cmAC-25C粗粒式沥青混凝土，SBR改性乳化沥青，透层，18cm水泥稳定级配碎石，18cm水泥稳定级配碎石，20cm水泥稳定级配碎石。

4cmAC-13C细粒式阻燃改性沥青混凝土，6cmAC-20C中粒式改性沥青混凝土，SBS改性沥青防水层，28cm厚弯拉强度5MPa水泥混凝土面板，12cm C20素混凝土基层，10cm C20素混凝土整平层（隧道无仰拱段）。

主要构造物采用连续梁桥。

7）投资规模

项目概算投资258.200亿元，平均每公里造价12689万元。

8）开工及通车、交工时间

2013年4月开工建设，2015年12月交工通车。

2. 前期决策情况

1）前期决策背景

根据河北省交通厅和省发展计划委员会编制的《河北省2003至2007年高速公路建设计划》，河北省交通厅在2006年启动承德至张承界段的建设工作。

2）前期决策过程

承德、张家口两市2004年7月31日联合召开了承张高速公路前期协调会并形成会议纪要，河北省交通厅以冀交函规字〔2005〕020号文批准承德市作为项目业主开展前期工作。

（1）2010年11月8日，河北省发展和改革委员会以冀计函〔2010〕1711号文，下发《河北省发展和改革委员会关于承德至张家口高速公路承德段项目建议书的批复》。

（2）2011年4月27~28日，河北省交通运输厅召开《承张高速公路承德至张承界（大滩)段工程可行性研究报告》审查会。

（3）2011年8月28日，河北省发展和改革委员会以冀发改基础〔2011〕1216号文，下发《河北省发展和改革委员会关于〈承德至张家口高速公路承德段工程可行性研究报告〉的批复》。

(二)建设情况

1. 项目准备阶段

1）项目审批

（1）2011年5月16日，进行承德至张家口高速公路承德段招标代理比选。

（2）2011年6月17日，进行承德至张家口高速公路承德段设计及设计监理招标。

（3）2011年7月7日，河北省水利厅以冀水保〔2011〕144号文件批复水土保持方案。

（4）2011年9月1日，河北省环境保护厅以冀环评〔2011〕257号文件批复工程环境影响报告书。

（5）2011年10月28日，河北省发展和改革委员会以冀发改投资〔2011〕2059号文对项目的初步设计进行批复。

（6）2012年12月10日，进行承德至张家口高速公路承德段一期工程施工及监理招标。

（7）2013年3月6日，进行承德至张家口高速公路承德段一期工程施工及监理招标。

（8）2013年8月14日，河北省交通运输厅以冀交基〔2013〕422号文批复单塔子至丰宁互通段三阶段技术设计。

（9）2014年1月16日，河北省交通运输厅以冀交公〔2014〕20号文批复施工图（不含连接线）的设计。

（10）2014年8月13日，国土资源部以国土资函〔2014〕368号文批复工程建设用地。

2）资金筹措

本项目概算总投资258.200亿元，项目资本金64.550亿元，由河北省高速公路管理局负责筹措，其余193.650亿元申请银行贷款。

3）合同段划分及招投标

（1）合同段划分

根据各专业的工程内容，标段划分见表8-20-53。

①土建工程设计标段划分3个标段（含机电工程），房建工程设计1个标段，绿化工程设计1个标段。

②施工标段划分：土建工程25个标段，机电工程9个标段，房建工程11个标段，绿化工程29个标段，交通安全设施21个标段。

③施工监理标段划分：设1个总监办公室，11个土建工程驻地监理标段，5个房建工程监理标段，1个机电工程总监办公室。

张承高速公路承德段（张承界至单塔子）合同段段划分一览表

表 8-20-53

参建单位	类型	参建单位名称	合同段编号及起讫桩号	标段所在地	主要内容	主要负责人	备注
项目管理单位		河北省高速公路张承德段筹建处				刘建奇	
勘察设计单位	土建工程设计	中交远洲交通科技集团有限公司	CZSJ-1：K367+435.372～K311+422.32	双滦区、滦平县、隆化县、丰宁县	主线土建工程设计	王 超	
		中国公路工程咨询集团有限公司	CZSJ-2：K311+422.32～K263+052.41	双滦区、滦平县、隆化县、丰宁县	主线土建工程设计	李文阁	
		河北省交通规划设计院	CZSJ-3：K263+052.41～K163+952.7	双滦区、滦平县、隆化县、丰宁县	主线土建工程设计	赵彦东	
施工单位	主体土建工程	中铁十一局集团第三工程有限公司	TJ1：K237+177.954～K225+735.515	丰宁县	路基、桥涵工程	谢友武	
		承德路桥建设总公司	TJ2：K225+735.515～K215+835.515	丰宁县	路基、桥涵、隧道、路面工程	朱彦军	
		四川川交路桥有限责任公司	TJ3：K215+835.515～K205+935.515	丰宁县	路基、桥涵、隧道工程	陈明义	
		青岛公路建设集团有限公司	TJ4：K205+935.515～K201+085.515	丰宁县	路基、隧道工程	肖凤华	
		邢台路桥建设总公司	TJ5：K201+085.515～K197+985.515	丰宁县	路基、桥涵、隧道工程	胡现波	
		河北路桥集团有限公司	TJ6：K197+985.515～K190+735.515	丰宁县	路基、桥涵、隧道工程	崔洪峰	
		河北燕峰路桥建设集团有限公司	TJ7：K190+735.515～K184+035.515	丰宁县	路基、隧道、路面工程	王保志	
		中交一公局桥隧工程有限公司	TJ8：K184+035.515～K163+952.7	丰宁县	路基、桥涵工程	刘拥华	
		广西壮族自治区公路桥梁工程总公司	TJ9：K367+435.372～K361+035.372	双滦区单塔子	路基、桥涵、路面工程	崔树峰	
		中铁十四局集团第三工程有限公司	TJ10：K361+035.372～K356+335.372	滦平县	路基、隧道工程	荣永刚	

第八章 高速公路建设项目

续上表

参建单位	类型	参建单位名称	合同段编号及起讫桩号	标段所在地	主要内容	主要负责人	备注
施工单位	主体土建工程	东盟营造工程有限公司	TJ11:K356+335.372~K349+175.372	滦平县	路基、桥涵、隧道工程	穆日盛	
		中交二公局第一工程有限公司	TJ12:K349+175.372~K339+235.372	滦平县	路基、桥涵工程	王培玉	
		南京东部路桥工程有限公司	TJ13:K339+235.372~K330+459.686	滦平县、隆化县	路基、桥涵工程	杨临海	
		中铁十三局集团第四工程有限公司	TJ14:K330+459.686~K323+809.686	滦平县、隆化县	路基、桥涵、隧道工程	贾佰春	
		江西赣东路桥建设集团有限公司	TJ15:K323+809.686~K317+459.686	滦平县、隆化县	路基、桥涵、路面工程	史明	
		中铁十九局集团第二工程有限公司	TJ16:K317+459.686~K311+422.32	隆化县	路基、桥涵、隧道工程	吕忠华	
		廊坊市交通公路工程有限公司	TJ17:K311+422.32~K304+545.779	滦平县、隆化县	路基、隧道工程	李袁宗	
		中铁十五局集团第七工程有限公司	TJ18:K304+545.779~K298+045.779	隆化县、丰宁县	路基、桥涵、隧道工程	胡红岩	
		邢台路桥建设总公司	TJ19:K298+045.779~K285+845.779	丰宁县	路基、桥涵、隧道工程	苏丹	
		承德路桥建设总公司	TJ20:K285+845.779~K273+950.87	丰宁县	路基、桥涵、路面工程	邢冀凯	
		中铁二局第五工程有限公司	TJ21:K273+950.87~K263+052.41	丰宁县	路基、桥涵、隧道工程	杨勇	
		江西省路桥工程集团有限公司	TJ22:K263+052.41~K258+254.454	丰宁县	路基、桥涵、路面工程	吕龙明	
		中国铁建港航局集团有限公司	TJ23:K258+254.454~K247+954.454	丰宁县	路基、桥涵、隧道工程	王彦辉	
		福建省第一公路工程有限公司	TJ24:K247+954.454~K242+954.454	丰宁县	路基、桥涵、隧道工程	林裕青	
		中铁十六局集团第四工程有限公司	TJ25:K242+954.454~K237+177.954	丰宁县	路基、桥涵、隧道工程	席小武	

（2）招投标

筹建处严格执行招投标制度，完成了招标代理比选、勘察设计及设计监理招标、主体土建工程施工及施工监理等，总计28个项目的招标工作，签约合同价为140.37亿元。其中工程施工类招标项目8个，累计合同额129.53亿元；设备及货物采购类招标项目4个，累计合同额6.39亿元；技术服务类招标项目16个，累计合同额4.25亿元。

所有招标工作均按照《中华人民共和国招标投标法》和交通运输部颁布的《公路工程施工招标投标管理办法》《公路工程施工招标资格预审办法》《公路工程施工招标评标办法》以及省厅、高管局所规定的办法和程序进行，招标文件按规定进行了评审、报备，招标过程主动接受纪检和行政部门的监督，招投标的相关信息按照"十公开"的规定进行了公布。

①承德至张家口高速公路承德段丰宁互通至张承界主体土建工程施工招标采用资格后审办法，投标文件采用单信封形式。2012年12月15日，招标人从交通运输部统一评标专家库中随机抽取经济、技术类专家5名与招标人代表2名共同组成评标委员会，评审出8家中标单位。河北省监察厅、河北省工程治理办公室、河北省发展和改革委员会招投标处、河北省交通运输厅招投标中心、河北省交通重点工程派驻纪检人员办公室、河北省高速公路管理局纪检监察室派员对本次评标会议进行了监督。

②承德至张家口高速公路承德段单塔子至丰宁互通主体土建工程施工招标采用资格后审办法，投标文件采用单信封形式。2013年3月10日，招标人从交通运输部统一评标专家库中随机抽取经济、技术类专家5名与招标人代表2名共同组成评标委员会，评审出17家中标单位。河北省监察厅、河北省工程治理办公室、河北省发展和改革委员会招投标处、河北省交通运输厅招投标中心、河北省交通重点工程派驻纪检人员办公室、河北省高速公路管理局纪检监察室派员对本次评标会议进行了监督。

③承德至张家口高速公路承德段房建施工招标评标办法采用合理定价抽取评审法。2014年4月25日，招标人从河北省统一评标专家库中随机抽取的4名专家和1名招标人代表共同组成评标委员会，评审出11家中标单位。河北省发展和改革委员会招投标处、河北省交通运输厅招投标中心、河北省交通运输厅派驻高管局纪检及承德市交通运输局纪检监察室派员参会并进行了全程监督。

④承德至张家口高速公路承德段绿化施工招标评标办法采用合理定价抽取评审法。2015年3月25~26日，招标人从河北省统一评标专家库中随机抽取的4名专家和1名招标人代表共同组成评标委员会，评审出29家中标单位。河北省发展和改革委员会招投标处、河北省交通运输厅招投标中心、省厅派驻高管局纪检及承德市交通运输局纪检监察室派员参会并进行了全程监督。

⑤承德至张家口高速公路承德段交通安全设施施工招标评标办法采用合理定价抽取

评审法。2015年6月24日,招标人从河北省统一评标专家库中随机抽取的4名专家和1名招标人代表共同组成评标委员会,评审出21家中标单位。河北省发展和改革委员会招投标处、省厅招投标中心、省厅派驻高管局纪检及承德市交通运输局纪检监察室派员参会并进行了全程监督。

⑥承德至张家口高速公路承德段隧道照明灯具采购招标评标办法采用合理低价法,投标文件采用双信封形式。2015年5月29日,招标人从交通运输部统一评标专家库中随机抽取的4名专家和1名招标人代表共同组成评标委员会,评审出2家中标单位。河北省发展和改革委员会招投标处、河北省交通运输厅招投标中心、省厅派驻高管局纪检及承德市交通运输局纪检监察室派员参会并进行了全程监督。

⑦承德至张家口高速公路承德段绿化施工招标评标办法采用合理定价抽取评审法。2015年8月12日,招标人从交通运输部统一评标专家库中随机抽取的4名专家和1名招标人代表共同组成评标委员会,评审出8家中标单位。河北省发展和改革委员会招投标处、河北省交通运输厅招投标中心、河北省交通运输厅派驻高管局纪检及承德市交通运输局纪检监察室派员参会并进行了全程监督。

4)参建单位主要情况

(1)建设单位

本项目建设单位是河北省高速公路管理局,项目执行机构是河北省高速公路张承承德段筹建处。

(2)设计单位

①土建工程设计单位(主线):中交远洲交通科技集团有限公司、中国公路工程咨询集团有限公司、河北省交通规划设计院,总体设计负责单位为河北省交通规划设计院。

连接线:河北省交通规划设计院、承德交通勘察设计院有限公司、北京交科公路勘察设计研究院有限公司。

②房建工程设计单位:河北建筑设计研究院有限责任公司。

③机电工程设计单位:中交远洲交通科技集团有限公司、中国公路工程咨询集团有限公司、河北省交通规划设计院。

(3)施工单位

详见表8-20-53。

5)征地拆迁

(1)设立专门组织机构

按三级管理体系设置安置办公室,加强各级政府对征地工作的领导和监督,形成完善的拆迁工作体系,使征地拆迁工作层层有人管、层层有人抓。

根据近几年河北省高速公路建设里程长、路段多、地方问题复杂的特点,承德市、县(区)

均成立了征地拆迁暨施工保障指挥部及办公室,配备了工作人员,为高速公路建设提供了有力的组织保障。建设期间,市委、市政府适时召开了三次动员协调大会,部署、调度征地拆迁和施工保障工作,省交通运输厅、省高管局、市县区领导也多次亲临现场调研、督导,集中力量及时解决了一批重点、难点问题,对推动张承高速公路征地拆迁及施工保障工作发挥了重要作用,为落实政策、落实地方工作、落实人口安置、落实征地拆迁提供了组织保证。

(2)拆迁任务逐层分解

根据建设任务确定拆迁时间节点,把拆迁任务逐层分解到县区拆迁办,调动各方积极性,制定惠民奖励措施,建立了抓拆迁、抓推进、抓落实的良好工作机制,全力以赴加快征拆进度。筹建处和市指挥部共同制定了清点登统工作实施方案,明确了组织机构及工作程序,划定主要内容,提交了分组、人员配备要求以及工作要求和注意事项,严肃了工作纪律并召开动员大会。值得推广的经验是签字手续齐备、收回资料及时。即所有权人、村、乡镇、县区拆迁办、市指挥部(筹建处)三方签字,当天收回内业组,避免乱填乱报多报现象发生。其次,全程配备公证单位人员,做好影像、文字、声像资料保全,以利于今后核实,提供法律依据。

项目于2012年10月和2013年1月完成了张承高速公路承德段一期和二期工程的征地拆迁清点登统工作。2013年8月,基本完成了土地及地上附着物清表工作,保证了施工单位全面进场施工。到2014年9月底,最后一处企业协商拆除,张承高速公路主线内拆迁任务全部完成。据统计,征用土地19073.56亩,一期拆迁房屋14处,二期拆迁房屋40864.184 m^2,拆迁占地费用共113593.3348万元(表8-20-54)。

张承高速公路承德段(张承界至单塔子)征地拆迁统计表　　　　表8-20-54

高速公路编码	项目名称	征地拆迁安置起止时间	征用土地(亩)	拆迁房屋(m^2)	拆迁占地费(万元)	备注
G95	张承高速公路承德段(一期)	2012.12~2013.6	7118.92	14处	35268.6483	
G95	张承高速公路承德段(二期)	2013.3~2013.12	11954.64	40864.184	78324.6865	

(3)征地拆迁方面取得的成功经验

从群众利益出发,以民为本,协调联动,各部门积极配合。例一:集中安置、整体搬迁,解决好通水、通电、通路及平整场地的"三通一平"问题,大大改善了居住环境,使村民的生活质量进一步提升。如滦平县红旗镇杨树沟村30余户整体安置、隆化县十二挠海24户村民整体妥善安置等,使当地干部群众对征地拆迁工作的细致周到拍手称赞。例二:做好农田水利设施改造工程,解决好改路改渠、机耕路、被交路问题,使当地群众不因修高速公路而感到不方便甚至损害到利益。

2.项目实施阶段

1)施工过程

(1)主线土建一期工程于2013年4月20日开工,二期工程于2013年7月1日开工,

2015年12月28日完工。

（2）房建工程于2014年7月开工，2015年12月完工。

（3）机电工程于2015年9月开工，2015年12月完工。

（4）交通安全设施工程于2015年8月开工，2015年12月完工。

（5）绿化工程于2015年6月开工，2015年12月完工。

（6）加强原材料管控制度，对主要原材料实行甲供制度，同时抓好"进场关""抽检关""评定关"，从源头上消除质量安全隐患。

（7）大力推进施工标准化及精细化管理，采取措施做好高填深挖、半填半挖路基和隧道开挖等的质量控制，做好防护排水工程，防止发生次生灾害。

（8）2015年12月，河北省交通运输厅组织专家对承德至张家口高速公路承德段进行了交工验收。

张承高速公路承德段（张承界至单塔子）建设生产要素统计见表8-20-55。

张承高速公路承德段（张承界至单塔子）建设生产要素统计表　　表8-20-55

路线编号	建设时间	钢材(t)	沥青(t)	水泥(t)	砂石料(m^3)	机械工(工日)	机械(台班)
G95	张承高速公路承德段	278716	130115	2067817	16171091	3730837	3825011

2）重要决策

2012年3月20日，承德市政府与河北省交通运输厅达成项目建设交接协议，本项目移交省高管局做业主和建设单位。

（1）河北省公路工程质量安全监督站在项目建设期间，进行工作指导、综合检查、专项检查等12次。

（2）举行劳动竞赛活动，如：2013年大干"100天"劳动竞赛活动、2014年大干"120天"劳动竞赛活动、2015年大干"100天"劳动竞赛活动。

（3）进行各项安全检查活动，如：

①2013—2015年，连续三年开展"安全生产月"活动。

②2015年5月19~22日，"五整治五落实"专项检查。

（三）复杂技术工程

承张高速公路控制性工程千松坝特长隧道全长4.544km，分离式双向四车道，设计速度100km/h，隧道净宽10.75m，净高5m。该隧道工程主要特点及难点如下：

（1）张家口端洞口段存在300m的风积沙覆盖层，隧道出口洞顶覆盖层为风积粉细沙地层，为保障隧道安全，采用水平旋喷桩超前加固，明挖与暗挖相结合方案，结合三台阶七步开挖工法，确保施工期间拱顶和掌子面的安全，填补了河北省长距离穿越风积沙地质隧道建设的空白。

（2）隧道洞口地处迎风雪面的较缓山坡，设置遮雪棚洞保障运营安全。

（3）为防止排水管冻胀破坏，设置电伴热系统以及二次衬砌采用高性能混凝土，提高其防裂渗的能力。

（4）通过采取合理的排堵方案，降低隧道开挖对千松坝国家森林公园地下水的影响。

为此，开展了"千松坝隧道风积沙地层修筑关键技术研究"的科研项目，其中水平旋喷桩、遮雪棚洞、福利凯二次衬砌保温层3项施工工艺均为河北省首创。

（四）科技创新

1. 钢箱梁推广项目

丰宁互通跨越 A 匝道的主线桥，中心桩号为 K116+288.6，交角为 105°，下穿 A 匝道交点桩号为 AK0+188.168，桥梁起点桩号为 K116+240.1，讫点桩号为 K116+337.1，桥梁全长为 97m。全桥共一联，上部结构跨径为 3×30m，原设计为预应力混凝土先简支后连续小箱梁。

根据 2014 年河北省交通运输厅科技计划，此桥作为钢箱梁推广项目，将上部原设计调整为波形钢腹板先张法预应力钢混结合梁，下部设计随之调整。

易于工厂化、标准化生产，易于运输安装，实现长距离运输，快速拼装建设，结构稳固可靠，寿命周期长，维护费用低，重建回收价值利用率高。主材为钢材，符合国家扶持鼓励的方向，减轻了对砂石料等材料的依赖，利于环保。

2. 圆柱形柱帽一体式轮廓标

借鉴河北省已建成高速公路的经验，为增强警示效果，提高夜间行车视线诱导作用，引进圆柱形柱帽一体式轮廓标新技术应用于该项目，布设间距、高度以及反光膜材料均不同于传统模式。图 8-20-12 为荧光黄，图 8-20-13 为白色。

图 8-20-12　圆柱形柱帽一体式轮廓标（荧光黄）

图 8-20-13　圆柱形柱帽一体式轮廓标（白色）

（五）运营养护管理

1. 服务设施

全线设置隆化、凤山、丰宁、千松坝4处服务区，选将营、水泉、大滩3处停车区（表8-20-56）。

张承高速公路承德段（张承界至单塔子）服务设施一览表　　　　表8-20-56

高速公路编码	服务区名称	桩 号	所在区域	占地（亩）	建筑面积（m²）
G95	隆化服务区	K335+842	隆化县隆化镇	60.09	3800
G95	凤山服务区	K291+895	丰宁县凤山镇	109.8	5310
G95	选将营停车区	K264+550	丰宁县西官营乡	42.33	1603
G95	丰宁服务区	K232+649	丰宁县土城镇	137.07	5968
G95	水泉停车区	K213+575	丰宁县小坝子乡	66.55	1594
G95	千松坝服务区	K182+900	丰宁县大滩镇	100.005	8133
G95	大滩停车区	K164+555	丰宁县大滩镇	150	4000

2. 收费设施

本项目共设置收费站8处，其中在双滦北设城市出入口收费站1处，在红旗、隆化、凤山、西官营、南关、丰宁、大滩设置匝道收费站7处。入口车道24条，出口车道34条，其中ETC车道16条（表8-20-57）。

张承高速公路承德段（张承界至单塔子）收费设施一览表　　　　表8-20-57

收费站名称	桩 号	入口车道数		出口车道数		收费方式
		总车道	ETC车道	总车道	ETC车道	
双滦北收费站	K366+309	5	1	8	1	MTC+ETC
红旗收费站	K345+906	4	1	5	1	
隆化收费站	K335+842	5	1	6	1	
凤山收费站	K296+533	4	1	5	1	
西官营收费站	K276+193	3	1	3	1	
南关收费站	K249+765	3	1	6	1	
丰宁收费站	K235+536	4	1	8	1	
大滩收费站	K170+262	3	1	4	1	

3. 养护管理

本项目养护里程203.483km，设置红旗、凤山、丰宁、大滩4处养护工区（表8-20-58）。本项目于2015年12月30日通车运营。

张承高速公路承德段(张承界至单塔子)养护设施一览表　　表8-20-58

养护工区名称	桩　　号	路段长度(km)	占地面积(亩)	建筑面积(m²)
大滩养护工区	K198+500～K163+950	34.55	15	1533
丰宁养护工区	K198+500～K249+400	50.9	15	1684
凤山养护工区	K249+400～K310+850	61.45	15	1615
红旗养护工区	K310+000～K367+000	57	15	1845

4.监控设施

本项目设置监控通信分中心1处,负责全路段运营监管,同时下设红旗、丰宁2处监控调度分中心,对全线8处收费站实施监管(表8-20-59)。红旗监控调度中心负责监管双滦北、红旗、隆化、凤山4处收费站;丰宁监控调度中心负责监管西官营、南关、丰宁、大滩4处收费站。

全线设置红旗、凤山、丰宁、大滩4处隧道管理所(表8-20-59)。红旗隧道管理所负责监管小三岔口隧道、小营隧道、十二挠海隧道、老仟河东隧道、周家营隧道;凤山隧道管理所负责监管两间房1号隧道、两间房2号隧道、套鹿沟1号隧道、套鹿沟2号隧道、黄土梁1号隧道、黄土梁2号隧道;丰宁隧道管理所负责监管老龙湾隧道、平顶山隧道、六道沟隧道;大滩隧道管理所负责监管喇嘛店隧道、三道泉子隧道、缸房营隧道、千松坝隧道。

张承高速公路承德段(张承界至单塔子)监控设施一览表　　表8-20-59

监控设施名称	桩　　号	占地面积(亩)	建筑面积(m²)
监控通信分中心	K346+406	30.045	324
红旗监控调度分中心	K345+906	19.5	224
丰宁监控调度分中心	K235+536	24	224
红旗隧道管理所	K345+906	19.5	202
凤山隧道管理所	K296+533	20.025	224
丰宁隧道管理所	K235+536	24	276
大滩隧道管理所	K170+262	17.01	224

第二十一节　G9511涞水—涞源高速公路

G9511(涞水—涞源)榆林互通至涞源东互通段高速公路是河北省高速公路网主骨架"五纵六横七条线"规划中"纵五"的重要组成部分,路线起自涿州市榆林村,起于原S2401密涿支线,止于涞源县(原S66唐涞高速公路),全长110.702km。沿线途经涿州市的涿州市区、高碑店,保定市的涞水县、易县、涞源县。本工程的建设,极大地缓解了京藏高速进京、出京方向的拥堵局面,带动河北西部经济腾飞,为河北省西部经济欠发达的地区带来快速发展的机遇。

G9511(涞水—涞源)榆林互通至涞源东互通段高速公路由两条段组成,分别是榆林互通至涞水枢纽互通段和涞水枢纽互通至涞源东互通段。目前均由河北交通投资集团张石高速公路保定段有限公司负责运营管理养护。

张石高速公路(榆林互通至涞水枢纽互通段),于2008年10月建成通车,运营里程桩号为原S2401密涿支线K12+000~K31+810,全长19.81km,设计速度120km/h,双向四车道,路基宽度28.0m。

张石高速公路(涞水枢纽互通至涞源东互通段),于2012年12月建成通车,运营里程桩号为原S66唐涞高速K221+108~K312+000,全长90.892km,设计速度100km/h,双向四车道,路基宽度26m。

G9511涞水至涞源高速公路项目信息见表8-21-1,路线平面图见图8-21-1。

G9511涞水至涞源高速公路项目信息表　　　　表8-21-1

项目名称	路段起讫桩号		规模		设计速度(km/h)	路基宽度(m)	投资情况(亿元)			资金来源	建设时间(开工~通车)	备注
	起点桩号	讫点桩号	合计(km)	车道数			估算	概算	决算			
张石高速公路(榆林互通至涞水枢纽互通段)	原S2401密涿支线K31+810	原S2401密涿支线K12+000	19.81	四	120	28	11.85	11.85		地方自筹、政府贷款	2006.11~2008.10	
张石高速公路(涞水枢纽互通至涞源东互通段)	原S66唐涞高速K221+108	原S66唐涞高速K321+000	90.892	四	100	26	76	55.24		地方自筹、政府贷款	2009.3~2012.12	

一、项目概况

(一)基本情况

1. 功能定位

张石高速公路(榆林互通至涞源东互通段)是河北省公路建设"十五"规划的重要组成部分,是河北省高速公路网主骨架"五纵六横七条线"规划中"纵五"的重要组成部分,是河北省政府"6+3"项目之一。本项目的建设将极大地缓解京藏高速进京、出京方向的拥堵局面,促进河北省西北区域交通运输及快速发展,拉动区域经济,使河北西部旅游资源开发迅速驶上快车道。

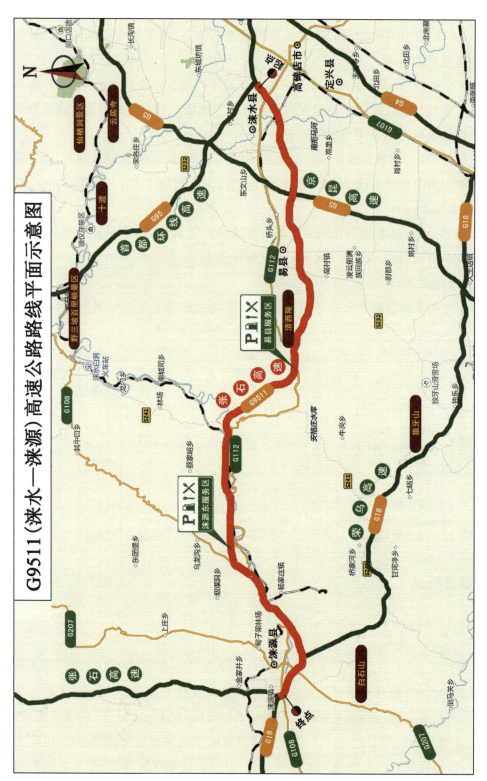

图8-21-1 G9511（涞水—涞源）高速公路路线平面示意图

2. 技术标准

张石高速公路(榆林互通至涞水枢纽互通段)采用双向四车道,设计速度120km/h,路基宽度28m。平曲线最小半径1000m,最大纵坡3%。

张石高速公路(涞水枢纽互通至涞源东互通段)采用双向四车道,设计速度100km/h,路基宽度26m。平曲线最小半径712m,最大纵坡3.98%。

3. 建设规模

本项目建设里程长110.702km,其中:大桥11364m/38座;中桥2067m/29座;小桥844m/59座;涵洞183道;桥梁长度占路线总长度的12.13%;互通式立交7处(其中服务型互通6处,枢纽型互通1处);分离式立交9处;天桥11座;匝道收费站6处;服务区2处;管理、养护、服务、监控房屋建筑面积约3万m²。

4. 主要控制点

涞源县(南屯乡、乌龙沟乡、塔崖驿乡)、易县(大龙华乡、桥头乡)、涞水县(明义乡、胡家庄乡)、高碑店市、涿州市。共计5个市(县)、7个乡。

5. 地形地貌

张石高速公路(榆林互通至涞水枢纽互通段)位于平原微丘区。

张石高速公路(涞水枢纽互通至涞源东互通段)为山岭重丘、微丘区,地势西高东低。

6. 路面及主要构造物

本项目采用沥青混凝土路面,部分路段为水泥混凝土路面。

沥青混凝土路面结构:

4cmAC-13C改性沥青混凝土,8cmAC-20改性沥青混凝土,12cmATB-30沥青碎石,SBS改性沥青防水层,18cm水泥稳定级配碎石基层,18cm水泥稳定级配碎石基层,19cm水泥稳定砂砾底基层。

4cmAC-13C改性沥青混凝土,6cmAC-20改性沥青混凝土,12cmATB-30沥青碎石,SBS改性沥青防水层,18cm水泥稳定级配碎石基层,18cm水泥稳定级配碎石基层,16~20cm水泥稳定砂砾底基层。

主要构造物采用连续梁桥。

7. 投资规模

张石高速公路(榆林互通至涞水枢纽互通段)原密涿支线批准概算为11.849亿元。

张石高速公路(涞水枢纽互通至涞源东互通段)原涞源南互通至涞水枢纽互通批准概算为55.240亿元。

8. 开工及通车时间

张石高速公路(榆林互通至涞水枢纽互通段)2006年11月开工,2008年10月通车;

张石高速公路(涞水枢纽互通至涞源东互通段)2009年3月开工,2012年12月通车。

(二)前期决策情况

1. 前期决策背景

根据省政府和省厅计划安排,张石高速公路(榆林互通至涞水枢纽互通段)于2006年11月开工,张石高速公路(涞水枢纽互通至涞源东互通段)于2009年3月开工。

2. 前期决策过程

(1)2005年6月27日,河北省水利厅下发冀水资〔2005〕40号《关于〈张石高速公路涞源(张保界)至曲阳(保石界)段水资源论证报告〉的批复》。

(2)2005年11月11日,河北省发展和改革委员会下发冀发改交通〔2005〕1063号《关于张石高速公路涞源(张保界)至曲阳(保石界)段项目可行性研究报告的批复》。

(3)2008年11月27日,国土资源部以国土资函〔2008〕772号文《国土资源部关于张石高速公路涞源至涞水段工程建设用地的批复》批复涞源至涞水段工程建设用地。

二、建设情况

(一)项目准备阶段

1. 项目审批

(1)2005年11月26日,河北省环境保护局以冀环管〔2005〕340号文下发《关于张石高速公路保定段环境影响报告书的批复》。

(2)2006年9月8日,河北省发展和改革委员会以冀发改交通〔2006〕1069号文下发《关于张石高速公路涞源至涞水段及密涿支线初步设计的批复》。

(3)2008年7月24日,河北省交通厅公路管理局以冀交公路〔2008〕215号文下发《关于张石高速公路涞源至涞水段主体工程两阶段施工图设计文件的批复》。

2. 资金筹措

张石高速公路(榆林互通至涞水枢纽互通段)原密涿支线批准概算为11.849亿元;张石高速公路(涞水枢纽互通至涞源东互通段)原涞源南互通至涞水枢纽互通批准概算为55.240亿元。

张石高速公路(榆林互通至涞源东互通段)、张石高速公路涞源(张保界)至曲阳(保石界)及密涿支线项目资本金26.4亿元,由河北省交通厅及保定市交通局负责筹措,其余192.2亿元申请银行贷款。

3. 合同段划分及招投标

1）合同段划分

根据各专业的工程内容，标段划分见表8-21-2。

（1）土建工程设计1个标段，房建工程设计1个标段，绿化工程设计1个标段，机电工程设计1个标段。

（2）施工标段划分：土建工程17个标段，机电工程7个标段，房建工程5个标段，绿化工程5个标段，交通安全设施12个标段。

（3）施工监理标段划分：设3个总监办公室，1个土建工程驻地监理标段，5个房建工程监理标段，3个机电工程监理标段。

2）招投标

按照国家颁布的《招投标法》和交通部颁布的《公路工程施工招标投标管理办法》《公路工程施工招标资格预审办法》《公路工程施工招标评标办法》的要求，由项目法人单位组织招标工作。

4. 参建单位主要情况

1）建设单位

本项目建设单位是保定市道路开发中心，项目执行机构是保定市张石高速公路筹建处。

2）设计单位

土建工程设计单位：河北省交通规划设计院。

房建工程设计单位：河北建筑设计研究院有限责任公司。

详见表8-21-2。

3）施工单位

详见表8-21-2。

5. 征地拆迁

1）工作及范围

沿线经过保定市涿州市、高碑店市、涞水县、易县、涞源县，共计5个县（市）。

2）主要内容

（1）签订协议、界定征地界限、办理永久性占地报批手续。

（2）永久占地界内房屋等各种构造物的搬迁。

（3）永久占地内附着物的拆除。

（4）各种管线的迁移、改建，既有通信管线的改建、加高、迁移，还有电力线路的改建、加高、迁移。

（5）临时及借土占地的征用。

张石高速公路（榆林互通至涞源东互通段）合同段划分一览表

表 8-21-2

参建单位	类型	参建单位名称	合同段编号及起讫桩号	标段所在地	主要内容	主要负责人	备注
项目管理单位		保定市张石高速公路筹建处	全线		项目管理	王领战	
勘察设计单位	土建工程设计	河北省交通规划设计院	全线		主线土建工程	焦永顺	
施工单位	土建工程	河北燕峰路桥建设有限公司	LJ-N6：K304+830～K315+100	胡家庄、大炉沟、三甲村、左家沟	路基、桥涵、隧道工程	杨海文	
		中铁六局集团有限公司	LJ-N7：K300+975～K304+830	孤山子村	路基、桥涵、隧道工程	郝天坤	
		科达集团股份有限公司	LJ-N8：K291+400～K300+975	小河村、辛庄村、黄台院村	路基、桥涵、隧道工程	徐广伟	
		河北建设集团有限公司	LJM-N9：K281+100～K300+975	黄台院村、二道河村、塔崖驿乡	路基、桥涵、隧道、路面工程	杨杰	
		徐州市公路工程总公司	LJ-N10：K275+550～K281+100	八亩地村、杏花沟什村、高家庄村	路基、桥涵、隧道工程	梅卫峰	
		道隆集团工程有限公司	LJ-N11：K268+145～K275+550	白家庄村、三里铺村、紫荆关乡	路基、桥涵、隧道工程	代山峰	
		福建省闽西交通工程有限公司	LJ-N12：K263+536～K268+145	紫荆关村、果树沟村	路基、桥涵、隧道工程	陈小伙	
		保定申成路桥有限公司	LJ-N13：K258+800～K263+536	南小寨村	路基、桥涵、隧道、路面工程	宋敬杰	
		河北汇通路桥建设有限公司	LJ-N14：K249+000～K258+800	赵家沟村、马兰台村、小龙华村	路基、桥涵工程	何士奎	
		青岛建工集团有限公司	LJ-N15：K236+500～K249+000	张家庄村、西大北头村、八里庄村	路基、桥涵、隧道工程	贾树林	
		中铁四局集团有限公司	LJ-N16：K222+459～K236+500	血山村、东亢各庄村、西茹堡村	路基、桥涵工程	李朝珠	
		保定申成路桥有限公司	MZ-01A：K12+500～K17+400	西明义村、东官庄村	路基、桥涵、路面工程	刘杰	
		浙江鼎盛交通建设有限公司	MZ-01B：K17+400～K22+200	王各庄村、南郑各庄村	路基、桥涵工程	盛宝亭	
		中铁二十局集团有限公司	MZ-02：K22+200～K30+200	北白堡村、下庄村、温辛庄村	路基、桥涵工程	王济民	
		保定申成路桥有限责任公司	MZ-03：K30+200～K38+451	榆林村	路基、桥涵、路面工程	李新杰	
		保定申成路桥有限公司	LJ-S1：包含涞水枢纽互通	石寨村、西明义村	路基、桥涵、路面工程	刘杰	
		中交一公局第六工程有限公司	LM-S1：包含涞水枢纽互通路面	石寨村、西明义村	路面工程	李修华	

征地拆迁统计见表 8-21-3。

张石高速公路(榆林互通至涞源东互通段)征地拆迁统计　　　表 8-21-3

高速公路编码	项目名称	征地拆迁安置起止时间	征用土地（亩）	拆迁房屋（m²）	拆迁占地费（万元）	备注
G9511	榆林互通至涞水枢纽互通段	2006.8~2006.11	2238.5355	4605.37	10755.33	
G9511	涞水枢纽互通至涞源东枢纽互通段	2008.6~2009.1	7553.567	51379.08	55629.49	

(二)项目实施阶段

1. 施工过程

(1)主线土建工程：榆林互通至涞水枢纽互通段于 2006 年 11 月开工，2008 年 10 月完工；涞水枢纽互通至涞源东互通于 2009 年 3 月开工，2012 年 12 月完工。

(2)房建工程：榆林互通至涞水枢纽互通段于 2007 年 9 月开工，2009 年 2 月完工；涞水枢纽互通至涞源东互通段于 2009 年 3 月开工，2012 年 12 月完工。

(3)机电工程：榆林互通至涞水枢纽互通段于 2008 年 4 月开工，2009 年 9 月完工；涞水枢纽互通至涞源东互通于 2011 年 4 月开工，2012 年 12 月完工。

(4)交通安全设施工程：榆林互通至涞水枢纽互通段于 2006 年 11 月开工，2008 年 10 月完工；涞水枢纽互通至涞源东互通于 2009 年 3 月开工，2012 年 12 月完工。

(5)绿化工程：榆林互通至涞水枢纽互通段于 2008 年 3 月开工，2009 年 5 月完工；涞水枢纽互通至涞源东互通于 2012 年 8 月开工，2013 年 5 月完工。

(6)对参建单位严格按照"讲合同、守信誉、重质量"的原则进行管理。

(7)确定"内实外美、部优品质、满意社会"的质量目标，筹建处制定了《保定市张石高速公路筹建处质量管理办法》等一系列管理制度，明确质量标准，落实质量责任。

(8)严把材料关、分项工程开工关、工序关、成品验收关，坚持事前预警、过程监督、完工检查制度，强化过程控制，狠抓规范化施工和文明施工，有效确保了张石高速公路过硬的工程质量。

(9)2008 年 9 月 30 日，保定市张石高速公路筹建处组织专家对密涿支线段(包含榆林互通至涞水枢纽互通段)进行了交工验收；2011 年 7 月 30 日，保定市张石高速公路筹建处组织专家对西陵互通至涞水枢纽互通段进行了交工验收；2012 年 11 月 15 日，保定市张石高速公路筹建处组织专家对涞源南互通至西陵互通段进行了交工验收。

2. 重要决策

(1)2005 年 1 月 27 日，省长办公会议纪要第 25 号，将张石高速公路建设项目补充列入《河北省 2003—2007 年公路建设计划》。

(2)2005 年 2 月 20 日，保定市委、市政府成立了保定市公路建设指挥部，市委书记任政委、市长任总指挥长、市交通局长任办公室主任。

（3）2005年12月8日举行张石高速保定段奠基仪式，河北省交通厅厅长焦彦龙和保定市交通局局长李正群发表讲话。

（4）2006年5月，保定市交通局召开张石高速公路征地拆迁调度动员会。

张石高速公路（榆林互通至涞水枢纽通段）、张石高速公路（涞水枢纽互通至涞源东互通段）建设生产要素统计见表8-21-4、表8-21-5。

张石高速公路（榆林互通至涞水枢纽通段）建设生产要素统计表　　表8-21-4

路线编号	建设时间	钢材（t）	沥青（t）	水泥（t）	砂石料（m³）	机械工（工日）	机械（台班）
G9511	2006.11~2008.10	29165	13913	150473	1086872	456622	311167

张石高速公路（涞水枢纽互通至涞源东互通段）建设生产要素统计表　　表8-21-5

路线编号	建设时间	钢材（t）	沥青（t）	水泥（t）	砂石料（m³）	机械工（工日）	机械（台班）
G9511	2009.3~2012.12	74728	50751	686321	2507783	3644944	834716

注：统计量为张保界至涞水枢纽互通段生产要素，包含涞水枢纽至涞源东枢纽互通段。

3. 重大变更

冀交基〔2009〕212号文批复变更：取消易县服务区和西陵停车区，同时取消原场区内的K124+859.5、K105+067.5（1~4m）盖板通道，并对K105+414.5（1~4m）通道、K104+724涵洞、K105+247钢波纹管涵予以调整，费用减少1.253亿元。

4. 各项活动

（1）2006年7~10月，保定市张石高速公路筹建处开展反腐倡廉警示教育活动。

（2）2008年6月，张石高速公路筹建处举行"安全生产月"活动。

（3）2008年7~12月，张石高速公路筹建处举行奥运安保情况大检查。

三、科技创新

对沿线隧道洞口进行现场考察和资料调研，选取典型的几处隧道，提出洞口景观设计方案，提升设计亮点。选取紫荆关Ⅰ号隧道、西岭隧道、云蒙山Ⅰ号隧道入口、浮图峪Ⅵ号隧道和东辛庄隧道作为代表性隧道洞口进行分析，并根据主题提出不同的景观设计推荐方案。

四、运营养护管理

1. 服务设施

张石高速公路（榆林互通至涞源东互通段）设置涞源东、易县2处服务区（表8-21-6）。

第八章 高速公路建设项目

张石高速公路(榆林互通至涞源东互通段)服务设施一览表　　表8-21-6

高速公路编码	服务区名称	桩　号	所在区域	占地(亩)	建筑面积(m²)
G9511	涞源东服务区	K290+300	塔崖驿乡	80.001	6500
G9511	易县服务区	K253+175	大龙华乡	80.001	6497

2. 收费设施

本段共设置匝道收费站6处,分别位于涞源县杨家庄镇、易县紫荆关镇、易县西陵镇、易县易州镇、涞水县胡家庄乡、涞水县义安镇。本段匝道出入口数量共计25条,其中ETC车道6条(表8-21-7)。

张石高速公路(榆林互通至涞源东互通段)收费设施一览表　　表8-21-7

收费站名称	桩　号	入口车道数		出口车道数		收费方式
		总车道	ETC车道	总车道	ETC车道	
涞源东收费站	K297+365	2	0	2	1	MTC+ETC
紫荆关收费站	K269+250	2	0	2	1	
西陵收费站	K248+310	2	0	2	1	
易县收费站	K234+220	2	0	3	1	
涞水收费站	K18+947	2	0	2	1	
涞水东收费站	K28+000	2	0	2	1	

3. 养护管理

本项目养护里程110.702km,设置涞源北、涞源东、易县、涞水4处养护工区(表8-21-8)。

张石高速公路(榆林互通至涞源东互通段)养护设施一览表　　表8-21-8

养护工区名称	桩　号	路段长度(km)	占地面积(亩)	建筑面积(m²)
涞源北养护工区	S69 K282+170	65.18	14	1803
涞源东养护工区	S66 K283+500	房建、沿线设施	25	1809
易县养护工区	S66 K269+250	48.795	19.82	1943.66
涞水养护工区	S2401 K18+947	40.047	与涞水收费站共占地25.65亩	1200

4. 监控设施

本段设置涞源北监控通信分中心(表8-21-9),负责涞源区域、易县区域、涞水区域的运营监管。

张石高速公路(榆林互通至涞源东互通段)监控设施一览表　　表8-21-9

监控设施名称	桩　号	占地面积	建筑面积(m²)
涞源北监控分中心	K282+170	与涞源北收费站、养护工区共占地68.034亩	1843.62

5. 交通流量

张石支线、张石高速涞水枢纽互通至涞源东互通2016年收费站年平均日交通量(自然数)为24481辆/日(表8-21-10),2014~2016年年均增长率为13.54%。

张石高速公路(榆林互通至涞源东互通段)交通量(自然数)发展状况表　　表8-21-10

	年份	2014	2015	2016
交通量 (辆)	涞水	1238566	822554	1078167
	涞水东	1448569	1175320	1368375
	易县	1762686	2008741	2551828
	西陵	1223424	1465208	2098848
	紫荆关	817423	898361	1109629
	涞源东	440537	581208	728692
	合计	6931205	6951392	8935539
收费站年平均日交通量(辆/日)		18990	19045	24481

第二十二节　S30 黄骅港—邢台高速公路(衡水—邢台段)

S30 黄骅港至邢台高速公路是对河北省"五纵六横七条线"高速公路网主骨架的重要补充,项目起自邢台,止于大广高速柳林庄互通,全长138.958km。沿线途经邢台市、内丘县、任县、隆尧县、巨鹿县、南宫市、新河县、衡水市、冀州市、枣强县,本工程的建设已成为区域经济社会发展的重要依托,对邢台市、衡水市的市域经济发展起到积极的推动作用。

S30 黄骅港至邢台高速公路含两条路段,分别是邢台至衡水高速公路邢台段和衡水南绕城段。

(1)邢台至衡水高速公路邢台段于2014年10月建成通车,由邢台市邢衡高速公路管理处负责运营养护管理,运营里程桩号 K0 + 357.897 ~ K120 + 481.723,全长120.278km,设计速度120km/h,双向四车道,路基宽度28.5m。

(2)邢衡高速公路衡水南绕城段于2014年12月建成通车,由河北省高速公路邢衡管理处负责运营养护管理,运营里程桩号 ZK0 + 041.71 ~ ZK16 + 922,全长16.96 km,设计速度120km/h,双向四车道,路基宽度28.5m。

(3)衡水绕城高速公路里程桩号 K0 + 000 ~ K1 + 720 段1.72km 于2014年12月建成通车。设计速度120km/h,双向四车道,路基宽度28.5m。

S30 黄骅港至邢台高速公路(衡水至邢台段)信息见表8-22-1,路线平面图见图8-22-1。

S30 黄骅港至邢台高速公路（衡水至邢台段）信息表　　　　表 8-22-1

序号	国高/地高	项目名称	路段起讫桩号		规模		设计速度（km/h）	路基宽度（m）	投资情况（亿元）			资金来源	建设时间（开工~通车）	备注
			起点桩号	讫点桩号	合计（km）	车道数			估算	概算	决算			
1		邢衡高速公路邢台段	K0+357.897	K120+481.723	120.278		120	28.5	106.75	112.308		银行贷款	2011.7~2014.10	概算中不包括内丘连接线
2	S30	邢衡高速公路衡水南绕城段	ZK0+041.71	ZK16+922	16.96	四	120	28.5	10.728	14.724		业主自筹、银行贷款	2012.12~2014.12	
		衡水绕城高速公路	K0+000	K1+720	1.72									

一、邢衡高速公路邢台段

（一）项目概况

1. 基本情况

1）功能定位

邢台至衡水高速公路邢台段是河北省"五纵六横七条线"高速公路网主骨架的重要补充，与邢汾高速公路、大广高速公路、石黄高速公路等组成晋煤出海的又一重要通道，对完善沿海港口集疏运高速公路网络，加强港区与腹地的交通运输通道建设，发挥河北省"东出西联"的枢纽作用起到积极的促进作用。本项目建成后，还可与多条国省道衔接，形成层次分明、功能明确的公路运输网络，对沿线县市起到带动作用；有助于完善邢台市高速公路网布局，提高高速公路的通达深度和辐射能力，提高路网整体通行能力和路网服务水平，进一步优化河北省高速公路布局。为邢台市与沿线各县市相互往来，以及沿线各县市对外交通尤其是出港交通，提供最便捷的高速公路通道，成为区域经济社会发展的重要依托，对邢台市区域经济的发展起到积极的推动作用。

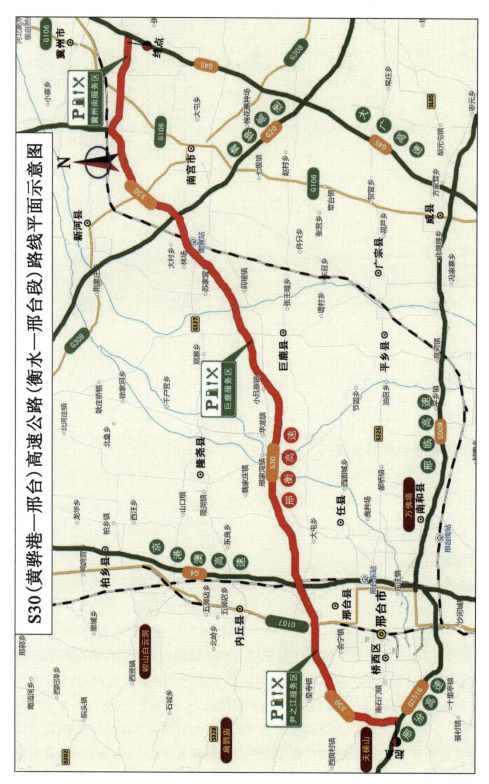

图8-22-1 S30（黄骅港—邢台）高速公路（衡水—邢台段）路线平面示意图

2）技术标准

采用双向四车道，设计速度120km/h，路基宽度28.5m。平曲线最小半径2400m，最大纵坡2.8%。

3）建设规模

本项目建设里程长120.278km，其中：特大桥18620m/6座，大桥10450m/27座，中桥1029m/18座，涵洞92道；桥梁长度占路线总长度的27.54%；互通式立交11处（其中服务型互通8处，枢纽型互通3处）；分离式立交14处，天桥13座，通道150处；匝道收费站8处；服务区2处；管理、养护、服务、监控房屋建筑面积33691.48m^2。

4）主要控制点

邢台市邢台县、内丘县、任县、隆尧县、巨鹿县、南宫市、新河县7个县市。

5）地形地貌

项目地处河北平原南部，区内地形平缓，略呈波浪状起伏，海拔高程在28~50m之间，总体呈西高东低、南高北低地势，由西南向东北缓倾，多为亚砂土、亚黏土、粉砂亚砂土。

6）路面及主要构造物

本项目采用沥青混凝土路面：

上行：4cmAC-13C细粒式改性沥青混凝土，6cmAC-20C中粒式改性沥青混凝土，12cmATB-25粗粒式沥青稳定碎石，40cm水泥稳定碎石，20cm水泥稳定碎石，总厚度82cm。

下行：4cmAC-13C细粒式改性沥青混凝土，6cmAC-20C中粒式改性沥青混凝土，10cmATB-25粗粒式沥青稳定碎石，36cm水泥稳定碎石，18cm水泥稳定碎石，总厚度74cm。互通区匝道路面结构与下行方向路面结构一致。

主要构造物采用连续梁桥。

7）投资规模

项目概算投资112.308亿元，平均每公里造价9337.37万元。

8）开工及通车、竣工时间

2011年7月开工建设，2014年10月交工通车。

2. 前期决策情况

1）前期决策背景

2009年7月28日，河北省副省长宋恩华对《邢台市人民政府关于将大庆至广州高速公路邢台支线（原邢台至黄骅港）列入省高速公路建设的请示》做出批示，2009年10月河北省政府同意将邢台至衡水高速公路列入河北省高速公路网规划。

2）前期决策过程

(1) 2009年12月17~18日，河北省交通运输厅召开邢台至衡水高速公路预可行性研究报告审查会。

（2）2009年12月22～23日，河北省工程咨询研究院受河北省发展和改革委员会委托，召开邢衡高速公路邢台段预可行性研究报告评估会。

（3）2009年12月29日，河北省发展和改革委员会以冀发改交通〔2009〕1678号文批复邢台至衡水高速公路邢台段项目建议书。

（4）2010年2月11日，河北省交通运输厅以冀交函规〔2010〕88号文同意邢台市做邢台至衡水高速公路邢台段项目业主。

（5）2010年5月5日，河北省国土资源厅以冀国土资函〔2010〕275号文批复邢台至衡水高速公路邢台段项目用地的预审意见。

（6）2010年7月12日，河北省发展和改革委员会以冀发改基础〔2010〕792号文批复邢台至衡水高速公路邢台段项目可行性研究报告。

（7）2012年10月28日，河北省发展和改革委员会以冀发改基础〔2012〕1286号文批复邢衡高速公路邢台段南宫连接线工程项目可行性研究报告。

（8）2015年11月2日，河北省发改委以冀发改基础〔2015〕1252号文批复邢衡高速公路内丘连接线项目可行性研究报告。

（二）建设情况

1. 项目准备阶段

1）项目审批

（1）2010年12月7日，河北省发展和改革委员会以冀发改投资〔2010〕1828号文批复邢衡高速公路邢台段初步设计。

（2）2011年5月20日，河北省交通运输厅冀交公〔2011〕320号文批复邢衡高速公路邢台段两阶段施工图设计。

（3）2013年5月30日，河北省发展和改革委员会以冀发改投资〔2013〕883号文批复邢衡高速公路邢台段南宫连接线初步设计。

（4）2013年9月16日，河北省交通运输厅以冀交函公〔2013〕753号文批复邢衡高速公路邢台段南宫连接线两阶段施工图设计。

（5）2013年10月22日，河北省交通运输厅公路管理局以冀交函公〔2005〕864号文，批复邢衡高速公路邢台段机电工程施工图联合设计文件。

（6）2013年7月10日，河北省人民政府以冀政转征函〔2013〕416、417号文批复邢台至衡水高速公路邢台段工程建设用地。

（7）2013年9月2日，河北省交通运输厅批准施工许可，编号：冀交通〔2013〕－

00600004。

（8）2013年7月10日，河北省人民政府以冀政转征函〔2013〕416号文和河北省人民政府冀政转征函〔2013〕417号文，批复本项目全部工程建设用地。

2）资金筹措

本项目概算总投资112.308亿元，项目资本金28.077亿元，由邢台市负责筹措，其余84.231亿元申请银行贷款。

3）合同段划分及招投标

（1）合同段划分

根据各专业的工程内容，标段划分见表8-22-2。

①土建工程设计标段划分3个标段，房建工程设计1个标段，绿化工程设计1个标段，机电工程设计1个标段，设计监理1个标段。

②施工标段划分：根据工程内容的不同，土建路基桥涵工程16个标段，路面工程6个标段，107改线路面工程1个标段、机电工程1个标段，房建工程12个标段，绿化工程6个标段，声屏障工程3个标段，交通安全设施21个标段，收费大棚网架2个标段，连接线7个标段。

③房建设备采购安装：8个标段。

④施工监理标段划分：根据工程内容设1个总监办公室，8个土建工程驻地监理标段，2个房建工程监理标段，1个机电工程监理标段，1个连接线监理标段。

（2）招投标

按照国家颁布的《招投标法》《招标投标法实施条例》和交通运输部颁布的《公路工程施工招标投标管理办法》《公路工程施工招标资格预审办法》《公路工程施工招标评标办法》的要求，由项目法人单位组织招标工作。

①勘察设计：2010年5月发布6个标段招标公告，有32家单位投标，2010年6月1日公开开标，设定最高限价，采用综合评分法，由评标委员会进行评审，推荐中标候选人，招标人确定6家勘察设计单位中标。

②路基桥涵工程施工：2010年9月，有5家单位通过3标段资格预审，2010年12月发售招标文件，2011年1月18日公开开标，确定1家中标单位。2011年1月，有105份文件通过1、2、5~43标段资格预审，2011年1月发售招标文件，2011年3月4日公开开标，确定14家中标单位。2011年8月，有3家单位通过4标段资格预审，2011年10月发售招标文件，2011年11月24日公开开标，确定1家中标单位。以上均采用合理低价中标方式，设定最高限价，由评标委员会进行评审，推荐中标候选人，招标人确定中标单位。

邢衡高速公路邢台段合同段划分一览表

表 8-22-2

参建单位	类型	参建单位名称	合同段编号及起讫桩号	标段所在地	主要内容	主要负责人	备注
项目管理单位		邢台市邢衡高速公路管理处		全线		黄世奇	
勘察设计单位	土建工程设计	河北省交通规划设计院	XHSJ-1：K0+000～K46+000	全线	1. 本合同段内的主线、连接线公路工程的勘察和设计工作； 2. 全线交通安全设施的设计工作； 3. 本合同段内房建工程勘察； 4. 全线勘察设计总体协调，设计成果文件的汇总和上报工作	赵彦东	
		中交第一公路勘察设计研究院有限公司	XHSJ-2：K46+000～K85+000	全线	1. 本合同段内的主线、连接线公路工程的勘察和设计工作； 2. 本合同段内房建工程勘察	张协	
		山西交科公路勘察设计院	XHSJ-3：K85+000～K122+620	全线	1. 本合同段内的主线、连接线公路工程的勘察和设计工作； 2. 本合同段内房建工程勘察	王新生	
施工单位	路基桥涵工程	河北广通路桥工程有限公司	LJSG-1：K0-357.897～K6+150	邢台县	路基、桥涵工程	王耀阁	
		江西省宜春公路建设集团有限公司	LJSG-2：K6+150～K16+290	邢台县	路基、桥涵工程	彭建华	
		邢台路桥建设总公司	LJSG-3：K16+290～K25+539.5，K26+099～K34+450	邢台县、内丘县、任县	路基、桥涵工程	石敬辉	
		中铁十局集团有限公司	LJSG-4：K25+539.5～K26+099	内丘县	跨京广铁路桥	耿贤军	
		中交一公局桥隧工程有限公司	LJSG-5：K34+450～K46+238.151	任县	路基、桥涵工程	邹中波	

续上表

参建单位	类型	参建单位名称	合同段编号及起讫桩号	标段所在地	主要内容	主要负责人	备注
施工单位	路基桥涵工程	江西赣北公路工程有限公司	LJSG-6：K46+000~K50+800	任县、隆尧县	路基、桥涵工程	陈征宇	
		中交第二公路工程局有限公司	LJSG-7：K50+800~K56+407.8	任县	老漳河特大桥	王世雷	
		邢台路桥建设总公司	LJSG-8：K56+407.8~K61+900	任县、巨鹿县	老漳河特大桥	石文军	
		河北路桥集团有限公司	LJSG-9：K61+900~K68+500	巨鹿县	路基、桥涵工程	张国彬	
		河北燕峰路桥建设有限公司	LJSG-10：K68+500~K72+700	巨鹿县	路基、桥涵工程	白洪江	
		河北路桥集团有限公司	LJSG-11：K72+700~K78+800	巨鹿县	路基、桥涵工程	刘献民	
		中铁十五局集团第七工程有限公司	LJSG-12：K78+800~K84+199.507	巨鹿县	路基、桥涵工程	李彦海	
		中交二公局第六工程有限公司	LJSG-13：K85+000~K95+835	巨鹿县、南宫市	路基、桥涵工程	李万广	
		邢台路桥建设总公司	LJSG-14：K95+835~K103+980	南宫市	路基、桥涵工程	袁喜魁	
		湖南环达公路桥梁建设总公司	LJSG-15：K103+980~K111+450	新河县、南宫市	路基、桥涵工程	易代红	
		邢台市政建设集团有限公司	LJSG-43：K111+450~K120+481.723	新河县	路基、桥涵工程	李增敏	

③房建工程施工:2011年8月,有129份文件通过12个标段资格预审,2011年9月发售招标文件,2011年10月9日公开开标,设定最高限价,合理低价中标方式,由评标委员会进行评审,推荐中标候选人,招标人确定12家中标单位。

④路面工程施工:2012年11月,发布2标段招标公告,有22家单位投标,2012年12月10日公开开标,设定最高限价,合理低价中标方式,由评标委员会进行评审,推荐中标候选人,招标人确定1家中标单位。2013年1月,有83家单位通过其余5个标段资格预审,2013年3月发售招标文件,2013年4月13日公开开标,设定最高限价,合理低价中标方式,由评标委员会进行评审,推荐中标候选人,招标人确定5家中标单位。

4)参建单位主要情况

(1)建设单位

本项目建设单位是邢台市交通运输局,项目执行机构是邢衡高速公路管理处。

(2)设计单位

①土建工程设计单位:河北省交通规划设计院、中交第一公路勘察设计研究院有限公司、山西交科公路勘察设计院,总体设计负责单位为河北省交通规划设计院。

②机电工程设计单位:河北省交通规划设计院。

③施工单位

详见表8-22-2。

5)征地拆迁

(1)设立专门组织机构

邢台市沿线县(市)政府成立高速公路建设指挥部、乡镇专人负责的三级管理体系,使征地拆迁工作层层有人管,层层有人抓。

(2)落实承包责任制

为和谐拆迁、避免纠纷,采取管理处、县、乡、村、户五方共同现场丈量、现场清点、现场签字确认的方式以确保公平、公正、公开。

2010年12月上旬,管理处组织有关人员分4组对沿线8个县(市)附着物进行清点、登记造册、签字确认,2011年4月邢台市政府与沿线7个县市政府签订征地、拆迁合同协议(涉及冀州市的征地拆迁由新河县指挥部代协调)。征地拆迁统计见表8-22-3。

邢衡高速公路邢台段征地拆迁统计表　　　　表8-22-3

高速公路编码	项目名称	征地拆迁安置起止时间	征用土地(亩)	拆迁房屋(m²)	补偿费用(万元)	备注
S30	邢衡高速公路邢台段	2010.12.10~2013.9.10	14944.1205	30067	77542.97236	

2．项目实施阶段

1）施工过程

（1）主线土建工程于2011年7月开工,2014年9月完工。

（2）房建工程于2012年4月开工,2014年9月完工。

（3）机电工程于2013年8月开工,2014年4月完工。

（4）交通工程安全设施工程于2013年12月开工,2014年9月完工。

（5）绿化工程于2014年3月开工,2015年12月完工。

（6）加强原材料管控制度,对主要原材料实行甲供制度,引进第三方检测,加强进场前后试验检测、复检,加大抽检频率,加强存储管理。

（7）加强事先指导及预控工作,实行首件工程认可制度、工程质量巡视制度、多方认证验收制度、落实工程质量专家会议制度,并贯穿工程始末。

（8）对重点部位、关键工艺、工序严把质量关,提出解决措施,消除质量通病,保证工程质量。

（9）2014年9月25日,河北省交通运输厅基建处组织对邢衡高速公路邢台段进行了交工验收。

邢衡高速公路邢台段建设生产要素统计见表8-22-4。

邢衡高速公路邢台段建设生产要素统计表　　　表8-22-4

路线编号	建设时间	钢材(t)	沥青(t)	水泥(t)	砂石料(m^3)	机械工(工日)	机械(台班)
S072	2011.7~2014.10	284094	87508	1244411	7791690	1791486	1484403

2）重要决策

（1）2010年8月28日,邢衡高速公路邢台段开工奠基仪式在下屯互通举行。

（2）2014年10月10日,邢衡高速公路邢台段并入河北省高速网通车运营。

3）各项活动

（1）2011年9月19日,邢衡处召开邢衡高速施工标准化暨"大干100天"活动动员大会。

（2）2012年9月1日,邢衡处决定在全线开展"大干80天"创先争优劳动竞赛活动,掀起新一轮建设高潮。

（3）2013年8月,掀起"再鼓干劲、掀高潮,确保年底建成80km目标的顺利实现"劳动竞赛活动。

（三）复杂技术工程

南水北调大桥桥跨布置为70m+120m+70m。上部结构为单箱单室波形钢腹板预应力混凝土变截面箱梁。下部结构桥墩采用矩形实体墩,基础采用桩基础;桥台采用肋板式桥台,基础采用桩基础。复杂技术特征有：

(1)波形钢腹板组合箱梁桥的挂篮制作不同于普通钢筋混凝土悬浇桥梁,在主桁系统中要增设波形钢腹板的安装系统。

(2)1号块波形钢腹板自重较大、宽、高,构件定位难度较大,因此设计了专门的波形钢腹板临时支架,用顶部悬吊、横向顶撑、底部支垫三者相结合的方式将波形钢腹板定位牢固。

(3)波形钢腹板与箱梁顶、底板混凝土的连接是关系波形钢腹板组合箱梁桥整体性的关键部位。

(4)合龙段内设置劲性骨架,并采用吊架法施工。

(5)为避免承台因水化热过大引起混凝土开裂,保证承台施工质量,混凝土内部布设冷却水管。南水北调大桥是我省首座采用波形钢腹板PC连续箱梁桥的高速公路桥梁,课题"大跨径波形钢腹板PC连续箱梁桥关键技术研究"依托该项目,已获得中国公路学会科技成果三等奖。

(四)科技创新

技术创新有4项:

(1)研究解决公路建成后的工后沉降问题,降低公路后期巨大的维修投入,确保公路功能的正常发挥和满足工程后期运营稳定性的要求。该项技术创新荣获河北省科技进步三等奖。

(2)以邢衡高速公路路基工程为依托,对高速公路跨越构造物差异沉降控制标准及控制技术进行了系统研究。优化了设计方案,比原设计方案减少使用CFG桩20000m。

在路基差异沉降以力学破坏响应为标准进行分级的基础上,提出了针对不同差异沉降级别的路基差异沉降处治匹配措施。

(3)研发了邢衡高速公路沥青路面施工质量智能化管理系统。

(4)波形钢腹板PC组合连续箱梁桥关键技术研究填补了国内对该领域研究的空白。

(五)运营养护管理

1.服务设施

全线设置尹支江、巨鹿2处服务区(表8-22-5)。

邢衡高速公路邢台段服务设施一览表　　　　表8-22-5

高速公路编码	服务区名称	桩　　号	所在区域	占地(亩)	建筑面积(m²)
S30	尹支江服务区	K23+500	邢台县会宁镇	210	6304.40
S30	巨鹿服务区	K76+300	巨鹿县巨鹿镇	210	6542.90

2. 收费设施

本项目共设置收费站8处(表8-22-6)。

邢衡高速公路邢台段收费设施一览表　　　　表8-22-6

收费站名称	桩　号	入口车道数 总车道	入口车道数 ETC车道	出口车道数 总车道	出口车道数 ETC车道	收费方式
坂上收费站	K5+600	3	1	4	1	MTC+ETC
皇寺收费站	K16+900	3	1	4	1	
内丘南收费站	K27+150	5	1	9	1	
任县收费站	K39+740	3	1	4	1	
邢家湾收费站	K50+190	3	1	4	1	
巨鹿收费站	K70+500	3	1	4	1	
南宫西收费站	K95+100	3	1	4	1	
新河南收费站	K110+800	3	1	4	1	

3. 养护管理

本项目养护里程119.904km,设置2处养护工区,负责养护里程分别为56.6km和63.3km(表8-22-7)。

邢衡高速公路邢台段养护设施一览表　　　　表8-22-7

养护工区名称	桩　号	路段长度(km)	占地面积(亩)	建筑面积(m^2)
养护一工区	K0+000~K56+630.404	56.63	15	4157
养护二工区	K56+630.404~K119+904	63.27	15	1404

4. 监控设施

本项目设置信息指挥中心,负责邢衡高速公路邢台段的运营监管(表8-22-8)。

邢衡高速公路邢台段监控设施一览表　　　　表8-22-8

监控设施名称	桩　号	占地面积(亩)	建筑面积(m^2)
信息指挥中心	K16+900	—	292

5. 交通流量

邢衡高速公路邢台段于2014年10月建成,2016年收费站年平均日交通量(自然数)为18306辆/日(表8-22-9),2015—2016年环比增长率为62.40%。

邢衡高速公路邢台段交通量(自然数)发展状况表　　　　表8-22-9

年　份		2014	2015	2016
交通量 (辆)	坂上收费站	32630	363245	650199
	皇寺收费站	32456	311534	802705
	内丘南收费站	157582	1314802	1864402
	任县收费站	10739	182199	598200
	邢家湾收费站	47617	460057	689024
	巨鹿收费站	79686	689214	1070180
	南宫西收费站	70466	606583	842045
	新河收费站	29202	186625	164768
	合计	460378	4114259	6681523
收费站年平均日交通量(辆/日)		1261	11272	18306

二、邢衡高速公路衡水南绕城段

(一)项目概况

1. 基本情况

1)功能定位

本项目的建设有效连接邯郸、邢台、衡水、沧州等"河北南厢"地区,缓解资源短缺对河北省的经济制约,推进"南厢"地区快速发展,加快衡水、邢台、邯郸融入环渤海经济圈的步伐;本项目与邢汾高速公路、大广高速公路、石黄高速公路共同构成了山西煤炭资源外运的又一条通道,对于缓解目前晋煤东运及出海的交通压力具有重要作用;项目自衡水南侧过境,与大广高速公路在衡水市外围形成环线,对衡水市扩大城市框架、加速"北方湖城"城市空间布局的形成起着重要的作用。

2)技术标准

采用双向四车道,设计速度120km/h。路基宽28.5m。

3)建设规模

枣园枢纽互通:在枣园(邢衡界)至衡水北互通路段主线桩号范围为K0+000~K1+720,主线长1.72km。

衡水南绕城段:全长16.96km。设互通式立交2座;分离式立交106m/2座;大桥692m/4座,中桥106m/2座;服务区1处;匝道收费站1处;管理、养护、服务、监控房屋建筑面积1380m²。

4)主要控制点

冀州市(周村镇、冀州镇)、枣强县(张秀屯乡、枣强镇)。共计1个市、1个县、4个乡镇。

5）地形地貌

本项目位于河北省衡水市南部，途经冀州市、枣强县。项目区域衡水地处滹沱河古冲洪积扇及其与滏阳河沉积的交错地带，古黄河、古漳河长期泛滥淤积而形成的冲积平原区，地形平坦而略有起伏，平均海拔 15～45m。现存地貌为第四纪松散沉积物，地势平坦开阔，洼地及平地相间，区内为冲积平原。

6）路面及主要构造物

项目采用沥青混凝土路面：

4cmAC-13C 改性沥青混凝土，SBS 改性沥青防水黏结层，6cmAC-20C 改性沥青混凝土，SBR 改性乳化沥青，10(12)cmATB-25 沥青稳定碎石，液体石油沥青透层，18(20)cm 级配碎石，下封层，18(20)cm 水泥稳定级配碎石，18(20)cm 低剂量水泥稳定级配碎石。其中括号内数字为重车路面结构（上行）。

4cmAC-13C 改性沥青混凝土，SBS 改性沥青防水黏结层，6cmAC-20C 改性沥青混凝土，36cm 多孔改性水泥混凝土，防水卷材，黏层，22cm 水泥稳定级配碎石。

主要构造物采用连续梁桥。

7）投资规模

项目概算投资 14.724 亿元，平均每公里造价 7880.6 万元。

8）开工及通车、竣工时间

本项目于 2012 年 12 月开工建设，2014 年 12 月交工通车。

2. 前期决策情况

(1) 2010 年 11 月 8 日，《邢台至衡水高速公路衡水段项目建议书》获河北省发展和改革委员会批复（冀发改基础〔2010〕1708 号）。

(2) 2011 年 4 月 11 日，河北省国土资源厅出具了邢衡高速公路衡水段项目用地预审意见（冀国土资函〔2011〕362 号）。

(3) 2011 年 7 月 15 日，河北省发展和改革委员会正式批复工程可行性研究报告（冀发改基础〔2011〕1256 号）。

（二）建设情况

1. 项目准备阶段

1）项目审批

2011 年 5 月 25 日，《邢衡高速公路衡水段工程环境影响报告书》获河北省环境保护厅批复（冀环评〔2011〕131 号）。

河 北
高速公路建设实录

表 8-22-10 邢衡高速公路衡水南绕城段合同段划分一览表

参建单位	类型	参建单位名称	合同段编号及起讫桩号	标段所在地	主要内容	主要负责人	备注
项目管理单位		河北省高速公路邢衡管理处				王向会	
勘察设计单位	土建工程设计	河北省交通规划设计院			土建工程	吴瑞祥	
施工单位	土建工程	中星路桥工程有限公司	XH-LQ1：K0+000～K1+720、ZK0-041.71～ZK6+600	周村镇	路基桥涵工程	王迎宾	设计桩号，预计2016年底通车
		汇通路桥建设集团有限公司	XH-LQ2：ZK6+600～ZK16+922	冀州镇、张秀屯乡、枣强镇	路基桥涵工程	王丽强	
		邢台路桥建设总公司	XH-LQ3：K0+000～K1+720、ZK0-041.71～ZK16+922	周村镇、冀州镇、张秀屯乡、枣强镇	路面工程	袁昔魁	
		安徽省巢湖市路桥工程有限公司	XH-LQ4：路基桥涵K1+720～K12+664.4；路面K1+720～K18+600	徐家庄乡、周村镇、小寨乡	路基桥涵、路面工程	张涛	
		中铁十四局集团第二工程有限公司	XH-LQ5：K12+664.4～K18+600	小寨乡	滏阳新河特大桥、路基桥涵工程	谭兴华	
		天津五市政公路工程有限公司	XH-LQ6：K18+600～K27+500	小寨乡、官道李镇、赵圈镇、大屯乡	路基桥涵、路面工程	王平	
		天津第一市政公路工程有限公司	XH-LQ7：路基桥涵K27+500～K37+800；路面K18+600～K37+800	大屯乡、赵圈镇、前磨头镇	路基桥涵、路面工程	李卫波	
		中铁十七局集团有限公司	XH-LQ8：K37+800～K39+460	前磨头镇	跨石德铁路特大桥、路基桥涵工程	周崇全	
		保定申成路桥有限责任公司	XH-LQ9：路基桥涵K39+460～K46+553；路面K37+800～K55+252.446	前磨头镇、赵圈镇、孙洼乡、大麻森乡	路基桥涵、路面工程	宿晓艳	
		中铁六局集团有限公司	XH-LQ10：K46+553～K46+957.3	大麻森乡、赵圈镇	下穿京九铁路顶推框架结构、路基桥涵工程	汪学军	
		福建省第二公路工程有限公司	XH-LQ11：K46+957.3～K55+252.446	大麻森乡	东桃园特大桥、路基桥涵工程	吴忠华	

2)资金筹措

本项目概算总投资 14.725 亿元,项目资本金 3.02 亿元,由河北省高速公路管理局筹措,其余申请银行贷款。

3)合同段划分及招投标

(1)合同段划分

邢衡高速公路衡水南绕城段工程设计招标全线分为 4 个合同段;土建工程施工和施工监理,全线共分为 2 个合同段和 1 个监理合同段;交通安全设施施工招标共分为 5 个合同段;机电工程为 1 个施工合同段、1 个监理合同段。

(2)招投标

略。

4)参建单位主要情况

(1)建设单位

本项目建设单位是河北省高速公路管理局,项目执行机构是河北省高速公路邢衡筹建处。

(2)设计单位

主线土建及交通工程设计单位为河北省交通规划设计院。其他专项工程设计单位见表 8-22-10。

(3)施工单位

详见表 8-22-10。

5)征地拆迁

设立专门组织机构,落实承包责任制。征地拆迁统计见表 8-22-11。

邢衡高速公路衡水南绕城段征地拆迁统计表　　　　表 8-22-11

高速公路编码	项目名称	征地拆迁安置起止时间	征用土地（亩）	拆迁房屋（m²）	补偿费用（万元）	备注
S30	邢衡高速公路衡水南绕城段	2013.3~2014.10	2482.4655	2583.5	11687.29997	

2.项目实施阶段

1)施工过程

(1)主线土建工程于 2012 年 12 月开工,2014 年 12 月完工。

(2)房建工程于 2014 年 3 月开工,2014 年 12 月完工。

(3)机电工程于 2014 年 10 月开工,2014 年 12 月完工。

(4)2014 年 12 月,河北省交通运输厅质量监督站对邢衡高速衡水南绕城段工程进行了交工验收。

2)重要决策

(1)2012 年 7 月 6 日,举行邢衡高速公路衡水段项目启动仪式。

(2)2014年12月28日,邢衡高速公路衡水段项目一期工程建成通车。

(三)运营养护管理

1. 服务设施

全线设置冀州南1处服务区(表8-22-12)。

邢衡高速公路衡水南绕城段服务设施一览表　　表8-22-12

高速公路编码	服务区名称	桩号	所在区域	占地(亩)	建筑面积(m²)
S30	冀州南服务区	ZK11+100	冀州市周村镇师段村	80.004	6773.68

2. 收费设施

本项目共设置收费站1处,匝道出入口数量截至2015年底共计8条,其中ETC车道2条(表8-22-13)。

邢衡高速公路衡水南绕城段收费设施一览表　　表8-22-13

收费站名称	桩号	入口车道数		出口车道数		收费方式
		总车道	ETC车道	总车道	ETC车道	
冀州南收费站	BK0+595	3	1	5	1	MTC+ETC

3. 养护管理

本项目因里程较短,养护工区本应设置于邢衡高速公路衡水段二期工程庞家村互通,现临时于冀州南收费站办公,设1处养护办公室,负责养护里程为18.68km。

4. 监控设施

本项目设置邢衡高速衡水段监控分中心1处,负责运营监管(表8-22-14)。

邢衡高速公路衡水南绕城段监控设施一览表　　表8-22-14

监控设施名称	桩号	占地面积(亩)	建筑面积(m²)
邢衡高速衡水段监控分中心	—	33	8354.74

第二十三节　S31 张家口—石家庄高速公路
(胶泥湾—涞源西段)

S31张石高速公路起点原为万全县太师庄枢纽互通,至涞源西枢纽互通,全长143.884km,其中与宣大高速公路三马坊至罗家洼段共线,资料见第二十八节S56宣大高速公路;太师庄至胶泥湾段12.2km划分为G95首都环线,因此现起点为胶泥湾,终点为涞源西枢纽互通,全长131.684km(因建设期资料无法分割,故G95的12.2km在本项目中叙述)。

S31张石高速公路是河北省高速公路网主骨架"五纵六横七条线"中"纵五"的重要

第八章 高速公路建设项目

组成部分,起自万全县太师庄,讫于涞源西枢纽互通,路线建设全长143.884km。沿线途经张家口市的万全县、宣化区、阳原县、蔚县,保定市的涞源县。本工程的建设对促进沿线经济发展,促进冀西北地区与中部的经济交流,加快落后地区的发展具有重要意义。

S31张石高速公路分三段建成,分别是张石高速公路张家口段(胶泥湾至张保界),其中包括张石一期京藏高速太师庄至旧罗家洼段和张石二期宣大高速三马坊互通至张保界段,张石高速公路保定段(张保界至涞源西枢纽互通)。

(1)张石一期京藏高速太师庄至旧罗家洼段于2006年9月建成通车,其中太师庄至胶泥湾段12.2km划分为G95首都环线,均由张石高速公路张家口管理处负责运营管理养护,运营里程桩号:K51+050~K90+219,全长39.169km,设计速度80km/h,双向四车道,路基宽度24.5m。

张石二期宣大高速三马坊互通至张保界段于2009年9月建成通车,由张石高速公路张家口管理处负责运营管理养护,运营里程桩号:K130+000~K207+035,全长77.035km,设计速度100km/h,双向四车道,路基宽度26m。

(2)张石高速公路保定段(张保界至涞源西枢纽互通)于2010年10月建成通车,由河北交通投资集团张石高速公路保定段有限公司负责运营管理养护,运营里程桩号:K261+320~K289+000,全长27.68km,设计速度80km/h,双向四车道,路基宽度26m。

S31张家口至石家庄高速公路(胶泥湾至涞源西段)项目信息见表8-23-1,路线平面图如图8-23-1所示。

S31张家口至石家庄高速公路(胶泥湾至涞源西段)项目信息表 表8-23-1

序号	项目名称	路段起讫桩号		规模		设计速度(km/h)	路基宽度(m)	投资情况(亿元)			建设时间(开工~通车)	备注
		起点桩号	讫点桩号	合计(km)	车道数			估算	概算	资金来源		
1	张石一期京藏高速太师庄至旧罗家洼段	K51+050	K90+219	39.169	四	80	24.5		28.35		2004~2006.9	与宣大高速公路三马坊至罗家洼段共线,资料见第二十八节S56宣大高速公路;其中太师庄至胶泥湾段12.2km划分为G95首都环线
	张石二期宣大高速三马坊互通至张保界段	K130+000	K207+035	77.035	四	100	26		46.524		2005~2009.9	
2	张石高速公路保定段(张保界至涞源西枢纽互通)	K261+320	K289+000	27.68	四	80	26	21.26(含唐涞高速公路5.9km)	19.8	银行贷款、地方自筹	2007.8~2010.10	

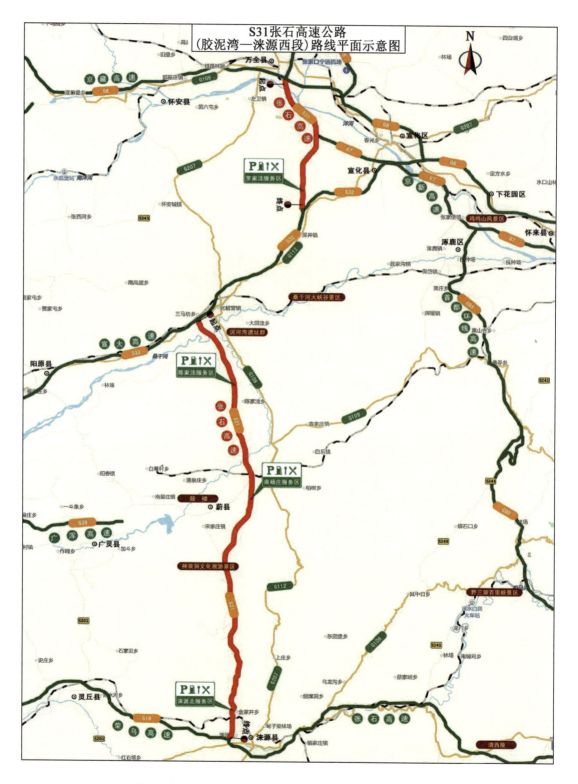

图 8-23-1　S31 张石高速公路（胶泥湾—涞源西段）路线平面示意图

一、张石高速公路张家口段（胶泥湾至张保界）

（一）项目概况

1. 基本情况

1）功能定位

S31 张石高速公路张家口段是河北省高速公路布局规划"五纵六横七条线"公路网主骨架中"纵五"的重要组成部分。完善了河北省高速公路网布局，是构筑北京高速公路大环线，形成张家口公路主骨架，改善路网功能的需要；是张家口融入环京津经济圈，促进河北省经济均衡发展，缩小地区间经济差距，使贫困地区脱贫致富的需要；是开发旅游资源，推动旅游业发展的需要。此外，对国道主干线和国家重点公路联网贯通，充分发挥国道主干线系统网络整体社会经济效益，改善张家口市的路网功能，提高路网的综合运输能力及整体服务水平，发展张家口市地区的旅游业具有重要意义。

2）技术标准

张石一期京藏高速太师庄至旧罗家洼段全长 39.169km，双向四车道，设计速度 80km/h，路基宽度 24.5m。

张石二期宣大高速三马坊互通至张保界段全长 77.035km，按双向四车道高速公路标准建设，设计速度 100km/h，路基宽度 26m。

3）建设规模

张石高速公路张家口段（胶泥湾至张保界）路线全长 116.204km。设特大桥 4 座，大桥 38 座，中桥 23 座，小桥 31 座，涵洞 93 道，隧道 18 处（单洞），其中特长隧道 2 处，长隧道 8 处，短隧道 8 处；设互通式立交 5 处，分离式立交 6 处；设匝道收费站 5 处，养护工区 3 处，服务区 2 处，管理处（监控分中心）1 处，隧道管理所（停车区）1 处。

4）主要控制点

阳原县、宣化县（区）、蔚县，共 3 个县（区）、11 个村镇。

5）地形地貌

张石一期京藏高速太师庄至旧罗家洼段地貌为高原与盆岭山地两类，地势总体呈现南北两端高、中间洋河谷地低的特点。张石二期宣大高速三马坊互通至张保界段地貌为平原微丘区和山岭重丘区两类，地势总体呈南高北低。

6）路面及主要构造物

项目采用沥青混凝土路面：

4cmAC-13I 改性沥青混凝土，5（7）cmAC-20I 改性沥青混凝土，SBR 改性乳化沥青,7(12)cm AC-25I粗粒式沥青混凝土,乳化沥青封层,18cm 水泥稳定级配碎石,18cm 水泥、粉煤灰稳定级配碎石,18cm 石灰土,16cm 水泥稳定级配砂砾。

其中隧道内沥青混凝土路面结构:4cm AC-13I改性沥青混凝土,7cm AC-20I改性沥青混凝土,SBR改性乳化沥青,24cm 水泥混凝土下面层。

主要构造物采用连续梁和组合梁桥。

7) 投资规模

张石一期京藏高速太师庄至旧罗家洼段批准概算投资28.35亿元,张石二期宣大高速三马坊互通至张保界段批准概算总投资46.524亿元,共约74.874亿元。

8) 开工及通车、竣工时间

张石一期京藏高速太师庄至旧罗家洼段自2004年开工建设,2006年9月建成通车,2006年11月19日正式收费;张石二期宣大高速三马坊互通至张保界段自2005年9月开工建设,工期48个月,平原区段2007年10月建成通车,2007年10月28日正式收费,山区段2009年9月建成通车并收费。

2. 前期决策情况

1) 前期决策背景

张石高速公路是河北省高速公路布局规划"五纵六横七条线"公路网主骨架中"纵五"的重要组成部分,是河北省西北地区南北方向唯一的一条交通主干线。作为河北省重点工程和张家口市的十大立市项目之一,该项目的建设对实现全省高速公路"联网畅通",尽快改善区域落后的交通状况及投资环境,适应社会经济和交通发展的需要,加强省会石家庄及南部地区与张家口地区的经济交往具有重要意义,同时能够有效地缓解北京的过境交通压力,也为内蒙古和山西北部与我国东南及沿海地区的交往提供便利。

2) 前期决策过程

张石一期:河北省人民政府以《关于〈河北省2003至2007高速公路建设计划〉批复》为依据立项,由河北省交通厅、河北省发展计划委员会编制的《河北省2003至2007高速公路建设计划》为立项文件。

河北省发展和改革委员会以冀发改交通〔2004〕219号文批准工程可行性研究报告。

张石二期:以河北省交通厅、河北省发展计划委员会编制的《河北省2003至2007高速公路建设计划》为立项文件。依据2005年1月27日省长办公会议纪要2005第25号第三条,将高速公路"6+1"项目中由省内审批的张石、张承两条高速公路,补充列入《河北省2003至2007高速公路建设计划》。2005年1月27日,河北省人民政府批准立项,批复文件为《省长办公会会议纪要》(第25号)。

(二)建设情况

1. 项目准备阶段

1)项目审批

张石一期:河北省发展计划委员会以冀发改投资〔2004〕555号文批准初步设计,批准概算总投资28.35亿元(未包括预留的胶泥湾互通立交、匝道收费站和养护工区投资2713.6万元)。

河北省交通厅公路局以冀交公路字〔2005〕4号文批准主体工程施工图设计,核准预算19.86979804亿元。

国土资源部以国土资函〔2004〕395号文、河北省人民政府以冀政转征函〔2004〕0682号文,批准建设用地。

河北省人民政府办公厅以办字〔2006〕81号文批准收费权及收费年限。

河北省物价局、河北省财政厅以冀价行费字〔2006〕37号文批准车辆通行费收费标准。

张石二期:河北省发展和改革委员会以冀发改投资〔2005〕733号文批准初步设计,批准概算总投资46.524亿元。

河北省交通厅以冀交公〔2006〕90号文、冀交公路〔2006〕120号文、冀交公〔2006〕231号文、冀交公路〔2007〕111号文、冀交公路〔2008〕316号文,批复主体工程、房建、交通安全设施、机电、机电工程隧道部分施工图设计。

国土资源部以国土资函〔2009〕12号文批准建设用地。

河北省人民政府办公厅以办字〔2007〕83号文批准收费权及收费年限。

河北省物价局、河北省财政厅以冀价行费〔2007〕43号文批准车辆通行费收费标准。

2)资金筹措

张石一期工程概算投资28.35亿元,共计到位资金27.98亿元,其中项目资本金5亿元,由国家开发银行河北省分行以软贷款形式解决;商业银行贷款共计22.98亿元。张石二期项目概算投资为46.524亿元,其中:国家开发银行河北省分行以软贷款8亿元为项目资本金;河北省交通厅提供资产管理中心资本金0.506亿元;张家口市高等级公路资产管理中心拨款8亿元;商业银行贷款31.5亿元。

3)合同段划分及招投标

(1)合同段划分

合同段划分(表8-23-2、表8-23-3):主线土建工程划分21个标段,交通工程10个标段,房建工程10个标段,绿化工程9个标段,机电工程3个标段。

张石高速公路张家口段（胶泥湾至张保界）合同段划分表（大师庄至罗家洼段一期）　　表8-23-2

参建单位	类型	参建单位名称	合同段编号及起讫桩号	标段所在地	主要内容	主要负责人	备注
项目管理单位	业主	张石高速公路张家口管理处		张家口		张继文 程学级	
勘察设计单位	设计单位	中交第一勘察设计研究院		张家口		易春旺	
施工单位	主线工程	中铁一局集团第四工程有限公司	L6：K59+000～K60+300	宣化县	路基、路面、桥涵、防护、交通、绿化工程	张四海	
	主线工程	邯郸市光太公路工程有限公司	L7：K59+000～K73+800	宣化县	路基、路面、桥涵、防护、交通、绿化工程	李继文	
	主线工程	河北路桥集团有限公司	L8：K66+500～K82+000	宣化县	路基、路面、桥涵、防护工程	甫玉宽	
	主线工程	张家口路桥建设集团有限公司	L9：K73+800～K90+895	宣化县	路基、路面、桥涵、防护工程	李继文	

张石高速公路张家口段（胶泥湾至张保界）合同段划分表（化稍营至张保界段二期）　　表8-23-3

参建单位	参建单位名称	合同段编号及起讫桩号	标段所在地	主要内容	主要负责人	备注
路基工程	浙江正方交通建设集团股份有限责任公司	L1：K000～K3+700	蔚县	土建工程	吴玉宝	
	中铁八局集团有限公司	L2：K3+700～K5+650	蔚县	土建工程	袁建昌	
	江苏省交通工程有限公司	L3：K5+650～K8+720	蔚县	土建工程	王振元	
	内蒙古自治区公路工程局	L4：K8+720～K22+100	蔚县	土建工程	刘志厚	

第八章 高速公路建设项目

续上表

参建单位	参建单位名称	合同段编号及起讫桩号	标段所在地	主要内容	主要负责人	备注
路基工程	太原市政工程总公司	L5：K22+100～K34+400	蔚县	特大桥	赵慧青	
	中铁十四局集团第二工程有限公司	L6：K34+400～K36+200	蔚县	土建工程	魏铁林	
	哈尔滨公路工程处	L7：K36+200～K43+100	蔚县	土建工程	韩少平	
	西安铁路工程（集团）有限责任公司	L8：K43+100～K56+200	蔚县	土建工程	李维权	
	中铁十四局集团第三工程有限公司	L9：K56+200～K62+000	蔚县	桥涵隧道	王玉贵	
	中铁十六局集团第五工程有限公司	L10：K62+000～K64+400	蔚县	桥涵隧道	刘海亮	
	中铁二十局集团有限公司	L11：K64+400～K66+800	蔚县	桥涵隧道	朱迎泉	
	中铁十六局集团第四工程有限公司	L12：K66+800～K67+920	蔚县	桥涵隧道	李峰	
	中铁十四局集团有限公司	L13：K67+920～K70+100	蔚县	桥涵隧道	包辉	
	中铁七局集团有限公司	L14：K70+100～K72+850	蔚县	桥涵隧道	王建凤	
	中铁二十二局集团第四工程有限公司	L15：K72+850～K74+600	蔚县	桥涵隧道	唐贵海	
	中铁二十二局集团有限公司	L16：K74+600～K76+950	蔚县	桥涵隧道	陈艳德	
路面工程	内蒙古自治区公路工程局	M1：K0+000～K15+000	蔚县	沥青混凝土	吴玉宝	
	河北建设集团有限公司	M2：K15+000～K30+790	蔚县	沥青混凝土	李继文	
	甘肃顺达路桥建设有限公司	M3：K30+790～K43+100	蔚县	沥青混凝土	董军	
	河南省平顶山中亚路桥建设工程有限公司	M4：K43+100～LK56+200	蔚县	沥青混凝土	李冰	
	路桥集团国际建设股份有限公司	M5：K56+200～LK77+035	蔚县	沥青混凝土	董维	

（2）招投标

张石一期：2004年4月18日有116家土建施工单位通过资格预审，参加本项目土建工程的投标。2004年6月23日在石家庄公开开标，有评标委员会进行评审，确定9家中标单位。

2004年6月14日有5家机电工程施工单位通过资格预审，参加本项目机电工程的投标。2004年9月22日在石家庄公开开标，由评标委员会进行评审，确定1家中标单位。

2005年11月25日有54家交通安全设施工程施工单位通过资格预审，参加交通安全设施5个合同段的投标。2005年12月23日在石家庄公开开标，确定5家中标单位。

2006年1月6日有120家绿化工程单位通过资格预审，参加绿化工程7个合同的投标。2006年1月18日在石家庄公开开标，确定7家中标单位。

2005年3月25日有2家房建监理单位通过资格预审，参加本项目房建监理工程的投标。2005年4月6日在石家庄公开开标，确定1家中标单位。

2004年4月18日有23家土建监理单位通过资格预审，参加本项目土建监理工程的投标。2004年6月23日在石家庄公开开标，确定6家中标单位。

张石二期：2004年12月主线工程、房建工程、机电工程、绿化工程均于石家庄汇宾大酒店召开开标会议，共收到162家施工单位的投标文件和30份监理投标文件，最终确定中标单位16个。交通工程于2005年5月在石家庄进行招投标，确定中标单位7个。招标代理人为河北华能招标有限责任公司。

4）参建单位主要情况

（1）建设单位

项目建设单位是张家口市交通局，项目执行机构是张石高速公路张家口管理处。

（2）设计单位

①土建工程设计单位：中交第一公路勘察设计院。

②房建工程设计单位：中交第一公路勘察设计院、河北省建筑设计研究院。

③交通工程设计单位：中交第一公路勘察设计院。

④绿化工程设计单位：中交第一公路勘察设计院。

⑤机电工程设计单位：中交第一公路勘察设计院、北京交科公路勘察设计研究院有限公司。

（3）施工单位

详见表8-23-2、表8-23-3。

5)征地拆迁

在张石高速公路建设指挥部的统一领导下,沿线各县、乡(镇)政府指挥协调机构负责本辖区内的征地拆迁补偿安置工作,实行分级负责制,确保上下政令统一。征地拆迁情况见表8-23-4。

张石高速公路张家口段(胶泥湾至张保界)征地拆迁统计表　　表8-23-4

序号	高速公路编码	项目名称	征地拆迁安置起止时间	征用土地(亩)	拆迁房屋(m^2)	补偿费用(万元)	备注
1	S31	张石高速公路(太师庄至旧罗家洼段)	2003.1~2003.12	2601.07	0	3487.54	
2	S31	张石高速公路(化稍营三马坊至蔚县张保界段)	2005.6~2006.12	7026.51	3125.73	9331.739	

2. 项目实施阶段

1)施工过程

(1)对沥青材料进行公开招标,由甲方控制供给保证材料品质。

(2)对特大桥和隧道群,实行第三方监控量测以指导施工。

本项目分两期施工,具体如下。

张石一期:

L6合同段于2004年10月开工,2006年10月交工。

L7合同段于2004年9月开工,2006年10月交工。

L8合同段于2004年9月开工,2006年10月交工。

L9合同段于2004年9月开工,2006年10月交工。

房建工程于2005年5月开工,2006年11月交工。

由项目法人组织的交工验收时间为2006年12月。

张石二期:

主线平原段(L1~L8标)开工时间为2005年10月,交工时间为2007年10月。

主线山区段(L9~L16标)开工时间为2005年10月,交工时间为2010年1月。

房建工程合同段于2005年5月开工,2007年10月交工。

机电工程合同段于2007年10月开工,2008年7月交工。

交通工程合同段于2007年10月开工,2008年7月交工。

项目法人组织平原区交工验收时间为2007年10月,山区段交工验收时间为2010年1月。

2)各项活动

张石二期于蔚县隧道管理所开展隧道群消防应急救援演练。

(三)复杂技术工程

东峪特大桥桥跨布置为88m+160m+88m。上部结构为预应力混凝土连续刚构,单箱单室,变高度箱梁。下部结构桥墩墩身采用双薄壁实体矩形墩,基础采用钻孔灌注桩;桥台为桩柱式,基础为桩基础。复杂技术特征有:①主桥单幅分为96个悬浇段,4个现浇段和3个合龙段,施工难度较大,关键是刚构合龙及体系转换施工以及对0号块支架弹性变形控制、对挂篮变形的施工控制、对混凝土变形的挠度控制、施工过程中梁体挠度变形控制措施;②主墩为双薄壁高墩,双薄壁高墩均采用自升平台翻动钢模板。全桥共配备4套翻模设备,先施工左幅,左幅完工后施工右幅。双薄壁高墩在每薄壁支墩上安装1套翻模设备,两薄壁支墩交错施工。

(四)运营养护管理

1. 服务区设施

本项目共设3处服务区(表8-23-5)。

张石高速公路张家口段(胶泥湾至张保界)服务设施一览表　　表8-23-5

高速公路编码	服务区名称	桩号	所在区域	占地(亩)	建筑面积(m²)
S31	罗家洼服务区	K75+500	宣化县深井	59.775	6288
S31	陈家洼服务区	K152+50	蔚县陈家洼	120.06	7815
S31	南杨庄服务区	K176+300	蔚县南杨庄	120.06	6362

2. 收费站设施

本项目共设5处收费站(表8-23-6)。

张石高速公路张家口段(胶泥湾至张保界)收费设施一览表　　表8-23-6

收费站名称	桩号	入口车道数		出口车道数		收费方式
		总车道数	ETC车道	总车道数	ETC车道	
胶泥湾收费站	K69+290	2	1	3	1	MTC+ETC
北辛庄收费站	K140+742	2	1	2	1	
西方城收费站	K160+146	2	1	2	1	
蔚县东收费站	K170+284	3	1	6	1	
蔚县南收费站	K185+520	2	1	3	1	

3. 养护管理

本段养护里程110.135km,养护管理为公开招标确定承养单位的模式,未设置实质性的养护工区(表8-23-7)。

张石高速公路张家口段(胶泥湾至张保界)养护设施一览表　　表8-23-7

养护工区名称	桩号	养护路段长度(km)	占地面积(亩)	建筑面积(m²)
胶泥湾养护工区	K69+200	30	25	1862
北辛庄养护工区	K140+742	29	9	1187
蔚县南养护工区	K185+520	18.035	9	1200

第八章 高速公路建设项目

4. 监控设施

张石高速全线监控为个别区域重点监控,无全程监控,监控实行二级管理,张家口南总监控中心负责全路段外场及各收费站、隧道群监控总体管理。

隧道群9处隧道,其中1处特长隧道、4处长隧道、4处短隧道,共设置135套监控和隧道管理所监控室1处(表8-23-8)。

张石高速公路张家口段(胶泥湾至张保界)监控设施一览表   表8-23-8

隧道管理所名称/监控管理中心名称	桩 号	占地面积(亩)	建筑面积(m²)
蔚县南隧道管理所	K199+900	9	1679

5. 交通流量

2007—2016年,张石高速公路张家口段(胶泥湾至张保界)交通量情况见表8-23-9、如图8-23-2所示。

张石高速公路张家口段(胶泥湾至张保界)交通量(自然数)发展状况表   表8-23-9

年 份		2007	2008	2009	2010	2011	2012	2013	2014	2015	2016
交通量(辆)	胶泥湾		173442	143138	214641	648273	849689	859590	859501	933447	969897
	北辛庄	5439	59626	32845	37137	53062	50868	73759	64025	62940	73637
	西方城	7385	93279	52529	68274	91542	109725	119825	119180	126269	153490
	蔚县东	48445	559061	327806	398624	506520	540128	653932	653859	740419	859794
	蔚县南			8665	103460	441519	419235	727218	795970	1152905	1316649
	合计	61269	885408	564983	822136	1740916	1969645	2434324	2492535	3015980	3373467
收费站年平均日交通量(辆/日)		168	2426	1548	2252	4770	5396	6669	6829	8263	9242

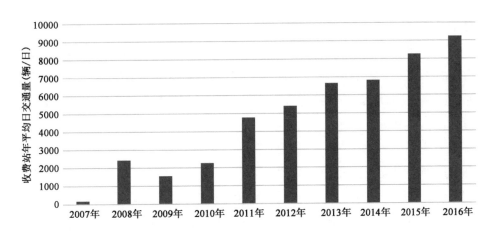

图8-23-2 张石高速公路张家口段(胶泥湾至张保界)收费站年平均日交通量(自然数)增长柱状图

二、张石高速公路保定段(张保界至涞源西互通)

(一)项目概况

1. 基本情况

1)功能定位

张石高速公路保定段(张保界至涞源西互通)为河北省公路布局规划的"五纵六横七条线"中的"纵五",也是河北省"6+3"项目之一。本项目北起张保界,连接张石高速公路张家口段,南接荣乌高速公路,对于国家公路网和国道主干线的联通具有重要的意义,对实现全省高速公路"联网畅通"的目标,尽快改善保定西部山区落后的交通状况和投资环境,适应社会经济和交通发展的需要,加强石家庄及河北南部地区和张家口地区的经济交往,具有十分重要的作用,同时能有效缓解北京的过境交通压力,也为内蒙古和山西北部与我国东南及沿海地区的交往提供了便捷通道。

2)技术标准

采用双向四车道,设计速度80km/h,路基宽度26.0m。平曲线最小半径采用712m,最大纵坡采用3.98%。

3)建设规模

本项目建设里程长27.68km,其中:特大桥2218m/2座,大桥4603m/22座,中桥493m/9座,小桥268.4m/16座,涵洞40道;桥梁长度占路线总长度的27.4%;互通式立交2处,分离式立交2座;通道5处;天桥6座;主线收费站1处,匝道收费站1处;服务区1处,停车区1处;管理、养护、服务、监控房屋建筑面积12745.04m^2。

4)主要控制点

保定市涞源县留家庄乡、金家井乡、城关镇3个乡镇。

5)地形地貌

本项目地形地貌多样,K261+320~K274+610由中山区过渡为山间沟谷区,地层岩性主要为碎石土、白云岩、灰岩、叶岩、片麻岩等。K274+610~K289+000属于阶地区与黄土台地区间隔交替,地层岩性主要为亚砂土、亚黏土、上更新统黄土、卵砾石,部分含有漂石土的透镜体卵石土。

6)路面及主要构造物

项目采用沥青混凝土路面:

4cmAC-13C改性沥青混凝土,8cmAC-20C改性沥青混凝土,12cmATB-30沥青稳定碎石,SBS改性沥青防水层,18cm水泥稳定级配碎石,18cm水泥稳定级配碎石,16cm水泥稳定砂砾。

主要构造物采用连续梁桥。

7）投资规模

项目概算投资21.26亿元（含唐涞高速公路5.9km）。

8）开工及通车、竣工时间

2007年8月开工建设，2010年10月交工通车。

2. 前期决策情况

1）前期决策背景

张石高速公路保定段是河北省高速公路布局规划"五纵六横七条线"中"纵五"（张石高速公路）的重要组成部分，根据2005年1月省长办公会议纪要第25号，本项目被补充列入《河北省2003—2007年高速公路建设计划》；根据河北省交通厅冀交函规字〔2005〕019号《关于同意你市作为张石高速公路保定段、保阜高速公路项目业主的函》，由保定市组建张石高速公路项目执行机构，按照2005年1月27日省长办公会议、2015年2月23省政府专题会议和河北省高速公路建设指挥部冀高指字〔2005〕1号文精神启动张石高速公路保定段建设工作。

2）前期决策过程

（1）2004年4月19日，河北省交通厅召开张石高速公路（张保界至石家庄段）方案研究论证会。

（2）2005年11月11日，河北省发展和改革委员会以冀发改交通〔2005〕1063号文下达《关于张石高速公路涞源（张保界）至曲阳（保石界）段可行性研究报告的批复》。

（3）2005年10月31日，河北省国土资源厅以冀国土资函〔2005〕521号文下达《河北省国土资源厅关于张石高速公路涞源（张保界）至曲阳（保石界）段项目用地的预审意见》。

（二）建设情况

1. 项目准备阶段

1）项目审批

该项目严格执行了交通基本建设程序，从预可行性研究、工程可行性研究、初步设计、施工图设计、工程施工、监理招投标到工程开工报告的审批，各个环节手续齐全，具体如下：

（1）河北省交通厅于2005年11月8~9日组织有关部门和专家对初步设计进行了审查，于2005年12月12日以冀交函基字〔2005〕219号《河北省交通厅关于张石高速公路保定涞水至曲阳段初步设计文件及审查意见的函》完成对初步设计的复函。

（2）河北省发展和改革委员会下发冀发改投资〔2006〕1069号《关于张石高速涞源至

涞水段及密涿支线初步设计的批复》。

(3)河北省环保局下发冀环管〔2005〕340号《关于张石高速公路保定段环境影响报告书的批复》。

(4)河北省交通厅公路管理局下发冀交公路〔2008〕215号《关于张石高速公路涞源至涞水段两阶段施工图设计文件的批复》。

2)资金筹措

本项目概算总投资21.26亿元,项目资本金7.441亿元,50%由河北省交通厅筹措,50%采用国家开发银行软贷款解决。其余13.819亿元申请银行贷款。

3)合同段划分及招投标

根据各专业的工程内容,标段划分情况见表8-23-10。

按照国家颁布的《招投标法》和交通部颁布的《公路工程施工招标投标管理办法》《公路工程施工招标资格预审办法》《公路工程施工招标评标办法》的要求,由项目法人单位组织招标工作。

(1)2007年5月有145家土建工程施工单位通过资格预审,参加本项目涞源(张保界)至曲阳(保石界)段项目涞源至涞水段土建(第一期)路基桥涵、路面工程施工LJ-N1、LJ-N2、LJ-N3、LJ-N4、LJ-N5合同段和下穿京原铁路分离式立交工程施工的投标。2007年7月在石家庄公开开标,采用无标底投标,合理低价中标方式。由河北省统一评标专家库和招标人代表组成评标委员会评审出6家中标单位。

(2)2007年7月有13家机电工程施工单位通过资格预审,参加本项目涞源(张保界)至曲阳(保石界)段项目涞水至曲阳段及密涿支线房屋建筑工程施工的投标。2007年8月在石家庄公开开标,采用无标底投标,双信封形式合理低价中标方式。由河北省统一评标专家库和招标人代表组成评标委员会评审出5家中标单位。

(3)2007年3月有43家房建工程施工单位通过资格预审,参加本项目张石高速公路涞水至曲阳段及密涿支线机电工程施工的投标。2007年5月在石家庄公开开标,采用无标底投标,合理低价中标方式。由河北省统一评标专家库和招标人代表组成评标委员会评审出5家中标单位。

(4)2008年7月、2010年6月、2011年3月分3批进行涞源(张保界)至曲阳(保石界)段项目涞源至涞水段房屋建筑工程施工6个合同段的资格预审。2008年12月、2010年8月、2011年6月分3次在石家庄公开开标,采用无标底投标、双信封形式合理低价中标方式。由河北省统一评标专家库和招标人代表组成评标委员会评审出6家中标单位。

4)参建单位主要情况

(1)建设单位

本项目建设单位是保定市道路开发中心,项目执行机构是张石高速公路筹建处。

表 8-23-10

张石高速公路保定段（张保界至涞源西互通）合同段划分一览表

参建单位	类型	参建单位名称	合同段编号及起迄桩号	标段所在地	主要内容	主要负责人
项目管理单位		河北张石高速公路筹建处				王领战
勘察设计单位	土建工程设计	河北省交通规划设计院	全线		主线土建工程	焦永顺
施工单位	土建工程	中交一公局第三工程有限公司	LJ-N1：K261+320～K264+900	涞源县伊家铺村	伊家铺特大桥、路基、桥涵工程	马春雷
		中交一公局第三工程有限公司	LJ-N2：K261+900～K270+000	涞源县团圆村	团圆特大桥、路基、桥涵工程	张立功
		江西中煤建设工程有限公司	LJ-N3：K270+000～K281+820	涞源县留家庄村	路基、桥涵、路面工程	周锦中
		四川武通路桥工程局	LJ-N4：K281+820～K289+830	涞源县城关镇	路基、桥涵、路面工程	张继锁

(2)设计单位

土建工程、交通工程、绿化工程、机电工程设计单位:河北省交通规划设计院。

(3)施工单位

详见表8-23-10。

5)征地拆迁

(1)设立专门组织机构

本工程按二级管理体系设置张石高速公路指挥部,加强各级政府对征地工作的领导和监督,形成完善的拆迁工作体系,使征地拆迁工作层层有人管、层层有人抓。

(2)落实承包责任制

征地拆迁工作实行群众参与,各级政府负责,采取"四到位""四现场"的做法,即县、乡、村、户四方到场,现场丈量、现场清点、现场签字、现场盖章。

拆迁统计见表8-23-11。

张石高速公路保定段(张保界至涞源西互通)拆迁统计表　　　表8-23-11

高速公路编码	项目名称	征地拆迁安置起止时间	征用土地(亩)	拆迁房屋(m^2)	拆迁占地费(万元)	备注
S31	张石高速公路保定段(张保界至涞源西互通段)	2006.9~2007.5	3529	5463.9	10803.867	

注:此表数据包含S66唐涞高速公路5.9km。

2.项目实施阶段

1)施工过程

(1)主线土建工程于2007年8月开工,2010年9月完工。

(2)房建工程于2009年3月开工,2010年9月完工。

(3)机电工程于2010年3月开工,2010年10月完工。

(4)交通安全设施工程于2010年3月开工,2010年9月完工。

(5)绿化工程于2010年5月开工,2010年10月完工。

(6)2010年9月25日,张石高速公路筹建处组织相关人员对张石高速公路进行了交工验收。

张石高速公路保定段(张保界至涞源西互通)建设生产要素统计见表8-23-12。

张石高速公路保定段(张保界至涞源西互通)建设生产要素统计表　　　表8-23-12

路线编号	建设时间	钢材(t)	沥青(t)	水泥(t)	砂石料(m^3)	机械工(工日)	机械(台班)
S31	2007.9~2010.10	74728	50751	686321	2507783	3644944	834716

注:本统计表数量为张石高速公路保定段涞源至涞水段全部工程数量。

2)重要决策

2005年12月,张石高速公路保定段举行奠基仪式。

2010年10月,张石高速公路涞源北段通车运营。

3)各项活动

(1)在全线举行"讲责任,懂规矩,树形象"活动,保证施工工期。

(2)开展对标郭娜陆地航空班学习的活动。

(3)开展安全生产专项整治活动。

(三)科技创新

张石高速公路沿线自然生态环境优美,人文历史丰富,在进行公路建设时应充分结合利用,划分景观带并设置观景台,协调公路线形设计与景观生态,为使用者提供更好的服务;同时,公路边坡设计类型较多,为边坡安全与景观设计提供了较好的依托。

(1)边坡防护采用可视边坡景观改善方案,确定了涞源至涞水边坡生态防护植物种类。

(2)互通式立交区及服务区景观设计。系统、深入地研究了工程沿线自然与人文特点,最终确定互通式立交与服务区景观设计。

(3)景观带设计。根据景观带划分原则,结合依托工程沿线自然与人文景观特色,对其进行景观带划分。

(4)隧道洞口设计。对涞源至涞水段沿线隧道洞口进行现场考察和资料调研,选取典型的几处隧道,提升设计亮点。

(四)运营养护管理

1. 服务设施

全线设置涞源北1处服务区(表8-23-13)。

张石高速公路保定段(张保界至涞源西互通)服务设施一览表　　表8-23-13

高速公路编码	服务区名称	桩号	所在区域	占地(亩)	建筑面积(m²)
S31	涞源北服务区	K283+510	涞源县金家井乡东夹山村	70.035	5098.3

2. 收费设施

本项目共设置在涞源北设置匝道收费站1处(表8-23-14)。

张石高速公路保定段(张保界至涞源西互通)收费设施一览表　　表8-23-14

收费站名称	桩号	入口车道数		出口车道数		收费方式
		总车道	ETC车道	总车道	ETC车道	
涞源北收费站	K281+990	2	1	3	1	MTC+ETC

3. 养护管理

本项目养护里程27.68km,设置涞源北1处养护工区,负责日常维修养护管理和应急抢险工作(表 8-23-15)。

张石高速公路保定段(张保界至涞源西)养护设施一览表　　表 8-23-15

养护工区名称	桩号	路段长度(km)	占地面积(亩)	建筑面积(m²)
涞源北养护工区	K281+990	27.68	68.034(此面积为工区、收费站、监控中心)	1298.8

4. 监控设施

本项目设置涞源北监控分中心对全段高速公路的运营监管(表 8-23-16)。

张石高速保定段(张保界至涞源西)监控设施一览表　　表 8-23-16

监控设施名称	桩号	占地面积(亩)	建筑面积(m²)
涞源北监控分中心	K281+990	68.034(此面积为工区、收费站、监控中心)	1843.62

5. 交通流量

张保界段至涞源西互通 2016 年收费站年平均日交通量(自然数)为 3516 辆/日(表 8-23-17),2015~2016 年环比增长率为 77.21%。

张石高速公路保定段(张保界至涞源西)交通量(自然数)发展状况表　　表 8-23-17

年　份		2014	2015	2016
交通量(辆)	涞源北	268014	724243	1283435
	合计	268014	724243	1283435
收费站年平均日交通量(辆/日)		734	1984	3516

第二十四节　S50 承德—多伦高速公路河北段

S50 承德至多伦高速公路建设期间项目名称为大广高速围场支线,围场支线起点位于承德市隆化县境内的茅荆坝乡,与主线 T 形交叉,路线向北设大庙特长隧道穿越茅荆坝国家级自然保护区后,经新丰林场、潘家店、前营子、锦善堂、砖瓦窑、兰旗卡伦乡、南地车子、大榆木沟、腰站乡、四合永镇,经围场县城西侧金字村、路线终点与 G111 连接,起点桩号:K1+415.93,终点桩号:K71+872.614,路线全长 70.457km。由于围场特殊的地理位置和丰富的自然资源,经济发展潜力巨大,承德市政府在《承德市高速公路布局规划》("一环八射"路网布局规划)中也将围场支线作为承德向外辐射的"一射",即将承围高速公路纳入了规划,建设围场支线也是对承德地方路网的完善。项目建成后,将形成华北与东北及蒙东地区经济联系的重要交通干线。

大广高速围场支线于 2013 年 12 月 9 日建成通车,由河北省高速公路承赤管理处负责运营养护管理,运营里程桩号为 K1+415.93~K71+872.614,全长 70.457km,设计速度 80km/h,双向四车道,路基宽度 24.5m。

S50 承德至多伦高速公路河北段项目信息见表 8-24-1,路线平面图见图 8-24-1。

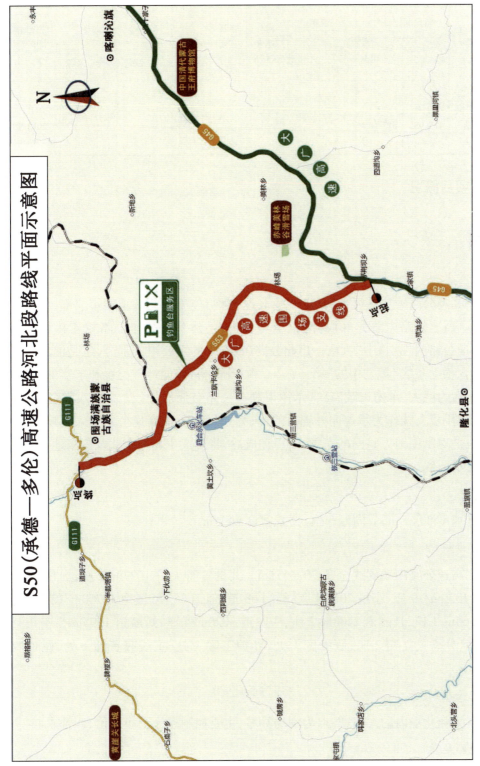

图8-24-1　S50(承德—多伦)高速公路河北段路线平面示意图

S50 承德至多伦高速公路河北段项目信息表　　　　表 8-24-1

项目名称	路段起讫桩号		规模		设计速度(km/h)	路基宽度(m)	投资情况(亿元)				建设时间（开工~通车）	备注
	起点桩号	讫点桩号	合计(km)	车道数			估算	概算	决算	资金来源		
大广高速公路围场支线	K1+415.932	K71+872.614	70.457	四	80	24.5	41.700	46.729		中央补贴、地方自筹、银行贷款	2011.3~2013.12	

一、项目概况

（一）基本情况

1. 功能定位

大广高速公路蒙冀界至承德段（承赤高速公路）位于河北省承德市北部，北起蒙冀交界，接大广高速公路内蒙赤峰段，南至承德市，与已建京承高速公路相连接。该项目是《国家高速公路网规划》中"大庆—广州公路（G45）"的重要组成部分，也是河北省高速公路"五纵六横七条线"规划中的"第一纵"。由于围场特殊的地理位置和丰富的自然资源，经济发展潜力巨大，承德市政府在《承德市高速公路布局规划》（"一环八射"路网布局规划）中也将围场支线作为承德向外辐射的"一射"，即将承围高速公路纳入了规划，建设围场支线也是对承德地方路网的完善，项目建成后，将形成华北与东北及蒙东地区经济联系的重要交通干线。

2. 技术标准

设计速度80km/h，双向四车道，路基宽度24.5m。

3. 建设规模

大广高速公路围场支线全长70.457km。共设置特大桥1027m/1座，大桥5760m/23座，中桥1330m/19座，小桥20m/3座，涵洞68道，通道35座，隧道12700m/12座（其中特长隧道564m/1座，长隧道2438m/2座，中隧道3028m/4座，短隧道1595m/5座）；互通式立交2座，分离式立交2座；服务区1处，养护工区1处，主线收费站1处，匝道收费站2处。

4. 主要控制点

起点为隆化境内的大庙，终点为围场县城；主要控制点为兰旗卡伦、四合永。

5. 地形地貌

项目区地貌以中山、低山丘陵、坡洪积裙及河谷平原为主。

6. 路面及主要构造物

项目采用沥青混凝土路面：

4cm AC—13C 细粒式改性沥青混凝土，6cm AC—20C 中粒式改性沥青混凝土，12cm ATB—25 沥青稳定碎石，36cm 水泥稳定碎石，18cm 水泥稳定碎石，18～30cm 级配碎石。

主要构造物采用连续梁桥。

7. 投资规模

项目工程概算总投资为 158.166 亿元（含大广主线，含建设期贷款利息 8.74 亿元），其中本项目概算总投资 46.729 亿元。

8. 开工及通车

2011 年 3 月 20 日开工建设，2013 年 10 月 31 日建成，2013 年 12 月 9 日正式通车。

（二）前期决策情况

1. 前期决策背景

大广高速公路围场支线是承德市境内的主要干线，由于围场特殊的地理位置和丰富的自然资源，经济发展潜力巨大，承德市政府在《承德市高速公路布局规划》（"一环八射"路网布局规划）中也将围场支线作为承德向外辐射的"一射"，即将承围高速公路纳入了规划，建设围场支线也是对承德地方路网的完善。

2. 前期决策过程

（1）2008 年 6 月，经承德市政府与河北省交通厅协商同意，由河北省交通厅国际金融组织项目贷款办公室投资建设。

（2）2009 年 6 月，《大广公路蒙冀界至承德段工程可行性研究报告》上报河北省发展和改革委员会。

（3）2010 年 7 月 30 日，国家发展和改革委员会以《国家发改委关于河北省茅荆坝（蒙冀界）至承德公路可行性研究报告的批复》（发改基础〔2010〕1692 号）文件批复《大广公路蒙冀界至承德段工程可行性研究报告》。

二、建设情况

（一）项目准备阶段

1. 项目审批

2010 年 3 月 25 日，国家环境保护部以环审〔2010〕83 号文件批复工程环境报告书。
2011 年 6 月 1 日，国土资源部以国土资函〔2011〕317 号文批复工程建设用地。

2010年10月8日,交通运输部以交公路发〔2010〕540号文对项目的初步设计进行批复。

2010年12月22日,河北省交通运输厅以冀交公〔2010〕718号文批复施工图的设计。

2011年12月15日,河北省交通运输厅以冀交公〔2011〕906号文批复房建工程、环保绿化工程施工图的设计。

2011年8月11日,交通运输部以交公路施工许可〔2011〕23号文批复承赤高速公路施工批准的申请。

2.资金筹措

全线工程概算总投资为158.166亿元(含大广主线,建设期贷款利息8.748亿元),其中本项目概算总投资46.729亿元。全部形成固定资产。资金来源为:申请银行中长期贷款118.624亿元(占总投资的75%);资本金39.541亿元(占总投资的25%),其中河北省高速公路管理局自筹30.651亿元,交通运输部车购税补助8.89亿元。

3.合同段划分及招投标

1)合同段划分

(1)设计标段划分:土建工程设计1个标段,交通工程设计1个标段,房建工程设计1个标段,绿化及声屏障工程设计1个标段,设计咨询单位1个标段。

(2)施工标段划分:根据工程内容的不同,土建工程7个标段,房建工程3个标段,绿化工程3个标段,声屏障工程1个标段,机电工程5个标段,交通工程5个标段,主便道工程1个标段,视频监控工程1个标段,河道防护工程标1个,混凝土护栏工程标1个。

(3)施工监理标段划分:根据工程内容,设1个总监办公室,3个土建工程驻地监理标段,1个机电工程监理标段。

2)招投标(主线与围场支线同时招投标)

(1)设计单位招标情况

设计招标全线分为6个合同段、1个监理标。自2009年7月发布招标公告起,至2009年8月底,经过招投标、评标、开标、公证,最后向招标人推荐中标候选人。

(2)路面、路基、桥涵、隧道施工单位、监理招标情况

路面、路基、桥涵、隧道工程,施工和施工监理全线共分为19个施工合同段和10个监理合同段,除上跨铁路桥6标、17标外,其余标段自2010年8月发布资格预审公告起,至2010年12月,经过资格预审、招投标、评标、开标、公证,最后向招标人推荐中标候选人。施工6标段,自2011年1月发布资格预审公告起至2011年5月,经过资格预审、招投标、评标、开标、公证,最后向招标人推荐中标候选人。施工17标段,自2011年7月发布资格预审公告起,至2011年10月,经过资格预审、招投标、评标、开标、公证,最后向招标人推

荐中标候选人。

（3）房建、钢网架工程招标情况

房建工程施工和施工监理共分为8个施工合同段和3个监理合同段。自2011年12月发布资格预审公告起，至2012年4月底，经过资格预审、招投标、评标、开标、公证，最后向招标人推荐中标候选人。钢网架工程施工全线共分为3个施工合同段，至2012年11月底，经过招投标、评标、开标、公证，最后向招标人推荐中标候选人。

（4）绿化及声屏障工程招标情况

绿化声屏障工程分为10个绿化标段、3个声屏障标段，招标采用资格后审方式，2012年12月，经过招投标、评标、开标、公证，最后向招标人推荐中标候选人。

（5）机电工程和安全设施工程招标情况

全线共14个安全设施工程合同段，招标采用资格后审方式。2013年3月经过招投标、评标、开标、公证，最后向招标人推荐中标候选人。机电工程施工和施工监理同时进行招标，招标采用资格后审方式，全线分为6个机电施工合同段、1个机电监理合同段。2013年3月底经过招投标、评标、开标、公证，最后向招标人推荐中标候选人。

4. 参建单位主要情况

1）建设单位

本项目建设单位是河北省高速公路管理局，项目执行机构是河北省高速公路承赤筹建处。

2）设计单位

（1）土建工程设计单位：辽宁省交通规划设计院。

（2）房建工程设计单位：河北建筑设计研究院有限责任公司。

（3）交通工程设计单位：中交公路规划设计院有限公司。

（4）绿化及声屏障工程设计单位：北京中外建建筑设计有限公司。

（5）设计咨询单位：中国公路工程咨询集团有限公司。

3）施工单位

详见表8-24-2。

大广高速公路围场支线合同段划分一览表　　　　表8-24-2

参建单位	类型	参建单位名称	合同段编号及起讫桩号	标段所在地	主要内容	主要负责人	备注
项目管理单位		河北省高速公路承赤筹建处				王书斌	
设计单位	土建工程设计	辽宁省交通规划设计院	CCSJ-3	围场满族蒙古族自治县	13~19标段土建工程设计	郭卫民	

续上表

参建单位	类型	参建单位名称	合同段编号及起讫桩号	标段所在地	主要内容	主要负责人	备注
施工单位	土建工程	中铁十四局集团第二工程有限公司	SG13：K1+416～K8+666	隆化县	路基、桥涵、隧道工程，边坡绿化工程	孙峰	
		邯郸市光太公路工程有限公司	SG14：K8+666～K21+956	隆化县、围场满族蒙古族自治县	路基、桥涵、隧道工程，边坡绿化工程	刘承刚	
		中建路桥集团有限公司	SG15：K21+956～K41+986	围场满族蒙古族自治县	路基、路面、桥涵、隧道工程，边坡绿化工程	耿东方	
		云南第二公路桥梁工程有限公司	SG16：K41+986～K50+179	围场满族蒙古族自治县	路基、桥涵、隧道工程，边坡绿化工程	李绍康	
		中铁七局集团郑州工程有限公司	SG17：K50+166.5～K52+055	围场满族蒙古族自治县	路基、桥涵工程，边坡绿化工程	高文煜	
		中铁十一局集团第二工程有限公司	SG18：K52+055～K62+466	围场满族蒙古族自治县	路基、路面、桥涵、隧道工程，边坡绿化工程	王建军	
		中铁十四局集团第四工程有限公司	SG19：K62+466～K71+872.614	围场满族蒙古族自治县	路基、桥涵、隧道工程，边坡绿化工程	孙永	

4）征地拆迁

（1）设立专门组织机构

按三级管理体系设置安置办公室，加强各级政府对征地工作的领导和监督，形成完善的拆迁工作体系，使征地拆迁工作层层有人管、层层有人抓。

（2）落实承包责任制

征地拆迁工作实行群众参与，各级政府层层签订责任书，采取"四到位""四现场"的做法，即县、乡、村、户四方到场，现场丈量、现场清点、现场签字、现场盖章。

征地拆迁统计见表8-24-3。

大广高速公路围场支线征地拆迁统计表   表8-24-3

高速公路编码	项目名称	征地拆迁安置起止时间	征用土地（亩）	拆迁房屋（m²）	拆迁占地（万元）	备注
S50	河北省茅荆坝（蒙冀界）至承德高速公路	2010.8.16～2012.12.28	16208	61150	229232.3833	

注：包含大广高速公路围场支线工程量。

（二）项目实施阶段

1. 施工过程

（1）土建工程于2011年3月20日开工，2013年10月19日完工。

（2）房建工程于2012年4月开工，2013年10月19日完工。

（3）机电工程于2012年8月开工，2013年10月19日完工。

(4)交通安全设施工程于 2012 年 8 月开工,2013 年 10 月 19 日完工。

(5)绿化工程于 2012 年 8 月开工,2013 年 10 月 19 日完工。

(6)2013 年 10 月 19 日,河北省交通厅高速公路管理局组织专家对承赤高速公路进行了交工验收,项目交工得分 98.8 分。

大广高速公路围场支线建设生产要素统计见表 8-24-4。

大广高速公路围场支线建设生产要素统计表　　　　　表 8-24-4

路线编号	建设时间	钢材(t)	沥青(t)	水泥(t)	砂石料(m³)	机械工(工日)	机械(台班)
S50	2011.3~2013.10	157311	34617	660105	4014526	880348	963050

2. 重要决策

(1)2010 年 8 月 21 日,开工奠基仪式在隆化县茅荆坝举行,内蒙古自治区书记胡春华、河北省省长陈全国出席奠基仪式(图 8-24-2)。

图 8-24-2　开工奠基仪式

(2)2013 年 12 月 9 日,全线通车运营。

3. 各项活动

(1)2010 年 6 月 9 日,承赤筹建处举办了办公自动化(OA 系统)培训活动。

(2)2011 年 5 月 13 日,承赤筹建处组织学习郭娜陆地航空班精神。

(3)2011 年 6 月 29 日,承赤筹建处召开"大干 60 天"活动总结表彰暨"大干 120 天"活动施工动员大会活动。

(4)3 月 30 日,承赤筹建处召开承赤高速公路"大干 90 天"劳动竞赛动员大会,会议上签订了大干目标责任状。

三、科技创新

1. 景观与生态工程技术研究

通过利用建筑学、美学、动物学、园林艺术、地质、水文、环境、生态、工程力学、土木工程学、经济学等理论技术,并结合历史和文化研究,对高速公路的生态与景观进行全面、系统、深入的研究,确保高速公路的区域环境生态平衡,对实现高速公路成为生态、环保、旅游、景观的"示范工程"和"精品工程"的终极目标具有特别重要的指导意义,同时对提升山区高速公路景观及生态工程设计水平具有重要的现实意义。

2. GTM 数字仿真与高性能沥青混合料开发

针对传统的沥青混合料马歇尔设计方法不足,结合高速公路实体工程,在分析 GTM 压实机理数字仿真与微观力学机理的基础上,开展高性能沥青混合料三维力学性能仿真计算研究,对级配优化进行细致研究,并开发沥青混凝土数值仿真软件;开展 GTM 试件高温间接拉伸强度测定研究,探讨沥青混合料间接拉伸设计标准与 GTM 标准的关系,并应用于现场沥青混凝土质量控制中,为实现高速公路"质量更可靠、工程更耐久、设施更完善、群众更满意"的目标奠定坚实基础。

四、运营养护管理

1. 服务设施

围场支线段设钓鱼台服务区 1 处(表 8-24-5)。

大广高速公路围场支线服务设施一览表 表 8-24-5

高速公路编码	服务区名称	桩 号	所 在 区 域	占地(亩)	建筑面积(m²)
S50	钓鱼台服务区	K42	承德市围场满族蒙古族自治县	60	5500

2. 收费设施

大广高速围场支线段设置收费站 3 处(表 8-24-6)。

大广高速公路围场支线收费设施一览表 表 8-24-6

高速公路编码	收费站名称	桩 号	编 号	开通时间	收费站位置类型	入口车道数		出口车道数	
						总车道数	ETC 车道	总车道数	ETC 车道
S50	蓝旗卡伦收费站	K35	1640008	2013.12	围场支线匝道站	2	0	2	1
S50	围场南收费站	K55	1640009	2013.12	围场支线匝道站	5	1	6	1
S50	围场北收费站	K70+400	1640010	2013.12	围场支线主线站	4	1	8	1

3. 养护管理

设置服务区 1 处,养护工区 1 处(表 8-24-7),主线收费站 1 处,互通收费站 2 处。

大广高速公路围场支线养护设施一览表 表 8-24-7

养护工区名称	桩 号	路段长度(km)	占地面积(亩)	建筑面积(m²)
围场南养护工区	K55	70.457	10.0005	1140

4. 监控设施

围场支线段设置隧道监控所1处,为围场南隧道监控所(表8-24-8),负责支线段的运营监管。

大广高速公路围场支线监控设施一览表　　表8-24-8

监控设施名称	桩　号	占地面积(亩)	建筑面积(m²)
围场南隧道监控所	K55	5.001	570

5. 交通流量

该路段于2013年9月建成,2016年收费站年平均日交通量(自然数)为5104辆/日(表8-24-9),2014—2016年均增长率为32.13%。

大广高速公路围场支线交通量(自然数)发展状况表　　表8-24-9

年　份		2013	2014	2015	2016
交通量(辆)	蓝旗卡伦收费站	8328	169020	199860	337155
	围场南收费站	17121	533411	610115	919230
	围场北收费站	9166	440700	508612	606575
	合计	34615	1143131	1318587	1862960
收费站年平均日交通量(辆/日)		95	3132	3613	5104

第二十五节　S51迁安—曹妃甸高速公路迁安支线（沙河驿镇—小崔庄）

S51迁安至曹妃甸高速公路迁安支线是迁安连接唐山、京津和沿海港口的重要通道。起自迁安市沙河驿镇,止于迁安市小崔庄,路线位于迁安市境内。本工程的建设加强了唐山、承德、秦皇岛三地之间乃至京津冀之间的经济联系,增强了曹妃甸区首钢和迁安钢联两大基地之间的联系,从而促进迁安尽快融入京津冀环渤海经济一体化中。

迁安支线于2014年7月建成通车,由唐山市京秦高速公路迁安支线投资管理有限责任公司负责运营管理养护,运营里程桩号K0+000～K35+588,全长35.588km,设计速度100km/h,起点至祺光互通段(K0+000～K19+238)双向六车道,路基宽度33.5m;祺光互通至终点段(K19+238～K35+588)双向四车道,路基宽度26.0m。

S51迁安至曹妃甸高速公路迁安支线(沙河驿镇至小崔庄)项目信息表见表8-25-1,路线平面图如图8-25-1所示。

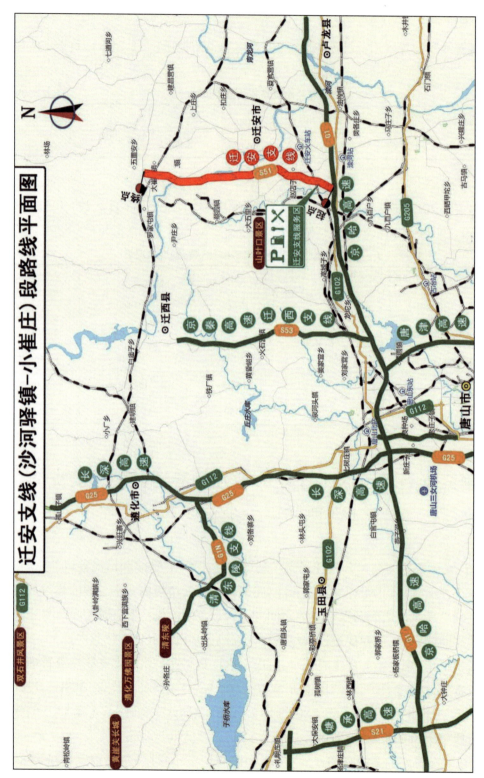

图8-25-1 迁安至曹妃甸高速公路迁安支线(沙河驿镇—小崔庄)路线平面示意图

S51 迁安至曹妃甸高速公路迁安支线（沙河驿镇至小崔庄）项目信息表　　表 8-25-1

项目名称	路段起讫桩号		规模		设计速度(km/h)	路基宽度(m)	永久占地(亩)	投资情况(亿元)			建设时间(开工~通车)	备注
	起点桩号	讫点桩号	合计(km)	车道数				估算	概算	资金来源		
迁安支线	K0+000	K19+238	35.588	六	100	33.5	4638.8	27.8	28.3	银行贷款、企业自筹	2011.7~2014.7	
	K19+238	K35+588		四		26						

一、项目概况

（一）基本情况

1. 功能定位

迁安支线是迁安连接唐山、京津和沿海港口的重要通道。本项目全线位于唐山市迁安市境内，远期规划北拓接承秦高速、南延至曹妃甸港，是唐山市高速公路网中重要的一条纵向线，纵穿唐山市。未来南北延伸线建成后，将分别与沿海高速公路、唐港高速公路、京秦高速公路、承秦高速公路有效连接，更好地完善唐山市公路运输网络，使唐山区域内高速公路网充分发挥社会和经济效益；将进一步推动生产力布局向沿海推进，加强唐山、承德、秦皇岛三地之间乃至京津冀之间的经济联系，增强首钢曹妃甸区和迁安钢联两大基地之间的有机联系，进一步扩大曹妃甸港区及工业区的集疏运能力、带动作用和辐射范围，形成优势互补的格局，从而促进迁安尽快融入京津冀环渤海经济一体化中。本项目建设对完善区域路网、促进项目沿线经济发展和旅游资源开发具有重要意义。

2. 技术标准

起点至祺光互通采用双向六车道，路基宽度 33.5m；祺光互通至终点采用双向四车道，路基宽度 26.0m。设计速度 100km/h。平曲线最小半径采用 1500m，最大纵坡采用 1.8%。

3. 建设规模

本项目建设里程长 35.588km，其中：大桥 2 座，中桥 3 座，互通式立交 4 处，分离式立交 8 处（其中铁路分离立交 2 处），通道 43 处，天桥 8 座。全线设服务区 1 处，收费站 4 处（主线收费站 1 处、匝道收费站 3 处），监控分中心 1 处，养护工区 1 处。管理、养护、服务、监控房屋建筑面积 17585.55m^2。

4. 主要控制点

全线位于迁安市境内，共计 1 个县（市）、7 个乡镇。

5. 地形地貌

项目属平原地貌，多为亚砂土、亚黏土、粉砂亚砂土，地势西高东低。

6.路面及主要构造物

项目采用沥青混凝土路面：

4cm AC—13C 改性沥青混凝土,6cm AC—20C 改性沥青混凝土,12cm ATB—30 密级配沥青稳定碎石,乳化沥青封层,透层油,20cm 水泥稳定级配碎石,20cm 水泥稳定级配碎石,20cm 石灰、粉煤灰稳定级配碎石。

主要构造物采用连续梁桥。

7.投资规模

项目概算投资 28.3 亿元,未进行竣工决算,平均每公里造价 7806.2 万元。

8.开工及通车、竣工时间

2011 年 7 月开工建设,2014 年 7 月交工通车。

（二）前期决策情况

（1）河北省发展和改革委员会下发冀发改交通〔2009〕796 号《关于京秦高速公路迁安支线项目建议书的批复》。

（2）河北省发展和改革委员会下发冀发改基础〔2010〕1280 号《关于京秦高速公路迁安支线项目可行性研究报告的批复》。

（3）河北省交通运输厅下发冀交函规〔2009〕141 号《关于同意唐山市做京秦高速公路迁安支线项目业主的函》。

（4）唐山市人民政府下发唐政函〔2010〕22 号《关于同意迁安市承担京秦高速公路迁安支线项目业主的批复》。

二、建设情况

（一）项目准备阶段

1.项目审批

该项目严格执行了交通基本建设程序,从预可行性研究、工程可行性研究、初步设计、施工图设计、工程施工、监理招投标到工程开工报告的审批,各个环节手续齐全,具体如下:

（1）河北省发展和改革委员会下发冀发改投资〔2005〕310 号《关于京秦高速公路迁安支线工程初步设计的批复》。

（2）迁安市人民政府下发迁政发〔2010〕18 号《关于成立唐山市京秦高速公路迁安支线投资管理有限责任公司的批复》。

（3）河北省国土资源厅下发冀政转征函〔2012〕1211 号《关于京秦高速公路迁安支线

工程建设用地的批复》。

2. 资金筹措

本项目概算总投资 28.3 亿元,项目资本金 9.3 亿元,由唐山市京秦高速公路迁安支线投资管理有限责任公司负责筹措,其余 19 亿元申请银行贷款。

3. 合同段划分及招投标

1)合同段划分

根据各专业的工程内容,标段划分见表 8-25-2。

(1)土建工程设计划分 1 个标段,房建工程设计 1 个标段,交通工程设计 1 个标段,机电工程设计 1 个标段。

(2)施工标段划分:根据工程内容的不同,土建工程 8 个标段,机电工程 1 个标段,房建工程 2 个标段,交通安全设施 5 个标段。

(3)施工监理标段划分:根据工程内容共设 4 个监理驻地办,其中 2 个土建工程监理驻地办,1 个房建工程监理驻地办,1 个机电工程监理驻地办。

2)招投标

按照国家颁布的《中华人民共和国招标投标法》和交通运输部颁布的《公路工程施工招标投标管理办法》《公路工程施工招标资格预审办法》《公路工程施工招标评标办法》的要求,由项目法人单位组织招标工作。

4. 参建单位主要情况

1)建设单位

本项目建设单位及项目执行机构是唐山市迁安支线(沙河驿镇至小崔庄)投资管理有限责任公司,本项目为经营性高速公路。

2)设计单位

土建工程设计单位:铁道部第三勘察设计院集团有限公司。

房建工程设计单位:中国华西工程设计建设有限公司。

交通工程设计单位:河北省交通规划设计院。

机电工程设计单位:河北省交通规划设计院。

3)施工单位

详见表 8-25-2。

5. 征地拆迁

1)设立专门组织机构

按三级管理体系设置安置办公室,加强各级政府对征地工作的领导和监督,形成完善的拆迁工作体系,使征地拆迁工作层层有人管、层层有人抓。

迁安支线（沙河驿镇至小崔庄）合同段划分一览表

表 8-25-2

参建单位	类型	参建单位名称	合同段编号及起讫桩号	标段所在地	主要内容	主要负责人	备注
项目管理单位		唐山市迁安支线（沙河驿镇—小崔庄）投资管理有限责任公司				赵文强	
勘察设计单位	土建工程设计	铁道第三勘查设计院集团有限公司				张伟康	
施工单位	土建工程	中铁二十二局集团第四工程有限公司	SG-1：K0+000~K3+300、K4+200.0~K7+400	沙河驿镇	卫运河特大桥	胡国良	
		中铁十八局集团第五工程有限公司	SG-2：K3+300~K4+200	沙河驿镇、赵店子镇	路基、桥涵工程	陈继忠	
		葛洲坝集团第五工程有限公司	SG-3：K7+400~K15+600	杨店子镇	路基、桥涵工程	张建国	
		唐山市路桥建设有限公司	SG-4：K15+600~K22+000	杨店子镇	路基、桥涵工程	谭永海	
		中国葛洲坝集团股份有限公司	SG-5：K22+000~K23+500、K24+500~K30+500	马兰庄镇	路基、桥涵工程	成祥	
		葛洲坝集团新疆工程局有限公司	SG-6：K23+500~K24+500	马兰庄镇	路基、桥涵、防渗墙工程	陈木锌	
		中铁十九局集团第二工程有限公司	SG-7：K30+500~K35+588	小崔庄镇	路基、桥涵工程	王立忠	
		葛洲坝集团第五工程有限公司	LMSG1：K0+000~K35+588	全线	全线路面工程	严泽洪	

根据近几年征地拆迁问题复杂的特点,迁安市政府成立了"迁安支线高速公路建设领导小组",市交通运输局局长为组长,小组办公室设在市交通运输局,负责本市、县段的征迁及建设环境协调,为落实政策、落实地方工作、落实人口安置、落实征地拆迁提供了组织保证。

2)落实承包责任制

征地拆迁工作实行群众参与,各级政府层层签订责任书,采取"四到位""四现场"的做法,即县、乡、村、户四方到场,现场丈量、现场清点、现场签字、现场盖章。

2010年,投资公司组织有关人员分3组对沿线地上附着物进行了清点、登记造册、签字确认,2011年2月签订征地、拆迁合同协议。

征地拆迁统计见表8-25-3。

迁安支线(沙河驿镇至小崔庄)征地拆迁统计表　　　表8-25-3

高速公路编码	项目名称	征地拆迁安置起止时间	征用土地(亩)	拆迁房屋(m³)	拆迁占地费(万元)	备注
S51	迁安支线(沙河驿镇至小崔庄)	2010.5~2011.7	4638.8	64000	81220.82	

(二)项目实施阶段

1. 施工过程

(1)主线土建工程于2011年7月开工,2014年5月完工。

(2)房建工程于2012年6月开工,2014年3月完工。

(3)机电工程于2013年5月开工,2014年5月完工。

(4)交通安全设施工程于2013年5月开工,2014年5月完工。

(5)绿化工程于2013年5月开工,2014年7月完工。

(6)2014年5月25日,唐山市交通运输建设质量监督处、迁安市高速公路管理处组织专家对迁安支线(沙河驿镇至小崔庄)进行了交工验收。

(7)2014年7月6日,迁安支线正式通车运营。

迁安支线(沙河驿镇至小崔庄)建设生产要素统计见表8-25-4。

迁安支线(沙河驿镇至小崔庄)建设生产要素统计表　　　表8-25-4

路线编号	建设时间	钢材(t)	沥青(t)	水泥(t)	砂石料(m³)	机械工(工日)	机械(台班)
S51	2011.7~2014.7	41206	65385	518035	130258	935626	835624

2. 重要决策

(1)2011年7月12日,迁安市高速公路管理处处长李晓坡宣布迁安支线(沙河驿镇至小崔庄)开工。

（2）2012年3月14日，投资公司召开"大干120天、确保完成通车任务"动员大会。

3. 各项活动

（1）在全线开展"大干120天劳动竞赛"活动。

（2）组织"质量、安全学习培训"。

三、运营养护管理

1. 服务设施

全线设置1处服务区（表8-25-5）。

迁安支线（沙河驿镇至小崔庄）服务设施一览表　　表8-25-5

高速公路编码	服务区名称	桩号	所在区域	占地（亩）	建筑面积（m²）
S51	迁安支线服务区	K2+400	沙河驿镇	70	5827.94

2. 收费设施

本项目共设置收费站4处（表8-25-6）。匝道出入口数量共计44条，其中ETC车道10条。

迁安支线（沙河驿镇至小崔庄）收费设施一览表　　表8-25-6

收费站名称	桩号	入口车道数		出口车道数		收费方式
		总车道	ETC车道	总车道	ETC车道	
迁安南收费站	K6+400	3	1	5	1	MTC+ETC
迁安西收费站	K14+400	6	2	7	2	
迁安北收费站	K19+100	3	1	5	1	
白羊峪收费站	K32+400	5	1	10	1	

3. 养护管理

本项目养护里程35.588km，设置1处养护工区，负责养护里程为35.588km（表8-25-7）。

迁安支线（沙河驿镇至小崔庄）养护设施一览表　　表8-25-7

养护工区名称	桩　　号	路段长度（km）	占地面积（亩）	建筑面积（m²）
迁安支线工区	K14+400	35.588	2.484	794.56

4. 监控设施

本项目设置1处监控中心，负责全线的运营监管（表8-25-8）。

迁安支线（沙河驿镇至小崔庄）监控设施一览表　　表8-25-8

监控设施名称	桩　　号	占地面积（亩）	建筑面积（m²）
迁安支线监控中心	K14+400	10.857	3644.26

5. 交通流量

迁安支线(沙河驿镇至小崔庄)2016年收费站年平均日交通量(自然数)为6812辆/日(表8-25-9),2015—2016年环比增长率为1.91%。

迁安支线(沙河驿镇至小崔庄)交通量(自然数)发展状况表　　　表8-25-9

年份		2014	2015	2016
交通量 (辆)	迁安南站	241839	419549	504415
	迁安西站	637956	1267150	1246521
	迁安北站	155641	311493	289762
	白羊峪站	243446	441600	445755
	合计	1278882	2439792	2486453
收费站年平均日交通量(辆/日)		3504	6684	6812

第二十六节　S52 承德—秦皇岛高速公路

S52 承秦高速公路是2020年河北省高速公路网布局规划"五纵六横七条线"中"线一"的重要路段,起自承德南互通,起点桩号:K0+000,止于秦皇岛境内的G1(北京至哈尔滨)高速公路,终点桩号:K191+236,全长191.236km。沿线途经承德市的承德市区、承德县、宽城县,秦皇岛市的青龙县、秦皇岛市区,该项目的建设对于完善国家及河北省高速公路网布局,打通河北北部及内蒙古中东部等内陆地区便捷的出海通道,带动承德、秦皇岛地区的经济发展,构建北京、承德、秦皇岛一体化旅游金三角等均具有十分重要的作用。

承秦高速公路由承德段和秦皇岛段组成。

承秦高速公路承德段于2012年12月28日建成通车,由河北承德承秦高速公路管理处负责运营管理养护。桩号K0+000~K91+972,全长91.972km,起点至承德县互通段长22.121km,设计速度100km/h,双向六车道,路基宽度33.5m;承德县互通至路线终点段长69.851km,双向四车道,设计速度80km/h,路基宽度24.5m。

承秦高速公路秦皇岛段于2012年12月建成通车,由河北省高速公路承秦管理处负责运营管理养护,桩号K91+972~K191+236,设计速度为120km/h、80km/h,双向四车道,路基宽度分别为26m、24.5m。

S52 承德至秦皇岛高速公路项目信息见表8-26-1,路线平面示意图见图8-26-1。

S52 承德—秦皇岛高速公路项目信息表 表 8-26-1

项目名称	路段起讫桩号		规模		设计速度（km/h）	路基宽度（m）	投资情况（亿元）				建设时间（开工~通车）	备注
	起点桩号	讫点桩号	合计（km）	车道数			估算	概算	决算	资金来源		
承秦高速公路承德段	K0+000	K22+121	91.972	六	100	33.5	93.538	93.538	—	部补助、银行贷款、地方自筹	2009.10~2012.12	
	K22+121	K91+972			80	24.5						
承秦高速公路秦皇岛段	K91+972	K105+157	13.185	四	80	24.5	94.45	102.9	—	申请银行中长期贷款、省交通运输厅筹措资本金	2010.6~2012.12	
	K105+157	K191+236	86.079		120	26						

一、承秦高速公路承德段

（一）项目概况

1．基本情况

1）功能定位

承秦高速公路承德段是河北省高速公路网布局规划"五纵六横七条线"中的"第一条线"，也是承德和秦皇岛市公路网规划的重要组成部分。本项目的实施对于完善国家及河北省高速公路网布局结构，打通内蒙古中东部、辽宁西部以及河北北部承德、张家口地区便捷的出海通道，构建北京、承德、秦皇岛一体化旅游金三角具有重要作用，对于带动承德、秦皇岛市地区的经济发展，促进"一线两厢"战略的实施，加速实现沿海经济社会发展具有重要意义。

2）技术标准

起点至承德县互通段长22.121km，双向六车道，路基宽度33.5m，设计速度100km/h；承德县互通至路线终点段长69.851km，双向四车道，设计速度80km/h，路基宽度24.5m。

3）建设规模

本项目建设里程91.972km，其中：特大桥5076m/4座、大桥22522m/57座、中桥307m/5座、小桥69m/3座、涵洞152道；全线设隧道13.612km/14处（其中长隧道9465m/5处、中隧道2737m/4处、短隧道1410m/5处）；互通式立交7处和承德南互通升级改造工程1处，服务区2处，分离式立交4处，天桥1座；主线收费站2处，匝道收费站7处（其中太平庄、上板城、东川匝道收费站尚未开通）。

4）主要控制点

承德市（双桥区、开发区、承德县、平泉县、宽城满族自治县、青龙满族自治县），共计1个市、4个县、9个乡镇。

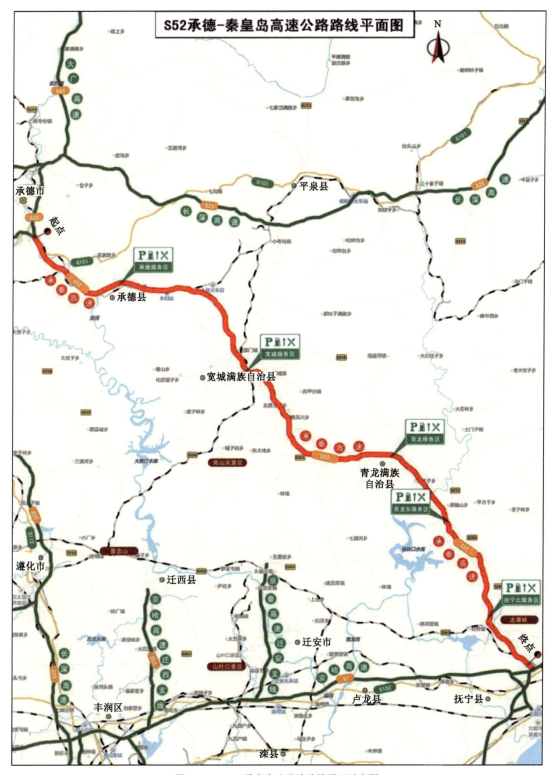

图 8-26-1　S52 承秦高速公路路线平面示意图

5）地形地貌

项目地处燕山山脉,属冀北地貌。燕山山脉蜿蜒盘曲,其分支沿东西向延伸,向东蜿蜒入海。项目区地貌类型齐全,有高耸的山地,起伏的丘陵,还有带状的河谷,沙软的海岸带,各种地形交错分布,主要地貌有山地、丘陵、河谷等。

6）路面及主要构造物

项目采用沥青混凝土路面:4cm AC-13C 细粒式改性沥青混凝土,6cm AC-20C 中粒式沥青混凝土,12cm ATB-30 密级配沥青稳定碎石,沥青封层,34cm 水泥稳定碎石,16cm 水泥稳定碎石。

主要构造物采用连续梁桥。

7）投资规模

项目概算投资 93.538 亿元。

8）开工及通车、竣工时间

2009 年 10 月开工建设,2012 年 12 月交工通车。

2. 前期决策情况

1）前期决策背景

承秦高速公路是河北省高速公路网布局规划"五纵六横七条线"中的"第一条线",也是承德市规划以承德市区为中心的"放射型"高速公路网的放射线之一。按省政府要求于 2007 年启动前期工作。

2）前期决策过程

（1）2007 年 9 月 10 日,河北省政府批准了河北省交通厅关于承秦高速公路承德段线路方案报告。

（2）2008 年 3 月 27 日,承秦高速公路承德段项目正式通过河北省发展和改革委员会批准立项（冀发改交通〔2008〕369 号）。

（3）2008 年 11 月 19 日,《承秦高速公路承德段工程影响环境报告书》通过河北省环境保护局批准。

（4）2008 年 12 月 8 日,河北省发展和改革委员会以冀发改交通〔2008〕150 号文批准了本项目的工程可行性研究报告。

（二）建设情况

1. 项目准备阶段

1）项目审批

该项目严格执行了交通基本建设程序,从预可行性研究、工程可行性研究、初步设计、施

工图设计、工程施工、监理招投标到工程开工报告的审批,各个环节手续齐全,具体如下:

(1)2007年5月17日,河北省交通厅以冀交函规〔2007〕100号文件批准承德市作项目业主,并要求按规定组建项目法人,承德市机构编制委员会于2007年6月8日批准成立河北承德承秦高速公路管理处,2009年9月22日河北省交通运输厅批准了承秦管理处公路建设项目法人资格。

(2)2009年8月13日,河北省发展和改革委员会以冀发改投资〔2009〕1082号文件批准通过了本项目的初步设计文件。

(3)2010年8月17日,主体工程施工图设计文件通过河北省交通运输厅公路局组织的审查,省交通运输厅以冀交公〔2010〕457号文件批准通过了主体工程施工图设计文件;2011年3月29日房建、绿化及交安设施施工图通过河北省交通运输厅审查,省交通运输厅以冀交公〔2010〕306号文件给予了批复。

(4)2010年2月9日,国土资源部以国土资源部办公厅《关于承秦高速公路承德段控制性单体工程先行用地的复函》批复了本项目的先行用地,本项目先后获得中华人民共和国国土资源部建设用地批复文件,文号为国土资函〔2010〕424号,河北省人民政府建设用地批复文件,文号为冀政转征函〔2010〕587号。

(5)河北省交通运输厅于2010年10月15日下达了承秦高速公路承德段施工行政许可决定书。

2)资金筹措

本项目概算总投资93.538亿元,项目资本金4.5亿元,由河北省交通运输厅负责筹措,其余78亿元申请银行贷款。

3)合同段划分及招投标

(1)合同段划分

本项目划分为5个主线设计合同段,23个路基施工合同段,4个路面合同段,1个总监办,5个土建监理合同段。

(2)招投标

本项目在全国范围内进行公开招标,由项目法人单位组织招投标。

4)参建单位主要情况

(1)建设单位

本项目建设单位是河北省承德市交通运输局,项目执行机构是河北省承德承秦高速公路管理处。

(2)设计单位

详见表8-26-2。

(3)施工单位、监理单位

承秦高速公路承德段合同段划分一览表

表 8-26-2

参建单位	类型	参建单位名称	合同段编号及起讫桩号	标段所在地	主要内容	主要负责人	备注
勘察设计单位	主线	中交第二公路勘察设计研究院有限公司	—	—	主线土建工程	—	
	主线	中交公路规划设计院有限公司	—	—	主线土建工程	—	
	主线	中交远洲交通科技集团有限公司	—	—	主线土建工程	—	
施工单位	土建工程	承德路桥建设总公司	K0+091.676~K5+580	双桥区	主线土建工程	杨勇	
		河北北方公路工程建设集团有限公司	K5+580~K8+700	双桥区	主线土建工程	刘志广	
		中交隧道工程局有限公司	K8+700~K12+900	双桥区	主线土建工程	冯海鹏	
		中铁十八局集团有限公司	K12+900~K14+480	承德县	主线土建工程	胡兴光	
		大成工程股份有限公司	K14+480~K16+820	承德县	主线土建工程	段文杰	
		中铁六局集团有限公司	K16+820~K17+830	承德县	主线土建工程	周冉	
		浙江大地交通桥建设集团有限公司	K17+830~K22+740	承德县	主线土建工程	王鸥	
		北京城建道桥建设集团有限公司	K24+050~K32+201.75	承德县	主线土建工程	吕永波	
		中铁三局集团有限公司第六工程有限公司	K33+500~K37+800	承德县	主线土建工程	胡天标	
		河南高速发展路桥工程有限公司	K37+800~K43+400	承德县	主线土建工程	陶红春	
		中铁一局集团有限公司第二工程有限公司	K43+400~K47+940	承德县	主线土建工程	刘顺利	
		江西有色工程有限公司	K48+798.581~K53+100	承德县	主线土建工程	简庆华	
		中铁五局(集团)有限公司	K53+100~K56+750	承德县	主线土建工程	陈慧	
		河北北方公路工程建设集团有限公司	K56+750~K59+864	平泉县	主线土建工程	杨晓东	
		河北燕峰路桥建设集团有限公司	K59+864~K64+675	平泉县	主线土建工程	徐文明	
		中交一公局第六工程有限公司	K64+674.886~K67+464.191	宽城县	主线土建工程	刘宝忠	
		天津第一市政公路工程有限公司	K67+500~K71+100	宽城县	主线土建工程	田延军	
		山东通达路桥工程有限公司	K71+100~K77+680	宽城县	主线土建工程	李登彬	
		河北汇通路桥工程集团有限公司	K77+680~K81+430	宽城县	主线土建工程	禹海龙	
		杭州市交通工程集团有限公司	K81+430~K85+500	宽城县	主线土建工程	古江华	
施工单位	土建工程	承德路桥建设总公司	K85+500~K89+000	宽城县	主线土建工程	王树军	
		中铁五局集团机械化工程有限责任公司	K89+000~K93+398	宽城县	主线土建工程	龚海斌	
		河北燕峰路桥建设有限公司	匝道	双桥区	主线土建工程	王水成	

详见表8-26-2。

5）征地拆迁

（1）工作及范围

沿线经过承德市双桥区、开发区、承德县、平泉县、宽城县，共5个县区。

（2）工作方法

征地拆迁工作由沿途各县区人民政府负责组织实施。有关县区成立了相应的征地拆迁组织机构，明确专职领导，具体负责征地拆迁工作。承德市交通行政主管部门按设计文件负责划定征地拆迁范围，协助有关部门测量、核准征地拆迁数量和划分土地类别，沿线各县区政府应结合各自实际制定相应的征地拆迁实施办法。

完成征地拆迁情况见表8-26-3。

承秦高速公路承德段征地拆迁统计表　　　　　　表8-26-3

高速公路编码	项目名称	征地拆迁安置起止时间	征用土地（亩）	拆迁房屋（m²）	拆迁占地费（万元）	备注
S52	承秦高速公路承德段	2009.3~2012.11	7983.3855	31545.5	103352.461442	

2．项目实施阶段

1）施工过程

（1）主线土建工程于2009年10月1日开工，2012年12月28日完工。

（2）房建工程于2011年7月开工，2012年11月完工。

（3）机电工程于2011年5月开工，2012年12月完工（未开通收费站未完工）。

（4）交通安全设施工程于2011年7月开工，2012年12月完工。

（5）绿化工程于2012年4月开工，2014年7月完工。

（6）2012年12月21日，河北承德承秦高速公路管理处组织专家对承秦高速公路承德段进行了交工验收。

承秦高速公路承德段建设生产要素统计见表8-26-4。

承秦高速公路承德段建设生产要素统计表　　　　　　表8-26-4

路线编号	建设时间	钢材(t)	沥青(t)	水泥(t)	砂石料(m³)	机械工(工日)	机械(台班)
S52	2009.10~2012.12	247211.55	48451.2	109789.9542	—		

2）重要决策

（1）2009年6月7日，承秦高速公路承德段奠基，河北省省长胡春华、副省长宋恩华，承德市委书记杨汭、市长张古江，河北省交通运输厅厅长焦彦龙等省市领导出席奠基仪式。

（2）2011年5月20日，河北承德承秦高速公路管理处"大干100天动员大会"。

3）重大变更

（1）河北省发展和改革委员会以冀发改投资〔2011〕1567号文件下发《关于承秦高速

公路承德段太平庄互通立交跨滦河大桥设计方案变更的批复》。

（2）河北省发展和改革委员会以冀发改投资〔2015〕1021号文件下发《关于承秦高速公路承德段主线收费站等几项重大设计方案变更的批复》。

（三）复杂技术工程

太平庄互通匝道桥。

A匝道桥桥跨布置为（55.051m+149.949m）+30m+2×31.32m+30m，上部结构主桥为地锚式、有背索独塔双索面斜拉桥；引桥为预应力混凝土连续梁。

D匝道桥桥跨布置为33m+33.096m+33m+2×30m+（30m+80m+30m），上部结构主桥为梁拱组合桥；引桥为预应力混凝土连续梁。

E匝道桥桥跨布置为（30m+80m+30m）+33m+33.42m+33m，上部结构主桥为梁拱组合桥；引桥为预应力混凝土连续梁。

复杂技术特征有：①主塔、主梁、拉索、桩基及承台等相关构造要严格按照图纸放线，且主塔、主梁、拉索应以变形和索力双控。②严格控制塔柱倾斜度、高程及各断面尺寸。为消除索塔混凝土收缩、徐变和塔柱弹性变形的影响，索塔应设置预抬量，施工时应动态监控该数值，以确保斜拉索在塔上锚固位置的准确。③塔柱施工时必须按设计要求设置水平横撑，并施加预应力。水平横撑必须具有足够的强度和刚度，并与塔柱固结，待主塔施工完成后方可拆除。④钢梁桥面铺装混凝土为C40补偿收缩混凝土及CF40钢锭铣削型钢纤维混凝土，施工时进行了混凝土最佳配合比设计与试验，根据试验结果选用材料，并制定质量控制和检测方法。

（四）运营养护管理

1. 服务设施

全线共设置承德县服务区（南、北区）、宽城服务区（南、北区）2处服务区及上板城、东川2处停车区（表8-26-5）。

承秦高速公路承德段服务区及停车区一览表　　　　表8-26-5

高速公路编码	服务区名称	桩　　号	所在区域	占地（亩）	建筑面积（m²）
S52	承德县服务区	K29+195	承德县小兰窝村	86.54	7374.98
S52	宽城服务区	K74+900	宽城县板城镇	143.5584	7447.28
S52	上板城停车区	ZK10+300	开发区上板城镇	19.65	626.7
S52	东川停车区	ZK88+450	宽城县东川乡	20.43	626.7

2. 收费设施

本项目共设置收费站9处（表8-26-6）。

第八章 高速公路建设项目

承秦高速公路承德段收费站一览表　　　　表8-26-6

收费站名称	桩号	入口车道数		出口车道数		收费方式
		总车道	ETC车道	总车道	ETC车道	
双桥收费站	K1+745	3	1	5	1	MTC+ETC
太平庄收费站	K3+600	4	1	9	1	
上板城收费站	K12+450	2	1	2	1	
承德县收费站	K22+280	3	1	6	1	
黄杖子收费站	K43+640	2	1	2	1	
宽城收费站	K68+980	2	1	4	1	
板城收费站	K80+830	2	1	2	1	
市界临时主线站	K93+075	—	—	6	1	
东川互通收费站	K93+075	4	1	6	1	

3. 监控设施

本项目设置了总监控中心1处,为承德高速指挥调度中心,监控分中心两处位于承德县收费站和宽城收费站(表8-26-7)。

承秦高速公路承德段监控设施一览表　　　　表8-26-7

监控设施名称	桩号	占地面积(亩)	建筑面积(m²)
监控中心	与京承、承唐、承朝高速公路共用,位于承德交通指挥调度中心		
承德县监控分中心	K22+280	6.62	126.36
宽城监控分中心	K68+980	8.86	149.04
管理处监控室	位于管理处8楼		

4. 交通流量

2012—2016年,承秦高速公路承德段交通量(自然数)发展状况见表8-26-8、图8-26-2。

承秦高速公路承德段交通量(自然数)发展状况表　　　　表8-26-8

年份		2012	2013	2014	2015	2016
交通量(辆)	承德南双桥	1142262	1553278	1444291	938833	1454677
	承德县	1184952	1586927	1781262	1517291	2213981
	黄杖子	—	73932	189388	211124	265781
	宽城	995627	1317736	1214481	1078160	1115729
	板城	691538	713032	576509	440311	616622
	承秦界临时主线站	1779	644880	681254	789845	1129257
	合计	4016158	5889785	5887185	4975564	6796047
收费站年平均日交通量(辆/日)		11003	16136	16129	13632	18619

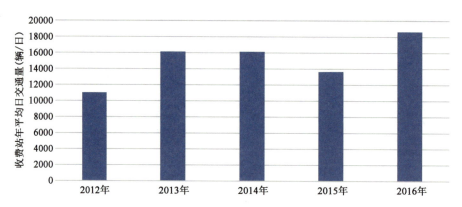

图8-26-2 承秦高速公路承德段收费站年平均日交通量(自然数)增长柱状图

二、承秦高速公路秦皇岛段

(一)项目概况

1. 基本情况

1)功能定位

承秦高速公路秦皇岛段是河北省高速公路网布局规划"五纵六横七条线"中的"第一条线",也是秦皇岛和承德市路网规划的重要组成部分。本项目的实施对于完善国家及河北省高速公路网布局结构,打通河北省北部及内蒙古中东部等内陆地区便捷出海通道,带动承德、秦皇岛地区的经济发展,构建北京、承德、秦皇岛一体化旅游金三角等均具有重要作用,对积极构筑"东出西联"互动格局,加快沿海经济隆起带,促进实现沿海经济社会发展具有重要意义。

2)技术标准

主线全线采用双向四车道高速公路标准,其中K91+972(路线起点)~K105+157段,设计速度80km/h,整体式路基宽度24.5m,分离式路基宽度12.25m;K105+157~K191+236(路线终点),设计速度100km/h,整体式路基宽度26m,分离式路基宽度13m。

3)建设规模

本项目建设里程长99.264km,其中:大桥26590m/73座,中桥475m/7座,小桥32m/2座;涵洞126道;隧道16481m/17处(其中长隧道9973m/6处,中隧道5417m/8处,短隧道1091m/3处);互通式立交6处,分离式立交3处,通道27处,人行天桥12座;全线设监控通信分中心1处,匝道收费站5处,临时主线收费站1处,养护工区3处,服务区3处;全线管理、养护及服务设施建筑面积总计35400m²,房建工程总占地360亩。

4)主要控制点

秦皇岛市(青龙满族自治县、抚宁区),共计1个市、2个县、6个乡镇。

5）地形地貌

本项目属低山丘陵地貌,山体多呈浑圆状,上部多有较薄的残坡积覆盖物,偶见悬崖峭壁,山体与沟谷交错出现,地势总体为西北高东南低。

6）路面及主要构造物

本项目采用沥青混凝土路面:4cmAC-13C改性沥青混凝土,6cmAC-20C改性沥青混凝土,10cmAC-25C粗粒式沥青混凝土,改性乳化沥青封层,18cm水泥稳定级配碎石,18cm水泥稳定级配碎石,18cm低剂量水泥稳定碎石。

7）投资规模

本项目概算总投资102.90亿元。

8）开工及通车、竣工时间

2010年6月开工建设,2012年12月交工通车。

2. 前期决策情况

1）前期决策背景

承秦高速公路是河北省高速公路网"五纵六横七条线"中的"第一条线",也是秦皇岛和承德市路网规划的重要组成部分。为完善国家及河北省高速公路网布局结构,打通河北省北部及内蒙古中东部等内陆地区便捷出海通道,改善区域交通条件,促进秦皇岛、承德沿线地区资源开发和经济社会协调发展,构建北京、承德、秦皇岛一体化旅游金三角,加快实现建设沿海经济社会发展的强省宏伟目标,河北省交通运输厅在2009年3月16日以冀交人劳〔2009〕97号文件批准组建河北省高速公路承秦筹建处开展承德至秦皇岛高速公路秦皇岛段的建设前期工作。

2）前期决策过程

(1)2008年8月4日,河北省地震局以冀震安评〔2008〕099号文下发《关于承秦高速公路秦皇岛段项目工程场地地震安全评价报告的批复的函》。

(2)2009年1月21日,河北省水利厅以冀水保〔2009〕7号文下发《关于承秦高速公路秦皇岛段工程水土保持方案的批复》。

(3)2009年2月2日,秦皇岛市水务局以秦水审〔2009〕2号文批复《承秦高速公路秦皇岛段工程水资源论证报告》。

(4)2009年2月2日,秦皇岛市水务局以秦水〔2009〕20号文批复《承秦高速公路秦皇岛段工程防洪评价报告》。

(5)2009年5月20日,河北省国土资源厅以冀国土资压批字〔2009〕02号文下发《关于"承秦高速公路秦皇岛段建设项目"压覆矿产资源批复》。

(6)2009年6月2日,河北省环境保护厅以冀环评〔2009〕245号文下发《关于承秦高速公路秦皇岛段环境影响报告书的批复》。

(7)2009年6月4日河北省发展和改革委员会批复项目工程可行性研究报告(冀发改交通〔2009〕643号)。

(二)建设情况

1. 项目准备阶段

1)项目审批

该项目严格执行了交通基本建设程序,从预可行性研究、工程可行性研究、初步设计、施工图设计、工程施工、监理招投标到工程开工报告的审批,各个环节手续齐全,具体如下:

(1)2009年8月13日,河北省发展和改革委员会以〔2009〕1081号文下发《关于承秦高速公路秦皇岛段初步设计的批复》。

(2)2009年12月31日,河北省交通运输厅以〔2009〕580号文下发《关于承秦高速公路秦皇岛段主体工程施工图设计的批复》。

(3)2010年12月2日,河北省交通运输厅以〔2010〕664号文下发《关于承秦高速公路秦皇岛段房建、绿化及交通工程两阶段施工图设计的批复》。

(4)2010年7月23日,河北省交通运输厅发放承秦高速公路秦皇岛段施工许可。

(5)2010年5月5日,国土资源部以国土〔2010〕284号文下发《国土资源部关于承秦高速公路秦皇岛段工程建设用地的批复》。

(6)2009年12月12日,国家林业局以林资许准〔2009〕383号文同意承秦高速公路秦皇岛段项目征用林地482.0774公顷。

(7)2009年9月7日,国家文物局以文物保函〔2009〕1043号文下发《关于承秦高速公路秦皇岛段穿越界岭长城方案的批复》。

2)资金筹措

本项目概算总投资102.90亿元,项目资本金25.73亿元,由河北省交通运输厅筹措,其余77.17亿元申请银行贷款。

3)合同段划分及招投标

(1)合同段划分

根据各专业的工程内容,标段划分见表8-26-9。

①土建工程设计划分2个标段,房建工程设计1个标段,绿化工程设计1个标段,机电工程设计1个标段。

②施工标段划分:根据工程内容的不同,路基、桥梁、隧道工程标15个,大秦铁路桥标1个,路面工程标4个,房建工程标7个,监控通信分中心、门卫工程1个,房建设备标10个,机电工程(三大系统)标1个,交通安全设施标15个,护栏标1个,绿化工程标5个,声屏障标3个,隧道机电工程标12个,隧道消防工程标3个,养护设备采购标6个。

承秦高速公路秦皇岛段合同段划分一览表

表 8-26-9

参建单位	类型	参建单位名称	合同段编号及起讫桩号	标段所在地	主要内容	主要负责人	备注
项目管理单位	项目执行	河北省高速公路承秦筹建处		秦皇岛		刘建民	
勘察设计单位	土建工程设计	中交远洲交通科技集团有限公司	CQSJ-1:K98+309～K153+500	青龙县	1. K98+309～K153+500段公路工程主体(含路线、路基、路面、隧道(含隧道内通风、照明等附属设施、路线交叉等)及连接线工程勘察设计； 2. K98+309～K153+500段房建工程勘察； 3. 全线总体设计	刘哲峰	
		河北省交通规划设计院	CQSJ-2:K153+500～K198+120	抚宁区	1. K153+500～K198+120段公路工程主体(含路线、路基、路面、隧道(含隧道内通风、照明等附属设施、路线交叉等)及连接线工程勘察设计； 2. K153+500～K198+120段房建工程勘察	赵彦东	
施工单位	土建工程	中交一公局桥隧工程有限公司	K92+943.054～K99+500	青龙县	大桥 8 座(2145 延米),隧道 1 座(单洞 1695m),土方 4.4 万 m^3,石方 109.3 万 m^3	彭成奖	
		华通路桥集团有限公司	K99+500～K105+600	青龙县	大桥 10 座(2840 延米),土方 4.3 万 m^3,石方 82 万 m^3	谢家堂	
		中铁十七局集团第一工程有限公司	K105+600～K111+200	青龙县	大桥 4 座(1800 延米),互通 1 处,隧道 1 座(单洞 1935m),土方 5.7 万 m^3,石方 108.8 万 m^3	牛耀文	
		新疆道路桥梁工程总公司	K111+200～K119+820	青龙县	大桥 13 座(3930 延米),服务区 1 处,土方 7.4 万 m^3,石方 141.4 万 m^3	高智	
		中交一公局第一工程有限公司	K119+820～K125+700	青龙县	大桥 7 座(3660 延米),土方 5 万 m^3,石方 100.4 万 m^3	蔚利军	
施工单位	土建工程	中铁十一局集团第四工程有限公司	K125+700～K131+640	青龙县	中桥 2 座(140 延米),互通 1 处,天桥 1 处,隧道 4 座(单洞 5102m),土方 0.7 万 m^3,石方 45.1 万 m^3	万云	

续上表

参建单位	类型	参建单位名称	合同段编号及起讫桩号	标段所在地	主要内容	主要负责人	备注
施工单位	土建工程	河北燕峰路建设有限公司	K131+640~K138+630	青龙县	大桥3座（1070延米），中桥2座（120延米），隧道2座（单洞5772m），土方2.4万 m³，石方57.4万 m³	赵会峰	
		江西井冈路桥（集团）有限公司	K138+630~K147+087.392	青龙县	大桥3座（1110延米），中桥2座（120延米），隧道3座（单洞4265m），土方28万 m³，石方97.1万 m³	桑开勇	
		中交一公局第六工程有限公司	K147+480~K155+900	青龙县	大桥6座（2010延米），服务区1处，隧道1座（单洞648m），小桥涵20座，土方83万 m³，石方195万 m³	孙良	
		中铁十七局集团有限公司	K155+900~K162+850	青龙县	大桥6座（2830延米），互通1处，隧道2座（单洞1871m），土方44万 m³，石方103万 m³	郭久明	
		中铁五局集团第一工程有限责任公司	K162+850~K166+900	抚宁区	大桥3座（800延米），隧道0.5座（单洞5422m），土方15万 m³，石方35万 m³	龙秀堂	
		河北建设集团有限公司	K166+900~K178+420	抚宁区	大桥2座（780延米），互通1处，小桥涵36座，分离立交2处，天桥5座，服务区1处，土方57万 m³，石方89.8万 m³	冉银山	
		中铁十六局集团第二工程有限公司	K178+420~K183+712	抚宁区	大桥5座（800延米），隧道0.5座（单洞2607m），土方21万 m³，石方63万 m³	朱朝增	
施工单位	土建工程	中铁二十局集团第四工程有限公司	K183+712~K190+000	抚宁区	大桥3座（1260延米），天桥3座，跨大秦铁路桥1座，隧道0.5座（单洞2607m），土方19万 m³，石方45万 m³	王峰伟	
		新疆昆仑港工程公司	K190+000~K192+850	抚宁区	大桥2座（840延米），天桥2处，枢纽互通1处，土方80万 m³，石方4万 m³	刘祖学	

③施工监理标段划分：根据工程内容设1个总监办公室,6个土建工程驻地监理标段,4个房建工程监理标段,1个机电工程监理标段。

(2) 招投标

按照国家颁布的《招投标法》和交通运输部颁布的《公路工程施工招标投标管理办法》《公路工程施工招标资格预审办法》《公路工程施工招标评标办法》的要求,由项目法人单位组织招标工作。

4) 参建单位主要情况

(1) 建设单位

本项目建设单位是河北省高速公路管理局,项目执行机构是河北省高速公路承秦筹建处。

(2) 设计单位

土建工程设计单位：中交远洲交通科技集团有限公司、河北省交通规划设计院。

(3) 施工单位

详见表8-26-9。

5) 征地拆迁

本项目路线起点为承德、秦皇岛交界处的庙岭,与承秦高速承德段顺接,经青龙县八道河乡、青龙镇、朱杖子乡、茨榆山乡、隔河头乡、抚宁县大新寨镇、台营镇、穿越槐尖山,跨越大秦铁路和戴河到达路线终点榆关镇上徐各庄,与京沈高速公路相交并与沿海高速公路相接。涉及共计3个县(区)、8个乡镇。征地拆迁统计见表8-26-10。

承秦高速公路秦皇岛段征地拆迁统计表　　　表8-26-10

高速公路编码	项目名称	征地拆迁安置起止时间	征用土地（亩）	拆迁房屋（m²）	拆迁占地费（万元）	备注
S52	河北省高速公路承秦秦皇岛段	2009.7~2009.12	10849.65	56398.11	85863.244	

2. 项目实施阶段

1) 施工过程

(1) 主线土建工程于2010年6月1日开工,2012年12月10日完工。

(2) 房建工程于2010年12月开工,2012年12月完工。

(3) 机电工程于2011年11月开工,2012年12月完工。

(4) 交通安全设施工程于2012年8月开工,2012年12月完工。

(5) 绿化工程于2013年3月开工,2014年8月完工。

(6) 建立健全质量管理体系,全面推进标准化施工,严格执行首件工程认可制,切实开展质量通病治理活动。

(7) 对主要原材料实行甲控,同时引进第三方检测,加强技术交底,加强群众监督举报,确保工程质量。

(8)2012年12月16日,河北省交通运输厅组织专家对承秦高速公路秦皇岛段进行了交工验收。

承秦高速公路秦皇岛段建设生产要素统计见表8-26-11。

承秦高速公路秦皇岛段建设生产要素统计表　　表8-26-11

路线编号	建设时间	钢材(t)	沥青(t)	水泥(t)	砂石料(m³)	机械工(工日)	机械(台班)
S52	2010.6~2012.12	251329	59325	1433873	8053519	2463646	1285298

2)重要决策

(1)2009年6月7日,举行开工奠基仪式(图8-26-3)河北省省长胡春华宣布承秦高速公路开工建设。

图8-26-3　开工奠基仪式

(2)2012年12月28日,承秦高速公路秦皇岛段建成通车,成为河北省高速公路通车里程突破5000km的里程碑(图8-26-4)。

图8-26-4　建成通车

(三)科技创新

承秦筹建处在项目管理创新、技术创新、技术推广上实现了新的突破。

在管理创新中认真开展"平安工地"建设活动,打造平安工程。筹建处将十一合同段确定为"平安工地"示范工地,加强指导,重点扶植。2010年8月,十一合同段被河北省交通运输厅列为"平安工地"示范工地,2011年5月,被交通运输部提名为第一批部级"平安工地"示范项目。十一合同段"平安工地"示范工地于2011年11月通过河北省交通运输厅的达标验收。承秦筹建处也被河北省交通运输厅评为"全省交通系统2011年度安全生产先进单位"。

此外,针对承秦高速公路秦皇岛段桥隧比高达45%的特点,为确保桥隧施工安全,隧道内安装了施工人员安全管理系统,能对进洞后的施工人员进行身份识别和动态监控。在洞口还安装了LED显示屏,实时、分组显示洞内施工人员情况,方便检查人员随时查看洞内施工人员的动向及分布。隧道口和大桥施工现场安装了远程监控系统,24小时实时监控,监控摄像头可以高清放大和360°旋转,筹建处、总监办和项目部都可以通过3G网络来查看、监督安全生产情况和工程质量,监控记录能够保存,可以随时调用。

技术创新上,针对山岭重丘区高速公路,连续长大纵坡路段在重车作用下易产生车辙等病害,将K192+943~K117+786和K147+480~K157+480段改性沥青表面层变更为掺加玄武岩纤维的细粒式改性沥青混凝土(AC-13),极大地提高了沥青混凝土路面的动稳定度,延长沥青路面使用寿命。同时进行了山区高速公路长下坡路段制动失灵车辆自救车道关键技术研究,该研究成果的应用,在优化自救车道设置、提升自救车道安全性能、保证长下坡路段运营安全方面发挥了重要作用。在保证安全防护需求的基础上,将自救车道设置数量由原设计15处缩减至11处,2013—2015年共节约直接工程费约3240万元。另外,对隧道工程施工安全风险辨识、评估及控制技术进行了深入研究,提出了山区高速公路隧道施工风险辨识方法、评估模型及相应的控制措施。首次提出了山区高速公路隧道爆破施工安全风险评估指标体系,并构建了相应的安全风险评估模型。研究提出了承秦高速公路隧道工程基本作业安全控制要点,并编制了《承秦高速公路隧道工程施工安全指南》。在隧道的施工中,得到了很好的应用,确保了隧道的施工安全、进度,经济和社会效益明显。

承秦高速公路在部分桥梁施工中应用了高性能水泥混凝土,不仅改善了混凝土的耐久性,减少了维护费用,还在总体上降低了工程总造价,具有显著的经济效益和社会效益。同时高性能混凝土的绿色化,为降低二氧化碳的排放,发展低碳经济及构建可持续发展的节约型社会、实现绿色建筑贡献了力量,高性能混凝土的应用具有显著的社会效益。

(四)运营养护管理

1. 服务设施

全线设置青龙、青龙东、抚宁北3处服务区(表8-26-12)。

承秦高速公路秦皇岛段服务设施一览表　　　　表8-26-12

高速公路编码	服务区名称	桩　号	所在区域	占地(亩)	建筑面积(m²)
S52	青龙服务区	K111+680	青龙县青龙镇	90	6034.55
	青龙东服务区	K146+850	青龙县隔河头乡	60.05	5510.57
	抚宁北服务区	K174+601	抚宁县大新寨镇	90	5735.1

2. 收费设施

本项目共设置收费站6处(表8-26-13)。匝道出入口数量截至2015年年底共计24条,其中ETC车道10条,主线站车道6条,其中ETC车道1条。

承秦高速公路秦皇岛段收费设施一览表　　　　表8-26-13

收费站名称	桩　号	入口车道数		出口车道数		收费方式
		总车道	ETC车道	总车道	ETC车道	
庙岭临时主线收费站	K92+391	0	0	6	1	MTC+ETC
八道河收费站	K105+900	2	1	3	1	
青龙收费站	K126+630	3	1	3	1	
茨榆山收费站	K142+710	2	1	2	1	
隔河头收费站	K155+492	2	1	2	1	
抚宁北收费站	K176+500	2	1	3	1	

3. 养护管理

本项目全长99.264km,设置八道河、茨榆山、抚宁北3处养护工区(表8-26-14)。

S52 承秦高速公路秦皇岛段养护设施一览表　　　　表8-26-14

养护工区名称	桩　号	路段长度(km)	占地面积(亩)	建筑面积(m²)
八道河养护工区	K105+900	68.42(双向)	27.07	1873.11
茨榆山养护工区	K142+710	58.62(双向)	26.9	1873.11
抚宁北养护工区	K176+500	71.488(双向)	26.9	1862.46

4. 监控设施

本项目设置监控通信分中心1处,负责承秦高速公路秦皇岛段的运营监管(表8-26-15)。

承秦高速公路秦皇岛段监控设施一览表　　　　表8-26-15

监控设施名称	桩　号	占地面积(亩)	建筑面积(m²)
监控通信分中心	秦皇岛市	10.022	3999

5. 交通流量

S52 承秦高速公路秦皇岛段 2016 年收费站年平均日交通量(自然数)为 12000 辆/日(表 8-26-16),2013—2016 年年均增长率为 7.82%。

承秦高速公路秦皇岛段交通量(自然数)发展状况表　　表 8-26-16

年 份		2013	2014	2015	2016
交通量(辆)	抚宁北收费站	709005	870141	840851	948549
	隔河头收费站	167728	195221	176097	218775
	茨榆山收费站	568914	515208	513448	528131
	青龙收费站	1083518	1193575	1114407	1182432
	八道河收费站	342442	303867	417170	505696
	庙岭主线收费站	623229	780645	905651	996398
	合计	3494836	3858657	3967624	4379981
收费站年平均日交通量(辆/日)		9575	10572	10870	12000

第二十七节　S53 唐山—迁西高速公路

S53 唐山至迁西高速公路是沟通冀东北、蒙东、辽西地区融入环渤海经济圈,连接京唐港、曹妃甸港、天津港等大港的重要出海口通道,路线起自滦县椅子村西南的京秦高速公路,起点桩号 K0+205.753,终止于迁西县城区,终点桩号 K38+661.741,全长 38.456km,沿线途经滦县、丰润区、迁西县。项目的建设完善了唐山市路网结构,打破唐山北部地区道路交通"瓶颈"。

S53 唐山至迁西高速公路建设期间项目名称为京秦高速公路迁西支线。

京秦高速公路迁西支线于 2011 年 12 月建成通车,由京秦高速公路迁西支线管理处负责运营养护管理,运营里程桩号 K0+205.753~K38+661.741,全长 38.456km,设计速度 100km/h,双向四车道,路基宽度 26.0m。

S53 唐山至迁西高速公路项目信息见表 8-27-1,路线平面示意图见图 8-27-1。

S53 唐山至迁西高速公路项目信息表　　表 8-27-1

项目名称	路段起讫桩号		规模		设计速度(km/h)	路基宽度(m)	投资情况(亿元)		建设时间(开工~通车)	备注
	起点桩号	讫点桩号	合计(km)	车道数			概算	资金来源		
京秦高速公路迁西支线	K0+205.753	K38+661.741	38.456	四车道	100	26	24.24	银行贷款、地方自筹	2009.11~2011.12	

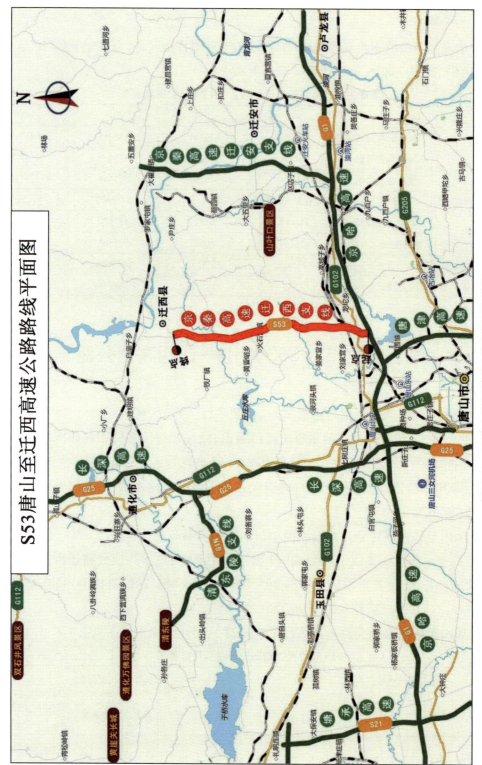

图8-27-1 S53唐山至迁西高速公路路线平面示意图

一、项目概况

1. 基本情况

1）功能定位

冀东高速公路网以唐山和承德为节点,京承高速公路,在建的承唐、承秦高速公路,规划的承张、承朝、承赤高速公路交汇于承德市区,成"米"字形骨架,唐津、唐港、京秦、唐山西外环、承唐高速公路交汇互通,形成环绕唐山市的"O+X"形高速公路主骨架。本项目南连唐山市区,北接三抚线,通过邦宽公路联系承德,是唐山与承德两节点间的重要高速公路直线。

2）技术标准

采用双向四车道,设计速度100km/h,路基宽度26.0m。圆曲线最小半径采用1000m。最大纵坡采用4%。

3）建设规模

本项目建设里程长38.456km,其中:大桥总长1519m/12座;隧道长870m/4座;分离式立交8座;通道28处;涵洞51道;互通式立交3座,预留互通1座;天桥12座;主线收费站1处,匝道收费站1处,预留收费站1处;服务区、养护工区、管理处各1处。

4）主要控制点

迁西县、丰润区、滦县共计3个县(区),5个乡镇。

5）地形地貌

项目属低山丘陵,多为石灰岩、白云岩,地势北高南低。

6）路面及主要构造物

4cmAK-13A改性沥青混凝土,8cmAC-20I中粒式沥青混凝土,10cmAC-25I粗粒式沥青混凝土,SBR改性沥青封层,18cm水泥稳定级配碎石,18cm石灰、粉煤灰稳定级配碎石,18cm石灰、粉煤灰稳定土。

主要构造物采用连续梁桥。

7）投资规模

项目概算投资24.24亿元,平均每公里造价5359万元。

8）开工及通车、竣工时间

2009年11月开工建设,2011年12月竣工通车。

2. 前期决策情况

1）前期决策背景

迁西县处于唐山市北部山区,道路等级和通行能力较低,也是唐山市唯一不通高速公路的县。该项目是唐山市"两横三纵四条线"高速公路网规划的重要组成部分,同时作为迁西区域路网与高速公路网对接通道,将进一步改善迁西县交通状况,打破北部山区交通"瓶颈"制约,完善全市路网结构,促进唐山市北部区域资源整合与发展。

2)前期决策过程

(1)2008年10月21日,唐山市交通局以〔2008〕123号文件上报《迁西至京沈高速公路连接线工程预可行性研究报告》。

(2)2009年2月17日,河北省交通运输厅以冀交函规〔2009〕36号文向河北省发展和改革委员会出具了该项目的行业审查意见。

(3)2009年2月23日,河北省发展和改革委员会以冀发改交通〔2009〕第65号文批复了工可报告。

(4)2009年6月11日,河北省国土资源厅以国土资函〔2009〕485号文件批复了工程建设用地的预审意见。

二、建设情况

1. 项目准备阶段

1)项目审批

(1)2009年8月13日,河北省发展和改革委员会以冀发改投资〔2009〕第1083号文对《京秦高速迁西支线工程初步设计》进行批复。

(2)2010年1月22日,河北省国土资源厅以〔2010〕45号文,复函《关于京秦高速公路迁西支线控制工期的单体工程先行用地的请示》。

(3)2011年10月19日,河北省交通运输厅公路管理局以冀交公〔2011〕796号文,批复《京秦高速公路迁西支线机电工程施工图联合设计文件审查的请示》。

2)资金筹措

该项目原批准概算总投资22.60亿元,调整后概算总投资24.24亿元,其中资本金8.48亿元(占总投资的35%),由唐山市交通运输局及迁西县交通运输局筹措,资本金以外的建设资金采用国内商业银行贷款。

3)合同段划分及招投标

(1)合同段划分

根据各专业的工程内容标段划分如表8-27-2所示。

京秦高速公路迁西支线合同段划分一览表　　　　　表8-27-2

参建单位	类型	参建单位名称	合同段编号及起讫桩号	主要内容	主要负责人	备注
项目管理单位		京秦高速公路迁西支线高速公路管理处				

续上表

参建单位	类型	参建单位名称	合同段编号及起讫桩号	主 要 内 容	主要负责人	备注
勘察设计单位	土建工程设计	中国华西工程设计建设有限公司		主线土建工程	崔克先	
施工单位	土建工程	河北燕峰路桥建设有限公司	路基1	路基、桥涵	侯海鹏	
		中铁十八局集团第五工程有限公司	路基2	路基、桥涵	钟燨	
		河北建设集团有限公司	路基3/L路面2	路基、桥涵及路面工程	栾永军	
		青岛公路建设集团有限公司	路基4	路基、桥涵	祝拥军	
		唐山公路建设总公司	路基5/路面1	路基、桥涵及路面工程	曹艳民	
		道遂集团工程有限公司	路基6	隧道工程	王树青	
		中际联发交通建设有限公司 北京城建道桥建设集团有限公司	路基7	路基、桥涵	张文利	
		北京城建道桥建设集团有限公司	L路面3	路面工程	付海波	

①设计标段划分1个标段。

②施工标段划分：根据工程内容的不同，土建工程10个标段，机电工程1个标段，房建工程3个标段，绿化工程3个标段，交通安全设施4个标段。

③施工监理标段划分：根据工程内容设1个总监办公室，5个土建工程驻地监理标段，1个房建工程监理标段，1个机电工程监理标段。

(2)招投标

唐山市高速公路管理处严格执行《中华人民共和国招标投标法》和公路建设基建程序，对京秦高速公路迁西支线高速公路工程勘察设计和土建施工阶段，依照市场竞争原则，均实行公开招标。整个过程有纪委监察部门全程监督。由于措施得力，在京秦高速公路迁西支线高速公路工程所有招标过程中，没有发生一起社会举报和违法乱纪问题。

①符合资质要求的87家施工企业、11家监理企业参加了报名，出售施工资审文件144份、监理资审文件21份。

②经过严格的资格预审评审，70家施工单位的74份资格预审申请文件通过了资格预审，11家监理单位的20份资格预审申请文件通过资格预审。

③2009年11月18日9:30，在石家庄市召开了本项目开标会。本项目路基施工共有72家施工企业参与竞标，路基施工监理共有18家单位参与竞标。经过评标委员会认真评审，最终评选出7家施工企业为路基施工中标单位，5家监理单位为路基施工监理中标单位。

4)参建单位主要情况

(1)建设单位

本项目建设单位是唐山市交通运输局和迁西县交通运输局,项目执行机构是京秦高速公路迁西支线高速公路管理处。

(2)设计单位

详见表8-27-2。

(3)施工单位

详见表8-27-2。

5)征地拆迁

(1)设立专门组织机构

各县都设置了建设指挥部,加强各级政府对征地工作的领导和监督,形成完善的拆迁工作体系,使征地拆迁工作层层有人管、层层有人抓。

(2)落实承包责任制

迁西支线高速公路征地拆迁工作实行群众参与,各级政府层层签订责任书,采取"四到位""四现场"的做法,即县、乡、村、户四方到场,现场丈量、现场清点、现场签字、现场盖章,征地拆迁统计见表8-27-3。

京秦高速公路迁西支线征地拆迁统计表　　　　表8-27-3

高速公路编码	项目名称	征地拆迁安置起止时间	征用土地（亩）	拆迁房屋（m^2）	拆迁占地费（万元）	备注
S53	京秦高速公路迁西支线	2009.9~2011.12	5188.2	—	56010.31	

2. 项目实施阶段

1)施工过程

(1)主线土建工程于2009年12月29日开工,2011年12月完工。

(2)房建工程于2010年12月1日开工。

(3)机电工程于2011年3月开工,2013年8月完工。

(4)交通安全设施工程于2011年3月开始施工建设,2011年12月完成交工验收。

京秦高速公路迁西支线建设生产要素统计见表8-27-4。

京秦高速公路迁西支线建设生产要素统计表　　　　表8-27-4

路线编号	建设时间	钢材（t）	沥青（t）	水泥（t）	砂石料（m^3）	机械工（工日）	机械（台班）
S53	2009.12~2011.12	60347	80731	673560	216835	1385397	1159328

2)重要决策

(1)2009年12月29日,省市领导出席开工仪式。

(2)2011年12月31日,京秦高速公路迁西支线高速公路建成通车仪式隆重举行。

3)各项活动

展开"百日会战"竞赛活动。一月一检查,两月一评比,奖罚严明,制订科学周密的施工计划。业主、施工单位、监理单位取消了一切休假,为早日建成一流的高速公路,纷纷投身"百日大会战"。

三、复杂技术工程

上跨京哈、津山铁路立交桥(图8-27-2)桥跨布置为 $5\times30m+(96+96)m+5\times30m$。上部结构主桥为96m+96m转体施工斜拉桥,主塔分为两部分,上塔柱高22.6m,均为实体截面,下塔柱高8m,塔柱为单箱双室截面,顺桥向壁厚0.8m,横桥向壁厚两端为0.8m,中间2m;引桥为30m先简支后连续装配式预应力混凝土箱梁。下部结构主桥塔座(转体转盘)高2m,平面尺寸为 $8.8m\times8.8m$,转盘结构采用环道与中心支撑相结合的球铰转动体系,承台高4m,平面尺寸为 $12.4m\times12.4m$。

图8-27-2 上跨京哈、津山铁路立交桥

复杂技术特征有:上跨京哈、津山铁路施工作业面狭窄,离京哈、津山铁路较近,交叉作业干扰多等困难严重干扰着工程施工;工艺复杂,球铰安装精度、转体角速度控制、转体力偶均匀控制、转体精确定位控制、防倾保险措施等均要求较高,其中"球铰"施工精确度达0.2mm。

四、运营养护管理

1.服务设施

全线仅设置迁西服务区(表8-27-5)。

京秦高速公路迁西支线服务设施一览表　　　　　　表8-27-5

服务区名称	桩　号	所在区域	占地面积(亩)	建筑面积(m²)
迁西服务区	K35+500	迁西县	—	2700

2.收费设施

本项目设置收费站2处,预留1处。收费出入口数量截至2015年底共计19条,其中

ETC车道3条(表8-27-6)。

京秦高速公路迁西支线收费设施一览表　　　　表8-27-6

收费站名称	桩号	入口车道数		出口车道数		收费方式
		总车道	ETC车道	总车道	ETC车道	
迁西主线收费站	K35	5	1	10	1	MTC+ETC
新庄子收费站	K30	2	1	2	1	

3. 养护管理

本项目养护里程38.456km(表8-27-7)。

京秦高速公路迁西支线养护设施一览表　　　　表8-27-7

养护工区名称	桩　　号	路段长度(km)	占地面积(亩)	建筑面积(m²)
迁西养护工区	K35+500	38.456	2.25	1100

4. 监控设施

本项目设置迁西段监控中心,负责迁西区域的运营监管(表8-27-8)。

京秦高速公路迁西支线监控设施一览表　　　　表8-27-8

监控设施名称	桩　　号	占地面积(亩)	建筑面积(m²)
监控中心	K36	—	3500

5. 交通流量

2012—2016年京秦高速公路迁西支线交通量情况如表8-27-9、图8-27-3所示。

京秦高速公路迁西支线交通量(自然数)发展状况表　　　　表8-27-9

年　份		2012	2013	2014	2015	2016
交通量(辆)	新河山收费站	1650285	1616048	1816304	1505057	1232857
	新庄子收费站	71992	232702	312380	361827	262416
	合计	1722277	1848750	2128684	1866884	1495273
收费站年平均日交通量(辆/日)		4719	5065	5832	5115	4097

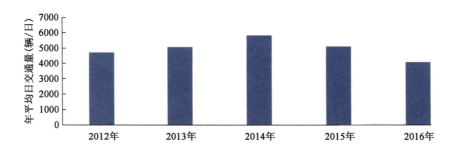

图8-27-3　京秦高速公路迁西支线收费站年平均日交通量(自然数)增长柱状图

第二十八节　S56 宣化—大同高速公路河北段（宣化—冀晋界）

　　S56 宣化至大同高速公路（宣化至冀晋界）是国家"九五"重点公路建设项目，河北境内东起宣化县，起点桩号 K142+360，终止于阳原县（冀晋界），终点桩号 K269+383，全长 127.023km。沿线途经宣化区、阳原县。宣大高速公路（宣化至冀晋界）的建设加速了社会经济交流，促进国民经济发展，是中国晋煤外运的首条重要公路通道。

　　S56 宣化至大同高速公路（宣化至冀晋界）全线由两段组成，阳原至宣化段和阳原至北梁段。

　　宣化至大同高速公路阳原至宣化段分两期工程建设，一期工程阳原县城南至三马坊段（K210+904～K248+604），长 37.7km，于 1999 年 9 月建成通车；二期工程三马坊至宣化段（K142+360～K210+904），长 68.544km，于 2000 年 12 月建成通车。由河北省高速公路宣大管理处负责运营管理，运营里程桩号 K142+360～K248+604，全长 106.244km，设计速度 100km/h、80km/h，双向四车道，路基宽度 26m、24.5m。

　　宣化至大同高速公路阳原至北梁段于 2000 年 12 月建成通车，由河北省高速公路宣大管理处负责运营管理，运营里程桩号 K248+604～K269+383，全长 20.779km，设计速度 100km/h，双向四车道，路基宽度 26m。

　　S56 高速公路项目信息见表 8-28-1，路线平面示意图见图 8-28-1。

S56 高速公路项目信息采集表　　　　　表 8-28-1

项目名称	路段起讫桩号		规模（km）	车道数	设计速度（km/h）	路基宽度（m）	永久占地（亩）	投资情况（亿元）			资金来源	建设时间（开工～通车）	备注
	起点桩号	讫点桩号	合计					估算	概算	决算			
宣化至大同高速公路阳原至宣化段	K142+360	K159+581	17.221	四车道	100	26.0	11553.06	32.420	30.257	31.668	银行贷款、省自筹资金	1998.5～2000.12	
	K159+581	K194+580	34.999		80	24.5							
	K194+580	K210+904	16.324		100	26.0							
	K210+904	K248+604	37.7		100	26.0						1997.5～1999.10	
宣化至大同高速公路阳原至北梁段	K248+604	K269+383	20.779		100	26.0	2259.53	4.480	5.083	—		1998.10～2000.12	

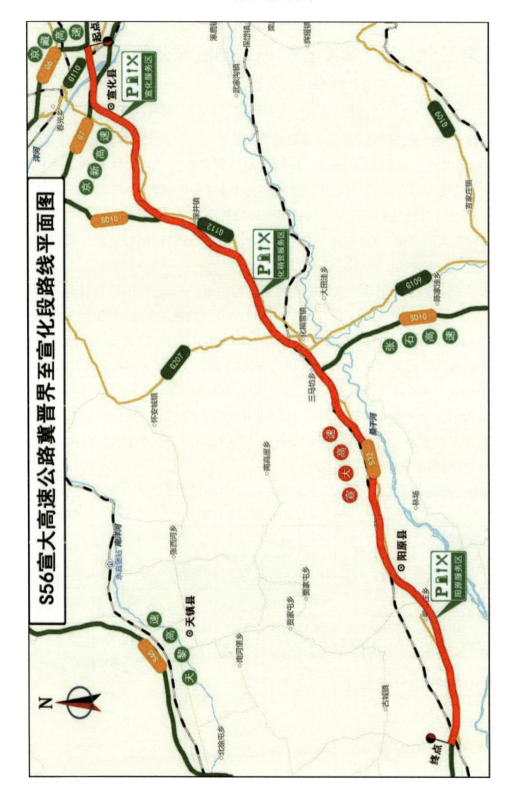

图8-28-1　S56（宣化—大同）高速公路河北段（宣化至冀晋界）路线平面示意图

第八章
高速公路建设项目

一、项目概况

1. 基本情况

1）功能定位

宣大高速公路（宣化至冀晋界）是河北省第一条山区重载高速公路，东起宣化，与丹拉线京张（北京至张家口）高速公路怀来至宣化段相连；西至阳原县冀晋交界处，与京大（北京至大同）高速公路相接。宣大高速公路是国家"九五"重点公路建设项目，是京津冀地区通往西北各省及晋煤外运的重要通道，是河北省公路网主骨架的重要组成部分，也是张家口市"一号"工程。宣大高速公路的建设，对推进河北"两环开放带动经济"战略，改善张家口市及周边县区的投资环境，加快沿线社会经济发展及西部大开发具有十分重要的意义。

2）技术标准

采用双向四车道，平原微丘区设计速度100km/h，路基宽度26m；山岭重丘区设计速度80km/h，路基宽度24.5m。

3）建设规模

路线全长127.023km，建有特大桥1座，大桥19座，中桥47座，小桥涵495座，互通式立交桥9处。沿线设主线收费站2处（其中因片区联网取消1处，剩余1处），互通式立交收费站6处，服务区3处，养护工区2处。管理、养护及服务收费等设施占地881亩，建筑面积41520m^2。

4）主要控制点

张家口市宣化区、阳原县。共计1个市、2个县（区）、13个乡镇。

5）地形地貌

项目所经地区属冀西北山间盆地地貌，山地、丘陵、河谷相间分布，地形起伏，沟壑纵横，沟深坡陡，最大沟深90m，相对高差542m，不良地质十分复杂，湿陷土、膨胀岩等各种岩土近30种，不良地质路段长达81.266km，占全线里程的64.2%。

6）路基路面结构及主要构造物

路线经过地区地质复杂，根据土质特性，在路基施工中，对湿陷性黄土、膨胀土等，采用了冲击压实、掺灰改良等处置方案，提高了路基稳定性。

路面结构充分考虑了重载交通的影响，采用了多种路面结构形式。

主要采用沥青混凝土路面。四种路面结构分别为：面层4cmAC-13C中粒式沥青混凝土，4cm中粒式多碎石型沥青混凝土，5cm粗粒式多碎石型沥青混凝土，6cm粗粒式多碎石型沥青混凝土，30cm水泥稳定级配碎石，39cm水泥稳定级配天然砂砾；3cmSMA-13中粒式沥青混凝土,2.5cmRSMA-13,4cm中粒式多碎石型沥青混凝土,5cm粗粒式多碎石型沥青混凝土,6cm粗粒式多碎石型沥青混凝土,30cm水泥稳定级配碎石,39cm水泥稳定级配天然砂砾;4cm中粒式多碎石型沥青混凝土,8cmAC-20粗粒式沥青混凝土,2cmAF-10细沥青应力吸收层沥青混凝土,28cm水泥混凝土面层,20cm水泥稳定碎石,20cm水泥稳定砂砾;4cmAC-13C中粒式沥青混凝土,4cm中粒式多碎石型沥青混凝土,6cm粗粒式多碎石型沥青混凝土,8cm粗粒式多碎石型沥青混凝土,34cm水泥稳定级配碎石,39cm水泥稳定级配天然砂砾。

主要构造物采用预应力混凝土连续梁、连续刚构和预应力混凝土桁架悬拼结构。

7)投资规模

项目概算投资30.180亿元,竣工决算实际完成投资总额为31.668亿元,平均每公里造价2502.78万元。

8)开工及通车、竣工时间

1997年5月开工建设,2000年12月通车,2005年6月完成竣工验收。

2. 前期决策情况

1)前期决策背景

宣大高速公路是《河北省1991年—2020年公路网建设发展规划》中公路主骨架的重要组成部分。根据河北省交通厅公路网建设的总体规划要求及有关领导的指示精神,河北省交通厅1992年启动该项目的前期工作。

2)前期决策过程

(1)1992年4月,《河北省1991年—2020年公路网建设发展规划》通过了河北省科委组织的审查鉴定。

(2)1992年9月,河北省交通厅以冀交公字〔1992〕216号文发出《关于下达公路建设项目前期工作的通知》。

(3)1993年初,河北省交通厅以冀交公字〔1993〕66号文上报了项目建议书,同年4月19日河北省计划委员会以冀计经交〔1993〕321号文件予以批复。

(4)1993年10月,河北省交通规划设计院完成了《宣化—大同公路宣化至冀晋界段工程可行性研究报告》的编制工作。

(5)1994年1月和1995年12月,先后两次组织专家评审,确定了分期建设的实施方案,并安排开展测设工作。

(6)1998年11月22日,河北省计划委员会分别以冀计能交〔1998〕1019、1020、1021号文件,批复了一、二、三期工程的可行性研究报告。

二、建设情况

1. 项目准备阶段

1)项目审批

(1)1996年8月,河北省交通厅以冀交公字〔1996〕466号文件对宣大高速公路阳原至宣化段初步设计进行了批复。

(2)1998年9月,河北省交通厅以冀交公字〔1998〕507号文件对宣大高速公路阳原至北梁段初步设计进行了批复。

(3)1998年5月12日,河北省交通厅以冀交公字〔1998〕215号文件对施工图设计进行了批复。

(4)2000年1月21日,国土资源部以国土资函〔2000〕81号文《关于宣大高速公路(宣化—冀晋界)工程补办建设用地手续的批复》,批复了宣大高速公路(宣化—冀晋界)的公路征地报告,颁发了土地使用证。

(5)1997年3月,河北省交通厅以冀交公工字〔1997〕39号文件对一期工程开工报告进行了批复。

(6)1998年4月,河北省交通厅以冀交公工字〔1998〕190号文件对二期工程开工报告进行了批复。

(7)1999年4月,河北省交通厅以冀交字〔1999〕187号文件对三期工程开工报告进行了批复。

2)资金筹措

本项目批准概算总投资30.180亿元,项目资本金11.235亿元(河北省交通厅公路管理局3.808亿元,河北省高速公路管理局6.027亿元,张家口市交通局1.4亿元)。截至2004年10月31日,工程建设决算实际完成投资总金额为31.668亿元(含预留费用1亿元),比核准概算投资节余了8.511亿元。平均每公里造价2502.78万元。

3)合同段划分及招投标

(1)合同段划分

根据各专业的工程内容标段划分见表8-28-2。

①设计标段划分:土建工程设计1个标段,房建工程设计1个标段,绿化工程设计1个标段,机电工程设计1个标段。

②施工标段划分:根据工程内容的不同,土建工程42个标段,机电工程1个标段,房建工程15个标段,绿化工程6个标段,交通安全设施16个标段。

③施工监理标段划分:根据工程内容设1个总监办公室,19个土建工程驻地监理标段,1个机电工程监理标段。

宣大高速公路合同段划分一览表

表 8-28-2

参建单位	类型	参建单位名称	合同段编号及起迄桩号	标段所在地	主要内容	主要负责人	备注
项目管理单位		河北省宣大高速公路管理处	—			白双信	
施工单位	土建工程	承德路桥建设总公司	1：K249+383～K236+883	东堡乡、西城镇	路基、桥涵工程	武玉明	
		深圳市政工建设总公司	2：K236+883～K224+283	井儿沟乡	路基、桥涵工程	李彦	
		交通部第一公路工程局	3：K224+283～K211+683	东城镇	路基、桥涵工程	张一彪	
		河北省公路工程局七处	4A1：K211+683～K204+188	化稍营镇、三马坊乡	路基、桥涵工程	李国清	
		内蒙古公路工程局	4A2：K204+189～K203+283	化稍营镇	路基、桥涵工程	永建军	
		石家庄铁路工程公司	4B：K204+671	化稍营镇	公铁立交	马文义	
		铁道部第十九工程局一处	5A：K202+883～K199+283	高墙乡	路基、桥涵工程	李荣华	
		铁道部第十二工程局一处	5B：K199+283～K195+583	高墙乡、深井镇	路基、桥涵工程	蔡堂管	
		水电部第五工程局	6A：K195+583～K193+034	深井镇	路基、桥涵工程	王胜利	
		铁道部第十八局二处	6B：K193+034～K192+818	深井镇	大黑沟1#桥	陈占民	
		承德路桥公司	6C：K192+818～K188+543	深井镇	路基、桥涵工程	武玉明	
		铁道部第十六工程局四处	7A：K188+543～K185+783	深井镇	路基、桥涵工程	刘鹤	
		保定市交通局公路工程管理处	7B：K185+783～K179+863	深井镇	路基、桥涵工程	蒋青山	
		石家庄市公路管理处	7C：K179+863～K174+583	峥村镇	路基、桥涵工程	刘永清	
		华北冶金建筑公司	8A1-A：K174+583～K173+383	峥村镇	路基、桥涵工程	韩栋	
		铁道部第十八局建工处	8A1-B：K173+384～K170+883	峥村镇	路基、桥涵工程	李素清	
		武警交通一总队	8A1-C：K170+884～K167+223	峥村镇	路基、桥涵工程	和郁富	
		贵州路桥公司	8A2：K170+333～K170+033	峥村镇	海儿洼特大桥	王正启	
		铁道部第十一局四处	8A3：K169+353～K168+753	峥村镇	党家沟大桥	郝生德	

第八章 高速公路建设项目

续上表

参建单位	类型	参建单位名称	合同段编号及起讫桩号	标段所在地	主要内容	主要负责人	备注
施工单位	土建工程	铁道部第十五局一处	8B1-A:K167+223～K162+883	崞村镇	路基、桥涵工程	林跃廷	
		铁道部第十三局一处	8B1-B:K162+883～K160+183	崞村镇	路基、桥涵工程	董家海	
		邢台市路桥	8B1-C:K160+184～K155+383	崞村镇	路基、桥涵工程	杨爱国	
		铁道部第十七局三处	8B2:162+178～K161+488	崞村镇	水泉河特大桥	皮新林	
		惠州路建总公司	9A:K155+383～K151+783	洋河南镇	路基、桥涵工程	钟茂生	
		铁道部第十九局四处	9B:K151+784～K148+637	洋河南镇	路基、桥涵工程	蒋福祥	
		张家口市第一公路公司	10A1:K146+707～K145+853	顾家营镇	路基、桥涵工程	张谦	
		唐山市政	10A2:K145+853～K143+150	顾家营镇	路基、桥涵工程	陈卫华	
		铁道部第十八局四处	10B1:K148+637～K147+447	洋河南镇	洋河特大桥	孙夕文	
		铁道部第十八局三处	10B2:K147+447～K146+707	洋河南镇	洋河特大桥	黄明普	
		河北省公路工程建设集团公司	0:K269+383～K248+450	东井集镇、要家庄乡、西城镇	路基、桥涵工程	崔宝琴	
		河北省公路建设集团三公司	M0:K269+383～K248+450	东井集镇、要家庄乡、西城镇	水泥混凝土路面	李国清	
		张家口市第二公路工程公司	M1:K249+383～K236+883	东堡乡、西城镇	沥青混凝土路面	程级	
		铁道部第二公路工程局二处	M2:K236+883～K224+283	井儿沟乡	沥青混凝土路面	白忠川	
		河北省公路工程局七处	M3:K224+283～K211+683	东城镇	沥青混凝土路面	王金亮	
		保定交通局公路工程公司	M4:K211+683～K202+883	化稍营镇、三马坊乡	沥青混凝土路面	张文彤	
		河北省公路工程局四公司	M5:K202+883～K188+483	高墙乡、深井镇	沥青混凝土路面	侯岩峰	
		河北省公路工程局六公司	M6:K188+483～K174+523	崞村镇、深井镇	沥青混凝土路面	庞炳维	
		邢台市路桥总公司	M7:K174+523～K155+323	崞村镇	沥青混凝土路面	张贺府	
		张家口市第二公路工程公司	M8:155+323～K142+848	洋河南镇、顾家营镇	沥青混凝土路面	程级	

（2）招投标

按照国家颁布的《招投标法》和交通部颁布的《公路工程施工招标投标管理办法》《公路工程施工招标资格预审办法》《公路工程施工招标评标办法》的要求，由项目法人单位组织招标工作。

①1997年3月有15家土建工程施工单位通过资格预审，参加本项目一期路基、桥涵工程3个合同段的投标。1997年3月20日通过邀请招标方式，由河北省交通厅、河北省建设工程招投标管理办公室、张家口市公证处等单位组成评标委员会评审出3家中标单位。

②1998年1月有4家土建工程施工单位通过资格预审，参加本项目一期路面工程3个合同段的投标。1998年2月12日通过邀请招标方式，由河北省交通厅、河北省建设工程招投标管理办公室、张家口市公证处等单位组成评标委员会评审出3家中标单位。

③1998年8月有19家交安工程施工单位通过资格预审，参加本项目一期交安工程4个合同段的投标。1998年8月31日通过邀请招标方式，由河北省交通厅、河北省建设工程招投标管理办公室、张家口市公证处等单位组成评标委员会评审出4家中标单位。

④1997年12月有57家土建工程施工单位通过资格预审，参加本项目二期路基、桥涵工程28个合同段的投标。1998年2月23日通过邀请招标方式，由河北省交通厅、河北省建设工程招投标管理办公室、张家口市公证处等单位组成评标委员会评审出28家中标单位。

⑤1999年10月有7家土建工程施工单位通过资格预审，参加本项目二期路面工程5个合同段的投标。1999年1月29日通过邀请招标方式，由河北省交通厅、河北省建设工程招投标管理办公室、张家口市公证处等单位组成评标委员会评审出5家中标单位。

⑥1999年3月有15家土建工程施工单位通过资格预审，参加本项目三期路基、桥涵工程1个合同段的投标。1999年3月8日通过议标方式，由河北省交通厅、河北省建设工程招投标管理办公室、张家口市公证处等单位组成评标委员会评审出1家中标单位。

⑦1999年6月有5家土建工程施工单位通过资格预审，参加本项目三期路面工程2个合同段的投标。1999年8月8日通过邀请招标方式，由河北省交通厅、河北省建设工程招投标管理办公室、张家口市公证处等单位组成评标委员会评审出1家中标单位。

⑧1999年6月有41家交安工程施工单位通过资格预审，参加本项目二、三期交安工程12个合同段的投标。1999年8月8日通过邀请招标方式，由河北省交通厅、河北省建设工程招投标管理办公室、张家口市公证处等单位组成评标委员会评审出11家中标单位。

⑨1999年9月有59家土建工程施工单位通过资格预审,参加本项目三期房建工程2个合同段的投标。2000年5月25日通过邀请招标方式,由河北省交通厅、河北省建设工程招投标管理办公室、张家口市公证处等单位组成评标委员会评审出15家中标单位。

⑩2000年5月25日通过邀请招标方式,由河北省交通厅、河北省建设工程招投标管理办公室、张家口市公证处等单位组成评标委员会评审出6家绿化工程中标单位。

⑪机电工程是通车运营后由河北省高管局统一组织前期招标工作,经过公开招标,确定1家施工单位。

4)参建单位主要情况

(1)建设单位

本项目建设单位初期为张家口市交通局,后期为河北省高速公路管理局,现合并为河北省高速公路管理局(集团),项目执行机构是河北省宣大高速公路建设管理处。

(2)设计单位

土建工程设计单位:河北省交通规划设计院。

(3)施工单位

详见表8-28-2。

5)征地拆迁

(1)设立专门组织机构

张家口市和阳原县、宣化县均成立了宣大高速公路指挥部,以加强对各项工作的协调和领导,保证高速公路建设顺利进行。

(2)落实承包责任制

严格执行征地拆迁的法规和文件,既严格按政策办事,又充分考虑和照顾当地人民群众的生产和生活安排。

由于各级领导对宣大高速公路建设的高度重视和大力支持,各有关单位和部门的积极配合和大力协助,仅用了4个月的时间就完成了征地拆迁安置任务,征地拆迁统计见表8-28-3。

宣大高速公路征地拆迁统计表 表8-28-3

高速公路编码	项目名称	征地拆迁安置时间	征用土地(亩)	拆迁房屋(m^2)	拆迁占地费(万元)	备注
S56	S56宣化至大同高速公路(宣化至冀晋界)	4个月	13812.59	18474.89	18091.430771	

2.项目实施阶段

1)施工过程

(1)主线土建工程于1997年5月开工,2000年11月完工。

(2) 房建工程于 2000 年 7 月开工,2002 年 10 月完工。

(3) 机电工程于 2004 年 12 月开工,2005 年 11 月完工。

(4) 交通安全设施工程于 1997 年 5 月开工,2000 年 11 月完工。

(5) 绿化工程于 2001 年 4 月开工,2001 年 5 月完工。

(6) 加强原材料管控力度,加大抽检频率,从源头上消除质量安全隐患。

(7) 根据土质特性,如湿陷性黄土、膨胀土等,提出冲击压实、强夯、掺灰改良等处置方案,有效杜绝了对路基、路面、桥梁等产生后续的质量隐患。

(8) 采取措施对路面工程出现的裂缝及泛油问题进行及早处置,保证工程质量。

(9) 2000 年 12 月 2 日,河北省交通厅组织成立了宣大高速公路(宣化至冀晋界)交工验收委员会对宣大高速公路进行了交工验收,交工验收评分为 95.593 分,达到优良等级。

(10) 2005 年 6 月 1 日,河北省发展和改革委员会同河北省交通厅、河北省审计厅等省直部门对宣化至大同高速公路(宣化至冀晋界)进行了竣工验收,路基、路面、桥梁、交安设施优良率全部为 100%。

宣大高速公路建设生产要素统计见表 8-28-4。

宣大高速公路建设生产要素统计表 表 8-28-4

路线编号	建设时间	钢材(t)	沥青(t)	水泥(t)	砂石料(m^3)	机械工(工日)	机械(台班)
S56	1997.5~2000.12	39229	49000	462935	8050432	1575171	828036

2) 重要决策

(1) 1997 年 5 月 12 日,宣大一期工程开工动员大会在阳原三马坊召开,张家口市交通局董维孝副局长兼宣大高速公路建设管理处处长汇报情况。

(2) 1998 年 5 月 4 日,宣大高速公路二期工程三马坊至宣化段正式开工建设。

(3) 1998 年 10 月 10 日,宣大高速公路三期工程阳原县城南至山西省界段正式开工建设。

(4) 2000 年 12 月 26 日,河北省副省长何少存等领导同志为宣大高速公路通车典礼剪彩。

3) 各项活动

(1) 在全线开展"争创一流"活动。

(2) 开展公路建设质量效益年劳动竞赛活动。

三、复杂技术工程

1. 党家沟大桥

党家沟大桥桥跨布置 42m+60m+3×92m+60m+42m,上部结构采用单箱单室预应力混凝土现浇箱梁,下部结构桥墩采用钢筋混凝土矩形断面墩柱,中间四个主墩与上部结构箱梁刚性连接,钻孔桩;桥台采用肋板式桥台,钻孔桩。复杂技术特征有:

(1)施工过程分为两个大的时间区间,在两个时区中有相应的工作内容,第一个时区悬浇2、5号墩T构及施工两个边孔现浇梁段,第二个时区悬浇3、4号墩T构及合龙边跨与第二、六孔。这两个时区工作内容可相互重叠,但先后顺序按照上述安排。悬浇施工按对称、平衡进行,避免偏载施工。

(2)各墩台中心线均为径向,保证各墩台各部位及桥面高程、立模高程的正确性。

2. 海儿洼大桥

海儿洼大桥桥跨布置 14m + 138m + 10m + 2×8m。上部结构左边孔(阳原岸)为二孔一联的连续刚构,右边孔(宣化岸)为三孔一联的连续刚构,刚构与悬臂桁架的拱座处立柱及桥台固结,与桥墩铰接。下部结构采用空心桥台,明挖扩大基础。复杂技术特征有:

(1)主孔采用两片中距为 5.95m 的斜拉杆式大节间桁架,主孔分十个节间,各段节间长度主要考虑变形协调及施工拼装要求。

(2)上弦杆、斜杆、下弦杆及实腹段的局部预应力,均采用直径 32mm 冷拉Ⅳ级钢筋和轧丝锚具。

(3)两岸采用空心桥台,由于桥台离山坡边缘较近,仅考虑其承受部分水平拉力,悬拼过程和运营阶段的水平力主要由台后锚固墙承担。

(4)边孔连续刚构及拱座上立柱均采用搭设支架现浇混凝土施工,主孔采用桁架分节间放样预制,无支架悬臂拼装施工。

(5)悬臂合龙成拱后,进行结构体系转换。

该桥是河北省第一座大跨度组合式预应力混凝土桁架拱桥。

四、科技创新

宣大建设管理处在项目管理创新、技术创新、技术推广上实现了新的突破,其中技术创新有3项:

(1)河北省第一座集悬臂浇筑、三向预应力、三角形挂篮、不等跨、变截面连续刚构和曲线控制等高技术于一身的连续箱梁曲线桥——党家沟大桥。

(2)河北省第一座采用预应力混凝土桁架悬拼结构、全长 191m、主跨 138m、桥高 65m 的海尔洼大桥,也是建成时华北地区最大的一座拱桥。

(3)河北省第一条山区重载交通高速公路,探讨了重载交通路面的施工新技术,出版了《黄土地区高速公路施工新技术》一书。技术推广应用一项:"几种野生植物的生物学特性及在公路绿化中的应用研究"课题在本项目推广应用。

五、运营养护管理

1. 服务设施

全线设置宣化、化稍营、阳原3处服务区(表8-28-5)。

宣大高速公路服务设施一览表　　　表8-28-5

高速公路编码	服务区名称	桩　号	所在区域	占地(亩)	建筑面积(m^2)
S56	宣化服务区	K154+529	宣化县洋河南镇	112.5	8400
	化稍营服务区	K195+447	阳原县化稍营镇	93	7900
	阳原服务区	K255+450	阳原县要家庄乡	90	7900

2. 收费设施

本项目共设置收费站8处,主线收费站2处(其中因片区联网取消主线站1处,剩余冀晋主线收费站1处)(表8-28-6)。

宣大高速公路收费设施一览表　　　表8-28-6

收费站名称	桩号	入口车道数		出口车道数		收费方式
		总车道	ETC车道	总车道	ETC车道	
宣化收费站	K151+000	4	1	6	1	MTC+ETC
深井收费站	K180+600	3	1	3	1	
化稍营收费站	K207+000	3	1	5	1	
东城收费站	K216+100	3	1	3	1	
阳原收费站	K251+000	4	1	4	1	
冀晋主线收费站	K269+383	0	0	7	1	
井儿沟收费站	K231+000	3	0	3	0	尚未开通

3. 养护管理

本项目养护里程127.023km,设置宣化、阳原2处养护工区(表8-28-7)。

宣大高速公路养护设施一览表　　　表8-28-7

养护工区名称	桩　号	路段长度(km)	占地面积(亩)	建筑面积(m^2)
宣化养护工区	K150+000	64.64	32.319	2938
阳原养护工区	K251+000	62.383	35	2301.23

4. 监控设施

本项目设置1处监控指挥中心,负责全线区域的运营监管(表8-28-8)。

第八章 高速公路建设项目

宣大高速公路监控设施一览表

表8-28-8

监控设施名称	桩号	占地面积(亩)	建筑面积(m^2)
监控指挥中心	—	—	监控中心与机关合建

5. 交通流量

1999—2016年宣大高速公路交通量情况如表8-28-9、图8-28-2所示。

宣大高速公路交通量（自然数）发展状况表

表8-28-9

年份	1999	2000	2001	2002	2003	2004	2005	2006	2007	2008	2009	2010	2011	2012	2013	2014	2015	2016
交通量(辆) 宣化站	—	—	1009559	1385651	1510317	1868068	1893363	1414785	944367	834484	1338290	2394360	2025147	1466757	1526152	1502062	1777763	2094095
深井站	—	—	164076	144057	133948	549072	156174	187700	237166	216729	211735	264710	263457	309757	457366	469381	453856	507958
化稍营	15543	424808	328839	584828	645278	905713	726886	690873	793040	700507	583412	851846	833492	1241839	1464076	1192084	1253569	1834704
东城站	25014	47619	40004	24191	25759	49975	39942	118290	174350	213048	212861	302472	683669	384750	627666	390513	361155	492354
阳原站	38772	421674	277749	305204	402660	517210	677941	492376	715643	710775	492778	1039124	828025	621952	831848	829350	960135	1294561
冀晋主线站	—	36852	902405	905612	956007	1828938	1756066	1186765	1765274	1588958	1196258	1442874	1509918	1569470	1795196	1739074	1648846	1781783
合计	79329	930953	2722632	3349543	3673969	5718976	5250372	4090789	4629840	4264501	4035334	6295386	6143708	5594525	6702304	6122464	6455324	8005455
收费站年平均日交通量(辆/日)	217	2551	7459	9177	10066	15668	14385	11208	12684	11684	11056	17248	16832	15327	18362	16774	17686	21933

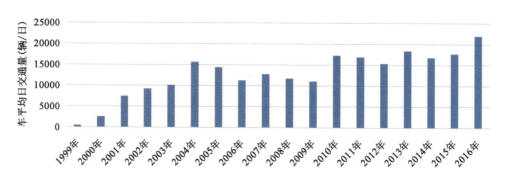

图 8-28-2　宣大高速公路收费站年平均日交通量（自然数）增长柱状图

第二十九节　S57 唐山—曹妃甸高速公路

　　S57 唐山至曹妃甸高速公路是曹妃甸总体规划配套基础设施的重要组成部分，起自唐津高速公路与唐山西外环高速公路交叉处的丰南枢纽互通式立交，终止于曹妃甸北环公路，全长 63.673km。沿线途经唐山市的丰南区、南堡开发区、唐海县，中间依次衔接唐津高速公路和沿海高速公路。作为曹妃甸工业区重要的疏港通道，唐曹高速公路的建设对带动区域经济发展和完善高速公路网具有重要意义。

　　唐山至曹妃甸高速公路于 2008 年 11 月建成通车，由唐山市唐曹高速公路有限公司负责运营养护管理，运营里程桩号 K9+461.3～K74+749.072，主线全长 63.673km，设计速度 120km/h，双向六车道，路基宽度 34.5m。

　　S57 唐山至曹妃甸高速公路项目信息见表 8-29-1，路线平面示意图见图 8-29-1。

S57 唐山—曹妃甸高速公路项目信息采集表　　　　　　表 8-29-1

项目名称	路段起讫桩号		规模（km）		设计速度（km/h）	路基宽度（m）	永久占地（亩）	投资情况（亿元）				建设时间（开工~通车）	备注
	起点桩号	讫点桩号	合计	车道数				估算	概算	决算	资金来源		
唐山至曹妃甸高速公路	K9+461.3	K74+749.072	63.673	六车道	120	34.5	7889.232	—	52.306	—	银行贷款、地方自筹	2007.3~2008.11	

一、项目概况

1. 基本情况

1）功能定位

唐山—曹妃甸高速公路起于唐津高速公路与唐山西外环高速公路交叉处的丰南枢纽

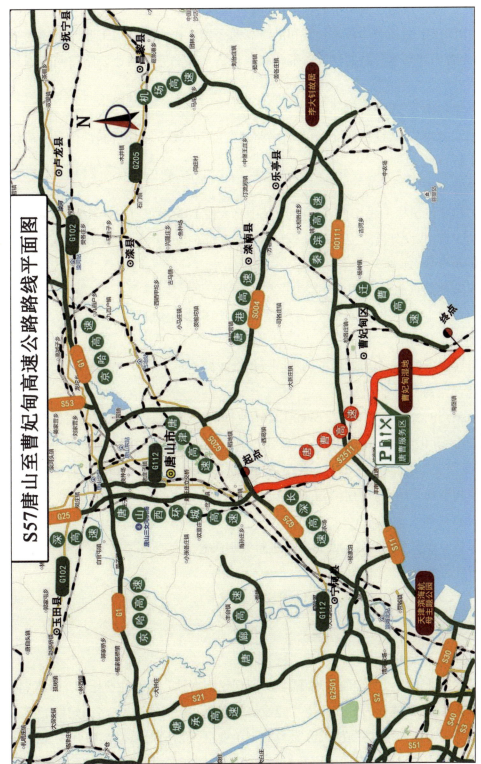

图8-29-1　S57(唐山—曹妃甸)高速公路路线平面示意图

互通式立交,向东南途经唐山市的丰南区、南堡开发区、唐海县、南堡盐场,止于曹妃甸北环公路,中间依次衔接唐津高速公路和沿海高速公路。作为曹妃甸工业区重要的疏港通道,唐山至曹妃甸高速公路的建设对带动区域经济发展和完善高速公路路网规划具有重要意义。

2)技术标准

采用双向六车道,设计速度120km/h,路基宽度34.5m。全线桥涵设计汽车荷载采用公路—Ⅰ级。

3)建设规模

本项目建设里程主线长63.673km。其中特大桥1座、大桥13座、中桥33座、小桥30座、涵洞53道;共设分离式立交8处(其中主线上跨642m/4处、主线下穿1330m/5处)、天桥1384m/9座、通道21处。

4)主要控制点

唐山市的丰南区、南堡开发区、唐海县、南堡盐场、曹妃甸北。

5)地形地貌

项目属平原地貌,多为亚砂土、亚黏土、粉砂亚砂土。

6)路面结构及主要构造物

主要采用沥青混凝土路面。5cmAC-16I改性沥青混凝土,5cmAC-16I改性沥青混凝土,SBR改性乳化沥青,7cmAC-25c粗粒式沥青混凝土,8cmATB-25沥青碎石柔性基层,18cm水泥稳定级配碎石,18cm水泥稳定级配碎石,18cm水泥稳定级配碎石。

主要构造物采用预应力混凝土连续梁桥。

7)投资规模

项目概算投资52.306亿元,目前未进行竣工决算。

8)开工及通车、竣工时间

2007年3月开工建设,2008年11月交工通车。

2. 前期决策情况

1)前期决策背景

曹妃甸工业区已投入全面发展,陆上交通现仅有青林公路通往曹妃甸工业区,且道路交通量增长迅速,运输压力日显严重。建设唐山至曹妃甸高速公路,将曹妃甸工业区与后方发达的高速公路网络连接在一起,是曹妃甸工业区及沿海经济隆起带开发建设的迫切需要。该项目的建设对完善唐山市乃至河北省公路网布局,促进唐山乃至京津冀地区社会经济发展,带动沿线资源开发等具有重要意义。

2) 前期决策过程

(1) 河北省发展和改革委员会于2006年9月7日,以冀发改函〔2006〕237号文,下达了《关于开展唐曹高速公路前期工作的复函》,唐山市发展和改革委员会于2006年9月25日完成该项目可行性研究报告的编制工作。

(2) 河北安全生产监督管理局安全科学技术中心于2006年9月17日组织召开《唐曹公路新建工程地震安全预评价报告》现场评审会。

(3) 2006年9月23日,唐山市水务局在唐山召开《唐山至曹妃甸高速公路防洪评价报告》的现场评审会。

(4) 2006年10月10日,河北省水利局以冀水保〔2006〕72号文,批复《关于唐山至曹妃甸公路工程水土方案报告书的复函》。

(5) 2006年10月20日,河北省发展和改革委员会以冀发改交通〔2006〕1268号文,下达了《关于唐山至曹妃甸高速公路项目可行性研究报告的批复》。

(6) 2006年10月27日,河北省环境保护局以〔2006〕370号文件下发《关于唐山至曹妃甸高速公路环境影响报告书的批复》。

二、建设情况

1. 项目准备阶段

1) 项目审批

该项目严格执行了交通基本建设程序,预可行性研究、工程可行性研究、初步设计、施工图设计、工程施工、监理招投标及工程开工报告的审批,各个环节手续齐全,具体如下:

(1) 2006年11月15日,河北省发展和改革委员会以冀发改投资〔2006〕1431号文,下发《关于唐山至曹妃甸高速公路初步设计的批复》。

(2) 2007年2月7日,河北省交通厅以冀交基〔2007〕75号文,下发了《关于唐山至曹妃甸高速公路通港互通移位的批复》。

(3) 2007年4月10日,河北省交通厅以冀交基〔2007〕153号文,下发了《唐曹高速公路终点路段初步设计方案调整的批复》。

(4) 2007年5月18日,河北省交通厅公路管理局以冀交公路〔2007〕115号文,下发了《关于唐山至曹妃甸高速公路主体工程两阶段施工设计文件的批复》。

(5) 2007年8月2日,河北省交通厅公路管理局以冀交公路〔2007〕171号文,下发了《关于唐山至曹妃甸高速公路房建工程施工图设计文件的批复》。

(6) 2007年12月14日,河北省交通厅公路管理局以冀交公字〔2007〕320号文,下发了《关于唐山至曹妃甸公路机电工程施工图设计文件的批复》。

(7)2008年1月29日,河北省交通厅公路管理局以冀交公路〔2008〕31号文,下发了《关于唐曹至曹妃甸高速公路安全设施和环境保护工程两阶段施工图设计文件的批复》。

(8)2008年4月29日,河北省发展和改革委员会以冀发改交通〔2008〕502号文件下发了《关于唐山至曹妃甸高速公路增加唐海南互通立交的批复》。

(9)2008年7月18日,河北省交通厅以冀交基〔2008〕336号文,下发了《关于唐山至曹妃甸高速公路通港互通设计变更文件的批复》。

(10)2008年7月24日,河北省国土资源局以冀国土资函〔2008〕727号文,下发了《关于局部调整唐海县土地利用总体规划的批复》。

(11)2009年7月3日,国土资源部以国土资函〔2009〕854号文,下发了《关于唐曹至曹妃甸高速公路工程建设用地的批复》。

(12)2013年4月9日,河北省环境保护厅以冀环评函〔2013〕373号,批复了《关于唐山至曹妃甸高速公路环境影响补充报告审批意见的函》。

2)资金筹措

本项目概算总投资53.49亿元,项目资本金18.72亿元,由唐山市曹妃甸投资有限公司和唐山市交通开发总公司共同出资建设,其余34.77亿元申请银行贷款。

3)合同段划分及招投标

(1)合同段划分

根据各专业的工程内容标段划分见表8-29-2。

①设计标段划分:土建工程2个标段,房建工程2个标段,绿化工程1个标段,机电工程1个标段。

②施工标段划分:根据工程内容的不同,土建工程13个标段,机电工程1个标段,房建工程7个标段,绿化工程13个标段,交通安全设施22个标段。

③施工监理标段划分:根据工程内容设1个总监办公室,11个土建工程驻地监理标段,5个房建工程监理标段,1个机电工程监理标段。

(2)招投标

按照国家颁布的《招投标法》和交通部颁布的《公路工程施工招标投标管理办法》《公路工程施工招标资格预审办法》《公路工程施工招标评标办法》的要求,由项目法人单位组织招标工作。

①2006年11月有112家路基工程施工单位通过资格预审,参加本项目主线路基工程10个合同段的投标。2006年11月23日在唐山市召开了标前会议,并发出书面补遗书。2006年12月9日在石家庄公开开标,采用合理低价中标方式。由河北省监察厅、河北省发展和改革委员会、河北省交通厅等单位组成评标委员会评审出10家中标单位。

第八章 高速公路建设项目

唐曹高速公路合同段划分一览表

表 8-29-2

参建单位	类型	参建单位名称	合同段编号及起迄桩号	标段所在地	主要内容	主要负责人	备注
项目管理单位	企业	唐山市唐曹高速公路有限公司	—	—		李目增	
施工单位	土建工程	唐山公路建设总公司	K9+461.3～K15+023	莲花泊、王洪庄	路基、桥涵	聂 宁	
		廊坊市交通公路工程有限公司	K15+023～K22+200	杨家泊	路基、桥涵	陈建朝	
		河北北方公路工程建设集团有限公司	K22+200～K31+566	尖子沽镇	路基、桥涵	张建军	
		核工业华南建设工程集团有限责任公司	K31+566～K37+167	夏新庄、国营农场、申立村	路基、桥涵	藏云峰	
		四川川　交路桥有限责任公司	K37+167～K43+881	南堡	路基、桥涵	蔡 勇	
		张家口路桥建设集团有限公司	K43+881～K51+098	十一农场	路基、桥涵	朱有超	
		内蒙古自治区公路工程局	K51+098～K59+950	唐海县	路基、桥涵	梁立军	
		中交第一航务工程局有限公司	K59+590～K67+200	曹妃甸	路基、桥涵	时春喜	
		中铁一局集团第二工程有限公司	K67+200～K70+992	南堡盐场	路基、桥涵	谢保良	
		中铁十二局集团第四工程有限公司	K70+992～K74+749	南堡盐场	路基、桥涵	杨晋文	
		唐山公路建设总公司	K9+461.332～K22+200	—	路面工程	马东旭	
		路桥华祥国际工程有限公司	K22+200～K37+167	—	路面工程	栾 北	
		中铁十四局集团有限公司	K37+167～K53+900	—	路面工程	朱有超	
		唐山市路桥建设有限公司	K53+900～K74+749.072	—	路面工程	谭永海	

②2006年11月有44家路面工程施工单位通过资格预审,参加本项目主线路面工程4个合同段的投标。2007年7月4日在唐山市召开了标前会议,并发出书面补遗书。2007年7月27日在石家庄公开开标,采用合理低价中标方式,最终确定了4家中标单位。

③2006年11月12日有5家监理单位(总监理工程师办公室)通过资格预审,参加监理工程1个合同的投标。2006年12月9日在石家庄公开开标,确定了1家中标单位。

④2006年11月12日有10家监理单位(驻地监理工程师办公室)通过资格预审,参加监理工程4个合同的投标。2006年12月9日在石家庄公开开标,确定了4家中标单位。

⑤2007年5月26日有23家房屋建筑和收费棚工程施工单位通过资格预审,参加本项目房建工程4个合同的投标。2007年7月29日在石家庄公开开标,采用合理低价中标方式,确定了4家中标单位。

⑥2007年5月26日有5家房屋建筑和收费棚工程监理单位通过资格预审,参加监理工程1个合同的投标。2007年7月29日在石家庄公开开标,确定了1家中标单位。

⑦2007年5月26日有12家机电工程施工单位通过资格预审,参加本项目机电工程的投标。2007年7月29日在石家庄公开开标,由评标委员会进行评审,确定1家中标单位。

⑧2007年5月26日有3家机电工程监理单位通过资格预审,参加机电监理工程1个合同的投标。2007年7月29日在石家庄公开开标,确定了1家中标单位。

⑨2007年12月10日有58家交通安全设施工程施工单位通过资格预审,参加交通安全设施8个合同段的投标。2008年1月3日在石家庄公开开标,确定了8家中标单位。

⑩2007年12月10日有35家绿化工程单位通过资格预审,参加绿化工程4个合同的投标。2008年1月3日在石家庄公开开标,确定了4家中标单位。

4)参建单位主要情况

(1)建设单位

本项目建设单位由唐山市曹妃甸投资有限公司与唐山市交通开发总公司共同出资建设,项目执行机构是唐山市唐曹高速公路有限公司。

(2)设计单位

土建工程设计单位:河北省交通规划设计院。

(3)施工单位

详见表8-29-2。

5）征地拆迁

（1）设立专门组织机构

唐山市成立了高速公路建设领导小组，以主管副市长为组长，办事机构设在唐山市交通局，负责唐曹高速公路征地拆迁及建设环境的协调。各县区成立了"地方工作办公室"负责本县段的征地拆迁及建设环境协调。为落实政策、落实地方工作、落实人口安置、落实征地拆迁提供了组织保证。

（2）落实承包责任制

征地拆迁工作实行群众参与，各级政府层层签订责任书，采取"四到位""四现场"的做法，即县、乡、村、户四方到场，现场丈量、现场清点、现场签字、现场盖章。

在唐山市委、市政府的高度重视和正确领导下，在沿线各级政府、相关部门及广大群众的大力支持配合下，该工程于2008年11月27日实现了通车的目标。唐曹高速共征地7889.232亩，实际发生的费用包括征地补偿费用42610.6万元，完成征地拆迁情况见表8-29-3。

唐曹高速公路征地拆迁统计表　　　　表8-29-3

高速公路编码	项目名称	征地拆迁安置起止时间	征用土地（亩）	拆迁房屋（m²）	拆迁占地费（万元）	备注
S57	唐山至曹妃甸高速公路	2007.3～2007.12	7889.232	17500	42610.6	

2．项目实施阶段

1）施工过程

（1）主线土建工程于2007年1月1日开工，2008年11月完工。

（2）房建工程于2007年6月开工，2008年11月完工。

（3）机电工程于2007年11月开工，2008年4月完工。

（4）交通安全设施工程于2008年2月开工，2008年11月完工。

（5）绿化工程于2008年8月开工，2010年11月完工。

（6）2008年11月，唐山市唐曹高速公路有限公司组织对主线土建及交通安全设施进行了交工验收。

（7）2013年7月，唐山市唐曹高速公路有限公司组织对唐曹高速公路预留沥青路面表面层工程进行了交工验收。

（8）2015年4月，由河北省公路工程质量安全监督站，根据《公路工程质量鉴定办法》，对项目进行了竣工鉴定，工程质量评分为91.7分，等级为优良。

2）重要决策

（1）2007年3月，唐山至曹妃甸高速公路举行开工奠基仪式。

（2）2007年10月17日，唐山市政府召开"大干120天、确保完成全年交通建设任务"

动员大会。

(3)2008年11月28日上午,唐山市政府副秘书长、市发展和改革委员会主任、市交通局局长、市财政局局长、市环保局局长、市林业局局长、市国土资源局局长、市水务局局长、市地震局局长以及各有关部门的负责同志出席了唐曹高速公路通车典礼。

3)各项活动

(1)2007年7月7日,唐曹高速公路有限公司组织召开DX桩应用专家论证会。

(2)2007年8月7日,唐曹高速公路有限公司组织召开软土路基预压段施工方案论证会。

三、复杂技术工程

旅游路分离式立交(无背斜拉桥)桥跨布置为(45+75)m。上部结构为斜塔扇式单塔双索面预应力混凝土斜拉桥,主梁采用箱形分离式断面。下部结构桥墩墩梁固结、塔根部与基础承台固结,在承台处塔、墩合成一个整体结构,下设50cm厚C20封底混凝土。主塔采用群桩组合式基础。桥台采用肋板台,钻孔灌注桩基础。复杂技术特征有:

(1)主塔呈斜"A"形,自桥面至塔顶高38.2m。主塔横桥向宽度2.6m不变,桥面以下加宽到5m。

(2)塔中心与地面倾斜角度为75°,主塔竖向预应力采用24根15-19钢绞线。主塔内配有钢骨架,索塔上部施工采用在地面上主塔承台位置以及部分地面搭设支架,地面上主塔进行预压,保证支架与主塔接触面良好,限制主塔在施工时由于恒载产生内力及变形,索塔无预拱度。

(3)斜拉索采用$\phi 7$平行钢丝,斜拉索外包防护,索面为扇形布置。

四、科技创新

唐曹高速公路有限公司在项目管理创新、技术创新上实现了新的突破。其中管理创新有3项:

(1)唐曹高速公路是将土建工程、房建工程、机电工程、绿化工程、交通安全设施工程等同时建设、同时交付使用的高速公路工程。

(2)唐曹高速公路是建设单位工程建设质量管理体系通过ISO9000认证的高速公路。

(3)唐曹高速公路在公路建设领域为推行十大公开、打造阳光工程积累了经验,奠定了基础。

技术创新有4项:

(1)为解决桥头跳车这一质量通病,唐曹高速公路率先采用冲击压实和水泥搅拌桩方法处理原地面,采用液态粉煤灰水泥混合料等新工艺、新材料浇筑基坑和台背,效果良好,行车舒适。

(2)唐曹高速公路率先在河北省推广大粒径 LSAM 沥青混凝土新型路面结构和长路段柔性基层研究,同时也是大规模在全线沥青面层施工中推行 GTM 设计方法的高速公路。

(3)为避免软土地基沉降,采用了土方预压的方法进行处理。

(4)率先在河北省推广 DX 挤扩灌注桩技术在桥梁地基基础中的应用,并总结其技术特点、设计要点和施工工艺,为其在公路建设中的推广应用提供经验。

DX 挤扩桩特点:单桩承载力高,可充分利用桩身上下各部位的硬土层;设计灵活,适应性强;与打入式预制桩相比,施工噪声小;与普通泥浆护壁直孔桩完成的等值承载力相比,成孔后排泥(土)即泥浆排放量显著减少;节约成本,缩短工期;由于挤扩灌注桩单桩承载力大幅度提高,根据实际经验数据统计,DX 桩与普通灌注桩相比,提高单桩承载力同时,节省混凝土 30% 以上,降低基础造价 20% ~ 30%。同时,可以缩短桩长,减小桩径,减少桩数,从而使工期大大缩短。

五、运营养护管理

1. 服务设施

全线设置唐曹高速公路服务区 1 处(表 8-29-4)。

唐曹高速公路服务设施一览表　　　　　表 8-29-4

高速公路编码	服务区名称	桩　　号	所在区域	占地(亩)	建筑面积(m²)
S57	唐曹服务区	K38+200	唐海县	128.52	5945.91

2. 收费设施

本项目共设置收费站 5 处(表 8-29-5)。

唐曹高速公路收费设施一览表　　　　　表 8-29-5

收费站名称	桩号	入口车道数		出口车道数		收费方式
		总车道	ETC车道	总车道	ETC车道	
丰南工业区收费站	K8+743	2	0	3	1	MTC+ETC
南堡收费站	K32+700	3	0	3	0	
唐海收费站	K45+151	4	1	7	1	
曹妃甸北收费站	K51+300	4	0	6	2	
曹妃甸主线收费站	K56+550	6	2	12	2	

3. 养护管理

本项目养护里程 64.982km,设置 1 处养护工区(表 8-29-6)。

唐曹高速公路养护设施一览表　　表 8-29-6

养护工区名称	桩　号	路段长度(km)	占地面积(亩)	建筑面积(m²)
唐曹高速公路养护工区	K7+762	64.982	15.0075	16.176

4. 监控设施

本项目设置唐曹高速公路监控中心,负责唐曹高速公路的运营监管(表 8-29-7)。

唐曹高速公路监控设施一览表　　表 8-29-7

监控设施名称	桩　号	占地面积(亩)	建筑面积(m²)
唐曹监控中心	K17+000	与唐曹公司同一楼内	

5. 交通流量

2011—2016 年唐山至曹妃甸高速公路交通量情况如表 8-29-8、图 8-29-2 所示。2016 年收费站年平均日交通量(自然数)为 22254 辆/日,2011—2016 年年均增长率为 2.08%。

唐曹高速公路交通量(自然数)发展状况表　　表 8-29-8

年　份		2011	2012	2013	2014	2015	2016
交通量(辆)	丰南工业区站	1192009	1105394	1486201	1217973	870441	724486
	南堡开发区站	1169711	1488836	1672882	1977218	1428848	994756
	曹妃甸站	2303055	2238613	2522816	3055202	2486319	2244286
	曹妃甸湿地站	567340	1042397	749900	1046124	915574	1073851
	曹妃甸工业区站	2097307	2945327	2577515	3687206	3134175	3085206
	合计	7329422	8820567	9009314	10983723	8835357	8122585
收费站年平均日交通量(辆/日)		20081	24166	24683	30092	24206	22254

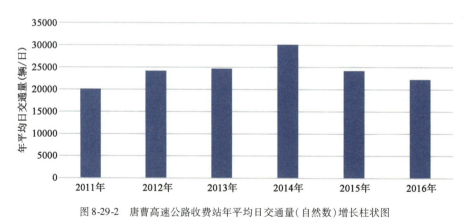

图 8-29-2　唐曹高速公路收费站年平均日交通量(自然数)增长柱状图

第三十节　S62 北戴河机场高速公路、S60 北戴河联络线

S62 北戴河机场高速公路、S60 北戴河联络线是《河北省国民经济和社会发展第十二

个五年规划纲要》中强力推进"一圈一带一区一批"基础设施建设的项目之一。项目起自昌黎县李化庄西北,止于京哈高速公路北戴河连接线,全长14.257km。途径秦皇岛市昌黎县、抚宁县,北戴河机场高速公路覆盖107.8万人,2012—2015年沿线直接影响区GDP增长率达12.4%。

S62北戴河机场高速公路、S60北戴河联络线由沿海高速公路北戴河机场支线和北戴河联络线组成,由河北省高速公路沿海管理处负责运营养护管理。

沿海高速公路北戴河机场支线于2013年12月建成通车,运营里程桩号K0+000~K10+047,全长10.047km,设计速度120km/h,双向四车道,路基宽度28m。

沿海高速公路北戴河联络线于2014年10月建成通车,运营里程桩号LK0+000~LK4+210,全长4.21km,设计速度100km/h,双向四车道,路基宽度26m。

S62北戴河机场高速公路、S60北戴河联络线项目信息见表8-30-1,路线平面示意图见图8-30-1。

S62北戴河机场高速公路、S60北戴河联络线项目信息采集表　　表8-30-1

项目名称	路段起讫桩号		规模(km)		设计速度(km/h)	路基宽度(m)	投资情况(亿元)			资金来源	建设时间(开工~通车)	备注
	起点桩号	讫点桩号	合计	车道数			估算	概算	决算			
沿海高速公路北戴河机场支线	K0+000	K10+047.278	14.257	四车道	120	28.0	6.600	7.152	—	基本金、银行贷款	2013.03~2013.12	
沿海高速公路北戴河联络线	LK0+000	LK4+210			100	26.0	3.240	3.419	—	资本金、银行贷款	2013.04~2014.10	

一、项目概况

1. 基本情况

1)功能定位

沿海高速公路北戴河机场支线是北戴河机场对外联系的高速通道,北戴河联络线为沿海高速公路与京哈高速公路北戴河支线之间提供了便捷通道。项目的建设对于完善区域综合交通网络,实现北戴河机场与秦皇岛及唐山曹妃甸工业区的有机连通,促进区域经济发展,提升城市整体形象,具有重要意义。

2)技术标准

沿海高速公路北戴河机场支线采用双向四车道,设计速度120km/h,路基宽度28.0m。平曲线最小半径采用1000m,最大纵坡采用3%。北戴河联络线采用双向四车道,设计速度100km/h,路基宽度26.0m。平曲线最小半径采用700m,最大纵坡采用4%。

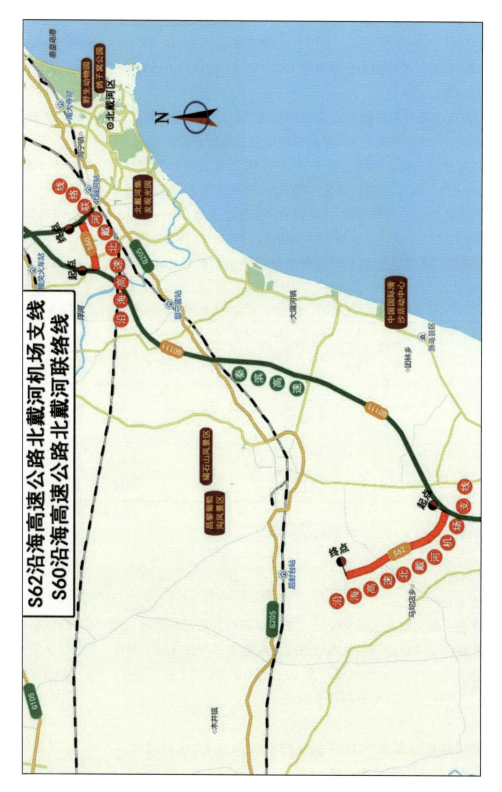

图8-30-1 S62北戴河机场高速公路、S60北戴河联络线路线位置示意图

3）建设规模

沿海高速公路北戴河机场支线、北戴河联络线建设里程共计14.257km。其中：北戴河机场支线设置大桥1109m/4座，中桥548m/8座，小桥80.05m/5座，通道、涵洞29道；桥梁长度占路线总长度的14.1%；互通式立交1处（李化庄枢纽互通）；分离式立交5处；主线收费站1处；收费站房屋建筑面积2385.45m²；北戴河联络线设置大桥180km/2座，小桥27km/14座，通道、涵洞8道，桥梁长度占路线总长度的10.2%；互通式立交2处（卢王庄、太和寨枢纽互通）；分离式立交1处；天桥3座。

4）主要控制点

秦皇岛市（昌黎、抚宁、开发区共3个县区）。共计1个市、3个县（区）、5个乡镇。

5）地形地貌

北戴河机场支线项目属平原地貌，多为粉质黏土、粉土、粉砂、细砂、中砂、粗砂、圆砾，地势西低东高。

北戴河联络线项目属低山丘陵地貌，多为粉质黏土、粉土、粉砂、粗砂、圆砾，地势西低东高。

6）路面结构及主要构造物

主要采用沥青混凝土路面。4cmAC-13C细粒式改性沥青混凝土，6cmAC-20C中粒式改性沥青混凝土，10cmATB-25密级配沥青碎石，20cm级配碎石上基层，20cm水泥稳定碎石下基层，20cm水泥稳定碎石底基层。

主要构造物采用预应力混凝土连续梁桥。

7）投资规模

本项目概算总投资10.5711亿元，其中机场支线7.152亿元，联络线3.419亿元。

8）开工及通车、竣工时间

2013年3月开工建设，2014年11月交工通车。

2．前期决策情况

1）前期决策背景

沿海高速公路北戴河机场支线是北戴河机场对外联系的高速通道，北戴河联络线为沿海高速公路与京哈高速公路北戴河支线之间提供了便捷通道。根据河北省交通运输厅关于中日唐山曹妃甸生态工业园与唐山市三女河机场和秦皇岛北戴河机场快速连接道路规划建设的意见，河北省高速公路管理局在2011年启动秦皇岛北戴河机场支线的建设工作。

2）前期决策过程

河北省高速公路管理局于2011年6月13日委托河北省交通规划设计院开展沿海高速公路秦皇岛机场支线及北戴河联络线工程（预）可行性研究工作，河北省交通规划设计院于2011年8月完成该项目项目建议书的编制工作。

（1）2012年1月12日，河北省发展和改革委员会以冀发改基础〔2012〕17号文，批复《沿海高速公路秦皇岛北戴河机场支线及北戴河联络线项目建议书》。

（2）2012年2月16日，河北省交通运输厅召开《沿海高速公路秦皇岛北戴河机场支线及北戴河联络线工程可行性研究报告》审查会。

（3）2012年8月3日，河北省国土资源厅以冀国土资函〔2012〕1397号文，下发了《关于沿海高速公路秦皇岛北戴河机场支线及北戴河联络线项目用地的预审意见》。

（4）2012年9月7日，河北省发展和改革委员会以冀发改基础〔2012〕1133号文，批复《沿海高速公路北戴河机场支线及北戴河联络线项目可行性研究报告》。

二、建设情况

1. 项目准备阶段

1）项目审批

该项目严格执行了交通基本建设程序，预可行性研究、工程可行性研究、初步设计、施工图设计、工程施工、监理招投标及工程开工报告的审批，各个环节手续齐全，具体如下：

（1）2012年11月19日，河北省发展和改革委员会以冀发改投资〔2012〕1474号文，批复《关于沿海高速公路北戴河机场支线及联络线初步设计》。

（2）2012年8月27日，河北省环境保护厅以冀环评〔2012〕205号文，批复《关于沿海高速公路北戴河机场支线及北戴河联络线工程环境影响报告书》。

（3）2013年1月29日，河北省高速公路沿海管理处和河北中机咨询有限公司发布《河北省沿海高速公路秦皇岛北戴河机场支线及北戴河联络线项目土建工程施工和土建工程监理招标中标通知书》。

（4）2013年4月3日，河北省交通运输厅以冀交公〔2013〕158号文，批复《关于沿海高速公路北戴河机场支线及北戴河联络线工程两阶段施工图设计文件》。

（5）2013年12月25日，国土资源部以国土资函〔2013〕948号文，批复《关于沿海高速公路秦皇岛北戴河机场支线及北戴河联络线工程项目建设用地》。

（6）2014年7月18日，河北省交通运输厅公路管理局以冀交公〔2014〕301号文，批复《关于河北省沿海高速公路秦皇岛北戴河机场支线及北戴河联络线项目机电工程施工图联合设计文件》。

2）资金筹措

本项目概算总投资10.571亿元，项目资本金2.643亿元，由河北省高速公路管理局负责筹措，其余7.928亿元申请银行贷款。

3）合同段划分及招投标

(1)合同段划分

根据各专业的工程内容标段划分见表8-30-2。

①土建工程、房建工程、绿化工程、机电工程等设计均划分为1个标段。

②施工标段划分:根据工程内容的不同,土建工程3个标段,机电工程1个标段,房建工程1个标段,绿化工程2个标段,交通安全设施5个标段。

③施工监理标段划分:根据工程内容设1个土建工程驻地监理标段,1个房建工程监理标段,1个机电工程监理标段。

(2)招投标

按照国家颁布的《招投标法》和交通部颁布的《公路工程施工招标投标管理办法》《公路工程施工招标资格预审办法》《公路工程施工招标评标办法》的要求,由项目执行机构单位组织招标工作。

①2013年1月有137家土建工程施工单位通过资格预审,参加本项目主线土建工程3个合同段的投标。2013年1月29日在石家庄公开开标,采用合理低价中标方式。由招标人从交通运输部专家库中随机抽取4名专家与1名招标人代表共同组成的评标委员会评审出3家中标单位。

②2013年5月21日有86家房建工程施工单位通过资格预审,参加本项目房建工程1个合同段的投标。2013年6月19日在石家庄公开开标,采用合理低价中标方式,确定了1家中标单位。

③2013年11月5日有28家机电工程施工单位通过资格预审,参加本项目机电工程的投标。2014年2月13日在石家庄公开开标,采用两阶段招标法,由评标委员会进行评审,确定1家中标单位。

4)参建单位主要情况

(1)建设单位

本项目建设单位是河北省高速公路管理局,项目执行机构是河北省高速公路沿海管理处。

(2)设计单位

各专项工程设计单位详见表8-30-2。

(3)施工单位

详见表8-30-2。

5)征地拆迁

(1)设立专门组织机构

秦皇岛市政府成立秦皇岛市支援沿海高速北戴河机场支线工程建设领导小组和指挥部,加强各级政府对征地工作的领导和监督,形成完善的拆迁工作体系,使征地拆迁工作层层有人管、层层有人抓。

沿海高速公路北戴河机场支线、北戴河联络线合同段划分一览表

表 8-30-2

参建单位	类型	参建单位名称	合同段编号及起讫桩号	标段所在地	主要内容	主要负责人
项目管理单位	—	河北省高速公路沿海管理处	—	—	—	代国伸
勘察设计单位	全线工程	中交第二公路勘察设计研究院有限公司	全线	—	土建、房建、机电、交安、绿化	周增强
施工单位	土建工程	龙建路桥股份有限公司	TJ1、K0+000~K10+047	昌黎	北戴河机场支线工程：K0+000~K3+000段路基、桥梁、K0+000~K10+047段路面	宁劳海
		安徽省巢湖市路桥工程有限公司	TJ3、K3+000~K10+047	昌黎	北戴河机场支线工程：K3+000~K10+047段路基、桥梁	吕少华
		湖北兴达路桥股份有限公司	TJ2、LK0+000~LK4+210	抚宁	北戴河联络线工程：K0+000~K4+210段路基、路面、桥梁	田全乐

(2)落实承包责任制

征地拆迁工作实行群众参与,各级政府层层签订责任书,采取"四到位""四现场"的做法,即县、乡、村、户四方到场,现场丈量、现场清点、现场签字、现场盖章。

(3)积极跑办取土用地

根据本项目时间紧、任务重的特点,管理处结合当地政府及有关部门取土用地政策要求各施工单位按施工进度上报当年每月取土计划,根据该计划项目部派专人负责3个合同段,做到"吃住在工地,解决问题在现场",及时为施工单位解决土源,征地拆迁统计见表8-30-3。

沿海高速公路北戴河机场支线、北戴河联络线征地拆迁统计表 表8-30-3

高速公路编码	项目名称	征地拆迁安置起止时间	征用土地（亩）	拆迁房屋（m²）	拆迁占地费（万元）	备注
S62	北戴河机场支线	2012.11~2013.5	1175.9235	584	8826.4819	
S60	北戴河联络线	2012.11~2014.5	647.7825	3676.885	9960.8787	
合计			1823.706	4260.9	18787.3606	

2. 项目实施阶段

1)施工过程

(1)主线土建工程:北戴河机场支线于2013年3月20日开工,2013年12月25日完工;北戴河联络线于2013年3月20日开工,2014年10月22日完工。

(2)房建工程于2013年7月开工,2014年10月完工。

(3)机电工程于2014年5月开工,2015年12月完工。

(4)交通安全设施工程:北戴河机场支线于2013年11月25日开工,2013年12月25日完工;北戴河联络线于2014年6月20日开工,2014年10月22日完工。

(5)绿化工程:北戴河机场支线于2014年6月开工,2014年12月完工;北戴河联络线于2014年9月开工,2015年3月完工。

(6)2013年12月25日、2014年10月22日,河北省高速公路管理局分别对北戴河机场支线、北戴河联络线进行了交工验收。

沿海高速公路北戴河机场支线、北戴河联络线项目建设生产要素统计见表8-30-4。

沿海高速公路北戴河机场支线、北戴河联络线项目建设生产要素统计表 表8-30-4

路线编号	建设时间	钢材（t）	沥青（t）	水泥（t）	砂石料（m³）	机械工（工日）	机械（台班）
S62	2013.03~2014.11	12039	7163	98975	798693	108571	85647
S60	2013.04~2014.10	6071	3817	43212	354348	57340	46861

2)重要决策

(1)2012年11月29日,秦皇岛市召开沿海高速公路北戴河机场支线及北戴河联络线征地拆迁动员会。

(2)2013年3月20日,沿海高速公路北戴河机场支线及北戴河联络线正式开工。

3)各项活动

2013年5月10日,沿海高速公路管理处组织召开了"抢工期保目标大干100天"动员大会。

三、运营养护管理

1. 收费设施

本项目共设置主线收费站1处,出入口数量共计18条,其中ETC车道3条(表8-30-5)。

沿海高速公路北戴河机场支线、北戴河联络线收费设施一览表　　表8-30-5

收费站名称	桩号	入口车道数		出口车道数		收费方式
		总车道	ETC车道	总车道	ETC车道	
北戴河机场收费站	K4+945	5	1	13	2	MTC+ETC

2. 养护管理

本项目养护里程14.257km,未设置养护工区,养护管理工作由沿海高速公路管理处昌黎养护工区负责养护,里程分别为北戴河机场支线10.047km和北戴河联络线4.21km。

3. 监控设施

本项目未设置监控中心,由沿海高速公路管理处监控中心负责北戴河机场高速公路运营监管。

第三十一节　S64唐山—京唐港高速公路

S64唐山至京唐港高速公路是京唐港口经济开发区规划建设的重要运输设施之一,起自唐山市王盼庄,起点桩号K0+000,终止于沿海高速公路,终点桩号K80+214.98,全长80.215km。沿线途经唐山市的开平区、滦南县、乐亭县,本工程连接唐津高速公路、G1(北京至哈尔滨)高速公路、沿海高速公路,是沟通唐山市与港口的运输大动脉,构成水陆交通运输骨架,也是带动唐山及港口腹地经济发展的运输干线。

唐港高速公路(王盼庄至沿海高速公路)分两期建成,一期工程王盼庄至独幽城K0+000~K66+650段,1998年7月建成通车;二期工程独幽城至沿海高速公路K66+650~K80+214.98段,2002年11月建成通车。由唐山唐港高速公路管理处运营管理养护,运营里程桩号 K0+000～K80+214.98，全长 80.215km，设计速度 120km/h，双向六车道，路基宽 33.5m。

S64 唐山至京唐港高速公路项目信息见表 8-31-1，路线平面示意图见图 8-31-1。

S64 唐山至京唐港高速公路项目信息采集表　　　　表 8-31-1

项目名称	路段起讫桩号		规模(km)		设计速度(km/h)	路基宽度(m)	投资情况(亿元)				建设时间(开工～通车)	备注
	起点桩号	讫点桩号	合计	车道数			估算	概算	决算	资金来源		
唐港高速公路（王盼庄至沿海高速公路段）	K0+000	K80+215	80.215	六车道	120	33.5	15.2	16.5	15.398	国债、省厅补助、银行贷款、地方自筹	1996.5～2002.11	

一、项目概况

1. 基本情况

1）功能定位

唐港高速公路是列入唐山"九五"建设的重点建设项目。经河北省计划经济委员会批准立项，由地方自筹资金建设，与唐津高速公路唐山段、京沈高速公路唐山段相互联通，在唐山市构成"X"形的高速公路主骨架。它的建设不仅直接影响唐山市乃至北京市、天津市以及"三北"地区的经济发展和环渤海地区的开放开发，而且对发挥港口龙头优势、调整唐山市产业结构、实现"率先突破、率先发展"都有着十分重要的现实意义和深远的历史意义。

2）技术标准

采用双向六车道，设计速度 120km/h，路基全宽 33.5m。最大纵坡 1.103%。最短坡长 500m；凸型竖曲线最小半径 20000m，凹型竖曲线最小半径 20000m；竖曲线最小长度 177.8m。

3）建设规模

本项目建设里程长 80.215km，其中：大桥 14 座；中桥 47 座；小桥 130 座；涵洞 136 道；包括收费站 6 处、管理机构 1 处、养护工区 1 处、服务区 1 处。

4）主要控制点

唐山市（开平区、丰南区、滦南县、乐亭县四个县市）。共计 1 个市，4 个县。

5）地形地貌

项目属平原地貌，多为亚砂土、亚黏土、粉砂亚砂土，地势西高东低。

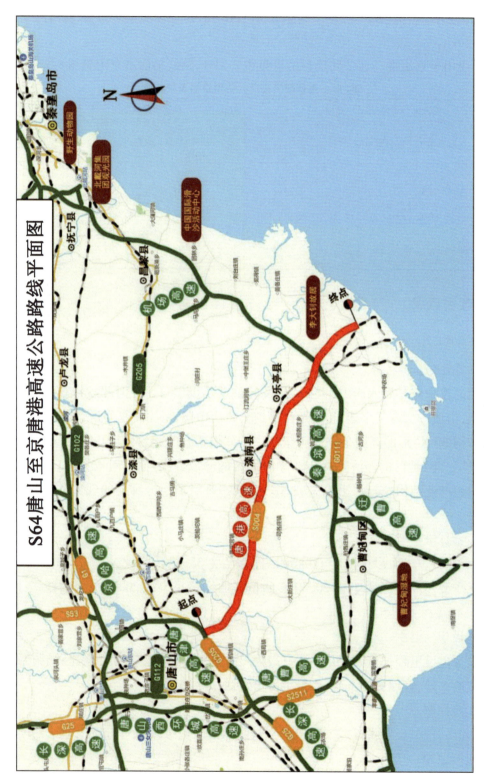

图8-31-1 S64（唐山—京唐港）高速公路平面示意图

6）路面结构及主要构造物

主要采用沥青混凝土路面。4cmAC-16I 中粒式沥青混凝土,5cmAC-25I 粗粒式沥青混凝土,6cmAC-30II 粗粒式沥青混凝土,乳化沥青透层,20cm 水泥稳碎石,34cm 水泥稳定土。

主要构造物采用预应力混凝土连续梁桥。

7）投资规模

项目概算投资 16.5 亿元,竣工决算投资 15.398 亿元,平均每公里造价 1919.59 万元。

8）开工及通车、竣工时间

一期工程 1996 年 5 月 23 日开工,1998 年 7 月 15 日竣工。

二期工程 1998 年 11 月 2 日开工,2002 年 11 月 8 日竣工。

2. 前期决策情况

1992 年 4 月,唐山市交通局交通勘察设计院依据冀交办字〔1991〕182 号文件《关于利用世行贷款修建沿海、唐港高速公路进行前期工作请示的批复》,组织专家进行了实地踏勘、社会经济调查和交通量调查,根据调查结果编写了《唐山至京唐港高速公路预可行性研究报告》(四车道);后又于 1994 年 3 月份编写了《唐山至京唐港高速公路工程项目建议书》。1994 年 5 月,以唐计工字〔1994〕22 号文《申请唐山至京唐港高速公路项目开展前期准备工作》上报河北省计划委员会,1994 年 5 月河北省计划委员会以冀计交字〔1994〕330 号文批复同意该项目开展前期准备工作,并要求编制工程可行性研究报告。

（1）1994 年 12 月 25 日,河北省工程咨询研究院以冀资能字〔1994〕79 号文,上报《关于唐山至唐港高速公路工程可行性研究报告评估意见》。

（2）1995 年 1 月 19 日,河北省计划委员会以冀计能交〔1995〕37 号文发布《关于唐山至唐港高速公路工程可行性研究报告的批复》。

（3）1996 年 3 月 27 日,唐山市规划管理局下发了唐港高速公路一期工程《中华人民共和国建设工程规划许可证》。

（4）1996 年 5 月 21 日,河北省建设委员会以冀建城〔1996〕186 号文发布《关于唐山至唐港高速公路工程开工建设的批复》。

（5）1999 年 8 月 19 日,唐山市建设委员会下发了唐港高速公路一期工程《唐山市建设工程施工许可证》。

二、建设情况

1. 项目准备阶段

1）项目审批

该项目严格执行了交通基本建设程序,预可行性研究、工程可行性研究、初步设计、施

工图设计、工程施工、监理招投标及工程开工报告的审批,各个环节手续齐全,具体如下:

(1)1995年10月,河北省交通规划设计院编制了《初步设计文件》(六车道),后经河北省计划委员会冀计能交〔1997〕327号文批复四车道调整为六车道,并以冀计投〔1997〕1094号文件,批准初步设计。

(2)1996年5月21日,河北省建设委员会以冀建城〔1996〕186号文件批准唐港高速公路施工。

(3)河北省建设委员会以冀建监〔1999〕391号文下达了《唐山至京唐港高速公路二期工程开工建设的批复》。

2)资金筹措

本项目概算总投资16.5亿元,由河北省交通厅拨款3亿,唐山市自筹资金9亿,国家开发银行贷款4亿元,财政转贷国债资金0.5亿。竣工决算为15.398亿元,投资节约1.1亿元,平均每公里造价1919.59万元。

3)合同段划分及招投标

(1)合同段划分

根据各专业的工程内容标段划分见表8-31-2。

①设计标段划分:土建工程2个标段,房建工程2个标段,绿化工程1个标段,机电工程1个标段。

②施工标段划分:根据工程内容的不同,土建工程24个标段,机电工程3个标段,房建工程7个标段,绿化工程5个标段,交通安全设施23个标段。

③施工监理标段划分:根据工程内容设1个总监办公室,11个土建工程驻地监理标段,5个房建工程监理标段,1个机电工程监理标段。

(2)招投标

按照国家颁布的《招投标法》和交通部颁布的《公路工程施工招标投标管理办法》《公路工程施工招标资格预审办法》《公路工程施工招标评标办法》的要求,由项目法人单位组织招标工作。

①1996年2月10日有28家土建施工单位通过了资格预审,参加唐港高速公路5个合同段的投标。1996年4月22日在唐山市公开招标,由唐山市交通开发总公司批准的专家组成的评标委员会评审出5家中标单位。

②1998年9月25日有多家土建工程施工单位通过资格预审,参加本项目主线土建工程8个合同段的投标。1998年10月15日在唐山市公开开标。由唐山市交通开发总公司批准的专家组成的评标委员评审出8家中标单位。

③1997年7月23日有8家房建工程施工单位通过资格预审,参加本项目房建工程7个合同的投标。1997年7月29日在唐山市公开开标,确定了7家中标单位。

第八章 高速公路建设项目

S64 唐港高速公路（王盼庄至沿海高速公路段）合同段划分一览表

表 8-31-2

参建单位	类型	参建单位名称	合同段编号及起讫桩号	标段所在地	主要内容	主要负责人
项目管理单位	—	唐港高速公路建设指挥部	—	—	—	李畅
施工单位	土建工程	黑龙江路桥总公司	路基1：K1+496~K7+400、路面D：K50+750~K66+000	开平区、乐亭县	路基、桥涵、路面工程	幕德贵
		铁十八局一处	路基2：K7+400~K9+200	丰南区	路基、桥涵	王卫东
		铁十二局二处	路基3、10：K52+000~K56+282、路面I：K56+282~K65+000	乐亭县	路基、桥涵	王秉林
		唐山公路工程总公司	路基4、5、庚：K46+730~K56+850、路面B：K20+150~K35+450	滦南县、乐亭县	路基、桥涵、路面工程	金刚
		天津市政五公司	路基6：K30+500~K37+550	滦南县	路基、桥涵	宋世岭
		铁十六局五处	路基7：K37+550~K40+000	滦南县	路基、桥涵	靳贵合
		铁十二局五处	路基8：K40+000~K46+660	乐亭县	路基、桥涵	黄体刚
		天津市政一公司	路基9：K46+660~K52+000	乐亭县	路基、桥涵	商仁杨
		铁一局二处	路基12：K65+000~K70+300	乐亭县	路基、桥涵	杨文科
		铁十二局四处	路基13：K70+300~K75+000	乐亭县	路基、桥涵	裴凤山
		铁十八局二处	路基14：K75+000~K80+214	乐亭县	路基、桥涵	周海诠
		丰南交通局	路基甲：K1+496~K8+036	开平区、丰南区	路基、桥涵	杨守山
		唐山交通局工程处	路基乙：K8+036~K12+941、路面F：K33+000~K66+000（左）、H：K73+200~K80+215、I：K66+000~K80+215（左）	开平区、丰南区、滦南县、乐亭县	路基、桥涵、路面工程	李畅

续上表

参建单位	类型	参建单位名称	合同段编号及起讫桩号	标段所在地	主要内容	主要负责人
施工单位	土建工程	铁十四局四处	路基丙:K12+941~K21+500, 路面C:K35+450~K50+750, 路面E:K1+496~K33+000(左)	开平区、丰南区、滦南县、乐亭县	路基、桥涵、路面工程	王永海
		唐山市交通局公路站	路基丁:K21+500~K30+500	滦南县	路基、桥涵	常全利
		唐海交通局	路基戊:K30+500~K36+400	滦南县	路基、桥涵	刘双利
		滦南交通局	路基K36+400~K46+730, 路基23:K65+000~K73+200	滦南县、乐亭县	路基、桥涵	刘建新
		乐亭交通局	路基辛:K56+850~K66+000	乐亭县	路基、桥涵	刘永
		唐山远大工程公司	路基24:K73+200~K80+214, 路面G:K66+000~K73+200(左)	乐亭县	路基、桥涵、路面工程	杨文举
		交通部一公司第一工程公司	路面A:K1+496~K20+150	开平区、丰南区、滦南县	路面工程	吕坊奎

④2007年9月5日有7家机电工程施工单位参加在唐山市的公开开标,由评标委员会进行评审,确定1家中标单位。

⑤2000年4月2日有31家交通安全设施工程施工单位通过资格预审,参加交通安全设施17个合同段的投标。2000年4月3日至4月4日在唐山市公开开标,确定了5家中标单位。

⑥2001年3月9日有8家绿化工程单位通过资格预审,参加绿化工程2个合同的投标。2001年3月9日在唐山市公开开标,确定了2家中标单位。

4) 参建单位主要情况

(1) 建设单位

本项目建设单位是唐山市交通局,项目执行机构是唐港高速公路建设指挥部。

(2) 设计单位

土建工程设计单位:河北省交通规划设计院。

(3) 施工单位

详见表8-31-2。

5) 征地拆迁

(1) 设立专门组织机构

乐亭县、滦南县政府分别于9月3日、20日召开了由主管副县长主持,沿线乡镇、管理区主管领导参加的地方工作会议。会议均以"加大地方工作力度,营造宽松施工环境"为主题,通过分析本县具体情况,制定出可行的征地拆迁和保障顺利施工的各项措施与政策。其中,乐亭县人民政府还出台了《关于确保唐港高速公路工程建设顺利实施的通告》,并印制200余份,张贴到沿线各村。同时,乐亭县还利用电台、电视台进行专题宣传,让广大干部、群众了解《通告》内容,自觉按《通告》办事,在全县上下形成了人人关心高速公路建设、支持高速公路建设的良好氛围,为高速公路施工创造了良好、宽松的施工环境。

(2) 落实责任书

1996年5月23日,唐港高速公路建设指挥部分别与沿线4个区(县)地上附着物进行了清点、登记造册、签订责任书,由于唐港高速公路二期开工建设,于1998年12月下旬分别又与沿线4个县签订征地拆迁地方工作补充协议。

据统计,全线共解决施工用土6764000m^3(自然方),征用永久性占地10356亩,拆迁房屋65058m^2,拆迁占地费用(包括征地各税费)共3394.9万元,征地拆迁统计表见表8-31-3。

S64 唐港高速公路(王盼庄至沿海高速公路段)征地拆迁统计表 表8-31-3

高速公路编码	项目名称	征地拆迁安置起止时间	征用土地(亩)	拆迁房屋(m^2)	拆迁占地费(万元)	备注
S64	S64 唐港高速(王盼庄至沿海高速公路段)	1996—2002	10356	65058.72	3394.9	

2. 项目实施阶段

1）施工过程

(1) 主线土建工程于1996年5月23日开工,2002年11月8日完工。

(2) 房建工程于1997年8月开工,2002年6月完工。

(3) 机电工程于2007年10月开工,2008年12月完工。

(4) 交通安全设施工程于1997年10月开工,2002年9月完工。

(5) 绿化工程于2001年3月开工,2001年5月完工。

(6) 2002年10月28日,由河北省公路工程质量安全监督站根据《公路工程质量鉴定办法》,对项目进行了竣工质量鉴定,评分为95.913分,等级为优良。

(7) 2005年3月31日,河北省发展和改革委员会组织成立S64唐港高速公路(王盼庄至沿海高速公路段)竣工验收委员会,对该项目进行竣工验收,等级为优良。

S64唐港高速公路(王盼庄至沿海高速公路段)建设生产要素统计见表8-31-4。

S64唐港高速公路(王盼庄至沿海高速公路段)建设生产要素统计表　　表8-31-4

路线编号	建设时间	钢材(t)	沥青(t)	水泥(t)	砂石料(m³)	机械工(工日)	机械(台班)
S64	1996.5~2002.9	3720	27040	11050	506050	1750203	1550210

2）重要决策

(1) 1997年4月22日,河北省计划经济委员会鉴于唐港高速公路预测车流量有较大的增长,为充分适应经济发展需要,同意唐港高速公路建设标准由双向四车道调整为双向六车道。

(2) 1997年12月6日上午10时,唐港高速公路通车典礼仪式在唐港高速公路起点隆重举行。唐港高速公路总指挥、副市长杨振义宣布唐港高速公路竣工通车。河北省副省长何少存、省交通厅厅长路富裕、唐山市委副书记市长张和、市委副书记宋芳春、市人大常委会主任郑宝林、市政协主席贾焕章等领导同志冒雨为高速公路通车剪彩。著名公路专家王秉纲,河北省交通厅副厅长张健,唐山市主要领导、市直有关部门、沿线各级政府及施工单位负责同志等出席了通车典礼仪式。

3）各项活动

(1) 1996年底,张和市长亲临工地视察工作,提出唐港高速公路的建设要达到"四个一"的目标,即建设一条高标准的高速公路,锻炼一支艰苦奋斗、敢打硬仗的干部职工队伍,培养一种团结协作、无私奉献的精神,取得一系列双文明建设的经验成果。

(2) 路面工程"百日会战"。

三、技术创新

唐港高速公路在项目管理创新、技术创新、技术推广上实现了新的突破。其中技术创新为唐港高速公路单基层路面段大修方案应用技术研究。该研究经过深入分析影响路面结构大修的各种影响因素,通过 ansys 软件进行了力学分析,得出了符合河北省的重载交通高速公路沥青路面及重载国省干线大修结构形式,大大提高了我省高等级公路沥青路面的运营质量,每年可节省大量的养护资金,延长了道路使用寿命,提高了高速公路的服务水平。

四、运营养护管理

1. 收费设施

本项目共设置收费站 6 处(表 8-31-5)。

S64 唐港高速公路(王盼庄至沿海高速公路段)收费设施一览表 表 8-31-5

收费站名称	桩号	入口车道数		出口车道数		收费方式
		总车道	ETC 车道	总车道	ETC 车道	
唐山站	K3+073	3	1	10	1	MTC+ETC
青坨营收费站	K21+245	2	1	3	1	
滦南收费站	K39+244	2	1	3	1	
乐亭收费站	K55+857	2	1	3	1	
独幽城收费站	K66+054	4	1	4	1	
港口收费站	K73+200	2	1	7	1	

2. 养护管理

本项目养护里程 80.215km,设置青坨营养护工区 1 处,负责唐港高速公路全线养护(表 8-31-6)。

S64 唐港高速公路(王盼庄至沿海高速公路段)养护设施一览表 表 8-31-6

养护工区名称	桩号	路段长度(km)	占地面积(亩)	建筑面积(m²)
唐港高速青坨营养护工区	K21+245	80.215	13.719	1100

3. 监控设施

本项目设置唐港高速公路监控中心,负责唐港高速公路全线区域的运营监管(表 8-31-7)。

S64 唐港高速公路(王盼庄至沿海高速公路段)监控设施一览表 表 8-31-7

监控设施名称	桩号	占地面积(亩)	建筑面积(m²)
唐港监控中心	K3+073	46.5525	2486

4. 交通流量

2009—2016 年唐港高速公路交通量情况如表 8-31-8、图 8-31-2 所示。

唐港高速公路交通量（自然数）发展状况表　　　　表 8-31-8

年　份		2009	2010	2011	2012	2013	2014	2015	2016
交通量（辆）	唐山收费站	2396481	3089606	3160411	3278303	3539518	3448569	2925875	5412903
	青坨营收费站	710451	1126720	1248964	1287899	1338830	1164476	792870	1345999
	滦南收费站	942338	1392153	1383964	1423791	1560193	1632032	1529808	2913649
	乐亭收费站	904537	895419	910573	962626	1039781	1076009	905854	1668052
	独幽城收费站	100872	230687	489848	490641	486349	626183	573249	852947
	港口收费站	1051425	784561	620021	786902	830873	1061883	848668	1243270
	合计	6106104	7519146	7813781	8230162	8795544	9009152	7576324	13436820
收费站年平均日交通量（辆/日）		16729	20600	21408	22548	24097	24683	20757	36813

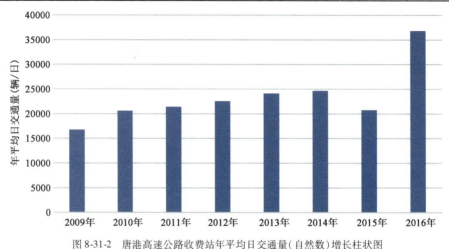

图 8-31-2　唐港高速公路收费站年平均日交通量（自然数）增长柱状图

第三十二节　S67 故城联络线（衡德高速公路—冀鲁界）

S67 故城联络线是河北省高速公路网"五纵六横七条线"中的"线 7"衡水至德州高速公路的支线，该项目起自景县青兰乡与衡德高速公路相接，终止于故城县青罕镇刁南庄与吴夏庄之间卫运河（冀鲁界）与山东省在建的德商高速公路相接，全长 27.25km。整个项目地处衡水市境内，沿线途经故城县、景县，覆盖 120.3 万人。本项目的建成将进一步完善河北省路网布局，改善沿线地区出行条件，适应区域经济发展带来交通量增长的趋势，拉动沿线地区经济快速发展。

S67 衡德高速公路故城支线于 2015 年 11 月建成通车，由河北交通投资集团衡德高速公路有限公司负责运营养护管理，运营里程桩号 K0+000~K27+250，全长 27.25km，设计速度 120km/h，双向四车道，路基宽度 28.0m。

S67衡德高速公路故城支线项目信息见表8-32-1,路线平面示意图见图8-32-1。

S67衡德高速公路故城支线项目信息采集表 表8-32-1

项目名称	路段起讫桩号		规模(km)	车道数	设计速度(km/h)	路基宽度(m)	投资情况(亿元)				建设时间(开工~通车)	备注
	起点桩号	讫点桩号	合计				估算	概算	决算	资金来源		
衡德高速公路故城支线(衡德高速公路至冀鲁界)	K0+000	K27+250	27.25	四车道	120	28.0	24.03	24.46		银行贷款、自筹	2014.2~2015.11	

一、项目概况

1. 基本情况

1) 功能定位

衡德高速公路故城支线(衡德高速公路至故城)是河北省高速公路网中衡水至德州高速公路的支线,是河北省高速公路网的补充和完善,是大广、京台两条国家高速公路在河北境内段的分流路段。作为省际连接通道,本项目还是冀、鲁两省高速公路网络的结合部分,是实现德商高速公路使用功能的重要组成路段。本项目为带动衡水东部地区经济发展的干线公路,是促进衡水市社会进步、经济发展的重要交通保障。

2) 技术标准

采用双向四车道,设计速度120km/h,路基宽度28.0m。平曲线最小半径采用4000m,最大纵坡采用2.04%。

3) 建设规模

本项目建设里程长27.25km,其中:特大桥1557m/1座(卫运河特大桥,由山东省负责设计,本项目建设河北省部分并计列相应预算);大桥369m/3座;中桥532m/8座;小桥3座;涵洞5道;桥梁长度占路线总长度的9.2%;互通式立交3处;分离式立交5处,通道39处;天桥4座;主线收费站1处(由于山东德商高速公路处于在建状态,主线收费站尚未开通),匝道收费站2处;服务区1处;管理、养护、服务、监控房屋建筑面积18247.09m^2。

4) 主要控制点

衡水市(故城县、景县、经济开发区)。共计1个市、3个县(区)、5个乡镇。

5) 地形地貌

项目属平原地貌,多为亚砂土、亚黏土、粉砂亚砂土,地势西高东低。

图8-32-1 S67衡德高速公路故城支线(衡德高速公路至冀鲁界)路线平面示意图

6）路面结构及主要构造物

主要采用沥青混凝土路面。4cmAC-13C 改性沥青混凝土,6cmAC-20C 改性沥青混凝土,SBS 改性乳化沥青,10cmATB-25C 粗粒式沥青混凝土,PC-2 型阳离子乳化沥青透层,18cm 水泥稳定级配碎石,SBS 改性乳化沥青下封层,PC-2 型阳离子乳化沥青透层油,18cm5% 水泥稳定碎石基层,18cm3.5% 水泥稳定碎石底基层。

主要构造物采用预应力混凝土连续梁桥、悬臂梁桥。

7）投资规模

项目概算投资 24.46 亿元,平均每公里造价 8974.86 万元,尚未进行竣工决算。

8）开工及通车、竣工时间

2014 年 2 月开工建设,2015 年 11 月交工通车。

2. 前期决策情况

1）前期决策背景

衡德高速公路故城支线是河北省高速公路网"五纵六横七条线"中的"线 7"衡水至德州的支线,作为省际连接通道,本项目还是冀、鲁两省高速公路网络的结合部分,是实现德商高速公路使用功能的重要组成路段。

2）前期决策过程

（1）2010 年 12 月 14 日,河北省发展和改革委员会以冀发改基础〔2010〕1893 号文批复了项目建议书,本项目正式立项。

（2）2011 年 10 月 26 日,河北省发展和改革委员会以冀发改基础〔2011〕2037 号文批复了可行性研究报告。

二、建设情况

1. 项目准备阶段

1）项目审批

（1）2011 年 6 月 7 日,河北省水利厅以冀水保〔2011〕109 号文批复了水土保持方案。

（2）2011 年 7 月 6 日,河北省环境保护厅以冀环评〔2011〕195 号文批复了环境影响报告书。

（3）2011 年 8 月 24 日,河北省国土资源厅以冀国土资函〔2011〕667 号文批复了工程建设用地。

（4）2012 年 4 月 20 日,河北省发展和改革委员会以冀发改投资〔2012〕370 号文批复了初步设计。

（5）2014 年 8 月 25 日,河北省交通运输厅以冀交公〔2014〕359 号文批复了施工图设计。

2）资金筹措

本项目工程概算总投资约为24.457亿元,其中银行贷款为18.342亿元(占总投资的75%),资本金6.114亿元(占总投资的25%)。尚未进行竣工决算。

3）合同段划分及招投标

(1) 合同段划分

根据各专业的工程内容标段划分如表8-32-2所示。

衡德高速公路故城支线(衡德高速公路至故城)合同段划分一览表　　表8-32-2

参建单位	类型	参建单位名称	合同段编号及起讫桩号	标段所在地	主要内容	主要负责人	备注
项目管理单位	—	河北交通投资集团衡德高速公路分公司	—	—	—	孙国忠	
勘察设计单位	土建及交安工程设计	河北省交通规划设计院、衡水龙翔公路工程勘察设计咨询有限公司	—	—	主线土建及交安工程	王子鹏、李靖	
施工单位	土建、交安及房建工程	河北路桥集团有限公司	K0+000~K27+250	故城县	主线土建及交安工程	邢树春	

①设计标段划分:土建工程1个标段,房建工程1个标段,绿化工程1个标段,机电工程1个标段。

②施工标段划分:根据工程内容的不同,土建、交通安全设施及房建工程1个标段,机电工程1个标段,绿化工程2个标段。

③施工监理标段划分:根据工程内容设1个主体工程监理标段,1个房建工程监理标段,1个机电工程监理标段。

(2) 招投标

根据河北省发改委核准的招标方案,按照国家颁布的《招投标法》和交通部颁布的《公路工程施工招标投标管理办法》《公路工程施工招标资格预审办法》《公路工程施工招标评标办法》的要求。本项目的主要招标情况如下:

①2011年5月11日至5月17日有15家单位参加本项目勘察设计及设计监理4个合同的投标。2011年6月9日在石家庄公开开标,采用无标底投标、综合评估法中标方式,确定了4家中标单位。

②2015年2月11日29家投标单位参加本项目机电工程施工1个合同的投标。2015年3月16日在石家庄公开开标,采用合理定价抽取评审法中标方式,确定了1家中标单位。

③2014年3月26日至2014年4月1日有3家投标单位参加本项目主体工程施工监

理1个合同的投标。2003年1月20日在石家庄公开开标,采用双信封综合评标法中标方式,确定了1家中标单位。

④2014年4月24日至2014年4月30日有18家投标单位参加本项目房建工程施工监理1个合同的投标。2014年5月15日在石家庄公开开标,采用双信封合理低价法中标方式,确定了1家中标单位。

⑤2015年1月28日至2015年2月3日有5家投标单位参加本项目机电工程施工监理1个合同的投标。2015年2月27日在石家庄公开开标,采用双信封合理低价法中标方式,确定了1家中标单位。

4)参建单位主要情况

(1)建设单位

本项目建设单位是河北交通投资集团公司,项目执行机构是河北交通投资集团衡德高速公路分公司。

(2)设计单位

土建工程设计单位:河北省交通规划设计院和衡水市龙翔公路工程勘察设计咨询有限公司,总体设计负责单位为河北省交通规划设计院。

(3)施工单位

详见表8-32-2。

5)征地拆迁

(1)实行征地拆迁地方政府包干、集团公司包建模式。为充分调动地方政府征地拆迁工作积极性,充分发挥地方政府征地拆迁及地方工作主体责任,根据有关规定和实际调查数量与衡水市人民政府签订了衡德高速公路故城支线征地拆迁及地方工作责任书。

(2)对于包干以外的拆迁项目,严格履行有关法定手续。

2014年12月23日,筹建处和故城县政府签订了《购买占补平衡耕地指标协议》,完成审批后,上报省厅国土部门(表8-32-3)。

衡德高速公路故城支线(衡德高速公路至故城)征地拆迁统计表　　表8-32-3

项目名称	征地拆迁安置起止时间	征用土地(亩)	拆迁房屋(m^2)	拆迁占地费(万元)	备注
衡德高速故城支线(衡德高速公路至故城)	2014.2~2015.11	4236	11004.623	26800	

2.项目实施阶段

1)施工过程

(1)路基工程2014年3月开工,2015年4月完工。

(2)桥涵工程2014年3月开工,2015年10月完工。

(3)路面工程2014年7月开工,2015年10月完工。

（4）房建工程（除监控通信分中心）2014年9月开工，2015年10月完工。

（5）机电工程（除监控通信分中心）2015年7月开工，2015年10月完工。

（6）严把原材料进场关，对路基填筑采用的山皮石严格控制粒径及厚度要求。

（7）2015年11月19日，河北交通投资集团公司组织专家对衡德高速公路故城支线进行了交工验收，并对项目进行了交工质量鉴定，评分为99.1分，等级为优良。

衡德高速公路故城支线建设生产要素统计见表8-32-4。

衡德高速公路故城支线（衡德高速公路至故城）建设生产要素统计表　　　表8-32-4

路线编号	建设时间	钢材(t)	沥青(t)	水泥(t)	砂石料(m³)	机械工(工日)	机械(台班)
S67	2014.2~2015.11	35237	23420	274604	1963847	379082	303988

2）重要决策

（1）3月25日，河北省交通运输厅同意成立衡德高速公路故城支线临时筹建处。

（2）11月26日，衡德高速公路故城支线正式通车运营。

3）各项活动

（1）2014年度在全线开展"大干60天"、第二个"大干60天"和"百日会战"劳动竞赛。

（2）2015年度在全线开展"规范施工、品质提升月""创亮点、保形象""抓关键、保通车"和"协调并进、确保三同时"等劳动竞赛。

三、科技创新

衡德高速公路故城支线筹建处在项目管理创新、技术创新上实现了新的突破。其中管理创新有2项：

（1）河北省第一条采用"BOT＋EPC""小业主、大监理""征地拆迁地方政府包干制"等新型管理模式的高速公路。

（2）本项目实现了"三同时"，即服务设施和机电设施要与主线同时通车；两条连接线要与主线同期投入使用；交警、路政等执法管理要同期安排。

技术创新有4项：

（1）为保证混凝土质量，延长混凝土使用寿命，进而加强整体结构的耐久性，除涵洞和小型预制构件采用普通混凝土外，构造物全部采用高性能混凝土，在材料上进一步提高结构的安全性和耐久性。

（2）大桥及以上构造物桥墩，采用普通摩擦桩桩长大于或等于50m时采用挤扩桩；多节挤扩灌注桩利用多层端阻、多段侧阻的共同作用，提高桩基承载力，减小沉降变形量。与普通直孔桩相比，挤扩灌注桩可节约原材料，降低工程造价，缩短工期，具有显著的经济效益、社会效益和环境效益。

(3) 有效利用衡德高速公路沥青路面病害治理工程产生的 1.7 万 m^3 铣刨料,用于故城支线高速公路景县枢纽互通、机场互通和故城互通三处互通匝道路面级配碎石结构和路肩,节约投资,降低了工程造价。

(4) 预制梁板智能张拉、压浆,网络化实时记录监控:预制梁板张拉、压浆采用智能张拉、压浆设备,按照设定程序自动进行张拉、压浆作业,并进行数据记录和打印,同时通过网络实时传递数据并储存,数据异常提醒。避免人为操作失误造成的张拉力不足、超张拉、压浆不饱满等问题。

四、运营养护管理

1. 服务设施

全线设置南江江 1 处服务区(表 8-32-5)。

衡德高速公路故城支线(衡德高速公路至故城)服务区一览表　　　表 8-32-5

高速公路编码	服务区名称	桩　号	所在区域	占地(亩)	建筑面积(m^2)
S67	南江江服务区	K18+930	景县青兰乡	66.033	6000.08

2. 收费设施

本项目共设置收费站 3 处(表 8-32-6)。

衡德高速公路故城支线(衡德高速公路至故城)收费设施一览表　　　表 8-32-6

收费站名称	桩　号	入口车道数		出口车道数		收费方式
		总车道	ETC车道	总车道	ETC车道	
故城主线收费站	K1+660	—	—	—	—	MTC+ETC
郑口收费站	K2+400.9	5	1	8	1	
青兰收费站	K22+805.2	4	1	7	1	

3. 养护管理

本项目养护里程 27.25km,设置青兰 1 处养护工区,负责养护里程为 27.25km(表 8-32-7)。

衡德高速公路故城支线(衡德高速公路至故城)养护设施一览表　　　表 8-32-7

养护工区名称	桩　号	路段长度(km)	占地面积(亩)	建筑面积(m^2)
青兰养护工区	K22+805.2	27.25	23.511	1270.81

4. 监控设施

本项目设置故城支线监控分中心,负责故城支线的运营监管(表 8-32-8)。

衡德高速公路故城支线(衡德高速公路至故城)监控设施一览表　　　表 8-32-8

监控设施名称	桩　号	占地面积(亩)	建筑面积(m^2)
故城支线监控分中心	—	40	4989.73

第三十三节 S71 石家庄—西柏坡高速公路

西柏坡高速公路(二环路至西柏坡)衔接石家庄市区石太高速公路、绕城高速公路、石环公路,是石家庄城市交通与外围交通的合理衔接,本工程的建设可快速疏散市区的交通压力,合理组织市区外围过境交通。项目起于二环路,讫于西柏坡,全长约65.157km。沿线途经井陉县、鹿泉县、平山县。西柏坡高速公路的建设是石家庄市高速公路网络布局的重要组成,增强了省会城市的辐射带动作用,是西北部山区经济发展的纽带及沿线区域经济合作的桥梁。

西柏坡高速公路(二环路—西柏坡)分三期建设:

一期高庄至北沟段于2011年7月建成通车,由西柏坡高速公路管理处负责运营管理养护,运营里程桩号K9+000~K30+000,路线全长21km。其中,起点至北胡庄段采用双向四车道高速公路标准建设;北胡庄至南西焦段采用双向六车道高速公路标准建设;南西焦至北沟段采用双向四车道高速公路标准建设。其中北胡庄至北沟段与京昆高速公路共线13km。

二期北沟至西柏坡段于2011年10月建成通车,由西柏坡高速公路管理处负责运营管理养护,运营里程桩号K30+000~K65+157,路线全长35.157km。主线采用双向四车道高速公路标准建设。

三期二环路至霍寨段于2012年6月建成通车,由西柏坡高速公路管理处负责运营管理养护,运营里程桩号K0+000~K9+000,路线全长9km。主线采用双向六车道高速公路标准建设。

S71 石家庄至西柏坡高速公路项目信息见表8-33-1,路线平面示意图见图8-33-1。

S71 石家庄至西柏坡高速公路项目信息采集表　　　表8-33-1

项目名称	路段起讫桩号		规模(km)		设计速度(km/h)	路基宽度(m)	投资情况(亿元)				建设时间(开工~通车)	备注
	起点桩号	讫点桩号	合计	车道数			估算	概算	决算	资金来源		
二环路至霍寨段	K0+000	K9+000	9.000	六车道	100	33.5		19.841			2011.4~2012.7	三期
高庄至北胡庄	K9+000	K17+000	8.000	四车道	100	24.5		40.904			2010.4~2011.7	一期
北胡庄至北沟段	K17+000	K30+000	13.000	六车道	120	34.5						
北沟至西柏坡段	K30+000	K65+157	35.157	四车道	80	23.0		25.546				二期

第八章
高速公路建设项目

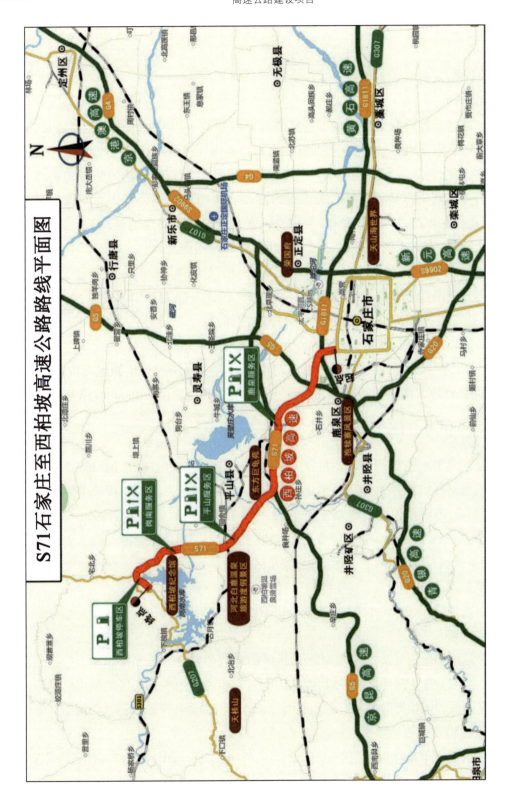

图8-33-1　S71(石家庄—西柏坡)高速公路路线平面示意图

一、项目概况

1. 基本情况

1）功能定位

西柏坡高速公路是联系省会城市石家庄和革命圣地西柏坡的快速直达高速通道,在实现西柏坡与石家庄市区快速直达的基础上,与石家庄周边旅游景区快速联系,构建华北地区红色旅游、绿色旅游和文化旅游的重要通道,也是对河北省高速公路网的补充和完善,是构筑"南北通衢""东出西联"大通道的需要。西柏坡高速公路向北与保阜高速公路、张石高速公路相接,将成为石家庄与张家口联系最便捷的高速通道;向南与太行山高速公路南段相连,有利于构筑河北省"东出西联"的高速通道。

2）技术标准

本工程分三期按照不同标准建设:

(1)一期工程:高庄至北沟段采用两个标准,双向四车道设计速度为100km/h,路基宽度24.5m;双向六车道设计速度120km/h,路基宽度34.5m。

(2)二期工程:北沟至西柏坡采用双向四车道,设计速度80km/h,路基宽度23m。

(3)三期工程:二环路至霍寨段采用双向六车道,设计速度100km/h,路基和桥梁宽度均为33.5m。

3）建设规模

本项目建设里程长65.157km,共分三期建设。其中:一期工程长37.6km(不含与张石高速公路重复段;双向六车道34.5km,双向四车道24.5km);二期工程长19.6km(双向四车道19.6km,不含西柏坡收费站至景区段双向四车道一级公路8.7km);三期工程长9.056km(双向六车道);全线共设置5处匝道收费站(一期4处,二期1处),2处主线收费站(二期1处,三期1处),服务区3处,停车区1处。

4）主要控制点

石家庄市(鹿泉、平山、井陉)。共1个市,3个县。

5）地形地貌

项目区域地形地貌复杂,路线走廊经过地区的地貌单元分为华北平原和太行山地两大地貌单元。东部为滹沱河冲洪积平原,西部为太行山中段低山中部边缘的低山区地形。地势总体西高东低。地貌类型按其形态和成因分为滹沱河冲洪积平原、丘陵区、低山区三种。

6）路面结构及主要构造物

主要采用沥青混凝土路面。4cmAC-13C,6cmSUP-20,8cmSUP-25,8cm沥青稳定碎石,18cm级配碎石,18cm水泥稳定碎石。

主要构造物采用预应力混凝土连续梁桥。

7) 投资规模

项目分三期建设,一期概算投资 40.904 亿元;二期概算投资 19.841 亿元(其中新增投资 14.059 亿元,原西柏坡一级公路封闭段投资 5.782 亿元);三期概算投资 25.546 亿元。

8) 开工及通车、竣工时间

本项目共分三期建设,一期工程于 2010 年 4 月开工,2011 年 7 月通车;二期工程于 2011 年 3 月开工建设,2011 年 10 月通车;三期工程于 2011 年 3 月开工建设,2012 年 6 月 30 日通车。

2. 前期决策情况

1) 前期决策背景

为了构建石家庄市区至西柏坡的快捷高速通道,2010 年 2 月 10 日河北省政府召开常务会议,原则同意建设西柏坡高速公路,并安排部署西柏坡高速公路的前期工作,要求尽快开工建设。本项目建成后,使得西柏坡成为集爱国主义教育和旅游于一体的靓丽名片,不仅将有利于加强爱国主义教育,对发展红色旅游、带动区域经济发展也将发挥重要的促进作用。

2) 前期决策过程

(1) 2010 年 2 月 23 日,河北省发展和改革委员会以《关于西柏坡高速公路高庄至北沟段项目建议书的批复》(冀发改基础〔2010〕146 号)文件,批复了西柏坡高速公路高庄至北沟段(一期工程)项目建议书。

(2) 2010 年 3 月 4 日,河北省发展和改革委员会以《关于西柏坡高速公路高庄至北沟段项目可行性研究报告的批复》(冀发改基础〔2010〕186 号)文件,批复了西柏坡高速公路高庄至北沟段(一期工程)项目可行性研究报告。

(3) 2010 年 8 月 13 日,河北省发展和改革委员会以《关于西柏坡高速公路北沟至西柏坡段项目建议书的批复》(冀发改基础〔2010〕951 号)文件,批复了西柏坡高速公路北沟至西柏坡段(二期工程)项目建议书。

(4) 2010 年 10 月 25 日,河北省发展和改革委员会以《关于西柏坡高速公路二环路至霍寨段项目建议书的批复》(冀发改基础〔2010〕1637 号)文件,批复了西柏坡高速公路二环路至霍寨段(三期工程)项目建议书。

(5) 2010 年 12 月 23 日,河北省发展和改革委员会以《关于西柏坡高速公路北沟至西柏坡段项目可行性研究报告的批复》(冀发改基础〔2010〕1946 号)文件,批复了西柏坡高速公路北沟至西柏坡段(二期工程)项目可行性研究报告。

(6) 2010 年 12 月 23 日,河北省发展和改革委员会以《关于西柏坡高速公路二环路至霍寨段项目可行性研究报告的批复》(冀发改基础〔2010〕1945 号)文件,批复了西柏坡高速公路二环路至霍寨段(三期工程)项目可行性研究报告。

二、建设情况

1. 项目准备阶段

1）项目审批

（1）2010年3月5日，河北省发展和改革委员会以《关于西柏坡高速公路高庄至北沟段初步设计的批复》（冀发改投资〔2010〕188号）文件，批复了西柏坡高速公路高庄至北沟段（一期工程）初步设计。

（2）2010年4月22日，河北省交通运输厅以《关于西柏坡高速公路高庄至北沟段两阶段施工图设计的批复》（冀交公〔2010〕203号）文件，批复了西柏坡高速公路高庄至北沟段（一期工程）两阶段施工图设计文件。

（3）2011年2月17日，河北省发展和改革委员会以《关于西柏坡高速公路北沟至西柏坡段初步设计的批复》（冀发改投资〔2011〕143号）文件，批复了西柏坡高速公路北沟至西柏坡段（二期工程）初步设计。

（4）2011年2月17日，河北省发展和改革委员会以《关于西柏坡高速公路二环路至霍寨段初步设计的批复》（冀发改投资〔2011〕144号）文件，批复了西柏坡高速公路二环路至霍寨段（三期工程）初步设计。

（5）2011年5月18日，河北省交通运输厅以《关于西柏坡高速公路北沟至西柏坡段两阶段施工图设计的批复》（冀交公〔2011〕307号）文件，批复了西柏坡高速公路北沟至西柏坡段（二期工程）两阶段施工图设计文件；

（6）2011年7月1日，河北省交通运输厅以《关于西柏坡高速公路二环路至霍寨段两阶段施工图设计的批复》（冀交公〔2011〕482号）文件，批复了西柏坡高速公路二环路至霍寨段（三期工程）两阶段施工图设计文件。

2）资金筹措

本项目为省市合建项目，由河北省高速公路管理局和石家庄市交通运输局各筹措50%资金投资建设，总投资86.29亿元。

3）合同段划分及招投标

（1）合同段划分

根据各专业的工程内容标段划分如表8-33-2～表8-33-4所示。

①设计标段划分

一期工程设计5个标段，二期工程设计3个标段，三期工程设计3个标段。

②施工标段划分

一期工程：路基桥涵工程5个标段，路面工程1个标段，房建工程6个标段，绿化工程7个标段，交通安全设施工程6个标段。

第八章 高速公路建设项目

西柏坡高速公路(二环路—西柏坡)一期工程合同段划分一览表

表 8-33-2

参建单位	类型	参建单位名称	合同段编号及起讫桩号	标段所在地	主要内容	主要负责人	备注
项目管理单位	—	石家庄市京昆高速公路石太北线筹建处	—	—	—	赵建民	
勘察设计单位	—	河北省交通规划设计院(牵头人)	JKSJ-1:K0+000~K36+000	—	土建设计全面协调	—	
		石家庄交通勘察设计院(成员)					
		北京交科公路勘察设计研究院有限公司	JKSJ-2:K36+000~K62+300	—	土建设计	—	
施工单位	路基桥涵工程	河北冀通路桥建设有限公司	LJ-1:ZSK70+768	鹿泉	高压互通	—	
		中铁十六局集团第一工程有限公司	LJ-2:SK0+000~SK7+400	鹿泉	路基桥涵	—	
		北京城建路桥建设集团有限公司	LJ-3:TK14+500~TK20+000	鹿泉	路基桥涵	—	
		河北燕峰路桥建设有限公司	LJ-4:TK20+000~TK25+500	鹿泉、平山	路基桥涵	—	
		河北冀通路桥建设有限公司	LJ-5:PBK1+120~BPK14+800	平山	路基桥涵	—	
	路面工程	河北冀通路桥建设有限公司	LM	全线	路面	—	

西柏坡高速公路(二环路—西柏坡)二期工程合同段划分一览表

表 8-33-3

参建单位	类型	参建单位名称	合同段编号及起讫桩号	标段所在地	主要内容	主要负责人	备注
项目管理单位	—	石家庄市京昆高速公路石太北线筹建处	—	—	—	赵建民	
勘察设计单位	—	石家庄交通勘察设计院	SJ1	—	土建设计全面协调	—	
施工单位	路基桥涵路面工程	河北冀通路桥建设有限公司	ZX-1	平山	主线土建	—	
		平山兴通路桥建设有限公司	FD-1	平山	辅道路基路面	—	
		河北冀通路桥建设有限公司	FD-2	平山	辅道大桥	—	

西柏坡高速公路(二环路—西柏坡)三期工程合同段划分一览表

表 8-33-4

参建单位	类型	参建单位名称	合同段编号及起讫桩号	标段所在地	主要内容	主要负责人	备注
项目管理单位	—	石家庄市京昆高速公路石太北线筹建处	—	—	—	赵建民	
勘察设计单位	—	天津市市政工程设计研究院	SJ-1	—	总设计全面协调	—	
	—	铁道第三勘察设计院集团有限公司	SJ-2	—	田家庄互通设计	—	
施工单位	路基桥涵路面工程	北京城建道桥建设集团有限公司	S1:K0+000～K0+567.468	—	西三庄互通	—	
		河北燕峰路桥建设有限公司	S2:K0+567.468～K2+285.089	—	警安路分离式立交	—	
		中铁十七局集团有限公司	S3:K2+285.089～K3+327.714	—	田家庄互通	—	
		邢台路桥建设总公司	S4:K3+327.714～K3+894.834	—	南水北调大桥	—	
		中交第四公路工程局有限公司	S5:K3+894.834～K6+149.267	—	植物园区分离式立交	—	
		河北冀通路桥建设有限公司	S6:K6+149.267～K8+000	—	植物园区分离式立交、路面	—	
		中铁十六局集团第一工程有限公司	S7:K8+000～K9+056.337	—	霍寨互通	—	

二期工程:土建工程3个标段,房建工程5个标段,绿化工程5个标段,交通安全设施工程6个标段。

三期工程:土建工程7个标段,房建工程1个标段,绿化工程3个标段,照明工程3个标段,交通安全设施工程3个标段。

机电工程全线1个标段。

③施工监理标段划分

一期工程:路基桥涵绿化工程总监办1个,驻地办3个,路面监理1个标段,房建工程监理2个标段,交通安全设施工程监理1个标段。

二期工程:土建、绿化、交通安全设施工程监理2个标段,房建工程监理主线1个标段。

三期工程:土建、绿化、照明、交通安全设施工程监理2个标段,房建监理1个标段。

(2)招投标

按照国家颁布的《招投标法》和交通部颁布的《公路工程施工招标投标管理办法》《公路工程施工招标资格预审办法》《公路工程施工招标评标办法》的要求,由项目法人单位组织招标工作。

一期工程:

①2010年3月有212家施工单位通过资格预审,参加本项目路基桥涵工程5个合同段的投标。2010年4月15日在石家庄公开开标,采用无标底投标,合理低价中标方式。由从河北省发展和改革委员会专家库中随机抽取的评标专家组成评标委员会评审出5家中标单位。

②2010年9月有14家施工单位通过资格预审,参加本项目路面工程1个合同段的投标。2011年1月13日在石家庄公开开标,采用无标底投标,合理低价中标方式。由从河北省发展和改革委员会专家库中随机抽取的评标专家组成评标委员会评审出1家中标单位。

③2010年9月30日有85家施工单位参加本项目房建工程6个合同段的投标,在石家庄公开开标,采用无标底投标,合理低价中标方式。由从河北省发展和改革委员会专家库中随机抽取的评标专家组成评标委员会评审出6家中标单位。

④2011年3月28日有104家施工单位参加本项目绿化工程6个合同段的投标,另有第7个标段于2011年10月15日有39家施工单位参加投标。在石家庄公开开标,采用无标底投标,合理低价中标方式。由从河北省发展和改革委员会专家库中随机抽取的评标专家组成评标委员会评审出7家中标单位。

⑤2010年5月3日有82家施工单位参加本项目交通安全设施工程6个合同段的投标,在石家庄公开开标,采用无标底投标,合理低价中标方式。由从河北省发展和改革委员会专家库中随机抽取的评标专家组成评标委员会评审出6家中标单位。

二期工程:

①2011年1月有38家施工单位通过资格预审,参加本项目路基路面桥涵工程3个合同段的投标。2011年3月17日、18日在石家庄公开开标,采用无标底投标,合理低价中标方式。由从河北省发展和改革委员会专家库中随机抽取的评标专家组成评标委员会评审出3家中标单位。

②2011年4月22日有111家施工单位参加本项目房建工程5个合同段的投标,在石家庄公开开标,采用无标底投标,合理低价中标方式。由从河北省发展和改革委员会专家库中随机抽取的评标专家组成评标委员会评审出5家中标单位。

③2011年10月16日、17日有133家施工单位参加本项目绿化工程5个合同段的投标。在石家庄公开开标,采用无标底投标,合理低价中标方式。由从河北省发展和改革委员会专家库中随机抽取的评标专家组成评标委员会评审出5家中标单位。

④2011年5月17日、18日有99家施工单位参加本项目交通安全设施工程6个合同段的投标,在石家庄公开开标,采用无标底投标,合理低价中标方式。由从河北省发展和改革委员会专家库中随机抽取的评标专家组成评标委员会评审出6家中标单位。

三期工程:

①2011年1月有61家施工单位通过资格预审,参加本项目路基路面桥涵工程7个合同段的投标。2011年3月19日在石家庄公开开标,采用无标底投标,合理低价中标方式。由从河北省发展和改革委员会专家库中随机抽取的评标专家组成评标委员会评审出7家中标单位。

②2011年6月18日有32家施工单位参加本项目房建工程1个合同段的投标,在石家庄公开开标,采用无标底投标,合理低价中标方式。由从河北省发展和改革委员会专家库中随机抽取的评标专家组成评标委员会评审出1家中标单位。

③2012年1月有100家施工单位通过资格预审,参加本项目绿化工程3个合同段的投标。2012年2月29日在石家庄公开开标,采用无标底投标,合理低价中标方式。由从河北省发展和改革委员会专家库中随机抽取的评标专家组成评标委员会评审出3家中标单位。

④2012年1月有12家施工单位通过资格预审,参加本项目照明工程3个合同段的投标。2012年2月29日在石家庄公开开标,采用无标底投标,合理低价中标方式。由从河北省发展和改革委员会专家库中随机抽取的评标专家组成评标委员会评审出3家中标单位。

⑤2011年6月18日有51家施工单位参加本项目交通安全设施工程3个合同段的投标,在石家庄公开开标,采用无标底投标,合理低价中标方式。由从河北省发展和改革委员会专家库中随机抽取的评标专家组成评标委员会评审出3家中标单位。

全线机电工程:2011年4月20日有29家施工单位参加本项目机电工程1个合同段的投标,在石家庄公开开标,采用无标底投标,合理低价中标方式。由从河北省发展和改革委员会专家库中随机抽取的评标专家组成评标委员会评审出1家中标单位。

4)参建单位主要情况

(1)建设单位

本项目为省市合建项目,由河北省高速公路管理局和石家庄市交通运输局各筹措50%资金投资建设。项目执行机构是石家庄市京昆高速公路石太北线筹建处。

(2)设计单位

土建工程设计全面协调单位:河北省交通规划设计院(牵头人)、石家庄交通勘察设计院(成员)。

(3)施工单位

详见表8-33-2～表8-33-4。

5)征地拆迁

(1)设立专门组织机构

按三级管理体系设置安置办公室,加强各级政府对征地工作的领导和监督,形成完善的拆迁工作体系。

(2)加强监管,实现阳光拆迁

按照"阳光工程"和公路建设"十大公开"要求,制定相关的征地拆迁实施细则,对各类农作物、树木、房屋、集体个人设施等明确拆迁补偿标准,在标准制订时深入调查、密切结合实际,充分考虑沿线群众的切身利益,使标准符合国家政策并公之于众,让沿线群众家喻户晓,征地拆迁统计见表8-33-5。

西柏坡高速公路(二环路—西柏坡)征地拆迁统计表 表8-33-5

项目名称	征地拆迁安置起止时间 (年月～年月)	征用土地 (亩)	拆迁房屋 (m^2)	支付补偿费用 (元)	备注
一期	2010.6～2011.1	5383.41	47537.32	542266932	
二期	2011.1～2011.8	2138.9895	233417.51	154356323	
三期	2011.8～2012.10	1000.6095	39398.47	18892.54866	

2.项目实施阶段

1)施工过程

(1)加强对原材料采购、运输、存储、检验及使用等方面的管理,对主要材料采用甲控管理。

(2)组织设计单位进行技术交底,对工程质量进行全过程跟踪检查。

全线共分三期建设,实施过程如下:

一期工程:

(1)土建工程于2010年4月18日开工,2011年10月1日完工。

(2)房建工程于2010年11月开工,2011年10月完工。

(3)机电工程于2011年5月开工,2011年10月完工。

(4)交通安全设施工程于 2011 年 5 月开工,2011 年 10 月完工。

(5)绿化工程于 2011 年 9 月开工,2013 年 10 月完工。

(6)2011 年 9 月,河北省交通厅质量监督站对京昆高速公路石家庄段工程进行了交工验收。

二期工程:

(1)土建工程于 2011 年 4 月开工,2011 年 10 月 30 日通车。

(2)房建工程于 2011 年 6 月开工,2011 年 12 月完工。

(3)机电工程于 2011 年 5 月开工,2011 年 12 月完工。

(4)交通安全设施工程于 2011 年 6 月开工,2011 年 10 月完工。

(5)绿化工程于 2012 年 3 月开工,2013 年 10 月完工。

(6)2011 年 10 月,河北省交通厅质量监督站对京昆高速公路石家庄段北出口支线工程进行了交工验收。

三期工程:

(1)土建工程于 2011 年 4 月 1 日开工,2012 年 6 月 28 日完工。

(2)房建工程于 2011 年 6 月开工,2012 年 6 月完工。

(3)机电工程于 2012 年 4 月开工,2012 年 6 月完工。

(4)交通安全设施工程于 2012 年 3 月 1 日开工,2012 年 6 月 28 日完工。

(5)绿化工程于 2012 年 3 月 15 日开工,2013 年 10 月完工。

(6)2012 年 6 月底,完成了二环路至霍寨段工程的交工验收。

西柏坡高速公路(二环路至西柏坡)建设生产要素统计见表 8-33-6。

西柏坡高速公路(二环路—西柏坡)建设生产要素统计表　　　表 8-33-6

路线编号	建设时间	钢材(t)	沥青(t)	水泥(t)	砂石料(m³)	机械工(工日)	机械(台班)
S71	2010.4~2012.7	301205	250331	707606	4351814	1206511	803733

2)重要决策

(1)2010 年 4 月 26 日,举行西柏坡高速公路开工奠基仪式。

(2)2011 年 3 月 10 日下午,西柏坡高速公路"百日决战"动员大会在鹿泉市霍寨互通西侧隆重举行。石家庄市委副书记、市长艾文礼,河北省交通运输厅党组书记高金浩等领导出席了动员大会。

(3)2012 年 6 月 30 日,在西柏坡高速公路霍寨收费站广场举行建设总结大会。

3)各项活动

(1)12 月 22 日上午,京昆高速公路石太北线筹建处组织召开了西柏坡高速公路高庄至北沟段"满意在交通,大干120天"劳动竞赛总结表彰大会。

（2）2011年6月22日,河北省公路工程质量安全监督站对西柏坡高速公路二环路至霍寨段工程进行了质量督查。

三、科技创新

技术创新有2项:新型多聚磷酸聚合物改性沥青技术研究;横向加筋注浆技术防治高速公路桥头跳车研究。

技术推广上实现了新的突破有2项:南水北调大桥的挂篮施工、田家互通转体T构施工监控技术。

四、运营养护管理

1.服务设施

西柏坡高速公路全线设置西柏坡停车区,鹿泉、平山及岗南3处服务区(表8-33-7)。

西柏坡高速公路（二环路—西柏坡）服务设施一览表　　表8-33-7

高速公路编码	服务区名称	桩号	所在区域	占地(亩)	建筑面积(m^2)
S71	鹿泉服务区	K21+000	鹿泉市宜安镇	90	7518
	平山服务区	K39+500	平山县回舍镇	100	8202.6
	岗南服务区	K8+840	平山县岗南镇	60	7028
	西柏坡停车区	K66+500	平山县西柏坡镇	18	862

2.收费设施

本项目共设置收费站7处(表8-33-8)。

西柏坡高速公路（二环路—西柏坡）收费设施一览表　　表8-33-8

收费站名称	桩号	入口车道数		出口车道数	
		总车道数	ETC车道	总车道数	ETC车道
霍寨收费站	K7+780	11	1	14	1
胡庄收费站	K15+820	3	1	3	1
东焦收费站	K25+269	3	1	4	1
东回舍收费站	K37+985	3	1	4	1
温塘收费站	K45+074	6	2	9	2
岗南收费站	K56+994	3	1	4	1
西柏坡收费站	K64+047	8	1	10	1

3.养护管理

本项目养护里程66.2km,设1处西柏坡养护中心(表8-33-9)。

西柏坡高速公路(二环路—西柏坡)养护设施一览表 表 8-33-9

养护工区名称	桩 号	养护路段长度(km)	占地面积(亩)	建筑面积(m^2)
西柏坡高速公路管理处养护中心	K65+157	66.256	15	1550

4. 监控设施

本项目设置信息调度中心1处,负责西柏坡高速的运营监管(表8-33-10)。

西柏坡高速公路(二环路—西柏坡)监控设施一览表 表 8-33-10

监控设施名称	桩 号	占地面积(亩)	建筑面积(m^2)
信息调度中心	K7+780	调度中心与西柏坡管理处合建	

5. 交通流量

2012—2016年西柏坡高速公路(二环路—西柏坡)交通量情况如表8-33-11、图8-33-2所示。

西柏坡高速公路(二环路—西柏坡)交通量(自然数)发展状况表 表 8-33-11

年 份		2012	2013	2014	2015	2016
交通量(辆)	霍寨	1378184	3448270	3370593	4093259	4564373
	胡庄	337637	517017	461954	907499	1201679
	东焦	2062166	2621355	2285120	3120575	3630266
	东回舍	639725	723680	613172	639459	600894
	温塘	1516998	1704340	2108236	2942356	2541629
	岗南	337118	541004	243070	387218	450696
	西柏坡	1740875	1674644	994762	1254229	1170420
	合计	8012703	11230310	10076907	13344595	14159957
收费站年平均日交通量(辆/日)		21953	30768	27608	36561	38794

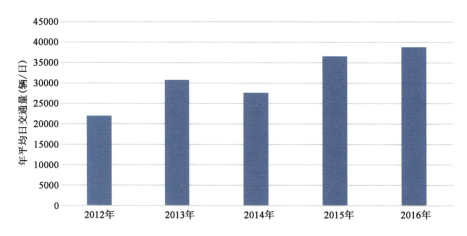

图 8-33-2 西柏坡高速公路(二环路—西柏坡)收费站年平均日交通量(自然数)增长柱状图

第三十四节　S78 石家庄—德州高速公路河北段
（衡水—冀鲁界）

S78 石家庄—德州高速公路衡水—冀鲁界段是河北省与经济强省山东联系的重要通道，建设期为衡德高速公路，起自衡水北互通，讫于京杭大运河（冀鲁界），全长61.139km。起点至邓家庄枢纽型互通 11.95km，已在四车道高速公路基础上扩建为八车道，并划归大广高速公路衡大段，改为邓家庄枢纽型互通为本项目起点，起点桩号：K37+150，终止于京杭大运河（冀鲁界），终点桩号：K86+339，全长 49.189km。沿线途经清凉店、龙华、王瞳、富德公路。衡水至德州高速公路（衡水—冀鲁界段）的建设加速了社会经济交流，促进国民经济发展和沿线区内生产总值高速度增长。

衡水—德州高速公路衡水—冀鲁界段于 2003 年 12 月建成通车，由河北交通投资集团衡水至德州高速公路（衡水—冀鲁界段）有限公司负责运营养护管理。

S78 石家庄至德州高速公路项目信息见表 8-34-1，路线平面示意图见图 8-34-1。

S78 石家庄至德州高速公路项目信息采集表　　表 8-34-1

项目名称	路段起讫桩号		规模（km）		设计速度（km/h）	路基宽度（m）	投资情况（亿元）				建设时间（开工~通车）	备注
	起点桩号	讫点桩号	合计	车道数			估算	概算	决算	资金来源		
衡水至德州高速公路河北段（衡水至冀鲁界）	K37+150	K86+339	49.189	四车道	120	26	11.13	14.17	10.92	资本金和银行贷款	2001.12~2003.12	

一、项目概况

1. 基本情况

1）功能定位

衡水至德州高速公路是河北省与经济强省山东联系的重要通道，目前为大广高速公路和京沪高速公路连接的纽带，同时也是石黄高速公路和京沪高速公路连接的纽带。它的建成对改善晋煤外运和东西向通道状况，沟通河北与山东部分地区的经济交往，促进区域内经济的发展起着重要的作用。衡水至德州高速公路（衡水至冀鲁界段）的修建对于完善河北省高速公路网、促进河北及相关区域经济的发展，特别是衡水地区经济的繁荣起着非常重要的作用。

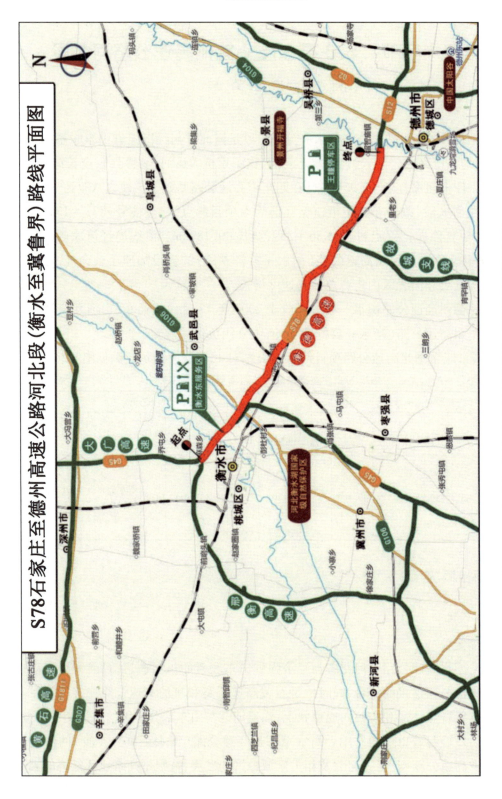

图8-34-1　S78(石家庄—德州)高速公路河北段(衡水—冀鲁界)路线平面示意图

2）技术标准

采用双向四车道，设计速度120km/h，路基宽度26.0m。

3）建设规模

本项目建设里程49.189km，特大桥2座，大桥4座，中桥8座，小桥22座，分离式立交3处，通道32处，天桥24座，互通式立交3处。停车区1处，管理处1处，养护工区1处，收费站3处，养护管理房建总建筑面积17920m^2。机电工程包括收费、监控和通信三大系统。

4）主要控制点

衡水市的桃城区、武邑县、枣强县、景县。共计4个县（区）。

5）地形地貌

该区经过漫长的地质年代，形成了巨厚的第四系堆积物，细粒土较多，地下水位浅，地基承载能力较低，且枯水季节土壤盐碱化严重。

6）路面结构及主要构造物

主要采用沥青混凝土路面。4cm中粒式AC16-1沥青混凝土，6cm中粒式AC25-1沥青混凝土，20cm水泥碎石，39cm石灰土。

主要构造物采用预应力混凝土简支梁桥、连续梁桥。

7）投资规模

经竣工决算，衡德高速公路（61.139km）工程基本建设总投资为10.92亿元（竣工决策）。

8）开工及通车、竣工时间

主体工程于2001年12月1日正式开工建设，2003年12月20日建成通车试运营。

2. 前期决策情况

1）前期决策背景

经过"九五"期的发展，河北省交通运输的瓶颈制约状况得到明显缓解，路况得到了明显改善，运输能力得到了明显提高，但与经济发展的需求尚有一定距离。"十五"期间，河北省交通又面临新的形势，经济全球化、区域经济一体化以及我国加入WTO，必将大大拓展交通运输的空间，尤其是外贸运输将空前高涨，为海运、港口的发展以及发挥公路在运输大通道的衔接作用带来新的机遇。

2）前期决策过程

（1）1999年8月27日，河北省计划委员会以冀计能交〔1999〕717号文批复了衡水至德州公路衡水至冀鲁界段项目建议书。

（2）1999年12月20日，河北省计划委员会以冀计能交〔1999〕1206号文批复了衡水至德州公路衡水至冀鲁界段可行性研究报告（双向四车道一级公路，横向分期建设）。

(3)2001年6月21日,河北省计划委员会以冀计基础〔2001〕539号文同意衡水至德州公路调整建设方案(一期工程低路基四车道一级公路全幅一次建成,二期为互通式立交工程和全线配套设施)。

二、建设情况

1. 项目准备阶段

1)项目审批

(1)2001年9月18日,河北省计划委员会以冀计投资〔2001〕822号文批复了衡水至德州一级公路建设方案的初步设计和概算。

(2)2001年9月26日,河北省交通厅公路局组织一级公路施工图设计专家审查会,并以冀交函公工字〔2001〕191号文印发一级公路施工图设计专家审查意见,设计单位随后进行修改并出版一级公路施工图文件。

(3)河北省交通厅公路局以冀交公字〔2002〕266号文对一级公路施工图设计及预算进行了批复。

(4)由于河北省调整修订高速公路发展计划,衡德一级公路要实施封闭改造为高速公路。经请示,河北省发展计划委员会于2003年6月19日以冀计基础〔2003〕622号文批准衡水至德州公路调整为全封闭、全互通双向四车道高速公路。

(5)2003年12月,河北省发展计划委员会以冀计投资〔2003〕469号文批复了衡水至德州高速公路的初步设计和概算。

(6)河北省交通厅公路局以冀交公字〔2004〕204号文对高速公路施工图设计预算进行了批复。

2)资金筹措

衡德高速公路一期工程全部建设资金需人民币6.502亿元(包括建设期贷款利息),其中2.272亿元按资本金计列,剩余资金4.23亿元采用银行贷款,建设期贷款利息0.319亿元;二期工程全部建设资金需人民币7.497亿元(包括建设期贷款利息),其中2.687亿元按资本金计列,剩余资金4.81亿元采用银行贷款,建设期贷款利息0.364亿元。

3)合同段划分及招投标

(1)合同段划分

根据各专业的工程内容标段划分见表8-34-2。

路基桥涵路面工程共分为5个合同段;互通式立交工程共分为1个合同段;交通安全设施工程共分为4个合同段;收费站广场及收费岛亭棚共分为1个合同段;房建工程共分为4个合同段;绿化工程共分为11个合同段;机电工程1个合同段。

第八章 高速公路建设项目

衡德高速公路(衡水至冀鲁界段)合同段划分一览表

表 8-34-2

参建单位	参建单位名称	合同段编号及起讫桩号	标段所在地	主要内容	主要负责人	备注
项目管理单位	河北省衡水市交通局公路管理处	—	—	—	孙国忠	
勘察设计单位	河北省交通规划设计院	K25+000~K86+140	—	主线工程	赵彦东	
	河北省交通规划设计院	K25+000~K82+000	—	主线工程	卫永光	补充设计
施工单位	中铁五局集团公司	1:K25+200~K33+000 K35+300~K40+674.252	桃城区	路基、路面及结构物	杨文志	
	河北路桥集团有限公司	2:K33+000~K35+300	桃城区	路基、路面及结构物	王建华	
	衡水路桥工程有限公司	3:K40+650~K53+650	武邑县、枣强县	路基、路面及结构物	宋金辉	
	中铁十九局集团第三工程有限公司	4:K53+650~K70+650	枣强县、景县	路基、路面及结构物	曲久彬	
	中铁十五局集团第一工程有限公司	5:K70+650~K85+590	景县	路基、路面及结构物	习明信	
	中铁十九局集团第三工程有限公司	1-A	桃城区	一标内10个跨线天桥及衡东互通A、B、C匝道	马应红	
	衡水路桥工程有限公司	1-B	桃城区、景县	一标内2个跨线天桥、2个人行刚构天桥	王胜来	
	山西路达实业公司	AQ1:K25+200~K40+673	桃城区	交通安全设施	王永康	
	凯通交通工程有限公司	AQ2:K40+650~K53+650	武邑县、枣强县	交通安全设施	郭斌	
	张家港港丰交通安全设施有限公司	AQ3:K53+650~K70+650	枣强县、景县	交通安全设施	杨新华	
	山西通畅路工程有限公司	AQ4:K70+650~K86+160	景县	交通安全设施	郭富生	
	河北路桥集团有限公司	主线 K82+900 收费站;龙华互通 AK0+160 收费站;衡水东 AK0+000 收费站	景县、桃城区	收费站广场及收费岛、亭、棚	宋立齐	
	衡水路桥工程有限公司	HT	景县	龙华互通、景州互通	韩增	

(2）招投标

按照国家颁布的《招投标法》和交通部颁布的《公路工程施工招标投标管理办法》《公路工程施工招标资格预审办法》《公路工程施工招标评标办法》的要求,由项目法人单位组织招标工作。

①2001年9月13日在《河北日报》上刊登了《衡德公路施工、监理资格预审报告》。截至2001年9月15日,申请报名参加资格预审的施工单位82家,监理单位9家。2001年11月12日,经过业主充分调查、研究确定了衡德一级公路中标的施工及监理单位。

②衡水至德州高速公路(衡水至冀鲁界段)交通安全设施工程项目于2003年3月21日在《河北经济日报》上发布招标公告,2003年4月10日,有23家单位递交了41份资格预案文件,有10家单位通过安全设施招标资格预审。2003年7月27日举行开标仪式。

③衡水至德州高速公路(衡水至冀鲁界段)衡水至冀鲁界收费站广场及收费岛、亭、棚项目于2003年8月23日出售标书,有三家施工单位购买标书,2003年8月30日举行开标仪式。

④房建工程于2003年3月21日在《河北经济日报》上发布资格预审公告。2003年4月10日,有22家单位递交了28份资格预审文件,有17家单位通过预审。2003年10月25日在衡水市洞天宾馆举行开标仪式。

⑤2004年6月30日发布了衡水至德州高速公路衡水至冀鲁界机电工程施工招标预审公告。2004年7月14日,共收到11家投标申请人递交的资格预审申请文件,有6家申请人全面满足强制性指标要求。2004年8月12日在河北省白楼宾馆举行公开开标。

⑥2004年6月30日发布了衡水至德州高速公路衡水至冀鲁界机电工程施工监理招标预审公告。2004年7月14日,共收到3家投标申请人递交的资格预审申请文件,3家申请人都能全面满足强制性指标要求。2004年8月12日在河北省白楼宾馆2号楼国际会议中心举行了公开投标。

4）参建单位主要情况

(1）建设单位

本项目建设单位是河北省衡水市交通局公路管理处。

(2）设计单位

河北省衡水市交通局委托河北省交通规划设计院负责本项目勘察设计工作。

(3）施工单位

详见表8-34-2。

5）征地拆迁

(1）设立专门组织机构

按三级管理体系设置安置办公室,加强各级政府对征地工作的领导和监督,形成完善的拆迁工作体系，使征地拆迁工作层层有人管、层层有人抓。

（2）落实承包责任制

征地拆迁工作实行群众参与，各级政府层层签订责任书，采取"四到位""四现场"的做法，即县、乡、村、户四方到场，现场丈量、现场清点、现场签字、现场盖章。

（3）1998年衡水市政府召开沿线政府、市直有关部门动员大会，明确了各单位的有关责任和义务，至1998年12月底，共完成征地6768.19亩，并完成部分拆迁工作。但由于河北省交通厅调整建设计划，项目暂缓实施。2001年项目重新启动。为完善各种基建程序，业主与各县区交通局签订了征地、拆迁、清除地表附着物及地方工作责任状，明确了地方工作全权由各县区交通局负责，至2001年11月5日，征地、拆迁如期完成，为工程顺利开展奠定了良好的基础。2003年3月改为高速公路后，新增加征地957.55亩，整个征地、拆迁及地方工作共支出约1.168亿元，征地拆迁统计见表8-34-3。

衡德高速公路（衡水至冀鲁界段）征地拆迁统计表　　　　表8-34-3

高速公路编码	项目名称	征地拆迁安置起止时间	征用土地（亩）	拆迁房屋（m²）	拆迁占地费（万元）	备注
S78	衡水至德州高速公路（衡水至冀鲁界段）	1998.1～2003.11	5000.55	14019	116765213	

2．项目实施阶段

1）施工过程

（1）主体工程于2001年12月1日正式开工兴建，2003年12月20日建成通车试运营。

（2）附属房建工程于2003年11月30日开工，2005年11月16日交工验收。

（3）交通机电工程于2004年9月10日开工，2006年3月13日交工验收。

（4）2003年12月17日，衡水市交通局组织，交通厅公路管理局主持对衡水至德州高速公路（衡水至冀鲁界段）进行交工验收。

（5）2003年12月，河北省公路工程质量监督站对整个工程实行了质量监督，对本次交工工程进行了质量鉴定。工程质量评分为95.492，达到优良工程等级。

衡德高速公路（衡水至冀鲁界段）建设生产要素统计见表8-34-4。

衡德高速公路（衡水至冀鲁界段）建设生产要素统计表　　　　表8-34-4

路线编号	建设时间	钢筋（t）	沥青（t）	水泥（t）	砂石料（m³）	机械工（工日）	机械（台班）
S78	2001.12～2003.12	5144	22938	138057	190446	460528	327900

2）重要决策

（1）2001年12月1日，衡水至德州高速公路（衡水至冀鲁界段）正式开工。

(2)2003年6月19日,河北省计划经济委员会批准将衡水至德州公路调整为全封闭全互通双向四车道高速公路。

3)各项活动

(1)2002年6月5日至6月30日,河北省公路工程质量监督站组织了全省第一次公路质量检查。

(2)2002年9月10日,为确保2002年新改建工程计划目标的落实衡水市交通局制定了"大干60天"劳动竞赛活动实施办法。

(3)2003年6月30日,衡水市交通局组织召开了衡水至德州高速公路(衡水至冀鲁界段)建设协调会,通报了路基土方工程进展情况,并对先进单位进行了奖励。杜金瑞局长提出今后工作要实行"四抓"(抓细、抓实、抓严、抓好)、"一确保"(确保阶段目标必须完成)、"一推行"(推行"比、学、赶、帮、超"工作方法)工作原则。

(4)2003年9月15日到16日,由衡水市项目办、总监办组成考核组,结合衡德管字〔2003〕34号文件及九月四日衡水至德州高速公路(衡水至冀鲁界段)生产调度会议精神,对衡水至德州高速公路(衡水至冀鲁界段)各个承包商工程进度和施工现场进行了阶段性考核。

三、复杂技术工程

清凉江大桥负弯矩张拉,由于施工单位无类似工程的施工经验,施工单位组织有关人员去外地参观学习,反复计算有关数据,改进模板,确定了一个完善的施工方案,并得到了监理工程师的认可,在施工中每一步均按所制订的施工工艺进行,实践证明工艺是可行的,施工单位也积累了丰富的施工经验。

结合本地区工程地质条件与其他高速公路软弱土地基处理的经验教训,经过经济比较采用水泥深层搅拌桩处理高填土桥头及部分箱形构造物,与采用旋喷桩处理软基比较节省投资,同时地基处理收到了预期的效果。

四、科技创新

衡德高速公路在项目管理创新、技术创新、技术推广上实现了新的突破。其中技术创新有5项:

(1)采用新材料治理桥头跳车,由于有些桥涵构造物台背受到结构物影响,基坑回填位置深而窄,碾压工作条件差,压实机械难以到位,成为碾压的薄弱环节,不易达到所要求的压实标准,是造成台背回填沉降,产生跳车的主要因素。流态粉煤灰水泥混合材料,具有流动性好、不用碾压、易于密实的特征,且回弹模量比石灰土高,压缩变形小。

(2)率先在河北省内高速公路上严格执行了《路基施工技术规范》对路床CBR值的

强度要求,对于达不到规范要求强度指标的填料,采取了换填灰土的措施保证路床强度满足规范要求。

（3）GPS测量技术,可以短时间内迅速而又准确地获取空间三维定位数据,它具有无需测站间的通视,精度高,速度快,效益好等优点,能快速完成公路测区高级控制,为线位、桥位等测量提供可靠的数据。本项目测量放线工程全部采用GPS放线。

（4）数字地面模型,利用航测结果形成的地面三维立体数据,建立数字地面模型,快速内插路线纵横断面数据,为路线多方案比选和优化设计提供了可靠技术资料,降低了测量工作强度,加快了测量速度。并采用德国道路勘测设计软件CARD/1,利用数字地面模型形成路线纵横地面线资料,进行路线设计,提高了精度和速度。

（5）计算机辅助设计,CAD在本项目被广泛使用,路线平、纵、横设计采用德国道路勘测设计软件CARD/1,结构设计、路面结构分析计算、互通式立交的设计都采用了计算机辅助设计,大大提高了设计效率。

五、运营养护管理

1. 服务设施

全线设置王瞳停车区1处服务区（表8-34-5）。

衡德高速公路（衡水至冀鲁界段）服务设施一览表　　　表8-34-5

高速公路编码	服务区名称	桩　　号	所在区域	占地（亩）	建筑面积（m²）
S78	王瞳停车区	K75+710	景县	128	3160

2. 收费设施

本项目沿线共设主线收费站1处,匝道收费站2处（表8-34-6）。

衡德高速公路（衡水至冀鲁界段）收费设施一览表　　　表8-34-6

收费站名称	桩号	入口车道数		出口车道数		收费方式
		总车道数	ETC车道	总车道数	ETC车道	
龙华收费站	K59+900	2	0	2	0	MTC
景州主线收费站	K82+900	4	0	8	0	

3. 养护管理

本项目设置王瞳1处养护工区（表8-34-7）。

衡德高速公路（衡水至冀鲁界段）养护设施一览表　　　表8-34-7

养护工区名称	桩　　号	路段长度（km）	占地面积（亩）	建筑面积（m²）
王瞳养护工区	K75+710	61.139	128	3160

4. 监控设施

本项目设置管理处监控中心、衡水东监控中心、龙华监控中心、景州主线监控中心,负责衡水至德州高速公路(衡水至冀鲁界段)全线的运营监管(表8-34-8)。

衡德高速公路(衡水至冀鲁界段)监控设施一览表　　表8-34-8

监控设施名称	桩　　号	备　　注
管理处监控中心	K30+120	监控中心与管理处合建
衡水东监控中心	K35+200	监控中心与衡水东收费站合建
龙华监控中心	K59+900	监控中心与龙华收费站合建
景州主线监控中心	K82+900	监控中心与景州主线收费站合建

5. 交通流量

衡水至德州高速公路(衡水至冀鲁界段)交通流量情况详见表8-34-9、图8-34-2。

衡德高速公路(衡水至冀鲁界段)交通量(自然数)发展状况表　　表8-34-9

年　份		2004	2005	2006	2007	2008	2009	2010	2011	2012	2013	2014	2015	2016
交通量(辆)	衡水东	901760	870664	530950	454767	477311	310952	318725	777379	954873	993349	1266811	903907	1018354
	龙华	1413405	1364667	832203	712795	748130	487381	499566	986947	1486513	2473460	3959972	6433432	10393404
	景州站	1017813	982716	599281	513294	538739	350970	359744	877425	1700667	2270403	3062777	2848421	2598062
	合计	3332978	3218048	1962435	1680855	1764180	1149303	1178035	2641751	4142053	5737212	8289560	10185760	14009820
收费站年平均日交通量(辆/日)		9131	8817	5377	4605	4833	3149	3227	7238	11348	15718	22711	27906	38383

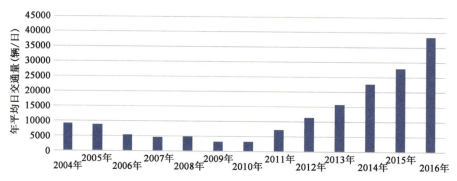

图8-34-2　衡德高速公路(衡水至冀鲁界段)收费站年平均日交通量(自然数)增长柱状图

第三十五节　S82 邯郸—馆陶高速公路

S82邯郸至馆陶高速公路由青红高速公路鲁冀界至邯郸段、青兰高速公路邯郸至史村互通两段组成。项目的建设对于拉动邯郸市区域经济、提高城市品位都具有较为深远的影响,在有效缓解京港澳高速公路主线的交通繁忙状况的同时为邯郸主城区通向各地提供了非常便捷的交通通道,对城市交通的疏导和过境交通压力的缓解发挥了重要作用。

青红高速公路鲁冀界至邯郸段建设期是国家"7918"高速公路网的组成路段,是河北省"五纵六横七条线"高速公路主骨架的重要组成部分,也是邯郸市"三纵两横一环五射线"高速公路网的主要组成部分,路线起自冀鲁界卫运河特大桥,经馆陶北、肥乡北,向西北跨过邯临公路和京港澳高速公路、京广电气化铁路,终于邯武复线,路线全长93.79km。

青兰高速公路邯郸至史村互通是国家重点公路"横5"的重要路段,也是河北省规划的"五纵六横七条线"高速公路主骨架中"横6"的组成部分,青兰高速公路邯郸至史村互通段是青兰高速公路邯郸至涉县段的重要组成部分,始于邯郸西互通,终于史村枢纽互通,路线全长10.71km。

(1)青红高速公路鲁冀界至邯郸段高速公路于2007年8月建成通车,由邯郸市高速公路管理局负责运营养护管理,运营里程桩号为K549+000~K642+790,全长93.79km,设计速度120km/h,双向四车道,路基宽28m。

(2)青兰高速公路邯郸至史村互通段于2010年9月建成通车,由邯郸市高速公路管理局负责运营养护管理,运营里程桩号为K641+679~K650+891,全长9.212km,设计速度120km/h,双向四车道,路基宽28m。

S82邯郸至馆陶高速公路项目信息见表8-35-1,路线平面示意图见图8-35-1。

S82邯郸至馆陶高速公路项目信息采集表 表8-35-1

项目名称	路段起讫桩号		规模(km)		设计速度(km/h)	路基宽度(m)	投资情况(亿元)			建设时间(开工~通车)	备注
	起点桩号	讫点桩号	合计	车道数			估算	概算	资金来源		
青红高速公路鲁冀界至邯郸段	K549+000	K642+790	93.79	四车道	120	28.0	—	32.16	交通部补助、银行贷款、地方自筹	2004.8~2007.8	
青兰高速公路邯郸至史村互通段	K641+679	K650+891	10.71	四车道	120	28.0	—	—	—	2007.12~2010.9	

一、青红高速公路鲁冀界至邯郸段

(一)项目概况

1.基本情况

1)功能定位

青红高速公路鲁冀界至邯郸段高速公路是邯郸市规划的"三纵二横,一环五射线"高速公路网的重要骨架。建成后,邯郸市将成为承东启西、连南贯北的重要交通公路枢纽,对于拉动邯郸市区域经济、提高城市品位都具有较为深远的影响。

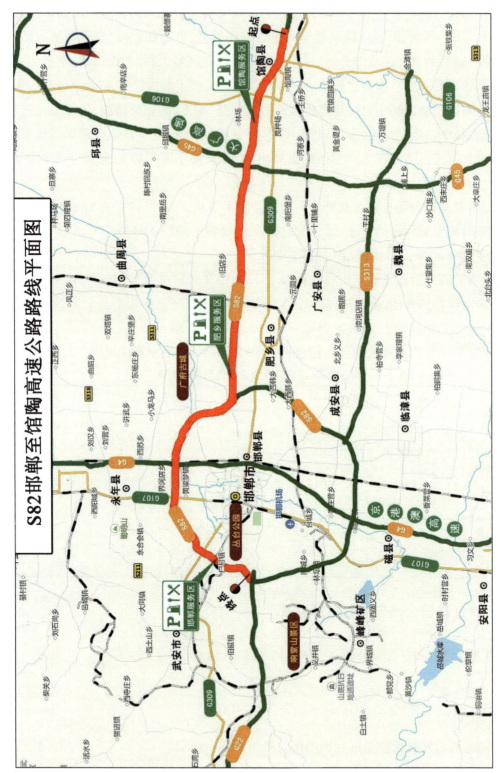

图8-35-1 S82（邯郸—馆陶）高速公路路线平面示意图

2）技术标准

采用双向四车道，设计速度120km/h，路基宽度28.0m。平曲线最小半径采用2000m。最大纵坡采用2.9%。

3）建设规模

本项目建设里程长93.79km，其中：特大桥1145m 1座；大桥2888m 13座；中桥2051m 30座；小桥1036m 55座；涵洞138道；桥梁长度占路线总长度的7.59%；互通式立交8处（其中服务型互通6处，枢纽型互通2处）；通道138处；天桥42座；主线收费站1处，匝道收费站6处；服务区2处；管理、养护、服务、监控房屋建筑面积15020.75m²。

4）主要控制点

邯郸市的馆陶县、曲周县、广平县、肥乡县、永年县、邯郸县，共计6个县，20个乡镇。

5）地形地貌

项目属平原地貌，多为亚砂土、亚黏土、粉砂亚砂土，地势西高东低。

6）路面结构及主要构造物

主要采用沥青混凝土路面。4cmAK-13A改性沥青混凝土，6cmAC-20I中粒式沥青混凝土，8cmAC-25I粗粒式沥青混凝土，SBR改性沥青封层，18cm（右幅）/19cm（左幅）水泥稳定级配碎石，18cm（右幅）/19cm（左幅）石灰、粉煤灰稳定级配碎石，18cm（右幅）/36cm（左幅）石灰、粉煤灰稳定土。

主要构造物采用预应力混凝土简支梁桥、连续梁桥。

7）投资规模

项目概算投资32.16亿元，竣工决算投资29.93亿元，平均每公里造价3191.17万元。

8）开工及通车、竣工时间

2004年8月开工建设，2007年8月竣工通车。

2. 前期决策情况

1）前期决策背景

青红高速公路鲁冀界至邯郸段高速公路建设期是国家"7918"高速公路网的组成路段，是河北省"五纵六横七条线"高速公路主骨架的重要组成部分，也是邯郸市"三纵两横一环五射线"高速公路网的主要组成。

2）前期决策过程

（1）2003年8月11日，河北省人民政府以冀政函〔2003〕86号文批复了包含青红高速公路鲁冀界至邯郸段高速公路项目在内的《河北省2003至2007年高速公路建设计划》。

（2）2003年10月22日，河北省交通厅以冀交函字〔2003〕81号文向河北省发展和改革委员会出具了该项目的行业审查意见。

(3)2003年12月29日,河北省发展和改革委员会以冀发改交通〔2003〕第572号文批复了工可报告。

(4)2003年12月1日,邯郸市交通局向河北省交通厅呈报了《关于组建青红高速公路鲁冀界至邯郸段高速公路项目法人的请示》,河北省交通厅以冀交字〔2003〕671号文对该项目的法人资格进行了批复。

(二)建设情况

1. 项目准备阶段

1)项目审批

(1)2004年5月24日,河北省发展和改革委员会以冀发改投资〔2004〕606号文批复初步设计。

(2)2004年6月,项目施工图编制完成。6月16日~19日,河北省交通厅公路局组织审查了施工图,并以冀交公路字〔2004〕315号批复了项目主体工程施工图设计。

(3)按照土地部门有关程序,项目土地组卷在经国土厅审核后上报国土部,最后经国务院批准。2004年10月,国土部以国土资函〔2004〕366号文件批复了工程建设用地。

(4)2005年1月8日,环保部组织了环境影响评估大纲审查会,环保部副司长牟广丰、邯郸市委副书记陈会新、邯郸市政府副市长宋春婴等领导参加了会议。会议原则通过了环评大纲,出具大纲审查意见。

2)资金筹措

该项目原批准概算总投资27.31亿元,调整后概算总投资32.16亿元,其中资本金9.56亿元(占总投资的35%),主要由以下两部分组成:一是交通部按国家重点公路建设补助办法,对该项目予以每公里250万元的补助,计2.34亿元,实际收到交通部补助1.82亿元;二是业主自筹6.7亿元(落实6.6亿元,来源:①河北省交通厅提供的国开行软贷资金5.0亿元,作为该项目资本金;②通过青红高速公路馆陶、肥乡两处服务区经营权转让,获得1.7亿元资金,用于青红高速公路建设)。其余21.41亿元申请银行贷款,实际已经贷款20.77亿元。竣工决算为29.93亿元,投资节约2.23亿元,平均每公里造价3191.17万元。

3)合同段划分及招投标

(1)合同段划分

根据各专业的工程内容标段划分见表8-35-2。

①设计标段划分1个标段。

②施工标段划分:根据工程内容的不同,土建工程8个标段,机电工程1个标段,房建工程8个标段,绿化工程7个标段,交通安全设施4个标段。

第八章 高速公路建设项目

青红高速公路鲁冀界至邯郸段高速公路合同段划分一览表

表 8-35-2

参建单位	类型	参建单位名称	合同段编号及起讫桩号	标段所在地	主要内容	主要负责人	备注
项目管理单位		邯郸市青红高速公路管理处				沈付湘	
勘察设计单位	土建工程设计	河北省交通规划设计院	1-8：K0+000～K93+790		主线土建工程	张国栓	
施工单位	土建工程	廊坊市交通公路工程有限公司	1：K0+000～K13+271	馆陶镇	路基、桥涵及路面底基层	王永和	
		路桥集团第二公路工程局第六工程处	2：K13+271～K28+100 K0+000～K28+100	平固店镇	路基、桥涵、路面	邹会安	
		张家口路桥建设集团有限公司	3：K28+100～K41+800	旧店乡	路基、桥涵及路面底基层	李智明	
		河北路桥集团有限公司	4：K41+800～K54+400 K28+100～K54+400	毛演乡	路基、桥涵、路面工程	耿国占	
		唐山公路建设总公司	5：K54+400～K67+500	姚寨乡	路基、桥涵、路面工程	梁立军	
		邯郸市光大公路工程有限公司	6：K67+500～K79+150 K54+400～K79+150	南吕固乡	路基、桥涵及路面底基层	张昌华	
		中铁二十一局集团第三工程有限公司	7：K79+150～K80+500		分离立交（不包括路面底基层）	祝文	
		青岛公路建设集团有限公司	8：K80+500～K93+790 K79+150～K93+790	户村镇	路基、桥涵、路面（包括7合同的路面底基层）	徐保聪	
		上海电器科学研究所有限公司	K0～K93+700	全线	机电工程	汪卫	

③施工监理标段划分：根据工程内容设 1 个总监办公室,4 个土建工程驻地监理标段,2 个房建工程监理标段,1 个机电工程监理标段。

（2）招投标

管理处严格执行《中华人民共和国招标投标法》和公路建设基建程序,对青红公路工程勘察设计和土建施工阶段,依照市场竞争原则,均实行公开招标。

①2004 年 2 月 13 日,邯郸市交通局向河北省交通厅呈报了土建工程施工与监理招标资审文件。2 月 16 日,河北省交通厅以冀交招函字〔2004〕13 号文出具了审查意见。

②2004 年 2 月 18 日～20 日,该项目土建工程在《河北经济日报》刊登了施工和监理招标资格预审公告,同时在河北省招投标综合网上发布。

③符合资质要求的 87 家施工企业、11 家监理企业参加了报名,出售施工资审文件 144 份、监理资审文件 21 份。

④经过严格的资格预审评审,70 家施工单位的 74 份资格预审申请文件通过了资格预审,11 家监理单位的 20 份资格预审申请文件通过资格预审。

⑤2004 年 3 月 15 日,邯郸市交通局向河北省交通厅呈报了该项目招标的资审结果和招标文件。

⑥河北省交通厅以冀交招函字〔2004〕26 号文批准了资格预审结果和招标文件后,业主向通过资格预审的单位发出了投标邀请书。在规定的时间里,69 家施工单位和 10 家监理单位购买了招标文件。共计出售施工招标文件 73 份、监理招标文件 17 份。

⑦2004 年 4 月 26 日 15:00,在邯郸市电力公司（南院）欣甸宾馆 5 层会议中心公开举行了开标仪式。在公证处公证下,在河北省监察厅、河北省发展和改革委员会、河北省交通厅招投标中心和邯郸市交通局监察室的共同监督下,65 家施工单位递交了 69 份施工投标文件,9 家监理单位递交了 16 份施工监理投标文件。

⑧开标仪式结束后,在石家庄市裕华大酒店进行了全封闭的评标工作。评标专家从河北省发展和改革委员会评标专家库中抽取,与招标人代表一起组成评标委员会。经过严格的评标,最终确定了廊坊市交通公路工程有限公司等 8 家施工单位和河北省交通建设监理咨询有限公司等 5 家监理单位为中标单位。招标结果以邯交呈〔2004〕58 号文上报省交通运输厅审核。

4）参建单位主要情况

（1）建设单位

本项目建设单位是河北省邯郸市交通局,项目执行机构是河北省邯郸市交通局青红高速公路管理处。

（2）设计单位

土建设计单位：河北省交通规划设计院。

(3)施工单位

详见表8-35-2。

5)征地拆迁

(1)设立专门组织机构

项目沿线各县都设置了建设指挥部,加强各级政府对征地工作的领导和监督,形成完善的拆迁工作体系,使征地拆迁工作层层有人管、层层有人抓。

(2)落实承包责任制

青红高速公路冀鲁界至邯郸段征地拆迁工作实行群众参与,各级政府层层签订责任书,上级交政策、包协调、包拨款;下级包任务、包工期,大部分县、镇都采取"四到位""四现场"的做法,即县、乡、村、户四方到场,现场丈量、现场清点、现场签字、现场盖章,征地拆迁统计见表8-35-3。

青红高速公路鲁冀界至邯郸段高速公路征地拆迁统计表　　　表8-35-3

高速公路编码	项目名称	征地拆迁安置起止时间	征用土地（亩）	拆迁房屋（m²）	拆迁占地费（万元）	备注
S82	青红高速公路鲁冀界至邯郸段高速公路	2004.10～2007.5	12324.546	48533	46207.3236	

2004年4月上旬,路政科组织有关人员分3组对青红高速公路沿线9个县(市)地上附着物进行了清点、登记造册,签字确认,2004年10月邯郸市签发了各县征地拆迁及地方工作协议书。

2. 项目实施阶段

1)施工过程

(1)主线土建工程于2005年1月1日开工,2007年7月13日完工。

(2)房建工程于2005年12月1日开工,2006年4月房建基础工程完工,2006年9月房建主体施工完成,2007年7月完成交工验收。

(3)机电工程于2006年10月开工,2009年5月完工。

(4)交通安全设施工程于2006年11月开始施工建设,2007年7月13日完成交工验收。

总体评价是:该项目严格履行基本建设程序,管理机构健全,制度完善,注重管理创新和技术创新,设计理念先进,积极采用新材料、新工艺、新技术,项目管理单位及设计、监理、施工单位现场控制良好。竣工验收工程质量评分值为93.37分,工程质量评定等级为优良工程。

2)重要决策

(1)2004年8月31日,河北省及各市领导出席开工仪式。河北省省长季允石宣布青红一期开工。

(2)2006年8月18日,青红高速公路冀鲁界至邯郸段建成通车,河北省交通厅厅长焦彦龙等省直有关单位负责同志,邯郸市领导孙瑞彬、赵国岭等以及沿线各县(市、区)委、政府和邯郸市直有关部门领导出席了仪式。邯郸市市长赵国岭主持通车剪彩仪式。

3)各项活动

管理处号召全线所有的参建单位展开"百日会战"竞赛活动。一月一检查,两月一评比,奖罚严明、激励机制促使全线8个施工单位、5个监理单位制订了科学周密的施工计划。业主、施工单位、监理单位取消了一切休假,为早日建成一流的高速公路,纷纷投身"百日大会战"。

(三)科技创新

青红高速公路筹建处在项目管理创新、技术创新、技术推广上实现了新的突破。新材料、新技术应用有5项:

(1)在定魏线分离式立交、邯郸西分离式立交采用纤维混凝土技术,采用此技术可取消桥面铺装混凝土,节省投资,加快施工进度。

(2)在桥头高填方段采用粉煤灰等轻质路基填料,解决了桥头不均匀沉降而引起的桥头跳车问题。

(3)针对冬季水泥混凝土施工,制订严格的冬季施工方案,要求预制厂采用蒸汽养生方式,工地采用电热毯、火炉养生方式,温度达不到要求不允许开盘,保证了混凝土施工质量。

(4)在青红一期所有房建工程室内取暖制冷中,还采用了国内领先水平的地源热泵技术。

(5)一期工程在省内首次采用JTM混合料技术,对路面旋转压实成型。

(四)运营养护管理

1. 服务设施

全线设置馆陶、肥乡、邯郸3处服务区(表8-35-4)。

青红高速公路鲁冀界至邯郸段高速公路服务设施一览表 表8-35-4

高速公路编码	服务区名称	类别	位置桩号	所在区域	占地面积(亩)	建筑面积(m^2)
S82	馆陶服务区	服务区	K560+800	馆陶县	193.8	6041
S82	肥乡服务区	服务区	K599+800	肥乡县	193.8	6029
S82	邯郸服务区	服务区	K646+939	邯郸县	249.6	6204

2. 收费设施

本项目共设置收费站8处(表8-35-5)。

第八章 高速公路建设项目

青红高速公路鲁冀界至邯郸段高速公路收费设施一览表　　表8-35-5

收费站名称	桩号	入口车道数		出口车道数		收费方式
		总车道	ETC车道	总车道	ETC车道	
冀鲁主线收费站	K549	0	0	10	1	MTC+ETC
馆陶收费站	K554	2	1	3	1	
吕营收费站	K582	2	1	3	1	
肥乡收费站	K596	2	1	4	1	
邯郸东收费站	K608	3	1	7	1	
黄梁梦收费站	K627	2	1	5	1	
邯郸西收费站	K642	3	1	6	1	
史村收费站	K651	3	1	6	1	

3. 养护管理

本项目养护里程93.79km，设置邯郸东1处养护工区（表8-35-6）。

青红高速公路鲁冀界至邯郸段高速公路养护设施一览表　　表8-35-6

养护工区名称	桩号	路段长度（km）	占地面积（亩）	建筑面积（m²）
邯郸东养护工区	K596+650	93.79	22.53	2960.54

4. 监控设施

本项目设置青红监控中心负责青红区域的运营监管（表8-35-7）。

青红高速公路鲁冀界至邯郸段高速公路监控设施一览表　　表8-35-7

监控设施名称	桩号	占地面积（亩）	建筑面积（m²）
青红监控中心	K628	—	241

5. 交通流量

2007—2016年青红高速公路鲁冀界至邯郸段高速公路交通量情况如表8-35-8、图8-35-2所示。

青红高速公路鲁冀界至邯郸段高速公路交通量（自然数）发展状况表　　表8-35-8

年份		2007	2008	2009	2010	2011	2012	2013	2014	2015	2016
交通量（辆）	冀鲁主线	806802	2580023	2429998	2838825	3381034	3537361	3353287	2720563	2540621	3152611
	馆陶站	298578	788039	874171	1216964	1380562	1736179	1851206	1653126	1641795	2119032
	吕营站	130596	397438	423312	667972	888805	984155	1158965	1233069	1171129	1891680
	肥乡站	154636	567884	726331	1173991	527030	517328	538924	555876	515246	787726
	邯郸东站	—	—	—	955505	1734692	2050486	3254345	3611738	3118183	3400688
	黄梁梦站	276955	662799	614966	1160520	1115261	1071633	2108595	2096099	982009	1219584
	邯郸西站	535590	2577316	2862086	3136687	2273544	2472730	2304086	2140444	2212904	2804958
	合计	2203157	7573499	7930864	11150464	11300928	12369872	14569408	14010915	12181887	15376279
收费站年平均日交通量（辆/日）		6036	20749	21728	30549	30961	33890	39916	38386	33375	42127

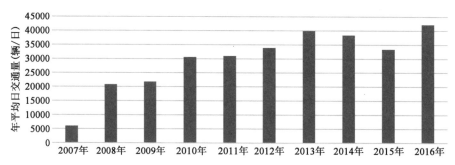

图 8-35-2 青红高速公路鲁冀界至邯郸段高速公路收费站年平均日交通量（自然数）增长柱状图

二、青兰高速公路邯郸至史村互通段

由于此段 9.212km 与青红二期即邯郸至史村互通段共同审批建设，无法分割，相关资料请参照青兰高速公路篇内容。

第三十六节　S9901 津石高速公路中华大街支线

S9901 津石高速公路中华大街支线工程，建设期名称为张石高速公路石家庄北出口支线，起点位于石家庄市中华北大街与石太高速公路交叉口以北，终点与京昆高速公路支线相交，全长 12.195km。该项目的建设可以缓解京港澳高速公路进出石家庄市的交通压力，促进石家庄市西北部经济发展，进一步完善河北省会石家庄市高速公路交通网络。

2010 年石家庄北出口支线全部建成通车，由石家庄市张石高速公路管理处负责运营管理养护，运营里程桩号 K0+400~K11+795，全长 12.195km，设计速度 100km/h，双向六车道，起点至月牙路段，为与中华北大街顺接采用城市三块板形式，行车道宽 15m，侧分带宽 3m，两侧非机动车道宽 6m，人行道 6m；月牙路至滹沱河特大桥起点及滹沱河特大桥终点至本项目终点，中间主线为全封闭双向六车道，路基宽 29.5m，中央分隔带宽 3m，为了方便沿线群众出行，从月牙路至羊曲公路之间主线两侧各设 7m 宽辅道，主线与辅道之间为 10m 绿化带；滹沱河特大桥路段，主线与辅道合并为整体断面，全宽 44.5m。

S9901 津石高速公路项目信息见表 8-36-1，路线平面示意图见图 8-36-1。

S9901 津石高速公路项目信息采集表　　表 8-36-1

项目名称	路段起讫桩号		规模（km）		设计速度（km/h）	路基宽度（m）	永久占地（亩）	投资情况（亿元）				建设时间（开工~通车）	备注
	起点桩号	讫点桩号	合计	车道数				估算	概算	决算	资金来源		
张石高速公路石家庄北出口支线工程	K0+400	K11+795	12.195	六车道	100	44.5	1715.619	—	16.415	—	—	2009.6~2010.9	

第八章
高速公路建设项目

图8-36-1 S9901津石高速公路中华大街支线路线平面示意图

一、项目概况

1. 基本情况

1）功能定位

张石高速公路石家庄北出口支线,起点位于中华北大街与石太高速公路交叉口以北,终点与京昆高速公路支线相交,全线全长12.195km,是张石高速公路石家庄段的重要补充,该项目的建成缓解了京港澳高速公路进出石家庄市的交通压力,促进了石家庄市西北部经济发展,进一步完善河北省会石家庄市高速公路交通网络。

2）技术标准

采用双向六车道,设计速度100km/h,路基宽度44.5m。平曲线最小半径采用850m,最大纵坡采用2.5%。

3）建设规模

北出口支线路线全长12.195km,其中:特大桥1座2578m;中桥2座74m;小桥2座14m;涵洞1道;互通式立交4处;分离式立交1处;天桥1座;通道6处,主线收费站1处。主线按高速公路标准建设,设计速度100km/h。

两侧辅道按三级公路标准建设,设计速度40km/h,路基宽度7m。

4）主要控制点

石家庄北出口支线,起点位于中华北大街与石太高速公路交叉口以北,途经学府路、羊曲公路,终点与京昆高速公路支线相接。

5）地形地貌

项目属平原地貌,多为亚砂土、亚黏土、粉砂亚砂土,地势西高东低。

6）路面结构及主要构造物

主要采用沥青混凝土路面。4cm AC-13细粒式改性沥青混凝土,5cm AC-20中粒式改性沥青混凝土,8cm AC-25粗粒式沥青混凝土,18cm水泥稳定碎石,18cm水泥稳定碎石,18cm级配碎石。

主要构造物采用预应力混凝土连续梁桥,双曲拱、肋拱、钢架拱、系杆拱、提篮型拱桥。

7）投资规模

北出口支线概算投资16.415亿元,平均每公里造价1.35亿元。

8）开工及通车、竣工时间

北出口支线2009年6月开工建设,2010年9月交工通车。

2. 前期决策情况

1）前期决策背景

石家庄北出口支线是国家规划的"五纵七横"12条国道主干线的重要组成部分，也是河北省"十一五"规划的主骨架公路，根据河北省交通厅"十一五"期间干线公路网建设的总体规划要求及省交通厅有关领导的指示精神，石家庄市交通局在2005年启动张石高速公路石家庄段的建设工作。

2）前期决策过程

根据2005年1月27日，河北省人民政府《省长办公会会议纪要》（第25号）会议精神，石家庄市交通局启动张石高速公路石家庄段的建设工作。

（1）2008年5月28日，河北省发展和改革委员会批复了项目建议书，下发冀发改交通〔2008〕64号《河北省发展和改革委员为关于张石高速公路石家庄北出口支线工程项目建议书的批复》。

（2）2009年2月9日，河北省发展和改革委员会批复了可行性研究报告，下发冀发改交通〔2009〕83号《河北省发展和改革委员会关于张石高速公路石家庄北出口支线工程项目可行性研究报告的批复》。

二、建设情况

1. 项目准备阶段

1）项目审批

（1）2009年4月21日，河北省发展和改革委员会批复了初步设计，下发冀发改投资〔2009〕404号《河北省发展和改革委员会关于张石高速公路石家庄北出口支线工程初步设计的批复》。

（2）2009年11月19日，河北省交通运输厅批复了主体工程和房建工程施工图设计，冀交公〔2009〕492号下发《河北省交通运输厅关于张石高速公路石家庄北出口支线工程主体工程及收费站房建工程两阶段施工图设计的批复》。

（3）2010年3月26日，河北省交通运输厅批复了安全设施施工图设计，下发冀交公〔2010〕148号《河北省交通运输厅关于张石高速公路石家庄北出口支线工程安全设施两阶段施工图设计的批复》。

（4）2010年5月24日，河北省发展和改革委员会批复了本项目调整建设内容，下发冀发改基础〔2010〕546号《河北省发展和改革委员会关于张石高速公路石家庄北出口支线工程调整建设内容的批复》。

（5）2011年3月7日，河北省发展和改革委员会批复了本项目调整建设内容初步设计，下发冀发改投资〔2011〕227号《河北省发展和改革委员会关于张石高速公路石家庄北出口支线工程调整建设内容初步设计的批复》。

(6)2011年5月20日,河北省交通运输厅批复了本项目沿线设施、环保绿化和调整建设内容施工图设计,下发冀交公〔2011〕318号《河北省交通运输厅关于张石高速公路石家庄北出口支线工程沿线设施、环保绿化和调整建设内容施工图设计的批复》。

2)资金筹措

北出口支线概算总投资16.415亿元,项目资本金5.453亿元,由石家庄市交通运输局负责筹措,其余10.963亿元申请银行贷款,平均每公里造价1.35亿元。

3)合同段划分及招投标

(1)合同段划分

石家庄北出口支线工程招标工作包括土建、房建、机电、安全设施、绿化工程、景观照明、道路照明及设备、材料采购项目,还有设计、监理、科研等服务项目。

(2)招投标

本项目招标工作严格按照《中华人民共和国招标投标法》等有关规定执行,整个招标过程中接受纪检和行政监督,做到了公平、公正、科学择优,符合规定程序。

①设计单位招标

张石高速公路石家庄北出口支线工程设计招标全线分为两个合同段,经过资格后审、招投标、评标、开标、公证,最后确定中交公路规划设计院为ZS合同段中标单位,中国华西工程设计建设有限公司为FS合同段中标单位。

②土建施工单位、监理招标情况

张石高速公路石家庄北出口支线工程土建工程施工和施工监理同时进行资格预审和招标,全线共分为3个合同段和3个监理合同段。经过资格预审、招投标、评标、开标、公证,最后确定中标人,发放中标通知书。

③房建工程招标

张石高速公路石家庄北出口支线工程共分为1个施工合同,按国内竞争性招标方式进行。经过资格预审、招投标、评标、开标、公证,最后确定中标人,发放中标通知书。

4)参建单位主要情况

(1)建设单位

本项目建设单位是石家庄市交通运输局,项目执行机构是石家庄市张石高速公路筹建处。

(2)设计单位

北出口支线土建及交通工程设计单位为:中交公路规划设计院有限公司。

(3)施工单位

详见表8-36-2。

张石高速公路石家庄北出口支线工程合同段划分一览表

表 8-36-2

参建单位	类型	参建单位名称	合同段编号及起讫桩号	标段所在地	主要内容	主要负责人	备注
项目管理单位	建设单位	石家庄市张石高速公路筹建处				徐海军	
		中交公路规划设计院有限公司	LJLM、QL、LJ、TZD		土建工程	靳战飞	
		中国华西工程设计建设有限公司	FJ		房建工程施工图设计	李忠村	
施工单位	北出口土建工程	中交一公局第六工程有限公司	LJLM:K0+400～K12+195	北出口全线	路基、路面、桥涵工程	陈越起	
		中铁十四局集团第四工程有限公司	LJ:k6+942.5～k12+195	正定县	路基、路面、桥涵工程	刘立国	
		河北冀通路桥建设有限公司	QL:K4+371.5～K6+942.5	正定县滹沱河	滹沱河特大桥	谢栋栋	
		中铁十七局集团第五工程有限公司	TZD:月牙路跨线桥	新华区	月牙路跨线桥	赵中华	
		中铁十七局集团第三工程有限公司	LJ1:B、C匝道跨线桥	正定县	B、C匝道跨线桥		
		南京铁电通信工程有限公司	JD				

5）征地拆迁

本项目所经过的地段水文、地质情况复杂，征地拆迁工作涉及土地、水利、电力、铁路、邮电、西气东输、通信、环保、企业等社会各方面及沿线人民群众的切身利益，具有政策性强、工作难度大、时间要求紧等特点，筹建处专门设立了地方科，抽调了具有丰富工作经验、业务能力强的同志负责这项工作。张石高速公路筹建处的主要负责同志和工作人员，坚持依靠地方政府，坚持实事求是，坚持珍惜土地资源，坚持保护群众利益的原则，周密组织，协调关系，经过深入细致、卓有成效的工作，各级政府积极协调，沿线人民群众理解和支持，比较顺利地完成了征地拆迁工作，保证了施工单位顺利进场施工，创造了良好的施工条件和环境，征地拆迁统计情况见表8-36-3。

张石高速公路石家庄北出口支线征地拆迁统计表　　表8-36-3

高速公路编码	项目名称	征地拆迁安置起止时间	征用土地（亩）	拆迁房屋（m²）	拆迁占地费（亿元）	备注
S9901	石家庄北出口支线	2009.6~2009.9	1760.7	—	2.42	

2．项目实施阶段

1）施工过程

（1）土建工程于2009年6月开工，2010年9月30日通车。

（2）房建工程于2010年3月开工，2010年9月完工。

（3）机电工程于2010年1月开工，2010年9月完工。

（4）2011年5月，河北省交通运输厅质量监督站对张石高速公路石家庄段北出口支线工程进行了交工验收。

2）重要决策

2010年9月30日上午，张石高速公路石家庄北出口支线工程举行通车典礼（图8-36-2）。

图8-36-2　张石高速公路石家庄北出口支线工程通车典礼

3)各项活动

石家庄市政府、河北省交通运输厅各部门及石家庄市交通运输局各位领导多次视察张石高速公路建设工地,现场办公指导工作,协调解决地方事务,慰问参建职工,极大地鼓舞了参建人员的劳动热情,这是促进工程按期完工的根本保证。

三、复杂技术工程

滹沱河特大桥桥跨布置为 $20 \times 40m + 30m + 16m + 40m + 30m + (40 + 200 + 40)m + 30m + 19 \times 40m$。上部结构主桥采用 40m + 200m + 40m 中承式提篮拱桥结构,主拱肋采用钢管拱,主跨拱之间采用钢横梁;引桥采用 16m、30m、40m 预应力混凝土连续 T 梁结构。下部结构桥墩采用柱式墩,桩基础;桥台采用肋板台、桩基础。复杂技术特征有:

(1)主桥桥型为三跨中承式提篮系杆拱桥,主拱肋为钢管混凝土桁架。主拱拱轴为悬链线,拱轴系数 $m = 1.347$。

(2)主拱拱座为四棱台,拱座混凝土浇筑后及时养护。

(3)承台施工时需预埋系梁钢筋、系梁预应力波纹管、拱肋下弦管和拱座钢筋,钢筋密集需要保证混凝土浇筑、振捣效果。如图 8-36-3 所示为滹沱河大桥钢管拱竖转合龙。

图 8-36-3　滹沱河特大桥钢管拱竖转合龙图

四、科技创新

1. 面波无损检测在公路路基路面施工质量控制中的应用研究

国内外首次系统研究采用面波技术,直接无损检测及反映判断路基路面施工质量控制的关键技术指标如下:

(1)路基压实度施工的均匀性、稳定性及其空间立体分布状况研究。

(2)沥青路面各层压实度施工的均匀性、稳定性及其空间立体分布状况研究。

(3)沥青路面渗水、各结构层积滞水的空间立体分布状况研究。

(4)提出利用面波对路基路面施工质量控制检测的方法。

2.钢结构桥梁焊缝无损探伤技术应用研究

研究创新点：

(1)制定钢结构桥梁无损检测评定标准。

(2)编写钢结构桥梁无损检测技术指南。

五、运营收费养护管理

1.收费设施

本项目共设置收费站1处，匝道出入口数量截至2015年年底共计16条，其中ETC车道2条(表8-36-4)。

张石高速公路石家庄北出口支线工程收费设施一览表　　表8-36-4

收费站名称	桩号	入口车道数		出口车道数		收费方式
		总车道	ETC车道	总车道	ETC车道	
石家庄北收费站	K11+042	5	1	11	1	

2.养护管理

本项目养护里程12.195km，设置正定北互通区1处养护工区(表8-36-5)。

张石高速公路石家庄北出口支线工程养护设施一览表　　表8-36-5

养护工区名称	桩号	路段长度(km)	占地面积(亩)	建筑面积(m^2)
正定北互通区养护工区	ZK13+902	12.195	—	—

3.监控设施

本项目设置石家庄信息中心1处，负责石家庄区域的运营监管(表8-36-6)。

张石高速公路石家庄北出口支线工程监控设施一览表　　表8-36-6

监控设施名称	桩号	占地面积(亩)	建筑面积(m^2)
石家庄信息中心	K278+673	信息中心与石家庄收费站合建	

第三十七节　S9902新元高速公路

S9902新元高速公路由京石高速公路新乐至南高营段和石安高速公路南高营至元氏段组成。京石及石安高速公路是国家高速路网"71118网"的首都放射线，也是河北省2020年高速公路网布局规划"五纵六横七条线"的南北交通干线，在国家及河北省路网中具有十分重要的地位。

(1)S9902新元高速公路新乐至南高营段是原京石高速公路的一段。京石高速公路新乐以北段拓宽改建成八车道，改称京港澳高速公路。新乐至南高营段四车道，改称新元高速公路。路线起自新乐市郭村,经正定县至石家庄市南高营,路线长 35.534km。

河北省京石高速公路开发有限公司负责运营养护管理。本项目 1989 年 3 月开工,1994 年 12 月建成通车。

(2) S9902 新元高速公路南高营至元氏段是原石安高速公路的一段,京石高速公路元氏以南段改建为八车道,改为京港澳高速公路。路线起自南高营,路线长 50.02km。沿线途经石家庄市长安区、裕华区、栾城区、元氏县,是河北省利用世行贷款公路项目,也是国家和河北省重点建设项目。项目建设对发展河北经济、改善华北与中南地区的交通条件发挥了重要作用。

本项目主线土建工程从 1994 年 8 月 22 日开工,于 1997 年 12 月 30 日全线建成通车,由河北省高速公路石安管理处负责运营养护管理。

S9902 新元高速公路项目信息见表 8-37-1,路线平面示意图见图 8-37-1。

S9902 高速公路项目信息表 表 8-37-1

项目名称	路段起讫桩号		规模(km)		设计速度(km/h)	路基宽度(m)	投资情况(亿元)				建设时间(开工~通车)	备注
	起点桩号	讫点桩号	合计	车道数			估算	概算	决算	资金来源		
京石高速公路新乐至南高营段	K233+570	K267+104	35.534	四车道	120	27		2.78		银行贷款、地方自筹	1987.3~1994.12	
石安高速公路(南高营至元氏段)	K267+104	K316+930	50.02	四车道	120	26.0	8.503	10.504		世界银行贷款项目	1994.8~1997.12	

一、京石高速公路(新乐至南高营段)

(一)项目概况

1.基本情况

1)功能定位

京石高速纵贯河北省中部,连接首都北京和河北省会石家庄,S9902 新元高速新乐至石家庄南高营段,是京石高速公路的一部分,新乐以北改为八车道高速,称京港澳高速公路,新乐以南为原有四车道高速公路,改称新元高速公路。

2)技术标准

1991 年 3 月 22 日,新元高速公路西半幅石家庄至新乐段开通试运行。1994 年 12 月东半幅加宽完工,四车道高速公路正式通车。

新元高速公路于 1987 年 3 月开工建设,采取分段、分幅建设的施工方案,路线全长 33.534km。工程采用平原微丘区高速公路标准,路基宽 27m,设计速度 120km/h。

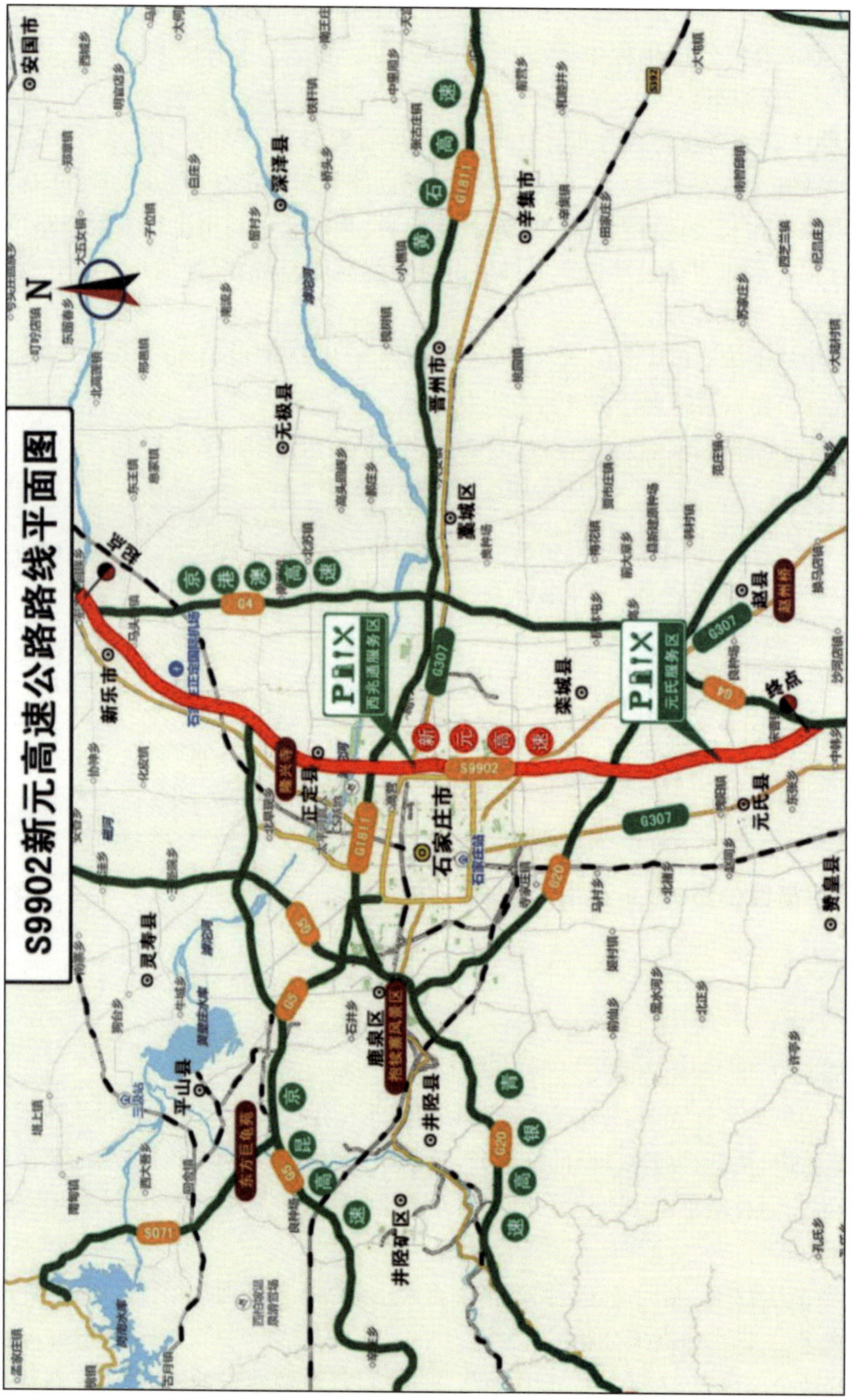

图8-37-1　S9902新元高速公路路线平面示意图

3）建设规模

本项目建设里程全长 33.534km，其中特大桥 5054m/2 座。桥涵设计荷载汽车—超 20 级、挂车—120，净宽 12m+2×0.5m 防撞护栏，半幅宽 13m。

4）主要控制点

该项目起自石家庄市新乐市，经正定县至石家庄市南高营与石安高速公路相接。

5）地形地貌

项目属平原区。

6）路面结构及主要构造物

主要采用沥青混凝土路面。路面结构为：3cm 细粒式沥青混凝土，4cm 中粒式沥青混凝土，5cm 粗粒式沥青混凝土，20cm 水泥白灰稳定碎石，40cm 水泥二灰土。

主要构造物采用预应力混凝土连续梁桥。

7）投资规模

项目投资金额共计 2.78 亿元。

8）开工及通车

1987 年 3 月开工建设，采取分期分段修建。

1991 年 3 月 22 日，西半幅开通试运行。

1993 年东半幅加宽开始施工，1994 年 12 月建成通车。

2. 前期决策情况

河北省交通厅于 1982 年分别以〔85〕冀交公字 14 号文和冀交公计字 13 号便函下达了京深公路北京至石家庄段调查研究及测设任务的通知，1985 年 9 月河北省交通规划设计院完成了研究汇总工作。1985 年 5 月河北省交通厅又以〔86〕冀交公字 18 号便函通知河北省交通规划设计院，着手起草京深公路可研性报告。

河北省交通厅经过反复研究比较并结合交通部的总体规划，采用了在距 107 国道东侧 5～7km 修建汽车专用公路的方案，按半幅高速公路的路基宽度标准设计，路基宽 13m，路面宽 10.75～11.5m，采用全封闭、全立交形式。于 1987 年从石家庄开始向北修建。

（二）建设情况

1. 参建单位主要情况

1）建设单位

河北省重点公路建设领导小组办公室、石家庄地区交通局。

2）设计单位

河北省交通规划设计院、石家庄地区公路勘察设计处。

3）施工单位及监理单位

详见表8-37-2。

京石高速公路(新乐至南高营段)合同划分一览表　　　　表8-37-2

标段所在地	工程内容及长度	桩号	施工日期	建设单位	设计单位	监理单位	施工单位
石家庄地区西半幅段	交安设施护栏		1989.9～1990.11	石家庄地区交通局	石家庄地区公路勘察设计处、河北省公路规划设计院	石家庄地区公路勘察设计处	中国人民解放军6411厂
石家庄地区西半幅段	路基路面		1987.3.8～1989.9.28				石家庄地区公路工程公司一队二队、省公路工程局一处四处
新乐至机场互通段东半幅		K18+400(新乐互通南端)—K23+846.7(新乐正定界)	1993.4.20～1993.10.30				石家庄公路处二公司

2. 项目实施阶段

1)施工过程

(1)项目于1987年3月开工建设。

(2)1991年3月22日,西半幅开通试运行。

(3)1994年12月5日东半幅加宽竣工,四车道高速公路建成通车。

2)重要决策

(1)1991年3月22日,京石高速公路石家庄至定州段开通(图8-37-2)。

图8-37-2　开通纪念

（2）1993年10月17日，京石高速公路河北段半幅全线通车剪彩（图8-37-3）。

图8-37-3　北半幅通车剪彩

（3）1994年12月18日，京石高速公路河北段双幅全线通车（图8-37-4）。

图8-37-4　双幅全线通车

（三）科技创新

京石高速公路在项目管理、技术创新、技术推广实现了新的突破。其中，技术创新4项：

（1）采用沥青砂路缘石工艺，该工艺克服了水泥混凝土路缘石和沥青路面分离体的弊端，克服了水泥混凝土路缘石在人工砌筑过程中造成的台阶和折线。沥青砂路缘石是在路面铺完后，依靠沥青混凝土本身的温度能够和路面很牢固地结合为一个整体，具有较高的强度和整体性，不易损坏，表面光滑，外形美观。

（2）沥青面层施工采用了一系列新技术新设备，选用了德国进口的沥青拌和设备，沥青混合料的级配、油石比、拌和温度、拌和质量和产量都较好地得到了控制。

（3）沥青面层的铺筑选用了两台传感式摊铺机 ABC 和富格勒 1700，两台摊铺机阶梯进行，消除了纵缝，提升了路面整体性、美观无污染、施工效率高。

（4）防撞护栏采用立式打桩，提高了工作效率和施工质量。

（四）运营养护管理

1. 收费设施

新元高速公路新乐至南高营段全线设置收费站 3 处，分别为新乐站、机场站、正定站（表 8-37-3）。

京石高速公路（新乐至南高营段）收费站信息汇总表　　　　表 8-37-3

高速公路编码	收费站名称	桩号	入口		出口	
			总车道数	其中ETC车道	总车道数	其中ETC车道
S9902	新乐收费站	K237+695	4	1	5	1
	机场收费站	K245+500	2	1	3	1
	正定收费站	K261+060	4	1	7	1

2. 养护管理

全线设新乐养护工区 1 处。

3. 监控设施

全线设石家庄监控分中心 1 处。

4. 交通流量

2002—2016 年京石高速公路（新乐至南高营段）交通量情况如表 8-27-4、图 8-37-5 所示。

京石高速公路（新乐至南高营段）交通量（自然数）发展状况表　　　　表 8-37-4

年　　份		2002	2003	2004	2005	2006	2007	2008
交通量（辆）	新乐站	738569	956320	1135804	1223229	1671530	2020393	2243287
	机场站	309348	361223	450301	591939	804571	1138228	1146103
	正定站	575521	571083	684156	642909	2416185	2199464	1864860
	石家庄北站	3875416	4595865	5179379	6591200	—	—	—
	合计	5498854	6484491	7449640	9049277	4892286	5358085	5254250
收费站年平均日交通量（辆/日）		15065	17766	20410	24793	13404	14680	14395

续上表

年 份		2009	2010	2011	2012	2013	2014	2015	2016
交通量(辆)	新乐站	2164422	2440257	2573419	2889803	3553806	2991347	1044020	961972
	机场站	1440627	1958647	2394060	2831546	3025718	3353415	796485	1269022
	正定站	1898952	2076187	2382666	2705708	3031450	3053122	—	—
	石家庄北站	—	—	—	—	—	—	—	—
	合计	5504001	6475091	7350145	8427057	9610974	9397884	1840505	2230994
收费站年平均日交通量(辆/日)		15079	17740	20137	23088	26331	25748	5042	6112

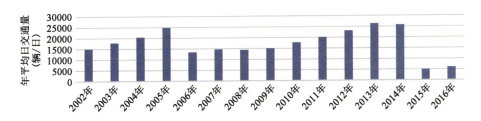

图 8-37-5　京石高速公路(新乐至南高营段)收费站年平均日交通量(自然数)增长柱状图

二、石安高速公路(南高营至元氏段)

(一)项目概况

1. 基本情况

1) 功能定位

S9902 新元高速公路(南高营至元氏段是石安高速公路的一部分)。元氏以南段改扩建为八车道,改为京港澳高速公路。

2) 技术标准

采用双向四车道,设计速度 120km/h,路基宽度 26.0m,平曲线最小半径采用 4000m。

3) 建设规模

本项目建设里程长 50.02km,共完成的工程量为:路基土石方 540.91 万 m^3,其中利用粉煤灰 273.17 万 t;大桥 132m/5 座,中桥 1755m/26 座,互通式立交 4 处;路面底基层厚 35~40cm,基层厚 15 cm;主线房建工程,4 处收费站、2 处服务区,1 处交通控制中心;主线交通工程,包括全线通信、监控、收费系统的设备采购安装及绿化工程。

4) 主要控制点

石家庄市(长安区、裕华区、栾城区、元氏县)。

5）地形地貌

项目属平原地貌，多为亚沙土、亚黏土、粉砂亚砂土。

6）路面结构及主要构造物

主要采用沥青混凝土路面。两种路面结构分别为：4cm 中粒式多碎石密级配形式沥青混凝土，5cm 粗沥式沥青混凝土 LH-301，6cm 粗粒式沥青混凝土 LH351，20cm 二灰碎石，39cm 石灰土；4cm 中粒式多碎石密级配形式沥青混凝土，5cm 粗沥式沥青混 LH-301，6cm 粗粒式沥青混凝土 LH351，20cm 二灰碎石，27cm 石灰土。

主要构造物采用预应力混凝土连续梁桥。

7）投资规模

项目概算投资 8.533 亿元，竣工决算投资 10.53 亿元，平均每公里造价 2105.00 万元。

8）开工及通车、竣工时间

1994 年 8 月开工建设，1997 年 12 月交工通车，2000 年 4 月竣工验收。

2. 前期决策情况

1）前期决策背景

S9902 新元高速公路原为京港澳高速路段，2013 年京港澳高速公路改扩建后，该路段降为省级高速公路，是石家庄市区连接京港澳高速公路和新乐市、元氏县的快速通道。

2）前期决策过程

本项目于 1992 年 3 月开始前期工作，在基建程序上，经历了世界银行与国内相关程序。

按国内基建程序：1992 年 8 月 31 日国家计划委员会以计交通〔1992〕1431 号文批准项目建议书，同时财政部将其列入世行 1994 年贷款项目。1993 年 3 月 17 日国家计划委员会以计交通〔1993〕396 号批准 G4 京港澳高速公路石安段工程可行性报告，同年 3 月 14 日交通部以交工发〔1993〕630 号文件批准该项目初步设计。1994 年 10 月 20 日国务院批准开工报告。

（1）1992 年 8 月 31 日，国家计划委员会下发计交通〔1992〕1431 号《关于石家庄至芝村（安阳）公路项目建议书的批复》。

（2）1993 年 3 月 17 日，国家计划委员会批复计交通〔1993〕396 号《关于石家庄至芝村（安阳）高速公路可行性研究报告的请示》。

（3）1993 年 6 月 22 日，国家环保局下发环监〔1993〕323 号《关于京深公路石家庄至安阳段环境影响报告书审批意见的复函》。

（4）1993 年 11 月 24 日，国家土地管理局批复〔1993〕国土〔建项〕字第 32 号《关于京深高速公路石家庄至安阳段建设用地的函》。

(二)建设情况

1. 项目准备阶段

1)项目审批

(1)1993年6月14日,交通部下发交工发〔1993〕630号《关于石家庄至芝村(安阳)高速公路初步设计的批复》。

(2)1993年12月4日,河北省土地管理局下发冀土函字〔1993〕50号《关于京深公路石家庄至安阳段征用土地的批复》。

(3)1994年10月20日,河北省计划委员会下发冀计投〔1994〕770号《关于下达一九九四年河北省基本建设新开工大型项目计划的通知》。

2)资金筹措

本项目概算总投资8.5332亿元,竣工决算实际投资10.53亿元。配套资金由交通部车购费补贴2.32亿元,其余由河北省交通厅利用国内银行贷款、发行债券等方式筹措解决。

3)合同段划分及招投标

(1)合同段划分(表8-37-5)

①土建工程分为3个合同段。

②房建工程项目共划分为5个合同段。

③机电工程为工程总承包,为1个合同段。

(2)招投标

石家庄至安阳高速公路为世行贷款项目,各项工程的采购招投标严格按照《世行采购指南》进行。根据工程实际情况,经世行协商同意本项目道路和结构土建工程分为9个合同。

依照世行项目管理方法和《世行贷款项目招标采购文件范本》,中技国际招标公司作为本项目的采购代理,本项目的总采购通告和资格预审通告于1993年6月16日刊登在联合国《发展论坛》商业版第368期上。同时于1993年5月17日和28日分别在《人民日报》和《中国日报》上刊登了主线土建工程资格预审通告。

房建工程项目共划分为5个合同,分两批实施,第一批房建合同的招标文件世行于1994年12月19日批复,1995年9月13日世行批复评标结果;第二批房建合同招标文件于1997年1月12日得到世行批复,6月26日批复评标结果。

机电工程为工程总承包,按交钥匙工程进行,要求承包人提供包括设计、供货、运输、交付、安装、开通、测试、试运转、培训、设计文件和12个月免费缺陷责任期等全套服务。该机电工程合同由监控、收费、通信3个系统构成,招标采用一标总投方式。

石安高速公路（南高营至元氏段）合同段划分一览表

表 8-37-5

参建单位	类型	参建单位名称	合同段编号及起讫桩号	标段所在地	主要内容	主要负责人
项目管理单位	业主	河北省国际金融组织贷款项目办公室	K271+345～K487+392	石家庄、邢台、邯郸段	勘察设计	戴国仲
勘察设计单位	工程设计	交通部公路规划设计院	K271+345～K283+200	石家庄段	勘察设计	—
	工程设计	交通部第一公路工程总公司	K283+200～K304+295	石家庄、邢台、邯郸段	勘察设计	—
	工程设计	河北省林业勘察设计院	K271+345～K316+930	石家庄、邢台、邯郸段	绿化设计	—
	工程设计	中交第二公路勘察设计研究院	K304+295～K316+930	石家庄段	全线	洪德昌
施工单位	土建工程	河北省公路工程局	A(K271+345～K283+200)	石家庄段	路基、桥涵、路面工程	郝克俭
	土建工程	交通部第一公路工程局	B(K283+200～K304+295)	栾城段	路基、桥涵、路面工程	乔海福
	土建工程	河北省公路工程局	C(K304+295～K316+930)	元氏高邑段	路基、桥涵、路面工程	徐胜海

4)参建单位主要情况

(1)建设单位

本项目建设单位是河北省交通厅国际金融组织贷款项目办公室(现已合并为河北省高速公路管理局),项目执行机构是河北省石安高速公路建管处。

(2)设计单位

详见表8-37-5。

(3)施工单位

详见表8-37-5。

5)征地拆迁

(1)设立专门组织机构

按三级管理体系设置安置办公室,加强各级政府对征地工作的领导和监督,形成完善的拆迁工作体系,使征地拆迁工作层层有人管、事事有人抓。

河北省政府成立了由原副省长宋叔华担任组长,河北省经济贸易委员会、河北省建设委员会、河北省财政厅、河北省交通厅、河北省公安厅、河北省土地管理局等9个部门和石家庄市、邢台市、邯郸市三个市的主要领导为成员的"京深高速公路建设领导小组"。设"京深高速公路建设领导小组办公室",设在河北省交通厅世行贷款项目办公室,负责建设中的具体事务,保证了全线征迁和建设工作的协调和领导。

石家庄市、邢台市、邯郸市3市分别成立了高速公路建设领导小组,以各市主管副市长为组长。办事机构设在各市交通局,简称"市高速办",负责本辖段征迁及建设工作的协调。

(2)落实拆迁承包责任制

拆迁工作实行群众参与,各级政府层层签订责任书。上级交政策、包协调、包拨款;下级包任务、包投资、包工期。

对于建设过程中当地反映的问题,及时组织有关部门人员现场办公及时解决。

石安高速公路(南高营至元氏段)征地拆迁统计情况见表8-37-6。

石安高速公路(南高营至元氏段)征地拆迁统计表　　表8-37-6

高速公路编码	项目名称	征地拆迁安置起止时间	征用土地(亩)	拆迁房屋(m²)	拆迁占地费(万元)	备注
S9902	南高营至元氏段	1993.9~1997.12	6154.35	5691.66	—	

2.项目实施阶段

1)施工过程

(1)主线土建工程于1994年8月22日开工,1997年12月30日完工。

(2)房建工程:

第一批于1995年11月开工,1997年12月完工。

第二批于1997年7月开工,1998年7月完工。

(3)机电工程于1997年6月开工,2000年4月完工。

(4)交通安全设施工程于2005年4月开工,2005年11月完工。

(5)1998年9月28日,河北省交通厅组织专家对G4京港澳高速公路石安段(主线)进行了交工验收。

2000年9月19日,河北省交通厅公路管理局组织专家对G4京港澳高速公路石安段交通工程机电进行了交工验收。

2000年12月25日,河北省交通厅公路管理局组织专家对G4京港澳高速公路石安段房屋建筑工程进行了交工验收。

总体评价是:路面平整度、道路整体强度、横向力系数和几何数据等技术指标,是目前全国竣工高速公路中最好的工程之一,各合同段的单位工程优良率100%,全线工程优良率100%,主体总体工程质量评分95分,为优良工程。

石安高速公路(南高营至元氏段)建设生产要素统计见表8-37-7。

石安高速公路(南高营至元氏段)建设生产要素统计表　　　表8-37-7

路线编号	建设时间	钢材(t)	沥青(t)	水泥(t)	砂石料(m^3)	机械工(工日)	机械(台班)
S9902	1994.8~1997.12	22316	31815	23455	77193	551294	416970

2)重要决策

(1)石安高速公路奠基仪式。

(2)时任国务院副总理邹家华为石安高速公路竣工通车题词。

3)各项活动

在全线开展"比安全、比预防措施、比施工便道、比驻地和施工现场卫生、比质量、比生产进度"的"六比"活动。

(三)科技创新

石安高速公路(南高营至元氏段)在建设过程中,非常注重科技投入,靠科技进步提高工程质量,主要体现在以下几方面:

(1)利用粉煤灰填筑路基。采用粉煤灰填筑路基,成功填筑路基72km,占主线长度的1/3,最大填高10.67m,填灰总量达1180万t,减少取土占地11600亩;减少粉煤灰储灰场占地4000亩,共节约土地15600亩,创造社会经济效益近10亿元,被国家经济贸易委员会授予"国家资源综合利用奖",河北省交通厅国际金融组织贷款项目办公室被河北省人民政府授予大宗利用粉煤灰先进单位。

(2)公路通行能力课题研究。这项研究主要在河北、河南两省之内进行,其成果和模型也能用于其他省份,并用于改进全国的公路规划和设计工作。该项目是国道主干线石家庄至新乡高速公路项目的组成部分。

(3)强夯处理砂土液化地基。对部分宜发生砂土液化路段采用强夯加固处理方法,这是强夯加固砂土地基首次在高速公路中大面积使用。处理结果表明,强夯加固效果理想。

(4)使用浮动基准梁控制平整度。浮动基准梁是在当时引进开发的新产品,与摊铺机和平整度仪配合使用,对提高路面平整度起了重要作用。

(5)在石安高速公路主线竣工通车后,为总结在项工程管理及年考核上的先进经验和成果,管理处组织编写了《G4京港澳高速石安段建设论文集》,共收录论文69篇。

(四)运营养护管理

1. 服务设施

全线设置西兆通、元氏2处服务区。2008年,根据交通流量的增长情况,运营管理单位将清河停车区的功能升级为服务区功能。

2. 收费设施

本项目共设置收费站3处(表8-37-8)。

石安高速公路(南高营至元氏段)收费设施一览表　　表8-37-8

收费站名称	桩号	入口车道数		出口车道数		收费方式
		总车道	ETC车道	总车道	ETC车道	
石家庄收费站	K275+143	8	3	12	3	MTC+ETC
栾城收费站	K284+271	4	1	7	1	
元氏收费站	K306+149	4	2	4	2	

3. 养护管理

本项目养护里程50.02km,设置石家庄养护工区、设备养护管理中心,负责养护里程分别为17.09km、32.93km(表8-37-9)。

石安高速公路(南高营至元氏段)养护设施一览表　　表8-37-9

养护工区名称	桩号	路段长度(km)	占地面积(亩)	建筑面积(m^2)
石家庄养护工区	K284+000	17.09	16	4741.7
设备养护管理中心	K284+000	32.93	15	4200

4. 监控设施

本项目设置石安监控中心、石家庄监控分中心(表8-37-10)。

石安高速公路(南高营至元氏段)监控设施一览表　　　表 8-37-10

监控设施名称	桩号	占地面积(亩)	建筑面积(m²)
石家庄监控分中心	K290+901	—	126
石安监控管理中心	K274+010	—	150

5. 交通流量

2007—2016 年石安高速公路(南高营至元氏段)交通量情况如表 8-37-11、图 8-37-6 所示。

石安高速公路(南高营至元氏段)交通量(自然数)发展状况表　　　表 8-37-11

年份		1997	1998	1999	2000	2001	2002	2003	2004	2005	2006
交通量(辆)	石家庄	2161231	2341566	2796338	3248669	3413186	3450119	4083760	4900101	5880032	6454643
	栾城	262796	364644	485550	651549	834076	965600	1061585	1218491	1221147	1296989
	元氏	27052	101852	124549	133202	164021	196978	281860	467173	553661	669292
	合计	2451079	2808062	3406437	4033420	4411283	4612697	5427205	6585765	7654840	8420924
收费站年平均日交通量(辆/日)		6715	7693	9333	11050	12086	12638	14869	18043	20972	23071
年份		2007	2008	2009	2010	2011	2012	2013	2014	2015	2016
交通量(辆)	石家庄	7351195	7456494	7413098	8603397	10074882	11385282	12416452	12393192	15544604	16649017
	栾城	1454901	1794942	1892776	1840842	2066998	2272570	2589460	2608093	3238371	4009099
	元氏	772850	718284	856725	993947	1043305	1264553	1158987	1195495	1250629	1113976
	合计	9578946	9969720	10162599	11438186	13185185	14922405	16164899	16196780	20033604	21772092
收费站年平均日交通量(辆/日)		26244	27314	27843	31337	36124	40883	44287	44375	54887	59650

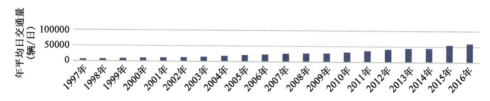

图 8-37-6　石安高速公路(南高营至元氏段)收费站年平均日交通量(自然数)增长柱状图

第三十八节　S9920 大广高速公路白洋淀支线

S9920 大广高速公路白洋淀支线是河北省重点交通建设项目,线路起自大广高速公路雄县互通,终止于白洋淀收费站,全长 8.9km。项目位于雄县境内,本工程的建设对打造保定现代商贸基地和京津休闲旅游购物度假区及构建保东区域城镇群有重要意义。

大广高速公路白洋淀支线于2012年12月建成通车,由河北高速公路京衡管理处负责运营养护管理,运营里程桩号:K0+000~K8+900,全长8.9km。

S9920大广高速公路项目信息见表8-38-1,路线平面示意图见图8-38-1。

S9920高速公路项目信息采集表 表8-38-1

国高/地高	项目名称	路段起讫桩号		规模(km)		设计速度(km/h)	路基宽度(m)	投资情况(亿元)				建设时间(开工~通车)	备注
		起点桩号	讫点桩号	合计	车道数			估算	概算	决算	资金来源		
S9920	大广高速公路白洋淀支线	K+000	K8+900	8.9	四	100	26.0	6.780	8.280		省自筹、银行贷款	2011.10~2012.12	

注:建设期里程K0+000~K14+567,其中K8+900~K14+567采用双向四车道一级公路标准建设,在这里不做叙述,但资金审批无法分割。

一、项目概况

1. 基本情况

1)功能定位

大广高速公路白洋淀支线起自大广高速公路雄县互通南K62+525处,向西穿越大清河,经大阴村南、南董庄村北与雄县旅游路相接。该项目是保定市《一主三次城市发展规划纲要》的重要组成部分,也是雄县南环的组成部分。

2)技术标准

采用双向四车道高速公路标准建设,设计速度100km/h,路基宽度26m,设计荷载公路—Ⅰ级。

3)建设规模

本项目采用双向四车道全长8.9km。设置大桥2座。

4)主要控制点

本项目起于大广高速公路雄县互通南K62+525处,向西穿越大清河,经大阴村南、南董庄村北与雄县旅游路相接。途经龙湾、雄州2镇。

5)地形地貌

大广高速公路白洋淀支线项目区地处太行山东麓,冀中平原中部,属河北低平原区,地势平坦,自西北向东南略有倾斜,西北部较高,东南部低洼,坡度比为1:5000,海拔高度8~14m。根据地貌特征和地面组成物质及对人类生活的影响,雄县境内有三种地貌特征:冲积平原、沙丘沙垅和河漫滩、洼地。土质以沙壤和中壤土为主,西部和北部为沙壤,中部为壤土,东部低洼地区为重壤土。

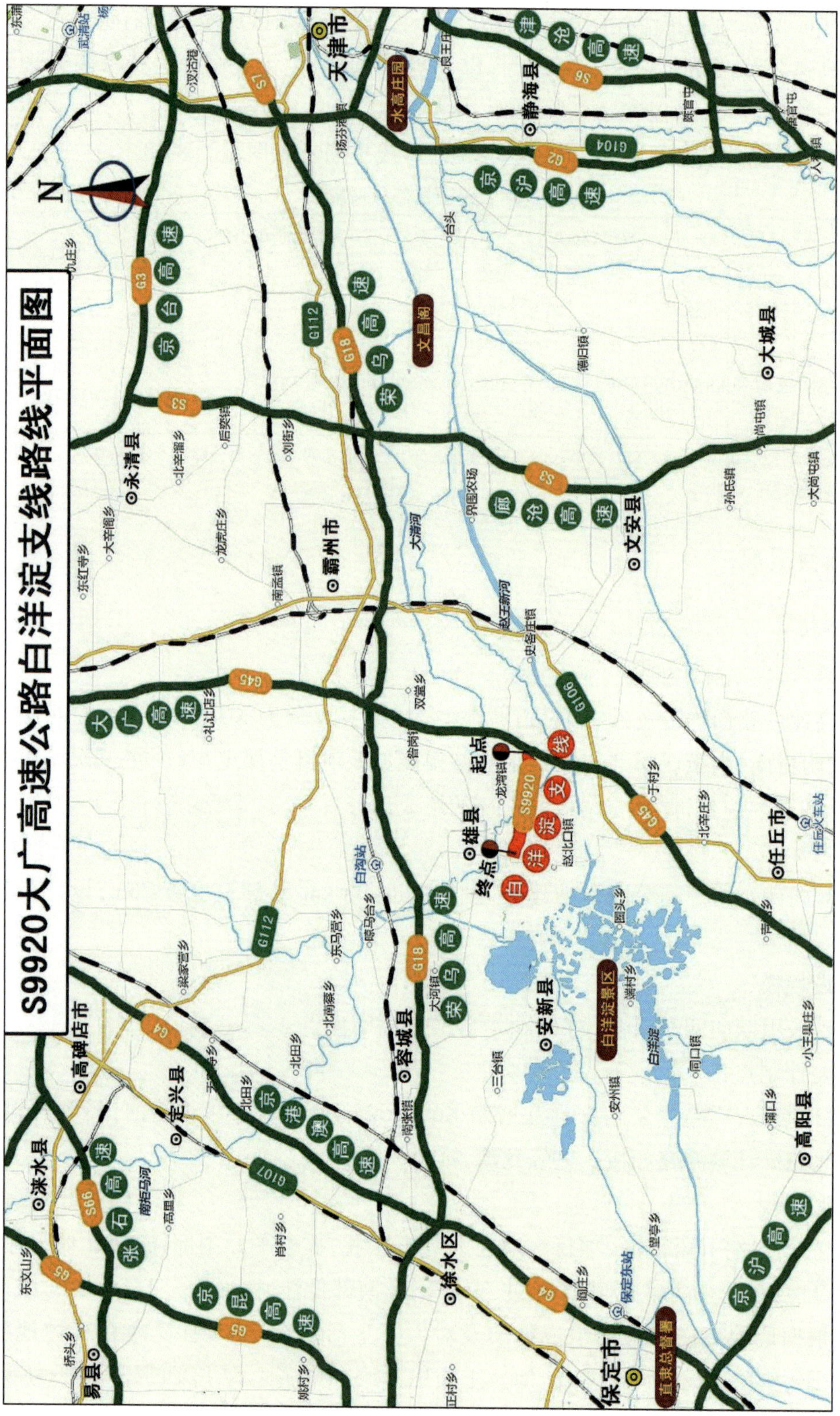

图8-38-1 大广高速公路白洋淀支线路线平面示意图

6) 路面结构及主要构造物

主要采用沥青混凝土路面。4cm AC-13C 厚细粒式(SBS)改性沥青混凝土,6cm AC-20C 厚中粒式(SBS)改性沥青混凝土,10cm ATB-25C 厚沥青碎石,改性沥青封层,18cm 厚水泥稳定碎石,18cm 厚水泥稳定碎石,20cm 厚水泥石灰土。

主要构造物采用预应力混凝土连续梁桥。

7) 投资规模

本项目总投资 8.28 亿元,资本金 2.07 亿元,其余建设资金 6.21 亿元由申请银行贷款解决(建设期本项目与 K8+900~K14+567 四车道一级公路同时期修建,资金无法分割)。

8) 开工及通车时间

本项目于 2011 年 10 月 18 日开工建设,于 2012 年 12 月 28 日建成通车。

2. 前期决策情况

1) 前期决策背景

国家在"十一五"规划中,把加快环渤海地区发展作为重大战略举措,推进京津冀都市圈和天津滨海新区的发展。白洋淀聚集区处于京津冀城市群发展的地理中心,区位优势需要加速转化为发展优势,发挥生态和区位优势,以更加积极主动的姿态,加快与京津的多方位合作,实现互利共赢。

2) 前期决策过程

大广高速公路白洋淀支线项目的建设,严格按照基本建设程序相关规定执行。

(1)《河北省发展和改革委员会关于大广高速公路白洋淀支线项目建议书的批复》(冀发改基础〔2010〕1466 号)。

(2)《河北省发展和改革委员会关于大广高速公路白洋淀支线工程可行性研究报告的批复》(冀发改基础〔2010〕1878 号)。

(3) 河北省环保厅《关于大广高速公路白洋淀支线段工程环境影响报告书的批复》(冀环评〔2010〕425 号)。

二、建设情况

1. 项目准备阶段

1) 项目审批

大广高速公路白洋淀支线项目的建设,严格按照基本建设程序相关规定执行。

(1) 2010 年 9 月 25 日,河北省发展和改革委员会以冀发改基础〔2010〕1466 号文批复了项目建议书。

（2）2010年12月13日，河北省发展和改革委员会以冀发改基础〔2010〕1878号文批复了可行性研究报告。

（3）2011年4月19日，河北省发展和改革委员会以冀发改投资〔2011〕555号文对项目的初步设计进行了批复。

（4）2011年8月19日，河北省交通运输厅以冀交公〔2011〕667号文对两阶段施工图设计进行了批复。

（5）2012年3月19日，河北省人民政府以冀政转征函〔2012〕389号文对工程建设用地进行了批复。

2）资金筹措

本项目总投资8.28亿元，资本金2.07亿元，其余建设资金6.21亿元由申请银行贷款解决。

3）合同段划分及招投标

（1）合同段划分

根据各专业的工程内容划分标段如下（表8-38-2）。

大广高速公路白洋淀支线合同段划分一览表　　　　表8-38-2

参建单位	类型	参建单位名称	合同段编号及起讫桩号	标段所在地	主要内容	主要负责人
项目管理单位		河北省高速公路京衡管理处				吴勇往
勘察设计单位	全线路基桥涵、路面、交安、机电	中交第一公路勘察设计研究院有限公司			全线路基桥涵、路面、交安、机电	李悦
施工单位	路基	邢台路桥建设总公司	LQ1（K0+000～K5+400）	河北省保定市雄县	路基工程	马超祥
	路基、路面	汇通路桥建设集团有限公司	LQ2（K5+400～K14+567，含全线路面）	河北省保定市雄县	路基、路面工程	金万军

①设计招标分为3个合同段。

②施工标段划分。路基、桥涵、路面工程施工共分为2个施工合同段；房建工程施工共分为1个施工合同段；机电工程施工为1个合同段；路基、路面、交安、绿化、机电施工监理单位为1个总监办合同段；房建工程施工监理分1个合同段。

（2）招投标

按照国家颁布的《招投标法》和部颁《公路工程施工招标投标管理办法》《公路工程施工招标资格预审办法》《公路工程施工招标评标办法》等法律法规的要求，项目法人单位按照"公开、公平、公正"的原则分阶段进行了勘察设计、施工及监理单位的招标工作。

①设计单位招标情况

大广高速公路白洋淀支线设计招标全线分为3个合同段。自2010年10月发布招标公告起,至2010年12月底,经过资格预审、招投标、评标、开标、公证,最后书面向招标人推荐中标候选人。

②路基桥涵、路面工程施工单位及监理招标情况

路基桥涵、路面工程施工和施工监理先进行资格预审,后进行招标,全线共分为2个施工合同段和1个监理合同段。自2011年2月发布资格预审公告起,至2011年7月底,经过资格预审、招投标、评标、开标、公证,最后书面向招标人推荐中标候选人。

③房建工程招标情况

房建工程施工和施工监理进行招标,全线共分为1个施工合同段、1个监理合同段。自2012年3月发布招标公告起,至2012年4月,经过招投标、评标、开标、公证,最后书面向招标人推荐中标候选人。

④交通安全设施招标情况

交通安全设施工程施工招标共分为4个类别、5个合同段。

⑤机电工程招标情况

机电工程施工和施工监理招标,全线共分为1个施工合同段、1个监理合同段。

4)参见单位主要情况

(1)建设单位

本项目建设单位是大广高速公路京衡管理处,项目执行机构是白洋淀支线建设指挥部。

(2)设计单位

详见表8-38-2。

(3)施工单位

详见表8-38-2。

(5)征地拆迁

大广高速公路白洋淀支线征地拆迁统计情况见表8-38-3。

大广高速公路白洋淀支线征地拆迁统计表　　　　表8-38-3

项目名称	征地拆迁安置起止时间	征用土地(亩)	拆迁房屋(m^2)	补偿费用(万元)	备注
大广高速公路公路白洋淀支线	2011.10~2012.12	1260.6615	799.14	12812.2224	

2.项目实施阶段

1)施工过程

本项目于2011年10月18日开工建设,于2012年12月28日建成通车。

本项目于2011年10月18日开工,2012年12月交工。

路基桥涵工程:2011年10月18日开工,2012年11月完成;

路面工程:2012年4月30日开工,2012年11月完成;

房建工程:2012年5月15日开工,2012年12月完成。

大广高速公路白洋淀支线建设生产要素统计见表8-38-4。

大广高速公路白洋淀支线建设生产要素统计表　　　　表8-38-4

路线编号	项目名称	建设时间	钢筋(t)	沥青(t)	水泥(t)	砂石料(m³)	机械工(工日)	机械(台班)
S9920	大广高速公路白洋淀支线	2011.10	9502.16	7602.31	79269.75	406544.4	78219	59381

2)重要决策

2012年12月28日,大广高速公路白洋淀支线正式开通运营。

3)督导视察

(1)2011年10月28~31日,以衡水市交通运输局纪委书记温建国为组长的检查组到该项目指挥部检查指导。

(2)2012年3月16日,驻河北省交通运输厅纪检组莅临指导廉政建设工作。

4)各项活动

(1)精心组织,大力推进质量年活动的开展。

(2)大力推动"六项活动"的开展。

三、科技创新

在白洋淀支线建设过程中,十分重视科学技术对高速公路建设的指导作用,在充分吸收近年来高速公路施工各项科研成果的同时,指挥部积极开展各类科研创新和技术攻关,并取得了明显的成效。

管理处与石家庄铁道大学联合对后张预应力混凝土结构孔道压浆进行了研究。该项技术的应用实现了:一是水泥、水、压浆剂在压浆过程中的自动计量;二是高、低速搅拌相配合,不间断供料,保证压浆的连续性;三是自动补压,稳定性好,压浆饱满度得到了有效保证;四是压浆过程自动记录,便于质量控制。

通过自动压浆技术的应用,全线梁板注浆质量有了较大地提高,经北京中土赛科科技开发有限公司抽检,注浆质量全部达到100%以上。

四、运营养护管理

1.收费设施

本项目共设置收费站1处(表8-38-5)。

大广高速公路白洋淀支线收费设施一览表　　　表8-38-5

高速公路编码	收费站名称	桩号	收费站位置类型	入口车道数		出口车道数		收费方式
				总车道数	其中ETC车道	总车道数	其中ETC车道	
S9920	白洋淀收费站	K8+500	支线主线站	5	1	8	1	MTC+ETC

2. 养护管理

本项目属于大广高速公路的支线工程，项目养护里程14.567km，未设置单独养护工区管理，由任丘南养护工区负责养护管理（表8-38-6）。

大广高速公路白洋淀支线养护设施一览表　　　表8-38-6

高速公路编码	养护工区名称	桩号	养护路段长度（km）	占地面积（亩）	建筑面积（m²）	备注
S9920	任丘南养护工区	K1452	81.926	23.56	2910.01	

3. 监控设施

本项目监控系统采用河北省监控中心—路段监控分中心（京衡管理处）—监控外场设备的三级管理体制。

4. 交通流量

大广高速公路白洋淀支线工程（雄县互通—黄湾村）2016年收费站年平均日交通量（自然数）为1979辆/日（表8-38-7），2013—2016年年均增长率为45.01%。

大广高速公路白洋淀支线交通量（自然数）发展状况表　　　表8-38-7

年　　份		2013	2014	2015	2016
交通量（辆）	白洋淀收费站	236862	477681	584766	722310
	合计	236862	477681	584766	722310
收费站年平均日交通量（辆/日）		649	1309	1602	1979

第三十九节　S9921京台高速公路津冀界—别古庄互通段

S9921京台高速公路是国家高速公路规划中一条纵向主干线，河北境内津冀界至别古庄互通段，起自别古庄互通，起点桩号K56+424，终止于廊坊市穆家口村（津冀界），讫点桩号K81+254，全长24.83km。沿线途经永清县别古庄镇、安次区码头镇、安次区穆家口村（津冀界）。

京台高速公路津冀界至别古庄段于2014年12月建成通车,由京台高速公路廊坊建设管理处负责运营养护管理,全长24.83km,设计速度120km/h,双向六车道,路基宽度34.5m。

S9921京台高速公路津冀界至别古庄互通段项目信息见表8-39-1,路线平面示意图见图8-39-1。

S9921京台高速公路津冀界至别古庄互通段项目信息表　　表8-39-1

项目名称	路段起讫桩号		规模(km)		设计速度(km/h)	路基宽度(m)	永久占地(亩)	投资情况(亿元)				建设时间(开工~通车)	备注
	起点桩号	讫点桩号	合计	车道数				估算	概算	决算	资金来源		
京台高速公路津冀界至别古庄互通	K56+424	K81+254	24.83	六车道	120	34.5	2656	17	18.00		交通运输部补助、银行贷款、地方自筹	2012.2~2014.12	

一、项目概况

1. 基本情况

1)功能定位

京台高速公路津冀界至别古庄互通段是高速公路网七条首都放射线中的"线3",是交通部"十一五"重点建设项目之一,廊坊段是其重要组成部分,同时也是我省"五纵六横七条线"高速公路网规划中"纵2"的重要路段。交通部在初步设计阶段批复的项目名称是"北京—台北高速公路廊坊段"。本项目的建设为廊坊市融入京津、置身沿海提供了交通保障,将对廊坊市经济快速协调发展起到巨大的推动作用。

2)技术标准

采用双向六车道,设计速度120km/h,路基宽度34.5m。平曲线最小半径采用2800m,最大纵坡采用1.3%。

3)建设规模

本项目建设里程长24.83km,其中:大桥363m/2座,中桥132m/2座,涵洞17道,桥梁长度占路线总长度的2%;互通式立交2处(服务型互通);分离式立交11处,通道23处;天桥3座;主线收费站1处,匝道收费站2处;服务区1处;管理、服务房屋建筑面积31757.98m^2。

4)主要控制点

廊坊市永清县、安次区,共计10个乡镇。

5)地形地貌

第八章
高速公路建设项目

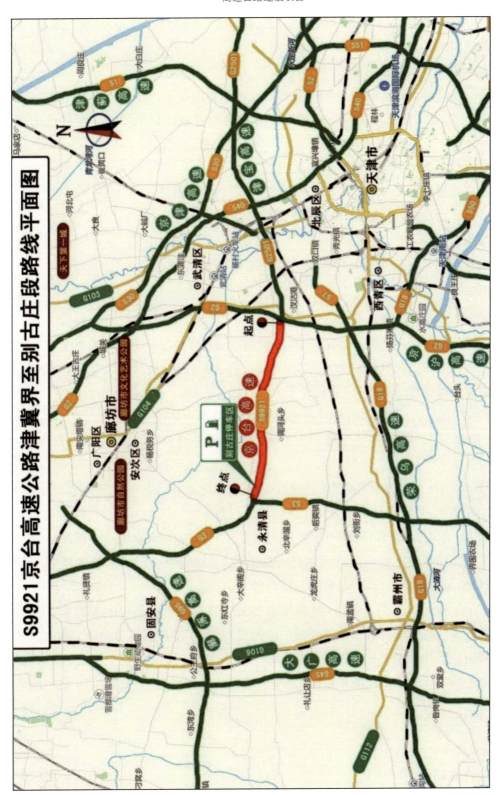

图8-39-1 京台高速公路津冀界至别古庄互通段路线平面示意图

全新世早期冲洪积：上部粉质黏土、粉土，呈可塑～硬塑状；下部为粉砂、细砂，中密；底部见粉质黏土，呈硬塑状；局部夹有软弱土。

6）路面结构及主要构造物

主要采用沥青混凝土路面。4cmAC-13C 改性沥青混凝土，6cmAC-20CI 改性沥青混凝土，SBS 改性乳化沥青防水层，12cmATB-25 密级配沥青稳定碎石，19cm 水泥稳定碎石，19cm 水泥稳定碎石，20cm 级配碎石。

主要构造物采用预应力混凝土连续梁桥。

7）投资规模

项目概算投资 18.00 亿元，平均每公里造价 7249.30 万元。

8）开工及通车、竣工时间

2012 年 2 月开工建设，2014 年 12 月交工通车，未竣工验收。

2. 前期决策情况

2006 年 5 月 24 日河北省交通厅公路管理局、河北省高速公路建设指挥部组织召开了京台高速公路廊坊段路线方案论证会，会议原则通过了方案研究推荐路线方案，并将研究成果上报河北省人民政府。2006 年 7 月 4～5 日，河北省交通厅组织专家对《京台高速公路廊坊段预可行性研究报告》进行评审。

（1）2007 年 4 月，完成工可研究报告送审稿，报送河北省交通厅。

（2）2007 年 12 月，河北省发展和改革委员会委托咨询单位并组织专家，对项目进行了评估论证。

（3）2008 年 11 月 20 日，河北省交通厅与北京市交通委员会就京冀两省市接线位置签订了接线协议，明确京台高速公路北京段线位方案。

（4）2009 年 1 月 15 日，廊坊市编委同意成立京台高速公路廊坊建设管理处，主要负责京台高速公路廊坊市境内段建设项目的前期规划、建设资金筹措与债务偿还、建设管理、路线养护与路政管理、生产经营以及资产管理。

（5）2010 年 3 月 23 日，国家发展和改革委员会以发改基础〔2010〕553 号文《关于北京至台北高速公路廊坊段可行性研究报告的批复》批复了本项目可行性研究报告。

（6）2011 年 10 月 29 日，国土资源部以国土资函〔2011〕811 号文《关于北京至台北高速公路廊坊段工程建设用地的批复》批复了本项目的建设用地。

二、建设情况

1. 项目准备阶段

1）项目审批

该项目严格执行了交通基本建设程序，从工程可行性研究、初步设计、施工图设计、工程施工、监理招投标及工程开工报告的审批,各个环节手续齐全,具体如下。

(1)2008年10月13日,河北省国土资源厅以冀国土资储压字〔2008〕88号文,批复《关于京台高速公路廊坊段工程场地地震安全性评价报告的评审意见》。

(2)2009年2月24日,国土资源部以水保函〔2009〕62号文,批复《关于北京—台北公路廊坊段水土保持方案的复函》。

(3)2009年5月7日,国家环境保护部以环评〔2009〕222号文,复函河北省环保厅《关于北京至台北高速公路廊坊段环境影响报告书的批复》。

(4)2010年9月8日,国家交通运输部以交公路发〔2010〕460号文,下发了《关于北京至台北高速公路廊坊段初步设计的批复》。

(5)2010年12月22日,河北省交通运输厅以冀交公字〔2010〕716号文,下发了《关于北京至台高速公路廊坊段两阶段施工图设计的批复》。

(6)2010年12月31日,国家林业局以林资许准〔2010〕498号文,批复《使用林地审核同意书》。

(7)2011年10月29日,国土资源部以国土资函〔2011〕811号文,下发了《关于北京至台北高速公路廊坊段工程建设用地的批复》。

(8)2012年2月1日,国家交通运输部公路司同意京台高速公路津冀界至别古庄互通段高速公路开工。

2)资金筹措

本项目概算投资约18亿元,平均每公里造价7249.30万元。

3)合同段划分及招投标

(1)合同段划分

根据各专业的工程内容划分标段(表8-39-2)如下:

①土建工程、房建工程、绿化工程、机电工程设计标段划分1个标段。

②施工标段划分:根据工程内容的不同,土建工程划分11个标段,机电工程划分2个标段,房建工程划分10个标段,绿化工程划分3个标段,交通安全设施划分3个标段。

③施工监理标段划分:根据工程内容设1个总监办公室,3个土建工程驻地监理标段,2个房建工程监理标段,1个机电工程监理标段。

(2)招投标

按照国家颁布的《招投标法》和交通部颁布的《公路工程施工招标投标管理办法》《公路工程施工招标资格预审办法》《公路工程施工招标评标办法》的要求,由项目法人单位组织招标工作。

①2008年9月5日发布勘察设计招标公告,9月26日开标,4家单位参加投标,经评审公示后,确定1家中标单位。

京台高速公路津冀界至别古庄互通段合同段划分一览表

表 8-39-2

参建单位	类型	参建单位名称	合同段编号及起讫桩号	标段所在地	主要内容	主要负责人	备注
项目管理单位		京台高速公路廊坊建设管理处				孟广文	
勘察设计单位	土建工程设计	中交第一公路勘察设计研究院有限公司	全线		主线土建工程、绿化	史吉昌	
		廊坊市燕赵勘交通勘察设计有限公司	全线		主线土建工程、绿化	厉兰伯	
施工单位	土建施工	陕西路桥集团有限公司	LQ1:K0+000.420~K7+658.48	广阳区	路基、桥涵工程	李玉幸	
		河北燕峰路桥建设有限公司	LQ2:K7+658.48~K11+272.5	广阳区、永清县	永定河特大桥	彭振峰	
		廊坊市交通公路工程有限公司	LQ3:K11+272.5~K14+766.52	永清县	永定河特大桥	王文刚	
		唐山市路桥建设有限公司	LQ4:K14+766.52~K21+900	永清县	路基、桥涵工程	谭永海	
		中天路桥有限公司	LQ5:K21+900~K26+068.035	永清县	路基、桥涵、路面工程	赵亚	
		中铁二十局集团第六工程有限公司	LQ7:K30+268.035~K37+250	永清县	路基、桥涵工程	冯太坤	
		辽宁交通建设集团有限公司	LQ8:K37+250~K43+550	安次区	路基、桥涵工程	史良逢	
		廊坊市交通公路工程有限公司	LQ9:K43+550~K53+253.137	安次区	路基、桥涵工程	刘军	
	路面施工	廊坊市交通公路工程有限公司	LM1:K0+000.420~K21+900	广阳区、永清县	路面工程	王纯鸣	
		中交第一公路工程局有限公司	LM2:K30+268.035~K42+100	永清县、安次区	路面工程	刘国彬	
		河北燕峰路桥建设集团有限公司	LM3:K42+100~K53+253.137	安次区	路面工程	赵占伟	

②2010年8月23日发布施工监理资格预审公告,41家单位参加资格预审,9月8日资格预审评审,9月9日向通过资格评审的单位发投标邀请书,10月8日开标,经评审公示后,确定中标单位4家。

③2010年10月8日,发布路基、桥涵工程施工招标资格预审公告,129家单位参加投标。2010年10月29日资格预审评审,2011年2月21日向通过资格评审的单位发投标邀请书,3月28日开标。经评审公示后,确定中标单位7家。

④2012年3月20日,发布路面工程施工招标资格预审公告,58家单位参加投标。2012年4月8日资格预审评审,4月25日向通过资格评审的单位发投标邀请书,5月24日开标。经评审公示后,确定中标单位3家。

4)参建单位主要情况

(1)建设单位

本项目建设单位是廊坊市交通运输局,项目执行机构是京台高速公路廊坊建设管理处。

(2)设计单位

土建工程设计单位:中交第一公路勘察设计研究院有限公司和廊坊市燕赵交通勘察设计有限公司,总体设计负责单位为中交第一公路勘察设计研究院有限公司。

(3)施工单位

详见表8-39-2。

5)征地拆迁

(1)设立专门组织机构

按三级管理体系设置安置办公室,加强各级政府对征地工作的领导和监督,形成完善的拆迁工作体系,使征地拆迁工作层层有人管、层层有人抓。

(2)落实承包责任制

征地拆迁工作实行群众参与,各级政府层层签订责任书,采取"四到位""四现场"的做法,即县、乡、村、户四方到场,现场丈量、现场清点、现场签字、现场盖章。

廊坊段全长24.83km,涉及1个县(区),3个乡镇(园区),13个村街、1096家农户,涉及电力、通信、燃油燃气、自来水公司等15家产权单位的110处产权设施,涉及企业、商铺和民房5000多家,全线征地拆迁涉及1993.6亩(表8-39-3)。

京台高速公路津冀界至别古庄互通段征地拆迁统计表 表8-39-3

高速公路编码	项目名称	征地拆迁安置起止时间	征用土地(亩)	拆迁房屋(m²)	拆迁占地费(万元)	备注
S9921	京台高速公路津冀界至别古庄互通	2010.10~2013.1	1993.6	540	6112.2	

2. 项目实施阶段

1) 施工过程

(1) 主线土建工程于 2012 年 2 月 15 日开工,2014 年 12 月 16 日交工。

(2) 房建工程于 2013 年 2 月开工,2014 年 12 月 16 日交工。

(3) 机电工程于 2013 年 11 月开工。

(4) 交通安全设施工程于 2013 年 8 月开工,2014 年 12 月 16 日交工。

(5) 绿化工程于 2013 年 8 月开工。

(6) 建立动态管理平台,提高管理水平。

(7) 对工程主要原材料如钢材、水泥、沥青、橡胶支座、锚具等严格实行"甲控",同时加强对原材料存储与保管。在全线推广使用高性能混凝土,推广使用预应力智能张拉系统和大循环智能压浆系统。钢筋采用自动钢筋数控弯曲机进行加工,注重关键工艺、工序、重点及隐蔽工程控制,严格执行首件工程认可制,认真落实样板工程推广制,全面实行第三方检测制度。

(8) 2014 年 12 月 16 日,京台高速公路廊坊建设管理处组织专家对本段高速公路进行了交工验收。

京台高速公路津冀界至别古庄互通段建设生产要素统计见表 8-39-4。

京台高速公路津冀界至别古庄互通段建设生产要素统计　　表 8-39-4

路线编号	建设时间	钢筋(t)	沥青(t)	水泥(t)	砂石料(m³)	机械工(工日)	机械(台班)
S9921	2012.2~2014.12	39806	14332	270714	542393	1389	238076

2) 重要决策

(1) 2009 年 1 月 15 日,廊坊市机构编制委员会办公室行文将京津南通道河北段高速公路廊坊建设管理处更名为"京台高速公路廊坊建设管理处"。

(2) 2014 年 12 月 16 日,京台高速公路廊坊建设管理处组织专家对京台高速津冀界至别古庄互通进行了交工验收。12 月 26 日项目通车试运营。

3) 各项活动

(1) 2012 年 3 月 14 日,高速公路廊坊建设管理处召开"大干 120 天"劳动竞赛动员大会。

(2) 2012 年 10 月 1 日,高速公路廊坊建设管理处召开"百日决战"劳动竞赛动员大会。

三、科技创新

京台高速公路廊坊段管理处在项目管理创新、技术创新、技术推广上实现了新的突破。其中,技术创新有 6 项。

(1) 为解决桥头跳车这一质量通病,率先采用 CFG 搅拌桩和水泥搅拌桩方法处理原地面,采用液态粉煤灰水泥混合料等新工艺、新材料浇筑基坑和台背,效果良好,行车舒适。

(2)主筋采用数控弯曲机加工,箍筋采用小型自动弯箍机进行加工,有效保证钢筋骨架尺寸,确保钢筋保护层厚度。

(3)预制梁板钢筋骨架全部采用定型胎架进行绑扎;预制梁板采用蒸汽养生;正、负弯矩张拉、压浆全部采用智能张拉、压浆系统,张拉数据必须24h内上传至动态管理平台,否则软件自动锁定,不能继续张拉。梁板实体质量、外观色泽、压浆饱满度显著提升。

(4)在摊铺机、压路机上安装监控设备,监控其碾压遍数及速度;要求压路机采用队列式碾压,有效提高压实效果。

(5)采用HDR系列高阻尼隔震橡胶支座,提高桥梁抗震储备。该种支座在国内处于领先水平,桥梁按抗震设防烈度8度进行设防,有效增加桥梁安全性能及使用寿命。

(6)为提升项目信息化管理水平,与中交公路规划设计院联合开发建立了基于互联网技术的京台高速公路动态管理平台系统。目前该系统在质量管理方面实现了如下功能:软土地基处理施工动态跟踪;智能张拉压浆网络监控;施工现场24小时实时监控;沥青拌和站实时监控,压路机碾压速度、遍数监控等功能。动态管理平台系统的集成应用,实现了项目资源高度共享,延伸了项目管理层的触角,确保了项目高效有序运行。

四、运营养护管理

1. 服务设施

全线设置别古庄停车区(表8-39-5)。因车流量较少,该停车区暂未开通。

京台高速公路津冀界至别古庄互通段服务设施一览表   表8-39-5

服务区名称	桩号	所在区域	占地(亩)	建筑面积(m²)
别古庄停车区	K64+686	廊坊市永清县	18	858.49

2. 收费设施

本项目共设置收费站3处(表8-39-6)。其中,设置津冀界廊坊主线收费站1处,在码头、东安庄设置匝道收费站2处。

京台高速公路津冀界至别古庄互通段收费设施一览表   表8-39-6

收费站名称	桩号	入口车道数		出口车道数		收费方式
		总车道	ETC车道	总车道	ETC车道	
码头收费站	K69+460	3	1	3		MTC+ETC
东安庄收费站	K77+777	3	1	4		
津冀界廊坊主线收费站	K79+800			18	2	

3. 养护管理

本段养护里程24.83km,设置永清养护工区负责全线的养护工作(表8-39-7)。

京台高速公路津冀界至别古庄互通段养护设施一览表　　表8-39-7

养护工区名称	桩　号	路段长度(km)	占地面积(亩)	建筑面积(m²)
永清养护工区	K51+602.5	24.83	22.4	1216.45

4. 监控设施

本项目设置万庄监控中心(表8-39-8),负责京冀界至廊坊别古庄枢纽互通段的运营监管。

京台高速公路津冀界至别古庄互通段监控设施一览表　　表8-39-8

监控设施名称	桩　号	占地面积(m²)	建筑面积(m²)
万庄监控中心	K29+330	临时设立在万庄服务区西区	

5. 交通流量

该路段于2014年12月建成,2016年收费站年平均日交通量(自然数)为2846辆/日(表8-39-9),2015—2016年环比增长率为71.37%。

京台高速公路津冀界至别古庄互通段交通量(自然数)发展状况表　　表8-39-9

年　份		2014	2015	2016
交通量(辆)	码头站	2442	268661	522512
	东安庄站	3285	337513	516282
	合计	5727	606174	1038794
收费站年平均日交通量(辆/日)		16	1661	2846

第四十节　S9960京哈高速公路北戴河连接线

S9960京哈高速北戴河连接线是G1(北京—哈尔滨)高速公路宝山段的连接线,起自G1的北戴河互通,终止于北戴河崔各庄道口,全长17.63km。沿线途经秦皇岛市的抚宁县、北戴河区,京哈高速公路北戴河连接线的建设加速了社会经济交流,促进了国民经济的发展,沿线区内生产总值逐年增长。

京哈高速公路北戴河连接线于2000年6月建成通车,由河北省高速公路京秦管理处负责运营养护管理,运营里程桩号K0+000~K17+630.86,全长17.63km,设计速度120km/h,双向四车道,其中K0+000~K13+991段路基宽度27.0m,K13+991~K17+630.86段路基宽度23.0m。

S9960京哈高速公路北戴河连接线项目信息见表8-40-1,路线平面示意图见图8-40-1。

S9960 京哈高速公路北戴河连接线项目信息表

表 8-40-1

项目名称	路段起讫桩号		规模(km)		设计速度(km/h)	路基宽度(m)	投资情况(亿元)			资金来源	建设时间（开工～通车）	备注
	起点桩号	讫点桩号	合计	车道数			估算	概算	决算			
京哈高速公路北戴河连接线	K0+000	K13+991	17.63	四车道	120	27.0	2.00	2.02	2.47		1997.7.1～2000.6.15	
	K13+991	K17+630.86				23.0						

一、项目概况

1. 基本情况

1) 功能定位

G1 北京—哈尔滨高速公路宝山段是国家"九五"重点工程，交通部规划的12条国道主干线的重要组成部分，是华北连接东北三省公路网的主骨架，是国家立项建设规模、标准较高的高速公路项目之一。北戴河连接线是北京—哈尔滨高速公路连接北戴河的重要通道，同时也是党和国家领导人、国际友人和国内各方游客到北戴河办公、避暑和旅游的重要通道，因此它是一条经济路、政治路、旅游路。它的修建不仅对促进地方经济发展，改善交通运输状况和投资环境，发展旅游事业至关重要，而且具有深远的政治意义和广泛的社会影响。

2) 技术标准

采用双向四车道，其中 K0+000～K13+991 段路基宽度 27.0m，中央分隔带宽 5m，设计速度 120km/h；K13+991～K17+630.86 段路基宽度 23.0m，中央分隔带宽 1.5m，设 7 处平交路口。

3) 建设规模

项目全长 17.63km，其中：大桥 3268m/8 座，中桥 653m/12 座，小桥 560m/66 座，涵洞 39 道，桥梁长度占路线总长度的 2.54%；互通式立交 2 处（其中服务型互通 1 处，枢纽型互通 1 处）；主线收费站 1 处。北戴河收费站房屋建筑面积 1544.63m^2。

4) 主要控制点

秦皇岛市（抚宁县、北戴河区）。共计 1 个市、2 个县（区）、3 个乡镇。

5) 地形地貌

项目大部分位于滨海冲积洪积平原上。

6) 路面结构及主要构造物

主要采用沥青混凝土路面。4cmAC-13C 改性沥青混凝土，5cmAC-20 中粒式沥青混凝土，乳化沥青封层，6cmBL-30 粗粒式沥青碎石，19cm 水泥稳定级配碎石基层，18cm 石灰、粉煤灰稳定级碎石基层，20cm 石灰土底基层。

图 8-40-1 京哈高速公路北戴河连接线路线平面示意图

主要构造物采用预应力混凝土连续梁桥、简支梁桥。

7) 投资规模

项目概算投资 2.021 亿元,竣工决算投资 2.468 亿元,平均每公里造价 1399.89 万元。

8) 开工及通车、竣工时间

北戴河连接线 1997 年 7 月开工建设,2000 年 6 月建成通车,2002 年 12 月完成竣工验收。

2. 前期决策情况

1) 前期决策背景

G1 北京—哈尔滨高速公路北戴河连接线是国家"九五"重点工程,交通部规划的 12 条国道主干线的重要组成部分,是华北连接东北三省公路网的主骨架,同时也是党和国家领导人、国际友人和国内各方游客到北戴河办公、避暑和旅游的重要通道。河北省交通厅于 1993 年决定由河北省交通厅国际金融组织贷款项目办公室进行项目前期工作。

2) 前期决策过程

本项目的立项、审批等前期工作严格按照国家基本建设程序进行,具体情况如下。

(1) 项目建议书:1993 年完成了编报项目建议书的基本工作,国家计划委员会 1994 年 7 月以计交能〔1994〕944 号文下达了《国家计划委员会关于宝坻(津冀省界)至山海关高速公路项目建议书的批复》。此项目经国家批准正式立项,同意利用亚行贷款。

(2) 可行性研究:1994 年 7 月编制出工程可行性研究报告。国家计划委员会 1995 年 9 月以计交能〔1995〕1346 号文对工程可行性研究报告下达文字批复。

(3) 初步设计:河北省交通厅委托河北省交通规划设计院编制完成了宝山高速公路初步设计及工程概算,并以冀交工字〔1995〕261 号文件《关于呈报京沈公路宝坻至山海关段高速公路初步设计文件和审查意见的报告》上报交通部。1995 年 12 月交通部以交公路发〔1995〕1070 号文件对宝山高速公路初步设计进行了审查批复,批复概算为 56.021 亿元。

(4) 亚洲开发银行贷款程序的履行:项目国内程序审批的同时,提出利用国外贷款的申请报告,阐明了本项目的贷款额度,贷款渠道的建议、贷款使用方案及还贷方案。国家计划委员会工可批复中,批准本项目国外贷款计划编号为:J950000434014 号。中国人民银行把本项目列入了亚洲开发银行 1995 财年贷款项目。亚洲开发银行先后派现场考察团、评估团来河北对项目进行了认真的考察、评估和谈判。1996 年 5 月 9 日,中国驻菲律宾大使代表中国政府与亚洲开发银行签署了本项目贷款协定,贷款金额 2.2 亿美元。1996 年 6 月 29 日中国人民银行与河北省政府签订了项目的转贷协议。

(5) 开工报告批复:1996 年 8 月 1 日,项目执行机构向主管部门呈报了开工报告,1996 年 8 月 16 日国务院北戴河办公会议上批准本项目开工。1996 年 9 月 20 日总监理工程师签发了开工令,工程有效工期34个月。国家计划委员会投资〔1996〕1683号文件下达了1996年基本建设新开工大中型项目计划的通知。至此,前期工作中的国家、亚洲开发银行的审批手续全部完成。

二、建设情况

1. 项目准备阶段

1)项目审批

1999年11月26日,国土资源部以国土资函〔1999〕653号文,批复《关于京沈高速公路北戴河连接线工程补办建设用地手续的批复》。

2)资金筹措

本项目为G1(北京—哈尔滨)河北宝山段(宝坻县—山海关)的连接线,资金筹措跟主线一起进行。

主线及北戴河连接线批准总概算为56.021亿元,实际到位资金59.323亿元,其中,中央补助(交通部补助)拨款13.850亿元,国债转贷资金拨款1.750亿元,亚洲开发银行贷款2.018亿美元(折合人民币18.051亿元),国内银行贷款18.890亿元,河北省自筹交通厅拨款6.782亿元,项目资本金16.180亿元。竣工决算投资60.468亿元,平均每公里造价2786.54万元。

资金来源情况表与主线共用。详见第一节G1(北京—哈尔滨)河北段(香河—山海关)中的宝坻至山海关段。

3)合同段划分及招投标

(1)合同段划分

根据各专业的工程内容划分标段(表8-40-2)如下。

京哈高速公路北戴河连接线合同段划分一览表　　　　表8-40-2

参建单位	类型	参建单位名称	合同段编号及起讫桩号	标段所在地	主要内容	主要负责人
项目管理单位		河北省京秦高速公路筹建管理处				裴世保
勘察设计单位	土建工程、交通工程、绿化设计	河北省交通规划设计院			初测、初步设计、定测、施工图设计北戴河站	周立强
施工单位	北戴河连接线土建工程	秦皇岛路桥建设开发公司	B1:K0+000～K3+800	抚宁	路基及桥涵工程	高雪松
		河北省公路工程局	B2:K3+800～K6+000	抚宁	路基及桥涵工程	张文利
		秦皇岛路桥建设开发公司	B3:K6+000～K10+900	抚宁	路基及桥涵工程	高雪松

续上表

参建单位	类型	参建单位名称	合同段编号及起讫桩号	标段所在地	主要内容	主要负责人
施工单位	北戴河连接线土建工程	河北省公路工程局	B4:K10+900~K12+100	抚宁、北戴河	路基及桥涵工程	张文利
		交通部第一公路工程总公司	B5:K12+100~K13+950	北戴河	路基及桥涵工程	翟亮
		秦皇岛路桥建设开发公司	B6:K13+950~K17+630	北戴河	路基及桥涵工程	高雪松
		河北省公路工程局第二工程公司	B7:K0+000~K17+630	北戴河	路面	赵淑兰

①土建工程设计标段划分1个标段，房建工程设计划分1个标段，绿化工程设计划分1个标段，机电工程设计划分1个标段。

②施工标段划分：根据工程内容的不同，北戴河连接线土建工程划分7个标段，绿化工程划分11个标段，房建工程划分1个标段，机电工程划分1个标段，交通工程实施划分4个标段。

③施工监理标段划分：根据工程内容设1个总监办公室，2个土建工程驻地监理标段，1个机电工程监理标段。

(2) 招投标

按照国家颁布的《招投标法》和交通部颁布的《公路工程施工招标投标管理办法》的规定及亚行提供的2.2亿美元贷款的要求，全面实行国际、国内招投标，选定施工队伍。

①北戴河连接线17.63km土建工程划分了7个标段，1997年5月至7月完成。

②交通机电工程于1999年3月开标，1999年11月亚行正式批复评标报告，同意中标单位为华能基础产业投资有限公司。

③交通工程分支线4个合同，于1998年6月至8月完成。

④绿化工程分支线11个合同，于1998年6月至10月完成。

以上全部招标、投标、评标过程均由省政府招标、投标管理机构及公证部门进行了监督和管理，一切程序符合国家的有关法律规定。

4) 参建单位主要情况

(1) 建设单位

本项目建设单位是河北省交通厅国际金融组织贷款项目办公室（现已合并为河北省高速公路管理局），项目执行机构是河北省京秦高速公路建设管理处。

(2) 设计单位

①土建工程设计单位：河北省交通规划设计院。

②交通工程设计单位：河北省交通规划设计院。

③绿化工程设计单位：河北省交通规划设计院。

（3）施工单位

详见表8-40-2。

5）征地拆迁

（1）设立专门组织机构

按三级管理体系设置安置办公室，加强各级政府对征地工作的领导和监督，形成完善的拆迁工作体系，使征地拆迁工作层层有人管、层层有人抓。

河北省政府成立了"京沈高速公路建设领导小组"由河北省副省长何少存担任组长，河北省计划委员会、河北省财政厅、河北省交通厅、河北省国土厅等部门和唐山市、秦皇岛市的主要领导为成员，其办事机构为"京沈高速公路建设领导小组办公室"，设在河北省交通厅国际金融组织项目贷款办公室，负责建设中的具体事务，加强对全线征迁和建设环境工作的协调和领导。

唐山市、秦皇岛市分别成立了市高速公路建设领导小组，以主管副市长为组长。办事机构设在各市的交通局，简称"市高速办"，负责本市段征地拆迁及建设环境的工作。

沿线11个县区分别成立了以主管副县长为组长并吸收乡镇主要领导参加的征地拆迁安置领导小组，简称"县高速办"，负责本县段征地拆迁及协调施工过程中发生的问题。

涉及的38个乡镇都有各副乡（镇）长专职负责本乡（镇）的征地拆迁安置工作，具体办理土地丈量、附着物清点登记造册等事宜。

（2）落实承包责任制

宝山高速公路征地拆迁工作实行群众参与，各级政府层层签订责任书，上级交政策、包协调、包拨款；下级包任务、包投资、包工期，大部分县区都采取"四到位""四现场"的做法，即县、乡、村、户四方到场，实行现场丈量、现场清点、现场签字、现场盖章一起搞清。

各级政府分别与下级部门签订拆迁责任书，层层落实任务，落实目标责任，承包责任制给各级政府带来压力的同时也带来了动力。各级政府在做好思想动员工作的同时，采用经济、法律、行政等一切有效措施加快征地拆迁进展，并及时总结经验、教训，树先进，及时表彰、奖励，提高了征地拆迁工作的积极性。

京哈高速公路北戴河连接线征地拆迁统计情况见表8-40-3。

京哈高速公路北戴河连接线征地拆迁统计表　　　　表8-40-3

高速公路编码	项目名称	征地拆迁安置起止时间	征用土地（亩）	拆迁房屋（m²）	拆迁占地费（万元）	备注
S9960	京哈高速公路北戴河连接线	1997.3~1997.9	1980.28	6178.03	4224.12	

2.项目实施阶段

1)施工过程

(1)主体工程于1997年7月开工,2000年5月完工。

(2)北戴河收费站于1998年4月开工,1999年9月完工。

(3)机电工程于2000年4月开工,2002年4月完工。

(4)交通安全设施工程于1999年4月开工,2000年6月完工。

(5)2000年5月,河北省公路工程质量监督站对北戴河连接线主体工程进行了检测鉴定,鉴定分数为95.361分,2000年3月对北戴河连接线房建工程进行了工程质量鉴定,质量等级为优良。

(6)2002年11月7日,河北省交通厅公路局组织专家对宝山高速公路进行了机电合同项目交工验收,达到优良工程等级,交工验收总评分96分。

京哈高速公路北戴河连接线建设生产要素统计见表8-40-4。

京哈高速公路北戴河连接线建设生产要素统计表 表8-40-4

路线编号	建设时间	钢材(t)	沥青(t)	水泥(t)	砂石料(m^3)	机械工(工日)	机械(台班)
S9960	1997.7~2000.6	9239	19438	57605	46977	335412	253697

2)重要决策

2000年6月,北戴河连接线开通仪式。

3)各项活动

(1)建立五级质量监督检查机制。

(2)组织劳动竞赛,落实奖惩措施。

三、科技创新

京秦建设管理处在项目管理创新、技术创新、技术推广上实现了新的突破。其中管理创新有2项:

(1)在招标、工程管理中采用了国际通用的"菲迪克"管理模式。

(2)开展劳动竞赛,打造精品工程。

积极推广使用新材料2项:

(1)沥青表面层全部采用SBS散装改性沥青。SBS改性沥青与普通沥青相比提高了与石料的黏附性、沥青混合料动稳定度和沥青的低温延度。整个项目的沥青表面层全部采用了SBS散装改性沥青。

(2)通信硅芯管应用。宝山段高速公路主线及北戴河连接线采用埋设硅芯管作为光、电缆线的保护管。采用此管后可使用最新的气吹法进行敷缆,比一般牵引法大大提高了穿缆长度和速度,便于缆线的施工、维护和更换,排除故障及时,不会因管道的弯曲而造成穿缆困难,地形起伏的限制小,埋设方法简便,易于网络的升级和扩容,大大减少了人井和手孔。

四、运营养护管理

1. 收费设施

本项目共设置北戴河收费站 1 处(表 8-40-5),匝道出入口数量截至目前共计 20 条,其中 ETC 车道 3 条。

京哈高速公路北戴河连接线收费设施一览表　　表 8-40-5

收费站名称	桩号	入口车道数		出口车道数		收费方式
		总车道	ETC 车道	总车道	ETC 车道	
北戴河收费站	K253+204	5	1	15	2	

2. 养护管理

本项目北戴河连接线 17.63km。设置秦皇岛 1 处养护工区,负责养护里程为北戴河连接线 17.63km(表 8-40-6)。

京哈高速公路北戴河连接线养护设施一览表　　表 8-40-6

养护工区名称	桩号	路段长度(km)	占地面积(亩)	建筑面积(m²)
秦皇岛养护工区	K0+000~K17+631	17.631	14.035	3646

3. 监控设施

本项目设置京秦管理处调度指挥中心(表 8-40-7),分别负责京秦处全线的运营监管。

京哈高速公路北戴河连接线监控设施一览表　　表 8-40-7

监控设施名称	桩号	占地面积(亩)	建筑面积(m²)
京秦处调度指挥中心	秦皇岛市区	中心在管理处办公大楼	

4. 交通流量

2007—2016 年京哈高速公路北戴河连接线交通量情况如表 8-40-8、图 8-40-2 所示。

京哈高速公路北戴河连接线交通量(自然数)发展状况表　　表 8-40-8

年份		2007	2008	2009	2010	2011	2012	2013	2014	2015	2016
交通量(辆)	北戴河收费站	1897944	1072993	1366033	1513574	1570444	1667143	1915554	1966550	2371605	2361182
	合计	1897944	1072993	1366033	1513574	1570444	1667143	1915554	1966550	2371605	2361182
收费站年平均日交通量(辆/日)		5200	2940	3743	4147	4303	4568	5248	5388	6498	6469

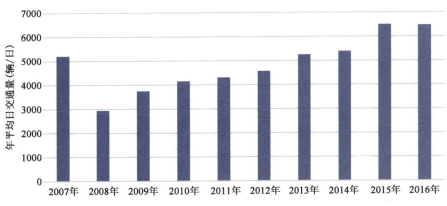

图 8-40-2 京哈高速公路北戴河连接线收费站年平均日交通量(自然数)增长柱状图

第四十一节　S9961 京秦高速公路清东陵支线

S9961 京秦高速公路清东陵支线属于清东陵高速公路项目一部分,清东陵高速公路除此连接线外还包括 G1N(北京—秦皇岛)河北段全长 13.59km 主线工程。清东陵支线是京津冀地区重要的经济干线,起自遵化市平安城,终止于国家 4A 级旅游景点清东陵景区,全长 13.45km。项目位于遵化市境内。本工程的建设对加快京津冀经济一体化,促进地方旅游业及沿线区域经济发展具有重要意义。

京秦高速公路清东陵支线于 2013 年 12 月建成通车,由河北省高速公路京哈北线管理处负责运营养护管理,运营桩号为 K1 + 000 ~ K14 + 450,全长 13.45km,设计速度 80km/h,双向四车道,路基宽度 24.5m。

S9961 京秦高速公路清东陵支线信息见表 8-41-1,路线平面示意图见图 8-4-1。

S9961 京秦高速公路清东陵支线信息表　　表 8-41-1

项目名称	路段起讫桩号		规模(km)		设计速度(km/h)	路基宽度(m)	投资情况(亿元)				建设时间(开工~通车)	备注
	起点桩号	讫点桩号	合计	车道数			估算	概算	决算	资金来源		
京秦高速公路清东陵支线	K1 + 000	K14 + 450	13.45	四车道	80	24.5	11.369	12.457		银行贷款、地方自筹	2010.12 ~ 2013.12	

一、项目概况

1. 基本情况

1) 功能定位

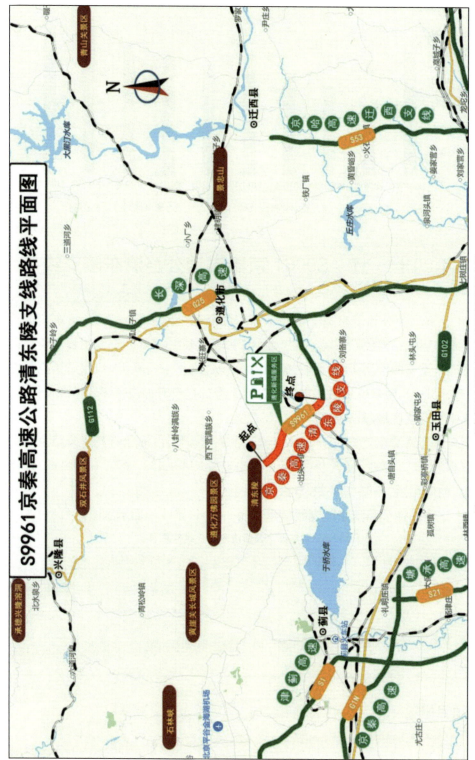

图8-41-1 S9961京秦高速公路清东陵支线路线平面示意图

规划中 G1N 京秦高速公路(北京—秦皇岛)是国家高速公路网中京哈高速公路的辅助通道,是京津冀地区重要的经济干线,对构建河北省东北部地区"东出西联"运输大通道,加快京津冀经济一体化,促进地方旅游业及沿线区域经济发展具有重要意义。S9961 京秦高速公路清东陵支线南接 G1N 京秦高速公路,北至国家 4A 级旅游景点清东陵景区。京秦高速公路清东陵支线的建成通车,在促进遵化地区经济发展及旅游推广方面发挥了重要作用。

2)技术标准

本项目设计速度 80km/h,双向四车道,路基宽度 24.5m。平曲线最小半径 1500m,最大纵坡采用 2%。

3)建设规模

本项目建设里程长 13.45km。其中特大桥 1050m/1 座,大桥 250m/1 座,中桥 160m/3 座,小桥 168m/12 座,涵洞 3 道,互通式立交 2 处。全路段共设 2 处收费站;设置 1 处养护工区(与 G1N 平安城—下院寺段合址建设);设置 1 处服务区。

4)主要控制点

平安城、石门镇、清东陵。

5)地形地貌

项目位于唐山遵化市境内,地貌类型多样。北部为燕山余脉,丘陵连绵;中部为山麓平原,土地肥沃;南部为洼地,土地广阔。

6)路面结构及主要构造物

主要采用沥青混凝土路面。4cm AC-13C 沥青混合料表面层,SBS 改性沥青防水黏结层,6cm AC-20C 中粒式改性沥青混凝土下面层,SBR 改性乳化沥青黏层,10cm ATB-25 沥青稳定碎石柔性基层,慢裂慢凝阳离子乳化沥青下封层,PC-2 型阳离子乳化沥青透层,18cm 水泥稳定碎石上基层,18cm 水泥稳定碎石下基层,18cm 水泥稳定碎石底基层。

主要构造物采用预应力混凝土连续梁桥。

7)投资规模

项目概预算与 G1N(北京—秦皇岛)河北段(清东陵高速公路)同期批复施工,总投资额为 29.661 亿元。本段概算投资 12.457 亿元。

8)开工及通车、竣工时间

2010 年 12 月开工建设,2013 年 12 月交工通车。

2.前期决策情况

(1)2010 年 7 月 16 日,河北省交通运输厅组织召开《清东陵高速公路预可行性研究报告》专家评审会。

(2)2010 年 11 月 12~13 日,受河北省发展和改革委员会委托由河北省工程咨询研究院在石家庄组织召开了《清东陵高速公路工程可行性研究报告》专家评审会。

(3)2010年11月23日,河北省工程咨询研究院对《清东陵高速公路工程可行性研究报告》提供评估意见(冀咨询项目评审—〔2010〕505号)。

(4)2010年12月13日,河北省发展和改革委员会以冀发改基础〔2010〕1877号文,批复了《清东陵高速公路工程可行性研究报告》。

(5)2010年12月9日,河北省国土资源厅以冀国土资函〔2010〕1401号文下发了《河北省国土资源厅关于清东陵高速公路宽线至长深高速段建设用地的预审意见》。

(6)2012年7月24日国土资源部以国土资函〔2012〕584号文,批复《关于清东陵高速宽线至长深高速工程建设用地》。

二、建设情况

1. 项目准备阶段

1)项目审批

(1)2010年9月26日,河北省发展和改革委员会同意清东陵高速公路招标方案。

(2)2010年12月28日,河北省环境保护厅以冀环评〔2010〕422号文,批复《关于清东陵高速公路邦宽线至长深高速段项目环境影响报告书》。

(3)2011年6月9日,河北省发展和改革委员会以冀发改投资〔2010〕912号文,批复《关于清东陵高速公路工程初步设计》。

(4)2012年4月19日,河北省交通运输厅以冀交公〔2012〕205号文,批复《关于清东陵高速公路两阶段施工图设计》。

(5)2012年7月24日,国土资源部以国土资函〔2012〕584号文,批复《关于清东陵高速邦宽线至长深高速工程建设用地》。

(6)2012年9月5日,河北省交通运输厅批准了清东陵高速公路施工许可申请。

2)资金筹措

清东陵高速公路概算总投资29.661亿元(含本段落及平安城—下院寺段),项目资本金7.415亿元,由河北省高速公路管理局负责筹措,其余22.246亿元申请银行贷款。

3)合同段划分及招投标

(1)合同段划分

根据各专业的工程内容划分标段(表8-41-2)如下:

①勘察设计标段划分:公路总体设计为1个标段,房建工程设计为1个标段,绿化工程设计为1个标段。

②施工标段划分:根据工程内容的不同,土建工程为3个标段,房建工程为3个标段,机电工程为1个标段,交通安全设施为5个标段,绿化工程为4个标段,声屏障工程为1个标段。

京秦高速公路清东陵支线合同段划分一览表

表 8-41-2

参建单位	类型	参建单位名称	合同段编号及起讫桩号	标段所在地	主要内容	主要负责人	备注
项目管理单位		河北省高速公路京哈北线管理处（原名称为河北省高速公路清东陵筹建处、河北省高速公路京秦二通道筹建处）				侯岩峰	
勘察设计单位	工程勘察设计	河北省交通规划设计院	QDLGL		负责全线土建、交安、机电工程施工设计	焦永顺	
施工单位	土建工程	中交一公局桥隧工程有限公司	K6+500～K13+000	东新庄乡	路基、桥涵、路面工程	田武平	
		中铁十二局集团第一工程有限公司	K1+000～K6+500	平安城镇	路基、桥涵工程	罗延生	
		河北广通路桥工程有限公司	K6+500～K14+450	石门镇	路基、桥涵、路面工程	王耀阁	
		中铁六局集团有限公司	K3+210～K3+710	遵化市	下穿大秦铁路立交桥工程	王俊生	

③施工监理标段划分：根据工程内容设1个总监办标段，1个房建工程驻地办标段，1个机电工程监理标段。

（2）招投标

按照国家颁布的《招投标法》和交通部颁布的《公路工程施工招标投标管理办法》《公路工程施工招标资格预审办法》《公路工程施工招标评标办法》的要求，由项目法人单位和项目执行机构组织招标工作。

①土建工程施工招标：2011年4月共有87家土建施工单位通过了资格预审。2011年7月4日发出了投标邀请书。8月4日在石家庄公开开标，通过资格预审的87家投标人参加了土建工程4个标段的投标。8月5日召开评标会议。评标办法采用合理低价法，由评标委员会进行评审推荐了中标候选人。经公示后确定4家第一中标候选人为中标人。

2012年6月27日发布土建工程5标段（下穿大秦铁路立交桥）施工第二次招标公告（资格后审）。7月19日在石家庄公开开标，有3家投标人参加投标。7月19日召开评标会议。评标办法采用合理低价法，由评标委员会进行评审推荐了中标候选人。经公示后确定了1家第一中标候选人为中标人。

②房建工程施工招标：2011年12月共有121家申请人通过了资格预审，参加了本项目房建工程3个标段的投标。2012年2月28日召开评标会议。评标办法采用合理低价法，由评标委员会进行评审推荐了中标候选人。经公示后确定3家第一中标候选人为中标人。

③机电工程施工招标：2013年1月31日发布机电工程施工（共1个标段）招标公告（资格后审）。3月12日在石家庄公开开标，有32家投标人参加投标。3月17日召开评标会议。评标办法采用合理低价法，由评标委员会进行评审推荐了中标候选人。经公示后确定了1家第一中标候选人为中标人。

4）参建单位主要情况

（1）建设单位

本项目建设单位是河北省高速公路管理局，项目执行机构是河北省京哈北线管理处（曾用名称：河北省高速公路清东陵筹建处、河北省高速公路京秦二通道筹建处）。

（2）设计单位

设计咨询单位：中国公路工程咨询集团有限公司。

土建工程设计单位：河北省交通规划设计院。

（3）施工单位

详见表8-41-2。

5）征地拆迁

（1）设立专门组织机构

健全地方工作体系，成立唐山市、遵化市两级地方工作指挥部办公室，加强各级政府对征地工作的领导和监督,形成完善的拆迁工作体系,使征地拆迁工作层层有人管、层层有人抓。

(2)落实承包责任制

征地拆迁工作实行群众参与,各级政府层层签订责任书,采取"四到位"的做法,即市、乡镇、村、户四方到场,现场丈量、现场清点、现场签字。

2011年6月河北省交通运输厅与唐山市人民政府签订清东陵高速公路建设土地和房屋征收、附属物补偿及地方工作框架协议。2011年10月河北省高速公路管理局与唐山市京秦高速公路建设地方工作领导小组签订清东陵高速公路征地拆迁及地方工作费用包干协议书。京秦高速公路清东陵支线征地拆迁统计见表8-41-3。

京秦高速公路清东陵支线征地拆迁统计表 表8-41-3

高速公路编码	项目名称	征地拆迁安置起止时间	征用土地（亩）	拆迁房屋（m³）	拆迁占地费（万元）	备注
S9961	京秦高速公路清东陵支线	2011.11~2012.10	1463	4256.4	28697.965	

2.项目实施阶段

1)施工过程

(1)路基工程于2011年11月1日开工,2012年12月31日完工。

(2)桥涵工程于2011年11月1日开工,2012年12月31日完工。

(3)路面工程于2012年6月30日开工,2013年11月1日完工。

(4)房建工程于2012年6月5日开工,2013年10月30日完工。

(5)2013年11月29日,河北省高速公路管理局组织专家对清东陵高速公路进行了交工验收。2014年1月9日,组织专家对清东陵高速公路绿化工程进行了交工验收。

京秦高速公路清东陵支线建设生产要素统计见表8-41-4。

京秦高速公路清东陵支线建设生产要素统计表 表8-41-4

路线编号	建设时间	钢材（t）	沥青（t）	水泥（t）	砂石料（m³）	机械工（工日）	机械（台班）
S9961	2011.10~2013.12	19479.6	9990.54	131141.64	948640.98	175449.96	136852.8

2)重要决策

(1)2010年12月30日,河北省清东陵高速公路举行开工奠基仪式。

(2)2013年12月16日,清东陵高速公路通车运营。

3)各项活动

(1)施工进度

施工期间管理处相继下达了《大干120天的施工计划》《春季攻坚,全面开工施工计划》《大干90天施工计划》《保通车大干120天施工计划》。

(2)劳动竞赛

为鼓励先进,鞭策落后,加快工程建设速度,保证工程质量,管理处在2012年和2013年先后开展了"春季攻坚,全面开工""大干90天,保质保量实现路基桥梁完工""保通车,大干120天"等多项劳动竞赛,并制订竞赛办法和竞赛目标,每阶段评比一次。此措施有效地激发了承包人的施工积极性,并迅速掀起一场"比、学、赶、帮、超"的大干快上高潮,为保质保量完成工程任务,实现按期通车目标,起到了极为重要的作用。

三、科技创新

清东陵高速公路在项目管理创新、技术创新、技术推广上实现了新的突破。其中管理创新有1项:施工运输车辆、路面压实温度采用GPS轨迹实时管理系统。

技术创新有3项。

(1)提出斜坡地基高速公路施工工艺流程:半填半挖处施工工序、土工格栅的铺设和质量检验等工艺,并在工程中进行应用,提高施工效率,保证路堤施工安全。

(2)应用了清东陵旅游高速公路路堑工程环境协调性研究成果,通过清东陵高速公路的工程实践,完成了路堑边坡协调性设计技术和方法在工程中的实践应用,提出了路堑边坡的防护技术、绿化措施,并分析了其环境协调性效果。

(3)为有效解决寒冷地区半刚性基层沥青路面的反射裂缝和低温收缩裂缝病害的影响,应用大粒径橡胶颗粒沥青混合料抑制路面结冰技术,率先把应力吸收层技术和抑制路面结冰技术有机结合起来应用到工程实体中,一定程度上提高了寒冷地区沥青路面的抗裂除冰能力。

四、运营养护管理

1. 服务设施

全线设置遵化新城服务区1处(表8-41-5),提供停车、餐饮、超市服务。

京秦高速公路清东陵支线服务设施一览表　　　表8-41-5

高速公路编码	服务区名称	桩号	所在区域	占地(亩)	建筑面积(m²)
S9961	遵化新城服务区	K7+591	遵化市平安城镇	80	6541

2. 收费设施

本项目共设置收费站2处(表8-41-6),其中在路线终点设置主线收费站1处,在平安城设置匝道收费站1处。匝道出入口数量截至2013年底共计31条,其中ETC车道4条。

京秦高速公路清东陵支线收费设施一览表　　　表8-41-6

高速公路编码	收费站名称	桩号	入口车道数		出口车道数		收费方式
			总车道	ETC车道	总车道	ETC车道	
S9961	平安城收费站	K2+540	3	1	5	1	MTC+ETC
S9961	清东陵收费站	K12+775	7	1	12	1	

3. 养护管理

本项目养护里程13.45km，设置东新庄养护工区（表8-41-7）。本项目自通车以来，路基、路面、桥涵、沿线设施、房建等处于完好状态，未经过大中修及改建工程。

京秦高速公路清东陵支线养护设施一览表　　　表8-41-7

养护工区名称	桩　号	路段长度(km)	占地面积(亩)	建筑面积(m²)
东新庄养护工区	G1N(主线)K11+192	13.45	20	4574

4. 监控设施

本项目设置1处信息调度中心（表8-41-8），与清东陵收费站合址建设，负责京秦高速公路及清东陵支线运营监管。

京秦高速公路清东陵支线监控设施一览表　　　表8-41-8

监控设施名称	桩　号	占地面积(亩)	建筑面积(m²)
信息调度中心	K12+775	信息调度中心与清东陵收费站合建	

5. 交通流量

该路段于2013年12月建成，2016年收费站年平均日交通量（自然数）为4713辆/日（表8-41-9），2014—2016年年均增长率为15.6%。

京秦高速公路清东陵支线交通量(自然数)发展状况表　　　表8-41-9

年　份		2013	2014	2015	2016
交通量(辆)	平安城收费站	6141	404762	518190	553725
	清东陵收费站	12979	882561	1148852	1166611
	合计	19120	1287323	1667042	1720336
收费站年平均日交通量(辆/日)		52	3527	4567	4713

第四十二节　承德西环高速公路(滦河电厂—陈栅子)

承德西环高速公路（滦河电厂—陈栅子）项目建设期名称为京承高速公路双滦区连接线扩建工程，是承德市自建的一条高速公路。本项目路线起于双塔山镇东山头滦河电厂东侧，经东山头、烧锅、化育沟村，在化育沟村北与京承高速公路化育沟互通相接。该项目的建设对加快双滦区域的经济发展,增强双滦区与京承高速公路的联系,提高京承高速公路辐射能力,满足交通量日益增长的需求具有重要作用。

本项目2005年4月开工建设,2005年11月建成通车。由河北省高速公路京承管理处负责运营养护管理,运营里程桩号K128+700~K135+737,全长7.03km,设计速度80km/h,双向四车道,路基宽度24.5m。

京承高速公路双滦区连接线扩建工程项目信息见表8-42-1,路线平面示意图见图8-42-1。

京承高速公路双滦区连接线扩建工程项目信息表　　　　表8-42-1

项目名称	路段起讫桩号		规模(km)		设计速度(km/h)	路基宽度(m)	投资情况(亿元)			建设时间(开工~通车)	备注
	起点桩号	讫点桩号	合计	车道数			估算	概算	决算	资金来源	
京承高速公路双滦区连接线扩建工程	K128+700	K135+737	7.03	四车道	80	24.5	0.45		0.45	自筹	2005.4~2005.11	

一、项目概况

1. 基本情况

1) 功能定位

京承高速公路双滦区连接线扩建工程是承德市自建的一条高速公路。本项目路线起于双塔山镇东山头滦河电厂东侧,经东山头、烧锅、化育沟村,在化育沟村北与京承高速公路化育沟互通相接,路线全长7.03km,原有公路路基宽16m,扩建后路基宽度为24.5m。本项目的建设对加快双滦区域的经济发展,增强双滦区与京承高速公路的联系,提高京承高速公路辐射能力,满足交通量日益增长的需求具有重要作用。

2) 技术标准

采用双向四车道,设计速度80km/h,路基宽度24.5m。平曲线一般最小半径采用600m,最大纵坡采用1.069%。

3) 建设规模

本项目建设里程长7.03km,其中:涵洞30道、线外涵3道、线外桥1座。

4) 主要控制点

承德市滦平县东山头、烧锅、化育沟村。

5) 地形地貌

该区域为燕山山脉的延伸地带,属燕山地槽与内蒙古高原过渡区。项目区域内地形复杂,且起伏变化较大,地势较高,深谷陡崖纵横其间,大部分地区基岩出露,部分地区为第四纪覆盖物,覆盖层厚度小于20m。大的地貌类型分为中低山区、低山重丘区和山间盆

第八章
高速公路建设项目

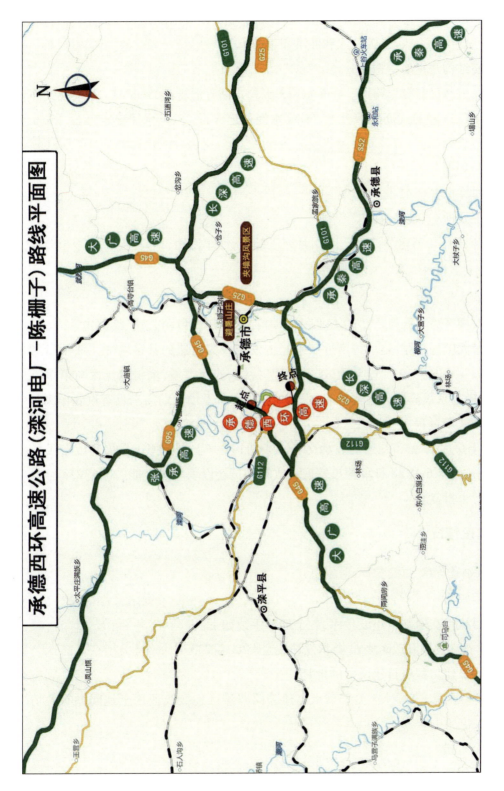

图8-42-1 承德西环高速公路(滦河电厂—陈栅子)路线平面示意图

地。盆地主要为滦平盆地和承德盆地。其间微地貌类型有山间凹地、山前平原、单斜山；河谷、河漫滩、一级阶地、二级阶地和冲洪积扇等。

6）路面结构及主要构造物

主要采用沥青混凝土路面。4cm AC-13 细粒式沥青混凝土，5cm AC-16 中粒式沥青混凝土，9cm AC-25 粗粒式沥青混凝土，18cm 水泥稳定碎石，18cm 水泥稳定碎石，15cm 级配碎石。

7）投资规模

项目估算投资 0.45 亿元。

8）开工及通车、竣工时间

2005 年 4 月开工建设，2005 年 11 月交工验收，通车使用，2007 年 11 月竣工验收。

2. 前期决策情况

1）前期决策背景

承德双滦区为承德市重要的工业区，区内有承德钢铁集团公司、滦河电厂、焦化煤气公司等几家大中型企业，是承德市近年来经济发展较为迅速的县区之一。该项目对于满足沿线企业发展的需要，促进双滦区区域经济持续、快速发展，增强双滦区与京承高速公路的联系，提高京承高速公路辐射能力，满足交通量日益增长的需求具有重要作用。

2）前期决策过程

2004 年 6 月，承德市交通局以承交字〔2004〕141 号上报承德市发展和改革委员会该项目建议书，同年 6 月 28 日承德市发展和改革委员会以承发改交能〔2004〕233 号对项目建议书进行了批复。

二、建设情况

1. 项目准备阶段

1）项目审批

该项目执行交通基本建设程序，各个环节手续如下。

（1）承德市发展和改革委员会承发改交能〔2004〕233 号文件《关于京承高速公路双滦区连接线扩建工程项目建议书的批复》。

（2）滦平县国土资源局《关于京承高速公路双滦区连接线征用土地问题有关情况的说明》。

2）资金筹措

本项目估算投资 4541.3 万元，由承德市交通局筹措。

3）合同段划分及招投标

(1) 合同段划分

根据各专业的工程内容划分标段如表 8-42-2 所示。

京承高速公路双滦区连接线扩建工程合同段划分一览表　　表 8-42-2

参建单位	类型	参建单位名称	合同段编号及起讫桩号	标段所在地	主要内容	主要负责人
项目管理单位		承德市公路工程管理处				静天文
勘察设计单位	土建工程设计	中交第一公路勘察设计研究所	全线	全线	全部	白凤莲
施工单位	土建工程	河北北方公路工程建设集团有限公司	全线	全线	全部	王亚林
监理单位		承德公路工程监理有限责任公司	全线	全线	全部	刘永春

①土建工程设计标段划分1个标段。

②施工标段划分1个标段。

(2) 招投标

按照国家颁布的《招投标法》和交通部颁布的《公路工程施工招标投标管理办法》《公路工程施工招标资格预审办法》《公路工程施工招标评标办法》的要求,由项目法人单位组织招标工作。

本项目施工招标采用公开招标的形式,2005年4月在承德公开开标。经评标委员会评定,确定了中标单位。

4) 参建单位主要情况

(1) 建设单位

本项目建设单位是承德市交通局,项目执行机构是承德市公路工程管理处。

(2) 设计单位

设计单位:中交第一公路勘察设计研究院。

(3) 施工单位、监理单位

施工单位:河北北方公路工程建设集团有限公司。

监理单位:承德公路工程监理有限责任公司。

5) 征地拆迁

根据承德市公路建设项目投资政策改革的有关规定,本项目的征地工作由滦平县政府负责。完成了征地组卷工作,按照国家有关规定对土地被征用者进行了补偿和安置。

2. 项目实施阶段

1) 施工过程

(1) 本项目施工招标采用公开招标的形式,2005年4月在承德公开开标。经评标委员会评定,确定了中标单位。并于 2005 年 4 月开工,2005 年 11 月完工。

(2)2005 年 11 月 27 日,承德市公路工程管理处组织了交工验收。

(3)2007 年 11 月 29 日,承德市交通局组织了竣工验收。

京承高速公路双滦区连接线扩建工程建设生产要素统计见表 8-42-3。

京承高速公路双滦区连接线扩建工程建设生产要素统计表　　　表 8-42-3

项目名称	建设时间	钢筋（t）	沥青（t）	水泥（t）	砂石料（m³）	机械工（工日）	机械（台班）
京承高速公路双滦区连接线扩建工程	2004.8～2005.11	552	4079	11687	—	—	—

2)重要决策

(1)2005 年 8 月,京承高速公路西环连接线扩建工程开工。

(2)2005 年 11 月,京承高速公路西环连接线扩建工程实现通车。

三、运营养护管理

1. 养护管理

本项目养护里程 7.03km。

2. 交通流量

2006—2016 年京承高速公路双滦区连接线扩建工程交通量情况如表 8-42-4、图 8-42-2 所示。

京承高速公路双滦区连接线扩建工程交通量(自然数)发展状况表　　　表 8-42-4

年　份		2006	2007	2008	2009	2010	2011	2012	2013	2014	2015	2016
交通量（辆）	滦河	651516	928759	1153162	1341529	1514055	1743160	1929093	2088572	2040311	2038242	2376763
	合计	651516	928759	1153162	1341529	1514055	1743160	1929093	2088572	2040311	2038242	2376763
收费站年平均日交通量(辆/日)		1785	2545	3159	3675	4148	4776	5285	5722	5590	5584	6512

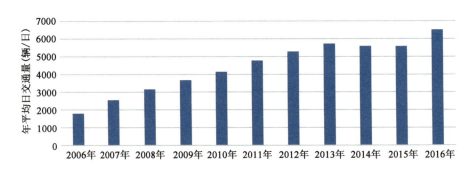

图 8-42-2　京承高速公路双滦区连接线扩建工程收费站年平均日交通量(自然数)增长柱状图

第四十三节　唐山绕城高速公路

唐山绕城高速公路实施阶段项目名称为唐津高速公路唐东枢纽至丰南枢纽段,属于唐津高速公路的一部分。本项目起自丰南枢纽互通,终止于唐东枢纽互通,全长41.801km,途经唐山市开平区、路南区、丰南区。本项目不仅将天津、唐山两个重要的城市连接起来,而且也是我国东南沿海地区、冀中地区、天津市与冀东地区和东北地区联系的重要通道。

唐津高速公路唐东枢纽至丰南枢纽段共分两期施工建设。其中,一期工程丰南至陈庄段1995年8月开工,1996年12月建成通车;二期工程陈庄至双庙段1998年3月开工,1999年9月底建成通车。现由唐津高速公路有限公司负责运营养护管理,运营里程桩号K1+302~K43+103,全长41.801km,设计速度120km/h,双向四车道,路基宽度26m。

唐津高速公路唐东枢纽至丰南枢纽项目信息见表8-43-1,路线平面示意图见图8-43-1。

唐津高速公路唐东枢纽至丰南枢纽项目信息表　　表8-43-1

项目名称	路段起讫桩号		规模(km)		设计速度(km/h)	路基宽度(m)	投资情况(亿元)			资金来源	建设时间(开工~通车)	备注
	起点桩号	讫点桩号	合计	车道数			估算	概算	决算			
唐津高速公路唐东枢纽至丰南枢纽	K1+302	K43+103	41.801	四车道	120	26		10.445	9.903	基建拨款基建投资借款	1995.8~1999.9	

一、项目概况

1.基本情况

1)功能定位

唐津高速公路唐东枢纽至丰南枢纽段,是唐津高速公路的一段,唐津高速公路是规划中京沈高速公路与京福高速公路的联络线,是丹拉高速公路在河北省内的支线,是河北省"四纵、四横、十条线"公路主骨架路线之一。本项目的实施将使京、津、唐、秦地区的路网结构更加合理,将使我省干线公路网的骨干作用得到更充分的发挥,同时使大型运输车避绕开首都北京,大大缓解了北京的交通压力。

2)技术标准

采用双向四车道、六车道标准分段建设,设计速度120km/h,路基宽度26.0m。平曲线最小半径采用5500m,最大纵坡采用2.103%。

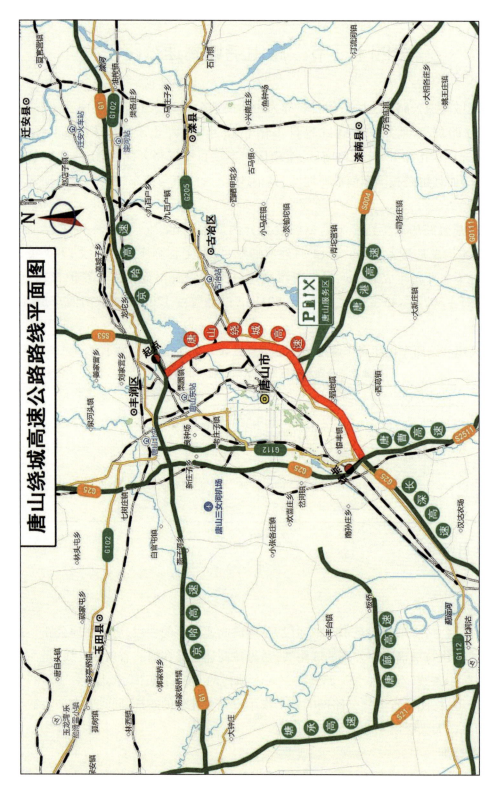

图8-43-1 唐山绕城高速公路路线平面示意图

3）建设规模

本项目建设里程长 41.801km,大桥 6 座;互通式立交 3 处;匝道收费站 3 处;服务区 1 处;养护工区 1 处。

4）主要控制点

唐山市的丰南区、路南区、开平区、丰润区。

5）地形地貌

项目属平原微丘地貌,分黏性土、砂性土和特殊土。黏性土主要有黏土、砂质黏土,砂性土有细砂、粉砂、中砂和砂砾土。特殊土为盐渍土,湿软土,土壤碱性较大。

6）路面结构及主要构造物

主要采用沥青混凝土路面。4cmSAC-16 Ⅰ 抗滑层 SBS 改性沥青,5cmSAC-25 Ⅰ 粗粒式沥青混凝土,6cmAC-30 Ⅱ 粗粒式沥青混凝土,18cm 水泥稳定级配碎石,18cm 石灰、粉煤灰稳定级配碎石,20cm 石灰稳定土。

主要构造物采用预应力混凝土连续梁桥。

7）投资规模

项目概算投资 10.445 亿元,竣工决算投资 9.903 亿元,平均每公里造价 2369.02 万元。

8）开工及通车、竣工时间

1995 年 8 月开工,1999 年 9 月底建成通车。

2. 前期决策情况

1）前期决策背景

唐津高速公路是山海关至广州高速公路的一部分,起自河北省秦皇岛市山海关区,南至沿海开放城市广州,是交通部规划的国道主干线,是沟通东南沿海地区与河北省、天津市以及东北地区联系的重要通道,是国家重要的经济干线。

2）前期决策过程

(1)1993 年 4 月 12 日以冀交公字〔1993〕64 号文向河北省计划委员会报送了《关于申请天津至辽宁公路天津界至唐山(榛子镇)段公路项目立项的请示》。

(2)1993 年 4 月 19 日以冀计经交〔1993〕319 号文下发了《关于天津至辽宁公路天津界至唐山(榛子镇)段公路项目建议书的批复》。

(3)河北省交通厅 1993 年 7 月 14 日以冀交公字〔1993〕136 号向唐山市交通局下发了《关于天津至唐山公路进行工程可行性研究的通知》。

(4)1993 年 8 月 30 日河北省交通厅以冀交公字 38 号便函对河北省交通规划设计院下发了勘测设计任务书。

(5)1994 年 3 月 22～24 日在唐山对《津唐公路天津界至双庙段预可行性研究报告》进行了评审。

(6) 1994年9月14日交通部以交计发〔1994〕925号文向河北省交通厅下发了《关于津唐公路天津界至双庙段项目建议书的批复》。

(7) 河北省交通厅于1994年12月20日以冀交公字〔1994〕239号文向交通部呈报了《关于呈报津唐公路津冀界至双庙段工程可行性研究报告的请示》，并随文呈报了《天津至唐山公路津冀界至双庙段工程可行性研究报告》及专家评审意见。

(8) 1995年5月2日交通部以交计发〔1995〕401号文对该工可报告进行了批复。

二、建设情况

1. 项目准备阶段

1) 项目审批

该项目严格执行了交通基本建设程序，从预可行性研究、工程可行性研究、初步设计、施工图设计、工程施工、监理招投标及工程开工报告的审批，各个环节手续齐全，具体如下。

(1) 国家环保总局于1999年10月19日以环监发〔1999〕185号文批准了《环境影响评价大纲》。

(2) 国家环保总局于2000年5月21日以环函〔2000〕200号文对《环境影响报告书》进行了批复。

(3) 1995年11月30日以交公路发〔1995〕1144号文向河北省交通厅下达了《关于津唐公路津冀界至陈庄段初步设计的批复》。

(4) 1998年7月31日交通部以交公路发〔1998〕475号文向河北省交通厅下达了《关于津唐公路二期工程陈庄至双庙段初步设计的批复》。

(5) 交通部于2001年7月11日以交工路发〔2001〕384号文对机电工程进行了批复。

2) 资金筹措

项目概算投资10.445亿元，竣工决算投资9.903亿元，工程竣工决算与总概算相比，降低了5420.4万元，扣除因建设规模的不同对工程投资的影响外，实际节约资金约900万元，平均每公里造价2369.02万元。

3) 合同段划分及招投标

(1) 合同段划分

根据各专业的工程内容划分标段（表8-43-2）如下。

① 一期工程路基划分10个合同，路面划分3个合同；二期路基划分9个合同，路面划分1个合同。土建工程设计标段划分2个标段，房建工程设计划分1个标段，交通工程设计划分1个标段，绿化工程设计划分1个标段，机电工程设计划分1个标段。

② 施工标段划分：根据工程内容的不同，路基工程划分19个合同，路面划分4个合同，机电工程划分1个标段，房建工程划分6个标段，设绿化工程及交通安全设施标段。

第八章 高速公路建设项目

唐津高速公路唐东枢纽至丰南枢纽段合同段划分一览表

表 8-43-2

参建单位	类型	参建单位名称	合同段编号及起讫桩号	标段所在地	主要内容	主要负责人	备注
项目管理单位	工程项目管理	河北省唐津高速公路建设指挥部	一期工程路基4~9,路面1~4;二期工程1~9;K1+302~K43+103	开平区、路南区、丰南区		张锁练	
勘察设计单位	土建工程设计	河北省交通规划设计院	一期工程路基4~9,路面1~4;K13+218~K43+103	开平区、路南区、丰南区	主线土建工程	赵邦海	
		河北省交通规划设计院	二期工程1~9;K1+302~K13+218	开平区	主线土建工程	赵邦海	
施工单位	土建工程	中铁十八局四处	一期路基4:K43+103~K41+503	丰南区	路基、桥涵	李仕军	标段编号4,段落长度2.2km
		承德路桥建设总公司	一期路基5-B:K41+503~K38+503	丰南区	路基、桥涵	张茂籥	标段编号5-B,段落长度3km
		石家庄市公路管理处	一期路基5-A:K38+503~K34+503;K30+903~K32+703	丰南区	路基、桥涵	李柏祥	标段编号5-A,段落长度5.4km
		武警七支队	一期路基6-B:K34+503~K29+903	丰南区	路基、桥涵	范思奎	标段编号6-B,段落长度1.8km
		唐山公路工程总公司	一期路基6-A:K32+703~K29+503	丰南区	路基、桥涵	刘悦	标段编号6-A,段落长度1.8km
		省公路工程五处	一期路基7-B:K29+503~K24+603	路南区	路基、桥涵	冯希民	标段编号7-B,段落长度5.0km
		中铁十八局五处	一期路基7-A:K24+603~K23+403	开平区	路基、桥涵	冯希民	标段编号7-A,段落长度1.1km
		河北省公路工程局四处	一期路基8:K23+403~K17+503	开平区	路基、桥涵	田新铨	标段编号8,段落长度5.9km
		唐山市市政建设总公司	一期路基9-A:K17+503~K14+503	开平区	路基、桥涵	陈卫华	标段编号9-A,段落长度3km

续上表

参建单位		类型	参建单位名称	合同段编号及起讫桩号	标段所在地	主要内容	主要负责人	备注
施工单位		土建工程	邢台路桥建设公司	一期路基 9-B:K14+503~K13+218	开平区	路基、桥涵	李殿双	标段编号 9-B,段落长度 1.285km
			中铁十八局五处	二期 1:K13+218~K11+003	开平区	路基、桥涵	郑峰	标段编号 1,段落长度 2.215km
			唐山交通局工程处	二期 2:K11+003~K9+353	开平区	路基、桥涵	聂宁	标段编号 2,段落长度 1.65km
			唐山交通局工程处	二期 3:K9+353~K7+169	开平区	路基、桥涵	赵文宝	标段编号 3,段落长度 2.184km
			中铁十四局二处	二期 4:K7+169~K5+203	开平区	路基、桥涵	刘建民	标段编号 4,段落长度 1.966km
			中铁十八局四处	二期 5:K5+203~K4+103	开平区	路基、桥涵	吴立周	标段编号 5,段落长度 1.1km
			武警交通七支队	二期 6:K4+103~K1+302	开平区	路基、桥涵	刘悦	标段编号 6,段落长度 2.801km
			中铁十八局五处	二期 8:K9+197	开平区	桥涵	郑峰	标段编号 8,段落长度 0.075km
			中铁三院	二期 7-1:上行方向 K9+753~K9+403	开平区	采空区	李树泉	标段编号 7-1,段落长度 0.35km
			中铁三院	二期 7-2:下行方向 K9+753~K9+293	丰南区	采空区	田国臣	标段编号 7-2,段落长度 0.46km
			上海京海工程技术公司	一期路面 2::43+103~K34+003	路南区	路面工程	肖雪华	标段编号 2,段落长度 9.1km
			交通部第一公路工程总公司	一期路面 3:K34+003~23+403	开平区	路面工程	马彦军	标段编号 3,段落长度 10.6km
			中铁十四局四处	一期路面 4:K23+403~K13+218	开平区	路面工程	田新栓	标段编号 4,段落长度 10.185km
			河北省公路工程局四处	二期 9:K13+218~K1+302	开平区	路面工程	李殿双	标段编号 9,段落长度 11.916km
			邢台路桥建设总公司					

③施工监理标段划分:根据工程内容设 1 个总监办公室,下设土建工程驻地监理标段、房建工程监理标段、机电工程监理标段。

(2)招投标

按照国家颁布的《招投标法》和交通部颁布的《公路工程施工招标投标管理办法》《公路工程施工招标资格预审办法》《公路工程施工招标评标办法》的要求,由项目法人单位组织招标工作。

①一期工程共分为 4 次进行招标,分别为路基 5~9 合同段、路面 4 个合同段、房建 6 个合同段。1995 年 4 月 10 日出售资格预审文件,5 月 6 日出售 1~4 合同标书,5 月 25 日开标,经过评标,于 6 月 5 日发中标通知书,经过合同谈判,于 6 月 10 日签订合同;1995 年 6 月 20 日出售 5~9 合同标书,7 月 10 日开标,经过评标,于 7 月 16 日发中标通知书,8 月 4 日签订合同;1996 年 3 月 20 日出售路面工程 1~4 合同标书,1996 年 4 月完成了路面工程的招标工作。1996 年 4 月 1 日,出售了房建工程 6 个合同的招标文件,4 月 25 日举行了开标仪式,4 月 26~30 日,进行了评标工作,5 月 3 日,确定了中标单位。

②二期工程路基分 6 个合同段采用议标的方式,1998 年 1 月 16 日河北省交通厅批复了议标的请示,1 月 20 日出售了标书,2 月 17 日举行了开标仪式,经评标、校核等工作后,于 2 月 21 日确定了中标单位。采空区路段以路中线为界分为 2 个合同,通过邀请招标的方式确定施工单位,于 1998 年 3~4 月完成招标工作。路面工程 1 个合同采用议标方式于 1998 年 3 月完成招标工作。

③一期安全设施工程,采用议标方式决定中标单位,绿化工程由招标方式确定中标单位。二期工程全路段安全设施工程采用议标方式决定中标单位;绿化工程由招标方式确定中标单位。

④经河北省交通厅批准,河北省道路开发中心于 2001 年 7 月 19 日发布了机电工程招标预审公告。7 月 30 日共 7 家单位递交了资审文件,经对这些单位进行严格审查和实地考察,共有 6 家单位通过了资格预审。于 2001 年 12 月 7 日出售招标文件,2002 年 1 月 8 日开标。1 月 23 日~2 月 4 日评标小组对唐津高速公路机电工程商务以及监控、收费、通信系统的技术部分进行了评审。经复核性审查、商务和技术评审、澄清、确定评标价,最终确定中标单位为上海隧道工程股份有限公司与石家庄泛安科技开发有限公司联营体。

4)参建单位主要情况

(1)建设单位

本项目建设单位是河北省道路开发中心(现已合并为河北省高速公路管理局)。项目执行机构是河北省唐津高速公路建设指挥部,1997 年 8 月改称河北省唐津高速公路管理处(现运营管理机构是河北唐津高速公路有限公司)。

(2) 设计单位

土建、房建、交通工程设计单位：河北省交通规划设计院。

(3) 施工单位

详见表 8-43-2。

5) 征地拆迁

(1) 工作及范围

沿线经过汉沽农场、丰南区、路南区、开平区、丰润区。

(2) 主要内容

河北省以冀政传〔1999〕6 号文向国土资源部呈报了《关于津唐高速公路津冀界至陈庄段建设用地的请示》，国土资源部于 1999 年 12 月 9 日以国土资函〔1999〕682 号文对《津唐高速公路津冀界至陈庄段工程补办建设用地手续》进行了批复。批准建设用地 276.936 公顷，当地任命政府开垦 353.932 公顷。全线永久占地共为 4891.182 亩（表 8-43-3）。

唐津高速公路唐东枢纽至丰南枢纽段征地拆迁统计表　　表 8-43-3

项目名称	征地拆迁安置起止时间	征用土地（亩）	拆迁房屋（m²）	拆迁占地费（万元）	备注
唐津高速公路唐东枢纽至丰南枢纽段		4891.182		8767.8	

为作好征地拆迁，解决好施工中出现的地方问题，保证工程能够按时开工和顺利实施，河北省交通厅与唐山市签订了征地拆迁责任状，同时唐山市与各市、县分别签订了责任状，做到层层落实，顺利完成了本项目征地拆迁工作，为工程提前竣工奠定了基础。

2. 项目实施阶段

1) 施工过程

(1) 主线一期工程于 1995 年 8 月 24 日开工，1997 年 11 月 28 日完工。

(2) 二期工程于 1998 年 3 月 17 日开工，1999 年 9 月 26 日完工。

(3) 房建工程于 1996 年 3 月开工，1996 年 12 月完工。

(4) 机电工程于 2002 年 10 月开工，2003 年 3 月 31 日完工。

(5) 2002 年 4 月 26 日交通部办公厅以厅公路字〔2002〕147 号文《关于做好 2002 年度公路建设项目竣工验收工作的通知》将本项目竣工验收工作委托给河北省交通厅，2002 年 12 月，竣工决算已编制完成并通过审计，通过了环保、档案等专项验收，土地证已经办理完毕，交工验收提出的遗留问题已得到处理，河北省交通厅同意该项目通过竣工验收。

(6) 1998 年 2 月河北省公路工程质量监督站出具了《唐津高速公路一期工程交工质量鉴定报告》，得分为 92.16 分。

(7)1999年9月23~29日河北省公路工程质量监督站出具了《唐津高速公路二期工程交工质量鉴定报告》，综合评分为95.114分，质量等级为优良。交工验收总评分为92.92分，达到优良工程。

2)重要决策

(1)1995年1月12日，省长办公会295号纪要要求唐津高速公路要确保下半年开工建设。

(2)1997年8月，经河北省交通厅批准成立"河北省唐津高速公路管理处"，负责唐津高速公路(河北段)的建设管理工作。

三、复杂技术工程

1. 软土路基处理

唐津高速公路K115+800~K124+000段存在淤泥类软土，由于分布的不连续性，采用电阻率测探法结合钻探资料，可以快速、准确地确定软土位置。当软土层较薄，且埋置深度不大时，采用粉喷桩处理。其下为纯砂土层时，采用砂垫层土工布+超载预压，同时适当延长预压时间，处理效果理想，并且可以节约投资。利用粉喷桩处理构造物台后软土路基，是解决台后跳车的有效办法。加固处理大规模的软土地基，唐津高速公路在河北省尚属首例。

2. 采空区加固处理

唐津高速公路二期工程K149+750~K150+100地下存在严重的采空区，且采空区地处极倾斜岩层，岩层倾角达67°，含煤层多，累计厚度大，累计煤层厚度约13m，采煤率达90%，采空深度达227m，水平巷道复杂化，难以探明实际分布，地面横向倾斜，容易产生侧移。采空区处理采用注浆加固方案，实施动态设计、动态管理。先后采用了旋喷护壁、套管护孔、潜孔气锤、袖阀管注浆等先进工艺，对竖井的填充还采用了流态粉煤灰处理，并采用电阻、电波(瑞雷波)和定点观测三种监测手段对施工质量跟踪监测。

四、科技创新

SBS改性沥青的应用：

(1)根据改性沥青及其混合料的室内试验结果，并结合唐津高速公路的气候特点，选用4%SBS改性沥青，不但改善了沥青及沥青混合料的高温性能，同时也改善了其低温开裂性能、抗冻水稳性、抗疲劳性能及黏附性能。

(2)近几年国内外修建改性沥青路面的实践表明，改性剂分散均匀性是改性效果的保证。现场二次掺配生产改性沥青由于受搅拌设备的影响，掺配均匀性差，造成改性剂分散不均匀，影响改性效果。唐津高速公路采用工厂集中生产的新加坡进口壳牌改性沥青，保证了沥青的改性效果。

（3）沥青是感温性材料,改性后其黏附性增加,通过唐津高速公路改性沥青混合料生产与铺筑实践,改性沥青混合料与一般普通沥青混合料施工差别在于温度控制,拌和温度一般需提高 10~20℃,可达 175~185℃。由于改性沥青的使用,混合料比较黏,摊铺阻力大,施工时应加强管理,严格控制摊铺碾压时间,以免混合料温度降低而影响摊铺机压实效果,以致影响路面的平整度。

五、运营养护管理

1. 服务设施

全线设置 1 处服务区,居于唐津高速全线的中部,桩号为 K26+500。

2. 收费设施

本项目共设置唐山南、唐港、唐山东匝道收费站 3 处(表 8-43-4)。

唐津高速公路唐东枢纽至丰南枢纽段收费设施一览表　　　表 8-43-4

收费站名称	桩号	入口车道数		出口车道数		收费方式
		总车道	ETC 车道	总车道	ETC 车道	
唐山南收费站	K32+103	3	1	5	1	MTC+ETC
唐港收费站	K23+933	5	1	6	1	
唐山东收费站	K13+603	3	1	6	1	

3. 养护管理

本项目养护里程 41.801km,设置 1 处养护工区(表 8-43-5),负责养护里程 41.801km。

唐津高速公路唐东枢纽至丰南枢纽段养护设施一览表　　　表 8-43-5

养护工区名称	桩号	路段长度(km)	占地面积(亩)	建筑面积(m^2)
唐津养护工区	K23+933	58.209	16.2	1322.88

4. 监控设施

本项目设置 1 个监控信息中心(表 8-43-6),负责唐津高速的运营监管。

唐津高速公路唐东枢纽至丰南枢纽段监控设施一览表　　　表 8-43-6

监控设施名称	桩号	占地面积(亩)	建筑面积(m^2)
监控信息中心	K23+933	监控中心与公司办公楼合建	

5. 交通流量

1997—2016 年唐津高速公路唐东枢纽至丰南枢纽段高速公路交通量情况如表 8-43-7、图 8-43-2 所示。

唐津高速公路唐东枢纽至丰南枢纽段高速公路交通量(自然数)发展状况表　　表8-43-7

年份		1997	1998	1999	2000	2001	2002	2003	2004	2005
交通量(辆)	唐山东	4542	292366	295786	389599	665556	865798	1136790	1319793	1712670
	唐山南	91154	293445	258189	423714	665059	888331	1031793	1576319	1133547
	丰南西	55922	2303922	1649938	2600370	2797681	3831052	4242898	5130872	5606546
	丰南	881271	830130	634625	725788	880365	1061603	1163589		
	开平	932382	1445033	896808	574963	578801	664872	741711		
	唐港								1773088	1710537
	田庄								582932	861973
	合计	1965271	5164896	3735346	4714434	5587462	7311656	8316781	10383004	11025273
收费站年平均日交通量(辆/日)		5384	14150	10234	12916	15308	20032	22786	28447	30206

年份		2006	2007	2008	2009	2010	2011	2012	2013	2014	2015	2016
交通量(辆)	唐山东	1446149	1923975	1732555	1745498	2067038	2391571	2684151	2456538	2582695	2753649	3038701
	唐山南	937891	1533186	1727714	1588965	1622161	1902356	1431566	1169847	743339	1318715	1416091
	丰南西	4956449	5453024	6058827	6298444	7498965	10134777	8388708	7894127	8303150	10327599	10056659
	丰南											
	开平											
	唐港	1555632	2396078	2927620	2287907	2600632	2954511	2830117	3099309	3514789	3597150	
	田庄	799854	990122	1572930	1084562	826710	679484	299326	246848	216451	259918	172754
	合计	9695975	12296385	14019646	13005376	14615506	18062699	15633868	14866669	15360424	18257031	14684205
收费站年平均日交通量(辆/日)		26564	33689	38410	35631	40042	49487	42833	40731	42083	50019	40231

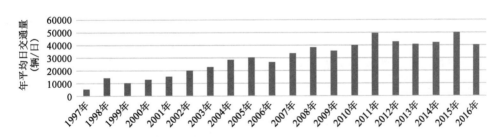

图8-43-2　唐津高速公路唐东枢纽至丰南枢纽收费站年平均日交通量(自然数)增长柱状图

第四十四节　邯郸绕城高速公路东南环段

邯郸绕城高速公路东南环段是京港澳高速公路石家庄至磁县(冀豫界)段改扩建工程的一部分。该段起于邯郸市永年县姚寨乡,接S82 馆陶—邯郸高速公路(原为青红高速公路)人民路枢纽互通立交,向南经南中堡村东、东河东堡村西、大康堡村西、柳店村东、大西韩村东、邢东里堡村东,在东向阳村和西向阳村之间继续向西南,经武吉村北与 G22 青兰高速公路(原为邯大高速公路)交叉于商城枢纽互通。项目的建设对城市交通的疏导和缓解过境交通的压力发挥了重要作用。

邯郸绕城高速公路东南环段于 2015 年 12 月建成通车,由河北省高速公路石安管理处负责运营养护管理,运营里程桩号为 K1+949.165~K22+445.552,全长 22.496km,设计速度 120km/h,双向四车道,路基宽度 28m。

邯郸绕城高速公路东南环段项目信息见表 8-44-1,路线平面示意图见图 8-44-1。

邯郸绕城高速公路东南环段项目信息表　　　　表 8-44-1

项目名称	路段起讫桩号		规模(km)		设计速度(km/h)	路基宽度(m)	投资情况(亿元)			建设时间(开工~通车)	备注
	起点桩号	讫点桩号	合计	车道数			估算	概算	资金来源		
邯郸绕城高速公路东南环段	K1+949.165	K22+445.552	22.496	四车道	120	28.0	14.32	15.28	交通运输部补助、银行贷款、地方自筹	2012.3~2015.12	

一、项目概况

1. 基本情况

1)功能定位

邯郸绕城高速公路东南环段,是京港澳高速公路石家庄至磁县(冀豫界)段改扩建工程的一部分。该段起于邯郸市永年县姚寨乡,接青红高速公路人民路枢纽互通立交,向西南接青兰(邯大)高速公路商城枢纽互通,路线全长 22.496km。

该段经永年、肥乡、邯郸、成安 4 个县,项目建成后邯郸市绕城高速公路环线将全部贯通,有效地缓解了京港澳高速公路主线的交通繁忙状况的同时为主城区通向各地提供了非常便捷的交通通道,对城市交通的疏导和缓解过境交通压力发挥了重要作用。

2)技术标准

邯郸绕城高速公路东南段主线采用双向四车道高速公路标准建设,设计速度 120km/h,路基宽度 28m。

3)建设规模

本段建设里程长 22.496km。其中:互通式立交 1 座;分离式立交 4 座,桥梁长度占路线总长度的 8.71%;通道 24 处;天桥 5 座。匝道收费站 1 处,房屋建筑面积 1567.2 m^2。

4)主要控制点

邯郸市(永年、肥乡、邯郸、成安 4 个县)。共计 1 个市、4 个县(市)、9 个乡镇。

第八章
高速公路建设项目

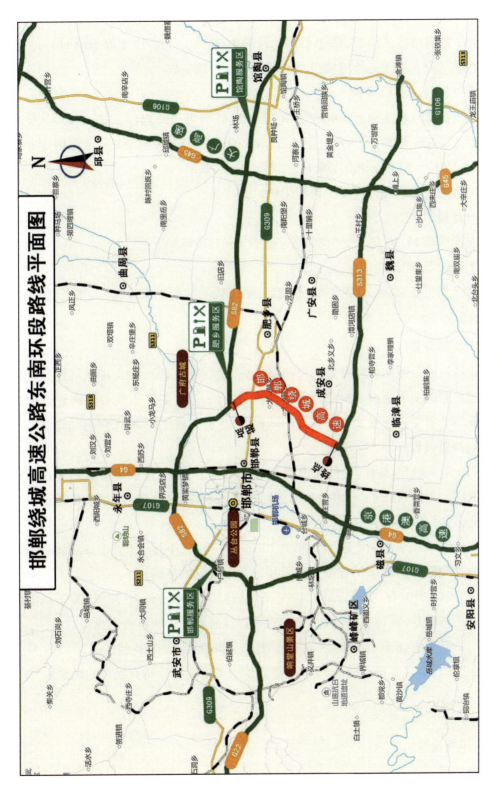

图8-44-1 邯郸绕城高速公路东南环段路线平面示意图

5)地形地貌

项目处于邯郸市区东南部,华北平原的西部边缘带,距太行山主峰50~60km。属太行山山前冲积平原。沿线地势起伏极小,地形平坦,村镇密集。

6)路面结构及主要构造物

主要采用沥青混凝土路面。4cm SMA-13 细粒式沥青玛蹄脂碎石,6cm AC-20C 中粒式沥青混凝土,12cm ATB-25 沥青稳定碎石,SBS 改性热沥青封层,20cm 水泥稳定碎石上基层,20cm 二灰稳定碎石下基层,20cm 二灰稳定土底基层。

主要构造物采用预应力混凝土连续梁桥。

7)投资规模

项目预算投资15.28亿元,平均每公里造价6367万元。

8)开工及通车、竣工时间

2013年3月开工建设,2015年12月交工通车,尚未完成竣工验收。

2. 前期决策情况

1)前期决策背景

邯郸绕城高速公路东南环段是邯郸绕城高速公路的一部分,是连接京港澳高速公路和邯大高速公路的主要通道。根据河北省交通厅"十一五"期间干线公路网建设的总体规划要求及河北省交通厅有关领导的指示精神,河北省交通厅在2007年启动建设工作。

2)前期决策过程

(1)2010年9月6~9日,受国家发展和改革委员会委托,北京交科公路勘察设计研究院在石家庄市主持召开了《京港澳高速公路石家庄至磁县(冀豫界)段改扩建项目工程可行性研究报告》现场调研评估会。

(2)2010年11月8日,国土资源部以〔2010〕304号文,下发了《关于京港澳高速公路石家庄至磁县(冀豫界)段改扩建项目建设用地预审意见的复函》。

(3)2011年1月6日,交通运输部以交函规划〔2011〕4号文,下发了《关于京港澳高速公路石家庄至磁县(冀豫界)段改扩建工程可行性研究报告的审查意见》。

(4)2011年7月18日,经国家发展改革委员会批准,以发改基础〔2011〕1533号文下发《关于河北省石家庄至磁县(冀豫界)公路改扩建工程可行性研究报告的批复》。

二、建设情况

1. 项目准备阶段

1)项目审批

(1)2009年4月15日,河北省发展和改革委员会,对本项目招标方案核准(核准文号:2010—0531)。

(2)2009年8月18日,水利部以水保函〔2009〕281号文,复函河北省高速公路管理局《关于石家庄至磁县(冀豫界)公路改扩建项目水土保持方案》。

(3)2010年12月9日,国家环境保护总局以环审〔2010〕397号文,批复河北省高速公路管理局《关于石家庄至磁县(冀豫界)公路改扩建工程环境影响报告书》。

(4)2012年6月25日,河北省交通运输厅以冀交公〔2012〕342号文,批复《关于石家庄至磁县(冀豫界)公路改扩建工程两阶段施工图设计》。

(5)2012年9月7日,河北省交通运输厅以冀交公〔2012〕497号文,批复《关于石家庄至磁县(冀豫界)公路改扩建工程机电保通项目施工图联合设计文件》。

(6)2013年3月,河北省石家庄至磁县(冀豫界)公路改扩建工程邯郸绕城东南环段开工。

2)资金筹措

邯郸绕城高速公路东南段概算投资15.28亿元,全部形成固定资产。资金来源为银行中长期贷款占总投资的75%,资本金占总投资的25%。

3)合同段划分及招投标

(1)合同段划分

根据各专业的工程内容划分标段(表8-44-2)如下。

①土建工程设计标段划分1个标段,房建工程设计划分1个标段,绿化工程设计划分1个标段,机电工程设计划分1个标段。

②施工标段划分:根据工程内容的不同,土建工程划分5个标段,机电工程划分7个标段,房建工程划分1个标段,绿化工程划分4个标段,交通安全设施划分8个标段。

③施工监理标段划分:根据工程内容设1个总监办公室,1个土建工程驻地监理标段,1个房建工程监理标段,1个机电工程监理标段。

(2)招投标

按照国家颁布的《招投标法》和交通部颁布的《公路工程施工招标投标管理办法》《公路工程施工招标资格预审办法》《公路工程施工招标评标办法》的要求,由项目法人单位组织招标工作。

①2011年8月有234家土建工程施工单位通过资格预审,参加本项目主线土建工程18个合同段的投标。2011年11月15日在石家庄公开开标。由评标委员会从交通运输部专家库中随机抽取评标专家5名和招标人代表2名共同组成评标委员会,由评标委员会进行评审,采用合理低价法确定了18家中标单位。

2013年1月10日,有9家土建工程施工单位参加XJ10标段土建工程的投标。2013年1月10日在石家庄公开开标。从交通运输部专家库中随机抽取评标专家4名和招标

邯郸绕城高速公路东南环段合同段划分一览表

表 8-44-2

参建单位	类型	参建单位名称	合同段编号及起讫桩号	标段所在地	主要内容	主要负责人	备注
项目管理单位		河北高速公路石安改扩建筹建处				郑瑞君	
勘察设计单位	土建工程设计	河北省交通规划设计院	K-1+949.165～K22+445.552	辛安镇、大西韩乡、河沙镇、商城镇	主线土建工程	何勇海	
施工单位	土建工程	中交一公局桥隧工程有限公司	K-1+949.165～K22+445.552	辛安镇、大西韩乡、河沙镇、商城镇	路面工程	杨玉平	
		中铁十七局集团有限公司	K-1+949.165～K22+445.552	辛安镇、大西韩乡、河沙镇、商城镇	路基、桥涵	李腾飞	
		中铁二局第四工程有限公司	K15+000～K22+445.552	河沙镇、商城镇	路基、桥涵	王湘华	
		中铁十七局集团有限公司	K10+398.75～K11+395.75	大西韩乡	桥涵	王庆祥	
		承德路桥建设总公司	K-1+949.165～K22+445.552	辛安镇、大西韩乡、河沙镇、商城镇	中央分隔带混凝土护栏		

人代表1名共同组成评标委员会,由评标委员会进行评审,采用合理低价法确定了1家中标单位。

②2012年10月18日,有94家房建工程施工单位参加本项目房建工程施工10个合同的投标。2012年10月19日在石家庄公开开标,从河北省统一专家库中随机抽取的专家5人和招标人代表2人共同组成评标委员会,由评标委员会进行评审,采用合理低价法确定了10家中标单位。

③2014年5月22日有34家机电工程施工单位参加机电工程(闭路监控、通信及收费系统)施工机电工程的投标。2014年5月22日在石家庄公开开标,从交通运输部评标专家库中随机抽取了专家4人和业主代表1人共同组成评标委员会,由评标委员会进行评审,采用合理定价抽取评审法确定了3家中标单位。

2014年8月25日有42家机电工程施工单位参加机电工程(外场供电及摄像机、监控系统)施工机电工程的投标。2014年8月25日在石家庄公开开标,从交通运输部评标专家库中随机抽取了专家4人和业主代表1人共同组成评标委员会,由评标委员会进行评审,采用合理定价抽取评审法确定了3家中标单位。

④2013年12月23日有97家交通安全设施工程施工单位参加扩建段路侧波形梁钢护栏工程施工9个合同段的投标。2013年12月23日在石家庄公开开标,从河北省统一评标专家库中随机抽取了专家5人组成评标委员会,由评标委员会进行评审,采用合理定价抽取评审法确定了9家中标单位。

2014年9月11日有24家交通安全设施工程施工单位参加防眩板工程施工二次1个合同段的投标。2014年9月11日在石家庄公开开标,从交通运输部评标专家库中随机抽取了专家4人和业主代表1人共同组成评标委员会,由评标委员会进行评审,采用合理定价抽取评审法确定1家中标单位。

4)参建单位主要情况

(1)建设单位

本项目建设单位是河北省高速公路管理局,项目执行机构是河北省高速公路石安改扩建筹建处。

(2)设计单位

土建工程设计单位:河北省交通规划设计院。

(3)施工单位

详见表8-44-2。

5)征地拆迁

(1)明确责任分工,提高工作效率

地方工作烦琐、复杂,而且工作难度大,涉及1个市5个县。工作细化,明确分工,责任到人,包县包段,并根据工作需要相互协调、相互沟通、统一调配,强化了每一名成员的责任意识,工作效率明显提高。

(2)注重地方协调工作,优化建设环境。

筹建处健全地方工作机制,争取地方政府和人民群众支持,定期召开协调会,实行地方工作专人负责制,分段包干,定时限、要质量、求效益。

邯郸绕城高速公路东南环段征地拆迁统计情况见表8-44-3。

邯郸绕城高速公路东南环段征地拆迁统计表　　　表8-44-3

项目名称	征地拆迁安置起止时间	征用土地（亩）	拆迁房屋（m³）	拆迁占地费（万元）	备注
邯郸绕城东南环段	2010.8~2010.12	2313	3673	11257.7	

2.项目实施阶段

1)施工过程

(1)主线土建工程于2013年3月开工,2015年12月完工。

(2)房建工程于2015年7月开工,2015年12月完工。

(3)机电工程于2015年8月开工,2015年12月完工。

(4)交通安全设施工程于2015年8月开工,2015年12月完工。

(5)绿化工程于2016年3月开工。

(6)2005年12月14日,河北省高速公路管理局对邯郸绕城东南环进行组织交工验收。

邯郸绕城高速公路东南环段建设生产要素统计见表8-44-4。

邯郸绕城高速公路东南环段建设生产要素统计表　　　表8-44-4

建设时间	钢材（t）	沥青（t）	水泥（t）	砂石料（m³）	机械工（工日）	机械（台班）
2013.3~2015.12	28211.2	18671	114558	536871.6	254843	196537.6

2)重要决策

(1)2011年8月18日,石安改扩建工程建设动员大会在邢台市召开。河北省副省长宋恩华,河北省交通运输厅党组书记、厅长高金浩,厅党组成员、高速公路管局局长康彦民,石家庄市副市长刘晓军,邢台市副市长张明杰,邯郸市副市长武卫东,以及河北省发展和改革委员会、河北省公安厅、河北省国土资源厅等省直单位负责人参加会议。会议由河北省政府副秘书长曹汝涛主持。

(2)2013年5月19~23日,时任交通运输部工程质量监督局局长李彦武率督查组到河北省检查指导工作,对石安改扩建工程进行了督查,全面、细致地检查了路基路面、桥梁涵洞和内业资料。

2013年8月21日,河北省交通运输厅厅长高金浩,副厅长杨国华,厅党组成员、副厅长、高速公路管理局局长康彦民一行到石安改扩建施工现场调研,看望一线建设者,研究解决制约工程建设的突出问题,并与沿线三市就高速公路建设地方工作交换意见。

(3)2015年12月22日,邯郸绕城高速公路东南环段正式通车试运营,并召开新闻发布会。至此,邯郸市103公里绕城高速公路环线实现完整闭合。

3)各项活动

2012年筹建处组织了"平安工地"建设活动,组织施工标准化考试,印发了施工管理考核评价办法实施细则(试行),印发监理考核评价办法(试行),组织开展石安改扩建段2012年"大干100天"暨施工竞赛动员大会、2012年"大干100天"暨施工竞赛活动、KJ3合同召开施工标准化观摩会、KJ8合同召开施工标准化推进会,表彰施工标准化施工标杆单位,KJ6合同召开施工标准化观摩会。

2014年筹建处组织开展"质量月"活动、工程质量通病治理活动,组织路面施工管理人员及路面机械设备操作人员培训、京港澳主线通车攻坚战活动。

2015年筹建处组织开展2015年邯郸东南环通车攻坚战暨施工竞赛。

三、科技创新

(1)全线使用高性能混凝土,有效提高了混凝土结构的抗腐蚀和耐久性。

(2)全线路面施工过程实行动态实时监控技术,改性沥青生产过程实行监控,摊铺碾压实行动态质量监控。

(3)预应力张拉使用新工艺。采用智能张拉系统控制预应力张拉。操作人员通过计算机程序控制设备运行,整个过程直观反映在显示器上,具有精确控制张拉应力、延伸量、加载速率、停顿点、持荷时间等要素的特点。张拉施工数据自动保存在软件程序中,确保了预应力张拉质量。

(4)采用橡胶沥青封层材料技术。

四、运营养护管理

2010—2016年邯郸绕城高速公路东南环段交通量情况如表8-44-5、图8-44-2所示。

邯郸绕城高速公路东南环段交通量(自然数)发展状况表　　　表8-44-5

年　份		2010	2011	2012	2013	2014	2015	2016
交通量 (车)	林峰站	134705	447370	611823	774338	704463	512695	736877
	成安西站					407304	1275854	1749515
	合计	134705	447370	611823	774338	1111767	1788549	2486392
收费站年平均日交通量(辆/日)		369	1226	1676	2121	3046	4900	6812

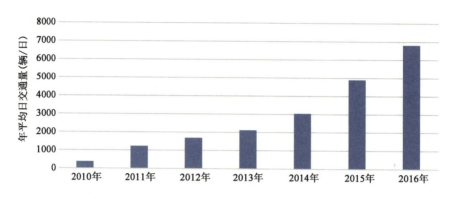

图8-44-2　邯郸绕城高速公路东南环段收费站年平均日交通量(自然数)增长柱状图

第四十五节　衡水绕城高速公路

邢衡高速公路是对河北省"五纵六横七条线"高速公路网主骨架的重要补充。邢衡高速公路衡水段二期工程划分为衡水绕城高速公路,起自枣园互通,终止于衡水北互通,全长53.532km。沿线途经衡水市的冀州区、新河县、深州市、桃城区、工业新区等5个县、区,联通青银高速公路、大广高速公路等多条国省干线,与大广高速公路在衡水市外围形成环线,对衡水市拉大城市框架、加速北方湖城城市空间布局的形成起着重要的作用。

邢衡高速公路衡水段(枣园—衡水北互通)于2016年12月建成通车,由河北高速公路邢衡管理处负责运营管理养护,运营里程桩号K122+201～K175+733,全长53.532km,设计速度120km/h,双向四车道,路基宽度28.5m。

衡水绕城高速公路信息见表8-45-1,路线平面示意图见图8-45-1。

衡水绕城高速公路信息表　　　　　　　　　　　　表8-45-1

项目名称	路段起讫桩号		规模(km)		设计速度(km/h)	路基宽度(m)	投资情况(亿元)			建设时间(开工～通车)	备注
	起点桩号	讫点桩号	合计	车道数			估算	概算	决算	资金来源	
邢衡高速公路衡水段(枣园—衡水北互通)	K122+201	K175+733	53.532	四车道	120	28.5		52.6841			2014.4～2016.12	

一、项目概况

1.基本情况

1)功能定位

邢衡高速公路衡水段是河北省"五纵六横七条线"高速公路网主骨架的重要补充,与邢

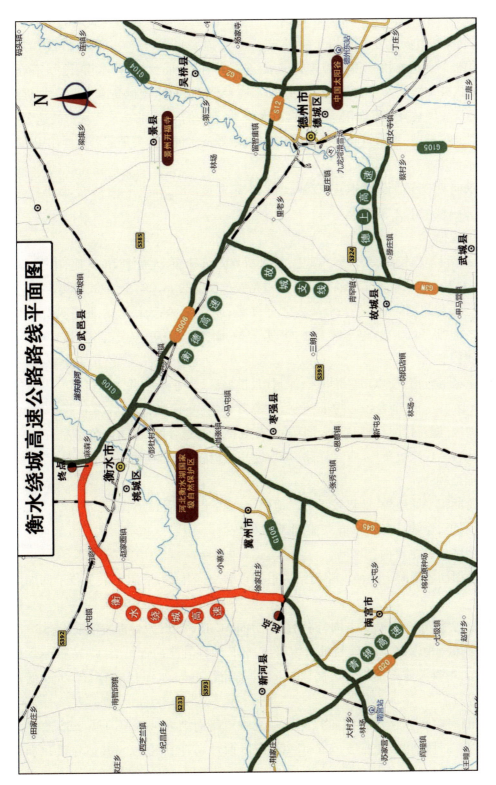

图8-45-1 衡水绕城高速公路路线平面示意图

汾、大广、石黄高速公路等组成晋煤出海的又一重要通道,对加强港区与腹地的交通运输,促进能源、资源和市场等方面的相互合作,进一步发挥河北高速公路"东出西联"的枢纽功能起着积极的促进作用。项目的建成,有效连接邯郸市、邢台市、衡水市、沧州市等"河北南厢"地区,并加快融入环渤海经济圈步伐,对完善沿海港口集疏运高速公路网络,促进中南部地区经济发展具有重要作用。项目自衡水西、北及南侧过境,将形成衡水市高速公路环线,对加速"北方湖城"城市空间布局形成,推动区域经济实现快速发展起着重要作用。

2)技术标准

采用双向四车道,设计速度120km/h,路基宽度28.5m。平曲线最小半径采用4000m,最大纵坡采用2.32%。

3)建设规模

本项目建设里程长53.532km。其中,特大桥6021m/3座,大桥882m/5座,中桥530m/11座,小桥132m/6座,涵洞17道;桥梁长度占路线总长度的14.2%;互通式立交5处(其中一般互通2处,枢纽型互通3处);分离式立交17处;通道68处;天桥1座;匝道收费站3处;养护工区2处;服务区1处,停车区1处;管理、养护、服务、监控房屋建筑面积15313.91m^2。

4)主要控制点

项目途经邢台市、衡水市(冀州区、深州市、桃城区、工业新区共4个区市),共计2个市、5个县(区、市)、9个乡镇。主要控制点:邯黄铁路、郑昔线、付官庄煤矿探矿区、衡水湖自然保护区、滏东排河、滏阳新河、滏阳河、规划衡昔高速公路、省军区装备库、石济客运专线、石德铁路、任家坑砖厂、京九铁路、规划迎宾大道、衡水北互通。

5)地形地貌

项目属冲积平原地貌,地势较平坦。地层多为粉土、粉质黏土、黏土、粉砂土,大部分为软土、软弱土,连续且多层分布,工程地质条件较差。

6)路面结构及主要构造物

主要采用沥青混凝土路面。路面结构根据重载交通特点,采用了上下行不同厚度的路面结构。

主线上行线(邢台至衡水方向)路面结构:4cmAC-13C SBS改性沥青混凝土,SBS改性沥青防水层,6cmAC-20C SBS改性沥青混凝土,SBR改性乳化沥青黏层,12cmATB-25粗粒式沥青碎石,中凝液体石油沥青透层,20cm级配碎石,20cm水泥稳定碎石,20cm低剂量水泥稳定碎石。

主线下行线(衡水至邢台方向)、互通立交匝道路面结构:4cmAC-13C SBS改性沥青混凝土,SBR改性乳化沥青黏层,6cmAC-20C SBS改性沥青混凝土,SBR改性乳化沥青黏层,10cmATB-25粗粒式沥青碎石,中凝液体石油沥青透层,18cm级配碎石,18cm水泥稳定碎石,18cm低剂量水泥稳定碎石。

主要构造物采用预应力混凝土连续梁桥,组合梁桥。

7)投资规模

项目概算投资52.6841亿元,平均每公里造价9841万元。

8)开工及通车、竣工时间

2014年4月开工建设,2016年12月交工通车,预计2018年12月完成竣工验收。

2. 前期决策情况

1)前期决策背景

邢衡高速公路是对河北省"五纵六横七条线"高速公路网主骨架的重要补充。邢衡高速公路的建设将有效连接邯郸、邢台、衡水、沧州等"河北南厢"地区,缓解资源短缺对河北省的经济制约,提高高速公路的通达深度和辐射能力,促进邢台和衡水两市及冀南地区经济和社会发展,拓宽黄骅港综合港区腹地。根据河北省交通运输厅省高速公路规划和有关领导的指示精神,启动邢衡高速公路衡水段的建设工作。

2)前期决策过程

(1)2010年5月4日,河北省交通运输厅以冀交函规〔2010〕243号向河北省发展和改革委员会报送了邢衡高速公路衡水段项目建议书。

(2)河北省发展和改革委员会于2010年11月8日,以冀发改基础〔2010〕1708号文,下发了《关于邢台至衡水高速公路衡水段项目建议书的批复》。河北省交通规划设计院于2011年7月完成该项目可行性研究报告的编制工作。

(3)2011年7月15日,河北省发展和改革委员会以冀发改基础〔2011〕1256号文批复《邢衡高速公路衡水段项目可行性研究报告》。

二、建设情况

1. 项目准备阶段

1)项目审批

(1)2012年6月28日,河北省发展和改革委员会以冀发改投资〔2012〕798号文《关于邢衡高速公路衡水段二期工程(枣园至衡水北互通段)初步设计的批复》,批复了二期工程初步设计。

(2)2013年4月3日,河北省交通运输厅以冀交公〔2013〕156号文《关于邢衡高速公路衡水段工程两阶段施工图设计的批复》,批准了二期工程施工图设计。

(3)2014年4月25日,河北省公路工程质量安全监督站下发了《公路工程质量监督通知书》。

(4)2016年8月5日,河北省高速公路管理局办公室转发《河北省交通运输厅关于邢衡高速公路衡水段机电工程(二期)施工图联合设计文件的批复》(冀交公〔2016〕397号),批复了机电工程(二期)施工图联合设计文件。

(5)2011年4月12日,河北省国土厅以《关于邢衡高速公路衡水段项目用地的预审意见》(冀国土资函〔2011〕362号)预审批复本项目用地766.5528公顷。2013年底,二期工程土地组卷材料上报河北省国土厅。2014年11月预交耕地开垦费,组卷工作正在进行。

2)资金筹措

本项目概算总投资52.684亿元,项目资本金13.171亿元,由河北省高速公路管理局负责筹措,其余39.513亿元申请银行贷款。

3)合同段划分及招投标

(1)合同段划分

根据各专业的工程内容划分标段(表8-45-2)如下。

①公路工程、交通工程设计划分1个标段,房建工程设计划分1个标段,环保绿化及景观工程设计划分1个标段,设计监理划分1个标段。

②施工标段划分:根据工程内容的不同,路基桥涵路面工程划分8个标段,房建工程划分3个标段,绿化工程划分7个标段,交通安全设施划分11个标段,机电工程划分1个标段。

③施工监理标段划分:根据工程内容设1个总监办公室,3个土建驻地监理标段,2个房建工程监理标段,1个机电工程监理标段。

(2)招投标

按照国家颁布的《招投标法》和交通部颁布的《公路工程施工招标投标管理办法》《公路工程施工招标资格预审办法》《公路工程施工招标评标办法》的要求,由项目执行机构组织招标工作。

①2013年05月20日,在河北省招标投标综合网等多家媒体发布《邢衡高速公路衡水段二期工程(枣园至衡水北互通段)路基桥涵、路面工程施工招标公告》。2013年6月18日开标。从交通运输部和河北省交通运输厅评标专家库中抽取专家组成评标委员会,进行评审推荐中标候选人,在规定媒体发布各标段中标候选人公示和中标公示,确定了8家中标单位。

②2013年05月20日,在河北省招标投标综合网等规定媒体发布《邢衡高速公路衡水段二期工程(枣园至衡水北互通段)施工监理招标公告》。2013年6月17日开标。经过中标候选人公示和中标公示环节,确定了4家中标单位。

③2013年08月12日,在河北省招标投标综合网等规定媒体,发布《邢衡高速公路衡水段房建工程(监控通信中心、收费站、养护工区)施工招标公告》和《邢衡高速公路衡水段房建工程施工监理招标公告》。2013年9月4日开标。经过中标候选人公示和中标公示环节,确定了在二期工程中施工的2家房建施工中标单位和2家房建监理中标单位。

第八章 高速公路建设项目

邢衡高速公路衡水段（枣园—衡水北互通）合同段划分一览表

表 8-45-2

参建单位	类型	参建单位名称	合同段编号及起讫桩号	标段所在地	主要内容	主要负责人	备注
项目管理单位		河北高速公路邢衡筹建处				王向会	
勘察设计单位	公路工程、交通工程设计	河北省交通规划设计院	XHHSDSJ-1		主线公路工程交通工程施工图设计	焦永顺	
施工单位	路基桥涵路面工程	安徽省巢湖市路桥工程有限公司	XH-LQ4 合同 K1+720～K12+664.4 路基桥涵工程 K1+720～K18+600 路面工程	冀州周村镇、徐家庄、小寨乡、新河仁让里乡	路基、桥涵、路面工程	赵彦宁	
		中铁十四局集团第二工程有限公司	XH～LQ5 合同 K12+664.4～K18+600 路基桥涵工程	小寨乡	路基、桥涵工程，滏阳新河特大桥	王晓东	
		天津五市政公路工程有限公司	XH～LQ6 合同 K18+600～K27+500 路基桥涵工程 K18+600～K27+500 路面工程	小寨乡、官道李镇、大屯乡	路基、桥涵、路面工程，服务区土方填筑，滏阳河王排干大桥	王平	
		天津第一市政公路工程有限公司	XH～LQ7 合同 K27+500～K37+800 路基桥涵工程 K27+500～K37+800 路面工程	小寨乡、官道李镇、深州大屯乡、前磨头镇、桃城赵家圈镇	路基、桥涵、路面工程，赵圈互通、七支渠大桥、大柳林大桥、骑河王排干大桥、冯家村大桥	王庆杰	
		中铁十七局集团有限公司	XH～LQ8 合同 K37+800～K39+460 路基桥涵工程	前磨头镇	路基、桥涵工程，石德公铁立交桥	左小平	
		保定申成路桥有限责任公司	XH～LQ9 合同 K39+460～K46+553 路基桥涵工程 K37+800～K55+252.446	赵家圈镇、前磨头镇、桃城大麻森乡	路基、桥涵、路面工程，李家庄大桥，衡水北停车区土方填筑	王志华	
		中铁六局集团有限公司	XH～LQ10 合同 K46+553～K46+957.3 路基桥涵工程	大麻森乡	京九公铁立交	王其生	
		福建省第二公路工程有限公司	XH～LQ11 合同 K46+957.3～K55+252.446 路基桥涵工程	大麻森乡	路基、桥涵工程，衡水北互通、东桃园特大桥	吴志华	

④2014年04月23日,在河北省招标投标综合网等规定媒体,发布《河北省邢衡高速公路衡水段房建工程(冀州南服务区、衡水湖西服务区、衡水北停车区)施工招标公告》。2014年5月15日开标。经过中标候选人公示和中标公示环节,确定了在二期工程中施工的1家房建施工中标单位。

⑤2014年08月04日,在河北省招标投标综合网等规定媒体,发布《河北省邢衡高速公路衡水段机电工程施工招标公告》和《河北省邢衡高速公路衡水段机电工程施工监理招标公告》。2014年8月25日和9月20日分别开标。经过开标、评审、中标候选人公示和中标公示环节,确定了1家机电工程中标单位、1家机电监理中标单位。

4)参建单位主要情况

(1)建设单位

本项目建设单位为河北省高速公路管理局,项目执行机构是河北省高速公路邢衡筹建处。

(2)设计单位

公路工程、交通工程设计单位:河北省交通规划设计院,各专业总体设计协调单位为河北省交通规划设计院。

(3)施工单位

详见表8-45-2。

5)征地拆迁

(1)设立专门组织机构

衡水市政府成立了邢衡高速公路(衡水段)建设指挥部,下设邢衡高速公路建设指挥部办公室,负责建设中的地方协调及征地拆迁工作。沿线各区县(市)同时成立地方工作指挥部,形成上下联动的工作体系。

(2)地方工作专人负责制

筹建处健全地方工作机制,实行定期协调会制度,与地方政府、市指挥部加强沟通,及时协调解决地方问题。筹建处内部落实地方工作专人负责制,派专人对地方工作实行分段包干,落实责任。要求各合同项目经理亲自挂帅抓地方工作,专人盯办、跟踪落实各种地方问题。2013年5月上旬,筹建处组织有关人员分三组对沿线区县(市)地上附着物进行了清点、登记造册、签字确认。

邢衡高速公路衡水段(枣园－衡水北互通)征地拆迁统计见表8-45-3。

邢衡高速公路衡水段(枣园—衡水北互通)征地拆迁统计表　　　　表8-45-3

项目名称	征地拆迁安置起止时间	征用土地(亩)	拆迁房屋(m²)	拆迁占地费(万元)	备注
邢衡高速公路衡水段二期工程(枣园至衡水北互通段)	2014.10~2015.12	6884	16231.17	42513.2117	

2. 项目实施阶段

1）施工过程

(1) 主线土建工程于 2014 年 4 月开工，2016 年 12 月完工。

(2) 房建工程于 2014 年 12 月开工，2016 年 12 月完工。

(3) 机电工程于 2016 年 6 月开工，2016 年 12 月完工。

(4) 交通安全设施工程于 2016 年 4 月开工，2016 年 12 月完工。

(5) 绿化工程于 2016 年 4 月开工，2017 年 5 月完工。

(6) 2016 年 12 月 13～14 日，河北省高速公路管理局组织专家对邢衡高速公路衡水段二期工程（枣园至衡水北互通段）进行了交工验收。

邢衡高速公路衡水段（枣园—衡水北互通）建设生产要素统计见表 8-45-4。

邢衡高速公路衡水段（枣园—衡水北互通）建设生产要素统计表　　表 8-45-4

建设时间	钢材（t）	沥青（t）	水泥（t）	砂石料（m³）	机械工（工日）	机械（台班）
2014.4～2016.12	111389	46567	730709	4790314	959171	811840

2）重要决策

(1) 2014 年 4 月 2 日，为加快推动邢衡高速公路衡水段二期工程建设，衡水市政府组织召开了二期工程建设征地拆迁动员会。河北省交通运输厅主管领导，衡水市市长杨慧、副市长张凤国，衡水市政府秘书长白金芳及沿线各县市区政府、交通运输局、国土资源局主要负责人，河北省交通运输厅、河北省高速公路管理局有关部门负责人和邢衡筹建处领导等参加了会议。

(2) 2014 年 4 月 25 日，邢衡高速公路衡水段工程建设暨二期工程征地拆迁动员会在衡水市召开。衡水市委书记李谦会见与会人员。衡水市市长杨慧、河北省交通运输厅主管领导、河北省高速公路管理局局长康彦民，衡水市副市长张凤国出席会议。

(3) 2014 年 4 月 29 日，邢衡高速公路衡水段二期工程桃城区段正式开展清表工作。

(4) 2016 月 1 月，京津冀三地工会、交通主管部门组织开展了京津冀交通一体化重点建设项目劳动竞赛，以大力推进交通重点项目建设，加快京津冀交通一体化步伐。

(5) 2016 年 12 月 13～14 日，河北省高速公路管理局组织专家对邢衡高速公路衡水段二期工程（枣园—衡水北互通段）进行了交工验收。

3）各项活动

(1) 2014 年 8 月 1 日～11 月 30 日，邢衡筹建处组织开展了"大干 120 天"劳动竞赛，掀起比进度、比质量的建设高潮。

(2) 2015 年 8 月 20 日～12 月 31 日，邢衡筹建处以工程优质为目标，组织开展了创先争优劳动竞赛，迅速掀起"创先争优"施工高潮，为确保年度任务目标的顺利完成而做出贡献。

（3）2016年3月1日~6月30日，为抓好施工中的重点、难点问题，确保工程质量和安全，邢衡筹建处组织召开了工程建设"百日会战"劳动竞赛。

（4）2016年7月1日~12月31日，为当好服务京津冀协同发展的"开路先锋"，邢衡筹建处组织召开了"京津冀一体化重点建设项目劳动竞赛"，获得优秀单位称号。

（5）2016年9月1日~12月10日，邢衡筹建处组织展开了"稳增长、作贡献，超常奋战100天"劳动竞赛，全体参建干部职工齐心协力，紧扣竞赛主题，紧盯竞赛目标，集中领导、集中时间、集中精力，再掀建设热潮。

三、科技创新

邢衡筹建处在项目的设计、施工和管理上，始终坚持"生态和谐、智能引领、平安畅通、优质高效"的建设理念。

在项目管理上创新内容包括。

（1）智能化、信息化的管理系统应运到高速公路运营管理。

（2）大中桥桥面全面采用桁架式三辊轴摊铺和驾驶式抹光机收面，有效保证了桥面混凝土铺装质量。桥面铺装、湿接头、湿接缝施工均采用覆盖滴灌养生，取得了较好的效果。

（3）视频监控关键部位。

（4）动态监控沥青路面施工。

在科研创新方面有6项成果。

（1）"湿地湖泊相软土结构特征与路基加固关键技术研究"课题成果对比了多种湿地湖泊相软基处理方法的优劣和经济指标，成果已转化应用到主体工程路基施工中，效果良好。经专家评审，课题成果达到国际领先水平。

（2）"邢衡高速公路大型交叉安全控制关键技术研究"荣获2016年度河北省交通运输厅优秀科技成果一等奖。

（3）"邢衡高速公路交通安全体系设置及应用研究"荣获2016年度河北省交通运输厅优秀科技成果一等奖。

（4）"耐久性多孔改性混凝土复合式路面结构与材料研究"课题成果达到国际领先水平。

（5）"高速公路全程信息化综合管理平台应用"充分利用了现有道路检测技术手段，通过合理的集中监控和集中管理，提高信息的采集、分析、响应、发布、共享，使高速公路监控中心成为高速公路的管理中心，最大限度地提升道路通行能力和提高对出行人员的服务水平，是邢衡高速公路建设的亮点之一。

（6）"现浇泡沫轻质土新材料应用推广研究"课题是在现浇泡沫轻质土理论研究的基础上，进行的新材料应用推广。

四、运营养护管理

1. 服务设施

全线设置衡水湖西服务区1处、衡水北停车区1处(表8-45-5)。

邢衡高速公路衡水段(枣园—衡水北互通)服务设施一览表　　　表8-45-5

服务区名称	运营桩号	所在区域	占地(亩)	建筑面积(m²)
衡水湖西服务区	K142+151	冀州市官道李镇	100	6618.31
衡水北停车区	K164+991	桃城区大麻森乡	30	1859.14

2. 收费设施

本项目共设置收费站3处(表8-45-6)。

邢衡高速公路衡水段(枣园—衡水北互通)收费设施一览表　　　表8-45-6

收费站名称	运营桩号	入口车道数		出口车道数		收费方式
		总车道	ETC车道	总车道	ETC车道	
冀州西收费站	K131+024	3	1	6	1	MTC+ETC
衡水西收费站	K149+181	3	1	7	1	
大麻森收费站	K170+781	4	1	6	1	

3. 养护管理

本项目养护里程53.532km,加上一期工程18.684km,共设置庄子头、庞家村2处养护工区,负责养护里程分别为40.483km和31.733km(表8-45-7)。

邢衡高速公路衡水段(枣园—衡水北互通)养护设施一览表　　　表8-45-7

养护工区名称	运营桩号	路段长度(km)	占地面积(亩)	建筑面积(m²)
庄子头养护工区	K131+024	40.483	12.501	1283.16
庞家村养护工区	K170+781	31.733	12.501	555.72

4. 监控设施

二期工程与一期工程共用邢衡高速公路衡水段监控通信分中心(表8-45-8),负责邢衡高速公路衡水段全线的运营监管。

邢衡高速公路衡水段(枣园—衡水北互通)监控设施一览表　　　表8-45-8

监控设施名称	桩号	占地面积(亩)	建筑面积(m²)
邢衡高速衡水段监控通信分中心	衡水市区	40	8354.74

附录

河北省高速公路建设大事记

1987 年

3月,京石汽车专用公路(半幅高速公路)开工建设。
12月,京津塘高速公路河北省廊坊段开工。

1990 年

12月,京津塘高速公路河北省廊坊段通车。

1991 年

3月,京石汽车专用公路(半幅高速公路)西半幅石家庄至定州段通车。
8月,京石汽车专用公路(半幅高速公路)西半幅定州至望都段通车。
12月,京石汽车专用公路(半幅高速公路)西半幅通车至清苑。

1992 年

6月25日,石太高速公路申后至旧关段开工。

1993 年

4月,京石高速公路东半幅加宽工程开工。
10月17日,京石汽车专用公路(半幅高速公路)西半幅高碑店至冀京界段通车。至此京石汽车专用公路(半幅高速公路)全线建成通车。

1994 年

6月23日,石太高速公路南高营至高庄枢纽互通段开工。
10月,国务院总理李鹏视察京石高速公路。
12月18日,京石高速公路全线四车道竣工通车,国务院副总理邹家华出席通车仪式。

1995 年

8月,唐津高速公路(开平互通—冀津界)段一期工程开工。

10月18日,石太高速公路申后至旧关段建成通车。

10月18日,石太高速公路南高营至高庄枢纽互通段通车。

1996 年

3月18日,在京石高速公路徐水立交举行保津高速公路一期工程开工仪式。

5月23日,唐港高速公路建设指挥部在滦南召开动员大会,宣布唐港高速公路正式开工建设。

9月20日,河北省交通厅副厅长、总监理工程师孙宝珠签发京沈高速公路(河北段)开工令。

10月8日,京沈高速公路(河北段)在唐山市丰润互通区举行了开工仪式。

1997 年

3月1日,石黄高速公路藁城西至石家庄段正式开工。

3月12~13日,河北省副省长何少存视察了京沈高速公路。

4月10日,保津高速公路二期工程开工仪式在雄县雄州特大桥工地举行。

5月,石黄高速公路石家庄至辛集段开工建设。

5月5日,宣大高速公路一期工程阳原县城南至三马坊段正式开工建设。

8月4~5日,交通部公管司司长张之强、处长李景和到京秦高速公路工地视察工程施工情况。

8月21~22日,交通部副部长胡希捷对京秦高速公路工地进行了视察。

9月29日,河北省交通厅厅长路富裕及厅有关领导视察了唐津高速公路(唐曹莲花泊互通-冀津界)段一期工程工地情况。

11月28日,唐津高速公路(开平互通—冀津界)段一期工程通车。

11月19日,交通部副部长胡希捷在厅长路富裕等领导陪同下,视察保津高速公路雄州特大桥及SMA路面工程。

12月6日,唐港高速公路(一期)通车仪式在唐港高速公路起点处举行。

1998 年

3月17日,唐津高速公路二期工程开平互通至唐山北互通段开工。

3月28日,京秦高速公路廊坊段正式开工。

4月19日,交通部副部长李居昌、副局长王玉、处长李景和在河北省交通厅厅长路富裕、公路局局长杨国华陪同下视察保津高速公路路面摊铺现场。

5月3~4日,交通部SMA技术项目现场推广会在保定燕赵大酒店召开,交通部科技司、北京、山西、河北、山东、辽宁、吉林、黑龙江、青海等11省市100余名代表参加。与会代表听取了美国专家和交通部公路所副所长张元方的讲座,5月4日上午参观了保津高速公路。

5月4日,宣大高速公路二期工程三马坊至宣化段正式开工建设。

6月,交通部副部长李居昌视察京秦高速公路廊坊段潮白河大桥工地。

6月30日,河北省交通厅厅长路富裕、副厅长段铁树赴唐津高速公路视察二期工程建设情况。

7月8日,河北省省长叶连松视察了唐津高速公路。

8月,石黄高速公路辛集至沧州段开工建设。

8月11~12日,交通部部长黄镇东、司长王玉对京秦高速公路进行了视察。

10月10日,宣大高速公路三期工程阳原县城南至山西省界段正式开工建设。

10月14日,副省长何少存视察保津高速公路。

10月15日,唐港高速公路(二期)开工建设。

10月18日,京张高速公路开工仪式在怀来县土木乡霸王庄举行。

10月18日,京沪(河北段)高速公路开工仪式在沧北互通区举行。

11月1日,河北省副省长何少存、交通厅厅长路富裕视察唐津二期工程。

12月16日,副省长何少存在河北省交通厅副厅长李梅菊、公路局局长杨国华陪同下视察保津高速公路。

12月17日,交通部副部长李居昌视察保津高速公路建设情况。

12月28日,保津高速公路徐水至雄县段通车。

12月28日,石黄高速公路石家庄藁城西至辛集段通车。

1999年

4月10日,省委书记叶连松、省委常委、省委秘书长张群生、副省长何少存,以及省计委、河北省交通厅等省直有关部门的同志视察了正在建设中的京张高速公路。

4月12日,河北省交通厅厅长么金铎在保津管理处领导陪同下检查跨京九特大桥、雄县服务区建设发展情况和雄东站运营情况。

4月15日,副省长何少存视察了京秦高速公路工程建设情况,并做了重要指示。

5月24日,河北省副省长何少存、河北交通厅总工李岐山等到京沪高速公路青县至吴桥段工地视察工作。

6月16日，河北省交通厅厅长么金铎、公路管理局局长杨国华同亚行启动团一起视察了正在建设中的京沪高速公路。

7月6日，交通部部长黄镇东、河北交通厅厅长么金铎视察宣大高速公路施工现场。

7月31日，京秦高速公路试通车。

8月8日，河北省交通厅厅长么金铎在保津管理处负责人陪同下到霸州跨京九特大桥工地调研。

9月2日，宣大高速公路一期工程阳原县城南至三马坊段竣工。

9月26日，唐津高速公路(唐曹莲花泊互通-冀津界)段二期工程建成通车。

10月17日，河北省交通厅厅长么金铎到保津高速公路工地调研。

11月10日，京秦高速公路廊坊段正式通车。

12月18日，保津高速公路全线建成通车。河北省高速公路通车里程突破1000km，达到1009km。

2000年

1月11日，河北省政府在承德召开省长办公会议，决定正式启动京承高速公路筹建工作。

7月12日，河北省交通厅厅长么金铎视察宣大高速公路三期工程进展情况。

8月17日，交通部部长黄镇东在省交通厅厅长么金铎等领导的陪同下，视察了正在建设中的京张高速公路一期工程。

8月23日，全国政协常委、河北省委书记叶连松视察了正在建设中的京张高速公路。

9月8日，唐港高速公路竣工通车。

11月21日，宣大高速公路三期工程阳原县城南至山西省界段竣工。

12月，石黄高速公路辛集至沧州段通车。

12月11日，京沪高速公路(河北段)、石黄高速公路举行通车仪式。

12月26日，河北省副省长何少存出席宣大高速公路通车仪式。

12月28日，河北省委书记王旭东、省长钮茂生、副省长何少存、省委宣传部部长张群生等领导出席石黄高速公路辛集至沧州段高速公路通车仪式。

2001年

4月27日，河北省副省长何少存带领省交通厅、省计委、省重点办等省直部门领导视察了京张高速二期工程建设工地。

6月28日，京张高速公路一期工程通车仪式在土木收费站举行。

2002 年

3月30日,河北省政府常务副省长郭庚茂视察了正在建设中的京张高速公路二期官厅水库特大桥工程。

4月1日,石黄高速公路衡水支线(衡小高速公路)开工建设。

4月16日,青兰高速公路涉县至冀晋界段开工。

9月1日,京承高速公路终点互通立交暨承德市南出口公路枢纽工程开工。

11月16日,在京张高速公路东花园主线收费站举行全线通车仪式。河北省省长钮茂生、副省长何少存,交通部副部长李居昌等领导参加了仪式。

2003 年

4月16日,邯长公路更乐至冀晋段高速公路开工建设。

4月20日,青银高速公路河北段开工仪式在栾城县308国道青银高速公路栾城互通处举行。

5月30日,河北省副省长付双建在河北省交通厅厅长焦彦龙、副厅长杨国华等领导的陪同下,视察了正在紧张建设中的青银高速公路。

7月28日,邢临高速公路一期工程开工建设。

8月15日,张石高速公路张北至旧罗家洼段开工。

8月31日,京承高速公路终点互通立交暨承德市南出口公路枢纽工程通车。

10月,石黄高速公路衡水支线(衡小高速公路)建成通车。

12月,石黄高速公路沧黄段开工。

12月20日,衡德高速公路主体工程建成,并进行通车试运营。

2004 年

8月31日,青红高速公路(馆陶—邯郸西互通)开工。

9月20日,津汕高速公路开工建设。

11月16日,以交通部副部长冯正霖为组长的国务院项目检查组到青银高速公路视察工作。

11月20日,保沧高速公路开工仪式在保定市高阳县高阳互通建设工地举行,副省长付双建、省交通厅厅长焦彦龙等领导出席仪式。

12月,青兰高速公路涉县至冀晋界段通车。

12月6日,沿海高速公路开工仪式在昌黎举行。

12月18日,河北省副省长付双建参加邯长公路更乐至冀晋段高速公路开通仪式。

附 录
河北省高速公路建设大事记

2005 年

4月,承唐高速公路南小营至唐山段开工。

4月,承德西环高速公路(滦河电厂—陈栅子)开工。

4月22日,省交通厅厅长焦彦龙陪同省委保持共产党员先进性教育督导组到青银高速公路施工现场进行视察。

8月27日,廊涿高速公路涿州至旧州段开工,河北省副省长付双建、河北省交通厅厅长焦彦龙、副厅长杨国华,省直有关部门和廊坊、涿州两市负责人参加开工仪式。

9月8日,河北省委书记、省人大常委会主任白克明到京承高速公路京冀界至承德段视察工程建设。

10月21日,邢临高速公路一期工程完工。

11月,承德西环高速公路(滦河电厂—陈栅子)通车。

11月8日,河北省副省长付双建视察青红高速公路一期工程。

11月18日,张石高速公路石家庄段开工。

11月18日,河北省委副书记、省长季允石视察京承高速公路。

12月8日,张石高速公路保定段开工。

12月21日,河北省省长季允石、副省长付双建,河北省交通厅厅长焦彦龙,邢台市领导同志等出席了邢临高速公路通车仪式。

12月28日,青银高速公路清河县(冀鲁界)至石家庄段通车。河北省高速公路通车里程突破2000km,达到2135km。

12月31日,京承高速公路冀京界至承德段(滦平县偏桥至承德市区段)试通车。河北省市市有高速公路的目标从此实现。

2006 年

2月,廊涿高速公路涿州至旧州段开工。

5月11日,河北省省长季允石在省交通厅领导的陪同下到张石高速公路石家庄段建设工地视察。

5月28日,邢临高速公路二期工程开工建设。

7月29日,河北省交通厅厅长焦彦龙到沿海筹建处视察指导工作。

8月5日,交通部公路司副司长李华、博士石小平在省交通厅项目办主任屈朝彬,筹建处处长刘孔杰等陪同下,到沿海高速公路施工现场视察。

8月9日,河北省政府副省长付双建在省交通厅厅长焦彦龙、副厅长杨国华等领导的陪同下深入沿海高速公路施工现场视察。

8月18日,青红高速公路冀鲁界至邯郸段建成通车。

10月24日,承德市副市长王克主持承朝高速公路承德东互通连接线和迎宾大道二期工程开工仪式。

11月,G9511(涞水—涞源)榆林互通至涞水枢纽互通段开工。

11月25日,河北省交通厅厅长焦彦龙到廊涿高速公路工作调研。

11月30日,保阜高速公路在顺平县开工。

12月10日,京化公路京冀界至土木段高速公路一期工程在怀来土木镇开工。

12月10日,张石高速公路一期工程竣工通车仪式在万全服务区举行。

12月30日,青兰高速公路邯郸至涉县段举行开工仪式。

2007 年

1月承唐高速公路南小营至唐山段通车。

2月28日,交通部部长李盛霖带领规划司司长董学博、财务司司长许如清、公路司副司长李华等领导到廊涿高速公路现场视察工作。

3月20日,中纪委驻交通部纪检组组长杨利民到廊涿高速公路进行调研。

3月26日,唐曹高速公路举行开工仪式。

5月,张石高速公路张家口段一期工程开工。

6月13日,中纪委驻交通部纪检组办公室主任周亚金到廊涿高速公路调研。

6月27日,河北省交通厅党组书记、厅长焦彦龙一行莅临沿海高速公路检查指导工作。

8月16日,中纪委驻交通部纪检组主任马晓峰到廊涿高速公路筹建处筹备交通部"十公开"现场会工作。

8月18日,青红高速公路(馆陶—邯郸西互通)通车仪式在肥乡段举行。

9月,张石高速公路密涿支线(松林店至榆林互通)段开工。

9月28日,廊沧高速公路(廊坊段)在起点处永清县赵百户营举行了开工仪式。

10月30日,承唐高速公路承德段举行开工仪式。

11月16日,廊沧高速公路沧州段举行开工仪式。

11月22日,河北省交通厅厅长焦彦龙到保沧高速公路实地调研。

12月,石黄高速公路沧黄段通车。

12月2日,大广高速公路固安县(冀京界)至深州段在深州举行开工仪式,省长郭庚茂、副省长张和、厅长焦彦龙等领导出席。

12月20日,保沧高速公路通车仪式在京石高速公路枢纽互通举行。

12月21日,沿海高速公路秦皇岛至冀津界段举行通车仪式,进入运营阶段。

附 录
河北省高速公路建设大事记

12月29日,承朝高速公路举行开工仪式。

2008 年

2月19日,沿海高速公路沧州岐口至海丰段举行开工仪式。

4月8日,河北省副省长宋恩华到廊涿高速公路、张石高速公路调研公路建设。

5月1日,承朝高速公路全线土建工程开工建设。

7月8日,京昆高速公路石家庄段通车。河北省委常委、石家庄市委书记吴显国,副省长宋恩华出席了通车仪式。

7月21日,廊涿高速公路竣工通车。河北省高速公路通车里程突破3000km,达到3010km。

9月30日,津汕高速公路沧州段建成通车。

10月,张石高速公路榆林互通至涞水枢纽互通段通车。

10月7日,河北省交通厅厅长焦彦龙视察保阜高速公路筹建处顺平指挥部驻地。

10月15日,沿海高速公路沧州段控制性工程开工。

11月,张石高速公路密涿支线(松林店至榆林互通)段通车。

11月20日,京昆高速公路曲阳至涞水段通车仪式在京昆高速公路保北收费站举行。

11月27日,唐曹高速公路举行通车仪式。

12月11日,大广高速公路衡大段开工,河北省政府副省长、党组成员、省残疾人联合会主席宋恩华与河北省交通厅厅长、党组书记焦彦龙参加开工仪式。

12月15日,廊沧高速公路控制性和标志性工程东淀特大桥开工。

12月19日,交通部规划司副司长于胜英、河北省交通运输厅副厅长陈永久对承朝高速公路全线施工建设情况进行了全面视察。

12月27日,唐山市召开新闻发布会宣布长深高速公路唐山段开工建设。

2009 年

2月10日,廊沧高速公路廊坊段正式开工建设。

3月,大广高速公路深州至大名(冀鲁界)段开工。

3月,张石高速公路涞水枢纽互通至涞源东枢纽互通段开工。

3月12日,河北省副省长宋恩华视察保阜高速公路。

4月,张石高速公路涞源南互通至涞水段工程开工建设。

5月24日,河北省省长胡春华视察大广高速公路衡大段建设现场。

6月6日,河北省省长胡春华、副省长宋恩华到承唐高速公路视察,对工期、质量、安全、施工环境保障等提出要求。

6月6日,河北省省长胡春华视察长深高速公路唐山段项目。

6月7日,承秦高速公路承德段开工,河北省省长胡春华、副省长宋恩华、河北省交通厅厅长焦彦龙等省市领导出席仪式。

6月26日,河北省交通运输厅副厅长杨国华出席了密涿支线高速公路开工仪式。

7月10~12日,交通运输部公路局副局长陈胜营一行在省交通运输厅副厅长杨国华、厅公路局局长王江帅等领导的陪同下对承朝高速公路建设进行了督查。

7月18日,密涿支线高速公路诸葛店至段甲岭段正式开工建设。

8月,省交通运输厅厅长焦彦龙、副厅长杨国华、省高管局局长康彦民等一行到邢台调研,协调邢汾高速公路前期工作。

9月,张涿高速公路保定段开工。

9月27日,京承高速公路全线贯通。

10月1日,承秦高速公路承德段开工。

10月1日,保阜高速公路一期工程(起点至西朝阳互通段)通车。

10月13日,河北省副省长宋恩华和交通运输厅厅长焦彦龙视察青兰高速公路邯郸至涉县段工程。

12月29日,京秦高速公路迁西支线开工。

2010年

2月10日,省政府常务会议专题研究了建设西柏坡高速公路的问题,要求尽快建设石家庄至西柏坡的高速公路,会议原则同意省交通运输厅关于西柏坡高速公路建设的意见。

2月22日,邯大高速公路举行开工仪式。

3月,张涿高速公路张家口段开工。

3月,荣乌高速公路商庄枢纽互通至大王店枢纽互通段开工建设。

6月,承秦高速公路秦皇岛段开工。

8月21日,承赤筹建处在茅荆坝举行承赤高速公路开工仪式。

8月27日,交通运输部党组成员、驻部纪检组长杨利民率驻部纪检组监察局有关人员在省交通运输厅副厅长杨国华、驻厅纪检组组长刁厚枝等相关同志的陪同下到廊沧高速公路沧州段调研高速公路建设推行"十公开"工作情况。

8月28日,邢衡高速公路邢台段开工仪式在下屯互通举行。

9月,邢汾高速公路开工。

9月,张石高速公路张家口段一期工程通车。

9月1日,青兰高速公路邯郸至涉县段竣工通车。

9月3日,河北省交通运输厅厅长焦彦龙对保阜高速公路二期工程全线进行视察,并组织召开了二期工程调度会。

10月,荣乌高速公路徐水至涞源段涞源西互通至驿马岭隧道(冀晋界)段开工建设。

10月,张石高速公路二期工程张保界至涞源南段通车运营。

10月8日,河北省省长陈全国视察承秦高速公路建设。

10月14日,河北省副省长宋恩华在省市相关部门负责人的陪同下,视察了西柏坡高速公路建设情况,并召开了现场办公会议。

11月8日,承朝高速公路竣工通车。

11月8日,承唐高速公路承德段通车。

12月,大广高速公路固安县(冀京界)至深州段通车。

12月,大广高速公路深州至大名(冀鲁界)段通车。

12月7~8日,河北省交通运输厅党组成员、省高管局局长康彦民与唐山市交通运输局、遵化市领导协调清东陵高速公路建设项目实施事宜。

12月21日,保阜高速公路二期工程(西朝阳互通至阜平县城段)建成通车。

12月22日,廊沧高速公路沧州段通车。

12月24日,大广高速公路固安至大名段建成通车,标志着又一条贯穿我省的南北大通道开通,河北省高速公路建设再次跃上新台阶,通车里程突破4000km,达到4307km。

12月29日,京新高速公路土木至胶泥湾段工程全线试通车。

12月30日,河北省清东陵高速公路举行开工仪式。

2011年

2月22日,邯大高速公路举行开工仪式。

3月20日,大广高速公路围场支线开工。

3月24日,省交通运输厅党组书记高金浩对西柏坡高速公路建设进行现场督导。

6月24日,河北省交通运输厅党组书记、厅长高金浩到遵化对清东陵高速公路地方建设工作进行调研。

7月12日,京秦高速公路迁安支线开工。

8月5日,省交通运输厅党组书记、厅长高金浩到承秦高速公路秦皇岛段视察工作。

8月18日,京港澳高速公路(石安段)改扩建工程建设动员大会在邢台市召开。

9月20~22日,交通运输部工程质量监督局副局长张晓冰、安全处副处长罗海峰到承德督导检查承秦高速公路承德段项目工程质量安全生产情况。

9月22日,河北省副省长宋恩华深入保阜高速公路建设一线进行调研。

10月,大广高速公路白洋淀支线开工。

11月26日,廊沧高速公路廊坊段全线竣工并举行通车仪式。

11月30日,清东陵高速公路开工。

12月,荣乌高速公路徐水至涞源段商庄枢纽互通至大王店枢纽互通段交工通车。

12月8日,沿海高速公路沧州岐口至海丰段举行通车仪式。河北省交通运输厅厅长高金浩、沧州市委书记郭华、市长焦彦龙等领导参加。

12月30日,承秦高速公路承德段(承德至宽城板城段)在双桥收费站广场举行试通车运营仪式。

12月31日,京秦高速公路迁西支线通车。

2012年

1月1日,西柏坡高速公路二期工程(北沟至西柏坡段)岗南收费站正式通车运营。2月,京台高速公路冀津界至别古庄互通段开工。

3月19日,京港澳高速公路(石安段)改扩建工程扩建段破土动工,开展清表工作。

4月18日,交通运输部副部长、党组成员冯正霖在河北调研期间,途经京衡高速公路,在省交通运输厅副厅长、厅党组成员杨国华、公路局局长王江帅的陪同下,亲切慰问固安主线站一线干部职工。

6月4日,河北省政府副省长宋恩华在省交通运输厅厅长高金浩等相关领导的陪同下,对西柏坡高速公路三期工程进行调研。

7月,交通运输部部长李盛霖视察张石高速公路二期工程建设情况。

7月21日,在河北省交通运输厅副厅长宋书强的陪同下,交通运输部安监司司长王金付带领安全生产督查组到大广高速公路白洋淀支线检查督导安全生产工作。

9月28日,京港澳高速公路(京石段)改扩建工程开工动员大会召开。

11月6日,河北省交通运输厅党组书记、厅长高金浩,到承秦高速秦皇岛段施工现场视察工程建设。

11月20日,京昆高速公路京冀界至涞水段开工。

12月,张石高速公路二期工程涞水至涞源段竣工通车,也标志着张石高速公路涞源东互通—涞源西互通段全线通车运营。

12月27日,密涿支线高速公路诸葛店至段甲岭段正式开通运营。

12月28日,承秦高速公路、张涿高速公路张家口段、大广高速公路白洋淀支线同日建成通车,河北省高速公路通车里程突破5000km。

附 录
河北省高速公路建设大事记

2013 年

3月,荣乌高速公路徐水至涞源段大王店枢纽互通至涞源东互通段开工建设。

3月15日,省交通运输厅党组书记、厅长高金浩到京石改扩建筹建处就项目复工、开工情况进行专题调研。

3月20日,北戴河机场支线及北戴河联络线工程开工。

4月1日,张承高速公路承德段一期工程开工。

5月,张石高速公路张家口段二期工程开工。

5月19～23日,交通运输部工程质量监督局局长李彦武率督查组到河北省检查指导工作,对京港澳高速公路(石安段)改扩建工程进行了督查。

5月30日,河北省交通运输厅党组成员、省纪委驻厅纪检组组长、监察专员魏国栋在有关人员陪同下到邢衡高速公路衡水段项目调研。

6月1日,张承高速公路承德段二期工程开工。

8月15日,交通运输部部长杨传堂等在河北省杨汭副省长、交通运输厅高金浩厅长及秦皇岛市政府领导陪同下视察了机场支线工程建设现场。

8月21日,河北省交通运输厅厅长高金浩,副厅长杨国华,副厅长、高管局局长康彦民一行到京港澳高速公路(石安段)改扩建施工现场调研。

8月30日,河北省政府副省长、党组成员杨汭调研京港澳高速公路京石改扩建工程建设。

9月9日,河北省交通运输厅副厅长刘广海到机场支线工地检查指导工作。

10月29～30日,河南省交通运输厅总工李强等到石安改扩建工程现场观摩学习,双方就标准化施工管理、安全保畅、施工环境、创新管理等方面进行了交流。

11月,京昆高速公路石家庄至冀晋界段开工建设。

12月9日,承赤高速公路全线通车。

12月10日,交通运输部科技司司长赵冲久、信息化管理处处长邹力、项目管理处副处长付光琼一行到京港澳高速公路(石安段)改扩建工程督导科技示范工程建设情况。

12月16日,清东陵高速公路通车运营。

12月31日,张涿高速公路保定段通车。

12月31日,京沪高速公路沧州至千童(冀鲁界)段控制性工程开工。

2014 年

2月24日,衡德高速公路故城支线召开第一次工地会议暨开工动员会。

3月,张涿高速公路张家口段通车。

3月8~12日,第一届无伸缩缝桥梁国际学术研讨会分别在石家庄及福州大学召开,来自美国、加拿大、意大利、瑞典的桥梁技术专家组参加会议。

4月10日,河北省交通运输厅党组书记、厅长高金浩一行调研京港澳高速公路京石改扩建工程。

6月14日,交通运输部部长杨传堂到京石改扩建工程调研。

6月19日,河北省副省长杨汭一行到张承高速公路调研。

6月29日,邯大高速公路通车运营。

7月6日,京秦高速公路迁安支线通车。

8月12日,河北省交通运输厅党组书记、厅长高金浩一行到京昆高速公路京冀界至涞水段项目现场调研工程建设情况。

10月10日,邢衡高速公路邢台段通车运营。

10月21日,河北省交通运输厅厅长高金浩到京石改扩建工程调研。

10月21日,河北省交通运输厅厅长高金浩,副厅长杨国华,厅党组成员、副厅长、省民航办党组书记王普清,副厅长、高管局局长康彦民,省交投集团总经理王国清,省交通运输厅总工程师刘中林到京昆高速公路京冀界至涞水段项目现场进行督导。

10月22日,河北省交通运输厅党组书记、厅长高金浩,副厅长杨国华,副厅长、高管局局长康彦民,省交投集团总经理王国清,厅总工程师刘中林一行到石安改扩建项目调研,重点了解了项目进展、质量控制和绿美廊道建设情况。

11月6日,北戴河机场支线及北戴河联络线通车。

12月6日,河北省交通运输厅党组书记、厅长高金浩到石安改扩建项目调研,实地了解通车前的各项准备工作。

12月25日,京昆高速公路京冀界至涞水段同京昆高速公路北京段顺利实现同时通车,同步进入运营阶段。

12月21日,京港澳高速公路京石段改扩建工程建成通车。

12月25日,京港澳高速公路(石安段)改扩建工程建成通车。

12月26日,京台高速公路廊坊段通车试运营。

2015年

4月15日,河北省政府副省长姜德果到京昆高速公路石家庄至冀晋界段项目进行督导调研。

4月27日,交通运输部副部长冯正霖到京昆高速公路石家庄至冀晋界段项目进行调研。

7月,荣乌高速公路徐水至涞源段涞源西互通至驿马岭隧道(冀晋界)段交工通车。

8月18日,京津冀交通一体化领导小组第三次会议,交通运输部部长杨传堂到密涿高速公路廊坊至北三县段调研。

10月,张石高速公路张家口段二期工程通车。

11月26日,衡德高速公路故城支线正式通车运营。

12月,荣乌高速公路徐水至涞源段(大王店枢纽互通至狼牙山段)通车。

12月,邢汾高速公路通车。

12月22日,京昆高速公路石家庄至冀晋界段通车。

12月22日,邯郸绕城高速公路东南环段正式通车试运营。

12月30日,张承高速公路承德段全线通车。

12月30日,河北省副省长姜德果,省政府副秘书长康彦民、省交通运输厅厅长高金浩、省高速公路管理局局长杨荣博等有关领导出席了邢汾高速公路通车仪式。

12月30日,随着张承高速公路和荣乌高速公路大王店互通至狼牙山互通段的建成通车,河北省高速公路通车总里程突破6000km,达到6333km位居全国第二位。

2016年

2月18日,交通运输部部长杨传堂到张家口市调研2022年冬奥会交通运输保障及项目建设情况,期间到京张高速公路下花园服务区调研。

3月24日,省交通厅副厅长刘中林一行调研京沪高速公路沧州至千童(冀鲁界)重点项目。

6月30日,京沪高速公路沧州至千童(冀鲁界)段在冀鲁界主线收费站广场举行通车仪式。

7月19日,京昆高速公路石太段井陉境内发生特大洪水灾害。

7月25日,河北省委常委、省政府常务副省长袁桐利赴现场察看京昆高速公路石太段收费站区灾损情况,并指导灾后重建修复工作。

7月26日,河北省委书记、省人大常委会主任赵克志赴京昆高速公路石太二通道抢修现场指导抢险修复,赵克志要求加快工程进度,争取尽早通车,保障抢险救灾。

7月27日,河北省交通运输厅厅长高金浩赴水毁抢通修复工程一线指导工作。

11月4日,交通运输部部长李小鹏在调研冬奥会重大交通保障项目期间,视察了京张高速公路下花园服务区,对做好冬奥会服务接待工作提出期望和要求。

12月6日,密涿高速公路顺利通车,交通运输部副部长戴东昌,河北省副省长姜德果,河北省交通厅厅长高金浩、副厅长刘中林,省交通运输厅党组成员、高管局局长杨荣博等参加通车仪式。

12月28日,邢衡高速公路衡水段二期工程(枣园至衡水北互通段)建成通车。

12月29日,交通运输部部长李小鹏、北京市市长蔡奇、河北省省长张庆伟调研延崇高速公路,指导工程建设并到京张高速公路官厅服务区视察指导工作。

附表

河北省高速公路通车项目一览表（截至 2016 年底）

附表 1

序号	高速公路名称	建设项目名称	建设时间（开工～通车）	建设里程（km）项目里程	建设里程（km）合计	运营期管理单位	备注
1	G1（北京—哈尔滨）河北段（香河—山海关）	京沈公路北京廊坊至廊坊天津界段	1998.03～1999.11	21.303	220.613	河北省高速公路京秦管理处	
		京沈公路宝坻至山海关段	1996.09～1999.07	199.31			
2	G1N（北京—秦皇岛）河北段（三河市燕郊镇—秦皇岛九门口）	密涿支线高速公路诸葛店至段甲岭段	2009.06～2012.12	32.826	46.416	河北省高速公路廊坊北三县管理处	
		清秦陵高速公路平安城至冀唐界下院寺段	2011.10～2013.12	13.59		河北省高速公路京哈北线管理处	
3	G0111（秦皇岛—滨州）河北段（秦皇岛—沧州）	沿海高速公路秦皇岛至冀鲁界段	2005.05～2007.12	160.582	212.082	河北省沿海高速公路管理处	
		沿海高速公路沧州岐口至海丰段	2008.10～2011.12	51.5		沧州市沿海高速公路运营管理处	
		京津塘高速公路河北省廊坊段	1987.12～1990.12	6.837		华北高速公路有限公司	
4	G2（北京—上海）河北段	京沪高速公路青县至吴桥段（青县至沧州陶官营互通）	1998.10～2000.12	32.282	117.271	河北省高速公路京沪管理处	
		廊沧高速公路沧州枢纽互通（陶官营至枢纽互通段）	2007.12～2011.11	29.92		沧廊高速公路管理处	
		南顾屯枢纽互通至南顾屯至于童（冀鲁界）段	2013.12～2016.06	48.232		沧州市高速公路建设管理局京沪高速公路筹建处	
5	G3（北京—台北）河北段（廊坊广阳—沧州吴桥）	京台高速公路廊坊段	2012.02～2014.12	28.424	248.024	京台高速公路廊坊建设管理处	
		廊沧高速公路廊坊段	2009.02～2011.11	93.248		廊沧高速公路建设管理处	
		廊沧界至陶官营枢纽互通段	2007.12～2011.11	17.635		沧廊高速公路管理处	
		京沪高速公路青县至吴桥段（陶官营枢纽互通至沧州吴桥（冀鲁界）段）	1998.10～2000.12	108.717		河北省高速公路京沪管理处	
6	G4（北京—港澳）河北段（涿州市—磁县）	京港澳高速公路涿州（冀京界）至石家庄段（改扩建）	2012.09～2014.12	224.678	434.557	河北京石高速公路开发有限公司	
		京港澳高速公路石家庄至磁县（冀豫界）段（改扩建）	2012.03～2014.12	209.879		河北省高速公路石安管理处	

续上表

序号	高速公路名称	建设项目名称	建设时间（开工~通车）	建设里程(km) 项目里程	建设里程(km) 合计	运营期管理单位	备注
7	G5（北京—昆明）河北段（涞水—井陉县）	京昆高速公路冀界至涞水段	2012.11~2014.12	24.194	267.156	河北省高速公路张涿保定管理处	与西柏坡高速共线13.5km
		张石高速公路涞源（张保界）至曲阳（保石界）段（保水至曲阴阳）高速公路	2006.07~2008.10	135.59		河北交通投资集团张石高速公路保定段有限公司	
		张石高速公路曲阳至石家庄段	2005.11~2008.07	41.32		石家庄市张石高速公路管理处	
		京昆高速公路石家庄至井陉（冀晋界）段	2013.11~2015.12	66.052		京昆高速石太北management处	
8	G6（北京—拉萨）河北段（怀来县—宣化县）	丹拉国道主干线河北省怀来（冀京界）至宣化段公路	1998.11~2002.11	79.189	178.611	河北华能京张高速公路有限责任公司	
		丹拉国道主干线宣化老名庙（冀蒙界）公路	2002.10~2005.09	99.422		京藏高速公路张家口管理处	
9	G7（北京—乌鲁木齐）河北段（怀来县—宣化县）	京化公路京冀界至胶泥湾段	2007.07~2010.12	92.994	92.994	京新高速公路张家口管理处	
10	G1013（海拉尔—张家口）河北段（沽源县—万全县）	张石高速公路冀蒙界至京藏高速太师庄段	2004~2011.11	114.7	114.7	张石高速公路张家口管理处	
11	G18（荣成—乌海）河北段（海兴县—涞源县）	津汕高速公路冀津界至徐水段	2004.09~2007.10	69.068	269.84	沧州市高速公路建设管理局津汕高速运营管理处	
		保津高速公路冀津界至易县（坡仓）段	1996.08~1999.12	104.95		河北保津高速公路有限公司	
		荣乌高速公路徐水至易县（坡仓）段、涞源西互通至冀晋界段	2010.03~2016.06	86.822		河北省高速公路涞源乌马管理处	
		张石高速公路涞源（张保界）至涞源西互通段	2007.08~2012.12	9		河北交通投资集团张石高速公路保定段有限公司	
12	G1811黄骅—石家庄高速公路	石黄高速公路黄骅港至藁城西段	1997.05~2007.11	276.258	314.167	河北省高速石黄管理处	
		石安高速公路武文立交连接线（藁城西至石南高营枢纽互通段）	1995.11~1998.12	18.135		河北省高速石安管理处	
		石太高速公路南高营至申后段（南高营枢纽互通至石家庄枢纽互通段）	1994.06~1995.10	19.774		河北石青高速公路有限公司	
13	G1812（沧州—榆林）河北段（沧县—阜平县）	保沧高速公路（崔尔庄至保定段）	2004.11~2007.12	120.248	267.532	河北保沧高速公路有限公司	
		保阜高速公路保定至阜平（冀晋界）段	2007.04~2011.12	147.284		河北交通投资集团保阜高速公路有限公司	
14	G20（青岛—银川）河北段（清河县—井陉县）	青银高速公路冀鲁界至石家庄段	2003.05~2005.12	180.912	224.095	河北高速公路青银管理处	
		石太高速公路申后至旧关段（青银枢纽互通至青银冀晋旧关段）	1992.06~1995.10	43.183		河北石青高速公路有限公司	

河 北

高速公路建设实录

续上表

序号	高速公路名称	建设项目名称	建设时间（开工~通车）	建设里程（km）项目里程	建设里程（km）合计	运营期管理单位	备注
15	G2001 石家庄绕城高速公路	石太高速公路青银（石太）枢纽互通至高庄枢纽互通段	2005.11~2008.7	5.083	40.726	河北石青高速公路有限公司	
		张石高速公路石家庄段（高庄枢纽互通至曲阳桥枢纽互通段）（曲阳桥枢纽互通至王畈角铺枢纽互通段）	2005.11~2008.07	35.643		石家庄市张石高速公路管理处	
16	G22（青岛—兰州）河北段（大名—涉县）	京港澳高速公路南孟枢纽互通至京港澳高速公路南安枢纽互通段			188.176	河北京石高速公路开发有限公司、河北高速公路石安管理处	与京港澳高速公路共线
		京港澳高速公路南安枢纽互通至青银高速石太枢纽互通段				河北高速公路青银管理处	与青银高速公路共线
		邯大高速公路（大名县至成安县）	2011.06~2014.06	72.551		邯郸市邯大高速公路管理处	
		京港澳高速公路邯郸绕城商城互通至京港澳高速枢纽互通段（邯大起点至邯大涉高速公路互通）	2012.03~2015.12	14.286		河北高速公路石安管理处	
		青兰高速公路史村互通至涉县东（含高速枢纽互通至涉县史村互通）	2007.12~2010.09	88.248		邯郸市高速公路管理局	
		青兰高速公路涉县至冀晋界段	2003.04~2004.12	13.091		河北省高速公路石安管理处	
17	G25（长春—深圳）河北段（平泉县—海兴县）	长深高速公路平泉（冀辽界）至德南互通段	2008.05~2013.11	118.404	323.855	河北省高速公路承朝管理处	
		京承高速公路承德南出口至大棚子互通段	2004.04~2009.09	11.6		河北承德京承高速公路建设管理处	
		承唐高速公路承德至承唐界段	2007.10~2010.11	82.3		河北省高速公路承德管理处	
		长深高速公路唐津界至遵化南小营段	2009.04~2010.11	42.79		河北省高速公路唐承管理处	
		承唐高速公路唐山段（南小营至京哈互通）	2005.04~2007.01	18.46		承唐高速公路唐山管理处	
		唐津高速公路丰南枢纽至冀津界	1999.10~2001.11	33.893		河北唐津高速公路有限公司	
		津汕高速公路沧州段	1995.08~1999.09	16.408		沧州市高速公路建设管理局、津汕高速运营管理处	与G18荣乌高速公路共线69.068km
18	G2516（东营—吕梁）河北段（临西县—邢台县）	邢临高速公路邢台至冀鲁界段	2003.07~2005.12	104.758	191.951	邢台市高速公路管理处	
		邢汾高速公路邢台至冀晋界段	2010.09~2015.12	87.193		河北省高速公路邢汾管理处	

续上表

序号	高速公路名称	建设项目名称	建设时间（开工~通车）	建设里程(km) 项目里程	建设里程(km) 合计	运营期管养单位	备注
19	G45（大庆—广州）河北段（隆化县—大名县）	河北省承赤高速公路茅荆坝（蒙冀界）至红石砬段	2011.03~2013.12	106.237	565.712	河北省高速公路承赤管理处	
		京承高速公路红石砬至冀京界段	2004.04~2009.09	48.513		京承高速公路管理处	
		大广高速公路京衡段	2007.12~2010.12	187.087		河北省高速公路京衡管理处	原衡大段220.985km，衡水支线2.89km
		大广高速公路衡大段	2009.03~2010.12	223.875		河北省高速公路衡大管理处	
		大广高速公路单塔子至红石砬段			661.009	河北省高速公路承赤管理处	与G45承赤高速公路部分共线22km
		京承高速公路红石砬至大栅子段	2004.04~2009.09	16.6		京承高速公路管理处	
		承唐高速公路大栅子互通至李家营互通				河北省高速公路承唐承德管理处	与G25承唐高速公路部分共线39.33km
20	G95（首都地区环线）	密涿高速公路廊坊至北三县段	2013.05~2016.11	44.351		河北省高速公路廊坊三县管理处	另有白庄子互通以北暂缓施工6km
		廊涿高速公路（廊坊至涿州松林店互通）	2006.02~2008.07	58.4		河北交通投资集团有限公司	
		张石高速公路（松林店互通至榆林互通）	2006.11~2010.11	6.64		张石高速公路保定段有限公司	
		张涿高速公路保定段	2009.09~2013.12	72.66	661.009	河北省高速公路涿保管理处	
		张涿高速公路张家口段	2010.03~2014.03	82.643		河北省高速公路张涿张家口管理处	
		京新高速公路（单家堡至胶泥湾）				京新高速公路张家口管理处	与G7京新高速公路部分共线42.5km
		张石高速公路胶泥湾至太师庄段	2004~2009.09	12.2		张石高速公路张家口管理处	
		京藏高速公路太师庄互通至屈家庄互通				京藏高速公路张家口管理处	与G6京藏高速公路部分共线9.7km

河北
高速公路建设实录

续上表

序号		高速公路名称	建设项目名称	建设时间（开工～通车）	建设里程(km) 项目里程	建设里程(km) 合计	运营期管理单位	备注
20	国高	G95（首都地区环线）	张承高速公路张家口至崇礼段	2007.05～2010.09	62.018	661.009	河北省高速公路张承张家口管理处	
			张承高速公路崇礼至张承界段	2013.05～2015.10	102.014			
			张承高速公路承德段（张承界至单塔子）	2013.04～2015.12	203.483		河北省高速公路承德段管理处	
21		G9511 涞水—涞源高速公路	张石高速公路（榆林互通至涞源东互通段）	2006.11～2012.12	110.702	110.702	河北交通投资集团公司张石高速公路保定段有限公司	
		国高合计				5090.189		
22		S30 黄骅港—邢台高速公路	邢衡高速公路邢台段	2011.07～2014.10	120.278	138.958	邢台市邢衡高速公路邢台管理处	
			邢衡高速公路枣强支线（衡水—邢台段）	2012.12～2014.12	18.68		河北省高速公路邢衡管理处	
23		S31 张家口—石家庄高速公路（胶泥湾—涞源西段）	张石高速公路张家口段（胶泥湾至张承界）	2004～2009.09	104.004	131.684	张石高速公路张家口管理处	另有一段与S56宣大高速公路三马坊至罗家注段共线
			张石高速公路保定段（张保界至涞源东互通）	2007.08～2010.10	27.68		河北交通投资集团张石高速公路保定段有限公司	
24	省高	S50 承德—多伦高速公路河北段	大广高速公路围场支线	2011.03～2013.12	70.457	70.457	河北省高速公路承赤管理处	
25		S51 迁安—曹妃甸高速公路迁安支线（沙河驿镇—小崔庄）	迁安支线（沙河驿镇至小崔庄）	2011.07～2014.07	35.588	35.588	唐山市京秦高速公路迁安支线投资管理有限责任公司	
26		S52 承德—秦皇岛高速公路	承秦高速公路承德段	2009.10～2012.12	91.972	191.236	河北省高速公路承德管理处	
			承秦高速公路秦皇岛段	2010.06～2012.12	99.264		河北省高速公路秦皇岛管理处	
27		S53 唐山—大同高速公路迁西段	京秦高速公路迁西支线	2009.11～2011.12	38.456	38.456	京秦高速公路迁西支线管理处	
28		S56 宣化—大同高速公路河北段（宣化—冀蒙界）	宣大高速公路	1997.05～2000.12	127.023	127.023	河北省高速公路宣大管理处	
29		S57 唐山—曹妃甸高速公路	唐曹高速公路	2007.03～2008.11	63.673	63.673	唐山曹妃甸高速公路有限公司	
30		S62 北戴河机场高速公路、S60 北戴河联络线	沿海高速公路北戴河机场支线、北戴河联络线	2013.03～2014.11	14.257	14.257	河北省高速公路沿海管理处	
31		S64 唐港高速公路	唐港高速公路（王盼庄至沿海高速公路段）	1996.05～2002.11	80.215	80.215	唐山市唐港高速公路管理处	
32		S67 故城联络线（衡德高速公路—冀鲁界）	衡德高速公路（衡德高速公路故城至鲁界段）	2014.02～2015.11	27.25	27.25	河北交通投资集团衡德高速公路有限公司	

续上表

序号	高速公路名称	建设项目名称	建设时间（开工~通车）	建设里程(km) 项目里程	建设里程(km) 合计	运营期管理单位	备注
33	S71 石家庄—西柏坡高速公路	西柏坡高速公路（二环路至西柏坡）	2010.04~2012.06	51.657	51.657	石家庄市西柏坡高速公路管理处	另有一段号G5京昆高速公路北胡庄互通至西柏坡互通共线13.5km
34	S78 石家庄—德州高速公路河北段（衡水—冀鲁界）	衡德高速公路（衡水至冀鲁界）	2001.12~2003.12	49.189	49.189	河北交通投资集团衡德高速公路有限公司	
35	S82 邯郸—馆陶高速公路	青红高速公路鲁冀界至邯郸段	2004.08~2007.08	93.79	104.5	邯郸市高速公路管理局青红高速公路管理处	
		青兰高速公路邯郸至史村互通段	2007.12~2010.09	10.71		邯郸市高速公路管理局	
36	S9901 津石高速公路中华大街支线	张石高速公路石家庄北出口支线	2009.06~2010.09	12.195	12.195	石家庄市张石高速公路管理处	
37	S9902 新元高速公路	京石高速公路（新乐至冀南高）	1987.03~1994.12	35.534	85.554	河北高速公路新元筹建处	
		石安高速公路（南高营至元氏段）	1994.08~1997.12	50.02			
38	S9920 大广高速公路白洋淀支线	大广高速公路白洋淀别古庄互通段	2011.10~2012.12	8.9	8.9	河北省高速公路京衡管理处	
39	S9921 京台高速公路津冀界—别古庄互通段	京台高速公路津冀界至别古庄互通段	2012.02~2014.12	24.83	24.83	京台高速公路廊坊管理处	
40	S9960 京哈高速公路北戴河连接线	京哈高速公路北戴河连接线	1997.07~2000.06	17.63	17.63	河北省高速公路京秦管理处	
41	S9961 京秦高速公路青东陵支线	京秦高速公路青东陵支线	2010.12~2013.12	13.45	13.45	河北省高速公路京秦管理处	
42	承德西环高速公路（滦河电厂—陈栅子）	京秦高速公路双滦区连接线扩建工程	2005.04~2005.11	7.03	7.03	河北省高速公路京哈北线管理处	
43	唐山绕城高速公路	唐津高速公路唐东枢纽至丰南段	1995.08~1999.09	41.801	41.801	河北唐津高速公路京承高速公路有限公司	
44	邯郸绕城高速公路东南环段	邯郸绕城高速公路东南环段	2013.03~2015.12	22.496	22.496	河北省高速公路石安管理处	
45	衡水绕城高速公路	邯衡高速公路衡水段（二期）（枣园至衡水北互通段）	2014.04~2016.12	53.532	53.532	河北高速公路邢衡管理处	
	省高合计				1411.561		
	路网总合计				6502		

河北省高速公路新旧名称对照表　　　　　　　　　　　　　　　　　　　附表2

序号	旧名称 简称	旧名称 项目名称	旧名称 项目分段	现用名称 分段名称	现用名称 简称	高速公路编号	管理单位名称
1	京深、京石	北京—深圳高速公路石家庄至北京段	北京界至新乐段	北京—港澳高速公路北京至石家庄段	京港澳	G4	河北京石高速公路开发有限公司
			新乐至石家庄段	新乐至元氏高速公路	新元	S9902	河北省高速公路新元筹建处
2	京深、石安	北京—深圳高速公路石家庄—安阳(冀豫界)段	石家庄至元氏段				
			元氏至安阳(冀豫界)段	北京—港澳高速公路石家庄至冀豫界段	京港澳	G4	河北省高速公路石安管理处
3	京津塘	京津塘高速公路河北段		G2(北京—上海)河北廊坊段	京沪	G2	华北高速公路有限公司
4	石太	石家庄—太原高速公路	青银互通至旧关(冀晋界)段	G20(青岛—银川)河北石家庄至冀晋界高速公路	青银	G20	河北石青高速公路有限公司
			青银互通至高庄互通段	石家庄绕城高速公路		G2001	
			高庄互通至南高营互通段	黄骅—石家庄高速公路南高营至高庄段	黄石	G1811	
5	京沪	北京—上海高速公路青县(冀津界)至吴桥(冀鲁界)段	青县至沧州陶官营互通段	G2(北京—上海)河北沧州段	京沪	G2	河北省高速公路京沪管理处
			沧州陶官营枢纽互通至吴桥(冀鲁界)段	G3(北京—台北)河北段(廊坊广阳—沧州段)	京台	G3	
	石黄	石家庄—黄骅港高速公路	石家庄至沧州段	黄骅—石家庄高速公路黄骅港至黄骅西段	黄石	G1811	河北省高速公路黄管理处
	沧黄		沧州至黄骅港段				
6		石安高速公路石黄连接线	南高营至藁城西段	黄骅—石家庄高速公路黄骅港至藁城西段	黄石	G1811	河北省高速公路石安管理处

续上表

序号	简称	旧名称 项目名称	旧名称 项目分段	现用名称 分段名称	现用名称 简称	高速公路编号	管理单位名称
7	唐津	唐山—天津高速公路	唐东枢纽至丰南枢纽互通段	唐山绕城高速公路			河北唐津高速公路有限公司
			丰南枢纽至冀津界	G25（长春—深圳）河北段（平泉县—海兴县）	长深	G25	河北唐津高速公路有限公司
8	保津	保定（徐州）—天津高速公路	冀津界至徐水段	G18（荣成—乌海）河北段（海兴县—涞源县）冀津界至徐水高速公路	荣乌	G18	河北保津高速公路有限公司
9	京沈、京秦	北京—沈阳高速公路 北京至山海关段	宝坻至山海关段 北京廊坊界至天津界段	G1（北京—哈尔滨）河北段（香河—山海关）	京哈	G1	河北省高速公路京秦管理处
10	京张	丹东—拉萨国道主干线河北省怀来（冀京界）至宣化高速公路	怀来（冀京界）至宣化高速公路	G6（北京—拉萨）河北段（怀来县—尚义县）	京藏	G6	河北华能京张高速公路有限责任公司
11	丹拉	丹东—拉萨国道主干线宣化至老爷庙（冀蒙界）高速公路	宣化至老爷庙（冀蒙界）高速公路				京藏高速公路张家口管理处
12	青红	青岛—红其拉甫高速公路冀鲁界至邯郸段	鲁冀界至邯郸西互通段	邯郸—馆陶高速公路	邯馆	S82	邯郸市高速公路管理局青红高速管理处
13	青兰	青岛—兰州高速公路邯郸（史村互通）至涉县东段	邯郸西互通至史村互通段	邯郸—馆陶高速公路	邯馆	S82	邯郸市高速公路管理局
			史村互通至涉县东段	史村高速支线			
14	邯大	邯郸—大名高速公路	大名至成安段	G22（青岛—兰州）河北段（大名—涉县）	青兰	G22	邯郸市交通运输局邯大管理处
15	邯长	邯郸—长治公路更乐至冀晋段高速公路	更乐至冀晋界段				河北省高速公路石安管理处

1127

河北 高速公路建设实录

续上表

序号	旧名称			现用名称			管理单位名称
	简称	项目名称	项目分段	分段名称	简称	高速公路编号	
16	张石	张家口—石家庄高速公路	张家口段	太师庄（京藏）互通至冀蒙界段	海拉尔—张家口高速公路张家口至冀蒙界段	海张	G1013	张石高速公路张家口管理处
				胶泥湾至太师庄（京藏）互通段	首都地区环线胶泥湾至太师庄段		G95	张石高速公路张家口管理处
				罗家洼至胶泥湾段	张石高速公路罗家洼（宣大）至胶泥湾段	张石	S31	张石高速公路张家口管理处
				宣大至罗家洼段	张石高速公路三马坊至宣大高速公路共线段	张石、宣大	S31、S56	河北省高速公路宣大管理处
				三马坊（宣大）至张保界段	张家口三马坊（宣大）至张保界段	张石	S31	张石高速公路张家口管理处
		保定段	张保界段至涞源西互通	张家口—石家庄高速公路（张保界至涞源西段）	张石	S31	河北交通投资集团张石高速公路保定段有限公司
			涞源西互通至涞源东互通段	荣乌高速公路涞源西互通至涞源东互通段	荣乌	G18	河北交通投资集团张石高速公路保定段有限公司
			涞源东互通至涞水输林段	涞水—涞源高速公路	涞涞	G9511	石家庄市张石高速公路保定段
			涞水至曲阳（保界）至曲阳桥板枢纽互通段	（北京—昆明）河北省（涞水至保定段）	京昆	G5	石家庄市张石高速公路保定段
			曲阳（保界）至曲阳桥板枢纽互通段	京昆高速公路板枢纽至保定段	京昆	G5	石家庄市张石高速公路保定段
		石家庄段	高庄互通至曲阳桥板枢纽互通至石家庄北出口支线	石家庄绕城高速公路		G2001	石家庄市张石高速公路石家庄段
			张石高速公路石家庄北出口支线	津石高速公路中华大街支线		S9901	石家庄市张石高速公路石家庄段

续上表

序号	旧名称		现用名称			管理单位名称
	简称	项目名称	项目分段	分段名称	简称	高速公路编号	
17	京化	北京—阳原县化稍营高速公路	怀来京冀界至土木段	G7(北京—乌鲁木齐)河北段(怀来县—怀安县)土木(怀来)至胶泥湾(宣化)段	京新	G7	京新高速公路张家口管理处
18	津汕	津汕公路冀津界至冀鲁界段	沧州冀津界至冀鲁段	G18(荣成—乌海)河北段(海兴县—涞源县)	荣乌、长深共线	G18、G25	沧州市高速公路建设管理局津汕高速运营管理处
19	保沧	保定—沧州高速公路	石黄崔尔庄至保定段	G1812(沧州—榆林)		G1812	河北保沧高速公路有限公司
20	保阜	保定—阜平高速公路	保定至阜平(冀晋界)段	G1812(沧县—阜平县)		G1812	保阜高速公路有限公司
21	承朝	承德—朝阳高速公路承德段(平泉至承德段)	平泉(冀辽界)至承德南互通	G25(长春—深圳)河北段(平泉县—海兴县)	长深	G25	河北承朝高速公路管理处
22	京承	北京—承德高速公路	承德南出口至大栅子大栅子互通	G95首都地区环线		G95	河北承德京承高速公路建设管理处
			大栅子互通至红石砬互通	G45(大庆—广州)河北段(红石砬—冀京界)	大广	G45	
23	承唐	承德—唐山高速公路承德段	承德至承唐界段	G25(长春—深圳)河北段(平泉县—海兴县)	长深	G25	河北省高速公路承唐承德管理处
		承德—唐山高速公路唐山段	承唐界至遵化南小营段				承唐高速公路唐山管理处
24		唐山西环高速公路	唐山至遵化南小营段				
25	承赤	河北省茅荆坝(蒙冀界)至承德高速公路	茅荆坝(蒙冀界)至承德(红石砬)段	G45(大庆—广州)河北段(隆化县—大名县)	大广	G45	河北省高速公路承赤管理处
26		大广高速公路雨场支线	承赤高速公路大庙至雨场段	承德—多伦高速公路河北段		S50	河北省高速公路赤承管理处
27	衡德	衡水—德州高速公路衡水至冀界段	衡水至德州(冀鲁界)段	石家庄—德州高速公路河北段(衡水至德州段)	石德	S78	河北交通投资集团衡德高速公路有限公司

续上表

序号	简称	旧名称		现用名称			管理单位名称
		项目名称	项目分段	分段名称	简称	高速公路编号	
28	廊涿	廊坊—涿州高速公路	廊坊至涿州松林店互通				河北省高速公路廊涿管理处
29	张石	张石高速公路涿支线	松林店至榆林互通				河北交通投资集团张涿廊石高速公路保定段有限公司
30	张涿	张涿高速公路	张涿高速公路保定段				河北省高速公路张涿保定管理处
31	张涿	张家口—涿州高速公路	张涿高速公路张家口段				河北省高速公路张涿张家口管理处
32		张家高速公路	张家口至崇礼段	G95首都地区环线		C95	河北省高速公路张家口管理处
33		张家口—承德高速公路	崇礼至张承界段				
34	张承	张家口—承德高速公路	承德段（承张界至单塔子）				河北省高速公路张承承德段管理处
35	密涿	密涿高速公路	廊坊至北三县段				河北省高速公路廊坊北三县管理处
36	廊沧	廊坊—沧州高速公路廊坊段	廊坊段（广阳—廊沧界）	G3（北京—台北）河北段（廊坊广阳—廊沧界）	京台	G3	廊沧高速公路廊坊建设管理处
37		廊坊—沧州高速公路沧州段	沧州段（陶官营互通—黄石南顾屯互通）	G2（北京—上海）河北段	京沪	G2	沧廊高速公路管理处
			沧州段（廊沧界—陶官营互通）	G3（北京—台北）河北段（廊坊广阳—沧州吴桥）	京台	G3	

附 表

续上表

序号	旧 名 称		现用名称			管理单位名称
	简称	项目名称	项目分段	分段名称	简称	高速公路编号	
38		密涿支线高速公路诸葛店至段甲岭段	平安城至下院寺段	G1N(北京—秦皇岛)河北段(三河市燕郊镇—秦皇岛九门口)	京秦	G1N	河北省高速公路廊坊北三县管理处
39		清东陵高速公路		S53 唐山—辽西高速公路	唐迁	S53	河北高速公路京哈北线管理处
40		京秦高速公路迁西支线		S30 黄骅港—邢台高速公路邢段		S30	京秦高速公路迁西支线管理处
41	邢衡	邢台—衡水高速公路	邢段	S30 黄骅港—邢台高速公路衡水至邢台			河北省邢衡高速公路管理处
			衡水支线	S30 黄骅港—邢台高速公路(衡水至邢台)			
			衡水段	衡水绕城高速公路			
42		衡德高速公路故城支线	衡德高速公路至故城(冀鲁界)段	S67 故城联络线		S67	河北交通投资集团衡德高速公路有限公司
43		京承高速公路双滦区连接线扩建工程		承德西环高速公路(滦河电厂—陈栅子)			河北省高速公路京承管理处
44		京港澳高速公路邯郸绕城至高臾互通段	邯大高速公路商城互通至高臾互通段	G22(青岛—兰州)河北段(大名县—涉县)		G22	河北高速公路石安管理处

1131

河北省高速公路获奖信息表

附表 3

序号	获奖时间	项目名称	获奖类型	奖励等级	授奖单位
1	1994 年	京津塘高速公路	中国最佳工程特别奖		建设部
	1996 年		鲁班奖	鲁班奖	中国建筑工程
	1995 年		公路优质工程	一等奖	交通部
	1997 年 12 月		国家科学技术进步	一等奖	国家科学技术委员会
2	1991 年	京深线石家庄至保定高速公路	国家优秀设计奖	优秀设计	全国优秀工程勘察设计评选委员会
3	2002 年	北京至沈阳公路宝坻（津冀省界）至山海关段高速公路	国家优秀设计奖	金奖	全国优秀工程勘察设计评选委员会
4	2007 年 12 月	青银高速公路滏阳新河特大桥	优质工程	银质奖	国家工程建设质量奖审定委员会
5	2014 年 4 月	沿海公路乐亭至冀津界段高速公路	河北省建设工程安济杯奖	优质工程	河北省建筑业协会
6	2015 年 9 月	沿海公路秦皇岛至冀津界段高速公路	河北省土木工程李春奖	李春奖	河北省土木建筑学会
7	1999 年 1 月	石太高速公路河北段	优秀工程设计奖	一等奖	河北省建委
8	2001 年 1 月	石黄公路石家庄至辛集段高速公路	建设工程勘察设计奖	一等奖	河北省建设工程勘察设计评审委员会
9	2006 年 1 月	津唐高速公路宝坻至冀津界（津冀界）至双庙段	建设工程勘察设计奖	一等奖	河北省建设工程勘察设计评审委员会
10	2006 年 1 月	北京至沈阳公路宝坻（津冀界）至山海关段高速公路津冀界至冯家沟段	建设工程勘察设计奖	一等奖	河北省建设工程勘察设计评审委员会
11	2007 年 1 月	丹东至拉萨国道主干线河北怀来（冀京界）至宣化高速公路	建设工程勘察设计奖	一等奖	河北省建设工程勘察设计评审委员会
12	2008 年 5 月	衡水—德州高速公路衡水至冀鲁界段	优秀工程勘察设计奖	一等奖	河北省优秀工程勘察设计奖评审委员会
13	2009 年 2 月	邯郸—长治公路更乐至冀晋界段高速公路	优秀工程勘察设计奖	一等奖	河北省优秀工程勘察设计奖评审委员会
14	2010 年 3 月	京承公路冀京界至承德段	优秀工程勘察设计奖	一等奖	河北省优秀工程勘察设计奖评审委员会

附 表

续上表

序号	获奖时间	项目名称	获奖类型	奖励等级	授奖单位
15	2010年3月	张石高速公路涞水至石家庄段	优秀工程勘察设计奖	一等奖	河北省优秀工程勘察设计奖评审委员会
16	2011年2月	沿海公路秦皇岛至冀津界段高速公路	优秀工程勘察设计奖	一等奖	河北省优秀工程勘察设计奖评审委员会
17	2011年2月	唐山至曹妃甸高速公路勘察	优秀工程勘察设计奖	一等奖	河北省优秀工程勘察设计奖评审委员会
18	2012年3月	大庆至广州高速公路涿州至大名（冀豫界）段	优秀工程勘察设计奖	一等奖	河北省优秀工程勘察设计奖评审委员会
19	2012年3月	大广公路固安（京冀界）至深州段高速公路	优秀工程勘察设计奖	一等奖	河北省优秀工程勘察设计奖评审委员会
20	2012年3月	青（岛）红（其拉甫）公路冀晋界至邯郸段高速公路	优秀工程勘察设计奖	一等奖	河北省优秀工程勘察设计奖评审委员会
21	2013年1月	唐山至曹妃甸高速公路设计	优秀工程勘察设计奖	一等奖	河北省优秀工程勘察设计奖评审委员会
22	2014年3月	张石高速公路石家庄段	优秀工程勘察设计奖	一等奖	河北省优秀工程勘察设计奖评审委员会
23	2014年3月	张石高速公路涞源至涞水段	优秀工程勘察设计奖	一等奖	河北省优秀工程勘察设计奖评审委员会
24	2015年7月	河北省沿海高速公路沧州歧口至海丰段	优秀工程勘察设计奖	一等奖	河北省优秀工程勘察设计奖评审委员会
25	2015年7月	青兰高速南水北调大桥	公路交通优秀勘察奖	一等奖	中国公路勘察设计协会
26	2016年	承德至张家口高速公路承德段	公路交通优秀勘察奖	一等奖	中国公路勘察设计协会
27	2016年	京港澳高速公路涿州（京冀界）至石家庄段改扩建项目工程勘察设计	公路交通优秀勘察奖	一等奖	中国公路勘察设计协会
28	2016年	张承高速公路崇礼至张承界段	优秀工程勘察设计奖	一等奖	河北省优秀工程勘察设计奖评审委员会
29	2016年12月	廊坊至涿州高速公路涿州至旧州段	优秀工程勘察设计奖	一等奖	河北省优秀工程勘察设计奖评审委员会
30	2016年12月	邢汾高速公路邢台至冀晋界段	公路交通优秀勘察奖	一等奖	中国公路勘察设计协会
31	2016年12月	张承高速公路崇礼至张承界段	交通部优秀勘察奖	二等奖	交通部
32	1992年	京承公路古北口至承德市半壁山段	建设工程勘察设计奖	二等奖	河北省建设工程勘察设计评审委员会
33	2007年1月	青岛至银川公路冀鲁界至石家庄段滏阳新河特大桥			

续上表

序号	获奖时间	项目名称	获奖类型	奖励等级	授奖单位
34	2008年5月	北京至上海公路青县至吴桥段高速公路	优秀工程勘察设计奖	二等奖	河北省优秀工程勘察设计奖评审委员会
35	2010年3月	京石高速公路涿州主线收费站改扩建工程	优秀工程勘察设计奖	二等奖	河北省优秀工程勘察设计奖评审委员会
36	2010年3月	津汕(威乌)公路冀津鲁界至冀鲁界段高速公路	优秀工程勘察设计奖	二等奖	河北省优秀工程勘察设计奖评审委员会
37	2012年	张家口崇礼段公路交通工程	优秀工程勘察设计奖	二等奖	河北省优秀工程勘察设计奖评审委员会
38	2013年1月	京石高速石家庄机场连接线	优秀工程勘察设计奖	二等奖	河北省优秀工程勘察设计奖评审委员会
39	2013年1月	沿海高速公路沧州岐口至海丰段	优秀工程勘察设计奖	二等奖	河北省优秀工程勘察设计奖评审委员会
40	2014年	承德至秦皇岛高速公路承德段	公路交通优秀设计奖	二等奖	中国公路勘察设计协会
41	2015年4月	承德至秦皇岛高速公路秦皇岛段	公路交通优秀设计奖	二等奖	中国公路勘察设计协会
42	2015年4月	河北茅荆坝(蒙冀界)至承德公路	公路交通优秀设计奖	二等奖	中国公路勘察设计协会
43	2015年4月	张石高速公路涞源至石家庄段	公路交通优秀勘察奖	二等奖	中国公路勘察设计协会
44	2015年7月	承赤高速公路茅荆坝特长隧道	优秀工程勘察设计奖	二等奖	河北省优秀工程勘察设计奖评审委员会
45	2016年	张石高速公路涞源至涞水段	公路交通优秀设计奖	二等奖	中国公路勘察设计协会
46	2016年12月	沧州至廊坊高速公路沧州段	优秀工程勘察设计奖	三等奖	河北省优秀工程勘察设计奖评审委员会
47	2006年12月	津唐高速公路津冀界至双庙段	优秀工程勘察设计奖	三等奖	河北省优秀工程勘察设计奖评审委员会
48	2006年12月	唐津高速公路	优秀工程勘察设计奖	三等奖	河北省优秀工程勘察设计奖评审委员会
49	2012年12月	保阜公路保定至阜平(冀晋界)段	科技进步奖	三等奖	河北省人民政府
50	2015年4月	青兰高速公路邯郸至涉县段	公路交通优秀设计奖	三等奖	中国公路勘察设计协会
51	2015年7月	河北省涿州(京冀界)至石家庄段公路	优秀工程勘察设计奖	三等奖	河北省优秀工程勘察设计奖评审委员会
52	2016年12月	张石高速公路石家庄段	优秀工程勘察设计奖	三等奖	河北省优秀工程勘察设计奖评审委员会

注:获奖类型包括鲁班奖、省部级及以上的优质工程奖、优秀勘察奖、优秀设计奖、科技进步奖、科学技术奖等。

附 表

河北省交通运输主管部门历届负责人信息采集表

附表4

单位名称	主要负责人		
	姓名	职务	任职年限
河北省交通运输厅	邓昌瑞	厅长	1983.07~1993.09
	何少存	厅长	1993.09~1995.09
	路富裕	厅长	1995.09~1999.04
	么金铎	厅长	1999.04~2003.01
	焦彦龙	厅长	2003.01~2011.02
	高金浩	厅长	2011.02~2017.01
	单宝凤	厅长	2017.01至今
	何少存	副厅长	1983.07~1993.09
	朱振中	副厅长	1992.10~1998.04
	孙宝珠	副厅长	1993.04~1998.04
	段铁树	副厅长	1993.11~2005.04
	李新元	副厅长	1995.08~1998.04
	李梅菊	副厅长	1993.11~2000.03
	杜庆雨	副厅长	1996.08~2003.04
	张健	副厅长	1996.10~2001.04
	张全	副厅长	1998.04~2004.11
	郭大健	副厅长	1998.04~2003.02
	陈永久	副厅长	2003.02~2009.03
	杨国华	副厅长	2005.05至今
	王金廷	副厅长	2006.08~2009.03
	刘广海	副厅长	2006.12~2009.03
	宋晓瑛	副厅长	2009.03~2013.06
	潘晓东	副厅长	2010.02~2014.08
	宋书强	副厅长	2012.05至今
	康彦民	副厅长	2013.12~2015.12
	王普清	副厅长	2013.12至今
	白刚	副厅长	2015.12至今
	刘中林	副厅长	2016.02至今
厅规划处	王普清	处长	2000-2006
	袁栓瑞	副处长	2000-2006
	袁栓瑞	处长	2006.02~2009.09
	康斌	副处长	2006.09~2014
	赵同安	处长	2009.09~2013
	戴为民	处长	2013至今
	吕慧哲	副处长	2016至今

续上表

单位名称	主要负责人		
	姓名	职务	任职年限
厅基建处	卫家恩	处长	1996-1999
	暴连胜	副处长	1996-1999
	潘晓东	处长	2000-2007
	戴为民	副处长	2002-2007
	戴为民	处长	2007-2013
	王书斌	处长	2013-2014
	党永强	副处长	2009-2014
	党永强	处长	2015 至今
	赵静波	副处长	2015 至今
河北省交通运输厅公路管理局	张全	局长	1994.05~1998.04
	宋敬信	副局长	1994.05~1998.04
	田根成	副局长	1996.05~2016.04
	屈朝彬	副局长	1997.06~2004.02
	张月中	总工	1994.05~1999.05
	杨国华	局长	1998.04~2005.05
	李玉华	副局长	1998.04~2005.05
	王普清	局长	2005.05~2007.08
	王国清	副局长(总工)	2005.05~2007.08
	白军华	副局长	2005.05~2007.08
	康彦民	局长	2007.08~2009.02
	赵宝平	副局长	2007.08~2009.02
	王江帅	局长	2009.02~2016.03
	郑利卫	副局长	2009.02~2016.03
	付鸿琪	副局长	2009.12 至今
	白军华	局长	2016.03 至今
河北省公路工程质量安全监督站	王世恩	站长	1995-2001
	冯西禄	站长	2001-2016
	孙庆林	站长	2017.05 至今
河北省公路工程定额站	康雄伟	站长	1993.05~2000.11
	张宝祥	站长	2000.11~2017.05
	范志水	站长	2017.05 至今

附 表

续上表

单位名称	主要负责人		
	姓名	职务	任职年限
河北省高速公路管理局	褚桂如	局长	1990.10~1994.12
	张祖龙	局长	1994.12~1998.04
	宋敬信	局长	1998.04~1999.08
	国文清	局长	2000.05~2002.07
	康彦民	局长	2004.01~2007.09
	王江帅	局长	2007.09~2009.01
	康彦民	局长	2009.01~2015.12
	曲朝彬	副局长	2009.02~2009.12
	刘振伟	副局长	2009.02~2013.03
	杨荣博	局长	2015.12至今
	李绪明	党委书记	2008.12至今
	赵智明	副局长	2009.02至今
	任跃宇	副局长	2014.06至今
	康雄伟	副局长	2010.03至今
	焦宗保	副局长	2011.03至今
	郑占生	副局长	2014.06至今
	崔士伟	副局长	2014.06至今
河北省交通厅国际金融组织贷款项目办公室	赵玉明	书记	1993.12~2003.06
	魏正义	副主任	1994.03~1996.07
	杨国华	主任	1996.01~1998.04
	宋敬信	主任	1998.04~2005.05
	屈朝彬	主任	2005.05~2009.01
河北省道路开发中心	韩福信	主任	1991.11~1993.12
	何永增	副主任	1993.12~1995.03
		主任	1995.03~1999.12
	王普清	副主任	1999.12~2000.05
	刘振维	主任	2000.05~2009.01
	王万福	副主任	2000.05~2009.02
	蒋国庆	副主任	2000.05~2009.02
河北交通投资集团公司	王国清	总经理	2013.07至今
	齐树平	书记	2013.07至今
	焦永顺	常务副总经理	2013.07~2014.09
	陈君朝	常务副总经理	2015.04至今
	杨虎山	副总经理	2015.04至今
	李敬东	副总经理	2013.07至今
	康斌	副总经理	2013.11至今
	郑瑞君	总工程师	2016.03至今

续上表

单位名称	主要负责人		
	姓名	职务	任职年限
河北省交通规划设计院	顾永慷	院长	1983.12~1993.12
	周立强	院长	1993.12~1996.06
	张宝祥	院长	1996.06~1999.07
	刘秀奇	院长	1999.07~2005.01
	焦永顺	院长	2005.01~2014.09
	何勇海	院长	2014.09至今
	周立强	副院长	1983.12~1993.12
	李瑞同	副院长	1983.12~1998.05
	贾墨章	副院长	1994.02~1997.03
	赵同安	副院长	1996.06~2002.04
	王运芳	副院长	1997.03~2001.03
	赵彦东	副院长	1998.09~2015.04
	郭明昌	副院长	2001.07~2007.03
	李平	副院长	2003.05~2007.03
	吴瑞祥	副院长	2003.03至今
	何勇海	副院长	2008.12~2014.09
	张忠民	副院长	2008.12至今
	周立强	总工程师	1990.03~1993.12
	张月中	总工程师	1993.12~1994.06
	刘新生	总工程师	1994.06~2000.05
	赵彦东	总工程师	2003.03~2005.06
	武建伟	总工程师	2005.06~2008.12
	朱冀军	总工程师	2008.12至今
保定市保阜高速公路筹建处	陈学普	处长	2005.07~2011.04
	于连春	处长	2011.04~2014.11
华能京张高速公路有限公司	潘晓东	总经理	1998.08~2000.07
	张秀山	总经理	2000.07~2005.08
	武勇	总经理	2005.08~2009.11
	刘建民	总经理	2009.11至今
河北保津高速公路管理处	卫家恩	处长	1997.01~1999.07
	赵智明	处长	2001.07~2002.07
	刘彦光	处长	2002.11~2003.09
保津高速公路有限公司	许德宝	总经理(外方派驻)	2003.07~2005.04
	黎少强	总经理(外方派驻)	2005.04~2006.02
	陈振权	总经理(外方派驻)	2006.02~2012.03
	李建忠	总经理(外方派驻)	2012.03至今

附 表

续上表

单位名称	主要负责人		
	姓名	职务	任职年限
保定市张石高速公路筹建处	王领战	处长	2005.05 至今
唐津高速公路有限公司	金刚	副总经理	2009.02~2015.12
石青高速公路有限公司	凌敬和	总经理	1995.09~1998.12
	封建武	副总经理	1995.03~2001.08
	杨成	总经理	1998.12~2002.08
	康菊庆	副总经理	2001.08~2005.08
	马云达	总经理	2002.08~2004.05
	孙旭飞	总经理	2004.05~2005.03
	梁新生	总经理	2005.05~2009.03
	吴杰儒	总经理	2009.03~2010.07
	张驰	总经理	2010.07 至今
京石高速公路开发有限公司	刘秀奇	总经理	1997~2000
	武勇	总经理	2000~2005
	张秀山	总经理	2005~2008
	郝建平	总经理	2008~2015
	唐尔良	总经理	2015 至今
衡德高速公路管理处	孙国忠	处长	2006.04~2016.03
交投集团衡德高速公路公司	孙国忠	总经理	2016.03 至今
交通投资集团承秦高速公路承德段公司	静天文	处长	2008.03~2014.08
	金岗	副处长	2010.02 至今
省高速京石改扩建筹建处	陈君朝	处长	2010.10~2015.04
省高速石安改扩建筹建处	郑瑞君	处长	2012.09~2016.03
河北保沧高速公路有限公司	牛军	总经理	2008 至今
邢台市邢临高速公路管理处	孙祥兆	处长	2002-2009
	滕亚民	处长	2009~2016.06
	何敬晨	处长	2016.06 至今
河北省高速公路石安管理处	戴国仲	处长	1998.02~1999.12
	丛宝华	处长	1999.12~2005.07
	康菊庆	处长	2005.07~2011.06
	刘孔杰	副处长	2011.06~2016.05
河北省高速公路石黄管理处	张连强	处长	1997.01~2002.04
	刘建民	副处长	2002.07~2007.02
	郝建平	处长	2007.02~2009.10
	王孟章	处长	2009.10~2013
	党永强	处长	2014.09~2015.04
	孙明山	处长	2015.04 至今

续上表

单位名称	主要负责人		
	姓名	职务	任职年限
河北省京秦高速公路管理处	裴世保	处长	1997.01~2005.07
	戴国仲	处长	2005.07~2011.06
	杨陆军	处长	2011.06~2014.09
	郭跃东	处长	2014.09~2017.05
	吴勇往	处长	2017.05至今
河北省高速公路衡大管理处	廖济枰	处长	2009.07~2015.12
河北省高速公路张承承德段筹建处(管理处)	刘建奇	处长	2012.06~2016.12
	刘永春	副处长	2012.06~2016.12
	智邵宇	副处长	2012.06~2016.12
	刘吉川	副处长	2012.06~2016.12
	杨立伟	副处长	2012.06~2016.12
河北省高速公路京衡管理处	苏国柱	处长	2010.12~2016.03
河北省高速公路青银管理处	刘中林	处长	2001.05~2007.02
	刘建民	处长	2007.02~2009.10
	张秀山	处长	2009.10至今
河北承德至赤峰(冀蒙界)高速公路管理处	王书斌	处长	2009.02~2014.09
	彭敬之	处长	2014.09至今
河北沿海高速公路管理处	刘孔杰	处长	2004.03~2011.06
	戴国仲	处长	2011.06至今
河北省京沪高速公路筹建处(管理处)	肖江声	处长	1999.12~2002.04
	张连强	处长	2002.04~2005.07
	王孟章	处长	2005.08~2009.10
	董辉	处长	2009.10~2016.03
	史建方	处长	2016.03至今
河北省高速公路宣大管理处	白双信	处长	1998.08~2002.07
	徐兆华	处长	2002.07~2005.08
	董辉	处长	2005.08~2009.10
	周安民	处长	2009.10~2016.03
	崔志勇	处长	2016.03至今
河北承德承朝高速公路管理处	郑利卫	处长	2005.03~2006.11
	周万生	处长	2006.11~2010.11
	白宝合	处长	2010.11~2015.04
	冯彦文	处长	2015.04至今
河北省高速公路承秦管理处	刘建民	处长	2009.02至今

附 表

续上表

单位名称	主要负责人		
	姓名	职务	任职年限
保定市张涿高速公路筹建处	侯月军	处长	2008.06~2012.06
张涿高速公路保定段管理处	任清耀	处长	2012.06~2015.12
河北省高速公路邢汾管理处	李作恒	处长	2006.04~2015.12
京承高速公路建设管理处	于凤江	处长	2002.12~2012.11
	孙绍英	处长	2012.11至今
河北省高速公路张涿张家口管理处	于海	处长	2008.10~2009.09
	杨丙龙	处长	2009.09~2012.04
	王宏义	处长	2012.04至今
河北承德承唐高速公路筹建处（管理处）	袁秀梅	处长	2003.04~2008.01
	王殿生	处长	2008.01~2015.04
	马广青	处长	2015.04至今
河北省高速公路荣乌管理处	吴勇往	处长	2013.03~2017.05
	封晓黎	处长	2017.06至今
河北省高速公路廊涿管理处	康雄伟	处长	2007.03~2009.03
	王万福	处长	2009.07~2014.09
	陈将	处长	2014.09至今
河北高速廊坊北三县管理处	霍雷声	处长	2012.04至今
河北高速京哈北线管理处	侯岩峰	处长	2010.11~2016.03
邢台市邢衡高速公路管理处	黄世奇	处长	2010.08~2015.11
	马进会	处长	2015.11至今
河北高速邢衡衡水段管理处	王向会	处长	2010.10至今

河北省设区市交通运输主管部门历届负责人信息采集表

附表5

名 称	主要负责人		
	姓名	职务	任职年限
石家庄市	王亚南	局长	1999.05~2006.05
	杜国栋	副局长	2006.04~2007.08
	孙吉明	局长	2006.05~2009.12
	贾连海	局长	2009.12~2011.08
	罗二虎	局长	2011.08~2015.12
	何占魁	总工程师	2009.12 至今
	米志奇	局长	2015.12 至今
	孙宏普	副局长	1996.08~2017.03
	朱增奇	副局长	2012.07 至今
承德市	朱锋利	局长	1998.03~2012.05
	郑立卫	副局长	2002.06~2009.08
	张义	副局长	2002.06~2011.04
	于凤江	副局长	2002.11~2012.05
		局长	2012.05~2014.02
	范有毅	副局长	2002.06~2010.06
	房国民	副局长	2012.09 至今
	张富民	局长	2014.11 至今
张家口市	张富强	局长兼处长	2001.09~2003.11
		局长	2003.11~2011.07
	闫登仁	局长	2011.07~2016.03
	王向明	局长	2016.03 至今
	乔卫国	副局长兼处长	2003.11~2005.12
	李义	副局长	2005.12~2008.06
	王高勇	副局长	2009.09 至今
	闫力芰	副局长兼处长	2007.04~2009.09
唐山市	王雅坤	局长	1996.03~2003.04
	王江帅	局长	2003.04~2007.12
	杨荣博	副局长	2000.12~2007.12
	王建忠	副局长	2004.06 至今
	郑建国	副局长	2007.06 至今
	杨荣博	局长	2007.12~2015.12
	张务民	副局长	1999.06~2015.11
	周健民	副局长	2008.05 至今
	蔡洪魁	局长	2015.12 至今

附 表

续上表

名　　称	主要负责人		
	姓名	职务	任职年限
廊坊市	饶贵华	党组书记、局长	2006.08~2008.12
	王相仁	党组书记、局长	2008.12~2013.06
	张矛	党组书记、局长	2013.06~2014.12
	邳振一	党组书记、局长	2014.12~2017.02
	王辉云	党组书记、局长	2017.02至今
	李树奎	党组成员、副局长	2007.09~2010.12
	佟爱民	党组成员、副局长	2010.12~2015.07
保定市	李正群	党委书记、局长	1998.12~2014.01
	张贺良	党委书记、局长	2014.01~2016.01
	肖明旺	党组书记、局长	2016.01至今
	刘英杰	党组成员、副局长	1999.12至今
	宋海振	党组成员、副局长	2008.10~2016.11
	张树林	党组成员、副局长	2002.06至今
	肖健	党组成员、副局长	2009.08~2017.01
沧州市	许洪泉	局长	2001.07~2008.05
	张振海	局长	2008.05~2011.08
	李铁强	局长	2011.08~2014.12
	刘国恩	局长	2015.10至今
衡水市	杜金瑞	局长	1990.03~2004.03
	刘玉华	副局长	1996.11~2010.1
	王锁马	局长	2004.03~2011.11
	贺书云	局长	2013.05至今
邢台市	范永丰	党委书记、局长	2002.03~2008.05
	李全保	党委书记、局长	2008.06~2013.08
	王明新	党委书记、局长	2013.08~2016.04
	冯锦水	党委委员、副局长	2003.07~2010.08
	郝建斌	党委委员、副局长	2010.08~2011.06
	李根林	党委委员、副局长	2011.06~2016.04
邯郸市	郝泽民	局长	1992~2008
	崔建国	局长	2008~2011
	白钢	局长	2011~2016
	许清良	副局长	1997至今
	沈付湘	总工	2009至今

附图

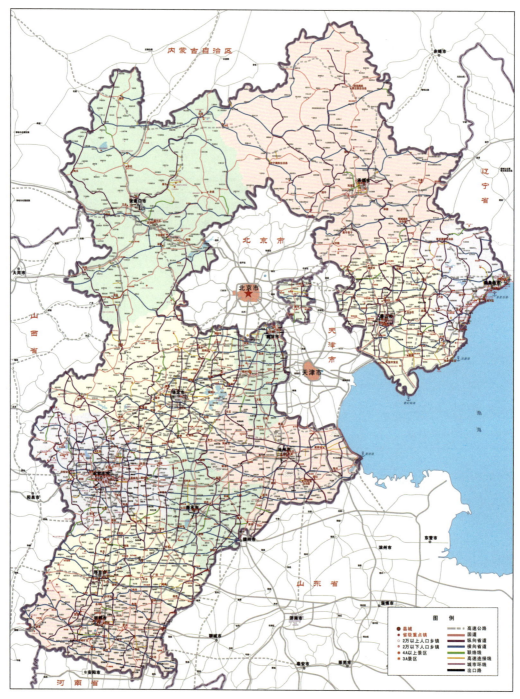

附图1　河北省普通干线公路网布局方案图

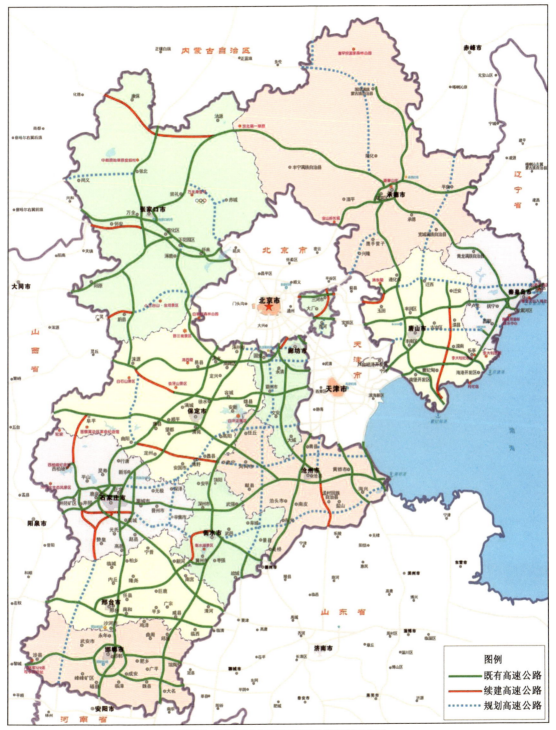

附图2 河北省"十三五"高速公路规划示意图